Acerca del autor

Samuel Pérez Millos natural de Vigo, España. Es Máster en Teología (Th. M.) por el IBE (Instituto Bíblico Evangélico) desde 1975. Es, también, Master en Cristología y Master en Espiritualidad Trinitaria. Miembro de la Junta Rectora del IBSTE (Instituto Bíblico y Seminario Teológico de España) y profesor de las áreas de Prolegómena, Bibliología y Antropología de esta institución.

Decano de Escrituras online, donde imparte las materias de Teología sistemática y algunas de Exégesis Bíblica de los escritos de Pablo. Une a esto la experiencia como pastor de la Iglesia Evangélica Unida de Vigo, durante 38 años.

Fue guiado, en el estudio de la Palabra, de la mano del ilustre teólogo español Dr. Francisco Lacueva.

Autor de más de cincuenta obras de teología y exégesis bíblica. Conferenciante de ámbito internacional y consultor adjunto de la Editorial CLIE en el área de lenguas bíblicas.

D. Samuel viaja siempre acompañado de su esposa Susana, quien colabora en las muchas tareas del Ministerio.

CTBS

Colección Teología

BÍBLICA Y SISTEMÁTICA

CRISTOLOGÍA

Doctrina de la persona y obra de Jesucristo

Samuel Pérez Millos

Editorial CLIE
www.clie.es

EDITORIAL CLIE
C/ Ferrocarril, 8
08232 VILADECAVALLS
(Barcelona) ESPAÑA
E-mail: clie@clie.es
http://www.clie.es

CRISTOLOGÍA
Doctrina de la persona y obra de Jesucristo
ISBN: 978-84-17620-00-4
Depósito legal: B 14221-2023
Teología cristiana
Cristología
REL067040

Impreso en Estados Unidos de América / *Printed in the United States of America*

Dedico este libro a
la nueva generación de jóvenes que,
en un mundo complejo, difícil y descreído,
busca en el estudio de la cristología
un conocimiento más profundo del Hijo de Dios
para vivir su vida y seguir sus pisadas
mientras espera su venida.
Testificando de Jesús al mundo y
dándolo a conocer con sus propias vidas.

ÍNDICE

PRÓLOGO

En estos momentos lucho con sentimientos encontrados: por un lado, el privilegio y la bendición que supone escribir el prólogo a una obra tan deseada como esta *Cristología*; pero, por otro lado, la enorme responsabilidad que entraña escribir sobre el *articulum stantis et cadentis* del cristianismo: la persona divino-humana de Cristo. Para Lutero, este *articulum* era la justificación por la fe, pero apurando su definición, diremos que Cristo es realmente superior a la justificación.

Uno celebra la publicación de obras autóctonas sin devaluar, por supuesto, las traducciones de otros autores. Digo esto simplemente para remarcar la impronta que una mente hispana deja en los escritos evangélicos. El libro que tienes entre tus manos es el fruto de una mente preclara y madura que habla de Cristo desde la Biblia y el corazón. Habla con palabras acerca de la Palabra. Es la tarea de explicar con palabras al Hijo, quien, a su vez, es la exégesis y explicación del Padre (He. 1:1 ss. y Jn. 1:18). Es un libro que inaugura toda una serie de tratados sobre Teología, que esperamos con expectación.

Qué es cristología

A nadie se le escapará que cristología es el estudio acerca de Cristo. Pero hay un peligro latente que, como no estemos atentos, nos puede cautivar: el peligro de estudiar a Cristo como uno estudiaría la vida de Platón, Gandhi u otro personaje que no influye en nuestra conducta ni cambia nuestro parecer ni nos eriza la piel. Más que *estudiar a Cristo*, debemos *aprender a Cristo* (Ef. 4:20) y *aprehender a Cristo* (Fil. 2:12). Si el frío estudio de la teología en general y la cristología en particular no es puesto en el fuego de la Palabra para que hierva en nosotros y arda nuestro corazón (Lc. 24:32), será un témpano resbaladizo que nos estampará contra el suelo. Sólo una mente renovada (Ro. 12:2) y transformada a la mente de Cristo (1 Co. 2:16) puede hacer esto. Hacerlo sin ese calor y sin una mente cristiana convierte a cualquier obra de teología en un material académico de cierto valor, pero inerte.

La cristología bíblica hunde sus raíces en la eternidad y deidad del Verbo (caps. 2, 3 y 4) y empieza a brotar con la afirmación de Pedro —"Tú eres el Cristo, el Hijo del Dios viviente" (Mt. 16:16)—, con la del incrédulo Tomás ante el Resucitado —"¡Señor mío y Dios mío!" (Jn. 20:28)— o acaso con la de María Magdalena llena de asombro y gozo —"¡Hemos visto al Señor!" (Jn. 20:18)—. Son palabras que, o las hacemos nuestras al escribir sobre Cristo (1 Jn. 4:2, 15; 5:1) o estaremos negándolo (1 Jn. 2:22, 23). Cuando este árbol crece sano, nos lleva a contemplar la belleza de los nombres y títulos de Jesús (cap. 5) y sus acciones y relaciones divinas (cap. 6). Te invito a que nos sentemos juntos a la fresca sombra de este árbol para deleitarnos con el misterio de la encarnación (cap. 7), la humanidad de Jesús (cap. 8), el hondo misterio de la humana divinidad o la divina humanidad de Jesús (cap. 9), el ministerio, la transfiguración, la enseñanza y predicación, los milagros, la pasión, la resurrección y la final exaltación del Hijo de Dios (cap. 10-18).

Cristología descendente: cristología bíblica del descenso

Las ciencias tienen sus métodos de estudio para asegurarse de que el enunciado de sus leyes y teorías sea comunicado tras varios procesos de verificación y análisis, de modo que las conclusiones queden validadas como ciertas e irrefutables.

Enfoquemos el estudio acerca de Cristo desde el siguiente método: analicemos por medio de la historiografía cómo surgió la fe en las diversas comunidades cristianas del primer siglo, qué se escribió acerca de Cristo, qué "discrepancias" pudieron surgir, cómo evoluciona el concepto, hasta finalmente tener un conjunto de hipótesis sobre las que elaborar la idea o "creación de la realidad", como la llaman los teólogos del método cristológico evolutivo, y, de manera más moderada, los del método progresivo. Si estudiamos así la cristología, estaremos haciendo una cristología ascendente.

Pero si lo enfocamos desde la perspectiva bíblica, historiográfica también, veremos que la mismísima epístola de Pablo a los filipenses (ca. 59-61 d.C.), cronológicamente anterior a los propios evangelios —Mateo: ca. 75-80; Marcos: ca. 66-70; Lucas: ca. 75-85; Juan: ca. 90-100— expone en el capítulo 2 una cristología tan profunda como podría exponerla después Juan. (¡Y ni pensemos lo que sentirían los primeros cristianos al cantar, con bastante probabilidad, este himno cristológico!). Si estudiamos la cristología partiendo de la eternidad del Cristo (2:6), su encarnación (2:7), su humillación (2:7), su muerte (2:8) y su resurrección y exaltación (2:9), culminando en su señorío sobre todo el universo (2:10), tendremos el método perfecto, ¡el bíblico!, lo que en teología se llama *cristología del descenso*, a lo que Pérez Millos añade el adjetivo "bíblica" para dejar en claro que las conclusiones y aplicaciones habrán de libarse desde las Sagradas Escrituras y no meramente desde un método científico. Y es que la revelación sobrenatural que hace comprender a Pedro la divinidad de Jesús no era asunto de intelección humana, sino de revelación divina (Mt. 16:17).

El enfoque procedimental de Pérez Millos en este tratado es, pues, el de la cristología bíblica del descenso: deductivamente parte de la divinidad de Cristo para llegar a su humanidad según los datos revelados en la Escritura. Es el Logos el que se hace hombre, no el hombre que llega a ser Logos.

El lector encontrará referencias continuas a las Escrituras interpretadas con un método gramático-histórico-literario, respetando los contextos, géneros literarios, discursos, etc. Es obvio que no se trata de mensajes expositivos, pero aun así es necesario ser prudentes cuando de seleccionar los textos se trata. No podemos olvidar aquí que el texto forma parte de un tejido (*texere*), donde un pasaje (texto) se teje con otro para formar un precioso paño. Esta intertextualidad es necesaria en este tipo de tratados para demostrar el mensaje único y preciso que apuntaba a Cristo como culminación de la expresión de Dios (He. 1:1, 2).

En definitiva, encontrarás aquí al Cristo trascendente (Jn 1:1-5) que se hace descendente (Jn. 6:38) para ser condescendiente (He. 4:15). Dicho de otra manera: el trascendente se hace inmanente (Is. 57:15), el que habita en luz inaccesible (1 Ti. 6:16) pone sus pies en el polvo de la tierra para salvar a la humanidad del pecado y de sus pecados (Gá. 4:4). El Cristo suprahistórico se hace semejante a los seres humanos, mostrándose en apariencia como hombre (σχήματι εὑρεθεὶς ὡς ἄνθρωπος; Fil 2:7) y viene a ser el Mesías intrahistórico que hará cambiar el curso de la historia y de nuestras historias, de la tuya y de la mía; nuestra micro-historia que, por ser seguidores de ese Mesías, es ahora historia llena de sentido e historia para ser contada.

Quitémonos las sandalias de nuestros pies ante este misterio, como hizo Moisés, "las sandalias de nuestra existencia diaria", en palabras de Paul-Marie de la Croix, para que Dios se nos muestre en la faz de Jesucristo y "arraigados y cimentados en amor seamos plenamente capaces de comprender con todos los santos cuál es la anchura y la largura y la altura y la profundidad, y así conocer el amor de Cristo, que excede a todo conocimiento, para que seáis llenos de toda la plenitud de Dios" (Ef. 3:17-19). Como escribió Alan M. Stibbs en su librito *Dios se hizo hombre*:

El hombre debe confesar un misterio que escapa a la percepción de su mente, o, de lo contrario, aferrarse a la ilusión de que la inteligencia humana es superior al misterio y capaz, por lo tanto, de teorizar sobre el mismo. Todos cuantos someten a Jesús a su crítica deberán someterse finalmente a su juicio. A veces, haremos bien en no olvidar las palabras de Cristo mismo: "Yo, para juicio he venido a este mundo: para que los no ven, vean; y los que ven, sean cegados" (Jn. 9:39-41).

Otro aspecto fundamental de esta *Cristología* es la transversalidad, es decir, su relación con la Teología propia, Pneumatología, Antropología, Angelología, Soteriología, Eclesiología, Escatología, etc. Ninguna de ellas se puede concebir si no es desde Cristo. No pueden ser estudiadas adecuadamente si no se hacen desde su relación con Cristo; dejamos que quien lea descubra *per se*.

Indudablemente, hay que usar un campo semántico complejo en algunas ocasiones, recurriendo al griego cuando sea preciso, pero para explicar ciertos conceptos hay que hacerlo así; de lo contrario, quedaríamos desprovistos de la etimología de términos que usamos de manera convencional en nuestros estudios bíblicos y que tienen un origen peculiar (véase, por ejemplo, el capítulo 3 para el concepto de "persona"). Sumemos a esto la necesidad de reconocer también la existencia de una hermenéutica histórica, es decir, la exégesis que se ha hecho de ciertos pasajes a lo largo de la historia, motivo por el cual encontraremos abundantes citas a los padres de la iglesia y a autores de casi todos los tiempos, unas veces para corroborar lo que Pérez Millos afirma y otras para revisar lo que otros autores interpretaron.

Encontraremos material enriquecedor para nuestra vida cristiana en los capítulos dedicados al ministerio de Jesús y a su entrega para morir. Oiremos hablar a un Samuel que siente pasión, pasión por Jesús, por su obra, sus milagros, sus palabras, sus hechos; en definitiva, pasión por quien ha salvado nuestras antes miserables vidas, dotándolas de vida eterna (Jn. 10: 28). Pasión por un Cristo creador de la esfera sensible y de la supra-sensible (Col. 1:15-20); re-creador que obra el milagro creativo que renueva todas las cosas (2 Co. 5:17); dador de vida; razón de vivir que entrega su vida por nosotros para que podamos vivir su vida en nosotros (Gá. 2:20; Fil. 1:21), para que podamos ser reales; un Cristo grande que nos ha dado una salvación grande para que llevemos una vida también grande (tema general de Hebreos).

Veremos también la insistencia de esta obra en llevar vidas cristocéntricas que, habiendo sido atraídas *non voluntas sed voluptas*, ahora desean corresponder en amor con vidas energizadas por el poder de aquel que levantó a Cristo de entre los muertos (Ef. 1:19, 20).

Si se me permite otro símil, ahora musical, encontrarás en esta obra una sinfonía, cuyos acordes del primer movimiento *allegro* resuenan desde la eternidad (capítulos 2 al 4); su segundo movimiento, el *adagio*, tiene que ver con los títulos y nombres divinos a los que se suman las acciones y relaciones divinas (capítulos 5 y 6); el tercer movimiento, más *allegro*, tiene que ver con el Mesías caminando, obrando, haciendo milagros, enseñando y consumando la redención (capítulos 7 al 18); y finalmente, como conclusión, acaba con otro *allegro* anunciando a Cristo como Rey de reyes y Señor de señores (capítulo 19).

Sin ninguna duda, esta obra marcará un hito en la historia de las publicaciones cristológicas escritas directamente en lengua castellana por escritores cristianos. No me resisto aquí a sentirme agradecido por la amistad de Samuel, sus conversaciones de sobremesa cuando ha estado en casa o algún paseo por jardines conversando de la Biblia y de Dios. Y no me resisto tampoco a reproducir unos versos de nuestro poeta castellano Mariano San León para exhortar al lector a que *Vivamos agradecidos*:

Apenas tres gotas de agua
cayeron sobre la rosa,
apenas tres gotas de agua
¡y se puso tan gozosa!

Llenó de aroma el ambiente
en señal de regocijo,

y a columpiarse en su tallo
vino un tierno pajarillo.

¡Quién poseyera el secreto
de vivir agradecido
a cada bien que una mano
nos depara en el camino!

Gracias, Samuel, por estas tres gotas de agua.

José Mª de Rus
Linares, invierno, 2020

CAPÍTULO I
INTRODUCCIÓN Y METODOLOGÍA

Introducción general

La cristología, bien sea sistemática o bíblica, expresa la base de fe sobre la persona y la obra de Jesucristo, el Hijo de Dios, que es potencia para la voluntad y luz para la inteligencia. Toda cristología debe contener cuatro aspectos. Por un lado, la *cristología histórica*, que estudia los hechos de la vida de Jesús en el medio geográfico, cultural, religioso, social, etc. en que se desenvuelve su humanidad. Esta es, sin duda, una *cristología antropológica* en tanto en cuanto se centra en la vida humana del Hijo de Dios. Un segundo elemento tiene que ver con la *cristología fundamental*, que investiga los signos que acompañan la vida y especialmente el ministerio de Jesús, identificándolo como revelación de Dios, haciéndolo creíble a Él y creíble a Dios desde Él. Finalmente, el tercer aspecto puede calificarse como *cristología ontológica*, ya que trata, investiga y concreta qué dimensiones del ser, del hombre y de la historia quedan iluminadas desde la luz singular e indisoluble de Jesús, en quien se ve la clave del ser como es lógico, por cuanto todo ha sido creado en Él, por Él y para Él (ἐν αὐτῷ, δι'αὐτοῦ, εἰ» αὐτόν; Col. 1:16).

El estudio de la *cristología histórica*, que tiene que ver con la vida de Cristo en su condición de hombre, no puede separarse de su realidad personal. Jesús no es meramente un hombre vinculado con el plano de la deidad en forma suprema: es Dios manifestado en carne. Su persona divina no puede separarse jamás de su naturaleza humana en subsistencia plena, por lo que Jesús es Emanuel, Dios con nosotros, pero, es más, es Dios-hombre. Necesariamente, estudiar los aspectos de su vida humana exige relacionarlos siempre con la unidad en la persona divina del Verbo de Dios, de sus dos naturalezas. Es sin duda un hombre de la historia y del tiempo, pero no es menos verdad que se trata de Dios que irrumpe y se introduce en la temporalidad desde su eternidad. Jesús es Dios saliéndose de sí mismo y encontrándose con su creación y, todavía más, con sus creaturas que, desorientadas por el pecado, rebeldes por su condición, no lo aprecian como Creador, sino que lo repudian como luz. La luz de Dios en Jesucristo brilló en las tinieblas del mundo y el mundo de los hombres perdidos, enemigos de Dios en malas obras, lo rechazó porque manifestaba la miseria de su situación (Jn. 3:19). Jesús de la historia y del tiempo trasciende a la historia y al tiempo en su atemporalidad divina. El tiempo no es el comienzo de algo, sino la expresión de Dios que de la eternidad fluye en amor hacia la Creación y hace surgir el tiempo. En Jesús, el hombre de la historia, Dios viene al encuentro del humano para abrazarlo con abrazo de Dios dado con brazos de hombre. El discurso infinito de Dios, incomprensible por inabarcable a la mente humana, se hace inteligible al ser pronunciadas las palabras de Dios con garganta de hombre. El Dios eterno, atemporal y, por tanto, ahistórico e inmortal se hace creatura mortal en unión racial con los mortales, para poder morir por ellos en una cruz. Dios, en Cristo, irrumpe en la historia de los hombres temporales para elevarlos a la máxima dimensión jamás imaginada al hacerlos inmortales por comunicación de la vida eterna. La muerte física, propia de cada ser vivo, deja de ser terror para el que cree y puede preguntarse con el apóstol "¿Dónde está, oh muerte, tu aguijón?" (1 Co. 15:55) al quedar desprovista de éste que es consecuencia del pecado y convertirse en un tránsito a la experiencia de la inmortalidad por unión vital con Jesús. En la *cristología histórica*, Jesús trasciende al tiempo y se hace razón de ser para los cristianos que, en Él, resucitado y entronizado, tienen el sustento vital y la esperanza cierta al formar una unidad inseparable con Él y en Él. El cristianismo, en Cristo, no es especulación, idea o programa, es un hecho real y definitivo. De ahí que el Jesús del tiempo y de la historia sea encuentro de Dios con los hombres. Así fue desde el inicio de su ministerio en el llamado a sus discípulos, y se consolidó definitivamente en el encuentro del Resucitado con sus seguidores a través del tiempo, como ocurrió con los discípulos de Emaús, con los atemorizados apóstoles, con Pablo en el camino a Damasco y con todos los que, a lo largo de la historia, en respuesta al llamado de Dios en el mensaje del evangelio, vienen a la experiencia del conocimiento íntimo y vivencial con el Resucitado que es también su Salvador. Es un encuentro que es revelación de Él e identificación de ellos. Jesús se hace vida en el cristiano (Fil. 1:21); el Espíritu reproduce su carácter y con ello se lleva a cabo el propósito del Padre de conformar a sus hijos con el Hijo amado (Ro. 8:29).

La necesidad del estudio de la *cristología histórica* es capital en un tiempo en que los ataques de los críticos humanistas luchan contra el hecho mismo de la historicidad de Jesús, haciendo surgir la propuesta de dos perspectivas sobre Él y generando una grave dicotomía que presenta al *Jesús de la historia* y al *Jesús de la fe*.

Este último se pretende presentar como la expresión dogmática que la Iglesia necesitaba como base de fe sobre Jesucristo. Llegan en ello a la afirmación de que los milagros relatados en los evangelios nunca sucedieron o, en el mejor de los casos, no ocurrieron en la forma en que se describen. Incluso la resurrección es cuestionada cuando no negada también. Esto supone un grave quebranto que deja sin base a la razón principal de nuestra fe, de modo que "si Cristo no resucitó, vuestra fe es vana, aún estáis en vuestros pecados" (1 Co. 15:17). Los ataques de los críticos al fundamento de la cristología conducen inexorablemente a cuestionar la historicidad de los hechos narrados por los evangelistas y a cuestionar la fe desarrollada por los apóstoles y profetas.

Estudiar los hechos narrados en el Nuevo Testamento relativos a Jesús y retornar a la verdad bíblica como escrito plenamente inspirado y, por tanto, inerrante y autoritativo, es un tema sumamente importante ya que muchos de ellos han sido deformados a lo largo de los siglos por incorporación al relato bíblico de tradiciones y leyendas que los hombres elaboraron. Interesa que el estudioso de la Biblia entienda que los evangelios son parte de la Sagrada Escritura inspirada por Dios (2 Ti. 3:16). Interesa, pues, despojar la mente de todo lo que no sea el relato del evangelio para tomar únicamente los hechos que el Espíritu Santo seleccionó por medio de los escritores humanos para revelarnos con ellos la verdadera historia de Jesucristo en el plano de los hechos ocurridos en el tiempo en que se manifestó al mundo como hombre. Esta es la razón y propósito de las presentes notas que, por la extensión de la doctrina, son sumamente breves y se presentan para dar una sencilla pauta de estudio que permita una aproximación a la cristología.

Propósito

Un estudio sobre *cristología sistemática* exige tratar de alcanzar el objetivo final, que es el conocimiento detallado sobre Jesucristo, su persona y su obra. Esa investigación trae aparejado el reconocimiento de que Jesús de Nazaret es el Cristo de Dios, Unigénito del Padre eterno, lo que exige ponerlo en relación con su esfera de principio, que es Dios. Pero, al hacerlo, se entra directamente en la realidad trinitaria en la que eternamente existe como persona en el ser divino. Necesariamente ha de desarrollarse en el estudio esta relación, que Él mismo manifiesta en su tiempo terrenal. La entrada del Hijo de

Dios en la historia de los hombres le asigna un cometido esencial de revelación de Dios. El inconmensurable, infinito y eterno Dios es incomprensible al limitado pensamiento, razonamiento y mentalidad de la criatura, y excede los límites del conocimiento humano. De ahí que quien puede expresar a Dios en plenitud entre en el mundo de los hombres para revelarlo, como manifiesta el apóstol: "A Dios nadie le vio jamás; el unigénito Hijo, que está en el seno del Padre, él le ha dado a conocer" (Jn. 1:18). Por esta causa, no se puede hablar del Jesús de la historia desligándolo del plano de la deidad en la que se produce su eterna subsistencia. Jesús atrae la Trinidad al hombre porque, en la ejecución de la economía de la redención, la presencia trina se manifiesta, haciendo posible lo que eternamente había decidido Dios.

La cristología se orienta en dos sentidos. Uno de ellos tiene que ver directa e incuestionablemente con Dios y, por esa misma razón, con la Trinidad y, por tanto, con la Teología Propia, la división que estudia el ser divino y sus manifestaciones, y elabora las bases dogmáticas sobre la persona del Padre. El otro está relacionado con la operación de salvación, la economía salvadora, que no es otra cosa más que la acción de Cristo que en el tiempo actúa para ejecutar el programa de salvación del pecador. Sin embargo, debe ser establecido un límite en el estudio de estos temas colaterales, ya que de lo contrario se invadiría el terreno propio de las otras divisiones de la Teología sistemática.

Una dimensión de trabajo tratará de determinar lo que tiene que ver con el ser divino en relación con Jesucristo, al tiempo que también ha de considerarse lo que la antropología involucra en la condición humana del Unigénito del Padre. Aunque la Trinidad está manifiestamente presente en el objetivo final de la cristología sistemática, debe limitarse aquí a lo que corresponde como origen determinativo de salvación, aproximándose tan solo a lo que es necesario para entender que el Salvador no solo procede de Dios y es enviado por el Padre, sino que está también en su seno como vínculo generativo de la persona divina. De manera que el propósito de la cristología es el de presentar a Jesucristo, Hijo de Dios, Verbo eterno, vinculado con el hombre y con el tiempo de la humanidad. En Jesucristo es posible escribir la historia de Dios que, como toda historia, debe estar registrada en la temporalidad, entrando así en uno de los contrastes o contrasentidos para la mente humana que asocia en una sola persona eternidad y tiempo. De este modo escribe Olegario

González de Cardedal: "La cristología tiene que ser expuesta como conjugación en Cristo del ser de Dios (θεολογία) y del tiempo del hombre (οἰκονομία). Si esto no se da, Cristo queda reducido a mera facticidad judaica o a mito universal".[1]

El objetivo de la cristología, cuyo horizonte inicial debe vincularse a la deidad, no alcanzaría su propósito sin extenderlo al modo operativo para ejecutar la obra de salvación, propósito vinculante con el envío del Verbo al mundo de los hombres, tomando una naturaleza humana o, si se prefiere, haciéndose hombre (Jn. 1:14). Ese es el vehículo que permite a Dios entregar su vida para la cancelación de la deuda penal que el pecado hacía gravitar sobre los hombres:

> *Así que, por cuanto los hijos participaron de carne y sangre, él también participó de lo mismo, para destruir por medio de la muerte al que tenía el imperio de la muerte, esto es, al diablo, y librar a todos los que por el temor de la muerte estaban durante toda la vida sujetos a servidumbre (He. 2:14-15).*

Esta operación de salvación abre la posibilidad de que Dios atraiga a sí mismo a todos los hombres y convierta a los que son enemigos Suyos en malas obras a la condición semejante a la del Hijo, "dándoles la potestad de ser hechos hijos de Dios, a los que creen en su nombre" (Jn. 1:12). Las bendiciones que el salvo alcanza por gracia mediante la fe han de situarse en el núcleo mismo de toda cristología. El seguimiento de Dios y la vida de victoria frente al pecado y la carne son posibles por la identificación con Cristo, a quien Dios constituye como ejemplo conformante, es decir, modelo o arquetipo de lo que está determinado que sean los que creen en Él (Ro. 8:29). El camino del seguimiento a Cristo, puesto que los cristianos tienen establecida esa demanda, consiste en mantenerse sobre las huellas que Él mismo dejó impresas marcando el camino de la vida victoriosa para Dios, y, al mismo tiempo, de confrontación con el mundo y su sistema. Son marcas de hombre en el camino de la vida eterna, lo que permite que sea posible recorrer el mismo camino (1 P. 2:21), cosa imposible si solo fuesen marcas del camino de Dios. Es un hombre perfecto quien trazó el camino, lo que indica que su senda está vinculada con la nuestra. La senda es siempre luminosa porque el seguimiento a Cristo

---

[1] González de Cardedal, 2001, p. 7.

es seguimiento a la luz, que es Él mismo (Jn. 8:12), así el tránsito, aunque sea por el lugar de sombra de muerte (Sal. 23:4), no carecerá de luz suficiente para ver el lugar donde se afirmen los pies de la fe. No solo marca el camino y lo ilumina, sino que garantiza la culminación del lugar adonde se orienta. La esperanza cristiana descansa no en cosas que se esperan, sino en Cristo mismo, como enseña el apóstol Pablo, cuando escribe que "Cristo es en vosotros esperanza de gloria" (Col. 1:27).

Se trata de alcanzar como propósito la elaboración de una aproximación a la cristología *sistemática*. Este adjetivo establece la condición de lo que se pretende lograr. Es una forma expresiva de la teología que se ajusta a un sistema, de ahí que sea necesario presentar también el método a seguir para conseguirlo. La teología sistemática es el resultado de sistematizar, determinar y estudiar las expresiones de fe de la teología bíblica, agrupándolas por identidad. En ese sentido, la cristología sistemática es la expresión final de lo que la Biblia revela en relación con la persona y obra de Jesucristo.

Las bases sustentadoras

La cristología se sustenta y afirma en Cristo, en toda la extensión y realidad de su persona y obra. Siendo su obra un hecho histórico de hace dos mil años, debemos recurrir al único elemento fiable para establecer los parámetros que permitan establecer con rigurosidad las conclusiones que sustenten la cristología.

La Escritura

El elemento fundamental para ello es el escrito bíblico. No solo en los relatos históricos inspirados de los evangelios, sino también en las afirmaciones de fe establecidas por los apóstoles que constituyen la base sustentadora de la cristología, que es a la vez histórica y dogmática.

La Biblia es un escrito que nace del impulso divino y no de la reflexión humana. El apóstol Pedro expresa esta verdad cuando escribe: "Porque nunca la profecía fue traída por voluntad humana, sino que los santos hombres de Dios hablaron siendo inspirados por el Espíritu Santo" (2 P. 1:21). En esa misma forma afirma el apóstol Pablo la verdad de la inspiración plenaria de la Palabra escrita: "Toda la Escritura es inspirada por Dios, y útil para enseñar, para redargüir, para corregir, para instruir en justicia" (2 Ti. 3:16). Los escritos sagrados no solo son la revelación que Dios hizo a los escritores que los produjeron, sino que, sobre la base de que comprometen al que hace la revelación, el Espíritu Santo, son inerrantes, es decir, no contienen error alguno en el original. Esta inspiración alcanza a todos los escritos, tanto del Antiguo como del Nuevo Testamento. Así, el apóstol Pedro coloca en el mismo nivel las Escrituras y los "escritos de Pablo" (2 P. 3:15-16). Los relatos de los cuatro evangelios gozan de la misma inspiración y de idéntica inerrancia. Estos relatos ponen ante el lector pinceladas históricas de la persona y obra de Jesucristo. No se trata de textos producidos por especulación humana o basados en tradiciones, sino que fueron hechos fidedignos descritos por quienes fueron testigos presenciales. Aquellos que escriben sobre la historia y los hechos de Jesús, como es el caso de Lucas, tuvieron sumo cuidado y esmerada atención en la verificación de la veracidad de aquello que escriben (Lc. 1:1-4).

Es preciso recordar que los judíos hicieron cuanto les fue posible para negar la historicidad de los acontecimientos producidos en la vida terrenal de Jesús de Nazaret. Su resentimiento contra el Maestro trajo como consecuencia que se le acusara de ocultista aliado con el príncipe de los demonios, pero lo destacable de esto es que los evangelios recogen esas acusaciones que, en lugar de ser elementos cuestionadores de quién era Jesús, son apoyos importantes de la realidad de su persona. La negación de la resurrección es uno de los engaños de aquellos envidiosos. Por eso, la afirmación de ese hecho en los escritos del Nuevo Testamento se produce cuando testigos presenciales de aquellos hechos estaban todavía vivos.

La gran base testimonial de los cristianos es un elemento sustentante de la cristología. La fe en el Salvador produce transformaciones evidentes en los creyentes, de manera que ésta se manifiesta a lo largo del tiempo y se hace una fe viva en cada uno de los que han creído. Jesús encomendó una evangelización no solo desde la verdad teológica de la realidad histórica, sino desde la expresión visible del testimonio personal a lo largo del tiempo (Hch. 1:8). La operación de salvación que Cristo hizo se hace visible y patente en los cristianos. No se trata de vivir una fe teológica, sino viva, o mejor dicho vivencial, semejante al testimonio de quienes, incrédulos a la verdad, preguntaban insistentemente al ciego cómo había sido sanado y quién lo había sanado, recibiendo como respuesta: "Una cosa sé, que habiendo sido ciego, ahora veo" (Jn. 9:25).

No se puede llegar a una auténtica cristología sin hacerla descansar plenamente en la Escritura. De igual manera, no se puede presentar la obra soteriológica de Cristo sin el testimonio de vidas que evidencian el cambio operado en quienes depositaron la fe en el Salvador en respuesta al mensaje del evangelio.

El problema de la tradición

La historia terrenal de Jesucristo fue transmitida en el tiempo previo a los escritos del evangelio, de boca en boca. Sin duda, la acción del Espíritu custodió esa tradición para que se mantuviese sin desviaciones históricas. Del mismo modo ocurre con las enseñanzas y palabras de Jesús. Con todo, algunas tradiciones no seguras se han ido comunicando en el tiempo produciendo muchas de las leyendas que circulan atribuidas a Jesús, tales como milagros sin razón de ser en su niñez y juventud.

En el decurso de los últimos siglos, se introdujeron asuntos relativos a Jesús, tales como la supuesta relación con María Magdalena y otros asuntos parecidos, que no sólo lo presentan como un mero hombre, sino incluso como un licencioso.

El problema de la crítica humanista

Los evangelios han sido firmemente discutidos por el sector crítico, que cuestiona su historicidad en muchos aspectos con el fin de desprestigiar la inerrancia bíblica y negar la inspiración plenaria de la Escritura. Sin embargo, a pesar de sus denodados esfuerzos, han sido incapaces de demostrar científicamente tal cuestionamiento. A lo largo del tiempo, los documentos históricos extrabíblicos encontrados han servido de segura confirmación, haciendo incuestionables los relatos sobre la vida y obra de Jesucristo registrados en ellos. Es verdad que la tradición ha llenado de leyendas aspectos atribuidos a Jesús que no pueden ser vinculados como complemento a lo que se encuentra en ellos.

El tema que se considera corresponde más bien a la bibliología, donde se trata con mayor amplitud. Sin embargo, puesto que la cristología descansa esencialmente en el texto bíblico, tanto del Antiguo como del Nuevo Testamento, será bueno recordar algunos aspectos elementales sobre la llamada Alta crítica. La certeza de la inerrancia bíblica es asunto de capital importancia en el estudio de los distintos aspectos de la teología sistemática. El examen de los libros de la Escritura, autoría, datación, aceptación canónica, etc. es, sin duda, una necesidad para el estudioso de la Palabra. Por otro lado, el hecho de que no existan originales de ninguno de los sesenta y seis libros de la Biblia exige la investigación pormenorizada de las muchas copias que han llegado a nosotros, con algunas divergencias entre ellas; a este cotejo y selección de las copias consideradas como más fieles se dedica la llamada crítica textual. El término *Alta crítica* apareció por primera vez en el año 1787 en un escrito de Johann Gottfried Eichhorn.[2] Este sistema somete a prueba todos los escritos bíblicos, buscando debilitar o cuestionar lo tradicionalmente aceptado por la Iglesia a lo largo de los siglos sobre autoría, datación, composición, en pos de una supuesta desmitificación de la Escritura, tratándola del mismo modo que cualquier otra obra literaria. Con todo, la Alta crítica no aguanta un análisis metodológico desprejuiciado en relación con sus conclusiones, teniendo en cuenta que su metodología está condicionada por una actitud negativa hacia todo lo que no sea lógico, marginando de cualquier conclusión positiva todo lo sobrenatural. Es, en cierta medida, una expresión de lo que se llama actualmente *posverdad*, en las conclusiones que se alcanzan como probabilidades y son elevadas al rango de certeza o seguridad. La Alta crítica es la expresión más firme de la negación, sin que las propuestas que genera estén sustentadas en otra cosa que apreciaciones, probabilidades y suposiciones del técnico.

En relación con el Nuevo Testamento, base fundamental de la cristología, los escritos han sido aceptados como inspirados. Es cierto que alguno de ellos fue cuestionado en cuanto a su autoría, como la epístola a los Hebreos, llegando a la conclusión de que probablemente no sea del apóstol Pablo. De igual manera, Dionisio cuestionó la autoría de Apocalipsis por parte del apóstol Juan, apuntando a aspectos lingüísticos. Es sorprendente que ninguna crítica cuestionó los aspectos que la Alta Crítica cuestiona en el período de la patrística, lo que se extendió también a la época escolástica.

---

[2] *Introduction to the Study of the Old Testament.*

La Alta Crítica trató de manera puntual con las formas relacionadas con el Antiguo Testamento, debatiendo especialmente la autoría del Pentateuco. No obstante, usó otra metodología para el Nuevo Testamento, especulaciones filosóficas, con el fin de cuestionar asuntos de la fe cristiana, algo especialmente usado por los protestantes liberales.

El racionalismo alemán del s. XVIII descartó todo lo sobrenatural de los escritos del Nuevo Testamento y, por tanto, de forma especial, los milagros de Cristo. Se llegó a extremos tales como promover dudas sobre la ética de Jesús, como ocurre con las tesis de Reimarus (1694-1768). La progresión de las propuestas de los críticos condujo a cuestionar el origen de los escritos del Nuevo Testamento, considerándolos como simples obras literarias de las que hay que retirar toda cuestión relacionada con Dios mismo. Esto trajo como consecuencia que la autoridad e inerrancia de los evangelios quedó gravemente afectada. La Alta Crítica afirma que los relatos de los milagros de Jesús son el producto de la fantasía de los apóstoles que crearon hechos sobrenaturales que pueden y deben ser entendidos como resultado de causas naturales. Tales posicionamientos, contrarios a la realidad de los escritos del Nuevo Testamento, especialmente de los evangelios, condujo a una distinción hartamente peligrosa que presenta al *Jesús de la historia*, el verdadero Jesús humano, y al *Jesús de la fe*, que es el resultado de la fantasía de los apóstoles. La vida de Jesús fue abiertamente cuestionada sobre la base de que el Nuevo Testamento es el resultado de posiciones antagónicas entre judaísmo y cristianismo.

Las teorías de la Alta crítica fueron cuestionadas tanto por protestantes ortodoxos como por católicos, ocasionando un serio golpe contra el sistema liberal, representado por Baur, al insistir en el valor histórico de los evangelios y en la aceptación de las obras sobrenaturales que se encuentran en ellos. Sin embargo, esta corriente conservadora propone la dependencia de Mateo y Lucas del primer evangelio escrito —según ellos, el de Marcos—. En cuanto al evangelio según Juan, la crítica propone que el autor no fue el apóstol, sino el presbítero, que escribió a principios del s. II. Sin embargo, aun cuestionando la autoría, el problema principal recae sobre el valor histórico del evangelio, presentado como un compendio de teología, pero no como una auténtica historia. Es fácil encontrar en el argumento de la Alta Crítica la idea de que la teología contenida en este escrito es demasiado elaborada, lo que necesariamente exige un tiempo largo de reflexión que va más allá del tiempo de los sinópticos. A esta propuesta se puede argumentar que, con mucha seguridad, el evangelio según Juan debió haber sido el último de los escritos del apóstol y, probablemente, el último de los libros del Nuevo Testamento cronológicamente hablando. La crítica del texto bíblico es solo aceptable en cuanto a diferencias textuales y alternativas de lectura, lo que se conoce como Baja crítica, lejos de presupuestos racionalistas que desvían de la verdad revelada. Basten estas breves consideraciones a los efectos de entender la base bíblica de la cristología, especialmente en el apartado de cristología histórica.

Ciencias auxiliares

Siendo la teología en general y la cristología en particular ciencias dedicadas al establecimiento de las verdades referentes a ellas, tienen que relacionarse con otras ciencias que sirven de complemento a la elaboración del dogma de fe expresado en ella.

Historia

La única historia inspirada, relativa a Jesús, es la que se presenta en los evangelios y en las epístolas. Con todo, la historia, desde el punto de vista científico, consistente en el relato de acontecimientos producidos en el tiempo de la vida de Jesús, complementa y confirma externamente las verdades de los relatos históricos del Nuevo Testamento.

La historia es la ciencia que tiene como objetivo el estudio, la puntualización y la datación de los sucesos ocurridos en el decurso del tiempo. El método histórico es el propio de las ciencias sociales y humanas. Es —hablando genéricamente— la narración de los sucesos que se han producido, el modo y el tiempo en que ocurrieron, interpretados con la mayor objetividad posible.

Los evangelios no son biografías de Jesús, sino relatos que ponen de manifiesto hechos ocurridos durante su vida. El entorno histórico en que se produjeron representa un incuestionable valor para la comprensión de lo que los evangelistas escribieron. Como parte especializada de la historia, existe la arqueología, que estudia las artes, los monumentos y los objetos de la antigüedad, especialmente a través de sus restos.

Geografía

La ciencia que estudia la descripción de la tierra tiene una amplia aplicación en el estudio de la doctrina. Es necesario entender que los relatos sobre la vida de Jesús contienen amplios elementos históricos, así como alusiones a las circunstancias geográficas de la tierra por donde discurrieron su vida y ministerio. De modo que la geografía política prestará un servicio importante en la descripción de las divisiones territoriales de aquel tiempo, así como también permitirá situar precisamente los lugares mencionados en el texto bíblico. También guardan su importancia las cuestiones geográficas del territorio (si es marítimo o continental, si está en la montaña o en el valle, etc.). Todo ello permite una mejor comprensión de los acontecimientos detallados por los escritores del Nuevo Testamento. Hay lugares que tienen una gran importancia histórica, pero no se mencionan en el relato bíblico; deben tenerse en cuenta a la hora de entender aspectos concordantes con el hecho narrado.

La geografía nos permite conocer la situación del territorio en que Jesús se movía en los tiempos de Herodes, aproximadamente entre los años 40 a. C. y 6 d. C., nos sitúa en el contexto de los territorios de Idumea, Judea, Samaria, Galilea, Decápolis, etc. Al describir el entorno que rodeaba a Jesús y sus discípulos, la geografía permite descubrir un manifiesto estilo de vida helenístico que no se correspondía con el judaísmo, sino que procedía del extenso mundo del Mediterráneo oriental de aquel tiempo. Por consiguiente, las enseñanzas de Jesús, íntimamente vinculadas con los lugares en que se practicaba la religión judía, se hallaban en un marco geográfico muy relacionado con el mundo gentil de aquel tiempo.

Filosofía

Se trata de la ciencia que busca establecer, de manera racional, los principios generales que organizan y orientan el conocimiento de la realidad, así como el sentido del obrar humano. La filosofía permite entrar en el razonamiento para comprender los distintos aspectos relacionados con la cristología.

Para algunos, la filosofía es una ciencia que nada tiene que ver con la teología; es más, se considera como contraria a ella e incluso peligrosa para una correcta teología bíblica. Nada más contrario a la realidad. Sin acudir a la filosofía, algunos aspectos de la cristología no podrían ser explicados y definidos. Valga, a modo de ejemplo, la razón de la impecabilidad de Jesucristo, que descansa en el sujeto de atribución de las acciones de la naturaleza humana del Hijo de Dios, cuyo concepto puede comprenderse y explicarse desde la filosofía. Con todo, tanto ésta como las otras ciencias a utilizar en el estudio de la cristología no pueden estar sobre ella, sino a su servicio; no se trata de vehículos impuestos, sino de instrumentos colaboradores para un correcto entendimiento.

Psicología

Es la parte de la filosofía que trata del alma, sus facultades y operaciones. Es necesaria para entender aspectos concretos de la humanidad de Jesucristo. Sólo desde esta dimensión podrá alcanzarse una comprensión de las experiencias que resultan contradictorias en su condición divino-humana: los momentos de enojo del Señor, los de tristeza, la conmoción interna en su espíritu que expresa mediante el llanto, la agonía en Getsemaní, el conflicto en la cruz y otros aspectos propios de la naturaleza humana de Cristo.

Todo esto se hace más comprensible entendiendo que la psicología es la ciencia que estudia la mente y la conducta, además de la manera de sentir de una persona. Esta parte de la filosofía establece la síntesis de las características espirituales y morales de un ente.

El sujeto de la cristología

Si el objeto de la cristología es Cristo, el sujeto —esto es, a quien se orienta— es el creyente (y, por tanto, la Iglesia). El apóstol Pablo escribe: "La casa de Dios, que es la iglesia del Dios viviente, columna y soporte de la verdad" (1 Ti. 3:15), le da a la iglesia dos calificativos que algunas versiones traducen como *columna* y *baluarte* de la verdad. El primer término, στῦλο", significa literalmente columna, pero el segundo, ἑδραίωμα, es un sustantivo que denota *fundamento, soporte*, y que es un *hápax legomenon* en todo el Nuevo Testamento (ni siquiera aparece en la literatura profana). Proviene de la raíz de ἑδραιόω: *hacer estable*. La expresión puede traducirse como *columna y sostén* de la verdad. El sentido es sencillo: como el basamento sostiene la columna y ésta muestra a la vista lo que se ha colocado sobre ella, así también la iglesia exhibe la verdad de la doctrina ante todos. Frente a los falsos maestros que predican lo que no es veraz, la iglesia sustenta ante el mundo la verdad que ha recibido para ser proclamada. El adjetivo que procede de esa palabra significa *asentado, sólido, estable*. Podría traducirse también por hendíadis como columna sólida de la verdad. La idea específica es la de estabilidad en la verdad. La responsabilidad prioritaria de la iglesia es sostener sólida, firme e inquebrantablemente la verdad de la Palabra de Dios. La verdad es el tesoro sagrado que le ha sido entregado y que no solo debe conservar, sino exhibir ante todos. Toda iglesia que tergiversa la doctrina, que genera contenciones en torno a ella, que no la coloca como principal, sino que relega la Palabra a un papel secundario, destruye su razón de ser.

Sustentada en la verdad de la Escritura, que ha sido escrita por apóstoles y profetas, son éstos y posteriormente los maestros quienes establecen los parámetros que, seleccionados entre la doctrina bíblica, permiten elaborar la cristología dogmática como base de la fe que el cristiano ha de creer al respecto del Verbo encarnado, el Hijo de Dios hecho hombre, Emanuel, Dios con nosotros. No se trata de elaborar una verdad que ha de ser recibida como base de fe desde el pensamiento de hombres, sino de seleccionar esas verdades desde el misterio revelado por los apóstoles y profetas. Quiere decir que la cristología sistemática se determina por cristianos a quienes Dios ha capacitado con los dones de la gracia para que sean capaces de discernir el mensaje y enseñen las verdades de su contenido en esta materia. No es desde fuera de la iglesia que se establece la cristología, sino desde ella misma, si bien no es ella en conjunto quien lo hace, sino los maestros dotados por Dios que recogen la enseñanza de los apóstoles y profetas sobre este asunto. Implica, por tanto, una larga trayectoria de reflexión, meditación y selección de las verdades bíblicas reveladas sobre la persona y obra de Jesucristo. Sin embargo, a pesar del tiempo transcurrido desde los días de los apóstoles hasta el momento actual, las verdades cristológicas son inagotables, aportando nuevas expresiones que se suman a lo anteriormente seleccionado, ya que se trata de una manifestación de Dios mismo, por lo que la dimensión doctrinal supera en todo a cualquier conocimiento humano. Es necesario entender que en cristología se sustancian aspectos de la deidad y entre ellos relaciones trinitarias en el ser divino, tanto *ad intra* como *ad extra*. El estudio de una persona divina arrastra consigo a toda la Trinidad, en la que existe eternamente en comunión de vida.

Como hombres que estudian un tema bíblico, la subjetividad de los teólogos siempre está presente, pero el pensamiento subjetivo se subordina al objetivo de la revelación. En ese sentido, lo que es objeto de la cristología —Cristo mismo— se traslada al sujeto a quien se orienta la verdad, produciendo con ello la realidad viviente del objeto de la fe, que es el Cristo revelado. Es, por tanto, en el ámbito de la Iglesia, como comunidad de creyentes, que se atiende la cristología, tanto en el aspecto de aprender la fe, como en el de proclamarla y enseñarla.

Ya que la Cristología es materia de fe, el investigador de esta doctrina tiene que ser un creyente en Cristo. A cada uno de los que están en esta relación vivencial con el Salvador le es dado el "Espíritu de Cristo" (Ro. 8:9). Tal dotación de la gracia establece en el creyente la presencia de la tercera persona de la deidad, que conduce el pensamiento y permite la comprensión de las verdades comunicadas por Dios en su Palabra, imposible para la mente natural que no discierne las cosas del Espíritu, *siendo locura* para él, porque han de discernirse espiritualmente (1 Co. 2:14). El apóstol se refiere al *hombre natural*,[3] literalmente *el psíquico*, esto es el *animal*, cuya orientación en cuanto al conocimiento es exclusivamente por medio de su mente natural, que se establece como rectora de su actitud. El sentido de *hombre natural* u *hombre animal* está relacionado con el alma.[4] Es el hombre según ha nacido, con su carácter, sus deseos y conflictos. Un ser sin salvación y sin esperanza, ciego al conocimiento de Dios y contrario a su sabiduría.

Tal condición en el no creyente le conduce a no percibir o no entender en su mentalidad las cosas de Dios.[5] No quiere decir que no entienda en el sentido de escuchar y comprender lo que se dice en el mensaje, sino en el de aceptarlo como procedente de Dios y digno de ser obedecido. Estas son verdades espirituales, expresadas con palabras espirituales, claras e idiomáticamente comprensibles. No percibirlas equivale a no recibirlas, no aceptarlas como válidas. La cristología, siendo una verdad procedente de Dios, se convierte en

---

[3] Griego: ψυχικὸς δὲ ἄνθρωπος.
[4] Griego: ψυχῆ.
[5] Griego: οὐ δέχεται τὰ τοῦ Πνεύματος τοῦ Θεοῦ.

insensatez o locura, algo fuera de toda lógica y razón, para el que no tiene fe.[6]

En su interior está el corazón, centro de la voluntad, entenebrecido y endurecido, insensible a la luz del Espíritu contenida en la Palabra. Son palabras pertenecientes a una sabiduría contraria a la suya. Así ocurre con el mensaje de salvación (1 Co. 1:18); por tanto, quien considera locura la sabiduría de Dios no puede salvarse, esto es, no hay en él nuevo nacimiento, no se produce la regeneración del Espíritu y está totalmente perdido, muerto en sus delitos y pecados.

La incapacidad del hombre natural obedece a los efectos del pecado. El no regenerado está en un estado de depravación. Esta es la positiva disposición y activa inclinación al mal que hay en toda persona a consecuencia del pecado, que lo incapacita totalmente para la salvación y lo orienta al mal (Gn. 6:5; Mr. 7:20-23; Ro. 3:9-18). Esto no significa que el hombre natural no tenga conocimiento de Dios (Ro. 1:18-21); tampoco es que no tenga conciencia para discernir entre el bien y el mal (Jn. 8:9; Ro. 2:15). No quiere decir que nunca sienta admiración por la virtud, ni que haya de pecar en todas las formas y los modos posibles. A consecuencia del pecado, el hombre ha quedado totalmente incapacitado para cambiar por sí mismo su carácter y conducta, de manera que pueda amar a Dios y obedecerlo. En ese sentido, el hombre no regenerado no puede ni quiere hacer un solo acto que alcance el nivel moral prescrito por Dios. El pecado ha hecho sordo el oído espiritual y, por tanto, la atención del hombre hacia las cosas de Dios (Hch. 28:27). Ha oscurecido los ojos del entendimiento (Ef. 4:18). Ha depravado el corazón y los afectos (Mt. 13:15). Ha desviado los pies de un andar correcto (Is. 53:6). Ha hecho carnal el pensamiento de la mente, de modo que el hombre natural no puede ni quiere sujetarse a la ley de Dios (Ro. 8:7). Ha dañado la capacidad del intelecto en relación con el discernimiento de las cosas de Dios (1 Co. 2: 9-14). Ha convertido al hombre en un muerto espiritual, sin capacidad para obrar nada en el terreno espiritual conforme a Dios (Ro. 5:12; Ef. 2:1, 4, 5). Ha puesto al hombre bajo el poder del diablo (Ef. 2:2).

El mensaje de salvación, la palabra de la cruz (1 Co. 1:18), es inadmisible para el hombre natural, que "no percibe las cosas que

[6] Griego: μωρία γὰρ αὐτῷ ἐστιν.

son del Espíritu de Dios".[7] Pablo afirma que no las puede entender. Sin otra ayuda, el hombre no regenerado no comprende ni acepta los planes de Dios. No es sólo un estado de rebeldía, sino de incapacidad.

El apóstol concluye afirmando que no entiende las cosas de Dios porque han de discernirse espiritualmente.[8] Esto expresa un proceso de relación que permite llegar a la verdad. El discernimiento sólo es posible por medio de la acción del Espíritu, de modo que, como antes dijo, acomodaba la enseñanza espiritual a los espirituales (1 Co. 2: 13).

Los no creyentes están cegados por una operación satánica (2 Co. 4:3-4). Es un velo espiritual puesto sobre los que se pierden que tiene graves consecuencias en relación con el evangelio. Satanás, "el dios de este siglo", amo y señor de esta era, señor de los mundanos (Lc. 4:6; Jn. 12:31; 14:30; 16:11; Ef. 2:2), actúa en la mente de los incrédulos impidiendo que capten el contenido espiritual del evangelio. Nadie debe ignorar que todo el mundo está bajo Satanás (1 Jn. 5:19). Esta acción diabólica trata de impedir que no les alcance el mensaje iluminador del evangelio que proclama a un Salvador glorioso. El momento del inicio de la fe se produce cuando a estos enceguecidos les "resplandece la luz del evangelio", la luz de Dios ilumina las tinieblas en que se encuentran. Los hombres naturales no perciben las acciones del Espíritu (1 Co. 2: 12, 14), no reconocen al Espíritu (Mt. 12:22-37), no pueden recibirlo. Tal limitación hace imposible para el no regenerado volverse a Dios con fe salvadora, sin la ayuda del Espíritu.

Pero el cristiano, vivificado por el Espíritu que está en él, recibe la capacidad comprensiva de las verdades de Dios al reproducir a Cristo en su vida, lo que le permite "tener la mente de Cristo" (1 Co. 2:16), esto es, su inteligencia, como afirma el apóstol Pablo.[9] El discernimiento espiritual es posesión de todo creyente. Estando en Cristo tiene, por comunión vital con Él, el modo de pensar de Jesús. De manera que ajusta su pensamiento al de Dios, expresado plenamente en el Logos encarnado y en el Logos escrito. El cristiano no deja sus convicciones de fe ante la sabiduría de los hombres, sino

---

[7] Griego: καὶ οὐ δύναται γνῶναι.
[8] Griego: ὅτι πνευματικῶς ἀνακρίνεται.
[9] Griego: ἡμεῖς δὲ νοῦν Χριστοῦ ἔχομεν.

que se aferra a ella en todo momento. Tener la mente de Cristo exige ajustar la vida al modo de actuación que Cristo hubiera tenido en cada circunstancia. Es, esencialmente, vivir a Cristo. Todo cuanto se separe de la verdadera fe, en el estudio exhaustivo de la persona y obra de Jesucristo, supone reducir la cristología a un saber impersonal, convirtiendo lo que es una base de fe en una mera expresión técnica que se limita a coordinar hechos e ideas relacionadas con Cristo. Es la fe la que expresa "la convicción de lo que no se ve" (He. 11:1). Sin ella, la cristología es una mera expresión de ciencia muerta; con ella, se hace elemento de vida al conocer a quien es "camino, verdad y vida" (Jn. 14:6), no desde el punto de vista de la reflexión humana, sino del don de Dios que se encarna en Él para vida eterna a todo el que cree.

Con todo, la cristología requiere, junto con la fe, la técnica necesaria para expresar las profundas verdades contenidas en ella. La fe no es algo irracional, sino racional; se acepta la dimensión sobrenatural que hay en ella, puesto que su procedencia es divina, siendo del creyente don de la gracia salvadora (Ef. 2:8-9). Esta conduce al intelecto humano a expresar las verdades de la cristología en la dimensión propia de la ciencia humana sin mermar la esencia de lo que se debe creer y haciendo que sea comprensible, intelectualmente hablando, a la percepción de las personas de todos los tiempos. Tal realidad no supone claudicar en nada del dogma como proposición cierta y principio innegable de la fe cristiana. Cuando la sabiduría del hombre pretende racionalizar lo que es aceptable solo por fe, al ser revelación de Dios, persiste ésta y no aquella.

Metodología

Hay distintos métodos para hacer una aproximación a la cristología. Esencialmente se puede seguir el camino *ascendente*, que parte de la humanidad de Cristo y la conecta con la deidad, o el *descendente*, que comienza en la eternidad del ser trinitario y progresa hasta la encarnación, vida, muerte, resurrección y glorificación del Señor.

El método ascendente puede llevar a la conclusión de que Jesús es simplemente un hombre que fue agraciado de forma especial por Dios, y en el que manifestó su poder, llevando en Él y por Él la obra de salvación que había establecido y, por tanto, determinado eternamente. Este método tiene como punto de partida la historia humana de Cristo. En cierta medida, sigue el camino de la fe de los primeros discípulos, que fueron viendo las acciones sobrenaturales de Jesucristo hasta que asentaron en Él la fe, depositándola no en un hombre especial o incluso sobrenatural, sino en la realidad eterna del Hijo del Altísimo conforme a la confesión de Pedro en Cesarea: "Tú eres el Cristo, el Hijo del Dios viviente" (Mt. 16:16). Es un título que establece la relación de Jesús con la promesa de Dios y la esperanza del pueblo. En Cristo, el Mesías, Dios cumplía la promesa de redención hecha a los padres (Hch. 13:23, 32). Cuando el apóstol declara que Jesús es el Cristo quiere decir que es el Mesías largamente esperado, quien fue anunciado como mediador dispuesto por el Padre, ungido por el Espíritu y determinado para ser el profeta de su pueblo (Dt. 18:15, 18; Is. 55:4; Lc. 24:19; Hch 3:22; 7:37) y también el rey esperado y determinado para el reino eterno de Dios (Sal. 2:6; Zac. 9:9; Mt. 21:5; 28:18; Lc. 1:33; Jn. 10:28; Ef. 1:20-23; Ap. 11:15; 12:10, 11; 17:14: 19:6). Las gentes lo llamaban profeta, pero los discípulos lo reconocían como el Cristo, el Mesías, el Ungido de Dios (Is. 61:1). Sin duda, la fe actuaba en ellos haciéndoles reconocer una dignidad tan grande en quien, a los ojos de los hombres, no cumplía las expectativas que habían asignado al Mesías, el Cristo de Dios.

El método de la cristología del ascenso ha dado pie a un sistema que podría llamarse *evolutivo*, en el sentido de que primero se produjo un origen del Jesús humano, nacido de una determinada mujer (María Virgen), en un determinado contexto social de la familia real de Judá, de un determinado origen nacional (un judío), especialmente un hombre bueno en el que el poder de Dios se manifestó, terminando su vida crucificado por sentencia del gobernador romano Poncio Pilato. A Él, tomando gran parte del sistema religioso pagano, se le constituyó Hijo de Dios, divinizándolo, dándole el tributo religioso y las peculiaridades propias de un dios, como cualquier otro del paganismo, asentándolo como núcleo de la fe cristiana. Esto conlleva aceptar que la fe en Cristo es una creación religiosa de los hombres que toma como base las creencias paganas del mundo greco-romano. No cabe duda de que alguno podrá decir que la cristología del ascenso debe entenderse en la forma en que progresó para establecer la fe de los apóstoles y la iglesia primitiva. Esto parte de los relatos históricos de la vida de Jesús de Nazaret, hasta su gloriosa resurrección, por lo que se vincula al hombre que murió con la deidad, no desde la divinización del hombre, sino desde la humanización de una persona divina.

El método *descendente* es el que parte desde la eterna vinculación de las personas divinas en el seno trinitario, progresando en el descenso de la segunda, el Verbo eterno, que por encarnación se hace hombre. En todo, las tres personas participan asumiendo actividades que las vinculan entre sí, en un hecho de soberanía divina con el fin de salvar a los pecadores. La fe en Cristo no se alcanza por deducciones humanas basadas en las operaciones de poder que Jesús realizaba en la tierra, sino en el sentido de un conocimiento por revelación divina que responde a la pregunta sobre quién era Jesús. El apóstol Pedro afirma en Cesarea que no solo es el Cristo, sino que es el Hijo del Dios viviente, a lo que el Señor respondió aseverando que aquella confesión había sido una revelación del Padre (Mt. 16:17).

No sólo lo reconoce como el Mesías, sino también como "el Hijo del Dios viviente".[10] Esta segunda parte de la declaración no puede significar más que la vinculación de Jesús el hombre con la deidad en una relación paterno-filial única e irrepetible. El Señor es reconocido como quien era, es y será eternamente, el único vivo en contraste con los dioses muertos de las gentes (Is. 40:18-31), por cuya vinculación puede comunicar a los hombres la vida que es propia y única de Dios a todo aquel que cree y vive en Él (Jn. 1:4). Estando sobre la tierra en su humanidad, el Hijo de Dios sigue en el seno del Padre por su deidad (Jn. 1:18). Hablar de Hijo de Dios es hablar de una relación vivencial en el seno trinitario que muchas veces pasa desapercibida. Las tres personas divinas no son tres individuos de la especie divina, porque estaríamos ante tres dioses, por muy relacionados que estuviesen entre sí, lo que contradiría la verdad bíblica que enseña claramente que las tres personas son un solo Dios. Las personas divinas no se distinguen entre sí por algo absoluto, como esencia, actividades, cualidades personales, sino por la respectiva relación que las constituye al oponerse como principio y término de la procesión que se manifiesta en el Hijo y en el Espíritu. Por esta razón, el Padre se distingue del Hijo al ser éste el término de la generación de la que es principio el Padre. El Hijo se distingue del Padre porque la filiación que lo constituye como una persona lo coloca frente al Padre del que procede. Ser principio y término de una procesión intratrinitaria distingue a las personas divinas del Padre y del Hijo entre sí. Esta vinculación e identificación de la primera y segunda persona divina en engendrar y ser engendrado (que nada tiene que ver con

[10] Griego: ὁ Υἱὸς τοῦ Θεοῦ τοῦ ζῶντος.

origen ni principio que, como Dios, no tiene ninguna de las personas divinas) hace que, por ser eternamente Dios el Padre, lo sea a su vez eternamente Dios el Hijo. El hecho de que el Padre engendre al Hijo no le da ninguna superioridad sobre Él. La razón es sencilla: el Padre debe su ser personal al acto de engendrar al Hijo, y del mismo modo, el Hijo debe su ser personal al hecho de ser engendrado por el Padre. No hay, pues, ninguna dependencia, inferioridad o subordinación en el seno trinitario, sino una interdependencia relacional entre las personas divinas. Su vinculación está establecida en una relación de Padre a Hijo, y viceversa, por la que el Padre no puede existir sin el Hijo, ni el Hijo sin el Padre (1 Jn. 2:23). La identificación de cada una de las dos primeras personas divinas hace que el Padre no pueda ser Padre sin ser Dios y que el Hijo no pueda ser Hijo sin ser Dios. Por tanto, hay una totalidad integradora en cada persona divina, junto con una identificación personal absoluta. El Hijo es también Verbo de Dios. En su entrada como Emanuel al mundo de los hombres, donde el Verbo se hace carne (Jn. 1:14), viene para expresar absolutamente a Dios (Jn. 1:18), traduciendo al Padre al lenguaje humano, no de palabras, sino de vida, en quien es el Hijo de Dios. Como Hijo de Dios, es la imagen del Dios invisible (Col. 1:15), consecuencia natural de la procesión del Padre que, como término de esa procesión, está en y expresa Él mismo toda la realidad divina de Dios. Este Hijo, reconocido y confesado por Pedro como portavoz de los demás apóstoles, es consustancial con el Padre y por ello es el "resplandor de su gloria" (He. 1:3), como va a manifestarlo en un próximo futuro mediante la transfiguración (Mt. 17:1-13). No se trata de un reflejo de la gloria, sino del palpitar mismo de ella. El Hijo del Dios viviente es Dios mismo manifestado en carne (1 Ti. 3:16). La confesión de Pedro es la afirmación de la preexistencia de Jesús, es decir, que Jesús de Nazaret histórico en su ser personal, esto es, en su realidad absoluta, ya existía antes de ser concebido por obra del Espíritu Santo en la Virgen María. Todavía más, su existencia histórica se asienta y fundamenta en una existencia suprahistórica y eterna que solo es posible en Dios. En el Hijo eterno son adoptados los cristianos (Gá. 4:4-5) y, en Él, Dios les concede el derecho de ser llamados hijos de Dios (Jn. 1:12).

La preexistencia del Hijo de Dios no es una teoría metafísica proyectada desde afuera, sino la condición para hacer posible la eficacia de la redención del mundo por ser Dios quien se ofrece a sí mismo en su naturaleza humana para ser sustituto de los hombres en la cruz. El envío que el Padre hace del Hijo (Gá. 4:4) tiene un contenido soteriológico. Las formulaciones bíblicas del envío del Hijo van acompañadas de una preposición griega que indica propósito.[11] De esa manera, cuando llegó el cumplimiento del tiempo, "Dios envió a su Hijo *para que* redimiera" (Gá. 4:4-5; cursiva añadida). De la misma manera, "Dios enviando a su propio Hijo en semejanza de carne de pecado y a causa del pecado, condenó al pecado en la carne; *para que* la justicia de la ley se cumpliese en nosotros" (Ro. 8:3-4; cursiva añadida). Otra declaración bíblica es semejante en cuanto a la razón del envío: "Porque de tal manera amó Dios al mundo, que ha dado a su Hijo Unigénito, *para que* todo aquel que en él cree no se pierda, más tenga vida eterna" (Jn. 3:16; cursiva añadida). De la misma manera, afirma otra vez Juan, el apóstol: "En esto se mostró el amor de Dios para con nosotros, en que Dios envió a su Hijo Unigénito al mundo, *para que* vivamos por Él" (1 Jn. 4:9; cursiva añadida). Se aprecia, pues, que a pesar de los conceptos que había entre los judíos sobre el Mesías, el Cristo, Dios estaba revelando a los Doce una dimensión consonante con el proyecto salvífico que Dios obraría en su Hijo y a través de Él para salvación de los perdidos, manifestándose en ello la verdadera esperanza, no sólo para los judíos, sino para todos los pecadores.

Una confesión tan explícita no podía venir del razonamiento de los hombres; por eso nuestro Señor dice a Pedro que no venía "de carne ni de sangre",[12] hebraísmo que equivale a hablar de cuestiones propias de los hombres. Podía considerarse bienaventurado porque esa revelación sólo podía proceder del Padre celestial, literalmente "mi Padre celestial".[13] Para acentuar más sus palabras y expresar más profundamente la declaración utiliza, como era normal, el nombre completo del bienaventurado apóstol, llamándole *Simón*, y relacionándolo con el único Simón de esa condición, que era el hijo de Jonás. Ninguna de las personas que antes citaron los apóstoles respondiendo al Señor al respecto de quién decían las gentes que era Él tenía la convicción firme de que era el Hijo de Dios; la convicción de Pedro y del resto de los apóstoles no procedía de enseñanzas humanas, sino de revelación divina. Para llevarlos a esa convicción ante uno que, humanamente hablando, no tenía ninguna de las cualidades esperadas del Mesías, era precisa una revelación

---

[11] La preposición ἵνα se traduce como *para,* o *para que*.

[12] Griego: ὅτι σὰρξ καὶ αἷμα οὐκ ἀπεκάλυψεν σοι.

[13] Griego: ἀλλ' ὁ Πατήρ μου ὁ ἐν τοῖς οὐρανοῖς.

del Padre. No significa que Pedro hubiera recibido esa revelación del Padre en aquel momento, sino que era la consecuencia del tiempo al lado de Jesús, bajo la conducción de Dios, la que los había llevado a aquella comprensión. Junto con la bienaventuranza de Pedro está la glorificación de Dios. Aquella percepción no venía de su condición natural ni de sus conocimientos humanos, sino de la acción de Dios, por lo que la gloria de esa fe sustancial se debía a Dios, quien la había producido y establecido tanto en su mente como en su corazón. Al llamarle Jesús *Simón, Bar-Jonás* estaba enfatizando esa verdad, al recordarle su procedencia como hombre y miembro de la raza humana, quien no hubiera podido alcanzar por sí mismo un conocimiento así.

Esta corta, pero concreta reflexión insta a escribir la cristología desde el método del descenso, lo que no merma en nada la humanidad del Hijo de Dios, pero la sitúa como determinación divina que se cumple en el cumplimiento del tiempo (Gá. 4:4). La cristología del descenso sitúa la verdad de la fe no desde el conocimiento subjetivo, que analiza las cosas que concurren en la vida de Jesús, sino desde el objetivo, que parte por revelación divina de la eterna condición divina de quien, revestido de humanidad, apareció en el mundo de los hombres para realizar la misión redentora que el Dios trino y uno había determinado. Cristo pertenece al ser divino y viene al mundo de los hombres en una aproximación de gracia. Es desde esta posición que puede hablarse de la auto-donación de Dios. La Trinidad está presente en la obra de Cristo —lo que se conoce como Trinidad inmanente—, pero la operación divina llevada a cabo por medio de la humanidad del Verbo encarnado conduce a entender otra forma manifestante de la Trinidad —lo que se llama Trinidad económica—. Es evidente, pues, que el método del ascenso sitúa todo en y desde la historia de Jesús, mientras que el método del descenso considera la Trinidad como punto de partida y su operación *ad extra*.

La primera auto-revelación de la Trinidad, dicho de otro modo, la primera manifestación *ad extra*, fue la determinación de salvar al hombre (2 Ti. 1:9). Allí la gracia que fluye del corazón de Dios, elemento para salvación y sustentación de la vida, ocurre, según el hebraísmo, "antes de los tiempos de los siglos".[14] El regalo divino de la gracia nos fue dado en Cristo Jesús antes de los tiempos eternos, es decir, antes del inicio del tiempo por la creación del universo. Ya

---

[14] Griego: τὴν δοθεῖσαν ἡμῖν ἐν Χριστῷ' Ιησοῦ πρὸ χρόνων αἰωνίων.

se ha considerado algo de esto antes, de manera que será suficiente recordar que la gracia, raudal infinito del amor de Dios para salvación, se depositó antes de la creación en la segunda persona divina, que la administra en el tiempo para salvación a todo aquel que cree. El primer hombre salvo en la historia humana lo fue por gracia mediante la fe, como lo han sido todos los restantes y lo será el último antes de los cielos nuevos y la tierra nueva. El apóstol está haciendo notar que la obra de salvación que incluye la gracia y sus manifestaciones fue una determinación eterna de Dios que ocurrió antes de que el tiempo pudiese ser contado. Por consiguiente, lo que tiene que ver con la historia de Jesús no es sino el cumplimiento del propósito eterno de Dios. Cristo es Dios hecho hombre, que acude al hombre para redimirlo, constituirlo como hijo del Padre (Jn. 1:12), por adopción en Él (Gá. 4:4).

Esta breve síntesis de reflexión conduce a elegir el método para escribir esta aproximación a la cristología. Sin duda, el más afín sería el de la cristología de descenso, pero, aun cuando sea el preferido, es necesario formular una pregunta: ¿Es este el camino? Se ha dicho antes que, cuanto tiene que ver con el establecimiento de la doctrina sobre Jesucristo, su persona y su obra, tiene que asentarse sobre la única autoridad en materia de fe, que es la Biblia. Por consiguiente, la metodología, cualquiera que sea, ha de supeditarse a ella, ya que la expresión de la fe tiene que descansar en el escrito que la sustenta. La Escritura es el libro de la fe. No está en contradicción con el razonamiento humano siempre que se supedite a las verdades expresadas en ella. No es un libro de ciencia, pero cuantas afirmaciones hace relacionadas con el saber científico no entran en contradicción, sino todo lo contrario. Al acercarse al escrito bíblico debe entenderse que todo cuanto ha sido escrito no es resultado de investigación o reflexión del hombre, sino comunicación divina hecha a los autores seleccionados por Dios a ese fin, como enseña el apóstol Pedro: "Entendiendo primero esto, que ninguna profecía de la Escritura es de interpretación privada, porque nunca la profecía fue traída por voluntad humana, sino que los santos hombres de Dios hablaron siendo inspirados por el Espíritu Santo" (2 P. 1:20-21). Esta es una verdad fundamental de la fe que, según el apóstol, debe ser conocida. Dios se revela en la Palabra, por tanto, todo cuanto Él quiere que se conozca, bien sea divino, antropológico o histórico, queda registrado en la Biblia, que pone ante los hombres verdades acerca de Él, de su obra y de su programa escatológico, independientemente de la capacidad cognitiva del hombre. Las verdades reveladas sobre Dios sólo pudieron ser conocidas porque Él las reveló. Esta revelación divina es múltiple en cuanto a temas, abarcando lo devocional, histórico, profético y ético; sin embargo, debe tenerse en cuenta que hay cosas secretas que no han sido aún reveladas en ella (Dt. 29:29). La revelación divina es progresiva. Por eso escribe el apóstol Pedro (en traducción literal) que "toda profecía de Escritura en particular interpretación, no llega a ser".[15] Si Dios se revela en la Palabra, necesariamente ha de hacerlo bajo su control; esto entra de lleno en el concepto de inspiración. Quiere decir que los autores humanos, a quienes comunicó el mensaje a ser escrito, lo hicieron bajo impulso del Espíritu Santo. Todo cuanto está en la Biblia, dice el apóstol, no surgió por el discurrir del hombre, sino por la revelación de Dios. De ahí que ninguna parte de la profecía es de interpretación privada. El verbo γίνομαι, utilizado aquí por Pedro, tiene muchas acepciones, entre ellas *hacerse, ser hecho, llegar a ser*. Esta última es la que corresponde para referirse a que la Escritura se produjo no por resultado de la mente humana. Ninguna porción de mayor o menor extensión surge del hombre, sino de la revelación de Dios. Ningún profeta enviado por Dios habló palabras por su cuenta, sino que se limitó a transmitir lo que se le había comunicado.

Añade, en los versículos citados, "que nunca la profecía fue traída por voluntad humana".[16] Esto es, si la profecía nunca fue traída por voluntad de hombre, define la influencia controladora que Dios ha ejercido sobre las personas que escribieron la Biblia y la acción que vitaliza el escrito bíblico. El control de Dios sobre los autores humanos tiene que ver con la acción preservadora del mensaje revelado para que sea transmitido con absoluta fidelidad. Esta transmisión lleva a poder afirmar que todo lo escrito en el texto original es plena, total y absolutamente la Palabra de Dios. Al haber sido dado el mensaje y transmitido con fidelidad, el hombre tiene en la Palabra la autoridad plena en materia de fe. La inspiración es la operación divina ejercida sobre los autores humanos por la cual Dios les revela el mensaje a escribir, custodia su trabajo para que no se produzcan errores, pero sin alterar su propio estilo personal en la confección del original, comunicando luego al trabajo hecho su aliento divino para que todo el escrito sea absolutamente Palabra de Dios, viva y eficiente, u operante (He. 4:12). Se trata del control que Dios ejerce *sobre* el hombre, *en*

---

[15] Griego: ὅτι πᾶσα προφητεία γραφῆς ἰδίας ἐπιλύσεως οὐ γίνεται.
[16] Griego: οὐ γὰρ θελήματι ἀνθρώπου ἠνέχθη προφητεία ποτέ.

el hombre, y *por medio* del hombre. Dios actuó sobre el que escribe impulsándolo a hacerlo. Primero, lo hizo *en* el hombre, revelándole el mensaje que debía registrar, y preservando su intelecto para que, utilizando sus propias palabras, transmitiese con absoluta fidelidad y precisión el mensaje de Dios. Luego actuó también *por medio* del hombre, haciendo de éste un instrumento para la transmisión de su Palabra. Estas acciones divinas relativas al escrito son también aplicables a la transmisión del mensaje de Dios en forma verbal por aquellos a quienes había escogido. El hecho y la importancia de la inspiración es vital para entender la autoridad e inerrancia de la Escritura.

Dice también Pedro: "Sino que los santos hombres de Dios hablaron siendo inspirados por el Espíritu Santo". Habla en el versículo de inspiración, y usa para ello el verbo φέρω, que tiene las connotaciones de *llevar, traer, arrastrar*, de manera que lo que dice es que los hombres que Dios escogió fueron impulsados para escribir el mensaje que habían recibido, de manera que las palabras del profeta son identificadas de ese modo, cuando constantemente dice "Palabra de Jehová" en los mensajes que escribe. El tercer paso en la confección del escrito bíblico es la instrucción divina al hagiógrafo para escribir el mensaje recibido de Dios (Jer. 36:1-2; Ex. 17:14; Ap. 1:11; 14:13), impulsando al profeta para pronunciar lo que había recibido de Dios y escribirlo luego (Jer. 20:7-9). Nótese que el impulso, que arrastra —de ahí inspiración, en el sentido de empujar a la acción—, procede del Espíritu Santo. En el proceso de escribir, Dios custodia la mente del escritor humano para que sea escrito con toda precisión y extensión (Jer. 36:2). Por esta causa, el mensaje escrito es Palabra de Dios, como si el mismo Dios directamente lo hubiese hecho (Os. 8:12). Cuando el escrito bíblico ha sido hecho, el resultado final es todo, sin ninguna exclusión, en el original, Palabra de Dios, revistiendo la autoridad suprema del Autor, que es el Espíritu.

Ahora bien, no hay distinción alguna entre diferentes escritos de la Biblia, alcanzando con ello a los del Antiguo y a los del Nuevo Testamento. El apóstol Pablo escribe: "Toda la Escritura es inspirada por Dios, y útil para enseñar, para redargüir, para corregir, para instruir en justicia" (2 Ti. 3:16). La gran afirmación del texto es que toda la Escritura es inspirada por Dios. El adjetivo θεόπνευστο» que usa en esta ocasión es un *hápax legomenon*, que sale sólo en este lugar. El significado literal es *Dios-soplada*, o si se prefiere, *soplada por*

Dios. El apóstol tuvo que habilitar la palabra para expresar la verdad. Quiere decir que cada parte de la Escritura y toda ella ha sido soplada por Dios. Esta sola palabra abre aquí la dimensión de la inspiración plenaria de la Escritura, que afecta y alcanza a la totalidad del escrito bíblico, incluyendo las letras y los signos que hacen inteligible el mensaje. Nada en el original ha sido traído por voluntad humana, o lo que es igual, procedente y salido del hombre. De este modo la Biblia es inerrante, esto es, no contiene error alguno en los originales. No solo no contiene error, sino que es imposible que lo contenga, puesto que Dios es verdad, y su Palabra es también verdad. Si la Escritura procede exclusivamente de Dios, es también autoritativa, convirtiéndose en la única norma de fe y conducta para la vida cristiana y la conducción de la iglesia.

Llegados a este punto, el método que se seguirá para esta aproximación a la cristología será el bíblico descendente. Es decir, se tratará de la doctrina de la persona y obra de Jesucristo considerada desde la revelación bíblica, estudiándola desde la perspectiva del descenso.

Relación de la cristología

Siendo esta una materia dentro de la teología sistemática, no cabe duda de que existe una relación con las otras doctrinas fundamentales de la fe cristiana, como se aprecia:

a) *Relación con la teología propia*. Especialmente con la presencia del Verbo en el seno trinitario y su vinculación con las otras dos personas divinas.

b) *Relación con la pneumatología*. Especialmente notable en la vida humana del Hijo de Dios. Su concepción ha sido por obra del Espíritu Santo. En el bautismo se hizo presente visiblemente. La conducción de acciones, como el ser llevado al desierto para la tentación, se hace notoria. Fue en el poder del Espíritu que hizo algún tipo de milagros. Es en unión con el Padre que enviaría el Espíritu a la Iglesia.

c) *Relación con la antropología*. Jesús es Dios que se hizo hombre. La expresión suprema de la humanidad conforme al propósito divino se expresa en Cristo. Los elementos propios de una humanidad, como la parte corporal y la espiritual, están presentes en Jesús. En su humanidad gustó la muerte como los hombres.

d) *Relación con la angelología.* Los ángeles están presentes continuamente en la vida de Jesús, desde antes de la anunciación, en el nacimiento, durante el ministerio, en la resurrección. En el himno cristiano de los tiempos apostólicos, se afirma que "fue visto de los ángeles" (1 Ti. 3:16).

e) *Relación con la soteriología.* Cristo es el único Salvador dado por Dios para la salvación del pecador (Hch. 4:12). Es el único mediador entre Dios y los hombres (1 Ti. 2:5). La obra redentora de Jesucristo es de infinito valor, por lo que puede salvar a todo el que crea.

f) *Relación con la eclesiología.* Cristo es la piedra fundamental de la Iglesia, sobre quien está edificada. Está presente en ella conforme a su promesa y se manifiesta como persona adorable en ella. Es la cabeza del cuerpo de creyentes, dada por el Padre. Su misión tiene que ver con la continua edificación de su Iglesia.

g) *Relación con la escatología.* No sólo como quien promete las bendiciones perpetuas, sino que Él mismo se constituye como esperanza en cada creyente (Col. 1:27).

División general de la materia

Teniendo en cuenta el método a seguir, puede establecerse una división general consecuente con el mismo de esta manera:

1. La deidad de Cristo.
    - 1.1. La subsistencia del Verbo en el ser divino.
    - 1.2. La personalización de la segunda persona como Hijo.
    - 1.3. La preexistencia.
    - 1.4. Títulos divinos.
    - 1.5. Acciones divinas.
    - 1.6. Las relaciones trinitarias.
2. La humanidad de Cristo.
    - 2.1. La encarnación.
    - 2.2. Jesús verdadero hombre.
    - 2.3. La subsistencia de su naturaleza humana.

- 2.4. La unión hipostática.
- 2.5. La condición divino-humana del Verbo encarnado.

3. El ministerio terrenal del Verbo encarnado.
   - 3.1. El bautismo de Jesús.
   - 3.2. Las tentaciones.
   - 3.3. Las enseñanzas de Jesús.
   - 3.4. Los milagros.
4. La kénosis del Hijo de Dios.
   - 4.1. Conceptos básicos del misterio.
   - 4.2. Limitación.
   - 4.3. Humillación.
   - 4.4. Expresión suprema de la humillación.
5. Pasión del Verbo encarnado.
   - 5.1. Anuncios de la pasión.
   - 5.2. Entrada del rey en Jerusalén.
   - 5.3. La agonía en Getsemaní.
   - 5.4. Juicios, oprobios y escarnios.
   - 5.5. La antesala de la cruz.
   - 5.6. La crucifixión.
6. La muerte.
   - 6.1. Aspectos relativos a la muerte de Jesús.
     - 6.1.1. La muerte espiritual.
     - 6.1.2. La muerte física.
   - 6.2. Un hecho real.
   - 6.3. Fundamentos de la muerte en la doctrina paulina.
   - 6.4. La falta de escrúpulos del liderazgo religioso.
7. La sepultura de Jesús.
8. La resurrección de Jesucristo.
   - 8.1. Fuentes y hechos.
     - 8.1.1. Confesiones kerigmáticas.
     - 8.1.2. Relatos cristofánicos.
     - 8.1.3. Himnos.
     - 8.1.4. Confesiones.
     - 8.1.5. Fórmulas.
   - 8.2. El hecho histórico de la resurrección.
     - 8.2.1. Consecuencias temporales y antropológicas.
     - 8.2.2. Realidad del hecho.
9. La exaltación del Señor resucitado.
   - 9.1. Relato histórico.
   - 9.2. Promesas reiteradas.
   - 9.3. Resumen teológico de la exaltación de Cristo.

- 9.3.1. El estado de exaltación.
- 9.3.2. La autoridad suprema sobre el nombre dado.
- 9.3.3. La confesión universal del señorío de Cristo.

9.4. Vinculación con la esperanza cristiana.

- 9.4.1. Anuncio de su segunda venida.
- 9.4.2. El reino en la tierra.
- 9.4.3. La posición en cielos nuevos y tierra nueva.
- 9.4.4. El juicio sobre los hombres.
- 9.4.5. El estado eterno.

CAPÍTULO II
DEIDAD

Introducción

No se puede entender plenamente quién es Jesús si no se parte necesariamente de la condición divina que le es propia eternamente como Hijo de Dios, segunda persona de la trina deidad. Por consiguiente, según el método adoptado para este estudio, la cristología bíblica del descenso, es preciso comenzar por la demostración de la condición divina de Jesucristo. No será posible entender la vida de Jesús, en el desarrollo de su actividad entre los hombres, si no se parte de su eterna deidad. Hay acciones, palabras y enseñanzas que sólo son posibles desde su condición divino-humana. Por ello, la vida del Señor en el mundo de los hombres es única e irrepetible. Sólo Él es de esa forma y sólo Él lo será en el futuro. Ningún hombre ha estado jamás vinculado a la deidad como Jesús; ningún impecable como Él; ninguno adorable. Jesús es el ejemplo y modelo, no del hombre, sino de la nueva humanidad en el propósito de Dios. Por medio de Él y en Él, el hombre se diviniza, en el sentido de venir a ser participante de la divina naturaleza (2 P. 1:4), sin que eso signifique que el hombre llegue a ser Dios. Sólo en Jesús, Dios alcanza la plenitud de la criatura haciéndose como ella, al incorporar en subsistencia personal una naturaleza humana que permite al Verbo de Dios venir a la condición de hombre y a la forma de siervo (Jn. 1:14; Fil. 2:6-8).

Por el hecho de ser Dios, permite que sea el camino de encuentro con el hombre, haciéndose en sí mismo el único camino de acceso a Dios, ya que en Él y por Él, Dios desciende en gracia al encuentro de la criatura (Lc. 19:10). Pero es también en su condición divina, camino de reencuentro, por el que la criatura perdida en el pecado se encuentra nuevamente con Dios, no de pasada, sino con el detenimiento que hace posible el encuentro, la comprensión, la comunión, el recogimiento, la vuelta y la conversión.

La historia humana de Jesús, partiendo desde su condición divina, permite al creyente descubrir una cristología que nos pone en el camino de encontrarnos con el Cristo vivo de ayer, de hoy y de siempre, de tal manera que tengamos clara comprensión de lo que significa ser sus discípulos, en el seguimiento, no de un imposible, sino de una realidad que humanamente hablando se convierte en ejemplo y modelo de vida a seguir (He. 12:1). Eso cambia la historia de la humanidad en forma absoluta. Los judíos esperaban un Mesías con ansia e impaciencia, y cuando Jesús vino y realizó la obra mesiánica profetizada no encontró acogida, sino rechazo, por cuanto el Logos brilló en las tinieblas y en ellas resplandeció para los suyos, para su pueblo, sus compatriotas, pero éstos, entenebrecidos, no le recibieron (Jn. 1:5, 11). Sin embargo, Jesús, el Salvador, que es escándalo a los judíos y necedad a los gentiles, es poder de Dios y sabiduría de Dios para los que le reciben (1 Co. 1:22-24).

Aunque comencemos el estudio de la cristología por la deidad del Hijo de Dios, no se conocerá a Jesús en su plenitud sin tener en cuenta su condición humana, que no puede desvincularse jamás de la persona divina en quien subsiste, por cuanto son dos subsistencias en una misma persona. Conocer a Jesús como Dios conducirá inexorablemente a considerarlo —como se hará más adelante— como hombre, y será en su naturaleza humana donde se alcance la comprensión del aspecto antropológico del misterio de redención. Conocer la vida de Jesús desde la eterna deidad que le corresponde conduce a seguir la ruta de Dios en su revestimiento humano, en el supremo encuentro de gracia entre Dios y el hombre, que establece un lazo de vinculación perpetua para todo aquel que crea. Esa comprensión debe alcanzarse manteniendo visible, en la consideración de la vida humana de Jesús de Nazaret, su condición divina que existe en la eterna persona del Hijo de Dios. El término de esta extensa reflexión que comienza por la deidad es entender claramente que Jesús es Hijo de Dios e Hijo del hombre, vinculando a este lazo último la humanidad de Cristo, y el primero a la divina, que eternamente le pertenece, de modo que podamos alcanzar en la limitación de la mente humana, la inalcanzable dimensión de Emanuel: Dios con nosotros.

La deidad reconocida

Hemos de partir desde un sencillo acercamiento a la revelación del Nuevo Testamento en la que no solo se reconoce la deidad de Cristo, sino que directamente se le llama Dios. Baste para ello considerar las citas que siguen.

Juan 1:1. Así en la cristología de Juan, en el prólogo de su evangelio, se lee: "En el principio era el Verbo, y el Verbo era con

Dios, y el Verbo era Dios". Comienza: "En el principio era el Verbo".[1] Sin ninguna alternativa de lectura, coincidiendo en la oración todos los textos griegos, el apóstol Juan formula una expresión de alto nivel cristológico sobre la identidad de quien va a ser objeto de su evangelio, a quien llama Λόγο» (*Logos*), situándolo en la referencia temporal en el principio de todo cuanto existe. Esta frase tiene un marcado paralelismo con la primera declaración del Génesis, que refiriéndose al principio de toda la creación dice también: "En el principio creó Dios" (Gn. 1:1). Sin embargo, debe notarse que *principio*[2] aquí no tiene que ver directamente con el comienzo del universo, sino que exige que se considere como una existencia anterior a él. De otro modo, este principio es la forma usada para referirse al existir del Verbo. La referencia al principio ha de entenderse necesariamente como lo que es: un existir antes de todo, un existir eterno, puesto que antes de la creación sólo existe Dios que vive eternamente en sí mismo. Así se entiende también en el Antiguo Testamento, cuando, hablando de la sabiduría, dice: "Jehová me poseía en el principio, ya de antiguo, antes de sus obras" (Pr. 8:22). A esa eterna vida divina el Verbo encarnado se referirá al pedir al Padre: "Padre, aquellos que me has dado, quiero que donde yo estoy, también ellos estén conmigo, para que vean mi gloria que me has dado; porque me has amado desde antes de la fundación del mundo" (Jn. 17:24). Esa referencia al principio toma otra forma expresiva cuando el Señor dijo a los judíos: "De cierto, de cierto os digo: Antes que Abraham fuese, yo soy" (Jn. 8:58). El pensamiento de Juan es muy concreto al decir "en el principio", ya que, si todas las cosas van a ser creadas por el Verbo, necesariamente las antecede, por tanto, es eterno, pero, el ser eterno corresponde exclusiva y excluyentemente a Dios. En su elaborada y precisa cristología, el apóstol Juan quiere que se preste atención a Jesucristo, no desde la condición de un mero hombre, sino desde su eternidad, que manifiesta su deidad, conclusión natural y lógica a la que llega al final de versículo. El Verbo no es, como algunos herejes afirman, un ser creado, sino el increado y eterno Dios.

Complementando la verdad que expresa, escribe *era*[3], el imperfecto de indicativo en voz activa del verbo *ser*[4], que pone de

---

[1] Griego:᾿Εν ἀρχῇ ἦν ὁ Λόγος.
[2] Griego: ἀρχή.
[3] Griego: ἦν.
[4] Griego: εἰμι.

manifiesto una existencia continuada en una determinada manera, es decir, Jesús *era* en el principio de todo, de manera que su deidad se confirma con la preexistencia, que se considerará más adelante. No vino a ser en algún momento, así fue eternamente. Esa es la razón del uso del imperfecto que se contrapone al aoristo en que este es puntual y definitivo, ya que lo que se pretende es vincular al Verbo con la deidad, introduciendo su vida en el ser divino, en una subsistencia personal en la que eternamente son las tres personas de la deidad. Por esa misma razón, puesto que el Verbo está ligado con el principio, claramente debe entenderse como una existencia atemporal, donde el principio no puede vincularse con el origen de algo, sino que ha de hacerse con la eternidad sin principio. Esa formulación con el imperfecto *era* hace notar que el principio desde donde se revela no es un comienzo, sino la visibilidad temporal de lo eterno, donde la atemporalidad se manifiesta y donde el tiempo no corre.

Éste, que era en el principio, es denominado por el apóstol *el Logos*[5], que, con artículo determinado en el texto griego, expresa la condición única de aquel a quién se llama de ese modo. Es notable la introducción del título dado a Jesucristo, propio de Juan, al que se referirá en otros lugares. Este título no aparece con frecuencia como designación de Cristo. Tanto es así que fuera del prólogo del cuarto evangelio, sólo está en este sentido en otro de los escritos de Juan (Ap. 19:13).[6]

Sigue refiriéndose a la deidad de Jesucristo cuando añade "el Verbo era con Dios"[7]. La segunda oración de la cláusula es posicional, expresando la situación del Verbo en relación con el Padre. Debe notarse el uso del artículo determinado *el*, que precede al sustantivo *Logos*. Se trata del único Logos divino. En este hemistiquio, Juan pretende hacer notar una distinción entre el Verbo y el Padre. La traducción "el Verbo era con Dios" expresa muy limitadamente lo que el escritor pretende dar a entender. La preposición *con*[8] tiene aquí un sentido de orientación o dirección, cuyo significado adquiriría una mayor precisión si se utilizara la preposición *cabe*, que, si bien está en desuso, significa *cerca de, junto a, frente a*; por tanto, el sentido es que

---

[5] Griego: ὁ Λόγος.
[6] Este título se considerará más adelante.
[7] Griego: καὶ ὁ Λόγος ἦν πρὸς τὸν Θεόν.
[8] Griego: πρὸς.

el Verbo estaba *frente a frente* con el Padre. Lo que Juan quiere dar a entender es que el Verbo estaba en una proximidad interna, íntima de persona a persona, en su vida *ad intra*. Generalmente, en el griego clásico es difícil encontrar la preposición *pros*, con acusativo, en sentido de *en presencia de*, pero en el griego helenístico y en la koiné, ese es uno de los usos habituales. Más preciso es entender el sentido de la frase como que el Logos estaba en una determinada relación con Dios. La idea de compañía previa a la creación está contemplada en el evangelio, cuando Jesús habla al Padre sobre la gloria que tuvo con Él antes que el mundo existiese (Jn. 17:5). Pero también puede hablarse de relación. Juan dirá también que en esa relación existe una determinada posición y orientación del Logos, literalmente *hacia el Padre* (Jn. 1:18). La relación entre el Logos y el Padre comprende todos estos aspectos y muchos otros, ya que debe considerarse que la relación entre las personas divinas descansa también en la comunión entre ellas.

La cristología de Juan introduce un concepto novedoso de la teología cristiana: que la vida en el ser divino o, dicho de otro modo, en el seno trinitario, es común a las personas divinas. De ahí que el paso siguiente a la eterna existencia del *Verbo* sea la consideración de vinculación con el Padre, expresada en una forma sencilla: "El Verbo era con Dios". Es decir, el que eternamente existe como Verbo debe su personificación a la relación con el Padre. Dios no es una persona, sino un ser. Por tanto, las personas divinas no son individuos de la especie divina, ya que entonces serían dioses, por muy relacionados que estuviesen, pero la revelación bíblica da a entender que las personas divinas son un solo Dios. Esto implica entender que el Padre y el Verbo no se distinguen por el absoluto (*ad se*) —esencia, cualidades, actividades, etc.—, sino sólo por la respectiva relación entre ellas que las constituye al oponerse (*ad alium*) respectivamente como principio y término de la procesión que las establece como personas. Esto se considerará más adelante al tratar de la personalización de la segunda persona divina.

El sentido teológico de la verdad expresada por Juan en esta frase es muy elevado. En la identificación del Logos, lo vincula necesariamente a la deidad, que es común a las tres personas de la Santísima Trinidad. De manera que, como ninguna de ellas puede ser persona divina sin ser Dios, así del mismo modo Cristo, el Logos eterno. Esta forma de vida aparece claramente en el versículo: "El verbo era con Dios". De otro modo, el Verbo no podría ser Dios si no estuviese en la intimidad participativa de la vida divina.

Es imposible estudiar la cristología desvinculándola de la Trinidad. La interrelación entre las personas divinas estará presente en la vida de Jesucristo, por lo que es necesario precisar desde el principio del estudio de esta parte de la teología bíblica que, en el seno trinitario, el Dios uno que subsiste en tres maneras distintas —de las que el apóstol, en el versículo que se considera aquí, hace referencia a dos de esas subsistencias, la del Padre y la del Verbo (que son distintos como relaciones opuestas, de ahí que estas dos no son el mismo, pero sí son lo mismo)— son distintas personas, pero son el mismo y único Dios. Es necesario entender que la persona divina, tanto la del Padre como la del Verbo, connotan relaciones correspondientes a cada una de ellas, que no surgen por decisión libre, sino necesaria. Juan dice "el Verbo era con Dios", por tanto, esa relación de comunión no es opcional, sino real y vital, en la que el uno no puede existir sin el otro. De otra forma, el Verbo está con Dios, en sentido de relación, junto a Dios, como está en la mente una palabra. A causa de esta unidad de naturaleza, todo el Padre está en el Verbo y todo el Verbo está en el Padre. Ninguno de los dos está fuera del otro porque ninguno precede a otro en eternidad, ni lo excede en grandeza, ni lo supera en potestad.

El apóstol concluye este denso versículo escribiendo: literalmente: "Y Dios era el Verbo"[9], con lo que hace una afirmación definitiva sobre la deidad del Verbo. Mediante una forma gramatical simple, pero completa, afirma que el Verbo que era en el principio, que estaba en unidad con Dios, es también necesariamente Dios.

Algunos que niegan la deidad del Verbo traducen el versículo poniendo el artículo indefinido *un* delante de Dios, para decir: "El Verbo era un Dios". El artículo definido es una partícula gramatical que en el griego se usaba para señalar o identificar al sustantivo. En el griego koiné, solo existe el artículo definido o determinado, con tres géneros —masculino, femenino y neutro—, pero no existe el artículo indeterminado o indefinido. En la argumentación de los arrianos, no importa si antiguos o modernos, pretender que, al no existir un artículo determinado delante de Dios, debe sustituirse por el indeterminado *un*, no solo supone una seria transgresión idiomática, sino que en

[9] Griego: καὶ Θεὸς ἦν ὁ Λόγος.

caso de que hubiese delante de *Dios* un artículo determinado, sólo el Verbo sería Dios. La herejía arriana no tiene sustento bíblico en este texto. Quienes quieren negar esta verdad que comporta la existencia eterna del Verbo, sin origen, sin creación, tienen que explicar mediante subterfugios y argucias lo que no dice el texto. Juan habla de la existencia del Verbo en el principio, que no tiene que ver con comienzo, sino con la eterna dimensión de la vida divina, como se considerará más adelante.

El término *Dios*[10], sin artículo, tiene que considerarse como predicado, y describe la naturaleza del Logos. Juan afirma que el Verbo era Dios, aunque no es la única persona de la que puede hacerse esa afirmación, ya que cada una de las personas divinas es también Dios verdadero y único. Reiterando lo que se dijo antes, si el artículo determinado estuviera presente delante de Dios, significaría que no existía ningún ser divino fuera de la segunda persona. La intención del apóstol es que este versículo proyecte la luz definitiva y el enfoque pleno en determinar quién es Jesús. La respuesta será directamente dependiente de este versículo, donde se aprecia la deidad de quien para los hombres era un mero hombre.

El título Dios aplicado a Cristo supone un avance notable en la cristología de la Iglesia primitiva contra las observaciones de que no era posible una evolución del dogma en un tiempo tan temprano. Sin embargo, el Nuevo Testamento llama explícitamente Dios a Jesús en tres textos, dos de los cuales proceden de Juan —uno de ellos, el que acaba de comentarse— y que deben ser considerados seguidamente.

Juan 20:28. Así escribe el apóstol Juan: "Entonces Tomás respondió y le dijo: ¡Señor mío, y Dios mío!"[11] (Jn. 20:28). La forma en el texto griego es clara y concordante con la forma castellana, y no tiene alternativas de lectura en otros mss. salvo la preposición copulativa *y* que antecede a la oración y el artículo determinado delante del nombre propio Tomás. Este apóstol se había negado a creer en la resurrección de Cristo, de modo que ante la presencia del resucitado había tenido suficiente para creer que aquel era el Señor levantado de los muertos. La expresión de Tomás es una de las afirmaciones más precisas del

---

[10] Griego: Θεὸς.

[11] Griego: ἀπεκρίθη Θωμᾶς καὶ εἶπεν αὐτῷ· ὁ κύριός μου καὶ ὁ Θεός μου.

Nuevo Testamento sobre la deidad de Cristo. Los arrianos, antiguos y modernos, han procurado desvirtuar la construcción gramatical para evitar que se considere como un vocativo. Sin embargo, el uso de nominativo con artículo, como ocurre aquí, es la forma que se utiliza muchas veces tanto en el griego clásico como en la koiné para la construcción del vocativo. Es una confesión de fe: Jesús es Señor y es Dios. Es notable observar que a Cristo se le llama Dios en este evangelio, bien directamente (Jn. 1:1), o en alternativas de lectura, en otros textos griegos aparece también en lugar de *Hijo*, así se lee el *Unigénito Dios* (Jn. 1:18); o bien en explicaciones (Jn. 5:18; 10:33). El vocativo se usa para nombrar sin vinculación, como si se tratase de un nombre propio en este caso, con el que puede llamarse; por tanto, no es necesario aquí acompañarlo de signos de admiración, aunque refleja correctamente la expresión de Tomás. Lo que está diciendo acerca de Jesús es que es el Señor y Dios suyo. Es muy interesante el uso de los pronombres personales de vinculación. Jesús, dice Tomás, es mi Señor y mi Dios. No en posesión como si fuese suyo únicamente, sino en relación. Jesús es el Dios y el Señor de Tomás. Magnífica confesión de la deidad de Cristo. La fe transciende al hecho en sí de la resurrección de uno de entre los muertos, para introducirla en la condición divina del resucitado. En la vinculación por fe con Él se aprecia inmediatamente su deidad. Los títulos *Cristo, Señor, Hijo de Dios* que da el Nuevo Testamento a Jesucristo explican la filiación como procedencia eterna del Padre, de su esencia y no de su voluntad. De ahí que Jesucristo comparte la misma vida y potestad que el Padre. La gloria de Dios es la gloria de Cristo, la verdad de Dios es también la de Cristo. El hecho de la humanidad de Jesús y de la resurrección corporal del Hijo de Dios expresa la incomprensible donación de Dios al hombre; por consiguiente, el que dona y el que se revela han de ser necesariamente Dios.

Hebreos. 1:8. Otra referencia directa a la deidad de Jesucristo está en la epístola a los Hebreos, donde, citando los Salmos, se lee: "Mas del Hijo dice: Tu trono, oh Dios, por el siglo del siglo; cetro de equidad es el cetro de tu reino"[12]. Algunos tratan de evitar la referencia a la deidad de Cristo no considerando que el pronombre personal *tuyo* o *de ti*, vinculado al cetro del rey, es vinculado al Hijo. Sin embargo,

---

[12] Griego: πρὸς δὲ τὸν Υἱόν· ὁ θρόνος σου ὁ Θεὸς εἰς τὸν αἰῶνα τοῦ αἰῶνος, καὶ ἡ ῥάβδος τῆς εὐθύτητος ῥάβδος τῆς βασιλείας σου.

está perfectamente atestiguado en los mss. más firmes y en los padres, omitiéndose tan solo en uno.[13]

La referencia que se considera comienza con la frase introductoria "pero con relación al Hijo"[14], que por el contexto es Cristo. Esta introducción marca un contraste con la introducción del texto bíblico del Antiguo Testamento del versículo anterior, donde se hace referencia a los ángeles —"y de los ángeles"—, mientras que en este lo hace del Hijo —"mas del Hijo"—; las dos introducciones están construidas, en el texto griego, con dos adversativas diferentes. La del versículo anterior prepara la introducción de una cita sobre los ángeles, de los que viene hablando, mientras que en este, establece un contraste marcado entre ellos y el Hijo. La cita está tomada de uno de los Salmos mesiánicos, esto es, aquellos que tienen relación profética con el Mesías; en este caso, es una canción de bodas, un epitalamio, dirigido a un rey de Israel, pero con proyección al rey de reyes, el Mesías, del que viene hablando el escritor de la epístola como Hijo de Dios. En el Salmo se lee: "Tu trono, oh Dios, es eterno y para siempre"[15] (Sal. 45:6). Una expresión semejante sólo puede convenir al Mesías, pero en ningún modo se puede aplicar a alguno de los descendientes de David; de ahí que los traductores de la LXX hayan considerado la expresión como vocativo *oh Dios*, aunque el versículo del Salmo tenga que ver directamente con Dios, que más adelante se presenta como quien unge al Mesías (Sal. 45:7). Con todo, en el Salmo la figura de la esposa y del rey son excepcionalmente grandes para adecuarse a ningún canto nupcial propio de la tierra, aunque se trate de un rey, lo que exige una identificación como profecía mesiánica. De ese modo debe usarse la traducción del nominativo *el Dios* como vocativo *oh Dios*. De manera que a este rey, cuyo trono es eterno, se le llama aquí *Dios*, en vocativo, con lo que se le está atribuyendo al Hijo, de quien es el trono, dignidad divina. ¿Puede considerarse esto como una hipérbole del lenguaje? No, más bien debe determinarse si en la traducción griega ha de tomarse *Dios* como vocativo. Para

---

[13] Variante de lectura referido al último pronombre personal, σου, *de ti*, atestiguado en A, D, K, P, Ψ, 012b, 33, 81, 88, 104, 181, 326, 330, 436, 451, 614, 629, 630, 1241, 1739, 1877, 1881, 1962, 1984, 1985, 2127, 2492, 2495, it$^{ar, c, d, dem, div, e, f, t, v, x, z}$, vg, syr$^{p, h}$, cop$^{sa, bo, fay}$, arm, Crisóstomo, Cirilo, Eulalio. Αὐτοῦ, *de Él*, en p^{46}, a, B. Se omite por completo en cualquiera de las dos formas en syr^{pal}.

[14] Griego: Πρὸς δὲ τὸν Υἱόν.

[15] Griego: ὁ θρόνος σου ὁ Θεὸς εἰς τὸν αἰῶνα τοῦ αἰῶνος.

algunos, ha sido una acomodación del texto griego. En tal caso exigiría complementarlo con el verbo ser de este modo: "Tu trono *es* Dios, eternamente y para siempre". Pero la expresión vendría a ser todavía más ambigua, dando origen a la idea de que el trono del rey es eterno porque es divino, tal como traduce RSV, "Tu trono divino es eterno y para siempre", ya que, si no es un vocativo, entonces se refiere a Dios y no al rey.

La segunda parte del versículo expresa el testimonio sobre la condición divina del Mesías al decir: "Cetro de equidad es el cetro de tu reino". La autoridad se establece en la equidad. Tiene que ver esto con un reinado de perfecta justicia, que corresponde también al título mesiánico anunciado para el rey: "Jehová justicia nuestra" (Jer. 33:16). La justicia será no sólo prerrogativa, sino señal distintiva del reino del Mesías (Is. 11:5). El derecho y la justicia serán dos de los grandes valores en el futuro del reino de Dios (Is. 9:7; 32:1). En cualquier caso, el versículo entero, al incorporar una referencia semejante, en la cual se proclama la condición divina del sujeto del que se habla, expresa claramente la deidad del Hijo, quien es superior en todo a los ángeles, por cuanto es Dios.

1 Juan 5:20. Esto mismo ocurre en otra cita del apóstol Juan, en la que se lee: "Pero sabemos que el Hijo de Dios ha venido, y nos ha dado entendimiento para conocer al que es verdadero; y estamos en el verdadero, en su Hijo Jesucristo. Este es el verdadero Dios, y la vida eterna"[16]. Una manifestación de la fe cristiana es que el Hijo de Dios ha venido. Es evento del pasado que tiene efecto en el presente y se extiende definitivamente a los tiempos venideros. El Verbo divino, el Hijo de Dios, vino al mundo. Esta verdad forma parte de la doctrina fundamental del cristianismo. Juan insiste en esta verdad, cuestionada por algunos en su tiempo, especialmente por ciertas formas gnósticas que negaban la realidad de la encarnación del Hijo de Dios. Tanto en la epístola, como en el evangelio, el apóstol Juan afirma esta verdad: que el Verbo fue hecho carne (Jn. 1:14). Eso mismo pone también en el testimonio personal de Jesús: "Salí del Padre, y he venido al mundo; otra vez dejo el mundo, y voy al Padre" (Jn. 16:28). Esto

[16] En el texto griego se lee: οἴδαμεν δὲ ὅτι ὁ Υἱὸς τοῦ Θεοῦ ἥκει καὶ δέδωκεν ἡμῖν διάνοιαν ἵνα γινώσκωμεν τὸν ἀληθινόν, καὶ ἐσμὲν ἐν τῷ ἀληθινῷ, ἐν τῷ Υἱῷ αὐτοῦ Ἰησοῦ Χριστῷ. οὗτος ἐστιν ὁ ἀληθινὸς Θεὸς καὶ ζωὴ αἰώνιος.

es esencial para responder a la pregunta sobre quién era Jesús. El equilibrio teológico de Juan en el campo de la cristología es evidente. Hace notar la preexistencia de Cristo, ya que salió del Padre, donde eternamente está; quiere decir que antes de entrar en el mundo de los hombres, existía en forma de Dios y añade una segunda verdad, la encarnación del Verbo, ya que dice que, del Padre, vino al mundo. Para ello tuvo que tomar una naturaleza humana y hacerse hombre (Jn. 1:14). De otro modo, el Creador, asume las limitaciones de la criatura. Pero los efectos de esa venida continúan, el uso del presente en el verbo *venir*[17] indica que vino y está aquí, ahora, actuando en salvación. La venida del Hijo de Dios está unida a la obra salvadora en primer lugar, por su muerte; en segundo lugar, por la identificación con Él que comunica la vida eterna. La venida del Hijo de Dios es base de la fe cristiana (1 Jn. 4:2; 5:6).

En base a la presencia del Hijo de Dios encarnado tenemos "entendimiento para conocer al que es verdadero". El sujeto de esta oración no es otro que Dios mismo. El que siendo invisible no puede ser conocido por los hombres porque nadie le ha visto envió a su Hijo para hacerlo posible, es decir, para conocer a Dios, no solo intelectualmente, sino también vivencialmente, ya que sin ese conocimiento no es posible la vida eterna (Jn. 17:3). El adjetivo *verdadero* no se refiere sólo al hecho de que siendo Dios es también verdad, sino que es verdadero, porque es el único Dios real, como se afirma en el versículo. Es único, en contraposición a los ídolos que son muchos y todos ellos dioses falsos (1 Jn. 5:21). La venida del Hijo de Dios tiene carácter revelador del Padre (Jn. 1:18; 14:9, 10), que será considerado en su momento. El primer efecto de su venida al mundo es que nos dio la capacidad de comprensión[18] para lo que es sobrenatural, una palabra que sólo usa Juan. Mediante esta comprensión, conocemos a Dios.

Precisa más la verdad sobre la deidad de Cristo cuando afirma que los creyentes tenemos plena vinculación con el Padre: "Estamos en el verdadero, en su Hijo Jesucristo". No se puede llegar al verdadero, sino por medio de su Hijo, porque nadie puede ir al

---

[17] ἥκει, tercera persona singular del presente de indicativo en voz activa del verbo ἥκω: *venir, presentarse*; en el texto *viene*, siendo un presente histórico *vino* o *ha venido*.

[18] Griego: διάνοια.

Padre sino por Él (Jn. 14:6). La vida solo es posible en el Hijo y por medio de Él (Jn. 1:4; 5:24; 6:33-58; 10:10; 1 Jn. 5:11, 12). La gracia para salvación y la fidelidad salvadora vinieron por medio del Hijo, a quien el Padre envió al mundo (Jn. 1:14, 16). Jesucristo es el único mediador entre Dios y los hombres (1 Ti. 2:5). Juan ha expresado esta verdad de forma contundente, enseñando que nadie puede estar en el Padre sin estar en el Hijo, ni estar en el Hijo sin estar en el Padre (1 Jn. 2:22, 23). Todo cuanto tiene en posesión el que cree —la vida, la esperanza, la seguridad de salvación, la verdad, el Espíritu, etc.— es posible y lo recibe por medio del Hijo, ya que es de su plenitud que tomamos todos (Jn. 1:16).

Ahora bien, la culminación de la expresión cristológica del apóstol Juan alcanza la cumbre de la fe cuando, refiriéndose a Cristo, dice que: "Este es el verdadero Dios, y la vida eterna". En esta verdad se explica la razón de la relación con Dios por medio de Cristo, que nos une a Dios, porque quien lo hace es el verdadero Dios. El pronombre demostrativo *este* ha sido cuestionado a lo largo del tiempo por quienes niegan la deidad de Jesucristo. Los tales tratan de enseñar que éste verdadero no se refiere al Hijo, sino al Padre, a quien antes llamó *verdadero*. Sin embargo, ya de por sí, la reiteración sobre quién es el verdadero sería una tautología, porque acababa de decirse. El sujeto de esta afirmación debe ser el inmediato a ella, que es Jesucristo. Es evidente que el apóstol aplicó en varias ocasiones un predicado divino a Jesucristo (Jn. 1:1, 18; 20:28), por tanto, es habitual en él referirse a Jesús como el verdadero Dios. La deidad de Cristo es un tema tratado continuamente en los escritos del apóstol Juan. Siendo Juan un proclamador de esta verdad, no puede extrañar que concluya su primera epístola con esa afirmación. En todo caso, es la aseveración más importante de ese aspecto de la fe fundamental cristiana en todo el Nuevo Testamento por la precisión con que se cita. Así como Jesús es el verdadero Dios, también es la vida eterna. Con toda precisión afirma que Jesús no sólo es el Hijo de Dios, sino que es Dios verdadero en unidad con el Padre. De ahí que la cristología pasa a ser una expresión de la verdad trinitaria del ser divino.

La conclusión de Juan es que el Verbo participa de la esencia divina. Por esa misma razón, es tan Dios como el Padre; por eso la deidad de Cristo se vincula a la comunión en unidad con el Padre. Ya que el Verbo estaba con Dios, en el evangelio vendrá a expresar esta unidad esencial cuando diga que Cristo y el Padre son uno (Jn. 10:30).

Los títulos de Señor, Hijo y Verbo determinan que a Jesús se le puede y debe llamar Dios, como escribía Cullmann:

> *La forma en que el Nuevo Testamento emplea los títulos Kyrios, Logos e Hijo de Dios muestra que, partiendo de la cristología implicada en ellos, a Jesús se le puede llamar Dios. Cada uno de estos títulos permite llamar a Jesús Dios: Jesús es Dios como soberano presente que desde su glorificación rige la Iglesia, el universo y la vida entera de cada individuo (Kyrios). Es Dios como revelador eterno que se comunica a sí mismo desde el principio (Logos). Es Dios, en fin, como aquel cuya voluntad y acción son perfectamente congruentes con la de Padre, del que proviene y al que vuelve (Hijo de Dios). Incluso la idea del Hijo del Hombre nos ha conducido a la divinidad de Jesús, pues en ella Jesús se presenta como única y verdadera imagen de Dios. Por eso a la pregunta de si el Nuevo Testamento enseña la divinidad de Cristo hemos de responder afirmativamente.*[19]

La divinidad debe ser entendida desde la filiación, Jesús es verdadero Dios porque es Hijo de Dios por generación eterna y comparte la misma vida que Él. En la encarnación no llega a ser Hijo, sino que lo es eternamente. Esto se considerará más directamente en los versículos que directamente usen el título de Hijo. Esta base bíblica de la verdad de que el Verbo es Dios conducirá a la comprensión de la condición divino-humana de Jesucristo, el Hijo de Dios, en el evangelio. Este aspecto de la doctrina se considerará un poco más adelante.

Colosenses 1:15. Podrían seguir aportándose referencias bíblicas en el Nuevo Testamento sobre la deidad de Jesucristo. Así también el apóstol Pablo que, por su condición de fariseo e hijo de fariseos, no era proclive a aceptar otro Dios aparte del Padre, el único Dios en la teología judía, escribiendo la epístola a los Colosenses afirma sin ambages: "Él es la imagen del Dios invisible, el primogénito de toda creación"[20]. Pablo afirma que es la imagen del Dios invisible, literalmente *el cual es*. Como primer predicado de Cristo aparece el de *imagen invisible*. El concepto de imagen expresa la idea de semejanza reveladora, de modo que la imagen es la revelación visible de aquello

---

[19] Cullmann, 1965, p. 391.

[20] En el texto griego se lee: ὅ ἐστιν εἰκὼν τοῦ Θεοῦ τοῦ ἀοράτου, πρωτότοκος πάσης κτίσεως.

que representa. En este caso Cristo, en relación con Dios Padre, es "imagen del Dios invisible".

No es necesario determinar quién es el sujeto de la oración. Basta con seguir el hilo de lo que antecede para entender que el pronombre relativo *el qué, el cual*[21], no puede ser otro que Jesucristo, de quien es el reino en donde ahora estamos, y "en quien tenemos redención por su sangre". A este Señor nuestro, Jesucristo, da el apóstol la condición de imagen del Dios invisible. El hombre ha sido creado a "imagen" de Dios (Gn. 1:26-27; 1 Co. 11:7). Sin embargo, no se enseña en ningún lugar que sea imagen de Dios, sino que ha sido creado teniendo delante como modelo la imagen de Dios, esto es, fue creado de conformidad con las condiciones morales y de gobierno que son propias de las personas divinas. La diferencia substancial entre la imagen de Dios en el hombre y la imagen de Dios en Jesucristo es que el hombre nunca será Dios, pero Jesucristo, además de hombre, también es Dios, por esa razón puede manifestar y exhibir la imagen divina. El hombre en su creación fue santo e inocente, obediente a Dios. Sin embargo, la caída deformó y desfiguró la imagen original de Dios en el hombre, ya que el pecado lo desorientó causando en él un estado de esclavitud que no le permite hacer lo que quisiera. Por causa del pecado, perdió las cualidades morales que tenía antes de la caída, viniendo a practicar el mal porque el corazón, fuente de orientación de vida, es malo, como dice la Escritura: "Vio Jehová que la maldad de los hombres era mucha en la tierra, y que todo designio de los pensamientos del corazón de ellos era de continuo solamente el mal" (Gn. 6:5). Jesús, concebido por la operación del Espíritu Santo en el seno de María, no tuvo contaminación de pecado, es decir, quien había sido concebido virginalmente, fue alumbrado como "lo santo" (Lc. 1:35). Siendo Jesús la naturaleza humana de la segunda persona divina, su humanidad es santificada en ella en quien subsiste hipostáticamente. Jesús, por tanto, no pecó, ni pudo pecar. El hombre nuevo, regenerado por el Espíritu Santo y hecho hijo adoptivo de Dios en su Hijo (Gá. 4:5) está siendo conformado a la imagen de Jesucristo, según lo que Dios predestinó para salvación (Ro. 8:29). Pero no se trata aquí de usar el título de imagen de Dios invisible para referirse a las perfecciones morales de Jesús, que se hacen realidad espiritual en el creyente mediante el fruto del Espíritu (Gá. 5:22-23). La idea que

---

[21] Griego: ὅ".

Pablo expresa es la de manifestar en el Señor todos los aspectos que dimanan de Dios y le son propios.

La primera dificultad que conlleva el que Cristo sea la "imagen del Dios invisible" es que, en un hombre, aunque concebido de forma única por obra del Espíritu, que tiene todas las propiedades y componentes del hombre, se pueda expresar la infinita grandeza del Dios invisible en su "cuerpo de carne". Los gnósticos enseñaban ya en los tiempos de Pablo, aunque los críticos liberales insistan que no puede hablarse de gnosticismo en épocas tan tempranas, junto con los filósofos, entre ellos los platónicos, que el cuerpo es malo y el espíritu bueno, por consiguiente, nada que tenga que ver con la materia puede manifestar a Dios que, siendo Espíritu, es absolutamente perfecto. Sin embargo, Pablo enseña que la imagen del Dios invisible se exhibe por Cristo y en Él. Tal dimensión sólo es posible en la medida en que Jesús es el Unigénito del Padre, por tanto, Dios, en la unidad trina de la deidad (Jn. 1:14). Así que, para que la imagen de Dios pueda ser expresada en Jesucristo, es necesario entender que entre la primera y la segunda persona de la deidad existe una vinculación paterno-filial de modo que el Padre puede decir que Jesús es su Hijo amado en quien se complace, o tiene contentamiento (Mr. 1:11).[22] Cuando el apóstol habla de imagen referida a Cristo está considerando una expresión igual en todo a la perfección de Dios; la razón para ello la dará más adelante cuando enseña que en Cristo "habita corporalmente toda plenitud de la deidad" (Col. 1:19). Esa imagen es de tal dimensión que no solo expresa visiblemente la realidad que manifiesta, sino que la iguala, esto es, la imagen del Dios invisible se hace idéntica a la realidad esencial que expresa, ya que, como el Señor dice, "el que me ha visto a mí ha visto al Padre" (Jn. 14:9), y también "yo y el Padre uno somos" (Jn. 10:30).

Entender esa manifestación expresiva que hace visible al Invisible requiere entrar en la consideración de la relación paterno-filial de las dos personas divinas. La imagen de Dios en el Hijo es posible porque la eterna generación, que conlleva la procedencia, no es un proceso de causa y efecto, como ocurre en la generación humana, sino un proceso de principio a término, que conlleva la comprensión de la personificación de ambas, que se tratará más adelante. Cristo

[22] Esta relación se estudiará más adelante.

es la "imagen del Dios invisible" porque el Logos es la expresión exhaustiva del Padre.

Pablo enseña aquí que Cristo es "imagen del Dios invisible". El término imagen, como se dice antes, no es una manifestación aproximada, como ocurre con una fotografía o una estatua, sino que, como Verbo expresado por el Padre, no puede sino manifestarlo con absoluta fidelidad en virtud de su procesión de Él y como término absoluto del principio que es el Padre. Por esta razón, el Hijo no puede ser sino la imagen perfectísima de Dios. Cristo es en su dimensión divino-humana la misma imagen de Dios. Sobre esto escribía Gregorio Nacianceno:

Se le llama imagen porque es consubstancial y porque, en cuanto tal, procede del Padre, sin que el Padre proceda de Él. La naturaleza de una imagen consiste, en efecto, en ser una imitación del arquetipo del que se dice imagen. Con todo, aquí hay algo más; pues, en este caso, tenemos la imagen inmóvil de un ser que se mueve; pero en el caso del Hijo tenemos la imagen de un ser vivo, una imagen que tiene más semejanza con su modelo que la tenía Set con Adán y la que tiene cualquier ser engendrado con su progenitor; tal es, en efecto, la naturaleza de los seres simples, que no puede ser semejante en un sentido y no serlo en otro, sino que debe ser perfecta representación de un ser perfecto.[23]

Ahora bien, el apóstol dice que es la imagen del Dios invisible. Este es un término que expresa una cualidad que conviene a la esencia divina espiritual y trascendente. Surge una simple pregunta reflexiva: ¿Cómo puede tener imagen lo que es invisible? Sin embargo, el mismo apóstol enseña que las cosas invisibles de Dios se hacen manifiestas por medio de la naturaleza, de modo que el hombre percibe aquello que no es posible percibir de perfecciones invisibles por sí mismas (Ro. 1:20). La Biblia enseña la invisibilidad de la primera persona divina: "Por tanto, al Rey de los siglos, inmortal, invisible, al único y sabio Dios, sea honor y gloria por los siglos de los siglos. Amén" (1 Ti. 1:17). "El único que tiene inmortalidad, que habita en luz inaccesible; a quien ninguno de los hombres ha visto ni puede ver" (1 Ti. 6:16). El admirable e infinito Dios revela todas las perfecciones en el Hijo, de modo que este hace visible al Invisible. Durante su

[23] Gregorio Nacianceno, *Discurso teológico* 30.20.

ministerio terrenal, Jesucristo manifestó la gloria del Dios Invisible operando en su humanidad las perfecciones incomunicables de la deidad. Aunque algunos insisten en decir que cuando el Verbo se hizo carne dejó las perfecciones divinas incomunicables, no concuerda con la enseñanza bíblica. Jesús como hombre limitó el uso de los atributos incomunicables a lo que fue necesario en el ejercicio de du ministerio. Sin embargo, si en du naturaleza humana había desconocimiento de lo que es sólo potestativo de Dios, en su naturaleza divina, como Logos, no desconoce nada del Padre, puesto que cualquier determinación soberana de la primera persona se substancia en la eterna Palabra que la expresa y determina. La primera verdad que el apóstol expresa en este párrafo cristológico por excelencia es que Jesús hace visible al Invisible.

En esta profunda verdad contenida en *imagen del Dios invisible* se advierte que si Dios no nos es revelado en Cristo, nunca podremos conocerle. Esa revelación es posible porque el Padre infinito se hace finito en el Hijo, anonadándose hasta adoptar nuestra limitación para que los limitados podamos comprender al infinito. Esto es natural porque no derivó solo una parte de la deidad del Padre al Hijo y en Él, sino que es comprendido en Cristo y en nadie más fuera de Él.

En el Antiguo Testamento, Dios enseña a Moisés que nadie podrá verlo y seguir con vida (Ex. 33:20). Esto comprendía y alcanzaba a todos los hombres. Sin embargo, Dios mismo se apareció a Abraham cuando estaba en el encinar de Manre y dialogó con él (Gn. 18:33). Podría citarse, a modo de ejemplo, el encuentro de Josué con el que se presentó como Príncipe del ejército de Jehová, que acepta ser adorado y ordena a Josué que se quitase el calzado de sus pies porque el lugar donde estaba era santo. Sin duda, la santificación del lugar era resultado de la presencia de Dios en él; por consiguiente, puede afirmarse que Dios se manifestó y reveló a Josué visiblemente. Luego, la conclusión no puede ser otra que, si a Dios no se le puede ver, y fue visto en forma corporal, tenía necesariamente que ser el Hijo. Por consiguiente, la imagen del Dios invisible, traslada al plano de la visión humana a quien no sólo es imposible ver por ser espíritu, sino que nadie le puede ver jamás, se manifiesta plenamente en el Hijo. Este admirable e infinito Dios Padre se hace visible mediante la imagen Suya expresada en Jesucristo. Es decir, el hombre puede ver a Dios Padre en la imagen de Dios, es decir, en el Hijo de Dios. De ahí lo que resultaba difícil de entender para los que vivieron en el tiempo del ministerio de Jesús en la tierra, cuando dijo: "El que me ve a mí, ha visto al Padre" (Jn. 14:9), y también: "Todas las cosas me fueron entregadas por mi Padre; y nadie conoce al Hijo, sino el Padre, ni al Padre conoce alguno, sino el Hijo, y aquel a quien el Hijo lo quiera revelar" (Mt. 11:27). Es en la corporeidad de Jesús donde únicamente se puede contemplar al Invisible (Jn. 1:18; 6:46; 14:9; 2 Co. 4:4-6; 1 Ti. 6:16; He. 11:27); Jesucristo hace visible al Invisible en razón de su deidad (Fil. 2:6); manifiesta la gloria de Dios en su propia gloria personal (He. 1:3). El hombre puede ver en Jesús al Dios invisible, ya que Cristo es enviado para revelar al Padre (Jn. 1:18).

Por otro lado, en Cristo se realiza absolutamente, como segundo Adán, la dimensión plena de la imagen de Dios en el hombre (1 Co. 15:45-48). De manera que, por identificación con el Señor Jesucristo, se hace realidad la verdadera imagen de Dios en el creyente, que es la razón de ser de la humanidad regenerada, y se convierte en miembro del cuerpo glorioso en Cristo que es la Iglesia.

Colosenses, 2:9. En la misma epístola a los Colosenses, añade otra elocuente expresión sobre la deidad de Jesús: "Porque en él habita corporalmente toda la plenitud de la deidad"[24] (Col. 2:9). El sujeto de la oración es Cristo, de ahí que el versículo se refiera exclusivamente a Él. Cristo es Jesús de Nazaret, el hombre que vivió como tal entre los hombres, murió en la cruz, resucitó de entre los muertos y ascendió a los cielos sentándose a la diestra de Dios. Éste es Emanuel, Dios con nosotros (Is. 7:14; 8:8; Mt. 1:23). Se está refiriendo a aquel quien es el objeto de fe.

La primera parte de la oración, "habita corporalmente la plenitud", ha sido usada antes (Col. 1:19). La plenitud divina en Jesucristo se manifiesta con el pleno beneplácito del Padre, sin que esto suponga una causa originadora por la que la deidad se manifieste en Cristo, sin cuya causa no ocurriría. La plenitud divina está en Cristo como corresponde a la persona divino-humana del Verbo eterno de Dios manifestado en carne. No es posible desvincular aspectos de relación en el seno trinitario si queremos entender la dimensión de la verdad que Pablo expresa. Además de Hijo, la segunda persona divina es también Logos, que expresa exhaustiva y

---

[24] La lectura en el texto griego es: ὅτι ἐν αὐτῷ κατοικεῖ πᾶν τὸ πλήρωμα τῆς Θεότητος σωματικῶς.

plenamente al Padre. Sobre esa base se entiende que en Jesucristo habite corporalmente toda la plenitud de la deidad. En contraste con el conocimiento progresivo de los gnósticos que avanzaba paso a paso hasta el *pleroma* del conocimiento, en Jesucristo existe infinita y totalmente la plenitud, no del hombre ni de su ciencia, sino de Dios mismo. El Verbo eterno encarnado en María, se hizo hombre y habitó entre los hombres (Jn. 1:14). Ese verbo *habitar* implica una acción presencial o una manifestación visible en el mundo; la idea es la de una tienda de campaña dentro de la cual se manifiesta Dios mismo en toda su gloria. Jesús es el tabernáculo de Dios entre los hombres. En el reservado del tabernáculo de la antigua dispensación se manifestaba la presencia gloriosa de Dios, cuya dimensión, tanto de gloria como de santidad, hacía imposible que los hombres, incluyendo los sacerdotes, accedieran al Lugar Santísimo, salvo una vez por año, portando la sangre del sacrificio expiatorio. Ahora bien, Dios viene en Jesucristo como encuentro de gracia, velando la *shekinah* de su gloria bajo el manto austero del siervo, que era su humanidad. Pero todos cuantos estuvieron cerca de Él pudieron apreciar la gloria de la deidad fluyendo en acciones sobrenaturales que la manifestaban expresivamente por medio de su naturaleza humana. El hecho de que el Nuevo Testamento utilice títulos divinos para referirse a Cristo —tales como Señor y Salvador, que corresponden exclusivamente a Dios en el Antiguo Testamento, permite que el título divino Dios se aplique también a Jesucristo; sobre esa base, el apóstol establece aquí la verdad de la presencia absoluta de la deidad en Él. Tal verdad exige la confesión de la deidad de Jesús. Reconocerle como *Logos* implica deidad que expresa para el conocimiento de los hombres cuanto les es necesario en relación con Dios. Sólo la mente infinita de Dios puede ser expresada en el Logos divino. Pero la sintonía y perfecta armonía en el ser divino, entre las dos primeras personas, se pone de manifiesto en el título *Hijo de Dios*, que es oportuno y propio para Jesucristo. El hecho de ser Hijo nos conduce a entender mejor el texto del apóstol, puesto que siéndolo, y siendo el revelador del Invisible, no podría realizarlo a no ser que en Él habite corporalmente la plenitud de la deidad. Jesucristo es Dios que se revela y por tanto tiene en Él la plenitud de aquello que va a revelar. El Señor Jesucristo manifiesta su procedencia eterna del Padre, de su esencia, pero no de su voluntad, es decir, no lo engendra por necesidad de ser o para ser Padre, como ocurre en el mundo de los hombres. De ahí que comparte vida, conciencia y potestad del Padre. Por eso la plenitud de la gloria de Dios, infinita y eterna, es también la misma plenitud y gloria de

Jesús. Siendo Hijo de Dios, su filiación se produce por generación eterna en un compartir de la misma vida. No se trata de que la plenitud de la deidad se invistiera en un hombre nacido de mujer, aunque fuese milagrosamente, sino que es divino eternamente y se constituye hombre sin dejar de ser Dios, por tanto, en esa humanidad, la plenitud de la deidad persiste, se expresa y es definitivamente revelada por Él y en Él. El verbo *habitar* implica estar presente, de manera que, si en Él habita la plenitud de la deidad, equivale a confesar que está presente en nuestro Señor Jesucristo. Cuando Pablo califica la inhabitación de la deidad en Cristo como corporal no se está refiriendo exclusivamente a la realidad de su humanidad, sino en el sentido de real y verdadera. Esto se opone a la falsa enseñanza de una mera apariencia de la deidad.

En Cristo mora, como en su propio hogar, no alguna expresión de la deidad, sino toda la esencia de la misma. La absoluta dimensión, la plenitud esencial del ser divino, está en Cristo. No hay nada de la esencia misma de Dios que no esté en Jesús. Pablo utiliza aquí el término deidad[25], que denota la totalidad absoluta de la esencia y naturaleza divinas. Es un concepto más amplio que el del sustantivo[26], que se refiere a alguna cualidad o perfección divina (Ro. 1:20). El Nuevo Testamento afirma que Cristo es Dios mismo, con toda la esencia de la deidad morando en Él (Jn. 14:9-11; 2 Co. 4:6; He. 1:3). Los atributos incomunicables que manifiestan la esencia divina están en Jesús y le son propios. No es la deidad implantada en Él, sino que Él es Dios mismo manifestado en carne. Esto elimina las pretensiones de los falsos maestros que enseñaban a buscar la plenitud absoluta fuera de Cristo.

Romanos 9:5. Una referencia más en los escritos de Pablo. Escribiendo la epístola a los Romanos dice: "Quienes son los patriarcas, y de los cuales, según la carne, vino Cristo, el cual es Dios sobre todas las cosas, bendito por los siglos. Amén"[27] (Ro. 9:5). El apóstol enseña que de los patriarcas —esto es, de los que dieron origen al pueblo de Israel— y de su descendencia procede según la carne, es decir, desde la dimensión de la humanidad, quien es el Cristo, el Mesías, el

---

[25] Literalmente: θεότηV.

[26] En griego: θειότηV.

[27] En el texto griego se lee: ὧν οἱ πατέρες καὶ ἐξ ὧν ὁ Χριστὸς τὸ κατὰ σάρκα, ὁ ὢν ἐπὶ πάντων Θεὸς εὐλογητὸς εἰς τοὺς αἰῶνας, ἀμήν.

enviado para ser Salvador del mundo. La naturaleza humana del Hijo de Dios fue tomada de los israelitas. Jesús está entroncado con David, tanto por la línea de José (Mt. 1:6), como por la de María (Lc. 3:32). Así que es descendiente de los hijos de Jacob, concretamente de Judá (Mt. 1:2; Lc. 3:33). Por esa misma razón es descendiente también de Isaac y de Abraham (Mt. 1:2; Lc. 3:34). Ahora bien, el hecho de que el Mesías —según la carne— sea israelita, judío de nacimiento, no lo vuelve Cristo en virtud de esa condición. El Hijo de Dios tomó carne de la Virgen María, echando mano de la "simiente de Abraham" (He. 2:16). Por medio de la concepción virginal, en el seno de María, el Verbo fue hecho carne (Jn. 1:14). El honor supremo de Israel es que Cristo era de ellos según la carne. El Eterno, que se viene a la temporalidad en su naturaleza humana, entronca con el hombre por medio de los israelitas. Se ha considerado antes la condición divino-humana de Cristo. Es suficiente, por tanto, para el apóstol referirse a la humanidad de la segunda persona divina, no tanto desde el punto de vista teológico, sino antropológico. El hombre Jesús de Nazaret es hombre de la descendencia de Israel.

La segunda cláusula del versículo[28] ha generado cierta controversia al establecer el sujeto. La expresión debe considerase como una doxología y la interpretación dependerá de colocar una coma o un punto detrás de la palabra *carne*. ¿Se refería Pablo a Cristo o a Dios? De otro modo, ¿es Cristo Dios sobre todas las cosas, bendito por los siglos?

Una primera observación debe centrarse en la fórmula en sí. Se trata de una doxología dependiente, es decir, no está aislada o independiente, sino incorporada al contexto inmediato y, es más, forma parte de él. En todas las doxologías dependientes, como esta, siempre se refieren al sujeto precedente, único en la estructura de la oración (cf. 1 Co. 1:25; 2 Co. 11:31; Gá. 1:5; 2 Ti. 4:18). Además, cuando se trata de una doxología independiente, suele iniciarse con bendito[29] (cf. Lc. 1: 68; Ro. 1:25; 2 Co. 1:3; Ef. 1:3; 1 P. 1:3). En este caso, al tratarse de una doxología dependiente, el sujeto ha de ser el que corresponde al párrafo en que se encuentra, que no es otro que Cristo.

---

[28] ὁ ὢν ἐπὶ πάντων Θεὸς εὐλογητὸς εἰς τοὺς αἰῶνας, ἀμήν.
[29] Griego: εὐλογήτος.

En segundo lugar, la propia estructura de la oración exige esto. Debe observarse que seguida a la primera cláusula —"de quienes son los patriarcas, y de los cuales, según la carne, vino Cristo"— aparece una construcción con el artículo determinado *el*, seguido del participio presente del verbo *ser*[30], que, siendo un participio articular, tiene que referirse necesariamente al sujeto de toda la oración, que es Cristo. Por tanto, es un contrasentido gramatical que el participio articular se establezca pensando en otro sujeto que no sea el inmediato antecedente.

El análisis textual permite alcanzar el sentido de la frase, en la que el apóstol califica a Jesús, de quien dijo que era descendiente de los patriarcas "según la carne", por tanto, si en su humanidad —según la carne— es descendiente de Israel, hay otro aspecto diferente al de su carne, que no puede ser sino la deidad de su persona. La reflexión cristológica de Pablo lo establece así en otros escritos suyos. Especialmente notable es el párrafo cristológico de la epístola a los Filipenses, del que se ha hecho mención varias veces. En él afirma que el que "fue obediente hasta la muerte, y muerte de cruz" (Fil. 2:8), tomando para ello la "forma de siervo" y haciéndose "semejante a los hombres" (Fil. 2:7), murió y fue sepultado. Pero también enseña que el que murió fue resucitado y Dios "le exaltó hasta lo sumo, y le dio un nombre que es sobre todo nombre" (Fil. 2:9). Ese nombre, expresivo de la persona, le sitúa en el plano de la deidad, ejerciendo soberanía divina sobre todo (Fil. 2:10). Pero además se le da un título divino: "Y toda lengua confiese que Jesús es el Señor" (Fil. 2:11). El nombre Κυρίο», Señor, es uno de los títulos propios de la deidad. Aquel Jesús de Nazaret oró a su Padre, desde su condición de hombre, pidiendo la restauración de la gloria que "tuve contigo antes que el mundo fuese" (Jn. 17:5). Ninguna gloria antecedente a la creación es posible, sino en el mundo de la deidad. El Señor pide que, a su humanidad, que vela la gloria de la deidad, pero que la manifiesta en las acciones que sólo Dios puede hacer, se le revista de la gloria que corresponde a su persona divina y, por tanto, a la eterna naturaleza divina. La resurrección de Cristo, la dotación del cuerpo de resurrección y de glorificación, hacen posible el proceso de manifestación en su humanidad glorificada, de la eterna gloria y autoridad propia de su persona divina. Este glorificado Señor, dice Pablo, es "Dios bendito sobre todas las cosas", conforme a su condición de Señor exaltado hasta lo sumo. Este Jesús,

---

[30] ὢν, caso nominativo masculino singular del participio de presente en voz activa del verbo εἰμί.

tiene derecho de ser tratado como Dios, porque "existía en forma de Dios" (Fil. 2:6), cuya forma sólo es posible si es verdaderamente Dios. Jesús es también la "imagen del Dios invisible" (Col. 1:15). De otro modo, si se le da a Jesús el título de Señor, no hay ninguna razón para no aplicarle también el de Dios. Cuando el Nuevo Testamento emplea para referirse a Jesús los títulos de Señor, Verbo e Hijo de Dios, está demostrando que se le puede y deba llamar Dios. Jesús como Señor pone de manifiesto la soberanía que permite a Dios el gobierno universal. Es necesario entender que Cristo es el modo en que Dios se da a sí mismo, proyectando ya la humanidad subsistente en la persona divina por encarnación, a perpetuidad al haberla sentado para siempre a la diestra de Dios. En Jesús, Dios y el hombre, deidad y carne se unen para siempre. El Verbo eterno, en la unidad de la deidad, ha estado en el seno de María y ha vivido, padecido y muerto como hombre. La humanidad entroncada en los patriarcas, o tal vez mejor, tomada de su procedencia, en unión indisoluble con la deidad, sin mezcla, mediante una subsistencia hipostática en la persona divina de Dios Hijo, alcanza un sujeto personal único, un yo absoluto que comprende tanto la deidad como la humanidad. A este sujeto único, que es el Verbo encarnado, llama Pablo aquí "Dios sobre todas las cosas". Jesús es "Dios sobre todas las cosas"[31], o más literalmente, "Dios sobre todo", puesto que todo le fue sujeto a Él (1 Co. 15:27; Ef. 1:20-22; Fil. 2:9-11). La creación entera fue hecha por Él, en Él y para Él (Col. 1:16, 17).

Puesto que es Dios, es también "bendito por los siglos"[32], expresión exclusiva a la eternidad de Dios y su condición como "el bendito", eternamente. El apóstol está interesado en establecer la verdad de la condición divino-humana de Jesucristo. De manera que, aunque Jesús es un judío según la carne, es mucho más que un judío: es Dios bendito. De otro modo, Pablo está confesando la deidad de Jesús.

Tito 2:13. Aunque pudiera apelarse a alguna cita más, es suficiente con las palabras del apóstol Pablo a Tito: "Aguardando la esperanza bienaventurada y la manifestación gloriosa de nuestro

---

[31] Griego: ἐπὶ πάντων Θεὸς.

[32] Griego: εὐλογητὸς εἰς τοὺς αἰῶνας.

gran Dios y Salvador Jesucristo"[33]. Literalmente traducido del texto griego: "Aguardando la bienaventurada esperanza y manifestación de la gloria del gran Dios y Salvador de nosotros Jesucristo". El apóstol apela a la esperanza firme de los creyentes en la fe del regreso de Cristo y la glorificación de los salvos. La gracia que justifica es la que santifica y la que produce esperanza. Pablo enseñó que la gracia se manifestó en el mundo en Cristo, que la contiene y expresa; la santificación sólo es posible en una relación vivencial con Cristo, que nos liberta del poder del pecado; la glorificación, que es la esperanza cristiana, está vinculada a Cristo, que "es en nosotros esperanza de gloria" (Col. 1:27). En relación con el futuro, la gracia nos educa a vivir en la continua espera de su plenitud que se manifestará en la aparición de Jesucristo (1 P. 1:13). A esta esperanza se le llama aquí bienaventurada, que podría traducirse también por feliz, dichosa, porque el Señor vendrá a consumar nuestra salvación. Ésta es progresiva: en el pasado la justificación, en el presente la santificación, en el futuro la glorificación. El creyente espera continuamente la venida del Señor. Esta esperanza se convierte en expectativa, puesto que puede producirse en cualquier momento. La esperanza está aquí en sentido objetivo, porque el objeto de la esperanza es la aparición del Salvador. No hay señales especiales que la anuncien, solo su promesa: "Vendré otra vez, y os tomaré a mí mismo" (Jn. 14:3). Se le llama *bienaventurada* porque está en la cima de toda esperanza cristiana. Nos sentimos dichosos porque "ahora está más cerca de nosotros nuestra salvación que cuando creímos" (Ro. 13:11). Sabemos que transitamos por el mundo, pero

> *nuestra ciudadanía está en los cielos, de donde también esperamos al Salvador, al Señor Jesucristo; el cual transformará el cuerpo de la humillación nuestra, para que sea semejante al cuerpo de la gloria suya, por el poder con el cual puede también sujetar a sí mismo todas las cosas. (Fil. 3:20-21)*

El tránsito terrenal genera conflictos, dificultades, inquietudes, enfermedades, y aflicciones, pero la esperanza bienaventurada ofrece para nosotros la perspectiva de un cuerpo transformado para ser

[33] En el texto griego se lee: προσδεχόμενοι τὴν μακαρίαν ἐλπίδα καὶ ἐπιφάνειαν τῆς δόξης τοῦ μεγάλου Θεοῦ καὶ Σωτῆρος ἡμῶν᾽Ιησοῦ Χριστοῦ.

semejante al del Señor resucitado, donde las angustias vitales dan paso a la gloria junto a Él.

La frase final del versículo es importante en la cristología ya que llama Dios a Jesucristo. La oración no deja lugar a dudas en el texto griego de que se está refiriendo no a dos personas, sino a una a la que se le da el nombre de Jesucristo y dice de Él que es el gran Dios. El Ambrosiaster identifica al Gran Dios con el Padre. Sin embargo, es claro que se refiere a Jesucristo. Hay razones que fundamentan esta posición. 1) La construcción gramatical del texto griego. Si el gran Dios fuera una persona distinta del Salvador, se repetiría el artículo, donde se leería *el gran Dios y el Salvador…*; 2) Cuando se habla de aparición o de manifestación, literalmente *epifanía*, nunca se refiere al Padre, sino a Cristo, el gran Dios-hombre; 3) Esto es igual en todo el Nuevo Testamento (Mt. 25:31; 1 P. 4:13); 4) En la teología profética nunca se habla de Dios y del Mesías como que aparecerían juntos, de modo que si el texto tuviese esa distinción sería el único en esa forma; 5) el contexto determina que Pablo habla aquí de la última manifestación gloriosa de Cristo; 6) los padres de la Iglesia unánimemente interpretan el versículo como una referencia sólo a Cristo, a quien el apóstol llama nuestro gran Dios. Además, dice que este gran Dios es nuestro Salvador. Mayoritariamente ese título se le da a Jesús. Es cierto que en alguna ocasión debe identificarse con el Padre como de quien procede el plan de salvación, pero, quien hace la obra de salvación y muere por el pecado del mundo es Jesucristo.

Es necesario preguntarse a estas alturas si el reconocimiento de la deidad de Cristo es absolutamente bíblico, es decir, está en algún modo presente tanto en el Antiguo como en el Nuevo Testamento, o es una propuesta propia del cristianismo. No cabe duda de que a la luz de la doctrina de los apóstoles se llega al conocimiento de la Trinidad. No es menos cierto que hay pasajes del Antiguo Testamento que, ante la luz del Nuevo, permiten apreciar la realidad de las personas divinas actuando en distintos modos cada una, pero en la unidad de propósito propia del ser divino. Dicho de otra manera, ¿es posible encontrar alguna referencia en el Antiguo Testamento que permita establecer con precisión sin duda alguna la deidad personal de quien recibiría al nacer el nombre de Jesús? La manifestación anticipada de Jesucristo en el Antiguo Testamento es una realidad. Cristo mismo "desde Moisés y siguiendo por todos los profetas, les declaraba en todas las Escrituras lo que de Él decían" (Lc. 24:27), para quitar las dudas que los dos de Emaús tenían sobre si era realmente el Cristo prometido y si había resucitado de entre los muertos. Por tanto, en la necesidad de una aproximación parcial que permita afirmar que la deidad de Cristo está presente ya en los escritos del Antiguo Pacto, pueden destacarse algunos elementos sustentadores de esta verdad. Dios prometió al hombre un Salvador, que vendría de la "descendencia de la mujer" (Gn. 3:15), y que más adelante se reveló que sería de la "de Abraham" (Gn. 22:17-18). Es el apóstol Pablo quien enseña que esa descendencia procedería el Cristo, Salvador del mundo (Gá. 3:16). No es por medio de los descendientes de Abraham, sino por uno sólo de ellos, Cristo, que se promete la bendición y la promesa de redención para todas las naciones de la tierra. Es evidente que tenía que ser hombre para ser sustituto de los hombres, pero no podría ser Salvador si no fuese Dios. En todo el Antiguo Testamento se hace mención a alguien distinto a Jehová, como persona, a la que se le dan atributos, títulos y perfecciones divinas que son exclusivas de la deidad. Esta persona reivindica autoridad divina, ejerce prerrogativas divinas y recibe trato que sólo es dable a Dios. La obra que se atribuye a Dios en otros lugares es atribuida a esta persona en varias ocasiones, al que se presenta como Ángel de Jehová. Observemos algunos textos.

Génesis 16:7. En el relato de la relación tirante entre Agar y Sara, la esposa de Abraham, a causa del estado de gestación de la sierva, trajo como consecuencia la reacción de ésta huyendo de la casa de su dueña. En esa situación, dice el texto bíblico: "Y la halló el Ángel de Jehová junto a una fuente de agua en el desierto, junto a la fuente que está en el camino de Shur", donde se produjo un diálogo en el que el ángel le hace una promesa a título personal, no como transmitiéndole un mensaje de Dios, sino como haciéndola en nombre propio, relativo a la descendencia que procedería de ella: "Multiplicaré tanto tu descendencia, que no podrá ser contada a causa de la multitud. Además, le dijo el Ángel de Jehová: He aquí que has concebido, y darás a luz un hijo, y llamarás su nombre Ismael, porque Jehová ha oído tu aflicción" (Gn. 16:10-11). Sólo Dios puede dar el don de la fertilidad y formular una promesa semejante. Al final del encuentro entre ella y el ángel, se lee: "Entonces llamó el nombre de Jehová que con ella hablaba: Tú eres Dios que ve; porque dijo: ¿No he visto también aquí al que me ve?" (Gn 16:13). Es evidente que de este ángel se afirma que es Jehová.

Génesis 18:1. Comienza el pasaje en que aparece la promesa dada a Abraham sobre su descendencia, y la revelación del juicio divino decretado sobre Sodoma y Gomorra, afirmando, según se lee: "Después le apareció Jehová en el encinar de Mamre". Más adelante, refiriéndose a la actuación de Sara, ante el anuncio del nacimiento de su hijo, escribe: "Entonces Jehová dijo a Abraham" (Gn. 18:13). De estos tres personajes que se aparecieron a Abraham, dos de ellos eran ángeles, manifestados en forma de varones, pero uno de ellos, se dice de Él que era Jehová (Gn. 18:20, 22). Al final del relato bíblico, se lee que "Jehová se fue, luego que acabó de hablar a Abraham; y Abraham se volvió a su lugar" (Gn. 18:33). Lo importante del pasaje es que en la intercesión que Abraham hace en relación con la determinación divina de arrasar las ciudades y las vidas que había en ellas se dirige al que hablaba con él, llamándole Señor, como se lee en el texto hebreo, título dado a Dios en el Antiguo Testamento. Este, aparentemente un varón, que dialogó con Abraham, no podía ser sino Dios, puesto que se abroga la capacidad de destruir o de perdonar, conforme a su condición.

Génesis 22:1 ss. En el relato de la demanda divina pidiendo a Abraham el sacrificio de su único hijo Isaac aparece nuevamente el Ángel de Jehová. Se lee en el principio del relato que fue Dios quien le formuló esa demanda. Luego de todo el proceso histórico en el que se aprecia no solo la obediencia, sino también la fe de Abraham, en que se cumpliría la promesa dada por Dios sobre su descendencia, llegado el instante mismo en que se disponía a sacrificar a su hijo, se lee que "el Ángel de Jehová le dio voces desde el cielo" y al detener la acción del sacrifico le dijo: "No extiendas tu mano sobre el muchacho, ni le hagas nada; porque ya conozco que temes a Dios, por cuanto no me rehusaste tu hijo, tu único" (Gn. 22:11-12). El ángel que habla en un determinado tiempo se identifica antes como Dios al afirmar que no le había rehusado la demanda formulada al principio del relato.

Génesis 32:24-32. En el retorno de Jacob al encuentro con su hermano se produjo la lucha con un varón hasta la llegada del día. En el pasaje se lee que en la bendición que aquel dio a Jacob dice: "No se dirá más tu nombre Jacob, sino Israel; porque has luchado con Dios y con los hombres, y has vencido" (v. 28). Es el profeta Oseas que aclara que Jacob había luchado con "el ángel" (Os. 12:3), por consiguiente, se identifica al ángel con Dios, con quien había luchado durante la noche.

Éxodo 3:1 ss. El relato llamado de la zarza ardiente, indica que a Moisés "se le apareció el Ángel de Jehová en una llama de fuego en medio de una zarza" (v. 2). En el resto del pasaje se identifica como Jehová, que dialoga con Moisés y le ordena descalzarse porque estaba en terreno santo (vv. 4-5). Con absoluta precisión le revela que quien se manifestaba en la zarza era Dios: "Yo soy el Dios de tu padre, Dios de Abraham, Dios de Isaac, y Dios de Jacob" (v. 6), cuando el sujeto del pasaje no es otro que el Ángel de Jehová. Dios manifestado de ese modo, anuncia cuanto hará para librar a Israel de la esclavitud de los egipcios. Una expresión de Moisés confirma la deidad del Ángel, cuando se lee: "Entonces Moisés cubrió su rostro, porque tuvo miedo de mirar a Dios" (v. 6). Por tanto, la identidad divina está manifestada una vez más en el relato.

Jueces 6:22-23. En la historia del juez Gedeón se relata la manifestación que Dios le hizo personalmente. En un momento del relato se dio cuenta que aquel que hablaba era el Ángel de Jehová, cuando se desapareció de su vista. "Viendo entonces Gedeón que era el Ángel de Jehová, dijo: Ah, Señor Jehová, que he visto al Ángel de Jehová cara a cara. Pero Jehová le dijo: Paz a ti; no tengas temor, no morirás" (vv. 22-23). Anteriormente refiriéndose al Ángel que hablaba con él se lee: "Y mirándole Jehová, le dijo: 'Ve con esta tu fuerza, y salvarás a Israel de la mano de los madianitas'" (v. 14). También aquí se manifiesta la identidad divina del Ángel de Jehová.

Jueces 13:1-22. El relato permite conocer la anunciación y posterior nacimiento del juez Sansón. Es interesante apreciar en la lectura de todo el pasaje que en la primera vez quien se apareció a la madre de Sansón era el "Ángel de Jehová" (v. 3). Una segunda vez se usa la misma forma cuando se apareció a Manoa, el padre de Sansón, y el escrito sagrado afirma que era el "Ángel de Jehová" (v. 13). Éste quiso conocer el nombre del Ángel, recibiendo como respuesta: "¿Por qué me preguntas por mi nombre, que es admirable?" (v. 18). Esto concuerda con el título divino dado al Mesías en la profecía de Isaías: "Admirable" (Is. 9:6). El ascenso del Ángel, sobre la llama del altar en que se ofrecía una ofrenda a Dios, llevó a Manoa a comprender quién era el que había hablado con él. "Y dijo Manoa a su mujer: Ciertamente moriremos, porque a Dios hemos visto" (v. 22).

Solo hay tres maneras de entender estos pasajes. Una, que el Ángel de Jehová es un ángel especial que Dios tiene a su servicio directo y que es enviado con misiones especiales. Siendo, pues, un mensajero que habla y representa al que le envía, recibe los honores de aquel que le envía, asumiendo los títulos divinos como representante directo de Dios, hablando como si fuese Dios y como delegado suyo le corresponde lo que al que le envía le pertenece.

Otra interpretación entiende que el Ángel de Jehová es una persona divina, pero no se puede distinguir personalmente de Jehová. De otro modo, es una manifestación distinta de la misma persona divina. De manera que es una y la misma persona, la que envía y es enviada. Esto supone una interpretación no solo contraria a la revelación de la Biblia, sino incluso absurda en sí misma.

La tercera vía es el único modo de entender los pasajes citados y otros muchos del Antiguo Testamento, como manifestaciones del Hijo de Dios pre-encarnado, quien es ahora el mismo Verbo encarnado a quien adoramos como Jesucristo, nuestro Señor y Salvador.

La deidad de Cristo aparece también en los Salmos.

Salmo 2. Junto con el mesianismo está también la deidad. La descripción de la rebeldía humana contra el Señor y su ungido es manifiesta (vv. 1-3). Dios se ríe del propósito de los hombres contra Él, declarando que ya ha constituido al Mesías como rey sobre el monte de Sion. La deidad suya queda claramente demostrada: a) En el Salmo se le llama Hijo de Dios (v. 7); su señorío es universal (v. 8); se ordena a todos que le sirvan con el respeto que Dios merece (v. 11); se califican como benditos a todos los que confían en Él (v. 12).

Salmo 22. La descripción profética de la crucifixión está presente en el Salmo. Las palabras del que está sufriendo son las pronunciadas por Jesús en la cruz (vv. 1-19). Las condiciones del texto ponen de manifiesto que sólo son aplicables a una persona divina, ya que todos los que temen a Dios le alaban porque no menospreció la aflicción de Él ni escondió su rostro (vv. 22-24). Todas las naciones vendrán a ser suyas y adorarán delante de Él (vv. 28-29). La obra que realiza es para justificación y durará perpetuamente (vv. 30-31).

Salmo 45. Las palabras dirigidas al rey en el texto sólo son aplicables a Dios, ya que su trono es "eterno y para siempre" (v. 6). Este texto está en la referencia que se ha dado anteriormente del Nuevo Testamento aplicado a Cristo (He. 1:8). La descripción de la esposa (vv. 10-15) solo puede ser real en la Iglesia, la esposa del Cordero. A la memoria perpetua de su obra, se une también la alabanza sempiterna que recibe, solo posible para Dios (v. 17).

Salmo 72. Otro cántico sobre el rey. Las características y condiciones que se le asignan solo son posibles si es Dios. Su dominio es universal, y todos los reyes de todas las naciones se postrarán ante Él (vv. 8-11). A Él se elevarán las oraciones (v. 15). Su vida es eterna, y todos serán benditos en Él, referencia usada por Pablo en la epístola a los Gálatas (Gá. 3:16) (v. 17).

Salmo 110. Palabras de este Salmo son usadas por Cristo en su pregunta a los judíos (Mt. 22:41-46). El sujeto del Salmo es el Señor de David (v. 1), siendo su descendiente, esto es su Hijo, tenía que tener una naturaleza que le permitiese ser su Señor. A ningún ángel ni a criatura alguna Dios invitó para que se sentase a su diestra, en el lugar de majestad que solo a Él corresponde, solo es posible en la condición divina del Hijo, en la igualdad que solo se produce en el seno trinitario (v. 1). El pueblo se le ofrece en adoración, apreciándose en el poema referencias que sólo pueden corresponder a Dios (v. 3). Quien es hijo de David y Señor de David es también un sacerdote eternamente (v. 4).

Junto con los libros históricos donde se revela la grandeza del Cristo pre-encarnado y los Salmos, siguen en la misma línea referencias proféticas. Unos pocos ejemplos serán suficientes.

Isaías 4:2. Se habla del renuevo, con un ministerio que solo es posible y aplicable a Dios. Una referencia semejante aparece en Jeremías 23, a cuyo renuevo se le llama Jehová justicia nuestra (Jer. 23:5-6; 33:15).

Isaías 7 al 9. En ese pasaje de la profecía se anuncia el nacimiento de un niño cuya madre es virgen. No es posible entender otra cosa del niño anunciado que es el eterno Hijo de Dios, en unidad consustancial con el Padre. Esta verdad está claramente expresada en los capítulos citados. a) Se le da el nombre de Emanuel, que significa Dios con nosotros (7:14); b) Se afirma que la tierra de Israel es su tierra; c) Se le califica de Admirable consejero, Dios fuerte, Padre eterno y Príncipe de paz (9:6); d) Su reino es universal y eterno (9:7); e) Su dominio y las consecuencias que de él dimanan son tales que solo corresponden al dominio divino. Este rey anunciado, el Mesías prometido, haría la redención de su pueblo, asegurándoles el perdón de pecados y la reconciliación con Dios.

Miqueas 5:1-5. Anuncia proféticamente el nacimiento en Belén de alguien que sería Señor en Israel. Afirma también que, aunque nacería, humanamente hablando, sus "principios son desde la eternidad". Afirma también el profeta que su gobierno sería con perfecciones y gloria divinas. Además, su reino será universal y el efecto de su obra y presencia será paz. No es posible atribuir esto a hombre alguno, puesto que sólo corresponde a Dios.

Daniel 2:44. Se anuncia que el reino del Mesías sería eterno y que eliminaría todo otro reino. Más adelante, en la misma profecía (7:9-14), se habla de uno que es semejante al Hijo del Hombre, y que le fueron dados dominio, gloria y reino, de modo que todos los pueblos le sirven y dominará sobre ellos. De su reino se dice que no será jamás destruido.

La conclusión es definitiva. Puesto que Cristo existía en forma de Dios, ya que también recibe títulos divinos como el de Señor, siendo la imagen del Dios invisible, no cabe duda alguna de que es Dios en unidad con el Padre y el Espíritu. Aunque no hubiera textos precisos que expresaran la deidad del Hijo de Dios, serían suficientes las manifestaciones bíblicas de algunas de sus actividades para afirmar su deidad, ya que, siendo Señor, es el Rey de reyes, y el soberano que rige los destinos perpetuos de todo lo creado. Además, al considerar lo que se ha tratado sobre el revelador de Dios, tiene necesariamente que ser Dios para poder manifestar al Invisible, que solo es conocido por sí mismo en el ser divino, pero cuya revelación infinita se produce en el Verbo de Dios. El Señor Jesucristo se acredita como Dios por sus obras, pero también por su resurrección y glorificación, donde se proclama cósmicamente como Señor, recibiendo ese nombre que es sobre todo nombre, bajo cuya autoridad todo le está sujeto en cielos y tierra, en ángeles y hombres, no importa cuál sea la condición de ellos.

Con todo, tuvieron que pasar más de dos siglos, desde la escritura de las bases doctrinales del Nuevo Testamento hasta la precisión definitoria de la deidad de Jesucristo. Estas exactitudes permiten llegar a la precisión de que Él es Dios mismo en entrega de gracia y en revelación personal. Es el concilio de Nicea el que afirma la igualdad de las tres personas divinas en el ser de la Trinidad Santísima. Por esa razón todo lo que pertenece y corresponde a Dios está presente en Jesucristo. En su momento se considerarán los títulos que se dan a Jesús en el Nuevo Testamento, en especial los de *Señor, Cristo, Hijo de Dios*, que expresan su condición divina, como consecuencia de la eterna procedencia del Padre, que es también Dios de Dios, en sentido de expresar que es Dios como Dios. Al Padre y al Hijo les es común la deidad. No podía ser de otra forma, ni podría entenderse de otra manera que Jesucristo no es tan solo un intermediario que establece una relación en una sola vía entre Dios y el hombre, sino que este Dios manifestado en carne, es mediador (1 Ti. 2:5), lo que le hace vinculante con Dios, por ser Dios, y con el hombre, como hombre, de manera que puede presentar en intercesión a éste como intercesor, y trae a Dios al mismo hombre, convirtiendo al creyente en "templo de Dios en Espíritu" (1 Co. 3:16).

El Concilio de Nicea fue convocado por el emperador Constantino en el verano del año 325 con objeto de poner fin a las disputas, especialmente con las propuestas arrianas que amenazaban la unidad, en busca del credo ortodoxo que fuese símbolo de fe a los cristianos. Después de un cuidadoso estudio, el concilio aprobó el siguiente símbolo de fe:

Creemos en un solo Dios Padre omnipotente, Creador de todas las cosas, de las visibles y de las invisibles; y en un solo Señor Jesucristo Hijo de Dios, nacido unigénito del Padre, es decir, de la sustancia del Padre, Dios de Dios, luz de luz, Dios verdadero, engendrado, no hecho, consustancial al Padre, por quien todas las cosas fueron hechas, las que hay en el cielo y las que hay en la tierra, que por nosotros los hombres y por nuestra salvación descendió y se encarnó, se hizo hombre, padeció, y resucitó al tercer día, subió a los cielos, y ha de venir a juzgar a los vivos y a los muertos. Y en el Espíritu Santo.

Mas a los que afirman: hubo un tiempo en que no fue y que antes de ser engendrado no fue, y que fue hecho de la nada, o de los que dicen que es de otra hipóstasis o de otra sustancia o que el Hijo de Dios es cambiable o mudable, lo anatemiza la Iglesia Católica.[34]

---

[34] Gonzaga, 1966, p. 107.

La negación de la deidad de Cristo motivó unas líneas de Agustín de Hipona:

Los que dijeron que nuestro Señor Jesucristo no era Dios, o que no era Dios verdadero, o que no era un Dios con el Padre, o que por ser mudable no era inmortal, pueden ser convencidos por el testimonio acordado y unánime de los libros divinos, de donde están tomadas estas palabras: En el principio existía la Palabra, y la Palabra estaba en Dios, y la Palabra era Dios. Es manifiesto que nosotros reconocemos en el Verbo de Dios al Hijo único de Dios, de cual dice luego: Y la palabra se hizo carne y habitó entre nosotros, a causa del nacimiento de su encarnación, acaecido, en el tiempo, de una Virgen.

En este pasaje declara san Juan no sólo que Cristo es Dios, sino que es consustancial al Padre, pues habiendo dicho que la Palabra era Dios, continúa: En el principio estaba en Dios. Todas las cosas fueron hechas por Él, y sin Él nada ha sido hecho. En el omnia se incluyen todas las criaturas. Luego constan con evidencia que no ha sido hecho aquel por quien fueron hechas todas las cosas. Y si no ha sido hecho, no es criatura; y si no es criatura, es una misma sustancia con el Padre. Toda sustancia que no es Dios, es criatura; y si es criatura, ya no han sido hechas por Él todas las cosas. Pero está escrito: Todo ha sido hecho por Él; luego es una misma sustancia con el Padre, y, por consiguiente, no solo es Dios, sino también Dios verdadero.[35]

Son suficiente estas dos citas para establecer el principio general de la aceptación de la deidad de Jesucristo, el Verbo encarnado, que es el Hijo de Dios, que vive en eterna unidad con el Padre y el Espíritu y que es reconocida desde los concilios más antiguos y desde la patrística.

---

[35] Agustín de Hipona, *De Trinitate* I.6.9.

CAPÍTULO III
LA PERSONA DIVINA

Introducción

En el capítulo anterior se ha establecido la deidad de Jesucristo basada en el análisis de textos bíblicos tanto del Antiguo como del Nuevo Testamento. Pero, en base a la dogmática de la Trinidad, es necesario determinar la condición divina de Jesucristo identificándolo con una de las tres personas subsistentes en el ser divino.

Se entra de lleno en el problema de personalizar a Dios. Sin embargo, es necesaria una aproximación a este aspecto, sin entrar más allá de lo necesario en un tema que corresponde a la teología propia, donde tiene la extensión que se requiera. El referirse a cada una de las hipóstasis en el ser divino con el término persona exige primeramente considerar el sentido semántico de la palabra, es decir, el significado que se le quiere dar a esa unidad lingüística. Inmediatamente surge la pregunta de por qué la primera se personifica como Padre, la segunda como Hijo y la tercera como Espíritu Santo.

Es necesario aproximarse al concepto de persona referido a Dios, expresando realidades divinas por medio de conceptos análogos tomados del hombre. En muchos momentos de la expresión de la verdad teológica no es posible hacerlo y explicarlo sin usar una cierta metafísica fundamental que está íntimamente relacionada y vinculada a los conceptos que usamos para expresar las eternas verdades sobre la deidad. Esto exige el empleo en teología de una ontología con una extensión ilimitada relativa a la analogía del ser.

Dividiendo esta reflexión y aproximación para probar que Jesucristo es una persona divina, usaremos el siguiente método:

1. Concepto de persona.
2. El sentido de persona aplicado a Dios.
3. La evolución en la historia de la Iglesia.
4. Conclusiones teológicas sobre el concepto persona.
5. La generación de la persona divina del Hijo de Dios.

Concepto de persona

El término proviene etimológicamente de las palabras griegas y latinas. La primera, πρὸσωπον, se usaba para referirse a la forma de caracterizarse un actor que iba a representar a un determinado personaje. De ahí derivó el sentido etimológico de nuestra palaba persona, indicando la dignidad de aquel que está en eminencia sobre otros. Por su parte, el origen latino corresponde a la misma palabra *persona*. La metafísica traslada estos términos para referirse a la expresión del ser, que tiene que ver con la individualidad y racionalidad. Esto excluye necesariamente todo lo que es incompleto en el ser, los accidentes que modifican y también lo que puede ser comunicado por una persona a otra. Como es de conocimiento general, la metafísica es la parte de la filosofía que trata del ser en cuanto tal, y de sus propiedades, principios y causas primeras.

Las deducciones teológicas suponen el uso de la mente humana, es decir, del pensamiento del hombre aplicándolos a los datos bíblicos para formar, de acuerdo con la racionalidad, expresiones que por analogía permitan ser aplicadas a Dios. Estas aplicaciones antropomórficas hacen comprensible por semejanza lo que tiene que ver con la transcendencia de la deidad. En este sentido escribe el Dr. Olegario González de Cardedal:

No hay analogía sin filosofía, y quien quisiera hablar de Dios en absoluta pureza, sin querer mezclar la palabra bíblica con ninguna otra, está ante la alternativa de: o bien callar o hablar repitiendo las palabras de Dios sin entenderlas. Toda palabra pronunciada en el tiempo y en el espacio, por ello también la palabra divina, necesita de una constantemente renovada traducción a las nuevas situaciones históricas, que condicionan su comprensión.[1]

Sin duda existe el peligro de tomar la filosofía para hacer del razonamiento un dogma de fe. De ahí la necesidad de sujetar el pensamiento en sus más diversas formas a la verdad inerrante expresada por Dios en la Palabra, colocando las ciencias humanas al servicio de la teología y no al revés. Esto se detecta inmediatamente que se habla de Dios y que se afirma —porque esa es la fe cristiana

---

[1] González de Cardedal, 1966, pp. 192-193.

asentada en la revelación bíblica— que Dios es uno y trino, existente eternamente en tres personas. Una de las evidencias está en el uso bíblico de los pronombres personales *yo, tú*, *él* en relación con Dios, de manera que, por analogía, aplicamos a Dios el concepto de persona tal y como lo entendemos antropológicamente. ¿Es correcto esto? Sin duda tiene pleno apoyo bíblico puesto que el hombre ha sido creado a "imagen y semejanza de Dios" (Gn. 1:26). Lo que se puede entender en el sentido personal del ser creado se puede aplicar en analogía a Dios. Naturalmente que ese concepto es limitado, por cuanto el ser humano lo es también, y no puede comprender al Infinito en esa dimensión plena de la deidad porque tampoco la criatura limitada puede comprender en su limitación la infinitud de Dios. Sin embargo, el concepto es aplicable y hace comprensibles aspectos del ser divino, en la natural limitación propia de la mente humana.

Es, pues, necesario sobre la única base de fe que es la Biblia, tomando como referente la personalidad humana, aproximarse al concepto de persona divina, para lo que resulta necesario elevar al infinito las perfecciones que ese concepto incluya, retirando en relación con Dios cuantas imperfecciones puedan concurrir. Todo lo que es limitación o defecto estará necesariamente excluido, ya que la analogía antropológica se establece en una criatura limitada, incluso relativa, y además afectada por la naturaleza caída que está en cada persona humana.

Básicamente, el concepto de persona incluye tres elementos: autoconciencia, auto-posesión y alteridad.

a) *Autoconciencia*, por la que cada persona tiene claro conocimiento de cuanto ocurre en su intimidad, que se manifiesta en aquello que exterioriza. Jesús enseñaba que "de la abundancia del corazón habla la boca" (Lc. 6:45). Esto que el ser percibe permite lo que en filosofía se conoce como *apercepción*, que es el acto de tomar consciencia, reflexivamente, del objeto percibido. Esta palabra fue introducida por Leibniz, definiendo con ella la conciencia de la percepción, es decir, ser consciente de percibir algo, por tanto, expresa la percepción al más alto nivel. A diferencia de la percepción que es el hecho representativo, interno o psicológico, la apercepción, supera la reflexión que pueda hacerse del mismo, el estado de la mente que retorna para analizar las percepciones conscientes para conocerlas mejor o más profundamente, para alcanzar el nivel del estado del espíritu que conoce lo que pasa en él. Es la plenitud de juicios de valor que están en el subconsciente del ser.

Sin lugar a duda, la autoconciencia se mantiene en la intimidad de la personalidad a causa de dos factores que alteran su expresión al exterior: a) La diversidad de juicio de un mismo acto en cada persona, porque el análisis sobre el acto varía en cada uno. b) La condición egocéntrica propia del individuo, especialmente impulsado por la condición de la naturaleza afectada por el pecado que potencia el *yo* e impide la comprensión de los problemas ajenos, como consecuencia de la condición psicológica del individuo que no tiene interés por las circunstancias ajenas, sino por las suyas propias, analizando aquellas bajo la apreciación propia y personal, que es la válida para él.

El comprender o tratar de comprender al otro se alcanza en la regeneración del creyente. En esa operación que realiza el Espíritu Santo dota al salvo de interés genuino por los demás haciéndole sentir el concepto de colectividad, ya que él mismo está inmerso en la de la Iglesia de Jesucristo, comunidad a la que es introducido todo el que ha creído. Por esa razón, la puerta de la colectividad y los problemas que le afectan se hacen personales hasta el punto de poder decir, como el apóstol Pablo: "Me gozo en lo que padezco por vosotros, y cumplo en mi carne lo que falta de las aflicciones de Cristo por su cuerpo, que es la iglesia" (Col. 1:24). En la acción del Espíritu que cumple la predestinación divina de transformar al creyente a la imagen del Hijo de Dios (Ro. 8:29), la autoconciencia individual se abre de modo que puede comprender al otro. Ese cambio conduce a un auto-juicio correcto y evita enjuiciar negativamente sin buscar la comprensión de la razón de las actuaciones de otros (Ro. 2:1, 21; 13:8; 1 Co. 4:6; 6:1; 10:24, 29; 14:17; Fil. 2:4; 2 Ti. 2:2). Una acción que descansa en el amor de Dios que comprende la razón de nuestras acciones, aunque no justifique sus razones.

Por analogía, al aplicar a Dios en el conocimiento de las personas divinas, la apertura de la autoconciencia se magnifica de un modo infinito, puesto que cada una de ellas tiene la misma mente y la misma conciencia, de manera que se conocen y comprenden en grado infinito (Mt. 11:27; 1 Co. 2:10), conociendo de la misma forma todo lo creado en todos los aspectos de toda manifestación, puesto que conocen en plenitud todos los hechos en sí y la causa de ellos (Mt. 6:4,

6, 18; Jn. 2:24-25; Ro. 8:16; 1 Co. 2:10), sino también todo futurible (Lc. 10:13). Dios conoce todos los caminos del otro (Sal. 139:1-18).

b) Auto-posesión. Es la segunda característica que define a la persona. Es evidente que el ser humano es responsable de sus actos, porque es dueño de sí mismo. En cierto modo, es la expresión visible del llamado libre albedrío, siendo dueño de sus acciones, es también el sujeto de atribución de la responsabilidad de ellas. Todo el hombre está deteriorado por el pecado, que lo orienta continuamente al mal; por esa causa, está incapacitado para vivir en estado de continua perfección, ya que como Dios dijo de él antes del diluvio, "la maldad de los hombres era mucha en la tierra, y que todo designio de los pensamientos del corazón de ellos era continuo solamente el mal" (Gn. 6:5). Con todo, eso no quita la responsabilidad de las acciones y decisiones de cada uno. El hecho de que haya perdido el dominio propio no significa exoneración de las consecuencias de sus hechos.

Resulta difícil encontrar una correcta analogía a Dios desde la enorme imperfección del hombre. Sin embargo, Dios restaura la situación en su acción regeneradora para el que cree. La acción del Espíritu reproduce a Cristo en el creyente. La vida distorsionada por el pecado, el yo cautivo por la condición caída, es tratado en Cristo hasta el punto de producirse un nuevo nacimiento, que no es un mero cambio, sino una transformación de tal dimensión que solo cabe expresarla en las palabras del apóstol Pablo: "Con Cristo estoy juntamente crucificado, y ya no vivo yo, mas vive Cristo en mí; y lo que ahora vivo en la carne, lo vivo en la fe del Hijo de Dios, el cual me amó y se entregó a sí mismo por mí" (Gá. 2:20). Aquella condición que, carente de dominio propio, trata de dominar a los otros, se da en plena auto-posesión de quienes antes buscaban el provecho personal, hasta el punto de llegar a dar la vida por ellos (1 Jn. 3:16-18).

Desde la óptica de la regeneración o de la plena liberación de la esclavitud del pecado podemos intuir lo que son las personas divinas en una plena entrega de comunión entre ellas. Esta relación se aprecia en varios pasajes, pero serán suficientes las palabras del Señor: "Él [el Espíritu Santo] tomará de lo mío y os lo hará saber. Todo lo que tiene el Padre es mío; por eso dije que tomará de lo mío, y os lo hará saber" (Jn. 16:14-15). Las tres personas divinas comparten entre sí todo cuanto tienen y son, excepto la personalidad que las individualiza y distingue entre ellas por la mutua oposición de las relaciones que las constituyen como personas distintas en el ser divino. Este autodominio, que es la verdadera auto-posesión que en el creyente, por razón de la operación del Espíritu en él, le lleva a la apertura a otros en forma de comunión (Hch. 2:42; 4:32; Ro. 15:26; 2 Co. 9:13; Gá. 2:9; Fil. 2:1-2; He. 13:16; 1 Jn. 1:3, 6, 7; 3:16-18) alcanza en Dios un grado infinito, lo que sin duda es una plena identidad.

La tercera característica de la persona es la alteridad, que es la condición de ser otro; también se puede denominar como originalidad. La persona es persona porque es absoluta y totalmente distinta de las demás. Pudiera tener alguna semejanza, pero cada persona humana es diferente. De otro modo, él mismo, la mismidad del hombre, se produce cuanto más pueda distinguirse de los otros, es decir, cuando más es otro diferente. El pecado conduce al hombre a buscar su mismidad por caminos erróneos, procurando alcanzar la diferencia manifestando una superación en relación con otros, una presencia diferente, una imitación del otro que se procura superar. Indudablemente, esta situación no permite una analogía relativa a las personas divinas.

En la esfera de la regeneración por la obra del Espíritu, el creyente es transformado variando la potencialidad de su condición individual de persona, siendo dotado de carismas que le comunica y que en el ejercicio de ellos alcanza una alteridad más pronunciada, pero, como un aspecto aparentemente contradictor, se identifica más con sus hermanos, ya que unos y otros son transformados a la imagen del Hijo de Dios conforme al propósito eterno del Padre (Ro. 8:29). Esta identidad personal es para los hombres una contradicción, ya que, como dice el Dr. Lacueva, "puede entregarse sin perderse, darse sin gastarse, volcarse sin vaciarse".[2] Esta individualidad personal se integra en la corporativa de cada creyente en Cristo, formando el cuerpo del que Jesucristo es la cabeza, de modo que el crecimiento individual pasa a ser crecimiento colectivo:

Sino que siguiendo la verdad en amor, crezcamos en todo en aquel que es la cabeza, esto es, Cristo, de quien todo el cuerpo, bien concertado y unido entre sí por todas las coyunturas que se ayudan mutuamente, según la actividad propia de cada miembro, recibe su crecimiento para ir edificándose en amor. (Ef. 4:15-16)

---

[2] Lacueva, 1983, p. 53.

Trasladando esto al plano de la deidad entendemos que cada persona es individual, aunque no independiente, marcando diferencias entre ellas, pero eso es absolutamente compatible con la interrelación y la plena comunión de las tres en el seno trinitario. Cada una se constituye como persona individual y original, diferente a las otras dos, pero absolutamente vinculadas por la total y recíproca entrega de cada una a las otras dos.

Ninguna persona se constituye como tal aunque fuese posible la entrega total de ella a otro, ya que su persona es el resultado de un acto creador. Una relación *ad alium*, esto es, a otro, no lo personaliza, sino que es persona *ad se*, es decir, en sí mismo. Un hijo no es persona por el hecho de ser hijo, lo es por ser un individuo humano. Igualmente, la relación paterno-filial no constituye persona al padre por el hecho de engendrar al hijo, sino por ser hombre. Si no fuese de este modo, por la muerte de uno de ellos, el otro dejaría de ser persona. En el plano humano, nadie se constituye persona por relación con otra, sino por la individualidad de concepción, gestación y alumbramiento. Es así que cada ser humano, en razón de ser individual y, por tanto, diferente al resto de los humanos, es una persona distinta.

En el ser divino no ocurre esto porque las personas divinas no son tres individuos de la deidad, ya que constituiría a cada una de las tres en un Dios individual, es decir, serían tres Dioses. Eso es contradictorio con la dogmática de la Trinidad, que enseña, conforme a lo revelado, que Dios es uno solo, manifestado en tres personas, que son individuales, pero que cada una es el mismo Dios verdadero. Las tres comparten vida, esencia, naturaleza, perfecciones, etc., de modo que no se pueden distinguir *ad se*, sino por la relación o procedencia, que las constituye *ad alium* como principio y término de procesión que personaliza al Hijo y al Espíritu, procedente el primero del Padre y el segundo del Padre y del Hijo. En razón de lo que se puede calificar como oposición interpersonal, no en el sentido de enfrentar realidades distintas, sino como principio y término de la procesión que las personaliza. Así, la persona del Hijo es el término de la generación del Padre, por cuya misma relación el Padre se distingue del Hijo, ya que este es el término de la generación de la que es principio el Padre. De igual manera, el Espíritu Santo se distingue como persona del Padre y del Hijo, ya que procede de ambos como principio de espiración activa. Este principio y término de la relación pone a cada una de las personas divinas en oposición, en sentido de diferenciación personal, pero de relación participante de vida. Esta relación se produce eternamente *ad intra*, y distingue a las personas divinas de tal manera que, al ser Dios infinito, cada una de las distinciones entre ellas, que las hace diferentes, es tanto infinita como real.

El sentido de persona aplicado a Dios

El uso del término persona en relación a Dios, reviste, sin duda alguna, la dificultad de precisar qué concepto de esa palabra puede usarse sin reservas para expresar la verdad de que en el ser divino subsisten eternamente tres personas, la del Padre, la del Hijo y la del Espíritu Santo. Es en la cristología donde se hace necesaria esa precisión, ya que en Él coexisten sin mezcla dos naturalezas, la divina que eternamente le corresponde como Dios, y la humana, subsistente en la persona divina del Hijo, desde la concepción virginal en María por operación sobrenatural del Espíritu Santo. Pero no es menos dificultoso explicar que son tres sin alterar la unidad divina ya que Dios es uno.

En un largo período de tiempo en la teología latina, lo individual de Dios ha sido llamado *persona*. Este concepto, que ha evolucionado filosóficamente, no tenía un contenido tan amplio en los idiomas griego y latino, como, en cierto modo, ya se ha considerado antes. Este concepto en la actualidad entra de lleno en el campo de la pragmática, la disciplina que estudia el lenguaje en su relación con los hablantes, así como los enunciados que estos profieren y las diversas circunstancias que concurren en la comunicación.[3] Pero no puede separarse también de la semántica, que es la disciplina que estudia el significado de las unidades lingüísticas y de sus combinaciones, en especial la semántica léxica, que estudia el significado de las palabras, así como las diversas relaciones de sentido que se establecen en ellas. De ahí que la palabra *persona*, que tenía un contenido muy limitado en la antigüedad, llegó a la dimensión que tiene en la actualidad. La amplitud que requieren las reflexiones y consideraciones sobre el concepto de persona no tiene cabida en este espacio de la cristología, por lo que es suficiente una aproximación en este apartado.

Se ha hecho una referencia a las palabras griega y latina de las que deriva el término persona. Debe añadirse que el concepto de

---

[3] Definición tomada del diccionario de la RAE.

persona puede ser considerado como subsistente en sí mismo con principios esenciales que la sitúan en un determinado orden entre los seres. En cada uno de esos aspectos recibe nombres distintos, de modo que en el primero se llama subsistencia; en el segundo, hipóstasis; y en el tercero naturaleza o esencia. En el transcurso del tiempo dará origen a distintos aspectos de la persona que, por analogía, se extenderán a las personas divinas.

El constitutivo de persona es algo perteneciente al orden de la substancia y no al de la existencia, en razón del modo de tener existencia. De ahí que, en el ser increado, la existencia personal sea algo esencial y absoluto, uno y único, en las tres personas divinas. Esto impide entender que en Dios haya más de una existencia, como afirmaba Tomás de Aquino: "De ninguna manera se ha de conceder que haya en Dios más de una existencia, puesto que la existencia pertenece siempre a la esencia, y principalmente en Dios, cuya existencia se identifica realmente con su esencia".[4] Por tanto, el constitutivo de persona no se identifica con la substancia individual, de lo contrario no sería posible entender cómo se ha unido en Jesucristo la naturaleza humana a la persona divina. La persona, es, pues, aquello que es completo o perfecto en el género de substancia, ya que la persona añade a la substancia la incomunicabilidad o individualidad de subsistencia.

El término persona, atribuido a Dios, condujo al uso, bien sea de los padres griegos como de los latinos, de diferentes nomenclaturas. Así, los primeros, hasta finales del s. IV, se refieren a las personas divinas con el término hipóstasis y también con el de esencia e incluso de naturaleza, si bien ambos tenían relación con lo que es común a ellas, es decir la esencia del ser divino. Pero cuando se toma la esencia individual como sinónimo de persona, es necesario distinguirla, como hizo el Sínodo de Antioquía (a. 268), lo que evita el modalismo. Esto es importante en la cristología, ya que naturaleza no es persona, sino que subsiste en ella. Los padres griegos procuraban evitar el uso de persona en referencia a Dios, ya que algunos herejes pretendían simplemente, usando la etimología de la palabra, hacer creer que Dios, que es uno, se presentaba en tres distintas apariencias, como ocurría con Sabelio; por eso usan el término hipóstasis, en el sentido de personas, y esencia y naturaleza (οὐσία) para referirse a lo que es común en las tres personas, la esencia divina.

---

[4] Tomás de Aquino, *De potentia* q.9, a. 5, ad 19.

Los padres latinos usan el término persona para referirse a las subsistentes en el ser divino, por lo que aparece en relación con ellas el término subsistencia. Los términos esencia y naturaleza se usan en la teología latina para señalar lo común a las personas y no lo distintivo de ellas.

Sea usado un término u otro, la dogmática cristiana afirma como base de fe que en Dios subsisten tres personas. Sin embargo, debemos admitir que la Escritura no usa el término persona para hablar de Dios. Ahora bien, esto no es óbice para usar ese término, ya que se trata de expresar con un término un concepto. Si la Palabra presenta indubitablemente tres individualidades en el seno trinitario, no hay razón alguna para no usarla, puesto que con ella se expresa una realidad objetiva. De manera que, cuando la revelación conduce a entender la subsistencia en Dios de tres individuos distintos, que son subsistentes e incomunicables —el Padre, el Hijo y el Espíritu Santo—, se afirma categóricamente la existencia de personas en el ser divino, siendo los nombres aplicados a ellas los que manifiestan la relación de ellas entre sí. Los padres latinos usaron principalmente el término persona en lugar de hipóstasis a causa de tener entre ellos el sentido de esencia, lo que podía dar lugar al triteismo. Pero en los tiempos finales de la patrística, tanto los griegos como los latinos usaban el término hipóstasis para referirse a los subsistentes divinos. Esto se pone de manifiesto en los concilios, de manera que se utiliza el término hipóstasis en el Constantinopolitano II (a. 231); el de subsistencia en el Lateranense (a. 254); y el de persona en el Bracarense (a. 251) y el de Toledo (a. 281).

Es necesario recalcar que el concepto de persona aplicado a Dios no puede ser considerado como unívoco, esto es, un término que se predica de varios individuos con la misma significación, pues que el sentido de persona divina solo puede aplicarse a quien es eterno e infinito, único de esa condición. Así que solo cabe en sentido análogo y, por supuesto, con distancia infinita. Además, los conceptos que determinan la persona, substancialidad e incomunicabilidad, proceden en el hombre de la substancia o de los principios esenciales, pero no ocurre así en Dios, ya que la substancialidad e incomunicabilidad proceden de las relaciones interpersonales, en las que concurren las notas distintivas de la persona, por lo que en ningún modo puede que el constitutivo de persona se deba a una operación creadora que trae un individuo a la existencia. Ha de tenerse presente siempre que

Dios es increado, eterno, sin principio ni fin, eternamente existente en sí mismo.

La evolución del término en la historia de la Iglesia

Tendría que recorrerse toda la historia eclesiástica, especialmente en relación con la patrística, cosa que excede la razón de ser de esta tesis. Por esa causa, se seleccionan dos ejemplos en los que se trata de la aplicación a Dios del término persona, con el significado de unicidad e individualidad.

Tertuliano. Llamado Quinto Septimio Florente Tertuliano, nació en Cartago en el año 160 y murió en el mismo lugar en el año 220. Fue un padre de la iglesia y un escritor durante la segunda parte del s. II y primera del s. III. Ejerció una notable influencia en el cristianismo de occidente. Fue un académico con una educación excelente. Escribió por lo menos tres libros en griego, que él mismo cita, pero ninguno de ellos se ha conservado. Fue un destacado abogado en Roma, especialista en leyes, con una notable capacidad argumentativa.

Su conversión al cristianismo produjo un cambio radical en su vida, que le hizo entender lo que significa ser cristiano y le llevó a decir que "los cristianos se hacen, no nacen".[5] Fue uno de los grandes teólogos cristianos del s. III. Es el primero en usar la palabra latina *Trinitas*, al respecto de las personas divinas del Padre, el Hijo y el Espíritu Santo.

Tertuliano afirma que Dios es uno en el que hay tres, a los que llama personas. Argumenta que en la lectura de la Escritura aparece el diálogo trinitario, por cuya razón se puede hablar de la persona del Padre y del Hijo, que son individuos absolutamente únicos y distintos. Afirmaba que se ponía de manifiesto que existen personas distintas en la unidad de substancia. Por tanto, la substancia divina se revela de esa manera y se individualiza en tres diferentes personas. De manera que, en relación con Dios, persona es lo que individualiza a cada sujeto de acción. Deberá pasar bastante tiempo para que, en occidente, sobre la base de la profundización de esta idea, se use el término persona para referirse a cada una de las subsistencias en el ser divino.

---

[5] Tertuliano, *Apologeticum* XVIII.

Los Capadocios. Llamados también padres capadocios, es el título que se asigna a tres teólogos que tuvieron significativa importancia en la expresión de la doctrina sobre la Trinidad, contribuyendo al desarrollo de la teología en los primeros tiempos del cristianismo. Se manifestaron como una familia monástica del s. IV, congregándose para el estudio y la mediación en un lugar cedido para ello por Macrina la Joven, que se ocupó también de cuidar de que pudieran desarrollar sus estudios sin obstáculos. Los padres capadocios fueron tres: Basilio el grande (nacido en el a. 330 y fallecido en el a. 379), Gregorio de Nisa (nacido en el a. 332 y muerto en el a. 395) y Gregorio Nacianceno (nacido en el a. 329 y muerto en el a. 389). Los tres habían sido formados en filosofía griega y trabajaron para elevar el nivel de la teología cristiana a fin de que pudiera debatirse en pie de igualdad con la filosofía pagana. Estos contribuyeron a la definición de la Trinidad, a la que se llegó en el Primer Concilio de Constantinopla del año 381, y a la confección final del Credo Niceno, formulado allí.

En sus estudios distinguían lo que tiene que ver con el Dios uno y trino, de las diferencias no comunes que determinan las personas. Especialmente Basilio, al que siguen los otros dos antes citados, trató de la diferencia entre *ousía* e *hypóstasis*, como lo que corresponde a lo universal en Dios y a lo personal, llevándolo a la analogía de lo que es el género humano y las personas individuales en él. Así Gregorio Nacianceno enseñaba que Dios no es una persona colectiva, que será una de las formulaciones filosóficas de Pierre Teilhard de Chardin en sus disquisiciones sobre el colectivismo antropológico creacional, en el que afirmaba que el primer ser humano era una persona colectiva, que más tarde, por analogía, aplicaría también a Dios, no como un ser, sino como una persona colectiva. Por esta razón, cada una de las tres personas divinas es una existencia individual y concreta que subsiste como individuo en la esencia divina. Estas personas diferentes, se identifican como el único Dios verdadero. Por tanto, cuando se habla de Dios, se habla de las tres personas divinas.

Precisan también que la esencia divina que es una, realizada originariamente en el Padre y transmitida por Él al Hijo, sin caer en el subordinacionismo, es poseída por cada persona absoluta y plenamente. Esto pone de manifiesto la comunión absoluta e infinita entre las personas divinas. Por esa causa surgió el concepto de *perikoresis*, que en aplicación al Hijo de Dios indica que éste vive totalmente en el Padre y lleva totalmente al Padre en sí. Así que las personas divinas están cada una hacia las otras, cada una está presente y actúa en las otras, por tanto, las tres son la deidad.

Agustín de Hipona. Estudia y establece la comprensión relacional de la persona, expresando en el ser divino relaciones inmanentes y reales, pero, en todo caso, la unidad de la esencia divina es principal. Con todo, tiene una reserva en el uso del término persona o hipóstasis para referirse a la Trinidad. Así escribe:

Cuando se nos pregunta qué son estos o estas tres, nos afanamos por encontrar un nombre genérico o específico que abrace a los tres, y nada se le ocurre al alma, porque la excelencia infinita de la divinidad trasciende la facultad del lenguaje. Más se aproxima a Dios el pensamiento que la palabra, y más la realidad que el pensamiento.[6]

Pero la distinción entre ellos es evidente: "Pues que son tres nos lo asegura la fe verdadera, al decirnos que el Padre no es el Hijo y que el Espíritu Santo, Don de Dios, no es ni el Padre ni el Hijo".[7]

Agustín hace la distinción de personas en relación con Dios, no como una pluralidad de substancias divinas, usando el término para referirse a ellas como relación, por oposición a la unidad de Dios, teniendo en cuenta que esa unidad se fundamenta en las procesiones. El Hijo procede del Padre, y el Espíritu Santo, del Padre y del Hijo.

Edad Media. Varios teólogos y pensadores han procurado precisar un poco más el concepto de persona, referida a Dios, estableciendo distinciones precisas en el intento de una definición más aplicable del término a la deidad. Así cabe citar aquí a Boecio, que parte de una ontología de la esencia para su definición, identificando persona con individualidad, insistiendo en la unicidad que corresponde a la persona.

Por su parte Ricardo de San Víctor entiende en contraste con Boecio que la substancia divina es racional e individual, pero en

---

[6] Agustín de Hipona, *De Trinitate* 7.4.
[7] Ibíd. 7.4.1.

sí misma no es persona, por lo que define persona divina como la existencia inmediata de la naturaleza divina.[8]

Tomás de Aquino. Profundiza y sigue, en alguna medida, el concepto de Boecio. En su razonamiento, que debe estudiarse en teología propia y en especial en Trinidad, Tomás apunta a que los distintivos esenciales de la persona son la consciencia y la libertad. Todo esto tiene una importancia capital en la cristología tomista, ya que según él la persona es tal en la medida de su individualidad y, por tanto de incomunicabilidad, de ahí que la naturaleza humana individual de Cristo no puede ser ella misma persona, porque ha sido asumida por el Verbo encarnado.

A partir de la *Edad Media* y hasta la actualidad, la discusión sobre este aspecto ha tomado diversos caminos, que van desde la aceptación bíblico-céntrica de la Reforma hasta el extremismo humanista de la teología liberal. No se considera preciso aquí dar referencias concretas, ya que se irán considerado algunos de estos aspectos en el estudio de la doctrina.

Conclusiones teológicas del concepto de persona

La persona divina tiene una connotación, esto es conlleva, además de su significado propio, otro de tipo, expresivo o apelativo, que es la relación de subsistencia en el ser divino.

Cada persona divina surge no como resultado de una procesión que determine origen o procedencia, ya que la segunda y tercera personas de la deidad, al proceder de la primera, resultan el término de la acción personal de la que proceden. La persona divina generada, no es resultado de la acción de la persona generante, sino el término resultante de esa acción. Como ejemplo, el Hijo, que es Verbo Eterno, no es el resultado del hecho de expresar del Padre, sino como Palabra expresada, por tanto, producto de la acción de expresar del Padre.

Las relaciones constitutivas de las personas no son resultado de una decisión libre en el ser divino, como es el caso de la creación, sino que son necesarias, de otro modo, no pueden no ser o, si se prefiere, no pueden dejar de ser, y que son integrantes o subsistentes eternamente

[8] Ricardo de San Víctor, *De Trinitate* IV.20.

en el ser divino, en un sentido absoluto, ya que Dios no puede dejar de ser Dios y este Dios existe eternamente en tres personas. El hecho de que las personas sean procedentes no representa origen en el sentido de principio, puesto que eternamente son. Las relaciones *ad intra* y *ad extra* son eternamente satisfactorias entre ellas, como se aprecia en el testimonio del Padre en relación con el Hijo, cuando dice: "Este es mi Hijo amado, en quien tengo complacencia" (Mt. 3:17). Sin embargo, toda la acción generativa no es libre, lo que pudiera ser opcional.

Dos vías agotan toda otra generación de las personas divinas: a) La de la mente, por la que procede el Hijo, como Verbo de Dios, siendo expresión exhaustiva a la vez que infinita de la Palabra del Padre, agotando por tanto esa capacidad mental, generativa del Padre. b) La vía afectiva de la que procede el Espíritu Santo, tanto del Padre como del Hijo. Al ser producto exhaustivo del amor infinito *ad intra* del Padre y del Hijo, no puede existir ya otra procesión de la que pudiera proceder otra persona.

Al existir solamente dos vías por las que una persona divina pueda proceder de otra, solo hay cuatro relaciones personales en Dios que son constitutivas. a) La que personaliza a la primera persona como Padre, estableciendo la paternidad como principio[9] procedente para el Hijo. b) La del Hijo, constitutiva de filiación, como término de la eterna generación del Padre. c) La del Padre y el Hijo conjuntamente, que es la espiración activa, modo generador del Espíritu Santo; d) La del Espíritu Santo que es la espiración pasiva, ya que es término de la espiración activa del Padre y del Hijo. Las acciones generativas del Hijo y del Espíritu son inmanentes.

La generación de la persona divina del Hijo de Dios

Considerado ya el sentido de persona relativo a la Trinidad, habiendo estudiado también la deidad de Cristo conforme a la revelación de la Escritura, es necesario afirmar que Jesucristo es la segunda persona divina. La Biblia utiliza el título de Hijo de Dios en muchas ocasiones para referirse al Señor, lo que confirma que es la persona divina de Dios el Hijo.

---

[9] Téngase presente que *principio* no significa *origen*, razón de ser.

El título Hijo de Dios se estudiará más adelante con los otros títulos dados a Cristo, basta indicar aquí que en los evangelios se usa en numerosas ocasiones. Así en Mateo y Lucas, aparece en establecimiento de la ordenanza del bautismo (Mt. 28:19), también en el relato de la tentación, en donde Satanás reconoce que es el Hijo de Dios (Mt. 4:3); los discípulos luego del milagro de la tempestad calmada le adoran como Hijo de Dios (Mt. 14:33); en el viaje a Jerusalén, Pedro lo reconoce de ese mismo modo (Mt. 16:16). En Lucas aparece por primera vez en la anunciación, en la que el ángel dice a María que el niño que nacería de ella es el Hijo de Dios (Lc. 1:35). Por su parte, en Marcos aparece cinco veces el título; la primera ocurre en el mismo inicio del evangelio (Mr. 1:1); también en momentos de expulsión de demonios en donde estos afirman esa condición de Jesús (Mr. 3:11), en una de las cuales, el demonio le reconoce como el Hijo del Dios Altísimo (Mr. 5:7); el sumo sacerdote preguntó a Jesús directamente si era el Hijo de Dios (Mr. 14:61). Es notable apreciar que, en el relato del bautismo, el testimonio procede directamente de Dios que lo reconoce como su Hijo (Mr. 1:11) y del mismo modo ocurre con el de la transfiguración (Mr. 9:7).

En cuanto al testimonio paulino, el apóstol usa el título en varios lugares en sus epístolas, si bien le llama Señor, como nombre divino, en 130 ocasiones. Todos estos textos se tratarán en el estudio del título Hijo de Dios, haciendo un simple resumen aquí para consideración del lector. En el evangelio, Dios se refiere a su Hijo (Ro. 1:3-9) y es considerado de ese modo por la resurrección (Ro. 1:4); la reconciliación se produce por la muerte del Hijo (Ro. 5:10); Dios mismo envió a su Hijo al mundo (Ro. 8:3); el propósito divino predestina al creyente para que sea hecho semejante a su Hijo (Ro. 8:29); para la salvación de los pecadores, Dios no escatimó ni a su propio Hijo (Ro. 8:32): Dios ha llamado a los cristianos a la comunión con su Hijo (1 Co. 1:9); en el final de los tiempos, el Hijo sujetará al Padre todas las cosas (1 Co. 15:28); en la proclamación del Evangelio, el apóstol predicaba al Hijo de Dios (2 Co. 1:19); en su gracia, Dios reveló a su Hijo en el apóstol (Gá. 1:16); el Hijo de Dios, la identificación con el cristiano y la razón de la fe (Gá. 2:20); en el tiempo previsto, Dios envió a su Hijo para hacer la obra de redención (Gá. 4:4); la meta del progreso en la vida cristiana es alcanzar el conocimiento del Hijo de Dios (Ef. 4:13); el salvo es libertado del poder del pecado y trasladado al reino del amado Hijo (Col. 1:13); los creyentes esperamos la venida del Hijo de Dios (1 Ts. 1:10).

En la epístola a los Hebreos aparece el título en los primeros versículos (1:2, 5); el título aparece vinculado al nombre Jesús (4:14); en relación con los sufrimientos de Cristo, afirma directamente que todo esto ocurrió "aunque era Hijo" (5:8).

Es necesario atender también a la cristología en el evangelio según Juan. Aparece el título en relación con el testimonio de Juan el Bautista (1:34); en la confesión de Natanael (1:49); en la expresión de fe de Marta (11:27); en la acusación de los judíos (19:7); en el testimonio del apóstol (20:31). Recoge Juan las palabras de Jesús que usa ese calificativo (5:25); en la confrontación con los judíos (10:36); en la referencia a la enfermedad de Lázaro (11:4). Sin embargo, la referencia más precisa a la condición única del Hijo de Dios es el calificativo de Unigénito del Padre (Jn. 1:14, 18). Con claridad se lee: "Gloria como del Unigénito del Padre"[10]. La gloria de Jesús era la que correspondía al Unigénito Hijo de Dios.

El término griego traducido como *Unigénito*[11], aparece varias veces en el evangelio (1:14, 18; 3:16, 18) y también en la epístola de Juan (1 Jn. 4:9). El sentido de esta palabra es literalmente el único de esta clase, e indica algo definitivo en la relación paterno-filial de las personas divinas, en la que solo existe un Hijo y que es único también por su propia condición. En el primer versículo del evangelio, donde se lee que el Verbo era con Dios[12], manifestaba que no solo era Hijo del Padre, sino que procede de Él en su existencia personal, pero nunca independiente.

Juan expresa en la frase que la gloria que se descubre en Jesús, como Verbo encarnado, es la que corresponde a quien es Unigénito del Padre, de otro modo es la que corresponde a quien viene del Padre. La idea es que la gloria procede del Padre como enseña Juan, que así lo hace notar (5:44; 17:22, 24). Sin embargo, del Unigénito se dice que ha salido del Padre (3:15-17; 1 Jn. 4:9), y que también está en el Padre (1:18). En este sentido de descenso y venida no se puede referir a la generación eterna, sino a la misión temporal, el punto de partida de la obra encomendada al Verbo encarnado. Sin embargo, en el versículo la aparición del término Unigénito, se expresa con

[10] Griego: δόξαν ὡς μονογενοῦς παρὰ Πατρός.
[11] μονογενής.
[12] Griego: παρὰ ΠατρόV.

la preposición εκ (1 Jn. 2:29; 3:9; 4:7; 5:1, 4, 18), que condiciona la existencia del Verbo como procedente o salido del Padre. La filiación de Cristo, como Hijo de Dios, es radicalmente distinta a la nuestra, de ahí que Jesús nunca se coloca en el mismo plano de los demás en esta relación (20:17). El Verbo Unigénito lo es por filiación eterna. Además, si el Unigénito manifiesta la gloria de Dios en Él, quiere decir que da la medida exhaustiva de ella, que al ser manifestada por el Unigénito es independiente de la encarnación. Como Unigénito viene al mundo de los hombres para por su obra hacerlos hijos de Dios a quienes creen y constituirse para ellos en esa nueva relación como Primogénito entre muchos hermanos (Ro. 8:29). Es de este modo que se entiende el envío, ya que como Unigénito viene del Padre al mundo porque es Unigénito en el seno del Padre (1:18); de manera que Dios entrega a quien es el único de esa condición con Él (3:16); lo envía al mundo (1 Jn. 4:9); por tanto, la gloria suya no es temporal, sino eterna, la tiene desde antes de la creación (17:5). A Dios que envía se le llama Padre (5:36-37; 6:44), y al que es enviado Hijo (3:16 ss.; 5:23; 1 Jn. 4:9 ss., 14), así que como Verbo y vida que estaban en el Padre (1:1; 1 Jn. 1:2) se han dejado ver en el Hijo (1 Jn. 3:8).

Cuando se habla del Unigénito y de su eterna generación, debe tenerse claro el concepto bíblico-teológico de esa relación en el ser divino, o como técnicamente se dice, la relación *ad intra*. El Padre es principio sin principio, de modo que Él da por comunicación de vida, la razón de vida personal de cada una de las otras dos personas divinas. Por esa razón Juan habla de que el Padre envía al Hijo (3:16), esto quiere decir que el envío *ad extra* es la prolongación de la procesión *ad intra*. El hecho de que el Padre nunca se dice que es enviado hace notar que Él no procede de ninguna otra de las personas divinas. El Padre es Padre en toda la extensión e intensidad de su ser personal, porque la razón personalizadora de la primera persona, constitutiva de su ser, en cuanto persona distinta de las otras dos, es que en el eterno presente de la Trinidad, sin cambio, ni sucesión, ni principio, ni fin, engendra un Hijo, comunicándole con ello todo cuanto el Padre es y tiene (16:15). El Padre comparte todo con el Hijo en virtud de esa eterna generación, salvo, claro está, el ser Padre, porque esto es lo que esencialmente lo distingue como persona. De modo que, como el Hijo en cuanto a persona es total y únicamente Hijo, como también es total y perfectamente Dios, así el Padre en cuanto persona es total y únicamente Padre, como es también total y perfectamente Dios. De otro modo, el Padre, como progenitor único agota su función generadora en el Hijo, que es como persona la expresión individual de la generación del Padre. Por esa causa, Dios el Padre tiene un Hijo que necesariamente es Unigénito (1:14, 18; 3:16, 18; 1 Jn. 4:9), porque si pudiese haber más de un Hijo en el seno trinitario ninguno de ellos será resultado exhaustivo de la generación del Padre, de modo que ninguno sería infinito y, por tanto, ninguno sería Dios. Pero eso mismo afectaría a la condición de Padre, puesto que la generación sería un acto limitado dentro de su seno. Por ser el acto generativo del Padre una comunicación total y una entrega absoluta e infinita al Hijo, el Padre se constituye persona por una relación subsistente hacia otro, esto es, el Padre es persona divina por su relación con el Hijo. Pero en el proceso engendrador del Padre, no le da superioridad sobre el Hijo, tan solo el Padre debe su ser personal al hecho de engendrar al Hijo. Del mismo modo, el Hijo lo debe al hecho de ser engendrado por el Padre. No hay pues, como se ha considerado, ninguna dependencia, inferioridad ni subordinación en el seno de la Santísima Trinidad. Es también necesario entender que el concepto Padre-Hijo no es comparable con la relación paterno-filial humana, ya que el hijo humano es efecto de la procreación, es decir, el resultado del proceso causa-efecto, pero en Dios es diferente porque no existe este proceso, sino el de principio-fin. En la relación de procreación humana ni el padre ni el hijo se constituyen personas por esa relación. Sin embargo, sí ocurre de este modo en el ser divino. En la generación humana, el hijo sale de sus progenitores y comienza una existencia individual distinta a la de sus padres, que se mantiene y persiste independientemente de que ellos vivan o no, a esto se llama generación transeúnte. Pero la generación divina es inmanente, por cuanto el Padre está enteramente en el Hijo y el Hijo en el Padre, es decir, en el seno del Padre (1:18; 14:10). Esa es la causa por la que ambos, Padre e Hijo son eternos, y el hecho de que este sea engendrado no supone principio de existencia, sino vinculación personal en el acto eterno de la generación del Padre. Juan llama aquí a Jesús el Unigénito del Padre. Como Logos hace visible en su humanidad la admirable gloria de la deidad.

Todas estas verdades deben ser establecidas por analogía, de modo que entender —en lo que es posible para el hombre acerca de Dios— el título Padre en la esfera *ad intra* de la Santísima Trinidad, debe establecerse en relación a lo que un padre es para el hombre. Entre las notorias diferencias está que la primera persona es progenitor único, no como ocurre en el terreno humano en que el padre que engendra requiere de otra parte progenitora que es la madre. De otro modo, el Padre ingenerado, engendra al Unigénito Hijo eternamente. Requiere, al hablar del Hijo, una aproximación en la necesaria limitación de un asunto que corresponde a la teología propia donde tiene la extensión necesaria. La primera persona divina se personaliza como Padre según aparece insistentemente en toda la Biblia. Es principio sin principio, de manera que de Él proceden las otras dos personas divinas, sin que Él proceda de ninguna otra. Por esa causa se lee que es el Padre el que envía al Hijo (Jn. 3:16; Gá. 4:4). De la misma persona procede también el Espíritu Santo que en palabras del apóstol Pedro, se manifestó como el envío de la promesa de Dios (Hch. 2:33). Pero, en cuanto a procedencia, el Padre no procede de ningún otro, cuando se hace presente en su santuario que es el creyente, no es enviado, sino que viene (Jn. 14:23). Es necesario tener en cuenta que la procesión *ad extra* es la expresión de la procesión *ad intra*, en la que el Padre no procede de ninguna de las otras dos personas.

Es, por tanto, la personalización de la primera persona como Padre en el hecho de que en el eterno presente de Dios, donde no hay cambio ni principio, ni fin, ni sucesión, engendra al Hijo, la segunda persona de la deidad, quien al hacerlo le comunica todo cuanto el mismo Padre es y tiene (Jn. 16:15). Naturalmente, lo único que no le comunica es el ser Padre. Esa eterna generación se asienta en el seno del Padre y tiene una dimensión eterna, así que cuando se habla de Jesús en su presencia terrenal, afirma el apóstol Juan que el Hijo estando en la tierra en el cumplimiento de su misión está "en el seno del Padre" (Jn. 1:18). Hablar del seno del Padre, es hablar de relación, comunión e identidad. El Padre engendra eternamente un Hijo, pero el engendrarlo no supone finalizar la acción generadora, puesto que se convertiría lo inmanente en transeúnte y que el Hijo pudiera existir sin la relación vivencial con el Padre, lo mismo que el Padre podría personalizarse sin relación directa con el Hijo. Pero ni el Hijo puede vivir sin el Padre, ni el Padre sin el Hijo. Así que, engendrado por el Padre, encarnado por el Espíritu en María, siendo hombre que puede verse, tocarse y observarse, no deja de ser Dios, de modo que, estando presente con su humanidad en la tierra, está en el seno del Padre, puesto que la generación no deja de ser. Estando en la vinculación de intimidad divina, el Padre ha dado al Hijo tener vida en sí mismo (Jn. 5:26), no quiere decir que le dé vida, sino que le da tener vida, como fuente misma de vida al ser tan Dios como el Padre. El Padre entero está en el Hijo al engendrarlo con su mente personal infinita, y el Hijo entero está dentro del Padre como concepto personal exhaustivo de la mente paterna. Juan utiliza aquí la forma del presente ὁ ὢν, el está, que indica una acción permanente y continuada. Nunca deja de estar en el seno del Padre.

Este Hijo de Dios como persona es total y únicamente Dios, de igual manera que el Padre en cuanto a persona es total, única y perfectamente Dios. Sin esta vinculación entre el ingenerado y el generado, las dos personas divinas no serían infinitas, puesto que habría limitaciones en la paternidad y de igual manera las habría en la filiación, por lo que no serían personas infinitas.

Es de capital importancia entender que la función engendradora del Padre agota su función generadora en el Hijo; por tanto, éste es el producto absoluto de la generación del Padre. Todo cuanto no sea esto, traería una limitación en lo que tiene que ver con el ser personal del Padre y del Hijo. De ahí que el Padre tiene eternamente un Hijo que por lo que se ha considerado tiene necesariamente que recibir el calificativo de Unigénito (Jn. 1:14, 18; 3:16, 18; 1 Jn. 4:9), ya que la función generadora del Padre se agota en el Hijo, lo que impide la procedencia de otra persona que pudiera llamarse Hijo.

Si una persona es una relación opuesta a otro, por eso es individual y única, en el engendrar por el Padre al Hijo, se constituye en una relación subsistente hacia otro. De ahí que cuando el Padre se refiere al Hijo, conforme a las palabras del Salmo, coloca el tú de la segunda persona divina delante del yo de la primera que lo engendra: "Mi Hijo eres Tú; Yo te he engendrado hoy" (Sal. 2:7). En el texto citado se aprecia una incorrección gramatical, al poner un pasado y un presente juntos en la misma oración. Pero lo que el texto recalca es el presente absoluto de Dios, manifestación de la eternidad divina en el que el Padre da procedencia al Hijo por una generación inmanente que no tiene principio ni fin. En ese sentido el ser personal del Hijo obedece a la eterna generación del Padre, y del mismo modo el ser personal del Padre tiene la razón de ser en el hecho de engendrar al Hijo. Toda dependencia subordinada en el seno trinitario está excluida, ya que ni el Padre puede como persona existir sin el Hijo, así tampoco el Hijo como persona puede existir sin el Padre.

La analogía en relación con la generación de la persona divina no es suficiente, es más, pudiera incluso ser perjudicial al concepto y sentido de ella. En la procreación del hombre se produce un sentido causa-efecto, puesto que la generación del nuevo ser es el efecto concluido de una acción puntual que no excluye a otra futura del mismo sentido, pero en la relación con la deidad es principio-término, es decir, el ingenerado genera eternamente y concluye definitivamente en el acto de la generación, por lo que ya no puede generar a otro, puesto que el hoy de esa acción permanece.

La generación de la segunda persona no es por una acción corporal, como ocurre con la generación humana, sino como manifestación exhaustiva y absoluta de la expresión de la mente del Padre. Tal forma generativa es imposible para el hombre, puesto que es incapaz de generar un concepto mental puro del mismo. La gran diferencia entre la generación mental del hombre y la del Padre engendrando al Hijo es que, en este último caso, el Hijo de Dios es una realidad sustantiva e infinita, que permanece eternamente como hipóstasis en el ser divino, acto absolutamente imposible para el hombre como tal.

Estas complejidades, que sin duda lo son puesto que pertenecen a la vida y acción divinas, plantean, como sirvió a la herejía arriana, que si el Padre engendró al Hijo, o bien acabó de engendrarlo, por lo que concluye la acción generativa, lo que traería como consecuencia el término de la personificación de Dios el Padre, o todavía no concluyó, por lo que el Hijo no podría ser Dios en infinitud como el Padre y el Espíritu. Esto trajo como consecuencia negar la consustancialidad del Hijo con el Padre, lo que llevó a los arrianos a negar la plena deidad del Verbo, considerándolo como la primera criatura salida de la mano del Creador. El grave problema de esta posición es que no distingue la diferencia entre la acción inmanente y la transeúnte, que se ha considerado antes, y cuya inmanencia es que el Hijo permanece en el Padre, sin una vida fuera de Él (Jn. 1:18; 14:10). Es necesario entender que el Padre está plenamente en el Hijo al engendrarlo con su mente personal e infinita, y el Hijo está plenamente en el Padre, ya que es el concepto personal exhaustivo de la mente paterna.

Una de las consecuencias de este acto generativo está expresada en la cristología de Juan cuando escribe: "Porque como el Padre tiene vida en sí mismo, así también ha dado al Hijo el tener vida en sí mismo"[13] (Jn. 5:26). Entra el apóstol en un concepto cristológico

---

[13] Así se lee en el texto griego: ὥσπερ γὰρ ὁ Πατὴρ ἔχει ζωὴν ἐν ἑαυτῷ, οὕτως καὶ τῷ υἱῷ ἔδωκεν ζωὴν ἔχειν ἐν ἑαυτῷ.

por excelencia, tocando el misterio personal del Hijo y no sólo su misión para la que fue enviado del Padre. En el Antiguo Testamento, la vida deriva del Padre, como quien da vida a todos los seres vivos, especialmente a los hombres (Gn. 2:7). Por esa razón, la vida se considera siempre como un don de Dios (Job. 10:12; 33:4). El salmista dice "contigo está el manantial de la vida" (Sal. 36:9). Por esa razón también dice que "Jehová es la fortaleza de mi vida" (Sal. 27:1). De ese modo deben ser entendidas las palabras de la primera parte del versículo. Sin embargo, no se contempla aquí la idea de la vida que el Padre puede dar a las creaturas, misión que comparte o, mejor, en la que el Hijo está integrado ya que en Él está la vida (Jn. 1:4). Se trata de la comunicación y dotación de vida en y al Hijo. La vida es potestativa de Dios, por tanto, la vida está en las manos del Padre que la tiene, no por recepción o procedencia, sino en sí mismo. Algunas veces se corre el peligro de pensar que, puesto que el Padre tiene vida en Él mismo, significa que existe como Padre por sí mismo. La personificación de la primera persona es el resultado de la relación generadora de la segunda persona, el Hijo, que es engendrado del Padre eternamente, por tanto, el Padre se establece como persona en el acto eterno de engendrar al Hijo. La vida divina se comunica, sin origen de la primera a la segunda persona. Quiere decir que el Padre es vida sin principio comunicable, mientras que el Hijo la recibe por procedencia, sin origen, sin principio, *ad eternam*, del Padre. Dios es principio de vida sobrenatural y eterna, por tanto, las personas divinas tienen esa vida, que es la natural y propia del ser divino en la que todas ellas participan y le es común a las tres, puesto que cada una de ellas es Dios único y verdadero.

El Padre es principio sin principio. Quiere decir que las otras dos personas proceden de la primera, mientras que ésta no procede de ninguna otra. De ahí que el Padre sea el que envía al Hijo (Jn. 3:16) y al Espíritu (Hch. 2:33), mientras que Él no es enviado. El envío *ad extra* es consecuencia de la procedencia *ad intra* y una prolongación de la misma. El Padre es Padre en toda la extensión e intensidad de su ser personal. La razón es que la base personalizadora constitutiva de su ser, en cuanto persona distinta, en el presente sin cambio, ni sucesión, ni principio ni fin de la eternidad divina, engendra un Hijo. Esta es la segunda persona de la deidad, comunicándole con esa operación todo lo que Él mismo es y tiene (Jn. 16:15). Lo único que no puede dar ni compartir con el Hijo es el ser Padre. Así como el Hijo es total y perfectamente Dios, en cuanto persona, así el Padre lo es también total y perfectamente. De no ser así, el Padre no sería una persona infinita, porque le quedaría algo que no estaría incluido en la paternidad y, por consiguiente, en la divinidad. Esto afectaría también al Hijo que no sería persona infinita, puesto que en algo no sería Hijo, con lo que también quedaría imperfecto como Dios el Hijo. El Padre, como progenitor único, agota su función generadora en el Hijo, que es el resultado exhaustivo de la generación del Padre, de lo contrario ambos no serían Dios, al quedar incompletos en su ser personal. Por esa razón el Hijo es Unigénito necesariamente (Jn. 1:14, 18; 3:16, 18 1 Jn. 4:9). Si pudiera haber otro o más hijos en el seno trinitario, ninguno de ellos sería el resultado exhaustivo de la generación del Padre y, por tanto, ninguno sería infinito, ninguno sería Dios. Pero, tampoco el Padre lo sería, por cuanto su acción generadora constituirá un acto limitado dentro de su seno, donde el ser y el obrar se corresponden en absoluta identidad. Por ser el acto de engendrar una entrega absoluta y perfecta al Hijo, el Padre se constituye por una relación subsistente hacia otro, en persona divina, por esa relación con el Hijo. Como ya se ha dicho antes, en la generación divina no existe el proceso de causa a efecto, sino de principio a término. Siendo la generación divina una operación inmanente, en la que las dos personas son principio y término absoluto de una relación personal subsistente, no es la naturaleza divina la que engendra, sino que solo el Padre engendra y solo el Hijo es engendrado. Por esa razón se da al Hijo el mismo poder que tiene el Padre. Jesús dice aquí que el Padre tiene vida en sí mismo.

Pero también afirma que esa misma vida que tiene el Padre se le ha dado también tenerla Él en sí mismo. Hemos considerado antes algo acerca del Logos, el Verbo de vida, por lo que será suficiente aquí limitarse a este concepto que aparece en el versículo. Siendo la generación divina inmanente, por cuanto el Hijo está y queda en el seno del Padre (Jn. 1:18; 14:10), el Padre está enteramente en el Hijo engendrado con su mente personal infinita, y el Hijo está por entero en el Padre como concepto personal exhaustivo de la mente paterna. Debido a esta generación divina inmanente, las dos personas son principio y término absoluto de una relación personal subsistente, no es la naturaleza divina la que engendra, sino que sólo el Padre engendra, y sólo el Hijo es engendrado. Por esa razón el Hijo tiene todo lo que el padre tiene. Es necesario entender claramente que no es el Padre el que da vida al Hijo, en sentido de entregársela cuando no la poseía, sino que el término da al Hijo que tenga vida en sí mismo, significa que lo que el Padre es como vida, lo es también el Hijo, puesto que enteramente está en el Padre y la tiene como fuente de vida por ser tan Dios como el Padre. De este modo, si el Padre tiene vida "en sí mismo", el Hijo también la tiene "en sí mismo". El creyente tiene vida eterna por don del Hijo, pero su vida no es en sí mismo, sino en Cristo, y como Cristo, el Hijo de Dios, tiene vida en sí mismo, no es el creyente el que tiene esa vida, sino Cristo que vive en él (Gá. 2:20). El hecho es que el Hijo tiene por procedencia y por unión la vida que el Padre tiene en sí mismo, para que sea absoluta vida en Él mismo, y pueda, como puede el Padre, dar vida a todo aquel que crea. Por generación, engendrado del Padre, le hace partícipe en la eterna vida divina que el Padre tiene. Tener vida en sí mismo indica que Él mismo es plenitud de vida.

Los títulos con que se designa al Hijo en el Nuevo Testamento permiten las deducciones teológicas sobre lo que es como persona divina. Sin embargo, puesto que en su momento se analizarán esos títulos al tratarlos independientemente, baste aquí con hacer una aproximación al de Verbo.

Juan da al Hijo el calificativo de Verbo (cf. Jn. 1:1; 1 Jn. 5:7), que tiene en la cristología de Juan un sentido doctrinal-cristológico, si bien no es privativo del apóstol, porque aparece ya en citas del Antiguo Testamento (cf. Sal. 33:6; 107:20; 119:89; 145:15; Pr. 8:22-31). El término es derivado del verbo *decir*[14]. Este término connota un mensaje, un discurso, incluso la expresión de un tema determinado, en general una realidad expresada, una manifestación de realidades vivas. En el Salmo 119 se aprecian una serie de ideas en la palabra. Es esencialmente el Verbo personal del Padre, en la que expresa su interior en la total e infinita dimensión de lo que es, hace y dice; por tanto, podemos definir el término en relación con el Hijo de Dios como la expresión exhaustiva del Padre. Es interesante notar que el verbo *expresar* es frecuentativo del verbo *exprimir*. De esta manera, cuando expresamos un pensamiento, estamos exprimiendo nuestra mente para que de ella fluya la idea que queremos decir, formando con ello un *logos* que define el concepto. Pero, el *Logos* personal del Padre es divino, infinito y exhaustivo. Relacionándolo con el frecuentativo *exprimir*, cuando el Padre dice su *Logos*, su *Verbo*, exprime totalmente su mente y pronuncia todo cuanto hay en ella, por consiguiente, si quien piensa y dice es infinito, lo que piensa y

[14] Griego: λέγω.

dice lo es también, de manera que necesariamente el Verbo de Dios es tan infinito y eterno como la persona que lo pronuncia. Esto lleva a entender que para que se pueda expresar y revelar al Padre, solo puede haber un *Logos*, como único revelador del Padre que lo dice. De ahí que este Verbo, al hacerse hombre (Jn. 1:14), expresa y traduce al Padre en lenguaje humano, para poder hacernos la precisa exégesis de Dios, siendo el que le da a conocer[15], por cuya razón es la única Verdad personal del Padre (Jn 14:6), así que quien ve al Hijo también ve al Padre (Jn. 14:6). Sólo Él tiene "las palabras de Dios" (Jn. 3:34), que son "palabras de vida eterna" (Jn. 6:68). El Verbo nos presenta la revelación definitiva e infinita del Padre.

Alcanzando la conclusión de la verdad sobre la persona divina del Hijo de Dios hemos de entender que es consustancial con el Padre. Si todo cuanto ha sido hecho lo fue por el Hijo (Jn. 1:3), luego es antecedente a todas las cosas, universo físico, ángeles y hombres, quiere decir que solo Dios antecede a todo y sólo por Él fue hecho todo, de modo que el Hijo-Creador tiene necesariamente que ser Dios, puesto que solo Dios existe eternamente y sólo Él trajo a la existencia todo aquello que no existía. Así escribía Agustín:

Y si no ha sido hecho, no es criatura; y si no es criatura, es una misma sustancia con el Padre. Toda sustancia que no es Dios, es criatura; y la sustancia que no es criatura, es Dios. Si el Hijo no es una misma sustancia con el Padre, es criatura; y si es criatura, ya no han sido hechas por Él todas las cosas. Pero está escrito: "Todo ha sido hecho por Él"; luego es una misma sustancia con el Padre, y, por consiguiente, no sólo es Dios, sino también Dios verdadero.[16]

Bien puede cerrarse este capítulo con un párrafo de Hilario de Poitiers, en el que escribe:

El Hijo procede de aquel Padre que es el ser[17]*, es unigénito que procede del ingenerado, descendencia del Padre, viviente del viviente. Como el Padre tiene la vida en sí mismo, también se le ha dado al Hijo tener la vida en sí mismo. Perfecto que procede del perfecto, porque es todo entero de aquel que es todo entero. No hay*

[15] Griego: ἐξηγήσατο.
[16] Agustín de Hipona, *De Trinitate* I.6.9.
[17] Probable alusión a Ex. 3:14, donde Dios da su nombre a Moisés.

división o separación, porque cada uno está en el otro y en el Hijo habita la plenitud de la divinidad (Col. 2:9). Es el incomprensible que procede del incompresible: nadie les conoce, sino ellos entre sí. Es el invisible que procede del invisible, porque es la "imagen del Dios invisible" (Col. 1:15) y porque "el que ve al Hijo, ve también al Padre" (Jn. 14:9). Uno procede del otro, porque son Padre e Hijo. Pero la naturaleza de la divinidad no es distinta en uno y otro, porque los dos son una misma cosa: Dios que procede de Dios. El Dios unigénito, del único Dios ingenerado. No son dos dioses, sino uno que procede de uno. No son dos ingenerados, porque el que ha nacido procede del que no ha nacido. En nada se diferencian el uno del otro, porque la vida del viviente está en el que vive.[18]

---

[18] Hilario de Poitiers, *De Trinitate* II.11.

CAPÍTULO IV
PREEXISTENCIA

INTRODUCCIÓN

Establecida la condición divina de Jesucristo, su humanidad subsiste indefectiblemente en la segunda persona de la deidad como se considerará en su correspondiente apartado.

Si, como se ha considerado, la deidad se manifiesta en Jesús. Si aquel que aparentemente era un hombre entre los hombres, es Dios bendito por los siglos, se ha de poder establecer su preexistencia. Asunto de vital importancia ya que, siendo Dios eterno, en la unidad trinitaria, su presencia en el mundo de los hombres solo podrá comprenderse como el enviado divino que, en el cumplimiento del tiempo (Gá. 4:4), se hizo hombre, visible entre los hombres.

La preexistencia permitirá entender claramente quién era, de dónde procedía, y cuál era su misión redentora, mediante la cual, como Dios, asiento de la vida eterna propia del ser divino, puede dar vida eterna a quienes creen en Él según su promesa: "El que cree en el Hijo tiene vida eterna" (Jn. 3:36). "Yo les doy vida eterna; y no perecerán jamás, ni nadie las arrebatará de mi mano" (Jn. 10:28).

Es necesario partir de la preexistencia para entender la misión. El Hijo que está en el seno del Padre es enviado desde el seno trinitario al mundo de los hombres. La misión soteriológica del Verbo eterno encarnado es posible desde la condición divina del Salvador. El plan de redención, establecido desde antes de la fundación del mundo (1 P. 1:20), se ejecuta en el tiempo histórico de la humanidad por quien, naciendo de una madre humana, vino en el tiempo establecido por Dios para dar su vida en precio por el pecado del mundo. No es una acción generada en el devenir del tiempo, como expresión de la gracia, sino que antecede a todas las operaciones salvadoras, y trae a los hombres la gracia salvadora que vino en Él (Jn. 1:17). Quienes caminaron junto a Jesús y le acompañaron durante el tiempo de ministerio, vieron lo cautivador de esa vida, que es la gloria de Dios manifestada, "como del Unigénito del Padre, lleno de gracia y de verdad" (Jn. 1:14).

No se puede dejar de considerar la preexistencia de Cristo, puesto que de Él se dice que "era en el principio, que era con Dios, y que era Dios" (Jn. 1:1), y también se afirma que "fue hecho carne y habitó entre nosotros" (Jn. 1:14). Necesariamente tiene que ser preexistente, puesto que Dios no solo antecede a todo, sino que todas las cosas han surgido de su divino poder y de su soberana voluntad.

Preexistencia divina

Las referencias a esta condición involucran necesariamente la preexistencia de Cristo. De forma especial es considerada en la cristología del apóstol Juan, donde está la expresión más completa de la condición divina del Verbo: "En el principio era el Verbo, y el Verbo era con Dios, y el Verbo era Dios"[1] (Jn. 1:1). Es la referencia más precisa sobre la identidad divina del Logos; como se ha dicho en relación con la deidad de Jesucristo, esto concuerda notablemente con el texto de la creación de todo, "En el principio creó Dios" (Gn. 1:1), en un estado que antecede a toda creación. La preexistencia del Verbo queda manifestada en que por Él y en Él se hizo posible la creación de todo; por tanto, si su existencia antecede a lo creado, necesariamente tiene que ser Dios que vive eternamente en sí mismo.

No puede sorprender que, en su ministerio terrenal, Jesús afirme que "antes que Abraham fuese, yo soy" (Jn. 8:58), si antecede a todo cuanto existe —perfección que corresponde exclusiva y excluyentemente a Dios—.

Al considerar anteriormente este mismo texto del evangelio según Juan se hizo notar que el verbo traducido por *era*[2] es la forma del imperfecto de indicativo en voz activa del verbo *ser*[3], que se usa para referirse a una existencia permanente de una determinada manera; así que, si Jesús *era* desde el principio, la preexistencia del Logos se pone de manifiesto. No vino a ser en algún momento: así fue eternamente.

---

[1] Así se lee en el texto griego:'Εν ἀρχῇ ἦν ὁ Λόγος, καὶ ὁ Λόγος ἦν πρὸς τὸν Θεόν, καὶ Θεὸς ἦν ὁ Λόγος.

[2] Griego: ἦν

[3] Griego: εἰμί.

Al anteponer el artículo determinado al nombre divino *Logos*, leyendo *el Logos*[4], hace referencia a la condición única de aquel a quien se llama de ese modo. Cristo, el Logos encarnado es quien deviene hombre, manso y humilde, es el que, como Verbo, expresa y ejecuta todo el plan de Dios para los tiempos, es la Palabra absoluta con la que Dios habla (He. 1:1-3). Es la revelación de Dios hecho carne (Jn. 1:14). Aquí expresa la absoluta palabra por la que Dios actúa, se revela, comunica, relaciona y salva. Es el discurso absoluto pleno y definitivo que se da a los hombres por medio del Hijo (He. 1:2). Este Verbo eterno, preexistente, no solo está en la proximidad de Dios, sino en la consubstancialidad de Dios, por su condición divina. De otro modo, el Verbo es la subsistencia de una persona divina en el ser divino. Por esa misma razón, en la oración de Jesús, habla al Padre de la gloria que tuvo con Él antes de que el mundo existiese (Jn. 17:5).

La relación *ad intra* corresponde a la realidad personal en el seno de la deidad, que interrelaciona a las personas divinas entre sí, por identidad de vida, lo que produce el sentido de comunión entre ellas, del que se ha tratado en el volumen sobre Trinidad. La vida *ad intra* es un concepto nuevo en la teología del Nuevo Testamento, especialmente en la reflexión cristológica de Juan. Eternamente el Hijo se personifica como tal en base a la relación con el Padre que lo engendra eternamente.

No se trata de un Dios más, en la relación que sea con el Padre, esto es, un individuo de la especie divina, sino que ambos, Padre e Hijo, en unidad con el Espíritu, son un solo Dios. De ahí que, como se ha considerado en su lugar, el Padre y el Verbo no se distinguen por el absoluto (*ad se*) —aspectos como esencia, cualidades, actividades, etc.—, sino sólo por la respectiva relación que las constituye al oponerse (*ad alium*) respectivamente como principio y término de la procesión que las establece como personas y que las distingue entre sí. *Esta distinción personal tiene alcance infinito*, puesto que es Dios donde se establece. El Verbo es eterno porque es Dios, por lo que puede ser eternamente Hijo del Padre, que es, en este sentido, eterno porque engendra un Hijo eterno.

Sin duda la identificación de personas distintivas tiene en común la participación en la vida divina, sustancia que les es común y

[4] ὁ Λόγος.

que las vincula en la deidad. Quiere decir esto que el Padre lo es como persona de esa condición porque es Dios, al igual que el Hijo lo es no solo por procedencia del Padre, sino también por consustancialidad en el seno divino.

Juan habla de la unidad vinculante en la Santísima Trinidad, a la vez que se mantiene la distinción personal de cada una de las personas divinas. Esta vinculación de vida aparece claramente en el versículo: "El verbo era con Dios". El Verbo no podría ser Dios si no estuviese en la intimidad participativa de la vida divina. Pero tampoco podría ser persona sin la relación de procedencia del Padre. Es decir, el Padre vive como persona de decir la Palabra (el Verbo) y el Verbo vive del Padre que lo expresa y, expresándolo, lo engendra. Esto debe entenderse claramente: el verbo *engendrar* en este sentido no tiene que ver con *origen*, sino con *procedencia* y *relación*. Por todo esto, el apóstol podrá decir en otro de sus escritos: "Todo aquel que niega al Hijo, tampoco tiene al Padre" (1 Jn. 2:23). Si no hay Hijo, tampoco puede haber Padre que lo expresa; la existencia de uno está ligada a la del otro.

Con todo, no debe olvidarse la pericoresis divina, estudiada ya en *Trinidad*, que caracteriza la relación entre las tres personas divinas y, por consiguiente, aquí entre el Padre y el Hijo, como un amor de in-habitación, implicando una reciprocidad e inmanencia mutua, de modo que cada uno de los dos, Padre e Hijo, en el caso de la relación cristológica, es solo en sí siendo en el otro (Jn. 14:10-11). Por tanto, cada uno no existe solo como Padre e Hijo, sino en el otro.

Esta pericoresis divina se abre por Jesús a los hombres; así lo considera Xabier Pikaza:

La pericoresis divina se abre por Jesús a los hombres, de manera que también ellos pueden formar y forman parte del baile itinerario de amor de la Trinidad. Eso quiere decir que formamos parte del proceso de Dios, encarnado en Jesús, en su vida y mensaje, en su muerte y su pascua, y en esa línea la pericoresis es la invitación que Dios ofrece a la humanidad para que hombres y mujeres nos sumemos a su danza, en Jesús, por el Espíritu, vinculándonos unos a otros en amor, de manera que nos demos cuenta de la interconexión fundamental de todos. Ciertamente, Dios nos ha invitado a participar en esta danza divina y nosotros debemos responderle, si queremos.

Ese es el tema y la tarea de la Iglesia; invitar a los hombres y mujeres para que formen parte de la danza de Dios en Jesús (en la carne de la historia).[5]

En el texto de apertura del evangelio según Juan, por interés del objetivo del autor, se hace referencia a las dos personas, Padre e Hijo, cuyas subsistencias son distintas como relaciones opuestas, pero son el mismo y único Dios. Las relaciones propias de cada una de las dos personas les son propias en la individualidad personal, que, siendo subsistentes en el ser divino, no surgen por decisión libre, sino necesaria; de otro modo, la relación de comunión entre el Padre y el Hijo es real y vital. Uno no puede existir sin el otro. Por esa causa el Verbo está en relación con Dios, es decir junto a Él, como está la mente en una palabra. La totalidad del Padre está en el Verbo y la de éste en el Padre. Como se ha considerado antes, ninguno de los dos está fuera del otro porque ninguno precede a otro en eternidad, ni lo excede en grandeza, ni lo supera en potestad. Si el Verbo está desde el principio y está en unidad con Dios, es también Dios.

La preexistencia del Hijo exige entender que es eternamente engendrado del Padre y, por consiguiente, comparten ambos la misma vida. Por la encarnación no llega a ser Hijo, sino que lo es eternamente. Es por esto que es tan Dios como el Padre y el Espíritu.

Por esa razón Jesús pudo decir en su enseñanza: "Yo y el Padre somos uno" (Jn. 10:30).

Preexistencia creadora

La obra de la creación se atribuye, conforme a la Escritura, a cada una de las tres personas divinas. Sin embargo, esa aplicación creadora no disminuye en nada la correspondiente acción creadora en ninguna de ellas. Toda la Escritura apunta a la creación vinculándola con las personas divinas indistintamente, es decir, cada una de ellas toma parte en la creación asumiendo diferentes acciones en el acto creacional. Así, en el primer capítulo del Génesis, a la luz de la doctrina trinitaria, se aprecia la acción de cada una de las personas. El Padre, mente suprema e infinitiva de la deidad, elabora el proyecto creacional. El Hijo, Verbo eterno, conocedor pleno exhaustivo e infinitamente de

[5] Pikaza, 2015, p. 461.

la mente divina, es el que puede pronunciar *Sea*, por el que cuanto no existía vino a la existencia. El Espíritu que escudriña la intimidad divina ejecuta el pensamiento del Padre y la voz de del Verbo, en una acción perfectísima de la omnipotencia divina dando respuesta creadora a cuanto estaba determinado. Por esa razón el acto creador se puede vincular indistintamente a cada una de las tres personas divinas.

Sin embargo, la Biblia presenta al Hijo como Creador. Así, en la cristología de Juan, presentando la eternidad del Verbo, lo une al acto creacional, cuando escribe: "Todas las cosas por él fueron hechas, y sin él nada de lo que ha sido hecho, fue hecho"[6] (Jn. 1:3). En el primer hemistiquio se lee literalmente: *Todas las cosas por Él fueron hechas*. El Verbo, Hijo de Dios, se manifiesta en actividad creadora. Todo cuanto existe lo crea Él conforme al designio divino. Para expresar esta actividad, el apóstol Juan recurre a la fórmula tan habitual en la literatura semítica del paralelismo antitético. Este usa dos hemistiquios; el primero positivo: *Todas las cosas fueron hechas por Él*; el segundo negativo: *Y sin Él nada de lo que existe fue hecho*. La primera frase se introduce con el uso del adjetivo indefinido *todo*[7], expresado en neutro plural, que da idea de totalidad, de ahí que se deba traducir como todas las cosas. En ese sentido no está refiriéndose a globalidad, sino a particularidad total, es decir, no se trata de afirmar que cuanto existe fue creado por el Verbo, sino que cada una de las cosas que conforma la totalidad de lo creado, surgieron por un acto creador de Él. Todas las cosas, una a una, fueron creadas por medio del Verbo divino. Ahora bien, no solo se refiere a Él como instrumento creador, sino como acción originadora en Él mismo, de cuanto existe. Las cosas fueron creadas en Él, que sustenta lo creado y lo hace realidad, pero también como medio creador, ya que el apóstol Pablo enseña que todo lo creado tuvo existencia por medio de Él, siendo además destinatario de cuanto ha sido creado, que es para Él (Col. 1:16). Cristo es presentado en el Nuevo Testamento como primogénito de toda creación (Col. 1:15). La construcción en el texto griego al ser un predicado sin artículo no se puede referir a origen, en el sentido de la primera criatura creada, sino a causa de toda la creación y razón de ser de la misma. Ya se ha considerado antes que el Verbo eterno

[6] Como se lee en el texto griego: πάντα δι' αὐτοῦ ἐγένετο, καὶ χωρὶς αὐτοῦ ἐγένετο.
[7] Griego: πάντα.

es engendrado eternamente por el Padre, por tanto, como Dios, existe antes de toda creación y es anterior a toda criatura.

La razón fundamental está en la relación del Padre con el Verbo, que expresa en una sola voz todo el perfecto y supremo pensamiento de Dios. La creación es el resultado de la determinación divina; por tanto, la autoridad omnipotente que da origen a cuanto existe se expresa en el Logos que traslada la plenitud del pensamiento divino a la manifestación de omnipotente autoridad mediante la cual lo que no existía vino a la existencia. De otro modo, la idea originadora de la creación parte del Padre que la expresa en plenitud por medio del Logos, el Hijo eterno, y es ejecutada en cuanto a realidad existencial por la omnipotencia del Espíritu Santo. De manera que la voz creacional *sea* es dada por el Verbo y el *fue hecho* es el resultado visible de ella. Tal creación se ajusta plenamente al pensamiento de Dios porque este está comprendido exhaustivamente por el Verbo. Como definió el Concilio de Nicea, el Hijo es engendrado por el Padre, de su esencia como acto eterno y constituyente, por su voluntad ocasional. Juan enseña que Cristo no es una creatura pensada por Dios para ser intermediario entre Él y el cosmos, como medio creador.

El segundo hemistiquio del versículo de Juan se expresa en forma negativa: "Y sin Él nada de lo que ha sido hecho, fue hecho"[8], o si se prefiere en forma más precisa: "Y sin Él ni una sola cosa de lo que existe, llegó a ser". En la cristología según Juan se ofrece la contemplación distributiva de todas las cosas sin ninguna excepción; todas ellas fueron creadas por el Verbo. El que Juan afirme que toda la creación es el resultado de la acción del Hijo, y que cuanto existe surgió simplemente de la omnipotencia y autoridad de su mandato —*¡Sea!*— reafirma la deidad de la segunda persona y afirma indubitablemente su preexistencia creadora. El Verbo es el agente ejecutor de la trina deidad en la obra creadora. La creación no surgió por medio de Él, sino en Él mismo, es decir, con relación al Verbo, por tanto, Él es la causa originaria y originadora de toda la creación. No se trata de que el Verbo fuese modelo o paradigma de todo lo creado, sino centro de unidad y cohesión en lo que todo adquiere su verdadero valor y realidad. La creación tiene en el Verbo lugar de encuentro y razón de ser. Las cosas todas fueron creadas, o mejor quedaron creadas en el Hijo, en quien está también la causalidad instrumental de creación, en

[8] Griego: καὶ χωρὶς αὐτοῦ ἐγένετο.

cuanto a que también es el único mediador. Se trata de una causalidad eficiente, porque opera, no en nombre de Dios, sino porque es Dios. Al referirse al Verbo como Creador de todas las cosas afirma la grandeza de su propia deidad. Jesús es Dios, porque crea todas las cosas, en una única acción indivisible que involucra al Dios trino. Es necesario reafirmarse en que el Verbo no es simple elemento instrumental en manos del Padre para crear, puesto que supondría subordinación y, por tanto, inferioridad del Verbo al respecto del Padre, es más, el instrumento se utiliza y prepara cuando se ha de ejecutar alguna cosa previamente pensada que lo necesita, por consiguiente, será siempre posterior al pensamiento que origina la acción, y su existencia inmediatamente previa a la acción en sí. Cuando decimos que una obra literaria salió de la pluma de un determinado autor, estamos haciendo referencia al instrumento por el que la produjo escribiéndola, en ese caso el instrumento antecede a la obra sólo en el sentido de ser el medio por el que la mente del escritor la produjo. No es así en relación con la creación y el Hijo como Creador. Por su eterna subsistencia en el ser divino, no es mero instrumento de la creación que el Padre crea y utiliza para ello, sino el elemento que la origina desde una acción *ad extra*, manifestada por una determinación soberana *ad intra*. La enseñanza del apóstol exige entender esto como referencia a la capacidad creadora que está en Él lo mismo que en el Padre, por comunicación de la naturaleza divina. Dios crea por el Verbo, en cuanto a que éste, como Verbo, es la expresión exhaustiva de la mente divina (Jn. 1:1). La forma habitual de la Escritura es referirse como Creador al Padre, pero, aquí se dice que todo fue creado por el Verbo. Debe entenderse claramente que en el seno trinitario existe una diferencia absoluta en cuanto a las personas divinas, siendo cada una distinta a las otras, esto es, el Padre no es el Verbo y éste no es el Padre, y ninguno de ellos es el Espíritu Santo. Esta distinción personal se expresa no solo en relación con la creación, sino en relación con el ser divino. Las acciones trinitarias *ad extra*, en la unidad de acción del ser divino, exhiben que cada una de las personas puede ser sujeto de atribución de la acción creadora. La unidad de esencia divina exige que todo lo que es peculiar a la deidad, pertenece tanto al Padre como al Verbo y al Espíritu. Quiere decir esto que cuanto se aplique sólo a Dios debe pertenecer y aplicarse a Cristo. De otro modo, no hay nada divino que no tenga que aplicarse al Verbo. De ahí que la grandeza a la que Juan se refiere aquí es su condición como Creador de todo. El apóstol Pablo dirá que es Creador de todas las cosas, las visibles y las invisibles, abundando en que es todo cuanto hay en los cielos y en la tierra (Col. 1:16). Según esa división estarían las cosas que hay en el primer cielo, esto es el cielo atmosférico; también con el segundo cielo, el de las estrellas; y con el tercer cielo, lugar donde de forma especial se manifiesta Dios en su gloria, rodeado de los ángeles que le sirven. Pero, también es Creador de cuanto existe sobre la tierra. De otra manera, los astros y el universo entero que incluyen los seres vivos de la tierra, deben a Cristo su existencia. Ese es el mismo pensamiento de Juan. La actividad creadora queda recapitulada en Cristo. De ahí la importancia del versículo en donde Juan atribuye al Verbo lo que en el Antiguo Testamento se atribuye a Dios como Creador de todo (cf. Sal. 146:5, 6; Is. 40:12-31).

La cristología necesitó siglos para expresar la verdad de la relación preexistente de Cristo con Dios. En ese sentido los padres discurrieron desde la condición humana de Jesucristo y su misión terrenal a la que fue enviado por el Padre a su acción creadora. Buscando sustanciar la verdad no solo en los escritos apostólicos, sino en los del Antiguo Testamento, apreciaron esa relación en la sabiduría que está presente en Proverbios 8:22 ss. El hagiógrafo presenta a la Sabiduría personificada, estando con Dios, no desde el principio, sino antes de todas las cosas, afirmando: "Eternamente tuve el principado, desde el principio, antes de la tierra" (vs. 23), para decir también: "Antes de los abismos fui engendrada" (v. 24). La elaboración de la cristología, condujo a los padres tanto a la revelación sobre la encarnación del Verbo como a la misión del Hijo enviado del Padre y su operación creadora, lo que necesariamente conduce a la preexistencia creadora. Los estudios condujeron a dos vías relacionadas con la Trinidad. La primera estudió la Trinidad inmanente, en cuyo estudio se profundizó en las personas divinas, su constitución y su eterna relación *ad intra*. La segunda lo hizo sobre la Trinidad económica, considerando las acciones de las personas *ad extra*, en el tiempo medible desde el origen de la creación. Ambas vías quedaron conjugadas y relacionadas en la doctrina sobre la deidad de Cristo, que definió dogmáticamente el Concilio de Nicea. De especial importancia fue la refutación de la herejía arriana, en la que Arrio enseñaba que, siendo Cristo la Sabiduría personificada en Proverbios, salió de Dios, en un acto creador, siendo el Primogénito de la creación e instrumento para efectuarla. Sin embargo, hay un notable error en esa posición y es que el Verbo, no fue creado, sino engendrado eternamente del Padre, por tanto, siendo Dios es eterno y sin principio. Para los arrianos la preexistencia de Cristo era meramente instrumental, al servicio de la creación y el mismo era una criatura. El Concilio afirmó que era coeterno y su vida era subsistente en el ser divino. Esta declaración dogmática es suficiente para entender la preexistencia eterna y creadora del Hijo de Dios.

Otra referencia bíblica a la preexistencia creadora del Hijo está en las palabras del apóstol Pablo: "Porque en él fueron creadas todas las cosas, las que hay en los cielos y las que hay en la tierra, visibles e invisibles; sean tronos, sean dominios, sean principados, sean potestades; todo fue creado por medio de él y para él"[9] (Col. 1:16). El apóstol presenta a Cristo como la causa eficaz de la creación, en sentido de ser Creador de cuanto existe. No hace distinción entre cosas materiales o espirituales, simplemente con una construcción con el artículo neutro τὰ y el adjetivo indefinido πάντα, que viene a significar todas las cosas, esto es, todo cuanto existe, determina esta realidad creadora.

La razón fundamental está en la relación del Padre y del Hijo, en la extensión del Logos, esto es, la Palabra personificada que expresa en una sola todo el perfecto y supremo pensamiento de Dios. La creación es el resultado de la determinación divina, por tanto, la autoridad omnipotente que da origen a cuanto existe se expresa en el Logos que traslada la plenitud del pensamiento divino a la manifestación de omnipotente autoridad mediante la cual lo que no existía vino a la existencia. La idea originadora de la creación parte del Padre que la expresa en plenitud por medio del Logos, el Hijo eterno, y es ejecutada en cuanto a realidad existencial por la omnipotencia del Espíritu Santo. De manera que la voz creacional *sea* es dada por la segunda persona divina y el *fue hecho* es el resultado visible de la acción del Espíritu Santo que se movía poniendo orden a todo lo creado. Tal creación se ajusta plenamente al pensamiento de Dios porque éste está comprendido exhaustivamente en el Logos, Palabra de Dios, y la ejecución puntual es la acción del Espíritu que conoce personalmente la intimidad de Dios. Como definió el Concilio de Nicea, el Hijo es engendrado por el Padre, de su esencia como acto eterno y constituyente, por su voluntad ocasional. Quiere decir

---

[9] Así se lee en el texto griego: ὅτι ἐν αὐτῷ ἐκτίσθη τὰ πάντα ἐν τοῖς οὐρανοῖς καὶ ἐπὶ τῆς γῆς, τὰ ὁρατὰ καὶ τὰ ἀόρατα, εἴτε θρόνοι εἴτε κυριότητες εἴτε ἀρχαὶ εἴτε ἐξουσίαι· τὰ πάντα δι' αὐτοῦ καὶ εἰς αὐτὸν ἔκτισται.

que no ha sido creado, sino engendrado. De modo que por proceder de la esencia misma del Padre es Dios como Él, único y verdadero. Cristo no es una creatura pensada por Dios para ser intermediario entre Él y el cosmos, como medio creador. Cuando Cristo habla del conocimiento mutuo entre Él y el Padre (Lc. 10:22) está presentando la verdad de la autocomunicación de Dios en Cristo, en todo el ámbito de la deidad, lo que incluye el origen y el destino final de todas las cosas. El acto creacional es un exteriorizarse de Dios de manera que conviene a Cristo puesto que el apóstol enseña que es la imagen del Dios invisible. Cristo, el Hijo de Dios, es Creador de todo lo que existe en razón de que es Dios en unidad con el Padre y el Espíritu. De otro modo, no hay nada que viniese a la existencia sin la acción creadora del Hijo de Dios. No solo por la autoridad omnipotente que le corresponde a su condición de persona divina, sino como enseña aquí el apóstol, como causa originadora y sustentadora de la creación. La razón que permite a Cristo ser el Creador está en que "Él es la imagen del Dios invisible, el primogénito de toda creación" (Col. 1:15), por cuanto en Él habita corporalmente la plenitud de la deidad (Col. 2:9). Una de las prerrogativas exclusivas y excluyentes de la deidad es el poder creador, de manera que cuanto existe en el universo no llegó a la existencia, sino por medio de Dios el Hijo, Creador de cielos y tierra, de cosas visibles e invisibles, del microcosmo y del macrocosmo. El Hijo es el primogénito de toda creación que, siendo un predicado sin artículo, no puede referirse a origen, en el sentido de ser la primera criatura creada, sino la causa de toda la creación. Siendo el Hijo eterno, engendrado eternamente, como Dios antecede y es causa de cuanto ha sido creado. El Hijo que es revelación definitiva de Dios (He. 1:2) tiene necesariamente que anteceder al tiempo mismo, originado en el acto creacional expresión de la temporalidad que surge de la eternidad divina en una operación *ad extra*.

La enseñanza del apóstol exige entender esto como referencia a la capacidad creadora que está en el Hijo lo mismo que en el Padre y en el Espíritu, por comunicación de la naturaleza divina. Dios crea por el Hijo, en cuanto a que éste, como Verbo, es la expresión exhaustiva de la mente divina (Jn. 1:1). La forma habitual de la Escritura es referirse como Creador al Padre, pero, aquí se dice que todo fue creado por el Hijo. Debe entenderse claramente que en el seno trinitario existe una diferencia absoluta en cuanto a las personas divinas, siendo cada una distinta a la otra, esto es, el Padre no es el Hijo y éste no es el Padre, y lo mismo ocurre con el Espíritu Santo. Esta distinción personal se expresa no solo en relación con la creación, sino en relación con el ser divino. La unidad de esencia divina, exige que todo lo que es peculiar a la deidad, pertenece tanto al Padre como al Hijo y al Espíritu. Quiere decir esto que cuanto se aplique sólo a Dios, debe pertenecer y aplicarse a Cristo. Es decir, no hay nada divino que no tenga que aplicarse al Hijo de Dios. De ahí que la tercera grandeza de Cristo a la que se refiere el apóstol, luego de enseñar que es la imagen del Dios invisible, y el primogénito de toda creación, es su condición de Creador de todo.

Un segundo elemento de la cláusula habla de la creación definitiva. Por un lado, están todas las cosas que hay en los cielos. Es interesante el plural *cielos*, que comprende conforme a la expresión teológica propia de los judíos, los niveles establecidos para designar la totalidad de esta esfera. Según esa división estarían las cosas que hay en el *primer cielo*, esto es el atmosférico; también en el *segundo cielo*, el de las estrellas; y en el *tercer cielo*, lugar donde de forma especial se manifiesta Dios en su gloria, rodeado de los ángeles que le sirven. Pero, también es Creador de cuanto existe sobre la tierra. De esta manera, los astros y el universo entero que incluyen los seres vivos de la tierra deben a Cristo su existencia. Ese es el mismo pensamiento de Juan (Jn. 1:3). La actividad creadora queda recapitulada en Cristo. De ahí la importancia del versículo en donde Pablo atribuye a Jesús lo que el Antiguo Testamento atribuye a Dios como Creador (cf. Sal. 146:5, 6; Is. 40:12-31).

El Creador lo es tanto de las *cosas visibles* como de las *invisibles*. No cabe duda que las *cosas visibles* son aquellas que el hombre puede distinguir con su vista. La expresión es una generalización de las cosas materiales. Es cierto que muchas cosas materiales del microcosmos y otras muchas del vasto universo que por su distancia no pueden verse con el ojo humano están comprendidas también aquí. Es como si dijese *todo cuanto puede verse* ha sido creación de Dios efectuada por y en Cristo. Los falsos maestros que procuraban introducir mentiras en el ámbito de los creyentes enseñaban, entre otras cosas, que Cristo no era Dios, sino la primera y más importante emanación de Dios. Que sin duda fue el instrumento para crear las cosas materiales, a lo que Dios mismo no hubiera accedido porque lo material es malo y Dios es infinitamente bueno. Estas mentiras distorsionan y contradicen la verdad, que es una sola: Cristo es Creador de todo, por tanto, Él tiene la preeminencia porque es Dios, ya que de otro modo no podría traer a la existencia lo que antes no existía. Esa creación visible es instrumento para la revelación más elemental de Dios: su eterno poder y deidad (Ro. 1:20). Todo lo creado glorifica al Creador, como dice el salmista: "Los cielos cuentan la gloria de Dios, y el firmamento anuncia la obra de sus manos" (Sal. 19:1). Esta superioridad de Cristo sobre la creación como Creador reafirma la existencia que antecede a ella, esto es, su preexistencia creadora. Esta es una evidencia de la eternidad del Hijo de Dios, puesto que antes de que el tiempo existiera como consecuencia del acto creador de Dios, sólo la eternidad era el eterno presente del Yo soy. De ahí que a Cristo se le llame "el alfa y la omega, el principio y el fin, el primero y el último" (Ap. 22:13), refiriéndose concretamente a la eternidad del Creador, propia y exclusiva de Dios.

Pero también se hace alusión a la creación de las cosas invisibles. Esto que no se ve podría quedar a la especulación del lector, cosas que el escrito bíblico no permite al mencionar aquello que es creación de cosas invisibles, diciendo que se trata de ángeles, que como espíritus son invisibles a los hombres. En ese sentido menciona cuatro grupos de ángeles. Sin embargo, no se trata de establecer una escala ascendente o descendente en los ángeles en cuanto a eminencia entre ellos, como si existiesen cuatro clases rigurosamente diferenciadas. El apóstol hace enumeración parecida en otros lugares con ligeras variantes (Ef. 1:21; Ro. 8:38). En este lugar tampoco pretende establecer aspectos doctrinales sobre los ángeles, sino simplemente afirmar la supremacía de Cristo sobre ellos, colocándolo también como Creador frente a la criatura. Algunos eruditos entienden que tronos y dominios deben referirse a ángeles que sirven directamente al trono de Dios, es decir, espíritus cuyo ministerio se desarrolla en la proximidad del trono, y principados y potestades a espíritus inferiores o con otro tipo de ministerio.[10] En esta línea de pensamiento en los dos primeros ministerios citados estarían los serafines y los querubines; en el segundo, los ángeles y los arcángeles.

Los ángeles, aquí la creación invisible, son espíritus celestiales, que sirven a Dios y están prestos para ejecutar su voluntad, según determinación divina. A estos seres espirituales, Dios usa como sus ejércitos celestiales (Lc. 2:13), como corresponde a quien es Rey de reyes y Señor de señores. Los ángeles ejecutan los designios divinos

---

[10] Entre otros: Hendriksen, 1982, p. 90.

incluyendo acciones judiciales (2 S. 24:16: 1 Cr. 21:15). La creación angélica es obra de Jesucristo, como el apóstol afirma en el texto. Los ángeles son creados por Dios (Sal. 148:2-5), lo que significa que Cristo es Dios por cuanto se le atribuye a Él la creación angélica en el pasaje que se considera. De modo que Cristo revela a Dios en su acción creadora. La creación no surgió por medio de Él, sino en Él mismo, es decir, es la causa que permite y origina la creación. El número de ángeles creados es de tal dimensión que la Biblia se refiere a ellos con referencias hiperbólicas, diciendo que son millares de millares y millones de millones (Sal. 68:17; Dn. 7:10; Ap. 5:11). Los títulos dados a los ángeles en este versículo deben ser consecuencia de ministerios que realizan, de modo que, porque ejercen dominio en nombre de Dios, se les llama principados y potestades, y por la gloria que le fue dada para el ejercicio de su ministerio, se les llama tronos. Sin duda es una suposición interpretativa de los calificativos que se les dan. Sobre esto escribe el Dr. Chafer:

> *La verdad revelada tocante a los ángeles no es suficientemente completa para hacer una analogía plena todavía. El término tronos se refiere a los que se sientan en ellos; los dominios, a los que reinan; los principados, a los que gobiernan; las potestades, a los que ejercen la supremacía, y las autoridades se refiere a los que tienen la responsabilidad imperial. Y, aunque parezca que haya semejanza entre estas denominaciones, se puede asumir que por su medio se hace referencia a una dignidad incomprensible y a varios grados de importancia. Las esferas celestiales de gobierno exceden a los imperios humanos, así como el Universo es más grande que la tierra.*[11]

El apóstol tiene mucho interés en precisar a los lectores que Cristo no es un ángel o un ser superior a ellos que tuvo como ellos principio de existencia, sino el eterno y soberano creador de los ángeles como corresponde a quien es Dios verdadero. La verdad bíblica es precisa, como enseña el apóstol Pedro: "Quien habiendo subido al cielo está a la diestra de Dios; y a él están sujetos ángeles, autoridades y potestades" (1 P. 3:22). Siendo nuestro Señor Jesucristo el Creador de los ángeles, está sobre ellos recibiendo obediencia y adoración de ellos. Sin duda debe hacerse una excepción en cuanto a lo dicho en el párrafo anterior relativa a los ángeles caídos, que sin duda fueron como todos los ángeles creados en un solo acto, pero, por su pecado

---

[11] Chafer, 1974, p. 437.

se desviaron de la obediencia incondicional al Creador, oponiéndose a su voluntad y haciendo el mal. Sin embargo, esto no merma en nada el control que Cristo ejerce sobre ellos. Ninguno de los demonios puede hacer aquello que Dios no permita y, de forma especial, no pueden actuar en la vida de los creyentes sin consentimiento divino.

En la progresión de la enseñanza sobre la supremacía de Cristo, refiriéndose nuevamente a la creación de todo cuanto existe, el apóstol define el medio y el destino de la creación: "Todo fue creado por medio de Él y para Él"[12]. Cristo es el creador de todo. La construcción de la oración utiliza ἔκτισται, perfecto de indicativo en voz pasiva que expresa una actividad plenamente consumada, como *quedaron creadas*, o tal como se traduce, *han sido creadas*. Esta es la misma verdad que enseña el apóstol Juan: "Todas las cosas por él fueron hechas, y sin él nada de lo que ha sido hecho, fue hecho" (Jn. 1:3). Además, necesariamente junto con el acto creador está también el sustentador de todo lo creado, porque quien crea también mantiene en orden su creación: "Y quien sustenta todas las cosas con la palabra de su poder" (He. 1:3). No solo crea, sino que lleva a término el propósito para lo que fue creado, rigiendo todas las cosas con su autoridad. A la voz creadora *sea*, por la que todo vino a la existencia, sigue la voz sustentadora que mantiene en orden todo lo creado, poniéndole cauces y límites a cuanto vino a la existencia para que discurriera como corresponde a un cosmos, salido de un caos, esto es, de lo que no estaba ordenado (Gn. 1:2). Ambas cosas, creación y sustentación, son consecuencia de la palabra del Hijo. Todas las cosas tienen cohesión en Él, como un sistema armoniosamente regulado. El universo se sostiene mucho más que por leyes físicas, por la acción sustentadora del Hijo. Todo el orden cósmico del universo obedece a la acción omnipotente que se expresa en la palabra del Hijo. Cuando el escritor a los Hebreos dice que todo se sustenta por su palabra está utilizando un término griego[13] cuyo sentido no es tanto la expresión general del pensamiento, sino el dicho que establece un decreto de autoridad. Quiere decir que, si sustenta todo por "la palabra de su poder", esa palabra es la expresión de la voluntad y la manifestación del poder que la hace absolutamente operativa. Todo el universo está dispuesto y ordenado por la palabra de Dios (He. 11:3). En tal sentido, no se trata de un mero sustentar, como quien soporta un peso con sus manos, sino

---

[12] Griego: τὰ πάντα δι' αὐτοῦ καὶ εἰς αὐτὸν ἔκτισται.

[13] Griego ῥήματι.

que el sentido es conducir o guiar hasta un fin. La condición mediadora de Cristo se aprecia en la afirmación que Pablo hace en el versículo que se comenta. El apóstol está aplicando también a Cristo una causalidad instrumental en la creación, en cuanto es mediador. No es un mero instrumento en manos de Dios, porque Él también es Dios. Se trata de una causalidad eficiente, por tanto, se intuye también una referencia al Verbo pre-encarnado: "Porque de él, y por él, y para él, son todas las cosas" (Ro. 11:36). No solo en relación con la creación general, sino con la nueva creación espiritual de los creyentes (1 Co. 8:6). La creación está orientada hacia Cristo, "para Él", es decir, con vistas a Él. Otra de las enseñanzas del apóstol complementa esta verdad: "Pero luego que todas las cosas le estén sujetas, entonces también el Hijo mismo se sujetará al que le sujetó a él todas las cosas, para que Dios sea todo en todos" (1 Co. 15:28). La conclusión es fácil: Cristo es la razón de toda la creación y la causa final de ella. Como primogénito es heredero de todo. Cuando el apóstol dice que toda la creación es "para Él" está refiriéndose al señorío de Cristo, ya que cuanto existe le está sometido como Señor. Todo el universo creado está dirigido a Él y le está sometido; Cristo es la corona de la creación, el centro de la unidad y de la reconciliación universal. Es el primero y el último, el alfa y la omega de todo (Ap. 1:17; 2:8; 21:6). En este sentido el alfa y la omega no tienen nada que ver con el concepto evolutivo de creación asumido en la enseñanza de Teilhard de Chardin, abiertamente contrario a la verdad bíblica. Se trata de enseñar que Cristo es el punto alfa, en el sentido de origen creacional de todo, y es también el omega como término al que se orienta la creación.

Al colocar a Cristo en el origen causante de la creación y el término final de cumplimiento pleno para lo que fue creado todo se está expresando la verdad de su preexistencia eterna. Quienes se acercan al texto sin prejuicio alguno tienen que negar que Cristo es un simple agente que Dios ha usado como mediador en el hecho creacional. La verdad de que en Él fueron creadas todas las cosas se reitera dos veces en el mismo versículo, lo que muestra la importancia que conlleva esta verdad reiterada en el Nuevo Testamento (cf. Jn. 1:3, 10; 1 Co. 8:6; Ef. 3:9; He. 1:10). La cita a los ángeles en el texto no es igual a la que ocurre en otro de sus escritos (Ef. 1:21), lo cual da a entender que la clasificación es parcial en ambos lugares. El apóstol menciona los grupos angelicales al hacer referencia al hecho de que Cristo dominará sobre todos sus enemigos (1 Co. 15:24-26), indicando que son aquellos que el Señor va a poner bajo sus pies.

Cristo es la finalidad de la creación. Todas las cosas son hechas por Él, en Él y para Él. La adoración celestial reconoce delante del trono de Dios: "Señor, digno eres de recibir la gloria y la honra y el poder; porque tú creaste todas las cosas, y por tu voluntad existen y fueron creadas" (Ap. 4:11). No solo se destaca la omnipotencia que crea, sino la soberanía que lo determina.

Como complemento a la verdad expresada, el apóstol Pablo añade: "Y él es antes de todas las cosas" (Col. 1:17). No podía ser menos, puesto que todo fue hecho por Él, solo podía ser preexistente a toda la creación. La Biblia enseña que antes de que el universo viniera a la existencia, Cristo ya existía (Jn. 1:2; 1 Jn 1:1). Cristo pertenece en cuanto persona divina al ser de Dios y, aunque en su humanidad está vinculado al tiempo de los hombres, antecedía a ellos en todo porque es Dios verdadero, Unigénito del Padre. Su existencia como hombre, su temporalidad en razón de su naturaleza humana, no es un comienzo de su ser personal, sino el resultado del envío que el Padre hizo, pero, la unidad de acción y de relación entre el Padre y Cristo hace que pueda decir que "yo y el Padre somos uno" (Jn. 10:30). La preexistencia de Cristo no es una teoría metafísica que nace de un contexto filosófico-religioso, sino una verdad fundamental en relación con la trina deidad y que es una parte de la verdad que sustenta la doctrina fundamental de la Iglesia. La operación creadora que nace en el pensamiento y se ejecuta por voluntad soberana y omnipotencia divina tiene su culminación y expresión definitiva en Cristo. Es el Unigénito que está en el seno del Padre que nos hace conocer en Él a Dios en toda la dimensión de la palabra. La Biblia, revelación escrita para que conozcamos a Dios, es producida en la temporalidad del hombre, si bien el mensaje es eterno puesto que procede de Dios y culmina en Él, pero la Palabra encarnada, el Verbo en su naturaleza humana, es la revelación suprema y definitiva de Dios, cuyo discurso se llama Hijo (He. 1:1 ss.). Por esa razón el cielo guarda silencio en cuanto a revelar nuevas cosas sobre Dios, porque quien ha visto a Cristo ha visto al Padre. El Creador es preexistente ya que todo fue hecho por Él. La preposición *de* en el texto, debe entenderse en sentido preposicional, *por delante de*, mejor que en sentido cronológico, *antes de*. Cristo como precursor de todo es preexistente, verdad extendida en todo el Nuevo Testamento (cf. Jn. 1:1; 8:58; Fil. 2:6; Ap. 22:13).

Sin embargo, no es posible dejar atrás otra expresión del apóstol Pablo, que antecede al texto que se ha considerado. Escribe: "El primogénito de toda creación"[14] (Col. 1:15), como si quisiera afirmar las verdades que iba a considerar, identifica al Creador prexistente como el primogénito de toda creación. De otro modo, esa es la relación con el mundo creado. Pablo le llama aquí primogénito, predicado adjetivo sin artículo. Esta fue una expresión fundamental en la controversia arriana, sustentada por sus seguidores, quienes pretendían demostrar que Jesucristo no es eterno, sino que fue la primera creación de Dios. Sin embargo, al ser un predicado sin artículo no se puede referir a origen, en el sentido de la primera criatura creada, sino la causa de toda la creación y razón de ser de la misma. El calificativo está plenamente ligado a la prioridad de tiempo. Cuando Dios sale de sí mismo y comienza su manifestación *ad extra*, se exterioriza como Creador de todo cuanto existe. La primera cosa creada da origen a la temporalidad, mientras Dios como Creador sigue en la atemporalidad. Es decir, el tiempo es consecuencia de la exteriorización trinitaria, pero quien lo origina está libre de la limitación temporal. Ya se ha considerado antes que el Hijo eterno es engendrado eternamente por el Padre, por tanto, como Dios existe antes de toda creación y es anterior a toda criatura. La construcción de la oración en genitivo convierte a éste en elemento de comparación, colocando así al Creador en relación con la criatura. No cabe duda que esta segunda enseñanza en relación con Cristo es una referencia a la preexistencia del Verbo antes de la encarnación.

Pablo identifica el eterno engendrar del Padre llamando al Hijo engendrado por Él, pero no originado, el Unigénito del Padre. Este título es sólo posible en razón de la relación en el seno trinitario. Primogénito no es aquí el primero en un orden de sucesión, sino el único de esa manera, porque siendo el Hijo de Dios, el engendrar del Padre se personifica en el Hijo, agotando en Él toda la relación de generación y procedencia divina. Ambos, Padre e Hijo, en unidad del Espíritu tienen una existencia eterna, esto es, no hubo nunca un vacío personal en el seno trinitario. Cristo, en cuanto es Verbo eterno de Dios, es el Primogénito de toda creación. No porque haya sido creado, ni porque deba ser contado entre las criaturas, sino porque la excelencia que Él tiene como único Dios verdadero, es la razón, causa, efecto y destino de toda la creación de Dios. El calificativo primogénito de toda creación, pudiera conducir a confusión si el apóstol no complementara la enseñanza en lo que sigue cuando dice que "él es antes de todas las cosas, y todas las cosas en él subsisten"

---

[14] En el griego: πρωτότοκος πάσης κτίσεως.

(v. 17). Es primogénito en el sentido que es también Unigénito del Padre (Jn. 1:14). En ese sentido, Jesús no alcanza esa condición como los creyentes que llegamos a ser hijos de Dios por adopción en el Hijo, sino que es Hijo natural y verdadero y, por tanto, único, para que se diferencie en esto de todos los demás hijos de Dios y todo ello en razón de o a causa de su divinidad. En la Biblia, el concepto πρωτότοκο», *primogénito*, tiene el sentido de anterioridad al respecto de las criaturas. Esa condición antecedente a todo cuanto existe, orienta el título también a la superioridad de Cristo sobre cuanto existe, de ahí la referencia mesiánica: "Yo también le pondré por primogénito, el más excelso de los reyes de la tierra" (Sal. 89:27).

Todas estas consideraciones para apreciar el sentido que tiene aquí el calificativo de *primogénito* no agotan la dimensión de la idea. Cristo encarnado es heredero y dueño absoluto de todo lo creado. *Primogénito* en el Antiguo Testamento es expresión para referirse al hijo amado que mantenía la primacía de honor entre el resto de los hermanos. Cristo es el rey heredero de todo. A esto corresponde el título mesiánico del Salmo citado en el párrafo anterior. Quien es *Unigénito* no puede dejar de ser *primogénito*, porque al único Hijo de esa condición le corresponde todo el honor y toda la herencia, porque no hay otro heredero. Así reflexionaba Teodoreto de Ciro:

> *Si es Unigénito, ¿cómo es Primogénito? Si es Primogénito, ¿cómo es Unigénito? Pero sin embargo en los santos Evangelios ha sido llamado Unigénito. Es, por tanto, Primogénito de la creación no como si fuera hermano de la creación, sino por haber sido engendrado antes de toda la creación. Pues, ¿cómo podría ser hermano de la creación y creador?... Además, el divino Apóstol tampoco dice que es el primer creado, sino Primogénito, es decir, anterior a todo.*[15]

Otro aspecto a tener en cuenta es que la eterna relación entre el Hijo y el Padre, que hacen de aquel el primogénito de toda la creación, es un preexistir activo que relaciona a Dios con la temporalidad y la historia al crear cuanto existe. Con todo, dada la importancia de este concepto doctrinal, será bueno dedicar unas líneas a recordar que, en su forma de relación subsistente, Cristo y el Padre forman una unidad, a la que llamamos esencia. Por esa razón el Hijo eterno de Dios está eternamente donde está el Padre y actúa como y cuando el

[15] Teodoreto de Ciro, *Interpretación a la carta a los Colosenses.*

Padre actúa. Este primogénito de toda la creación es engendrado por el Padre desde toda la eternidad y comienza a existir como hombre, al ser engendrado en María por el Espíritu Santo. No surge cuando es concebido y nace de María, porque su persona es anterior a toda la historia humana, que comprende también la concepción virginal de la humanidad del Verbo. De otro modo, el que eternamente es Hijo con el Padre comienza a ser hombre, tomando nuestra existencia y nuestra semejanza. Es así que Cristo llegó a ser como hombre lo que era siempre como Hijo. La encarnación implica a las tres personas divinas como término final de la acción aun cuando el único principio personalizador o sujeto de la encarnación sea el Hijo. En el pensamiento de Juan, el Logos que eternamente está junto al Padre (Jn. 1:1), por quien fueron creadas todas las cosas (Jn. 1:3), acompañó a los hombres en su humanidad, siendo luz a ellos y brillando en sus tinieblas (Jn. 1:4-5; 9), tomó una naturaleza humana y moró entre nosotros (Jn. 1:14). La inserción del Hijo en el mundo tiene lugar por el nacimiento de María, ya que la encarnación presupone el nacimiento de mujer (Gá. 4:4). Pero este nacimiento que da principio a la vida humana de Jesús, no es el comienzo absoluto de su existencia. Ninguno de los eventos cristológicos, tiene que ver con comienzo de vida, sino con manifestación específica de aspectos concretos eternamente determinados y ejecutados en el cumplimiento del tiempo.

Cuando Pablo le llama primogénito de la creación, no está refiriéndose a origen de existencia, sino a la razón esencial que la hizo posible. No se trata de que el que es imagen de Dios sea el primero de las criaturas, sino todo lo contrario: todas ellas existen por la causa generacional creadora que las originó, que es Cristo mismo. Al ser el primogénito de toda la creación, se pone de manifiesto que es otro distinto a toda ella; por tanto, el Hijo de Dios no puede ser una criatura, sino el principio creador que las origina. Así escribía Agustín:

En su forma divina es "principio que nos habla". En este principio creó Dios el cielo y la tierra; en su forma de siervo es "el esposo que sale de su tálamo". En su forma de Dios es "el primogénito de toda criatura. Él es antes de todo, y todo en Él subsiste"; en su forma de siervo es cabeza del cuerpo de la iglesia.[16]

---

[16] Agustín de Hipona, *Sobre la Santísima Trinidad* 1.12.24.

Primogénito es el primero que es engendrado, bien que sea único o que sea el principio de una serie de hijos, hermanos entre sí. Por tanto, si se enseñara que Cristo es primogénito cabría la posibilidad de considerarlo como el primero de las criaturas, en una existencia como ellas. Pero, puesto que la Biblia, enseña que no solo es Primogénito, sino también Unigénito, no es posible que se cumpla en Él una sola de las condiciones, sino ambas. En ese sentido, es el único de la condición filial en relación con el Padre, y es primogénito de toda la creación porque del Unigénito del Padre sale, como principio generador, todo cuanto existe.

Por la comunicación de los dos conceptos, el de principio creacional y el de autoridad suprema por derecho sobre ella, llegamos a una sencilla conclusión. Aplicando los títulos a Jesucristo, Hijo de Dios, deducimos que a Él, como primogénito, le corresponde la anterioridad y prioridad de existencia (Jn. 8:56-59). Le pertenece también la trascendencia de naturaleza, porque es Dios, y el señorío y herencia absolutos sobre toda la creación, porque Él es el Creador. Sin duda alguna la preexistencia creadora se pone de manifiesto también aquí.

Sobre la preexistencia creadora, considera también el escritor de la epístola a los Hebreos, cuando dice, refiriéndose al Hijo: "Por quien asimismo hizo el universo"[17] (He. 1:2). La grandeza que corresponde al Hijo en forma exclusiva y excluyente es la condición creadora. El Hijo es Creador de todo lo que existe, por cuanto es Dios. Esta es la misma verdad considerada en los textos anteriores. No hay nada que viniese a la existencia sin la acción creadora del Hijo de Dios. No solo por la autoridad y omnipotencia que corresponden a la segunda persona divina, sino como causa originadora y sustentadora de la creación. La razón causante de la creación por y en Cristo está en que "Él es la imagen del Dios invisible, el primogénito de toda creación" (Col. 1:15). Como predicado de Cristo aparece en el texto del apóstol Pablo el de imagen invisible, que habla de semejanza reveladora. Cristo es la imagen de Dios por cuanto en Él habita corporalmente la plenitud de la deidad (Col. 2:9). Por tanto, siendo una de las grandezas de Dios el poder creador, todo cuanto existe ha llegado a esa existencia por medio de Dios el Hijo, Creador de cielos y tierra, de cosas visibles e invisibles, de microcosmos y de

---

[17] En el texto griego: δι' οὗ καὶ ἐποίησεν τοὺς αἰῶνας.

macrocosmos. El Hijo que revela a Dios entre los hombres, en el tiempo histórico de los hombres, antecede a éstos y al tiempo mismo, por cuanto es el Creador. El Hijo es el agente ejecutor de la deidad en la obra creadora. Ya se ha considerado que en el Antiguo Testamento se manifiesta como la sabiduría de Dios personificada, asesora y compañera de Dios en la creación (Pr. 8:22 ss.). La creación surgió no sólo por medio de Él, sino en Él mismo, es decir, con relación al Hijo, Él es la causa originaria de toda la creación.

La voz griega[18] traducida en este texto como *universo* es literalmente *edades*, pero aquí no se trata de una sucesión de tiempo, sino de una expresión de las cosas creadas que han sido y están colocadas en el tiempo y en los siglos (He. 11:3). Es una referencia directa al orden de las cosas, de ahí que el apóstol Pablo use el término para referirse al amor por *el mundo* (2 Ti. 4:10). Si Dios hace todas las cosas por medio del Hijo, lo que el autor afirma es que la grandeza del revelador de Dios es su propia deidad. Jesús es Dios porque produce todas las cosas de su creación, por su naturaleza, que es común a las tres personas divinas en una única acción indivisible que involucra al Dios trino. El hecho de llevar a cabo la operación creadora *por medio del Hijo* no indica simplemente que sea un instrumento, lo que implicaría subordinación y, por tanto, inferioridad del Hijo al respecto del Padre. Exige entender esto como referencia a la capacidad creadora que está en el Hijo, lo mismo que está en el Padre. Es decir, lo que se dice del Padre en cuanto Creador, se puede decir también del Hijo. La capacidad creadora está en el Hijo lo mismo que en el Padre por comunicación de naturaleza. Dios crea por medio del Hijo, en cuanto a que éste, como Verbo, es la expresión exhaustiva de la mente divina (Jn. 1:1). De acuerdo con el lenguaje más usual de la Escritura, el Padre es llamado Creador. Aquí se dice que todo fue creado por medio del Hijo. Debe entenderse claramente que en el seno trinitario existe una diferencia absoluta en cuanto a las personas divinas. El Padre no es el Hijo y éste no es el Padre. Esta diferencia personal se expresa no sólo en relación con la Creación, sino en relación con Dios mismo, en el ser divino. Las acciones trinitarias *ad extra* son de las tres personas divinas en una unidad de acción aplicable indistintamente a cada una de ellas. La unidad de esencia divina exige que todo lo que es peculiar a la deidad pertenezca tanto al Padre como al Hijo y al Espíritu. Jesús

[18] αἰῶνας.

es Dios manifestado en carne (Jn. 1:14). Quiere decir que todo cuanto se aplica sólo a Dios debe pertenecer y aplicarse a Jesucristo. Es decir, no hay nada divino que no deba ser aplicado a Cristo. Sin embargo, no existe confusión de personas, sino que cada una de las personas divinas tiene sus propiedades personales o privativas. La grandeza del Hijo es su condición de Creador de todo el universo. Por tanto, es necesario afirmar a la luz de este texto su preexistencia creadora.

Preexistencia personal

Junto con la reflexión sobre la persona divina del Hijo de Dios se consideraron algunos textos que presentan su preexistencia creadora. Es necesario aproximarse a esta verdad desde una breve reflexión sobre la condición divina del Hijo de Dios, como persona subsistente en el ser divino.

La preexistencia no puede vincularse al tiempo puesto que es eterna, por tanto, no se trata de afirmar esta antecedencia temporal, sino de vincularla al mismo ser del Hijo de Dios. Éste es una persona divina que pertenece a una de las tres subsistencias personales que eternamente existen en Dios, que constituye a Cristo y Él constituye a Dios. Como persona divina, Él y el Padre subsisten en una unidad de vida que se llama *esencia*, diferente a la *naturaleza personal* de cada una de las personas que, en la individualidad de sus naturalezas, son una unidad de vida en lo esencial. Este eterno Hijo de Dios está en el Padre, pero también el Padre está en Él. De ahí que, siendo el Verbo Eterno, que se encarna, puede Jesús decir que "yo y el Padre uno somos uno" (Jn. 10:30). La verdad del texto marca la identidad plena en el seno trinitario entre el Padre y el Hijo. Conviene hacer una corta reflexión sobre esta verdad como elemento fundamental de la preexistencia personal de Cristo. Las palabras de Jesús son precisas: el Padre y el Hijo son uno. Algunos entienden que este *somos uno* no tiene que ver con la unidad divina, sino con la de propósito, es decir, los dos son uno en la determinación de ejecutar un ministerio concreto. Pero no puede dejar de apreciarse en ella la identidad de naturaleza y esencia. El adjetivo ἕν, uno que precede a verbo ser, es neutro, por tanto no se refiere a una persona, sino al ser divino, esto es, a la esencia y naturaleza de Dios. Es la manifestación suprema de lo que Él es. Tiempo antes se había producido un conflicto con los judíos porque Jesús, mero hombre para ellos, al llamar Padre a Dios, se hacía también Dios (Jn. 5:18). En aquella ocasión argumentó sobre esa relación largamente (Jn. 5:19-30). Ahora es claro y concreto. La respuesta a la pregunta de los judíos sobre si era el Cristo va mucho más allá de una simple afirmación sobre su condición mesiánica. Trasciende a todo cuanto los judíos pudieran haber esperado, presentándose en la unidad del ser divino, junto al Padre. Ninguno de aquellos podía admitir la pluralidad de personas en Dios, aferrándose a la literalidad del texto del Antiguo Testamento: "Oye, Israel: Jehová nuestro Dios, Jehová uno es" (Dt. 6:4). La doctrina de la Trinidad es una revelación progresiva que alcanza su dimensión plena en el Nuevo Testamento; sin embargo, Jesús anticipa esa verdad señalando en estas palabras la unidad esencial con el Padre. No quiere decir que sean el mismo manifestado de distintas formas, sino que hay entre ellos una unidad esencial de vida. Esta es una afirmación mayor que cualquier otra de las que Jesús hizo, ya que lo coloca al nivel de Dios y no al de las personas. La principal base que sustenta esta interpretación es que los judíos entendieron que siendo hombre se hacía Dios. Aquellos discernían que en las palabras de Jesús había más que la expresión de una unidad de identidad en obra, que resultaría en unidad de voluntad, incluso de poder, si el hombre —como consideraban a Jesús— dependía del Padre para ejecutar lo que hacía. Partiendo del prólogo del evangelio, el apóstol Juan toma esta frase en una directa declaración metafísica de relación divina. De otro modo, la Trinidad económica está vinculada y descansa en la Trinidad esencial. La declaración que Jesús da es sorprendentemente precisa: yo y el Padre —lo que expresa claramente la diferencia de personas— somos uno —manifestando una sola esencia o sustancia—. De otro modo, en la expresión de Jesús se aprecia la unidad de esencia y la distinción de personas. La relación del Señor con el Padre no es la de una sola carne o un solo espíritu, sino de un solo Dios. Esto es, no se trata de singularidad de número, sino de unidad de esencia. Así que el Padre y el Hijo subsisten por sí mismos como personas divinas, individuales y diferenciadas, pero ambas en la identidad de una sola sustancia, que es de las dos personas sin distinción, lo que le permite decir: "El que me ve a mí ve al Padre" (Jn. 14:9).

El escritor de la carta a los Hebreos, hablando de Cristo, dice que es la imagen de la sustancia de Dios (He. 1:3). De modo que el hecho de que el Hijo esté en el Padre y el Padre en el Hijo implica la plenitud de la deidad en el uno tanto como en el otro. La imagen no puede existir sola, así como tampoco la semejanza puede referirse a sí mismo, como recuerda Hilario de Poitiers.[19]

Aunque las dos personas divinas poseen en común todos los atributos esenciales, operativos y morales de la deidad, cada una de ellas se manifiesta hacia el exterior, y en alguna medida se refleja hacia nosotros, según el matiz peculiar que la caracteriza y que la distingue en individualidad de las otras dos. De ahí que el Padre sea principio sin principio, de quien procede el Hijo, segunda persona de la deidad. Pero, el hecho de procedencia no significa en modo alguno principio de existencia, puesto que Dios es eterno y de la misma manera lo son las personas de la Santísima Trinidad. En relación con el versículo, Dios es uno en la completa esencia que subsiste como Padre y como Hijo. Ambos, el Padre y el Hijo, son el único y verdadero Dios. Será bueno recordar aquí unos principios básicos de la doctrina trinitaria en relación con el Padre y el Hijo, que nos permitan comprender la dimensión de las palabras de Jesús.

El Padre, según la revelación bíblica, es principio sin principio. Quiere decir que, aunque el Hijo y el Padre son uno, el Hijo procede del Padre, mientras que el Padre no procede de ninguna otra fuente. Por esa razón, Cristo insiste en su procedencia del Padre que lo envía (Jn. 3:16). Si hace la obra de Salvador y de Pastor, es consecuencia de haber sido enviado, aunque también Él viene voluntariamente. El envío *ad extra* es consecuencia de la procedencia *ad intra* y, por tanto, una prolongación de la misma. El Padre lo es en toda la intensidad de su ser personal. De otro modo, la base personalizadora constitutiva en cuanto a persona distinta de la del Hijo es que, en el presente sin cambio, ni sucesión, ni principio, ni fin de la eternidad divina, engendra un Hijo. Éste es la segunda persona de la deidad, y comunica con esa operación todo lo que el Padre es y tiene (Jn. 16:15). Lo único que no puede darle ni compartir con el Hijo es el ser Padre. Así como el Padre es total y perfectamente Dios en cuanto a persona, así también lo es el Hijo. De no ser así, el Padre no sería una persona infinita, porque le quedaría algo que no estaría incluido en la paternidad y, por consiguiente, en la divinidad. Esto afectaría también al Hijo, que no sería persona infinita, puesto que en algo no sería Hijo, con lo que también quedaría imperfecto como Dios el

---

[19] Hilario de Poitiers, *La Trinidad* III.23.

Hijo. Como se ha considerado antes en la reflexión sobre la persona divina, el Padre, como progenitor único, agota su función generadora en el Hijo, ya que éste es el resultado exhaustivo de la generación del Padre, de lo contrario ambos no serían Dios, al quedar incompletos en su ser personal. Es por eso que el Padre tiene un Hijo que es Unigénito necesariamente (1:14, 18; 3:16, 18; 1 Jn. 4:9). Si pudiera haber otro o más hijos en el seno trinitario, ninguno de ellos sería resultado exhaustivo de la generación del Padre y, por tanto, ninguno sería infinito, ninguno sería Dios. Pero, tampoco el Padre lo sería, por cuanto su acción generadora constituiría un acto limitado dentro de su seno, donde el ser y el obrar se corresponden en absoluta identidad. Por ser este acto una entrega absoluta y perfecta al Hijo, el Padre se constituye por una relación subsistente hacia otro, en persona divina, por esa relación con el Hijo, pero, el hecho de que el Padre engendre al Hijo no le da ninguna superioridad sobre Él. No debe olvidarse que el Padre debe su ser personal al acto de engendrar al Hijo, del mismo modo que el Hijo lo debe al hecho de ser engendrado por el Padre. No hay pues ninguna dependencia, inferioridad ni subordinación en el seno trinitario, sino una interdependencia infinita y eterna, ya que el Padre no puede existir como Padre sin el Hijo, ni el Hijo como Hijo puede existir sin el Padre (1 Jn. 2:23). En la generación divina no se da el proceso de causa y efecto que hay en cualquier otra instancia fuera de Dios, sino de principio a término. Por contraste, en la generación humana el hombre no es engendrado por sus facultades espirituales, sino mediante relación orgánica, de donde surge otra persona. Sin embargo, ninguno de los dos, ni el padre, ni el hijo se constituyen como persona por esa relación. El Padre engendra al Hijo, y esta función concluyó ya, con lo que termina la función generadora de la primera persona, por tanto, terminaría la personificación de ella, o todavía no terminó de engendrarlo, por lo que el Hijo no sería Dios perfecto. Por esa razón la generación divina es inmanente, por cuanto el Hijo queda en el seno del Padre (Jn. 1:18; 14:10). El Padre está enteramente en el Hijo engendrado con su mente personal infinita, y el Hijo está por entero en el padre como concepto personal exhaustivo de la mente paterna. Ya que en Dios existe lo absoluto y lo relativo hacen del ministerio vinculante del Padre y del Hijo algo difícil de entender, de otro modo, tanto Padre como Hijo son palabras que expresan una situación esencialmente personal. La generación divina es una operación inmanente, en la que las dos personas son principio y término absoluto de una relación personal subsistente, no es la naturaleza divina la que engendra, sino que sólo el Padre engendra y sólo el Hijo es engendrado. Por esa razón se da al Hijo el mismo poder que tiene el Padre (Jn. 5:26). Es necesario entender claramente que no es el Padre el que da vida al Hijo, sino que le da el tener vida en sí mismo, como fuente de vida, por ser tan Dios como el Padre. La entrega total del Padre al Hijo expresa la acción y relación divina, subsistente y personalizadora que hace que el Hijo sea radicalmente otro y cuya razón de existir es darse.

Por esto Jesús dice a los judíos: "Yo y el Padre somos uno". Unidad en la deidad, individualidad en la persona, identidad en el ser. Esta afirmación impacta abiertamente a los judíos que le habían preguntado si era el Cristo. Para los enemigos de Jesús constituía un serio problema, no sólo la relación que afirmaba tener con el Padre, sino la misma persona divino-humana del Hijo. No se puede entender plenamente quién es Jesús si no se parte necesariamente de la condición divina que le corresponde eternamente como Hijo de Dios, segunda persona de la divina Trinidad. No será posible entender la vida de Jesús, en el desarrollo de su actividad entre los hombres, si no se parte de su eterna deidad. Hay acciones de Jesús, palabras, enseñanzas que sólo son posibles desde su condición divino-humana. Por ello, la vida del Señor en el mundo de los hombres es única e irrepetible. Solo Él es de esa forma y sólo Él lo será en el futuro. Ningún hombre jamás ha estado vinculado a la deidad como Jesús; ninguno impecable como Él; ninguno adorable. Jesús es el ejemplo y modelo, no del hombre, sino de la nueva humanidad en el propósito de Dios. Por medio de Él y en Él, el hombre se diviniza, en el sentido de venir a ser participante de la divina naturaleza (2 P. 1:4), sin que ello signifique que el hombre llegue a ser Dios. Sólo en Jesús, Dios alcanza la plenitud de la criatura haciéndose como ella, al incorporar en subsistencia personal una naturaleza humana que permite al Verbo de Dios venir a la condición de hombre y a la forma de siervo (Jn. 1:14; Fil. 2:6-8). Eso cambia la historia de la humanidad en forma absoluta. Los judíos esperaban un Mesías con ansia e impaciencia, y cuando Jesús vino y realizó la obra mesiánica profetizada no encontró acogida, sino rechazo, por cuanto el Logos brilló en las tinieblas, pero estas no le recibieron, y en esas tinieblas resplandeció para los suyos, y los suyos, entenebrecidos, no le recibieron (1:5, 11). Sin embargo, Jesús, el Salvador que es escándalo a los judíos es el buen pastor que va delante de las ovejas que, siendo del Padre, le fueron entregadas por Él. Es, pues, necesario conocer a Jesús, en su plenitud, pero también en su condición humana, que no puede desvincularse jamás de la divina, por cuanto son dos subsistencias en una misma persona. Conocer a Jesús y su vida humana conduce a la comprensión del aspecto antropológico del misterio de redención. Conocer la vida de Jesús es seguir la ruta de la deidad en su revestimiento humano, en el supremo encuentro de gracia entre Dios y el hombre, que establece un lazo de vinculación eterna para todo aquel que crea. Esa comprensión debe alcanzarse manteniendo visible, en la consideración de la vida humana del Jesús de Nazaret, su condición divina que proviene de la eterna persona del Hijo de Dios. El gran misterio final en esta comprensión es llegar a entender con claridad que Jesús, es Hijo de Dios e hijo de María, vinculando este lazo último a la condición humana y el primero a la divina que eternamente tiene, de modo que podamos alzar la inalcanzable dimensión del Emanuel: Dios con nosotros.

Es preciso entender que, si el Hijo y el Padre son uno, y el Padre es Dios eterno, lo es también el Hijo. Engendrado eternamente por el Padre, devendrá a una existencia humana mediante el portentoso prodigio en el que Dios se da a sí mismo en Cristo, el Padre envía al Hijo, este Dios se encarna en una mujer, por operación sobrenatural de la tercera persona divina, pero no se manifiesta por primera vez en el engendramiento, luego en la gestación y finalmente en el alumbramiento, como cualquier humano, salvo en el origen de su humanidad, que no fue engendrada por hombre, sino por Dios mismo, pero, en todo esto, siendo Dios el que envía, siendo Dios el enviado que se encarna y siendo Dios el que produce la concepción virginal de la naturaleza humana del Verbo eterno, quien se hace hombre, antecede en todo a su naturaleza humana asumida en su persona divina y subsistente en ella, en igualdad, pero sin mezcla de su naturaleza divina que eternamente posee. El misterio de la piedad se substancia en la verdad revelada, pero excede a toda comprensión humana, ya que Dios creador se hace creatura llegando a la experiencia de ser hombre y trasladando a la visibilidad humana lo que ya eternamente es como Hijo.

Aunque la humanización de Dios se considerará más adelante, se requiere apuntar ya desde estas consideraciones sobre la preexistencia del Hijo, que en su condición de hombre proyecta la realidad de su pertenencia a la deidad, y desde esa humanidad exhibirá su eterna condición divina. Perteneciente a la deidad, no pudiendo desvincularse de la vida y trabajo *ad intra*, el hombre Jesús, Hijo de Dios encarnado,

Emanuel, atrae a la Trinidad hacia la criatura en una experiencia única de presencia trinitaria en todo aquel que cree. La encarnación que hace visible a Dios entre los hombres implica a la Trinidad en la operación de la manifestación de Dios como hombre entre los hombres. Cada una de las tres personas actúa en esa operación redentora y manifestadora de Dios, aunque participando las tres en la acción, solo una, la segunda, queda revestida de humanidad. Sólo mediante la encarnación, Dios, en la humanidad del Verbo, puede morir por los pecadores en la ejecución del plan de redención preparado desde antes de la creación del mundo (1 P. 1:18-20). Con todo, esta operación soteriológica no permite entender la preexistencia como una mera concepción metafísica o, si se prefiere mejor, preexistencia ideal comprometida con el plan divino de salvación. Es cierto que solo el Verbo se encarna, pero no fue eternamente un Verbo encarnado. Tal situación ocurre una sola vez en el tiempo histórico de los hombres. Incluso Orígenes habló de una preexistencia anímica, en el sentido de que el alma de Jesús existió anteriormente a su concepción humana, lo que podría calificarse como una preexistencia intermedia, que sería de esta condición puesto que habría sido creada antes de la fundación del universo. La conclusión definitiva es que Jesús de Nazaret, el hombre que caminó como tal por los caminos de Judea y Galilea, es necesariamente preexistente porque es Dios manifestado en carne.

CAPÍTULO V
TÍTULOS Y NOMBRES DIVINOS

Introducción

La deidad de Cristo ha sido confirmada en todo lo que antecede, basándose especialmente en el elemento firme de la revelación inspirada plenariamente. Sobre esta misma base entraremos en la consideración de otro elemento que confirma y sustenta la verdad de la deidad de Jesucristo. En esta consideración se atendrá el desarrollo, comentario y conclusión a los datos netamente bíblicos.

Las dudas que se han sostenido a lo largo de los siglos cuestionando la deidad de Cristo no se hubieran producido si tan solo subsistiese en Él la naturaleza divina que como Dios tiene eternamente. Pero, al hacerse hombre, el conflicto se produce. Cuando se produce el hecho, sorprendentemente admirable y a la vez difícil, de la encarnación de uno de la deidad, conduce a la reflexión de la lógica humana y, como consecuencia, a la incredulidad propia del hombre a causa del pecado. Conociendo Dios que se iba a producir este efecto, ha provisto de la firme evidencia al respecto de la deidad de Cristo. La Biblia es clara y conclusiva al afirmar esta verdad. Se ha hecho anteriormente una aproximación a este sustento bíblico, al que debe añadirse ahora otro elemento más, consistente en los títulos y nombres que la Escritura da al Hijo de Dios.

En este apartado se seleccionan los nombres y títulos que directamente se dan a Cristo, tanto en el Antiguo como en el Nuevo Testamento, en forma directa, es decir, sin que sea preciso alegorizarlos, como podría ser si se consideran nombres, cuando se habla de la Roca, o del monte, que sin duda pueden aplicarse a algún aspecto de la segunda persona de la Trinidad.

En ocasiones se hace una división entre nombre y títulos correspondientes a la deidad, y otros como vinculados a la humanidad del Verbo encarnado. Sin embargo, se entiende que todos ellos, como se apreciará en el comentario, tienen origen y carácter divino, puesto que no pueden desvincularse cada una de las naturalezas de la persona en que subsisten. Por esa razón, puesto que todos ellos son aplicados a la persona divino-humana del Señor, se tratarán en este apartado.

Se establecerá un agrupamiento de ellos conforme a la aplicación inmediata a la que pertenecen y en la que mejor pueda situarse cada uno de ellos.

Primeramente, se considerarán los títulos y nombres propios de la condición divina, en la que estarán los que indican fundamentalmente deidad. A estos seguirán aquellos en los que se aprecia una relación eterna. Luego los que se asignan directamente a Jesús tanto en su manifestación mesiánica, soteriológica, o divino-humana. Para ello se accederá al texto bíblico haciendo el correspondiente comentario sobre los versículos seleccionados, que servirán de sustento principal a cada uno de los títulos y nombres de la segunda persona divina, en sus dos naturalezas.

Nombres y títulos de la deidad

Dios

Se ha considerado anteriormente el hecho de que la Biblia llama *Dios* a Jesucristo. Este título está vinculado mayoritariamente a la deidad, aunque en algún lugar del Antiguo Testamento se usa para referirse a los creyentes de la antigua dispensación, especialmente a los que ejercían funciones judiciales (cf. Sal. 82:1, 5), sin embargo, se aprecia inmediatamente en el mismo Salmo que a éstos a quienes llama dioses, como hombres, mueren. La referencia del Salmo fue usada por Jesús en la defensa ante los judíos que le acusaban de que "siendo hombre te haces Dios" (Jn. 10:33-36). La controversia tenía que ver con el hecho de que Jesús hablaba de una especial relación con Dios a quien llamaba Padre, no en el sentido genérico de vinculación creacional o de fundación de la nación, sino de relación análoga —salvando las distancias— a lo que supondría llamar de este modo un hijo a su padre (Jn. 5:17, 18). Esa polémica se incrementó cuando Jesús afirmó que antes que Abraham viniese a la existencia, Él existía (Jn. 8:58). La afirmación de que Él era uno con el Padre aumentó todavía más el rechazo entre los judíos, quienes manifestaban un celo intenso en la defensa de la unicidad de Dios, pero ignoraban voluntariamente el testimonio de las obras que sólo Dios podía hacer. El Señor apeló al Salmo para hacerles otra, que Dios llama dioses a quienes juzgan en su pueblo, siendo hombres que ejercían esa autoridad en nombre de Dios y en aplicación de sus mandamientos, mucho más tendría que serle aplicado el título Dios a quien fue enviado del Padre.

Salmos. En una profecía sobre el rey que sería entronizado, se lee: "Tu trono, oh Dios, es eterno y para siempre; cetro de justicia es el cetro de tu reino. Has amado la justicia y aborrecido la maldad; por tanto, te ungió Dios, el Dios tuyo, con óleo de alegría más que a tus compañeros" (Sal. 45:6-7). Baste mencionar aquí, puesto que el texto será considerado en el Nuevo Testamento, que al rey a quien se dirige el cántico se le llama Dios, en relación con su trono, y se distingue de Dios en el v. 7. Esto supera en todo la aplicación hiperbólica a un rey terrenal histórico que contraía matrimonio en aquel tiempo. La interpretación se traslada a Cristo en el Nuevo Testamento, por tanto, el título Dios se usa en el Antiguo Testamento para referirse proféticamente a Jesucristo.

Isaías. Ya en el Antiguo Testamento aparece el título Dios, relacionado con el Mesías prometido. Así en la profecía de Isaías se lee: "Porque un niño nos es nacido, hijo nos es dado, y el principado sobre su hombro; y se llamará su nombre Admirable Consejero, Dios fuerte, Padre eterno, Príncipe de Paz" (Is. 9:6). El título Dios fuerte es un problema para los racionalistas, que se empeñan en lo que ellos llaman desmitificación del texto bíblico para convertir el pasaje de la profecía en una mera referencia a un niño que sería un gobernador del nuevo Israel. Pero se encuentran con el problema de que el título se aplica en todo el Antiguo Testamento sólo a Dios (cf. Dt. 10:17; Neh. 9:32; Is. 10:21; Jer. 32:18). Estos tratan de espiritualizar o alegorizar el texto bíblico tomándolo en sentido metafórico, como una referencia a un héroe bíblico, que tendría consigo el poder de Dios y su protección especial. Es más, los mismos judíos, tremendamente celosos en mantener la verdad de que Dios es uno, aplicaban al Mesías sólo el último de los títulos, Príncipe de Paz, reservando el resto para Dios, sin embargo, en el texto no hay posibilidad, sin forzar el sentido del mismo, de hacer esa exégesis, puesto que el sujeto de todo el texto es uno mismo. En la revelación profética, al niño que nacería se le da el nombre de Dios. Valorar el sentido del título Dios fuerte, requiere que se aprecie, como se dijo antes, que el título se utiliza en algunos lugares para aplicarlo a seres angélicos y a hombres, pero la expresión completa con el nombre y el adjetivo calificativo juntos solo se usa para referirse a Dios. Es necesario entender que en un tiempo en que la revelación escrita no había alcanzado la dimensión de la Escritura completa, un resplandor luminoso revelado al profeta apunta a la realidad divina de aquel que, siendo Dios eterno, se manifestaría como hombre en el cumplimiento del tiempo establecido eternamente (Gá.

4:4). Será en el evangelio según Mateo donde se dará la aplicación de la profecía al Mesías (Mt. 4:13-16).

Evangelio según Juan. Inicia el prólogo afirmando la deidad de aquel a quien llama Verbo, cuando escribe: "En el principio era el Verbo, y el Verbo era con Dios, y el Verbo era Dios" (Jn. 1:1). En la última frase del versículo, el apóstol llama literalmente Dios al Verbo, haciendo notar la presencia de éste en el ser divino, al estar con Dios. Ya se ha considerado el texto en capítulos anteriores, por lo que tan sólo se hará una aproximación a la última oración: "Y el Verbo era Dios"[1]. No cabe duda de que está refiriéndose a Jesús, por cuanto más adelante alude a su humanidad: "Y aquel Verbo fue hecho carne, y habitó entre nosotros (y vimos su gloria, gloria como del unigénito del Padre), lleno de gracia y de verdad" (Jn. 1:14). Como se dijo ya, el apóstol concluye este denso primer versículo haciendo una afirmación definitiva sobre la deidad del Verbo. Mediante una estructura gramatical simple, pero completa, afirma que el Verbo que era en el principio, que estaba en unidad con Dios, es también Dios. Literalmente se lee: "Y Dios era el Verbo".

Algunos que niegan la deidad del Verbo traducen el versículo poniendo el artículo indefinido *un* delante de Dios, para decir: "El Verbo era un Dios". Aparte del problema gramatical que desestructura la frase, puesto que en griego ático y koiné no existe el artículo indeterminado o indefinido[2], contradice la verdad del texto. Si hubiera un artículo determinado delante de Dios, esto es, si se leyese "y el Dios era el Verbo", Juan estaría diciendo que sólo el Verbo era Dios. Antes mencionó la relación entre el Padre y el Verbo, por tanto, siguiendo con la misma verdad, no puede decir aquí que el Verbo era un Dios, sino que afirma taxativamente la deidad del Verbo. Quienes quieren negar esta verdad que comporta la existencia eterna del Verbo, sin origen, sin creación, tienen que explicar mediante subterfugios y argucias lo que no dice el texto. Juan habla de la existencia del Verbo en el principio, que no tiene que ver con

---

[1] Griego: καὶ Θεὸς ἦν ὁ Λόγος.

[2] En el griego ático y en la koiné sólo existe el artículo definido, que tenía tres géneros (masculino, femenino y neutro) y cuatro casos (nominativo, genitivo, dativo y acusativo). La ausencia del artículo indefinido se suplía, en ocasiones, con el uso de los pronombres indefinidos.

comienzo, sino con la eterna dimensión de la vida divina, como se considerará más adelante.

El término Θεὸ», *Dios,* sin artículo, tiene que considerarse como predicado, y describe la naturaleza del Verbo. Juan afirma que era Dios, aunque no es la única persona de la que puede hacerse esa aserción, ya que cada una de las personas divinas son también Dios verdadero y único. Reiterando lo que se dijo antes, si el artículo determinado estuviera presente delante de Dios, significaría que no existía ningún ser divino fuera de la segunda persona. La intención del apóstol es que este versículo proyecte la luz definitiva y el enfoque pleno en la consideración de Jesús, que pueda responder a la pregunta capital de quién es Él. La respuesta será directamente dependiente de este versículo, donde se aprecia la deidad de quien para los hombres era un mero hombre. Si Jesús no fuese Dios, el mensaje del evangelio sería estéril y la salvación imposible.

El título Dios aplicado a Cristo supone un avance notable en la cristología de la Iglesia primitiva, contra las observaciones de que no era posible una evolución del dogma en un tiempo tan temprano. Sin embargo, el Nuevo Testamento llama explícitamente Dios a Jesús en tres textos, dos de los cuales proceden de Juan (Jn. 1:1; 20:28; He. 1:8-9). También ocurre en 1 Jn. 5:20, donde la construcción de la frase pudiera orientarse hacia el Padre, pero sería muy improbable, puesto que sólo tiene sentido si el antecedente inmediato es Jesucristo.

La divinidad debe ser entendida desde la filiación, Jesús es verdadero Dios porque es Hijo de Dios por generación eterna y comparte la misma vida que Él. En la encarnación no llega a ser Hijo, sino que lo es eternamente. Esto se considerará más directamente en los versículos que usen el título de Hijo. Esta base bíblica de la verdad de que el Verbo es Dios conducirá a la comprensión de la condición divino-humana de Jesucristo, el Hijo de Dios, en el evangelio. Por esa misma razón es tan Dios como el Padre (1 Jn. 5:20), pero, en el hemistiquio anterior, preparó el tránsito hacia esta posición que enseña la deidad de Cristo, refiriéndose a la comunión en unidad con el Padre, ya que el Verbo estaba con Dios, más adelante vendrá a expresar esta unidad esencial cuando diga que Cristo y el Padre son uno (Jn. 10:30).

El apóstol registra la expresión del atónito discípulo Tomás cuando reconoció al Señor resucitado: “Entonces Tomás respondió y le dijo: ¡Señor mío, y Dios mío!"[3] (Jn. 20:28). El incrédulo discípulo había tenido suficiente para creer que Aquel que le estaba hablando era el Señor resucitado. La expresión de Tomás es una de las afirmaciones más precisas del Nuevo Testamento sobre la deidad de Cristo. En Jesucristo, el Logos y el hombre se han unido para siempre. Tomás lo ha percibido y proclama ante todos lo que es base de la fe cristiana: Jesús es nuestro Señor y nuestro Dios.

Primera epístola de Juan. Es también en este escrito del apóstol que vuelve a usar el título *Dios* para referirse a Cristo: "Pero sabemos que el Hijo de Dios ha venido, y nos ha dado entendimiento para conocer al que es verdadero; y estamos en el verdadero, en su Hijo Jesucristo. Este es el verdadero Dios, y la vida eterna"[4] (1 Jn. 5:20). En el penúltimo versículo de la epístola, el apóstol hace una nueva manifestación de la certeza cristiana: el Hijo de Dios ha venido. Es acontecimiento del pasado que tiene efecto en el presente y se extiende definitivamente a los tiempos venideros. El Verbo divino, el Hijo de Dios, vino al mundo. Esta verdad forma parte de la fe fundamental del cristianismo. Juan insiste en ella, cuestionada por algunos en su tiempo, especialmente por alguna forma gnóstica que negaba la realidad de la encarnación del Hijo de Dios. Tanto en la epístola como en el evangelio, Juan afirma esta verdad que el Verbo fue hecho carne (Jn. 1:14). Esa verdad la pone también en el testimonio personal de Jesús: "Salí del Padre, y he venido al mundo; otra vez dejo el mundo, y voy al Padre" (Jn. 16:28). Esta verdad es esencial para responder a la pregunta sobre quién era Jesús. El equilibrio teológico de Juan en el campo de la cristología es evidente. Hace notar la preexistencia de Cristo, ya que salió del Padre, donde eternamente está; quiere decir que antes de entrar en el mundo de los hombres existía en forma de Dios. Añade una segunda verdad, la encarnación del Verbo, al decir que del Padre vino al mundo. Lo hizo tomando una naturaleza humana y haciéndose hombre (Jn. 1:14). En una admirable expresión de amor, el Creador asume las limitaciones de la criatura. El Eterno se hizo un hombre del tiempo y del espacio. El glorioso y admirable Dios, entra en la dinámica de las tentaciones del hombre, siendo tentado

---

[3] En el texto griego: ἀπεκρίθη Θωμᾶς καὶ εἶπεν αὐτῷ· ὁ Κύριος μου καὶ ὁ Θεός μου.

[4] Así en el escrito griego: οἴδαμεν δὲ ὅτι ὁ Υἱὸς τοῦ Θεοῦ ἥκει καὶ δέδωκεν ἡμῖν διάνοιαν ἵνα γινώσκωμεν τὸν ἀληθινόν, καὶ ἐσμὲν ἐν τῷ ἀληθινῷ, ἐν τῷ Υἱῷ αὐτοῦ Ἰησοῦ Χριστῷ. οὗτος ἐστιν ὁ ἀληθινὸς Θεὸς καὶ ζωὴ αἰώνιος.

como nosotros. El que no puede sufrir, sufre. El que es alabado por los ángeles es despreciado por los hombres. El que satisface todas las necesidades del universo siente hambre y sed como el mortal. El que es felicidad suprema agoniza en Getsemaní. El que es vida y tiene vida en sí mismo muere nuestra muerte para darnos vida eterna. Juan lo vio en su humanidad, tanto en su ministerio terrenal como en la resurrección. Pero los efectos de esa venida continúan; el uso del presente en el verbo *venir* indica que vino y está aquí, ahora, actuando en salvación. La venida del Hijo de Dios está unida a la obra salvadora; en primer lugar, por su muerte, que permite a Dios ejecutar y aplicar el programa soteriológico; en segundo lugar, por la identificación con el Padre que comunica la vida eterna. La venida del Hijo de Dios es base de la fe cristiana en esta epístola (1 Jn. 4:2; 5:6).

Según el texto se refiere también al don de su venida. "Nos ha dado entendimiento para conocer al que es verdadero". El sujeto de esta oración no es otro que Dios mismo. El que siendo invisible no puede ser conocido por los hombres, porque nadie le ha visto, envió a su Hijo para hacerlo posible, es decir, para conocer a Dios, no solo intelectualmente, sino también vivencialmente, ya que sin ese conocimiento no es posible la vida eterna (Jn. 17:3). El adjetivo *verdadero* no se refiere sólo al hecho de que siendo Dios es también verdad, sino que es verdadero, porque es el único Dios real, como se afirma en el versículo citado. Es verdadero porque es único, en contraposición a los ídolos que son muchos y todos ellos dioses falsos (1 Jn. 5:21). La venida del Hijo de Dios tiene, como acaba de afirmarse, carácter revelador del Padre (Jn. 1:18; 14:9, 10). El primer efecto de su venida al mundo es que nos dio la διάνοια, capacidad de comprensión, para lo que es sobrenatural. Una palabra que sólo usa Juan. Mediante esta comprensión, como se dice, conocemos a Dios.

Sabemos también que tenemos plena vinculación con el Padre: "Estamos en el verdadero, en su Hijo Jesucristo". No se puede llegar al verdadero, sino por medio de su Hijo, porque nadie puede ir al Padre sino por Él (Jn. 14:6). La vida solo es posible en el Hijo y por medio de Él (Jn. 1:4; 5:24; 6:33-58; 10:10; 1 Jn. 5:11, 12). La gracia para salvación y la fidelidad salvadora vinieron por medio del Hijo, a quien el Padre envió al mundo (Jn. 1:14, 16). Jesucristo es el único mediador entre Dios y los hombres (1 Ti. 2:5). Juan ha expresado esta verdad de forma contundente, enseñando que nadie puede estar en el Padre sin estar en el Hijo, ni estar en el Hijo sin estar en el Padre (1

Jn. 2:22, 23). Todo cuanto el que cree tiene en posesión, como la vida, la esperanza, la seguridad de salvación, la verdad, el Espíritu, etc. son posibles y lo recibe por medio del Hijo, ya que es de su plenitud que tomamos todos (Jn. 1:16).

Cierra el texto con otra afirmación: "Este es el verdadero Dios, y la vida eterna". En esta verdad se explica la razón de esta relación con Dios por medio de Cristo, que es posible unirnos a Dios, porque quien lo hace es el verdadero Dios. El pronombre demostrativo *este* ha sido cuestionado a lo largo del tiempo por quienes niegan la deidad de Jesucristo. Los tales tratan de enseñar que éste verdadero no se refiere al Hijo, sino al Padre, a quien antes llamó verdadero. Sin embargo, ya de por sí la reiteración sobre quién es el verdadero sería una tautología, porque acababa de decirse. El sujeto de esta afirmación debe ser el inmediato a ella, que es Jesucristo. Es evidente que el apóstol aplicó en varias ocasiones un predicado divino a Jesucristo (Jn. 1:1, 18; 20:28); por tanto, es habitual en él referirse a Jesús como el verdadero Dios. Siendo Juan un proclamador de la verdad sobre la deidad de Jesucristo no puede ser extraño que cierre el escrito con la afirmación teológica de esa verdad. En todo caso, es la afirmación más importante de ese aspecto de la fe fundamental cristiana en todo el Nuevo Testamento, por la precisión con que se cita. Comoquiera que Jesús es el verdadero Dios, también es la vida eterna. Este versículo es como un breve compendio de la doctrina sobre Jesucristo en el pensamiento de Juan, donde se manifiesta, como se dice, el testimonio más claro y preciso de la deidad de Jesucristo. Con toda precisión afirma que Jesús no sólo es el Hijo de Dios, sino que es Dios verdadero en unidad con el Padre. De ahí que la cristología pasa a ser una expresión trinitaria del ser divino.

Epístola a los Romanos. Este mismo título es usado en la misma manera por el apóstol Pablo: "De quienes son los patriarcas, y de los cuales, según la carne, vino Cristo, el cual es Dios sobre todas las cosas, bendito por los siglos. Amén"[5] (Ro. 9:5). Como ocurre con la profecía de Isaías, también aquí muchos han tratado de afirmar que el segundo hemistiquio no puede referirse a Cristo, sino a Dios. El texto ha de considerarse como una doxología y ha de establecerse si

[5] De este modo se lee en el texto griego: ὧν οἱ πατέρες καὶ ἐξ ὧν ὁ Χριστὸς τὸ κατὰ σάρκα, ὁ ὢν ἐπὶ πάντων Θεὸς εὐλογητὸς εἰς τοὺς αἰῶνας, ἀμήν.

el apóstol se refería a Cristo o a Dios. De otro modo, ¿es Cristo Dios sobre todas las cosas, bendito por los siglos?

Una primera observación debe centrarse en la doxología en sí. Se trata de una doxología dependiente, es decir, no está aislada o independiente, sino incorporada al contexto inmediato y, es más, forma parte de él. En todas las doxologías dependientes, siempre hay una referencia al sujeto precedente, único en la estructura de la oración (cf. Ro. 1:25; 11:36; 2 Co. 11:31; Gá. 1:5; 2 Ti. 4:18). Además, cuando se trata de una doxología independiente, suele iniciarse con *bendito*[6] (cf. Lc. 1:68; Ro. 1:25; 2 Co. 1:3; Ef. 1:3; 1 P. 1:3). En este caso, al tratarse de una doxología dependiente, el sujeto ha de ser el que corresponde al párrafo en que se encuentra, que no es otro que Cristo.

En segundo lugar, la propia estructura de la oración exige esto, como se ha considerado ya anteriormente. Debe observarse que seguida a la primera cláusula, "de quienes son los patriarcas, y de los cuales, según la carne, vino Cristo", aparece una construcción con el artículo determinado *el*, seguido del[7] caso nominativo masculino singular del participio de presente en voz activa del verbo ser[8], que, siendo un participio articular, tiene que referirse necesariamente al sujeto de toda la oración, que es Cristo. Por tanto, es un contrasentido gramatical que el participio articular se establezca pensando en otro sujeto que no sea el inmediato antecedente.

El análisis textual permite alcanzar el sentido de la frase, en la que el apóstol califica a Jesús, de quien dijo que era descendiente de los patriarcas "según la carne"; por tanto, si en su humanidad —según la carne— es descendiente de Israel, hay otro aspecto diferente del de su carne, que no puede ser sino la deidad de su persona. La reflexión cristológica de Pablo lo establece así en otros escritos suyos. Especialmente notable es el párrafo cristológico de la epístola a los Filipenses, del que se ha hecho mención varias veces. En él afirma que el que "fue obediente hasta la muerte, y muerte de cruz" (Fil. 2:8), tomando para ello la "forma de siervo" y haciéndose "semejante a los hombres" (Fil. 2:7), murió y fue sepultado. Pero también enseña que el que murió fue resucitado y Dios "le exaltó hasta lo sumo, y

---

6 εὐλογήτος.

7 Griego: ὢν.

8 Griego: εἰμί.

le dio un nombre que es sobre todo nombre" (Fil. 2:9). Ese nombre, expresivo de la persona, le sitúa en el plano de la deidad, ejerciendo soberanía divina sobre todo (Fil. 2:10). El nombre *Señor*[9] es uno de los títulos propios de la deidad. Aquel Jesús de Nazaret oró a su Padre desde su condición de hombre pidiendo la restauración de la gloria que "tuve contigo antes que el mundo fuese" (Jn. 17:5). Ninguna gloria antecedente a la creación es posible, sino en la deidad. El Señor pide que su humanidad, que vela la gloria de la deidad, pero que la manifiesta en las acciones que sólo Dios puede hacer, sea revestida de la gloria que corresponde a su persona divina y, por tanto, a la eterna naturaleza divina. La resurrección de Cristo, la dotación del cuerpo de resurrección y de glorificación, hacen posible el proceso de manifestación en su humanidad glorificada, de la eterna gloria y autoridad propia de su persona divina. Este glorificado Señor dice Pablo que es "Dios bendito sobre todas las cosas", conforme a su condición de Señor exaltado hasta lo sumo. De otro modo, si se le da a Jesús el título de Señor, como se considerará más adelante, no hay ninguna razón para no aplicarle también el de Dios. A este sujeto único, que es el Verbo encarnado, llama Pablo aquí "Dios sobre todas las cosas". Jesús es "Dios sobre todo"[10], puesto que todo le fue sujeto a Él (1 Co. 15:27; Ef. 1:20-22; Fil. 2:9-11). La creación entera fue hecha por Él, en Él y para Él (Col. 1:16, 17). Puesto que es Dios, es también "bendito por los siglos"[11], expresión exclusiva a la eternidad de Dios y su condición como "el bendito" eternamente. El apóstol está interesado en establecer la verdad de la condición divino-humana de Jesucristo. De manera que, aunque Jesús es un judío según la carne, es mucho más que un judío: es Dios bendito. De otro modo, Pablo está confesando sin reservas la deidad de Jesús.

Epístola a los Filipenses. Nuevamente el apóstol Pablo se refiere a Cristo dándole el calificativo de Dios. De este modo se lee: "El cual, siendo en forma de Dios, no estimó el ser igual a Dios como cosa a que aferrarse"[12] (Fil. 2:6). Como es habitual, el texto es cuestionado por los que son liberales humanistas, buscando formas de desvirtuar la lectura de la cita, especialmente en la palabra traducida por *forma*.

---

[9] Griego: Κυρίος.
[10] Griego: ἐπὶ πάντων Θεὸς.
[11] Griego: εὐλογητὸς εἰς τοὺς αἰῶνας.
[12] Así es la lectura en el texto griego: ὃς ἐν μορφῇ Θεοῦ ὑπάρχων οὐχ ἁρπαγμὸν ἡγήσατο τὸ εἶναι ἴσα Θεῷ.

La deidad de Cristo está presente en la preexistencia de quien se hizo hombre. No hay una expresión directa a la deidad de Cristo, como ocurre con la definición que Juan hace de Él en el prólogo de su evangelio (Jn. 1:1), ni tan siquiera lo que enseña el mismo Pablo: "De quienes son los patriarcas, y de los cuales, según la carne, vino Cristo, el cual es Dios sobre todas las cosas, bendito por los siglos. Amén" (Ro. 9:5). No es preciso aquí porque no se trata de enseñar sobre la deidad de Cristo, sino de mostrarla en unión con su limitación y humillación con un propósito: ser ejemplo de qué significa que haya en los creyentes el sentir que hubo en Cristo.

Sin embargo, es necesario prestar atención a una palabra clave en el versículo, la voz griega traducida por *forma*[13], de cuyo sentido depende en gran medida la verdad que sigue. Hay tres maneras de entenderla.

En primer lugar, como expresión de carácter específico, ser íntimo que se exterioriza, pero que es una realidad absoluta, que contrasta con esquema, forma[14] como ejemplo exterior de algo, de otro modo, lo que sería apariencia; en este versículo forma estaría haciendo referencia a la misma naturaleza (φύσι") de Dios, con todas sus perfecciones y atributos. La mayoría de los padres de la iglesia y comentaristas antiguos, entre los que se puede citar a los escolásticos[15] entienden que la palabra denota una descripción de la deidad de Cristo. Pero también modernos exégetas lo entienden del mismo modo.[16] Las razones que permiten afirmarse en esta interpretación de la palabra *forma* son: a) En la terminología paulina la palabra retiene fundamentalmente el sentido filosófico de esencia o elemento esencial, que sólo es perceptible al intelecto, como decía Platón: "Dios permanece siempre sencillamente en su forma".[17] b) El contexto posterior donde nuevamente aparece *forma* haciendo referencia a siervo (Fil. 2:7) designa la naturaleza humana de Jesucristo en misión de servicio; luego, no cabe duda que el escritor usa la palabra en el mismo párrafo con el mismo sentido, forma de Dios: es una referencia precisa a la naturaleza divina. c) En todos los escritos paulinos, el

---

13 Griego: μορφή.
14 Griego: σχῆμα.
15 Entre otros Tomás de Aquino, Cayetano, Novarino, Estío.
16 Entre otros Lightfoot, Plummer, Schummacher, Knab, Médebielle, Cerfaux.
17 Platón, *Rep*ública 2.38ic.

uso de la palabra implica algo íntimo, personal y estable, lo que la contrasta manifiestamente con esquema, forma[14], que denota algo que puede cambiar, por tanto, algo inestable. Así cuando habla del nuevo nacimiento y de la regeneración, usa la que se emplea en este texto y no la otra (cf. Ro. 8:29; 12:2; Gá. 4:19). d) Dios no puede tener otro modo de existencia que la forma, que en su caso es también su naturaleza, manera de ser.[18]

El otro sentido de entender el significado de *forma* es propio de los críticos liberales, que están interesados en hacer la distinción, a todas luces imposible, entre el Jesús histórico y el Jesús de la fe. Estos entienden que forma es sinónimo de modelo, esto es, Dios se ve en Jesús sin que esto represente necesariamente una antecedencia. Sin embargo, no puede dejarse a un lado que el liberalismo, que toma de esta manera la palabra, busca asentar la interpretación en maestros de otras épocas.[19] Modernamente se suele dar a forma el sentido de aparición, forma externa del ser, es decir, Cristo preexistente en forma de Dios no es otra cosa que Cristo como hombre ideal o prototipo de hombre.

Un tercer grupo entiende la palabra forma como la configuración o aspecto del ser, que indudablemente revela su constitución interior. Se usa más frecuentemente que forma, condición, que es la dignidad del ser divino manifestado en Jesucristo, como modo natural de la existencia de nuestro Señor. Esta interpretación descansa, además de en la misma etimología de la palabra, en el objetivo que tiene el apóstol de contrastarlo con la forma de siervo (v. 7), buscando poner ante los filipenses, a los que se demanda humildad, la manifestación de Cristo anonadado y aun abatido, obediente hasta la muerte, de manera que la forma de Dios es impuesta para contrastar con la forma de siervo que no subraya la naturaleza divina, sino la condición. La condición gloriosa de quien es declarado Señor (Fil. 2:9-11) sucede a la humillante de siervo (Fil. 2: 7-8), de ahí que, si la forma de siervo no es sinónima de naturaleza humana, de la misma manera la forma de Dios no es sinónima de naturaleza divina, sino de condición. Para afirmar esta interpretación se hace referencia a la enseñanza de Pablo: "Porque ya conocéis la gracia de nuestro Señor Jesucristo, que por amor a vosotros se hizo pobre, siendo rico, para que vosotros con

---

[18] Griego: φύσις.
[19] Por ejemplo Ambrosiaster, Pelagio, Erasmo y Lutero.

su pobreza fueseis enriquecidos" (2 Co. 8:9). No cabe duda de que hacerse pobre no quiere decir en Cristo el abandono de la deidad, sino la limitación de un privilegio divino. En la misma manera, entienden que el cese de la forma de Dios no puede considerarse como dejar de serlo, sino una mera renuncia a la condición gloriosa de Dios que, sin perderla, cubre con la humanidad, pero que volverá a manifestarse luego de su resurrección y glorificación a la diestra de Dios.

Para entender el sentido de la palabra forma y de toda la frase, debe notarse que Pablo no está presentando un contraste entre la naturaleza[20] divina y humana de Jesucristo, sino entre la forma de Dios y la de siervo. Por tanto, la palabra aquí no indica una mera apariencia, sino la exteriorización de la esencia real del ser, así que debe dársele la acepción de manera de ser íntima, que no es otra cosa que la manifestación constitutiva del ser. Al referirse al Cristo preexistente, la forma de Dios, no puede ser otra que la razón misma del sujeto, así que viene a significar la naturaleza divina de Jesús. La forma está relacionada y deriva de la naturaleza, pero no se identifica con ella, pudiendo despojarse de su forma, pero no de su naturaleza. De hecho, Jesús se vació de una forma para manifestarse en otra. Sin embargo, forma exige siempre la presencia de atributos esenciales. Pablo afirma que Cristo existía en forma de Dios, que quiere decir que su eterna preexistencia es divina, o sea, Cristo es eternamente Dios. Aunque no hubiera otras evidencias y expresiones de fe, sería suficiente ésta para afirmar la deidad de Cristo.

Sólo Dios puede existir en forma de Dios. La deidad de Cristo es afirmada continuamente y manifestada en Él como Verbo eterno, que expresa absoluta e infinitamente a Dios, porque es Dios (Jn. 1:1). Esta deidad se manifiesta en Jesucristo en razón de ser el Hijo de Dios, Unigénito del Padre, el único de esa condición (Jn. 1:14). La forma eterna de Dios se hace visible en Cristo no por ser un modelo para revelarlo, sino por ser la imagen del Dios invisible, lo que habla de consustancialidad al tener la misma esencia divina del Padre y del Espíritu (Col. 1:15). Además, se hace visible en Cristo a causa de ser el resplandor de la gloria del Padre (He. 1:3). No podría dejar de apreciarse en el Señor por ser la misma imagen, o impronta, de la sustancia del Padre (He. 1:3). La forma de Dios tiene que ver con la gloriosa presencia de la deidad en su majestad imponente (Jn. 17:5),

---

[20] Griego: φύσις.

gloria que fue vista por los hombres (Jn. 1:14), antes revelada en visión a los profetas (Is. 6:1) y luego a Juan en Patmos (Ap. 1:14-16).

No puede entenderse la obra de Jesucristo sin determinar antes quién es, de dónde vino y cómo pudo llevar a efecto la redención del pecado y la comunicación de la vida divina a los hombres. Toda esta formulación comienza por la preexistencia con la que Pablo introduce este párrafo cristológico. La autocomunicación o, lo que es también, la autoentrega de Dios a los hombres en Cristo se hace en solidaridad con nuestro destino de pecadores condenados a eterna perdición. Por eso es la relación de Jesús con Dios en el tiempo, ya que Dios se entrega a los hombres en la economía soteriológica, conduce a entender y creer que esa relación no tuvo origen, sino que pertenece a la eternidad en la intimidad misma del ser divino. Como quiera que Cristo en cuanto a Hijo pertenece al ser de Dios y no sólo al tiempo de los hombres, es normal que pueda apreciarse que la forma de siervo obedece al envío desde el cielo, cuyo desarrollo en la tierra adquiere la dimensión de servicio, pero la unidad de acción es de tal magnitud que Jesús y el Padre son uno, esto es, ambos subsisten en la unidad del ser divino (Jn. 10:30). De modo que no es posible entender el misterio de piedad en la obra salvadora, comprendida desde la unidad de propósito divina, si no se cree que Jesucristo preexistía en Dios desde antes de la creación del mundo, desde donde fue destinado a ser el Salvador del mundo (1 P. 1:18-20). La filiación de Jesucristo traslada a la temporalidad humana la eterna condición de Hijo engendrado por el Padre. La enseñanza teológica a este respecto apunta a que, si Dios estaba en Cristo, había en esa identificación unidad del ser y no solo de destino con Dios. Aunque algunos entienden que este discurso de la fe es simplemente una teoría metafísica que argumenta sobre la preexistencia de Jesucristo, ajena a la Escritura y proyectada desde fuera sobre Cristo, la realidad es otra, ya que el fundamento bíblico de la preexistencia proyecta ésta a la base histórica de la redención, o lo que es igual, al principio vital de la soteriología. Es notable observar que todas las formulaciones que tratan del envío del Hijo por parte del Padre van acompañadas de la preposición causal ἵνα, *para que*, *para*; en ellas se aprecia el fundamento de la redención con el envío del Hijo eterno para hacer la obra de salvación (Gá. 4:4-5; Ro. 8:3-4; Jn. 3:16; 1 Jn. 4:9). No cabe extenderse mucho más en esta verdad expresada en la primera frase del versículo: "El cual siendo en forma de Dios". No cabe duda de que la investigación teológica necesitó un largo tiempo de reflexión y estudio para establecer que Cristo existe como Dios antes de su existencia terrenal, es decir, elaborar la doctrina sobre la preexistencia. Ahora bien, no puede expresarse esta verdad si no se tiene en cuenta que la preexistencia es, ante todo, algo no temporal, sino relacional, es decir no sobre el tiempo, sino sobre el ser. Dios le constituye a Él y Él constituye a Dios. En su eterna relación, el Padre y el Hijo forman una unidad a la que llamamos esencia. Por tanto, el Hijo eterno es Dios y está donde está el Padre eterno. Es preciso entender bien que, engendrado eternamente por el Padre, entra en una existencia humana al ser engendrado en María, pero no surge cuando es concebido y nace de ella, porque su persona es anterior a toda la historia humana, como se considerará en el siguiente versículo.

Pablo pasa de la preexistencia a la renuncia voluntaria de sus derechos que le son naturales como Dios. La solicitud de Jesús es evidente. El sentir personal no lo llevó a retener en su beneficio su condición divina. La segunda cláusula del versículo tiene también la dificultad del uso que Pablo hace del sustantivo ἁρπαγμὸν; en sentido activo denota robo, rapto, botín, tesoro, bien precioso, algo que por esa condición debe ser retenido. En ese sentido, aunque le era propio el bien más precioso de la deidad, no lo llevó a retener esa condición. Para reafirmar la verdad el apóstol escribe "ser igual a Dios", sólo es posible ser igual si se es Dios. Cristo es igual a Dios, equivale a ser lo que Dios es, de otro modo, todo lo que hay en Dios y es de Dios, está en Cristo (Col. 2:9). Por el contrario, tampoco hay nada en Dios que no esté en Cristo, es decir, no existe en Dios ninguna cualidad no-crística. En esa forma de Dios estuvo dispuesto a vaciarse para llegar al estado de humillación en la forma de siervo. Cristo no consideró la manifestación exterior de su deidad como algo irrenunciable y que debía retener a toda costa. La decisión de no mantener a cualquier precio la expresión gloriosa de su deidad tuvo que haberse tomado en la eternidad, cuando se estableció el plan de redención (2 Ti. 1:9).

Epístola a Tito. Nuevamente el apóstol Pablo llama Dios a Jesucristo cuando escribe: "Aguardando la esperanza bienaventurada y la manifestación gloriosa de nuestro gran Dios y Salvador Jesucristo"[21] (Tit. 2:13). En el escrito del apóstol, el versículo está inserto en un párrafo en el que tanto lo que antecede como lo que sigue inmediatamente tiene como sujeto a Cristo. El versículo comienza con una referencia escatológica al regreso del Señor, como

---

[21] Lectura en el texto griego: προσδεχόμενοι τὴν μακαρίαν ἐλπίδα καὶ ἐπιφάνειαν τῆς δόξης τοῦ μεγάλου Θεοῦ καὶ Σωτῆρος ἡμῶν'Ιησοῦ Χριστοῦ.

ha prometido, en la manifestación gloriosa como Dios. Para seguir inmediatamente con la expresión "nuestro gran Dios y Salvador Jesucristo". Como en todos los anteriormente expuestos, también con este se produce una firme controversia, especialmente desde el campo de los arrianos, a fin de negar la deidad de Jesús. La oración no deja lugar a dudas en el texto griego: se está refiriendo no a dos personas, sino a una, a la que le da el nombre de Jesucristo y dice de Él que es el gran Dios. El Ambrosiaster identifica al gran Dios con el Padre. Sin embargo, es claro que se refiere a Cristo. Entrar en una demostración de esta verdad excedería la necesidad en este lugar. Sin embargo, debe notarse que: 1) La primera es la construcción gramatical del texto griego. Si el gran Dios fuera una persona distinta del Salvador, se repetiría el artículo y debería leerse: "El gran Dios y el Salvador..."; 2) Se habla de aparición o de manifestación, literalmente epifanía, por tanto, no puede referirse al Padre, sino a Cristo, el gran Dios-hombre; 3) Esto es igual en todo el Nuevo Testamento (cf. Mt. 25:31; 1 P. 4:13); 4) En la teología profética nunca se habla de Dios y del Mesías apareciendo juntos, de modo que si el texto tuviese esa distinción, sería en único en esa forma; 5) El contexto exige que Pablo hable aquí de la última manifestación gloriosa de Cristo; 6) Los padres de la Iglesia unánimemente interpretan el texto como una referencia sólo a Cristo, a quien el apóstol llama nuestro gran Dios. Además, dice que este gran Dios es nuestro Salvador y mayoritariamente este título se le da a Jesús. Es cierto que en alguna ocasión debe identificarse con el Padre como de quien procede el plan de salvación, pero quien hace la obra de salvación y muere por el pecado del mundo es Jesucristo.

Sirvan como confirmación sobre el pensamiento de la patrística dos breves citas:

El Padre y el Hijo son el mismo Dios. Dice Pablo: "De ellos (los judíos) según la carne desciende Cristo, el cual es sobre todas las cosas Dios bendito por los siglos. Amén". Y en otro lugar: "Ningún fornicario o impúdico, o avaro, que es como un adorador de ídolos, puede heredar el reino de Cristo y de Dios". Y también en otro lugar habla de la "manifestación de Jesucristo nuestro Salvador". Y Juan le da el mismo nombre cuando dice: "En el principio existía el Verbo, y el Verbo estaba junto a Dios, y el Verbo era Dios".[22]

---

[22] Juan Crisóstomo, *Homilía sobre la incomprensibilidad de Dios* 5.

Salvador y Dios. Y si, de una parte, Pablo afirma que (Jesucristo) tuvo origen de los judíos según la carne, también afirma que Él es Dios eterno y Señor de toda la creación: alabado por los que no son desagradecidos. La misma enseñanza es la que nos ha transmitido en lo que escribió al admirable Tito: "Aguardando la esperanza bienaventurada —dice— y la manifestación de la gloria del gran Dios y Salvador nuestro, Jesucristo". De esta manera aquí menciona los nombres de Salvador, gran Dios y Jesucristo.[23]

Hebreos. En la epístola el autor toma una cita del Antiguo Testamento para llamar Dios a Jesucristo: "Mas del Hijo dice: Tu trono, oh Dios, por el siglo del siglo"[24] (He. 1:8). El versículo se introduce con una expresión que marca contraste con la introducción del texto bíblico del Antiguo Testamento del versículo anterior, y el de este. El anterior "y de los ángeles" y este "más del Hijo" están construidas en el texto griego con dos adversativas diferentes. La del versículo anterior prepara la introducción de una cita sobre los ángeles, de los que viene hablando, mientras que, en este, establece un contraste marcado entre ellos y el Hijo. La cita está tomada de uno de los Salmos mesiánicos, esto es, aquellos que tienen relación profética con el Mesías; en este caso, es una canción de bodas, un epitalamio dirigido a un rey de Israel, pero con proyección al rey de reyes, el Mesías, del que viene hablando el escritor de la epístola, como Hijo de Dios. En el Salmo se lee: "Tu trono, oh Dios, es eterno y para siempre" (Sal. 45:6). Una expresión semejante sólo puede convenir al Mesías, pero en ningún modo se puede aplicar a alguno de los descendientes de David, de ahí que los traductores de la LXX hayan considerado la expresión como vocativo, *oh Dios*, aunque el versículo del Salmo tenga que ver directamente con Dios, que más adelante se presenta como quien unge al Mesías (Sal. 45:7). Con todo, en el Salmo la figura de la esposa y del rey son excepcionalmente grandes para adecuarse a ningún canto nupcial propio de la tierra, aunque se trate de un rey, lo que exige una identificación como profecía mesiánica. De ese modo debe usarse la traducción del nominativo *el Dios* como vocativo, *oh Dios*. De manera que, a este rey, cuyo trono es eterno, se le llama aquí Dios en vocativo, con lo que se le está atribuyendo al Hijo, de

---

[23] Teodoreto de Ciro, *Carta a los monjes de Constantinopla* 147.

[24] En el texto griego: πρὸς δὲ τὸν Υἱόν· ὁ θρόνος σου ὁ Θεὸς εἰς τὸν αἰῶνα τοῦ αἰῶνος, καὶ ἡ ῥάβδος τῆς εὐθύτητος ῥάβδος τῆς βασιλείας σου.

quien es el trono, dignidad divina. ¿Puede considerarse esto como una hipérbole del lenguaje? No, más bien debe planearse determinar si en la traducción griega ha de tomarse Dios como vocativo. Para algunos ha sido una acomodación del texto griego. En tal caso exigiría complementarlo con el verbo ser de este modo: "Tú trono *es* Dios, eternamente y para siempre". Pero la expresión vendría a ser todavía más ambigua, dando origen a la idea de que el trono del rey es eterno porque es divino, tal como traduce RSV: "Tu trono divino es eterno y para siempre", ya que, si no es un vocativo, entonces se refiere a Dios y no al rey.

Escribe el profesor Bruce en su comentario a la epístola a los Hebreos de este modo:

La quinta cita, del Sal. 45:6 ss., está ubicada en contraste con la cuarta. El Sal. 45 celebra una boda real; el poeta se dirige primero al novio y después a la novia. Las palabras citadas aquí forman parte de su discurso al novio. No podemos estar seguros si el novio fue un rey del norte o del sur, pero parece más probable que fuera un príncipe de la casa de David. Que se dirijan a él como Dios ha parecido demasiado difícil a muchos comentaristas que buscan evadirlo o justificarlo. La alternativa marginal "tu trono divino es eterno y para siempre" más puede decirse aun para apoyar la traducción de la Septuaginta que nuestro autor reproduce aquí. Más aún, nuestro autor puede haber entendido muy bien "Dios" en el vocativo, dos veces en esta cita; la última cláusula podría haber sido fácilmente entendida: "Por lo cual, oh Dios, te ungió Dios con óleo de alegría más que a tus compañeros". Este no es el único lugar del Antiguo Testamento donde se le habla a un rey, especialmente de la línea davídica, en un lenguaje que sólo podría ser descrito como característico del estilo cortesano oriental si sólo se interpretara referido al individuo a quien se dirige. Pero para los poetas y profetas hebreos un príncipe de la casa de David era el vicerregente del Dios de Israel; pertenecía a una dinastía a la cual Dios le había hecho promesas especiales relacionadas con el cumplimiento de su propósito en el mundo. Además, lo que sólo era parcialmente cierto acerca de cualquiera de los reyes históricos de la línea de David, y hasta del mismo David, se vería realizado en plenitud cuando aquel hijo de David apareciera; en Él todas las promesas e ideales asociados con esa dinastía tomarían cuerpo. Y ahora, por fin, el Mesías había aparecido. En un sentido más completo de lo que era posible para David o cualquiera de sus sucesores de los tiempos antiguos, a este Mesías se le podía hablar, no meramente como el Hijo de Dios (v. 5), sino verdaderamente como Dios, porque Él era a la vez el Mesías de la línea de David y también el resplandor de la gloria de Dios, y la imagen misma de su sustancia.[25]

El pensamiento del escritor, que escribe bajo la conducción divina, determina la interpretación que exige considerar Dios como vocativo, designando al Mesías como Dios. Sigue aquí la misma forma usada por Juan para describir la expresión de Tomás ante la presencia del resucitado (Jn. 20:28). A este rey se le llama Dios. No hace con ello ninguna violencia al texto hebreo del Antiguo Testamento, por cuanto es uno de los títulos proféticos para el Mesías (Is. 9:6). La deidad se enfatiza desde la perspectiva de la eternidad, ya que el trono en que se sienta en un trono eterno.

Yahvé, Jehová

Este es el nombre de más elevada dignidad con que los judíos designaban a Dios. Su respeto reverente los llevaba a sustituirlo por otros calificativos para Dios, como *Adonai*. Era un nombre compuesto por cuatro consonantes, conocido como Sagrado Tetragrámaton. La escrupulosidad con que los judíos tomaban este nombre obedecía al mandamiento de Dios: "No tomarás el nombre de YHVH tu Dios en vano, porque YHVH no tendrá por inocente al que tome su Nombre en vano" (Ex. 20:7)[26]. Este es el nombre más aplicado a Dios en el Antiguo Testamento, donde aparece unas 7000 veces, bien solo o en yuxtaposición abreviada JAH (cf. Sal. 77:11; 89:8). En este nombre está la expresión metafísica del ser eternamente presente, principio y fin de toda existencia: "Yo soy el que soy" (Ex. 3:14). Quiere decir que ningún autor del Antiguo Testamento osaría dar este nombre a quien no fuese el único y verdadero Dios y, mucho menos, a un hombre terrenal. La misma Escritura prohíbe hacerlo: "Yo Jehová; este es mi nombre; y a otro no daré mi gloria, ni mi alabanza a esculturas" (Is. 42:8). Es un nombre absolutamente divino: "Y conozcan que tu nombre es Jehová; Tú solo Altísimo sobre toda la tierra" (Sal. 83:18). Sin embargo, hablando Dios a su pueblo por medio del profeta, se lee: "Y derramaré sobre la casa de David, y sobre los moradores de Jerusalén, espíritu de gracia y de oración; y mirarán a mí, a quien

---

[25] Bruce, 1987, p. 20.

[26] Biblia textual.

traspasaron y llorarán como se llora por un hijo unigénito, afligiéndose por él como quien se aflige por el primogénito" (Zac. 12:10). Dios, quien da el mensaje al profeta, habla de que el pueblo mirará al que traspasaron, algo totalmente imposible si fuese relacionado con Dios, que es Espíritu; por tanto, en esta cita el profeta está llamando Jehová al traspasado, que no puede ser otro que Jesucristo, el Verbo encarnado. El apóstol Juan tiene, sin duda, en mente esta cita a la que alude en el evangelio, al referirse a Jesús: "He aquí que viene con las nubes, y todo ojo le verá, y los que le traspasaron; y todos los linajes de la tierra harán lamentación por él" (Ap. 1:7).

En la misma manera Jeremías escribe sobre el descendiente de David que sería establecido como rey:

He aquí que vienen días, dice Jehová, en que levantaré a David renuevo justo, y reinará como rey, el cual será dichoso, y hará juicio y justicia en la tierra. En sus días será salvo Judá, e Israel habitará confiando; y este será su nombre con el cual le llamarán: Jehová justicia nuestra. (Jer. 23:5-6)

El Nuevo Testamento pone de manifiesto que Jesús era descendiente de David, por consiguiente, un hombre a ojos de los hombres, sin embargo, este, anunciado como rey, recibe el nombre de Jehová, por cuanto es Dios-hombre. Este título, Jehová justicia nuestra, concuerda admirablemente con quien es hecho por Dios en la ejecución de su obra redentora de justificación para todo el que crea (1 Co. 1:30; 2 Co. 5:21).

Entre las veces que el nombre Jehová aparece en los Salmos hay una interesante cita: "Los carros de Dios se cuentan por veintenas de millares de millares; el Señor viene del Sinaí a su santuario. Subiste a lo alto, cautivaste la cautividad, tomaste dones para los hombres, y también para los rebeldes, para que habite entre ellos JAH Dios" (Sal. 68:17-18). La visión profética del Salmo en estos dos versículos no puede referirse a un rey terrenal, puesto que está hablando de los carros de Dios, y aunque fuese una forma hiperbólica no podría aplicarse a un hombre, puesto que antes hizo alusión a Jehová, cuyo nombre abreviado aparece en el v. 4, donde se lee: "Cantad a Dios, cantad salmos a su nombre; exaltad al que cabalga sobre los cielos. JAH es su nombre; alegraos delante de él". El resto del Salmo se desarrolla en torno a la misma figura de Dios para alcanzar el texto en el que se presenta a Jehová venciendo y entrando en el santuario. Este mismo versículo es utilizado por el apóstol Pablo para referirse a Cristo: "Por lo cual dice: Subiendo a lo alto, llevó cautiva la cautividad, y dio dones a los hombres. Y eso de que subió, ¿qué es, sino que también había descendido primero a las partes más bajas de la tierra?" (Ef. 4:8-9). El Salmo con el título JAH, Jehová, es aplicado a Jesucristo por el apóstol, de modo que está llamándolo con el nombre usado para Dios en el Antiguo Testamento.

Otra cita de los Salmos trasladada al Nuevo Testamento es la del 102:25: "Desde el principio tú fundaste la tierra, y los cielos son obra de tus manos". El texto está en un escrito que usa el nombre Jehová en ocho ocasiones, esto es, el sujeto del Salmo al que el escritor ora implorando su favor es Dios, calificándolo con ese nombre, con el que además inicia el poema. El escritor de la epístola a los Hebreos usa ese versículo para trasladarlo a la letra: "Tú, oh Señor, en el principio fundaste la tierra, y los cielos son obra de tus manos" (He. 1:10). El texto del Nuevo Testamento está referido a Cristo, y es usado para hacer un contraste entre Él y los ángeles, quienes han sido creados por el poder de su palabra, así como todo el universo. No hace falta extenderse aquí sobre algo que se ha tratado antes cuando se hizo referencia a la preexistencia creadora del Señor; sin embargo, lo importante es que el versículo aplicado a Cristo, en el Salmo es aplicado a Jehová.

Trasladándonos nuevamente a la profecía se encuentran estas palabras: "A Jehová de los ejércitos, a él santificad; sea él vuestro temor, y él sea vuestro miedo. Entonces él será por santuario; pero a las dos casas de Israel, por piedra para tropezar, y por tropezadero para caer, y por lazo y por red al morador de Jerusalén" (Is. 8:13-14). Debe apreciarse el nombre Jehová en el texto, además es el sujeto de estas palabras. El apóstol Pedro usa la referencia profética para aplicarla a Cristo:

Para vosotros, pues, los que creéis, él es precioso; pero para los que no creen, la piedra que los edificadores desecharon ha venido a ser cabeza del ángulo, y: piedra de tropiezo, y roca que hace caer, porque tropiezan en la palabra, siendo desobedientes; a lo cual fueron también destinados. (1 P. 2:7-8)

Por consiguiente, al nombre Jehová de la profecía corresponde el de Jesús en los escritos del Nuevo Testamento.

No cabe duda de que el nombre Jehová no aparece en esta forma referido a Cristo en el Nuevo Testamento, puesto que no es usado de esa forma por los escritores al tener el título Señor, que se aplica a Dios, especialmente en la versión LXX, la más usada para trasladar los pasajes del Antiguo Testamento a los escritos del Nuevo. Pero las referencias que se han seleccionado no dejan lugar a duda: el titular de ese nombre es Jehová, Dios, y es trasladado por los escritores de la nueva dispensación para aplicarlo a Cristo, por lo que no se puede dejar de entender que se le llama Jehová.

Señor

Es el nombre más usado para mencionar a Jesús en todo el Nuevo Testamento. El término constituye un título de categoría especial. *Señor* (κύριο") aparece 719 veces: 80 en Mateo, 18 en Marcos, 211 en escritos de Lucas, 53 en escritos de Juan, 275 en escritos de Pablo, 16 en Hebreos, 14 en Santiago, 22 en escritos de Pedro, 7 en Judas y 23 en Apocalipsis.

De esa manera se traduce el término *Jehová* del Antiguo Testamento; a modo de ejemplo: Dt. 6:5 y Mt. 22:37; Dt. 6:4 y Mr. 12:29; Dt. 6:16 y Mt. 4:7; Dt. 6:13 y Mt. 4:10; Dt. 32:35, 36 y He. 10:30; 1 R. 19:10 y Ro. 11:3; Sal 110:1 y Mt. 22:44; Sal. 16:8 y Hch. 2:25; Sal. 24:1 y 1 Co. 10:26; Sal. 32:1, 2 y Ro. 4:7-8; Sal. 34:8 y 1 P. 2:3; Sal. 94:11 y 1 Co. 3:20; Sal. 102:25 y He. 1:10; Sal. 118:6 y He. 13:6; Sal. 118:26 y Mt. 21:9; Sal. 118:23 y Mr. 12:11; Sal. 118:26 y Lc. 13:35; Pr. 3:11, 12 y He. 12:5, 6; Is. 1:9 y Ro. 9:29; Is. 40:13 y 1 Co. 2:16; Is. 40:3 y Mr. 1:3; Is. 40:8 y 1 P. 1:24, 25; Is. 66:1 y Hch. 7:49; Jer. 9:23, 24 y 1 Co. 1:31; Jer. 31:33, 34 y He. 10:16; Jl. 2:32 y Ro. 10:13; Nah. 1:7 y 2 Ti. 2:19. Estas referencias sirven para afirmar la traducción de *Jehová* por el término *Señor*.

El título designa a quien es *dueño*, quien tiene control o dominio sobre personas o cosas, y autoridad para decidir sobre ello. Esta palabra tiene dos connotaciones en el Nuevo Testamento: a) Para referirse a quien es dueño de una propiedad (Mr. 13:35), de un lugar de labradío (Mt. 9:38; Lc. 10:2), de un viñedo (Mt. 20:8; 21:40; Mr. 12:9; Lc. 20:13, 15), igualmente al dueño de siervos o esclavos (Mt. 10:24, 25; 13:27; 18:25-34; 25:18-26; Lc. 13:8; 16:3, 5, 8; Jn. 13:16; 15:15, 20; Hch. 16:16, 19; Ro. 14:4; Col. 3:22; Ef. 6:5), para señalar a dueños de animales (Mt. 15:27; Lc. 19:33), incluso se aplica también al heredero de algo (Gá. 4:1). b) Es usado como modo respetuoso para tratar a otro, generalmente a quien está en autoridad; de este modo trataba el hijo a su padre (Mt. 21:30), está en boca de quienes se refieren al esposo mientras esperan su encuentro (Mt. 25:11), se usaba también para la conversación con desconocidos (Jn. 12:21). Este tratamiento se usaba históricamente desde antiguo entre los judíos, de modo que Sara llamaba *señor* a su esposo Abraham, como expresión de respeto y reconocimiento (1 P. 3:6).

El vocativo *Señor* (κύριε) se usa en una gran cantidad de citas del Nuevo Testamento para referirse a Cristo, como se ha hecho notar antes. Los arrianos, antiguos y modernos, encuentran en esto una vía para sustentar la herejía contra la deidad de Jesucristo, haciendo notar en sus esfuerzos que se trata de una forma de saludar respetuosamente, en este caso de las gentes a Jesús. Pudiera ser que en alguna ocasión se le llamase *señor* como trato deferente; acaso fuese esa la forma inicial de trato dado por la mujer samaritana (Jn. 4:11, 15, 19); pudiera, en cierto modo, ser también usado por el enfermo del estanque de Betesda, que no conocía a Jesús (Jn. 5:7); o incluso por la mujer adúltera que fue llevada por los acusadores (Jn. 8:11). Pero en el resto de las ocasiones en que personas no vinculadas con Jesús usan ese título encierra mucho más que una forma respetuosa de trato, puesto que esperaban recibir el favor divino de un milagro, como fue el caso del centurión romano (Lc. 7:6), del padre del muchacho endemoniado (Mt. 17:15), del ciego de nacimiento (Jn. 9:36) o del leproso (Mt. 8:2; Lc. 5:12).

Usado por los discípulos de Jesús, se convierte en el trato que es propio para tratar a Dios. Tal es el caso de los discípulos en medio del temporal que despiertan a Jesús pidiendo su intervención porque perecían (Mt. 8:25); del mismo modo cuando entristecidos por las palabras de Jesús, que anunciaban la traición de Judas, le preguntaban sobre quién sería y le llamaban *Señor* (Mt. 26:22); ese fue el título que le dieron los setenta enviados para predicar el evangelio y hacer milagros cuando regresaron de la misión (Lc. 10:17); también cuando le pidieron que les enseñara a orar (Lc. 11:1); los que recibían sus enseñanzas lo reconocían como *Señor* (Lc. 17:37); los Doce lo reconocían en su condición divina cuando le llamaban *Señor* al anunciarles la muerte de Lázaro (Jn. 11:12). Algunos de los beneficiados por las acciones milagrosas del Señor le llamaban luego de ese modo, reconociendo el poder sobrenatural que se manifestaba en sus obras (Jn. 9:38). Los discípulos, que habían creído en Jesús, le habían seguido y convenían en que Aquel era el Hijo del Dios viviente (Mt. 16:16), le llamaban *Señor* no como expresión de respeto, sino como convicción de su deidad (Jn. 13:15; 20:21). En el monte, cuando ocurrió la transfiguración, le llaman Señor al que se había mostrado glorioso ante los tres discípulos presentes (Mt. 17:4). Marta dio ese mismo nombre a Cristo (Lc. 10:40; Jn. 11:21, 27, 32). El testimonio de Tomás en ese sentido es evidente (Jn. 14:5; 20:28); también Judas, no el Iscariote (Jn. 14:22).

El título se usa para referirse a Jesús resucitado, revestido de inmortalidad y gloria, tal es el caso de Pablo en su camino a Damasco, cuando se vio rodeado de luz del cielo y, derribado a tierra, formuló una pregunta que sin duda alguna tenía sentido de reconocimiento de Dios: "¿Quién eres, Señor?" (Hch. 9:5). La respuesta que recibió fue que ese que se manifestó en gloria era Jesús, a quien Pablo perseguía al perseguir a los cristianos. Es, posiblemente, la más clara referencia al término aplicado a Cristo como el que tiene autoridad suprema, gloria y majestad, porque ha sido exaltado a lo sumo luego de su obra de salvación. Pablo afirma con firmeza que Jesús resucitado recibió "el nombre que es sobre todo nombre, para que en el nombre de Jesús se doble toda rodilla de los que están en los cielos, y en la tierra, y debajo de la tierra; y toda lengua confiese que Jesucristo es el Señor, para la gloria de Dios Padre" (Fil. 2:9-11). Debe apreciarse que el título Señor va precedido del artículo determinado *el*, que indica la condición única de aquel a quien se le llama Señor, no como hombre, sino como Dios.

En el desarrollo del cuerpo epistolar del Nuevo Testamento, el título Señor está aplicado a Jesucristo, en base a su condición divina. Es evidente, según la enseñanza del apóstol Pablo, que nadie puede reconocer esa realidad sin la asistencia del Espíritu Santo, quien conduce al creyente a reconocer y confesar que Jesús es el Señor (1 Co. 12:3). La confesión de fe salvadora está ligada al reconocimiento de que Jesús es el Señor (Ro. 10:9). Esto implica que Jesús exaltado es equiparado a Dios, Jehová.

Los escritos paulinos tratan a Jesús como Señor en sentido absoluto (cf. Ro. 10:9; 14:8; 1 Co. 2:8[27]; 4:4, 5; 6:13, 14, 17; 2 Co.

[27] Esta cita la refuerza con el calificativo *glorioso*, o *Señor de gloria*.

3:16, 17; 4:14; 5:6, 8; 8:5; 10:8; 11:17; 12:1, 8; 13:10; Gá. 1:19; 6:17; Ef. 4:5; 5:10, 17, 19, 22, 29; Fil. 2:11; 4:5; Col. 1:10; 3:13, 16, 23, 24; 4:1; 1 Ts. 1:6; 3:12; 4:6, 15, 16, 17; 5:27; 2 Ts. 1:9; 2:13; 3:3, 5). Continuamente usa la expresión preposicional *el Señor* o *en el Señor* (cf. Ro. 16:2, 8, 11, 22; 1 Co. 4:17; 7:22, 39; 9:2; 11:11; 2 Co. 2:12; Gá. 5:10; Ef. 2:21; 4:1, 17; 5:8; 6:1, 10, 21; Fil. 1:14; 2:19 24, 29; 3:1; 4:1, 2, 10; Col. 3:18; 4:7, 17; 1 Ts. 3:8; 4:1; 5:12; 2 Ts. 3:4). Sin embargo, Pablo usó también el título Señor para referirse a Jesús en su ministerio terrenal, aún no glorificado (cf. 1 Co. 9:5, 14; Gá. 1:19).

Nombres de relación eterna

Hijo de Dios

Se remite al lector al capítulo III, donde se ha considerado dentro del concepto de persona la generación eterna de la segunda, el Hijo de Dios. No es preciso reiterar nuevamente aquí lo que se ha escrito en ese lugar; basta sólo con hacer una aproximación al sentido del título que se usa en varios lugares para referirse a Jesús.

Es esencialmente el título de relación eterna en el seno trinitario. La interrelación y dependencia de las dos primeras personas divinas permite la personalización de la primera como Padre y de la segunda como Hijo.

El título *hijos de Dios* se usa en el Antiguo Testamento para referirse a los ángeles, siempre en plural (cf. Gn. 6:2, 4; Job 1:6; 2:1; 38:7). En forma singular, se llama de ese modo a Israel (Ex. 4:22; Dt. 14:1; 32:19). En las religiones y sociedades antiguas, el término en singular se daba, entre otros, a los reyes babilonios y egipcios. Más tarde fueron titulados de ese modo los emperadores romanos, a los que llamaban *divi filius*. En ningún caso pueden considerarse estas referencias como antecedentes al título Hijo de Dios, dado a Cristo en el Nuevo Testamento.

Prestando atención a los evangelios sinópticos, el título Hijo de Dios, usado de este modo y distribuido así, aparece 8 veces en Mateo (Mt. 4:3, 6; 8:29; 14:33; 26:63; 27:40, 43, 54), 3 en Marcos (Mr. 1:1; 3:11; 15:39) y 6 en Lucas (Lc. 1:35; 4:3, 9, 41; 8:28; 22:70). En el evangelio según Juan está presente 10 veces (Jn. 1:34, 49; 3:18;

5:25; 9:35; 10:36; 11:4, 27; 19:7; 20:31). En Hechos, 2 veces (Hch. 8:37; 9:20). En los escritos de Pablo, aparece 4 veces (Ro. 1:4; 2 Co. 1:19; Gá. 2:20; Ef. 4:13). En Hebreos está 4 veces (He. 4:14; 6:6; 7:3; 10:29). En las epístolas de Juan, 7 veces (1 Jn. 3:8; 4:15; 5:5, 10, 12, 13, 20). Finalmente, en Apocalipsis 1 vez (Ap. 2:18). En otros modos, como Hijo del Dios viviente (Mt. 16:16); Hijo del Dios Altísimo (Mr. 5:7; Lc. 8:28); Hijo del Altísimo (Lc. 1:32), que, aunque no se utiliza el título en forma directa de Hijo de Dios, es equivalente. En otras formas, la alusión a la condición de Jesús como Hijo de Dios es también evidente: el Evangelio proclamado es el de su Hijo (Ro. 1:3, 9), a quien Dios no retuvo (Ro. 8:32), enviándolo al mundo (Ro. 8:3; Gá. 4:4); este Hijo de Dios le fue revelado a Pablo (Gá. 1:16). Dios ha determinado que el creyente sea hecho conforme a la imagen de su Hijo (Ro. 8:29). El Dios de gracia llamó a salvación para que los salvos tengan comunión con su Hijo (1 Co. 1:9). Todos los salvos esperamos la venida de su Hijo (1 Ts. 1:10). Por ser el Hijo es amado por Dios (Col. 1:13). Como puede apreciarse, el título está extensamente presente en todo el Nuevo Testamento.

Solo es posible a causa de la filiación eterna como engendrado por el Padre. De este modo y por esa razón, lo usa el escritor a los Hebreos cuando, tomando un texto del Salmo 2:7, escribe: "Porque ¿a cuál de los ángeles dijo Dios jamás: Mi Hijo eres tú, yo te he engendrado hoy, y otra vez: Yo seré a él Padre, y él me será a mí hijo" (He. 1:5). Más adelante reitera el uso del título cuando escribe: "Así tampoco Cristo se glorificó a sí mismo haciéndose sumo sacerdote, sino el que le dijo: Tú eres mi Hijo, Yo te he engendrado hoy" (He. 5:5). Se ha recordado que el término *hijos de Dios* es dado a los ángeles en el Antiguo Testamento, de ahí que el hagiógrafo use una expresión comparativa haciendo notar que el Hijo es superior a los ángeles, por vinculación eterna con el Padre. La referencia a la generación eterna de la segunda persona divina está presente en el contexto de los versículos citados. Cristo es Hijo de Dios, de su misma esencia y naturaleza. El verbo engendrar expresa la idea de una transmisión por generación. Si Jesús es el Hijo eterno de Dios y es Dios en igualdad con el Padre no puede en modo alguno aplicarse esa generación en sentido originador, es decir, de comienzo de existencia, que nunca la tuvo en relación con las personas divinas, de modo que el Hijo es tan eterno como el Padre y es sin principio y sin fin. La vinculación eterna es resultado de un engendrar mediante el cual se establece la relación también eterna de relación y de procedencia. El Padre no es engendrado ni procede de otra persona, pero el Hijo es eternamente engendrado del Padre y procede de Él. Ya se ha considerado en el capítulo III que el engendrar divino *ad intra* es inmanente, cuyo principio y término se establece entre las personas. Estas se personalizan como Padre e Hijo, la primera porque engendra y la segunda porque es engendrada. Tal relación es eterna y permite que la primera persona se personalice como Padre y la segunda como Hijo. En el texto sigue destacándose el hoy propio de la eternidad sin tiempo, de la absoluta atemporalidad de Dios. Cuando Dios dice "Yo te he engendrado hoy", lo hace mediante una forma gramatical incorrecta para el lenguaje humano, poniendo una acción totalmente producida, "he engendrado", con otra que siendo presente es algo continuativo. No está pensando aquí en la generación temporal de la naturaleza humana del Hijo, Verbo encarnado (Jn. 1:14), en la que Dios le apropia cuerpo (He. 10:5), sino que está presente la eterna generación divina de la persona del Hijo, en el hoy eterno, sin origen, de la Trinidad.

Esta designación como Hijo no es una idea teológica del cristianismo establecida para apoyar la fe en la deidad de Jesucristo. La prueba histórica lo confirma, puesto que ese título está en boca de Jesús, aplicándoselo a sí mismo. Luego de una oración de alabanza a Dios, en la que le llama Padre, añade inmediatamente en el mismo contexto: "Todas las cosas me fueron entregadas por mi Padre; y nadie conoce quién es el Hijo, sino el Padre; ni quien es el Padre, sino el Hijo, y aquel a quien el Hijo lo quiera revelar" (Lc. 10:22). Jesús, por tanto, se reconoce y califica como el Hijo de Dios. Afirma que el Padre le entregó "todas las cosas", lo que comprende también a los salvos, a quienes puso en su mano como ovejas del rebaño del Buen Pastor (Jn. 10:29). Nada ha reservado el Padre para sí, sino que por la eterna generación lo comparte y da en plenitud a su Hijo (Jn. 17:2). Por ser el Hijo puede hacer visible al invisible delante de los hombres, para que viéndolo puedan recibirlo y recibiéndolo en la unión con Él y comunión con la deidad reciban la vida eterna con el perdón de pecados. El Señor puntualiza también la intimidad con el Padre en la unidad divina. En esa vinculación eterna, nadie conoce al Hijo como lo conoce el Padre, ya que el conocer no es mero asunto intelectual, sino manifestación de relación e intimidad. Nadie puede conocer al Hijo en esa dimensión como lo conoce eternamente el Padre. Del mismo modo solo Él conoce perfecta e infinitamente al Padre porque solo el Hijo está en el seno del Padre (Jn. 1:18) y por esa razón puede alcanzar el conocimiento supremo de la intimidad de Dios, tanto lo que en misterio se revele a los hombres, como lo que eternamente permanezca en el secreto de Dios.

El hecho de ser el Hijo de Dios presenta la verdad de la autocomunicación definitiva e irrevocable del Padre en el Hijo. Es en el Hijo que el Padre puede entregarse y otorgarse a los hombres, lo que no ocurre en la historia humana, sino que la antecede en todo, es decir, no se inicia en el tiempo ni está condicionada por la obra de salvación, sino que pertenece al ser mismo de Dios. El Hijo encarnado es la manifestación temporal de la proximidad de Dios al hombre determinada en el plan de redención antes de que fuera creado. Por su condición de Hijo, puede revelar tanto el ser como el hacer de Dios.

Uso declarativo del título. El título —bien sea directo, como Hijo de Dios, o en otras formas, como Hijo del Altísimo, mi Hijo amado, etc.— pone de manifiesto la misma relación que se comenta, aunque en modos alternativos. Dejando las referencias directas del Antiguo Testamento, en las que Dios habla de su Hijo (cf. Sal. 2:7), se seleccionan algunas del Nuevo Testamento en ese sentido.

Lucas 1:32. En el relato de la anunciación se lee: "Este será grande, y será llamado Hijo del Altísimo"[28]. El nombre dado por el ángel declara a María que el que nacería de ella sería llamado Hijo del Altísimo, que equivale a Hijo de Dios. La grandeza del niño anunciado se corresponde no con la realeza, como Hijo de David, sino con el ser Hijo del Altísimo. El ser grande, sin predicado limitativo alguno es sólo posible en el plano de la deidad. El título, como venimos considerando, expresa la relación paterno-filial que se establece con el Altísimo. Este es un nombre de Dios en el Antiguo Testamento, donde se le llama El-Elyon, que significa el más alto. De modo que Hijo del Altísimo equivale a Hijo de Dios. Cuando la fe declara que Jesús es el Hijo del Altísimo está expresando algo que va más allá de un principio metafísico o, incluso, de un paradigma mítico sobre el que se asienta la fe cristiana. El evangelio, sus relatos históricos sobre Jesús, dice algo que va más allá de una verdad relativa, como que Él es más que un hombre o que Jesús es Dios y no un mero hombre; aunque su semejanza con el hombre sea evidente, el relato bíblico declara que Jesús es el Hijo del Altísimo, o lo que es igual, es el Hijo de Dios. Esa condición será demostrada ampliamente por los hechos portentosos

---

[28] En el texto griego: καὶ Υἱὸς Ὑψίστου κληθήσεται.

que desarrollará como hombre en la tierra. Es notable observar que no se le impone como nombre el título de Hijo del Altísimo, sino que se le llamará así porque no existe otra forma de expresar su eterna condición en la relación con el Padre, siendo eternamente Dios en la unidad del ser divino.

Mateo 3:17. La entrada de Cristo en el ministerio terrenal como siervo de Dios está precedida del bautismo. En esa ocasión es Dios mismo quien usa ese título para referirse al que estaba siendo bautizado por Juan: "Y hubo una voz de los cielos, que decía: Este es mi Hijo amado, en quien tengo complacencia"[29] (Mt. 3:17). El testimonio del Padre declara primero que aquel que fue bautizado y subía del agua era el amado en quien se complacía. Jesús en su humanidad recibía lo que su conciencia mesiánica conocía ya: Él era el Hijo amado del Padre. Por su parte era también un testimonio para el Bautista e incluso, si todos los presentes oyeron la voz, para quienes iban a estar relacionados con el ministerio que Jesús comenzaba a partir de ese momento. Por la expresión, es fácil determinar que la voz era del Padre que daba testimonio sobre su Hijo eterno. Era el Hijo designado para la especial obra de la redención del mundo desde antes de la creación (1 P. 1:18-20). Es una premisa de que en Cristo hay una sola persona, la del Hijo, Verbo eterno de Dios. Los artículos que acompañan al sustantivo Hijo tienen una notable importancia. No era un hijo cualquiera, como lo son los ángeles por creación (Job 1:6) o los cristianos por adopción (Gá. 4:5). Es el eterno Hijo de Dios por relación *ad intra*. Era el Hijo amado en el que singularmente se complace, tal vez mejor, el único en que realmente puede mostrar su complacencia absoluta e infinitamente. Jesús es el unigénito del Padre, el único de esa condición, de ahí que las palabras del Padre sean la alusión a las del salmista: "El Señor me ha dicho: Mi hijo eres tú; yo te engendré hoy" (Sal. 2:7), y a las del profeta: "He aquí mi siervo, yo le sostendré; mi escogido, en quien mi alma tiene contentamiento; he puesto sobre Él mi Espíritu; Él traerá justicia a las naciones" (Is. 42:1). El Padre declara lo que Jesús es desde su concepción virginal en el vientre de María. Eternamente el Hijo es el objeto inagotable de la complacencia del Padre, como lo es en la temporalidad de su humanidad (Pr. 8:30). Es falso lo que algunos liberales racionalistas pretenden cuando afirman que Cristo adquirió en el bautismo su

---

[29] En el texto griego: καὶ ἰδοὺ φωνὴ ἐκ τῶν οὐρανῶν λέγουσα· οὗτος ἐστιν ὁ Υἱός μου ὁ ἀγαπητός, ἐν ᾧ εὐδόκησα.

conciencia mesiánica, es decir, sólo supo que era el Mesías desde aquel momento. La conciencia mesiánica forma parte de la conciencia personal de Jesús, el Hijo de Dios encarnado, que adquiere una mayor intensidad, pero no presencia, como consecuencia del desarrollo propio de su humanidad. Una evidencia notable de esta verdad es que, a los doce años, tenía interés en los negocios de su Padre, en los que le era necesario estar (Lc. 2:49).

Lucas 4:3. La declaración en este caso es del tentador. Satanás hace una contundente afirmación: "Si eres el Hijo de Dios"[30]. El demonio no cuestiona la condición de Hijo de Dios que reconoce en Jesús. No ignoraba en absoluto quién era. Había seguido el proceso de la anunciación, el de la gestación, su alumbramiento, la protección especial que había tenido durante su vida, el bautismo en el Jordán y, en esa ocasión, el testimonio divino sobre quién era el que se bautizaba. Aquel hombre que tenía delante de sí era el Hijo de Dios. El tentador vino a Jesús con el propósito de tentarle conforme al plan y la voluntad de Dios. La declaración de Satanás es concreta: "Ya que eres el Hijo de Dios", reconociendo lo que eternamente es.

Mateo 14:33. La declaración aquí está en boca de los discípulos, atónitos ante el milagro de la tempestad calmada mediante la voz autoritativa del Señor. Así relata Mateo esa declaración: "Entonces los que estaban en la barca vinieron y le adoraron, diciendo: Verdaderamente eres Hijo de Dios"[31]. Los que estaban en la barca es una forma para referirse a los Doce, que hicieron la travesía desde la orilla opuesta. La expresión *vinieron* no está en la mayoría de los mss. más seguros y probablemente se ha interpolado por la acción de algún copista. No tenían que venir, porque estaban allí. Tal vez alguien quiso enfatizar el hecho de venir ante Cristo para adorarle. Los discípulos le adoraron. ¿Dónde? ¿En la barca adonde había subido? Tal vez lo hicieron cuando llegaron a la orilla; allí los que estaban en la barca caerían delante de Él en adoración. Algunos de los modernos arrianos procurarán desvirtuar la palabra adoración, convirtiéndola en algo así como rendirle pleitesía. El poder de Jesús, manifestado en sus obras y en sus palabras no dejaba otra opción que reconocerlo como Hijo de Dios y declararlo de ese modo.

---

30 En el texto griego: εἰ Υἱός εἶτοῦ Θεοῦ.

31 En el texto griego: οἱ δὲ ἐν τῷ πλοίῳ προσεκύνησαν αὐτῷ λέγοντες· ἀληθῶς Θεοῦ Υἱὸς εἶ.

Los apóstoles estaban viendo al Dios único y verdadero revelado en Jesús. Es sorprendente que todos los que niegan la deidad de Cristo traducen la misma palabra en todas las ocasiones en que se relaciona con el Padre como adorar, mientras que la cambian en otra cuando se trata de Jesús. Lamentablemente estos herejes no teniendo al Hijo, tampoco tienen al Padre, y por tanto no tienen ni vida eterna ni perdón de pecados. La convicción profunda en los Doce de la deidad de Jesús se va asentando hasta que llegue a testimonio de fe un poco más adelante (Mt. 16:16). El título que dan a Jesús, Hijo de Dios, era considerado por los judíos como un título mesiánico, especialmente en el contexto de este evangelio según Mateo (cf. Mt. 16:16; 26:63; 27:40, 43, 54) y también en Juan (Jn. 1:49; 6:69). Estaban reconociendo que Jesús era el Mesías prometido y enviado por Dios. Los judíos acusaron a Jesús de blasfemo por usar este título (Jn. 10:33; 19:7). La convicción de que Jesús era divino estaba asentándose profundamente en su mente y en su corazón porque, como había dicho Nicodemo, "nadie podía hacer aquellas señales si Dios no estuviera con Él" (Jn 3:2). Años después, un rabino, monoteísta como todos, afirmaría que en Jesús residía corporalmente la plenitud de la deidad (Col. 2:9). Era Dios, por tanto, debía ser adorado. Es notable observar que, en toda la Escritura, cuando alguien quiso adorar a quien no es Dios, fue llamado a dejar de hacerlo inmediatamente; en cambio, Jesús recibe adoración porque es verdaderamente Dios.

Mateo 16:16. El testimonio de los Doce en la región de Cesarea de Filipos es muy notable. Pedro, voz de todos los otros, dice a Jesús: "Tú eres el Cristo, el Hijo del Dios viviente"[32]. Cuando Jesús formuló la pregunta sobre qué decían los hombres que era Él, la respuesta fue plural: "Ellos dijeron" (Mt. 16:14); ahora en la pregunta directamente formulada a ellos, es uno el que contesta, Pedro. El temperamento impulsivo del apóstol se pone también aquí de manifiesto. No cabe duda de que la respuesta de Pedro era la respuesta de todos los apóstoles. En muchas ocasiones Pedro aparece como portavoz apostólico (cf. Mt. 15:15, 16; 19:27, 28; 26:35, 40, 41; Lc. 8:45; 9:32, 33; 12:41; 18:28; Jn. 6:67-69; Hch. 1:15; 2:14, 37, 38; 5:29). Anteriormente había hecho otras declaraciones personales, como cuando reconocía la santidad de Jesús, al decirle: "Apártate de mí, Señor, que soy un hombre pecador" (Lc. 5:8). Un reconocimiento

[32] En el griego: ἀποκριθεὶς δὲ Σίμων Πέτρος εἶπεν· σὺ εἶ ὁ Χριστὸς ὁ Υἱὸς τοῦ Θεοῦ τοῦ ζῶντος.

semejante aparece también en Juan con motivo de la deserción de muchos de los seguidores de Jesús (Jn. 6:68, 69). Sin embargo, ésta es la declaración más completa que se había formulado sobre quién era el Señor. Es una declaración completa, concreta y concisa, con diez palabras en el texto griego, pero donde figura cuatro veces el artículo determinado o definido, expresando una concreción absoluta en relación con lo que era Jesús.

La primera manifestación de Pedro tiene que ver con la condición mesiánica de Jesucristo: "Tú eres el Cristo". El título establece la relación de Jesús con la promesa de Dios y la esperanza del pueblo. En Cristo, el Mesías, Dios cumplía la promesa de redención hecha a los padres, enviando a Jesús, su siervo (Hch. 13:23, 32). Las gentes le llamaban profeta, pero los discípulos lo reconocían como el Cristo, el Mesías, el Ungido de Dios (Is. 61:1). Sin duda la fe actuaba en ellos haciéndoles reconocer una dignidad tan grande en quien, a los ojos de los hombres, no cumplía las expectativas que habían asignado al Mesías, el Cristo de Dios. Pero todavía va más allá la confesión apostólica hecha por Pedro. No sólo lo reconocen como el Mesías, sino también como "el Hijo del Dios viviente". Esta segunda parte de la declaración no puede significar más que la vinculación de Jesús el hombre, con la deidad en una relación paterno-filial única e irrepetible. El Señor es reconocido como quien era, es y será eternamente, el Hijo de Dios, que es el único vivo en contraste con los dioses muertos de las gentes (Is. 40:18-31), por cuya vinculación puede comunicar a los hombres la vida que es propia y única de Dios como fuente de vida eterna para todo aquel que cree y vive en Él (Jn. 1:4). El que es Cristo es también Hijo de Dios, por lo que estando sobre la tierra en su humanidad, sigue en el seno del Padre por su deidad (Jn. 1:18). Hablar de Hijo de Dios es hablar de una relación vivencial en el seno trinitario, que muchas veces pasa desapercibida. Las tres personas divinas no son tres individuos de la especie divina, porque estaríamos ante tres dioses, por muy relacionados que estuviesen entre sí, lo que contradiría la verdad bíblica que enseña claramente que las tres personas son un solo Dios; por tanto, las personas divinas no se distinguen entre sí por algo absoluto, como esencia, actividades, cualidades personales, sino por la respectiva relación que las constituye al oponerse como principio y término de la procesión que se manifiesta en el Hijo y en el Espíritu. Por esta razón —como ya se ha considerado en anteriores capítulos— el Padre se distingue del Hijo al ser éste el término de la generación de la que es principio el Padre. El Hijo se distingue del Padre porque la filiación que lo constituye como una persona lo coloca frente al Padre del que procede. Ser principio y término de una procesión *ad intra* distingue a las personas divinas del Padre y del Hijo entre sí, que se hace infinita al ser infinito también el ser divino. Esta vinculación e identificación de la primera y segunda personas divinas, en engendrar y ser engendrado (que nada tiene que ver con origen ni principio que, como Dios, no tiene ninguna de las personas divinas) hace que, por ser eternamente Dios el Padre, lo es a su vez eternamente Dios el Hijo. El hecho de que el Padre engendre al Hijo no le da ninguna superioridad sobre Él. La razón es sencilla: el Padre debe su ser personal al acto de engendrar al Hijo, y del mismo modo el Hijo debe su ser personal al hecho de ser engendrado por el Padre. No hay, pues, ninguna dependencia, inferioridad o subordinación en el seno trinitario, sino una interdependencia relacional entre las personas divinas. Su vinculación está establecida en una relación de Padre a Hijo y viceversa, por la que el Padre no puede existir sin el Hijo, ni el Hijo sin el Padre (1 Jn. 2:23). La identificación de cada una de las dos primeras personas divinas hace que el Padre no pueda ser Padre sin ser Dios y que el Hijo no pueda ser Hijo sin ser Dios. Por tanto, hay una totalidad integradora en cada persona divina, junto con una identificación personal absoluta. El Hijo es también Verbo de Dios que se hace carne (Jn. 1:14), y viene para expresar absolutamente a Dios (Jn. 1:18), traduciendo al Padre al lenguaje humano, no de palabras, sino de vida en quien es el Hijo eterno. Este como Hijo de Dios es la imagen del Dios invisible (Col. 1:15), consecuencia natural de la procesión del Padre que, como término de esa procesión, expresa y está en Él mismo toda la realidad divina de Dios. Este Hijo, reconocido y confesado por Pedro como portavoz de los demás apóstoles, es consustancial con el Padre y por ello es el "resplandor de su gloria" (He. 1:3). No se trata de un reflejo de la gloria, sino el palpitar mismo de ella. El Hijo del Dios viviente es Dios mismo manifestado en carne (1 Ti. 3:16). La confesión de Pedro es la afirmación de la preexistencia de Jesús, es decir, es afirmar que Jesús de Nazaret histórico en su ser personal, esto es, en su realidad absoluta, ya existía antes de ser concebido por obra del Espíritu Santo en María Virgen. Todavía más, su existencia histórica se asienta y fundamenta en una existencia supra-histórica y eterna, que solo es posible en Dios. En el Hijo eterno son adoptados los cristianos (Gá. 4:4-5) y en Él se les concede ser llamados hijos de Dios (Jn. 1:12).

Mateo 26:63. El título es puesto aquí en boca de los enemigos de Jesús, representados en esta ocasión por el sumo sacerdote, que le formuló una pregunta bajo juramento: “Mas Jesús callaba. Entonces el sumo sacerdote le dijo: Te conjuro por el Dios viviente, que nos digas si eres tú el Cristo, el Hijo de Dios”[33]. Mientras los falsos testigos acusaban a Jesús, Él no respondía. Es notable apreciar que Mateo utiliza aquí por primera y única vez en todo el evangelio un verbo para callar[34], que expresa la idea de guardar completo silencio, enmudecer. En todo se estaba cumpliendo la profecía, aun en los más pequeños detalles. Mateo ya había citado antes otro pasaje profético que anunciaba el silencio de Jesús (Mt. 12:19). El sumo sacerdote utilizó la fórmula más solemne de juramento, hecho por “el Dios viviente”[35]. El juramento válido debía hacerse en el nombre de Dios (Dt. 6:13). El sumo sacerdote formuló al Señor una pregunta acusadora: “¿Eres tú el Cristo, el Hijo del Dios viviente?”. El que contestase luego de esa demanda lo hacía bajo juramento hecho en el nombre de Dios.

No importa cuál fuese la respuesta de Jesús, en cualquier caso, Caifás había encontrado la base legal que buscaba para sentenciar a muerte al Salvador. Si respondiese, como lo hizo, que era verdaderamente el Cristo, el Hijo de Dios, sería acusado de blasfemo y condenado a muerte. Si respondía que no lo era, sería acusado de impostor y condenado también a muerte por cuanto Él se había hecho Hijo de Dios y se había manifestado como el Mesías esperado. La pregunta de Caifás tenía la intencionalidad de que Jesús respondiese a su filiación en relación con Dios como el Hijo del Dios viviente, por lo que se hacía igual al mismo Dios. Días antes había confrontado a los fariseos, posiblemente alguno de ellos miembro del sanedrín, demostrando que el Mesías era algo más que el descendiente natural de David (Mt. 22:45); enseñando que David le llamó Señor, expresaba que, si era el Señor de David, era más que su hijo. Caifás tenía, sin duda, referencia a las enseñanzas de Jesús en las que ponía de manifiesto que realmente era el Mesías esperado. Así lo había enseñado enfáticamente a la samaritana (Jn. 4:25, 26). Recientemente en Jerusalén, con motivo de las sanidades en el templo, los muchachos

---

[33] Así en el texto griego: ὁ δὲ ᾿Ιησοῦς ἐσιώπα. καὶ ὁ ἀρχιερεὺς εἶπεν αὐτῷ· ἐξορκίζω σε κατὰ τοῦ Θεοῦ τοῦ ζῶντος ἵνα ἡμῖν εἴπῃς εἰ σὺ εἶ ὁ Χριστὸς ὁ Υἱὸς τοῦ Θεοῦ.

[34] Griego: σιωπάω.

[35] Griego: τοῦ Θεοῦ τοῦ ζῶντος.

lo habían aclamado como el Hijo de David, causando con ello el enojo de los fariseos, cosa que no hizo reaccionar a Jesús en contra de las aclamaciones, sino todo lo contrario (Mt. 21:15, 16). Un poco después se refirió a Él mismo como la piedra desechada por los edificadores, aludiendo a un pasaje profético relativo al Mesías (Mt. 21:42).

Mateo 27:54. En la pluma del mismo evangelista se pone el título en boca del centurión romano presente en la crucifixión: "El centurión, y los que estaban con él guardando a Jesús, visto el terremoto, y las cosas que habían sido hechas, temieron en gran manera, y dijeron: Verdaderamente éste era Hijo de Dios"[36]. Todo el proceso de la crucifixión tuvo que impresionar al centurión y a los soldados que estuvieron presentes en el Gólgota. Todo aquel evento, con la majestuosa presencia del crucificado, sus peticiones de perdón hacia los verdugos, el afecto entrañable para con su madre —de la que se ocupaba en una situación de sufrimiento indecible—, el diálogo con uno de los salteadores y la promesa de estar con Él aquel día en el paraíso, las horas de tinieblas, el silencio del Señor, el fuerte grito entregando su espíritu, la conmoción del terremoto, las piedras hendidas y los sepulcros abiertos tuvieron que causar un temor sobrenatural en aquellos hombres. Además, Jesús había muerto llamando Padre a Dios. La conclusión lógica era que allí se había cometido un grave delito y que el Señor era lo que había afirmado ser; de ahí el testimonio en boca del centurión: "Verdaderamente éste era Hijo de Dios".

¿Podía comprender el alcance de su propio testimonio? Posiblemente no lo entendía en la dimensión que ello implica, pero, sí en el de la acusación formulada contra Él de que siendo un hombre se hacía Dios, llamándose su Hijo. No se puede encontrar apoyo sobre esto en el texto griego, porque el término *Hijo* aparece sin artículo determinado; por tanto, simplemente dice que era Hijo de Dios. ¿Lo consideraría como un hijo de los dioses, conforme a la idolatría romana? ¿Estaría reconociéndolo como el único y verdadero Hijo del único y verdadero Dios? Sea cual fuese el alcance de su comprensión en relación con Cristo, no hay duda de que estaban dando testimonio de su deidad. Esa confesión era la primera respuesta a la oración del Señor pidiendo por quienes lo estaban crucificando. Es muy posible

---

[36] La última frase es contundente en el texto griego: ἀληθῶς Θεοῦ Υἱὸς ἦν οὗτος.

que el centurión, no siendo judío, no tuviese su corazón endurecido contra Jesús, como lo tenían los líderes de la nación. La tradición dice que el centurión fue más tarde convertido a Cristo. Con todo, Lucas afirma que el centurión glorificó a Dios, testificando que aquel hombre era justo (Lc. 23:47). Es más, según Lucas, la multitud quedó afectada por lo sucedido y se retiraban del lugar "golpeándose el pecho" (Lc. 23:48). Era una manifestación de reconocimiento del delito cometido. Tal vez decían: "¡Nosotros hicimos esto! ¡Nosotros matamos al Justo!", y ciertamente lo habían hecho (Hch. 2:36). Aquellos que habían ido a burlarse del crucificado, se retiraban burlados ellos mismos por sus propias conciencias acusadoras.

Marcos 3:11 y *5:7.* A las declaraciones de Dios, de los ángeles y de los apóstoles debe añadirse la que tiene que ver con los demonios. Esta es una de ellas, según la lectura de Marcos: "Y los espíritus inmundos, al verle, se postraban delante de él, y daban voces, diciendo: Tú eres el Hijo de Dios"[37]. Marcos llama aquí a los demonios *espíritus inmundos*. La presencia diabólica en las manifestaciones de posesión sobre personas era una constante en el ministerio de Jesús. Los endemoniados al ver a Jesús caían de rodillas delante de Él nada más verle. Es decir, cada vez que los demonios estaban delante de Él se postraban a sus pies. No quiere decir que le estuviesen adorando, pero no cabe duda que el endemoniado que lo hacía expresaba la realidad íntima de la fuerza diabólica que lo controlaba, mostrando con ello el reconocimiento de la deidad de Cristo. Aquellas manifestaciones representarían delante de todos, incluso de aquellos que estaban presentes buscando ocasión contra Él, que Jesús era, como mínimo, un hombre sobrenatural con un poder antes desconocido. En este versículo, a la acción de arrodillarse sigue el testimonio a gritos del endemoniado que hablaba bajo el control del espíritu inmundo y declaraba ante todos que Jesús era el Hijo de Dios. Este testimonio pone de manifiesto que los demonios reconocían en Cristo al Hijo de Dios, haciendo con ello referencia a la condición única en relación con Dios que nadie tuvo ni tendrá jamás. Solo a Él se podía aplicar esa relación, que en la segunda cita se lee: "Y clamando a gran voz, dijo: ¿Qué tienes conmigo, Jesús, Hijo del Dios Altísimo?

---

[37] De esta forma en el texto griego: καὶ τὰ πνεύματα τὰ ἀκάθαρτα, ὅταν αὐτὸν ἐθεώρουν, προσέπιπτον αὐτῷ καὶ ἔκραζον λέγοντες ὅτι σὺ εἶ ὁ Υἱὸς τοῦ Θεοῦ.

Te conjuro por Dios que no me atormentes"[38]. Aquel que corrió a Jesús y se postró a sus pies sigue siendo instrumento del diablo que se había posesionado de él. La voz del hombre era el instrumento que utilizaron los demonios que estaban en él. No habla quedamente, sino a gran voz, gritando las palabras que pronunciaba. No cabe duda de que el relato está siendo trasladado por un testigo presencial del hecho, que recuerda la voz fuerte con que el endemoniado habló con Jesús. Las grandes voces eran propias de las manifestaciones de los endemoniados. Aquella era la confrontación directa entre Satanás y Dios, entre el reino de las tinieblas y el de la luz. Jesús había venido para deshacer las obras del diablo (1 Jn. 3:8). De ahí la primera frase pronunciada con voz poderosa mediante el uso de una expresión idiomática que da la idea de distanciamiento o de confrontación; literalmente se lee: *¿Qué a mí y a ti?*, cuyo significado es *¿qué tienes conmigo?* La idea es la de dos mundos que son irreconciliables y que se han encontrado. El diablo dice a Jesús que Él nada tiene que ver con ellos. Jesús diría del príncipe de los demonios que "nada tiene en mí" (Jn. 14:30). El conflicto se había producido y los demonios sabían que sería imposible que la autoridad de Jesús fuese resistida por ellos. La primera acción que generan es de defensa, como si dijesen a Jesús: no tienes nada que ver con nosotros, déjanos. Esta primera insinuación diabólica no tendría resultado alguno porque el Señor estaba dispuesto a liberar al endemoniado de la posesión diabólica.

Los demonios sabían quién era Jesús. La utilización de un título semejante es sorprendente. Aquel que aparentemente era un hombre era el Hijo del Altísimo. En la identificación dada por ellos aparece en primer término el nombre humano del Hijo de Dios, Jesús. Es el Salvador que había sido enviado del cielo para hacer la obra de redención de los pecadores y abrir el camino de liberación para todos los que por temor a la muerte estaban durante toda la vida sujetos a esclavitud, para lo cual era necesario "destruir por medio de la muerte al que tenía el imperio de la muerte, esto es, al diablo" (He. 2:14). Sin duda los demonios conocían el propósito de la venida de Jesús. Cuando el ángel se apareció a José y antes a María (cf. Mt. 1:21; Lc. 1:31) anunció que el niño que nacería debía ser llamado Jesús por una razón: Él salvaría a su pueblo de sus pecados. No se trataba de

---

[38] Lectura en el texto griego: καὶ κράξας φωνῇ μεγάλῃ λέγει· τί ἐμοὶ καὶ σοί,᾽Ιησοῦ Υἱὲ τοῦ Θεοῦ τοῦ῾Υψίστου ὁρκίζω σε τὸν Θεόν, μή με βασανίσῃς.

imponer un nombre al que nacería en Belén, sino simplemente de llamar su nombre, esto es, de llamarlo por el nombre que ya le había sido asignado en el cielo. Dios viene en el Hijo encarnado para salvar a los perdidos y buscarlos en su condición (Lc. 19:10). Aquel que tenía que ser reconocido como Dios manifestado en carne era el Salvador de los perdidos determinado ya desde antes de la creación en el plan de redención (1 P. 1:18-20). Los demonios reconocen que están ante Jesús, el Salvador, por cuya obra ellos serían derrotados en la cruz y perderían su poder y autoridad sobre los hombres que, liberados del pecado al creer en Jesucristo, pasaban a una nueva relación con Dios, trasladados por Él de una esclavitud pecaminosa, bajo la potestad de las tinieblas, al reino del Hijo (Col. 1:13). ¿Conocían los demonios en toda la dimensión la obra redentora que Dios había planeado y que sería consumada en Cristo y por Él? No es posible una afirmación o una negación con base bíblica, pero lo que es cierto es que los demonios reconocían que aquel hombre era Jesús. Es sorprendente este conocimiento, puesto que el endemoniado nunca lo había visto y, muy probablemente, nunca había oído hablar de Él. Pero en las esferas del aire, donde los demonios manejan el reino de las tinieblas, las operaciones de omnipotencia de Jesús habían alcanzado el centro del sistema opresor, liberando por la autoridad de su palabra a muchos que estaban sujetos a esclavitud por Satanás.

El segundo título con que lo identifican es el de Hijo de Dios. Aunque este título tiene más connotaciones, es interesante aplicarlo al distintivo que le es propio en la relación *ad intra* del ser divino. En este sentido sería necesario estudiar algunos pasajes bíblicos, como Mt. 11:27; 16:16: Mr. 1:1; 9:7; Jn. 20:31; Ro. 1:3-4; 8:3, 32; Gá 2:20; 4:4; He. 1:2 ss.; 4:14; 5:8; 7:28; 1 Jn. 3:8; 4:14-15; 5:5, 9-13, 20; 2 Jn. 9. El hecho de la grandeza de Cristo deriva de ser el Hijo que, como Logos encarnado, tiene la misión de revelar plenamente al Padre y hacérnoslo conocer mediante una exégesis exhaustiva hecha no sólo por Él, sino especialmente en Él (Jn. 1:18). El Hijo de Dios es la única verdad personal del Padre (Jn. 14:6), de modo que quien le ve a Él, ve también al Padre (Jn. 14:9). Esa es la razón por la que Él mismo tiene las palabras de Dios (Jn. 3:34) que, como autoritativas y soberanas, tienen vida eterna (Jn. 6:68). Por eso sus palabras, como Hijo de Dios, son irresistibles, porque proceden de Dios mismo. Aparentemente, si es el Hijo de Dios, se supone que dependa del Padre en su existencia propia. Sin embargo, es necesario entender que la existencia de las personas divinas no es originada, sino procedente; esto quiere decir que el hecho de que el Padre diga del Hijo que lo ha engendrado no significa que la existencia del Hijo tenga un origen. Simplemente lo que se enseña es el diálogo eterno en el ser divino, en el cual el Padre dice: "Mi Hijo eres Tú; yo te he engendrado hoy" (Sal. 2:7), cuya realidad de comunicación de vida comprende también a la naturaleza humana del Verbo, de modo que el apóstol Pablo se refiere en ese engendrar al levantarle de entre los muertos y presentarlo cósmicamente como su Hijo (Hch. 13:33). Por esa causa el Hijo dice también: "Sobre ti fui echado desde el seno" (Sal. 22:10). De este modo, el Hijo no está sometido al Padre, ya que es coeterno e igual con Él. En esta intercomunicación continua, el Padre vive de engendrar al Hijo, y el Hijo vive del Padre. Este título de Hijo de Dios, en el testimonio de los demonios puestos de hinojos ante Jesús, conlleva el reconocimiento de que "todo lo que hace el Padre, lo hace también el Hijo igualmente" (Jn. 5:19). La suprema autoridad de Dios se manifiesta en la autoridad del Hijo de Dios. En cierta medida, los demonios reconocen que Jesús, como Hijo de Dios, tiene autoridad para juzgarlos y condenarlos, ya que el Padre "a nadie juzga, sino que todo el juicio dio al Hijo" (Jn. 5:22). Así que la condición de Hijo atrae hacia sí todas las demás, porque manifiesta una forma de relación suprema de Jesús con Dios. La acción de Jesús es la acción de Dios; la autoridad de Jesús es la autoridad de Dios; la presencia de Jesús es la presencia de Dios entre los hombres. De ahí que Jesús estaba ejerciendo una igualdad de poder y presencia como la del Dios Altísimo. Los demonios reconocen en Jesús lo que los fariseos le negaban: que era el Hijo de Dios.

Pero, todavía algo más: es el Hijo del Dios Altísimo, o como puede traducirse también: el Hijo de Dios, el Altísimo. Este título presenta a Dios como el que desde el principio es el poseedor de todos los bienes del cielo y de la tierra. Ya desde tiempos antiguos, como en la época patriarcal, un hombre como Melquisedec conocía a Dios como el Altísimo. Como poseedor de cielos y tierra, es dueño absoluto del universo y puede determinar cualquier acción sobre la tierra o sobre el cielo. El Altísimo ejerce autoridad en el cielo y en la tierra. Sus designios son ejecutados y sus mandatos obedecidos. El calificativo completo con que los demonios se dirigen a Jesús —Hijo del Dios Altísimo— expresa el reconocimiento de que, como unigénito del Padre, recibe toda la herencia de Dios y las excelsas perfecciones que sólo existen y pueden existir en Él. Los discípulos, temerosos ante la tempestad calmada por el poder de su palabra, se preguntaban unos a otros: "¿Quién es este?". La respuesta no puede ser más que esta: es Jesús, el Hijo del Dios Altísimo. Los demonios sabían perfectamente ante quién estaban. Nadie había podido dominar al endemoniado, pero ahora estaba delante del Dios omnipotente manifestado en carne y doblaba sus rodillas ante Él.

Juan 1:34. Los testimonios del uso del título *Hijo de Dios* están en este evangelio más que en ningún otro. El primer testimonio es el de Juan el Bautista en Betábara, el lugar donde bautizaba en el Jordán: "Y yo le vi, y he dado testimonio de que éste es el Hijo de Dios"[39]. Juan vio la señal que Dios le había dado para identificar a Cristo. Cuando bautizó a Jesús, los cielos se abrieron, el Espíritu descendió y se mantuvo sobre Él; por tanto, no había duda alguna de que aquel hombre que había venido para ser bautizado era el Mesías. Sin embargo, Juan añade ahora un título sorprendentemente extraño para el contexto social y religioso de entonces, que trasciende lo humano y entra directamente en el plano de lo divino. Lo que él había recibido como revelación de Dios acerca de Cristo, la referencia que hace al bautismo con el Espíritu Santo, exige que Juan tenga revelación de la preexistencia de Jesús. Insistió en que él era seguido por otro que era superior a él, de quien no era digno de desatar la correa de su calzado. Todo eso se explica si en Jesús, que había venido nuevamente al lugar donde bautizaba y lo había anunciado Juan como Cordero de Dios, era Dios y no solo un hombre. Esta confesión del Bautista solo es posible como fruto de una revelación divina, tal como ocurriría tiempo después con el apóstol Pedro al dar testimonio de que Jesús era el Cristo, el Hijo de Dios viviente (Mt. 16:16).

El título *Hijo de Dios* está presente continuamente en el evangelio según Juan, y condiciona totalmente su orientación, mensaje y contenido. Está escrito para que "creáis que Jesús es el Cristo, el Hijo de Dios, y para que creyendo tengáis vida en su nombre" (Jn. 20:31). Este título se manifiesta: a) Como testimonio de personas —del Bautista (Jn. 1:34), en boca de Natanael (Jn. 1:49), de Marta (Jn. 11:27), de los judíos (Jn. 19:7), del propio evangelista (Jn. 20:31) y en otros tres lugares (5:25; 10:36; 11:4)—; b) Como identificativo de Jesús, llamándolo de este modo dieciséis veces en el evangelio (3:17, 35, 36; 5:19, 20, 21, 22, 23, 26; 6:40; 8:36; 14:13). La filiación divina

[39] En el texto griego: καγὼ ἑώρακα καὶ μεμαρτύρηκα ὅτι οὗτος ἐστιν ὁ Υἱὸς τοῦ Θεοῦ.

de Jesús, la fe en Él como Hijo-Señor-Dios, y la vida eterna resultante de la operación de la fe son los elementos que sustentan la cristología del evangelio según Juan.

Los críticos humanistas liberales pretenden que el título que está relacionado con la deidad de Cristo no fue posible en los primeros años del cristianismo y es el resultado de una evolución del pensamiento filosófico sobre la persona de Jesucristo. Sin embargo, el error es absoluto, bastando con recurrir a los escritos de Pablo, producidos en torno al año cincuenta, que reflejan el uso del título Hijo de Dios. La fe de la Iglesia primitiva tenía el testimonio de quienes creían en Cristo: "Cómo os convertisteis de los ídolos a Dios, para servir al Dios vivo y verdadero, y esperar de los cielos a su Hijo, al cual resucitó de los muertos, a Jesús, quien nos libra de la ira venidera" (1 Ts. 1:9-10). Esto pone de manifiesto que el título Hijo de Dios, no es, como éstos pretenden, un préstamo de las religiones de los misterios, como el gnosticismo. La categoría de Hijo expresa la forma suprema de la relación de Cristo con Dios, y atrae hacia sí todas las demás, siendo esta relación la máxima que conocemos en el orden humano. Por eso es necesario entender el titulo Hijo de Dios no como una mera forma de comprender a Cristo, sino como la forma de expresar una igualdad de vida entre Él y el Padre. Lo que los sinópticos expresan con categorías de obediencia, lo expresa Juan con las de igualdad, unidad y permanencia del Hijo en el Padre, como se aprecia en varios textos: "Yo y el Padre uno somos" (Jn. 10:30); "Creedme que yo soy en el Padre, y el Padre en mí; de otra manera, creedme por las mismas obras" (Jn. 14:11); "La palabra que habéis oído no es mía, sino del Padre que me envió" (Jn. 14:24b). Por esa razón, quien venía del cielo podía dar testimonio de lo que había visto y oído (Jn. 3:31-32) y podía hacerlo como revelador de Dios, a quien nadie había visto jamás, por su condición de Hijo Unigénito del Padre (Jn. 1:18).

Juan 1:49. En este caso, el título está en el reconocimiento que Natanael hace del Señor: "Respondió Natanael y le dijo; Rabí, tú eres el Hijo de Dios; tú eres el Rey de Israel"[40]. Felipe había sido invitado a que apreciara las cosas por sí mismo. Esto le había llevado a descubrir que Jesús no era un gran maestro —aunque le llama Rabí—, sino que estaba ante el Hijo de Dios, reconociéndole como Mesías y rey de

[40] En griego: ἀπεκρίθη αὐτῷ Ναθαναήλ· ῥαββί, σὺ εἶ ὁ Υἱὸς τοῦ Θεοῦ, σὺ βασιλεὺς εἶ τοῦ'Ισραήλ.

Israel. Es probable que, en el principio de la relación con Cristo, el título fuese equivalente para él al de Mesías, anunciado como Hijo del Altísimo, entendiendo entonces que era tenido de esta forma por Dios, pero sin admitir para los judíos de entonces que era de la misma condición que el Padre. Como quiera que fuese, Natanael recibió aquí la primera gran lección teológica sobre quién era realmente Jesús. Él es la manifestación visible, pero perfecta a escala humana, del Dios invisible (Col. 1:15).

Juan 11:27. Una nueva utilización del título Hijo de Dios está en boca de Marta, la hermana de María y Lázaro. Ante la demanda de Jesús sobre la certeza de la vida por fe en Él y la pregunta de si ella creía, la respuesta de Marta fue: "Sí, Señor; yo he creído que tú eres el Cristo, el Hijo de Dios, que has venido al mundo"[41]. La fe de Marta no era de aquel día; el imperfecto del indicativo —"yo creía"— indica que habla de algo que tuvo lugar en el tiempo pasado y que era algo completo, una fe depositada en Jesús tiempo atrás. Esa certeza llevaba a Marta a la aceptación de que no era un hombre o un profeta, sino el Hijo de Dios. Posiblemente le faltaba mucho para comprender la plena dimensión de aquel que hablaba con ella, e incluso de la misión que le había sido encomendada, pero su fe era firme. Ante la oposición cada vez mayor de los líderes religiosos, mantiene firme lo que era para ella Jesús, expresando en el título la creencia de la vinculación con el Padre, reconociéndolo como Hijo de Dios. El segundo aspecto de su fe es que el Hijo había sido enviado al mundo. El versículo presenta tres títulos para Jesús: el Cristo, el Hijo de Dios, el enviado al mundo. Sin duda comprendería más adelante la dimensión de esta verdad, que aún estaba velada a sus ojos.

Juan 20:31. El título está al final del evangelio en el testimonio del propio escritor: "Pero estas cosas se han escrito para que creáis que Jesús es el Cristo, el Hijo de Dios, y para que creyendo, tengáis vida en su nombre"[42]. Para Juan, la soteriología está íntimamente ligada a la fe en que Jesús es el Hijo de Dios. El escritor da la razón del porqué del evangelio. La intención es que la lectura del libro

---

[41] En el escrito griego: λέγει αὐτῷ· ναὶ Κύριε, ἐγὼ πεπίστευκα ὅτι σὺ εἶ ὁ Χριστὸς ὁ Υἱὸς τοῦ Θεοῦ ὁ εἰς τὸν κόσμον ἐρχόμενος.

[42] Según lectura en el texto griego: ταῦτα δὲ γέγραπται ἵνα πιστεύσητε ὅτι Ἰησοῦς ἐστιν ὁ Χριστὸς ὁ Υἱὸς τοῦ Θεοῦ, καὶ ἵνα πιστεύοντες ζωὴν ἔχητε ἐν τῷ ὀνόματι αὐτοῦ.

conduzca al lector a un conocimiento preciso de quién es Jesús. Al conocerle se abre el camino de la fe en Él. De modo que el escrito está precisamente destinado a que, por medio de la Palabra inspirada, nazca la fe en el corazón del lector. Pero nadie puede tener la fe que salva si no cree que el Salvador es el Hijo de Dios. La deidad de Cristo es elemento indispensable para tener vida eterna, puesto que sólo Dios posee esa vida y le es propia. Ningún ser creado, aunque fuese el más grande de todos, puede comunicar la vida eterna de Dios al que cree. Si no fuese Dios, no podría perdonar pecados, algo sólo posible en la sustitución personal del pecador que cree. El mensaje del evangelio tiene un propósito y es que el hombre, creyendo, "tenga vida en su nombre".

Romanos 1:4. El apóstol Pablo enseña que "fue declarado Hijo de Dios con poder, según el Espíritu de santidad, por la resurrección de entre los muertos"[43]. El gran misterio de la eternidad conocido sólo por Dios se hace historia en el tiempo de los hombres para dejar de ser misterio y ser realidad soteriológica, en la cual Dios desciende al encuentro de la criatura en su misma condición (Jn. 1:14). Es el entronque entre el mundo de Dios, desconocido para la criatura, y el de los hombres, donde la línea oculta de la eternidad se hace visible a los temporales en Jesucristo. El mundo de Dios se toca en Jesús con el mundo del hombre y lo hace suyo, concretando en Él la absoluta e imposible contradicción para el pensamiento humano donde eternidad y temporalidad se unen y concretan ya para siempre. Por la encarnación viene a la experiencia de una naturaleza humana, pero no comienza a existir por esa operación, sino que su persona antecede en todo a este hecho y es anterior a su historia humana. De otro modo, el que es Hijo eternamente con el Padre, en la unidad del ser divino, comienza una existencia humana haciéndose hombre, tomando nuestra existencia y nuestra carne. Por esa asunción puede padecer y morir para ser el Salvador de los pecadores. Mediante la encarnación comienza una existencia semejante a la de los hombres, en identidad de naturaleza con ellos y en plena solidaridad de destino. Sometido como siervo para ser prójimo del hombre y en esa condición dar su vida, de infinito valor por cuanto es la vida humana de la persona divina del Hijo. Esta vida que había estado sometida a la muerte espiritual se restaura

[43] Según la lectura del texto griego: τοῦ ὁρισθέντος Υἱοῦ Θεοῦ ἐν δυνάμει κατὰ Πνεῦμα ἁγιωσύνης ἐξ ἀναστάσεως νεκρῶν, Ἰησοῦ Χριστοῦ τοῦ Κυρίου ἡμῶν.

definitivamente por la unidad de vida en el resucitado. De ahí que se haga visible cósmicamente la realidad de ser Hijo de Dios por la resurrección de entre los muertos, la ascensión a los cielos y la sesión a la diestra de Dios.

Romanos 8:29. El titulo relacionado con el propósito definitivo que Dios establece para cada creyente: "Porque a los que antes conoció, también los predestinó para que fuesen hechos conformes a la imagen de su Hijo, para que él sea el primogénito entre muchos hermanos"[44]. Sorprende que Pablo no use el verbo *conformar*, sino un adjetivo[45] que significa *conforme*, es decir: Dios ha determinado que los creyentes adquieran la forma, la imagen, de Jesucristo. Entender esto escapa también a la comprensión humana. Se enseña que Jesucristo es la imagen de Dios en quien se manifiesta la esencia divina (2 Co. 4:4, 6; Col. 1:15; He. 1:3), esto es, la irradiación de su gloria y la expresión de su esencia. En Cristo, que es imagen de Dios, hemos sido puestos los creyentes, no sólo en posición, sino también en comunión de vida. Esto implica ya una transformación esencial en una naturaleza compatible y amoldable a la divina, en la que participamos (2 P. 1:4). El llamamiento de Dios a salvación adquiere indefectiblemente esta orientación: "Fiel es Dios, por el cual fuisteis llamados a la comunión con su Hijo Jesucristo nuestro Señor" (1 Co. 1:9). La transformación a la imagen del Hijo permite al cristiano reflejar en el mundo en tinieblas la gloria de Dios, en una acción progresiva que opera el Espíritu Santo en cada cristiano: "Por tanto, nosotros todos, mirando a cara descubierta como en un espejo la gloria del Señor, somos transformados de gloria en gloria en la misma imagen, como por el Espíritu del Señor" (2 Co. 3:18). El Espíritu de Cristo está necesariamente presente en el cristiano, sin cuya presencia no hay salvación, porque no se puede ser de Cristo sin poseer su Espíritu (Ro. 8:9). Este Santo Espíritu es el obrero divino que transforma al creyente día a día conformándolo a la imagen de Jesús, el Hijo de Dios. La imagen de Dios deteriorada en el hombre por el pecado es restaurada en Cristo, imagen perfecta y absoluta de Dios. Sin duda la imagen en el tiempo de la santificación,

---

[44] En el texto griego: ὅτι οὓς προέγνω, καὶ προώρισεν συμμόρφους τῆς εἰκόνος τοῦ Υἱοῦ αὐτοῦ, εἰς τὸ εἶναι αὐτὸν πρωτότοκον ἐν πολλοῖς ἀδελφοῖς.

[45] Griego: συμμόρφος.

el presente estadio de salvación antes de la glorificación, tiene que ver principalmente con expresar visiblemente la condición moral de nuestro Señor, reproducida en el creyente por el Espíritu Santo (Gá. 5:22-25). La transformación es progresiva (Ro. 12:2; Ef. 4:32-5:2; Fil. 3:10; Col. 3:10). El propósito que establece la predestinación de los llamados, es decir, de los salvos, alcanzará el objetivo final en la glorificación, donde Dios transfigurará el cuerpo de los creyentes para que se conforme al cuerpo de gloria de Jesucristo (Fil. 3:21), de manera que "así como hemos traído la imagen del terrenal, traeremos también la imagen del celestial" (1 Co. 15:49).

2 Corintios 1:19. El mismo apóstol usa el título para vincularlo a Jesucristo en la proclamación del Evangelio: "Porque el Hijo de Dios, Jesucristo, que entre vosotros ha sido predicado por nosotros, por mí, Silvano y Timoteo, no ha sido Sí y No; más ha sido Sí en él"[46]. El mensaje de Pablo, Silvano y Timoteo es un mensaje firme y no equívoco o impreciso, porque es el Evangelio de la gracia que le había sido encomendado por Dios mismo. La primera firmeza está en la persona anunciada, para la que Pablo usa tres títulos, única vez que aparecen estos unidos de esta manera en los escritos del apóstol. El que se anuncia es Dios verdadero, como *Hijo de Dios* que en unidad con el Padre es el único, infinito y fiel Dios; además, el segundo título, *Jesús*, es el único Salvador de los pecadores, por quien Dios hace la obra de redención prometida según su eterna disposición en el tiempo determinado (Gá. 4:4); el tercer título *Cristo*, es la expresión del Mesías, que estaba profetizado como la esperanza para las naciones en la promesa dada a Abraham. Pablo enseñaba que Cristo es esperanza de gloria (Col. 1:27). Por tanto, el mensaje es verdadero y firme. Pero es necesario apreciar que el mensaje de salvación pone de manifiesto como materia de fe que Jesús es el Hijo de Dios.

Gálatas 2:20. El testimonio personal del apóstol Pablo está claramente expresado: "Con Cristo estoy juntamente crucificado, y ya no vivo yo, mas vive Cristo en mí; y lo que ahora vivo en la carne, lo vivo en la fe del Hijo de Dios, el cual me amó y se entregó a sí mismo

---

[46] En el texto griego: ὁ τοῦ Θεοῦ γὰρ Υἱὸς᾿Ιησοῦς Χριστὸς ὁ ἐν ὑμῖν δι᾿ ἡμῶν κηρυχθείς, δι᾿ ἐμοῦ καὶ Σιλουανοῦ καὶ Τιμοθέου, οὐκ ἐγένετο ναὶ καὶ οὒ ἀλλὰ ναὶ ἐν αὐτῷ γέγονεν.

por mí"[47]. La densidad del versículo es grande. La salvación y la vida cristiana solo es posible desde la identificación con Cristo. Ser cristiano no es asunto de religión, sino de relación vital con Jesús. Al creer con el corazón y no solo aceptarlo con la mente, el hombre depone lo que es su yo personal e independiente de Dios para aceptar el ser de Dios. De otro modo, depone su yo para aceptar como yo el tú de Dios que es Cristo. Al hacerlo así, alcanza la justicia de Dios en ese acto de fe que es entrega personal. Por la regeneración el creyente está dotado para vivir a Cristo. El espacio espiritual de la vida nueva corresponde a la nueva creación que se define como "Cristo vive en mí". Es decir, el Cristo vivo se hace vida en cada creyente para que puedan vivir la vida de Dios en ellos. La consecuencia de la identificación con Cristo produce un cambio transformador: "Y lo que ahora vivo en la carne, lo vivo en la fe del Hijo de Dios". En la vida cotidiana Cristo se hace vida que se manifiesta en la de cada creyente.

La fe que salva se hace elemento santificante en la segunda etapa de la salvación, la vida actual, la vida de santificación. Esta fe está relacionada con el Hijo de Dios. El título expresa nuevamente aquí la condición divina del que, en su humanidad, murió sustitutoriamente en la cruz. Este título es usado por Pablo en diecisiete ocasiones, todas ellas vinculadas a la afirmación de fe. La manifestación plena de salvación consiste en confesar que Jesús es el Hijo de Dios, lo que evidencia que Dios permanece en él y él en Dios (1 Jn. 4:15). Los tres grandes pilares de la soteriología tienen que ver con creer en la filiación divina de Jesús, aceptándolo como el Hijo de Dios, con el resultante de tener vida eterna en Él y por Él. En esa condición de Hijo, con su muerte, pone el poder de la vida donde antes estaba el poder de la muerte, por eso el cristiano vive en la fe del Hijo de Dios. Para superar la ignorancia del hombre, Dios expresa su sabiduría en su mensaje definitivo, no sólo por el Hijo, sino específicamente en el Hijo (He. 1:1-2), quien para superar el problema del pecado se hace redentor. La salvación en sus tres momentos —justificación, santificación y glorificación— es el don de Dios a los hombres en Cristo. El evangelio deja de ser una proclamación del Hijo para ser una realidad en el Hijo.

---

[47] Así en el texto griego: Χριστῷ συνεσταύρωμαι· ζῶ δὲ οὐκέτι ἐγώ, ζῇ δὲ ἐν ἐμοὶ Χριστός· ὃ δὲ νῦν ζῶ ἐν σαρκί, ἐν πίστει ζῶ τῇ τοῦ Υἱοῦ τοῦ Θεοῦ τοῦ ἀγαπήσαντος με καὶ παραδόντος ἑαυτὸν ὑπὲρ ἐμοῦ.

Efesios 4:13. El título está vinculado a la unidad de la fe y del conocimiento del cristiano: "Hasta que todos lleguemos a la unidad de la fe y del conocimiento del Hijo de Dios, a un varón perfecto a la medida de la estatura de la plenitud de Cristo"[48]. La unidad de la fe y del conocimiento alcanza definitivamente la dimensión propia del cuerpo, cuya cabeza es Cristo. Debe tenerse en cuenta que el apóstol está pensando en la totalidad de los creyentes y no tanto en la individualidad de ellos. En la medida que los creyentes progresan en el crecimiento de la fe, la Iglesia va edificándose. El objetivo es que, junto con la unidad de la fe, alcancen el conocimiento del Hijo de Dios, eso es lo que pretende indicar en la cláusula en la que aparecen dos genitivos explicativos sobre lo que es el alcance de la unidad. La plenitud, el pleroma de ese conocimiento, se consuma en llegar a la unidad del conocimiento del Señor. Ese conocimiento a alcanzar en suprema dimensión es el del Hijo de Dios. Este conocimiento cada vez mayor conduce a cada creyente para "andar como Él anduvo" (1 Jn. 2:6). La vida de Dios se manifiesta y vive en cada cristiano, ya que la presencia del Hijo atrae juntamente con Él a las otras personas divinas.

Hebreos 6:6. El escritor inicia el escrito con una extensa referencia al Hijo, tomando referencias del Antiguo Testamento (cf. 1:2, 5); algunas ya se han considerado antes. Se selecciona la primera cita en la que aparece el título Hijo de Dios: "… y recayeron, sean otra vez renovados para arrepentimiento, crucificando de nuevo para sí mismo al Hijo de Dios y exponiéndole a vituperio"[49]. Este es uno de los textos con mayor dificultad exegética en la epístola, en el que la posición teológica del intérprete condiciona abiertamente el significado del texto. Pero lo que interesa a los efectos de esta tesis es la utilización de *Hijo de Dios* para referirse a Cristo. El sacrificio expiatorio por el pecado fue llevado a cabo por medio de la naturaleza humana del Señor que, como hombre, podía dar su vida por los pecadores. Es a este sujeto del texto que murió sacrificialmente en la cruz a quien el hagiógrafo da el calificativo de Hijo de Dios. El sacrificio expiatorio por el pecado se produjo una vez para siempre y es imposible que vuelva a repetirse en ningún sentido y en ninguna

---

[48] En el texto griego: μέχρι καταντήσωμεν οἱ πάντες εἰς τὴν ἑνότητα τῆς πίστεως καὶ τῆς ἐπιγνώσεως τοῦ Υἱοῦ τοῦ Θεοῦ, εἰς ἄνδρα τέλειον, εἰς μέτρον ἡλικίας τοῦ πληρώματος τοῦ Χριστοῦ.

[49] En el texto griego: καὶ παραπεσόντας, πάλιν ἀνακαινίζειν εἰς μετάνοιαν, ἀνασταυροῦντας ἑαυτοῖς τὸν Υἱὸν τοῦ Θεοῦ καὶ παραδειγματίζοντας.

extensión. La aplicación del sacrificio expiatorio se hace una sola vez en el momento de la conversión, en el que simbólicamente el salvo es rociado con la sangre de Cristo, siguiendo la terminología de la epístola, en sentido de la aplicación de la obra redentora para él (1 P. 1:2). En base a esa obra, realizada una vez para siempre, el pecador creyente es eternamente purificado y todos sus pecados le son perdonados (Col. 2:13). Desde el momento de la conversión, el pecado que el creyente pueda cometer queda resuelto en cuanto a exigencia de responsabilidad penal determinada por Dios; eso no le exime de la restauración de la comunión con Él mediante la confesión (1 Jn. 1:9). En ningún modo Dios llama de nuevo al que ha sido salvo al arrepentimiento para salvación de condenación porque se ha efectuado una y definitiva vez.

Hebreos 10:29. Una vez más aparece el título Hijo de Dios en el escrito: "¿Cuánto mayor castigo pensáis que merecerá el que pisoteare al Hijo de Dios, y tuviere por inmunda la sangre del pacto en la cual fue santificado, e hiciere afrenta al Espíritu de gracia?"[50]. Otro denso texto del escrito bíblico en el que se está tratando sobre el sentido de justicia de Dios en relación con el que llama pecado voluntario. Para tales acciones se establece un juicio disciplinario para el que se usa una palabra en el texto griego[51] que se traduce como *castigo*, que tiene que ver con la defensa del honor[52]. Es, por tanto, la acción divina en defensa del propio honor de Dios. Esa palabra denotaba al principio venganza y se utiliza también para referirse a una acción correctiva que haga entrar a alguien en razón. Se usa para referirse a un castigo que obliga a una determinada conducta (cf. Hch. 26:11). La palabra utilizada habitualmente en griego para castigo como pena por algo es otra distinta[53] y se emplea en varios lugares para referirse al castigo de condenación eterna (Mt. 25:46). Esta misma palabra es una evidencia más para entender que la disciplina tiene que ver con creyentes y no con incrédulos o meros profesantes. La primera consecuencia que produce el pecado voluntario es que quien lo comete está pisoteando al Hijo de Dios. La palabra aparece en dos lugares con este mismo

[50] Así en el texto griego: πόσῳ δοκεῖτε χείρονος ἀξιωθήσεται τιμωρίας ὁ τὸν Υἱὸν τοῦ Θεοῦ καταπατήσας καὶ τὸ αἷμα τῆς διαθήκης κοινὸν ἡγησάμενος ἐν ᾧ ἡγιάσθη, καὶ τὸ Πνεῦμα τῆς χάριτος ἐνυβρίσας.

[51] Griego: τιμωρίας.

[52] Compuesto de τιμη (*valor*) y οὖρος (defensor, protector, guardián).

[53] Griego: κόλασις.

sentido: en uno de ellos se usa para referirse a la sal que haciéndose insípida no vale, sino para ser hollada, pisoteada por las personas, porque ha perdido la razón de ser (Mt. 5:13); en otro pasaje se utiliza en relación con los cerdos que pisotean las perlas (Mt. 7:6). El que comete pecado voluntario manifiesta una ofensa despreciativa hacia la segunda persona divina, a quien el escritor califica como Hijo de Dios. Es un desprecio manifiesto al sacrificio de Cristo, que equivale a pisotearle como algo despreciable. Es el tremendo pecado de despreciar al Salvador y con ello la obra que realizó para perdón de pecados, que le llevó a morir, como si no tuviera importancia practicar aquello por lo que Cristo dio su vida.

1 Juan 3:8. El título es mayoritariamente usado por el apóstol Juan, como se aprecia en la lectura del evangelio y en la primera epístola. Hay otras referencias indirectas, pero las seleccionadas tratan el título de esa manera, como Hijo de Dios. El apóstol escribe: "El que practica el pecado es del diablo; porque el diablo peca desde el principio. Para esto apareció el Hijo de Dios, para deshacer las obras del diablo"[54]. Juan trata de la condición espiritual de aquel que practica, es decir, del que hace pecado habitualmente, en modo continuado e incluso con satisfacción, manifestando una vida opuesta a la que es propia del cristiano. La vinculación de este estilo de comportamiento es con el diablo, donde se originó el pecado. Ser del diablo, como expresa aquí el apóstol, indica una relación no solo de dependencia o de pertenencia, sino también de filiación, como Jesús hizo notar a los fariseos: "Vosotros sois de vuestro padre el diablo, y los deseos de vuestro padre queréis hacer. Él ha sido homicida desde el principio, y no ha permanecido en la verdad, porque no hay verdad en Él. Cuando habla mentira, de suyo habla; porque es mentiroso, y padre de mentira" (Jn. 8:44). Es suficiente con saber que quien vive satisfecho con la práctica habitual del pecado, es del diablo, que peca desde el principio. La solución al problema del pecado, de lo que se ha considerado antes, es la obra del Salvador, que libera a los pecadores que creen del poder del pecado y los traslada a su reino (Col. 1:13, 14). La acción liberadora del poder del pecado solo es posible cuando el Hijo de Dios actúa en el pecador que ha creído y ha sido regenerado, concediéndole y haciendo posible la libertad del mal (Jn. 8:36). El

---

[54] Lectura en el texto griego: ὁ ποιῶν τὴν ἁμαρτίαν ἐκ τοῦ διαβόλου ἐστίν, ὅτι ἀπ' ἀρχῆς ὁ διάβολος ἁμαρτάνει. εἰς τοῦτο ἐφανερώθη ὁ Υἱὸς τοῦ Θεοῦ, ἵνα λύσῃ τὰ ἔργα τοῦ διαβόλου.

Hijo de Dios vino con el propósito de deshacer, destruir las obras del diablo. De manera que el poder de Satanás es quebrantado por la obra del Hijo de Dios. Si la salvación es de Dios (Sal. 3:8; Jon. 2:9), y esta fue efectuada por Cristo, es una evidente manifestación de su condición divina en vinculación paterno filial en el seno trinitario.

1 Juan 4:15. De nuevo la utilización del título en la forma en que se considera, al escribir: "Todo aquel que confiese que Jesús es el Hijo de Dios, Dios permanece en él, y él en Dios"[55]. La expresión genérica con que se introduce la cláusula habilita el texto para cualquier persona en cualquier tiempo. Se trata de quien confiese. El verbo en tiempo aoristo convierte la acción en un solo acto de confesión, o en una confesión puntual que ha comenzado en el pasado. Confesar expresa la idea de decir lo mismo. En este caso la confesión va ligada al testimonio apostólico al que se hizo referencia en el versículo anterior y donde se afirma que el Padre ha enviado al Hijo, que es el Salvador del mundo. En esta confesión se reconoce a Jesús de Nazaret como el Hijo de Dios, esto es: se reconoce y afirma la deidad de Jesús. Quien confiesa esta verdad proclama que Jesús es Dios. Tal reconocimiento determina una entrega personal en obediencia a la verdad revelada, condición propia y necesaria en cada creyente: "Pero gracias a Dios, que aunque erais esclavos del pecado, habéis obedecido de corazón a aquella forma de doctrina a la cual fuisteis entregados" (Ro. 6:17). Esta confesión tiene un doble alcance: a) Cristológico, al reconocer que Jesús es el Hijo Unigénito del Padre, nadie más que Él de esa condición; b) Soteriológico, al reconocerlo como único Salvador del mundo, enviado por Dios para dar vida a los hombres. Solo los que confiesan de este modo, porque creen en el Hijo, tienen vida eterna (Jn. 3:36). Quedan, por tanto, excluidos todos los que niegan que Jesús es el Hijo de Dios (1 Jn. 2:23; 5:10, 12). Esta es la tremenda consecuencia de negar la deidad de Jesús. En esto no debe haber confusión. Algunos de pensamiento arriano aceptan que Jesús es el Salvador, pero se pierden por cuanto no creen en la deidad del Hijo, y tampoco pueden tener al Padre.

1 Juan 5:5. Juan sigue usando el título en la epístola: "¿Quién es el que vence al mundo, sino el que cree que Jesús es el Hijo de

---

[55] Así en el texto griego:῝Ος ἐὰν ὁμολογήσῃ ὅτι Ἰησοῦς ἐστιν ὁ Υἱὸς τοῦ Θεοῦ, ὁ Θεὸς ἐν αὐτῷ μένει καὶ αὐτὸς ἐν τῷ Θεῷ.

Dios?"[56]. Apelando a la esfera victoriosa de la vida cristiana, formula la realidad de ella mediante una pregunta que no es tanto retórica, sino confirmativa de una realidad. Con ella reafirma la condición que debe concurrir en aquel que experimenta victoria en el mundo, y no sobre el mundo, que ya fue alcanzada por Cristo. El que vence al mundo es aquel que "cree que Jesús es el Hijo de Dios". La frase completa podría expresarse también con otra puntuación de este modo: *¿Quién es el que vence al mundo? Todo aquel que cree que Jesús es el Hijo de Dios*. La experiencia de victoria es para quien se afirma en la ortodoxia de la fe en todo su contenido y, en especial, sobre la deidad de Cristo. La fe sola no vence al mundo, pero la fe en Jesús, el Hijo de Dios, permite gozar de su triunfo. La verdad expresada es precisa y definitiva, sólo vence quien está en Cristo, y sólo está en Cristo quien cree en Él como Hijo de Dios. El apóstol demanda al creyente para que se aparte de los falsos maestros, con sus falsas doctrinas que afectan a la verdad sobre quién es Jesucristo.

Es notable apreciar la insistencia de Juan sobre la identidad de Jesús, que no solo es el Maestro, o incluso el Mesías, sino que es el Hijo de Dios, que como tal comparte la naturaleza divina (1:3, 7; 2:22-24; 3:8, 23; 4:9-10, 14, 15; 5:5, 9-13, 20). Sin fe en Cristo nadie puede experimentar victoria en el mundo.

1 Juan 5:20. Escribe de este modo el apóstol: "Pero sabemos que el Hijo de Dios ha venido, y nos ha dado entendimiento para conocer al que es verdadero; y estamos en el verdadero, en su Hijo Jesucristo. Este es el verdadero Dios, y la vida eterna"[57]. El versículo se ha comentado ya cuando se trató sobre la deidad de Cristo, por lo que baste considerar tan sólo lo estrictamente relacionado con el título. Una nueva manifestación de la certeza cristiana es que el Hijo de Dios ha venido. Es evento del pasado que tiene efecto en el presente y se extiende definitivamente a los tiempos venideros. El Verbo divino, el Hijo de Dios, vino al mundo. Esta verdad forma parte de la fe fundamental del cristianismo. Juan insiste en ella, cuestionada por algunos en su tiempo, especialmente por cierta forma gnóstica

---

[56] Así en el texto griego: Τίς δέ ἐστιν ὁ νικῶν τὸν κόσμον εἰ μὴ ὁ πιστεύων ὅτι᾽Ιησοῦς ἐστιν ὁ Υἱὸς τοῦ Θεοῦ.

[57] Texto griego: οἴδαμεν δὲ ὅτι ὁ Υἱὸς τοῦ Θεοῦ ἥκει καὶ δέδωκεν ἡμῖν διάνοιαν ἵνα γινώσκωμεν τὸν ἀληθινόν, καὶ ἐσμὲν ἐν τῷ ἀληθινῷ, ἐν τῷ Υἱῷ αὐτοῦ᾽Ιησοῦ Χριστῷ. οὗτος ἐστιν ὁ ἀληθινὸς Θεὸς καὶ ζωὴ αἰώνιος.

que negaba la realidad de la encarnación del Hijo de Dios. Tanto en la epístola, como en el evangelio, Juan afirma esta verdad, que el Verbo fue hecho carne (Jn. 1:14), y la pone también en el testimonio personal de Jesús: "Salí del Padre, y he venido al mundo; otra vez dejo el mundo, y voy al Padre" (Jn. 16:28). Esta realidad es esencial para responder a la pregunta sobre quién era Jesús. El equilibrio teológico de Juan en el campo de la cristología es evidente. Hace notar la preexistencia de Cristo, ya que salió del Padre, donde eternamente está; quiere decir que antes de entrar en el mundo de los hombres existía en forma de Dios. Añade una segunda verdad, la encarnación del Verbo, ya que dice que del Padre vino al mundo. Lo hizo tomando una naturaleza humana y haciéndose hombre (Jn. 1:14). En una admirable expresión de amor, el Creador asume las limitaciones de la criatura. El eterno se hizo un hombre del tiempo y del espacio. El glorioso y admirable Dios entra en la dinámica de las tentaciones del hombre siendo tentado como nosotros. El que no puede sufrir sufre. El que es alabado por los ángeles es despreciado por los hombres. El que satisface todas las necesidades del universo siente hambre y sed como el mortal. El que es felicidad suprema agoniza en Getsemaní. El que es vida y tiene vida en sí mismo muere nuestra muerte para darnos vida eterna. Juan lo vio en su humanidad, tanto en su ministerio terrenal como en la resurrección. Pero los efectos de esa venida continúan, el uso del presente en el verbo *venir* indica que vino y está aquí, ahora, actuando en salvación. La venida del Hijo de Dios está unida a la obra salvadora; en primer lugar, por su muerte y, en segundo lugar, por la identificación con Él que comunica la vida eterna. Creer y confesar que Jesús es el Hijo de Dios es base de la fe cristiana (1 Jn. 4:2; 5:6).

El título en la boca de Jesús

Se ha demostrado el uso del título *Hijo de Dios* por todo el Nuevo Testamento. Son los hombres que Dios había escogido para ser sus discípulos quienes escriben sobre las verdades fundamentales de la fe y designan de esta manera a Jesús, el que se proclama en el mensaje evangelizador a todo el mundo. Esa es la razón por la que se requiere avanzar un paso más preguntándose si Jesús usó para sí mismo ese título. Si no fuese así, cabría la duda razonable de suponer que habría nacido como elemento sustentador de la dogmática de la iglesia sobre Jesucristo. Sin embargo, aunque no son muchas las veces que esto ocurre, sí es evidente, a la luz de los relatos bíblicos, que el Señor lo usó para referirse a Él mismo. Es cierto que en algunas ocasiones se autodesignó como Hijo y llamó a Dios su Padre, llegando a expresarlo en una notable dimensión: "Todas las cosas me fueron entregadas por mi Padre; y nadie conoce al Hijo, sino el Padre, ni al Padre conoce alguno, sino el Hijo, y aquél a quien el Hijo lo quiera revelar" (Mt. 11:27). La vinculación entre Él y el Padre es evidente, pero sin el título directamente aplicado de Hijo de Dios podría entenderse que es la relación propia de un creyente con el Padre del cielo, como ocurre en la oración modélica en la que decimos: "Padre nuestro que estás en los cielos" (Mt. 6:9); esto es lo que los liberales humanistas pretenden hacer creer. Esta es la razón por la que debe buscarse la referencia completa usada para sí mismo por Jesús, como sí aparece en el testimonio histórico de los evangelios.

Mateo 27:43. En el relato de la crucifixión, puesto en boca de los burladores ante el crucificado, se lee el testimonio que daban sobre Jesús: "Confió en Dios; líbrele ahora si le quiere; porque ha dicho: Soy Hijo de Dios"[58]. Con toda seguridad esta fue la expresión más hiriente de todos los denuestos. Los enemigos de Jesús están procurando hacerle dudar del amor que siempre dijo que le manifestaba el Padre. Si realmente Él amaba al Padre y era el amado del Padre, ¿por qué no venía ahora en su ayuda? ¿Cómo podía entenderse que su Hijo estuviese sufriendo el tormento de la cruz y que su Padre del cielo no viniese a socorrerle? Jesús había reclamado para sí la condición de Hijo de Dios en un sentido único y singular, que sólo a Él correspondía: "Porque ha dicho: Soy Hijo de Dios". Esta afirmación de ser el Hijo de Dios la había hecho repetidas veces durante su ministerio, aunque sin usar directamente el título completo (cf. Mt. 7:21-23; 11:25; 16:17). Jesús se había gozado en esta relación de intimidad con el Padre (Mt. 11:27). La suprema afirmación de vinculación en la relación paterno-filial de Cristo con el Padre es contundente al decir: "Yo y el Padre somos uno" (Jn. 10:30). Aún más, el Señor había dicho a los discípulos: "He aquí la hora viene, y ha venido ya, en que seréis esparcidos cada uno por su lado, y me dejaréis solo; mas no estoy solo, porque el Padre está conmigo" (Jn. 16:32). La vinculación con el Padre había sido manifestada multitud de veces en sus palabras.

---

[58] En el texto griego: πέποιθεν ἐπὶ τὸν Θεόν, ῥυσάσθω νῦν εἰ θέλει αὐτόν· εἶπεν γὰρ ὅτι Θεοῦ εἰμι Υἱός.

Jesús no hablaba entonces de interpretaciones teológicas o escriturales, ni siquiera de la paternidad del Padre, sino de la unión que existe entre el Padre y el Hijo, que es del orden metafísico y personal, y no sólo histórico y funcional. Porque el conocimiento entre el Padre y el Hijo es mutuo, puede el Hijo revelar al Padre. Cristo estaba al límite de lo que Dios puede revelar por medio de un hombre a los hombres, y este límite es alcanzado en Jesús porque es Hijo. El título Hijo de Dios está arraigado en la enseñanza de Jesús y forma parte de su propia autoconciencia y autorrevelación. Allí, en la cruz, Jesús vive su historia en la dimensión de Dios encarnado, en la que la obediencia al Padre, la oración —con que comienza el tiempo anterior a la cruz y los momentos iniciales de ella— y la fidelidad son la clave de su realización como hombre, en cuya vida el Señor ha vivido, orado y obedecido como Hijo. Será en la resurrección donde Dios proclamará cósmicamente que aquel resucitado que había muerto es verdaderamente su Hijo. El Padre había dado testimonio de la vinculación con Jesús como su Hijo en el bautismo (Mt. 3:17). La condición de Hijo y, si podemos llamarla así, la categoría de Hijo reúne hacia sí toda la relación intratrinitaria, por cuanto apela a una forma suprema de relación de Jesús con el Padre. De ahí la autoridad de sus palabras y la fuerza de su enseñanza, en las que remite a sí mismo y plantea a los hombres la disyuntiva de seguirle con un poder sorprendente, cual ningún otro ha podido mostrar jamás. El juicio de Dios sobre los hombres se ejercerá en razón del comportamiento de los hombres hacia Él. En su relación con el Padre, reclama para sí mismo la potencialidad reveladora suprema de Dios (Jn. 1:17; He. 1:2). En la cruz, por esa misma relación entregando su vida, derramando su sangre de infinito valor, tiene poder de vida donde antes sólo había poder de muerte. Jesús está manifestando la realidad de Hijo en la donación suprema del amor de Dios hacia los hombres, que habiéndolo dado el Padre (Jn. 3:16), se da a sí mismo como Hijo en expresión reveladora del amor divino. En su condición de Hijo encarnado, el Señor se entregó a la vinculación en destino de los hombres con Dios, su Padre, identificándose con el hombre, asumiendo su responsabilidad penal para vincular a los hombres en una relación filial con el Padre, no como la suya eternamente única, sino por medio de la adopción en Él (Gá. 4:4-5). Cristo desde su condición de Hijo, a quien se le encomienda la misión redentora, se entregó a la predicación del Reino, al que Dios llama a los hombres, en una pro-existencia activa, que alcanza la suprema consumación en la misma pro-existencia pasiva de la muerte en la cruz.

Juan 9:35. Con motivo de la sanidad del ciego de nacimiento, Jesús aplica a sí mismo ese título: "Oyó Jesús que le habían expulsado; y hallándole, le dijo: ¿Crees tú en el Hijo de Dios?"[59]. Aunque en unas pocas alternativas de lectura aparece *Hijo del Hombre*, los mss. más firmes, que son mayoría, propone *Hijo de Dios*. Encontrado el ciego ya sanado, a quien los fariseos habían expulsado de la sinagoga como si se tratara de un pecador perverso por el simple hecho de reconocer que Jesús tenía un poder excepcional, le formula la pregunta clave que Juan recoge en el texto. No le insta a otra cosa que a la fe. Jesús quiere una confesión directa del que había sido sanado en relación con su fe en Él. La fe que salva está vinculada al Salvador, que aquí se presenta como el Hijo de Dios o, como se lee en algunos textos griegos, el Hijo del Hombre. No tiene gran importancia el cambio en el título, puesto que en ambos casos se refiere especialmente a quien descendió del cielo, enviado del Padre, y que es Dios. La justificación se produce cuando el pecador cree en Dios, por tanto, ésta es la demanda que Jesús hace a aquel hombre. Jesús había abierto los ojos físicos del ciego, pero ahora trabaja abriendo los espirituales para que, en una mirada de fe, como había enseñado a Nicodemo en referencia a la serpiente de bronce levantada en el desierto —que producía sanidad a quienes la miraban, no con mirada natural, sino con la espiritual, como enseña la Escritura—, recibiera la vida (Jn. 3:14-15). La pregunta de Jesús está establecida sobre el presente volitivo del verbo creer, que equivale a una pregunta: ¿Quieres creer...?, ¿estás dispuesto a creer...? Es cierto que la voluntad soberana de Dios para salvación condujo a Jesús a buscarle hasta que le encuentra, pero no es menos cierto que no obligó al que había sido ciego para que creyese, expresando tanto la soberanía de Dios como la responsabilidad del hombre, si bien éste no puede hacer nada para su salvación, sino aceptar por la fe al Salvador y su obra. No cabe duda alguna de que la iniciativa salvadora parte siempre de Dios. No fue el sanado que buscó a Jesús, fue el Señor que le buscó a él. Los hombres, por su condición pecadora, no tienen intención, ni interés, ni deseo en Dios, por esa razón es el Hijo quien viene a buscar y salvar lo que estaba perdido (Lc. 19:10). Los judíos le habían expulsado por creer en Jesús como algo más que un hombre; ahora Jesús le pregunta si cree en el Hijo del Dios. Era una alternativa absoluta: Jesús le está haciendo notar si él creía, al contrario de los que le habían expulsado, que eran abiertamente incrédulos.

---

[59] En el texto griego:"Ηκουσεν Ἰησοῦς ὅτι ἐξέβαλον αὐτὸν ἔξω καὶ εὑρὼν αὐτὸν εἶπεν· σὺ πιστεύεις εἰς τὸν Υἱὸν τοῦ Θεοῦ.

Juan 10:36. Registra el apóstol dentro de la controversia de Jesús con los judíos el uso que da del título para sí mismo: "¿Al que el Padre santificó y envió al mundo, vosotros decís: Tú blasfemas, porque dije: Hijo de Dios soy?"[60]. Aquellos no habían dicho nada del calificativo de *dioses* dado a los jueces, pero se violentaron porque Jesús se definió a sí mismo como *Hijo de Dios*. No cabe duda que la diferencia entre Jesús y los jueces es evidente. A aquellos les había llegado la Palabra, pero Él era la Palabra encarnada (Jn. 1:1). Los jueces ejercían autoridad por un tiempo, habiendo nacido como cualquier otro hombre, pero Jesús había sido enviado por el Padre al mundo, por tanto, tenía mucho más derecho a decir que era el Hijo de Dios. Aquellos eran hijos de Dios en el sentido genérico, como miembros de un pueblo al que Dios llamó su hijo, pero Jesús era el Unigénito del Padre (Jn. 1:14, 18; 3:16). Mientras que los jueces tenían una tarea que habían recibido para ejercer, Jesús había sido santificado, es decir, separado por Dios para el ministerio supremo de revelarlo a los hombres (Jn. 1:18) y llevar a cabo la obra redentora que había sido determinada desde antes de la creación del mundo.

La construcción gramatical de la frase completa debe entenderse como si dijese: *Al que Dios consagró y envió al mundo, vosotros os atrevéis a llamarle blasfemo, porque dice que es Hijo de Dios*. En esta argumentación, Jesús se presenta como superior a los jueces, incluso a los profetas, porque tanto unos como otros usan o reciben la Palabra que Dios les revela, mientras que Él fue enviado al mundo por el Padre. Jesús había venido del cielo en un servicio de salvación, conforme a lo establecido en el plan de redención.

Juan 11:4. Con motivo del incidente de la muerte de Lázaro, se recogen en el evangelio las palabras que Jesús dijo a sus discípulos: "Oyéndolo Jesús, dijo: Esta enfermedad no es para muerte, sino para la gloria de Dios, para que el Hijo de Dios sea glorificado por ella"[61].

Recibido el informe que las hermanas de Lázaro enviaron, el Señor habló con los discípulos sobre la enfermedad de su amigo

---

[60] En el texto griego: ὃν ὁ Πατὴρ ἡγίασεν καὶ ἀπέστειλεν εἰς τὸν κόσμον ὑμεῖς λέγετε ὅτι βλασφημεῖς, ὅτι εἶπον· Υἱὸς τοῦ Θεοῦ εἰμι.
[61] En el texto griego: ἀκούσας δὲ ὁ Ἰησοῦς εἶπεν· αὕτη ἡ ἀσθένεια οὐκ ἔστιν πρὸς θάνατον ἀλλ' ὑπὲρ τῆς δόξης τοῦ Θεοῦ, ἵνα δοξασθῇ ὁ Υἱὸς τοῦ Θεοῦ δι' αὐτῆς.

amado. Sin duda, los discípulos no llegaron a entender el alcance de las palabras de Cristo, como era habitual en ellos. Aquella enfermedad no era para muerte, pero iba a morir y ser enterrado. Lo que estaba diciendo es que aquella enfermedad no era permitida por Dios para causar la muerte física definitiva, es decir, una enfermedad con vistas a la muerte, que es uno de los cometidos que se da a la enfermedad. En el Nuevo Testamento puede ser elemento de disciplina por el pecado, instrumento para que un creyente sea llevado a la presencia de Dios o para que Él sea glorificado en ella, como era este caso. El propósito en aquella enfermedad y en la muerte era para gloria de Dios. Algo semejante había dicho Jesús en relación con el ciego de nacimiento, que estaba en aquella condición con un propósito: para que las obras de Dios se manifestasen en él (Jn. 9:3).

Especialmente aquella gloria tenía que ver con la glorificación suya, es decir, con la glorificación del Hijo de Dios. Ambas eran individuales, pero comunes. El Padre es glorificado en el Hijo y a su vez, el Hijo es glorificado por el Padre. Glorificar a uno es glorificar al otro, porque es glorificar a Dios. Nuevamente la vinculación en la unidad divina del Padre y del Hijo es evidente también en el aspecto de la glorificación. El Verbo es enviado para revelar al Padre, y nada relativo a Él en la deidad deja de ser manifestado a los hombres por el Verbo encarnado, por tanto, la glorificación del Padre tiene que pasar necesariamente por la glorificación del Hijo, mediante la cual la glorificación de Dios puede hacerse conocible para el hombre.

Son suficientes las citas consideradas para entender que Jesús usó el título *Hijo de Dios* para referirse a Él mismo; aunque es cierto que el título más utilizado por el Señor fue el de Hijo del Hombre, es evidente que también usó el que se está considerando. La revelación que Jesús hace de Dios alcanza la dimensión suprema en que Dios puede revelarse al hombre y a través del hombre, porque el Padre está en el Hijo y el Hijo en el Padre y porque ambos son uno mismo, esto es, el único Dios verdadero. La filiación es la categoría cristológica más elevada, en la que se designa a Jesús como Hijo y a Dios como Padre, en un sentido único y personal al que hombre alguno puede llegar. En toda la obra salvadora, ministerio soteriológico de Dios, Jesús se ha comportado como Hijo, e incluso ha obedecido desde su condición humana como Hijo que se somete voluntariamente al propósito salvador del Padre. Por esa razón actúa con autoridad tanto en las obras que hace como en la Palabra que proclama; esa potestad reclama fe en su persona, enfrentando a los hombres ante la disyuntiva de seguirle o rechazarle, con las consecuencias sempiternas que acarrea. De otro modo, la autoridad y poder de Jesús es la manifestación de la entrega, o como podría definirse, de la autodonación de Dios al hombre. De otra manera, en el Hijo de Dios se aprecia y entiende lo que es el servicio de Dios a la criatura. Todo esto conduce a poder afirmar la igualdad de vida y de vinculación *ad intra* de Jesús con Dios, que apunta a lo que el Concilio de Nicea llamó consustancialidad[62] entre las dos personas divinas. La deidad de Jesús, el nazareno, el carpintero e hijo del carpintero, es una realidad incuestionable no solo en la síntesis teológica de la fe cristiana, sino en las manifestaciones recogidas en el Nuevo Testamento.

Logos, Verbo

Es el nombre que vincula a Jesús con la eterna deidad, en la relación expresiva del Padre que se revela en el Verbo. Es un nombre usado exclusivamente por Juan. Aunque no se ha considerado directamente, ya se han comentado las citas del evangelio según Juan cuando se trató del nombre Dios aplicado a Jesucristo. Tan solo se reiteran aquí las referencias de Juan que contienen el nombre.

Juan 1:1. Esta es la primera referencia al nombre *Verbo*, en la que Juan escribe: "En el principio era el Verbo, y el Verbo era con Dios, y el Verbo era Dios"[63]. Considerada ya la cita para afirmar la deidad de Cristo, tomémosla de nuevo para referirse al nombre de relación divina *Verbo*.

Este que era en el principio es llamado por el apóstol *el Logos*, que, con artículo determinado en el texto griego, expresa la condición única de aquel a quién se llama de ese modo. Es notable la introducción de título dado a Jesucristo, propio de Juan. Este título no aparece con frecuencia como designación de Cristo. Tanto es así que fuera del prólogo de este evangelio, sólo está en este sentido en otros de los escritos de Juan (1 Jn. 1:1; 5:7; Ap. 19:13). El nombre de Verbo le pertenece eternamente. Es el título que corresponde al Mediador único y divino en el proceso de la acción de la deidad, tanto

---

62 ὁμοουσία.

63 Griego:᾿Εν ἀρχῇ ἦν ὁ Λόγος, καὶ ὁ Λόγος ἦν πρὸς τὸν Θεόν, καὶ Θεὸς ἦν ὁ Λόγος.

en la creación como en la revelación como en la comunicación de vida divina. Cristo es el Logos trascendente cuya comunicación comienza en la creación y culmina en la encarnación. La condición de Logos, como proyección hacia fuera de la expresión divina, establece la conexión entre la divinidad inaccesible y el mundo de los hombres. El Logos, manifestado y encarnado en Cristo, se convierte en principio de intelección de toda la realidad y de toda la historia anterior; a la vez, es elemento integrante de todas las verdades parciales, ya que Él es la única verdad. Por eso, como Logos, es el principio de toda inteligibilidad, el motor de toda búsqueda de verdad y de justicia, y el recapitulador de todo. Todas las porciones fragmentarias de la verdad encuentran su plenitud en Cristo. Esa generación del Verbo eterno en el seno trinitario obedece a una procesión de amor en el interior de Dios. Es necesario entender bien que Cristo es una persona divino-humana, por tanto, el Verbo expresa no solo lo que la persona es en sí, sino la mente suprema del ser divino, en todas sus facetas y dimensiones. Es el discurso absoluto pleno y definitivo que se da a los hombres por medio del Hijo (He. 1:2). El significado de este título exige una aproximación clarificadora en este lugar.

Desde la semántica griega, Logos, Verbo, tiene múltiples significados, pero, fundamentalmente se usa para referirse al pensamiento interno, y también a la expresión de una idea. Por consiguiente, el término en la Escritura se relaciona íntimamente con el hecho de la auto-revelación de Dios, en la que su pensamiento se comunica por medio de su Palabra. En un sentido contrario al bíblico, los filósofos estoicos consideraban el logos como el principio racional que confería existencia al universo. Para los griegos el término era adecuado para describir cualquier manifestación del propio ser. Algunos críticos afirman que Juan incorporó esta palabra en el evangelio bajo la influencia helénica o de los gnósticos, lo que, como se ha dicho en la introducción, no puede probarse, quedando como una hipótesis inaceptable a la luz de la Escritura.

La LXX utiliza la palabra con bastante frecuencia en la traducción del Antiguo Testamento. Su uso está presente en dos grupos de versículos. Los primeros tienen relación con actos creativos de Dios, donde la Palabra, el Logos, actúa creando (cf. Gn. 1:1); por eso los cielos se crearon por el Logos, la Palabra de Dios (Sal. 33:6). Del mismo modo, Dios responde al clamor de su pueblo enviando su Palabra, para sanarlos y librarlos de la ruina (Sal. 107:20). Esto abre un sentido soteriológico de acción salvadora que es el gran tema en el evangelio según Juan. En otra apreciación de eternidad el salmista afirma que la Palabra de Dios permanece eternamente en los cielos (Sal. 119:89). En alguna medida, la idea del envío del Logos a la tierra también está presente (Sal. 147:15). La sabiduría de Dios se expresa por medio del Logos y está con Él eternamente, literalmente "desde antes de sus obras" (Pr. 8:22-31). Es interesante apreciar que el término sabiduría, en éste y otros contextos del Antiguo Testamento, deja de referirse a la cualidad de ser sabio, y apunta al hecho de que la sabiduría está personificada y posee una existencia que la diferencia de Dios en cuanto a que es persona e incluye una relación personal con la creación. Pero también se usa el término Logos, Verbo, para referirse al mensaje que Dios da por medio de los profetas. Una expresión común es la de "la Palabra de Dios vino sobre mí"[64] (cf. Ez. 1:3; Am. 3:1). Se aprecia que en todos los casos en que ocurre, Logos es una expresión que produce un resultado o una acción.

La palabra, el Verbo, en el Nuevo Testamento está relacionada muchas veces con el evangelio, el mensaje de la Buena Noticia (cf. Lc. 8:11; 2 Ti. 2:9). Pero el evangelio proclamado por los apóstoles es esencialmente Cristo mismo. Así lo entendía Pablo, que predicaba a Cristo crucificado (1 Co. 1:23). Esto establece una estrecha relación con el Logos de este primer versículo de Juan. Jesús anunció en su mensaje el logos del reino, la palabra del reino[65] (Mt. 13:19). Aun sin mencionar directamente el término, otros escritos del Nuevo Testamento se identifican plenamente con la idea central del prólogo de Juan. Así de este modo el apóstol Pablo, haciendo notar a los creyentes de Colosas la supremacía de Cristo, lo presenta como Creador y dador de la paz y reconciliador consigo de todas las cosas en base a la obra de la cruz (Col. 1:15-20). Ese es también el pensamiento del escritor de la epístola a los Hebreos (He. 1:1-4). Quiere decir esto que el término, aunque típico de Juan, tiene una aplicación teológica en la pluma de más escritores del Nuevo Testamento.

El sustantivo *verbo* procede de la misma raíz que el verbo *hablar*[66], que tiene un amplio significado como, decir, referirse, preguntar,

---

64 καὶ ἐγένετο λόγοV Κυρίου πρόV πρόV αὐτόν.
65 τὸν λόγοV τῆV βασιλείαV.
66 λέγω.

responder, ordenar, afirmar, asegurar, contar, llamar, proponer, etc. Aparentemente este verbo con el sustantivo derivado, podría vincularse con el hebreo *'amar*, que significa *decir*, de donde *'imrah*, que equivale a *dicho* y que, en cierta medida, recuerda el término griego *sentencia, dicho*[67]. Pero la raíz de las palabras hebreas y de la griega por afinidad de consonantes indican el dicho como mera expresión más que como una realidad expresada. El término Logos, Verbo, connota un mensaje que en Cristo es un mensaje de vida, esto es, un mensaje de vivas realidades. Especialmente en el Salmo 119, cuyo tema central es la Palabra, el Logos escrito, que es base de limpieza (v. 9), de vida (v. 25), de sustento (v. 28), digna de crédito porque es palabra de verdad (vv. 42-43), de consuelo (v. 50), de luz para el camino (v. 105), es digna de la esperanza (v. 114), etc.

Todo esto en la completa totalidad de la Palabra de Dios está comprendido, pero en forma absoluta en el Logos al que Juan se refiere en este primer versículo. Jesús es el Verbo personal del Padre. En ella, Palabra viva y activa, el Padre expresa su interior, es decir, todo cuanto es, tiene y hace, por tanto, el Logos es la expresión exhaustiva del Padre. Debe tenerse en cuenta que el verbo expresar es el frecuentativo del verbo exprimir, de modo que cuando nos expresamos exprimimos nuestra mente para formar un logos que defina lo que pensamos en su concepto pleno. Esto tiene una consecuencia conclusiva; para expresar algo hay que tener una mente rica en contenido conceptual. Así que, si el Logos personal del Padre es divino, como el Padre, según enseña Juan en el texto, es, por tanto, infinito y exhaustivo, capaz de expresar en la dimensión plena y absoluta el pensamiento, posesión y acción del Padre, siendo la Palabra que expresa todo lo que corresponde a la mente del Padre que la expresó. Esto tiene una gran importancia teológica porque una persona infinita como el Padre, con una mente infinita en acción continua, concibe y expresa un Verbo tan infinito y eterno como Él mismo que lo pronuncia. Esto demanda la existencia única de un solo Verbo, puesto que, si pudiese haber más, o el Padre tuviese más de uno, ninguno de ellos expresaría con perfección la esencia, mente y propósitos del Padre. Por esa causa, es el único revelador adecuado para Él. Este Verbo es el que, al hacerse hombre (Jn. 1:14), traduce al Padre en el lenguaje humano, expresándolo en plenitud y haciendo la correcta exégesis de Él (Jn. 1:18), de manera

---

67 ῥῆμα.

que es la única verdad personal del padre (Jn. 14:6). A causa de esto, sólo Jesús tiene "las palabras de Dios" (Jn. 3:34), que son "palabras de vida eterna" (Jn. 6:68). Jesús, como Verbo eterno, nos da la revelación definitiva y final del Padre. Esa es también la causa por la que todas las promesas de Dios son en Jesús *sí y amén* (2 Co. 1:19-20). Al ser el único Verbo en revelación de Dios no sólo es *sí y amén* como garante de las promesas de Dios, sino todavía más: Jesús es Dios en estado de amén, puesto que tiene una sola palabra y "Él permanece fiel; Él no puede negarse a sí mismo" (2 Ti. 2:13). El Logos, Verbo divino como única y definitiva Palabra de Dios, "permanece para siempre" (cf. Is. 40:6-8; Dn. 6:26; He. 4:12; 1 P. 1:23-25). La mente del Padre está eternamente activa, por tanto, siempre, sin interrupción alguna, está expresando el Logos revelador de su pensamiento, todo lo existente, pasado, presente y futuro.

Genera esto una dificultad teológica: si sólo la primera persona divina es la que expresa el Logos, las otras dos ¿están en silencio? En ningún modo, puesto que, muy al principio, la Biblia presenta una deliberación *ad intra*, esto es, en la intimidad de la trina deidad (Gn. 1:26). Pero solo el Padre al pronunciar su Logos genera, sin principio de vida, por vía de generación mental a la segunda persona divina, que personifica la mente del Padre. Ahora bien, la expresión de la mente del Padre es exhaustiva, es decir, agota en Él su plenitud mental y da procedencia al Verbo que es consustancial con Él mismo. Por eso el Verbo no puede engendrar otro Verbo porque recibe una mente que ya agotó su expresión personal.

Otro aspecto que debe quedar claro al entrar en esta verdad que Juan expresa en este primer versículo es que podría pensarse que, si el Logos es expresado por el Padre, depende de Él en su existencia propia, puesto que sólo hay Verbo cuando alguien lo pronuncia. Esto conduciría a una dependencia y subordinación de la segunda con la primera persona. Debe afirmarse que no hay dependencia alguna o subordinación del Verbo al respecto del Padre que lo pronuncia, porque si la Palabra subsiste del Padre que la pronuncia, el Padre, aunque no vive de la Palabra, sí vive de pronunciarla. De otro modo, lo que constituye al Padre como persona divina, esto es, como Dios Padre, es el acto vital y eterno de expresar su Logos, pero, ni el Logos puede vivir sin el Padre que lo engendra, ni el Padre puede vivir sin pronunciar el Logos que lo manifiesta. La subordinación en cuanto a deidad no existe, puesto que las personas divinas son inmanentes.

Necesariamente es preciso referirse a lo que se ha considerado anteriormente sobre la persona divina, que es una subsistencia en el ser divino, siendo el Verbo la segunda subsistencia personal en la trina deidad. La subsistencia es distinta a la esencia. Esto es preciso en el texto de Juan, cuando afirma que el Verbo estaba con Dios, de otro modo, si el Verbo fuese simplemente Dios, no haría falta reiterarlo de esta manera. Al decir luego que el Verbo era Dios, se entiende que es de la esencia unida del ser divino. Ahora bien, el Verbo no podía estar con Dios y ser Dios sin que subsistiese en Él, como una persona de la Santísima Trinidad, lo que le vincula necesariamente con la esencia divina y de ningún modo puede desvincularse de ella; sin embargo, tiene una subsistencia que la distingue de la del Padre. Todo cuanto es propio a cada una de ellas es algo que no se puede comunicar a las demás, pues nada de lo que se atribuye al Padre como tal puede pertenecer al Hijo, ni serle atribuido como condición personal. Este Verbo fue engendrado del Padre eternamente, por tanto, es también verdadero Dios. De ahí que sea Creador al pronunciar el mandato *sea*, que hace surgir a la existencia lo que no existía, pero, a la vez, su voz divina y omnipotente sustenta todas las cosas con el poder de su palabra (He. 1:3); de otro modo, el Verbo fue con el Padre la causa de todas las cosas (Jn. 1:3). Este que existió antes del principio de todas las cosas, ya que nadie podía decir *sea* si comenzó una existencia en el momento de pronunciarla, antecede a todo y necesariamente se revela en la eternidad de Dios, donde está su verdadera esencia y divinidad.

Juan 1:14. Escribe el apóstol: "Y aquel Verbo fue hecho carne, y habitó entre nosotros (y vimos su gloria, gloria como del unigénito del Padre), lleno de gracia y de verdad"[68]. Mientras los sinópticos de Mateo y Lucas dedican un espacio para hablar de la encarnación, Juan utiliza un solo texto para ese mismo tema, enfocándolo desde la dimensión de eternidad del Verbo para introducirlo en el de la humanidad con que se manifiesta en la tierra. Esto introduce una nueva sección del prólogo, que queda vinculada a la anterior mediante el uso de la conjunción copulativa *y*. El Verbo se ha presentado como Dios; la expresión de Juan es la más sucinta y a la vez la más completa de la tremenda paradoja de Jesús. Esta es la primera proposición del versículo. De una forma muy expresa, Juan dice que el Verbo fue

[68] En el texto griego: Καὶ ὁ λόγος σὰρξ ἐγένετο καὶ ἐσκήνωσεν ἐν ἡμῖν, καὶ ἐθεασάμεθα τὴν δόξαν αὐτοῦ, δόξαν ὡς μονογενοῦς παρὰ Πατρός, πλήρης χάριτος καὶ ἀληθείας.

hecho carne. La expresión *se hizo*[69], a causa del sujeto que es el Verbo, representa un desafío en cuanto a traducción. No puede significar *llegó a ser*, pues el Verbo sigue siendo indefectiblemente el Verbo. Pero puede y debe entenderse como el proceso por el cual el Verbo entró en la historia humana, como hombre.

Juan utiliza el término *carne*[70] en la misma acepción que hombre, designando, en contraste con la omnipotencia y eternidad del Verbo, la debilidad y temporalidad de la criatura, resaltando su parte frágil (Is. 40:5; Mt. 24:22; Lc. 3:6; Jn. 17:2). El contraste de eternidad y temporalidad entre Dios y el hombre está continuamente presente en la Escritura, a modo de ejemplo en las palabras del profeta:

> *Voz que decía: Da voces. Y yo respondí: ¿Qué tengo que decir a voces? Que toda carne es hierba, y toda su gloria como flor del campo. La hierba se seca, y la flor se marchita, porque el viento de Jehová sopló en ella; ciertamente como hierba es el pueblo. Sécase la hierba, marchítase la flor; mas la palabra del Dios nuestro permanece para siempre. (Is. 40:6-8)*

Estos dos extremos infinitamente distantes y antitéticos se unen en la encarnación. De otro modo, el mismo que existe *ab eterno* comienza una existencia novedosa como hombre. El Creador se hace también criatura. No se trata de que el Verbo se convirtió en hombre, sino que se hizo hombre, sin dejar de ser el Verbo eterno.

El hecho de la encarnación establece también una diferenciación radical entre el judaísmo y el cristianismo porque en ella se manifiesta la donación de Dios en la persona del Verbo, razón de ser de la salvación y con ello razón fundamental del cristianismo como una comunidad de salvos que constituyen un cuerpo en Cristo. El término encarnación es sinónimo de humanización. No es solo que el Verbo tome cuerpo humano, sino que se hace hombre, incluyendo en ello toda la parte espiritual propia del ser humano. La encarnación parte del envío del Verbo que se hace presente en el seno de María, por lo que la concepción parte del Padre como iniciador. Pero el Verbo es el sujeto realizador de la acción por ser la persona divina que se encarna, y los hombres como los destinatarios de los efectos que

---

[69] El aoristo ἐγένετο.

[70] Griego: σὰρξ.

siguen a ella. De la unión del Verbo con la naturaleza humana, creada y asumida en el mismo acto, resulta el hombre Jesús. Desde ahí que la humanidad subsistente en la persona divina del Verbo es ya para siempre la humanidad de Dios el Hijo. Todo esto se considerará más extensamente al tratar de la encarnación.

Apocalipsis 19:13. En el último libro del Nuevo Testamento, Juan utiliza nuevamente el nombre Verbo cuando escribe: "Estaba vestido de una ropa teñida en sangre; y su nombre es: EL VERBO DE DIOS"[71]. La figura del versículo aparece en la profecía del Antiguo Testamento donde, en forma metafórica, describe a Jehová que vuelve de la lucha contra los enemigos, con un manto salpicado de sangre; al igual que cuando en la vendimia se pisa el lagar y se salpican los vestidos, así también el haber pisado el lagar de la ira salpicó su manto con la sangre de sus enemigos (Is. 63:1-3). El nombre que Juan da al Señor es el de *Verbo de Dios*. Se lee literalmente: ha sido llamado, es decir, se le ha dado como nombre el de Verbo de Dios; el modo verbal utilizado en el texto griego expresa la idea de un nombre que lleva desde siempre, no es algo impuesto en algún momento, sino que corresponde, expresa lo que su persona es. Es el nombre que Juan utiliza en el evangelio para referirse al Cristo preexistente y luego encarnado (Jn. 1:1, 14). El título une el Apocalipsis con los escritos de Juan. El que viene glorioso y vencedor es el que como Verbo expresa y ejecuta todo el plan de Dios para los tiempos. El Verbo es la Palabra absoluta con la que Dios habla (He. 1:1-3). Es la revelación de Dios hecho carne (Jn. 1:14). Aquí expresa la absoluta palabra de juicio divino sobre los enemigos y la ejecución de la sentencia conforme a la plenitud del pensamiento de Dios.

Cerramos esta reflexión sobre el nombre de Verbo, Logos, dado a Cristo trasladando un párrafo de Agustín:

Los que dijeron que nuestro Señor Jesucristo no era Dios verdadero, o que no era un Dios con el Padre, o que por ser mudable no era inmortal, pueden ser convencidos por el testimonio acordado y unánime de los libros divinos, de donde están tomadas estas palabras: En el principio existía la Palabra, y la Palabra estaba en Dios, y la Palabra era Dios. Es manifiesto que nosotros reconocemos en el

---

[71] En el texto griego: καὶ περιβεβλημένος ἱμάτιον βεβαμμένον αἵματι, καὶ κέκληται τὸ ὄνομα αὐτοῦ ὁ Λόγος τοῦ Θεοῦ.

Verbo de Dios al Hijo único de Dios, del cual dice luego: Y la Palabra se hizo carne y habitó entre nosotros, a causa del nacimiento de su encarnación, acaecido, en el tiempo, de una Virgen.

En este pasaje declara San Juan no sólo que Cristo es Dios, sino que es consustancial al Padre, pues habiendo dicho que la Palabra era Dios, continúa: En el principio estaba en Dios. Todas las cosas fueron hechas por Él, y sin Él nada ha sido hecho. En el omnia[72] *se incluyen todas las criaturas. Luego consta con evidencia que no ha sido hecho aquel por quien fueron hechas todas las cosas. Y si no ha sido hecho, no es criatura; y si no es criatura, es una misma sustancia con el Padre. Toda sustancia que no es Dios, es criatura; y la sustancia que no es criatura, es Dios. Si el Hijo no es una misma sustancia con el Padre, es criatura; y si criatura, ya no han sido hechas por Él todas las cosas. Pero está escrito: Todo ha sido hecho por Él; luego es una misma sustancia con el Padre, y, por consiguiente, no sólo es Dios, sino también Dios verdadero.*[73]

El nombre *Verbo* marca una notoria relación *ad intra*, en la que Dios expresa absolutamente todo cuanto es y hace.

Unigénito

El adjetivo[74], aplicado a personas, expresa alguien único de esa condición. El término aparece en el Nuevo Testamento nueve veces, con varios sentidos: a) Para hablar de un hijo único (cf. Lc. 7:12; 9:38) o de una hija en la misma condición (cf. Lc. 8:42); b) Para referirse a Isaac, el *unigénito* de Abraham (He. 11:17).

Sin embargo, es el adjetivo que usa el apóstol Juan para referirse a la condición única de Cristo como Hijo del Padre. En ese sentido aparece cinco veces en los escritos de Juan.

Juan 1:14. En la introducción del evangelio, refiriéndose al Verbo encarnado, dice: "Y aquel Verbo fue hecho carne, y habitó entre nosotros (y vimos su gloria, gloria como del unigénito del Padre),

---

72 *Todas*.
73 Agustín de Hipona, *De Trinitate* I.6.9.
74 μονογενής.

lleno de gracia y de verdad"[75]. El versículo se ha considerado cuando se trató el nombre Verbo, en relación con Jesucristo. Baste, por tanto, aquí referirse al adjetivo que lo vincula con el Padre.

Juan habla de Verbo, principio de todo, poseedor y comunicador de la vida, y pasa a presentarlo como hombre a consecuencia de la encarnación. Pero este hombre, Jesús, el Verbo encarnado, es la expresión visible de la vida trinitaria de Dios en una criatura y la incardinación de la creatura en Dios. El ser divino en la persona del Hijo encarnado se inserta en la historia humana, ofreciendo vida al hombre y atrayéndolo hacia Él mismo al hacerlo regresar al centro originario y al lugar donde alcanza toda la plenitud.

Entender el título Unigénito o Hijo unigénito exige entender el asombroso hecho derivado de la encarnación: Dios se hace habitante del mundo. El verbo que utiliza Juan[76] tiene múltiples equivalencias, como *habitar*, *vivir*, *poner tienda*, *fijar tabernáculo*. Todas ellas tienen relación con el establecimiento de una residencia permanente. El término expresa la idea de poner una tienda donde residir, un tabernáculo donde morar. Tendríamos que inventar un verbo para establecer una relación con la palabra griega que, en este caso, sería algo así como *tabernaculear*. El Verbo tomó una residencia humana, se hizo hombre y plantó esa tienda entre los hombres. Juan nos introduce en la visión humana del Dios encarnado. No se trataba de una deposición de la deidad ya que, en su condición de hombre, comienza una existencia divino-humana en la que la naturaleza divina permanece inalterable, puesto que no se trata de un dios rebajado, sino del único Dios verdadero que se hace visible a los hombres, no desde la inmensidad e infinitud que le son propias, sino desde la humildad de la criatura. Sin embargo, en esa naturaleza humana, en el hombre Jesús de Nazaret, habita corporalmente toda la plenitud de la deidad (Col. 2:9). La plenitud divina cubierta por el traje de trabajo que es su humanidad. Sin embargo, en un momento de su ministerio, en presencia de tres de sus discípulos, descorrió un poco el cierre de este traje de trabajo y bajo Él resplandeció gloriosa la grandeza de su deidad (Mt. 17:2).

---

[75] En el texto griego: Καὶ ὁ λόγος σὰρξ ἐγένετο καὶ ἐσκήνωσεν ἐν ἡμῖν, καὶ ἐθεασάμεθα τὴν δόξαν αὐτοῦ, δόξαν ὡς μονογενοῦς παρὰ Πατρός, πλήρης χάριτος καὶ ἀληθείας.
[76] Griego: σκηνόω.

Sorprende la frase de Juan, "habitó entre nosotros", se rozó con nosotros, estuvo con nosotros, comió y bebió con los hombres, hasta tal punto que el escritor dirá en otro de sus escritos: "Lo que hemos oído, lo que hemos visto con nuestros ojos, lo que hemos contemplado, y palparon nuestras manos tocante el Verbo de vida" (1 Jn. 1:1). No se trata de otro, sino del Verbo de vida en su visita a la tierra, en su manifestación como hombre entre los hombres. Como realidad de la presencia del Verbo encarnado entre los hombres, estos pudieron ver su gloria. La forma verbal en el texto griego[77] expresa la idea de una observación puntual y pormenorizada que verifica las realidades de aquello que se observa y que establece un resultado definitivo. En la Biblia el término *gloria*[78] expresa mayoritariamente la manifestación visible que acompaña una teofanía (cf. Ex. 33:22; Dt. 5:22-24; 1 R. 8:11). El ejemplo más claro de la gloria proléptica de Jesús es la transfiguración, en la cual, la gloria propia de su deidad se hizo visible ante los tres discípulos que estaban allí presentes. La gloria se manifestó en Jesús por medio de sus milagros, que ponían de manifiesto la omnipotencia divina; a esta gloria se refiere también Juan (2:11; 11:4, 40). La gloria expresada en Cristo no es temporal, sino eterna, es decir, estuvo siempre presente en el Verbo antes de la encarnación y nacimiento. A esta gloria, oculta por el velo de la humanidad, se refiere Jesús en la oración al Padre cuando le pide recuperar la gloria que tuvo con Él antes de que el mundo fuese (17:5, 24). Sin embargo, Cristo no estuvo buscando gloria para sí mismo, sino que, como enviado del Padre en su condición de siervo, buscó siempre la gloria de aquel que le envió (5:41; 7:18; 8:50). Por tanto, la gloria de Jesús depende absolutamente de su relación con Dios y de la obediencia incondicional al que le ha enviado a la misión que le fue dada. Este sentido aclarará el concepto de lo que para Juan supuso la grandeza de la gloria de Jesús, considerada en la última frase del versículo. El profeta habló de la poca importancia que el Mesías tendría cuando viniese al mundo: "No hay parecer en él, ni hermosura; le veremos, mas sin atractivo para que le deseemos" (Is. 53:2). Para los hombres la gloria de Jesús fue transitoria y poco reveladora, ya que entendían que Él era un hombre como otro de los grandes hombres; para los apóstoles era el Cristo, el Hijo del Dios viviente (Mt. 16:13-16).

[77] ἐθεασάμεθα, como aoristo del verbo θεάομαι.

[78] δόξαν.

La gloria de Jesús era la que correspondía al Unigénito del Padre. Ambas naturalezas están presentes en perfecto equilibro en el versículo. Por un lado, la humana, descrita con precisión: el Verbo fue hecho carne. Aquí entra la naturaleza divina, comparada con la gloriosa manifestación propia de quien es el Unigénito del Padre. El sentido de esta palabra es literalmente el único de esta clase, que al emplearla en relación con el Padre y el Verbo indica algo definitivo en la relación paterno-filial, en la que solo existe un Hijo y que es único también por su propia condición. No solo era Hijo del Padre, sino que procede de Él en su existencia personal, pero nunca independiente, puesto que la generación del Hijo no es transeúnte, sino inmanente, como se ha dicho anteriormente.

Juan expresa en la frase que la gloria que se descubre en Jesús, como Verbo encarnado, es la que corresponde a quien es Unigénito del Padre, de otro modo es la que corresponde a quien viene del Padre y es el Hijo único de la eterna relación engendradora. Sin embargo, del Unigénito se dice que ha salido del Padre (Jn. 3:15-17; 1 Jn. 4:9), y que también está en el Padre (Jn. 1:18). En este sentido de descenso y venida, no se puede referir a la generación eterna, sino a la misión temporal, el punto de partida de la obra encomendada al Verbo encarnado. Sin embargo, en el versículo, la aparición del término Unigénito se expresa con la preposición *de*[79] (1 Jn. 2:29; 3:9; 4:7; 5:1, 4, 18), que condiciona la existencia del Verbo como procedente o salido del Padre. La filiación de Cristo, como Hijo de Dios, es radicalmente distinta de la nuestra, de ahí que Jesús nunca se coloca en el mismo plano de los demás en esta relación (Jn. 20:17). El Verbo Unigénito lo es por filiación eterna. Además, si el Unigénito manifiesta la gloria de Dios en Él, quiere decir que da la medida exhaustiva de esa gloria, que al ser manifestada por el Unigénito es independiente de la encarnación. Como Unigénito viene al mundo de los hombres para, por su obra, hacerlos hijos de Dios a quienes creen y constituirse para ellos en esa nueva relación como primogénito entre muchos hermanos (Ro. 8:29). Es de este modo que se entiende el envío, ya que como Unigénito viene del Padre al mundo porque es Unigénito en el seno del Padre (Jn. 1:18); de manera que Dios entrega a quien es el único de esa condición con Él (Jn. 3:16); lo envía al mundo (1 Jn. 4:9); por tanto, la gloria suya no es temporal, sino eterna, la tiene desde antes de la creación (Jn. 17:5). Por esa

---

[79] Griego: εκ.

causa, Dios el Padre tiene un Hijo que necesariamente es Unigénito (Jn. 1:14, 18; 3:16, 18; 1 Jn. 4:9), porque si pudiese haber más de un Hijo en el seno trinitario, ninguno de ellos será resultado exhaustivo de la generación del Padre, de modo que ninguno sería infinito y, por tanto, ninguno sería Dios. Pero eso mismo afectaría a la condición de Padre, puesto que la generación sería un acto limitado dentro de su seno. Por ser el acto generativo del Padre una comunicación total y una entrega absoluta e infinita al Hijo, el Padre se constituye persona por una relación subsistente hacia otro, esto es, el Padre es persona divina por su relación con el Hijo. Esa es la causa por la que ambos, Padre e Hijo, son eternos y el hecho de que este sea engendrado no supone principio de existencia, sino vinculación personal en el acto eterno de la generación del Padre. Juan llama aquí a Jesús *Unigénito del Padre*. Como Logos hace visible en su humanidad la admirable gloria de la deidad.

Juan 1:18. En el texto se lee: "A Dios nadie le vio jamás; el unigénito Hijo, que está en el seno del Padre, él le ha dado a conocer"[80]. Dios se hace visible en el Verbo, o si se prefiere mejor, el Verbo hace visible al Invisible. El hemistiquio tiene alguna dificultad en definir la expresión que salió de Juan. Hay algunas variantes de lectura que pueden apreciarse en el apartado de Crítica Textual del versículo[81], pero, fundamentalmente se reducen a dos: a) El Unigénito Hijo; b) El Unigénito Dios. Esta segunda, que es la más firme, equivale a Dios, el Hijo Unigénito. Cuenta con el apoyo de los principales códices, así como de Ireneo, Clemente, Orígenes, etc. Además, muy probablemente Juan quiere cerrar este párrafo con la misma idea con que lo inició. El Verbo es Dios, ahora vuelve a reiterar que el

---

[80] Así en el texto griego: Θεὸν οὐδεὶς ἑώρακεν πώποτε· μονογενὴς Θεὸς ὁ ὢν εἰς τὸν κόλπον τοῦ Πατρὸς ἐκεῖνος ἐξηγήσατο.

[81] μονογενὴς Θεὸς, *Unigénito Dios*, lectura atestiguada en p^{66}, a*, B, C*, K, $sir^{p, hmg}$, $Orígenes^{pt}$, Dídimo.

ὁ μονογενὴς Θεὸς, *el Unigénito Dios*, según lectura en p^{75}, a^{1}, 33, $Clemente^{pt}$, $Clemente^{ex\ Thd\ pt}$, $Orígenes^{pt}$.

ὁ μονογενὴς υἱὸς, *el Unigénito Hijo*, como se lee en A, C^{3}, K, Γ, Δ, Θ, Ψ, $f^{1, 13}$, 565, 579, 700, 892, 1241, 1424, M, lat, $sir^{c, h}$, $Clemente^{pt}$.

εἰ μή ὁ μονογενὴς υἱὸς, *si no el Unigénito Hijo*, según W^{s}, it, $Ireneo^{lat, pt}$.

εἰ μή ὁ μονογενὴς υἱὸς Θεου`, *si no el Unigénito Hijo de Dios*, como se lee en $Ireneo^{lat, pt}$.

Unigénito es también Dios que, como Verbo, puede revelar todo lo que Dios es. Hablar del Unigénito Dios es referirse a la eternidad del Verbo y con ella a la filiación en el seno trinitario. Ningún otro tipo de filiación podría corresponder a ésta, al tiempo que es irreconciliable con la realidad de la deidad del Hijo de Dios.

Es sorprendente la oposición que los críticos han hecho de esta manifestación del texto, en que se lee *Unigénito Dios*, como escribe Raymond E. Brown:

Esta lectura resulta sospechosa por presuponer un alto grado de evolución teológica; sin embargo, no se explicaría por la polémica antiarriana, ya que los arrianos no tenían inconveniente en atribuir a Jesús este título. Algunos objetan lo extraña que resulta la afirmación y la implicación de que solo Dios puede revelar a Dios.[82]

Juan 3:16. De esta manera escribe Juan: "Porque de tal manera amó Dios al mundo, que ha dado a su Hijo unigénito, para que todo aquel que en él cree, no se pierda, mas tenga vida eterna"[83]. La obra de salvación obedece al amor de Dios. En ocasiones la arrogancia del hombre pretende situar la salvación en la misericordia consecuente de Dios a causa de la condición perdida del ser humano por su pecado. Es decir, Dios salvó al hombre porque se había perdido y acudía a su necesidad para que no se perdiesen sus creaturas. Pero, la Biblia enseña que Dios determinó salvar al hombre, no por lo que el hombre fuese o dejase de ser, sino por determinación personal antes de que el hombre fuese creado (2 Ti. 1:9). El Cordero de Dios había sido predestinado para la redención del mundo antes de la creación (1 P. 1:18-20). El amor de Dios no solo es infinito, sino que es incomprensible, es más, es ilógico, porque se orienta hacia el perdido y rebelde pecador, ingrato, sin afectos naturales, corrompido y por tanto corrupto, que no busca a Dios ni quiere saber de Él, constituyéndose en enemigo suyo por sus malas obras (Stg. 4:4). Lo sorprendente es que, a estos enemigos, cuyo destino era la eterna condenación, los reconcilió consigo por la muerte de su Hijo (Ro. 5:10). Las palabras

---

[82] Brown, 1979, p. 190.

[83] En el texto griego: οὕτως γὰρ ἠγάπησεν ὁ Θεὸς τὸν κόσμον, ὥστε τὸν Υἱὸν1 τὸν μονογενῆ ἔδωκεν, ἵνα πᾶς ὁ πιστεύων εἰς αὐτὸν μὴ ἀπόληται ἀλλ’ ἔχῃ ζωὴν αἰώνιον.

del versículo se ocupan primeramente de presentar la causa eficiente de salvación y la dimensión de ella, ofreciendo la verdad de que toda la obra redentora se origina en el amor infinito de Dios. La expresión "de tal manera amó" tiene que ver con la extraordinaria dimensión de ese amor, como si dijese *así de grande es el amor de Dios*. Este pensamiento satura la mente de Juan, de modo que insiste en ello en otro de sus escritos: "Mirad cuál amor nos ha dado el Padre, para que seamos llamados hijos de Dios" (1 Jn. 3:1). La primera frase tiene el sentido de *mirad de qué país, de qué lugar*, o *mirad de qué estilo o de qué condición* es el amor de Dios. Si sorprendente es el amor, con mayor dimensión se aprecia cuando se considera quiénes son los destinatarios: amó al mundo. El asombro personal crece cuando se aprecia quién es el objeto de ese amor: los hombres que están en él. Estos son mundanos, porque están afectados y sujetos a ese sistema espiritual, que es de abierta oposición a Dios y contrario a su voluntad.

Ese amor no podía ser mayor puesto que Dios lo expresa en el don supremo de dar a su Hijo. Ese *dio* equivale a *lo entregó a la muerte* como sacrificio expiatorio por el pecado (Jn. 15:13; 1 Jn. 3:16; 4:10). Dios no escatimó ni a su propio Hijo. Fue Dios quien entregó a muerte a su Hijo, si bien tampoco Él rehusó entregarse a la muerte por nosotros. Lo asombroso de ese amor divino es que Dios no necesitaba nada de nosotros; por tanto, es ilógico para el pensamiento humano la entrega del Unigénito suyo en bien de los perdidos, que se habían alejado de Él voluntariamente. Es la dimensión suprema del amor manifestado en la gracia. Lo entrega voluntariamente y el Hijo asumiendo su determinación en el plan de redención desciende al mundo de los hombres para humillarse hasta la muerte y muerte de cruz, de manera que "por amor a nosotros se hizo pobre, siendo rico, para que nosotros fuésemos enriquecidos con su pobreza" (2 Co. 8:9). El Padre entregó a su Unigénito por las transgresiones de los que ahora son hijos suyos por adopción, abriendo el camino que permite esa acción divina (Ro. 4:25). Este inocente y santísimo Hijo de Dios fue entregado por nosotros y puesto en el lugar de los extraviados y rebeldes. El amor insondable de Dios se manifiesta precisamente en que el Padre puso a su Hijo por nosotros y lo hizo cuando nosotros estábamos en la posición de pecadores y enemigos de Él (Ro. 5:6-10).

Juan 3:18. Sigue escribiendo Juan sobre el Unigénito Hijo y dice: "El que en él cree, no es condenado; pero el que no cree, ya ha sido condenado, porque no ha creído en el nombre del unigénito

Hijo de Dios"[84]. Creer o no creer es el determinante de salvación o de condenación. Cristo murió por todos, pero eso no es suficiente para ser salvo. No se trata de una obra potencial que se aplica virtualmente a todos, sino que se recibe por creer en Cristo. El que cree en Cristo es justificado por la fe (Ro. 5:1). La justificación es la declaración divina de la cancelación de toda deuda penal por el pecado. El texto enseña que quien cree ya no viene a juicio de condenación (Jn. 5:24). En contraposición, el que no cree no dice que será condenado, sino que ya ha sido condenado. Según el versículo, la humanidad se divide en dos grupos; por un lado, los que creen que no son condenados, por el otro los que rechazan a Cristo y no creen en Él como el Hijo Unigénito de Dios, enviado por el Padre para realizar la obra de salvación para el pecador. La razón de la condenación es que no han creído. No se trataba de hacer, esto es practicar las obras legales para recibir la salvación, sino de creer, con todo lo que comporta a nivel de aceptación y de entrega al único modo de justificación delante de Dios. Juan reúne dos grandes títulos de relación paterno-filial de Jesucristo al llamarle el Hijo Unigénito e Hijo de Dios esto es, único y por tanto amado por el Padre (1:14). No es posible creer para salvación en un Salvador que sea solamente humano. La seguridad de salvación está en que el Salvador es divino, es Jesús, que es Dios y que es hombre (1 Jn. 4:3), es decir, una persona divino-humana. Este Jesús, nuestro Salvador, es por su infinita grandeza y fidelidad (1:14) digno de ser creído y, por su bondad innata, merecedor de ser recibido. La incredulidad es un pecado contra la provisión de salvación.

1 Juan 4:9. En la epístola el apóstol afirma: "En esto se mostró el amor de Dios para con nosotros, en que Dios envió a su Hijo unigénito al mundo, para que vivamos por él"[85]. De nuevo reitera la grandeza del amor divino, que no es una mera especulación teológica, sino que se ha manifestado, esto es, se hizo visible, para que todos podamos sentir y conocer su realidad. No es esta la única manifestación de su amor, ya que, siendo amor por naturaleza, todo cuanto Dios hace lo hace en amor. Pero esta es la máxima expresión de ese amor, visible a todos. Es evidente que el apóstol se está refiriendo

---

[84] Lectura en el texto griego: ὁ πιστεύων εἰς αὐτὸν οὐ κρίνεται· ὁ δὲ μὴ πιστεύων ἤδη κέκριται, ὅτι μὴ πεπίστευκεν εἰς τὸ ὄνομα τοῦ μονογενοῦς Υἱοῦ τοῦ Θεοῦ.

[85] Así en el texto griego: ἐν τούτῳ ἐφανερώθη ἡ ἀγάπη τοῦ Θεοῦ ἐν ἡμῖν, ὅτι τὸν Υἱὸν αὐτοῦ τὸν μονογενῆ ἀπέσταλκεν ὁ Θεὸς εἰς τὸν κόσμον ἵνα ζήσωμεν δι᾽ αὐτοῦ.

al amor de Dios, específicamente aquí a la demostración del amor del Padre. El propósito del envío del Hijo es claro: "Para que vivamos por Él". Lo envía con un propósito salvador: que el pecador muerto en pecados pueda pasar de muerte a vida (Jn. 5:24; 1 Jn. 3:14). La vida se encuentra en el Hijo (Jn. 1:4) y se comunica como resultado de la unión vital con Él (1 Jn. 2:6). La vida actual en la esfera de la gracia se sustenta al estar en Cristo (Fil. 1:21; Gá. 2:20). Al término del programa de salvación por gracia, esa vida glorificada se da al creyente en Cristo (Jn. 14:3; Col. 1:27).

La manifestación suprema del amor consiste en que Dios se desprende del Hijo enviándolo a favor de los transgresores (Jn. 3:16; Ro. 5:8). Como dice John Stott: "No es concebible un mayor don de Dios porque no era posible uno mayor"[86]. Es, en palabras del apóstol Pablo, el don inefable (2 Co. 9:15).

Nombres y títulos divino-humanos

Hijo del Hombre

Es el título que más veces aparece en el Nuevo Testamento, usado por Jesús para referirse a Él mismo. Es el título divino-humano aplicado a Cristo. En él hay dos componentes: por un lado, el término Hijo, que se ha considerado como nombre vinculado a la eterna deidad; el segundo está relacionado con el Mesías, que, siendo Hijo de Dios, es también hombre perfecto. Jesús usó el título para vincularlo consigo mismo y relacionarlo con el pasaje profético de Daniel (Dn. 7:13-22), cuyo contenido orienta no a una situación de humillación, sino a una posición de gloria. Así se lee en la profecía: "Miraba yo en la visión de la noche, y he aquí con las nubes del cielo venía uno como un hijo de hombre, que vino hasta el Anciano de días, y le hicieron acercarse delante de él". En esa simbología de la visión, el Anciano de días es una referencia a Dios en su condición de juez eterno, enfatizando la dignidad de su persona. Los detalles de su vestimenta y apariencia sugieren la idea de pureza, fidelidad y santidad. El trono de fuego es representación del juicio de Dios y las ruedas orientan a la universalidad de ese juicio. La aproximación del uno como hijo de hombre, indica la relación de Cristo, a quien le fue encomendado todo juicio para ejecutar lo que Dios ha determinado sobre el mundo.

---

[86] Stott, 1974, p. 176.

El título implica tanto la condición humana, la humillación y la exaltación del Hijo de Dios. Es el nombre que asocia plenamente la misión terrenal de Jesucristo en toda la dimensión. En relación con la humanidad del Verbo encarnado, el título tiene un notorio énfasis. Juan enseña que "el Verbo fue hecho carne y habitó entre nosotros" (Jn. 1:14). La humanidad de Jesús es un hecho evidente. Las características propias de un hombre están presentes en Él. No es una apariencia humana, sino un hombre real y verdadero; concebido, gestado, alumbrado, criado, desarrollado y finalmente presentado y manifestado a las gentes, cumpliendo funciones propias de hombre y teniendo sus limitaciones y necesidades, salvo en lo relativo al pecado. En conexión con la humanidad el título es descriptivo, cuando Jesús dijo: "Vino el Hijo del Hombre, que come y bebe, y dicen: He aquí un hombre comilón, y bebedor de vino" (Mt. 11:19). En esa misma dimensión diría también: "Si no coméis la carne del Hijo del Hombre, y bebéis su sangre, no tenéis vida en vosotros" (Jn. 6:53). El título tiene que ver también con su preexistencia, por tanto, con el aspecto sobrenatural y divino de Jesús, de ahí que diga a Nicodemo: "Nadie subió al Cielo, sino el que descendió del Cielo; el Hijo del hombre" (Jn. 3:13). Nadie podía expresar el pensamiento redentor de Dios, porque nadie había podido subir al cielo, pero lo podía hacer el Hijo del Hombre porque había descendido del cielo. Más adelante en su ministerio volvería a hacer una afirmación vinculada al título que expresa la condición divino-humana de Cristo: "¿Pues qué, si viereis al Hijo del Hombre subir adonde estaba primero?" (Jn. 6:62). Aquel que estaba sobre la tierra y que regresaría al Cielo retornaría al lugar de donde había descendido. El título tiene también connotaciones con la obra redentora que Jesucristo había venido a realizar conforme al propósito eterno de Dios. De este modo dice Jesús: "El Hijo del Hombre será entregado en manos de hombres, y le matarán; mas al tercer día resucitará" (Mt. 17:22-23). De la misma manera cuando dice: "Porque como estuvo Jonás en el vientre del gran pez tres días y tres noches, así estará el Hijo del Hombre en el corazón de la tierra tres días y tres noches" (Mt. 12:40). La pasión es relacionada con el Hijo del Hombre al decir: "Mas os digo que Elías ya vino, y no le conocieron, sino que hicieron con él todo lo que quisieron; así también el Hijo del Hombre padecerá de ellos" (Mt. 17:12). De una forma más concreta y precisa al acercarse el día de su muerte, Jesús dijo a los discípulos: "He aquí subimos a Jerusalén, y el Hijo del Hombre será entregado a los principales sacerdotes y a los escribas, y le condenarán a muerte; y le entregarán a los gentiles para que le escarnezcan, le azoten, y le crucifiquen; mas al tercer día resucitará" (Mt. 20:18, 19). Finalmente, el título tiene connotaciones escatológicas, que señalan al Hijo de Dios glorificado. El arranque del título en la Escritura se establece en Daniel (7:13). Todo el entorno tiene que ver con la gloriosa condición de quien está exaltado a lo sumo y tiene el nombre de suprema potestad y gloria (Fil. 2:9-11). Al usar este título, el Señor va haciendo notar a los judíos que Él es el Mesías esperado, la gloria y esperanza de Israel. La identificación del título con el Mesías se evidencia en la pregunta que formulan a Cristo ante la asombrosa revelación que Él mismo hacía de su muerte (Jn. 12:34). La máxima expresión del título vinculado con la gloria es hecha por el mismo Señor cuando dice al sumo sacerdote, que le preguntaba bajo juramento si era el Cristo, el Hijo de Dios: "Tú lo has dicho; y además os digo, que desde ahora veréis al Hijo del Hombre sentado a la diestra del poder de Dios, y viniendo en las nubes del cielo" (Mt. 26:64). Los judíos esperaban un Mesías libertador, pero Jesús relaciona su persona con la designación como Hijo del Hombre, enfatiza que Él, además de ser la única esperanza y el rey eternamente establecido por Dios, es también el Salvador de los pecadores (Jn. 4:42; 1 Ti. 4:10).

El título Hijo del Hombre es inusitado en griego y mucho más con dos artículos determinados antecedentes a cada uno de los nombres de la composición, según se lee en muchos lugares: el Hijo del Hombre[87] (cf. Mt. 17:22); da la impresión de que parte de una combinación semítica de palabras. De ahí la vinculación con el texto antes citado de Daniel. No cabe duda de que en el Nuevo Testamento el título se identifica siempre con Jesús, como designación con la que el Señor se identifica a sí mismo. Quienes escuchaban a Jesús identificaban el título Hijo del Hombre, como referido al Mesías, de modo que cuando Él les anunció que sería levantado, no comprendían lo que decía, como se aprecia en el evangelio según Juan, donde se lee: "Le respondió la gente: Nosotros hemos oído de la ley, que el Cristo permanece para siempre. ¿Cómo, pues, dices tú que es necesario que el Hijo del Hombre sea levantado? ¿Quién es este Hijo del Hombre?"[88] (Jn. 12:34). Las palabras de Jesús que

[87] Griego: ὁ Υἱὸς τοῦ῾Ανθρώπου.

[88] En el texto griego:᾽Απεκρίθη οὖν αὐτῷ ὁ ὄχλος· ἡμεῖς ἠκούσαμεν ἐκ τοῦ νόμου ὅτι ὁ Χριστὸς μένει εἰς τὸν αἰῶνα, καὶ πῶς λέγεις σὺ ὅτι δεῖ, ὑψωθῆναι τὸν Υἱὸν τοῦ᾽Ανθρώπου τίς ἐστιν οὗτος ὁ Υἱὸν τοῦ᾽Ανθρώπου.

anunciaban su muerte, cuando hablaba de que sería levantado, fueron entendidas por los oyentes. Había dicho que cuando fuese levantado atraería a todos a sí mismo (Jn. 12:32). El título de Hijo del Hombre, usado tantas veces por Él, era entendido por la gente como equivalente al de Cristo. Ellos habían sido enseñados, con base en la Escritura, lo que llaman la Ley, que el Cristo permanecería para siempre conforme a los profetas (cf. Sal. 89:37; 110:4; Is. 9:6, 7; Dn. 2:44). Por tanto, no es posible que sea crucificado, como Jesús decía. La enseñanza general no tenía en cuenta las muchas profecías que hablaban de la muerte de Mesías (cf. Dn. 9:26), de modo que sólo aceptaban la perdurabilidad del Hijo del Hombre que, como rey determinado por Dios, tendría un reino eterno. Si Jesús se había manifestado como el Cristo, dando pruebas de que era cierto lo que decía, y usaba habitualmente para sí mismo el título de Hijo del Hombre, si el Cristo no moriría, entonces ¿quién era el Hijo del Hombre que debía ser levantado, en sentido de morir? Condicionados por una enseñanza imprecisa de las verdades bíblicas reveladas sobre el Mesías, rodeado siempre de gloria, no podían entender que fuese humillado y mucho menos que pudiese morir crucificado. Lo que Jesús afirmaba era contrario a los presupuestos mesiánicos vigentes en el judaísmo de aquellos días. Por esa razón le pedían una explicación sobre lo que ellos no entendían; además, puesto que apelaron a lo que ellos conocían de la Escritura, le solicitaron una respuesta basada en ella. Tal vez estaban pidiendo a Jesús que, si realmente era el Mesías, se declarase conforme a lo que ellos esperaban de Él. Es notable observar que la muerte de Jesús iba a traer confusión en cuanto a su condición mesiánica, incluso en los mismos discípulos, como era el caso de los dos de Emaús, que le dicen, refiriéndose a los acontecimientos de la Pasión: "Le entregaron los principales sacerdotes y nuestros gobernantes a sentencia de muerte, y le crucificaron. Pero nosotros esperábamos que él era el que había de redimir a Israel…" (Lc. 24:20-21). Si el Hijo del Hombre iba a ser muerto, entonces no podía ser el Mesías y Jesús debía decirles quién era el Hijo del Hombre.

La connotación del título es de suma importancia en la decisiva formulación sobre la deidad de Jesús. La declaración de perdón de pecados hacía soliviantar a los religiosos de entonces cuando afirmaban, y con razón, que sólo Dios podía perdonar pecados. Así consideraban aquellos en su intimidad: "Entonces los escribas y los fariseos comenzaron a cavilar diciendo: ¿Quién es éste que habla blasfemias? ¿Quién puede perdonar pecados sino solo Dios?"[89] (Lc. 5:21). A este pensamiento respondió Jesús, usando el título Hijo del Hombre, que recoge Lucas de este modo: "Pues para que sepáis que el Hijo del Hombre tiene potestad en la tierra para perdonar pecados (dijo al paralítico): A ti te digo: Levántate, toma tu lecho, y vete a tu casa"[90] (Lc. 5:24). Lo que debían saber todos es que el Hijo del Hombre tenía autoridad[91], capacidad para hacer algo, es decir, autoridad en la tierra para perdonar pecados. Antes había dicho que era más difícil decir al paralítico *levántate y anda* que decirle *tus pecados te son perdonados*; por tanto, lo segundo iba a manifestarse como un derecho, por medio de lo primero, el milagro de sanidad. Este iba a producirse por la autoridad soberana que, como Hijo del Hombre, tiene tanto para perdonar pecados como para sanar cualquier enfermedad. Algunos de los presentes estaban cuestionando su autoridad para perdonar pecados, considerándolo como un blasfemo al apropiarse para sí lo que es potestativo de Dios. En aquella circunstancia va a demostrarles que tiene autoridad para hacer ambas cosas, no solo en cuanto a poder, sino en cuanto a derecho para hacerlo.

Quien tiene esa autoridad es el Hijo del Hombre. Este es, como se ha dicho antes, el título más habitual en boca de Cristo para hablar de sí mismo. Lo usó para identificarse haciéndolo siempre en tercera persona, como expresión visible de su yo. En ningún momento es llamado por otros de esta manera. En el presente del ministerio de Jesús, Él mismo se presenta como el que tiene autoridad para perdonar pecados y omnipotencia para sanar enfermedades, haciéndolo muchas veces en el sábado, para que todos comprendieran que Él era el Señor del sábado. Este título permite entender también la humanidad que subsiste en la persona divina del Verbo encarnado, vehículo para la entrega de la vida en la obra de salvación, donde también sería rechazado para poder salvar a muchos. El título se extiende a la escatología para referirse al que vendrá nuevamente como rey de reyes y juez universal. Es el título del contraste, como lo es también la misma condición divino-humana de Jesucristo. Un título que permite

[89] En el texto griego: καὶ ἤρξαντο διαλογίζεσθαι οἱ γραμματεῖς καὶ οἱ Φαρισαῖοι λέγοντες· τίς ἐστιν οὗτος ὃς λαλεῖ βλασφημίας τίς δύναται ἁμαρτίας ἀφεῖναι εἰ μὴ μόνος ὁ Θεός.

[90] En el texto griego: ἵνα δὲ εἰδῆτε ὅτι ὁ Υἱὸς τοῦ Ἀνθρώπου ἐξουσίαν ἔχει ἐπὶ τῆς γῆς ἀφιέναι ἁμαρτίας– εἶπεν τῷ παραλελυμένῳ· σοὶ λέγω, ἔγειρε καὶ ἄρας τὸ κλινίδιον σου πορεύου εἰς τὸν οἶκον σου.

[91] Griego: ἐξουσίαν.

vincular aspectos totalmente opuestos y contradictorios, uniendo gloria y majestad con limitación y humillación, que llega hasta la muerte y muerte de cruz (Fil. 2:6-8). Es el título que une también la humanidad débil y limitada del hombre, asumida por la segunda persona divina, rodeada de aflicciones, con la gloriosa majestad que sentado sobre el trono de Dios juzga a todas las naciones y establece el destino final de los hombres. Es Dios, pero es también el compañero de nuestro camino, recorriendo nuestra senda y experimentando nuestras miserias. Es el autor de la vida, pero es también el sustituto en nuestra muerte. Este juez supremo no juzga desde afuera, como lo hace todo juez en la tierra, sino desde adentro, en sentido de que ha tenido una historia común con los enjuiciados. Pero la gloria de este Hijo del Hombre es que su misión no ha sido la de juzgar para condenar, sino la de encontrar para salvar (Lc. 19:10; Jn. 3:17). El título Hijo del Hombre representa también una sociedad corporativa en la que Dios viene al encuentro del hombre para incorporarlo por adopción en el Hijo, como miembro de su familia, dándole la facultad para ello a todo aquel que cree (Jn. 1:12; Ef. 2:19). En Él y por Él los hombres no solo son llevados a Dios, sino portados ante Él. Jesús los llama, los representa, no para desplazarlos, sino para emplazarlos en la gloriosa posición de su persona, capacitándolos para que puedan realizar en Él el compromiso y destino de hijos de Dios, siendo adoradores libres y partícipes de su gloria. El título Hijo del Hombre es un término de gloria. Proféticamente aparece rodeado de gloria y envuelto en las nubes, no refiriéndose a su segunda venida, sino a su lugar de majestad gloriosa. El hecho de que, en Daniel, el Hijo del Hombre se acerque al Anciano de días expresa la relación que en la resurrección y ascensión se produce en la humanidad del Verbo, como se pone de manifiesto en la ascensión, siendo recibido en la nube que lo hace desaparecer de la vista de los que estaban presentes en el acontecimiento (Hch. 1:9). El título se utiliza en los evangelios para destacar cuatro aspectos en relación con Jesús: a) Escatológicos, haciendo referencia a la venida en gloria con el Padre y con los ángeles, para dar a cada uno conforme a sus obras (Mr. 8:38). b) Redentores, refiriéndose a la obra de la cruz (Lc. 9:44). c) Cristológicos, connotando la preexistencia divina del Hijo del Hombre (Jn. 3:13; 6:62). d) Antropológicos, para hacer referencia a la naturaleza humana del Verbo (Mt. 11:19).

Los liberales humanistas usan el título *Hijo del Hombre* en sentido de *soy un hombre*, para considerar de este modo al que ellos llaman *Jesús de la historia*, en contra del Jesús o *Cristo de la fe*. El primero es el verdadero hombre que discurrió por Israel en la historia y el segundo la expresión alegorizada de esa vida para sustentar la fe. Sin embargo, nada pueden probar en ese sentido y, como ha ocurrido, queda esa propuesta simplemente vinculada a un pensamiento sin base probatoria para ser tenido en cuenta.

El uso del título en el Nuevo Testamento puede agruparse en cuatro apartados. Uno de ellos es usado para referirse a la humanidad de Jesús y los actos propios de Él como hombre. Así puede leerse: "Vino el Hijo del Hombre, que come y bebe, y dicen: He aquí un hombre comilón y bebedor de vino, amigo de publicanos y pecadores"[92]. Mientras que llamaban loco a Juan por llevar una vida aparentemente contraria al comportamiento general, la de Jesús era común, se diría que ordinaria, como la de cualquier persona de su entorno. Era un hombre social, participando en los actos propios de la sociedad de entonces a los que era invitado, a modo de ejemplo, una boda (Jn. 2:1 ss.). Jesús comía, limitándose sólo a las restricciones legales. Además, no tenía inconveniente alguno en beber vino, de manera que muchos le vieron hacerlo. Sin duda ni en comida ni en bebida cometió exceso alguno. Cualquier cosa incorrecta no podía ser cometida por Él, a causa de su santidad esencial. El mensaje de Jesús era más amplio que el de Juan, pero su expresión era menos contundente. Las palabras de sus enseñanzas estaban revestidas de su propia autoridad divino-humana, que impactaban a quienes le escuchaban. Sin embargo, los que rechazaban a Juan por su forma de vida rechazaban también a Jesús por la misma razón. Sin embargo, aquel comportamiento no correspondía simplemente a un hombre, usando inmediatamente el título Hijo del Hombre para referirse a sí mismo, a quien acusaban de comedor y bebedor de vino. Se debe considerar que, si bien es usado por Jesús para referirse a su vida terrenal cotidiana, no puede dejar de apreciarse la impronta de la deidad en cada uno de esos actos. El que comía y bebía era amigo, esto es, no rechazaba a los publicanos y a los pecadores, porque precisamente había venido para buscar a los perdidos (Lc. 19:10). El que como hombre estaba presente en la sinagoga tenía poder para perdonar pecados (Mr. 2:10). El seguimiento

[92] Así en el texto griego: ἦλθεν ὁ Υἱὸς τοῦ Ἀνθρώπου ἐσθίων καὶ πίνων, καὶ λέγουσιν· ἰδοὺ ἄνθρωπος φάγος καὶ οἰνοπότης, τελωνῶν φίλος καὶ ἁμαρτωλῶν.

al Maestro traería una delicada consecuencia para sus seguidores, de ahí el macarismo[93] para cuando eso ocurra (Lc. 6:22).

Un segundo uso del título está agrupado en las manifestaciones que tienen que ver con su obra y el entorno pleno de su ministerio.

Sentencias soteriológicas. De este modo registra Mateo las palabras del Señor: "Estando ellos en Galilea, Jesús les dijo: El Hijo del Hombre será entregado en manos de hombres, y le matarán; mas al tercer día resucitará"[94] (Mt. 17:22-23). En algún lugar, reunido con los discípulos, reiteró el anuncio de la pasión que ocurriría en Jerusalén, a donde se dirigían. Ninguno de los discípulos podía entender cómo iba a producirse aquello, puesto que la enseñanza tradicional era que el Mesías no moriría y su reino sería perpetuo (Mr. 9:32; Lc. 9:45). Es destacable que puede usar ese título de Hijo del Hombre para la muerte redentora, puesto que Jesucristo es una persona divino-humana, asunto que se considerará más adelante en la tesis. Además, en el uso soteriológico del título, está involucrada toda la operación salvadora que incluye la resurrección del Salvador: "Es necesario que el Hijo del Hombre padezca muchas cosas, y sea desechado por los ancianos, por los principales sacerdotes y por los escribas, y que sea muerto, y resucite al tercer día"[95] (Lc. 9:22). La salvación no sería posible sin la resurrección. Ésta se produciría al tercer día después de su muerte. Esta misma manifestación produciría una cierta incomprensión en los discípulos, puesto que los judíos creían en una resurrección de todos los muertos al final de los tiempos (Jn. 11:24). Ellos habían visto resurrecciones por el poder y autoridad de Cristo, pero no podían entender cómo, si Él moría, podía resucitar tres días después. Con todo, no cabe duda de que el anuncio de Jesús contrastaba abiertamente con los conceptos que ellos tenían sobre el Reino de los cielos, que consideraban como rodeado de victorias, donde el rey se sentaría en el trono para reinar invicto sobre todo. Hay otras citas que podrían entrar en este apartado (cf. Mt. 12:40 y paralelos; 17:12; 20:18, 19, 28; Jn. 3:14)

---

93 Término equivalente a *bienaventuranza*.

94 En el texto griego: Συστρεφομένων δὲ αὐτῶν ἐν τῇ Γαλιλαίᾳ εἶπεν αὐτοῖς ὁ'Ιησοῦς· μέλλει ὁ Υἱὸς τοῦ'Ανθρώπου παραδίδοσθαι εἰς χεῖρας ἀνθρώπων.

95 En el texto griego: εἰπων ὅτι δεῖ τὸν Υἱὸν τοῦ 'Ανθρώπου πολλὰ παθεῖν καὶ ἀποδοκιμασθῆναι ἀπὸ τῶν πρεσβυτέρων καὶ ἀρχιερέων καὶ γραμματέων καὶ ἀποκτανθῆναι καὶ τῇ τρίτῃ ἡμέρᾳ ἐγερθῆναι.

Sentencias sobre su condición. Especialmente las que tienen relación con su preexistencia y deidad. Así, a modo de ejemplo: "Nadie subió al cielo, sino el que descendió del Cielo; el Hijo del Hombre"[96] (Jn. 3:13). La condición divino-humana de Jesucristo se pone de manifiesto en todo el versículo. Sólo Él puede hablar de Dios porque está en el seno del Padre. Esa es la razón por la que en algunos mss. después de *Hijo del Hombre*, cerrando el versículo, se lee "que está en el cielo"[97], según se hace notar en el apartado de crítica textual, lecturas alternativas, más arriba. Con esto comienza la enseñanza de Jesús en forma de monólogo, cambiando la primera persona plural y singular anteriores por la tercera persona. Este Jesús, el Hijo del Hombre puede revelar todas las cosas celestiales porque procede del cielo mismo, cuya esfera celestial le es propia. Como nadie subió al cielo, nadie puede revelar las cosas celestiales. Todo lo que está revelado en la Escritura no fue conocido por los escritores por haber subido al cielo, sino porque el cielo se las comunicó a ellos estando en la tierra. De ahí que Moisés diga, refiriéndose al mandamiento: "Porque este mandamiento que yo te ordeno hoy no es demasiado difícil para ti, ni está lejos. No está en el cielo, para que digas: ¿Quién subirá por nosotros al cielo, y nos lo traerá y nos lo hará oír para que lo cumplamos?" (Dt. 30:11-12). Por tanto, nadie puede de los hombres revelar las cosas celestiales, con la excepción del Hijo del Hombre, el que bajó del cielo. Sobre la procedencia celestial del Hijo del Hombre, se ha considerado ya en el comentario a 1:18, a donde remitimos al lector para no duplicarlo aquí. De manera que ningún gran hombre, o el mayor de los profetas, puede compararse con el que ha descendido del cielo por cuanto está en el cielo. Es cierto que la parte final del versículo, como está en RV, no figura en manuscritos tenidos como más firmes, pero el testimonio de la frase no deja de estar en muchos que también lo son. El Hijo del Hombre está en el cielo aun estando en la tierra. La inmanencia de la segunda persona de la deidad es una realidad. En su naturaleza humana sólo podía estar en un sitio a la vez; en su naturaleza divina, la omnipresencia es una de las perfecciones de la deidad. Aquel que estaba dialogando como un hombre en la tierra está en el seno del Padre, de donde desciende al ser enviado

[96] En el texto griego: καὶ οὐδεὶς ἀναβέβηκεν εἰς τὸν οὐρανὸν εἰ μὴ ὁ ἐκ τοῦ οὐρανοῦ καταβάς, ὁ Υἱὸς τοῦ Ἀνθρώπου.

[97] Se lee a continuación ὁ ὢν ἐν τῷ ὀυρανῷ, *el que en el cielo, el que está en el cielo*, según los mss. A[c], K, N, Γ, Δ, Θ, Ψ, 050, *f*[1, 13], 565, 579, 700, 892, 1424, 844, 2211, M, latt, sir[c, p, h], bo[pt], Epifanio[pt].

por Él. Es la encarnación del Verbo la que hace posible tal dimensión, inconcebible para el hombre, pero absolutamente determinada por Dios. Jesús mismo con su presencia estaba dando un atisbo de lo que son las cosas celestiales. De modo que, si la regeneración de una persona humana por el poder del Espíritu es un misterio grande, mucho mayor es el hecho de la encarnación de una persona divina. Esta es la primera gran verdad que se expone sin muchas palabras.

En la dimensión del uso del título Hijo del Hombre en relación con Jesús en el versículo, es manifestación de su deidad. Puesto que desciende del cielo y está en el seno del Padre, posee una naturaleza divina y una naturaleza humana, ambas subsistentes en la persona divina del Hijo de Dios, así que en Él habita corporalmente la plenitud de la deidad (Col. 2:9). La segunda es que, a consecuencia de esa condición divino-humana, siendo además el Verbo eterno, es conocedor absoluto de todos los secretos divinos, de modo que Él y sólo Él puede revelarlos. La tercera verdad es que Jesús es la manifestación de Dios en carne humana (1:14; 1 Ti. 3:16; 1 Jn. 4:2). Si desciende del cielo y habla con los hombres en un diálogo terrenal, en el sentido de que se produce como un coloquio con la creatura, quiere decir que vino para hacerse como uno de nosotros, aunque sin pecado, con el propósito de enseñarnos el camino de Dios, conducirnos a la salvación y convertirse Él mismo en la única esperanza de gloria (Col. 1:27). Esta es la gran manifestación del amor de Dios hacia nosotros (Ro. 5:8-11; 1 Jn. 4:9-10, 19), que será un tema de la enseñanza de Jesús un poco más adelante. La cuarta lección es que Él es el Hijo del Hombre, título que para los judíos era propio del Mesías anunciado. Aunque la frase "que está en el cielo" no se encuentra en todos los manuscritos, está atestiguada en muchos y viene bien como sustento de la verdad sobre la omnipresencia divina del Verbo eterno. Estando en la tierra como hombre, estaba en el cielo como persona divina. Con toda seguridad, Nicodemo y el grupo que consideraban a Jesús como un maestro no podían entender entonces su condición divino-humana porque la misma teología hebrea no podía admitir que en el ser divino hubiese más de una persona, la del Padre. Pero lo entenderían más adelante cuando comenzase a predicarse el misterio de la piedad en la proclamación del evangelio de la gracia. De Cristo, estando en la tierra, podía decirse que estaba en el cielo por razón de su deidad. Es notable observar el silencio que sigue, donde Nicodemo no responde ya nada a las palabras de Jesús, convirtiéndose éstas en un monólogo. Tal vez en la mente del maestro de Israel comenzaba a presentarse la dimensión sobrenatural que el mismo Señor ponía delante de él con todo lo que le estaba diciendo.

Es un poco más adelante en el mismo evangelio que aparece un uso semejante: "¿Pues qué, si viereis al Hijo del Hombre subir adonde estaba primero?"[98] (Jn. 6:62). Si les escandalizaba el hecho de que Jesús se presentase como el que descendió del cielo, para dar vida a los hombres, cuánto mayor tropiezo sería para aquellos si lo viesen ascender al lugar adonde estaba primero. Aunque habla desde la tierra, sigue estando en el cielo a causa de su condición divina. Luego, en un futuro, el hombre Jesús, la naturaleza humana del Verbo, ascenderá para ocupar el lugar que tuvo antes de su nacimiento en la tierra y que nunca dejó en su condición divina. La verdad absoluta es que Cristo, Dios-hombre, es una sola persona con dos naturalezas. El Hijo de Dios y su humanidad son un solo Cristo. Es Hijo eterno del Padre eterno y es hombre en la temporalidad asumida en su persona divina. En la unidad de su persona habla en la tierra y también está en el cielo. El Hijo de Dios estaba en la tierra por la naturaleza humana subsistente en su persona divina, y estaba también en el cielo, por ser el Verbo eterno del Padre eterno. Aquellos que lo contemplaban tan sólo eran capaces de ver en Él a un hombre. Para algunos, incluso, un arrogante que se hacía Dios cuando era sólo hombre. Aquellos quedarían más atónitos todavía si viesen a su humanidad glorificada ascendiendo a la diestra del Padre y sentándose en su trono de gloria. Jesús les dice: ¿Cuál sería vuestro escándalo, si vieseis esto: el Hijo del Hombre que regresa al lugar de donde procede? Nuevamente se deja ver la preexistencia de Jesucristo. El hombre que predicaba en la sinagoga de Capernaum anuncia el regreso adonde estaba antes, el cielo; luego, antes de su presencia terrenal, tuvo una preexistencia eterna. La deidad de Jesucristo llena plenamente el texto del evangelio. La ascensión al cielo implica, necesariamente, el descenso desde ese mismo lugar.

Sentencias escatológicas. Así las que se refieren al evento futuro de su segunda venida, como se lee en los sinópticos: "Porque el Hijo del Hombre vendrá en la gloria de su Padre con sus ángeles,

---

[98] Según lectura en el texto griego: ἐὰν οὖν θεωρῆτε τὸν Υἱὸν τοῦ Ἀνθρώπου ἀναβαίνοντα ὅπου ἦν τὸ πρότερον.

y entonces pagará a cada uno conforme a sus obras"[99] (Mt. 16:27). El Hijo del Hombre será el juez definitivo y final. Jesús afirma que el Hijo del Hombre va a venir en la gloria de su Padre. El Padre recompensará al Hijo del Hombre por su compromiso y renuncia suprema (Fil. 2:6-8), con toda la gloria, dándole sus propios ángeles, para que sean su séquito en la venida al mundo (Mt. 25:31). Su gloria estará vinculada con su capacidad y autoridad como juez, trayendo la recompensa conforme a la obra de cada uno (Ap. 22:12). La primera manifestación de Cristo adquiere aquí un sentido de aliento y orientación hacia los discípulos. Jesús no había manifestado su gloria a lo largo del tiempo de su ministerio y, aunque anunció la aproximación del reino en la predicación del evangelio, cada vez estaba más lejos de la gloria que, conforme al pensamiento de los judíos, debía traer aparejada. Los discípulos fueron llamados a un seguimiento fiel que produciría sufrimientos y renuncias continuas hasta perder la vida. El Señor quiere que la visión de ellos no sea la terrenal, que se conforma con lo que ven los ojos físicos, sino la espiritual de la fe que puede ver más allá de las realidades temporales y presentes, poniendo los ojos en el "Autor y Consumador de la fe" (He. 12:2). Contemplando la gloria del Señor, en la que también nosotros seremos glorificados, aporta los elementos de estímulo necesarios para correr la carrera puesta delante de cada creyente, sabiendo que los sufrimientos pasajeros están produciendo un cada vez más excelente y eterno peso de gloria (2 Co. 4:17-18).

La segunda venida del Señor está relacionada con las recompensas: y entonces recompensará a cada uno conforme a su conducta. La vida eterna que se alcanza en Cristo y que lleva aparejada la pérdida de la vida según el mundo, no es recompensa sino gracia (Ef. 2:8-9); nadie se salva por esfuerzo personal, ni por obras humanas, sino por la fe depositada en el Salvador. Pero la vida en la fe y la vida fuera de la fe en el camino de la perdición recibirá recompensa conforme a las obras hechas. Quienes hayan sido fieles en el seguimiento, los que hayan perdido la vida según el mundo para ganarla conforme a Dios, recibirán una "amplia y generosa entrada en el reino" (2 P. 1:11), mientras que los que hayan sido descuidados en el servicio y seguimiento serán avergonzados (cf. 1 Jn. 2:28). Todos

---

[99] En el texto griego: μέλλει γὰρ ὁ Υἱὸς τοῦ Ἀνθρώπου ἔρχεσθαι ἐν τῇ δόξῃ τοῦ Πατρὸς αὐτοῦ μετὰ τῶν ἀγγέλων αὐτοῦ, καὶ τότε ἀποδώσει ἑκάστῳ κατὰ τὴν πρᾶξιν αὐτοῦ.

los salvos tendrán un lugar en la gloria, pero algunos tendrán la gloria de las recompensas en las coronas de victoria que les dará el juez justo en su venida (2 Ti. 4:8); otros no tendrán esa recompensa, sino unas manos vacías en un vacío de obra. Estos también serán salvos, pero, así como por fuego (1 Co. 3:15). La obra de estos últimos pudo haber sido aparente a los ojos de los hombres, pero sin consistencia a los de Dios. La obra que pervive en las recompensas es la que se realiza en el poder de Dios y con la fuerza de su Espíritu. Sólo los justos brillarán con luz perpetua en la presencia de Dios (Dn. 12:2). El galardón para los que han edificado está reservado en los cielos; por tanto, será dado cuando el Hijo del Hombre se manifieste en la gloria (1 P. 1:4). Es un aliciente para aquellos que están empeñados en la senda del seguimiento a Cristo, que producirá dificultades, sufrimiento e incluso muerte.

La gloriosa venida del Señor está anunciada en relación con el Hijo del Hombre, como se lee: "Entonces verán al Hijo del Hombre, que vendrá en las nubes con gran poder y gloria"[100] (Mr. 13:26). Luego de los acontecimientos profetizados se cumplirá lo anunciado por los ángeles a quienes estaban presentes en la ascensión del Señor: "Este mismo Jesús, que ha sido tomado de vosotros al cielo, así vendrá como le habéis visto ir al cielo" (Hch. 1:11). Será un glorioso momento, de forma especial para la conversión del Israel escogido, el remanente fiel, del que la profecía anuncia la conversión a Cristo:

Y en aquel día yo procuraré destruir a todas las naciones que vinieren contra Jerusalén. Y derramaré sobre la casa de David, y sobre los moradores de Jerusalén, espíritu de gracia y de oración; y mirarán a mí, a quien traspasaron, y llorarán como se llora por hijo unigénito, afligiéndose por él como quien se aflige por el primogénito. (Zac. 12:9-10)

En la primera venida, el Señor entró en el mundo revestido de humildad, como un hombre entre los hombres, por lo que no fue apreciado por la gente (Is. 53:3; 2 Co. 8:9; 13:4; Fil. 2:6-8). En su segunda venida no se manifestará ya como el siervo sufriente, sino como quien tiene todo el poder y la gloria en el cielo y en la tierra (Fil. 2:9-11). Jesús es Dios bendito por los siglos y así se manifiesta en la gloria de su

[100] En el texto griego: καὶ τότε ὄψονται τὸν Υἱὸν τοῦ Ἀνθρώπου ἐρχόμενον ἐν νεφέλαις μετὰ δυνάμεως πολλῆς καὶ δόξης.

venida. En su ascensión a los cielos quedó velado a los ojos de los suyos por la nube que lo ocultó de ellos; en su segunda venida, se hará visible viniendo sobre las nubes (Dn. 7:13-14; Hch. 1:9). La gloria de su majestad destruirá a sus enemigos convocados por el anticristo en la tierra para luchar contra Él (2 Ts. 2:8). La majestad de gloria va acompañada de omnipotencia, de modo que cuanto ha determinado que suceda, sucederá según su propósito. Nada escapará al control de quien está designado divinamente para ser rey de reyes y Señor de señores. Otras referencias confirman el uso de este título en el terreno de la escatología (cf. Mt. 7:22; 12:40; 17:12; 20:18, 19, 28; Jn. 3:14 y otros).

Cabe observar alguna referencia fuera de los evangelios donde aparece también el título que se considera. Las citas corresponden al Nuevo Testamento.

Hechos 7:56. Con motivo del juicio de Esteban, se leen sus palabras: "Y dijo: He aquí, veo los cielos abiertos, y al Hijo del Hombre que está a la diestra de Dios"[101]. En medio de la conmoción que sin duda se estaba viviendo, Esteban da testimonio de la visión que estaba recibiendo. Mediante un enérgico llamado en forma de interjección —*¡Mirad!*— reclamaba la atención de todos los presentes sobre lo que estaba viendo en el cielo abierto. Esteban estaba invitando a todos a que supieran que, en el cielo abierto, donde se manifestaba la gloria de Dios, estaba también en pie el Hijo del Hombre. Esteban está presentando ante todos el reconocimiento no sólo humano, sino divino de quién era Jesús y dónde estaba glorificado. Sobre esto escribe F. F. Bruce:

No muchos años antes, otro prisionero se encontraba en el tribunal parado ante los mismos jueces, acusado prácticamente de los mismos delitos que Esteban. Pero cuando se desmoronaron las pruebas hostiles, el sumo sacerdote conminó al prisionero a que dijera al tribunal claramente si él era efectivamente el Mesías, el Hijo de Dios. Si hubiera dicho "si" y nada más, no es claro si habría podido ser condenado por una ofensa capital. "Mesías" no era la designación que había elegido para sí, pero si se le preguntaba de ese modo, no podía decir "no". No obstante, procedido a expresar su respuesta en

[101] En el texto griego: καὶ εἶπεν· ἰδοὺ θεωρῶ τοὺς οὐρανοὺς διηνοιγμένους καὶ τὸν Υἱὸν τοῦ Ἀνθρώπου ἐκ δεξιῶν ἑστῶτα τοῦ Θεοῦ.

palabras de su propia elección: "Verán al Hijo del Hombre sentado a la derecha del Todopoderoso y venir en las nubes del cielo" (Mr. 14:62, VP). No se requería nada más: Jesús fue declarado culpable de blasfemia y juzgado digno de muerte. Ahora Esteban, en el mismo lugar, estaba haciendo en nombre de su Señor la misma afirmación que Jesús había hecho para sí mismo; de hecho, estaba afirmando que aquellas palabras de Jesús, lejos de ser falsas y blasfemas, expresaban una solemne verdad y habían sido reivindicadas y cumplidas por Dios. A menos que los jueces estuvieran dispuestos a admitir que su primera decisión estaba trágicamente equivocada, no tenían más opción que encontrar a Esteban igualmente culpable de blasfemia.[102]

Es interesante apreciar que *los cielos* estaban cerca de Esteban. Él pudo verlos; los demás, no. El lugar donde Jesús se manifestaba se encontraba alrededor de Esteban. Los cielos están en torno a nosotros, sin embargo, la dimensión de ellos no nos permite captarlos salvo que Dios mismo lo haga conforme a su propósito. El Señor abre en ocasiones nuestros ojos espirituales y nos permite tener una revelación de su gloria, que antes estaba oculta de nosotros.

En la epístola hay otra referencia que usa los mismos términos (He. 2:6), pero que no se puede aplicar a Cristo, sino al hombre en general.

Apocalipsis 1:13. En la visión de Cristo glorificado, el apóstol Juan escribe: "Y en medio de los siete candeleros, a uno semejante al Hijo del Hombre, vestido de una ropa que llegaba hasta los pies, y ceñido por el pecho con un cinto de oro"[103]. El título traslada la idea del plano de referencia más extenso *Hijo del Hombre* al confesional que expresa la fe y la profesión cristiana. La confesión de Pedro va a ser interpretada pascualmente por Jesús, conduciéndola a la obra redentora del Cristo de Dios en su muerte de cruz, de modo que el crucificado Jesús es Cristo, como cumplimiento de las profecías y ejecución de las promesas. El título trasladado fuera del ámbito que expresa la esperanza de Israel en cuanto al reino literal pertenece a la realidad íntima de la fe cristiana, abierta a la renovación no de

[102] Bruce, 1998, p. 184.

[103] En el texto griego: καὶ ἐν μέσῳ τῶν λυχνιῶν ὅμοιον Υἱὸν Ἀνθρώπου ἐνδεδυμένον ποδήρη καὶ περιεζωσμένον πρὸς τοῖς μαστοῖς ζώνην χρυσᾶν.

un sistema de gobierno, aunque sea divino, sobre la tierra, sino a la renovación por regeneración de lo humano. Aquí debe ser interpretado no desde la perspectiva de una esperanza nacional para un pueblo, el judío, sino desde la propia situación del cristiano como esperanza personal de vida (Col. 1:27b). Pero también ha de considerarse el título relacionado con el ungido rey Salvador que Dios enviará sobre la tierra para liberar a los oprimidos y establecer un reinado de paz duradera. Esta perspectiva se establece en el principio de la historia de Israel con la esperanza de un futuro para el pueblo, que pasa a conocerse como el pueblo de la promesa y se concreta en las manifestaciones proféticas que proclaman la llegada del Rey para establecer el reino. Pero en el fondo bíblico, el Mesías supera la visión de un triunfo nacional jerárquico para trascender a una presentación humana, desde la condición de sacerdote, profeta y rey. El cambio transformador que haría Cristo tiene que ver con una renovación integral del hombre que lo acepta como tal y lo recibe como lo que es: esperanza soteriológica en su condición de único y suficiente Salvador. La resurrección de Cristo suscita un verdadero entusiasmo mesiánico en los mismos apóstoles, que preguntan si iba a restaurar el reino a Israel en aquellos días (Hch. 1:6), pero su dimensión es otra en esta dispensación, más allá de la instauración del reino de los cielos en la tierra; su misión es salvífica, habiendo ofrecido su vida por el pecado del mundo, para que todo aquel que crea sea salvo por Él (Jn. 3:14-17). El gozo cristiano surge en el disfrute del traslado que Dios hace de quien cree en Cristo, liberándolo de la situación esclavizante del pecado en las tinieblas y trasladándolo al reino del Hijo amado (Col. 1:13). La proyección escatológica en unidad con Cristo hace que las tribulaciones momentáneas sean cambiadas en la solidez esperanzada de un eterno peso de gloria, dejar de ver en perspectiva terrenal para hacerlo en la dimensión celestial propia de una vida escondida con Cristo en Dios (2 Co. 4:17-18). En medio de las lágrimas, experiencia propia de quien atraviesa por el "valle de lágrimas", el gozo se manifiesta para el creyente en Cristo porque sabe que el resucitado tiene el nombre de autoridad suprema como Señor absoluto en todo el alcance celestial y cósmico de la palabra (Fil. 2:9-11); el Cordero inmolado tiene el poder, la riqueza, la sabiduría, la fortaleza, el honor, la gloria y la alabanza (Ap. 5:12), y sabe también que "Dios secará toda lágrima de los ojos de ellos" (Ap. 21:4). Era algo conveniente para Juan en su destierro en Patmos y en sus sufrimientos por el testimonio de Jesucristo, como lo es también para cada uno de los que, como la Biblia afirma, somos prisioneros de esperanza. Es el título que sirve de aliento al cristiano en medio de las dificultades porque no es el Cristo sufriente y despreciado, sino el rey de reyes y Señor de señores, entronizado en la majestad divina que tiene el nombre de suprema autoridad. Jesucristo no es una persona limitada, como algunos lo consideran, sino el omnipotente y glorioso Dios, sentado en la majestad de las alturas, que vive siempre intercediendo por los suyos.

Apocalipsis 14:14. En este lugar se lee: "Miré, y he aquí una nube blanca; y sobre la nube uno sentado semejante al Hijo del Hombre, que tenía en la cabeza una corona de oro, y en la mano una hoz aguda"[104]. Juan describe una nueva visión, introduciéndola con la fórmula acostumbrada "y miré", seguida de la también habitual expresión para reclamar la atención del lector "y he aquí"[105]. Lo que vio fue una nube blanca, que sin duda refleja la gloria de Dios; en ese sentido más que blanca, es una nube resplandeciente, luminosa, a la semejanza de la que se manifestó en la transfiguración del Señor (Mt. 17:5). Generalmente las nubes son grises, oscuras o también blancas, pero esta es una nube luminosa. Dios solía manifestar su presencia por medio de una nube luminosa (cf. Ex. 16:10; 19:9-16; 24:15; 33:9; 40:34-35; Lv. 16:2; Nm. 11:25; 1 R. 8:10; Neh. 9:19, Sal. 78:14; Ez. 1:4; Ap. 14:14-16), que Juan compara con algo blanco, inmaculado. Es la única vez que se habla en la Biblia de una nube blanca. Sobre la nube, Juan escribe sentado, aunque en el contexto semita del escritor indica más bien colocado, o situado sobre ella, uno semejante en aspecto, dice textualmente, a un "Hijo de Hombre". Sin duda la visión presenta a un hombre glorioso. Las muchas referencias a la nube de gloria y al Hijo del Hombre exigen que se identifique con el Señor (Ex. 16:10; 24:16; Dn. 7:13; Mt. 17:5; Ap. 1:13). Esta escena es reflejo de la profecía de Daniel, como se ha dicho antes:

> *Miraba yo en la visión de la noche, y he aquí con las nubes del cielo venía uno como un hijo de hombre, que vino hasta el Anciano de días, y le hicieron acercarse delante de él. Y le fue dado dominio, gloria y reino, para que todos los pueblos, naciones y lenguas le sirvieran; su dominio es dominio eterno, que nunca pasará, y su reino uno que no será destruido. (Dn. 7:13-14)*

---

[104] En el texto griego: Καὶ εἶδον, καὶ ἰδοὺ νεφέλη λευκή, καὶ ἐπὶ τὴν νεφέλην καθήμενον ὅμοιον Υἱὸν᾽Ανθρώπου, ἔχων ἐπὶ τῆς κεφαλῆς αὐτοῦ στέφανον χρυσοῦν καὶ ἐν τῇ χειρὶ αὐτοῦ δρέπανον ὀξύ.

[105] Griego: καὶ εἶδον.

El profeta describe el retorno del Mesías para reinar, por tanto, la visión de Juan detalla el momento en que el Señor se dispone a regresar a la tierra en su segunda venida. Él mismo anunció su regreso en término similares: "Entonces aparecerá la señal del Hijo del Hombre en el cielo; y entonces lamentarán todas las tribus de la tierra, y verán al Hijo del Hombre viniendo sobre las nubes del cielo, con poder y gran gloria" (Mt. 24:30). La profecía anuncia que Dios otorga a su Hijo un reino de dominio eterno, con poder que no puede disminuir, porque no es un reino de hombres, sino el reino de Dios. La cabeza del que estaba sentado en la nube de gloria sostenía una corona. Juan usa una palabra que es la propia para referirse a corona de vencedor. El Hijo del Hombre está coronado como el vencedor que tiene autoridad suprema sobre cielos y tierra (Fil. 2:9-11). Es también el juez supremo, el único que ha recibido del Padre autoridad para hacer juicio y ejecutar sentencia (Jn. 5:27). El mismo Señor manifestó ante Caifás que su regreso a la tierra sería en majestad y gloria (Mt. 26:64). Al considerar que el título Hijo del Hombre es usado varias veces en un contexto escatológico sobre Jesucristo, y el hecho de que en el Nuevo Testamento nunca es aplicado a ángeles, debe llegarse a la conclusión de que esta es la visión preparatoria del regreso de Cristo a la tierra. La visión se completa al describir que su mano sostenía una "hoz afilada", que destaca la acción judicial del Señor. Cristo regresa dispuesto a juzgar. Esta acción y la persona designada para llevarla a cabo estuvo en la consideración del apóstol Pablo en su discurso a los atenienses, a quienes dijo: "Ha establecido un día en el cual juzgará al mundo con justicia, por aquel varón a quien designó, dando fe a todos con haberle levantado de los muertos" (Hch. 17:31). La hoz afilada indica que posee instrumentalidad precisa para efectuar la siega, dispuesto a juzgar a todos los que se negaron, a pesar de las advertencias divinas, a acudir a Él como Salvador, en arrepentimiento y fe. Hubo un momento en la historia humana de Jesús en que los hombres lo juzgaron, sentenciaron y mataron, pero Dios lo ha levantado de los muertos y ha proclamado universal y cósmicamente que aquel juzgado y muerto vive para ser juez y rey.

Cristo, Mesías

El nombre *Cristo* es uno de los más usados para referirse a Jesús. Originalmente, el término griego[106] es un adjetivo verbal derivado de

---

[106] Χριστός.

un verbo[107], que significa frotar, untar; por tanto, el adjetivo equivale a ungido. El Nuevo Testamento lo usa para traducir el término hebreo *Mashiaj*, Mesías, procedente del verbo *mashaj*, que equivale a ungir. De manera que tanto en el griego como en el hebreo tiene la connotación de *ungido*. Realmente el término tiene que ver con la designación de una función, ya que muchas de las tareas en el pueblo de Dios en el Antiguo Testamento estaban vinculadas con la unción. En el pueblo de Israel se ungía a sacerdotes, profetas y reyes (cf. Ex. 29:7; Lv. 4:3; 1 S. 9:16; 10:1; 24:10; 2 S. 19:10; 1 R. 19:16). La unción significaba: a) Nombramiento para un oficio sagrado; b) Establecimiento de una relación especial con Dios (2 S. 1:14; 1 Cr. 16:22; Sal. 105:15); c) Comunicación del Espíritu Santo.

En el Nuevo Testamento, el nombre aparece con una enorme abundancia, quinientas treinta y una veces, siempre relacionado con Jesús, estando presente en todos los escritos, salvo en la tercera epístola de Juan. El desglose de estas referencias es: 16 veces atestiguado en Mateo, 7 en Marcos, 12 en Lucas, 19 en Juan, 26 en Hechos, 383 en los escritos de Pablo, 12 en Hebreos, 49 en las epístolas universales y 7 en Apocalipsis.

Como se comprenderá, no es posible hacer una referencia detallada a todas ellas, por lo que se seleccionan algunas.

Mateo 16:16. En el testimonio de los Doce en la región de Cesarea: "Respondiendo Simón Pedro, dijo: Tú eres el Cristo, el Hijo del Dios viviente"[108]. El texto se ha considerado antes en el apartado sobre el título Hijo de Dios, por lo que se considera tan solo lo que se relaciona con Cristo, Mesías. La manifestación de Pedro tiene que ver con la condición mesiánica de Jesucristo: "Tú eres el Cristo". El título establece la relación de Jesús con la promesa de Dios y la esperanza del pueblo. En Cristo, el Mesías, Dios cumplía la promesa de redención hecha a los padres, enviando a Jesús, su siervo (Hch. 13:23, 32). La novedad del cristianismo —la Iglesia iba a ser nombrada por Jesús un poco después de la confesión de Pedro— radica en que el título Cristo queda vinculado a Jesús, el nombre humano del redentor como un título nominal y personal, y precisamente la ciencia que estudia

---

[107] Χρίω.

[108] En el texto griego: ἀποκριθεὶς δὲ Σίμων Πέτρος εἶπεν· σὺ εἶ ὁ Χριστὸς ὁ Υἱὸς τοῦ Θεοῦ τοῦ ζῶντος.

la persona y obra de Jesucristo se conocería como *cristología*, el cuerpo de seguidores del Mesías se llama *cristianos*, y a la práctica comunitaria de la fe se la llama *cristianismo*. Cuando Pedro declara que Jesús es el Cristo, quiere decir que es el Mesías largamente esperado, quien fue anunciado como el mediador dispuesto por el Padre, ungido por el Espíritu y determinado para ser el profeta de su pueblo (Dt. 18:15, 18; Is. 55:4; Lc. 24:19; Hch. 3:22; 7:37); el único sumo sacerdote (Sal. 110:4; Ro. 8:34; He. 6:20; 7:24; 9:24); el rey esperado y establecido soberanamente para el reino eterno de Dios (Sal. 2:6; Zac. 9:9; Mt. 21:5; 28:18; Lc. 1:33; Ef. 1:20-23; Ap. 11:15; 12:10, 11; 17:14; 19:6).

El concepto que comprende el título Cristo es de una enorme dimensión, especialmente en el componente soteriológico de la misión redentora del Mesías. El título traslada la idea de referencia más extensa Hijo del Hombre al confesional que expresa la fe y la profesión cristiana. La confesión de Pedro va a ser interpretada pascualmente por Jesús conduciéndola a la obra redentora del Cristo de Dios en su muerte de cruz, de modo que el crucificado Jesús es Cristo, como cumplimiento de las profecías y ejecución de las promesas. El título trasladado fuera del ámbito que expresa la esperanza de Israel en cuanto a reino literal, pertenece a la realidad íntima de la fe cristiana, abierta a la renovación, no de un sistema de gobierno, aunque sea divino, sobre la tierra, sino a la renovación por regeneración de lo humano. El título debe ser interpretado no desde la perspectiva de una esperanza nacional para un pueblo, el judío, sino desde la propia situación del cristiano como esperanza personal de vida (Col. 1:27b). Pero también ha de considerarse relacionado con el ungido rey Salvador que Dios enviará sobre la tierra para liberar a los oprimidos y establecer un reinado de paz duradera. Esta perspectiva aparece en el principio de la historia de Israel con la esperanza de un futuro para el pueblo, que pasa a conocerse como el pueblo de la promesa y se concreta en las manifestaciones proféticas que proclaman la llegada del rey para establecer el reino. La esperanza mesiánica está ligada al pacto davídico: el Mesías será el ungido de Dios, de su misma dinastía. La manifestación de Cristo está ligada también a la aparición de un profeta (antiguo o nuevo) que le precederá para abrir el camino al Señor y su reino. El Mesías desde la concepción israelita sería un triunfador. Pero en el fondo bíblico, el Cristo supera la visión de un triunfo nacional jerárquico para trascender a una presentación humana, desde la condición de sacerdote, profeta y rey. El cambio transformador que haría Cristo tiene que ver con una renovación integral del hombre que lo acepta como tal y lo recibe como lo que es, esperanza soteriológica, en su condición de único y suficiente Salvador. La dimensión del título Cristo, Mesías, adquiere una grandeza singular. Jesús preguntó y Pedro confesó que Él era el Cristo. No negó el Señor esa confesión, sino que la interpreta a partir del sufrimiento del siervo de Jehová que debe dar su vida por otros. Ser Cristo significa entregarse en servicio pleno a la tarea salvadora. Más adelante el sumo sacerdote preguntará a Jesús si Él es el Cristo, el hijo del bendito (Mr. 14:61-62), y responderá afirmando que lo era y presentándose nuevamente como el Hijo del Hombre, dando a entender que ser el Mesías no era alzarse en armas contra Roma, sino anunciar y preparar la llegada de un reino cuyo orden estaría por encima de cualquier institución humana, política o religiosa. Pilato, el representante del orden político del mundo en aquel tiempo, también preguntaría si era el Cristo; lo haría simplemente preguntándole si Él era rey (Mr. 15:2), para recibir también una respuesta afirmativa, pero cuyo cometido no estaba en luchar contra el poder establecido entonces para implantar su reino, porque no es un reino de este mundo. La resurrección de Cristo suscita un verdadero entusiasmo mesiánico en los mismos apóstoles, que preguntan si iba a restaurar el reino a Israel en aquellos días (Hch. 1:6), pero su dimensión es otra en esta dispensación, más allá de la instauración del reino de los cielos en la tierra, su misión es salvífica, habiendo ofrecido su vida por el pecado del mundo para que todo aquel que crea sea salvo por Él (Jn. 3:14-17). El tipo de la serpiente de bronce que Moisés levantó en el desierto se cumple en el antitipo que es Cristo, de modo que, siendo levantado para salvación, llama a todos los hombres a Él mismo (Mt. 11:25). La confesión de Pedro está seguida al recuerdo de lo antiguo en boca de los hombres: los profetas, el Bautista, entroncado todo ello con el recuerdo de la esperanza de Israel, que sigue en la confesión del apóstol —el Cristo, el Hijo del Dios viviente—. La interpretación se efectúa a la sombra de la cruz. No se trataba de la ejecución justa de los juicios de Dios revelados en su Palabra que el Cristo ejecutará cuando venga a implantar el reino literal; es entonces y aún ahora la revelación de la gracia en ejecución de salvación. Al testificar que Jesús es el Cristo, están anunciando el futuro del crucificado, que el mismo Cristo revelará a ellos en palabras concretas y se ejecutará un poco más adelante en el tiempo histórico determinado por Dios (Gá. 4:4). Al profesar la fe que Jesús es el Cristo, se adhiere a los dos elementos que juntos conforman su realidad: por un lado, la obra de salvación, y por otro, la esperanza futura de un reino que Él establecerá en el nombre de Dios en la tierra, pero que tiene proyección eterna (Lc. 1:33). El gozo cristiano surge en el disfrute del traslado que Dios hace de quien cree en Cristo, liberándolo de la situación esclavizante del pecado en las tinieblas y trasladándolo al reino del Hijo amado (Col. 1:13). La proyección escatológica en unidad con Cristo hace que las tribulaciones momentáneas sean cambiadas en la solidez esperanzada de un eterno peso de gloria, dejar de ver en perspectiva terrena para hacerlo en la dimensión celestial propia de una vida escondida con Cristo en Dios (2 Co. 4:17-18). En medio de las lágrimas, experiencia propia de quien atraviesa por el "valle de lágrimas", el gozo se manifiesta para el creyente en Cristo porque sabe que el resucitado tiene el nombre de autoridad suprema como Señor absoluto en todo el alcance celestial y cósmico de la palabra (Fil. 2:9-11); el Cordero inmolado tiene el poder, la riqueza, la sabiduría, la fortaleza, el honor, la gloria y la alabanza (Ap. 5:12), y sabe también que "Dios secará toda lágrima de los ojos de ellos" (Ap. 21:4). Las gentes le llamaban profeta, pero los discípulos lo seguían como el Cristo, el Mesías, el ungido de Dios (Is. 61:1). Sin duda la fe actuaba en ellos haciéndoles reconocer una dignidad tan grande en quien, a los ojos de los hombres, no cumplía las expectativas que habían asignado al Mesías, el Cristo de Dios (Lc. 9:20).

Mateo 1:16. En el cierre de la genealogía de Jesús aparece una referencia al término Cristo: "Y Jacob engendró a José, marido de María, de la cual nació Jesús, llamado el Cristo"[109]. Lo más destacable del versículo tiene que ver con la cláusula final: "De la cual nació Jesús, llamado el Cristo". Es de notar que no se dice que le llamaron, o le impusieron el nombre de Cristo, esto es, no en el sentido de por nombre, sino de que es llamado, apelando al hecho de que el Mesías expresa la relación de Jesús con las promesas que Dios había dado a su pueblo y la esperanza que ese pueblo tenía en la antigua dispensación. Los grandes kerigmas de Hechos ofrecen la perspectiva de esta esperanza: "Dios ha cumplido lo que antes había anunciado por boca de todos sus profetas" (Hch. 3:18). Sin embargo, esta esperanza que Israel aguardaba produce un cambio radical en la historia humana, la esperanza no es nacional, sino universal.

---

[109] En el texto griego:'Ιακὼβ δὲ ἐγέννησεν τὸν 'Ιωσὴφ τὸν ἄνδρα Μαρίας, ἐξ ἧς ἐγεννήθη'Ιησοῦς ὁ λεγόμενος Χριστός.

Lucas 24:26. El título es usado por Lucas en una advertencia sobre la profecía de la muerte del Señor y su glorificación: "¿No era necesario que el Cristo padeciera estas cosas, y que entrara en su gloria?"[110]. Mediante una pregunta retórica que exige una respuesta positiva, inicia la enseñanza. El Señor les habla de la necesidad de que cumpliéndose lo anunciado por los profetas, el Cristo padeciera todas aquellas cosas que les asombraban y entristecían. La mente ofuscada de los discípulos fue llevada a una reflexión directa. En primer lugar, tenían que entender que era necesario que padeciera lo que padeció. Sus padecimientos no eran una objeción a su mesianismo, sino todo lo contrario, una prueba más de ello. En su condición de hombre tomó la humanidad para poder morir por los hombres. El escritor de la carta a los Hebreos hace referencia a esta verdad cuando presenta a Jesús "coronado de gloria y de honra a causa del padecimiento de la muerte", para recalcar la verdad diciendo "para que por la gracia de Dios gustase la muerte por todos" (He. 2:9). No podía haber redención sin el pago del precio de la culpa de quienes eran esclavos a causa del pecado. No era posible el perdón de pecados, sin la sangre expiatoria del Cordero de Dios que quitó el pecado del hombre. No es posible la justificación sin que el redentor sufriente fuese resucitado, ya que "fue entregado por nuestras transgresiones, y resucitado para nuestra justificación" (Ro. 4:25). Así que era necesario que padeciese todas aquellas cosas.

Pero, igualmente era necesario que entrase en su gloria para que pudiera producirse la justificación y la fe. En la cita anterior de la epístola a los Romanos, el apóstol enseña que era necesaria la resurrección para la justificación. Jesús resucitado es la base por la que Dios puede hacer al creyente "justicia de Dios en Él" (2 Co. 5:21). Si no hubiera resucitado, la posición en Cristo no sería posible. La comunicación de vida nueva solo es posible en Él; por tanto, la resurrección era de todo punto necesaria para la realidad de la justificación y salvación del impío. Sin la resurrección no hubiera sido posible la justificación del pecador porque no habría objeto de fe, ni manifestación del sacrificio expiatorio (Ro. 3:25), ni intercesor, ni abogado. Pablo afirma categóricamente esta verdad: "Y si Cristo no resucitó, vuestra fe es vana; aún estáis en vuestros pecados" (1 Co. 15:17). La fe en un Cristo muerto sería una fe muerta. La resurrección

[110] En el texto griego: οὐχὶ ταῦτα ἔδει παθεῖν τὸν Χριστὸν καὶ εἰσελθεῖν εἰς τὴν δόξαν αὐτοῦ.

de Cristo permite asentar la fe en el Salvador y en la obra que Dios hace para vivificar a quien estando muerto en pecados está alejado de la única vida verdadera que es la de Dios mismo, que se otorga en Cristo al que cree.

La obra de salvación va ligada necesariamente a la glorificación de Cristo, puesto que está entronizado viviendo siempre para interceder por ellos (He. 7:25). Por esto Jesús dijo a los dos que iban camino a Emaús que era necesario que el Cristo padeciera todo esto y entrase en su gloria.

En los escritos de Pablo está presente el título Cristo, ya sea individualmente o vinculado al nombre Jesús, usándolo en relación con la obra hecha por Él y los resultados que conlleva. Así lo vincula a la experiencia de su muerte (cf. Ro. 5:6, 8; 14:15; 15:3; 1 Co. 8:11; Gá. 2:19, 21), a su crucifixión (cf. 1 Co. 1:23; 2:2; Gá. 3:1, 13), a su resurrección (Ro. 6:9; 8:11; 10:9; 1 Co. 15:12-17, 20, 23) y a la exaltación (Ro. 8:34; 10:6). A estas referencias pueden añadirse otras sobre la persona y obra de Jesucristo (cf. Ro. 10:4; 1 Co. 15:1-11; Gá. 2:17; 3:16; 5:1; Fil. 1:20). Cabe destacar también algunas expresiones en el contexto de la ética cristiana (Ro. 9:3; 1 Co. 1:12ss.; Gá. 5:2, 4; Fil. 1:21; 3:8, 12). En algunas ocasiones, usa el nombre precedido de artículo en el texto griego (cf. Ro. 9:3, 5; 15:3, 7; 1 Co. 1:13; 10:4, 9; 11:3; 2 Co. 11:2; Gá. 5:24; Fil. 1:15). En las epístolas a los Colosenses y Efesios, las referencias a Cristo son definitivas en el asentamiento de las distintas doctrinas que se tratan en ellas. El nombre va asociado al de Jesús (cf. Ef. 1:2; 6:24; Col. 2:6); las bendiciones son en Cristo (Ef. 1:3); el propósito eterno de Dios es en Cristo (Ef. 3:11); la oración debe dirigirse al Padre en el nombre de Cristo (Ef. 5:20); la bendición está asociada con amar a Cristo (Ef. 6:24); los creyentes son siervos de Cristo (Col. 1:7; 4:12); los tipos del antiguo pacto son sombras de la realidad espiritual, la Iglesia es un cuerpo en Cristo (Ef. 4:12; Col. 2:17); el misterio de la salvación y la presencia de Cristo en el creyente (Col. 1:27); la nueva vida del cristiano es Cristo (Col. 3:4); además la plenitud de todo en todos es Cristo (Col. 3:11). En las pastorales, el nombre de Cristo está vinculado al de Jesús y solo en una de ellas está solo (1 Ti. 5:11).

En los escritos de Juan, en el evangelio, se usa el título Mesías (Jn. 1:41; 4:25). Sin embargo, usa equivalentemente el nombre Cristo para referirse al Mesías esperado (Jn. 4:29); se encuentran los dos nombres juntos al referirse a la amenaza de los judíos contra quienes reconociesen a Jesús como el Mesías (Jn. 9:22). En el final del evangelio aparece la expresión más destacable del uso del nombre, relacionada con la fe que salva a quien cree: "Estas cosas se han escrito para que creáis que Jesús es el Cristo, el Hijo de Dios, y para que creyendo, tengáis vida en su nombre" (Jn. 20:31). En las epístolas de Juan se menciona el nombre de Cristo varias veces; en la primera, ocho, y en la segunda, cuatro, en las que está vinculado al nombre Jesús. Cabe destacar que Juan afirma que quien niega que Jesús sea el Cristo, no tiene ni al Padre ni al Hijo (1 Jn. 2:22), esto es, no puede llegar a disfrutar de la vida eterna (Jn. 17:3), calificando al que está en esa situación de anticristo. Por el contrario, el que cree que Jesús es el Cristo, es nacido de Dios (1 Jn. 5:1). Por esa razón reitera la misma enseñanza cuando escribe: "Cualquiera que se extravía, y no persevera en la doctrina de Cristo, no tiene a Dios; el que persevera en la doctrina de Cristo, ése si tiene al Padre y al Hijo" (2 Jn. 9).

En la epístola a los Hebreos, el nombre Cristo está unido al de Jesús en la mayoría de las ocasiones, traducido en castellano como Jesucristo, aunque en el texto griego se lee siempre Jesús Cristo, separados ambos. Con todo, ocurre seis veces el título Cristo precedido del artículo determinado (cf. He. 3:14; 5:5; 6:1; 9:14, 28; 11:26). En otras ocasiones, el nominativo aparece sin artículo (cf. He. 3:6; 9:11, 24). El autor se refiere a la doctrina procedente de Cristo, haciendo alusión a la enseñanza primera del Señor, los principios elementales de la enseñanza de Cristo (He. 6:1). Merece la pena destacar algún texto de la epístola por el contenido cristológico que contiene, donde aparece el nombre Cristo.

Hebreos 3:14. En el texto se lee: "Porque somos hechos participantes de Cristo, con tal que retengamos firme hasta el fin nuestra confianza del principio"[111]. La expresión más destacable del texto es que el creyente es "hecho participante de Cristo". La frase es única en todo el Nuevo Testamento, ya que participante es sinónimo de compañero. Es equivalente a otras muchas como estar en Cristo, ser miembro del cuerpo de Cristo, etc. Por el nuevo nacimiento, el creyente viene a estar en una posición nueva, en Cristo, consecuencia del "llamamiento celestial", y ese llamamiento tiene, como propósito,

[111] En el texto griego: μέτοχοι γὰρ τοῦ Χριστοῦ γεγόναμεν, ἐάνπερ τὴν ἀρχὴν τῆς ὑποστάσεως μέχρι τέλους βεβαίαν κατάσχωμεν.

la identificación con Cristo, en unidad con Él y en plena comunión hasta formar una unidad corporativa de todos los creyentes en Él (1 Co. 12:13; 1 Jn. 1:3). Esa posición hace posible lo que realmente es la vida cristiana: "Vivir a Cristo" (Fil. 1:21). Cristo se hace vida y razón de ser en el cristiano. Lo que le es propio a Él, salvo lo que tiene que ver con la eterna deidad, le es propio a cada creyente. Estos llegan a una identificación de tal medida que son hechos participantes de la divina naturaleza (2 P. 1:4). El Señor implantado en ellos, por el Espíritu, identifica el sentimiento y la forma de vida con la que fue suya como modelo para todos los cristianos. El sentir de Jesús viene a ser sentimiento propio de cada creyente (Fil. 2:5). El pensamiento suyo es también pensamiento de los suyos al estar identificados con su mente (1 Co. 2:16). La orientación celestial del Señor, que buscaba siempre las cosas de su Padre, es también propia de cada creyente que ha resucitado con Él (Col. 3:1-4). La unidad e identificación del cristiano con Cristo es de tal dimensión que los sufrimientos del cuerpo experimentados por cada creyente se consideran también como sufrimientos de Cristo (Col. 1:24) y, de la misma forma, los sufrimientos que Jesús experimentó, salvo los salvíficos que son irrepetibles, son experiencia propia de los creyentes a través de la historia (1 P. 4:13). Las aflicciones y persecuciones hechas a los cristianos son hechas a Cristo (Hch. 9:4-5).

En relación con la decisión de Moisés de cambiar las riquezas propias de su condición en Egipto para aceptar la confrontación en identificación con el pueblo de Israel al que pertenecía, el escritor hace notar que eso era asumir el vituperio de Cristo (He. 11:26). Por tanto, los creyentes deben entender que el seguimiento a Cristo traerá aparejadas dificultades propias de quien va contra la corriente de este mundo, como fue la experiencia humana de Jesús. Así que Cristo no es sólo ejemplo de autoridad y gloria, sino de compromiso y fidelidad hasta la muerte (Fil. 2:8).

Hebreos 10:12. La obra sacrificial que salva al pecador y extingue para el que cree la responsabilidad penal del pecado está vinculada en el escrito con Cristo: "Pero Cristo, habiendo ofrecido una vez para siempre un solo sacrificio por los pecados, se ha sentado a la diestra de Dios"[112]. En contraste con los sacrificios reiterados

[112] En el texto griego: οὗτος δὲ μίαν ὑπὲρ ἁμαρτιῶν προσενέγκας θυσίαν εἰς τὸ διηνεκὲς ἐκάθισεν ἐν δεξιᾷ τοῦ Θεοῦ.

del sacerdocio levítico, de los que viene tratando en esta parte de la epístola, el sacrificio de Cristo es definitivo y, por tanto, irrepetible. Se lee *habiendo ofrecido*, o también *ofreció*, como algo que fue realizado y concluyó definitivamente, ya que lo hizo para siempre. La culminación del sacrificio perfecto deja sin efecto cualquier otro ministerio sacerdotal en que se vea involucrado el presentar sacrificios por el pecado. A diferencia de los sacerdotes del antiguo orden, que estaban continuamente en pie en el santuario terrenal porque tenían que ofrecer sacrificios cada día, éste, al no tener nada más que ofrecer en cuanto a sacrificios, se ha sentado "a la diestra de Dios" al haber concluido definitivamente su labor sacerdotal. No sólo entró a la presencia de Dios, sino al lugar de honor que Dios mismo otorga. Luego de presentar el sacrifico de su propio cuerpo, lo que significa la entrega de su vida, por la resurrección y exaltación recibió el nombre que expresa su derecho a sentarse en el mismo trono de Dios y recibir el honor que Dios mismo le confiere en el nombre que le asigna, sobre todo nombre, ante el cual se dobla toda rodilla en cielos, tierra y bajo tierra (Fi. 2:9-11). El Cristo de la gloria es también el Cristo de la cruz.

En los escritos de Pedro, el nombre va ligado en muchas ocasiones con el de Jesús, traducido en castellano como Jesucristo. Sin embargo, el apóstol usa el término solo en algunas ocasiones. En esta forma trata de la investigación que los profetas hacían sobre aspectos relativos a la persona y obra del Salvador, escribiendo sobre el Espíritu de Cristo (1 P. 1:11). Pedro trata también de Cristo como de un cordero sin mancha y contaminación, dispuesto, predestinado desde antes de la constitución del mundo (1 P. 1:19). Así también la vida que se desenvuelve en una conducta ejemplar es aquella que se produce en Cristo (1 P. 3:16). El sufrimiento cristiano y la persecución en razón de serlo tiene que ver con la participación de los padecimientos de Cristo, no los salvadores que están consumados, sino los que en este tiempo ocurren en su cuerpo, que es la Iglesia. En la doxología final, la esperanza de la gloria eterna está unida a Cristo, en donde aparece el nombre sólo, aunque en pocas alternativas de lectura Jesús siguiente a Cristo[113], en las que se lee literalmente *en Cristo Jesús*, aunque en otras versiones está *Jesucristo*, con todo aquí está presente el nombre Cristo (1 P. 5:10). Del mismo modo presenta a

---

[113] De ese modo ἐν Χριστῷ᾽Ιησου, *en Cristo Jesús*, según P^{72}, A, Ψ, 5, 33, 81, 307, 436, 442, 642, 1175, 1243, 1448, 1735, 1739, 1852, 2344, 2492, K, L, P, *Lect*, $it^{ar, h, q, t, z}$, vg, sy^{h}, cop^{bo}, arm, eth, geo, slav.

Cristo como el camino para llevarnos a Dios (1 P. 3:18). El testimonio de un testigo presencial de la Pasión lo vincula también al nombre Cristo (1 P. 5:1).

En el Apocalipsis, se usa el nombre en tres formas aplicativas diferentes. Generalmente está unido al nombre Jesús en varios lugares que, siendo separado en el texto griego, pueden usarse esos textos como testimonio del uso que Juan hace del nombre Cristo (cf. Ap. 1:1, 2, 5, 9; 22:21). En los que aparece el nombre independientemente está la proclamación del reino que le corresponde, afirmando que los reinos del mundo "han venido a ser de nuestro Señor y de su Cristo" (Ap. 11:15). Igualmente ocurre en ese mismo sentido en otra cita (Ap. 12:10). En nominativo, con sentido absoluto, aparece en la referencia al reino milenial (Ap. 20:4, 6).

Jesús

Generalmente se ha enseñado que este es el nombre humano del Señor, por ser el que el ángel dio a María en la anunciación indicándole cómo había de ser llamado. Sin embargo, no es un nombre impuesto, como el del resto de los niños nacidos, sino el que le corresponde por su obra redentora, como se considerará enseguida. El nombre Jesús aparece 919 veces en el Nuevo Testamento, de las que sólo seis corresponden a personas con ese nombre, mientras que en el resto se hace referencia a Jesús, el Hijo de Dios, el Cristo.

El nombre Jesús es la forma latina del mismo en griego Ἰησοῦν. Especialmente en la LXX, es la forma griega de la abreviada hebrea *Yesûa'*, que a su vez procede de otras dos más antiguas, *Jehoshua* o *Joshua*, que es sinónimo de Josué. El significado del nombre es: *Yahvé es salvación* o incluso *Yahvé salva*. Algún rabino opina que el nombre proviene del verbo *hoshiah* (forma hipil de *yashah*, que equivale a ayudar, liberar, salvar)[114]. Moisés cambió el nombre de su ayudante Hosheah por el de Joshua, de manera que el sentido de Oseas —que es *Él ayudó*— se cambia por el de *Él salva*, esto es: de una acción del pasado a una del presente y del futuro. Esto da a entender el carácter perpetuo del Salvador. Para distinguir al Señor de otros que llevaban el mismo nombre, se le menciona muchas veces con la identificación del lugar de su residencia, leyéndose en reiteradas ocasiones Jesús de

[114] Tomado de Lacueva, 1979, p. 70.

Nazaret o tal vez mejor Jesús el Nazareno[115] (cf. Jn. 18:7). También se identifica a Jesús como hijo de José, señalando la relación familiar (Jn. 6:42). Según datos históricos, los líderes religiosos de los judíos no solían llamar a Jesús con la forma larga del nombre, ni tan siquiera con la más corta que se usaba en su tiempo, sino que habían reducido la expresión y le llamaban *jesû*, con lo que aprecia la intencionalidad de mutilar el nombre para evitar el significado que tenía en sí mismo. De esa manera se elimina el verbo *ys*, presente en el nombre, que significa salvación.

El uso de este nombre puede agruparse de este modo:

1. *Jesús*: lo usa Mateo 141 veces; Marcos, 74; Lucas, 81; Juan, 238; Hechos, 31; Romanos, 2; 1 Corintios 1; 2 Corintios 7; Gálatas 1; Efesios, 1; Filipenses, 1; 1 Tesalonicenses, 3; Hebreos, 5; 1 Juan, 5; Apocalipsis, 9. En total 600.

2. *Jesús de Nazaret, Nazareno* u otras variantes similares: lo usa Mateo 3 veces; Marcos, 4; Lucas, 3; Juan, 4; Hechos, 5. En total 19.

3. *Jesús Cristo*: lo usa Mateo 1 vez; Juan, 2; Hechos, 9; Romanos, 2; 1 Corintios, 7; 2 Corintios, 2; Gálatas, 5; Efesios, 1; Filipenses, 4; 2 Timoteo, 1; Tito, 1; Hebreos, 3; 1 Pedro, 8; 2 Pedro, 1; 1 Juan, 2; 2 Juan, 1; Judas, 2; Apocalipsis, 3. En total 56.

4. *Cristo Jesús*: aparece en Hechos 4 veces; Romanos, 12; 1 Corintios, 7; 2 Corintios, 1; Gálatas, 8; Efesios, 10; Filipenses, 12; Colosenses, 3; 1 Tesalonicenses, 2; 1 Timoteo, 10; 2 Timoteo, 10; Filemón, 3; 1 Pedro, 1. En total 83.

5. *Señor, Jesús Cristo*: aparece en Mateo 5 veces; en Marcos, 4; Lucas, 3; Hechos, 20; Romanos, 16; 1 Corintios 15; 2 Corintios, 9; Gálatas, 3; Efesios, 8; Filipenses, 5; Colosenses, 3; 1 Tesalonicenses, 11; 2 Tesalonicenses, 13; 1 Timoteo, 4; 2 Timoteo, 2; Tito, 3; Filemón 3; Hebreos, 5; Santiago, 2; 1 Pedro, 1; 2 Pedro, 8; 1 Juan, 5; 2 Juan, 1; Judas, 14; Apocalipsis, 2. En total 155.

Al no poder considerar independientemente el contenido de cada referencia, se toman algunas como ejemplo.

---

[115] Ἰησοῦς ὁ Ναζωραίος.

Lucas 1:31. En el relato de la anunciación, se lee: "Y ahora, concebirás en tu vientre, y darás a luz un hijo, y llamarás su nombre JESÚS"[116]. Luego de anunciar a la Virgen María la concepción y alumbramiento del hijo que iba a tener, despeja las dudas que aquella situación producía en José, con quien estaba desposada, y le instruye sobre el nombre que había de usar con Él: "Llamarás su nombre Jesús". A diferencia de Mateo, que traduce el nombre Emanuel, Lucas no dice nada sobre el significado del de Jesús, pero se ha considerado su procedencia y significado que equivale a Dios salva, o la salvación es de Dios. Aunque Lucas no dice nada, Mateo da la razón de ese nombre: "Porque Él salvará a su pueblo de sus pecados" (Mt. 1:21). Es interesante notar que el ángel no dijo a José le pondrás por nombre, sino llamarás su nombre, dando a entender que el nombre había sido asignado por Dios. Con esto se percibe ya el carácter perpetuo de Salvador, propio de Jesús, junto con la iniciativa divina en la obra de salvación. El nombre constituye también el título de dignidad universal, como enseña el apóstol Pablo, cuando, al referirse a la exaltación de Cristo, luego de su muerte y resurrección, dice:

> *Por lo cual Dios también le exaltó hasta lo sumo, y le dio un nombre que es sobre todo nombre, para que en el nombre de Jesús se doble toda rodilla de los que están en los cielos, y en la tierra, y debajo de la tierra; y toda lengua confiese que Jesucristo es el Señor, para gloria de Dios Padre. (Fil. 2:9-11)*

Marcos 1:9. Se lee de esta forma: "Aconteció en aquellos días, que Jesús vino de Nazaret de Galilea, y fue bautizado por Juan en el Jordán"[117]. Marcos, con una expresión temporal indefinida, que no es común en él, se refiere al tiempo en que Jesús fue para ser bautizado por Juan. No trata de la anunciación ni del nacimiento, pero inicia el relato con el comienzo del ministerio de Cristo, usando el nombre Jesús. Jesús apareció entre las multitudes procedentes de Nazaret, en Galilea. Si bien el relato es el más corto, Marcos hace una precisión que los otros evangelistas pasan por alto, aunque en Mateo no se hace necesario este dato puesto que antes sitúa a Jesús en Nazaret

---

[116] En el texto griego: καὶ ἰδοὺ συλλήμψῃ ἐν γαστρὶ καὶ τέξῃ υἱὸν καὶ καλέσεις τὸ ὄνομα αὐτοῦ᾿Ιησοῦν.

[117] En el texto griego: Καὶ ἐγένετο ἐν ἐκείναις ταῖς ἡμέραις ἦλθεν ᾿Ιησοῦς ἀπὸ Ναζαρὲτ τῆς Γαλιλαίας καὶ ἐβαπτίσθη εἰς τὸν᾿Ιορδάνην ὑπὸ᾿Ιωάννου.

(Mt. 2:22, 23). Ese lugar fue la residencia de Jesús hasta el comienzo de su ministerio público. Allí había trabajado, aprendido el oficio y ejercido como carpintero, junto a su padre adoptivo José (Mt. 13:55). En Nazaret, Jesús era conocido también como el carpintero (6:3).

Romanos 5:1. En el texto escribe el apóstol Pablo: "Justificados, pues, por la fe, tenemos paz para con Dios por medio de nuestro Señor Jesucristo"[118]. Esta cita es un ejemplo del uso más completo del nombre Jesús. En el texto griego se lee: "Por el Señor nuestro Jesucristo", frase que aparecerá también en el v. 11 del mismo capítulo. El apóstol usa el nombre en la enseñanza de la justificación por la fe del pecador que cree. Este aspecto genérico pasa aquí a relacionarse con el individuo, esto es, con todo aquel que ha depositado la fe en el Salvador, quienes experimentan en sí mismos la condición de haber sido declarados como justos delante de Dios. La justificación produce una relación de paz, al ser removido el obstáculo del pecado que producía un estado de enemistad, entrando en una nueva relación de armonía con Dios, en paz. Todo esto por medio de nuestro Señor Jesús Cristo. Aunque en castellano los dos nombres finales se unen en uno solo, Jesucristo, ambos aparecen claramente detallados en el texto griego. En otro escrito hará una contundente afirmación, donde usará los dos nombres en forma inversa a como lo hace aquí, afirmando que "Él es nuestra paz" (Ef. 2:13-14).

Filipenses 2:10. Pablo dice que el exaltado Señor recibió el reconocimiento de suprema autoridad: "Para que en el nombre de Jesús se doble toda rodilla de los que están en los cielos, y en la tierra, y debajo de la tierra"[119]. En el texto se destaca el uso del nombre Jesús, separado de todo complemento o vinculación. Ese nombre fue despreciado y desechado por muchos, considerándolo, como dice el profeta, sin atractivo, esto es: un hombre sin importancia ni estimable (Is. 53:2). Cuando Jesús declaró su deidad fue amenazado de muerte por los hombres (Jn. 10:33). Su nombre fue motivo de burla y desprecio en la crucifixión (Mt. 27:37, 39). Sin embargo, Jesús es Dios bendito (Jn. 1:1; Ro. 9:5). La autoridad suprema bajo ese nombre queda reconocida en el texto, ya que bajo la autoridad que dimana

[118] En el texto griego: Δικαιωθέντες οὖν ἐκ πίστεως εἰρήνην ἔχομεν πρὸς τὸν Θεὸν διὰ τοῦ Κυρίου ἡμῶν'Ιησοῦ Χριστοῦ.

[119] En el texto griego: ἵνα ἐν τῷ ὀνόματι 'Ιησοῦ πᾶν γόνυ κάμψῃ ἐπουρανίων καὶ ἐπιγείων καὶ καταχθονίων.

de él se dobla toda rodilla, expresión que señala reconocimiento universal de su deidad y, por tanto, de su señorío. Quienes se inclinaron burlescamente ante Él habrán de hacerlo ante el mismo Jesús glorificado, reconociéndolo como Dios.

La sujeción al resucitado y glorificado Jesús es universal. El apóstol mediante tres adjetivos agrupa todos los seres creados. Por un lado, literalmente *los celestiales*. No cabe duda de que tiene que ver con todos los ángeles, querubines, serafines, arcángeles y ángeles santos. Pero también con los millones de hombres salvos por gracia que están y los que estarán en el futuro en la presencia de Dios (Ef. 1:21; 3:10; 1 P. 3:22; Ap. 4:8-11; 5:8-12). También le rendirán pleitesía los que estén *sobre la tierra*, en alusión a los hombres vivos (1 Co. 15:40). Del mismo modo, *los de debajo de la tierra*, forma figurada para referirse a muertos sin salvación y ángeles caídos (Mt. 16:18; Jud. 6), poderes infernales, cuyo dominio quebrantó Cristo en su muerte. Quienes no hayan querido reconocer la deidad de Jesús y doblar sus rodillas voluntariamente, tendrán que hacerlo en el futuro reconociendo universalmente que Jesús es Dios, en una demostración cósmica de que aquel que se hizo hombre, es eternamente Dios.

Apocalipsis 22:20. El apóstol Juan cierra la revelación escribiendo antes de la doxología final: "El que da testimonio de estas cosas dice: Ciertamente vengo en breve. Amén, sí, ven, Señor Jesús"[120]. Juan traslada las últimas palabras de Jesús en el texto escrito, prometiendo su venida. Los creyentes han estado esperando a lo largo de los siglos, desde la ascensión, la segunda venida del Señor, con la que se abrirá el cumplimiento final de todo lo que tiene que ver con la historia humana para desembocar en la gloriosa dimensión de cielos nuevos y tierra nueva. Durante todo este tiempo, los cristianos hemos estado pidiendo a Dios por el retorno del Señor. Parece, a los ojos de los hombres, que la promesa se demora en exceso, pero, como para alentarnos nuevamente, el Señor cierra el contenido del libro afirmando que su venida está próxima. Siempre espero no llegar a terminar el escrito porque habremos sido llamados para estar eternamente con Él (1 Ts. 4:16-17). El deseo de los cristianos se expresa en una oración que lo manifiesta, con un sí, esperanzado y seguro al mismo tiempo. Esa misma oración aparece en una expresión aramea utilizada por

---

[120] En el texto griego: Λέγει ὁ μαρτυρῶν ταῦτα· ναί, ἔρχομαι ταχύ. 'Αμήν, ἔρχου Κύριε'Ιησοῦ.

Pablo: "Maran-ata" (1 Co. 16:22). El anhelo por la venida del Señor satura el corazón cristiano. Su retorno no sólo es la única esperanza, sino la única razón de la vida cristiana. La esperanza culmina cuando aquel que es nuestra esperanza (Col. 1:13) se haga realidad visible con nosotros. Su promesa es fiel y sus palabras tendrán cumplimiento. El susurro del viento sobre la montaña de la esperanza transmite el mensaje de amor y de compromiso: "Vengo pronto". No ha sido un adiós. Su partida se produjo con un maravilloso "hasta pronto". El nombre Jesús cierra junto con el de Señor que le antecede las palabras de la profecía.

Emanuel

El nombre aplicado a Cristo aparece solo en el evangelio según Mateo 1:23, donde se lee: "He aquí, una virgen concebirá y dará a luz un hijo, y llamarás su nombre Emanuel, que traducido es: Dios con nosotros"[121]. Mateo apela a la Escritura para mostrar que la concepción virginal de Jesús había sido anunciada anticipadamente en el mensaje profético. Es evidente que está acudiendo a una cita del profeta Isaías: "Por tanto, el Señor mismo os dará señal: He aquí que la virgen concebirá, y dará a luz un hijo, y llamará su nombre Emanuel" (Is. 7:14), en la forma que aparece en la LXX. El pasaje profético ha sido interpretado de distintas maneras e incluso cuestionado por algunos críticos humanistas. No se debe olvidar que el texto de Mateo forma parte de la Escritura plenariamente inspirada, por lo que la interpretación y aplicación del texto tiene el respaldo de la inspiración. Emanuel significa Dios con nosotros. El Hijo de la Virgen sería Dios mismo manifestado en carne.

En Emanuel, Dios ha venido a habitar con nosotros. Ninguno podrá entender la dimensión de la gracia por la que Dios, en Emanuel, ha venido a habitar con los pecadores. Como escribe Hendriksen:

Esto significa que, en Cristo, Dios vino a habitar con los dolientes, para sanarlos (4:23); con los endemoniados, para liberarlos (4:24); con los pobres en espíritu, etc., para bendecirlos (5:1-12); con los afanosos, para liberarlos de su afán (6:25-34); con los juzgadores,

---

[121] En el texto griego: ἰδοὺ ἡ παρθένος ἐν γαστρὶ ἕξει καὶ τέξεται υἱόν, καὶ καλέσουσιν τὸ ὄνομα αὐτοῦ Ἐμμανουήλ, ὅ ἐστιν μεθερμηνευόμενον μεθ' ἡμῶν ὁ Θεός.

para advertirles (7:1-5); con los leprosos, para limpiarlos (8:1-4); con los enfermos, para sanarlos (8:14-17); con los hambrientos, para darles de comer (14:13-21: 15:32-39); con los inválidos, para restaurarlos (12:13; 15:31); y sobre todo, con los perdidos, para buscarlos y salvarlos (18:11).[122]

La grandeza de Emanuel es que Dios se hizo pobre para venir al encuentro de los miserables y hacerlos ricos en su gracia, para elevarlos de sus miserias a la condición de hijos, de su desesperación haciéndose Él mismo esperanza para ellos, y de su desaliento para darles la provisión necesaria en cada momento, siendo para cada uno el pan de vida que desciende del cielo.

[122] Hendriksen, 1986, p. 152.

CAPÍTULO VI
ACCIONES Y RELACIONES DIVINAS

Introducción

Cerrando este apartado de la cristología que trata de establecer las bases bíblicas para sustentar la fe en la deidad de Jesucristo deben añadirse dos aspectos más. Uno de ellos trata de acciones que Jesús manifestó en las que necesariamente está presente la condición divina del Señor, puesto que todas ellas están necesariamente presentes en la operativa divina y en las demandas que Dios hace para sí mismo. En el segundo se han de investigar las relaciones que la Escritura pone de manifiesto en cuanto a las relaciones divinas en las que Jesús está presente e involucrado.

En el primer apartado ha de considerarse si los atributos de la esencia divina, que generalmente se llaman incomunicables, esto es, que son privativos y potestativos de Dios, se manifiestan presentes en Jesús de Nazaret. Estas perfecciones divinas se denominan elementalmente como atributos *omni*, porque están precedidos por esta palabra latina que significa *todo*. Sólo el que es infinito puede estar en la posesión de totalidad, plenitud absoluta, esto es, no hay límite alguno a esa condición y supera cualquier semejante en posesión de los seres porque son limitados.

Si se puede demostrar que en Jesús residían y se manifestaban las perfecciones divinas incomunicables, estaremos estableciendo los últimos argumentos en la cristología que permiten afirmar sin lugar a dudas que Jesucristo es Dios en la unidad trina. A esto acude la primera parte del capítulo.

Pero no es menos necesario establecer también las evidencias bíblico-históricas de que Jesús demandó y recibió acciones de los hombres que sólo pueden ser demandadas y recibidas por Dios, como es la adoración, el perdón de pecados, la demanda de la fe. Si el relato histórico de los evangelios contiene esas evidencias, estaremos aportando a la cristología otro elemento sustentante que complete la base fundamental de la fe en la deidad del Hijo de Dios.

Además, debe hacerse una aproximación a la autoconciencia que Jesús tenía de su divinidad, apoyándola en las muchas referencias que los evangelios ofrecen sobre ese aspecto. Para ello se consideran algunas de esas citas, dejando al lector la consideración de las restantes referencias que se dan en dicho apartado

Quedaría otro aspecto, que ha de ser considerado también en esta primera parte del estudio sobre la persona y obra de Jesucristo, consistente en el establecimiento de las relaciones trinitarias, entre Él y las personas divinas. Debe tenerse en cuenta que en este campo la cristología debe establecer la presencia en Cristo del ser de Dios, y la subsistencia personal en Él, lo que constituye las bases de la teología trinitaria. No puede concebirse la persona de Jesucristo, sino a partir de la eterna relación *ad intra* y *ad extra* de la Santísima Trinidad, puesto que la obra del Verbo encarnado y su misión salvadora son inseparables del propósito eterno de Dios, trino y uno. Es más, esa misión salvadora, para la que fue predestinado y que ejecutó en la tierra y en el tiempo histórico de los hombres determinado anticipadamente por Dios, trae a los que creen en Él lo que es, su condición de Hijo, que se hace realidad en cada uno de los salvos por la acción del Espíritu Santo, integrando a cada salvo en la misma vida trinitaria de Dios.

Acciones divinas

Jesús hizo manifestaciones que sólo son posibles desde la deidad. No sólo en cuanto a milagros, que se tratarán más adelante en el apartado del ministerio terrenal del Verbo encarnado, sino exhibiendo los atributos o perfecciones de la deidad, que son exclusivos de las personas divinas e incomunicables a ningún ser creado, sean ángeles u hombres. La prueba más evidente es establecer históricamente desde la revelación de la Escritura, la realidad del uso de los atributos propios de la esencia divina.

Omnipotencia

Es la total capacidad para una actuación sin límites, la perfección divina por medio de la cual Dios puede ejecutar todo lo que desea mediante el ejercicio de su sola voluntad. La única limitación a la omnipotencia está en aquello que pudiera entrar en conflicto con el resto de sus atributos. Quien no puede hacer todo lo que quiere y no puede llevar a cabo todo lo que se propone, no puede ser Dios. Él y sólo Él tiene además de la voluntad para resolver aquello que le parece bueno, el poder absoluto para hacerlo realidad. Así como la santidad es la hermosura de todos los atributos divinos, la omnipotencia es el que da vida y acción a todos ellos. Su poder es como Él mismo, infinito, eterno, inconmensurable, y no puede ser contenido, limitado ni frustrado por algo o por alguien.

La Biblia enseña la omnipotencia de Dios, como dijo Bildad en respuesta a Job: "Si saqueara, ¿quién se lo impediría? ¿Quién le diría: ¿Qué haces?" (Job 9:12).[1] De la misma manera, afirma el salmista: "Nuestro Dios está en los cielos; todo lo que quiso ha hecho" (Sal. 115:3). Cristo hizo esta declaración ante los discípulos: "Para los hombres esto es imposible; mas para Dios todo es posible" (Mt. 19:26). La afirmación de Jesús siguió a la pregunta de los discípulos sobre quién puede ser salvo. En la respuesta, el Señor les recordó que la salvación no es del hombre, sino de Dios. La determinación de salvar al pecador se estableció en la eternidad, antes de la creación del mundo, y correspondió absolutamente a Dios en expresión del designio de su soberana voluntad (2 Ti. 1:9). Es imposible que el hombre pueda salvarse a sí mismo. La salvación es totalmente de Dios (Sal. 3:8; Jon. 2:9). Aquello, pues, que es imposible para el hombre, es posible para Dios. Dios no necesita palabras en el ejercicio de su omnipotencia; una sola es suficiente para que se cumpla su propósito y se ejecute su designio: "Una vez habló Dios; dos veces he oído esto: Que de Dios es el poder" (Sal 62:11). El alcance de la omnipotencia divina se hace visible también en los ángeles y en los hombres, como enseña el profeta Daniel: "Todos los habitantes de la tierra son considerados como nada; y él hace según su voluntad en el ejército del cielo, y en los habitantes de la tierra, y no hay quien detenga su mano, y le diga: ¿Qué haces?" (Dn. 4:35). La ejecución de sus planes, la realización de su determinación, no se desvanece con el paso del tiempo, sino que es determinada por Él para hacerla realidad en el momento prefijado, ya que "el plan de Yahveh subsiste para siempre, los proyectos de su corazón por todas las edades" (Sal. 33:11).[2]

La omnipotencia se pone de manifiesto en la creación, que surge por el poder de su palabra y vino a la existencia cuando nada existía, "porque él dijo, y fue hecho; él mandó y existió" (Sal. 33:9).

---

[1] Versión Cantera-Iglesias.

[2] Biblia de Jerusalén.

La Biblia no es un libro que responda curiosidades o se extienda en manifestar principios científicos, aunque no entra en contradicción con ellos cuando, de algún modo, aparecen en el escrito bíblico. La Escritura es aceptada por fe como Palabra inspirada por Dios. De este modo, aparece la referencia a la creación en el Nuevo Testamento: "Por la fe entendemos haber sido constituido el universo por la palabra de Dios, de modo que lo que se ve fue hecho de lo que no se veía" (He. 11:3). Es suficiente con iniciar la lectura del relato de la creación para observar que la omnipotencia de Dios se traducía en acción con una sola palabra suya: *sea*. La misma perfección es la que sustenta la creación proveyendo de todo lo necesario para ello, aunque sean cosas pequeñas que muchas veces pasan inadvertidas, como ocurre con las preguntas retóricas del primer discurso de Bildad suhita: "¿Crece el papiro sin pantano? ¿Crece el junco sin aguas?" (Job 8:11).[3] La omnipotencia divina se hace visible en la acción conservadora de la vida operada por el Espíritu Santo en los seres vivos: "Todos ellos esperan en ti, para que les des su comida a su tiempo. Les das, recogen; abres tu mano, se sacian de bien. Escondes tu rostro, se turban; les quitas el hálito, dejan de ser, y vuelven al polvo. Envías tu Espíritu, son creados, y renuevas la faz de la tierra" (Sal. 104:27-30). La creación entera se conserva por la omnipotente palabra de Dios. Así refiriéndose al Hijo, se lee en la epístola a los Hebreos de este modo: "El cual, siendo el resplandor de su gloria, y la imagen misma de su sustancia, y quien sustenta todas las cosas con la palabra de su poder" (He. 1:3). La omnipotencia divina controla todo. El mismo Satanás tiene que comparecer delante de Dios, quien autoriza ciertas acciones suyas, como fue la permisión para actuar contra Job.

Jesucristo vino al mundo en misión reveladora. Juan afirma: "A Dios nadie le vio jamás; el unigénito Hijo, que está en el seno del Padre, él le ha dado a conocer" (Jn. 1:18). Esa omnipotencia como atributo esencial de Dios, incomunicable a toda creatura, está presente en Jesús, en general en los milagros, pero especialmente en algunos de ellos, que tiene relación con el control de la naturaleza. Así en el caso de la tempestad que amenazaba a la barca en que hacía la travesía del mar de Galilea en compañía de sus discípulos, mientras Él dormía. La situación se revierte en respuesta a la petición de aquellos hombres, y

---

[3] Versión Cantera-Iglesias.

Mateo, testigo presencial del hecho, dice que "entonces, levantándose, reprendió a los vientos y al mar; y se hizo grande bonanza" (Mt. 8:26).

Jesús demostró la omnipotencia en la multiplicación de los alimentos consiguiendo que, con cinco pequeños panes y dos peces, fuese alimentada una multitud, en la que había como unos cinco mil varones, llenando, luego de quedar todos satisfechos, doce cestas con los pedazos que habían sobrado de los panes (Jn. 6:1-13).

Esa misma perfección divina es exhibida por Jesús en la resurrección de muertos. Todos ellos vienen nuevamente a la vida por la palabra poderosa del Señor. Así ocurrió en la resurrección del hijo de una viuda (Lc. 7:11-15), con la hija de Jairo (Mt. 9:18-19, 23-26; Mr. 5:22-24, 35-43; Lc. 8:41-42, 49-56). Desde el mundo de la crítica liberal humanista se han presentado argumentos para negar la realidad de esos hechos omnipotentes de Jesús, pero, no hay argumentación válida, sino tan solo, como es habitual en ellos, propuestas que motivan la incredulidad, sin evidencias firmes. Pero especialmente notable es la resurrección de Lázaro. Los judíos enseñaban que el alma de un muerto permanece en el cuerpo durante tres días, en cuyo tiempo es posible que pueda ocurrir una resurrección, pero no después de haberlos superado. Jesús conocía que Lázaro había muerto y esperó para llegar a Betania al cuarto día de haber ocurrido su deceso. Ya no era posible operar una resurrección porque habían pasado los tres días, según enseñaban los rabinos. Es cuando, fuera de toda posibilidad humana, Jesús manda abrir la tumba y con voz potente ordenó al muerto, mediante tres palabras solas en el texto griego: "¡Lázaro! ¡Aquí! ¡Fuera!" (Jn. 11:43); el que estaba envuelto con el sudario y los lienzos propios de un enterramiento de aquellos días apareció fuera del sepulcro. Jesús mandó que lo desatasen de aquellos impedimentos para que, vivo, pudiera irse de aquel lugar.

La omnipotencia se pone de manifiesto en el poder que tenía para resucitar su propio cuerpo: "Yo pongo mi vida, para volverla a tomar. Nadie me la quita, sino que yo de mí mismo la pongo. Tengo poder para ponerla, y tengo poder para volverla a tomar. Este mandamiento recibí de mi Padre" (Jn. 10:17-18).[4] La primera frase

[4] Texto griego: ἐγὼ τίθημι τὴν ψυχήν μου, ἵνα πάλιν λάβω αὐτήν. οὐδεὶς αἴρει αὐτὴν ἀπ' ἐμοῦ, ἀλλ' ἐγὼ τίθημι αὐτὴν ἀπ' ἐμαυτοῦ. ἐξουσίαν ἔχω θεῖναι αὐτήν, καὶ ἐξουσίαν ἔχω πάλιν λαβεῖν αὐτήν· ταύτην τὴν ἐντολὴν ἔλαβον παρὰ τοῦ Πατρός μου.

apunta a la aceptación de la obra redentora que exigía la entrega voluntaria de la vida del redentor. No era posible la extinción de la responsabilidad penal del pecado sin la satisfacción de la deuda contraída. La primera frase del segundo versículo tiene que ver con la voluntariedad de la entrega personal a favor de las ovejas. Jesús afirma que nadie le quitaba la vida, es más, nadie podía quitársela si Él voluntariamente no se entregase a la muerte, que no era un incidente en su vida o un suceso inevitable que lo alcanza, sino que su poder como Dios-hombre está en el control de cualquier situación en su vida humana. Esto ocurrirá no antes, sino en el tiempo previamente establecido desde antes de la creación del mundo (1 P. 1:18-20). La muerte física en la cruz se produce bajo el control de su soberanía, que encomienda su espíritu en las manos del Padre.

La segunda verdad está relacionada con la facultad o potestad recibida para entregar la vida y volver a tomarla. Nadie puede quitársela antes de tiempo. Los judíos intentaron hacerlo en varias ocasiones, pero Él pasó por medio de ellos y no pudieron tocarlo porque no había llegado su hora. Aquí Jesús habla de autoridad, potestad, capacidad, derecho, libertad, poder, etc.; quiere decir que tiene recursos de poder y de autoridad para que nada en la tierra de lo que ocurra o pueda ocurrir pueda impedirle dar su vida y volverla a tomar.

La tercera afirmación puntualiza que todo aquello relacionado con la muerte y la resurrección era establecido por el Padre y le había sido dado como mandamiento. Estaba llevando a cabo el proceso de redención conforme a lo que el Padre había establecido y Él, en su condición de siervo, lo llevaba a cabo. Por esa causa podrá decir en la oración: "He acabado la obra que me diste que hiciese" (Jn. 17:4). Jesús no sólo obedecía al Padre en su condición de siervo, al tomar para ello la naturaleza humana con la que podía llegar a un estado de humillación, sino que lo que hacía formaba parte de la comisión que había recibido el Padre al enviarlo al mundo para que hiciese la obra de salvación. La voluntad del Hijo armoniza con la del Padre no sólo por comisión, sino por identificación de propósito. El Padre entregó a su Hijo y el Hijo se entregó a sí mismo sin oponer resistencia alguna porque no la podía haber, puesto que la determinación y el deseo opera conjunta y determinantemente tanto en el Padre como en el Hijo. De ahí que el Padre resucitaría al Hijo y el Hijo volvería a tomar su vida. Dado que Él muere y resucita es que podrá haber un solo rebaño y un solo pastor. No debe olvidarse que en todo lo relacionado con la salvación, entre lo que está la resurrección del Salvador para poder salvar, la Trinidad está presente y actuante. De manera que la omnipotencia divina está presente en las tres santísimas personas de la deidad, y las tres actúan en la resurrección de la humanidad de Jesucristo. Esto es una evidencia de la omnipotencia divina presente en Él.

Omnipresencia

Este atributo pareciera no estar presente en Jesús, puesto que cuando estaba en un lugar no estaba en otro. La omnipresencia es la perfección divina que permite a Dios estar plenamente presente en todo lugar. En cierto modo, es el atributo de relación de Dios y del espacio. Una perfección difícilmente comprensible por la mente limitada del ser humano. Dios, que puede estar presente en todo lugar, está al mismo tiempo todo Él presente en un punto determinado. Así enseñó Jesús a orar: "Padre nuestro que estás en los cielos" (Mt. 6:9). De mismo modo, Cristo, luego de su ascensión, se "sentó a la diestra de la Majestad en las alturas" (He. 1:3). El salmista sitúa a Dios rodeando al creyente y poniendo su mano sobre él (Sal. 139:5). La omnipresencia divina se hace realidad en que reside en el creyente: "En quien vosotros también sois juntamente edificados para morada de Dios en el Espíritu" (Ef. 2:22). La residencia divina es plena, pero a su vez lo es en cada creyente y no sólo en uno de ellos; por eso dice el apóstol Pablo que Dios es "sobre todos, y por todos, y en todos" (Ef. 4:6). La Trinidad es traída por Cristo para estar presente en los salvos. No sólo es el Espíritu, residente divino, sino que también lo son el Padre y el Hijo, como el Señor afirma: "El que me ama, mi palabra guardará, y mi Padre le amará, y vendremos a él, y haremos morada con él" (Jn. 14:23).

La omnipresencia es un atributo incomunicable. Sólo Dios es omnipresente, nadie más que Dios puede serlo. Está presente en todo nuestro entorno. No importa si es en plena oscuridad o a la luz del día. No podemos escapar de su presencia en nuestras vidas. La gran dificultad para la mente finita del hombre es que nada ni nadie puede ocultarse de Él; como dice el profeta: "¿Soy yo Dios de cerca solamente, dice Jehová, y no Dios desde muy lejos? ¿Se ocultará alguno, dice Jehová, en escondrijos que yo no lo vea? ¿No lleno yo, dice Jehová, el cielo y la tierra?" (Jer. 23:23-24). El salmista formula una serie de condicionantes para afirmar la omnipresencia y dice:

Si subiere a los cielos, allí estás tú; y si en el Seol hiciere mi estrado, he aquí, allí tú estás. Si tomare las alas del alba y habitare en el extremo del mar, aún allí me guiará tu mano, y me asirá tu diestra. Si dijere: Ciertamente las tinieblas me encubrirán; aun la noche resplandecerá alrededor de mí. (Sal. 139:8-11)

De una manera semejante se expresa el profeta, hablando en nombre de Dios: "Aunque cavasen hasta el Seol, de allá los tomará mi mano; y aunque subieren hasta el cielo, de allá los haré descender" (Am. 9:2). Sin duda el atributo de omnipresencia es posible porque Dios es también infinito. Este también es otro concepto difícil de entender, quiere decir que no tiene fin y que excede a todo. De Él dijo Agar: "Entonces llamó el nombre de Jehová que con ella hablaba: Tu eres Dios que ve; porque dijo: ¿No he visto también aquí al que me ve?" (Gn. 16:13).

Dios se revela en Cristo, de manera que hemos de ver a Jesús si queremos ver a Dios. La omnipresencia del Señor se promete a los suyos en el cumplimiento de la evangelización del mundo, lo que habitualmente se llama Gran Comisión: "Por tanto, id, y haced discípulos a todas las naciones, bautizándolos en el nombre del Padre, y del Hijo, y del Espíritu Santo; enseñándoles que guarden todas las cosas que os he mandado, y he aquí yo estoy con vosotros todos los días, hasta el fin del mundo. Amén" (Mt. 28:19-20). Es omnipresente, como persona divino-humana, y puede estar con todos los creyentes en cualquier lugar, siempre. Esta perfección divina se manifiesta en Cristo, como Él mismo afirma al hablar de sus ovejas: "Yo les doy vida eterna; y no perecerán jamás, ni nadie las arrebatará de mi mano" (Jn. 10:28). Se hace sustentador de todos los creyentes sin límite alguno en el tiempo y en el espacio. Esa presencia la promete también a todos los que se congreguen en su nombre: "Porque donde están dos o tres congregados en mi nombre, allí estoy yo en medio de ellos" (Mt. 18:20). La doctrina apostólica hace referencia a esa perfección cuando afirma que "Cristo es en vosotros la esperanza de gloria" (Col. 1:27). El Señor está con cada uno de los cristianos, en todo tiempo y en todo lugar. Esa verdad se pone de manifiesto en la teofanía del Ángel de Yahvé, expresión visible de la segunda persona divina antes de manifestarse en la tierra, de modo que "el Ángel de Jehová acampa alrededor de los que le temen, y los defiende" (Sal. 34:7). No es un ejército de ángeles, es uno solo que rodea a cada creyente en su existencia terrenal y los protege. No importa dónde estén los suyos, todos ellos están bajo su protección porque es omnipresente. No cabe duda de que el atributo incomunicable de la omnipresencia, que estuvo limitado por la voluntaria asunción de una naturaleza humana, es una realidad en la persona del Hijo, Verbo encarnado, en la que subsiste.

Omnisciencia

Es la perfección divina incomunicable que permite a Dios el conocimiento absoluto de todas las cosas, reales y posibles. Nadie más que Dios es omnisciente. Él conoce todos los seres y todas las cosas, en absoluta dimensión. Todo detalle de la vida de cada ser creado está en su conocimiento. No solo conoce las acciones y expresiones, sino lo que cada ser guarda en la intimidad de su corazón. En el mundo de los ángeles caídos, cada pensamiento de ellos, es plenamente conocido por Dios. Lo más oculto de la intimidad está presente ante sus ojos, como dice el profeta: "Él revela lo profundo y lo escondido; conoce lo que está en tinieblas, y con él mora la luz" (Dn. 2:22). Nada escapa a esa perfección divina. El pecado de Satanás estaba en su corazón, ningún acto pecaminoso se había manifestado, pero ya era conocido por Dios, de modo que el profeta escribe sobre este conocimiento: "Tú que decías en tu corazón: Subiré al cielo; en lo alto, junto a las estrellas de Dios, levantaré mi trono, y en el monte del testimonio me sentaré, a los lados del norte; sobre las alturas de las nubes subiré, y seré semejante al Altísimo" (Is. 14:13-14). Aunque algunos críticos niegan que este texto sea aplicable a Satanás, no tiene importancia aquí, puesto que se trata de conocer lo que hay en la intimidad del ser antes de que sea manifestado de ningún modo.

Dios conoce todos los caminos, esto es, toda la expresión de la vida de cada persona. Esa verdad está expresada de este modo en la Escritura: "Tú has conocido mi sentarme y mi levantarme; has entendido desde lejos mis pensamientos. Has escudriñado mi andar y mi reposo, y todos mis caminos te son conocidos. Pues aún no está la palabra en mi lengua, y he aquí, oh Jehová, tú la sabes toda" (Sal. 139:2-4). Su conocimiento es perfecto, de modo que también lo es su Palabra: "No hay cosa creada que no sea manifiesta en su presencia; antes bien todas las cosas están desnudas y abiertas a los ojos de aquel a quien tenemos que dar cuenta" (He. 4:13). Pone de manifiesto todo al entrar en lo más íntimo del ser personal, ante la mirada escudriñadora de Dios. El sujeto de la oración es Dios mismo, pero se vincula a su Palabra como poseedora de las perfecciones suyas, porque procede de

Él. Ante Él todas las imperfecciones personales quedan al descubierto y ninguna cosa puede esconderse ante sus ojos. Todos estamos desnudos, en el sentido de expresión de la imposibilidad de ocultar nada, y abiertos ante su mirada que descubre todo lo que hay en la más recóndita intimidad. En la comparecencia ante el tribunal de Cristo, el apóstol enseña que el Señor mismo "aclarará también lo oculto de las tinieblas, y manifestará las intenciones de los corazones" (1 Co. 4:5).

La omnisciencia está presente en la profecía. Dios anuncia lo que acontecerá y lo hace con absoluta precisión, no solo porque lo conoce, sino porque lo dirige conforme a lo que Él revela en la Escritura:

> *Acordaos de las cosas pasadas desde los tiempos antiguos; porque yo soy Dios, y no hay otro Dios, y nada hay semejante a mí, que anuncio lo por venir desde el principio, y desde la antigüedad lo que aún no era hecho; que digo: Mi consejo permanecerá, y haré todo lo que quiero. (Is. 46:9-10)*

Por tanto, en su omnisciencia, conoce todo, tanto el pasado, como el presente y el futuro. Pero, todavía más, esta perfección permite que Dios conozca lo que hubiera podido ocurrir en determinadas circunstancias. Se trata de lo que se denomina *futuribles*. Así lo dijo Jesús, en el lamento sobre las ciudades de Corazín y Betsaida: "¡Hay de ti, Corazín! ¡Hay de ti, Betsaida! Porque si en Tiro y en Sidón se hubieran hecho los milagros que han sido hechos en vosotras, tiempo ha que se hubieran arrepentido en cilicio y en ceniza" (Mt. 11:21). Por esa razón, el apóstol Pablo afirma que Dios no solo da vida a los muertos, sino que "llama las cosas que no son, como si fuesen" (Ro. 4:17).

La omnisciencia divina permite a Dios conocer el corazón del hombre y dar testimonio de su condición: "Viendo Yahveh que era mucha la malicia del hombre en la tierra y que toda la traza de los pensamientos de su corazón no era de continuo sino el mal" (Gn. 6:5).[5] De este modo conocía lo que había en la intimidad del pueblo de Israel: "Así habéis hablado, oh casa de Israel, y las cosas que suben a vuestro espíritu, yo las he entendido" (Ez. 11:5).

---

[5] Versión Cantera-Iglesias.

Toda la frondosidad del huerto no pudo ocultar a nuestros primeros padres de la mirada escudriñadora del omnisciente Dios. Sara se rio, pero Dios lo sabía. Acán escondió el tesoro en lo más recóndito de su tienda, pero Dios lo conocía. David pecó, pero su delito no pasó desapercibido para Dios, que envió al profeta Natán para dejarle al descubierto en su pecado al decirle: "Tú eres ese hombre".

Jesús es el revelador de Dios: "A Dios nadie le vio jamás; el unigénito Hijo, que está en el seno del Padre, él le ha dado a conocer" (Jn. 1:18). Las perfecciones incomunicables se manifiestan en Él. No deja de ser verdad que estos atributos fueron voluntariamente limitados para que en su tránsito terrenal fuese "semejante a los hombres". Pero en ocasiones se manifestaron, entre ellos el de la omnisciencia. El mismo Señor se reconoció a sí mismo como poseedor de un conocimiento del Padre, que es propio, en exclusiva, de las personas divinas. Unos ejemplos son suficientes para confirmar esto. Al principio de su ministerio, cuando se relacionó con los primeros discípulos, vio a Natanael en el lugar retirado, bajo la higuera, desde donde estaba orando (Jn. 1:48). Tal revelación le dejó asombrado, porque nadie conocía lo que había hecho en secreto. Aquellas palabras de Jesús revelaban un conocimiento sobrenatural. Los judíos devotos de Dios solían buscar un lugar retirado para la lectura de la Escritura, la meditación y la oración. En el tiempo en que se produjo ese hecho, las higueras estaban en plena frondosidad por lo que proporcionaban un lugar excelente para el tiempo devocional. Con toda seguridad nadie sabía que Natanael había estado bajo una higuera; era algo reservado en su intimidad que sólo conocía Dios. El israelita había acudido a aquel lugar para relacionarse sin molestias ni estorbos con Dios, y era Jesús quien le decía que lo había visto en aquel lugar. Aquello no era posible, puesto que Jesús no había estado en otro sitio que con aquellos discípulos y especialmente en ese tiempo con Felipe. Sólo el conocimiento que corresponde a Dios se estaba poniendo en evidencia delante de Natanael.

Jesús tenía conocimiento sobrenatural de lo que algunos albergaban en su corazón; así lo describe el apóstol Juan: "Pero Jesús mismo no se fiaba de ellos, porque conocía a todos, y no tenía necesidad de que nadie le diese testimonio del hombre, pues él sabía lo que había en el hombre" (Jn. 2:24-25). El evangelista escribe que muchos habían "creído en su nombre", significa que habían aceptado la grandeza de su persona, pero el Señor no confiaba en ellos. La razón de esa desconfianza descansaba en el conocimiento que tenía del corazón de cada uno de ellos. Decir eso es reconocer la presencia en Él del atributo de la omnisciencia. Sólo Dios puede conocer la intimidad profunda del corazón del hombre, que para Él "nada es tan engañoso como el corazón. No tiene remedio. ¿Quién puede comprenderlo? Yo, el Señor, sondeo el corazón y examino los pensamientos, para darle a cada uno según sus acciones y según el fruto de sus obras" (Jer. 17:9-10).[6] Sin duda el conocimiento sobrenatural que hay en Él, como hombre, es el resultado de la comunicación que se hace por la persona divina en la que subsiste.

Juan hace referencia a este conocimiento sobrenatural de Jesús en varios lugares del evangelio. Así ocurre en el diálogo con la samaritana, donde, ante la afirmación suya de no tener marido, Cristo respondió que sabía que había tenido cinco y que el hombre con el que vivía no era su marido (Jn. 4:17-18). Sabía también las intenciones de los líderes de los judíos que buscaban el modo de quitarle la vida: "Mas yo os conozco, que no tenéis amor de Dios en vosotros" (Jn. 5:42). Los discípulos discutían entre ellos cuando Jesús les dijo que Él era el pan de vida y no entendían el sentido de cómo habían de comer su carne. Juan dice que "sabiendo Jesús en sí mismo que sus discípulos murmuraban de esto..." (Jn. 6:61). Igualmente sabía quiénes eran los que no creían y quién le había de entregar (Jn. 6:64). Sabía también en la distancia que Lázaro, que estaba enfermo, había muerto (Jn. 11:14). Conocía concretamente el tiempo en que había de morir, de modo que el evangelista escribe: "Antes de la fiesta de la pascua, sabiendo Jesús que su hora había llegado para que pasase de este mundo al Padre..." (Jn. 13:1). Del mismo modo "sabía quién le iba a entregar" (Jn. 13:11). Todo cuanto iba a ocurrir en el tiempo de la pasión le era plenamente conocido: "Pero Jesús, sabiendo todas las cosas que le habían de sobrevenir..." (Jn. 18:4). Sabía también el Señor dónde había peces para los desalentados discípulos que habían pasado ocupados en la pesca toda la noche (Jn. 21:6).

En los sinópticos hay varias referencias a la omnisciencia manifestada en Jesús. Pudo decir a los discípulos desde Betfagé que en la aldea de enfrente había un asna atada y un pollino con ella, mandándoles ir desatarla y traerlos (Mt. 21:1-2). Pudo anunciar con marcado detalle la destrucción de Jerusalén y las señales de su segunda

---

[6] NVI.

venida y del fin de los tiempos (Mt. 24; Mr. 13; Lc. 21). El Señor conocía anticipadamente que Pedro iba a negarle (Mt. 26:34; Mr. 14:30; Lc. 22:34).[7] Detalló con precisión el aposento alto donde iba a celebrar la Pascua con los Doce (Mr. 14:14, 15). Sabía dónde había abundancia de peces contra el criterio de pescadores experimentados (Lc. 5:5 ss.).

El conocimiento sobrenatural está presente en momentos claves de su ministerio, pero, es preciso recordar que la limitación asumida voluntariamente le hizo vivir las limitaciones propias del conocimiento humano. De ese modo preguntó, con motivo de la sanidad de la hemorroisa, quién le había tocado, como describe Marcos: "Luego Jesús, conociendo en sí mismo el poder que había salido de él, volviéndose a la multitud, dijo: ¿Quién ha tocado mis vestidos?" (Mr. 5:30). No cabe duda de que la persona divina y la naturaleza divina de Jesucristo conocía plenamente quién le había tocado, pero no es menos cierto que sin comunicación de la persona divina, la naturaleza humana de Jesús no la conocería a causa de la limitación que se establece en su humanidad. Del mismo modo ocurre en la resurrección de Lázaro, el Señor dice a los que estaban presentes: "¿Dónde le pusisteis?", para recibir la respuesta de aquellos: "Señor, ven y ve" (Jn. 11:34). Como Hijo de Dios, Dios verdadero en unidad con el Padre y el Espíritu, nada hay que escape de su conocimiento, pero al anonadarse a sí mismo, las limitaciones propias de la humanidad, aunque asumidas voluntariamente, estaban presentes. El conocimiento sobrenatural que como hombre tiene en determinadas ocasiones es la consecuencia de la comunicación de propiedades entre las dos naturalezas que se hacen por y en la persona divina en las que subsisten, de modo que Jesús no dice "vamos al sepulcro", sino que pregunta "¿Dónde le pusisteis?".

Inmutabilidad

Es la perfección divina por la que Dios es el mismo y no está sujeto a cambios en su ser, atributos o determinaciones. Es uno de los atributos incomunicables, por lo que esta excelencia distingue a Dios de todo cuanto existe: ángeles, hombres y creación en general. De ahí una expresión que mediante una figura del lenguaje define ese atributo: "Él es la roca, cuya obra es perfecta" (Dt. 32:4).

---

[7] También aparece en Jn. 13:38.

Nada igual a Dios en esta perfección. Incluso para aquellos que tienen para sí mismos dioses que hay descrito conforme a su pensamiento, con leyendas y mitos que los magnifican, son además de una manifestación de rebeldía contra el único Dios, una abierta y estéril comparación, ya que "la roca de ellos no es como nuestra Roca" (Dt. 32:31). Esa es la razón por la que Moisés dice: "No hay nadie como el Dios de Jesurún, que para ayudarte cabalga en los cielos, entre las nubes, con toda su majestad" (Dt. 33:26).[8] Jesurún o Yesurún es un término afectivo para nombrar a Israel, el pueblo de Dios. El término equivale a *el recto* o *el justo*, o también a *el amado*. Parece que es un diminutivo afectuoso que expresa la idea de que, en carácter y comportamiento justo, Dios reconoce a su pueblo.

La Biblia enseña la inmutabilidad de Dios. El nombre con el que se definió ante Moisés cuando le encomendó la misión de liberar a su pueblo de la esclavitud de Egipto se relaciona con ese atributo: "Yo soy el que soy" (Ex. 3:14). Es inmutable porque es eterno. Mientras que los hombres temporales varían porque tiene pasado, presente y futuro, Dios permanece en un eterno presente; por consiguiente, es invariable. La inmutabilidad contrasta con la humanidad cambiante. Así se observa en el Salmo: "En el principio tú afirmaste la tierra, y los cielos son obra de tus manos. Ellos perecerán, pero tú permaneces. Todos ellos se desgastarán como un vestido. Y como ropa los cambiarás, y los dejarás de lado. Pero tú eres siempre el mismo, y tus años no tienen fin" (Sal. 102:25-27).[9] Mientras las generaciones pasan, Dios permanece, estando presente tanto con las primeras como con las últimas: "¿Quién realizó esto? ¿Quién lo hizo posible? ¿Quién llamó a las generaciones desde el principio? Yo, el SEÑOR, soy el primero, y seré el mismo hasta el fin" (Is. 41:4).[10] Dios es inalterable. Esa es la enseñanza también en el Nuevo Testamento: "Toda buena dádiva y todo don perfecto desciende de lo alto, del Padre de las luces, en el cual no hay mudanza, ni sombra de variación" (Stg. 1:17); o, en otra traducción, "… en el cual no hay fases, ni períodos de sombras". La verdad se expresa aquí con otra comparación astronómica, usando la palabra *paralaje*[11] — literalmente: no hay paralaje—; este término en castellano indica las posiciones aparentes de un astro en

---

[8] NVI.
[9] NVI.
[10] NVI.
[11] Griego: παραλλαγὴ.

la bóveda celeste. El contraste es evidente: mientras que los astros tienen variaciones según el tiempo, Dios es eternamente invariable. Reforzando la idea añade otra figura astronómica al afirmar que Dios no tiene sombra de variación[12], es decir períodos de sombra, como ocurre en un astro que, a causa de su movimiento de rotación, según apreciación del que lo observa, se produce en ocasiones ausencia de luz. Los astros están sometidos a eclipses, de manera que en ocasiones desaparece su luminosidad al ser ocultada por otro que se interpone entre él y el que lo observa. Dios es luz en sí mismo; por tanto, permanentemente su perfección es la misma. En Él no hay nada oculto, ni en su persona ni en su obra. Esa es la afirmación que da por medio de su profeta: "Porque yo Jehová no cambio".

Jesús se atribuye a sí mismo esta perfección incomunicable. Sea suficiente un ejemplo contundente en este sentido. Está en una de las controversias más fuertes entre el Señor y sus tradicionales enemigos, los líderes de los judíos. En ella se hizo referencia a Abraham, afirmando el Señor que él había visto su día y se había llenado de gozo. Al momento esa afirmación fue cuestionada; le preguntaron cómo era posible eso, ya que no tenía ni cuarenta años, y afirmaba que Abraham había visto su día. Inmediatamente se produjo la respuesta: "Jesús les dijo: De cierto, de cierto os digo: Antes de que Abraham fuese, yo soy"[13] (Jn. 8:58). La declaración más contundente que Jesús hizo sobre su inmutabilidad, es ésta. La hace con toda la solemnidad que conlleva el uso de *amén, amén*, traducido como *de cierto, de cierto*, con la intención de que prestasen atención a las palabras que seguían. Con toda seguridad, ninguno de aquellos esperaba una declaración como esa. Jesús contrasta la temporalidad de Abraham con la eternidad suya, de modo que siendo eterno es también inmutable. La construcción gramatical de la frase es, literariamente hablando, incorrecta, puesto que está usando un pasado y un presente juntos: antes que Abraham llegase a existir, *Yo soy*. Lo natural sería que dijese *yo era*. Para los judíos conocedores de la Escritura, aquel *Yo soy* sonaría a la declaración personal de Dios cuando enviaba a Moisés para liberar al pueblo en Egipto y respondía a su pregunta sobre cuál era el nombre de referencia que diría a los israelitas de quién le enviaba: "YO SOY EL QUE SOY" (Ex. 3:14).

---

[12] Griego: τροπῆς ἀποσκίασμα.

[13] En el texto griego: εἶπεν αὐτοῖς Ἰησοῦς· ἀμὴν ἀμὴν λέγω ὑμῖν, πρὶν Ἀβραὰμ γενέσθαι ἐγὼ εἰμί.

Jesús usa intencionadamente la forma verbal[14], que literalmente significa *llegar a ser, comenzar a existir*, aplicada a Abraham, mientras que para sí mismo usa *soy*[15]. De otro modo, cuando Abraham vino a la existencia, luego de la concepción, inicia una vida temporal. No había existido como hombre antes de nacer. Sin duda su vida fue larga, pero llegó el momento en que dejó su existencia terrenal. Cuando comenzó la vida del patriarca, Jesús ya existía, porque su existencia es eterna. El atributo de eternidad, capital para la inmutabilidad, sólo es posible en Dios. Este es un atributo que manifiesta a Dios como el ser sin principio ni fin. Quiere decir que no hay sucesión de tiempo para Dios (Dt. 32:40; Sal. 90:2; 93:2; 102:12, 27). Por tanto, Dios es atemporal (He. 13:8; Ap. 1:8). Pasado, presente y futuro con sus acontecimientos son un eterno presente para Dios; de ahí que una existencia en un eterno presente garantiza también la inmutabilidad, que es posible porque en el presente no puede haber variación. La eternidad puede definirse como un indivisible presente que dura siempre. La eternidad es la posesión perfecta y simultáneamente total, sin principio, sin fin y sin mutación, de la infinita vida divina. Es un perpetuo y pleno presente que comprende y sobrepasa, pero coexiste con todos los tiempos. En el Nuevo Testamento se habla de Dios como el que es y que era y que ha de venir (Ap. 1:8). No cabe duda que a nuestro Señor le corresponden las perfecciones que son propias de la deidad, por cuanto es Dios, en unidad con el Padre y el Espíritu, como ya se afirma en el primer versículo del evangelio según Juan. Jesús, por tanto, está diciendo a los que estaban presentes que, si Él es eterno y por tanto inmutable, luego es Dios.

Se ha considerado ya esto en otros lugares, por tanto, baste aquí con referirse a dos aspectos que sustentan la realidad de la inmutabilidad de Jesucristo, partiendo de su preexistencia. La experiencia del Verbo en existencia terrenal por medio de su naturaleza humana exige aceptar la preexistencia de vida. Es necesario entender que el acontecer de Cristo proviene de Dios y es Dios mismo en la medida en que entre Dios y Cristo hay una absoluta unidad de vida, acción, palabra y propósito. Jesucristo es Emanuel, Dios con nosotros, esto es la expresión visible de la autocomunicación de Dios para solidarizarse con el destino de los pecadores a fin de que pueda llevar en atracción nuestra existencia a su propia vida. Jesucristo es manifestación de la

---

[14] Griego: γενέσθαι.

[15] Griego: εἰμί.

autodonación de Dios, de tal manera que la relación de Jesús con Dios no surge en el tiempo, sino que procede de la eternidad. No se trata de una vinculación de deidad y humanidad en el aspecto soteriológico, sino de la realidad de vida en la unidad de la trina deidad. Jesucristo pertenece como Hijo al ser de Dios y su temporalidad se debe al envío que Dios mismo hace de su Hijo conforme a su propósito eterno de salvación. La unidad de acción es absolutamente idéntica entre las personas divinas, tanto la que envía, el Padre, como el enviado, el Hijo; esa es la razón por la que Jesucristo pueda decir que Él y el Padre son una misma cosa (Jn. 10:30). La conclusión final es que Dios estaba en Cristo; por tanto, Jesucristo no solo manifiesta unidad de destino en ejecución soteriológica, sino esencialmente en unidad de ser en el seno trinitario. La inmutabilidad de Jesucristo no surge de una reflexión filosófica, sino de una razón existencial revelada, en la que el Verbo fue hecho carne (Jn. 1:14). El envío del Hijo se relaciona siempre con un propósito soteriológico, de ahí que aparezca continuamente la preposición en cada referencia al envío divino (Jn. 3:16; Gá. 4:4-5; 1 Jn. 4:9). Cristo es manifestado en el mundo como Logos, el Verbo existente en Dios, que recubre la gloria de su deidad con el manto de la humanidad asumida en la segunda persona por encarnación. Es esa la causa por la que de su plenitud tomamos todos y gracia sobre gracia (Jn. 1:16). El revelador de Dios que estaba entre los hombres en forma humana no dejaba de estar al mismo tiempo en el seno del Padre (Jn. 1:18). En ese sentido, vinculado con Dios por ser Dios, la eternidad le pertenece y corresponde. El tiempo está en la exteriorización de Dios, que al salir o proyectarse de sí mismo, se expresa como Creador y en el acto de creación hace surgir la medida de las cosas mediante el tiempo. Sin embargo, este Dios eterno permanece en la eternidad, que no es una perpetua sucesión de tiempo, sino la ausencia absoluta del mismo. Sólo del Eterno se puede decir que es el mismo ayer y hoy y por los siglos, por cuanto el tiempo no le afecta en transcurso, ya que el tiempo está fuera de la vida de Dios. Sin embargo, la expresión del versículo en relación con Jesucristo contiene además del concepto de eternidad, el de inmutabilidad. Esa es una de las perfecciones que distinguen absolutamente al Creador de la criatura. Dios es el mimo perpetuamente, sin estar sujeto a cambio alguno en su ser, atributos o determinaciones. Aunque toda la creación está sujeta a cambios, Dios no conoce cambio alguno porque es inmutable. Esta inmutabilidad forma parte de la misma esencia divina, de tal manera que la infinitud divina no puede estar sujeta a mudanza alguna. No hubo tiempo en que Jesucristo, como Dios, no existiera y no habrá nunca tiempo en que deje de existir. Lo que ha sido hoy lo ha sido siempre, y lo será sempiternamente; esa es la razón por la que dice por medio del profeta: "Yo Jehová, no cambio" (Mal. 3:6). Esa es la causa y razón por la que Dios puede decir: "Yo soy el que soy" (Ex. 3:14). Por tanto, sus perfecciones inmutables como Él mismo se manifiestan en un amor que no cambia y del que sólo Él puede decir: "Con amor eterno te he amado" (Jer. 31:3), por lo que de Jesucristo dice Juan: "Como había amado a los suyos que estaban en el mundo, los amó hasta el fin" (Jn. 13:1). Inmutable en su determinación o consejo, su voluntad jamás cambia; como dice el salmista: "El consejo de Jehová permanecerá para siempre; los pensamientos de su corazón por todas las generaciones" (Sal. 33:11). En ese sentido deben entenderse las palabras de Jesús: "Antes que Abraham fuese, yo soy".

La preexistencia personal se trata en el evangelio de forma especial al decir que Jesús es el Unigénito del Padre. No se trata de una relación en el tiempo o fuera del tiempo, sino de una pertenencia: Jesús pertenece a Dios. De otro modo, Dios le constituye a Él, y Él constituye a Dios. Engendrado por el Padre desde toda la eternidad, comienza a existir humanamente, aspecto que los hombres ven, cuando fue engendrado de María por el Espíritu Santo. No inicia su existencia cuando es concebido, porque su persona trasciende cualquier aspecto de la humanidad y es anterior a su historia como hombre. Dicho de otro modo, quien eternamente es Hijo con el Padre comienza a ser hombre, tomando existencia humana, pero sin alterar para nada su preexistencia eterna. El Espíritu Santo suscita al Hijo una humanidad propia que Él personaliza, existiendo entre los hombres, visiblemente por medio de esa humanidad, pero trascendiéndola plenamente por cuanto el primer hombre creado vino a la existencia por su poder (Jn. 1:3). La eternidad y el tiempo interactúan y se relacionan mutuamente. De este modo, la eternidad coexiste con todos los tiempos simultáneamente, mientras que los tiempos coexisten con la eternidad sucesivamente. Así se explican las palabras de Jesús. Cuando la temporalidad del hombre Abraham se produce, la eternidad del Verbo se mantiene.

No hubo afirmación más clara de la deidad de Cristo y por tanto de la titularidad de las perfecciones divinas, como es la inmutabilidad, que las mismas palabras de Jesús. Ya no expresa veladamente lo que es, por medio de obras y de palabras poderosas, sino que lo afirma delante de quienes buscan motivo contra Él para quitarle la vida. Ante sus enemigos se presenta como Dios manifestado en carne inmutable, cubierta su gloria por el traje de servicio que es su humanidad.

Una afirmación más de la inmutabilidad en relación con Cristo son las palabras de la epístola a los Hebreos, donde se lee: "Jesucristo es el mismo, ayer, y hoy, y por los siglos"[16] (He. 13:8). Dos dificultades se aprecian en el análisis del texto griego del versículo. La primera es gramatical, consistente en buscar la cópula que una el predicado y el sujeto en la oración. El verbo ser —que supuestamente debe entenderse implícito— podría situarse entre los dos nombres propios dados al Señor, lo que resultaría: Jesús *es* Cristo ayer, y hoy, y por los siglos; o también —lo que parece más correcto—, luego de los nombres: Jesucristo *es* el mismo ayer, y hoy, y por los siglos. La segunda es interpretativa, debiendo determinarse si se trata de una afirmación doctrinal sobre la inmutabilidad de Cristo, o sobre la doctrina de Cristo o sobre Cristo.

El versículo recoge una afirmación entre la demanda de mantener la firmeza de fe de la que fueron ejemplo los líderes anteriores y las exhortaciones concordantes con la fidelidad a la fe que siguen a partir del texto. Ambas cosas pueden ser entendidas aquí, la primera en relación con una afirmación a modo de digresión en el discurso sobre la inmutabilidad de Jesucristo. Podría estar conforme al contenido general de la epístola, que se extiende en múltiples argumentos sobre la superioridad de Jesucristo en relación con el antiguo orden de la vieja alianza. No hay duda de que a nuestro Señor le corresponden las perfecciones que son propias de la deidad, por cuanto es Dios, en unidad con el Padre y el Espíritu. En el desarrollo de la epístola se consideró la verdad expresada aquí en relación con aspectos de la obra del sumo sacerdote del Nuevo Pacto. Jesucristo es el mismo ayer, cuando ofreció súplicas y ruegos con gran clamor y lágrimas, en la experiencia de su agonía en Getsemaní (He. 5:7). Este Jesucristo es también el mismo hoy, en el ministerio sacerdotal, representando a los creyentes como el sumo sacerdote del Nuevo Pacto (He. 4:15). De la misma manera, Jesucristo será el mismo "por los siglos", ya que vive para siempre en un ministerio de intercesión por los suyos (He. 7:25).

---

[16] En el texto griego: Ἰησοῦς Χριστὸς ἐχθὲς καὶ σήμερον ὁ αὐτὸς καὶ εἰς τοὺς αἰῶνας.

Pero, no pareciera por el contexto que el escritor estuviera pensando en la trascendencia de Jesucristo, que es inmutable y eterno como Dios, siendo siempre el mismo. Posiblemente estuviese pensando en Jesucristo como el objeto de fe que había sido enseñada por quienes fueron los guías de la iglesia. La inmutabilidad no se referiría tanto a la persona de Jesucristo como a la fe en lo que Él es, que no ha variado; por tanto, Jesucristo, enseñado por los maestros de la Palabra, es el mismo, tanto ayer —en el tiempo primero de la enseñanza—, como hoy, como lo será en el futuro. En la materia de fe se enseña la inmutabilidad de Jesucristo. La doctrina sobre Jesucristo no cambia, por cuanto es una de las doctrinas fundamentales de la fe cristiana. La gran enseñanza de este párrafo, aparentemente introducido en el contexto de la exhortación del capítulo, es que mientras que los hombres ejemplares en la fe están sujetos a la temporalidad y aún sus perfecciones son siempre limitadas, Jesucristo es el mismo y a su obra perfecta no puede añadirse más. Por consiguiente, es inmutable como Dios, porque es Dios.

Una cita más confirmativa de la inmutabilidad de Jesucristo está registrada en los sinópticos: "El cielo y la tierra pasarán, pero mis palabras no pasarán"[17] (Mt. 24:35; Lc. 21:33). En alguna manera, las palabras de Jesús tienen aquí el eco de la firmeza que correspondía a la enseñanza suya en el Sermón del monte (Mt. 5:18). Esta es una afirmación precisa y definitiva. Las palabras de Dios tienen firmeza absoluta porque proceden de su boca. Jesús es Dios manifestado en carne; por tanto, sus palabras tienen la segura certeza de la fidelidad e inmutabilidad divinas. Los elementos del universo serán conmovidos antes de la segunda venida; el universo será disuelto por el fuego en el final de la historia humana (2 P. 3:7, 10). Entonces se producirá un cambio total en lo que hoy parece inconmovible (Ro. 8:19-22; 1 Co. 7:31; Ap. 21:1). Pero, mientras todo está sujeto a cambio, las palabras de Jesús no están sujetas a alteración y su cumplimiento será seguro y completo (1 P. 1:23).

Los judíos, entre los que estaban los Doce, habían estado esperando por años —mejor: siglos— el cumplimiento de las promesas nacionales que Dios había establecido con los padres de la nación y que los profetas habían confirmado, pero ellos seguían siendo vasallos de

---

[17] En el texto griego: ὁ οὐρανὸς καὶ ἡ γῆ παρελεύσονται, οἱ δὲ λόγοι μου οὐ μὴ παρελεύσονται.

otras naciones. Ellos esperaban la liberación en el Reino de los cielos que Jesús les había anunciado y había proclamado en su mensaje. El tiempo transcurrido sin cumplimiento de las promesas podría generar una sombra de incredulidad o, por lo menos, la necesidad de una reorientación sobre los tiempos para ellas. Pero Jesús hace una afirmación definitiva: nada de cuanto está en la Escritura —promesas, juicios, bendiciones, reino y gloria— quedará sin cumplimiento según lo anunciado en ella. La Palabra de Dios no puede ser quebrantada. Cualquier promesa incumplida afecta directamente a quien la hizo, en este caso concreto a Dios. De otro modo, sería un incumplimiento de lo que Él había prometido y no hizo. El salmista escribe sobre la fidelidad de Dios y dice: "Desde el principio tú fundaste la tierra, y los cielos son obra de tus manos. Ellos perecerán, mas tú permanecerás; y todos ellos como una vestidura se envejecerán; como un vestido los mudarás, y serán mudados; pero tú eres el mismo, y tus años no se acabarán" (Sal. 102:25-27). La inmutabilidad de Dios alcanza a cuanto es Dios, por tanto, alcanza también su Palabra y sus promesas, que como Él son inmutables y atemporales, es decir, el tiempo no las afecta ni condiciona. Toda profecía anunciada tendrá cumplimiento (Gá. 4:4a). Las palabras de Cristo son palabras de Dios; por tanto, la fidelidad e inmutabilidad divinas son propias de su persona divino-humana. Sus palabras tendrán cumplimiento fiel. Luego, si las palabras dichas por Jesús no pasarán quiere decir que Él es inmutable. Así escribe F. Lacueva, sobre el versículo:

> *La palabra de Jesús es más firme que las fuerzas cósmicas que mantienen en equilibrio todo el universo, desde los sub-átomos hasta las galaxias, porque cuando los cielos y la tierra actuales pasen para ser transformados en nuevos cielos y nueva tierra (Ro. 8:19-22; 1 Co. 7:31; Ap. 21:1), las solemnes predicciones de Cristo no sufrirán jamás la mínima alteración, todo se cumplirá en el tiempo de Dios, que es el mejor tiempo, y de la manera que Dios hace todas las cosas, que es la mejor manera.*[18]

Manifestaciones y demandas divinas

Unida a la demostración de la posesión de los atributos incomunicables de Dios, el Señor hizo manifestaciones y demandas que sólo pueden ser hechas por Dios. A modo de ejemplo se consideran algunas de ellas.

---

[18] *Biblia de estudio Matthew Henry*, comentario a Mt. 24:35.

Salvar lo perdido

El ángel anunció que se le debía llamar Jesús, porque él "salvará a su pueblo de sus pecados" (Mt. 1:21). La Biblia es precisa en esto, tanto en el Antiguo como en el Nuevo Testamento. No deja opción alguna para nadie, en la acción salvadora, que no sea Dios mismo, así lo dice: "De Yahvé viene la salvación" (Sal. 3:8; Jon. 2:9).[19] De modo que nadie que no sea Dios puede salvar y ser el Salvador.

Juan afirma que la fe depositada en Cristo salva a los perdidos: "Porque no envió Dios a su Hijo al mundo para condenar al mundo, sino para que el mundo sea salvo por él" (Jn. 3:17). La entrada de Jesús en el mundo, como el Hijo unigénito enviado por Dios, tiene misión salvadora y no condenatoria. El Hijo tiene autoridad judicial porque el Padre no juzga a nadie, sino que todo juicio lo dio al Hijo (Jn. 5:22). La misión suya es de salvación, abriendo una puerta de escape a la segura condenación a causa del pecado. Cristo es Salvador (Jn. 4:42; 1 Jn. 4:14). El que es enviado es el Cordero de Dios que quita el pecado del mundo. No hubiera podido ser de otro modo ya que el apóstol Juan dice que vio su gloria como del Unigénito del Padre, lleno de gracia (Jn. 1:14). La salvación es la misión del enviado de Dios. El mundo puede ser salvo por medio de Él. Dios envía a su Hijo para ser el Salvador del mundo. Dios tenía preparada la salvación para el hombre, en lugar de ejecutar la condenación.

Esta misma causa proclama el apóstol Pedro: "Y en ningún otro hay salvación; porque no hay otro nombre bajo el cielo, dado a los hombres, en que podamos ser salvos" (Hch. 4:12).[20] El apóstol está dirigiéndose a los presentes, reunidos como sanedrín, pero el alcance supera al grupo presente para extenderse universalmente. Todos debían saber que no existe salvación fuera de Jesucristo. Todos los presentes estaban involucrados en una salvación por obras de justicia, esto es, basada en el estricto cumplimiento de la Ley. Los sacerdotes y los escribas tenían la misión de enseñar al pueblo el camino de salvación que Dios establecía en la Palabra. Es Pedro quien les anuncia que no existe otro camino más que Jesús.

---

[19] Versión Straubinger.

[20] En el texto griego: καὶ οὐκ ἔστιν ἐν ἄλλῳ οὐδενὶ ἡ σωτηρία, οὐδὲ γὰρ ὄνομα ἐστιν ἕτερον ὑπὸ τὸν οὐρανὸν τὸ δεδομένον ἐν ἀνθρώποις ἐν ᾧ δεῖ σωθῆναι ἡμᾶς.

De forma enfática y firme, el apóstol proclama la verdad de que la salvación sólo es posible en el nombre de Jesús. *Nombre*, como se ha dicho varias veces, es equivalente a *persona*; quiere decir esto que sólo en la persona de Jesucristo se puede encontrar salvación. La misión del Señor, en su primera venida, tenía como objetivo la salvación de los hombres, de ahí que Él hubiera dicho: "El Hijo del Hombre vino a buscar y a salvar lo que se había perdido" (Lc. 19:10). Pedro está cumpliendo aquí el ministerio que había sido encomendado a los apóstoles, cuando les dijo: "Así está escrito, y así fue necesario que el Cristo padeciese, y resucitase de los muertos al tercer día; y que se predicase en su nombre el arrepentimiento y el perdón de pecados en todas las naciones, comenzando desde Jerusalén. Y vosotros sois testigos de estas cosas" (Lc. 24:46-48).

Pedro está diciendo algo vital, pero de una forma simple: Jesucristo es el único Salvador, porque no hay otro nombre bajo el cielo en que podamos ser salvos. No sólo anuncia al Salvador, sino que afirma que es el único que puede salvar. En su ministerio no dudó en afirmar: "Yo soy el camino, y la verdad, y la vida; nadie viene al Padre, sino por mí" (Jn. 14:6). Este es el único y verdadero evangelio, como Pablo lo manifiesta: "Mas si aún nosotros, o un ángel del cielo, os anunciare otro evangelio diferente del que os hemos anunciado, sea anatema" (Gá. 1:8). Jesús, y sólo Él puede salvar, porque es el único que ha satisfecho con su obra en la cruz las demandas de la justicia divina en relación con el pecado. El Salvador, y sólo Él, ocupó nuestro lugar en la muerte sobre la cruz. Jesús es el único Cordero de Dios que quita el pecado del mundo (Jn. 1:29), ningún otro lo es; ni ángeles ni hombres podrían hacerlo jamás. El que es eternamente Dios se hizo hombre para poder morir por nosotros, como enseña la Palabra:

> *Así que, por cuanto los hijos participaron de carne y sangre, Él también participó de lo mismo, para destruir por medio de la muerte al que tenía el imperio de la muerte, esto es, al diablo, y librar a todos los que por el temor de la muerte estaban durante toda la vida sujetos a servidumbre. (He. 2:14-15)*

Nadie más que Él es Dios-hombre, ninguno puede compararse a Él, porque ninguno es como Él. Esa condición de Emanuel, Dios con nosotros, hace posible que su sacrificio sea de infinito valor para agotar en plenitud la responsabilidad penal del pecado del hombre, llevando sobre sí el castigo que correspondía a todo el que cree. Esa condición de Dios-hombre le hace capacitado para salvar. Así lo entendía el apóstol Pablo:

El cual, siendo en forma de Dios, no estimó el ser igual a Dios como cosa a que aferrarse, sino que se despojó a sí mismo, tomando forma de siervo, hecho semejante a los hombres; y estando en la condición de hombre, se humilló a sí mismo, haciéndose obediente hasta la muerte, y muerte de cruz. (Fil. 2:6-8)

Sólo Él satisface las condiciones para salvar. Es Dios, por tanto, su vida tiene valor infinito para expiar el pecado; es hombre para poder representarnos y sustituirnos en la cruz. Aquel que cargó sobre sí el pecado de todos nosotros puede dar vida eterna a quien crea en Él. Los miembros del sanedrín buscaban la salvación mediante la justificación que suponían alcanzar por las obras de la Ley. Pedro proclama que sólo hay salvación en Jesús, porque nadie tiene el nombre que Él tiene para salvar. Sólo el Señor tiene la capacidad de salvar: "De éste dan testimonio todos los profetas, que todos los que en Él creyeren, recibirán perdón de pecados por su nombre" (Hch. 10:43). Él es el único Salvador debajo del cielo. Dicho de otro modo, en ningún lugar aquí en la tierra hay otro nombre para salvación que el nombre de Jesús. En ninguna parte, aunque lo busquemos con diligencia, podría encontrarse otro nombre, esto es, otra persona que pueda salvar, sino Jesús. "A éste, Dios ha exaltado con su diestra por Príncipe y Salvador, para dar a Israel arrepentimiento y perdón de pecados" (Hch. 5:31).

Dar gracia divina

La gracia llena completamente a Jesucristo, único mediador entre Dios y los hombres. Esa gracia impactó a los que le acompañaron en su vida. La gracia es la razón de la salvación y la sustentación de la misma (Ef. 2:8-9). Puesto que la salvación es de Dios, la gracia que salva es también suya.

Juan observa a Cristo y dice de Él: "Y aquel Verbo fue hecho carne, y habitó entre nosotros (y vimos su gloria, gloria como del unigénito del Padre), lleno de gracia y de verdad"[21] (Jn. 1:14). Juan

---

[21] En el texto griego: Καὶ ὁ λόγος σὰρξ ἐγένετο καὶ ἐσκήνωσεν ἐν ἡμῖν, καὶ ἐθεασάμεθα τὴν δόξαν αὐτοῦ, δόξαν ὡς μονογενοῦς παρὰ Πατρός, πλήρης χάριτος καὶ ἀληθείας.

expresa en la frase que la gloria que se descubre en Jesús, como Verbo encarnado, es la que corresponde a quien es Unigénito del Padre, de otro modo es la que corresponde a quien viene del Padre. La idea es que la gloria procede del Padre, como enseña Juan, que así lo hace notar (Jn. 5:44; 17:22, 24). Sin embargo, del Unigénito se dice que ha salido del Padre (Jn. 3:15-17; 1 Jn. 4:9), y que también está en el Padre (Jn. 1:18). En este sentido de descenso y venida no se puede referir a la generación eterna, sino a la misión temporal, el punto de partida de la obra encomendada al Verbo encarnado. Sin embargo, en el versículo, la aparición del término Unigénito se expresa con la preposición[22] (1 Jn. 2:29; 3:9; 4:7; 5:1, 4, 18), que condiciona la existencia del Verbo como procedente o salido del Padre. La filiación de Cristo, como Hijo de Dios, es radicalmente distinta a la nuestra, de ahí que Jesús nunca se coloca en el mismo plano de los demás en esta relación (Jn. 20:17). El Verbo Unigénito lo es por filiación eterna. A Jesús, como hombre, le corresponde el título de Hijo de Dios en sentido propio por filiación eterna. Además, si el Unigénito manifiesta la gloria de Dios en Él quiere decir que da la medida exhaustiva de esa gloria, que al ser manifestada por el Unigénito es independiente de la encarnación. Como Unigénito viene al mundo de los hombres para por su obra hacerlos hijos de Dios a quienes creen y constituirse para ellos en esa nueva relación como primogénito entre muchos hermanos (Ro. 8:29). Es de este modo que se entiende el envío, ya que como Unigénito viene del Padre al mundo porque es Unigénito en el seno del Padre (Jn. 1:18); de manera que Dios entrega a quien es el único de esa condición con Él (Jn. 3:16); lo envía al mundo (1 Jn. 4:9); por tanto, la gloria suya no es temporal, sino eterna, la tiene desde antes de la creación (Jn. 17:5). A Dios que envía se le llama Padre (Jn. 5:36-37; 6:44), y al que es enviado Hijo (Jn. 3:16 ss.; 5:23; 1 Jn. 4:9 ss., 14), así que como Verbo y vida que estaban en el Padre (Jn. 1:1; 1 Jn. 1:2) se han dejado ver en el Hijo (1 Jn. 3:8).

La siguiente expresión del versículo dice que los testigos presenciales de la persona de Jesucristo que vieron su gloria, también descubrieron en Él la plenitud de la gracia y de la verdad. Previo a esto señaló a Cristo como el Unigénito del Padre, y un poco más distante como el Verbo eterno y como Dios (Jn. 1:1). Por tanto, el adjetivo que Juan usa en el texto griego[23] tiene el sentido de lleno, completo,

---

22 Griego: εκ.

23 πλήρης.

y se usa para expresar ese mismo concepto en relación con personas o cosas, por ejemplo, cuando se dice que Esteban estaba lleno del Espíritu Santo (Hch. 7:55). Sin embargo, cuando se hace referencia a la plenitud del Verbo se está haciendo alusión a la infinita dimensión de esa plenitud; de otro modo, no puede haber dimensión mayor que esta para entender de lo que está lleno, que es de gracia y de verdad. Quiere decir que tanto la gloria, como la gracia y la verdad del Verbo han sido observados, contemplados, vistos, por aquellos que estaban con Él.

La primera observación de la gloria descubierta por Juan en Cristo tiene que ver con la plenitud de gracia. La esperanza de vida para el hombre, que se centra en el Verbo, tiene una proyección eminentemente soteriológica. Jesús viene para buscar y salvar lo que se había perdido (Lc. 19:10). Es verdad que la salvación requiere el proceso redentor en el cual el Verbo encarnado da su vida para resolver el problema del pecado y sus consecuencias. Luego, la encarnación está orientada a la muerte. La encarnación hace a Dios en Cristo semejante al hombre, que como tal es mortal, de ahí que Dios acompaña a su creatura hasta el límite, muerte y muerte de cruz (Fil. 2:8). Pero, además, se orienta a la muerte puesto que en la muerte actúa el poder victorioso del pecado, introduciendo al hombre en la angustia, el miedo y la desesperación. La muerte del Verbo encarnado es la vía para la liberación de esa situación (He. 2:14-15).

Al no existir nada fuera de Dios que motive sus decisiones o que condicione su forma de obrar, no queda sino buscar la explicación a ese proceder de Dios enviando al Verbo para que muera por los pecadores y abra para ellos la puerta de la luz y de la vida. Es más, no solo otorgará la luz al que crea, sino que hará mucho más, lo convertirá por su presencia en él en luz del mundo, es decir, comunicador de luz, antorcha que alumbra en las tinieblas (Fil. 2:15). Jesús dirá, según recoge Juan, "yo soy la luz del mundo" (8:12), pero también dijo de quienes creían en Él "vosotros sois la luz del mundo" (Mt. 5:14). El fin que Dios se propone es que el pecador que crea comparta con Él la vida eterna (Jn. 3:14-21; 6:51). Cristo viene en misión restauradora de la comunión del hombre con Dios, interrumpida a causa del pecado. Para cumplir este propósito ha de restaurar antes lo que interrumpía la relación y hacía imposible la comunión. Para una obra semejante no podía Dios ni tan siquiera buscar algo mínimamente válido en el hombre que sirviera de estímulo o como razón causal de la entrega voluntaria de la vida del Verbo encarnado a la muerte. La única razón válida, según la Escritura, es el amor. Dicho de otro modo, el Verbo se ha encarnado porque Dios es amor, y Dios es amor porque el Verbo se ha encarnado. La cruz está asentada en el amor, como el apóstol Juan dirá en otro de sus escritos: "En esto consiste el amor: no en que nosotros hayamos amado a Dios, sino en que él nos amó a nosotros, y envió a su Hijo en propiciación por nuestros pecados" (1 Jn. 4:10). Es necesario entender que Jesús no se vio impulsado a morir por nosotros por nuestra maldad, sino por su amor sobrenatural.

Se suele definir la gracia como el favor inmerecido que se recibe de Dios. Sin embargo, aunque esto es una verdad, no expresa toda la dimensión de esa palabra. Realmente la gracia es un atributo de Dios, a quien se llama Dios de toda gracia (1 P. 5:10). La gracia es una de las manifestaciones de su amor. Ese amor infinito descansa en dos grandes elementos: la gracia y la misericordia. Gracia es el amor en descenso; en el entorno de gracia hay descenso (cf. Jn. 1:14; 2 Co. 8:9). La gracia es el amor salvador de Dios (Ef. 2:8-9). No cabe duda de que cuando Dios determinó salvar al hombre determinó cómo podría alcanzar la salvación, estableciendo que sería por gracia mediante la fe. Si la determinación salvadora se estableció antes de la creación (2 Ti. 1:9), la gracia tuvo que haber fluido en destino salvador en el momento de la determinación eterna de salvación. Ese fluir del amor divino orientado a la salvación es tan infinito como Él mismo. Sin embargo, la provisión para salvación se hacía antes de la creación del hombre y antes de que existiera pecador en el campo de la humanidad. Esa provisión de Dios en previsión salvadora, con una dimensión infinita, sólo podía acogerse en lo que fuese infinito, que tenía necesariamente que ser Dios mismo. Así que el Verbo, segunda persona divina, es el recipiente divino donde se acumula la gracia, que sería luego, en el transcurso del tiempo y de la historia del pecado, comunicada para salvación por el único mediador entre Dios y los hombres, que es Jesucristo hombre. Cuando el Verbo irrumpe en la historia humana y entra como hombre en el mundo de los hombres, con Él viene también la infinita dimensión de la gracia (Jn. 1:17). Esa gracia se expresó visiblemente. Juan y los otros discípulos que estuvieron junto a Jesús durante su ministerio afirman haberla visto. Lo que impactó a Juan de Jesús no fueron las manifestaciones de poder, sino la dimensión de su gracia. Posiblemente esa percepción fue progresiva y culminó en la cruz, donde Dios hace ondear la bandera de su gracia enarbolándola sobre el lugar donde su Hijo, en expresión de gracia, amor en descenso, se anonada a sí mismo y desciende por amor a las partes más bajas de la tierra (Ef. 4:9). El Salvador tenía que descender al lugar del más perdido de los hombres para hacer potencialmente salvable a todo hombre. El pecado había saturado al hombre y a la creación, haciéndose sobreabundante, pero cuando esto ocurrió sobreabundó la gracia (Ro. 5:20). La cruz tuvo que haber sido el punto sin retorno en la experiencia de Juan para apreciar la cautivadora dimensión de la gracia. El soportar el juicio injurioso en casa del sumo sacerdote, el paso por el pretorio, los latigazos que desgarraron su espalda, la corona de espinas hincada en su cabeza, los atroces dolores de la crucifixión, el menosprecio y las burlas de que Jesús fue objeto, la soledad y el desamparo de las horas de tinieblas, el grito de victoria del triunfo alcanzado con el "consumado es" (Jn. 19:30) son elementos que componen en la mente y saturan el corazón de Juan, haciéndole entender, en la medida en que la creatura puede entender al Creador, la infinita dimensión de la gracia. Jesús no podía ser otra cosa que el lleno de gracia.

A una medida infinita, como es la gracia, solo puede corresponderle una condición infinita para contenerla en absoluta plenitud, de modo que sólo una persona divina puede contener la plenitud de la gracia de Dios. Esta fuente inagotable permite que todos puedan proveerse sin limitación de la gracia contenida en el Verbo encarnado; por eso, "de su plenitud tomamos todos, y gracia sobre gracia"[24] (Jn. 1:16). Juan usa el término *plenitud* porque no hay otro que pueda vincular lo que se toma del Verbo encarnado, a quien el apóstol ha visto lleno de gracia y de verdad. El término en general se usa para referirse, en un sentido pasivo, a la persona o cosa que está llena. En el uso bíblico tiene más extensión. Por un lado, está el sentido meramente pasivo: el Verbo encarnado está lleno de gracia y de verdad, por tanto, está lleno de luz y de vida, referido al espíritu vivificador que es Cristo (1 Co. 15:45). Pero la acepción pasiva se complementa con otra activa, ya que, porque Jesucristo está lleno, también puede llenar. Esta es la razón de la segunda parte del versículo. Él es una plenitud desbordante. En Él habita corporalmente "la plenitud de la deidad" (Col. 2:9). La plenitud divina está en Cristo como corresponde a la persona divino-humana del Verbo eterno de Dios manifestado en carne. Juan presenta a Jesús como el Logos, la

[24] Texto griego: ὅτι ἐκ τοῦ πληρώματος αὐτοῦ ἡμεῖς πάντες ἐλάβομεν καὶ χάριν ἀντὶ χάριτος·.

Palabra eterna, que expresa exhaustivamente al Padre. Sobre esa base se entiende que en Jesucristo habite corporalmente toda la plenitud de la deidad. En contraste con el conocimiento progresivo de los gnósticos, que avanzaba paso a paso hasta el pleroma del conocimiento, en Jesucristo existe infinita y totalmente la plenitud no del hombre ni de su ciencia, sino de Dios mismo. El hecho de ser Verbo nos conduce a entender mejor el texto del evangelio, puesto que siéndolo, y siendo el revelador del Invisible (Jn. 1:18), no podría realizarlo a no ser que en Él habite corporalmente la plenitud de la deidad. Jesucristo es Dios que se revela, y por tanto tiene en Él la plenitud de aquello que va a revelar. Por eso la plenitud de la gloria de Dios y de su gracia, infinita y eterna, es también la misma plenitud de Jesús. No se trata de que la plenitud a la que Juan se refiere en el versículo se invistiera en un hombre nacido de mujer, aunque fuese milagrosamente, sino que es divino eternamente y se constituye hombre sin dejar de ser Dios; por tanto, en esa humanidad, la plenitud potestativa y suprema de la deidad persiste, se expresa y es definitivamente revelada por Él y en Él. La absoluta dimensión, la plenitud esencial del ser divino está en Cristo. No hay nada de la esencia misma de Dios que no esté en Jesús. Los atributos incomunicables que manifiestan la esencia divina están en Jesús y le son propios. No es la deidad implantada en Él, sino que Él es Dios mismo manifestado en carne. Además, esta plenitud hace que el Verbo encarnado llene todas las cosas (Ef. 4:10). Jesús no es un hombre elevado o un Dios rebajado, sino el infinito y eterno Dios hecho hombre (Jn. 1:14).

En un paso más, Juan entra en la acepción ambivalente de que Cristo, que está lleno, tiene capacidad para llenar. Juan dice que todos nosotros tomamos de Él. Esto concuerda con la enseñanza general del Nuevo Testamento, que presenta a la Iglesia, conjunto de todos los creyentes, como la plenitud de Cristo, porque está llena de Él (Ef. 1:22-23). En ese sentido, la Iglesia camina hacia "la unidad de la fe y del conocimiento del Hijo de Dios, a un varón perfecto, a la medida de la estatura de la plenitud de Cristo" (Ef. 4:13). En el contexto inmediato, esta plenitud se asienta en aquello de que el Señor está lleno: su gracia y su verdad. De esa plenitud podemos tomar todos en toda la dimensión que deseemos porque es inagotable, infinita, absoluta como la plenitud de Dios.

Lo que tomamos es, según Juan, "gracia sobre gracia". A simple vista, pudiera parecer un tanto extraña esa expresión. La vida cristiana descansa, se realiza y alcanza toda su dimensión en la gracia. De modo que, cuanta gracia sea necesaria en el proceso de la santificación, incluyendo también la glorificación, nos será dada sin medida limitadora alguna. Gracia sobre gracia tiene que ver con multitud, con superabundancia de gracia. Pablo recuerda que la salvación comienza por la realización de la obra salvadora, en expresión infinita de la gracia, puesto que cuando "el pecado abundó, sobreabundó la gracia" (Ro. 5:20). Pero, la gracia que salva es la misma que santifica. La vida de santificación puede explicarse desde esta frase de Juan, como la experiencia cotidiana en la que cada cristiano tiene provisión de gracia para cualquier circunstancia en su correr diario. De otro modo, podría decirse que el versículo habla de una incontable sucesión de la gracia, es decir, que cada provisión de gracia da paso a otra nueva. Santiago habla de esa dimensión de gracia en la vida de santificación cuando dice que "Él da mayor gracia" (Stg. 4:6). Está refiriéndose en el contexto del versículo a las pruebas en la vida cristiana. El decurso de la vida del creyente es también una sucesión de conflictos a causa de nuestra identificación con Jesús. Él nos dijo que a causa de ello "en el mundo tendréis aflicción" (Jn. 16:33). Pero también dijo que no estaríamos solos. En las circunstancias adversas, en las pruebas, en las tentaciones, en las angustias, en las aflicciones, en las lágrimas, en la soledad, en la cárcel o en la muerte, tenemos a nuestra disposición la gracia para tomar de ella cuanto necesitemos. Es abundante porque es la plenitud de Cristo de donde la tomamos, inagotable, infinita, "gracia sobre gracia".

Perdonar pecados

El perdón de pecados es potestativo de Dios. Sin embargo, es necesario tener en cuenta que Dios sólo puede perdonar pecados cuando la responsabilidad penal que conlleva el pecado es extinguida para el pecador. Si Dios perdonase el pecado por el mero hecho de hacerlo, contradiría su justicia, que estableció que la pena del pecado sea la muerte. Esto haría que Dios se negase a Él mismo. Perdona pecados porque Cristo ocupó el lugar del pecador y le sustituyó plenariamente en la cruz. En base a este hecho es que Jesús perdonó pecados.

En dos de las ocasiones que lo hizo causó asombro en los religiosos que estaban presentes, encendiendo en ellos la ira contra el Señor porque perdonaba pecados cuando esa acción sólo corresponde a Dios.

Una de ellas ocurrió con la sanidad de un paralítico, descrita en el evangelio según Mateo, donde se lee: "Y sucedió que le trajeron un paralítico, tendido sobre una cama; y al ver Jesús la fe de ellos, dijo al paralítico: Ten ánimo, hijo; tus pecados te son perdonados"[25] (Mt. 9:2). Las obras del Señor y sus enseñanzas cautivaban a la gente que le seguía. Sus palabras ponían en entredicho y en momentos acusaban abiertamente las enseñanzas y, sobre todo, las actuaciones de los escribas y fariseos, lo que generaba un abierto odio contra Él. Según Marcos, la presencia de Jesús en la casa movió a cuatro amigos de un paralítico para que lo cargasen en una camilla y lo llevasen a Jesús para que lo curase de su dolencia. Era lo habitual entonces, cuando las gentes descubrían la presencia del Señor en algún lugar: le traían a los enfermos para que los sanara. Según los relatos paralelos, los cuatro amigos se encontraron con una casa saturada de gente que no estaba dispuesta a dejar entrar a un grupo al interior, donde estaba enseñando Jesús. Por tanto, buscaron otra vía para introducir ante Cristo a su amigo paralítico. Subieron al terrado, por las escaleras que habitualmente tenían los edificios por fuera y, descubriendo las losas, hicieron descender la camilla con el enfermo para ponerlo delante del Señor. Aquel hombre acudía por sanidad física y recibió primeramente la sanidad espiritual. La mayor necesidad del paralítico era el estado de su alma que necesitaba, como la de todo pecador, la remisión de los pecados. Inmediatamente aparece descrita la reacción de los escribas que acusaban a Jesús de blasfemo por haber dicho al paralítico: "Tus pecados te son perdonados". Luego de descubrir ante todos los pensamientos de sus corazones, Jesús dijo: "Pues para que sepáis que el Hijo del Hombre tiene potestad en la tierra para perdonar pecados (dice entonces al paralítico): Levántate, toma tu cama y vete a tu casa" (Mt. 9:6).[26] El Señor puso delante de todo el auditorio la autoridad de su condición divina.

Todos debían saber que el Hijo del Hombre tenía poder, autoridad, para perdonar pecados sobre la tierra. Es una expresión de singular importancia: en cualquier lugar de la tierra donde hubiera un pecador, el Salvador de los pecadores, como Dios-hombre, tenía

[25] En el texto griego: καὶ ἰδοὺ προσέφερον αὐτῷ παραλυτικὸν ἐπὶ κλίνης βεβλημένον. καὶ ἰδὼν ὁ'Ιησοῦς τὴν πίστιν αὐτῶν εἶπεν τῷ παραλυτικῷ· θάρσει, τέκνον, ἀφίενταί σου αἱ ἁμαρτίαι.

[26] Texto griego: ἵνα δὲ εἰδῆτε ὅτι ἐξουσίαν ἔχει ὁ Υἱὸς τοῦ'Ανθρώπου ἐπὶ τῆς γῆς ἀφιέναι ἁμαρτίας τότε λέγει τῷ παραλυτικῷ· ἐγερθεὶς ἆρον σου τὴν.

autoridad para perdonar sus pecados. La argumentación del Señor no es tanto en que si se puede hacer lo más difícil también se puede lo más fácil, en este caso lo difícil sería la sanidad del paralítico y lo más fácil perdonar sus pecados, sino que sanidad del paralítico era una obra de omnipotencia semejante a la de perdonar sus pecados. Es decir, el Señor ponía de manifiesto su autoridad sanadora para poner al mismo tiempo su autoridad perdonadora. La sanidad confirmaría la autoridad para perdonar pecados. Para que el milagro fuese todavía más notorio e impactante, para que su autoridad quedase más patente delante de todos, no sólo ordenó al paralítico levantarse, sino hacer algo más difícil aún para quien llevaba tiempo imposibilitado de caminar, que tomase en presencia del auditorio su camilla y se fuese a su casa. Las dos primeras acciones pondrían de manifiesto el poder puntual de Jesús sobre la enfermedad y con ello la capacidad de perdonar pecados, la segunda acción lo manifestaría por un período mayor de tiempo. Cristo dijo al paralítico que se levantase, que tomase su camilla y que, literalmente, fuese yéndose hasta su casa. Durante el trayecto las gentes podrían apreciar por un tiempo mayor la realidad de la autoridad que el Hijo del Hombre tenía en la tierra. Las acusaciones y los pensamientos malignos de los escribas quedarían en evidencia delante de todas las gentes que presenciaban el milagro. Que Jesús tiene poder para perdonar pecados es una realidad que presenta ante todos su condición divina.

Una segunda ocasión en la que Jesús perdona pecados tiene que ver con la mujer pecadora en casa del fariseo que le había invitado a comer, la que ungió sus pies con perfume, los regaba con lágrimas y los enjugaba con sus cabellos. Ante este acto, y luego de la amonestación parabólica al fariseo, dice a la mujer: "Tus pecados te son perdonados" (Lc. 7:48). Es una frase firme, que expresa un hecho definitivamente consumado. Pero, aunque no hace referencia alguna a su persona, sino que expresa un hecho definitivo, todos entendieron que se refería a Él como quien perdonaba los pecados de aquella mujer. De otro modo, Jesús le dice que sus pecados le han quedado perdonados, así que Él se incluía también en el hecho de la remisión de todos los pecados. Ella había oído que Jesús dijo a Simón que los pecados de ella le habían sido perdonados, pero Jesús quiere que la paz del perdón sea una realidad en la experiencia de la pecadora. Es la absolución del juez supremo que ella necesitaba escuchar y se produce en la afirmación de Jesús. Todos los pecados que ella tuviese habían sido absueltos de la responsabilidad penal que habían contraído. Esto es, sin duda alguna, un acto de Dios, nadie más que Él podía hacerlo, pero nadie más que Jesús, el Verbo eterno manifestado en carne, podía expresar con voz divina en garganta humana aquella realidad definitiva.

La reacción de los que estaban sentados a la mesa, no se hizo esperar. Las palabras de Jesús eran un grave desafío a sus corazones saturados de rencor. Nuevamente se repite lo que en otros momentos se produjo, a pesar de las obras de omnipotencia que hizo; como en el caso del paralítico sanado, se cuestionaba abiertamente que perdonase pecados porque era ocupar el lugar de Dios. La ignorancia de quienes se negaron a creer siempre, no sólo en aquellos días, sino en toda la historia de Israel, se manifestaba nuevamente. Sus corazones entenebrecidos eran incapaces de percibir lo que Jesús realmente era. Para tales personas se trataba de un blasfemo que pretendía hacerse Dios. Es claro que la mujer pecadora recibía el perdón de pecados, pero, a ellos no les quedaba otro camino que el del endurecimiento personal, que los llevaría a morir en sus pecados y ser condenados al infierno, lugar propio para los tales. Hablando entre ellos formulaban una pregunta acusatoria: "¿Quién es este que también perdona pecados?" (Lc. 7:49). ¿No es cierto que sólo Dios podía hacer las señales que Él hacía? Sin duda, pero era tratado como impío, no porque hiciera cosas pecaminosas, sino porque no apoyaba a quienes habían hecho de la religión su sistema y de sus sacrificios el camino para la justificación.

Ni una sola palabra de Jesús a ellos. El Señor que había comenzado a hablar con la mujer continúa de la misma manera. No hay más palabras para los impíos, pero sigue habiéndolas para los arrepentidos, que creen y descansan en la gracia de Dios. Pero amar a Jesús es entender que Él es Dios, puesto que solo Dios puede perdonar pecados. Recibir el perdón de Dios es recibir el perdón de Jesús, como Hijo de Dios, unido eternamente al Padre, de cuya unidad diría: "Yo y el Padre somos uno".

Exigir para Él la fe que Dios demanda

Es evidente que una de las demandas de Jesús en su ministerio es la llamada a la fe en Él. Continuamente aparece la invitación —o, tal vez mejor, el mandato— a creer. No se trata de un ruego que hace para aceptación el mensaje del evangelio del Reino que estaba predicando, sino la conminación al pecador perdido para un regreso incondicional a Dios, creyendo en aquel a quien el Padre había enviado al mundo. Sería innecesario apuntar a las múltiples citas pidiendo fe en Él, tanto de los que escuchaban sus palabras como de los discípulos que le acompañaban.

Sin embargo, destaca la vinculación entre Él y el Padre, en la unidad de la obra y en la demanda de la fe, como decía: "De cierto, de cierto os digo: El que oye mi palabra, y cree al que me envió, tiene vida eterna; y no vendrá a condenación, mas ha pasado de muerte a vida" (Jn. 5:20). Pero al mismo tiempo reclama esa misma acción de fe para sí mismo: "El que cree en el Hijo tiene vida eterna; pero el que rehúsa creer en el Hijo no verá la vida, sino que la ira de Dios está sobre él" (Jn. 3:36).

Una de las citas más concretas en el sentido de demanda de fe en Él como la que se da a Dios está recogida por Juan en las últimas palabras de Jesús con los discípulos en la última cena, donde el Señor dice: "No se turbe vuestro corazón; creéis en Dios, creed también en mí"[27] (Jn. 14:1).

El rostro de los once hombres alrededor de la mesa —Judas ya había salido para consumar su traición— debía reflejar la inquietud de su alma. Jesús se dirige a ellos con palabras de aliento, exhortándoles a que no se dejasen turbar, inquietar, amedrentar por lo que era preocupante para ellos. Ellos sabían que el Señor iba a dejarlos, pero una situación así no debía producir inquietud para quien tiene fe. El problema se asentaba en el interior de cada uno, lo que estaba turbado era el corazón, núcleo y asiento de la personalidad; por tanto, de la abundancia del corazón se manifestaba la expresión preocupada de sus rostros. La preocupación de los discípulos es, para Jesús, un hecho real. La explicación es la próxima partida del Señor.

La segunda parte de la cláusula tiene la dificultad de determinar si los verbos están en presente de indicativo o en imperativo. Probablemente el primero esté en presente de indicativo y el segundo en presente de imperativo. Esto supone que llama la atención de los discípulos a la fe que todos ellos tenían en Dios. Pero esa misma fe en Dios la demanda para sí. Lo que Jesús les decía es: como creéis en

[27] Texto griego: Μὴ ταρασσεσθω ὑμῶν ἡ καρδια· πιστευετε εἰς τὸν Θεὸν καὶ εἰς ἐμὲ πιστευετε.

Dios, creed también en mí; o, si se prefiere: del mismo modo que creéis en Dios, así también creed en mí. Es la mejor forma de entender el texto y de distinguir si el primer verbo está en presente del imperativo o del indicativo, ya que no es necesario llamar a la fe en Dios porque todo israelita creía en Dios. Creer en Cristo es la razón para sentir paz, la que procede de Dios y se alcanza por la fe (Ro. 5:1). Esta presencia de Jesús por fe alcanza una mayor dimensión que su presencia física, siendo la razón del gozo mientras dura su ausencia.

La deidad de Cristo se hace más evidente cuanto más avanza el evangelio según Juan, de donde se toma la referencia antes citada. Ya no es un *yo soy* que alteraba los ánimos de los enemigos de Jesús: aquí demanda la misma fe que para el Padre. Solo quien es Dios puede pedir para sí mismo la fe que Dios pide para Él. Juan entiende claramente que la fe en Jesús no es algo de segundo nivel, sino prioritaria. Que no se puede creer en el Padre sin creer en el Hijo, ni en éste sin creer en aquel.

Recibir adoración

Algo que ocurre varias veces en el evangelio tiene que ver con la adoración que se tributó al Señor y que Él recibió de quien lo hizo. Ha de tenerse en cuenta que Dios ha prohibido en la Ley que ningún otro más que Él fuese adorado. Establece Dios el mandamiento de que no tengamos dioses ajenos delante de Él. La adoración, confianza, invocación y acción de gracias solo puede y debe tributarse a Dios. Es también preciso remarcar lo que es adoración, que es, en la expresión visible, la veneración y culto que cada uno da a Dios cuando se somete a su grandeza. Dios no permite que ninguna de estas cosas se tribute a nadie más que a Él. Quien adore a otro que no sea Dios provoca sobre sí el juicio que corresponde a tal impiedad.

En relación con Cristo, la adoración comenzó poco después de su nacimiento. El texto bíblico relata la vista a Belén de los magos que vinieron de oriente con un propósito determinado: "Venimos a adorarle" (Mt. 2:2). El verbo[28] que usa Mateo es el habitual para referirse a la adoración a Dios. Es cierto que el verbo se usa también para referirse a rendir pleitesía, pero es el que se utiliza en todo el Nuevo Testamento cuando se trata de adorar a Dios. El propósito

---

[28] Προσκυνέω.

y meta de los magos era adorar al rey de los judíos. El verdadero conocimiento de Jesús conduce a la adoración a su persona.

Una interesante cita sobre adoración está en el evangelio según Juan. Está en el relato de la sanidad del ciego de nacimiento. Luego del conflicto con los líderes religiosos que llegaron a expulsarlo de la sinagoga se encontró con Jesús y entabló un corto diálogo con él, en el cual el Señor se presentó como el Hijo de Dios y le preguntó si creía en Él: "Y él dijo: Creo, Señor; y le adoró" (Jn. 9:38). No pudo ser más breve, pero tampoco más clara, la confesión de fe: *creo*. El imperfecto del verbo indica una acción hecha que continúa sus efectos; creyó y seguía creyendo. Era un verdadero creyente en Cristo Jesús. El poder sobrenatural que salía de Él solo era posible si Dios estaba con Él. El título de Señor que acompaña a la confesión debe ser entendido como reconocimiento de la deidad de Jesús. Usa Juan aquí el mismo verbo que se utiliza para referirse a la adoración que sólo corresponde a Dios; más adelante en el mismo evangelio usará el término para referirse a los griegos que habían subido a Jerusalén para adorar (Jn. 12:20). Por tanto, no caben los malabarismos que los arrianos hacen para cambiar el término por rendir homenaje, a no ser que cambien también el término —en todos los lugares del Nuevo Testamento— que habla de adorar a Dios. Jesús es adorado como Dios por aquel creyente. Había aceptado que venía de Dios y le reconocía también como lo que era: Emanuel, Dios con los hombres. Cristo mismo confirma la fe de aquel hombre permitiendo que le adore.

En los relatos de la resurrección está el del encuentro del resucitado con los discípulos: "Y cuando le vieron, le adoraron; pero algunos dudaban" (Mt. 28:17). Ninguno de ellos dudó en postrarse ante Jesús en adoración. Todas las veces que Mateo utiliza en el evangelio el mismo verbo que usa aquí tiene el sentido de prosternar, inclinarse en adoración (cf. 2:2; 4:9, 10; 8:2; 9:18; 14:33; 15:25; 18:26; 20:20; 28:9, 17). No podían menos que rendirse ante el Hijo de Dios y tributarle los honores divinos que como Dios le corresponden.

No debe olvidarse que la enseñanza de los apóstoles sigue la misma realidad de adoración a Jesucristo. Cuando Pablo escribe a los filipenses presenta ante ellos la exaltación suprema de Jesús, que aparece en el párrafo con ese nombre, de modo que no puede haber confusión alguna donde el apóstol dice:

Por lo cual Dios también le exaltó hasta lo sumo, y le otorgó el nombre que es sobre todo nombre, para que en el nombre de Jesús se doble toda rodilla de los que están en los cielos, en la tierra, y debajo de la tierra; y toda lengua confiese que Jesucristo es Señor, para gloria de Dios Padre.[29] *(Fil. 2:9-11)*

Doblar la rodilla equivale no solo a reconocer el señorío de Jesús, sino su condición divina que le confiere el derecho de esta expresión propia de la adoración.

En dos ocasiones Juan trató de adorar al ángel que le mostraba alguna de las visiones del Apocalipsis. En ambas, el ángel alzó al apóstol indicándole que no le adorase, porque sólo Dios debe ser adorado (Ap. 19:10; 22:8-9). En contraste, al Cordero —título que solo corresponde a Jesús— que estaba sentado en el trono, los ángeles y los ancianos tributan alabanza, honra, gloria y poder, y adoran al que vive por los siglos de los siglos (Ap. 5:8, 13, 14).

Si las perfecciones, atributos esenciales de Dios, que son incomunicables están presentes en Jesucristo, y si las acciones divinas como perdonar pecados y recibir adoración son manifestaciones del Señor (acompañadas de evidencias que las autentifican), no es posible sino aceptar también aquí la realidad de la deidad de Jesús.

Relación trinitaria

La Santísima Trinidad está constituida por tres hipóstasis personales que subsisten eternamente en el único Dios verdadero, a saber: la del Padre, la del Hijo y la del Espíritu Santo. Unidas entre sí vitalmente mantienen necesariamente la individualidad personal, pero ponen de manifiesto el mismo consenso divino para las operaciones económicas de la trina deidad. En esa unidad de vida, la relación interpersonal está manifestada a lo largo de toda la Escritura, comenzando ya en el mismo libro del Génesis, donde el Padre planifica la creación, el Hijo como Verbo expresa la determinación creacional con el *sea* de Dios que trae a la existencia todo cuanto no existía y con la expresión de la omnipotencia que lo hace posible en la acción del Espíritu Santo. La relación trinitaria es indiscutiblemente continua, puesto que ninguna persona divina puede existir en independencia de las otras,

[29] RVR 2017.

ya que tienen en común cada una de ellas la vida esencial y natural del ser divino.

Cuando el Verbo se hace carne y habita entre los hombres para la realización de la operación soteriológica, atrae consigo a la Trinidad. Por eso la relación interpersonal *ad intra* se manifiesta *ad extra* en todo el ministerio de Cristo. No es preciso entrar en una demostración de estas relaciones, siendo suficiente con aportar algunas citas del Nuevo Testamento que lo ponen de manifiesto.

En lo que antecede de la tesis se ha tratado de la vinculación paterno-filial entre el Padre y el Hijo. La segunda persona se personaliza por esa relación vinculante, siendo eternamente engendrada por el Padre, que en el hecho engendrador personaliza como Padre a la primera persona, y como Hijo a la segunda. Esta relación es eterna y, por tanto, presente. El engendrar del Padre no se extingue, ya que —como se ha dicho— la generación del Hijo es un acto inmanente porque el Hijo de Dios, según su eterna naturaleza divina, permanece en el seno del Padre que lo engendra (Jn. 1:18); esto no es un efecto exterior a una causa, sino un concepto sustancial, personal en la mente del Padre cuyo pensamiento se expresa infinitamente en el Verbo. Además, el Hijo es tan eterno como el Padre, porque mientras la mente activa del Padre engendra, el Logos, único, expresa esa mente divina de un modo exhaustivo. De manera que una mente eternamente en actividad engendra también un Logos eterno. Supone esto tener que afirmar que la relación trinitaria entre el Hijo de Dios, el Verbo encarnado, y el ingenerado Padre es ya en sí misma una eterna relación vinculante entre ambos. Tal relación entre la primera y segunda persona divinas no se extingue porque es eterna, y no tiene principio por la misma razón. Dios es eterno porque está fuera de toda temporalidad, viviendo en un continuo presente en el que el acto de engendrar el Hijo por el Padre no concluye por ser eterno. El Verbo no ha sido creado, lo que exigiría un origen, sino engendrado, y este acto no se produce en una prolongación indefinida de tiempo cuyo origen partiría del momento mismo de la generación, sino que es eterno, esto es, un infinito ahora que sin principio ni fin se manifiesta. El eterno engendrar de Dios se expresa en el texto comentado en su momento: "Mi Hijo eres tú, yo te he engendrado hoy" (Sal. 2:7; He. 1:5). En el acto divino, el Padre se entrega plenamente al Hijo; de ahí que el pronombre *tú* antecede al *yo*. De ese modo se produce la personalización como Padre de la primera persona, como si dijese, *Yo soy Padre* porque me entrego al Hijo al engendrarlo. Cuando el versículo se refiere al *hoy* no está aludiendo al comienzo de una acción, sino que expresa la continuidad eterna del acto generativo. La gran diferencia con el presente del hombre es que este es ficticio, ya que el presente se convierte en pasado, o persiste en presente si la acción continúa, pero no se detiene en el tiempo, es decir, lo que es presente deja de serlo en el instante siguiente, mientras que el presente de Dios permanece invariable e inalterable.

El Hijo procede del Padre, no en cuanto a esencia divina, sino en cuanto a persona. La esencia divina es común a las tres personas divinas. Las tres tienen eterna subsistencia en el ser divino que es la razón de su ser, en Él existen por sí mismas. Sin embargo, la subsistencia de la segunda persona, Dios el Hijo, se produce por un acto generativo, eterno y necesario del Padre, de modo que es engendrada la persona y no la esencia del Hijo. Por esa razón vive del Padre, que es fuente de su personalidad. Es en todo una respuesta total, expresión vital de la mente del Padre, por cuya causa es Hijo Unigénito (Jn. 1:18), porque agota en Él la expresión del Padre, por lo que es infinito, luz, verdad y vida (Jn. 1:4; 8:12).

Interrelación con el Padre

Varios aspectos se ponen de manifiesto en la relación trinitaria entre la primera y la segunda persona. La principal que está presente en todas las otras es la relativa a la filiación. Esto se ha considerado en varios lugares de lo que antecede, por lo que remitimos al lector a lo dicho anteriormente para no reiterar un tema ya tratado. La relación paterno-filial comprende especialmente la personalización como Hijo de la segunda y como Padre de la primera, siendo esta la que engendra eternamente a la segunda, esto es al Hijo, no como sustancia de vida divina, sino como persona. Pero, al mismo tiempo, se establece una vinculación expresiva, porque siendo Hijo es también Verbo. Tal condición procede de la condición reveladora de la mente del Padre, que es también razón generativa del Hijo, ya que éste se manifiesta como la expresión mental del Padre en forma infinita, total y exhaustiva. Es la palabra que se piensa, se elige y se pronuncia como verbo que dice la verdad del Padre, de ahí el calificativo de *Verbo*, que también se ha considerado antes (cf. Jn. 1:1, 14; 1 Jn. 1:1-2; Ap. 19:13). Es, por tanto, el revelador completo y final del Padre (He. 1:1-2). En ese sentido, es quien hace —solo Él puede hacerlo— la exégesis definitiva del Padre (Jn. 1:18) porque es "el resplandor de su gloria, y la imagen misma de su sustancia" (He. 1:3) —literalmente, "la irradiación misma de la gloria del Padre y la imagen expresiva de su realidad sustancial". Es necesario entender que el sujeto del pensar del Padre es a su vez el objeto de ese pensamiento; la semejanza del pensar es perfecta, de tal manera que el Hijo es "la imagen misma de su sustancia"[30], esto es la impronta de la realidad sustancial del Padre. El término usado en el texto al que se está haciendo referencia es sumamente expresiva, un *hápax legomenon*, que está solo en este versículo y define mejor esta condición que la que se traduce como *imagen* referida a Cristo en otros lugares (cf. Col. 1:15). El término es sinónimo de marca; por tanto, el Hijo es marca de la sustancia del Padre, designando por medio de la palabra la reproducción fidelísima del Padre, al modo de la huella o impronta que deja un sello. De otro modo, el texto citado contiene esa palabra para decir que el Hijo es la fiel y absoluta reproducción de la sustancia del Padre. La palabra procede del latín *sub-stantia*, que define lo que hay debajo de las apariencias accidentales, lo que equivale a la esencia misma de Dios, indicando el ser y la naturaleza de Dios. De modo que el Hijo es la fiel estampa del ser inmortal y trascendente de Dios. En ese sentido, es la impronta exacta del ser divino. Quiere decir que el mismo ser íntimo de Dios está grabado como en un sello en el Hijo a causa y en razón de ser también Dios y tener la existencia como una de las tres hipóstasis del ser divino. En el Hijo se manifiestan absoluta y claramente todos los atributos y perfecciones de la deidad. Debe entenderse que el término sustancia ha de ser considerado como triple en Dios, en razón de cada una de las tres personas divinas, mientras que el término esencia es una sola, por cuanto las tres personas participan en ella. De manera que cualquier peculiaridad que pertenezca al Padre en relación con la esencia es manifestada en Cristo, a quien corresponde tenerla también, de modo que quien conoce a Cristo conoce al Padre (Jn. 14:9). Jesús es la expresión exacta de Dios (Col. 2:9).

En esta relación trinitaria entre la primera y segunda personas divinas necesariamente se ha de manifestar la unidad del Hijo con el Padre. De ahí que Jesús diga "yo y el Padre uno somos"[31] (Jn. 10:30). La frase es escueta pero muy precisa. El Padre y el Hijo son uno. Algunos entienden que este *somos uno* no tiene que ver con la unidad divina, sino con la de propósito, es decir los dos son uno en la determinación

---

[30] Griego: χαρακτὴρ τῆς ὑποστάσεως αὐτοῦ.
[31] Texto griego: ἐγὼ καὶ ὁ Πατὴρ ἕν ἐσμεν.

de la obra a realizar. Pero no puede dejar de apreciarse en ella la identidad de naturaleza y esencia. El adjetivo *uno*[32] que precede al verbo *ser* es neutro; por tanto, no se refiere a una persona, sino al ser divino, esto es, a la esencia y naturaleza de Dios. Es la manifestación suprema de lo que Él es. El conflicto con los judíos durante el tiempo de su ministerio se produjo porque Jesús —mero hombre para ellos— al llamar a Dios su Padre se hacía también Dios (Jn. 5:18). Ahora es claro y concreto. La respuesta a la pregunta de los judíos sobre si era el Cristo (Jn. 10:24) va mucho más allá de una simple afirmación sobre su condición mesiánica. Trasciende a todo cuanto aquellos pudieran haber esperado, presentándose en la unidad del ser divino junto al Padre. Ninguno podía admitir la pluralidad de personas en Dios, aferrándose a la literalidad del texto del Antiguo Testamento: "Oye, Israel: Jehová nuestro Dios, Jehová uno es" (Dt. 6:4). La doctrina de la Trinidad es una revelación progresiva que alcanza su dimensión plena en el Nuevo Testamento; sin embargo, Jesús anticipa esa verdad señalando en estas palabras la unidad esencial con el Padre. No quiere decir que sean iguales como personas, sino que hay entre ellos una unidad esencial de vida. Esta es una afirmación mayor que cualquier otra de las que Jesús hizo, colocándolo al nivel de Dios. Aquellos entendían que en las palabras de Jesús había más que la expresión de una unidad de identidad en obra, que resultaría en unidad de voluntad, incluso de poder si el hombre, como consideraban a Jesús, dependía del Padre para ejecutar lo que hacía. Debe ser considerada como una directa declaración metafísica de relación divina. De otro modo, la Trinidad económica está vinculada y descansa en la Trinidad esencial. La declaración de Jesús es sorprendentemente precisa: *yo y el Padre*, lo que expresa claramente la diferencia de personas, *somos uno*, manifestando una sola esencia. De otro modo, en la expresión de Jesús se aprecia la unidad de esencia y la distinción de personas. La relación del Señor con el Padre no es la de una sola carne o un solo espíritu, sino un solo Dios. Esto es, no se trata de singularidad de número, sino de unidad de esencia. Así que el Padre y el Hijo subsisten por sí mismos como personas divinas, individuales y diferenciadas, pero ambas en la identidad de una sola sustancia que se ve en las dos personas sin distinción y que le permite decir *el que me ve a mí ve al Padre* (Jn. 14:9). El hecho de que el Hijo esté en el Padre y el Padre en el Hijo implica la plenitud de la deidad en el uno tanto como en el

---

[32] Griego: ἕν.

otro. La imagen no puede existir sola, así como tampoco la semejanza puede referirse a sí misma, como dice Hilario de Poitiers.[33]

Aunque las dos personas divinas poseen en común todos los atributos esenciales, operativos y morales de la deidad, cada una de ellas se manifiesta hacia el exterior y en alguna medida se refleja hacia nosotros, según el matiz peculiar que la caracteriza y la distingue en individualidad de las otras dos. De ahí que el Padre sea principio sin principio, de quien procede el Hijo, segunda persona de la deidad. Pero, el hecho de la procedencia no significa en modo alguno principio de existencia, puesto que Dios es eterno y de la misma manera lo son las personas de la Santísima Trinidad. Dios es uno en la completa esencia que subsiste como Padre y como Hijo. Ambos, el Padre y el Hijo son el único y verdadero Dios. El Padre está enteramente en el Hijo engendrado con su mente personal infinita, y el Hijo está por entero en el Padre como concepto personal exhaustivo de la mente paterna. Ya que en Dios existe lo absoluto y lo relativo, hacen del ministerio vinculante del Padre y del Hijo algo difícil de entender; de otro modo, tanto Padre como Hijo son palabras que expresan una situación esencialmente personal. La generación divina es una operación inmanente en las que las dos personas son principio y término absoluto de una relación personal subsistente; no es la naturaleza divina la que engendra, sino que sólo el Padre engendra y sólo el Hijo es engendrado. Por esa razón se da al Hijo el mismo poder que tiene el Padre (Jn. 5:26). Es necesario entender claramente que no es el Padre el que da vida al Hijo, sino que le da el tener vida en sí mismo, como fuente de vida, por ser tan Dios como el Padre. La entrega total del Padre al Hijo expresa la acción y relación divina, subsistente y personalizadora, que hace que el Hijo sea radicalmente otro y cuya razón de existir es darse.

Enviado del Padre

Si es enviado, quiere decir que procede del Padre, que, según revelación bíblica, es principio sin principio. Quiere decir que, aunque el Hijo y el Padre son uno, el Hijo procede del Padre, mientras que el Padre no procede de ninguna otra persona. Por esa razón, Cristo insiste en su procedencia del Padre que le envía (Jn. 3:16). Si hace la obra de Salvador y de pastor es consecuencia de haber sido enviado, aunque

[33] Hilario de Poitiers, *La Trinidad* III.23.

también Él viene voluntariamente. El envío *ad extra* es consecuencia de la procedencia *ad intra* y, por tanto, una prolongación de la misma. El proceder del Padre como persona dentro de la Trinidad coloca al Hijo en una relación de entrega suprema al Padre, ya que el Verbo estaba eternamente con el Padre[34], dado que el Hijo vive del Padre y está vinculado continuamente a la fuente de su personalidad; esto no es un comienzo de vida, sino una relación personal, la expresión exhaustiva de la mente del Padre que pronuncia su Verbo, en quien se agota la expresión al ser el Hijo Unigénito (Jn. 1:18). Esta entrega *ad intra* no supone sumisión ni subordinación, ni inferioridad, puesto que las personas divinas son iguales en esencia y dignidad. Pero el envío del Verbo al mundo exige un vehículo que lo permita, de modo que pueda decir que "mi comida es que haga la voluntad del que me envió" (Jn. 4:34), que es su humanidad.

El envío del Hijo es esencialmente soteriológico porque se le encomienda realizar la obra de redención. Tal tarea exige una entrega plena a la misión "haciéndose obediente hasta la muerte, y muerte de cruz" (Fil. 2:8). La pasión va precedida de la agonía en Getsemaní, donde se aprecia la agonía de un Dios fiel a su Palabra, teniendo en cuenta que quien agonizó era Dios manifestado en carne y el siervo obediente profetizado. La voluntad divina se ve también en la persona del Hijo enviado, quien es el sujeto de atribución de las acciones de la naturaleza humana, sujetándose la voluntad de Cristo al plan divino de redención, al decir al Padre: "Padre, si quieres, pasa de mí esta copa; pero no se haga mi voluntad, sino la tuya" (Lc. 22:42).

La procedencia del Hijo al respecto del Padre en el seno trinitario es la base ontológica del envío para la doble función que Jesucristo, el Verbo encarnado, ejecuta: la de revelar al Padre y la de salvar al hombre. Por esa razón, la Palabra sale del seno del Padre sin dejar de permanecer en su seno (Jn. 1:18; 3:13). En todo cuanto tiene que ver con salvación, el Dios trino y uno manifiesta su identificación y acción. El Hijo enviado del Padre tiene en sí al Espíritu sin medida, que intervino en su concepción humana y sustenta todo el misterio redentor, ya que "mediante el Espíritu eterno se ofreció a sí mismo" (He. 9:14). El envío del Hijo es la expresión suprema del amor de Dios, que se da en entrega personal hasta el punto de darlo todo al dar a su Unigénito; por esa razón, el motivo de la obra salvadora es el amor,

---

[34] πρὸς τὸν Θεόν.

que precede en la revelación soteriológica: "Porque de tal manera amó Dios al mundo... que ha dado a su Hijo" (Jn. 3:16), de ahí que también diga: "Porque no envió Dios a su Hijo al mundo para condenar al mundo, sino para que el mundo sea salvo por él" (Jn. 3:17).

Un texto clave en la doctrina del envío del Hijo de Dios está en el escrito del apóstol Pablo: "Pero cuando vino el cumplimiento del tiempo, Dios envió a su Hijo, nacido de mujer y nacido bajo la ley"[35] (Gá. 4:4). La fidelidad divina requería que la promesa de salvación se cumpliese en el tiempo que Dios había determinado en su soberanía, de ahí que diga el apóstol: "Cuando vino el cumplimiento del tiempo".

Dios es soberano en la salvación. Todo cuanto es de salvación es privativo, exclusivo y absolutamente suyo. La Biblia afirma esta verdad: "La salvación es de Jehová" (Sal. 3:8; Jon. 2:9). En su soberanía determinó salvar a los hombres y lo hizo en un decreto que establecía la salvación como antecedente a toda operación divina: "Quien nos salvó y llamó con llamamiento santo, no conforme a nuestras obras, sino según el propósito suyo y la gracia que nos fue dada en Cristo Jesús antes de los tiempos de los siglos" (2 Ti. 1:9). La salvación determinada por voluntad divina comprende el envío del Hijo o, si se prefiere mejor, la encarnación del Verbo, acontecimiento que no ocurrió hasta el tiempo previsto: "Pero que ahora ha sido manifestada por la aparición de nuestro Salvador Jesucristo, el cual quitó la muerte y sacó a luz la vida y la inmortalidad por el evangelio" (2 Ti. 1:10).

El envío del Hijo marca lo que el Nuevo Testamento llama *los últimos tiempos*, *los postreros tiempos* o *los postreros días* (He. 1:2). Esta fórmula se utiliza para referirse al tiempo de la presente dispensación, en la que al comienzo los hombres pudieron oír la misma voz de Dios expresada por su Hijo. En otro lugar, el apóstol Pablo llama al tiempo determinado por Dios "la dispensación del cumplimiento de los tiempos" (Ef. 1:10). La voluntad divina tiene un propósito que nace en la eternidad y se lleva a cabo en el tiempo histórico de los hombres. El propósito divino tiene un tiempo para su ejecución, que se define como "la dispensación del cumplimiento de

---

[35] Texto griego: ὅτε δὲ ἦλθεν τὸ πλήρωμα τοῦ χρόνου, ἐξαπέστειλεν ὁ Θεὸς τὸν Υἱὸν αὐτοῦ, γενόμενον ἐκ γυναικός, γενόμενον ὑπὸ νόμον.

los tiempos". La expresión está introducida por una preposición[36] de acusativo, que determina la condición de propósito, de algo que se lleva a cabo en un tiempo que aquí se define como dispensación[37], economía, administración de algo. Un tiempo en el que Dios actúa y se manifiesta de una determinada manera que no ocurrió antes. Esta determinación divina fue adoptada como todas las demás en Cristo y se manifestó cuando llegó el cumplimiento del tiempo que Dios había determinado (en el cual Dios envió a su Hijo). La primera observación de este hecho tiene que ver con la preexistencia del Hijo de Dios; quien es enviado al mundo es la persona divina de Dios el Hijo. El Verbo eterno va a entrar en el mundo de los hombres revestido de humanidad. El Verbo traduce al Padre al hacerse hombre y es insustituible como única verdad personal del Padre (Jn. 14:6). De otro modo, quien ve a Jesús ve también al Padre (Jn. 14:9). Así que Él y sólo Él tiene palabras de vida eterna (Jn. 6:68). Por ser el único Verbo del Padre, todas las promesas de Dios son en Él sí y amén (2 Co. 1:19-20). No solo es el amén de Dios, sino que es Dios en estado de amén, porque no puede negarse a sí mismo (2 Ti. 2:13). Quien es afirmación eterna de Dios va a manifestarse en el tiempo, en el cumplimiento definitivo de lo que había sido establecido eternamente y comunicado a Abraham como la promesa que se cumpliría en su descendencia.

Al enviarlo, Dios no retuvo a su Hijo (Ro. 8:3, 32). Con el enviado tenemos comunión de existencia (1 Co. 1:9). Por ser el Unigénito, el que es enviado es el objeto del amor del Padre (Col. 1:13). Quien ve a Cristo, nada le falta por ver de Dios (Jn. 14:9). La esencia divina en sí misma no cabe en el ojo corporal, por cuanto Dios es Espíritu (Jn. 4:24), ni tampoco en la mente humana, porque Dios es infinito; por tanto, no puede ser comprendida en una mente finita (1 Ti. 6:16). "Dios envió a su Hijo" no es una afirmación sobre el tiempo, sino sobre el ser de Cristo. Él pertenece a Dios y es la deidad el lugar que le corresponde eternamente. Dios le constituye a Él y Él constituye a Dios. Su relación personal es subsistente. Cristo y el Padre forman una unidad a la que llamamos esencial. El Hijo consiguientemente es Dios eterno, está donde está el Padre y actúa como actúa el Padre. Engendrado eternamente por el Padre, comienza a existir humanamente al ser engendrado de María. No surge por primera vez cuando es concebido y nace de mujer porque su persona

---

[36] Griego: εἰς.

[37] Griego: οἰκονομίαν.

es anterior a la historia humana. La condición de Hijo apela a la forma suprema de relación con el Padre, la máxima conocida en el orden humano. Tal situación plantea a los hombres una única relación con Él, conminándolos a seguirle, de modo que el juicio de Dios sobre los hombres se plantea a la luz de su comportamiento con Él. La decisión en relación con Jesús es la decisión ante Dios, ya que Él dice: "Yo y el Padre uno somos" (Jn. 10:30).

El plan de redención, originado desde antes del tiempo y de la historia de la creación, responde a tres grandes interrogantes sobre la realización del acto redentor: a) ¿Quién lo haría? La respuesta es concreta: el Hijo en carne humana (1 P. 1:18-20). b) ¿Cómo lo haría? Mediante el pago de un precio, es decir, mediante una obra redentora. c) ¿Cuándo lo haría? En el cumplimiento del tiempo, en un determinado momento de la historia humana (Gá. 4:4). Todo eso exigía el envío del Hijo desde el seno del Padre. Todas las formulaciones bíblicas del envío del Hijo van acompañadas de la preposición *para*[38], siendo enunciadas como el fundamento de la redención y la filiación que Cristo hace posible a los hombres por sí mismo y por el Espíritu (Jn. 3:16; Ro. 8:3-4; Gá. 4:4-5; 1 Jn. 4:9). Ahí se determina el envío del Hijo en el tiempo determinado por Dios.

Es necesario entender el alcance de ese enviar del Padre al Hijo. El verbo griego usado por Pablo en el texto de Gálatas[39] aquí significa despedir, enviar, despachar, hacer partir, incluso repudiar; en cualquier caso, es una palabra intensa que expresa la idea de una acción ineludible. Como si Dios abriese las puertas de su gloria y dijese a su Hijo: ve al mundo de los hombres y no regreses hasta que hayas hecho la obra de redención. Se trata de un envío kenótico, es el arranque de esa situación que culminará con la redención efectuada por Cristo en la cruz. La encarnación del Hijo de Dios se realiza históricamente como kénosis. El término equivale a vaciamiento, o también a verterse en libación sacrificial. Este vaciamiento se expresa en un anonadamiento, la kénosis del Hijo de Dios no significa deposición del ser, del poder o del conocer divinos en una especie de auto-aniquilación, sino un acompasamiento tal de ellos a las condiciones propias de una existencia finita. En esa condición el Hijo de Dios puede vivir las limitaciones de

---

[38] Griego: ἱνα.
[39] Griego: ἐξαποστέλλω.

la creatura y padecer las violencias en las que el hombre histórico vive. La infinita dimensión de Dios hace posible la capacidad para ser menos. Dios, en Cristo, puede asumir la relativización que le permite compartir y compadecerse de la situación del hombre, tanto en el orden del ser como del poder y del conocer. En la cruz, el que existe eternamente en forma de Dios asume la situación del hombre bajo las consecuencias del pecado. El Hijo se adentra en la soledad y la impotencia de la cruz para introducir un principio de vida en el universo, eliminando el poder dominante del pecado y de la muerte. La kénosis de Dios en Cristo revela la majestad como misericordia y el absoluto como prójimo absoluto y trascendente. La entrada de uno de la Santísima Trinidad en la experiencia de la muerte proclama cósmicamente, en la victoria de la resurrección, la confianza y esperanza del mundo en Él (Col. 1:13). El envío es la autodefinición de Dios con hechos y experiencias propias de los hombres. Por tanto, la revelación y encarnación de Dios tienen que ser necesariamente kenóticas para ser verdaderamente divinas. Dios se manifiesta en el mundo de los hombres como Hijo encarnado con humildad suprema que no le es impuesta, con pobreza que no necesita y con amor impensable para el hombre en la entrega suprema de su vida. Pablo en otro pasaje eminentemente cristológico (Fil. 2:6-8) expresa esta verdad que es contradicción para los hombres, enseñando que aquel que eternamente vive en forma de Dios deviene a la forma de siervo utilizando el vehículo de su humanidad para poder alcanzar la humillación. De hecho, Cristo se vació de una forma para manifestarse en otra. El envío kenótico del Hijo se manifiesta en el anonadamiento. Despojarse o anonadarse equivale a vaciarse de algo e implica despojarse en un acto de libertad absoluta y volición sin condicionantes. No le fue impuesto, ni hubiera sido posible como Dios que es, tomó libremente tal imposición. De ahí la trascendencia del concepto de envío del Hijo desde el Padre. El estado de humillación no consistió en hacerse hombre, sino en hacerse siervo, manifestándose como tal quien antes era sólo Dios y Señor. No implica el llegar a un estado social de esclavitud, sino el de entrega voluntaria a un servicio de obediencia absoluta al Padre en la ejecución del plan de redención, desde la realidad de su humanidad, cumpliendo la misión para que la fue enviado. Como se ha dicho, el envío del Hijo procedente del Padre tuvo lugar en un determinado momento del tiempo histórico de los hombres, "cuando vino el cumplimiento del tiempo", como culminación de una eterna decisión divina, que como eterna antecede a todo.

Apropiación de cuerpo

Plenamente relacionado con la encarnación, el asunto será considerado en el apartado correspondiente más adelante; aquí se menciona simplemente en base a la relación paterno-filial a la que se está aludiendo. En la epístola a los Hebreos, el hagiógrafo, citando el Salmo 40, escribe: "Por lo cual, entrando en el mundo dice: Sacrificio y ofrenda no quisiste; más me preparaste cuerpo"[40] (He. 10:5). El versículo introduce la presencia en el mundo del Cordero de Dios que hará posible el sacrificio expiatorio perfecto, por cuya obra no sólo se alcanzará el perdón de pecados, sino la purificación de la conciencia acusadora. La utilización del verbo *entrar*, aquí como entrando en el mundo, va precedida de una conjunción[41] que sirve para establecer la razón de la entrada de Cristo y significa *por tanto*, *por lo cual*. La causa por la que el Hijo de Dios entra en el mundo es la impotencia de los sacrificios del ceremonial levítico para resolver el problema del pecado. El Salvador viene para redimir al mundo mediante su sacrificio perfecto y definitivo.

La entrada de Cristo en el mundo tiene una enorme dimensión, ya que se trata de la entrada de uno de la Trinidad en la experiencia de las limitaciones de la criatura mediante su encarnación. No se trata de una relación en la intimidad con los hombres mediante la incorporación de la deidad a una humanidad, sino del hecho admirable de la encarnación de Dios, mediante cuyo acontecer, la naturaleza humana vino a ser una de las dos naturalezas de la persona divina del Verbo eterno. El proceso de este misterio de piedad se describe aquí mediante la apelación al texto bíblico que ya lo anunciaba, tomado una vez más de los Salmos (Sal. 40:6-8). Este es uno de los Salmos llamados mesiánicos, porque están relacionados y profetizan aspectos relativos al Mesías. El cumplimiento del Salmo excede absolutamente a la experiencia de David y tiene que aplicarse al Hijo prometido.

En la profecía del Salmo, el orden sacrificial regulado y establecido en la ley ceremonial es puesto a un lado. Las palabras son concisas y precisas: "Sacrificio y ofrenda no quisiste". Los dos

---

[40] Texto griego: Διὸ εἰσερχόμενος εἰς τὸν κόσμον λέγει· θυσίαν καὶ προσφορὰν οὐκ ἠθέλησας, σῶμα δὲ κατηρτίσω μοι.

[41] Griego: διὸ.

términos, sacrificio y ofrenda, son una nueva forma de referirse a los distintos sacrificios establecidos en el antiguo orden para la purificación del pecado. Posiblemente David tenía en mente el gran sacrificio anual de la expiación. "No quisiste" no significa que Dios los repudiara, puesto que Él mismo los había establecido en su Ley. Es una expresión para indicar el verdadero deseo de Dios en relación con el sacrificio definitivo. En otros lugares de la Escritura y en un contexto diferente se habla también de que los sacrificios no son requeridos por Dios, e incluso que está hastiado de ellos (Is. 1:11-12), pero esto era a causa de la incorrecta vida de los que los ofrecían, ya que, como hipócritas que eran, se mantenían en la desobediencia y la impiedad tratando por medio de sacrificios de pacificar a Dios. Los profetas rechazaron los sacrificios no por los sacrificios en sí mismos, sino por la forma de llevarlos a cabo. Sin embargo, "no quisiste" en el versículo expresa la voluntad de Dios que se había establecido desde que se concretó el plan de redención en el que se asignaba ya la acción redentora al sacrificio del Salvador (1 P. 1:18-20). El mismo David, autor del Salmo que se cita, había adorado a Dios y ofrecido sacrificios. No le era lícito dejar de hacer aquello que el Señor había establecido para todo su pueblo. Pero, proféticamente, miraba más allá de su tiempo y de su propia experiencia personal, al impulso del Espíritu hacia un sacrificio que trascendería al tiempo y alcanzaría la dimensión de eternidad. La entrada en el mundo del Verbo de Dios en carne humana obedece al cumplimiento del tiempo previsto para la obra de redención (Gá. 4:4).

La capacitación para llevar a cabo el sacrificio que Dios establecía se expresa como "me preparaste cuerpo". De esta manera se hace referencia a la intervención de Dios en la consecución del cuerpo para el sacrificio perfecto. Este cuerpo preparado por Dios se le devuelve a Él ofrecido en sacrificio perfecto por el pecado. El cuerpo en sí, como referencia a la humanidad que expresa, es entregado voluntariamente como ofrenda expiatoria por el pecado. La dotación de una naturaleza humana a la persona divina del Hijo, la encarnación de la deidad (Jn. 1:14) es el resultado de la operatividad conjunta de las tres personas divinas. La encarnación, por concepción sobrenatural en el seno de la Virgen, es operación directa del Espíritu Santo (Lc. 1:35), pero no es menos cierto que es la segunda persona la que se encarna y, a su vez, es donación amorosa del Padre que da a su Hijo y hace posible la entrada de la segunda persona divina en la esfera de la humanidad, como hombre.

Relación en la expresión

La vinculación relacional entre las dos personas divinas se aprecia en el hecho de que Jesús afirma que en su ministerio no hizo nada por sí mismo. Así lo recoge el apóstol Juan: "De cierto, de cierto os digo: No puede el Hijo hacer nada por sí mismo, sino lo que ve hacer al Padre; porque todo lo que el Padre hace, también lo hace el Hijo igualmente"[42] (Jn. 5:19). El operar del Hijo está vinculado a lo que ve hacer al Padre, de ahí la relación en la expresión. La afirmación de Jesús es precisa y para algunos difícil de entender. No se trata de una mera imitación de lo que ve hacer. Afirma que no puede hacer nada de sí mismo, lo que indica una imposibilidad radical. En una primera manifestación, la naturaleza humana de Jesús estaba totalmente sometida a la voluntad de Dios (Jn. 4:34; 8:29; He. 10:7). Pero en cuanto a su naturaleza divina, en cuanto a Dios, no estaba sometida a la voluntad del Padre, sino que era concordante en todo con ella, siendo una misma. El Hijo actúa como ve actuar al Padre. Este ver equivale a entender. La identidad del Hijo con el Padre es determinante, el Hijo es la luz de Dios que viene a este mundo (Jn. 1:9), pero esa luz que alumbra a todo hombre no es otra cosa que el resplandor de la gloria del Padre y la imagen misma de su sustancia (Jn. 1:9; 8:12; 12:46; He. 1:3). Luego, el Hijo no ilumina de sí mismo, sino que transmite la luz del Padre, su impronta y gloria divinas. Este obrar del Hijo según ve obrar al Padre, se constituye en necesidad reveladora, puesto que, como Verbo o Logos, viene con la misión de revelar al Padre (Jn. 1:18), haciendo de Él la exégesis absoluta de lo que es y hace, hasta el punto de que pueda decir: "El que me ha visto a mí ha visto al Padre" (Jn. 14:9). Las palabras que Jesús dice son el obrar del Padre que mora en Él (Jn. 14:10). Significa, remontándose a los orígenes, que cuando se lee en el acto creador *Sea* y surge a la existencia lo que no era, la voz es la del Verbo, que expresa absoluta e infinitamente la mente del Padre. En la relación paterno-filial dentro del seno trinitario, el Hijo no puede ignorar nada de lo que el Padre sabe y hace, puesto que nadie conoce al Padre, sino el Hijo, y aquel a quien el Hijo quiera revelarlo (Mt. 11:27; Lc. 10:22).

La procedencia y eterna generación del Hijo es inmanente, nunca transeúnte, puesto que no concluye, sino que eternamente se

[42] ἀμὴν ἀμὴν λέγω ὑμῖν, οὐ δύναται ὁ Υἱὸς ποιεῖν ἀφ' ἑαυτοῦ οὐδὲν ἐὰν μή τι βλέπῃ τὸν Πατέρα ποιοῦντα· ἃ γὰρ ἂν ἐκεῖνος ποιῇ, ταῦτα καὶ ὁ Υἱὸς ὁμοίως ποιεῖ.

produce, de manera que, si concluyese la acción generadora, que no es nunca de origen o inicio, sino de procedencia vital, el Padre podría comunicar lo que es a otro hijo, cosa imposible cuando la generación principia y se extingue en el Verbo. Siendo la personalización del Verbo por vía de la mente, de manera que puede expresar hasta el más íntimo pensamiento del Padre, que necesita del Verbo para esa expresión, el Hijo, revelador exhaustivo del Padre, no puede hacer nada de sí mismo porque dejaría de manifestar el pensamiento único de Dios; así pues, el Hijo no puede hacer, sino lo que ve hacer al Padre, no por falta de poder, sino por comunión de esencia y naturaleza. Esto es un eco de lo que Juan escribió en el prólogo: el Unigénito del Padre está vuelto hacia el seno del Padre y revela todo cuanto el Padre es y hace. El Hijo, además, es el único mediador entre Dios y los hombres; por tanto, por medio de Él obra el Padre en favor de los hombres.

Si el Hijo hace lo que ve hacer al Padre, luego las obras omnipotentes del Padre son hechas por el Hijo, de manera que, si la omnipotencia es potestativa y privativa de Dios, el Hijo tiene necesariamente que ser Dios, de otro modo no podría hacer las mismas obras que hace el Padre. Cuando Jesús dice que no puede hacer nada de sí mismo afirma la identidad de vida con el Padre, que genera obras y operaciones conforme a lo que es propio de ella. Debe entenderse bien que no se trata de una imitación o de un reproducir lo que está viendo hacer al Padre, sino que el Hijo es todo del Padre, que la comunicación de vida procede del Padre y que todo su poder operativo es de aquel que eternamente le engendra. Pero la afirmación de Jesús es todavía más determinante. Él no hace unas obras y el Padre otras, sino que, en virtud de la identidad de vida propia en el seno trinitario, el Hijo hace lo mismo que hace el Padre, ya que éste obra por el Hijo. De manera que las obras del Padre y del Hijo son inseparables. La idea de subordinación no se sustenta en las palabras de Jesús, puesto que la generación del Hijo es coeterna con el Padre; de otro modo, el engendrador no precedió al tiempo del engendrado para que éste sea menor que aquel. Siendo ambos eternos e inmutables, no hay variación en ninguno de ellos y, porque el Padre es eterno, engendró a un Hijo eterno, que es como Él.

De igual modo ocurre en la relación con el Padre en cuanto a operatividad, como Jesús dijo: "No puedo yo hacer nada por mí mismo; según oigo, así juzgo; y mi juicio es justo, porque no busco mi voluntad, sino la voluntad del que me envió, la del Padre"[43] (Jn. 5:30). A simple vista, Jesús se presenta como inferior al Padre, de manera que no puede hacer nada de Él mismo. Sin embargo, se trata de una forma propia del lenguaje de la misión. Todo cuanto va a hacer en el tiempo del envío no surge de su voluntad, sino del eterno plan de redención para el que fue enviado por el Padre. Antes de estas palabras, en el capítulo del evangelio, Jesús ha estado usando el pronombre personal para referirse a Él, en tercera persona; aquí usa continuamente la primera (cf. Jn. 5:30, 31, 34, 36, 43, 45).

La expresión en la relación es también la dependencia del Padre que se pone de manifiesto: "Como oigo, juzgo". En la cita anterior, Jesús habló de lo que ve, aquí de lo que oye. La diferencia no es importante, puesto que, en ambos casos, expresa la dependencia del Padre. Al decir que hace y dice lo que ha visto y oído está afirmando que Él es la revelación del Padre; a través de Él, Dios habla y actúa. Aquí se habla de juicio, que es el contexto de la enseñanza dentro del discurso de Jesús. Nadie puede dudar de la justicia y, por tanto, del juicio del Padre; tampoco pueden hacerlo al respecto del Hijo, puesto que la sentencia y el razonamiento judicial se producen en la misma mente: la del Padre que se expresa en el Hijo, como Logos eterno, y la del Hijo que expresa al Padre. Por esa razón, el juicio de Cristo es justo. Cualquier acusación de injusticia o inexactitud tendría la osadía de decir lo mismo del Padre, porque de Él procede toda acción judicial del Hijo. La sentencia de juicio de Jesús es justa. Nadie podrá decir nada de su modo de juzgar puesto que la voluntad de Jesús es la misma del Padre, así que la voluntad de uno es igual a la del otro.

Esa es la razón por la que dice: no busco mi voluntad, sino la voluntad del que me envió. De otro modo, el Padre no juzga a nadie porque ha confiado al Hijo todo juicio, pero éste juzga sólo no de sí mismo, sino conforme a la voluntad del Padre que le envió. Así que la voluntad del Hijo alcanza su perfecto cumplimiento en base a su perfecta obediencia. La perfecta acción de juez del Hijo está en la total identidad por unión con el Padre. No significa que Jesús no tenga propio poder como persona divina, sino que el poder lo recibe del Padre y todo cuanto hace está acorde con el querer del Padre. Al

[43] Texto griego: Οὐ δύναμαι ἐγὼ ποιεῖν ἀπ' ἐμαυτοῦ οὐδέν· καθὼς ἀκούώ κρίνω, καὶ ἥ κρίσις ἥ ἐμὴ δικαία ἐστίν, ὅτι οὐ ζητῶ τὸ θέλημα τὸ ἐμὸν ἀλλὰ τὸ θέλημα τοῦ πέμψαντος με.

juzgar como oye del Padre, supone que Jesús juzga como Él. Oír no es tanto un asunto de obediencia, sino de identidad. El Señor actúa en todo conforme al que lo ha enviado, dando a entender aquí la misión temporal que debe hacer el Verbo encarnado, esto es a Dios-hombre. Esto tiene una consecuencia para todos los que estaban oponiéndose a Jesús y es que, al oponerse a Él, se oponen a Dios. Esa es la evidencia que se desprende del testimonio de Dios hacia Jesús: "Este es mi Hijo amado, en quien tengo complacencia; a Él oíd" (Mt. 17:5). Jesús no tiene una voluntad distinta a la del Padre, de manera que cuando Él quiere algo es porque también lo quiere el Padre y si el Padre quiere algo, es también querer del Hijo. Todas las acciones proceden de un mismo parecer.

No cabe duda que el texto bíblico fundamenta la relación vinculante paterno-filial por la que el Hijo expresa al Padre y éste es revelado por y en el Hijo, añadiendo a las anteriores una prueba más de la deidad del Verbo encarnado.

Relación en la dependencia

Entra de lleno esta relación en aspectos que serán considerados en la parte sobre la pasión y la resurrección. Mencionándolas solamente, es una relación de dependencia en la agonía de Getsemaní, donde el Señor coloca su voluntad supeditada a la del Padre, al decir: "Padre, si quieres, pasa de mí esta copa; pero no se haga mi voluntad, sino la tuya" (Lc. 22:42). Durante el tiempo de la cruz, la oración de íntima relación con el Padre, se expresa en las palabras que recitó del Salmo 22, cuando dijo: "Dios mío, Dios mío, ¿por qué me has desamparado?" (Mt. 27:46). De igual modo, pasadas las horas de la cruz, la dependencia en la muerte física de Jesús es manifiesta al entregar el espíritu en manos del Padre, conforme al relato del evangelio: "Entonces Jesús, clamando a gran voz, dijo: Padre, en tus manos encomiendo mi espíritu" (Lc. 23:46). La resurrección es también otro vínculo, ya que el Padre lo resucitó de entre los muertos, el apóstol Pedro lo afirma ante los que le escucharon en el primer mensaje de proclamación del evangelio ante los judíos en Jerusalén: "Al cual Dios levantó, sueltos los dolores de la muerte, por cuanto era imposible que fuese retenido por ella… A este Jesús resucitó Dios, de lo cual todos nosotros somos testigos" (Hch. 2:24, 32). Sin lugar a duda, se refiere a esa acción del Padre, al relacionar al que resucitó a Jesús al decir: "Dios, habiendo levantado a su Hijo" (Hch. 3:26; cf. Hch. 4:10; 5:31).

De igual modo, está relacionado en la exaltación. En dos momentos: el primero, en la ascensión a los cielos; en segundo lugar, en la sesión a la diestra del Padre, que el mismo Señor había anunciado en su comparecencia ante el sumo sacerdote Caifás (Mt. 26:64). El apóstol Pedro vincula la exaltación a una operación del Padre: "Así que, exaltado por la diestra de Dios" (Hch. 2:33; 5:31). El apóstol Pablo afirma lo mismo cuando habla del poder de Dios, relacionado con "el Dios y Padre de nuestro señor Jesucristo" y escribe luego: "La cual operó en Cristo, resucitándole de los muertos y sentándole a su diestra en los lugares celestiales" (Ef. 1:17, 20). La relación en la dependencia con la primera persona de la Trinidad es una enseñanza doctrinal del Nuevo Testamento.

Interrelación con el Espíritu

Siendo Jesús uno de la Trinidad, la relación con la tercera persona tiene que apreciarse también en la manifestación del ministerio durante su tiempo en la tierra. Los detalles de esta relación se estudiarán también en los correspondientes apartados de esta tesis, limitando aquí a una referencia breve.

Relación en la concepción

Jesucristo fue encarnado por acción sobrenatural del Espíritu Santo. La verdad revelada se expresa en varios textos del Nuevo Testamento. De este modo en el evangelio según Mateo se cita el mensaje que el ángel dio a José, el padre adoptivo de Jesús: "José, hijo de David, no temas recibir a María tu mujer, porque lo que en ella es engendrado, del Espíritu Santo es" (Mt. 1:20). La misma verdad relacionada con la anunciación a María: "El Espíritu Santo vendrá sobre ti, y el poder del Altísimo te hará sombra; por lo cual también lo nacido será llamado Santo, Hijo de Dios"[44] (Lc. 1:35).

Relación en la niñez y juventud

El Espíritu Santo fue dado en plenitud a Cristo, estando ya profetizado (Is. 11:2-3; 42:1; 61:1). Cabe destacar aquí la referencia en el evangelio según Juan, en la que se lee: "Porque el que Dios envió, las palabras

[44] Biblia Textual.

de Dios habla; pues Dios no da el Espíritu por medida"[45] (Jn. 3:34). No hay dificultad alguna en interpretar la primera parte, donde está el sujeto de la oración, el que Dios envía, no pudiendo ser otro que su Hijo, por tanto, habla las palabras, el mensaje definitivo de quien le envía. La segunda oración tiene aparentemente una cierta dificultad interpretativa al leerla aisladamente, ya que el sujeto de la oración puede ser tanto el Hijo, que da el Espíritu sin medida, o Dios, que lo da sin medida al Hijo.

Para la primera interpretación, el Hijo da el Espíritu sin medida. Es cierto que los creyentes recibimos el Espíritu abundantemente, es más, se nos llama a vivir en la plenitud del Espíritu, esto es, vivir llenos y controlados por Él y, por consiguiente, bajo el control y la influencia de la tercera persona divina, el creyente habla verdad y él mismo vive en la verdad. Pero no encontramos en ningún lugar del Nuevo Testamento la aseveración de que Jesús da al creyente el Espíritu sin medida, especialmente porque nadie tiene el Espíritu en la misma medida que lo tuvo Jesús. Además, en la lectura a los Efesios, el apóstol Pablo dice que "a cada uno de nosotros fue dada la gracia conforme a la medida del don de Cristo" (Ef. 4:7). El Espíritu concede los dones como Él quiere y a quien quiere (1 Co. 12:11), pero se delimita el regalo en la medida del don de Cristo, porque a cada uno "le fue dada la manifestación del Espíritu para provecho de todos", de modo que existe una medida adecuada y soberanamente dada del Espíritu a cada creyente. Esto no significa que Él no esté morando plenamente en cada uno, pero cuanto tiene que ver con acción del Espíritu en el creyente y por medio de Él, tiene una limitación.

La segunda interpretación es que Dios da a Jesucristo el Espíritu sin medida, y es consonante con todo el contexto del evangelio. Tiene necesariamente que ser así, puesto que la comunión intra-trinitaria de las personas divinas así lo exige. Además, la presencia del Verbo encarnado tiene vinculaciones directas con el Espíritu en el plano de su humanidad. El Espíritu está presente en el desarrollo físico de Jesús como hombre, en donde se dice que al crecimiento en estatura le correspondía también el crecimiento en sabiduría (Lc. 2:40). Si en Jesús habita corporalmente toda la plenitud de la deidad no cabe duda de que, en su humanidad, la tienda de campaña de Dios habitando con

---

[45] Texto griego: ὃν γὰρ ἀπέστειλεν ὁ Θεὸς τὰ ῥήματα τοῦ Θεοῦ λαλεῖ, οὐ γὰρ ἐκ μέτρου δίδωσιν τὸ Πνεῦμα.

los hombres (Jn. 1:14), el Espíritu estaba en esa misma plenitud, sin medida. De Él se dice que fue ungido por Dios con "oleo de alegría más que a tus compañeros" (He. 1:9). El mismo Señor habla de su cuerpo como el templo (Jn. 2:19), por tanto, era el templo donde el Espíritu de Dios moraba en plenitud. Cristo en su humanidad estaba lleno del Espíritu Santo y el texto afirma esa verdad que Dios le dio el Espíritu sin medida.

Relación en el ministerio de Jesús

La presencia del Espíritu se hace manifiesta en el bautismo del Señor, que es un acontecimiento trinitario, ya que el Padre testifica desde el cielo, el Hijo está en el Jordán donde es bautizado y el Espíritu se manifiesta sobre Él. En relación con el Espíritu en el ministerio que va a iniciarse, se aprecia la presencia de la tercera persona, como relata Mateo: "Y Jesús, después que fue bautizado, subió luego del agua; y he aquí los cielos le fueron abiertos, y vio al Espíritu de Dios que descendía como paloma, y venía sobre él" (Mt. 3:16), concordante plenamente con el testimonio de Juan el Bautista (Jn. 1:32). La humanidad de Jesucristo estaba llena del Espíritu Santo (Lc. 4:1).

La experiencia de las tentaciones se produjo porque Jesús fue llevado por el Espíritu al desierto con el propósito de que fuese tentado por Satanás (Mt. 4:1). El aspecto específico de las tentaciones se considerará en el lugar correspondiente. La humanidad del Verbo eterno, ejemplo y referencia para los creyentes, actuaba en el poder del Espíritu (Lc. 4:14). El Señor declaró que era por el poder del Espíritu que echaba fuera los demonios: "Pero si yo por el Espíritu de Dios echo fuera los demonios, ciertamente ha llegado a vosotros el reino de Dios" (Mt. 12:28). No quiere decir que Jesús sea un mero instrumento en mano del Espíritu ya que, por la omnipotencia propia de su persona divina, actúa directamente en milagros que no están ligados necesariamente a su condición mesiánica. Muchas veces, los milagros que no tenían que ver con las evidencias mesiánicas fueron hechos por la autoridad del Verbo expresada por boca del hombre Jesús, cuya naturaleza humana subsistía en la persona divina del Hijo de Dios. Como hombre, Cristo es ejemplo de vida para el creyente, de ahí la relación tan directa entre su humanidad y el Espíritu Santo. Mientras que el Espíritu se comunicaba a los mensajeros de Dios en la antigüedad, los profetas, en la medida necesaria para su ministerio, no se da en esa misma medida a la naturaleza humana del Hijo de Dios, porque Él no habla palabras comunicadas, sino las oídas por Él mismo en el seno del Padre, ni hace las obras que se le encomiendan, sino que reproduce todo cuanto ve hacer al Padre.

El Espíritu está vinculado al sacrificio redentor del Hijo de Dios (He. 9:14). Aunque existe discrepancia entre los intérpretes sobre si se trata del Espíritu eterno de la segunda persona, sin embargo, la manera más concordante de interpretar el texto es aplicarlo al Espíritu Santo, que sustenta o presenta el sacrificio de redención en la resolución volitiva de su humanidad.

En la resurrección de Jesús de entre los muertos, siendo parte de la obra de salvación, necesariamente tienen que estar presentes las tres personas divinas. Se ha hecho notar la vinculación con la primera, pero está también actuante la tercera. Esta verdad está expresada también en varios textos del Nuevo Testamento. El apóstol Pablo se refiere a la acción del Espíritu en la resurrección del cuerpo muerto del Salvador (cf. Ro. 1:4; 8:11); de la misma manera, también el apóstol Pedro (cf. 1 P. 3:18). Debe entenderse, como se dijo antes, que las tres personas divinas actuaron en la resurrección. El Padre pone la potencialidad o energía (Ro. 10:9); el Hijo administra la omnipotencia divina levantando con su fuerza divina su propia humanidad (Jn. 10:18); el poder es aplicado por el Espíritu Santo (Ro. 8:11). La intervención trinitaria ocurre porque la salvación es sólo de Dios (Sal. 3:8; Jon. 2:9).

CAPÍTULO VII
LA ENCARNACIÓN

INTRODUCCIÓN

El Hijo de Dios es eternamente engendrado por el Padre, con lo que se constituye en la segunda persona de la deidad, manifestación subsistente en el ser divino. Por esa causa, el Hijo es Dios eterno en unión con el Padre y el Espíritu. La distinción de personas, no entra en conflicto con la unidad de esencia. Desde el seno trinitario, el Hijo es enviado por el Padre en misión salvadora en su primera venida al mundo. La ejecución de esa operación de la gracia exigía la dotación de una naturaleza que le permitiera dar su vida en precio por el pecado del mundo, extinguiendo en ella la responsabilidad penal para todo aquel que cree.

La manifestación de Dios entre los hombres o, si se prefiere, de Emanuel, requiere la humanización o encarnación de Dios. En ese sentido, el que eternamente subsiste en la deidad en la naturaleza divina propia de la persona del Verbo deviene a la condición de hombre, encarnándose en el seno de María, para comenzar desde ahí una existencia humana. Por esa razón, el apóstol Juan afirma que "aquel Verbo fue hecho carne, y habitó entre nosotros" (Jn. 1:14). No surge por primera vez cuando es concebido, gestado y alumbrado como hombre entre los hombres, porque la persona divina en que subsiste esa humanidad no tiene origen al ser eterna. De otro modo, el Hijo fue eternamente Hijo en el seno del Padre y con el Padre en la unidad trinitaria. El Verbo se encarna, toma nuestra carne, en una naturaleza humana semejante a la nuestra, para llegar a ser en su humanidad lo que es siempre como Hijo en el seno de la deidad.

La naturaleza humana concebida en María es personalizada por el Hijo, de manera que en ella existe como hombre en una nueva forma de presencia de Dios en el mundo. Sólo el Hijo se encarna, como necesidad soteriológica, puesto que, en su cuerpo de carne, podría dar su vida para salvar al hombre perdido. Esta nueva forma de naturaleza de la persona del Hijo de Dios le permitirá dialogar con los hombres en un plano que nunca antes se había habilitado desde la deidad: hablar al hombre el mensaje de Dios con garganta de hombre y abrazarle en un abrazo de Dios con brazos de hombre. Es de naturaleza humana y se hace solidario de los hombres, haciéndolos, por vinculación a Él, hijos del Padre (Jn. 1:12). Por ello es que, para aproximarse a los hombres, se hace hombre; es más, no solo se aproxima, sino que se aprojima, es decir, se hace compañero de camino, varón de dolores, experimentado en quebranto. Como nuestro prójimo, compañero de andadura, experimentando en sí mismo lo que es imposible en la deidad, pero propio de la humanidad, está capacitado para socorrer a los que son probados.

Junto con la misión soteriológica, el Verbo encarnado es enviado al mundo para revelar al Padre. El discurso exegético de Dios es pronunciado en Jesucristo, por esa razón el apóstol Juan dice que "a Dios nadie le vio jamás; el unigénito Hijo, que está en el seno del Padre, él le ha dado a conocer" (Jn. 1:18). La revelación exhaustiva de Dios se hace en el Hijo. Al "único que tiene inmortalidad, que habita en luz inaccesible; a quien ninguno de los hombres ha visto ni puede ver" (1 Ti. 6:16), se hace visible en el Hijo. De tal manera que los hombres ya no tienen excusa alguna en el conocimiento de Dios. Nadie puede ya decir que desconoce quién o cómo es Dios, porque ha sido expresado en plenitud en el Hijo, el Verbo encarnado. La comprensión de Dios, desde la mente humana, es totalmente imposible, porque el infinito no tiene cabida posible en lo limitado, sin embargo, la medida de Dios se exhibe ante los hombres en la limitación humana del Señor, de manera que el mortal conoce las perfecciones que determinan al inmortal.

La forma que, en soberanía, Dios escogió para devenir en la condición de hombre es la encarnación. El modo en que se inserta en el mundo de los hombres como hombre sigue el proceso propio de nuestra raza humana, que es el nacimiento de mujer, en este caso de María Virgen (Gá. 4:4). Eso no supone, como se ha dicho ya, el acontecimiento por el que se da origen a la persona, sino el comienzo de la naturaleza que desde la concepción subsiste en ella. La encarnación es sinónimo de humanización, ya que el Verbo eterno no solo toma lo corporal del hombre, siendo sustituido el componente espiritual por la presencia de la persona divina, sino que también asume la plenitud de la humanidad tanto en su corporalidad como en su espiritualidad.

No existe otra vía para hacer una aproximación a la encarnación del Verbo que la bíblica en el relato de los sinópticos, siguiendo el mismo orden que aparece en ellos. Primeramente, debe considerarse la anunciación de la operación divina y luego la concepción.

La anunciación

Es necesario analizar los datos del evangelio según Mateo y del evangelio según Lucas, tomando primero el detalle del segundo. El pasaje a analizar se encuentra en Lucas 1:26-38, del que es necesario sintetizar algunos de los versículos en que se divide el párrafo indicado.

El relato de la anunciación comienza por el envío de un ángel con el mensaje que debía hacer llegar a María (Lc. 1:26-27). Es notable observar que se menciona dos veces la condición de María, a la que se llama virgen. La encarnación del Verbo reviste una importancia capital de modo que el hagiógrafo puntualiza el tiempo del envío del ángel, relacionándolo con la concepción de Juan el Bautista; así se lee en el relato lucano: "Al sexto mes el ángel Gabriel fue enviado por Dios a una ciudad de Galilea, llamada Nazaret", de manera que el sexto mes es el correspondiente al tiempo del embarazo de Elisabeth. Quiere decir que cuando se produjo la anunciación faltaban más o menos tres meses para que se produjese el nacimiento de Juan. Es más, María va a recibir como señal del mensaje que el ángel le da la situación de la madre de Juan. El enviado por Dios fue el ángel Gabriel. El significado del nombre del ángel es fortaleza de Dios o Dios fuerte. Es el mismo que se presentó a Daniel a la hora de la ofrenda de la tarde para darle el significado de las visiones que le fueron mostradas (Dn. 8:16), que le revelaría también el sentido de las setenta semanas determinadas por Dios para el pueblo de Israel (Dn. 9:4). En la tradición rabínica es presentado como ejecutor de la voluntad de Dios. Sin duda, por las referencias bíblicas en que aparece su nombre, es digno de ser considerado como el que revela, comisionado por Dios, los misterios divinos que el hombre no llegaría a alcanzar. La residencia de María, a la que Dios envió al ángel, es Nazaret, villa pequeña y de poca importancia para los hombres, pero la importancia del acontecimiento que tendría el lugar allí traerá como consecuencia que su nombre se repita varias veces en el evangelio según Lucas (cf. 2:4, 39, 51; 4:16).

Gabriel fue enviado "a una virgen desposada con un varón que se llamaba José, de la casa de David; y el nombre de la virgen era María" (Lc. 1:27). Es sumamente importante el término que usa Lucas para referirse a María[1], que expresa la idea de una mujer que no tuvo

[1] Griego: παρθένον.

relaciones íntimas con un hombre. Pudo haber usado otros términos, como niña[2], o también muchacha[3], pero emplea una palabra que tiene el sentido de virgen, mujer que no tuvo relación íntima con un varón. Por tanto, se aprecian en ella las dos cosas.

La joven estaba desposada, es decir comprometida para matrimonio. En ese período de tiempo se le otorgaba al novio toda clase de derechos sobre la que iba a ser su esposa. De otro modo, el que iba a ser marido se convertía en *baál*, señor de la que sería su esposa, de modo que cualquier relación íntima con otra persona se consideraba como adulterio y de ese modo se trataba.

El nombre del novio era José, muy común entre los judíos, especialmente del judaísmo posexílico, como aparece en las listas de los retornados (cf. Esd. 10:42; Neh. 12:14). Posiblemente el nombre era un diminutivo de Yôsíp-yâh, que significa *el Señor añada*. Descendiente de la casa de David, de manera que era de la tribu de Judá. Tanto José como María eran descendientes del rey, como se aprecia en las genealogías (Mt. 1:1, 16; Lc. 3:23, 32). Con toda certeza, la genealogía de Lucas es la que corresponde a María.

La salutación del ángel contiene los dos primeros títulos que se dan a María: "¡Salve, muy favorecida! El Señor es contigo; bendita tú entre las mujeres" (Lc. 1:28). Enviado por Dios, el ángel entró al lugar donde estaba María para darle el mensaje que le había sido dado para ella. La comparecencia de Gabriel fue, sin duda, una aparición sobrenatural. No se dice cómo llegó al lugar, simplemente se indica que llegó a donde ella estaba.

Lucas usa un verbo para la primera palabra de la salutación del ángel que expresa la idea de alegrarse, estar bien[4]. El saludo se expresa en presente del imperativo, de modo que el ángel dice a María que se alegre. Pudiera ser una forma de saludo del mundo griego, por lo que algunos, haciendo uso de la equivalencia dinámica, vierten el *¡alégrate!* por *salve*, que es la traducción literal del saludo romano. Otros consideran que la mejor traducción sería *¡salud!*, entendiendo también que podría ser la expresión en arameo de un buen deseo: *¡La*

---

[2] Griego: παῖ.
[3] Griego: παιδίσκη.
[4] Griego: χαῖρε.

paz sea contigo![5] También se podría considerar como la traducción al griego de la palabra *Shalom*, paz, que es traducida por esta misma palabra en la LXX y conlleva habitualmente el sentido de alegría, especialmente en pasajes mesiánicos (cf. Jl. 2:21; Sof. 3:14; Zac. 9:9).

Si la primera palabra de la salutación contiene una cierta dificultad para la traducción, mayor es esta segunda. Está formada por una sola palabra, que es un vocativo[6], por el que se define a la persona, al convertirse prácticamente en un nombre personal. Es decir, el ángel llama a María no por su nombre habitual, sino por un uno nuevo, como se aprecia en el oficio nominal que desempeña. El ángel no dice: ¡Alégrate! María, sino ¡Alégrate! favorecida. Debe entenderse que el vocativo funciona aquí como un nombre propio.

A la palabra se le han dado distintas traducciones, pero antes de definir la que debiera considerarse como más cercana al sentido que se le da en este lugar, es necesario considerar que no se trata de un sustantivo, sino de un verbo[7], cuyas principales acepciones son agraciar, mostrar gracia, e incluso bendecir. De modo que la fórmula del saludo ¡alégrate! se combina directamente con el participio nominal del verbo, lo que puede entenderse como ¡alégrate! oh agraciada. Necesariamente deben apreciarse algunos elementos en esta forma verbal para poder traducirla correctamente. En primer lugar, se trata de un verbo raro, que solo aparece otra vez en el Nuevo Testamento (Ef. 1:6), donde el apóstol se refiere a todos los creyentes y dice que Dios nos agració, esto es, nos dio su gracia en plenitud. En segundo lugar, se trata de un participio perfecto que indica un estado, por lo que, si se traduce como agraciada, o también favorecida, quiere decir que María había sido agraciada por Dios y ese estado permanecía. Debe notarse que no usa un aoristo, que expresa una acción definitivamente concluida, sino un perfecto que habla de un origen que continúa. Es decir, María fue agraciada, recibiendo ese favor inmerecido de Dios. En tercer lugar, el participio perfecto está en voz pasiva. La voz activa indica que el sujeto realiza la acción del verbo, mientras que la pasiva expresa que el sujeto es objeto de la acción del verbo. Esto es vital para entender que María no fue siempre favorecida o agraciada, sino que lo fue cuando Dios lo determinó, y que esa gracia no era natural

[5] Entre otros: Lensky, 1963.
[6] Griego: κεχαριτωμένη.
[7] Griego: χαριτόω.

en ella; de otro modo, no se originó en ella o no estuvo siempre en ella como elemento propio de su ser.

Por tanto, la salutación del ángel llamándola favorecida o agraciada no es otra cosa que la elección que Dios ha hecho de ella para que sea la madre de Jesús, de la que, por operación sobrenatural del Espíritu, toma la naturaleza humana el Verbo que se encarna, en el proceso en que uno de la deidad se hace hombre.

No cabe duda de que el saludo del ángel es excepcional en la Escritura y difícilmente podría encontrarse algo semejante, sobre todo en el hecho del uso del vocativo que, aunque sin artículo delante del participio del verbo, se podría colocar el determinado *la* sin que suponga ninguna distorsión en la traducción; por tanto, el ángel luego del saludo inicial, se dirigió a María llamándola la favorecida o agraciada, título que le asigna el enviado de Dios.

La gracia a la que el ángel se refiere, indudablemente única en sentido de propósito, es la elección que Dios hizo de ella para que sea la madre de la naturaleza humana de su Hijo. Como dice Bengel, la voz pasiva del verbo debe entenderse "no como una madre de gracia, sino como una hija de gracia".[8] De otro modo, María es un vaso receptor y no una fuente de gracia para darla a otros.

La expresión final del saludo es breve y concisa: "El Señor contigo". La fórmula aparece dos veces en el Antiguo Testamento, una en el saludo del ángel a Gedeón, con idéntica traducción (Jue. 6:12), la otra en relación con el saludo de Booz a los segadores, donde está en plural y se suple la ausencia del verbo poniendo *sea con vosotros* (Rt. 2:4). El saludo está en el contexto de personas para las que Dios establece un servicio complejo, por lo que ese saludo es la promesa de la presencia activa y eficaz de Dios para superar lo que se demanda de ellos.

En el caso de María, es cierre del saludo y, en cierto modo, el resumen final. Comenzó con un llamamiento a la alegría que, como se ha dicho, tiene una gran connotación mesiánica; luego señaló la gracia que hace de ella a quien llama la favorecida o la agraciada; por tanto, ambas cosas tienen que ver con la presencia del Señor con ella.

[8] "Nun ut mater gratiae, sed ut filia gratiae". Citado en Lensky, 1963, p. 59.

La frase sin verbo indica una situación relativa a la persona y también a la misión a la que es llamada. La alegría y la gracia proceden del Señor, siendo ella objeto de ambas. La presencia divina con ella implica protección. Ella iba a ser la madre del Salvador en cuanto a su naturaleza humana, por lo que requería la más completa protección de Dios. Es claro que se hará notorio esto, tanto en la protección de su honor ante quien iba a ser su esposo en relación con el embarazo como también en la protección del Hijo que alumbraría, preservándolo y cuidándolo de sus enemigos. Era necesario este saludo antes de que se le comunicase la misión para la que había sido designada por Dios. No debía preocuparse de nada porque el Señor contigo. La ausencia del verbo requiere que se considere en presente, de modo que a María se le dice "el Señor es contigo", en todo momento, como es el alcance del presente.

La turbación de María ante el saludo del ángel es resuelta por lo que Gabriel le dice: "María, no temas, porque has hallado gracia delante de Dios"[9] (Lc. 1:30). En lugar de temor debía haber alegría. La razón para ello sigue en las palabras del ángel, ya que había hallado gracia delante de Dios. De otro modo, Dios la había distinguido con su gracia. Debe entenderse que la gracia es el amor de Dios en descenso para salvación. La gracia no se alcanza por mérito humano ni es propia del hombre, sino que es un don divino (Ef. 2:8-9). María era objeto de la gracia. El sentido aquí está en las palabras del ángel: Dios te ha otorgado su favor. No es que Dios encontrase algo especial en ella que la hiciera digna de su afecto y comunión, sino que le otorgaba una dimensión en su gracia, eligiéndola para ser la madre de Jesús. Es preciso observar el aoristo del verbo, *hallaste*, un hecho ya ocurrido; Dios la dota de gracia y se la otorga. Siendo una acción cumplida remontará nuestro pensamiento al plan eterno de redención (2 Ti. 1:9), cuyo cumplimiento había llegado (Gá. 4:4), y por medio de María como instrumento en mano de Dios se haría posible la encarnación del Verbo que, enviado al mundo, traería la salvación a todos los hombres. Todo había sido preparado en el plan de Dios.

La anunciación se manifiesta en las palabras del ángel: "Y ahora, concebirás en tu vientre, y darás a luz un hijo, y llamarás su

---

[9] En el texto griego: καὶ εἶπεν ὁ ἄγγελος αὐτῇ· μὴ φοβοῦ, Μαριάμ, εὗρες γὰρ χάριν παρὰ τῷ Θεῷ.

nombre Jesús"[10] (Lc. 1:31). Es una fórmula semejante a la empleada en el anuncio del nacimiento de Ismael (Gn. 16:11) y al de Sansón (Jue. 13:3). La referencia en el Antiguo Testamento tiene que ver con el estado de embarazo de una mujer. En el caso de María, el ángel usa el futuro: "Concebirás en tu vientre y darás a luz…". Quiere decir que la concepción virginal no se había producido aún.

En el evangelio según Mateo se da a la anunciación el sentido de cumplimiento profético: "Todo esto aconteció para que se cumpliese lo dicho por el Señor por medio del profeta, cuando dijo: He aquí, una virgen concebirá y dará a luz un hijo, y llamarás su nombre Emanuel" (Mt. 1:22-23). Pudiera tener un eco de la profecía de Isaías, en la que Dios da señal al rey y le dice que una virgen concebirá y dará a luz un hijo (Is. 7:14). El mensaje del profeta está dirigido al rey Acaz, que estaba amenazado por la coalición del rey de Israel, Peka, y el de Siria, Rezín. Ambos se habían unido en un plan para dominar Judá. Esta alianza podría, desde la perspectiva humana, acabar con la dinastía de David y establecer otra línea real sobre el trono de Judá, que comenzaría en Tabeel (Is. 7:6). El corazón de Acaz estaba inquieto por la situación en su entorno. Si la coalición entre Israel y Siria tenía éxito, la promesa de Dios en relación con el trono de David no se produciría. La promesa mesiánica de un descendiente de David en el trono no tendría ya lugar (2 S. 7:12). Acaz trató de superar la situación que se producía por su propia fuerza, mediante alianza con los asirios. Dios envió a Isaías para alentarle y anunciarle que la coalición enemiga no prosperaría, que debía descansar en el Señor y no inquietarse (Is. 7:7). El profeta le exhortó a pedir una señal a Dios como confirmación de las palabras que le daba. Sin embargo, Acaz no confiaba en Dios, sino en sus propias alianzas, negándose a pedir la señal, en una falsa humildad. Fue entonces cuando el profeta le dio la señal que se negaba a pedir, en el nombre del Señor y como venida de Él mismo, consistente en que "la virgen concebirá, y dará a luz un hijo, y llamará su nombre Emanuel" (Is. 7:14). La que concebiría es designada como ^{c}*almâ*, palabra hebrea que hace referencia a una joven casadera. No usa el profeta *b*^{e}*tûlä*, que se traduce como virgen, en el sentido técnico de la palabra, pero la voz que se podría traducir como doncella no excluye la idea de virginidad. La señal es ofrecida a un rey de la casa de David; por tanto, debe entenderse como una

---

[10] En el texto griego: καὶ ἰδοὺ συλλήμψῃ ἐν γαστρὶ καὶ τέξῃ υἱὸν καὶ καλέσεις τὸ ὄνομα αὐτοῦ᾽Ιησοῦν.

promesa en el entorno mesiánico y dinástico hecha a la casa de David (2 S. 7:12-16).

Se han dado varias interpretaciones, pero el evangelista Mateo la aplica a la concepción de Cristo como cumplimiento final de la profecía de Isaías. A la luz de la inspiración plenaria de la Escritura debe aceptarse que la profecía de Isaías tiene que ver con la concepción y nacimiento de Jesús, el Mesías, el Verbo encarnado. Por otro lado, Isaías está llamando la atención a los destinatarios de la profecía sobre un hecho portentoso que sería la concepción de un hijo en una mujer en esas condiciones. Nadie podría creer que el profeta estuviese refiriéndose a una concepción asombrosa porque fuese resultado de un acto inmoral. Por tanto, la conclusión conduce a aceptar que esa doncella era una mujer virgen; en ese sentido lo admirable de la concepción es que se produce sin relación con varón, como se verá más adelante. Isaías dirá también sobre ese nacimiento: "Porque un niño nos es nacido, hijo nos es dado, y el principado sobre su hombro; y se llamará su nombre Admirable Consejero, Dios Fuerte, Padre Eterno, Príncipe de Paz" (Is. 9:6). El mensaje del ángel viene, en el relato lucano, a decir lo mismo que Mateo, afirmando el cumplimiento lejano de la profecía que había sido dada por Isaías.

Luego de la anunciación de la concepción y alumbramiento del hijo que iba a tener, le instruye sobre el nombre con que debía llamarle: "Llamarás su nombre Jesús". La forma griega del nombre hebreo *Yehôsûa*, que es también Josué, equivalente a *Dios salva*, o *la salvación es de Dios*. Aunque en el texto de Lucas no hay otra información, no ocurre lo mismo con el relato en Mateo, donde se da la razón de ese nombre: "Porque él salvará a su pueblo de sus pecados" (Mt. 1:21). Es interesante recordar lo que ya se ha dicho en relación con los nombres de Cristo; el ángel no dijo a María le pondrás por nombre, sino llamarás su nombre, dando a entender que era el que Dios mismo le había asignado. Con ello se orienta la misión salvadora del niño que iba a nacer y el carácter perpetuo de Salvador, propio de Jesús, junto con la iniciativa divina en la obra de salvación. Este nombre constituye también el título de dignidad universal, como enseña el apóstol Pablo, cuando al referirse a la exaltación de Cristo dice:

Por lo cual Dios también le exaltó hasta lo sumo, y le dio un nombre que es sobre todo nombre, para que en el nombre de Jesús se doble toda rodilla de los que están en los cielos, y en la tierra, y debajo de la tierra; y toda lengua confiese que Jesucristo es el Señor, para gloria de Dios Padre. (Fil. 2:9-11)

La anunciación conlleva también la precisión de quien sería el niño que iba a nacer de María: "Este será grande, y será llamado Hijo del Altísimo; y el Señor Dios le dará el trono de David su padre"[11] (Lc. 1:32). Al anuncio del nacimiento del niño que sería llamado Jesús siguen las características personales que le son propias. La primera de ellas es que será grande. Lo será tanto en la tierra como en el cielo, pero fundamentalmente debe apreciarse la primera característica de quien es grande, porque será rey y se sentará en el trono de David.

Ahora bien, la grandeza no viene de la condición de rey, sino de ser Hijo del Altísimo, de manera que ser grande se corresponde con el ser Hijo del Altísimo. El ser grande sin predicado limitativo alguno es sólo posible en el plano de la deidad, es grande por condición personal. En el Antiguo Testamento, el título hijo de Dios se aplica a los ángeles (Job. 1:6; 2:1), pero aquí el título es distinto por la relación paterno-filial que se establece con el Altísimo. Este es un nombre de Dios en el Antiguo Testamento, que aparece en relación con el sacerdocio de Melquisedec, a donde se lee El-Elyon, que significa simplemente el más alto. Es el poseedor de todo, de los cielos y de la tierra porque es el Creador. Es el que puede determinar y se producirá todo según su consejo o propósito. Como poseedor de cielos y tierra, el Altísimo tiene y ejerce autoridad en ambas esferas, es decir, en el cielo y en la tierra. Así se aprecia su autoridad celestial en muchos lugares de la Escritura (cf. Dn. 4:35, 37; Is. 14:13, 14; Mt. 28:18), pero también se habla de la autoridad terrenal del Altísimo, que es soberano y omnipotente (cf. Dt. 32:8; 2 S. 22:14; Sal. 9:2-5; 21:7; 47:2-4; 56:2, 3; 82:6, 8; 83:16-18; 91:9-12; Dn. 5:18).

Entra aquí uno de los títulos cristológicos, Hijo del Altísimo, que equivale a Hijo de Dios. Del concepto bíblico-teológico de este título depende todo cuanto sigue en el evangelio. Cuando los cristianos decimos que Jesús es el Hijo del Altísimo estamos expresando algo que va más allá de un principio metafísico o incluso de un paradigma mítico sobre el que se asienta la fe cristiana. El evangelio, el relato

---

[11] Texto griego: οὗτος ἔσται μέγας καὶ Υἱὸς Ὑψίστου κληθήσεται καὶ δώσει αὐτῷ Κύριος ὁ Θεὸς τὸν θρόνον Δαυὶδ τοῦ πατρὸς αὐτοῦ.

histórico sobre Jesús, dice algo que va más allá de una verdad relativa como que Él es más que un hombre o que Jesús es Dios y no un mero hombre, aunque su semejanza con el hombre sea evidente; el relato bíblico que Lucas —en este caso— escribe, dice con claridad meridiana, que Jesús es el Hijo del Altísimo, o lo que es igual, es el Hijo de Dios. Por eso los hechos humanos de Jesús relatados en el evangelio son de una importancia insustituible, porque demuestran que la afirmación del ángel es absoluta, que Jesús debe ser llamado Hijo del Altísimo, porque ha demostrado esa verdad.

El saludo del ángel nos sitúa en la profunda verdad de la relación entre Jesús y el Padre, en el seno de la deidad, que se ha considerado con extensión en la tesis, por lo que no es necesario reiterarla en este lugar. El ángel dijo a María que Jesús sería llamado Hijo del Altísimo, es decir, sería llamado por su nombre, que es éste. No se le impone nombre, como ocurre con la humanidad del Hijo, que tiene un comienzo, sino que se le llamará, porque no existe otra forma que Hijo del Altísimo, ya que la existencia suya en su deidad es eterna. La revelación de la deidad se hace en el plano de su humanidad, de manera que a ese hombre Jesús de Nazaret le corresponde el ser reconocido como Hijo del Altísimo.

Entra aquí la condición mesiánica del Señor, ya que Dios dará a Jesús lo que le corresponde, esto es, el trono de David, su padre, en sentido de descendencia. Jesús en el plano de su humanidad está unido a David como uno de su descendencia (Lc. 3:32). La expresión trono de David es una referencia al reino mesiánico. Dios estableció un pacto con David. Una de las premisas del pacto es esta: "Y será afirmada tu casa y tu reino para siempre delante de tu rostro, y tu trono será estable eternamente" (2 S. 7:16). Este pacto contiene varios aspectos que como promesa de Dios serán cumplidos: a) La perpetuación de su casa, es decir, de su posteridad. b) La existencia de un trono que será perpetuo. c) La realidad de un reino, esto es una esfera de gobierno. d) La perpetuidad del reino "para siempre". No cabe duda de que la desobediencia a acatar la voluntad de Dios por parte de la descendencia de David es una evidencia, por lo que el juicio de Dios vino sobre ella, pero eso no abolió el pacto (2 S. 7:15; Sal. 89:20-37; Is. 24:5; 54:3). Aparentemente para los hombres ese compromiso divino no tiene posibilidad de cumplimiento. Israel ha estado por años sin territorio ni nación reconocida y, además, no ha sido puesto un rey de la descendencia de David sobre él. Todavía más, el heredero del trono de David, hijo mayor adoptivo de José, no fue coronado rey, sino crucificado en la capital del reino. Pero el pacto con David, confirmado con juramento, es recordado aquí a María por el ángel que le anuncia que el Señor Dios, que ha establecido el pacto con David, le dará el reino de su antepasado (Hch. 2:29-32; 15:14-17). El reino que será de Jesús es perpetuo. Ningún reino de los hombres lo ha sido, ni puede serlo, pero éste no es un reino de este mundo (Jn. 18:36). El reino sobre cuyo trono se sentará el Señor es la dimensión eterna del reino de Dios, por eso dice el ángel a María que "no tendrá fin" (Lc. 1:33). Es el reino que se manifestará para siempre en cielos nuevos y tierra nueva.

La anunciación tiene el importante componente de la virginidad de María: "Entonces María dijo al ángel: ¿Cómo será esto? Pues no conozco varón"[12] (Lc. 1:34). Las palabras del ángel causaron impacto en María. La concepción y posterior alumbramiento de un hijo produjeron en ella la natural curiosidad de cómo podría tener lugar aquello. No se trata de una falta de fe o de un rechazo al mensaje, sino del necesario interés sobre el proceso que tendría que tener lugar para la concepción y alumbramiento del niño que se le anunciaba. Especialmente notable para ella sería la concepción de un hijo en el tiempo próximo, antes de que llegase el tiempo establecido con José en el contrato de desposorios.

La perplejidad de María era que no conocía varón. La expresión típica en el entorno judío para referirse a la virginidad, es decir, conocer varón, equivalía a mantener relaciones íntimas con un hombre. La ley natural le hacía notar que solo era posible una concepción mediante la unión sexual con un varón. No cabe duda de que ella está dispuesta a someterse al programa de Dios, pero le interesa saber de quién sería concebido el niño, ya que el ángel no le mencionó a su futuro esposo. Pareciera que la boda con José estaba aún distante, ya que él tuvo que ser impulsado a recibir a María por esposa, a pesar de que ella estaba encinta (Mt. 1:18).

Lucas introduce con las palabras de María el gran tema de la concepción virginal de Jesús. Se ha dicho que el sentido de conocer es el eufemismo usado para las relaciones conyugales, bien atestiguado

[12] Texto griego: εἶπεν δὲ Μαριὰμ πρὸς τὸν ἄγγελον· πῶς ἔσται τοῦτο, ἐπεὶ ἄνδρα οὐ γινώσκω.

en el Antiguo Testamento y en el griego helenístico. Esto confirma la condición que antes se dio de ella como una virgen, que ha dado lugar a varias interpretaciones. Algunos hablan del voto de virginidad perpetua de María. Esta propuesta es antigua y se remonta a la época patrística, entre otros Gregorio de Nisa[13] y Agustín de Hipona[14]. Sin embargo, está en pleno declive, puesto que no hay base bíblica ni histórica para sustentarla. Para mantener esa interpretación es preciso forzar el presente *no conozco varón* como un futuro profético, que exigiría entenderlo como *no conoceré varón*. Pero las palabras de María no expresan sino una situación personal que le era propia: ella no tenía relaciones matrimoniales, lo que no permite suponer un voto de virginidad.

Hacer una exégesis del texto bíblico desde la dogmática y no desde la gramática genera siempre problemas, porque en muchas ocasiones es preciso hacer decir al texto lo que no dice o, si se prefiere, desde lo que pretendemos que diga. La Virgen dijo al ángel que no conocía varón; si se tratase de un voto de virginidad, no sería posible que Mateo diga: "Pero no la conoció hasta que dio a luz a su hijo primogénito; y le puso por nombre Jesús" (Mt. 1:25). Nótese que hubo un tiempo en que no se produjo intimidad matrimonial, pero luego de haber alumbrado al hijo primogénito, no unigénito, que sería la forma correcta para referirse a un hijo único, hubo un comportamiento matrimonial normal. El Nuevo Testamento habla de los hermanos de Jesús (Mt. 12:46; Lc. 8:20), incluso se dan los nombres de ellos (Mt. 13:55). Es verdad que el término hermano puede usarse para parientes próximos, pero no así el de hermanas, y se dice que ellas también eran conocidas (Mt. 13:56). La defensa de la concepción virginal, una de las bases de fe en relación con Cristo, no exige sino que se afirme esa verdad, pero no supone que María no hubiese tenido relaciones con su esposo José y de ellas hubiesen nacido otros hijos e hijas.

Se da también como explicación a las palabras de María que la pregunta surge por la condición virginal de la concepción del hijo. Sería como si dijese al ángel cómo va a solucionarse el problema si no debo tener relaciones con un hombre.[15] Hacen descansar parte de la argumentación en el anuncio del alumbramiento de una virgen,

---

[13] Gregorio de Nisa, *In diem natalem Christi.*

[14] Agustín de Hipona, *De sancta virginitate.*

[15] Cf. Audet, 1963.

de la profecía de Isaías (Is. 7:14), pero eso es dar a entender que en el pensamiento de los judíos se refería a la madre del Mesías, cosa altamente improbable.

Aún se puede citar otra propuesta interpretativa, que descansa en la posibilidad de que María hubiera visto en la profecía antes citada el anuncio de la concepción virginal del Mesías. Sin embargo, no hay un solo texto en la literatura del Antiguo Testamento ni en los escritos de interpretación de la Escritura en el mundo hebreo que contenga tal exégesis.

Una última posición —de otras muchas que podrían citarse— es que María entendió las palabras del ángel como un hecho ya realizado, es decir, que ella estaba ya encinta, por lo que preguntaba al ángel: ¿Cómo es posible si no conozco varón?

Definitivamente debe aplicarse la exégesis natural literal e histórica para entender las palabras de María como expresión no tanto de curiosidad, sino para conocer la forma que traería como resultado la concepción virginal que el ángel le anunciaba. No debe olvidarse el uso de la conjunción causal[16] que equivale a *porque*, *puesto que*, *ya que*, que da pleno sentido a las palabras de María. Lucas usa esta pregunta como recurso literario para dar continuidad a lo que sigue, la declaración del ángel sobre el misterio de la concepción virginal de Jesús, el Hijo del Altísimo. Con todo no se trata de algo que sale del pensamiento de Lucas, sino como un hecho histórico que fue investigado por él y forma parte del relato evangélico sobre la concepción y nacimiento de Jesús.

A la pregunta de María sigue la respuesta del ángel de cómo se produciría la concepción, asunto que corresponde al apartado siguiente en donde se trata.

La concepción

Observemos la respuesta del ángel a la madre del Señor: "El Espíritu Santo vendrá sobre ti, y el poder del Altísimo te cubrirá con su sombra; por lo cual también el Santo Ser que nacerá, será llamado Hijo de

---

[16] Griego: ἐπεὶ.

Dios"[17] (Lc. 1:35). Es interesante notar las diversas traducciones que se dan a las palabras del ángel. En algunas, como ocurre con RV60, se incorpora la palabra *ser*, que es calificada por el adjetivo *santo*, pero que no está en el texto griego. La traducción literal es esta: "Espíritu Santo vendrá sobre ti y poder de Altísimo te cubrirá con sombra. Por lo cual también lo que es nacido Santo, será llamado Hijo de Dios". La pregunta de María tuvo respuesta inmediata. Es como si el ángel hubiese reservado en la primera parte de su anunciación el cómo se realizaría esto para provocar la pregunta a la que responde plenamente, revelando en ella la gran verdad de la concepción de Jesús, el Hijo de Dios, el Verbo eterno encarnado. Esta respuesta da base para la confesión del credo de la Iglesia, cuya verdad se aprecia en lo que sigue.

La primera parte de la verdad es que la concepción virginal de Jesucristo es un milagro divino producido por la acción directa del Espíritu Santo. Algunos de los modernos arrianos, que niegan la deidad de Cristo, se esfuerzan como en otros lugares por demostrar que aquí Espíritu Santo está sin artículo y, por tanto, se trata de un espíritu santo, en sentido de una concepción distinta a la habitual, pero no causada o producida por la acción de una persona divina. Es preciso observar que el uso del título Espíritu Santo tiene en Lucas sentido personal, como persona divina. El Espíritu Santo es una persona, no un mero poder o una fuerza de Dios, no se trata de un viento divino, aunque sea posible esa comparación (Jn. 3:6 ss.) para expresar la libertad del que ha nacido del Espíritu. En muchas citas se aprecia su condición personal, puesto que contiende, se puede blasfemar contra Él, instruye, da testimonio, habla, intercede, se le puede entristecer, revela, etc. (cf. Sal. 139:7-10; Mr. 3:29; Jn. 14-16; Hch. 5:3-4; 8:29; 13:2; 15:28; Ro. 8:26; 1 Co. 2:10-11; 12:4, 11; Ef. 4:30). El Espíritu Santo es la personificación del amor intratrinitario del Padre y del Hijo siendo una persona distinta a la del Padre y a la del Hijo; por eso procede del Padre (Jn. 15:26) y del Hijo, al ser enviado por Él (Jn. 14:26).

La concepción virginal ejecuta el programa de salvación determinado por Dios desde antes de la creación. El tiempo para ello

[17] Texto griego: καὶ ἀποκριθεὶς ὁ ἄγγελος εἶπεν αὐτῇ· Πνεῦμα Ἅγιον ἐπελεύσεται ἐπὶ σὲ καὶ δύναμις Ὑψίστου ἐπισκιάσει σοι· διὸ καὶ τὸ γεννώμενον Ἅγιον κληθήσεται Υἱὸς Θεοῦ.

había llegado (Gá. 4:4) y el Verbo eterno deviene a una nueva forma de vinculación con la criatura al hacerse hombre. El Espíritu Santo es la expresión infinita y eterna del amor de Dios; por tanto, siendo la salvación una obra de la gracia y el resultado del amor divino hacia el pecador, el Espíritu Santo, al igual que el Padre y el Hijo, ha de estar presente en toda la economía de la salvación. Así se aprecia que el Padre envía al Hijo, que éste viene al mundo encarnándose para poder dar su vida, y el Espíritu Santo se hace presente en la operación omnipotente de la concepción de la naturaleza humana del Verbo eterno. La primera verdad de la doctrina de la concepción virginal es que es el resultado de una operación divina llevada a cabo por la tercera persona de la deidad. Siendo esta primera acción un misterio y un milagro, es natural que el hombre no creyente y aun los críticos que se dicen creyentes nieguen esta verdad, puesto que no aceptan nada de lo que es sobrenatural. Pero el verdadero creyente sustenta su fe en la Palabra de Dios, admitiendo este misterio como cualquier otra verdad revelada en ella. Esta operación no se produce en la distancia, sino en la intimidad, es decir, no es una acción de la omnipotencia desde la distancia de la gloria sobre una mujer virgen llamada María, sino que se hace desde la proximidad: "El Espíritu Santo vendrá sobre ti". De la misma manera que la nube cubría el santuario donde el Señor estaba presente, así también el Espíritu se manifestaría sobre María para dar inicio al proceso de concepción.

El segundo paso en el proceso consistía en que el poder del Altísimo, cubriría a María con su sombra. El sujeto de la oración sigue siendo aquí el Espíritu Santo. El poder divino haría posible el milagro. La acción por la que María concebiría en su seno se describe aquí como cubrir con su sombra. El verbo cubrir se usa también figuradamente como conocer para referirse al hecho mediante el cual se produce una concepción. Sin embargo, no significa eso que el Espíritu Santo sea el padre de Jesús, sino el instrumento divino mediante el cual se produce la manifestación de la omnipotencia de Dios haciendo un milagro. Es necesario entender claramente que el concebido en María, al que se dará el nombre de Jesús, no existe fuera o independientemente de la persona del Verbo en unión hipostática, y el Verbo, como Hijo tiene sólo un Padre eterno que es la primera persona de la deidad (Lc. 2:49). María no tenía que ocuparse de tomar parte activa alguna en la concepción de su hijo Jesús. En cierto modo, y con la precisión necesaria, la acción divina de cubrir con su sombra, se produce en relación con el tabernáculo del testimonio, donde la presencia de Dios se manifestaba (Ex. 40:35). De ese modo la nube se posaba sobre la tienda en que Dios se manifestaba en encuentro con su pueblo. De igual manera que el poder divino cubría el santuario, así, ese mismo poder hará sombra sobre María para manifestarlo mediante el milagro de la concepción virginal. Sólo en ese sentido cabría el ejemplo, porque en modo alguno se trata de una doble acción, la de Dios por un lado y la de María, por el otro, sino una sola, en la que Dios selecciona a la que ha de ser madre de Jesús y opera en ella la concepción. Dios no pide autorización para lo que va a suceder, simplemente lo comunica a la mujer escogida para ello.

El ángel cierra la respuesta haciéndole notar que lo concebido en ella es santo y que, por tal motivo, solo podrá llamársele Hijo de Dios. Las traducciones del texto difieren entre sí y en ocasiones no hacen mucho honor a la equivalencia literal. Obsérvese la traducción desde la forma interlineal del versículo. Ya se ha hecho notar la traducción literal al texto griego antes, y es de apreciar que los traductores colocan el verbo delante de santo y de Hijo de Dios, dando a entender que el niño que nacería sería llamado de dos maneras: santo e Hijo de Dios. Sin duda esta es una verdad, puesto que ambas cosas concurren en Jesús, pero el texto de Lucas enfatiza dos cosas: a) Lo que nacería era santo; b) Se le llamaría Hijo de Dios. La Biblia de las Américas traduce así: "Por eso lo santo que nacerá será llamado Hijo de Dios", y siendo absolutamente literal añade el artículo neutro *lo* antecediendo a santo, para dar idea de que el niño es santo y se le llamará Hijo de Dios. c) Por su parte, la Reina Valera 1960 añade una palabra al texto, en el que se lee: "Por lo cual también el Santo Ser que nacerá, será llamado Hijo de Dios". Sorprende que se añada ser anteponiéndolo a santo, cuando no está en los textos griegos. Esta traducción produce la confusión de entender que Jesús es un ser santo, como lo es un ángel no caído, cuando lo que Lucas quiere dar a entender es que lo concebido es santo y eso en la dimensión absoluta de Hijo de Dios solo puede hacer referencia a la santidad plena, absoluta y definitiva por la que Dios es aclamado (Is. 6:3). Una traducción semejante a la de las Américas, la Biblia católica Cantera-Iglesias, traduce así el texto: "Por eso también lo que nacerá se llamará santo, Hijo de Dios", colocando el verbo llamar antes del adjetivo santo y del título Hijo de Dios. Finalmente, en una selección muy amplia de versiones, la Sagrada Biblia, católica, de la Conferencia Episcopal Española traduce: "Por eso el Santo que va a nacer será llamado Hijo de Dios"; esta es sin duda es una de las más fieles en equivalencia literal.

Debiera apreciarse aquí el uso de lo que nacerá santo[18], donde lo santo es modificado por lo que nacerá y no al revés, así que santo no es un nominal que se dará al que nace, sino la condición personal de Jesús, por lo que deberá ser llamado Hijo de Dios.

Dos aspectos de la encarnación es preciso destacar en la última frase de la respuesta angélica. El niño concebido en el seno de María por obra del Espíritu Santo es santo, no en una dimensión medible, sino en la condición infinita de la santidad de Dios. A esto se ha procurado responder desde la investigación teológica, generando para ello una pregunta: "¿Cuál es la razón de la santidad de Jesús?". Como ocurre con otras preguntas de este tipo, el planteamiento del teólogo traerá como consecuencia diversas posturas. Sólo destacar dos de ellas que, por extendidas —especialmente en el mundo cristiano-evangélico—, sirven de ejemplo a otras respuestas dadas a la pregunta.

a) La santidad de Jesús se debe a la concepción por obra del Espíritu Santo. Con la intervención sobrenatural del poder del Altísimo, en referencia a Dios Padre, para que sea santo el ser concebido, el Espíritu va a ungir, consagrar, santificar y preservar de toda mancha a ese embrión humano que se formaría en el seno de María, y puesto que su concepción no es por voluntad humana, sino engendrado de Dios, preservado del pecado original, es absolutamente santo. La base para sustentar esta posición descansa especialmente en un texto de Juan: "Los cuales no son engendrados de sangre, ni de voluntad de carne, ni de voluntad de varón, sino de Dios" (Jn. 1:13). Exige esto aplicar el texto a Jesús y no a los creyentes, como escribe Lensky:

Juan 1:13 (rectamente interpretado, no con referencia a los creyentes, sino a la concepción del Logos... véase el comentario del autor; señala los corolarios "de Dios" (esto es, del Espíritu); por tanto, no por sangre o mera vida humana, no por la voluntad de la carne o de nuestra naturaleza humana y no por la voluntad de hombre (varón) en copulación... tres "εκ" hechos negativos por un solo "εκ" positivo (al igual que los dos en Mateo).[19]

b) La santidad de Jesús está basada en la ausencia de un padre humano. Deben ser establecidos otros paradigmas complementarios, tales

---

[18] Texto griego: τὸ γεννώμενον Ἅγιον.

[19] Lensky, 1963, p. 68.

como que el pecado se transmite por el varón al engendrar un hijo, de modo que, como no hubo esa relación en el caso de la concepción de Jesús, no podía tener pecado. Esta propuesta sorprende, en cualquier caso. La Biblia enseña que el pecado es heredado de padres a hijos, tanto por parte del padre como de la madre, ya que el salmista dice que "en maldad he sido formado, y en pecado me concibió mi madre" (Sal. 51:5).

La santidad de Jesús descansa en la persona divina en que subsisten ambas naturalezas, la divina y la humana, siendo cada una de ellas elemento expresivo de la única persona que es el Verbo encarnado. El sujeto de atribución de las acciones de las dos naturalezas es el Hijo de Dios. Lo que santifica hasta el infinito al niño que nace es la persona divina del Verbo en que subiste la humanidad de Jesús, haciéndola propia con la divina en unión hipostática. De modo que, siendo la naturaleza humana de una persona divina, no es posible que exista en Jesús ninguna relación con el pecado. De ahí que el ángel diga a María que lo que nacería era lo santo, en expresión absoluta de la palabra.

A la concepción luego seguirá la gestación y finalmente el alumbramiento de Jesús, que trae una consecuencia capital, no tan solo en el plano de la humanidad, donde el hombre es visitado por Dios revestido de humanidad, sino también en el plano divino, por el que uno de la Santísima Trinidad deviene a la condición de hombre, haciendo suyas las limitaciones, problemas, tentaciones, lágrimas, sufrimientos y desprecios de la criatura. El Creador se hace criatura para experimentar nuestras miserias, llorar nuestras lágrimas y morir nuestra muerte. Es preciso entender que todo esto tiene que ver no tanto con el tiempo de la concepción y humanidad, sino con el ser de Cristo: Él es Dios y pertenece a Dios. En su condición eterna y preexistente, ambos, el Hijo y el Padre, forman una unidad esencial, de modo que donde está el Hijo, está también el Padre. El misterio es asombrosamente grande porque, engendrado como Hijo desde toda la eternidad, inicia una existencia humana al ser engendrado por el Espíritu Santo en María. No surge como persona por primera vez cuando es concebido, porque es persona antes de su historia humana. Así debe entenderse la encarnación, como que el eterno Hijo comienza a ser hombre, tomando nuestra identidad, llegando a ser como hombre lo que eternamente era como Hijo. El Espíritu Santo engendra un hijo en el seno de María, que es personalizado por el Hijo y en el que existe como hombre. Aun cuando el único principio personalizador o la única persona encarnada es el Hijo, en la encarnación las tres personas divinas se ven implicadas como término final de la acción. Ninguna de las otras dos personas divinas, el Padre y el Espíritu, personalizan una naturaleza humana porque solo la segunda, el Hijo, es el que haciéndose hombre podrá padecer y dar su vida en cumplimiento del proceso salvador establecido eternamente.

La encarnación, tanto en cuanto acto como en cuanto estado, es el resultado del envío del Hijo por el Padre para hacer la redención de los hombres, trasladándolos en su gracia al estado de filiación con Él. La encarnación es el medio por el cual Dios, en la segunda persona divina, comienza a existir como hombre, en estado de igualdad con ellos, tanto en naturaleza como en unidad de destino, haciéndose siervo y sometiéndose a cuantas limitaciones son propias del hombre (Ro. 1:1-4; 2 Co. 5:21; 8:9; Gá. 3:13; 4:4-5; Fil. 2:6-11). Como resumen bíblico de esta existencia están las palabras de Juan: "Aquel Verbo fue hecho carne, y habitó entre nosotros" (Jn. 1:14). Aquel cuya existencia eterna es junto al Padre (Jn. 1:1), por quien toda la creación fue posible y todas las cosas y seres vinieron por Él a la existencia (Jn. 1:3), el que se hace luz para el mundo en tinieblas de los hombres, camino único que los conduce al Padre (Jn. 1:4-5; 14:6), toma una naturaleza humana por medio de la encarnación y se hace un hombre del tiempo y del espacio. Pero la encarnación le permite hacerse hombre sin deponer su eterna condición divina. Esta inserción de Dios en el mundo de los hombres ocurre por el nacimiento virginal, engendrado en María por obra del Espíritu Santo. Sin duda, el devenir a la condición de hombre tuvo que pasar por el nacimiento de mujer (Gá. 4:4). La encarnación y el nacimiento virginal son el medio que Dios ha establecido en su soberanía para que el Hijo se haga hombre, como el relato de Lucas hace entender. Pero es preciso recordar que su encarnación no es su comienzo absoluto; es simplemente la manifestación visible de su persona divina en otra naturaleza, la humana. Cuando Lucas habla de la concepción virginal de Jesús presupone su eterna condición divina, en la filiación singular con el Padre en el seno trinitario. Jesús, por la encarnación, viene a ser una persona divina con dos naturalezas, la divina que eternamente tiene por ser Dios, y la humana que asume en el tiempo; ambas naturalezas subsisten en la persona divina del Hijo. Por tanto, desde la concepción virginal, el Hijo de Dios, nuestro Señor Jesucristo, es una persona teantrópica, es decir, divino-humana. El Nuevo Testamento manifiesta la unicidad de persona y la distinción de sus dos naturalezas. Al decir que Jesús es Dios-hombre no se habla de la unión del Verbo con una persona humana, sino que el Verbo eterno se hace poseedor de una naturaleza humana íntegra y perfecta, la cual existe y subsiste desde el primer instante de la concepción de la persona única del Hijo de Dios. Es decir, Jesús no es un hombre que llegó a ser Dios, sino el verdadero Dios que llega a ser hombre, sin dejar nunca de ser Dios. El término encarnación es sinónimo de humanación, aun cuando el segundo no se encuentre como tal en el diccionario de la lengua castellana; esto excluye la idea de algunos que afirmaban que el Verbo asumió sólo la carne, con exclusión de la parte espiritual.[20] Los efectos que siguen a la encarnación pueden considerarse como acto puntual, como acontecimiento de conversión, como estado de hecho. Esto puede ser considerado como acto de iniciativa del Verbo[21], es decir, el Verbo se encarna, pensamiento propio de la cristología alejandrina del Verbo-carne[22]; o como la situación resultante sobre la humanidad[23], propio de la cristología antioquena, Verbo-hombre[24], esto es, el Verbo se hace hombre. Todo esto puede resumirse diciendo que la encarnación designa la unión del Verbo con la humanidad en una naturaleza creada por el Espíritu Santo, a la que el Hijo de Dios personaliza y en la que y por medio de la que expresa su filiación eterna en el seno de la deidad. Esta conjunción de naturalezas en la persona viene a ser una unión hipostática. Se entiende por hipostática aquella unión que se realiza en el núcleo mismo de la persona. Este tema será considerado más adelante.

La encarnación tuvo lugar en el tiempo soberanamente determinado por Dios: "Cuando vino el cumplimiento del tiempo, Dios envió a su Hijo, nacido de mujer y nacido bajo la ley"[25] (Gá. 4:4). Es necesario entender que el momento en que Dios da cumplimiento a la promesa y envía al mundo a su Hijo ocurre cuando el tiempo histórico colmó[26] el tiempo previsto y determinado por Dios; de

---

20 Entre otros Arrio, Apolinar y en general los monofisistas.
21 *Verbum incarnatum.*
22 Λόγος–σάρξ.
23 *Assumptus homo.*
24 Λόγος–ἄνθρωπος.
25 Texto griego: ὅτε δὲ ἦλθεν τὸ πλήρωμα τοῦ χρόνου, ἐξαπέστειλεν ὁ Θεὸς τὸν Υἱὸν αὐτοῦ, γενόμενον ἐκ γυναικός, γενόμενον ὑπὸ νόμον.
26 πλήρωμα.

otro modo, el tiempo histórico llegó a la meta establecida para ese acontecimiento. Esa plenitud del tiempo traía como consecuencia la aparición de Jesucristo, el Verbo eterno encarnado. El envío del Hijo debe entenderse como la irrupción de Dios en la historia humana. Dios determinó el tiempo para el cumplimiento de la operación redentora. El plan de salvación en su aspecto redentor se iniciaba hasta la culminación en la muerte, resurrección y ascensión del enviado del Padre.

La encarnación, que comienza en la concepción, establece la vía para el vaciamiento, la entrega plena del Verbo encarnado a favor de los hombres y en lugar de ellos. Este vaciamiento se expresa en un anonadamiento, la kénosis del Hijo de Dios. La cruz es para unos locura suprema y para otros suprema sabiduría de Dios (1 Co. 1:18-31). La kénosis del Hijo permitirá contradicciones entre la humanidad asumida y la deidad eterna en la segunda persona divina. De este modo, se encuentra el contraste entre felicidad absoluta que corresponde a la vida de Dios y las lágrimas y agonía de Jesús. Todo esto no es signo expresivo de humanización degradadora, sino la manifestación de Emanuel, Dios con los hombres. Es la autodefinición de Dios con hechos y experiencias propias de los hombres. Por tanto, la revelación y encarnación de Dios tienen que ser necesariamente kenóticas para ser verdaderamente divinas. Dios se manifiesta en el mundo de los hombres como Hijo encarnado, con humildad suprema que no le es impuesta, con pobreza que no necesita, y con amor impensable para el hombre en la entrega suprema de su vida. Pablo en otro pasaje eminentemente cristológico (Fil. 2:6-8) expresa esta verdad que es contradicción para los hombres, enseñando que aquel que eternamente vive en forma de Dios deviene a la forma de siervo utilizando el vehículo de su humanidad para poder alcanzar la humillación. La palabra *forma*[27] utilizada por el apóstol en el texto de Filipenses indica no una mera apariencia, sino la exteriorización de la esencia real del ser. La forma está relacionada y deriva de la naturaleza, pero no se identifica con ella, pudiendo despojarse de su forma, pero no de su naturaleza. De hecho, Cristo se vació de una forma para manifestarse en otra. Sin embargo, forma exige siempre la presencia de atributos esenciales. Pablo enseña que Jesús existe eternamente en forma de Dios, lo cual quiere decir que su eterna preexistencia fue divina, esto es, Él es eternamente Dios. Aunque no

---

[27] Greigo: μορφὴν.

hubiera otras evidencias y expresiones de fe, sería suficiente ésta para afirmar la deidad de Cristo. Sólo Dios puede existir en forma de Dios. Ya se han considerado antes aspectos relativos a la deidad de Jesús. La forma de Dios tiene que ver con la gloriosa presencia de la deidad en su majestad imponente (Jn. 17:5), gloria que fue vista por los hombres (Jn. 1:14) y revelada en visión a los profetas (Is. 6:1). La kénosis va acompañada de solicitud, ya que el Hijo "no estimó el ser igual a Dios como cosa a que aferrarse". El sentir de Cristo no le llevó a retener el beneficio que correspondía a su condición divina. A Cristo siendo Dios le corresponde todo lo que corresponde a Dios. Todo lo que hay en Dios y es de Dios está en Cristo (Col. 2:9). Por el contrario, tampoco no hay nada en Dios que no esté en Cristo, es decir, no existe en Dios ninguna cualidad no-crística. En esa forma de Dios estuvo dispuesto a vaciarse para llegar al estado de humillación en la forma de siervo. El Hijo no consideró la expresión de la deidad como algo irrenunciable que debía ser retenido a toda costa. La decisión de no mantener a cualquier precio la expresión de su deidad tuvo que haberse tomado en la eternidad cuando se estableció el plan de redención. El envío kenótico del Hijo se manifiesta en el anonadamiento, posible desde la encarnación. Despojarse o anonadarse equivale a vaciarse de algo e implica despojarse en un acto de libertad absoluta y volición sin condicionantes.

Es necesario, sin embargo, entender de qué se despojó el Hijo de Dios. Por supuesto no se despojó de la naturaleza divina que eternamente tiene porque es Dios, ni se despojó de sus atributos divinos, ya que en Él habita corporalmente la plenitud de la deidad (Col. 2:9). Todos los atributos divinos, tanto ónticos como operativos y morales se identifican con la esencia divina, por tanto, están presentes eterna y permanentemente en Dios. Jesús no se despojó del uso de sus atributos divinos, ya que Cristo es una persona divina con dos naturalezas, si bien la humana en muchas ocasiones actuó bajo la acción del Espíritu Santo. Pero es necesario entender que el Hijo encarnado limitó el uso de esos atributos durante su ministerio terrenal a lo que era conveniente y necesario, haciendo comunicación de sus perfecciones divinas a su naturaleza humana mediante el diálogo de comunicación en la persona divina en que subsisten ambas naturalezas. El Señor se despojó u ocultó su gloria como impronta divina de su propia forma de Dios para, al final de su ministerio, pedir al Padre la recuperación de aquella gloria en toda su plenitud (Jn. 17:5). Él tenía que mostrarse desde su humanidad a semejanza de los demás hombres. Esa gloria fue velada bajo la naturaleza humana para manifestarse como el siervo de Yahwe (Is. 42:1; 52:13). Se despojó también de sus riquezas (2 Co. 8:9). Renunció a todo, incluyendo su propia vida (Mt. 20:28; Mr. 10:45; Jn. 10:11). Nunca tuvo nada propio, aunque es el dueño de todo (Mt. 8:20). Aun sin nada, asumió solidariamente la deuda infinita del pecado del mundo, haciéndose deudor sustituto (Is. 53:6). Desde la humanidad es posible que tomase forma de siervo. Es un nuevo contraste: forma de Dios y forma de siervo. El estado de humillación no consistió en hacerse hombre, sino en hacerse siervo, manifestándose como tal, quien antes era sólo Dios y Señor. No implica llegar a un estado social de esclavitud, sino de entrega voluntaria a un servicio de obediencia absoluta al Padre en la ejecución del plan de redención desde la realidad de su humanidad. Esa forma que manifiesta el estado de humillación fue tomada en un determinado momento del tiempo histórico de los hombres, "cuando vino el cumplimiento del tiempo", como culminación de una eterna decisión divina. El devenir a una existencia en forma de siervo quiere decir que era la expresión visible de una realidad esencial, sólo posible desde su humanidad. Un notable contraste puede apreciarse en esta verdad: Satanás quiso ser semejante al Altísimo y establecer su trono al lado del trono de Dios (Is. 14:13-14); Dios en cambio asume la forma de siervo para servir a los perdidos (Lc. 22:42; Jn. 4:34; 6:38). Al enviar Dios a su Hijo vino a una nueva existencia (Jn. 1:14). Quiere decir que antes no tenía la naturaleza humana, de manera que el Hijo de Dios entró a la humanidad en un momento preciso de la historia humana. El porte visible del Hijo de Dios entre los hombres fue el de su humanidad. Quien vino, enviado del Padre, fue hecho semejante a los hombres, visto y apreciado como hombre por los hombres (1 Jn. 1:1). Desde el vehículo de la humanidad "se humilló a sí mismo" pasando de la limitación a la humillación; de otro modo, el Señor se abajó a sí mismo en el camino de la humillación suprema "haciéndose obediente hasta la muerte". En esa obediencia expresa la condición propia de siervo. En su muerte, sujetándose al plan de redención, siendo a la vez sacerdote y víctima, se ofreció a sí mismo por el pecado (Is. 53:10). La entrega personal a la muerte era un acto de obediencia al Padre (Jn. 17:18). El hecho de hacerse hombre tenía por objeto poder morir por todos los hombres (He. 2:14-15). La muerte sustitutoria del Hijo de Dios en carne humana era una manifestación de la gracia (He. 2:9). La humillación le llevó a "gustar la muerte por todos", tanto físicamente (Lc. 23:46; Jn. 19:30) como espiritualmente (Sal. 22:1; Mt. 27:45-46; Mr. 15:34). El despachar del

Padre al Hijo culmina en la muerte de cruz, reservada a sediciosos, rebeldes y esclavos. Era una muerte infamante por la exposición vergonzosa del crucificado desnudo totalmente a la vista del pueblo para ser injuriado; era infamante también por el sufrimiento que comportaba, por la tremenda agonía en que el ajusticiado moría por asfixia. El Hijo de Dios, en su naturaleza humana, necesitó el aliento divino para vencer la resistencia natural y moral del hombre a esa forma de muerte (Lc. 22:43; He. 9:14). La muerte de cruz fue una expresión admirable de su entrega voluntaria, ya que como Dios tenía poder para bajar de ella y destruir a sus adversarios. Colgar a uno de un madero, como se consideró antes, era lo que se reservaba para el maldito por Dios (Dt. 21:23). Cristo no pudo humillarse en un mayor abatimiento, llegando así a las "partes más bajas de la tierra" (Ef. 4:9).

La concepción en sí misma tuvo lugar mediante la operación omnipotente del Espíritu Santo en la Virgen María. El mensaje del ángel es preciso: "Concebirás en tu vientre, y darás a luz un hijo" (Lc. 1:31). El verbo que se usa aquí y que se traduce como concebir[28] expresa la idea de quedar embarazada. Lo que María concibe es el Hijo de Dios hecho hombre, es decir, la operación de la omnipotencia del Espíritu hace posible la manifestación del Hijo de Dios hecho hombre, a quien Dios reserva el nombre de Jesús porque es el único que salva. Esa acción milagrosa del Espíritu Santo, que ha generado en ella el embrión que desarrollará en el tiempo de la gestación y será alumbrado como niño, es detallada a José para cancelar en él cualquier reparo en recibirla como su esposa, cuando para no infamarla pensaba dejarla secretamente. Así está en el evangelio según Mateo, donde se lee: "Y pensando él en esto, he aquí un ángel del Señor le apareció en sueños y le dijo: José, hijo de David, no temas recibir a María tu mujer, porque lo que en ella es engendrado, del Espíritu Santo es"[29]. Lo delicado de la situación condujo a José a la determinación de abandonar a su desposada María, procurando no infamarla, mediante una carta de repudio. José estaba pensando en esto. Sin embargo, conociendo cómo era la moralidad de su desposada, la situación se le hacía imposible de entender, constituyendo para él un motivo de

[28] Griego: συλλαμβάνω.

[29] Texto griego: ταῦτα δὲ αὐτοῦ ἐνθυμηθέντος ἰδοὺ ἄγγελος Κυρίου κατ᾽ ὄναρ ἐφάνη αὐτῷ λέγων· Ἰωσὴφ υἱὸς Δαυίδ, μὴ φοβηθῇς παραλαβεῖν Μαρίαν τὴν γυναῖκα σου· τὸ γὰρ ἐν αὐτῇ γεννηθὲν ἐκ Πνεύματος ἐστιν῾Αγίου.

continua reflexión, sin poder determinar qué camino debía seguir; había llegado a un punto muerto. José desconocía la verdad de aquel asunto, pero Dios lo conocía en toda la dimensión. Es, por tanto, Dios mismo quien acude en su ayuda, enviándole un ángel con la solución de lo que él no entendía, que le trajo un mensaje animador. Lo llama "hijo de David", por tanto, el heredero de los derechos al trono que Dios había prometido al rey de Israel. Todo aquello debía entenderlo en relación con la llegada del Mesías esperado, siendo que José era un eslabón en la línea de su ascendencia. Por tanto, debía dejar sus temores al respecto de lo que no entendía sobre el estado de su prometida y recibirla en casa, cumpliendo el segundo paso en el procedimiento matrimonial de entonces. El modo verbal en el texto griego, *no tengas temor*, expresado con el aoristo de subjuntivo en voz pasiva, precedido del adverbio de negación *no*, puntualiza la decisión que José debía tomar al respecto de sus temores, como si le dijese: "Deja ya tus miedos". María que era ya su mujer, es decir, su esposa, debía ser recibida sin ningún reparo, ya que el fruto concebido en su vientre no era resultado de infidelidad, sino el milagro operado por el Espíritu Santo en ella: "Lo engendrado en ella es del Espíritu Santo". Mateo utiliza una forma verbal[30] que expresa la idea de recibir al lado, es decir, debía tenerla como esposa sin reparo alguno. José podía convertirse de ahí en adelante en esposo que cuidaría y protegería a María en toda la extensión de la palabra, velando también por su honor contra quienes pudiesen acusarla falsamente. De esa misma manera, el niño que nacería tendría un padre adoptivo y legal que le trasladaría los derechos dinásticos del trono de David.

La obra, por ser divina, era sobrenatural. La misma persona que había aplicado la omnipotencia para efectuar la obra de creación de cuanto existe había actuado nuevamente para concebir la humanidad del Hijo de Dios. El salmista, en una expresión profética, había anunciado que Dios le "abriría los oídos" (Sal. 40:6), lo que equivalía a "apropiarle cuerpo" (He. 10:5), ya que no puede haber una cosa sin la otra. La humanidad asumida le permitiría cumplir la promesa de venir y llevar a cabo la decisión de hacerlo: "He aquí, vengo" (Sal. 40:7). La verdad sobre la concepción virginal de Jesucristo sigue presente en el texto. Es el Hijo de Dios, pero por concepción es también el hijo de María, en cuanto a humanidad, participando de la sustancia propia de los hombres por medio de su madre, de quien la toma, hasta el

---

30 Griego: παραλαβεῖν.

punto de ser llamado fruto del vientre (Lc. 1:42). Un hecho único en la historia humana y absolutamente irrepetible. Ninguna otra mujer pasó por esa experiencia, ninguna otra pasará por ella, nadie concibió de este modo salvo María, la madre de nuestro Señor. Dios estaba ejecutando el camino que había preparado para el cumplimiento de la promesa de introducir entre los hombres al Salvador del mundo.

No es posible dejar pasar por alto en todo lo que concierne a la encarnación del Verbo las palabras del apóstol Juan: "Y aquel Verbo fue hecho carne, y habitó entre nosotros (y vimos su gloria, gloria como del unigénito del Padre), lleno de gracia y de verdad"[31] (Jn. 1:14). Mientras que los sinópticos Mateo y Lucas dedican un espacio amplio a la encarnación, Juan usa cinco palabras que expresan con absoluta precisión esa verdad de fe, donde literalmente dice: "Y el Verbo carne se hizo". El aoristo *se hizo*[32], a causa del sujeto que es el Verbo, representa un desafío en cuanto a traducción. No puede significar *llegó a ser*, pues el Verbo sigue siendo indefectiblemente el Verbo. Pero puede y debe entenderse como el proceso por el cual el Verbo entró en la historia humana, como hombre.

La encarnación —tanto en cuanto a acto como en cuanto a estado— es el resultado del envío del Verbo desde el seno del Padre para hacer posible a los hombres que creen ser partícipes de una filiación con Dios por medio de la adopción en Él y salvarlos de la condenación y, por tanto, de la situación de muerte en que se encuentran por el pecado. Juan habla aquí del acontecimiento por el cual el Verbo comenzó a existir en la carne; de otro modo, como Pablo dice, deviene de la forma de Dios a la forma de hombre (Fil. 2:6-8). La filiación del hombre con Dios no es posible sin redención (Gá. 4:4) y la redención no es posible sin la entrega de la vida, cosa imposible en la deidad, pero realizable en el plano de la humanidad.

La encarnación del Verbo trae aparejado el componente de humillación. Dios no se humilla al hacerse hombre, simplemente se limita, asumiendo la condición de la criatura, pero se humilla al hacerse siervo, esclavo en la más absoluta dimensión de la palabra,

---

[31] Texto griego: Καὶ ὁ λόγος σὰρξ ἐγένετο καὶ ἐσκήνωσεν ἐν ἡμῖν, καὶ ἐθεασάμεθα τὴν δόξαν αὐτοῦ, δόξαν ὡς μονογενοῦς παρὰ Πατρός, πλήρης χάριτος καὶ ἀληθείας.

[32] Griego: ἐγένετο.

haciéndose obediente hasta la muerte y muerte de cruz (Fil. 2:7-8). La encarnación hace a Dios compartir naturaleza con el hombre y hacerse solidario por medio de ella del destino humano, en su aspecto de forma de esclavo, sometido a todas sus limitaciones, experiencias, tentaciones y angustias. Él se convierte en ciudadano del mundo, miembro de una determinada nación, heredero de una familia y vinculado a ella (Ro. 1:1-4). Por otro lado, el pecado del mundo es puesto sobre Él y se le demanda la responsabilidad penal del mismo haciéndolo, en su condición de hombre, sacrificio expiatorio por el pecado (2 Co. 5:21). No podría expresar a los hombres el mensaje del amor sin hacerse hombre, para que por su pobreza el hombre pueda ser enriquecido (2 Co. 8:9). Retirar la maldición de la muerte requería ser hecho maldición, algo sólo posible desde su naturaleza humana (Gá. 3:13). El texto central de la encarnación es precisamente este que se considera: "Y el Verbo fue hecho carne". Este eterno Verbo que estaba junto a Dios (Jn. 1:1), Creador de todas las cosas (Jn. 1:3), acompaña a los hombres sumidos en tinieblas para hacerse luz en su mundo y en su interior (Jn. 1:4, 5, 9). Se hace hombre, pero no depone su ser divino, por lo que puede darnos vida, la vida de Dios e introducirnos en su comunión de Hijo con el Padre (1 Jn. 1:1-4). No se trata de una mera apariencia por la que Dios el Verbo se presenta de otra forma ante los hombres, sino de una verdadera inserción de Dios entre los hombres por medio de la encarnación y nacimiento virginal de María. La encarnación exige el nacimiento de mujer, bajo el área supervisada de la ley (Gá. 4:4). Alguien podría preguntarse por qué razón usa la vía de la encarnación; ninguna razón ni bíblica ni humana responde a esto, simplemente hemos de entender que la encarnación y el nacimiento fueron la forma elegida por Dios para hacerse hombre (Mt. 1:18-25; Lc. 1:26-38). "El verbo fue hecho carne" se trata del inicio de una nueva experiencia de vida, pero en modo alguno se trata del comienzo absoluto del Verbo, que por ser Dios no tiene principio ni fin. La condición divina de Jesús no se inicia en el nacimiento, sino que como Juan enseña en lo que antecede, tiene una preexistencia eterna.

Hablar de encarnación no es hablar de la auto-divinización del hombre que por sí mismo llegó a ser Dios, sino que es referirse al acto de libertad en que el Verbo en la unidad del Padre y del Espíritu toma la decisión de proyectarse fuera de sí mismo vinculándose con una naturaleza humana que es subsistente hipostáticamente en su eterna persona divina. Por esa acción surge una realidad nueva por medio de la cual el Verbo se exterioriza a sí mismo. Desde la perspectiva divina la encarnación es una auto-donación de Dios al hombre. La acción se produce desde la omnipotencia divina, que es el principio activo de la encarnación, mientras que la humanidad del Verbo es el final receptor de la acción del principio activo de Dios.

Ahora bien, Juan habla de Verbo, principio de todo, poseedor y comunicador de la vida, y pasa a presentarlo como hombre a consecuencia de la encarnación. Pero este hombre Jesús, el Verbo encarnado, es la expresión visible de la vida trinitaria de Dios en una criatura y la incardinación de la creatura en Dios. El ser divino en la persona del Hijo, con la acción generadora de la humanidad por obra del Espíritu Santo, se inserta en la historia humana, ofreciendo vida al hombre y atrayéndolo hacia Él mismo haciéndolo regresar al centro originario y al lugar donde alcanza toda la plenitud. La creatura se vincula al Creador al ser acogida en una hipóstasis personal, de forma que, persistiendo la diferencia de naturalezas, crece hasta el límite posible la unión entre el Creador y la creatura. En esto se proyecta la salvación que consiste en que Dios otorga la vida eterna, su propia vida y nos asume en su paternidad haciéndonos sus hijos, es decir, el Hijo se hace hombre, y los hombres que responden por fe al llamamiento de Dios se hacen hijos en el Hijo.

El sujeto de la encarnación es el Verbo, porque es lo que corresponde a su esencia y lugar en el ser divino. Dios no hace nada en la historia que no sea de conformidad y como proyección de su propio ser trinitario. El lugar del Verbo en la Trinidad explica la encarnación que nos deja vislumbrar su naturaleza trinitaria. En la encarnación se prolonga a la creatura la realidad y relación eterna del Hijo. No es, pues, otra cosa que el decirse a sí mismo como Verbo eterno expresión exhaustiva de Dios, al salirse de sí mismo en una exteriorización reveladora, que comporta en ella la operación de salvación como el decir supremo del amor de Dios por la creatura. Sólo en la encarnación y por el resultado de ella el inmutable Dios que no puede padecer puede compadecerse del hombre y experimentar los quebrantos de la creatura sin menoscabo de su deidad. En Cristo conocemos al Dios humilde y al Dios humillado, inalcanzable misterio para la mente humana, finita, condicionada, y limitada.

La encarnación por medio de cuyo hecho el Verbo toma una naturaleza humana y se hace carne, esto es, hombre, no puede considerarse sólo como una acción puntual en la cual se inicia el proceso de gestación que termina en el alumbramiento. El hombre en su dimensión plena comienza por la encarnación, pero se realiza como hombre en el decurso de su existencia de vida, es hombre porque puede experimentar todo cuanto le es propio al hombre, y de ahí que vaya sabiendo de humanidad en el transcurso de su vida. Así ocurre también con el Verbo encarnado, va sabiendo de humanidad en la medida en que va siendo hombre con todas sus experiencias. De este modo puede decirse que la encarnación comienza en el seno de María y concluye en la cruz con la muerte como hombre, continuando con la sepultura y proyectándose perpetuamente en la glorificación.

Este que es engendrado no es primogénito, sino Unigénito, puesto que quien se encarna es el eterno Hijo de Dios, engendrado por el Padre y como tal es Unigénito del Padre. No depone su condición, sino que la mantiene y es el elemento sustentante de la humanidad engendrada. Esta tendrá subsistencia perpetua en su persona divina.

Concepción virginal

Antes de seguir al hecho de la concepción del Verbo en el seno de María cabe una reflexión sobre lo que antes se consideró, en el sentido de la razón que determina la concepción virginal. Esto es: ¿por qué debía ser virgen la madre de Jesús? El primer hombre, Adán, fue creación de Dios, pero no fue engendrado. Simplemente por determinación divina vino a la existencia en un acto creador de Dios (Gn. 1:26-27). Ya los hombres habían iniciado su andadura en la tierra, por cuya razón, siendo imperfecta la primera unidad creada, el varón, Dios siguió adelante con lo que se había propuesto, tomando del varón ya creado para formar a la mujer. Ésta no podía ser creada, porque la humanidad en Adán ya lo había sido. De ahí en adelante la continuidad del hombre se produce por engendramiento a través de la unidad matrimonial, conforme a lo determinado por Dios. Jesús debía ser el postrer Adán; por la caída del primero, el pecado entró en el mundo y pasó a todos los hombres. En Cristo se revierte la situación. Ahora bien, si la salvación exige la sustitución del pecador a fin de cancelar la deuda por el pecado, necesariamente el sustituto no podía sino ser un hombre. Tal situación exigía que el encarnado Verbo de Dios fuese hombre perfecto; el apóstol Pablo dice que es "semejante a los hombres" (Fil. 2:7). Por esa causa debía ser engendrado, en una mujer, para que de ella tomase todos los elementos propios de la humanidad. Pero, puesto que es el Unigénito del Padre, no puede tener otra vinculación paterno-filial que la divina, es decir, no podría tener un padre humano, puesto que no se trata de una persona humana, sino de una naturaleza humana unida a la persona divina en que subsiste. Por tanto, era preciso que su madre humana concibiese al margen de una relación marital de hombre y mujer, porque no se engendraba una persona humana, sino un hombre sin personalidad humana, puesto que esa humanidad es una de las dos naturalezas de la deidad. Esta es la primera razón por la que la madre de nuestro Señor, en su humanidad, tenía que ser virgen, para que pudiera producirse esa necesaria distinción, de modo que fuese hombre, pero no como persona humana, sino divino-humana. Quiere decir esto que por la concepción virginal el Verbo se hace carne en el momento de la concepción y en ese instante puntual la persona divina del Verbo no solo asume un cuerpo humano, sino la total naturaleza humana que une en su persona donde eternamente subsiste una naturaleza divina. De tal modo que la persona divina del Verbo se hace presente en el seno de María para que sobre y en ella se engendre la naturaleza humana. Ésta es santificada absoluta, infinita y plenamente, no por condicionante de santidad humana, sino porque siendo la naturaleza humana de Dios el Hijo, éste la santifica plena y totalmente, siendo un hombre sin pecado.

Una segunda razón por la que la concepción debía ser virginal tiene que ver con el programa mesiánico. De otro modo, según lo que se aprecia en toda la trayectoria histórica de la humanidad, nadie que tenga padre y madre es concebido en estado de virginidad materna. Ya que en el Nuevo Testamento se reconoce a José como padre de Jesús, no hay razón alguna para que no fuese concebido de quien se le reconoce como tal. La condición de José, el esposo de María, padre de Jesús, era el heredero del trono de David. Su genealogía llega al rey, con el que Dios confirmó el pacto perpetuo para que de su descendencia uno se sentara en el trono (2 S. 7:16). Sin embargo, en la línea desde David, pasando por Salomón, hasta llegar a José, está también Jeconías, a quien Jeremías llama en forma abreviada Conías (Jer. 22:24, 28; 37:1), como se aprecia en la genealogía de José (Mt. 1:11). Jeconías subió al trono a los dieciocho años, y fue destituido por Nabucodonosor, después de tres meses y medio de reinado, siendo deportado a Babilonia con su madre, su esposa y muchos judíos nobles (2 R. 24:6-17, 2 Cr. 36:10). El testimonio bíblico sobre este rey fue de maldad, como otros de sus antecesores (2 Cr. 36:9). Debido a su pecado, siguiendo los pasos de su padre, Jeremías profetizó contra él, en el nombre del Señor, diciendo: "Vivo yo, dice Jehová, que si Conías, hijo de Joacim rey de Judá fuera anillo en mi mano derecha, aun de allí te arrancaría" (Jer. 22:24), prediciendo el fin de este rey que sería "una vasija despreciada y quebrada" (Jer. 22:28). Pero, la profecía con mayor incidencia en lo que se refiere a este rey y a su descendencia entrañaría un problema grave para la sucesión al trono de David por la vía de Salomón. El profeta Jeremías dijo en nombre del Señor: "Así ha dicho Jehová: Escribid lo que sucederá a este hombre privado de descendencia, hombre a quien nada próspero sucederá en todos los días de su vida; porque ninguno de su descendencia logrará sentarse sobre el trono de David, ni reinar sobre Judá" (Jer. 22:30). Ya en su tiempo histórico reinó en su lugar Sedequías, su hermano, a quien puso en el trono Nabucodonosor (Jer. 21:1). No obstante, la profecía tiene que ver con el futuro de la descendencia de Jeconías; ninguno de ellos podría reinar conforme a lo prometido por Dios a David. Esto supone, desde el punto de vista humano, un serio problema en relación con Jesús, si hubiese sido engendrado en María por José. En este caso, le hubiese transmitido el impedimento establecido para la descendencia de Jeconías. Cuestión que Dios resuelve con la concepción virginal en María, vinculando a Jesús como descendiente de David por la línea de Natán, y confiriéndole —humanamente hablando— los derechos dinásticos al trono mediante la adopción por parte de José, convirtiéndose ante la ley como su primogénito. De ahí la segunda necesidad para la concepción virginal de Jesús.

Concepción de la humanidad de Jesús

Una vez considerada la concepción virginal, aceptada también la verdad sobre esa concepción como una operación de la omnipotencia divina, ejecutada por el Espíritu Santo, debe atenderse al modo por el que la humanidad llega a la existencia para ser verdadero hombre. El problema de la identidad del hombre Jesús, naturaleza de la segunda persona divina, ha producido varias posturas. Entre ellas el gnosticismo, ya al principio de la historia de la Iglesia, con una errónea forma de entender que la materia era siempre mala, ya que su existencia obedecía a un principio malo, esto es, descendiendo del hombre caído, y no como algo bueno venido de Dios. Usando un texto de san Pablo, enseñaban que el cuerpo del Hijo de Dios encarnado no podía proceder del campo terrenal, sino del celestial, desvirtuando la exégesis de las palabras del apóstol: "El primer hombre es de la tierra, terrenal; el segundo hombre, que es el Señor, es del cielo" (1

Co. 15:47). Por consiguiente, para ellos, la carne de Jesús no podía proceder ni tener vinculación alguna con la de Adán, contaminada por el pecado.

En la ascendencia humana de Emanuel, Dios hizo promesa a Abraham que de su descendencia vendría aquel en quien serían benditas todas las familias de la tierra (Gn. 12:3). La promesa fue confirmada a Isaac, uno de sus descendientes (Gn. 26:4). Del mismo modo a Jacob cuando huía de su hermano (Gn. 28:14). Esta bendición pasa también a David, a quien además Dios le da promesa de descendencia suya que se sentaría a perpetuidad en el trono del Reino de Dios. Es necesario notar que el Mesías, el Hijo de Dios, desciende en cuanto a humanidad desde Abraham y David, que ambos proceden de Adán, el primer hombre terrenal.

En el decurso de los tiempos, el liberalismo humanista procura negar todo lo sobrenatural en la Biblia. Esto alcanza a la naturaleza humana del Verbo encarnado, considerando que era un simple hombre y su concepción era la natural del matrimonio de María y José. Sin embargo, ha de aceptarse la verdad de la revelación inspirada, en la que se afirma que Jesús es "nacido de mujer" (Gá. 4:4). Eso implica el proceso desde el inicio de la gestación como consecuencia de la concepción hasta el alumbramiento por el que deja de estar en el seno materno e inicia su andadura entre los hombres. No se trata de dar aquí una relación de lo ocurrido en el seno materno hasta el alumbramiento, asunto que corresponde a la ciencia médico-biológica, tan solo recordar que la concepción, llamada también fertilización, inicia el embarazo, que se produce en el momento en que un óvulo es fecundado por un espermatozoide. El óvulo fecundado se llama también cigoto, que va dividiéndose en repetidas ocasiones y se sitúa en el útero donde se desarrollará el embrión que es el ser vivo en las primeras etapas de su desarrollo desde la fecundación hasta que el organismo adquiere las características morfológicas de la especie. El feto es el embrión implantado en el útero hasta el momento del parto. El tiempo de embarazo es de unas cuarenta semanas, especialmente si se trata de una madre primeriza.

Todos los elementos necesarios para llegar a ser un ser concebido, gestado y alumbrado son tomados del padre y de la madre. En el caso de Jesús, salvo el hecho inicial —que como hombre sería la relación matrimonial íntima entre María y José, que no tuvo lugar, y es sustituida por la acción milagrosa del Espíritu—, todo cuanto como hombre fue es tomado de María, de modo que se cumple plenamente la afirmación del apóstol Pablo, que Jesús es un nacido de mujer (Gá. 4:4). A partir de la encarnación comienza la historia temporal de Dios en carne humana. Aquel que es eterno y, por tanto, atemporal, se hace hombre, con lo que Dios entra en el espacio del tiempo humano creado por Él desde la proyección *ad extra*, fuera de sí mismo, en amor. El apóstol presenta la humanidad del Verbo, que se inicia por la concepción en María. El apóstol Juan expresa la misma verdad, vinculando esa humanidad concebida milagrosamente en la Virgen con el Verbo al afirmar que "aquel Verbo fue hecho carne" (Jn. 1:14). El Hijo de Dios, Verbo eterno, segunda persona de la Trinidad, llega a ser hombre. Sólo el Hijo asumió hasta unirla hipostáticamente a su subsistencia personal una naturaleza humana. La encarnación es terminativa, por cuanto el sujeto personal que fue su término de atribución es exclusivo del Verbo. Para la concepción de la naturaleza humana del Verbo, las tres personas divinas intervinieron como causa principiativa, de modo que tanto el Hijo como el Padre y el Espíritu operaron conjuntamente en el acto de unir la naturaleza humana en la hipóstasis del Hijo (Mt. 1:20; Lc. 1:35; Jn. 1:14: Hch. 2:30; Ro. 8:3; Gá. 4:4; Fil. 2:7). Dios en Cristo se hace como uno de nosotros y planta su tienda en el mundo de los hombres (Jn. 1:14). Dios, que por creación inicia la historia humana, irrumpe en ella haciéndose prójimo y llegando al clímax de la historia humana. Incomprensiblemente a la mente del hombre, el infinito se hace como la criatura, encerrándose en la finitud. Todavía más, el Creador se hace blanco vulnerable de la maldad de la criatura, permitiéndole dar muerte a quien es el Autor de la vida (Hch. 3:15). El conflicto contradictorio con la mente humana se produce, porque el único que tiene en sí mismo inmortalidad (1 Ti. 6:16) gusta la muerte en su naturaleza humana, al ser imposible que se produzca en la divina.

La frase que se considera, "nacido de mujer", conduce a la reflexión sobre la necesidad de la encarnación. Si por necesidad se entiende una exigencia intrínseca o una obligación moral, debe considerarse que la encarnación, en este sentido, no era necesaria, puesto que Dios es absolutamente libre en sus acciones al exterior, es decir, en las manifestaciones *ad extra* trinitarias. Pero se hizo necesaria a causa del plan de redención, determinado y establecido antes de la creación (2 Ti. 1:9; 1 P. 1:18-20). La encarnación no era necesaria en el sentido soteriológico como si se tratase de una exigencia del hombre pecador para resolver su problema, pero la determinación soteriológica en el plano divino la exigía. La justicia divina demandaba el cumplimiento de la sentencia por el pecado (Gn. 2:16, 17), pero el amor de Dios, hecho misericordia y gracia, exigía la salvación del pecador (Ti. 3:4-7; 1 Jn. 4:16). Dios no podía condonar la deuda por el pecado, pero su misericordia no le permitía condenar al pecador, sin hacer provisión de salvación para él. Sobre el Hijo de Dios encarnado recae la sentencia del pecado, para que el hombre en Él recobrase la justicia (2 Co. 5:21). Sólo quien fuese Dios-hombre podría efectuar la reparación para el hombre, porque siendo hombre podía ser su representante, y siendo Dios podía dar satisfacción plena a la ofensa, cancelando la responsabilidad penal del pecado.

La naturaleza concebida es una naturaleza humana, o lo que es igual, en este caso, un hombre, como el ángel anunció a María: "El Espíritu Santo vendrá sobre ti, y el poder del Altísimo te cubrirá con su sombra; por lo cual también el Santo Ser que nacerá, será llamado hijo de Dios" (Lc. 1:35), o como dijo a José: "Dará a luz un hijo, y llamarás su nombre Jesús, porque él salvará a su pueblo de sus pecados" (Mt. 1:21). Como se ha dicho antes, la santidad inherente al niño que nacería descansa en la presencia de la segunda persona divina que santifica la naturaleza humana que subsiste en ella. Jesús no vino a ser Hijo de Dios por haber sido concebido por el Espíritu Santo, sino que lo es eternamente. El Espíritu Santo que concibe puede santificar el embrión concebido, pero la santidad absoluta sin contaminación de pecado descansa en la subsistencia de la humanidad en la persona divina que se encarna y que santifica absolutamente la humanidad asumida (Jn. 1:14).

Sin duda la concepción de Jesús, tomando todos los elementos de su madre María, supone una seria dificultad para quienes no entienden ni el milagro divino ni la santificación de la naturaleza humana del Verbo. De ahí que tomando fuera de contexto las palabras de Pablo que hacen referencia al hombre terrenal y al celestial, plantean que la concepción consistió en la implantación en María de un cigoto procedente y creado en el cielo. En esto consiste para ellos la santidad del niño que nació en Belén. Pero tal propuesta no solamente es antibíblica, sino que reduciría a lo imposible la sustitución por el hombre, ya que no sería un hombre procedente de los hombres, sino uno de nueva creación procedente del cielo. Pero se dice que el segundo Adán vino del cielo no porque la materia de su cuerpo humano procediera de allí, sino que es celestial porque no constituye una persona humana, sino porque es la naturaleza humana del Verbo eterno. De modo que la materia del cuerpo que nació de María fue terrena, igual que la de todos los hombres desde Adán. De otro modo, como dice Tomás de Aquino: "Ya queda dicho atrás que el cuerpo de Cristo estuvo en Adán según su sustancia corporal, puesto que la materia corporal del mismo provenía de Adán".[33]

Por otro lado, Jesús es el único mediador entre Dios y los hombres, y puede serlo porque es hombre (1 Ti. 2:5). El mediador es la persona que se pone en medio de dos para llevar a cabo una labor de arbitraje. Ya en la antigüedad Job deseaba tener un árbitro entre Dios y él y, según su percepción, no lo hallaba (Job. 9:33). Ahora nuestro Señor y Salvador es el mediador entre Dios y los hombres en el establecimiento de la nueva alianza. La deidad y la humanidad son naturalezas de su persona divina; por tanto, está capacitado para mediar entre las dos partes, la divina y la humana, en el establecimiento de la nueva alianza. Pero, todo esto es posible porque Jesús es verdadero hombre, como se considerará más adelante.

La negativa de aceptar la realidad mesiánica de Jesús llevó a algunos, como el maniqueo Fausto, a intentar probar que no podía descender de David porque no había sido concebido por José, negando para ello la legitimidad de los escritos de Nuevo Testamento, teniéndolos como adulterados. Pero se olvidaba aquel, como otros niegan también hoy, que Jesús es el Mesías y que la legitimidad de su vinculación con David viene tanto por la línea de la ascendencia de María como por la de José.

Debe concluirse que, según el orden natural, la madre suministra la materia. En el caso de la concepción de Jesucristo, el principio activo de esa concepción fue la acción sobrenatural de la deidad, operada en María por el Espíritu Santo, pero en cuanto al modo natural, es necesario entender que la materia de que fue formado el hombre que nacería de ella fue la misma materia suministrada en la generación de cualquier hombre o mujer. De esa materia humana tomada de la Virgen fue concebido el cuerpo humano de Jesús.

---

[33] Tomas de Aquino, 1957, tomo XII, p. 96.

Es preciso entender que la encarnación no es el proceso de auto-divinización del hombre, sino el resultado de la soberana determinación divina establecida desde antes de la creación, por la cual Dios se proyecta a otros fuera de su eterna vida en el ser divino. De otro modo, la encarnación es el único medio por el que Dios mismo se da —tal vez mejor: se dona— puesto que toda la obra de aproximación redentora de Dios es una operación de la gracia. Pero, a su vez, desde la perspectiva del hombre, alcanza en ella la plenitud máxima en una dimensión imposible desde el hombre, donde la imagen de Dios, a cuya semejanza fue creado, se convierte en la dimensión suprema de que por el hombre Jesús se expresa la dimensión total de lo que significa ser imagen de Dios (Col. 1:5). No podría ser expresado Dios en otra dimensión mayor, puesto que la misma deidad habita en la humanidad del Verbo encarnado (Col. 2:9). La gloriosa Trinidad de personas en la eterna e infinita deidad viene a nosotros los hombres en Jesús, que expresa la vida trinitaria en una creatura, unido esto a la inseparable incardinación de la criatura en el Creador. En Jesús, naturaleza humana del Verbo, está corporalmente toda la deidad, puesto que una persona divina no puede vivir independiente de las otras dos por razón de subsistencia y comunión de vida en el ser divino. De manera que donde está el Verbo engendrado está también el Padre que lo engendra y el Espíritu que comparte la vida divina. De otro modo, Jesús atrae a Él la trina deidad, por lo que el eterno Dios deviene presencia en la creatura. Como escribe el Dr. González de Cardedal: "La encarnación designa la unión del Verbo eterno con la humanidad, en una naturaleza creada por el Espíritu Santo, a la que Dios el Hijo personaliza y en la que expresa su filiación eterna".[34]

Historia de la doctrina

Cabe hacer una breve referencia a la doctrina sobre la concepción virginal de Jesucristo, presente ya en la patrística; ejemplo de esto son los escritos de Ignacio, en uno de los cuales se lee:

> *Un médico hay, sin embargo, que es carnal al par que espiritual, engendrado y no engendrado, Dios en la carne, verdadera vida en la muerte, hijo de María e Hijo de Dios, primero impasible y luego pasible. Jesucristo nuestro Señor...*

---

[34] González de Cardedal, 2001.

Por una parte, Él es, pues, no engendrado, ἀγέννητο», pero según la carne proviene de la tribu de David, nacido de la virgen según la voluntad de Dios... concebido en el seno de María según la dispensación de Dios; del linaje, cierto, de David; por obra, empero, del Espíritu Santo.[35]

Analizando escritos de la patrística, se descubre que la encarnación del Verbo está presente en citas más o menos extensas, cuya selección y estudio corresponde a otra materia de la historia de las doctrinas. Está presente en los escritos de Bernabé, Ireneo, Tertuliano, Hipólito, Orígenes, Cipriano, Teognosto, Atanasio, Apolinar, Cirilo de Alejandría, Hilario, Ambrosio, Máximo, Juan Damasceno y Dionisio.

En razón de la herejía de Nestorio, que negaba que el que nació de María fuese el Hijo de Dios encarnado, Emanuel, puesto que afirmaba que el Hijo de Dios descansaba sobre el hijo de María sin que éste fuera Dios, Cirilo de Alejandría rebatió la herejía, afirmando que la naturaleza divina no viene de la naturaleza humana de la que Dios se posesiona, ni se confunde con ella. Igualmente, la persona del Verbo no es temporal, es decir no tiene un comienzo, sino que es eterna y, como persona divina, no proviene de una mujer. Dios que se encarna no es finito, ni la divinidad puede crecer, como se dice de Jesús. El Hijo de Dios se hizo hombre naciendo de María, pero no asumiendo un hombre ni descansando en un hombre, sino que se hizo hombre asumiendo todo lo que es del hombre.

Junto con la patrística, están también los credos que contienen la verdad de la encarnación del Verbo. En el Credo de Nicea, surgido del Concilio del mismo nombre, convocado por el emperador Constantino I el Grande, que duró desde el 20 de mayo al 25 de julio del año 325, el primer Concilio de la iglesia, si no se cuenta el de Jerusalén en tiempo de los apóstoles, trató con la herejía arriana, que negaba la deidad de Cristo. Establece como norma de fe que Jesucristo es la segunda persona divina, siendo el Hijo de Dios engendrado antes de todos los tiempos, que se hizo hombre. En tal sentido, quien nace de María es Dios manifestado en carne y consubstancial con el Padre.

El Concilio de Éfeso del año 431 rebate otra herejía cristológica, promovida por la enseñanza de Apolinar de Laodicea, en

---

[35] Ignacio, *A Efesios* 7.2; 18.2.

la que propugnaba que el Verbo encarnado había tomado sólo cuerpo humano, pero no alma. El Concilio estudió y aprobó como dogma de fe el que Cristo era una sola persona con dos naturalezas inseparables de ella. En relación con la concepción, se afirmó que en el seno materno y virginal se unió el Verbo con la carne y sostuvo la generación, declarando también que la Escritura no dice que el Verbo de Dios asumiese una persona humana, sino que se hizo carne, haciendo suyo lo que es nuestro, lo humano, y que nació como hombre de mujer, permaneciendo Dios incluso al asumir la carne. Lo más destacable de las declaraciones conciliares es que en Jesucristo hay un hombre pleno, con su naturaleza humana sin limitaciones, conteniendo tanto la parte material, el cuerpo, como la espiritual del hombre, el alma, unido todo en la única persona divina.

El Concilio de Constantinopla II del año 553 declara que, en los últimos días, el Verbo bajó del cielo y se encarnó en María, naciendo como hombre de ella. El Concilio afirmó la unidad de persona, al decir que es uno solo y el mismo Señor nuestro Jesucristo, el Verbo de Dios que se encarnó y se hizo hombre. Esto confirma que desde el mismo instante de la concepción, está presente la segunda persona divina que se encarna, sustentando en ella ambas naturalezas, la divina que eternamente le corresponde y la humana resultante de la encarnación por obra del Espíritu Santo.

El Concilio de Letrán del año 649 se refiere en su canon tercero a la concepción virginal de Hijo de Dios en el seno de María, por encarnación en ella por obra del Espíritu Santo.

De igual modo, el Concilio de Constantinopla III del año 681 insiste en la unión hipostática para rebatir el error de que en Jesucristo existe una sola voluntad, la divina. El Concilio afirma la unidad de persona y la unión de las dos naturalezas desde el momento mismo de la encarnación. Se declara en relación con esto que Jesucristo eternamente es Hijo del Padre y Él mismo nació del Espíritu Santo y de la Virgen María, en relación con su humanidad. Dice también:

Reconocido como un solo y mismo Cristo Hijo Señor unigénito en dos naturalezas, sin confusión, sin cambio, sin división, pues no se suprimió en modo alguno la diferencia de las dos naturalezas por causa de la unión, sino conservando más bien cada naturaleza su propiedad y concurriendo en una sola persona y en una sola hipóstasis, no partido o distribuido en dos personas, sino uno solo y el mismo Hijo Unigénito, Verbo de Dios, Señor Jesucristo.

La dogmática ha de sustentarse en la Palabra. Ninguna otra autoridad existe para sustentar la fe que ha de creerse. Nada hay fuera de los escritos inerrantes e infalibles a causa de la inspiración plenaria de toda la Escritura que permita ir más allá de lo que está revelado. El pensamiento del creyente y la aceptación de la fe relativa a la persona del Hijo de Dios encarnado está contenido en ella y cuanto sea añadido a la revelación no tiene autoridad divina, constituyéndose en un mero asunto religioso establecido desde la determinación humana. Baste con aceptar que Jesucristo, el Hijo de Dios, Verbo eterno, enviado del Padre para el cumplimiento de su eterno propósito de salvación ha tomado una naturaleza humana por concepción sobrenatural en María, tomando de nuestra misma carne y haciéndose verdaderamente hombre, sin declinar en nada su deidad.

Unas palabras conclusivas en relación con la concepción, sustanciadas en una pregunta: ¿Fue necesaria la encarnación? Si por necesidad se entiende una exigencia intrínseca o una obligación moral, debe responderse que la encarnación, en ese sentido, no era necesaria, puesto que Dios es absolutamente libre en sus acciones al exterior del círculo íntimo de la deidad.

Sin embargo, fue necesaria a causa de la redención del hombre, decretada en la eternidad (2 Ti. 1:9; 1 P. 1:18-20). Ahora bien, esa necesidad de redención no proviene de que el hombre pecador pudiera exigirla, pero la determinación salvadora en el plano divino la demandaba. La justicia divina exigía el cumplimiento de la sentencia por el pecado (Gn. 2:16, 17), pero el amor de Dios, hecho misericordia y gracia, exigía la salvación del pecador (1 Jn. 4:16; Tit. 3:4-7). Ya se ha dicho antes que Dios no podía condonar el pecado, pero su misericordia no le permitía condenar sin remedio al pecador, por lo que hizo provisión de salvación, que exigía por ello la encarnación del Hijo, para ser Salvador del mundo. De otro modo, Dios determinó hacerse responsable de la sentencia del pecado y cancelar la deuda, para que el hombre recobrase la justicia (2 Co. 5:21). Solo quien fuese Dios-hombre podía efectuar la reparación del pecado porque siendo hombre podía ser representante y sustituto del hombre, y siendo Dios podía dar satisfacción a la altura de la ofensa.

CAPÍTULO VIII
JESÚS, VERDADERO HOMBRE

INTRODUCCIÓN

En el desarrollo de la cristología se aprecia que Cristo es verdadero Dios. A esto se han dedicado los capítulos anteriores. Sin embargo, de igual modo que se afirma la deidad del Hijo de Dios, así también se afirma su humanidad. En las consideraciones anteriores se trató de la concepción de la humanidad del Verbo. La acción sobrenatural del Espíritu en María trajo como consecuencia el inicio de la actividad propia de engendrar de la humanidad. Concebido en la Virgen, seguirá el curso propio de todo hombre, esto es, la gestación y el alumbramiento, que pondrá en relación con los demás al que nace como hombre entre los hombres.

Aunque sea eternamente Dios, puesto que es una persona divina la que se encarna (Jn. 1:14), se hace hombre y deviene a esa condición. Esto es, Jesucristo es Dios manifestado en carne. De otro modo, la segunda persona de la Santísima Trinidad en la que subsisten dos naturalezas, que no personas, y por las que puede expresarse la persona. Si bien la deidad de Cristo requiere una aproximación a la realidad de Dios, no menos necesario es acercarse a la realidad del hombre si queremos entender correctamente la humanidad de Jesucristo, Dios santísimo manifestado en carne o, si lo preferimos, hecho hombre.

Hablar de hombre es hablar de tiempo y hablar de historia. De modo que, para abordar el tema de la humanidad de Dios el Hijo, es preciso relacionarla con el tiempo, esto es, no ha sido eterna su naturaleza humana, como lo es la divina. Quiere decir esto que su humanidad comenzó a existir en un determinado momento del tiempo de los hombres, anterior al cual Dios no era hombre. Pero esa condición de hombre no puede estar desvinculada de la historia, puesto que cada ser humano tiene un curso de vida en la temporalidad que puede ser relatada como historia de ese ser humano. La historia humana de Jesús está registrada en los evangelios, partiendo desde el nacimiento, prosiguiendo el decurso y hasta la ascensión a los cielos. En esa historia se recogen los aspectos que ponen de manifiesto la realidad de su humanidad, entrando también en el conocimiento de la psicología humana que como hombre se evidencia en Jesús, la expresión visible humana del Verbo eterno. No existe en la verdad revelada un Jesús de la historia y otro de la fe. Cristo es el único y mismo Dios encarnado. La historia revela la acción de Dios en su naturaleza humana, la fe acepta y se sustenta en las verdades reveladas en la Escritura, tanto las que corresponden a la condición divina como las que pertenecen a la humana. Tanto por medio de la naturaleza divina como de la humana, la persona del Hijo de Dios, Verbo eterno, se manifiesta y actúa en el plano de los hombres, entrando en la historia de éstos y haciéndose compañero de vida y andadura, participando de sus limitaciones, sufriendo las tentaciones del hombre, sintiendo necesidades fisiológicas como el sueño y el hambre, llorando sus lágrimas y muriendo su muerte.

Al acercarse a los relatos de los evangelios, se aprecia inmediatamente que, aunque diferentes unos de los otros, no expresan una peculiaridad de cada autor y ofrecen una imagen del mundo distinta y propia de cada uno. La realidad de Jesucristo se establece como fundamento y base de la fe. Sin duda la expresión que alcanza al tiempo presente sobre las verdades acerca de quién es Jesús se establece desde una base bíblica en la que se describe su persona y obra, a la que se une también el razonamiento teológico que sistematiza los distintos aspectos de la elaboración de la doctrina. Depende de cuándo se elaboran los postulados doctrinales, pueden partir de la enseñanza apostólica y del establecimiento de los conceptos relacionados que los padres de la iglesia desarrollaron, o puede ser elaborado desde los conceptos humanistas de nuestro tiempo, influidos por el liberalismo e incluso por la posverdad, en la que lo falso se acepta como verdadero, sustentados por un razonamiento filosófico falso, expresado en una forma dialéctica de pensamiento y de expresión.

No tenemos otro modo de elaborar la fe que afirma que Jesús es verdadero hombre que los relatos bíblicos, a los que debemos atender. Para el fundamento de esta parte de la tesis sobre la persona y obra de Jesucristo se hace necesaria una breve consideración que se establece en lo que sigue antes de entrar en el tema de la humanidad de Jesucristo.

Datos sustentantes de la doctrina

Los evangelios

Es necesario considerar que los sinópticos y el evangelio según Juan son, como la mayoría de los escritos del Nuevo Testamento, producidos por judíos, salvo el de Lucas, y que tienen, como es natural, un pensamiento propio del entorno socio-religioso de entonces. Los autores de cada uno de los evangelios consideran a Jesús como un judío perteneciente al pueblo de Israel, es decir, tratan la historia humana de un hombre de aquellos días sin cuestionarlo en absoluto. No se trata de biografías de Jesús, simplemente ofrecen acontecimientos, enseñanzas y aspectos generales de su existencia como hombre en Israel, haciendo notar que junto con el hecho de que aparentemente es un hombre como otro, se muestra la omnipotencia de sus milagros portentosos, que escapan de todo poder natural humano. Además, el relato de Juan ofrece una notoria manifestación de la autoconciencia de Jesús, que reconoce su vinculación con la deidad hasta el punto de afirmar que el Padre y Él eran uno.

Los dos sinópticos de Mateo y Lucas, especialmente este último por extensión comparativa con el primero, dan detalles del nacimiento de Jesús, que se extienden hasta su adolescencia. En ellos se aprecia el concepto de hombre que tiene Jesús, al hablar de sus padres nominándolos, de la concepción sobrenatural, para proyectarlo luego al hombre que caminaba de norte a sur y de este a oeste recorriendo el territorio histórico del Israel anterior al de la conquista romana. Con todo, no puede pasar desapercibido para los dos redactores la autoconciencia de Jesús que se reconoce como uno de la misma deidad, en una relación especial y única con el Padre (Mt. 11:25-27; Lc. 10:21-22). Las enseñanzas son dadas con una autoridad tal que impresiona e impacta a los oyentes, como ningún otro hombre podía hablar (Jn. 7:46). Por esa razón todos se "admiraban de su doctrina, porque les enseñaba como quien tiene autoridad, y no como los escribas" (Mt. 7:28-29); es más, los coterráneos suyos se asombraban y decían: "¿De dónde tiene éste esta sabiduría y estos milagros?" (Mt. 13:54), relacionándolo como uno más de la familia cuyos hermanos y hermanas conocían, así como el oficio suyo y el de su padre (Mt. 13:55-56; Lc. 4:22). Todo este actuar sorprendentemente admirable está relatado como el acontecer de Jesús de Nazaret, el Hijo de Dios que se hizo nuestro hermano desde la concepción en el seno de María.

Escritos de Pablo

Otra base para establecer el sustento de la fe que considera a Jesús como verdadero hombre está en los escritos apostólicos. Incluso quienes, como Pablo, no estuvieron vinculados personalmente a Él en su historia terrenal, siguen como fundamento de la fe proclamada en el mensaje del evangelio la realidad histórica de Jesús, que no puede desvincularse de su condición divina. Jesús fue quien "murió por nuestros pecados... y que fue sepultado, y que resucitó al tercer día" (1 Co. 15:3-4). Ese Jesús resucitado fue el que se le apareció en el camino a Damasco. El evangelio es la proclamación de la obra realizada por aquel que tenía la apariencia de un mero hombre, pero que en esa humanidad se manifestaba la realidad de su deidad. Sin embargo, debe mantenerse un absoluto equilibro en cuanto a sus dos naturalezas. En ocasiones, hay un exceso de celo que presenta sólo al Jesús divino, olvidándose de la realidad de su humanidad; por tanto, el apóstol Pablo vincula ambas de un modo singular: "Pero cuando vino el cumplimiento del tiempo, Dios envió a su Hijo, nacido de mujer, y nacido bajo la ley" (Gá. 4:4). Ninguna expresión más precisa que haber nacido de mujer y estar sujeto a la ley para señalar la condición humana del Salvador. Esta verdad, difícil de entender para la mente finita y contraria a la concepción religiosa del mundo judío en cuyo entorno social y teológico vivió Pablo, es puesta de manifiesto en otro pasaje de la enseñanza suya, en la que, refiriéndose a Cristo, dice: "El cual, siendo en forma de Dios, no estimó el ser igual a Dios como cosa a que aferrarse, sino que se despojó a sí mismo, tomando forma de siervo, hecho semejante a los hombres" (Fil. 2:6-7). Cuando escribe a Timoteo refiriéndose al único mediador dice: "Porque hay un solo Dios, y un solo mediador entre Dios y los hombres, Jesucristo hombre" (1 Ti. 2:5).

Epístola a los Hebreos

La condición divina del sujeto del escrito es evidente y se han seleccionado textos que la afirman, considerados ya en los capítulos precedentes. En un perfecto equilibrio entre deidad y humanidad, se afirma la realidad de esta naturaleza en Jesucristo, que le permitiría dar su vida, gustando la muerte redentora:

> *Así que, por cuanto los hijos participaron de carne y sangre, él también participó de lo mismo, para destruir por medio de la muerte al que tenía el imperio de la muerte, esto es, al diablo, y librar a todos los que por el temor de la muerte estaban durante toda la vida sujetos a servidumbre. (He. 2:14-15)*

Por esa razón, porque es hombre, puede considerarse como hermano de los hombres: "Porque el que santifica y los que son santificados, de uno son todos; por lo cual no se avergüenza de llamarlos hermanos" (He. 2:11). Sin duda, la condición de hijos del mismo Padre le permite llamarles hermanos, pero no sólo como una posición espiritual, sino también material; es nuestro hermano, compañero de nuestra vida que vino a nuestro encuentro para obrar nuestra salvación y hacerlo posible.

Escritos de Juan

La cristología más elaborada del Nuevo Testamento está presente en los escritos del apóstol Juan. Él pone en continua relación tanto la deidad como la humanidad del Verbo. Tengo la convicción personal de que el evangelio según Juan es el último escrito, no solo del apóstol, sino de todo el Nuevo Testamento. Los inicios de herejías anticristianas están surgiendo con fuerza y a ellas se enfrenta el apóstol, especialmente al gnosticismo que se está manifestando. Ireneo afirma que Juan se enfrentó a Cerinto.[1] Este hereje educado en la sabiduría egipcia tuvo conflicto con el apóstol en Asia Menor. Sostenía que el mundo había sido creado por potencias de maldad hostiles a Dios y que Cristo era un mero hombre, el profeta más grande de los que habían sido enviados al mundo, revestido en plenitud por el Espíritu en el bautismo, que lo abandonó en la cruz. A esta herejía se enfrenta Juan en el prólogo del evangelio, presentando la condición divina de Jesucristo como el Verbo eterno y la humanidad asumida en el tiempo de los hombres cuando se hizo carne (Jn. 1:14).

La defensa de la fe aparece en las epístolas, especialmente en la primera, donde se pone de manifiesto la aceptación de la condición humana del Verbo:

En esto conoced el Espíritu de Dios: Todo espíritu que confiesa que Jesucristo ha venido en carne, es de Dios; y todo espíritu que no confiesa que Jesucristo ha venido en carne, no es de Dios; y este es el espíritu del anticristo, el cual vosotros habéis oído que viene, y que ahora ya está en el mundo.[2] *(1 Jn. 4:2-3)*

---

[1] Ireneo, *Adversus haereses* I.26.1; III.11.1.

[2] Texto griego: ἐν τούτῳ γινώσκετε τὸ Πνεῦμα τοῦ Θεοῦ· πᾶν πνεῦμα ὃ ὁμολογεῖ Ἰησοῦν Χριστὸν ἐν σαρκὶ ἐληλυθότα ἐκ τοῦ Θεοῦ καὶ πᾶν πνεῦμα ὃ μὴ ὁμολογεῖ τὸν Ἰησοῦνl ἐκ τοῦ Θεοῦ οὐκ ἔστιν· καὶ τοῦτο ἐστιν τὸ τοῦ ἀντιχρίστου, ὃ ἀκηκόατε ὅτι ἔρχεται, καὶ νῦν ἐν τῷ κόσμῳ ἐστὶν ἤδη.

El criterio para discernir los espíritus se establece de forma sencilla. Primeramente, la distinción para el Espíritu de Dios: "En esto conoced el Espíritu de Dios". El verbo puede estar en presente de indicativo o de imperativo. Por el contexto debe tomarse en imperativo, como si el apóstol a la vez que va a dar el elemento distintivo, mandase aplicarlo. Sin embargo, pudiera usarse en presente, con lo que se leería "En esto conocéis", lo que indica una acción continuada que distingue el espíritu del que habla y el impulso para hacerlo. El mensaje está vinculado en este primer caso con el Espíritu de Dios, lo que equivale al Espíritu hablando por medio del profeta verdadero. De ahí la razón por la que Juan escribe *el Espíritu de Dios* y no solo *el Espíritu que procede de Dios*.

Se desprende que algunos de los falsos maestros negaban que Jesucristo hubiera sido manifestado en carne, es decir, negaban la humanidad real del Hijo de Dios. Juan pone como enseñanza procedente del Espíritu la aceptación de esta verdad. Los gnósticos hablaban de la posesión por Dios de Jesús de Nazaret desde el bautismo hasta la cruz, donde fue abandonado y quedó como un mero hombre que murió crucificado. Esta verdad fue dada como fórmula de fe anteriormente (1 Jn. 2:22). La verdad que debe ser confesada es que Jesús de Nazaret es el Hijo de Dios manifestado en carne, una persona divino-humana. La confesión de fe reconoce a Jesús de Nazaret como Dios encarnado y esa verdad es impulsada por el Espíritu Santo, ya que nadie puede reconocer el señorío divino de Jesucristo, si no es por el Espíritu (1 Co. 12:3).

Juan utiliza aquí el término que emplea en el evangelio cuando escribe: "Y aquel Verbo fue hecho carne, y habitó entre nosotros" (Jn. 1:14). Esta verdad sucinta expresada por Juan es la más completa de la confesión de la humanidad del Hijo de Dios, la más tremenda paradoja de Jesús. Esta declaración enseña el proceso por el cual el Verbo entró en la historia humana como hombre. Juan usa el término *carne*[3] en la misma acepción que *hombre*, designando en contraste con la omnipotencia y eternidad del Hijo de Dios, la debilidad y temporalidad de la criatura, resaltando su parte frágil (Is. 40:5; Mt. 24:22; Lc. 3:6; Jn. 17:2). El contraste de eternidad y temporalidad entre Dios y el hombre está continuamente presente en la Escritura, a modo de ejemplo en las palabras del profeta:

---

[3] Griego: σαρξ.

Voz que decía: Da voces. Y yo respondí: ¿Qué tengo que decir a voces? Que toda carne es hierba, y toda su gloria como flor del campo. La hierba se seca, y la flor se marchita, porque el viento de Jehová sopló en ella; ciertamente como hierba es el pueblo. Sécase la hierba, marchítase la flor; más la palabra del Dios nuestro permanece para siempre. (Is. 40:6-8)

Estos dos extremos infinitamente distantes y antitéticos se unen en la encarnación. De otro modo, el mismo que existe *ab eterno* comienza una existencia novedosa como hombre. El Creador se hace también criatura. No se trata de que el Hijo se convirtió en hombre, sino que se hizo hombre, sin dejar de ser el mismo Verbo eterno, el Hijo de Dios enviado al mundo.

Ya se han considerado antes aspectos concretos sobre este misterio de la piedad, pero lo mismo que ocurría en tiempos de Juan, también ocurre hoy, por lo que se hace necesario precisar algunos aspectos sobre la realidad de la humanidad de Jesucristo. Se dijo antes, en la introducción del capítulo, que algunos presentan sólo la deidad de Jesús, mientras otros la rebajan para resaltar la condición humana; el equilibrio está en la misma verdad que el Verbo, sin dejar de ser Dios, se hizo hombre, para empezar una experiencia nueva en uno de la deidad, que siendo Dios es también hombre, de otro modo, una persona divina con dos naturalezas.

Es interesante notar que Juan dice que "Jesucristo ha venido en carne". Es el resultado del envío del Verbo desde el seno del Padre, para hacer posible lo que se enseña antes, hacer a los hombres que creen partícipes de su filiación y salvarlos de la condenación y, por tanto, de la situación de muerte en que se encuentran por el pecado (3:1, 2, 16). Al confesar que "Jesucristo ha venido en carne" se proclama la base de fe que asume el inicio de una nueva experiencia de vida en la deidad, pero que en modo alguno se trata del comienzo absoluto del Verbo, que por ser Dios no tiene principio ni fin. La condición divina de Jesús no se inicia en el nacimiento, sino que tiene una preexistencia eterna (Jn. 1:1-2).

En el hecho de la encarnación se manifiesta la donación de Dios en la persona del Verbo, razón de ser de la salvación y con ello razón fundamental del cristianismo como una comunidad de salvos que constituyen un cuerpo en Cristo. No es solo que el Verbo tome cuerpo humano, sino que se hace hombre incluyendo en ello toda la parte espiritual propia del ser humano. La encarnación parte del envío del Verbo que se hace presente en el seno de María, por lo que la concepción parte del Padre como iniciador. Pero el Verbo es el sujeto realizador de la acción, por ser la persona divina que se encarna, y los hombres como los destinatarios de los efectos que siguen a ella. De la unión del Verbo con la naturaleza humana, creada y asumida en el mismo acto resulta el hombre Jesús. Desde ahí la humanidad subsistente en la persona divina del Verbo es ya para siempre la humanidad de Dios el Hijo. Por esa acción surge una realidad nueva por medio de la cual el Verbo se exterioriza a sí mismo. Desde la perspectiva divina tomar una naturaleza humana es una autodonación de Dios al hombre. La acción se produce desde la omnipotencia divina, que es el principio activo de la encarnación, mientras que la humanidad del Verbo es el final receptor de la acción del principio activo de Dios.

Ahora bien, Juan presentó al Verbo de vida, como eternamente existente con el Padre, poseedor y comunicador de la vida, para presentarlo también al mismo tiempo como hombre a consecuencia de la encarnación (1 Jn. 1:1-2). Pero este hombre, Jesús, el Verbo encarnado, es la expresión visible de la vida trinitaria de Dios en una criatura y la incardinación de la creatura en Dios. El ser divino en la persona del Hijo, con la acción generadora de la humanidad por obra del Espíritu Santo, se inserta en la historia humana, ofreciendo vida al hombre y atrayéndolo hacia Él mismo, haciéndolo regresar al centro originario y al lugar donde alcanza toda la plenitud. La creatura se vincula al Creador al ser acogida en una subsistencia personal, de forma que, persistiendo la diferencia de naturalezas, crece hasta el límite posible la unión entre el Creador y la creatura. En esto se proyecta la salvación que consiste en que Dios otorga la vida eterna, su propia vida, y nos asume en su paternidad haciéndonos sus hijos; es decir, el Hijo se hace hombre, y los hombres que responden por fe al llamamiento de Dios se hacen hijos en el Hijo.

El sujeto de la encarnación es el Verbo porque es lo que corresponde a su esencia y lugar en el seno trinitario. Dios no hace nada en la historia que no sea de conformidad y como proyección de su propio ser trinitario. En su humanidad se prolonga a la creatura la realidad y relación eterna del Hijo. No es, pues, otra cosa que el decirse a sí mismo como Verbo eterno, expresión exhaustiva de Dios, que al salirse de sí mismo, en una exteriorización reveladora, comporta en ella la operación de salvación como el decir supremo del amor de Dios por la criatura. Sólo al hacerse hombre el inmutable Dios que no puede padecer puede compadecerse del hombre y experimentar los quebrantos de la creatura sin menoscabo de su deidad. En Cristo conocemos al Dios humilde y al Dios humillado, inalcanzable misterio para la mente humana, finita, condicionada y limitada.

Que el Verbo tome naturaleza humana y se haga carne, esto es, hombre, no puede considerarse sólo como un hecho puntual que se inicia en el proceso de gestación y que termina en el alumbramiento. En su dimensión plena comienza por la encarnación, pero se realiza como hombre en el decurso de su existencia de vida, experimentando cuanto le es propio al hombre, y de ahí que vaya viviendo la humanidad en el transcurso de su vida. Así el Verbo encarnado experimenta la humanidad en la medida en que va siendo hombre con todas sus manifestaciones. De este modo puede decirse que la encarnación comienza en el seno de María y concluye en la cruz con la muerte como hombre, continuando con el tiempo en el sepulcro y proyectándose definitivamente en la glorificación.

Finalmente, en este extenso párrafo, es necesario hacer destacar que la encarnación de Cristo es una acción de descenso y de entrega. Esa verdad está en la mente de Juan cuando dice que "Jesucristo ha venido en carne", expresión similar a la que usa en el evangelio: "Y aquel Verbo se hizo carne", pero también aparece en Pablo cuando habla del descenso del Hijo de Dios (Fil. 2:6-8). Esta humillación, a la que precede la limitación, no significa deposición del ser, del poder o del conocer divinos, sino una adecuación de ellos a las condiciones de la existencia finita del hombre, que le hace posible vivir las limitaciones de éste y padecer las violencias que el hombre histórico vive. El infinito supremo de Dios tiene capacidad para ser menos, de modo que pueda compadecerse de la situación humana. En la cruz, el Verbo y con Él el Padre y el Espíritu se adentran en la dimensión de soledad para introducir el principio de vida donde el pecado y la muerte que destruyen quedan impotentes por la dotación de vida eterna a todo aquel que cree. La entrada de uno de la Trinidad en la experiencia de la muerte, seguida luego de la victoriosa y gloriosa resurrección, se convierte en esperanza segura para el hombre. En la muerte de Cristo, Dios se manifiesta como el amor que vence sobre el mal, como acogedor del hombre en la forma más definitiva, que es el perdón. La presencia de Dios en la cruz es la expresión de la infinita sabiduría divina para salvación, que se convierte en locura para quienes no tienen interés en la obra divina y rechazan la luz porque aman las tinieblas (1 Co. 1:18). En la condición de hombre, Dios llora y sufre con los hombres. Las lágrimas de Jesús en Getsemaní son la expresión del sufrimiento divino en solidaridad suprema con el hombre por el que ha de asumir la responsabilidad de sus delitos y extinguir con la muerte la penalidad del pecado (He. 5:7). Esta manifestación de la kénosis divina no es en modo alguno la asunción de una condición degradadora de Dios, sino la manera definitiva de expresar lo que Él es, siente y hace por los hombres; de otro modo, es la automanifestación de Dios con hechos definitivamente humanos. Dios tiene que mostrar lo que realmente es en identificación con la creatura en la humildad suprema, en la pobreza, en el amor y en el dejar de valerse a sí mismo para dar la vida en una entrega única y singular. De manera que la pobreza y la sustitución son la expresión visible de Dios entre los hombres.

La humanidad del Verbo tiene también un pleno significado soteriológico, ya que capacita a Dios, hecho hombre, para dar su vida (Jn. 6:51; He. 2:14-15). Es cierto que Dios no muere, pero no es menos cierto que quien muere en la cruz es Dios. La vida divina llega al hombre a través del Hijo de Dios encarnado (1:1-3). El hombre sólo puede alcanzar la vida por fe en Él (5:12, 20). Quien confiesa estas verdades pone de manifiesto que lo hace por el Espíritu que procede de Dios.

La humanidad de Cristo es base de fe para el creyente, como el apóstol afirma en el texto de la epístola; lo contrario es opuesto a la fe y procede del anticristo, el espíritu de oposición a Dios que, impulsado por Satanás, está presente en el mundo. De tal manera que todos los falsos maestros que enseñan la mentira para contradecir la verdad de fe sobre Jesús están poseídos del espíritu que será en el futuro propio del anticristo, pretendiendo destruir a Jesucristo, borrando de la mente de los hombres y, entre ellos, si fuera posible de los creyentes, la verdad de fe que confiesa que Jesús es Dios manifestado en carne. Nadie debe equivocarse, cualquier manifestación de arrianismo, en el que puede incluirse también a los seguidores de Cerinto, negando todos ellos la plena realidad de Jesucristo, así como el gnosticismo, entre cuyas expresiones está el docetismo que negaban la realidad terrenal del cuerpo humano de Cristo, puesto que, si Él había de ser puro y la materia es mala, el Hijo de Dios solo pudo tomar una apariencia de cuerpo humano, todas éstas y otras manifestaciones del espíritu del anticristo impiden la salvación, porque negar a Jesús como Dios manifestado en carne es negar a Dios en toda la dimensión de las tres personas divinas.

Doctrina de la Iglesia

Como se ha indicado antes, los gnósticos negaban la corporalidad de Jesucristo, hablando de una mera apariencia humana. Esta posición involucraba incluso a algunos llamados gnósticos cristianos, como era el caso de Valentín (a. 136-165). Llegó a Roma desde Alejandría y por un tiempo manifestó el deseo de estar dentro del cristianismo, aunque fue derivando hasta constituirse en una de las expresiones del gnosticismo. Los apologistas de los s. II y III manifiestan la presencia de dicha herejía. Ignacio toma los escritos de Juan para enfrentar esta posición contra la realidad humana de Jesús, como se aprecia en su carta a los Esmirniotas, escrita sobre el año 117, en la que manifiesta la humanidad de Cristo como base de fe, usando para ello varias referencias a los escritos del apóstol Juan, enfrentándose con ello a los docetas. El nombre procede del término griego δόκησι", que equivale a apariencia y que se usaba para referirse también a un discurso poco inteligible. Esta herejía presente ya en tiempos de los apóstoles enseñaba que Cristo solo parecía ser un hombre, parecía haber nacido, vivido y sufrido, pero era mera apariencia y no una realidad. Había varias formas, ya que algunos negaban totalmente la naturaleza humana del Señor, otros negaban que tuviese cuerpo humano y, por tanto, su nacimiento y muerte. Posiblemente la primera referencia a estos herejes es la carta que Serapión, obispo de Antioquía (190-203), escribe a la iglesia de Rhosos, en Siria, donde había problemas doctrinales por la lectura del evangelio apócrifo de Pedro. Según informa Serapión, que prohibió la lectura después de haber pedido prestada una copia a quienes lo divulgaban, a los que llama *Docetae*, de los que sospechaba una relación con los marcionitas.

El docetismo no era realmente una herejía procedente de alguna mala interpretación de la cristología en la iglesia primitiva, sino una forma de gnosticismo temprano. Sin embargo, Clemente distingue a los docetas de otras sectas gnósticas; es posible que conociese a algunos de estos sectarios promotores de la teoría ilusionista. Con todo, el docetismo fue un compañero del gnosticismo y posteriormente del maniqueísmo. Los gnósticos que sostenían el antagonismo entre materia y espíritu, para los que la salvación era la liberación total de la materia que tenía encarcelado al espíritu y que le permitía retornar como espíritu puro al Espíritu Supremo, no podían aceptar que el Verbo, siendo Dios, se hiciese hombre. Para incorporar aspectos de la doctrina cristiana que proclamaba al Hijo de Dios como Salvador de los hombres, se vieron en la necesidad de modificar la doctrina de la encarnación. Algunos de éstos enseñaban que Jesús fue realmente la morada de un eón en un cuerpo real pero que no era el suyo. Otros creían que el cuerpo de Jesús no era realmente humano sino sidéreo, es decir, de fuera del mundo. Incluso algunos aceptaban la realidad del cuerpo de Cristo, pero negaban que hubiese nacido de mujer y tampoco admitían la pasión y muerte de cruz.

Ignacio hace referencia a la humanidad de Cristo afirmando que "Cristo es verdadero descendiente del linaje de David según la carne".[4] Más adelante dice que Jesús

> *padeció realmente, como realmente resucitó también y no padeció solo en apariencia como afirman algunos incrédulos; como ellos sólo viven de manera aparente..., también serán fantasmales y sin cuerpo (en su resurrección). Yo sé, en efecto, y confío en que también después de la resurrección Él sea el mismo en carne (Lc. 24:39-42).*[5]

Ignacio llama a quienes sostenían la herejía "animales en forma humana".[6]

Ireneo de Lyon, muerto en el año 202, al tratar de la teoría de la recapitulación, enseña que como el hombre fue creado a imagen de Dios (Gn. 1:26), para ser rescatado, Dios tuvo que hacerse hombre.[7] Tal aseveración vincula la humanidad de Cristo con la soteriología, que hacía necesario, no en sentido virtual, sino en el de redención del pecador, la condición de hombre en quien es el único Salvador de los perdidos. Esto confirma el hecho de la encarnación, por cuya operación el Verbo se hace hombre. Como el mismo Ireneo hace notar,

---

[4] Ignacio, *Carta a los esmirniotas* 1 (citando Ro. 1:3).
[5] Citado en Auer, 1989, p. 250.
[6] Ibíd.
[7] Ireneo de Lyon, *Adversus haereses* III.22.

Dios se hizo hombre convirtiéndose en lo que somos, para hacernos a nosotros partícipes de lo que Él es (2 P. 1:4).

Tertuliano, nacido en Cartago en el año 155 y muerto en el mismo lugar en el 220, escribió en el año 207 un escrito apologético contra el hereje Marción, cuya doctrina tenía una gran vinculación con el gnosticismo, enseñando que Cristo fue un eón superior con cuerpo aparente. Enseñaba la existencia de un Dios verdadero y único, que era desconocido y ajeno al mundo, a quien Jesús reveló. Al Dios verdadero se oponía un dios inferior, el Demiurgo, que identificaba como el dios de los judíos. Para él la Ley mosaica era contraria a las enseñanzas del evangelio. Del mismo modo, rechazaba el Antiguo Testamento aceptando del Nuevo sólo el evangelio según Lucas, sin los relatos de la infancia, y las epístolas de Pablo. La influencia del gnóstico Cerdón fue notoria, generando dudas sobre doctrina y concibiendo el cristianismo desde otra perspectiva. Tertuliano escribió un tratado contra los gnósticos alrededor del año 210[8], en el que explica la realidad del cuerpo físico y real de Cristo, apuntando a las necesidades fisiológicas de ese cuerpo. Enseñó en otro de sus escritos[9], en el apartado que titula "Fue fundamental para la salvación"[10], que la carne, en sentido de la humanidad de Cristo, es clave ya que solo por ella se le pudo volver a abrir al hombre la puerta de la salvación.

El gnosticismo en general se esforzó por demostrar que no existió una humanidad real en Jesús. La posición de Arrio sobre el tema de la humanidad real de Jesucristo pretendía sustituir el alma de Jesús por un demiurgo o por un eón. En el deseo de preservar la deidad de Cristo, Apolinar de Laodicea (310-390) colaboró con Atanasio en la apologética contra los arrianos y en su deseo de mantener la deidad de Cristo comenzó a insistir en la naturaleza divina del Señor, declinando poco a poco la misma firmeza en su humanidad, llegando a caer en la posición heterodoxa del apolinarismo. Apolinar enseñaba que en Cristo la parte espiritual, especialmente su espíritu, no era humano sino divino, de modo que se encarnó en un cuerpo sin alma que era sustituida por el mismo Verbo. Al negar que Jesucristo tuviese un alma humana, quedaba reducido a un mero instrumento manipulado por Dios. Esta argumentación llevó a un retorno a la argumentación de

---

[8] Tertuliano, *De carne Christi.*

[9] Tertuliano, *De carnis resurrectione* VIII.

[10] *Caro salutis est cardo.*

la filosofía platónica, que proponía que el hombre estaba constituido básicamente de tres principios: el cuerpo físico, el alma sensible y el alma intelectual o racional. Aplicando este principio a Cristo, Apolinar enseñaba que al tiempo de la encarnación había tomado cuerpo y alma sensibles, pero no el alma racional —suponiendo que era en esta última donde se hace posible el pecado—. La conclusión es fácilmente deducible: Jesús estaba exento de pecado porque no tuvo alma racional, que vino a ser sustituida por la presencia del Verbo. Por esa causa, Apolinar y sus seguidores no podían decir que Cristo era verdaderamente hombre. Sus enseñanzas fueron condenadas por el papa Dámaso I en dos concilios celebrados en Roma en los años 374 y 377, y posteriormente en el Primer Concilio de Constantinopla del año 381. En el 388, sus seguidores fueron condenados al destierro por el emperador Teodosio. El Concilio formuló el siguiente Credo:

> *Creemos en un solo Dios, Padre omnipotente, creador del cielo y de la tierra, de todas las cosas visibles o invisibles. Y en un solo Señor Jesucristo, el Hijo unigénito de Dios, nacido del Padre antes de todos los siglos, luz de luz, Dios verdadero de Dios verdadero, nacido, no hecho, consustancial con el Padre, por quien fueron hechas todas las cosas; que por nosotros los hombres y por nuestra salvación descendió de los cielos y se encarnó por obra del Espíritu Santo y de María Virgen, y se hizo hombre, y fue crucificado por nosotros bajo Poncio Pilato y padeció y fue sepultado y resucitó al tercer día según las Escrituras, y subió a los cielos, y está sentado a la diestra del Padre, y otra vez ha de venir con gloria a juzgar a los vivos y a los muertos; y su reino no tendrá fin. Y en el Espíritu Santo, Señor y vivificante, que procede del Padre, que juntamente con el Padre y el Hijo es adorado y glorificado, que habló por los profetas. En una sola Santa Iglesia Católica y Apostólica. Esperamos la resurrección de la carne y la vida del siglo futuro. Amén.*[11]

Por otro lado, en sentido contrario, surge la herejía en Corinto que enseñaba que la humillación del Verbo había sido tan completa que el propio cuerpo de Jesús era el mismo Logos. Fue especialmente rebatida por Atanasio ca. 377, en una carta dirigida al Epicteto, obispo de Corinto.

---

[11] Gonzaga, 1966, p. 146. Javier Gonzaga era el seudónimo de José Grau.

Una controversia que se extendió por siglos tenía que ver con la pasibilidad: la capacidad de sufrimiento que se produce en la humanidad del Verbo encarnado, tanto en su cuerpo como en su alma y su espíritu. Por esa razón, el apóstol Pablo escribe: "Porque lo que era imposible para la ley, por cuanto era débil por la carne, Dios, enviando a su Hijo en semejanza de carne de pecado y a causa del pecado, condenó al pecado en la carne" (Ro. 8:3). Debido a ello, en identificación plena con la creatura, las experiencias de ésta son experiencias del Hijo de Dios en carne humana. Las consecuencias del pecado tanto en el orden moral como en el físico, bien sean las tentaciones, las angustias y la tristeza, o las que proceden del orden físico, como el sufrimiento en su cuerpo en la cruz, son posibles por medio de su perfecta humanidad. En cierto modo, esta condición permite a Dios la experiencia antes limitada al hombre; aunque siendo el Creador omnisciente conocía en plenitud intelectual lo que estas contradicciones suponían, vino a la experiencia vivencial al sufrirlas en propia carne. El Señor en su naturaleza humana se sintió turbado, angustiado, padeció hambre, tuvo sueño, estuvo triste y murió, sin duda porque Él mismo lo quiso al asumir en la subsistencia de su persona divina una hipóstasis humana.

Consecuencias de la humanidad

Negar la humanidad real de Cristo constituye una notoria imposibilidad en la práctica verdadera de la vida cristiana. El creyente es constituido en discípulo. En el establecimiento de la llamada Gran Comisión, Jesús afirma que la proclamación del Evangelio llevaría aparejada la enseñanza necesaria para el discipulado. Así lo recoge Mateo:

> *Y Jesús se acercó y les habló diciendo: Toda potestad me es dada en el cielo y en la tierra. Por tanto, id, y haced discípulos a todas las naciones, bautizándolos en el nombre del Padre y del Hijo, y del Espíritu Santo; enseñándoles que guarden todas las cosas que os he mandado; y he aquí yo estoy con vosotros todos los días, hasta el fin del mundo. (Mt. 28:18-20)*

La autoridad suprema del Resucitado, que tiene el nombre que es sobre todo nombre, establece el mandamiento de la evangelización a todas las naciones. En él se determina la acción, como literalmente se lee en el texto griego: "Yendo, pues, haced discípulos a todas las naciones"[12]. Se trataba de un mandato establecido para un propósito singular que nunca antes había sido dado de esta manera. Los discípulos que habían estado con Él y habían aprendido a su lado son enviados para hacer lo mismo con todos los hombres en todas las naciones que acepten el mensaje del Evangelio. No es una comisión limitada, sino extensiva: "A todas las naciones". No cabe duda de que así lo entendieron los creyentes del primer contingente de salvos en la dispensación de la Iglesia, que "iban por todas partes anunciando el evangelio" (Hch. 8:4). La misión de evangelización tenía como objetivo final "hacer discípulos", esto es, seguidores de Jesús. La más precisa definición de lo que significa ser cristiano es: "Para mí, el vivir es Cristo" (Fil. 1:21); y como complemento: "Con Cristo estoy juntamente crucificado, y ya no vivo yo, mas vive Cristo en mí" (Gá. 2:20). No se trata de hacer prosélitos de un nuevo sistema religioso, sino de hacer seguidores de Jesús. No se trata de producir convencidos, sino de llevar a los hombres a la conversión y, por tanto, al seguimiento fiel de Jesús. El cambio es notorio porque el cristiano deja de vivir para él y comienza la experiencia de la vida de Cristo en él.

No se trata de un seguimiento religioso o de una forma metafórica de entender la vida, sino de un caminar real en el camino que Cristo trazó. Así lo enseñaba el apóstol Pedro: "Pues para esto fuisteis llamados; porque también Cristo padeció por nosotros, dejándonos ejemplo, para que sigáis sus pisadas"[13] (1 P. 2:21), recordando a los lectores el llamado que recibieron de Dios mismo. Él llama a salvación (Ro. 8:28, 30; 9:24; 1 Co. 1:9; Gá. 1:6, 15; Ef. 4:1, 4; Col. 3:15; 2 Ts. 2:14; 2 Ti. 1:9; 1 P. 1:15; 5:10; 2 P. 1:3). Este llamamiento condiciona la vida del que cree convirtiéndolo en discípulo de Cristo, esto es, seguidor de Jesús. Esta nueva posición en Cristo los convierte en enemigos del mundo (Jn. 15:18-19; 1 Jn. 3:13), de manera que, siendo el mundo enemigo de Dios, los mundanos, esto es, los que viven en la esfera de la vida del mundo, se convierten en instrumentos para hacer sufrir al que vive una vida conforme a Jesús. Dios no nos llamó a sufrimiento, sino a salvación, pero el sufrimiento es consecuencia lógica de haber aceptado el llamamiento celestial.

---

[12] Texto griego: πορευθέντες οὖν μαθητεύσατε πάντα τὰ ἔθνη.

[13] Texto griego: εἰς τοῦτο γὰρ ἐκλήθητε, ὅτι καὶ Χριστὸς ἔπαθεν ὑπὲρ ὑμῶν ὑμῖν ὑπολιμπάνων ὑπογραμμὸν ἵνα ἐπακολουθήσητε τοῖς ἴχνεσιν αὐτοῦ.

El sufrimiento es consecuencia de vivir el compromiso de la piedad: "Y también todos los que quieren vivir piadosamente en Cristo Jesús padecerán persecución" (2 Ti. 3:12). No debe olvidarse que el sufrimiento en la vida de fe es una concesión de la gracia: "Porque a vosotros os es concedido a causa de Cristo no sólo que creáis en él, sino también que padezcáis por él" (Fil. 1:29). El apóstol pone el ejemplo supremo delante de los lectores: Cristo sufrió por vosotros, y llama a los que sufren a prestar atención a aquel que no solo sufrió, sino que lo hizo por los pecadores, quienes no tenían derecho alguno para ser objeto de la gracia en salvación. La Escritura enseña a reflexionar en el tiempo de la dificultad, como se lee en Eclesiastés: "En el día de la adversidad considera" (Ec. 7:14). Jesús dejó marcadas sus huellas para que nosotros sigamos sus pisadas. De otro modo, Él es el modelo, la muestra que se utilizaba para referirse a los ejemplos de caligrafía que el alumno debía copiar debajo. De modo que Jesús es la muestra que debemos asumir en el camino del testimonio y sus consecuencias. Los padecimientos de Jesús son el ejemplo supremo para animar al creyente en los suyos, a fin de que no desmaye en las aflicciones injustas (He. 12:3). La falta de esfuerzo para perseverar en el camino del testimonio se alcanza considerando la experiencia de Jesús. Ningún creyente ha llegado jamás a los límites del Maestro, quien frente a las circunstancias que conocía y que cerrarían su ministerio terrenal con la muerte de cruz puso firmeza en el alma para seguir adelante a pesar de cuanto suponía lo que tendría que experimentar (Lc. 9:51). De ahí la importancia que el creyente tenga su mirada puesta en las huellas que dejó marcadas en el mundo. Cristo es la fuente de inspiración para su pueblo. El que sufrió contradicción de pecadores hasta la muerte es ejemplo a todos aquellos que, en la vida de fe, siguiendo las pisadas del Maestro, están llamados a la disposición de una experiencia semejante si fuese preciso: "Sé fiel hasta la muerte" (Ap. 2:10). La fidelidad es una entrega absoluta e incondicional. La idea no es tanto la de ser fiel hasta que se muera, sino la de ser fiel, aunque se tenga que morir. En todo ello, la vida cristiana se conforma a la imagen de Jesucristo (Ro. 8:29). La expresión definitiva de la fidelidad consistió en hacerse obediente hasta la muerte y muerte de cruz (Fil. 2:8). Puesto que Él padeció en su vida a causa de la fidelidad a la obra que el Padre le había encomendado, así también los creyentes debemos estar en la misma disposición, como expresión natural de la fe. Jesús dejó marcada la senda para nosotros. El apóstol utiliza un sustantivo[14]

---

[14] Griego: ἴνος.

que equivale a pista, rastro, huella de pasos. Esta palabra aparece sólo cuatro veces en el Nuevo Testamento (cf. Mr. 16:20; 1 Ti. 5:10, 24; 1 P. 2:21). Indica aquí poner los pies en las huellas de otro. Esto supone un aliento personal, ya que las huellas no son de la presencia divina, sino marcadas por los pies del hombre Jesús que, sin dejar de ser Dios, es Emanuel, Dios con nosotros. No pide Dios que sigamos las huellas de Él como Dios, lo que sería imposible para el hombre, sino que es Él quien las marca con pies de hombre para que nuestros pies puedan sin dificultad seguirlas para saber el camino y tenerlas como ejemplo en los momentos de dificultad.

Esta es la primera gran consecuencia de la humanidad real de Jesucristo. A través de ella, Cristo se convierte en modelo real de vida; de ahí que pueda decir: "Si alguno quiere venir en pos de mí, niéguese a sí mismo, tome su cruz cada día, y sígame" (Lc. 9:23). Esta práctica del verdadero discipulado es posible desde la misma disposición que existía en la humanidad de Jesús: "Llevad mi yugo sobre vosotros, y aprended de mí, que soy manso y humilde de corazón; y hallaréis descanso para vuestras almas" (Mt. 11:29). La consecuencia no puede ser otra: "El que quiera ser el primero entre vosotros será vuestro siervo; como el Hijo del Hombre no vino para ser servido, sino para servir, y para dar su vida en rescate por muchos" (Mt. 20:27-28). Sólo desde la condición humana puede el Señor formular demandas como ésta, cuando lavó los pies de los discípulos: "Porque ejemplo os he dado, para que como yo os he hecho, vosotros también hagáis" (Jn. 13:15). De ahí la importancia capital de la humanidad subsistente en el Verbo encarnado. Si no fuese hombre como los hombres, sería inútil pedir un seguimiento en la experiencia misma de su vida terrenal, e incluso una utopía cumplir el mandamiento "Venid en pos de mí".

CAPÍTULO IX
JESÚS, DIOS-HOMBRE

INTRODUCCIÓN

Responder a la pregunta *¿quién es Jesús?* desde la perspectiva de la enseñanza bíblica genera una conclusión difícilmente asimilable para la mente humana. Hablar de Dios como Espíritu eterno y del ser divino como subsistencia de tres personas, aunque incomprensible para el hombre, se puede aceptar porque los tres benditos participan de la misma esencia y naturaleza. Cada una de las personas tiene aquello que la personifica como Padre, o como Hijo, o como Espíritu Santo, y son, por tanto, personas con una naturaleza divina personal. Sin embargo, la dificultad se presenta al referirse a la segunda persona divina, el Hijo de Dios, en quien subsisten dos naturalezas, la divina eternamente presente, como corresponde a Dios, sin principio, y la humana, perpetuamente unida a la persona, originada por la concepción que el Espíritu engendró en María. Ambas son naturalezas propias del Verbo eterno, pero entran en absoluto conflicto con la mente humana al manifestarse en ellas propiedades contradictorias: la infinitud divina contrasta con la limitación de la humanidad.

La verdad que la Escritura revela sobre Jesucristo, como se ha estudiado hasta aquí, afirma que Dios y el hombre, el Logos y la carne, se han unido a perpetuidad. Pero ambas naturalezas, la divina y la humana, permanecen sin mezcla ni confusión, separadas, pero unidas en la persona divina del Hijo de Dios. Tal verdad exige una forma única para ser expresada, algo que tardó un tiempo en manifestarse, una expresión que evidencie que esa unión no permite la mezcla, pero tampoco la separación. Jesucristo es Dios-hombre.[1] Es en los escritos de Melitón de Sardes, muerto en el 180, donde aparece por primera vez este nombre. El desarrollo de la cristología establece el profundo contraste donde uno y el mismo Logos, que estaba junto a Dios, estuvo en el seno de María, de donde nace como Logos encarnado para poder padecer y morir. El resultado de esta unión es un sujeto personal único, engendrado por el Espíritu Santo en María, de la que tuvo la relación biológica que todo hijo tiene de su madre. De ella tomó su humanidad. Por esta generación materna

---

[1] θεάνθρωπος, *Deus homo.*

es consustancial con los hombres, de igual modo que por generación eterna es consustancial con el Padre que lo engendra. No es posible llamar de otro modo a este sujeto único que es el Verbo encarnado, sino *Dios-hombre*, y a sus operaciones *divino-humanas*. Por tanto, en Cristo existe unidad de persona y dualidad de naturalezas.

La unión de las dos naturalezas es hipostática, es decir personal. De otro modo, es la unión sin mezcla de dos principios de acción que convergen en una sola persona. El desarrollo para expresar esta verdad vino de la mano del Concilio de Éfeso, que afirmó la unidad de persona en Cristo, y luego del de Calcedonia, que acreditó la permanencia de las dos naturalezas en la única persona del Verbo encarnado, en la que subsisten. Es la segunda persona divina la que da subsistencia a la naturaleza humana, que como tal fue creada.

El Verbo tiene una eterna existencia trinitaria, y una realización histórica que constituye al hombre Jesús, que no es como tal asumido, sino que es el eterno Hijo de Dios siendo hombre. De modo que también se puede decir que ese hombre Jesús de Nazaret es Dios, y por eso uno de la Santísima Trinidad. A causa de esa característica se puede predicar de Él acciones o propiedades tanto divinas como humanas, hasta el punto que lo divino afecta al hombre y lo humano afecta a Dios. Esto se conoce como comunicación de propiedades.

El análisis hecho de este campo de la cristología condujo a la conclusión de que, siendo una persona divina con dos naturalezas, sólo es posible desde la unión hipostática. Llegar a establecer la doctrina llevó aparejado un largo tiempo no exento de polémicas y contradicciones. Conduce esto a un estudio extenso que exprese la verdad del misterio de la unidad de las dos realidades en Jesús de Nazaret, el hombre que manifestó la realidad gloriosa de Dios encarnado, a quién vieron como el Unigénito del Padre y, por tanto, lleno de gracia y de verdad (Jn. 1:14).

En la presente tesis, el estudio requiere la brevedad de espacio como una parte de la cristología y no como un estudio especializado del tema en sí. Será bueno entonces hacer una aproximación a la historia de la doctrina para pasar luego a la definición teológica de la unión hipostática. Finalmente, debe señalarse la consecuencia teológica y soteriológica de esta verdad.

Historia de la unión hipostática

Causa necesaria

Siendo la Escritura la base fundamental de toda doctrina, es precisamente de ella de donde procede la necesidad de reconciliar, como se ha estado diciendo, la enorme contradicción de Dios-hombre, bastando para ello la reflexión, que también se hizo anteriormente, de tres pasajes del Nuevo Testamento que exigen, junto con la interpretación, la reconciliación de sus aspectos aparentemente opuestos y —para la mente humana— irreconciliables.

El primero —no por importancia, sino por establecer un orden— se encuentra en el evangelio según Juan, donde se lee: "Y aquel Verbo fue hecho carne, y habitó entre nosotros (y vimos su gloria, gloria como del unigénito del Padre), lleno de gracia y de verdad" (Jn. 1:14). La deidad de Jesús está plenamente expresada al afirmar que está hablando del Verbo, que es también el Unigénito del Padre. He ahí la realidad divina de Cristo. Pero, al mismo tiempo, se afirma que "fue hecho carne", término que Juan usa mayoritariamente en sus escritos para referirse a la humanidad de la persona. El contraste es marcado e incluso irreconciliable: referirse a una misma persona como Verbo y como carne[2].

Un segundo pasaje aparece en la estrofa cristológica del apóstol Pablo en su epístola a los Filipenses, en la que escribe, refiriéndose a Cristo:

> *El cual, siendo en forma de Dios, no estimó el ser igual a Dios como cosa a que aferrarse, sino que se despojó a sí mismo, tomando forma de siervo, hecho semejante a los hombres; y estando en la condición de hombre, se humilló a sí mismo, haciéndose obediente hasta la muerte, y muerte de cruz. (Fil. 2:6-8)*

La contradicción o, si se prefiere mejor, el contraste, aquí no es tanto de algo que se pone de manifiesto entre Dios y carne, sino que entra en la parte esencial al usar el término *forma*, incluyendo también el estado de humillación hasta el límite expresado en la forma de siervo.

---

[2] Λόγος y σὰρξ.

No se trata de un cambio, sino de una persistencia, donde la deidad está acompasada con la humillación.

Otro texto que exige alcanzar una posición frente a su contenido se encuentra en otro escrito paulino: "Acerca de su Hijo, nuestro Señor Jesucristo, que era del linaje de David según la carne, que fue declarado Hijo de Dios con poder, según el Espíritu de santidad, por la resurrección de entre los muertos" (Ro. 1:3-4). El contraste es evidente: quien es Dios porque es Hijo nació según la carne de un determinado linaje humano. Éste, Dios-hombre, es manifestado en su condición divina como Hijo de Dios con poder por la resurrección de entre los muertos, conservando en ella la naturaleza de hombre, levantado de la muerte.

Las afirmaciones sobre deidad y humanidad se manifiestan y, necesariamente, excitan la pregunta: ¿Cómo es posible? La respuesta constituye la base esencial de la cristología. Estructurarla debidamente, razonarla y expresarla con precisión, al ser base de fe, ocupa el pensamiento de muchos en la Iglesia a partir del s. II. Pero cuanto es de fe es locura para los no creyentes o para quienes no se sujetan a la revelación bíblica. De ahí el cuestionamiento que la doctrina tuvo que soportar a lo largo de los siglos.

Ebionitas

Entre las distintas formas de oposición cabe destacar, por el tiempo histórico en que se manifiesta, cuando aún los apóstoles predicaban el evangelio, el rechazo judío a la pasión de Cristo, que si es Dios tiene que ser impasible, lo que requiere mantener sólo la humanidad de Jesús, alejándola de la deidad que el cristianismo predica. Por esa razón surge el movimiento ebionita. Estos están muy próximos a los judaizantes, que generaron problemas en las iglesias del mundo gentil. Ireneo de Lyon advierte de no confundirlos con los nazareos, que era judíos convertidos que aceptaban a Jesús como Mesías y seguían las demandas históricas para Israel, como era la circuncisión y guardar el sábado. *Ebionitas* es un apelativo de la patrística para referirse a varias sectas judeocristianas que existieron los comienzos de la Iglesia. Aceptaban que Jesús era el Mesías, pero rechazaban su preexistencia; por tanto, no aceptaban su naturaleza divina ni tampoco su nacimiento virginal. Exigían el cumplimiento de la circuncisión y la abstinencia de comer alimentos prohibidos en la ley ceremonial.

No aceptaban los evangelios y utilizaban el que llamaban *evangelio según los hebreos*. Aceptaban como verdadero apóstol a Santiago y rechazaban abiertamente a Pablo, al que calificaban de apóstata de la Ley e inventor del cristianismo. Estos explicaban la pasión del Señor como un acontecimiento meramente humano. Enseñaban que en el bautismo o en la resurrección, Jesús el hombre fue elevado a la categoría de Dios por adopción. Interpretaban que la sabiduría de Dios, mencionada especialmente en los Libros de Sabiduría (Pr. 8), que era una perfección divina y no Dios mismo, se hizo hombre.

Docetas

El problema de la aceptación de la deidad de Cristo generó el docetismo, del que se han dado referencia anteriormente. Este término designa distintas manifestaciones de la herejía cristológica presente en los primeros siglos del cristianismo sobre la naturaleza de Jesucristo y especialmente sobre su humanidad, afirmando que era simplemente una apariencia humana; por esta causa, carente de un verdadero cuerpo, los sufrimientos y la humanidad del Señor fueron aparentes, no reales.

Gnósticos

Sus principios y bases son anteriores al cristianismo, pero tomaron fuerza y se desarrollaron especialmente a partir del s. II, en abierta oposición a las doctrinas cristianas, generando problemas que son afrontados en las cartas del apóstol Juan. Los gnósticos enseñaban una distinción entre lo que llamaban *el Jesús terrestre* y *el Cristo trascendente*, herejía difundida especialmente entre los valentinianos. Otra de las muchas ramas del gnosticismo se inclinaba abiertamente a los docetas, afirmando que la presencia de Dios en Jesucristo se produjo en el bautismo y terminó en su pasión; notable en la proclamación de esta falsedad fue Marción, nacido en Sinope en el año 85 y muerto en Roma en el 160. Enseñaba que el Dios del Antiguo Testamento es Padre, capaz de engendrar un hijo hombre, que es Cristo en el Nuevo Testamento. Para él, el Mesías que anuncia el Antiguo Testamento no es Jesús; por tanto, esas profecías no se cumplieron y cuando ocurran el Mesías no se llamará Jesús, sino Emanuel, y estará destinado sólo al pueblo judío. Contra Él se levantarán las naciones de la tierra que tendrán una destructora respuesta bélica y serán destruidas. Según Marción, el Espíritu había estado con Cristo desde el bautismo y le abandonó en la cruz. La redención solo era una enseñanza de Jesús, pero no se había producido como realidad histórica, sino como pasión de un cuerpo aparente, librando a los hombres del poder del mal. Para sustentar su herejía, produjo una versión propia del Nuevo Testamento, con un único evangelio —que corregía el de Lucas— y diez cartas de Pablo.

Estas tres corrientes heterodoxas no fueron las únicas, pero sí las más destacables. Por esa razón, el establecimiento del dogma sobre la unidad de las dos naturalezas en la persona del Hijo de Dios no procede de la reflexión tranquila en un ambiente de paz, sino como una reacción a la oposición, en ocasiones violenta, de quienes procuraban distorsionar las verdades reveladas. El proceso del dogma exigió recorrer un camino sin duda complejo, cuyo primer paso fue establecer, frente al monoteísmo judío, la doctrina de la Trinidad; en segundo lugar, establecer la realidad de la humanidad de Jesucristo y de la persona divina en que subsiste; finalmente llegar a definir la unión de la naturaleza divina y humana en Cristo. Tarea ardua al necesitar de los recursos del lenguaje humano, siempre limitado cuando se tratan asuntos de Dios, unido a la expresión filosófica que permita una plena comprensión del tema. Para esto es necesario acudir a una breve reseña de la patrística.

Patrística

*Justino M*ártir, muerto en el 165, utiliza en su enseña la distinción entre Dios y Logos apoyándose especialmente en textos del Antiguo Testamento. Refiriéndose a la manifestación de Cristo en carne humana, decía que "el Creador y Padre del universo no ha abandonado todo lo que hay en el cielo y ha aparecido en un pequeño rincón de la tierra".[3] Escribiendo sobre el Verbo engendrado, apela al Pentateuco cuando dice que es llamado gloria de Dios visible al pueblo de Israel (Ex. 16:10-12), entendiendo que la gloria del Señor es Jesucristo, conforme a la enseñanza de los apóstoles. Enseña la realidad del Hijo encarnado, apelando a los Salmos (Sal. 2:7). De igual modo establece la relación entre Dios y Cristo en la personalización de la sabiduría (Pr. 8:21-36). De igual modo hace con la figura del varón que venía como Príncipe del ejército de Jehová, y que ordena a Josué que se descalce porque estaba en terreno santo (Jos. 5:14-15). De

---

[3] Justino Mártir, *Diálogo con Trifón* 60.2.

ese modo, dice de Él que "es engendrado por el querer del Padre".[4] Ya en tiempo temprano, la evidencia del Padre y del Logos implica la existencia de una realidad doble, en la que, siendo distintas, son esencialmente iguales en el ser divino. Refiriéndose al Logos, le llama Dios revelado.[5] Escribe sobre Él que quien era antes de la encarnación un Santo Espíritu[6], se hizo hombre, nacido de la Virgen María, sosteniendo firmemente su existencia corporal.[7] Por eso escribe que "se hizo hombre, verdaderamente sujeto a sufrimiento, encarnado", a pesar de lo cual no fue en manera alguna solamente hombre en el sentido corriente.[8] Se aprecia ya en tiempos muy tempranos del cristianismo la aceptación de las dos naturalezas en Jesucristo, así como de su deidad.

Melitón de Sardes. Fallecido ca. 180, es considerado como uno de los Padres de la Iglesia del s. II. Fue obispo de la ciudad de Sardes, o Sardis, cerca de Esmirna, en Asia Menor. No se conservan sus escritos, a pesar de que fue un prolífico escritor del cristianismo primitivo. Escribió una apología del cristianismo que envió al emperador romano Marco Aurelio. Entre los fragmentos de los escritos conservados, hay uno que despliega la verdad de las dos naturalezas de Jesucristo, desarrolladas filosóficamente. Tanto Eusebio como Jerónimo citan a Melitón en sus escritos. Uno de ellos es la célebre homilía sobre la Pascua, de la que se extrae el siguiente pasaje que revela lo que creía sobre Jesucristo y su obra redentora:

Muchas predicciones nos dejaron los profetas en torno al misterio de Pascua, que es Cristo, "a quien sea dada la gloria por los siglos de los siglos, amén".

Por su parte, Él vino desde los cielos a la tierra a causa de los sufrimientos humanos; se revistió de la naturaleza humana en el vientre virginal y apareció como hombre; hizo suyas las pasiones y sufrimientos humanos con su cuerpo sujeto a la pasión y destruyó las pasiones de la carne, de modo que quien por su espíritu no podía morir acabó con la muerte homicida.

---

[4] Ibíd., 61.1.
[5] γνωριζόμενος; Ibíd., 60.127.
[6] Πνεῦμα"Αγιον.
[7] Justino Mártir, *Apologética* I.21; II.10; *Diálogo* 85, 99.
[8] Justino Mártir, *Dialogos* 70, 85, 99.

Se vio arrastrado como un cordero y degollado como una oveja, y así nos redimió de idolatrar al mundo, como en otro tiempo libró a los israelitas de Egipto, y nos salvó de la esclavitud diabólica, como en otro tiempo a Israel de la mano del Faraón; y marcó nuestras almas con su propio espíritu y los miembros de nuestro cuerpo con su sangre.

Éste es el que cubrió a la muerte de confusión y dejó sumido al demonio en el llanto, como Moisés al Faraón. Éste fue el que derrotó a la iniquidad y a la injusticia, como Moisés castigó a Egipto con la esterilidad.

Éste es el que nos sacó de la servidumbre a la libertad, de las tinieblas a la luz, de la muerte a la vida, de la tiranía al recinto eterno, e hizo de nosotros un sacerdocio nuevo y un pueblo elegido y eterno. Él es la Pascua de nuestra salvación.

Éste es el que tuvo que sufrir mucho y en muchas ocasiones: el mismo que fue asesinado en Abel y atado de pies y manos en Isaac, el mismo que peregrinó en Jacob y fue vendido en José, expuesto en Moisés y sacrificado en el cordero, perseguido en David y deshonrado en los profetas.

Éste es el que se encarnó en la Virgen, colgado del madero, sepultado en tierra, y el que, resucitado de entre los muertos, subió al cielo.

Éste es el cordero sin voz; el cordero inmolado; el mismo que nació de María, la hermosa cordera; el mismo que fue arrebatado del rebaño, empujado a la muerte, inmolado de vísperas y sepultado a la noche; que no fue quebrantado en el leño, ni se descompuso en la tierra; el mismo que resucitó de entre los muertos e hizo que en el hombre surgiera desde lo más hondo del sepulcro.[9]

Esta es una evidencia de la fe en Jesucristo y la aceptación de las dos naturalezas en su persona divina en los albores del cristianismo de los tiempos inmediatos a los apóstoles.

Ireneo de Lyon. Nacido en Esmirna, Asia Menor, en el año 130, y muerto en Lyon en el año 202, es considerado como el mayor adversario

[9] Melitón de Sardes, *Homilía sobre la Pascua*.

del gnosticismo y el primer sistemático de la teología. Fue discípulo de Policarpo, a su vez discípulo del apóstol Juan. Escribió una obra en cinco tomos, *Sobre las herejías*. Especialmente marcada en su obra, su cristología puede resumirse de este modo. Al respecto de la antropología, Cristo es el Verbo encarnado, el hombre pleno, a cuya imagen fue creado Adán; lo que define como la obra de Dios es el plasmado del hombre.[10] Entendía que Dios modeló al hombre según un diseño, el del segundo Adán, que es Cristo. El primer Adán es anterior al segundo sólo en el tiempo cronológico de los hombres. Entendía también que todas las teofanías del Antiguo Testamento son manifestaciones del Verbo. Puntualizaba que tanto la encarnación como la vida humana y la muerte de Jesucristo son la mejor evidencia de que fue verdaderamente hombre, lo que contradecía las enseñanzas del docetismo y de la apariencia humana. Hablaba de la recapitulación, usando un término griego[11] para enseñar que Cristo resume en sí mismo toda la historia de la salvación de los hombres, de modo pleno en la humanidad del Cristo glorificado. En ese sentido, recapitula a toda la humanidad, tanto lo pasado como lo futuro, desde la creación hasta la glorificación.

La cristología de Ireneo es superior a la de Tertuliano e Hipólito, sobre quienes ejerció notable influencia. No la inicia con especulaciones sobre la generación del Logos y la relación con el Padre, de lo que decía: "Nada sabemos, o sólo podemos adivinar". Así decía: "Nada podemos decir, por lo tanto, en cuanto al modo de la generación del Logos. Bástenos saber que desde la eternidad Él ha sido con el Padre, el Hijo, eternamente coexistiendo con el Padre".[12]

Afirmaba también que Cristo es la medida del Padre.[13] Entrando en la sistematización de las dos naturalezas y refiriéndose a la divina, escribía que "el Logos, pues, ha sido Dios desde toda eternidad, así como el Padre, por determinación de quien, junto a la suya, actúa como revelación del Padre".[14] El Logos eterno llegó a ser el Jesús histórico mediante la encarnación[15]; por tanto, el Hijo de Dios es el Hijo del Hombre. Jesucristo es verdadero hombre y verdadero Dios.[16]

---

[10] *Opera Dei plasmatio hominis*.

[11] ἀνακεφαλαίωσις.

[12] *Adversus haereses*; en griego: Κατὰ αἱρέσεων. II.30.9; 25.3; III.18.1.

[13] Ibíd., IV.4.2.

[14] Ibíd., IV.20.1, 3; 33.1.

[15] Ibíd., III.16-22.

[16] Ibíd., IV.6, 7. *Vere homo, vere Deus*.

Él vino a ser un verdadero hombre al asumir no sólo el cuerpo, sino también el alma.[17] La verdad de la unión de ambas naturalezas en Cristo es de la mayor importancia para Ireneo. Dios penetró en la raza humana y vino a manifestarse en la carne humana. El Verbo asumió carne de nuestra carne y, al hacerlo, ha unido toda la carne a Dios. "Él paso por todas las etapas de la vida restaurando a todas ellas esa comunión que conduce a Dios".[18]

Hipólito de Roma. Conocido también como el primer anti-papa, fue un prolífico escritor; algunas de sus obras, muy fragmentadas, se confundieron y vincularon a otros escritores. En cuanto a la dualidad de naturalezas en la persona del Verbo, se puede seleccionar un párrafo, en el que se lee: "Vino al mundo y apareció corporalmente como Dios y como hombre perfecto, porque se hizo hombre en realidad, y no en apariencia y funcionalmente".[19]

Novaciano. Nació en Frigia a mediados del s. III. En el 248 se trasladó a Roma, donde se convirtió al cristianismo. Durante la persecución bajo el emperador Decio, el papa Fabián fue martirizado en enero de 250. Al siguiente año fue elegido como su sucesor Cornelio, que estaba a favor del perdón a quienes habían renegado de su fe a causa de la persecución. En la elección fue repudiado por muchos electores, que nombraron a Novaciano como papa, reconocido por su ortodoxia y capacidad teológica. Eso ocasionó la presencia de dos papas en la iglesia. En el 251, un sínodo condenó, excomulgó y desterró de Roma a Novaciano, fundando una escisión eclesial que duró hasta el s. VII, negando que la iglesia tuviese potestad para perdonar a los que renegaron de la fe en la persecución. Murió martirizado en el 278 en los días del emperador Valerio I. Fue el primer escritor teólogo de occidente que usó el latín en sus obras.

En su obra sobre la Trinidad escribe, comentando las palabras de la anunciación (Lc. 1:35):

Así, pues, por voz del ángel se señala la distinción entre el Hijo de Dios y el Hijo del Hombre, aunque indicando a la vez su unión. La impone para hacer entender que Cristo, hijo del hombre y hombre a su

---

17 Ibíd., III.22.1; V.1.1.
18 Ibíd., III.18.7; 19.1; V.14.2.
19 *Refutación de todas las herejías* 17.

vez, también es Hijo de Dios, es decir, Palabra de Dios y Dios, y para reconocer al Señor Jesucristo como Dios y hombre; en cierto modo compuesto de lo uno y lo otro, formando una textura y composición y unido en la misma armonía de las dos naturalezas por fíbulas de una conexión estrecha hasta formar la unidad de Dios y hombre a la vez.[20]

En controversia con los patripasianos, dice que "no muere la divinidad en Cristo, sino que desaparece sólo la esencia de su carne, como en cualquier hombre muere sólo la carne, y el alma permanece incorruptible".[21] En el tratado sobre la Trinidad habla de la procesión del Hijo como Palabra de Dios que sale del Padre, siendo poseedor de una naturaleza divina eterna y asumiendo una humana en la encarnación.

Tertuliano de Cartago. Llamado Quinto Septimio Florente Tertuliano, nacido en el 160 y muerto en el 220, fue padre de la Iglesia y un notorio escritor en la segunda mitad del s. II y la primera del s. III. En relación con la cristología sostenía que existía una distinción entre deidad y humanidad en Jesucristo; usaba el término *espíritu*[22] para referirse a la deidad, y *carne humana*[23], afirmando que de estas dos realidades consta Jesús: de carne, el hombre, y de espíritu, Dios.[24]

Con todo, no entendía por espíritu en relación con Cristo toda la esencia divina, sino como resultado del ser engendrado por el Padre. Así se aprecia en un párrafo de sus escritos:

Y decimos que por Dios ha sido pronunciado y de tal pronunciación es generado, y por eso es llamado Hijo de Dios y Dios por unidad de sustancia; porque Dios es espíritu. Así como el rayo nace del Sol, porción de aquella suma, quedándose el Sol en el rayo, porque en el rayo está el Sol, y no se separa la sustancia, sino que se extiende; así el espíritu nace de espíritu y Dios de Dios. Como la lumbre, aunque encienda otras queda entera sin menoscabarse, y no pierde los grados la matriz, aunque de ella se originen otras iguales luces, que si se comunica no se mengua; así lo que nació de

---

[20] Citado en Auer, 1989, p. 266.
[21] Ibíd.
[22] *Spíritus.*
[23] *Caro.*
[24] *Adversus Praxeam* 27.11.

Dios es Dios enteramente e Hijo de Dios, y ambos uno, Espíritu de Espíritu y Dios de Dios, en quien solamente hace número el grado de la generación, el modillo de la persona, no la majestad de la esencia, que, aunque nace no se aparta; como el ramo, aunque nace no se divide del tronco.[25]

Enseñaba que Cristo asumió la carne para poder redimirnos a los hombres que somos carne.

Falta por citar a Orígenes en la fijación de la cristología. Aunque hizo aportes singulares a la fe sobre las dos naturalezas en la persona divina del Verbo, manifestó también errores singulares, como el concepto de separación, resultado de la concepción dualista del mundo que él tenía. Orígenes entendía a Cristo desde abajo y no en sentido descendente. No entendía la encarnación propiamente dicha, sino que era como una composición de Logos y carne. Esa doctrina fue condenada en un sínodo de Antioquía en el 268. Para él, Cristo era un hombre, lleno de la divinidad perfecta y sin mezcla.

A consecuencia de la controversia arriana, la cristología avanzó en la definición doctrinal general y, en especial, sobre las dos naturalezas en Jesucristo, a partir del s. II, especialmente desde el año 320. Sería difícil trasladar las distintas precisiones doctrinales y los principales teólogos que las hicieron posibles, por lo que se traslada una selección de los muchos especialistas en la materia hasta la Reforma.

Arrio fue un presbítero nacido en el año 250 en Libia y muerto en Constantinopla en el año 336. En su cristología, el Hijo estaba subordinado al Padre, manifestando también su oposición a la doctrina

---

[25] Hunc ex deo prolatum didicimus et prolatione generatum et idcirco filium dei et deum dictum ex unitate substantiae; nam et deus spiritus. Et cum radius ex sole porrigitur, portio ex summa; sed sol erit in radio, quia solis est radius nec separatur substantia sed extenditur, ita de spiritu spiritus et de deo deus ut lumen de lumine accensum. Manet integra et indefecta materia[e] matrix, etsi plures inde traduces qualitatis mutueris. Ita et quod de deo profectum est, deus et dei filius et unus ambo; ita et de spiritu spiritus et de deo deus módulo alter num, numerum gradu, non statu fecit, et a matrice non recessit, sed excessit. Iste igitur dei radius, ut retro semper praedicabatur, delapsus in virginem quandam et in utero eius caro figuratus nascitur homo deo mixtus (*Apologeticum* XXI).

de la Trinidad. Aunque la controversia en cuanto a la relación de Cristo con el Padre, e incluso la negativa de su deidad en igualdad con Dios, venía de tiempo anterior a él, lo que hizo fue activar la controversia y, en cierto modo, radicalizarla. Enseñaba que "si el Padre engendró al Hijo, el que fue engendrado tuvo un principio de su existencia, y esto hace evidente que hubo un tiempo en que el Hijo no existía. Por lo tanto, necesariamente, el Hijo se hizo sustancia desde la nada".[26]

La controversia cristológica va desde el s. IV al s. VII, y trató de la solución de tres problemas que se encadenan sucesivamente. El primero trató de expresar la doctrina de las dos naturalezas en Cristo, especialmente relacionado con los conceptos heréticos de Arrio y Apolinar. El segundo trató de la polémica suscitada en relación con la deidad y la humanidad de Jesús, en controversia con Nestorio. Finalmente, contra el monifisismo de Eunomio, trataron de poner de manifiesto la distinción entre la humanidad y la deidad de Cristo.

Epifanio de Salamina. Nació c. 310-320 y murió en el 403. Fue un escritor y obispo bizantino, defensor de la ortodoxia contra las herejías que circulaban en su tiempo, después del Concilio de Nicea. Su libro más conocido es *Adversus Haereses*, que es realmente una guía para tratar con los herejes. Una de sus primeras acusaciones se dirige a Luciano de Antioquía, quien negaba el alma de Cristo. Esa negación fue confrontada también por Gregorio de Nisa[27] y Ambrosio de Milán[28], entre otros.

Había una corriente que enseñaba que la humillación del Verbo fue lo que alcanzó en Él hacerse criatura, para poder sufrir por nosotros. Entre los que se opusieron a esta herejía se encuentra Atanasio.[29] En base a esto, los arrianos afirmaban que hubo un tiempo en que Cristo no existía. La desviación arriana alcanzó una posición monofisita, que afirmaba que en Jesús estaba presente solo la naturaleza divina, pero no la humana.

No es posible dejar de hacer mención al llamado *Atanasio de occidente*, que fue Hilario de Poitiers, nacido c. 315 en Poitiers

---

[26] Sócrates el Escolástico, 2016.

[27] *Contra Eunomio* II.172.

[28] *El misterio de la encarnación del Señor.*

[29] *Contra Arrio* III.26.

(Francia) y fallecido en la misma ciudad en 367. Fue importante en la lucha contra los arrianos, especialmente en las consideraciones que ellos hacían contra la deidad de Jesucristo. De su obra *De Trinitate* se extrae el siguiente párrafo que define su pensamiento en este sentido:

Las cosas están en realidad así: porque el Dios que ha sido engendrado por Dios según su naturaleza no puede existir más que aquella naturaleza que le es propia por el nacimiento y en virtud de la cual es Dios, y la unidad indiferenciada de la naturaleza viviente no puede separarse de sí misma por el nacimiento de una naturaleza viviente. Con todo, los herejes tratan subrepticiamente de destruir la verdad con el pretexto de la confesión salvadora de la fe evangélica, y para privar al Hijo de la unidad de naturaleza con el Padre cambian el significado de lo que se ha dicho en un sentido y con un propósito, y que ellos quieren entender de otro modo y con otra intención. Así, para negar al Hijo de Dios, aducen la autoridad de sus palabras cuando dice: "¿Por qué me llamas bueno? Nadie es bueno más que el único Dios" (Lc. 18:19). Y para negar que tenga las propiedades del Dios verdadero añaden lo siguiente: "El Hijo no puede hacer nada por sí, más que lo que ve hacer al Padre" (Jn. 5:19). Pueden también tener en cuenta lo siguiente: "El Padre es mayor que yo" (Jn. 14:28). Por último, se glorían como si hubiesen trastocado la fe de la Iglesia con una confesión irrefutable que niega la divinidad cuando repiten: "El día y la hora nadie los sabe, ni los ángeles en el cielo ni el Hijo, sino sólo el Padre" (Mr. 13:32; Mt. 24:36). No parece que su naturaleza pueda equipararse a la de Dios por razón del nacimiento, porque ha de ser diversa, dada la limitación de la ignorancia; y el Padre, al conocer, y el Hijo, al ignorar, manifiestan la diversidad de su divinidad respectiva, ya que Dios nada debe ignorar, y el que ignora no puede equipararse al que sabe.[30]

Sin embargo, aunque afirmándose en la fe de la naturaleza divina de Jesucristo, no pone en olvido la humana:

Pero si él mismo asumió para sí la carne de la Virgen y por su iniciativa ha juntado el alma al cuerpo asumido por él, es preciso que la naturaleza de su sufrimiento sea concorde con la naturaleza de su alma y de su cuerpo. Al despojarse de la forma de Dios y tomar la forma de siervo y al nacer el Hijo de Dios también como hijo del

[30] Hilario de Poitiers, *De Trinitate* IX.2.

hombre, sin perder su ser ni su poder, el Dios Palabra se convirtió en perfecto hombre viviente. Pero ¿de qué modo hubiera podido nacer el Hijo de Dios como hijo del hombre o hubiera podido tomar la forma de siervo, continuando en la forma de Dios —pues la Palabra de Dios es poderosa para asumir, por propia iniciativa, la carne en el seno de la Virgen y para dar un alma a la carne—, si el hombre Jesucristo no hubiera nacido como hombre perfecto para la redención de nuestra alma y de nuestro cuerpo y no hubiera asumido un cuerpo para que, al ser concebido éste de la Virgen, le hiciera existir en la forma de siervo?[31]

La aceptación de las dos naturalezas del Verbo es evidente en los escritos de Hilario; baste un ejemplo más:

El Señor en todas sus palabras expresó esta verdad necesaria para la fe de tal modo que ni la confesión de su nacimiento fuera en detrimento de su divinidad ni su sumisión reverente contradijera la majestad de su naturaleza, sino que trató de manifestar el honor que como Hijo debía al Padre, al que debía su existencia, y de que la confianza que le era natural mostrara su conciencia de la naturaleza divina, que en él subsistía en virtud de su nacimiento como Dios. Esta es la razón por la que dijo: "El que me ve, ve también al Padre" (Jn. 14:9); y también: "Las palabras que digo, no las digo por mí mismo" (Jn. 14:10). Al no hablar por sí mismo, necesariamente ha de deber lo que dice al que es su principio. Pero si, cuando se le ha visto a él se ha visto al Padre, esto significa la clara conciencia de su naturaleza, que subsiste como nacida como Dios y no ajena a Dios, como prueba de que en él está Dios. O aquellas palabras: "Lo que el Padre me dio es mayor que todo" (Jn. 10:29); y también: "Yo y el Padre somos una sola cosa" (Jn. 10:30).[32]

Son suficientes estas citas para el propósito de afirmar que ya en ese tiempo las dos naturalezas de Jesucristo que subsistían en la persona divina del Hijo de Dios, el Verbo encarnado, habían sido reconocidas y formaban parte de la ortodoxia de la fe. No puede ser menos, ya que el mismo apóstol Juan afirma que "aquel Verbo fue hecho carne"; pero, aun así, hecho semejante a los hombres, pudieron ver en Él la gloria que correspondía al Unigénito del Padre (Jn. 1:14).

---

[31] Ibíd., X.15.
[32] Ibíd., XI.28-49.

Ambrosio de Milán. Llamado Aurelius Ambrosius, nació en Tréveris c. 340 y murió en Milán el 4 de abril de 397. Fue uno de los grandes teólogos y un destacado orador. En un tiempo de conflictos en que los arrianos ganaban adeptos, se mantuvo fiel a la verdad establecida en el Credo de Nicea, donde se definía la verdad sobre quién era Jesucristo en su deidad y en su humanidad. En su extensa obra *Sobre la fe al emperador Graciano*, pone de manifiesto la posición de su cristología. Así escribía: "Porque el mismo Jesucristo es Dios y hombre a la vez; por su divinidad, Dios; por la asunción de la carne, hombre, al que se le llama 'Señor de la gloria' (1 Co. 2:8) y que fue crucificado".[33] También afirma: "Porque había tomado un alma, tomó también los sufrimientos del alma... Como hombre se turba, llora y es crucificado"[34]. También dice:

Queremos, pues, mantener la distinción entre divinidad y carne; en ambas es designado el único Hijo de Dios, porque en el mismo hay dos naturalezas. Pero, aunque se designe al mismo, no lo es de la misma manera: contempla en él primero la gloria de Dios y, después, los padecimientos del hombre.[35]

La verdad de las dos naturalezas en la persona del Hijo de Dios, aún sin usar el término *hipostática* está presente en los escritos y, por tanto, en la fe de Ambrosio.

Agustín de Hipona. Llamado en latín Aurelius Agustinus Hipponenses, nació en Taste, una de las ciudades romanas del norte de África, el 13 de noviembre del 354, y murió en Hipona el 28 de agosto del 430. Vivió en Milán, donde residía su madre; allí trascurrió la última etapa antes de convertirse al cristianismo. Su muerte ocurrió durante el sitio de los vándalos de Genserico a la provincia romana de África. Como escritor, fue uno de los más prolíferos no solo de su época, sino de la historia del cristianismo.

La cristología de Agustín pone de manifiesto un desarrollo grande en lo que tiene que ver con la unión hipostática. Afirma en sus escritos que el Hijo del Padre, engendrado por Él como Verbo eternamente, es esencialmente igual a Él, pero asumió todo el

---

[33] Ambrosio de Milán, *Sobre la fe al emperador Graciano* II.58.

[34] Ibíd., II.56.

[35] Ibíd., II.77.

hombre, es decir cuerpo, alma y espíritu.[36] El alto conocimiento de la filosofía que concurría en Agustín le lleva al uso de la analogía, que le permite explicar la unidad entre Dios y hombre, entre Verbo de Dios y hombre, en Cristo, a quien, probablemente por influencia de Tertuliano, llama *persona*, de modo que escribe: "El hombre accede a Dios, y surge una única persona".[37] En otro lugar: "Como en la unidad de la persona el alma se une con el cuerpo para ser hombre, así se une en la unidad de la persona Dios con el hombre para ser Cristo".[38] Sin embargo, no puede dudarse de la precisa distinción de las dos naturalezas subsistentes en la persona: "Como en cualquier hombre, fuera del único que fue concebido de modo singular, alma y cuerpo son una persona, así también en Cristo el Verbo y el hombre son una persona".[39] Confirma esto en otro escrito:

> *El apóstol muestra que esa unidad de la persona en Jesucristo, nuestro Señor, consta de dos naturalezas, la divina y la humana; y que cada afirmación sobre una puede aplicarse también a la otra: lo afirmado de la divina puede aplicarse a la humana, y lo dicho sobre la humana cabe aplicarlo a la divina.*[40]

Se cierra esta referencia a Agustín indicando que mantenía la integridad del alma humana en Cristo, como escribe:

> *Hubo gentes que de modo herético dijeron que el alma de Cristo no había poseído mente, inteligencia ni razón, sino que el Verbo de Dios había ocupado el puesto de la mente, la inteligencia o la razón. No lo creas. Todo lo ha redimido el que todo lo creó; y todo lo ha asumido y redimido el Verbo. Pues en Él está la mente e inteligencia del hombre, el alma que da vida a la carne, una carne verdadera y completa; sólo el pecado no se da ahí.*[41]

El *Concilio de Éfeso*, que comenzó el 7 de julio del 431, trató de resolver el conflicto de las continuas excomuniones, tanto del grupo cuyo exponente fue Cirilo de Alejandría, como del grupo de Nestorio.

---

[36] Agustín de Hipona, 2005, Tomo XXIV: *Sermones, sobre los tiempos litúrgicos (4º) 184-272.*
[37] Ibíd., 293.7.
[38] Ibíd., 137.11.
[39] Agustín de Hipona, *Epístolas* 169.8.
[40] Agustín de Hipona, *Réplica al sermón de los arrianos* 8.
[41] Agustín de Hipona, *Sermones* 237.4.

El conflicto principal fue la postura irreconciliable entre Cirilo y Nestorio en torno al título "madre de Dios"[42] aplicado a María por la escuela alejandrina, no en el sentido de que fuese madre de la deidad, sino porque alumbró a Emanuel, Dios con nosotros; por tanto, se le aplicaba el título ya que, aunque Dios no puede nacer en su condición divina, el que nació de María es Dios. Esa expresión no tenía por objeto glorificar a María, sino que se trataba de cuestiones cristológicas; en ese sentido se usaba el título. Nestorio se oponía a este título porque creía que lo que nació de María no era Dios, sino el templo adonde Dios vino luego a morar. Cirilo, por el contrario, afirmaba:

No consistía en que su naturaleza divina empezara a existir en la Santa Virgen o que necesitara por fuerza por sí mismo una segunda generación después de su generación del Padre... Decimos que el Verbo ha nacido según la carne, porque asumió personalmente la naturaleza humana. Porque no nació de la Santa Virgen como hombre ordinario y luego descendió sobre él el Verbo, sino que, habiéndose unido a la carne desde el seno mismo. Como la Santa Virgen engendró según la carne a Dios unido personalmente a la carne, por eso decimos de ella que es la Madre de Dios.[43]

Según Isidoro de Pelusium, Cirilo buscaba venganza de una discusión particular más que promover los intereses del Reino de Jesucristo. Aunque el Concilio se produjo en todo de un modo ilegal, en una absurda y arrogante condena a Nestorio, se estableció una definición cristológica, como sigue:

Confesamos que nuestro Señor Jesucristo, Hijo unigénito de Dios, es verdadero Dios y verdadero hombre, compuesto de un cuerpo y un alma racionales; que ha sido engendrado del Padre desde antes de todos los tiempos en cuanto a su divinidad, y que en cuanto a su humanidad nació de una virgen en el cumplimiento del tiempo, por nosotros y por nuestra salvación; que es de la misma sustancia que el Padre tocante a la divinidad y de la misma sustancia que nosotros tocante a la humanidad, ya que las dos naturalezas están unidas la una a la otra. De manera que no reconocemos más que un solo Cristo, un solo Hijo y un solo Señor. A causa de esta unión, exenta de toda mezcla, reconocemos igualmente que la Santa Virgen es madre de

---

[42] θεοτόκος.

[43] Gonzaga, 1966, p. 159.

Dios, porque el Verbo, hecho carne, se unió a partir de la concepción al templo tomado de ella. En cuanto a las expresiones evangélicas y apostólicas sobre Cristo, una parte de las cuales los teólogos aplican a las dos naturalezas, porque se refieren a una sola persona, mientras que distinguen las otras, porque se refieren a alguna de las dos naturalezas y las expresiones que convienen a Dios se dirigen a la divinidad, mientras que las expresiones que señalan la humillación se dirigen a la humanidad.[44]

Edad Media

Desde la patrística, la cristología, con diversas contradicciones sobre aspectos puntuales, llegó a la Edad Media, siendo el vehículo principal dos obras. Una fue escrita por Fulgencio de Ruspe —nacido en Telepte, Numidia, c. 468, y muerto el 1 de enero de 533—. Fue discípulo y fiel seguidor de la doctrina de Agustín y se hizo famoso por su posición contraria al arrianismo y al semipelagianismo. Su obra principal en relación con la cristología fue *Summa sententiarum*, que condicionó el sistema teológico de Pedro Lombardo. El esquema teológico de este último condicionó y fue la base de la cristología de la Edad Media.

Fue determinante en la Alta Edad Media la intervención de dos teólogos, uno de la escuela franciscana, Buenaventura, y uno de la escuela dominicana, Tomás de Aquino. Tomás nació en Roccasecca, Italia, en 1224, y murió en la abadía de Fossanova el 7 de marzo de 1274. Perteneciente a la Orden de Predicadores, fue un teólogo y filósofo de una notable capacidad y conocimiento. Es considerado como el principal representante de la enseñanza escolástica y una de las mayores figuras de la Teología Sistemática. Su obra en materia de metafísica es una de las fuentes más citadas del s. XIII y punto de referencia del pensamiento tomista y neotomista. Su magna obra *Suma Teológica* sirvió de base para gran parte de la doctrina sobre el papado y la autoridad de la iglesia, especialmente en el uso y aplicación de los méritos superfluos de Cristo[45] y de los santos que sirvieron para oficializar el abuso de la venta de indulgencias.

---

44 Ibíd., p. 168 ss.

45 *Thesaurus supererogationis perfectorum.*

La posición de Tomás en cuanto a cristología y especialmente en lo que se refiere a las dos naturalezas y la unión hipostática está claramente reflejada en el Tomo XI. En cuanto a la unión hipostática en sí, la solución de Tomas puede sintetizarse de este modo:

> *La unión hipostática consiste esencialmente en la misma subsistencia relativa del Verbo divino, comunicada a la naturaleza humana individual, íntegra y perfecta, no por una acción especial del Verbo, ni tampoco por información de la naturaleza humana por Él, sino por simple y pura terminación de la naturaleza por la subsistencia relativa del Verbo divino juntamente con la misma existencia del Hijo de Dios.*[46]

En cuanto al comienzo y la permanencia de la unión hipostática, siempre extensa en Tomás, puede sintetizarse así: "Fue hecha en el primer momento de la concepción de Jesucristo, y nunca fue interrumpida ni se disolverá jamás".[47] Relativo a si el Hijo de Dios asumió la naturaleza humana, escribe:

> *El Hijo de Dios asumió la naturaleza humana en concreto, esto es, en un individuo que no es otro que el supuesto increado o la persona del Hijo de Dios, por tanto, no se sigue que la persona haya sido asumida. El que la naturaleza humana asumida carezca de personalidad no es por privación de una perfección que le es propia, sino a causa de algo que se le añade y que supera tal naturaleza, esto es, a causa de la unión con la persona divina.*[48]

Se podrían seguir añadiendo citas de Tomás, especialmente en cuanto a las dos naturalezas, donde trata temas tales como si Cristo tuvo un cuerpo terrestre —esto es, de carne y sangre—, si asumió el alma humana, si asumió la inteligencia humana, etc. Entra también en otras cuestiones, tales como la relación entre la gracia habitual y la unión hipostática. Para todos estos temas habría necesidad de hacer una exégesis sobre la parte de la *Summa* que trata estos temas, cosa que excede en todo al propósito de esta tesis.

---

[46] Introducción a la cuestión 2. El modo de la unión hipostática.

[47] Ibíd. Comienzo y permanencia de la unión hipostática.

[48] Tomas de Aquino, *Suma Teológica*, vol. XI, art. 2, sol. 1 y 2.

Reforma

Juan Calvino. La cristología no fue objeto de un estudio específico para los reformadores. Las referencias en los escritos tanto de Lutero como de Calvino están muy vinculadas a la soteriología; esto es lógico ya que el conflicto surgió a causa de la justificación por la fe y la salvación por gracia.

Calvino nació en Noyon, Francia, a unos 100 km al norte de París, aunque residió en el Cantón de Ginebra desde el 27 de mayo de 1564. Fue un teólogo capaz, con una excelente formación académica, considerado como uno de los autores y gestores de la Reforma. En la obra *Institución de la religión cristiana*, Calvino expone muchas de las doctrinas fundamentales de la fe cristiana, entre las que toca algunos aspectos de la cristología y, en lo que ahora interesa, la presencia de las dos naturalezas en la persona del Verbo encarnado. Escribiendo sobre la distinción de las dos naturalezas en la unidad de la persona, expresa:

Respecto a la afirmación de que "el Verbo fue hecho carne" (Jn. 1:14), no hay que entenderla como si se hubiera convertido en carne, o mezclado confusamente con ella; sino que en el seno de María ha tomado un cuerpo humano como templo en el que habitar; de modo que el que era Hijo de Dios se hizo también hijo del hombre; no por confusión de la sustancia, sino por unidad de la persona. Porque nosotros afirmamos que de tal manera se ha unido la divinidad con la humanidad que ha asumido, que cada una de estas dos naturalezas retiene íntegramente su propiedad, y sin embargo ambas constituyen a Cristo.[49]

Explica también la comunicación de propiedades de las dos naturalezas a la persona del mediador al decir:

Estas cosas no podrían ofrecer seguridad, si no encontráramos a cada paso en la Escritura muchos lugares para probar que ninguna de las cosas que hemos dicho es invención de los hombres. Lo que Jesús decía de sí mismo: "Antes que Abraham fuese yo soy" (Jn. 8:58), de ningún modo podía convenir a la humanidad... Que san Pablo le llame "primogénito de toda la creación", y afirme que "él

---

[49] Juan Calvino, *Institución* II.XIV.1.

es antes de todas las cosas, y todas las cosas en él subsisten" (Col. 1:15, 17); y lo que Él asegura de sí mismo, que ha tenido su gloria juntamente con el Padre antes de que el mundo fuese creado (Jn. 17:5), todo esto de ningún modo compete a la naturaleza humana; y, por tanto, ha de ser atribuido a la divina... La comunicación de propiedades se prueba por lo que dice san Pablo, que Dios ha adquirido a su Iglesia con su sangre (Hch. 20:28); y que el Señor de gloria fue crucificado (1 Co. 2:8); asimismo lo que acabamos de citar: que el Verbo de vida fue tocado. Cierto que Dios no tiene sangre, ni puede padecer, ni ser tocado con las manos. Mas como aquel que era verdadero Dios y hombre, Jesucristo, derramó en la cruz su sangre por nosotros, lo que tuvo lugar en su naturaleza humana es atribuido impropiamente, aunque no sin fundamento, a la divinidad. Semejante a esto es lo que dice san Juan: que Dios puso su vida por nosotros (1 Jn. 3:16). También aquí lo que propiamente pertenece a la humanidad se comunica a la otra naturaleza. Por el contrario, cuando decía mientras vivía en el mundo que nadie había subido al cielo más que el Hijo del hombre que estaba en el cielo (Jn. 3:13), ciertamente que Él, en cuanto hombre y con la carne de que se había revestido no estaba en el cielo; mas como Él era Dios y hombre, en virtud de las dos naturalezas atribuía a una lo que era propio de la otra.[50]

No cabe duda de que los reformadores aceptaron la base de fe de la Iglesia en relación con el concepto de que Jesucristo es Dios-hombre, subsistiendo en su persona divina las dos naturalezas, la eterna como Dios y la asumida en el tiempo por concepción en María por obra del Espíritu, que perpetuamente subsiste en ella.

En la cuestión de la Santa Cena, Calvino refuta la idea de la presencia corporal de Cristo con el dogma de la ubicuidad que conduce a concebir un cuerpo infinito, cuando realmente el cuerpo humano de Jesucristo no está al mismo tiempo en un mismo lugar, sin encontrarse en absoluto inscrito por él. De ahí que cuando el Señor dijo "He aquí estoy con vosotros todos los días, hasta el fin del mundo" (Mt. 28:20), no se ha de entender del cuerpo, ya que no habla en el texto de su carne, sino que promete a sus discípulos un socorro invencible, con el que los defenderá contra todos los asaltos de Satanás y del mundo.[51]

---

50 Ibíd., II.XIV.2.
51 Ibíd., IV.XVII.30.

Es suficiente con la síntesis histórica que antecede sobre el progreso doctrinal que alcanza la regla de fe, en la que se afirma que Jesucristo es el Verbo de Dios, Hijo eterno del Padre eterno, encarnado en María por obra del Espíritu Santo, en cuya persona subsisten dos naturalezas, sin mezcla ni confusión, una eternamente poseída, ya que su existencia eterna es en forma de Dios (Fil. 2:6) y que es la naturaleza divina, y otra surgida en la concepción, asumida y, por tanto, subsistente perpetuamente en la misma y única persona divina que se encarnó.

No cabe, pues, duda que siendo dos naturalezas las que se unen, el sujeto de unión es único, el Hijo, Cristo nuestro Señor. No hay supresión de la naturaleza divina cuando el Verbo se hizo carne, sino que ambas, la divina y la humana, subsisten en la persona, dándonos un único Cristo que es Señor (Fil. 2:9-11). Esto no supone que en la encarnación hubiese ocurrido otra cosa en cuanto a la humanidad del Verbo que de María tomó cuanto era necesario para esa naturaleza, haciéndose el Verbo realmente hombre. En María el Espíritu Santo engendró un cuerpo con un alma racional al que el Verbo se unió según la hipóstasis. Quien tenía una forma de existencia sin carne[52], comenzó a tener otra, que también le es propia, la forma de hombre[53], esto es, haciéndose carne. Esto genera una dificultad desde la mente humana porque falta la analogía que permita entenderlo. El Señor es consustancial al Padre en cuanto a que es Dios y también consustancial con los hombres por razón de su humanidad. Esta es plena y perfecta porque es la humanidad de Dios.

Esta humanidad real es la manifestación de la filiación eterna que el Hijo tiene en relación con el Padre. Tal revelación en el plano de su humanidad ha de ser comprendida en la finitud que esa condición permite. Sin embargo, a través de ella, el hombre puede conocer a Dios en la absoluta dimensión que el Verbo encarnado expresa, haciendo a los hombres, en la condición de hombre, la exégesis plena de lo que Dios es (Jn. 1:18). Como decía Agustín: "Nuestra naturaleza no fue asumida de tal manera que primero fuera creada y luego asumida, sino que fue creada en el mismo acto de la misma asunción".[54]

---

[52] ἄσαρκος.

[53] ἔνσαρκος.

[54] *Natura quippe nostra non sic assumpta est ut prius creata post assumeretur, sed ut ipsa assumptione crearetur*. Agustín de Hipona, *Sermón contra Arrio* 8, 2.

Cristo, como persona en la Trinidad, comparte los sufrimientos del hombre por la vía de su humanidad, haciéndose experiencia de la deidad. En esa medida el sujeto de la pasión y de la muerte es la persona en la que la humanidad asumida subsiste. Esto lleva a alguna dificultad. ¿Podemos decir entonces que Dios muere? No en el sentido de la deidad, que es inmortal, pero no es menos cierto que debemos afirmar que quien murió es Dios. La vida de Jesús es la expresión histórica del Verbo encarnado.

No es posible concluir este apartado sin referirse a la libertad humana de Jesús en sujeción plena al Padre, que no es otra cosa que lo que corresponde a la eterna relación filial entre la primera y la segunda persona de la deidad. La eterna generación del Padre que permite la manifestación del ser personal del Verbo es semejante a la acción personalizadora del Verbo al respecto de su humanidad. Por tal motivo, la sujeción de la voluntad de Jesús a la voluntad del Padre no es otra cosa que la prolongación en el plano de la humanidad de su eterna filiación en el de la deidad.

CAPÍTULO X
UNIÓN HIPOSTÁTICA

Introducción

Se han considerado los aspectos relativos a la persona de Jesucristo. La Biblia revela su condición divina, como Hijo eterno del Padre eterno, y su condición humana, como nacido de María por la operación omnipotente del Espíritu Santo, que concibió en ella la naturaleza humana del Verbo de Dios. Ambas naturalezas se han considerado en los capítulos anteriores, sin quedar duda de que nuestro Señor es tanto Dios como hombre, aunque esas dos naturalezas no pueden unirse en ellas mismas ni confundirse una con la otra, sino que ambas tienen subsistencia propia en la persona divina del Hijo de Dios, el Verbo encarnado.

Debido a esa revelación se alcanza necesariamente el calificativo que debe dársele de Dios-hombre para expresar la realidad de quién es Él. Esto se ha considerado en el capítulo anterior. En base a esa definición, necesariamente debe concluirse esta parte de la cristología con una breve aproximación a la forma en que esas dos naturalezas están presentes en la persona divina. La unidad de ambas tiene que entenderse como una unión hipostática.

Sin duda, si el estudio de las naturalezas y la asunción en la persona representan dificultades comprensivas, lo mismo sucede al respecto del modo de esa unidad. Es obvio que las dos naturalezas son propias y se manifiestan en Cristo; sin embargo, dichas naturalezas no tienen personalidad propia, ya que su subsistencia está en la segunda persona de la Trinidad, de modo que ambas tienen la personalidad que corresponde a ella. Por esa razón se trata, en cuanto a la humanidad de Cristo, de un hombre completo, pero sin personalidad humana, sino divino-humana.

La unión hipostática es el intento de la mente humana, que como tal es finita, de entender la dimensión infinita de la naturaleza de Jesucristo. Con todo, por más intentos que la mente del hombre haga, no podrá entender por absoluta falta de analogía que Jesús sea completamente divino y completamente humano al mismo tiempo.

Nunca podrá entenderse en la capacidad mental de la criatura el hecho de que Él sea y es eternamente el Hijo de Dios, pero que este mismo Hijo se hizo humano al ser concebida su naturaleza humana en María por el Espíritu Santo (Lc. 1:35); pero con todo, el que nació en Belén tuvo existencia antes de la concepción y del nacimiento (Jn. 8:58; 10:30). En la encarnación, Jesús se hizo humano, pero no dejó de ser Dios (Jn. 1:1, 14).

Pueden apuntarse razones que justifiquen —si podemos usar el atrevimiento de hablar de algo que justifique una acción divina—, tal como que se hizo humano para que el Dios impasible pudiera sufrir las luchas y los dolores de la criatura identificándose con ella (He. 2:17). Puede alegarse que tenía que hacerse hombre para convertirse en sumo sacerdote para nosotros (He. 4:14-15; 9:11-12). Era necesario para que pudiera ser el único mediador entre Dios y los hombres, asegurando nuestra salvación. Puede aducirse que era necesario para que pudiera expiar en la cruz los pecados de quienes creen (Jn. 3:16; Fil. 2:5-11), necesitando ser un hombre para que pudiera morir por los hombres. La unión hipostática enseña la absoluta perfección humana y divina de Jesús. Ninguna de sus naturalezas es disminuida por la otra, y Él es una sola y única persona eterna.

Base histórica

El Concilio de Calcedonia tuvo lugar en medio de profundas disputas que enfrentaron a distintas posiciones, en las que el tema de las dos naturalezas en la persona divina del Hijo de Dios encarnado, fue, más que razonado, combatido por las distintas posiciones, llegando a un acuerdo establecido por la fórmula de fe del Concilio. Cada una de las sedes patriarcales del cristianismo, no solo Roma, pretendían la sucesión apostólica de alguno de los apóstoles que tenían por fundador de la sede. En Roma, la ocupaba el papa León el Grande, cuyo escrito fue clave en las decisiones del concilio, que se celebró en la ciudad que le da el nombre, entre el 8 de octubre y el 1 de noviembre del 451. Es el cuarto de los siete primeros concilios ecuménicos, y sus definiciones dogmáticas son reconocidas como infalibles tanto por la iglesia católica como por la ortodoxa. El Concilio rechazó el monifisismo que defendía Eutiquio, que enseñaba que en Jesús solo está presente la naturaleza divina, pero no la humana, y estableció el Credo de Calcedonia, que afirma la plena humanidad y la plena deidad de Cristo, segunda persona de la Santísima Trinidad.

El Concilio de Calcedonia definió en términos precisos la fe cristiana al respecto de lo que sería nombrado teológicamente como unión hipostática. La fórmula de fe denuncia los dos extremos erróneos del nestorianismo y del monofisismo, condenando tanto la confusión de las dos naturalezas como la división de la persona de Cristo, Dios-hombre. La definición doctrinal dice:

Siguiendo, pues, a los Santos Padres, todos a una voz enseñamos que ha de confesarse a uno sólo y el mismo Hijo, nuestro Señor Jesucristo, el mismo perfecto en la divinidad y el mismo perfecto en la humanidad, Dios verdaderamente, y el mismo verdaderamente hombre de alma racional y de cuerpo, consustancial con el Padre en cuanto a la divinidad, y el mismo consustancial con nosotros en cuanto a la humanidad, semejante en todo a nosotros, menos en el pecado (Hebreos 4:15); engendrado del Padre antes de los siglos en cuanto a la divinidad, y el mismo, en los últimos días, por nosotros y por nuestra salvación, engendrado de María Virgen, madre de Dios, en cuanto a la humanidad; que se ha de reconocer a uno solo y el mismo Cristo Hijo Señor unigénito en dos naturalezas, sin confusión, sin cambio, sin división, sin separación, en modo alguno borrada la diferencia de naturalezas por causa de la unión, sino conservando, más bien, cada naturaleza su propiedad y concurriendo en una sola persona y en una sola hipóstasis, no partido o dividido en dos personas, sino uno sólo y el mismo Hijo unigénito, Dios Verbo Señor Jesucristo, como de antiguo acerca de Él nos enseñaron los profetas, y el mismo Jesucristo, y nos lo ha transmitido el Símbolo de los Padres.[1]

Como se ha considerado en los capítulos anteriores, el Nuevo Testamento establece con precisión la unicidad de persona en Jesucristo, haciendo distinción plena de las dos naturalezas subsistentes en ella, la divina y la humana. Al llamar a Jesucristo, Dios-hombre, no se quiere afirmar que el Verbo de Dios se unió a una persona humana, sino que es poseedor desde la operación del Espíritu en María, de una naturaleza humana íntegra y perfecta, subsistente en la única persona del Hijo de Dios, Verbo encarnado. De otro modo, no se trata de una persona humana que llega a ser Dios, sino de Dios que se hizo hombre, sin dejar nunca de ser lo que eternamente es, es decir, sin dejar de ser Dios.

[1] *Concilio de Calcedonia*. Citado en Gonzaga, 1969, p. 191.

Al referirse a las dos naturalezas en la persona, se requiere calificarla de una determinada manera para hacerla plenamente comprensible en cuanto a condiciones, surgiendo el título dado a esta unidad como *Unidad Hipostática.*

Hipóstasis[2] es una voz griega que equivale a base, fundamento, empresa, realidad. En el Nuevo Testamento, el sustantivo aparece sólo cinco veces: dos en la segunda epístola a los Corintios y tres en la epístola a los Hebreos. Etimológicamente equivale a lo que está debajo, la base de algo, derivándose varias palabras que en el griego clásico tienen el sentido de posesión, existencia, fundamento, base, etc. En algún texto del Nuevo Testamento, como ocurre en He. 1:3, ofrece un sentido vinculado con el filosófico de realidad o de ser, de manera que, en la cita mencionada, Jesucristo, el Hijo de Dios, es la imagen del ser inmortal y trascendente de Dios. En base a la etimología, se utilizó el término para referirse a la verdad revelada de que Cristo es una persona divino-humana en dos naturalezas. Además, vino a ser la expresión utilizada por los filósofos griegos para denotar la realidad en oposición a las apariencias. Como se aprecia en la definición de Calcedonia, se declaró que en Cristo las dos naturalezas tienen y retienen sus propiedades, unidas en existencia en una única persona. No están ligadas en una unión accidental, como enseñaba Nestorio, ni mezcladas, como afirmaba Eutiques, sino que están substancialmente unidas.

Por tanto, la unión hipostática en la teología cristiana debe entenderse como la unión en el Verbo de Dios de una naturaleza humana en la persona divina, aunque, sin duda, la naturaleza divina que tiene eternamente por ser Dios en la unidad con el Padre y el Espíritu Santo, y la naturaleza humana asumida por concepción, mantienen los atributos y las condiciones que le son propios. Por esa razón se puede afirmar que en Jesucristo se dan dos voluntades, dos entendimientos y dos naturalezas, todas a la vez divinas y humanas, formando un todo, subsistiendo en una sola persona, que es el sujeto de atribución de las dos naturalezas, y que es el Verbo encarnado, el eterno Hijo de Dios.

Según se aprecia en la declaración del Concilio de Calcedonia, Jesucristo es "uno y el mismo", con verdadera deidad y humanidad,

---

[2] Griego: ὑπόστασις.

siendo consustancial con el Padre en cuanto a ser Dios, y consustancial con los hombres por ser verdadero hombre, con una humanidad semejante a la nuestra que la distingue de ella al ser impecable, es decir, sin pecado heredado ni practicado. Ambas naturalezas carecen de transformación de una en otra; tampoco sucede que las dos den lugar a una tercera. Pero, aunque existen sin mezcla, ambas tienen subsistencia en la persona divina de la que son inseparables; de ahí que el Concilio antes citado afirme que son "dos naturalezas, sin confusión, sin cambio, sin división, sin separación".

La unión de las dos naturalezas constituye una hipóstasis, por lo que no puede hablarse de dos personas, sino de una sola. Esas dos naturalezas no se confunden ni se mezclan con la unión, sino que ambas mantienen su consistencia óntica y dinámica, constituyendo ambas la única hipóstasis o persona de Jesucristo.

La doctrina de la unión hipostática, es la forma de explicar el hecho incuestionable, pero absolutamente impropio para el razonamiento humano, de que Jesús es Dios y hombre al mismo tiempo. Ningún razonamiento filosófico o metafísico puede hacer comprender plenamente esta verdad, porque ninguna forma de razonamiento o comprensión humana puede verter en palabras el modo operativo de Dios mismo. Las operaciones divinas surgen de una mente infinita, de todo punto incompresible a la limitación de la mente humana. Una de las limitaciones para el pensamiento humano es que Jesús, como hombre, fue concebido por el Espíritu Santo, pero no significa que su existencia no fuese antecedente a la encarnación

El pensamiento filosófico no puede concebir la unión hipostática porque parte de principios, sino ateos, por lo menos agnósticos de la concepción de la creatura frente al Creador. Los principios filosóficos solo entienden la verdadera autonomía, tanto de Dios como del hombre, cuando es posible y real la independencia absoluta de ambas naturalezas, para lo que es necesario que existan como personas, que lo son por independencia, pero no por preexistencia, como ocurre con Jesús.

Base teológica

Debe entenderse por unión hipostática aquella que no solo es personal, sino que se realiza en el núcleo mismo de la persona. Debe tenerse en cuenta que la personalidad no es un elemento de la naturaleza, sino la expresión del ser personal, y el sujeto de atribución de la responsabilidad del ser personal.

La unión de dos naturalezas en un ser puede ser accidental o sustancial. La unión accidental se produce por vinculación de intereses, deseos, vínculos de afecto, adhesión intelectual, social y también por inhabitación. Por otro lado, la unión sustancial se divide también en esencial e hipostática. La primera tiene lugar cuando de la unión surge una sola naturaleza integral; en el caso de los seres humanos, surge o se manifiesta una persona. La hipostática es la unión de una o más naturalezas; en el caso de Jesucristo, de dos naturalezas, la divina y la humana, que se unen individualmente en la persona. Por consiguiente, esta tiene que ser preexistente a la subsistencia de las naturalezas. Es necesario entender que toda unión hipostática es personal, pero no toda unión personal es hipostática.

La prueba de la unicidad de persona en Cristo se ha considerado antes; con todo pueden aportarse aquí algunas pruebas que corroboran la doctrina estudiada. En los escritos del Nuevo Testamento y, de forma especial, en los evangelios, Jesús se refiere a sí mismo usando el pronombre personal en primera persona, *yo*, para hablar a otra persona, en este caso al Padre, mediante el pronombre personal en segunda persona, *tú*. Ese mismo diálogo con cuantas personas tuvo lugar se produce en este ámbito, de un *yo* que se dirige a otros. De este modo, se entiende que tanto las palabras como las acciones de Jesucristo, realizadas mediante cualquiera de sus dos naturalezas, o incluso de ambas al mismo tiempo, proceden de una sola persona. Cuando la acción tiene un ámbito creacional o modificador en cuanto a leyes de la naturaleza, se realiza por la naturaleza divina, cuyo sujeto de atribución es la persona divina del Verbo eterno. En otras ocasiones, la acción es conjunta, como en el caso de operar un milagro, cuya operatividad procede de la persona, es ejecutada por la naturaleza divina como razón o causa operativa y la naturaleza humana es un vehículo instrumental; es decir, es el hombre que pronuncia audiblemente la orden de acción, pero es la omnipotencia presente en la naturaleza divina la causa operativa. Estas manifestaciones pueden calificarse de operaciones teándricas o teantrópicas, por la conjunción de las naturalezas divina y humana en la acción, que no deja de ser una operación de Dios-hombre. En otras ocasiones, acciones que corresponden únicamente a la naturaleza humana, tales como caminar, dormir, beber, comer, etc. proceden siempre de su persona, como único sujeto personal, y se ejecutan como vehículo instrumental únicamente por su naturaleza humana. Textos del Nuevo Testamento que hacen referencia a la humanidad de Cristo, tales como la afirmación del apóstol Juan, "Jesucristo ha venido en carne" (1 Jn. 4:2), o también las del apóstol Pablo, que dice "Dios fue manifestado en carne" (1 Ti. 3:16), no deben entenderse como una unión accidental, esto es, por inhabitación, sino como hipostática, ya que el apóstol Juan enseña que "aquel Verbo fue hecho carne" (Jn. 1:14). El Verbo no se incorpora a un hombre al que diviniza, sino que Él mismo se hace hombre, en cuya humanidad manifiesta la plenitud de la deidad (Col. 2:9), o si se prefiere, como se afirma en el evangelio según Juan, el Verbo encarnado "habitó entre nosotros, y vimos su gloria, gloria como del Unigénito del Padre" (Jn. 1:14). El Verbo al encarnarse, puso su tienda de campaña, que es el sentido del verbo[3] en el texto griego, de manera que, como Dios en la antigua dispensación tenía una tienda, el Tabernáculo, donde manifestaba su presencia y gloria en medio del pueblo, así también Jesús cumple el tipo al poner su tienda entre los hombres. En esa tienda, que es su humanidad, habita "corporalmente la plenitud de la deidad" (Col. 2:9). De otro modo, el Verbo se hace real y plenamente hombre y manifiesta en ese hombre, Jesús de Nazaret, la gloria de su deidad: en un solo sujeto, ambas naturalezas, la divina y la humana.

Una prueba más de la unicidad de persona en Cristo se aprecia en que a una misma persona se le asignan atributos, manifestaciones, operaciones, etc. que son propias de una sola de sus dos naturalezas. Todavía más, en ocasiones se le asignan atributos de una naturaleza mientras se le designa con atributos de la otra. Así, a modo de ejemplo, Elisabeth dice a María: "¿Por qué se me concede esto a mí, que la madre de mi Señor venga a mí?" (Lc. 1:43); se le llama madre del Señor, por tanto, a la naturaleza humana que va a nacer se le señala con la condición propia de la divina, porque es Señor. En el tan reiterado texto del apóstol Juan, "Y aquel Verbo fue hecho carne", la referencia es a Dios, como Verbo, pero se le asigna una condición humana al referirse al hecho de hacerse carne. Las dos naturalezas en la persona se aprecian también en las palabras del apóstol Pablo: "Por tanto, mirad por vosotros, y por todo el rebaño en que el Espíritu Santo os ha puesto por obispos, para apacentar la iglesia del Señor, la cual él ganó

---

[3] Griego: σκηνόω (habitar, poner tienda, fijar tabernáculo).

por su propia sangre" (Hch. 20:28); se habla del Señor y se dice que ganó la Iglesia por su sangre, que sólo es posible desde su naturaleza humana. Ambas naturalezas están presentes en la referencia a una persona. Una cita más puntual dice: "Acerca de su Hijo, nuestro Señor Jesucristo, que era del linaje de David según la carne" (Ro. 1:3); las dos naturalezas están claramente presentes en el Hijo. Por un lado, la divina ya que es el Señor, y por otra la humana del linaje de David. El siguiente texto hace una afirmación evidente en este sentido: "Que fue declarado Hijo de Dios con poder, según el Espíritu de santidad, por la resurrección de entre los muertos" (Ro. 1:4); el Hijo de Dios, con la naturaleza divina que le corresponde, fue resucitado de entre los muertos, algo que solo es posible desde su naturaleza humana. El apóstol Pablo enseña también que "lo que era imposible para la ley, por cuanto era débil por la carne, Dios, enviando a su Hijo en semejanza de carne de pecado y a causa del pecado, condenó al pecado en la carne" (Ro. 8:3); es evidente la presencia de las dos naturalezas en la persona del Hijo de Dios. En otro de sus escritos afirma: "Pero cuando vino el cumplimiento del tiempo, Dios envió a su Hijo, nacido de mujer y nacido bajo la ley, para que redimiese a los que estaban bajo la ley, a fin de que recibiésemos la adopción de hijos" (Gá. 4:4, 5); nuevamente deidad y humanidad convergen en la persona divina del Hijo. Los creyentes han sido librados "de la potestad de las tinieblas, y trasladados al reino de su amado Hijo, en quien tenemos redención por su sangre, el perdón de pecados" (Col. 1:13-14). La deidad en que se establece el reino congrega en él a pecadores redimidos por la sangre, que sólo puede derramarse en la naturaleza humana, ambas establecidas en la misma persona. Podrían seleccionarse más textos del Nuevo Testamento en los que se aprecie la presencia de las dos naturalezas en la única persona del Hijo de Dios, pero con lo ya dicho es suficiente para presentar el fundamento bíblico de esta doctrina.

Base soteriológica

Es también necesario tener en cuenta la evidencia soteriológica para afirmarse en la verdad que se está considerando. El sacrificio redentor en la cruz exigía la unidad de persona junto con la dualidad de naturalezas. Sólo el que fuese hombre podía ser representante y sustituto de los hombres, pero solo ese hombre que es también Dios le permite un sacrificio personal de valor infinito y válido para ser el sustituto de todos los que crean. Por esta razón, el apóstol Pedro podía decir: "Pero Dios ha cumplido así lo que había antes anunciado por boca de todos sus profetas, que su Cristo había de padecer" (Hch. 3:18). Los judíos esperaban que el Mesías había de establecer el reino anunciado, pero la profecía anunciaba la muerte del Rey de reyes, antes de establecer el reino en la tierra. La obra expiatoria por el pecado de muchos es posible por la razón apuntada antes, como se expresa en la epístola a los Hebreos, donde se lee: "Por lo cual debía ser en todo semejante a sus hermanos, para venir a ser misericordioso y fiel sumo sacerdote en lo que a Dios se refiere, para expiar los pecados del pueblo" (He. 2:17), el que es hombre puede dar su vida, que por ser la vida de Dios encarnado tiene la potencialidad salvadora para expiar todos los pecados del pueblo. No solamente tiene alcance para todos, sino que es irrepetible porque todo cuanto sería necesario para cancelar la pena del pecado fue hecho en el sacrificio de infinito valor del Cordero de Dios, "haciéndolo una vez para siempre, ofreciéndose a sí mismo" (He. 7:27). La propiciación, resultado de la muerte de Cristo, por ser Dios-hombre tiene un alcance infinito, como enseña el apóstol Juan: "Y él es la propiciación de nuestros pecados; y no solamente por los nuestros, sino también por los de todo el mundo" (1 Jn. 2:2).

En el sentido soteriológico, la unión hipostática es necesaria. Dios y el hombre han de unirse en una sola persona para hacer de Jesucristo el único Salvador de los pecadores y el único mediador entre Dios y los hombres, tal como Dios había determinado y como los hombres necesitábamos (1 Ti. 2:5; He. 2:17, 18; 4:15, 16, 7:25). A causa de la perfecta unión de las dos naturalezas en la persona del Hijo, los hombres tenemos un representante ante Dios, que asume todo lo que el hombre es y toma en sí mismo cuantas demandas tenía contraídas, especialmente lo que tiene que ver con la responsabilidad penal del pecado, que sólo es posible cancelar mediante la extinción de la pena contraída por esa condición y práctica. Sólo el hombre puede extinguirla porque sólo a él se le ha demandado que "la paga del pecado es la muerte" (Ro. 6:23). Sólo en su condición de hombre podía "ser entregado por nuestras transgresiones y resucitado para nuestra justificación" (Ro. 4:25). Este hombre perfecto es presentado como sacrificio sustitutorio y, por tanto, representativo de todo hombre, cancelando potencialmente para todos los hombres la responsabilidad penal del pecado, siendo una cancelación eficaz solo para los que creen. La infinidad del precio de redención descansa no sólo en la entrega del hombre que sustituye al pecador, sino en la dimensión de vida entregada, que siendo la que corresponde a la humanidad del

Verbo, es no sólo humana, sino también divina, por lo que adquiere la dimensión sustitutoria para todo aquel que cree. La necesidad de la unión hipostática no lo es en el sentido de que Dios requiera algo como de necesidad para Él; nada necesita, todo tiene. Es más bien una forma necesaria para la redención del pecador, establecida ya desde antes de la creación de cuanto existe, como enseña el apóstol Pedro (1 P. 1:18-20). Este Jesús es constituido como sacrificio expiatorio delante Dios e intercesor sempiterno por su resurrección, ascensión y glorificación (He. 7:24). El intercesor que es la persona divina del Hijo de Dios ha experimentado en su humanidad nuestras limitaciones, miserias, tentaciones, lágrimas y problemas de modo que es capaz de compadecerse de los que son probados (He. 4:15). Siendo hombre, nada humano es desconocido para Él.

Dentro de la firmeza sobre la base soteriológica vinculada a la unión hipostática está la cita anteriormente referenciada, en la que el hagiógrafo dice, refiriéndose a Cristo: "Mas este, por cuanto permanece para siempre, tiene un sacerdocio inmutable" (He. 7:24). No puede aplicarse a su deidad, puesto que Dios no es sacerdote, pero corresponde a su humanidad, ya que "todo sumo sacerdote tomado de entre los hombres es constituido a favor de los hombres en lo que a Dios se refiere, para que presente ofrendas y sacrificios por los pecados" (He. 5:1). Sin embargo, si su sacerdocio es inmutable y es sempiterno, no puede asumirse sólo en una naturaleza humana, sino en la conjunción perpetua de ambas en la persona divina del Verbo, en el que ambas subsisten.

Aunque el misterio de la unión de las dos naturalezas, es un contrasentido o, si se prefiere, una imposibilidad comprensiva para la mente del hombre, ya que lo que es infinito en cuanto a Dios es limitado en cuanto a hombre, nadie puede dar una razón que solvente esta aparente dificultad para el pensamiento del hombre. ¿Acaso Dios no pudo hacerse ángel y no hombre? ¿Qué menoscabo habría en ello? Sería la asunción de una naturaleza angélica que haría subsistente en su persona divina. La única razón por la que tenía que hacerse hombre obedece a la obra de salvación. En esto ha de cuidarse rigurosamente, en el sentido de no considerar la humanidad de Jesús bajo la perspectiva platónica del hombre modelo, sino como camino de restauración de la imagen de Dios en el hombre caído, alcanzado para él en la regeneración de la dimensión de ser instrumento de amor, vida y luz. De ahí que la humanidad de Cristo exprese plenamente estos elementos, que se hacen propios en los cristianos por la vinculación vital de éstos con Cristo. El que manifestó amor por los hombres hasta el límite derrama ese amor personal suyo en el corazón de los salvos para que puedan amar sin límite no en la misma dimensión de amor que sólo Cristo tuvo, sino de la misma calidad (Ro. 5:5). Aquel que como Dios tiene vida eterna en sí mismo se hace vida eterna por la unión vital de los creyentes en Él (Jn. 3:16). El que como luz de Dios resplandece en el mundo de tinieblas espirituales, se une vitalmente con los que le tienen por Salvador, convirtiéndolos en luminares en el mundo que brillan, no con la luz del hombre o de la religión, sino con la de Dios manifestada en Cristo (Jn. 8:12; Mt. 5:14; Fil. 2:15).

Otros aspectos de la unión hipostática

Es de suma importancia en la cristología entender bien el misterio de Cristo. Se trata no solo de conocer al Dios-hombre en revelación del infinito Dios en el plano de los hombres al encarnarse la segunda persona divina, sino en todos los aspectos vinculados con Él. Es el único mediador entre Dios y los hombres, sólo posible desde su condición divino-humana, pero es también el único Salvador en el plano soteriológico. Sin embargo, no agotan estos dos aspectos todo lo que la unión hipostática permite, ya que, aunque ha muerto, fue resucitado para ser el rey de reyes y el Señor de señores, cuyo reino no tiene fin y proyecta la condición de soberano a perpetuidad. Dios lo ha establecido ya sobre el trono (Sal. 2:6); no es rey solo por ser Dios, lo es también por cuanto es hombre y como tal puede heredar las promesas de reino hechas a David, y especialmente marcadas en la anunciación a María (Lc. 1:31). Además del oficio real, la unión hipostática condiciona también el de sacerdote, calificándolo para serlo eternamente según el orden de Melquisedec (He. 5:10; 6:20; 7:17, 21). A la luz de la revelación del Nuevo Testamento, se aprecia que Cristo es la culminación del plan eterno de Dios para todos los tiempos, que comprende también la redención de los pecadores, hecha posible en Jesús y por Él (Gá. 4:4). Con todo, es preciso entender con total precisión que la encarnación del Verbo, la presencia subsistente en Él de dos naturalezas, distintas y totalmente inconfundibles, no mezcladas, no disminuye en nada la trascendencia divina por el hecho de ser hombre. La humanidad subsiste en la persona divina del Hijo, sin participar en la esencia sustancial de la deidad. Esta es la razón principal por la que el Nuevo Testamento invita a conocer en una cada vez mayor dimensión al Verbo encarnado (Mt. 11:27), porque en Él conocemos al Padre, y a Él mismo en su semejanza humana. Esa es la gran invitación del resucitado: "Mirad mis manos y mis pies, que yo mismo soy; palpad, y ved; porque un espíritu no tiene carne ni huesos, como veis que yo tengo" (Lc. 24:39). Llama así la atención a la observación de su naturaleza humana resucitada, y en ella conocer la admirable dimensión de la deidad que se hizo carne.

Otro texto pone de manifiesto lo que acaba de decirse y que, por la importancia, merece ser considerado. Jesús, en la oración siguiente a la última cena, dijo: "Ahora pues, Padre, glorifícame tú al lado tuyo, con aquella gloria que tuve contigo antes que el mundo fuese"[4] (Jn. 17:5). Jesús pide por su glorificación, reiterando la petición con que inició la oración. Es preciso recordar que Jesús, como Dios eterno en unidad con el Padre, aunque no realizase obra alguna, aun cuando no se hubiese creado nada, siendo Dios verdadero, la gloria eterna del Padre, era común al Hijo. La oración está elevándose desde la naturaleza humana. Es el hombre que ora al Padre, si bien la naturaleza humana y la divina no tienen expresión propia desligada de la persona divina en que ambas subsisten, y aunque ninguna de ellas tiene mezcla con la otra, permaneciendo distintas y unidas en el Verbo eterno. Desde su humanidad, que ha servido de vehículo para realizar la obra que le había sido dada, pide la recuperación de la eterna gloria que había tenido con el Padre. De otro modo, que la gloria divina revista también de gloria a su humanidad. En el estado de limitación y de ahora en adelante también en el de humillación, el Hijo de Dios se había despojado de la gloria que le pertenecía como Dios. Había llegado la hora de dejar ese estado de humillación para asumir el perpetuo de glorificación por la resurrección y ascensión a los cielos, en cuya manifestación, la humanidad sufriente del siervo sería revestida de gloria hasta el punto de producir el efecto que Dios producía en quienes atisbaban algo de su gloriosa majestad en el tiempo pasado. De ese modo, el mismo escritor del evangelio caería como muerto a los pies del glorioso Jesús, viendo su majestad (Ap. 1:12 ss.). Es destacable la expresión: con la gloria que tuve junto a ti antes de que el mundo fuese, de modo que uno mismo es el preexistente que antecede a la creación y el presente que oraba al Padre desde su humanidad, apreciándose claramente la unidad de la persona y la diferencia de las naturalezas. *Antes del mundo* es un

[4] Texto griego: καὶ νῦν δόξασόν με σύ, Πάτερ, παρὰ σεαυτῷ τῇ δόξῃ ᾗ εἶχον πρὸ τοῦ τὸν κόσμον εἶναι παρὰ σοί.

hebraísmo que expresa eternidad. En esta ocasión, mundo tiene el sentido general y universal de todo cuanto salió de la acción creadora de Dios. En ese sentido, tanto el Padre como el Hijo trascienden al tiempo y permanecen en la eternidad.

La petición del Hijo sería respondida por el Padre en la glorificación del resucitado, ya que, como consecuencia de su muerte, "Dios también le exaltó hasta lo sumo" (Fil. 2:9). La cruz era el punto de partida para la exaltación suprema; literalmente "le súper-exaltó". Es la respuesta a esta primera petición de Jesús en la oración, al deseo de quien se había humillado hasta lo sumo: "Yo te he glorificado en la tierra; he acabado la obra que me diste que hiciese. Ahora, pues, Padre, glorifícame tú al lado tuyo, con aquella gloria que tuve contigo antes que el mundo fuese". Es también el cumplimiento de la enseñanza de Jesús: "Porque el que se enaltece será humillado, y el que se humilla será enaltecido" (Mt. 23:12). La exaltación después de la humillación es concordante con la enseñanza bíblica en general (Lc. 1:52; 14:11; 18:14; Stg. 4:10; 1 P. 5:6). A causa del padecimiento de muerte, el Señor fue exaltado hasta lo sumo (He. 2:9; 1:3; 12:2). La exaltación de Jesucristo supera cualquier otra, ya que no sólo fue promovido a la gloria como lo serán los creyentes, sino que el mediador traspasó los cielos (He. 4:14). Este Salvador resucitado fue hecho más sublime que los cielos (He. 7:26). Todavía más, por su exaltación se ha situado sobre los cielos, subiendo por encima de ellos (Ef. 4:10). La exaltación suprema de Jesús le ha hecho sentar a la diestra del trono de Dios, lugar de suprema autoridad y de suprema dignidad (Mr. 16:19; Hch. 2:33; 5:31; Ro. 8:34; He. 1:3; 12:2). Aquel que se había manifestado como un hombre entre los hombres, siervo en lugar de Señor, es entronizado como rey de reyes y Señor de señores, sobre toda autoridad, ahora y por siempre (Ef. 1:20-22). El sujeto de la exaltación es el Verbo de Dios en su naturaleza humana. A ese hombre perfecto, el Padre "le dio el nombre que es sobre todo nombre". No se trata de un nombre, sino del único nombre. El nombre le fue dado, concedido, como el hombre vinculado a la obra de gracia. Según la enseñanza del Nuevo Testamento, se precisa de qué nombre se trata, al afirmar que es el "nombre sobre todo nombre", que se relaciona necesariamente con la deidad de Jesucristo. Sin embargo, el nombre Jesús fue considerado como el nombre de alguien sin atractivo, esto es, el nombre de un hombre sin importancia e inestimable (Is. 53:2). Jesús no tuvo atractivo como rey y mucho menos como Salvador entre los hombres y, especialmente, entre los de su pueblo. Ellos esperaban un rey-Mesías conquistador, victorioso, que establecería el reino que esperaban conforme a su entendimiento teológico y a la interpretación que hacían de los pasajes proféticos y, ese Jesús, que se llamaba a Él mismo Hijo de Dios, sería en sus manos muerto en una cruz. Si de poca estima era en cuanto a reino, menos lo era en cuanto a Salvador. Cuando Jesús declaró su deidad fue amenazado de muerte por los hombres (Jn. 10:33). Fue el nombre de burla establecido como causa escrita sobre su cruz, el que provocaba las burlas de los que presenciaban su martirio (Mt. 27:37, 39). Sin embargo, pese al oprobio de las gentes y a la ignorancia voluntaria de quienes le negaban como Mesías, es Dios bendito manifestado en carne (Jn. 1:1). Dios levantó de entre los muertos a la humanidad del Verbo eterno y a ese hombre Jesús, resucitado y revestido de inmortalidad, se le nombra cósmicamente como la autoridad suprema en igualdad divina, hasta el punto que bajo su nombre de autoridad "se doble toda rodilla". Hay un reconocimiento universal de su deidad y, por tanto, de su señorío. Quienes se inclinarán en burla ante Jesús de Nazaret crucificado habrán de hacerlo ante el mismo Jesús glorificado, reconociéndole como Dios. Es algo que ya estaba profetizado en el Antiguo Testamento, en una impresionante evidencia de la deidad de Jesús:

> *Mirad a mí, y sed salvos, todos los términos de la tierra, porque yo soy Dios, y no hay más. Por mí mismo hice juramento, de mi boca salió palabra en justicia, y no será revocada: Que a mí se doblará toda rodilla, y jurará toda lengua. Y se dirá de mí: Ciertamente en Jehová está la justicia y la fuerza; a él vendrán, y todos los que contra él se enardecen serán avergonzados. (Is. 45:22-24)*

Jesús no es un hombre divinizado o un dios rebajado, sino el infinito y eterno Dios manifestado en carne (Jn. 1:14). La autoridad de ese nombre quedó evidenciada en los milagros hechos por Él en su ministerio, y por medio de Él, es decir, bajo su autoridad, después de su ascensión (Hch. 3:6; 9:34; 16:18). Este nombre de suprema autoridad, que corresponde a una persona divino-humana, sujeta a toda la creación bajo su soberanía y voluntad, "los que están en los cielos, y en la tierra, y debajo de la tierra". No se trata, por tanto, de una segunda oportunidad para los rebeldes en un tiempo futuro, ni mucho menos de un universalismo salvífico: será una confesión universal sobre Jesucristo que no alterará la situación de quienes lo hagan entonces. La confesión es una proclamación reconocida: que Jesucristo es el Señor. Todo el universo lo hará proclamando que Jesús de Nazaret es el Señor. Equivale al reconocimiento universal de Jesús como Dios. Señor es la traducción griega del nombre inefable de Dios. Así lo declara Pedro en su mensaje de Pentecostés (Hch. 2:25).

Sin duda, es complejo entender la existencia de una persona con dos naturalezas, diferentes, no mezcladas, completas y perfectas, cada una con su propia conciencia y poder de autodeterminación. No debe confundirse que, aunque la autoconciencia y la autodeterminación pertenecen a la personalidad y no a la naturaleza, ya que solo la persona es autoconsciente y solamente ella se determina, ambas cosas, la conciencia y la voluntad, son manifestaciones operativas en cada una de las dos naturalezas de Cristo, de modo que no es una sola, sino dos; por tanto, en Jesucristo no hay una sola voluntad y una sola conciencia. Cristo tiene un solo yo, que es consciente y se expresa como corresponde a la divinidad mediante su mente divina y a la humanidad mediante su consciencia humana. Su mente humana es consciente de su identidad divina por la vía de acción del Espíritu, como enseña el apóstol Juan: "Porque el que Dios envió, las palabras de Dios habla; pues Dios no da el Espíritu por medida" (Jn. 3:34). El conocimiento de la mente humana de Jesús conoce cuanto es necesario para su ministerio terrenal, pero reserva aquello que el hombre no debe conocer, como es el tiempo de la segunda venida o el establecimiento del Reino de los cielos en la tierra (Mt. 24:42; 25:13; Mr. 13:32). Nada hay desconocido para el Hijo en su naturaleza divina, pero ese conocimiento está limitado en la naturaleza humana. No debe haber confusión en el sentido de que el término *persona* significa al que es poseedor de autoconciencia y autodeterminación, mientras que la voz *naturaleza* expresa lo que es la plenitud de todas las cualidades esenciales, es decir, lo que la hace ser lo que es. Por tanto, la personalidad no es parte esencial de la naturaleza, sino de aquello a lo que tiende.

Otra de las dificultades de la unión hipostática es el hecho de una naturaleza sin personalidad propia. En Cristo existe un solo, quien que es la segunda persona de la Trinidad, a la vez que hay también un solo yo, esto es, un único sujeto de atribución. Ahora bien, aunque la naturaleza no tiene personalidad propia, no deja de ser personal o, si se prefiere, no es impersonal, puesto que cada una de las dos naturalezas subsisten en la persona divina del Hijo.

Un aspecto más en relación con la verdad de una persona y dos naturalezas manifiesta que, aunque la unidad de ambas es perfecta en la persona, ambas son absolutamente diferentes. Ninguna de las dos tiene existencia fuera de la persona. Incluso en la muerte física de Jesús, cuando la parte espiritual se separa de la material, ninguno de esos dos elementos, cuerpo y alma, dejan de ser propios del Hijo, sin que ello suponga mezcla o confusión de atributos, conservando ambas las cualidades que le son propias íntegras, pero incomunicables.

La unión hipostática, que es la más estrecha entre la deidad y la humanidad, no por eso condiciona, altera o cambia en nada la deidad de Jesucristo, ya que lo que se encarnó es la persona, pero no la naturaleza. Aunque en ese sentido, la humanidad perfecta del Verbo encarnado limita a la condición de hombre, esa naturaleza, en una manifestación kenótica, no merma en nada la esencia divina, tan solo la expresión visible de la deidad en toda su dimensión y gloria, que se cubre por el vestido de trabajo que es la humanidad, limitada y débil, como es propio a la creatura.

Como ya se ha dicho, la unión hipostática es de difícil comprensión por cuanto no hay analogía que permita establecer una comparación. Incluso, aunque se acuda a la unidad de las tres personas divinas en el seno trinitario, no es comparable puesto que, en el caso de la Trinidad, las tres comunican en la misma sustancia, esencia y naturaleza divina, mientras que en la encarnación una sola persona en su única subsistencia tiene dos naturalezas totalmente distintas. Podría recurrirse a la analogía de la unión orgánica humana, en la que el cuerpo y el alma constituyen los compuestos de la persona; en la hipostática, la subsistencia está en el núcleo de la personalidad, donde la persona es el sujeto de atribución. La nueva naturaleza del Verbo encarnado es asumida sustancial y ónticamente por el Verbo encarnado formando un solo ser individual.

Existencias en Cristo

La unión hipostática plantea la necesidad de precisar cuántas existencias hay en Jesucristo. Para ello es necesario entender el significado de existencia y subsistencia. La definición de existencia es precisa y, por oposición a esencia, es la realidad concreta de un ente cualquiera. Esta palabra proviene del latín *existentia*, que es un derivado tardío del verbo *existere*, compuesto de *ex* que indica fuera, y *sistere*, detener, o también de *stare*, estar derecho; por tanto, etimológicamente es salir, aparecer, mostrarse, o también ser, estar. Por consiguiente, la palabra existencia es lo que está ahí, lo que está fuera, lo que puede apreciarse como un ente o un ser. De manera que la existencia es el acto por el que una esencia es, se convierte o se manifiesta en algo; esto es una realidad concreta. Por otro lado, el término subsistencia es el complemento último de la sustancia, o aquello por el cual una sustancia se hace incomunicable a otra. Dicho de una sustancia, un ser, un ente, la subsistencia es existir con todas las condiciones propias de su ser y de su naturaleza. Por tanto, la naturaleza humana de Jesucristo existía como realidad propia, manifestando su naturaleza concreta, pero esta humanidad real subsistía en la persona divina del Verbo. Por esta causa se manifestaban en Él dos conciencias y obraba con dos voluntades. Es suficiente un texto probatorio: "Padre, si quieres, pasa de mí esta copa; pero no se haga mi voluntad, sino la tuya" (Lc. 22:42). Desde su naturaleza humana expresa la realidad de una voluntad propia, pero no solo la somete al Padre, sino que la misma voluntad del Padre es también la suya, puesto que como Hijo todo lo que el Padre quiere o piensa es también querer y pensar del Hijo; sin embargo, la expresión de la voluntad humana está puesta en relación con la divina. Como se ha dicho al tratar de la concepción humana del Verbo, la naturaleza humana comenzó su existencia en el instante en que fue puesto en marcha el proceso que concluiría en el alumbramiento del niño, puesto que, desde ese instante inicial operado por la acción del Espíritu Santo en María, la humanidad engendrada pertenecía y subsistía en el Verbo de Dios. Con todo, no puede hablarse de una personalidad humana como *terminus* de la subsistencia de esa naturaleza, ya que en ese sentido habría que considerar en Cristo dos personalidades y no solo dos naturalezas, pero tampoco puede faltar en Él una personalidad humana como *terminus* de la subsistencia de esa naturaleza humana.

La naturaleza divina solo puede subsistir en una persona divina, en caso concreto en el Verbo, que es también una persona relativa, puesto que subsiste en la única esencia del ser divino. Por tanto, es preciso entender que no puede desvincularse al Verbo del misterio trinitario del Dios que es trino y uno. El ser personal del Logos es el elemento vinculante entre la naturaleza divina de Cristo y la esencia del Dios trino y uno, que es una sola cosa, aunque se manifieste en tres personas distintas. Ha de resumirse este siempre difícil tema para la comprensión humana en que la persona del Verbo subsiste en la única naturaleza divina. Por tanto, la subsistencia en las dos naturalezas, la unión íntima de ambas en el Verbo eterno es por la vía del subsistir. Por esa causa no pueden mezclarse porque no pueden unirse sin el elemento del ser personal. La no mezcla entre las naturalezas es a su vez la unión más estrecha posible entre ambas, puesto que ambas están vinculadas con la persona divina que da subsistencia a las dos. En Cristo ha de mantenerse, junto con la naturaleza divina, la naturaleza humana. Esto requiere asumir que no se trata tan solo de que el Verbo se hizo hombre, sino que el ser divino como fundamento de la subsistencia trinitaria del Verbo se ha hecho hombre; esto es: Dios se hizo hombre. De ahí la verdad expresada por el apóstol Pablo: "El cual siendo en forma de Dios… fue hecho semejante a los hombres" (Fil. 2:6 ss.); por esa causa se puede afirmar que en Cristo "habita corporalmente toda la plenitud de la deidad" (Col. 2:9); y que aquel que es hombre es también "Dios sobre todas las cosas, bendito por los siglos" (Ro. 9:5). Es imposible desvincular la persona divino-humana de Cristo de la realidad del ser divino en la Santísima Trinidad. Este Verbo que subsiste como persona en la esencia divina, como segunda persona de la deidad, ha revelado en la encarnación todo el proceso divino de personalización de la primera como Padre y de la segunda como Hijo, manifestando la eterna generación de éste por el Padre.

Esta verdad conduce inexorablemente a una aproximación aquí de un elemento considerado antes en otro lugar de esta tesis, como es el envío del Hijo por el Padre. Un tema singularmente explícito en la cristología de Juan, citado abundantemente en el evangelio, en no menos de cuarenta ocasiones (cf., entre otras, 5:23, 37; 6:44, 57; 10:36; 11:42; 17:3, 8). Ese envío pone de manifiesto tres relaciones: la primera como expresión de unidad en posesión, esto es, que está en el Padre y también que vive con el Padre en el ser divino (Jn. 17:10); la segunda tiene que ver con la unidad de esencia, el Hijo enviado es Dios en unidad con el Padre, al que santificó, poniéndolo aparte, y envió al mundo (Jn. 10:30, 36-38); en tercer lugar, por necesidad del envío, se presenta a Cristo en unidad de acción (Jn. 5:20-23). Estas revelaciones llevaron a Agustín a hablar de la Trinidad inmanente, en la cual el Hijo por la forma de Dios[5] es igual al Padre, y por la forma de siervo[6] es menor que el Padre. Si la vida estaba en Cristo (Jn. 1:4), quiere decir que el Hijo está en el Padre y, por consiguiente, por haber nacido de Dios, estaba en este mundo, pero, también, por haber nacido de María, fue enviado a este mundo. Agustín considera que el envío del Hijo al mundo no es otra cosa que hacer visible al

[5] *Forma Dei.*

[6] *Forma servi.*

que eternamente es engendrado del Padre. De este modo pueden comprenderse los títulos de Unigénito y de primogénito aplicados a Cristo. Es, sin duda alguna, el Unigénito del Padre, porque es el único de esa condición; ningún otro es Hijo eterno del Padre eterno más que Él (Jn. 1:14). Pero en razón de ser enviado, es también primogénito, a causa de su naturaleza humana.

El Concilio IV de Toledo, celebrado en el año 633 bajo la presidencia de Isidoro de Sevilla, trató de la deidad de Cristo como el Hijo de Dios, engendrado, pero no hecho:

El mismo Señor Jesús, uno de la Santa Trinidad, se hizo hombre perfecto, de alma y cuerpo sin pecado, permaneciendo lo que era, y tomando lo que no era; igual al Padre según la divinidad y menor que el Padre según la humanidad, reuniendo en una sola persona las propiedades de las dos naturalezas, Dios y hombre, pero no dos hijos ni dos dioses, sino el mismo, una persona en ambas naturalezas.[7]

Esto permite entender la importancia de la vinculación como modo ontológico de la subsistencia de la naturaleza divina en la constitución personal de Cristo. De este modo, si como Agustín enseñaba, la encarnación del Verbo es el hacerse patente la generación eterna del Hijo por el Padre, la relación de su naturaleza humana vinculada a la persona divina hace que la naturaleza humana sea acogida en unidad personal con el ser personal del Verbo. Por esta razón, todo lo que es humano en Cristo se orienta hacia lo divino, produciendo una forma de existencia en la comunicación de la naturaleza humana con la divina por medio de la unión hipostática. Luego, Jesús no solo expresa la gracia, sino que siendo la gracia una manifestación del amor de Dios mismo, no nos es anunciada o proclamada por Cristo, sino que "de Él tomamos todos, y gracia sobre gracia" (Jn. 1:16).

Es afirmar que, en el Nuevo Testamento, especialmente en pasajes cristológicos mencionados antes, el Verbo, segunda persona de la Santísima Trinidad, se hizo hombre, esto es, asumió en su persona una naturaleza humana que subsiste de este modo desde la encarnación. Sólo la segunda persona se hizo hombre. Esto implica entender que la humanidad afecta tan solo a la persona encarnada

---

[7] Primitivo Tineo. https://docplayer.es/74298579-La-cristologia-del-concilio-xi-de-toledo.html

y forma una experiencia hipostática en ella, ya que existe una diferencia real entre las personas de la Trinidad, como puntualiza de modo expreso la escuela franciscana. Sin embargo, no se puede olvidar la diferencia virtual entre las personas divinas y la esencia en la que participan cada una de esas personas, que es sólo una en Dios; por tanto, si quien se encarnó es Dios, concretamente en la segunda persona, es también Dios trino participante en la encarnación de Dios, y por tanto, son esenciales en la unión hipostática, por la que Dios se hizo hombre. No debe confundirse la distinción personal, esto es, solo la segunda persona se hizo hombre, pero en esa subsistencia participan las otras personas porque a las tres pertenece la misma esencia y vida divina. Sin duda esta aproximación requiere una extensión amplia, que constituiría un tema más dentro de esta aproximación a la cristología.

La conveniencia de que sólo se encarnase la segunda persona es, primeramente, que el Verbo es el mediador tanto en relación de Dios con los hombres y de estos con Dios, como también es el *ser en*, es decir, el hecho de que las personas, a causa de la existencia hipostática en el ser divino, estén una en la otra. Esto tiene explicación en la pericoresis, un concepto teológico que expresa el grado de unión de las personas de la Trinidad, esto es, el *ser en* de las personas entre sí, e implica el modo en que el Padre es en el Hijo, el Hijo en el Padre, el Padre en el Espíritu Santo y así sucesivamente. Es necesario recordar que Dios no es una persona, sino un ser, con una única sustancia y esencia, y también con una misma naturaleza divina. En Dios solo hay distinción personal por las relaciones de oposición que se dan entre las personas divinas, así la paternidad y la filiación, la procesión y la espiración. Esta percepción de la palabra insiste en la existencia de unos en otros, lo que literalmente equivale a estar sentados en un mismo sitio. La cristología de Juan es la que ofrece un sólido fundamento para la doctrina de la pericoresis, en particular en las afirmaciones que hace sobre la relación entre el Padre y el Hijo, de modo que el Hijo no puede hacer nada por su cuenta, sino lo que ve hacer al Padre. De otro modo, la pericoresis expresa la interpenetración de las tres personas, su forma de habitar las unas en las otras, en una unidad absoluta de la misma substancia, pero sin que ellas sufran ninguna alteración. Todo esto tiene que ver con el estudio de la Trinidad, al que la cristología se aproxima por el hecho de que la segunda persona es Dios en unidad con el Padre y el Espíritu. Con todo, una persona divina, que posee todo cuanto es propio y uno en

Dios, es capaz de agregar a la naturaleza divina, poseyéndola como propia a perpetuidad, una naturaleza humana creada. Esto no supone menoscabo alguno porque lo finito no altera, mengua o añade nada a lo que es infinito. La unión hipostática no es tanto la unidad resultante de las dos naturalezas, sino dos realidades absolutamente diferentes entre sí, que subsisten en la persona del Hijo de Dios.

Comunicación de idiomas

Es necesario entender correctamente que no fue la naturaleza divina del Verbo la que se encarnó, sino la persona. Por esa razón la naturaleza divina no sufrió cambio alguno por la encarnación; es decir, no hay una deidad humanada, ni una humanidad divinizada, sino que, desde el instante mismo de la concepción, una naturaleza humana, en lugar de poseer personalidad propia, subsiste como hombre en la persona divina del Hijo de Dios, manteniendo sin alteración alguna lo que como hombre corresponde al ser y al obrar, igual en todo a los hombres, pero sin pecado.

Una observación también necesaria es que el Verbo, que se encarna, es eterna y esencialmente Dios. Sin embargo, para Jesús, la humanidad comienza en un momento histórico, por lo que antes no existía como tal en la persona. Esto tiene que llevar a la conclusión de que, metafísicamente hablando, no es posible que el Hijo de Dios no sea Dios en ningún momento, porque eternamente lo es, pero, no es de necesidad metafísica que fuese hombre, porque antes de la encarnación no lo era. Así que la unión hipostática es indisoluble por determinación divina, pero no por necesidad metafísica.

Se entiende por comunicación de idiomas, o como otros llaman, comunicación de propiedades, a la intercomunicación de cualidades tanto esenciales como operativas entre lo divino y lo humano en Jesucristo. Ahora bien, esa comunicación debe hacerse siempre, no en forma directa de una a otra de las dos naturalezas, sino siempre a través de la persona. Por esta razón se pueden atribuir al Hijo de Dios operaciones, perfecciones y realidades que corresponden a cualquiera de las dos naturalezas y, por tanto, a una naturaleza lo que es propio de la otra, siempre que todo esto se haga como expresión de la única persona de Jesucristo. Por esa razón, se puede decir que el Hijo de Dios dio su vida y murió por los hombres; que el Hijo de Dios se hizo hombre; que el hombre Jesús es Dios.

La comunicación de idiomas se establece sobre tres hechos teológicos. a) El Verbo de Dios es hipóstasis para la naturaleza humana (Jn. 1:14). En ese sentido tomó de María los elementos propios de todo hombre, por lo que siendo el Verbo quien se encarnó, los hizo propios, siendo hombre perfecto, pero sin afectarle cambio alguno en su naturaleza y condición divina, ni tampoco en sentido inverso, la naturaleza divina afectó en nada a la humana. Esto impide referirse a una naturaleza compuesta de las dos, divina y humana, siendo independientes totalmente la eterna naturaleza divina y la humana asumida por concepción. b) A consecuencia de la subsistencia de las dos en la persona del Verbo, entre las dos naturalezas se establece una unión íntima, que permite la comunicación recíproca de lo que es propio de cada una de las dos naturalezas, respeto a la única persona o hipóstasis, ya que es la persona la que opera tanto lo divino como lo humano, en cada una de las dos naturalezas en unión con la otra por subsistencia. c) La persona divina no posee la naturaleza divina, sino que es esencialmente la naturaleza, del mismo modo que no posee la naturaleza humana, sino que es hombre. Por esa razón, si se afirma que Jesús es Dios, no significa que posee como hombre la naturaleza divina y mucho menos que le fue dada la dignidad divina, sino que Jesús es real y verdaderamente Dios. De esta manera, en el Nuevo Testamento se afirma que "Jesús es el Señor" (Fil. 2:11), que es "Dios sobre todas las cosas, bendito por los siglos" (Ro. 9:5). Del mismo modo ora como hombre al Padre al decirle "aparta de mí esta copa; mas no lo que yo quiero, sino lo que tú" (Mr. 14:36), encomendándole el espíritu (Lc. 23:46). Es desde la perspectiva humana que Jesús entiende el envío, porque no vino para hacer la voluntad suya sino la de aquel que le había enviado (Jn. 6:38); la razón prioritaria de su vida era esta misma (Jn. 4:34). Estas expresiones solo pueden ser bien comprendidas desde la comunicación de idiomas, como consecuencia de la unión hipostática, pero son imposibles desde la relación trinitaria, que sería una expresión de subordinacionismo. Cuando hablamos de la naturaleza divina no vinculamos a ella las propiedades de la humana, ni al revés, pero sí al hablar de la persona en la que hipostáticamente subsisten ambas naturalezas, permitiendo hablar de la persona predicando de una o de ambas naturalezas. De ahí que Jesucristo es unión de ambas y se le llama tanto Dios como hombre, creatura o increado, pasible o impasible. Así se puede hablar de Él que es impasible, como quien sufre y agoniza, pero cuando se habla de Él como de un hombre, se le atribuyen propiedades divinas, como preexistente. En su confrontación con los arrianos, decía Agustín:

Se dice del Hijo de Dios que fue crucificado y sepultado, aunque eso no lo padeció en su divinidad, por lo que es el unigénito y eternamente igual al Padre, sino en su naturaleza y debilidad humanas... Conforme a esa unidad de la persona de Cristo Jesús, nuestro Señor, que consta de dos naturalezas, de la divina y de la humana, cada una de las dos participa de lo que se predica de la otra, la divina de la humana y la humana de la divina, como enseña el bienaventurado Apóstol.[8]

Después de muchas controversias que tienen que ver con la doctrina sobre la persona y la obra de Jesucristo, la comunicación de idiomas o de propiedades ha sido objeto de un detallado estudio por parte de Tomás de Aquino, cuyas conclusiones pueden sintetizarse de este modo: 1) Porque la persona del Hijo de Dios es la subsistencia de la naturaleza humana, se puede avalar tanto en léxico como en el sentido ontológico que Dios es hombre. 2) Por esa misma razón, se puede afirmar que Cristo es Dios. 3) Pero por igual motivo no se puede decir que Cristo es un hombre divino, porque supondría una subsistencia humana en el hombre Jesús. 4) Como la única persona se ha de ordenar a cada una de las dos naturalezas, lo que se dice sobre el Hijo del hombre se puede trasladar al Hijo de Dios y a la inversa. 5) Como las dos naturalezas son distintas, en base a la única persona en que subsisten, las afirmaciones sobre la naturaleza humana pueden aplicarse a lo que se afirma sobre la naturaleza divina, y a la inversa. 6) El hombre es un ser ligado al tiempo, por lo que puede afirmarse que Dios se hizo hombre. 7) No se puede decir lo inverso, esto es, que el hombre se hizo Dios, porque el ser persona tendría que apoyarse en la naturaleza humana, y Dios no puede hacerse nada. 8) No puede decirse que Cristo es una creatura, sino solo de su naturaleza humana.

Otras relaciones en el campo de la comunicación de idiomas están precisadas en las respuestas que a esto da Tomás de Aquino, sirviendo las anteriores como ejemplo de lo que enseñaba sobre este aspecto.

Por otro lado, es necesario considerar el pensamiento luterano sobre la comunicación de idiomas. Tanto el reformador como sus seguidores inmediatos, descansando en una errónea interpretación

---

[8] Agustín de Hipona, *Sermones contra Arrio* 16.

de algunos textos bíblicos[9], sostuvieron que, para una verdadera unión hipostática, era necesaria una mutua comunicación de atributos entre las dos naturalezas. Esta afirmación fue modificándose en el tiempo, de modo que inicialmente los luteranos defendían que la comunicación de idiomas —o, como Lacueva la llama, tráfico de atributos[10]— se establecía en ambas direcciones, hasta el punto de que la deidad participaba de las limitaciones humanas y la humanidad de las propiedades divinas. En el tiempo rectificaron diciendo que los atributos divinos se comunicaban a la naturaleza humana, pero que la naturaleza divina no participaba de las limitaciones humanas. También precisaron que a la naturaleza humana sólo se comunicaban los atributos operativos, como omnipotencia, omnisciencia u omnipresencia, pero no los esenciales, como eternidad o infinitud. A esto siguió quienes afirman que los atributos divinos fueron ejercidos secretamente por la humanidad de Cristo, y otros sostienen que fueron dejados inoperantes mientras duró el estado de humillación. Actualmente la teología luterana se asentó en las verdades definidas en el Concilio de Calcedonia, enseñando que los atributos y operaciones no pueden ser separados de las respectivas naturalezas.[11]

En relación con el pensamiento de Calvino, basta trasladar aquí un párrafo de la *Institución*:

Lo que Jesús decía de sí mismo: "Antes que Abraham fuese yo soy" (Jn. 8:58), de ningún modo podía convenir a la humanidad. Y no desconozco la sofistería con que algunos retuercen este pasaje, afirmando que Cristo existía antes del tiempo, porque ya estaba predestinado como redentor en el consejo del Padre y como tal era conocido entre los fieles. Mas como Él claramente distingue su esencia eterna, del tiempo de su manifestación en carne, y lo que aquí intenta demostrar es que supera en excelencia a Abraham por su antigüedad, no hay duda alguna que se atribuye a sí mismo lo que propiamente pertenece a la divinidad.

Que san Pablo le llama "primogénito de toda la creación" y afirme que "él es antes de todas las cosas, y todas las cosas en él subsisten" (Col. 1:15, 17); y lo que Él asegura de sí mismo, que ha

---

[9] Entre ellos Jn. 3:13, 5:27; He. 10:12.

[10] Lacueva, 1979, p. 120.

[11] Berkhof, 1949, pp. 323-327.

tenido su gloria juntamente con el Padre antes de que el mundo fuese creado (Jn. 17:5), todo esto de ningún modo compete a la naturaleza humana; y, por tanto, ha de ser atribuido a la divinidad.

El que sea llamado siervo del Padre (Is. 42:1); lo que refiere Lucas, que "crecía en sabiduría y en estatura, y en gracia para con Dios y los hombres" (Lc. 2:52); lo que Él mismo declara: que no busca su gloria (Jn. 8:50); que no sabe cuándo será el último día (Mr. 13:32); que no habla por sí mismo (Jn. 14:10); que no hace su voluntad (Jn. 6:38); lo que refieren los evangelistas, que fue visto y tocado (Lc. 24:39); todo esto solamente puede referirse a la humanidad. Porque, en cuanto es Dios, en nada puede aumentar o disminuir, todo lo hace en vista de sí mismo, nada hay que le sea oculto, todo lo hace conforme a su voluntad, es invisible e impalpable. Todas estas cosas, sin embargo, no las atribuye simplemente a su naturaleza humana, sino como pertenecientes a la persona del mediador.

La comunicación de propiedades se prueba por lo que dice san Pablo, que Dios ha adquirido a su Iglesia con su sangre (Hch. 20:28); y que el Señor de gloria fue crucificado (1 Co. 2:8); asimismo lo que acabamos de citar; que el Verbo de vida fue tocado. Cierto que Dios no tienen sangre, ni puede padecer, ni ser tocado con las manos. Mas como aquel que era verdadero Dios y hombre, Jesucristo, derramó en la cruz su sangre por nosotros, lo que tuvo lugar en su naturaleza humana es atribuido impropiamente, aunque no sin fundamento, a la divinidad.

Semejante a esto es lo que dice san Juan: que Dios puso su vida por nosotros (1 Jn. 3:16). También aquí lo que propiamente pertenece a la humanidad se comunica a la otra naturaleza. Por el contrario, cuando decía mientras vivía en el mundo, que nadie había subido al cielo más que el Hijo del hombre que estaba en el cielo (Jn. 3:13), ciertamente que Él, en cuanto hombre y con la carne de que se había revestido no estaba en el cielo; mas como Él era Dios y hombre, en virtud de las dos naturalezas atribuía a una lo que era propio de la otra.[12]

La comunicación de idiomas permite decir de la misma persona que es el Verbo, que es infinito y limitado, eterno y temporal, omnipotente y débil. Igualmente permite referir a una naturaleza lo que es propio de

[12] Calvino, 1968, pp. 356 ss.

la otra, siempre y cuando se haga a través de la persona, sea implícita o explícitamente. Sin embargo, aunque esta comunicación permite referir a una naturaleza lo que es de la otra, se distinguen en Jesucristo acciones exclusivamente divinas, como sustentar la creación; otras son exclusivamente humanas, como dormir, tener sed o comer; y otras son divino-humanas, como hacer milagros o salvar a los hombres. Siempre que las proposiciones sean afirmativas, se pueden hacer indistintamente de cualquiera de sus dos naturalezas, pero las que son negativas son incorrectas cuando pueda afirmarse lo contrario de la otra naturaleza.

Debe tenerse en cuenta, para el uso correcto de la comunicación de idiomas, que la libertad en Cristo, desde el plano de su humanidad, que es la obediencia al que le envió, expresa desde su querer humano la proyección eterna que le corresponde como Hijo. Por esa perfecta libertad asume las angustias y conflictos de los hombres, al hacerse hombre. Por consiguiente, esa sujeción de la libertad humana que se aprecia en distintos lugares del Nuevo Testamento es la expresión visible de la eterna correspondencia como Hijo. Es preciso tener en cuenta que la eterna generación del Padre hace posible o, tal vez mejor, necesaria la personalización de la segunda persona como Hijo y, del mismo modo, es la acción personalizadora del Verbo al respecto de su humanidad. De manera que la obediencia de Jesús a la voluntad del Padre es la expresión visible de la prolongación de su filiación; por tanto, la mayor manifestación de su libertad, sin condicionante alguno y sin coacción.

CAPÍTULO XI
COMIENZO DEL MINISTERIO TERRENAL

Introducción

El segundo apartado de la cristología en el modelo descendente, en el que el Verbo encarnado es enviado por el Padre al mundo para realizar la obra redentora establecida ya desde antes de la creación, tiene que ver con la manifestación en el tiempo histórico de los hombres de la presencia de Jesús, el Hijo de Dios, que se aproxima al hombre desde la semejanza de hombre, tomada en la encarnación.

Aunque es un tiempo corto desde la dimensión temporal de la vida de Jesucristo en la tierra, es realmente el desarrollo visible de la operación divina de entrega al hombre para salvación. El rebelde por condición que se alejó de Dios y no quiso tenerle en cuenta es encontrado por Él, no en un encuentro casual, no lo hay entre Dios y sus creaturas, sino deliberadamente propuesto, ya que "el Hijo del hombre vino para buscar y salvar lo que se había perdido" (Lc. 19:10). Es Dios mismo quien viene para preguntar con propósito salvador, como hizo al primer hombre caído en el pecado: "¿Dónde estás tú?" (Gn. 3:9). No se trata de una pregunta de ignorancia, sino de reflexión, llamando al pecador a una consideración del estado de separación de Dios al que el pecado le había conducido. Esa condición de rebeldía y alejamiento se mantiene en la genética espiritual del hombre a causa de su naturaleza caída. De modo que, no queriendo él de sí mismo buscarle, es Dios quien viene a buscarle a él (Lc. 19:10).

No lo hace desde su gloriosa manifestación visible; sería aterradora para el hombre y le alejaría, no sólo por condición, sino por miedo ante la majestad divina. Se acerca al hombre revestido de humanidad, "hecho semejante a los hombres" (Fil. 2:7). De modo que, desde la dimensión de su humanidad, pudo hablarle las palabras gloriosas de Dios mediante el lenguaje siempre limitado de los hombres. Pudo abrazarles con abrazo de Dios dado con brazos de hombre. Se sentó en los lugares donde los hombres se sentaban, participó de sus problemas, sintió sus emociones, vivió al máximo sus angustias, sintió sobre Él las tentaciones, pero pudo hablarles de la misericordia y gracia de Dios, llamándolos a Dios, al llamarlos a Él mismo. Lo hizo para restaurarnos como solo Dios puede hacerlo.

Todo esto tiene que ver con lo que se conoce como ministerio terrenal del Verbo encarnado, al que el evangelio presta una gran extensión. Esta es la parte de la cristología que se abre ahora y que tiene que ver con lo que podría llamarse *cristología histórica*, en el sentido de que descansa en los relatos históricos testimoniales de quienes vieron sus acciones y disfrutaron de su compañía durante un tiempo de más o menos tres años.

Como es necesario, la fuente de esta sección de la cristología no puede ser otra que la revelación escrita, especialmente la del Nuevo Testamento. Pero, antes de seguir, será necesario recordar dos distinciones que, en cierto modo, fueron señaladas en capítulos anteriores. Estas son *estado* y *condición*. El primero se refiere a una posición en la vida de una persona que puede ser permanente o variable. La segunda es un modo de existencia. Así ocurre con el estado de matrimonio, que cuando es una realidad, el hombre pasa a tener la condición de esposo. De ese modo debe considerarse el tiempo del ministerio terrenal de Jesucristo; el estado de limitación trae como consecuencia la condición de hombre, mientras que el de humillación trae la de siervo.

La parte de la cristología histórica que se aborda en lo que sigue debe ser considerada desde el estado de limitación, de manera que, en su momento, cuando se entre en el apartado de la Pasión, deberá hacerse una reflexión sobre el estado de humillación.

Una advertencia más tiene que ver con lo que afecta al uso de los atributos divinos por la humanidad de Cristo. Algunos consideran, desde un larvado monofisismo, interpretando textos como Jn. 13:1-20; 17:5; 2 Co. 8:9; Fil. 2:6-7, etc., que el Verbo encarnado renunció no a la posesión, ni tampoco al uso pleno de los atributos divinos, sino al ejercicio independiente de los mismos. Esto trae como consecuencia que el Verbo se presenta sometido al control del Espíritu Santo para el cumplimiento de su misión mesiánica en la unión hipostática. Esto supone una sumisión del Dios-hombre, en todo lo referido a su naturaleza humana, apoyándose en otros textos como Mt. 26:53, Jn. 10:17-18 o Fil. 2:8, como deponiendo aquellos atributos divinos con los que estaba investido en virtud de su unión con la divinidad. Pero esto es un error teológico, puesto que Jesús, como hombre, no estaba unido a la deidad, sino a la persona del Verbo, que no puede deponer ninguna de las perfecciones divinas que como Dios le son propias.

Dos acontecimientos abren la puerta al tiempo del ministerio terrenal del Verbo encarnado: el bautismo en el Jordán por Juan el Bautista y las tentaciones que siguieron al mismo.

El bautismo de Jesús

El acontecimiento se justifica en los relatos de los sinópticos (Mt. 3:13-17; Mr. 1:9-11; Lc. 3:21-22). El evangelio según Juan ofrece el testimonio que el Bautista da sobre la presencia visible del Espíritu Santo en el bautismo de Jesús (Jn. 1:32-34).

Mateo 3:13-17. Según Mateo, el bautismo de Jesús tuvo lugar cuando vino a Juan solicitando de él ser bautizado como las demás personas que venían oyendo el mensaje del bautista confesando públicamente su arrepentimiento, haciendo frutos que manifestasen la realidad de esa decisión personal (Mt. 3:8). Literalmente se lee en el relato del bautismo según Mateo que "entonces Jesús vino de Galilea a Juan al Jordán, para ser bautizado por él"[1] (v. 13). Después de la presentación del ministerio de Juan y la aparición en escena de los saduceos y fariseos, el que Juan anunciaba como que vendría tras él hizo su aparición en el lugar donde el Bautista predicaba y bautizaba. El tiempo y el lugar son también indefinidos; Mateo, utilizando una fórmula temporal indefinida, se limita a decir "entonces vino". Esto es, en algún momento durante el ministerio de Juan y en alguno de los lugares donde él cumplía su misión llamando al arrepentimiento. En ese tiempo vino Jesús desde Galilea, como Marcos dice, desde Nazaret, el lugar habitual de su residencia, con el propósito de ser bautizado por Juan. El ministerio público de Jesús iba a comenzar. Había llegado el cumplimiento del tiempo en el propósito divino para que el Verbo encarnado iniciara las tareas que darían cumplimiento a lo anunciado sobre Él por los profetas. La fecha del acontecimiento pudo muy bien haber sido en los primeros días del mes de enero. Los datos de los evangelios confirman esta suposición en cierta medida. Por los datos bíblicos debe haber un lapso de por lo menos dos meses entre el bautismo de Jesús y la pascua a la que asistió en Jerusalén. Después del bautismo estuvo cuarenta días en el desierto. Desde allí volvió a la rivera del Jordán donde Juan predicaba (Jn. 1:29). Después de unos ocho días tuvieron lugar las bodas de Caná de Galilea (Jn.

[1] Texto griego: Τότε παραγίνεται ὁ᾿Ιησοῦς ἀπὸ τῆς Γαλιλαίας ἐπὶ τὸν᾿Ιορδάνην πρὸς τὸν᾿Ιωάννην τοῦ βαπτισθῆναι ὑπ᾿ αὐτοῦ.

2:1-11). Luego Jesús fue a Capernaum por pocos días (Jn. 2:12), y desde allí subió a Jerusalén para celebrar la pascua que coincidía en el mes de abril. Por tanto, el bautismo bien pudo haber tenido lugar a principio de nuestro actual mes de enero. Todos estos datos de fecha y lugar no tienen ninguna importancia en relación con el núcleo del párrafo, que es el bautismo de Jesús. El Señor vino al Jordán y pidió a Juan que lo bautizase.

Sigue la descripción de Mateo: "Mas Juan se le oponía, diciendo: Yo necesito ser bautizado por ti, ¿y tú vienes a mí?"[2] (v. 14). ¿Conocía Juan a Jesús de modo que lo identificó entre las gentes que acudían a él para ser bautizados? ¿Por qué causa se le opuso tan directamente? Juan y Jesús eran parientes (Lc. 1:36). Elisabeth, la madre de Juan, sabía bien quién era el hijo de María, a quien llamó "mi Señor" cuando fue visitada por María antes del nacimiento (Lc. 1:42, 43). Es muy posible, más que probable, que Elisabeth comentara con su hijo Juan lo que sabía sobre Jesús. Sin embargo, como profeta de Dios, Juan debió haber recibido una revelación clara de quién era aquel hombre que, parado delante de él, demandaba ser bautizado. Juan estaba en presencia del Mesías, ¿cómo, pues, podía bautizarle? Ante la presencia de Jesús, Juan era plenamente consciente de que era absolutamente indigno al lado de la dignidad del Mesías. En su mente sólo había una idea: era él quien debía recibir el bautismo de Jesús y no al revés.

El bautismo de Juan era algo especial, que no se había producido antes en la historia de Israel, como hace notar Ratzinger:

La aparición del Bautista llevaba consigo algo totalmente nuevo. El bautismo al que invita se distingue de las acostumbradas abluciones religiosas. No es repetible y debe ser la consumación concreta de un cambio que determina de modo nuevo y para siempre toda la vida. Está vinculado a un llamamiento ardiente a una nueva forma de pensar y actuar, está vinculado sobre todo al anuncio del juicio de Dios y al anuncio de alguien más grande que ha de venir después de Juan. El cuarto evangelio nos dice que el Bautista "no conocía" a ese más grande a quien quería preparar el camino (cf.

---

[2] Texto griego: ὁ δὲ Ἰωάννης διεκώλυεν αὐτὸν λέγων· ἐγὼ χρείαν ἔχω ὑπὸ σοῦ βαπτισθῆναι, καὶ σὺ ἔρχῃ πρός με.

Jn. 1:30-33). Pero sabe que ha sido enviado para preparar el camino a ese misterioso Otro, sabe que toda su misión está orientada a Él.[3]

Mateo expresa la idea de una oposición decidida de Juan en contra de la petición de Jesús. El Bautista estaba decidido a impedir tal cosa ("y Juan le impedía"). En cierta medida se anticipa aquí lo que más tarde sería acción de Pedro cuando el Señor se dispuso a lavarle los pies (Jn. 13:6, 8). Juan afirma que era él quien debía ser bautizado por Jesús. Sin duda no era un hombre impecable, el único así es Jesús, ante cuya santidad el que llamaba al arrepentimiento necesitaba, en alguna medida, esa misma actuación en su vida. Nadie es lo suficientemente perfecto delante de Dios como para no necesitar confesar su pecado y arrepentirse de su modo de vida. Juan había anunciado un bautismo que sólo Jesús podía dar con Espíritu Santo y fuego y, aunque la presencia del Espíritu había sido realidad en la vida de Juan desde antes de nacer (Lc. 1:15), se daba cuenta de que necesitaba más de esa admirable dimensión de vida que sólo Cristo podía darle; por contraste ¿qué podía recibir Jesús de Juan? El Bautista estaba en presencia de quien reconocía como Mesías, ¿cómo podía extender sus manos al cuerpo del santo y bautizarlo como si se tratase de un pecador cualquiera? Al bautizar a los que venían a él, lo hacía bajo la confesión de arrepentimiento; ¿de qué podía arrepentirse aquel que es inmaculado? De ahí que Juan estuviese diciendo: "Yo tengo necesidad de ser bautizado por ti y tú vienes a mí"; de otro modo: "Bautízame tú a mí, aunque yo sea el Bautista, porque tú eres el Señor". Cristo habla de necesidad de cumplir toda justicia. Como escribía J. W. Dale:

Podemos oír lo que Cristo respondía a Juan: Es necesario que sea bautizado ahora con tu bautismo, y que luego, yo bautice a los hombres con el bautismo de la Trinidad. Dame tu mano para este servicio. Bautízame como yo he de bautizar a todos los que crean en mí, con agua, con Espíritu y con fuego; con agua, que es capaz de lavar la suciedad del pecado; con Espíritu, que puede hacer que lo terrenal se transforme en espiritual; con fuego, que consume por sí mismo las impurezas de las transgresiones. Habiendo oído el Bautista estas cosas, extendió su mano temblorosa y bautizó al Señor.[4]

---

[3] Ratzinger, 2007, p. 36.
[4] Dale, 1993, p. 405 ss.

Prosigue el relato según Mateo con la respuesta de Jesús: "Deja ahora, porque así conviene que cumplamos toda justicia"[5] (Mt. 3:15). A la insistencia de Juan por evitar el bautismo de Jesús corresponde la persistencia de Jesús en llevarlo a cabo. Todavía más, con la gentileza propia con que el Señor trataba a las gentes expresa no sólo la afirmación de ser bautizado, sino que debía hacerse en aquel momento: "Deja ahora". La frase en el griego expresa la idea de un mandato urgente, como si el Señor estuviese diciendo a Juan: "Deja ya de oponerte". En la respuesta, Jesús asumía la razón que Juan exponía para negarse a bautizarlo; aquello era verdad como regla general, pero se trataba de una excepción, tanto en la razón como en el propósito del bautismo.

Cabe aquí una reflexión sobre la razón del bautismo de Jesús. A la pregunta ¿por qué lo hizo?, se han propuesto algunas sugerencias. Una de ellas sostiene que Jesús recibió el bautismo de arrepentimiento como representante identificado con los pecadores, que ocuparía el lugar de ellos, haciéndose maldición al asumir la maldición del pecado de cada uno (Gá. 3:13). Por tanto, aunque Él fue siempre sin pecado en grado absoluto y no necesitaba personalmente del bautismo de arrepentimiento, lo hizo en señal de identificación con los pecadores a quienes salvaría por la obra de la cruz. Sin embargo, no debe olvidarse que el ministerio de Cristo tenía que ver con el reino y este tenía una relación muy directa con Israel; por tanto, aquello que Jesús hacía tenía que ver con el cumplimiento de toda justicia.

Otra propuesta relaciona el bautismo con la separación de Jesús para el ministerio mesiánico. Quienes proponen esto entienden que el reino de los cielos en la tierra tendrá como característica la justicia perdurable (Dn. 9:24), encontrando en las palabras de Jesús a Juan una alusión directa a esa situación. Sin embargo, la consistencia de la proposición es muy débil, por cuanto no hay referencia directa que pueda unir los dos aspectos de la justicia.

Otros entienden que Jesús en el bautismo se identificó con el remanente fiel del pueblo, que venía a Juan confesando su pecado y mostrando, de ese modo, un verdadero arrepentimiento. Pero no hay base bíblica suficiente para hacer tal afirmación.

---

[5] Texto griego: ἄφες ἄρτι, οὕτως γὰρ πρέπον ἐστὶν ἡμῖν πληρῶσαι πᾶσαν δικαιοσύνην. τότε ἀφίησιν αὐτόν.

El bautismo de Jesús fue el último acto de su vida privada. Jesús fue al bautismo voluntariamente por propia decisión. De ahí en adelante comenzaba su misión, que sería realizada en plena dependencia del Padre desde la dimensión de la más completa y absoluta obediencia (Fil. 2:6-8). Sin embargo, debe prestarse atención a las palabras que Jesús dijo a Juan como razón para ser bautizado: "Deja ahora, porque conviene que cumplamos toda justicia". Cuando se observa la vida de Jesús a la luz de los evangelios se aprecia que desde el principio Jesús cumplió toda justicia establecida y demandada en la Ley. Tanto la circuncisión al octavo día (Gn. 17:12; Lc. 2:21), como la presentación en el templo a los cuarenta días del nacimiento (Ex. 13:2; 22:29; 34:19; Nm. 3:13; 8:17; 18:15; Lc. 2:22-24), como la subida a Jerusalén y la presencia en el templo a los doce años (Ex. 23:14, 17; Lc. 2:41-42), todas estas cosas eran el cumplimiento de "toda justicia", es decir, la aceptación plena de lo que Dios había establecido en su justa y santa Ley. La voz que se oyó en el bautismo desde el cielo dirigía a los hombres a prestar atención al Señor, que era el Hijo amado en quien el Padre tenía complacencia.

El ministerio de Jesús tenía que ver con una obra sacerdotal. Era el sacerdote que tenía que ofrecer un sacrificio de infinito valor para la salvación del mundo. No cabe duda que, desde el punto de vista levítico, Jesús nunca hubiera podido ser sacerdote; no pertenecía a la tribu de Leví, era de la de Judá; no era de la familia de Aarón, y por tanto no tenía ningún derecho a ser sacerdote. Con todo, Dios tenía para Jesús un nuevo orden sacerdotal, el de Melquisedec, en cuyo oficio presentaría a Dios un único y definitivo sacrificio por el pecado. En este orden sacerdotal perpetuo, el sumo sacerdote, Cristo, inaugura y concentra en sí mismo todo lo relativo al oficio sacerdotal. Inaugura el orden sacerdotal nuevo porque para esto había sido establecido en el propósito divino (Sal. 110:4; He. 5:6), lo completa porque es el único sacerdote que ofrece un único y definitivo sacrificio por el pecado, irrepetible ya en el tiempo y en la eternidad (He. 1:3; 10:12, 18). El nuevo orden sacerdotal inaugurado en Él se extiende a quienes son sacerdotes espirituales de Dios por posición en el sumo sacerdote y vinculación de vida con Él, que los capacita para esta condición (1 P. 2:4-5, 9). En el ceremonial que daba entrada al sacerdocio había un lavamiento completo con agua del nuevo sacerdote y la unción con aceite (Ex. 29:4, 7). Este ritual pasaba del tipo a la realidad tipificada, en el momento en que el sumo sacerdote según el orden de Melquisedec era bautizado, cumpliendo toda justicia, y alcanzaba la unción gloriosa para el ejercicio ministerial dentro del oficio de sacerdote con el descenso sobre Él del Espíritu Santo (Mt. 3:16). De ahí en adelante Jesús leería públicamente la profecía de Isaías:

> *El Espíritu del Señor está sobre mí, por cuanto me ha ungido para dar buenas nuevas a los pobres; me ha enviado a sanar a los quebrantados de corazón; a pregonar libertad a los cautivos, y vista a los ciegos; a poner en libertad a los oprimidos; a predicar el año agradable del Señor.*

Y diría a los oyentes de la sinagoga: "Hoy se ha cumplido esta Escritura delante de vosotros" (Lc. 4:18, 19, 21). En este sentido alcanzan toda la dimensión las palabras de Jesús a Juan: "Deja ahora, porque es necesario que cumplamos toda justicia".

La autoridad de Jesús fue suficiente para que el Bautista dejase toda oposición y le bautizase. Las palabras de quien es el Verbo de vida no podían ser resistidas. Es necesario tener en cuenta la condición divino-humana de Jesucristo, cuya palabra reviste toda la autoridad de la persona en que subsiste su humanidad. Juan había sido enviado por determinación y elección divinas para un ministerio especial como precursor inmediato al Mesías. De la misma manera había sido determinado en el propósito eterno de Dios que fuese el hombre que bautizase al Hijo de Dios. De ahí el calificativo Bautista, no como oficio que sería el de bautista, sino como servidor en el bautismo irrepetible de Dios-hombre.

La conclusión del relato sirve de enlace para la primera manifestación del Padre en relación con quién era su Hijo: "Y Jesús, después que fue bautizado, subió luego del agua; y he aquí los cielos le fueron abiertos, y vio al Espíritu de Dios que descendía como paloma, y venía sobre él"[6] (Mt. 3:16). No importa cuál fuese el modo del bautismo de Jesús —hay serias discusiones sobre este asunto—, el hecho descrito afirma que el Señor subió del agua del Jordán. Es necesario entender que Jesús estuvo en el río y que salió del lugar donde había estado y donde le fue practicado el bautismo por Juan. El modo de realizar el bautismo queda en silencio, guardado por el

---

[6] Texto griego: βαπτισθεὶς δὲ ὁ' Ιησοῦς εὐθὺς ἀνέβη ἀπὸ τοῦ ὕδατος· καὶ ἰδου; ἠνεῴχθησαν ςαὐτῷ οἱ οὐρανοί, καὶ εἶδεν τὸ Πνεῦμα τοῦ Θεοῦ καταβαῖνον ὡσεὶ περιστερὰν ςκαὶ ἐρχόμενον ἐπ᾽ αὐτόν.

Espíritu. Mateo trata de retomar la atención del lector con una llamada de atención, no al bautismo en sí, sino a lo que ocurrió después del mismo. La conjunción καὶ (y), con la que comienza la oración, va seguida de ἰδου, que es una expresión muy usada en todo el Nuevo Testamento, traducida en muchos casos como *he aquí*. El verbo usado en ella es *mirar*, por lo que Mateo está llamando la atención a los lectores con un *¡mirad!*, prestad atención a lo que sigue. Él desea que los lectores observen cómo los cielos se abrieron tras el bautismo de Jesús. Lucas dice que este acontecimiento se produjo mientras el Señor oraba (Lc. 3:21). Fue un milagro a la vista de todos los presentes, entre los que estaban también Juan y Jesús. Algunos objetan que las gentes que estaban en aquellos momentos no vieron los cielos abiertos; ciertamente no hay una evidencia contundente para afirmarlo, pero lo que no cabe duda es que tanto Jesús como Juan vieron abrirse los cielos (Mr. 1:10; Jn. 1:33-34).

Los cielos fueron abiertos y vieron que desciende sobre Él, es decir, sobre Jesús, el Espíritu de Dios en forma corporal como paloma. El mismo Juan da testimonio diciendo: "Vi al Espíritu que descendía del cielo como paloma, y permaneció sobre él. Y yo no le conocía; pero el que me envió a bautizar con agua, aquél me dijo: Sobre quien veas descender el Espíritu y que permanece sobre Él, ése es el que bautiza con el Espíritu Santo" (Jn. 1:32, 33). ¿Fue esto un bautismo con el Espíritu? Se necesitan pocos argumentos para aceptarlo como tal; sin embargo, el descenso del Espíritu tiene que ver con la unción del que era anunciado por los profetas como el enviado de Dios. Escribe el Dr. J. W. Dale:

Se han suministrado evidencias hasta el extremo para probar que hay bautismos en los que no está el elemento envolvente, ni siquiera puede concebirse racionalmente. El uso de tales circunstancias se basa en la semejanza de condición con la que se produce en una clase de cuerpos que pueden ser llenados u ocupados de tal modo que reciben las cualidades del elemento envolvente. Por tanto, este descenso del Espíritu Santo y su morada en el Señor se llama un bautismo, y no por cualquier posible envolvimiento irracional externo.

Las Escrituras dan abundantes testimonios de que todo el ser de "el Cristo" estuvo de ahí en adelante bajo la influencia de esa unción: 1. A través de la declaración del heraldo (Jn. 3:34), quien dijo: "Dios no —le— da el Espíritu por medida", y también mediante la declaración posterior: "Jesús, lleno del Espíritu Santo". No se nos deja a nosotros la deducción de que ese don tendría una influencia directora, sino que Juan declara expresamente: "Porque el que Dios envió, las palabras de Dios habla; pues Dios no —le— da el Espíritu por medida". 2. Ese don era tan ilimitado en cuanto a tiempo como lo era con respecto a la medida: "Vi al Espíritu que descendía del cielo como paloma, y permaneció sobre él" (Jn. 1:32). 3. Dirigido por esta influencia, Él predicó: "El Espíritu del Señor está sobre mí, por cuanto me ha ungido para dar buenas nuevas a los pobres; ... A predicar el año agradable del Señor... Y comenzó a decirles: Hoy se ha cumplido esta Escritura delante de vosotros" (Lc. 4:18-21). "Dios ungió con el Espíritu Santo y con poder a Jesús de Nazaret" (Hch. 10:38). 4. Sus milagros fueron realizados mediante este poder: "Pero si yo por (ἐν) el Espíritu de Dios echo fuera los demonios, ciertamente ha llegado a vosotros el reino de Dios" (Mt. 12:28). La ofrenda de sí mismo como Cordero de Dios la hizo Cristo mediante el Espíritu: "Cristo, el cual mediante el Espíritu eterno se ofreció a sí mismo sin mancha a Dios" (He. 9:14). Se nos dice que el Salvador, inmediatamente después del bautismo, estaba lleno del Espíritu Santo, lo cual es evidencia concluyente de la influencia permanente y directora del bautismo espiritual: "Jesús, lleno del Espíritu Santo, volvió del Jordán, y fue llevado por (ἐν) el Espíritu al desierto" (Lc. 4:1). Y cuando él volvió del desierto, regresó investido con toda la energía del Espíritu divino: "Y Jesús volvió en el poder del Espíritu a Galilea" (Lc. 4:14).[7]

Lo que el Bautista vio cuando los cielos fueron abiertos fue una forma corporal semejante a una paloma que descendía sobre Jesús. ¿Por qué la tercera persona divina escogió esta forma para manifestarse? No hay respuesta bíblica. Es indudable que la única persona divina que se manifiesta en forma corporal humana es la segunda, que por la encarnación queda revestida de humanidad y se hace Emanuel, Dios con nosotros. De ahí que todas las veces en que aparece la teofanía de la segunda persona, se manifiesta en forma humana. Algunos consideran que la paloma simboliza pureza y benignidad, carácter propio del Consolador y también de Jesús en el poder del Espíritu (cf. Sal. 68:13; Mt. 10:16). Con esa dulzura y mansedumbre Jesús estaba equipado para ser el consolador de los afligidos, y dar su vida en

[7] Dale, 1995, p. 32 ss.

precio del rescate del mundo. Para soportar las aflicciones, perdonar las ofensas y ser paciente con todos necesitaba ser manso, humilde y apacible. El Bautista observó que aquella forma como paloma reposaba durante un tiempo sobre Jesús (Jn. 1:32, 33). No fue una visión rápida que pudiera ser confundida con cualquier otro fenómeno natural o los efectos de la luz en un determinado momento del día. Es necesario recordar que Jesucristo es una persona divino-humana, es decir, una persona divina con dos naturalezas, la divina y la humana. En cuanto a la naturaleza divina, ni necesitaba ni podía ser fortalecida; sin embargo, la humana lo requería. Era en todo semejante a los hombres, salvo en lo relativo al pecado, y en la unión hipostática con la deidad, que supera en todo a cualquier parecido con los hombres. Su naturaleza humana quedaba bajo el control y poder del Espíritu Santo de Dios que conducía sus acciones y ejecutaba con su poder los milagros y señales mesiánicas conforme a lo profetizado. No existe conflicto alguno entre esta acción del Espíritu y la concepción de la humanidad del Salvador por el poder del mismo Espíritu (Mt. 1:20; Lc. 1:35). Con la unión del Espíritu que descendió sobre Jesús quedaba capacitado para el ministerio que había venido a realizar. Jesús era también el profeta por excelencia y sus palabras, como las de los profetas, eran en el poder del Espíritu.

El pecado cerró los cielos al hombre, convirtiendo el trono de Dios en un trono de juicio a causa de la condición caída y rebelde del hombre, poniendo una barrera entre el hombre y Dios, que en sí es ya la muerte espiritual (Is. 59:2). Cristo restaura la relación cambiando con su obra el trono de juicio en un trono de gracia para todos los que por Él se acercan a Dios. El poder del Espíritu que llenaba en plenitud a Jesús de Nazaret es prometido por Él a sus seguidores, que llegarían a disponer de los mismos recursos de poder para llevar a cabo la obra que Jesús les encomendó sin límite de tiempo, capacitados para ejercer los mismos dones cuando fuese necesario conforme al plan y propósito de Dios y, sobre todo, manifestar el mismo carácter (Mt. 11:29, 30; 12:19; 21:4, 5; Lc. 23:34; 2 Co. 10:1; Fil. 2:5-8; 1 P. 1:19; 2:21-25). La vida del cristiano en el propósito de Dios es que sea conforme a la imagen de Jesús (Ro. 8:29), algo sólo posible en el poder del Espíritu que reproduce en él el carácter de Cristo (Gá. 5:22-23).

Así concluye Mateo el relato del bautismo: "Y hubo una voz de los cielos que decía: Este es mi Hijo amado, en quien tengo complacencia"[8] (Mt. 3:17), con una visión eminentemente trinitaria. El Hijo en el agua, el Espíritu descendiendo sobre Él y la voz del Padre emitiendo su testimonio sobre quien, a la vista de los hombres, era un hombre, pero que sin embargo era Dios-hombre, el Hijo de Dios en carne humana. El testimonio del Padre declara primero que aquel que fue bautizado y subía del agua era el amado, en quien se complacía. Jesús en su humanidad recibía lo que su conciencia mesiánica conocía ya: Él era el Hijo amado del Padre. Por su parte, era también un testimonio para el Bautista e incluso, si todos los presentes oyeron la voz, para quienes iban a estar relacionados con el ministerio que Jesús comenzaba a partir de ese momento. Por la expresión, es fácil determinar que la voz era del Padre que daba testimonio sobre su Hijo eterno. Era el Hijo designado para la especial obra de la redención del mundo desde antes de la creación (1 P. 1:18-20). Es un claro testimonio de que en Cristo hay una sola persona, la del Hijo, Verbo eterno de Dios. Los artículos que acompañan al sustantivo Hijo tienen una notable importancia. No era un hijo cualquiera, como lo son los ángeles por creación (Job 1:6), o los cristianos por adopción (Gá. 4:4). Es el eterno Hijo de Dios por relación *ad intra*, en generación eterna. Era el Hijo amado en el que singularmente se complace; tal vez mejor, el único en que realmente puede mostrar su complacencia absoluta e infinitamente. Jesús es el Unigénito del Padre, el único de esa condición; de ahí que las palabras del Padre sean la realidad del eco de las del salmista: "El Señor me ha dicho: Mi hijo eres tú; yo te engendré hoy" (Sal. 2:7); y de las del profeta: "He aquí mi siervo, yo le sostendré; mi escogido, en quien mi alma tiene contentamiento; he puesto sobre Él mi Espíritu; Él traerá justicia a las naciones" (Is. 42:1). El Padre declara con sus palabras lo que Jesús es desde su concepción virginal en el vientre de María. En la eternidad, el Hijo era el objeto inagotable de la complacencia del Padre, como lo es en la temporalidad de su humanidad (Pr. 8:30). Es falso lo que algunos liberales racionalistas pretenden cuando afirman que Cristo adquirió en el bautismo su conciencia mesiánica, es decir, sólo supo que era el Mesías desde el momento del bautismo. La conciencia mesiánica forma parte de la conciencia personal de Jesús, el Hijo de Dios encarnado, que adquiere una mayor intensidad, pero no presencia, como consecuencia del desarrollo propio de su humanidad. Una

---

[8] Texto griego: καὶ; ἰδοὺ φωνὴ ἐκ τῶν οὐρανῶν λέγουσα· οὗτος ἐστιν ὁ Υἱός μου ὁ ᾧ εὐδόκησα.

evidencia de esta verdad es que, a los doce años, tenía interés en los negocios de su Padre, en los que le era necesario estar (Lc. 2:49).

La unción de Jesús con el Espíritu fue un tema importante en la cristología de la patrística. A partir del s. III y durante el s. IV fue dejándose a un lado, posiblemente como resultado de la controversia adopcionista que, en sentido general, es una teoría según la cual Cristo, como hombre, es el hijo adoptivo de Dios. Sin embargo, la presencia del Espíritu en la humanidad del Verbo es evidente, sirviendo de vehículo conductor, como se apreciará en las tentaciones, y confiriéndole el poder operativo para las manifestaciones mesiánicas, de modo que pudiese ser tenido por lo que era: el Mesías, el Cristo de Dios, conforme a las predicciones proféticas establecidas para el enviado de Dios.

Las tentaciones

En el preludio del inicio del ministerio terrenal de Jesús, al bautismo siguieron las tentaciones. Nuevamente la base para estudiar las tentaciones son los textos de los sinópticos. Los dos más extensos son los que corresponden a Mateo 4:1-11 y a Lucas 4:1-13; Marcos tan sólo menciona el hecho.

Enfrentarse con el hecho real de que Jesús, el Verbo encarnado, fue tentado por el diablo causa por lo menos un profundo impacto y genera preguntas sobre cómo ha sido posible una situación así. El primer conflicto se produce cuando se considera que, siendo Dios encarnado, Dios no puede ser tentado. Santiago afirma que "Dios no puede ser tentado por el mal" (Stg. 1:13). La declaración tiene que ver con la absoluta impecabilidad de Dios y su total alejamiento del pecado. Dios es santísimo, apartado absolutamente del pecado. A causa de su perfección, Dios no tiene contacto con el mal. Sin embargo, la tentación es experiencia de todos los hombres y Jesús, sin dejar de ser Dios, es también hombre. Por tanto, el conflicto con el tentador se produce en la esfera de la humanidad de Jesús, inseparable sin duda alguna de la persona divina en que subsiste.

La Biblia enseña que Dios puede ser probado. Pero todos los pasajes que enseñan este aspecto de la verdad deben ser considerados bajo la premisa de que Dios no puede ser tentado hacia el mal, ni Él tienta a nadie en esa dirección (Stg. 1:13-15). El sentido de esa prueba, o tentación relacionada con Dios tiene que ver con una provocación que el hombre genera contra Él. La Biblia enseña que esa provocación del hombre contra Dios alcanza a cada una de las personas divinas. Un aspecto de la provocación, de la prueba, del tentar a Dios, se produce cuando se imponen a los creyentes preceptos que no están en la Escritura, restringiendo su libertad. Ese era el caso de quienes pretendían en tiempos apostólicos que los creyentes guardasen la ley mosaica y se circuncidasen al estilo judío. Pablo enfáticamente dice de los tales que estaban tentando a Dios (Hch. 15:10), en referencia directa al Padre. De igual modo, también el Espíritu Santo puede ser probado, por la acción impía de los hombres. Tal fue el caso de quienes retuvieron parte de la venta de una heredad haciendo creer que estaban dando todo. Pedro declaró contra esa mentira diciendo que se "habían convenido para tentar al Espíritu del Señor" (Hch. 5:8-10). Una acción semejante trajo como consecuencia la disciplina divina sobre los mentirosos, que murieron a causa de ese pecado. Pero ¿están las tentaciones del Señor en esta dimensión? ¿Deben ser consideradas en el plano de la ofensa y provocación impía a la deidad?

Ha de tenerse siempre presente que Jesucristo es una persona divino-humana, es decir, la segunda persona divina revestida de humanidad, o lo que es igual, una persona divina con dos naturalezas, lo que constituye una unión hipostática. Las pruebas que experimentó Jesús en las tentaciones sucedieron en la esfera de su humanidad y no en la de su deidad, ya que, como Dios, no puede ser tentado a hacer el mal, pero sin dejar de afirmar la verdad de la inseparable unidad sin confusión ni mezcla de las dos naturalezas en la persona del Hijo de Dios. Con todo, no es posible dejar de observar que Jesús, en el plano de la humanidad del Verbo encarnado, estuvo libre absolutamente de pecado, tanto en la acción volitiva como en la práctica. No solo es posible que Él no pecara, sino que es imposible que pecara, por cuanto toda acción expresada por cualquiera de sus dos naturalezas tiene como único sujeto de atribución la persona divina del Hijo de Dios. Considerar que Jesús pudo haber pecado, pero no lo hizo, no supone rebajar en nada la capacidad volitiva de la humanidad de Cristo, pero afirmar que Cristo pudo haber pecado es calumniar a Dios y afirmar que Él mismo es capaz de pecar. Es cierto que Jesús, el Hijo de Dios en carne humana, es omnipotente y limitado, infinito y finito, omnisciente y desconocedor, pero nunca puede afirmarse sin menosprecio a su persona divino-humana que sea impecable y pecable. En relación con esto, escribe L. S. Chafer:

Se puede deducir que cualquier clase de prueba que le haya venido a Cristo no era tal que hallara su expresión en su naturaleza pecaminosa ni a través de ella. Sin embargo, Él fue probado y tentado, y no cometió pecado. En cuanto al hombre caído, sus tentaciones pueden surgir del mundo, de la carne o del diablo; pero la prueba que sirve para desarrollar y establecer la virtud procede usualmente de Dios. El mundo no tiene derechos sobre Aquel que pudo decir: "... tampoco yo soy del mundo" (Jn. 17:14, 16), y la carne, que fue concebida como naturaleza caída, tampoco estaba latente en el Hijo de Dios. Él dijo con respecto a Satanás: "... viene el príncipe de este mundo, y él nada tiene en mí" (Jn. 14:30). Así como es imposible atacar a una ciudad inconquistable, así es imposible asaltar a la persona que es Dios Hombre y que es impecable. Cristo fue tentado, no para probar su impecabilidad para sí mismo o para el Padre, sino a favor de todos los que han sido llamados a confiar en Él. Así como Dios puede ser tentado, así Cristo podía ser tentado. Está escrito: "¿Por qué me tentáis, hipócritas?" (Mt. 22:18; comp. Mr. 12:15; Lc. 20:23; Jn. 8:6).[9]

Debe ser tenido en cuenta al analizar las tentaciones de Jesús que éstas se producen al margen o en otra esfera que la que conduce a la caída en la vida del ser humano, y que éstas fueron dirigidas específicamente a la humanidad del Verbo encarnado. Las tentaciones deben ser consideradas en la relación entre las dos naturalezas del Hijo de Dios y la de éste con el Padre y el Espíritu Santo, sin olvidar el conflicto que se proyectará a lo largo de todo su ministerio con Satanás y su reino.

El panorama general de las tentaciones debe relacionarse con la forma en que Satanás tienta especialmente a quienes tienen una determinada relación con Dios. Las puertas que el tentador utiliza para acceder a la intimidad del que es tentado y buscar su caída están específicamente mencionadas por el apóstol Juan: "Porque todo lo que hay en el mundo, los deseos de la carne, la codicia de los ojos, y la soberbia de la vida, no proviene del Padre, sino del mundo"[10] (1 Jn. 2:16). De ese modo, se aprecia la acción diabólica en las tentaciones de Jesús. La primera es presentada desde los deseos de la carne, al conminarle a solventar el hambre convirtiendo las piedras en pan (Mt.

---

[9] Chafer, 1974, vol. II, libro IV, p. 528.

[10] RVR.

4:3); la segunda descansa en la codicia de los ojos, invitando a Cristo a una manifestación visible que admirase a cuantos pudieran verla (Mt. 4:6); la tercera se establece sobre la soberbia de la vida, invitándole a alcanzar lo que venía a rescatar, por la vida de un camino distinto al que Dios había establecido (Mt. 4:8-9).

Las tentaciones serán consideradas especialmente a la luz del evangelio según Mateo, dirigiendo al lector a los paralelos de Lucas y Marcos para completar el panorama bíblico.

Mateo 4:1-11. Inmediatamente después del bautismo, Jesús es impulsado por el Espíritu al desierto para ser tentado por el diablo (Mt. 4:1). El Señor fue llevado a un lugar poco poblado, posiblemente a la región montañosa y solitaria al oeste de Jericó. La tradición sitúa el lugar donde el Señor pasó el tiempo de los cuarenta días de ayuno en una loma de unos trescientos metros de altura, conocida como Djebel Karantal; sin embargo, son meras suposiciones que la tradición hace llegar hasta nuestros días. El Espíritu toma el control de Jesús para conducirle en ese plano, de modo que pueda ser ejemplo a los hombres desde una humanidad perfectamente identificable con el resto de la humanidad. Mateo hace referencia al tiempo del suceso con un *entonces*[11] que, aunque resulta indefinido, queda vinculado al hecho de su bautismo; como si dijese: "Entonces, inmediatamente después de su bautismo". En esto hay un propósito establecido de antemano; Jesús fue llevado por el Espíritu al desierto para ser tentado. Hay una extraña idea, como que Satanás tenía intención de hacer pecar al Señor y por tanto fue a buscarle al lugar donde descansaba con ese propósito maléfico. El tentador no tenía ninguna intención de hacer tal cosa conociendo de antemano que aquél era el Hijo de Dios. Había oído el testimonio del cielo en el momento de su bautismo. Su acción se produce por determinación divina. Dios había previsto que su Hijo fuese tentado después del bautismo y antes de iniciar su ministerio público; por tanto, ese propósito se cumplió como había sido predeterminado. El hecho de que Jesucristo dependiera del Espíritu Santo está vinculado y limitado a la esfera de su humanidad. Con relación a su deidad no había esa dependencia, a causa de la igualdad e identidad de las personas divinas. Pero, como ejemplo a todos los creyentes, la dependencia del Espíritu es modelo para que cada cristiano entienda también que sólo "andando en el

[11] Griego: τότε.

Espíritu" (Gá. 5:16) se puede llevar a cabo la vida que agrada a Dios y se conforma a su propósito. La enseñanza bíblica al respecto de Jesús el hombre manifiesta la vinculación permanente con el Espíritu Santo, desde su concepción hasta su muerte, ofrecida mediante el Espíritu Eterno (Lc. 1:35; He. 9:14). Con todo, es necesario tener presente en cada momento que la dependencia del Espíritu no supone merma alguna de su deidad, absolutamente presente en Él. Junto con la dependencia aparece firmemente la autoridad divina del Hijo de Dios, quien, conforme a la determinación eterna en el seno de la deidad, promete enviar al Espíritu para hacer una determinada obra en los creyentes (Jn. 16:7). La tentación del Señor no se originó en Satanás, sino que obedece en todo al propósito eterno en relación con la naturaleza humana del redentor, quien lleno del Espíritu, en el plano de la humanidad, aceptó con gusto y complacencia los días de ayuno y luego la tentación, como corresponde a quien se complacía en cumplir todos los propósitos de Dios.

El agente de la tentación fue el diablo.[12] No es lugar aquí para extenderse en consideraciones sobre este personaje; simplemente recordar que fue el primer gran pecador en la historia del pecado. Su creación se produjo, como la de todos los ángeles, en un solo acto creador (Col. 1:16). La Biblia afirma que fue creado como el resto de los ángeles por la voluntad creadora de Dios (Ez. 28:13, 15). Como todos los ángeles, fue creado antes que el hombre (Job 38:6-7; Ez. 28:13). Pertenece al orden de los querubines y fue el ser más dotado salido de la mano de Dios (Ez. 28:14). Siendo creación de Dios, como toda creación de seres inteligentes, fue creado en santidad; era, por tanto, un ángel santo (Ez. 28:15) con un ministerio de especial relevancia que le permitía acceder al lugar donde Dios manifestaba su presencia rodeado de gloria (Ez. 28:14). Este querubín fue perfecto hasta que se halló pecado en él (Ez. 28:15). El pecado oculto en el corazón de Satanás fue descubierto por Dios en su omnisciencia, que impide al pecador ocultar el pecado delante de Él (Sal. 90:8). El pecado le afectó en plenitud, de modo que fue lleno de iniquidad (Ez. 28:16). Su pecado se manifestó en orgullo (Ez. 28:17-18), profanándolo (Ez. 28:18). Satanás planeó un camino para su exaltación que, en su pensamiento pecaminoso, le llevaría a ser semejante al Altísimo (Is. 14:13-14). En esa condición pecaminosa, el pecado vino a formar parte de su experiencia de vida, de modo que es imposible ya que

[12] Griego: τοῦ διαβόλου.

no esté permanentemente orientado al mal, pecando por condición natural (1 Jn. 3:8), siendo homicida y mentiroso (Jn. 8:44).

Ante la tentación del Señor, cabe preguntarse si sería posible que Jesús hubiese sucumbido en ella. No cabe otra respuesta que un rotundo *no*. Jesús era impecable, es decir, ni tenía pecado ni podía caer en él (Is. 53:9; Jn. 8:46; 2 Co. 5:21). Ahora bien, si no podía pecar ¿cuál era la razón de la tentación? La Biblia afirma que Jesús fue tentado en todo según nuestra semejanza, pero sin pecado (He. 4:15). Quiere decir que la experiencia de la tentación, la presión de la tentación, fue real, tan real como la de cualquier persona sometida a ella, incluso tal vez mayor. En todas las formas de la tentación, Satanás procuró hacer entender a Jesús que haciendo un acto lícito podía recibir un beneficio. Con todo, el proceso psicológico de Jesús en el campo de la tentación no podía ser igual al del resto de los hombres, ya que todos están sujetos a la atracción del pecado natural que heredan, mientras que Jesús no tenía esta condición. Jesús no tenía la concupiscencia mala del hombre natural porque había sido concebido sin pecado y vinculado a la deidad; como la naturaleza humana del Verbo eterno de Dios era, por tanto, sin pecado. La propuesta para pecar procedía del exterior de su persona, de la acción del tentador, y era la única experiencia en ese sentido, ya que la voluntad hacia el pecado propia del interior del ser humano no existía en Jesús. Con todo, la tentación de Jesús fue absolutamente real, es decir, la insinuación del tentador, la necesidad de superar las propuestas diabólicas, la resistencia hacia ellas y la lucha en la tentación eran experiencias absolutas en Jesús. La sensibilidad humana del alma del Señor era una realidad, sujeta en esta ocasión al sufrimiento propio de la tentación. Nadie puede negar la evidencia de que Jesús sufría profundamente en la intimidad de su parte espiritual humana, hasta decir: "De un bautismo tengo que ser bautizado; y ¡cómo me angustio hasta que se cumpla!" (Lc. 12:50). El Señor manifestaba los sentimientos propios de los hombres, siendo compasivo, afectuoso (Mt. 19:13, 14), misericordioso (Jn. 11:35). Siendo Dios-hombre, conocía por experiencia humana las debilidades y necesidades de los hombres, al ser hecho carne (Jn. 1:14). Con todo, la profundidad de la tentación del Salvador de los hombres está velada por el misterio que Dios no ha desvelado. No se podrá nunca, al menos en este tiempo, entender qué ocurrió en la intimidad del Señor durante la tentación. Este es uno de los secretos de Dios para los hombres en esta dispensación, lo mismo que otros muchos aspectos de la vida del Señor, en profundos contrastes entre su deidad y su humanidad. Como escribe Hendriksen:

No podemos analizar minuciosamente lo que ocurrió en el corazón de Cristo cuando fue tentado. Pero tampoco sabemos cómo se originó el pecado en el corazón sin pecado de Adán, cómo se puede imputar culpa del pecado al Salvador, cómo se puede transferir la justicia de éste a sus seguidores, cómo puede nuestro Señor ser omnisciente (con respecto a su naturaleza divina) y no omnisciente (en su naturaleza humana), etc. Por lo tanto, no debiera sorprendernos que la tentación de Cristo, sea en el desierto o más tarde, sobrepase nuestro entendimiento a base del relato inspirado; creemos que fue una experiencia real e intensa. Y, en cuanto al hecho de que las profundas verdades contenidas en las Escrituras trascienden nuestra comprensión, ¿no es exactamente lo que debemos esperar si la Biblia verdaderamente es la Palabra de Dios?[13]

El Hijo de Dios fue llevado por el Espíritu al desierto para ser tentado por el diablo. El mismo Espíritu que descendió sobre Él como paloma, ungiéndolo para el ministerio, le capacita también, en el plano de la humanidad para vencer al tentador, presentándole resistencia. Él es supremo ejemplo para quienes siguen sus pisadas. Dios puede permitir que la tentación sea la experiencia en alguno de sus hijos, de modo que no debe resultar como cosa extraña. El Espíritu que cada creyente ha recibido en el momento de creer será suficiente para capacitar al cristiano en la lucha contra Satanás, a fin de que siempre sea más que vencedor en Cristo (Ro. 8:37; 1 Co. 10:13).

Antes de ser tentado, Jesús estuvo un tiempo largo ayunando y, sin duda como corresponde a esa acción, orando al Padre. Mateo lo precisa así: "Y después de haber ayunado cuarenta días y cuarenta noches, tuvo hambre"[14] (Mt. 4:2). De la misma manera ocurrió con Moisés: cuarenta días en el monte de Dios (Ex. 34:2, 28; Dt. 9:9, 18). Así también con Elías el profeta del compromiso y de la determinación: cuarenta días con una sola porción de comida hasta llegar al destino que Dios la había fijado (1 R. 19:8). El ayuno de Jesús, especialmente en el detalle del acontecimiento según Lucas, fue completo y total. No fue una limitación en la comida, sino la ausencia total de comer (Lc. 4:2). El ayuno fue absoluto. ¿Por qué cuarenta días de ayuno? Es otra de las preguntas sin respuesta bíblica. Algunos

---

[13] Hendriksen, 1986, p. 236.

[14] Texto griego: καὶ νηστεύσας ἡμέρας τεσσεράκοντα καὶ νύκτας τεσσεράκοντα, ὕστερον ἐπείνασεν.

consideran que el Señor estuvo siendo tentado durante los cuarenta días y, para mantener su firmeza en dependencia de Dios, ayunaba, dedicando todo el tiempo a la oración. Basan esa interpretación en la forma del verbo griego utilizado por Mateo, que aparece en participio presente, lo que permitiría traducirlo como *siendo tentado*, en lugar de *para ser tentado*. Sin embargo, no es preciso entenderlo así, porque la construcción en el texto griego permite entender que pudo ser tentado después del tiempo de ayuno. Esa instancia fue aprovechada por Jesús para un extenso e íntimo tiempo de comunión plena con el Padre. Probablemente no sintió hambre alguna durante aquel período, por cuanto la comunión con su Padre le servía de alimento; de ahí que más adelante pudiese decir: "Mi comida es que haga la voluntad del que me envió" (Jn. 4:34).

La humanidad del Señor se manifiesta, según el decir de Mateo, en que "después tuvo hambre"[15]. Al final de tan extenso período de ayuno tuvo hambre. Es lo más natural en una circunstancia semejante. El hombre necesita alimento para el cuerpo, así también el Señor. Como Dios, es sustentador de todo; como hombre, necesitaba el alimento propio para la vida. Aquí está uno de los grandes contrastes que concurren en Jesús. Quien es pan de vida, que da alimento a todo el que tiene hambre, necesita como hombre alimentarse.

El relato según Mateo presenta la primera tentación de Jesús: "Y vino a él el tentador, y le dijo: Si eres Hijo de Dios, di que estas piedras se conviertan en pan"[16] (Mt. 4:3). Después del ayuno, el hambre; después del hambre, la tentación. La tentación es un asunto claramente externo. No nació en el corazón de Jesús, como un deseo por satisfacer el hambre físico, sino desde el exterior, por medio del tentador: "Y viniendo el tentador". Éste vino a Jesús. ¿Cuál sería el pensamiento del diablo ante el hambre de Jesús? Le había seguido desde el nacimiento, había oído el testimonio que los expertos daban sobre el lugar donde había de nacer, lo que lo confirmaba como el Mesías esperado, notó la protección especial que Dios le otorgaba durante su vida, debió haber presenciado el bautismo, donde escuchó el testimonio de Dios que lo reconocía públicamente como su Hijo amado (3:17). Algunos sugieren que el diablo no tenía seguridad

[15] Griego: ὕστερον ἐπείνασεν.
[16] Texto griego: καὶ προσελθὼν ὁ πειράζων εἶπεν αὐτῷ· εἰ Υἱὸς εἶ τοῦ Θεοῦ, εἰπὲ ἵνα οἱ λίθοι οὗτοι ἄρτοι γένωνται.

de quién era Jesús suponiendo que el tentador se preguntaba a sí mismo ¿cómo es posible que el Mesías pueda tener hambre? ¿Será Jesús verdaderamente el Hijo de Dios encarnado? Sin embargo, la evidencia es otra distinta en el texto bíblico, como se aprecia. El propósito de Satanás en las tentaciones era que Jesús se desviase del plan divino que había sido trazado para Él, siguiendo otro plan distinto. Si esto ocurría, Jesús habría contravenido la voluntad de Dios y, por tanto, quedaría incapacitado para llevar a cabo el plan de redención que liberaría a tantos de los esclavizados bajo el tentador. Las insinuaciones del tentador son de una sutileza extrema. Él sabía que las tres únicas puertas para entrar en la intimidad del creyente son "los deseos de la carne, los deseos de los ojos, y la vanagloria de la vida" (1 Jn. 2:16). Satanás se aproximó al Señor desde cada uno de esos tres aspectos. Las tres tentaciones descansan en los deseos de la carne, los deseos de los ojos y la vanagloria de la vida. ¿Cómo se presentó a Jesús el tentador? ¿Tomó una forma visible? ¿Se limitó a susurrar la tentación en el oído de la humanidad del Hijo de Dios? Son preguntas sin respuestas bíblicas. El único hecho cierto es que el tentador vino a Jesús con el propósito de tentarle, conforme al plan y la voluntad de Dios, como escribe Hendriksen:

> *La bajeza del tentador consiste especialmente en esto: primero tienta al hombre a pecar; luego, cuando el tentado sigue su insinuación, el tentador se convierte en acusador. Además, seguirá acusando al caído después que el pecado ha sido ya perdonado (Zac. 3:1-5; Ap. 12:10).*[17]

El tentador sugiere a Jesús que suspenda su tiempo de ayuno y, puesto que tenía hambre, utilizase sus prerrogativas divinas como Hijo de Dios para convertir las piedras en pan, de modo que con ellas pudiese satisfacer su necesidad vital. La sugerencia del diablo fue acompañada de una afirmación contundente: "Si eres Hijo de Dios"[18], no está expresando duda, sino afirmándolo contundentemente, lo que equivale a decir: "Ya que eres el Hijo de Dios". Así lo había oído en el bautismo; por tanto, nada de malo había en que el Señor, como Hijo de Dios, transformase piedras en pan para alimentar su humanidad hambrienta por los cuarenta días de ayuno. Satanás invita a Jesús a que manifieste su condición divina con un milagro que, como Dios,

---

[17] Hendriksen, 1986, p. 238.

[18] Griego: εἰ Υἱὸς εἶ τοῦ Θεοῦ.

podía lícitamente hacer: "Di que estas piedras se conviertan en pan". Hay una insinuación muy sutil en la primera tentación. Satanás está poniendo en tela de juicio el amor que el Padre había proclamado hacia su Hijo. Si realmente le amaba como había dicho, si era el único Hijo en esa manera, si era amado como su Unigénito, había razones suficientes en el hambre al que lo había sometido para pensar que todas aquellas afirmaciones no fuesen verdad. Por otro lado, si era el Hijo de Dios y podía convertir las piedras en pan, no había razón ninguna para que padeciese necesidad de alimento. ¿No estaba pasando hambre? ¿No tenía poder para hacer un milagro? ¿Había algún problema en que convirtiese las piedras en pan? Ninguna de estas cosas era en sí imposible y mucho menos pecaminosa. Entonces, si no había ningún problema en que Jesús satisficiese su hambre, ¿dónde está la tentación? La sutileza de la tentación consistía en que, si Cristo estaba en el desierto, llevado por el Espíritu de Dios, el hecho de que pasara hambre era parte del propósito de Dios; por tanto, satisfacer sus necesidades antes del tiempo previsto por el Padre era salirse de la esfera de la voluntad divina y emprender una andadura sin contar con el propósito de Dios para ese momento. Era, en cierta medida, procurar destruir la confianza de Jesús en la voluntad y poder de su Padre para sustentarlo. Era una forma de proponer a Jesús, en el plano de su humanidad, que dudase o desconfiase de la bondad de Dios y tomase la resolución de sus problemas por sí mismo. En esta primera tentación, Satanás procuró entrar por medio de la puerta de los deseos de la carne.

La respuesta de Jesús es directa y usa un párrafo de la Escritura: "Escrito está: No sólo de pan vivirá el hombre, sino de toda palabra que sale de la boca de Dios"[19] (Mt. 4:4). Cristo usó palabras tomadas del Pentateuco (Dt. 8:3). En el pasaje, Moisés recuerda al pueblo la experiencia del desierto y de la peregrinación. Dios había permitido que el pueblo pasase hambre y humillaciones en Egipto hasta el día de la liberación, para darles luego provisión admirable en el desierto de alimento necesario para cada jornada de su largo periplo hasta la tierra prometida. El Señor quería hacer saber a su pueblo, mientras lo alimentaba con el maná, que más importante que el pan es la palabra suya. Lo que Jesús está afirmando delante del tentador es que la

---

[19] Texto griego: ὁ δὲ ἀποκριθεὶς εἶπεν· γέγραπται· οὐκ ἐπ' ἄρτῳ μόνῳ ζήσεται ὁ ἄνθρωπος, ἀλλ' ἐπὶ παντὶ ῥήματι ἐκπορευομένῳ διὰ στόματος Θεοῦ.

conservación de la vida del hombre no depende sólo de los alimentos que pueda disponer, sino de la voluntad de Dios, que puede preservarla y conservarla con la autoridad de su palabra produciendo cuanto sea necesario para la sustentación de los suyos, como hizo con Israel en el desierto. Mientras Satanás proponía a Jesús que utilizase los recursos de poder de que disponía para poner fin a una situación penosa para Él mismo, el Señor afirmaba delante del diablo que lo único válido en la vida del hombre es poner su confianza plenamente en Dios y esperar en su tiempo. Al tiempo que respondía a Satanás, honraba la Palabra de Dios al acudir a ella para la respuesta. El tentador procuraba que Jesús resolviese su problema de hambre tan pronto como se produjo, pero Dios desea que sus hijos, cuando confronten una situación difícil, recurran y confíen en Él. Jesús expresa delante de Satanás que el hombre puede vivir perfectamente sin pan, como ocurrió con Israel en el desierto, donde fueron alimentados con maná durante cuarenta años, pero no puede vivir ni un solo instante en su plano espiritual, e incluso material, sin depender del poder de la palabra de Dios. Como escribe Hendriksen:

> *Por tanto, lo que Jesús quiso decir puede ser parafraseado como sigue: "Tentador, actúas sobre la falsa suposición de que, para que el hombre sacie el hambre y siga viviendo, es absolutamente necesario el pan. Ante esta idea errónea, yo ahora declaro que la única fuente indispensable de la vida y bienestar del hombre, y para mí, es el poder de mi Padre que es creativo, fortalecedor y sustentador".*[20]

Cuando Cristo se refirió a "toda palabra que sale de la boca de Dios", estaba aludiendo a la capacidad de bendiciones que brotan de su omnipotencia. La palabra de Dios fue suficiente para producir la Creación y su misma palabra es bastante para preservarla (He. 1:3). Fue por su palabra que fueron hechos los cielos (Sal. 33:6). Jesús estaba manifestando una absoluta confianza filial en el cuidado de su Padre. En medio del hambre, o de cualquier otra prueba, está la presencia de Dios que pone todo su poder al servicio de las necesidades de sus hijos.

Fracasado el primer intento, el diablo emprende una segunda tentación: "Entonces el diablo le llevó a la santa ciudad, y le puso

---

[20] Hendriksen, 1986, p. 239.

sobre el pináculo del tempo”[21] (Mt. 4:5). No se puede precisar si hubo un espacio de tiempo entre ambas o si se produjo a continuación de la primera, en un breve intervalo de tiempo. En la primera ocasión, el tentador procuró inducirle a desconfiar de la bondad de Dios; en esta segunda, pretendía llevarle a una desconfianza en las promesas divinas. Para ello condujo al Señor a la santa ciudad, calificativo de Jerusalén. ¿Cómo ocurrió esto? ¿Se trata de una visión de Jesús o de una realidad? ¿Cómo llevó el diablo a Cristo a la santa ciudad? No cabe duda de que era imposible para Satanás llevarle a ningún lado contra su voluntad, es decir, no había fuerza suficiente en el querubín caído para obligar al Señor. La opinión de algunos es que invitó a Jesús a ir a la santa ciudad y Él lo aceptó voluntariamente. Sin embargo, debe entenderse como una visión, es decir, el Señor estuvo todo el tiempo en el desierto, donde fue tentado por el diablo; tanto el pináculo del templo como el monte alto fueron visiones. Esta posición está más en consonancia con el hecho de que el diablo le mostró todos los reinos del mundo desde el monte alto, cosa absolutamente imposible realmente, porque no hay ninguno desde el que pudiera producirse tal contemplación. Fuese de un modo real o en un traslado visual, el diablo le puso sobre el pináculo o el alero del templo. Parece ser que el pináculo[22] es una referencia a alguno de los ángulos de los pórticos del templo que daban al torrente de Cedrón, y que en algunos puntos alcanzaban una altura de 180 m. De estos dice Josefo que había peligro de vértigo mirando hacia abajo. En tiempos de Cristo se había extendido una creencia sobre la venida del Mesías: que cuando se produjese, se manifestaría repentinamente ante las multitudes desde una de las terrazas del templo para anunciar la liberación de Israel. Satanás lo llevó al lugar más apropiado para que fuese fácil inducirle a hacer algo espectacular que tuviese resultados directos sobre el reino que Dios había prometido a David y del que Jesús era el único legítimo heredero.

Jesús había replicado a Satanás con la Escritura; Satanás ahora la usa para la segunda tentación: “Y le dijo: si eres Hijo de Dios, échate abajo; porque escrito esta: A sus ángeles mandará acerca de ti, y, en sus manos te sostendrán, para que no tropieces con tu pie en

---

[21] Texto griego: Τότε παραλαμβάνει αὐτὸν ὁ διάβολος εἰς τὴν ἁγίαν πόλιν καὶ ἔστησεν αὐτὸν ἐπὶ τὸ πτερύγιον τοῦ ἱεροῦ.
[22] Griego: πτερύγιον.

piedra"[23] (Mt. 4:6). Es el complemento a la primera. El Señor había manifestado su plena confianza y dependencia del Padre; ahora el tentador le sugiere que demuestre esa confianza. De nuevo inicia la tentación con el reconocimiento de que Jesús era el Hijo de Dios. Era algo que el tentador sabía, pero que debían saberlo todas las gentes. Como si estuviese diciéndole: "Ya que eres el Hijo de Dios, manifiesta a todos que realmente lo eres". El diablo proponía a Cristo una acción espectacular que mostrase al mundo que era el enviado de Dios y que estaba bajo una protección especial para su vida y ministerio. Todos los que viesen un hecho semejante no dudarían en reconocerle, más que como un mero hombre, como el enviado de Dios. A los ojos de todos los que presenciasen el portento, Jesús sería reconocido como "el Mensajero, el ángel del pacto, el Señor que viene súbitamente a su Templo" (Mal. 3:1). El diablo sugería, no podía mandar sobre el Señor; simplemente le dice: "Échate abajo".

Para reforzar la propuesta, acude a la Escritura. Toma dos promesas de Dios contenidas en los Salmos (91:11, 12). La forma en que aparecen las palabras indica que han sido tomadas de la Septuaginta. Sin embargo, las palabras citadas por Satanás tienen una notable ausencia; él dijo sólo una parte de la primera promesa: "A sus ángeles mandará cerca de ti", pero omitió lo que sigue en el texto: "En todos tus caminos". Los ángeles están al servicio de los herederos de salvación (He. 1:14), pero siempre y cuando se limiten a seguir el camino trazado por Dios para ellos. Estas son las sendas de justicia de las que habla el salmista (Sal. 23:3). Sólo aquel que habita al abrigo del Altísimo mora bajo la sombra del Omnipotente, es decir, está bajo la protección permanente de Dios (Sal. 91:1). Es para éste y sólo para él la custodia de los ángeles de Dios conforme a la providencia divina. Vive en dependencia de Dios y Dios se ocupa de su protección. El Señor guarda sus veredas y "preserva el camino de sus santos" (Pr. 2:8). Satanás procuraba dar a entender, con la utilización de una media verdad, que Dios protege a los suyos sin importar qué cosa estén haciendo. ¿Era Jesús el Hijo de Dios? ¿Hay en la Escritura un compromiso de Dios para el cuidado de los suyos? ¿Qué de malo habría en manifestarse de aquella manera para que las

[23] Texto griego: καὶ λέγει αὐτῷ· εἰ Υἱὸς εἶ τοῦ Θεοῦ, βάλε σεαυτὸν κάτω· γέγραπται γὰρ ὅτι τοῖς ἀγγέλοις αὐτοῦ ἐντελεῖται περὶ σοῦ καὶ ἐπὶ χειρῶν ἀροῦσιν σε, μήποτε προσκόψῃς πρὸς λίθον τὸν πόδα σου.

gentes lo recibieran como el Mesías enviado? Por otro lado, Satanás añade una segunda promesa: no solo hay protección, sino que los ángeles que Dios enviará tomarán con sumo cuidado en sus manos al justo e impedirán que sus pies tropiecen y se dañen. No hay duda de que el tentador estaba haciendo un distorsionado uso del pasaje bíblico, sacando los textos de contexto para usarlos como pretexto contra Jesús, induciéndole a tentar a Dios para probar la realidad de sus promesas.

De nuevo, la sutileza en la tentación estaba en la insinuación del diablo: "Si crees en la verdad de la Biblia y sus promesas, ponla a prueba y verifica si Dios es digno de confianza". De otro modo, comprueba que las promesas de Dios se cumplen y no están escritas simplemente para exaltar las perfecciones divinas. Satanás estaba diciendo al Señor: "No creas, prueba". Una acción semejante no sería probar la fidelidad de Dios, sino verificar que es digno de ser creído. Eso es dudar de Dios hasta comprobar que es merecedor de confianza. Quien trata de comprobar que las promesas del Señor se cumplen, realmente está desconfiando de Dios, porque duda de Él. Hay además otra condicionante en la tentación que gravita junto con la anterior. Es una temeridad llevar a cabo una acción semejante; arrojarse al vacío con riesgo de la vida haciendo intervenir a Dios para cumplir su promesa es algo condenable y temerario que Él no aprueba. El verdadero hijo de Dios pide al Señor: "Preserva a tu siervo de las soberbias; que no se enseñoreen de mí" (Sal. 19:13). Si Jesús hubiese aceptado la propuesta de Satanás, supondría poner la arrogancia en lugar de la fe y el orgullo en lugar de la sumisión a la voluntad divina. Como dice Hendriksen: "La falsa confianza en el Padre, que el diablo exigía de Jesús en esta segunda tentación, no era mejor que la desconfianza que le había propuesto en la primera".[24] Realmente el tentador estaba procurando acceder a la humanidad de Cristo mediante la segunda puerta por la que podía entrar: "Los deseos de los ojos" (1 Jn. 2:16).

A la tentación siguió la respuesta. "Jesús le dijo: Escrito está también: No tentarás al Señor tu Dios"[25] (Mt. 4:7). Apela nuevamente

---

[24] Hendriksen, 1986, p. 242.

[25] Texto griego: ἔφη αὐτῷ ὁ Ἰησοῦς· πάλιν γέγραπται· οὐκ ἐκπειράσεις Κύριον τὸν Θεόν σου.

al Pentateuco (Dt. 6:16). Esta cita da la interpretación al sentido real que tienen las palabras del Salmo usadas por Satanás: "No pondrás a prueba al Señor tu Dios". Satanás proponía a Jesús que buscase la realidad de la promesa divina fuera o al margen del camino de Dios. Pero si alguien sale de lo establecido por Él, no puede esperar ser bendecido. Bendiciones y camino de Dios están juntas siempre. La cita de Deuteronomio usada por Jesús está en plural; literalmente: "No tentaréis a Jehová vuestro Dios". Por tanto, es lícito usarla en singular. Lo que se establece como mandamiento para todo el pueblo es también mandamiento individual para cada uno de los que lo forman. Así lo utilizó Jesús: "No tentarás al Señor tu Dios". Si Jesús hubiese aceptado la sugerencia de Satanás, habría incurrido en una acción al margen de Dios, por cuanto no había recibido ninguna instrucción para llevarla a cabo ni formaba parte del programa divino encomendado a Cristo para su realización terrenal en la obra de redención. También hubiese sido, como se dijo antes, un acto de desconfianza en el cumplimiento de las promesas de Dios, incluso una arrogancia personal buscando la protección en algo que no era más que una expresión de orgullo humano, como si hubiese solicitado comprobar que el Padre celestial estaba interesado en su protección en cada circunstancia. La cita del Señor tiene como contexto un acto de desconfianza y rebeldía injustificada del pueblo de Israel contra Dios. Se produjo en relación con las aguas amargas de Meriba (Ex. 17:1-7). El pueblo acusó a Moisés de haberlos sacado de Egipto con el propósito de matarlos en el desierto. Era la actuación de un hijo insolente y desafiante ante un padre amable y condescendiente. La arrogancia del pueblo fue de tal dimensión que se atrevieron a preguntar si realmente Dios estaba entre ellos, es decir, si podían contar realmente con su presencia y protección. A pesar de haber visto cuanto había hecho por ellos y con ellos, se levantaban arrogantes probando, o tentando, a Dios, buscando la verificación de la realidad de su presencia y cuidado. Nada tenía que ver con la confianza humilde que pide protección en momentos de zozobra y dificultades. De ahí el mandamiento de no poner a prueba al Señor. Satanás había procurado acceder por la puerta de los deseos de los ojos, pero Cristo, usando la Palabra, cerró firmemente el paso al tentador, derrotándolo en su propósito.

La tercera tentación es también la última: "Otra vez le llevó el diablo a un monte muy alto, y le mostró todos los reinos del mundo y la gloria de ellos, y le dijo: Todo esto te daré, si postrado me adorares"[26] (Mt. 4:8-9). La tercera puerta de acceso que Satanás puede utilizar en la tentación es la vanagloria de la vida (1 Jn. 2:16). Es la que empleó en la tercera tentación. Es la más intensa y difícil de todas ellas. Nadie que venza a Satanás en las tentaciones puede pensar que dejará de intentar su caída en una forma más intensa y sutil. Su propósito es hacer fracasar al creyente; por tanto, lo intentará de cuantas maneras le sea posible. Satanás llevó, literalmente *tomó consigo*[27], de ahí el sentido de llevar al Señor hasta situarlo sobre un monte muy alto para mostrarle desde allí todos los reinos del mundo y su gloria. Indudablemente surge la pregunta: ¿Es esto literal? ¿Debe considerarse que realmente el Señor fue conducido desde el pináculo del templo a un monte alto? ¿Cuál de los montes de la tierra es suficiente para una panorámica de todos los reinos del mundo? ¿Qué montaña de los alrededores del Jordán pudo haber sido? Lucas puede dar la pauta para entender esta afirmación como expresión de una visión panorámica que el tentador puso delante de Cristo sobre los reinos del mundo y su gloria. Así puede entenderse la expresión del evangelio cuando dice "le mostró en un momento" (Lc. 4:5), esto es, hizo discurrir delante de Él una visión panorámica de los reinos del mundo. Sin duda, esta interpretación no satisfará a algunos que consideran que ha entenderse esto como algo literal. Debe recordarse, sin embargo, que también Juan fue llevado a una alta montaña cuando estaba desterrado en Patmos, desde donde le fueron mostradas importantes visiones, no físicamente, sino cuando estaba en el espíritu (Ap. 1:9, 10; 21:10). Lo importante de la cuestión no es el monte en sí, sino la tentación de Satanás.

Entender esta tercera tentación exige conocer el alcance del ministerio mesiánico de Jesucristo. Dios había enviado a su Hijo al mundo con un propósito salvífico, pero también con el propósito de establecer el reino de los cielos entre los hombres. La predicación de Juan el Bautista y la misma predicación del Señor lo evidencian: "El reino de los cielos se ha acercado" (Mt. 3:2; Mr. 1:15). Satanás conocía el testimonio que el Padre había dado acerca de su Hijo en el momento de ser bautizado por Juan: "Este es mi Hijo amado" (Mt.

---

[26] Texto griego: Πάλιν παραλαμβάνει αὐτὸν ὁ διάβολος εἰς ὄρος ὑψηλὸν λίαν καὶ δείκνυσιν αὐτῷ πάσας τὰς βασιλείας τοῦ κόσμου καὶ τὴν δόξαν αὐτῶν καὶ εἶπεν αὐτῷ· ταῦτα σοι πάντα δώσω, ἐὰν πεσὼν προσκυνήσῃς μοι.

[27] Griego: παραλαμβάνει.

3:17). Si Jesús era realmente el Hijo amado quiere decir que era en quien habían de cumplirse las promesas mesiánicas para el reino de los cielos: "Yo publicaré el decreto; Jehová me ha dicho: Mi hijo eres tú; yo te engendré hoy. Pídeme, y te daré por herencia las naciones, y como posesión tuya los confines de la tierra" (Sal. 2:7-8). Por la Escritura, Satanás sabía también que el Mesías gobernaría sobre las naciones:

> *Dominará de mar a mar, y desde el río hasta los confines de la tierra. Ante Él se postrarán los moradores del desierto, y sus enemigos lamerán el polvo. Los reyes de Tarsis y de las costas traerán presentes; los reyes de Sabá y de Seba ofrecerán dones. Todos los reyes se postrarán delante de Él; todas las naciones le servirán. (Sal. 72:8-11)*

El tentador conocía también la posición que ocupaba en relación con los reinos del mundo. Dios había creado al hombre para que fuese el gobernador con autoridad delegada sobre la tierra. El Creador le había conferido autoridad para sojuzgar la tierra (Gn. 1:28). Como consecuencia de la tentación y de la caída, los reinos del mundo, es decir, la esfera de autoridad que el hombre debía ejercer, fueron trasladados a Satanás, no como derecho, sino como trofeo de victoria; de ahí que pueda decir a Cristo que eran suyos porque le habían sido entregada la gloria de ellos, es decir, él controlaba el gobierno de los reinos en el mundo y lo daba a quien quería (Lc. 4:6). Si Jesús era el Mesías y venía para instaurar el reino de Dios, tenía necesariamente que arrebatarle al tentador la autoridad que estaba ejerciendo. Es muy probable que Satanás conociese el plan de salvación y supiese que su derrota no estaba en la esfera de la vida de Jesús, sino en su muerte. De ahí que, a lo largo de toda la historia humana de Cristo hubiese continuos intentos por parte del diablo para quitarle la vida, a fin de que no se produjese la cruz, donde él y sus huestes serían definitivamente derrotados. Desde la panorámica de la visión, Satanás estaba mostrando al Señor la gloria de todos los reinos del mundo, ofreciéndole un medio más cómodo y menos sacrificado para obtenerla.

Satanás hace un impío ofrecimiento a Jesús. Si había venido para hacer suyos los reinos del mundo conforme a la promesa que Dios dio a su Hijo, no había que esperar más; no era necesario que se produjese la cruz. Estaba dispuesto a entregárselos sin ninguna reserva: "Todas estas cosas te daré". Ciertamente lo que estaba ofreciendo a Jesús era la pompa, la vanagloria, de que estaban —y están— revestidos los reinos del mundo. No era eso lo que está en el proyecto divino para el gobierno de la tierra. El reino de los cielos no tiene nada que ver con los reinos que Satanás establece en la tierra bajo su control (1 Jn. 5:19). El diablo estaba en su derecho de hacer esta propuesta, porque él era el príncipe de este mundo, que sería echado fuera por la obra de Cristo (Jn. 12:31). Satanás estaba procurando que Jesús recibiese la promesa que el Padre le había hecho, no por el camino de la cruz, sino por mano del tentador en un acto de sumisión a él. La condición que propone a Jesús para recibir los reinos del mundo es absolutamente vergonzosa: si postrado me adoras. ¿Qué quiso decir realmente el tentador? ¿Se trataba de ser adorado como Dios? La palabra podía considerarse como un saludo respetuoso; en ese caso estaría diciendo al Señor: si me rindes homenaje, o simplemente si reconoces con respeto, gratitud y reverencia mediante una inclinación delante de mí lo que te ofrezco. No era necesario el sufrimiento de la cruz, el desamparo del Padre, la intensidad de la agonía en Getsemaní, todo podía ser sustituido por un simple acatamiento de la propuesta del tentador. Lo mismo que en las anteriores ocasiones, se trata de dejar el programa de Dios para tomar otro distinto. Aparentemente el resultado sería el mismo: por la vía de la cruz, los reinos serían tomados para Cristo mediante la experiencia de la pasión, muerte y resurrección; por la vía de la oferta de Satanás, los reinos vendrían a ser también suyos sin sufrimiento. En el fondo, la cuestión tiene que ver con el resultado de la obra de la cruz, no sólo en relación con el reino, sino con la salvación de los hombres. En la cruz, Satanás y sus huestes serían despojados de todo lo que es razón de su programa y propósito. El acta de acusaciones contra el hombre sería clavada con Jesús y Dios en una admirable dimensión de su justicia; haciendo honor al sacrificio expiatorio de su Hijo, podría dar libertad, perdón de pecados y vida eterna a cuantos crean en Cristo (Col. 2:13-15). La victoria de la cruz dejaría reducido a la impotencia el mundo de Satanás.

Si Dios es el único que debe ser adorado y la expresión visible de la adoración es la obediencia, dejar la obediencia a Dios para acatar otra disposición que no sea la divina se constituye en un acto de adoración impía. Esa es la dimensión de la tercera tentación.

La reacción de Jesús fue inmediata. "Entonces Jesús le dijo: Vete Satanás, porque escrito está: al Señor tu Dios adorarás, y a Él solo servirás"[28] (Mt. 4:10). La victoria sobre Satanás se pone de manifiesto en la autoridad de la respuesta que da a la tercera y última propuesta del tentador. Va revestida de toda la autoridad omnipotente del Hijo de Dios, por tanto, no podía ser resistida: "¡Apártate, Satanás!". En ella Jesús expresa también su repugnancia a las propuestas diabólicas. La tercera tentación estaba rodeada de una dimensión de ofensa a Dios que exige una reprensión del tentador. Cristo ordena al diablo que se retire mediante una cláusula de mandato con el verbo en presente de imperativo: "Vete, Satanás". Lo hace sin dejar de apelar a la Escritura, fundamentando en ella el mandato que establece para el tentador: "Porque está escrito". La insinuación diabólica no puede ser aceptada bajo ningún concepto por ningún hombre, porque sólo Dios merece y debe ser obedecido. Quien tiene derecho a ser obedecido tiene derecho a ser adorado. El Señor volvió a apelar a la Palabra para ordenar a Satanás que abandonase el campo de la tentación. Sus palabras pueden ser otra vez las que Moisés dejó en Deuteronomio: "Al Señor tu Dios adorarás y a él solo servirás" (Dt. 6:13; 10:20). Servir es un acto de adoración, por tanto, sólo se puede servir acatando sin reservas la voluntad de Dios, si verdaderamente se le quiere prestar adoración. Jesús afirma delante del tentador que es inútil que persista en el camino de la tentación porque Él como hombre está dispuesto a hacer sólo lo que su Padre quería que hiciese (Jn. 5:30: 6:38). No habría oferta alguna que le hiciese cambiar de pensamiento. Nada podría haber de importancia que sustituyese su lealtad y obediencia al Padre. Cualquier intento diabólico en esta dirección estaba destinado al fracaso. Con voz de autoridad Jesús aleja de sí al tentador llamándole por su propio nombre, Satanás, descubriendo también su perversidad al pretender ser obedecido y adorado como Dios. Sólo el Señor Dios, Creador y hacedor de todas las cosas debe ser adorado y servido como expresamente Él mismo estableció en su Palabra. La expresión de Jesús pone de manifiesto que, desde el plano de su humanidad como hombre, también Él adoraba a Dios, cumpliendo su voluntad que es la forma visible de la verdadera adoración.

El final del proceso de las tentaciones se expresa con una frase de victoria: "El diablo entonces le dejó; y he aquí vinieron

---

[28] Texto griego: τότε λέγει αὐτῷ ὁ Ἰησοῦς· ὕπαγε, σατανᾶ· γέγραπται γάρ· Κύριον τὸν Θεόν σου προσκυνήσεις καὶ αὐτῷ μόνῳ λατρεύσεις.

ángeles y le servían"[29] (Mt. 4:11). La victoria sobre el tentador se había establecido. El diablo no podía resistir la autoridad con que fue conminado a abandonar el campo de la tentación en el que había permanecido. Era inútil persistir en la tentación; por tanto, "el diablo le dejó". El hombre perfecto, Jesús de Nazaret, era el único hombre en la historia humana que podía resistir cualquier ataque del tentador, permaneciendo firme en el propósito y la voluntad de Dios. Cuando Adán fue tentado, fracasó; luego, el segundo Adán, Cristo, retorna la victoria al plano de la humanidad. No hay razón para pensar que Satanás es más fuerte y que tarde o temprano hará caer al hombre como siempre ocurrió. Un hombre a nuestra semejanza fue vencedor sobre Satanás. La retirada del diablo no fue definitiva, sino hasta un determinado tiempo (Lc. 4:13). Había un momento en que volvería a la tentación, pero mientras llegaba aquel instante, se retira abatido y avergonzado. Había fracasado en su propósito, se había manifestado la gloriosa victoria del Señor.

En el momento de la retirada de Satanás, expresado por Mateo con su acostumbrada indefinición temporal mediante el uso de *entonces*, se hacen presentes algunos ángeles que servían a Jesús: "Y he aquí, se acercaron ángeles y le servían". El Señor es ejemplo en todo para los cristianos. De la misma manera que los ángeles estuvieron prestos a servirle a Él, así también Él los asigna para servicio de los que son herederos de salvación (He. 1:14).

El aspecto soteriológico de la cristología histórica se pone de manifiesto en muchos lugares, entre otros en el de la tentación de Jesús. La autoridad de Cristo ahora pertenece también al creyente a causa de la identificación con Él (Fil. 1:21; Gá. 2:20). Es cierto que el cristiano no tiene en sí mismo autoridad alguna sobre Satanás. Los ángeles están colocados en un plano superior al hombre en el orden creacional. El hombre no puede ejercer autoridad sobre los ángeles porque no fue creado en un nivel superior a ellos, ni le fueron encomendados como lo fue la creación terrenal. Pero quien está en Cristo recibe la autoridad propia del Señor, por lo que puede ejercer también esa misma autoridad sobre Satanás y los demonios. Jesucristo resucitado y glorificado está en posición de autoridad suprema sobre los ángeles (Ef. 1:20-21). Potencialmente, cada creyente en Cristo ha

---

[29] Texto griego: Τότε ἀφίησιν αὐτὸν ὁ διάβολος, καὶ ἰδοὺ ἄγγελοι προσῆλθον καὶ διηκόνουν αὐτῷ.

sido colocado en los lugares celestiales donde también está el Señor (Ef. 2:6). La enseñanza del apóstol en el pasaje de Efesios es clara: cuando Cristo resucitó, los creyentes resucitaron con Él; cuando ascendió a los cielos, ocurrió lo mismo; y cuando el Hijo recibe del Padre la autoridad sobre el dominio angelical, comunica esa autoridad a los creyentes porque están en Cristo Jesús. El cristiano tiene una autoridad sobre Satanás que no tiene el hombre no regenerado. En virtud de la nueva creación en Cristo, ocupa un lugar superior a los ángeles y tiene sobre ellos la autoridad que le confiere la identificación con Cristo, a quien pertenece. Satanás se opone al ejercicio de esa autoridad, que no puede resistir engañando al creyente y haciéndole pensar que no hubo nadie que pudiese resistir con éxito la tentación. Esa es una manera de amedrentar al cristiano para que no esté firme frente a las acechanzas del diablo. El cristiano no tiene que hacer un esfuerzo personal para derrotar a Satanás, porque ya ha sido derrotado por Cristo. Lo único que se pide al hijo de Dios en Cristo es que resista al diablo y éste tendrá que huir (Stg. 4:7). De otro modo, el creyente debe oponerse activamente al tentador, como hizo en ejemplo supremo el Hijo de Dios. El creyente en esa posición de resistencia ha recibido las armas necesarias: "Por tanto, tomad toda la armadura de Dios, para que podáis resistir en el día malo, y habiendo acabado todo, estar firmes" (Ef. 6:13). Cuando un creyente se apropia por la fe de la armadura defensiva que Dios le ofrece, puede resistir al diablo, que tendrá que huir derrotado en su intento malévolo de hacer fracasar al hijo de Dios. Los cristianos como miembros de la casa y familia de Dios no tienen que vivir una vida fracasada y en continua derrota. Dios le ha conferido el poder y la autoridad de Jesucristo en este campo para que pueda resistir al diablo.

CAPÍTULO XII
LA TRANSFIGURACIÓN

Introducción

Jesús había anunciado el evangelio del reino en todo el territorio donde tuvo lugar su ministerio. La gente que lo escuchaba y los discípulos que lo seguían entendieron que el reino prometido por los profetas estaba a punto de ser instaurado, ya que la persona del rey estaba en la tierra de Israel. Las muchas señales y prodigios que había realizado durante los años de vida pública manifestaban que Él era el Mesías esperado por tantos años y anunciado desde siglos antes por los profetas. Sin embargo, todo cuanto el Señor hacía quedaba reducido al ámbito de la gracia que operaba en beneficio de los necesitados, que sanaba a los enfermos, que daba vista a los ciegos, que restauraba al paralítico y echaba fuera demonios, pero no se manifestaba en acciones concretas en relación con el establecimiento del reino de los cielos en la tierra.

En la región de Cesarea de Filipos, Pedro expresó lo que era convicción plena de todos los discípulos: que era el Cristo. En esa ocasión especialmente importante, Jesús no respondió a la confesión de Pedro afirmándose en la determinación de instaurar ya el reino de los cielos, sino que les habló del sufrimiento y la muerte que esperaban en el futuro inmediato del rey. La idea generalizada del reino de los cielos, imbuida en la mente de los israelitas por una deficiente enseñanza teológica, no se concretaba, y de seguir así, es probable que en la mente de los discípulos se produjera la misma pregunta que le formularon los dos que Juan el Bautista había enviado: "¿Eres tú el que había de venir o esperaremos a otro?". El Señor sabía la necesidad que había en aquellos cuya fe era poca y a quienes Él llamó "hombres de poca fe" de una concienciación sobre la realidad del reino de los cielos y de la gloria y majestad del rey que hasta entonces era en apariencia un hombre más. La pasión y muerte debían ser vistas por ellos no desde la perspectiva de un término, sino del comienzo de un camino de triunfo que desembocará en el reino sobre la tierra. Les había hablado de la Iglesia como algo que sería edificado por Él, pero en ella no se agotarían las promesas sobre el reino de los cielos, sino que formaría parte de la expresión espiritual de ese reino en el tiempo siguiente a su muerte y resurrección.

Cristo iba a darles una panorámica real de lo que será la venida del Hijo del Hombre con poder y gloria, esto es, un avance real de lo que será la realidad del reino de los cielos cuando llegue el cumplimiento del tiempo que Dios tiene determinado para él. El Señor había dicho que la venida del Hijo del Hombre en la gloria de su reino sería vista por algunos de los que estaban allí. Es en la transfiguración donde cumple la promesa; es muy significativo que los tres sinópticos conecten la transfiguración con el relato anterior que, sin solución de continuidad, desemboca en el episodio del Señor transfigurado delante de ellos.

En medio de un tiempo de ministerio que pasaba por acoso y desprecio de quienes estaban procurando su muerte y, sobre todo, frente a un futuro en el que los judíos iban a matar a quien es el Autor de la vida (Hch. 3:15), Jesús quiere darles una pincelada de la gloriosa majestad que tiene como Hijo de Dios. No se trata de un milagro por el que nuestro Señor resplandeció glorioso a los ojos de tres de sus discípulos, sino la manifestación de la gloria que siempre tiene por ser Dios, en la unidad con el Padre y el Espíritu Santo. Esta visión admirable de la gloria del rey iba a cambiar el concepto de la profecía en el Nuevo Testamento de una manifestación de revelaciones narradas a la descripción de testigos que vieron con sus ojos la majestad que en el futuro manifestará el rey de reyes y Señor de señores. Los discípulos estaban condicionados a la manifestación de Elías que debía venir antes del reino, por lo que el Señor aprovecha la ocasión respondiendo a la pregunta que sobre esa venida del profeta le formularon los discípulos para disipar las dudas de ellos y clarificar sus ideas.

La indicación previa

Pocos días antes, Jesús dijo a sus discípulos que "hay algunos de los que están aquí, que no gustarán la muerte, hasta que hayan visto al Hijo del Hombre viniendo en su reino" (Mt. 16:28), o como recoge Marcos: "De cierto os digo que hay algunos de los que están aquí, que no gustarán la muerte hasta que hayan visto el reino de Dios venido con poder"[1] (Mr. 9:1). El Señor se dirige a ellos; aquí está la

[1] Texto griego: ἀμὴν λέγω ὑμῖν ὅτι εἰσίν τινες τῶν ὧδε ἑστώτων οἵτινες οὐ μὴ γεύσωνται θανάτου ἕως ἂν ἴδωσιν τὸν Υἱὸν τοῦ Ἀνθρώπου ἐρχόμενον ἐν τῇ βασιλείᾳ αὐτοῦ.

primera dificultad del versículo: ¿Quién es el objeto del verbo *decir, hablar*? De otro modo, ¿con quiénes está hablando? La respuesta es difícil y vuelve a verse involucrado en ella el concepto que se dé al primero de los participios usados en la cláusula, en sentido de estar, estar en pie, estar presentes. Este participio tendría la acepción directa de que han estado presentes. Sin embargo, adquiere aquí un valor de presente, en sentido de que están presentes. El perfecto en el verbo da a este el sentido de intransitivo, que equivale a colocarse, ponerse en pie. Tomándolo de este modo, el Señor podría estar dirigiéndose a la multitud que se había puesto en pie, probablemente por el final del discurso que había pronunciado según el testimonio de los sinópticos. Tal sentido concuerda también con el segundo participio *viniendo*, o incluso *que ha venido*. Por tanto, podría haberse dirigido a todos los presentes; quiere decir que el pronombre personal de la primera oración tendría que ver con todos aquellos que podían oír las últimas palabras de Jesús.

Si el primer participio se traduce en sentido transitivo vendría a decir que han estado en pie o, en general, los que han estado presentes, o los que han estado aquí; comprendería también a todos, pero las palabras tendrían que aceptarse como únicamente dirigidas a los Doce. Considero que la oración tiene que traducirse como presente y se dirige a todos, incluyendo a los discípulos.

Las palabras adquieren un gran sentido de solemnidad con la transliteración amén, traducida como una expresión enfática equivalente a *de cierto*, *en verdad*, seguida del verbo decir, que adquiere el sentido de *en verdad, de cierto os digo*. La oración que sigue viene precedida de una advertencia a que se preste atención a lo que viene a continuación. La advertencia solemne general se refiere a un hecho que se producirá para algunos de los que están aquí o incluso de los que están en pie aquí. Esto vincula lo que viene con algunos de los presentes en aquel momento. La imprecisión de la oración es notable. ¿Quiénes son esos algunos? Por el contexto general, se descubre que hablaba de tres de los discípulos que Él seleccionará de entre todos ellos. Indudablemente se refiere a algunos de los que estaban allí.

La segunda advertencia es que aquellos a los que se refiere no morirían hasta que viesen el Reino de Dios viniendo en poder. La expresión *no gustarán* es la forma del lenguaje figurado para referirse a la experiencia de la muerte. El énfasis de toda la cláusula es notable: siguiendo al *amén*, va una negativa enfática compuesta por negaciones unidas, que adquieren un valor definitivamente firme, como jamás, de ningún modo, en ninguna manera. Lo que estos verían sería la manifestación visible y poderosa del Reino de Dios.

La Biblia enseña que a lo largo de la historia humana Dios ha tenido siempre un reino y, por consiguiente, ha reinado sobre personas que en una manifestación de fe lo aceptaron como rey. Sin duda alguna, la revelación sobre la *basileia* es progresiva en la Biblia, teniendo una notoria expresión en el Reino futuro, pero que no será la manifestación final y definitiva del Reino, sino que éste se proyecta a perpetuidad en cielos nuevos y tierra nueva. De la misma manera, aunque en sentido diametralmente opuesto, el amilenarismo y las distintas formas de preterismo entienden el concepto *reino* como realizado ya en la Iglesia, y que la implantación del Reino de Dios en la tierra estará vinculada directamente con la presencia de la Iglesia y la conquista de las naciones por el evangelio que predique. En este último sentido, Hendriksen, comentando el pasaje paralelo del evangelio según Mateo, escribe:

Que la venida del Hijo del Hombre en su dignidad real, una venida cuya fecha está tan claramente fija en la mente de Jesús que puede agregar que algunos de los hombres a quienes está hablando van a verla antes de morir, no puede referirse a la segunda venida es claro de Mt. 24:36 (cf. Mr. 13:32), donde Jesús declara específicamente que la fecha de esa venida le es desconocida a Él.

Por cierto, la venida para dar a cada uno según sus obras (Mt. 16:27) y la venida en su dignidad real o literalmente en su realeza (Mt. 16:28) están estrechamente relacionadas. Sin embargo, no son idénticas. Aquí en Mt. 16:27, 28, así como en Mt. 10:23, Jesús está haciendo uso del "escorzo profético". Considera todo el estado de exaltación, desde su resurrección hasta su segunda venida, como una unidad. En el v. 27 describe la consumación final; aquí en el v. 28 su principio. Entonces aquí está diciendo que algunos de los que lo han estado escuchando van a ser testigos de ese principio. Van a ver al Hijo del Hombre viniendo en su dignidad real, esto es, viniendo en su majestad, a reinar como rey. ¿No es Él quien fue destinado a reinar como rey de reyes y Señor de señores (Ap. 19:16)? Aquí en Mt. 16:28 la referencia con toda probabilidad es a: a. su gloriosa resurrección, b. su venida en el Espíritu en el día de Pentecostés, y en estrecha relación con ese acontecimiento, c. su reinado desde su posición a la diestra del Padre, reinado que se haría evidente en la historia de la iglesia después de Pentecostés, como se describe en el libro de Hechos... Como resultado de la resurrección de Jesús y su venida en el Espíritu el día de Pentecostés comenzaron a ocurrir cambios tan grandes que, como lo vieron los inconversos, el mundo comenzó a ser trastornado (Hch. 17:6). Estaban por ocurrir acontecimientos de importancia capital: la mayoría de edad de la iglesia, con iluminación espiritual, amor, unidad y valentía que prevalecieron en sus filas como nunca antes, la extensión de la iglesia entre los gentiles, la conversión de personas por miles, la presencia y el ejercicio de muchos dones carismáticos (Hch. 2:41; 4:4, 32-35; 5:12-16; 6:7; 19:10, 17-20; 1 Ts. 1:8-10). Todas estas cosas justificaban la predicción de que el Hijo del hombre vendría en su realeza, esto es, en su dignidad real.

Jesús anuncia que esto ocurrirá durante la vida de algunos de aquellos a quienes ahora se está dirigiendo. Eso también se cumplió literalmente. De ningún modo todos los que oyeron esta predicción del Señor vivieron o estuvieron presentes para ver su pleno cumplimiento. Judas Iscariote nada vio de todo esto. Tomás no estaba presente con los demás discípulos la tarde del domingo, el día de la resurrección. Jacobo el hermano de Juan, vio solamente el principio del maravilloso período descrito en el libro de Hechos (véase Hch. 12:1-2). Algunos de los apóstoles estaban ausentes cundo ocurrieron ciertos hechos importantes (Jn. 21:2). La transfiguración (Mt. 17:1-8), ocasión en la cual nuestro Señor Jesucristo... recibió de Dios Padre honra y gloria (2 P. 1:17; también majestad, v. 16), algunos la consideran incluida en la predicción hecha en Mt. 16:28. Fue presenciada sólo por tres apóstoles. Pero esté incluida o no, se han mencionado evidencias suficientes para demostrar que la predicción de Jesús se cumplió en forma literal y gloriosa.[2]

Esta línea de pensamiento obliga a entender que la idea de que todo cuanto Jesús manifestó a sus discípulos relativo al establecimiento y expansión del Reino hasta alcanzar la plenitud en la Tierra, así como todo lo que tiene que ver con la venida del Hijo del Hombre en su Reino, se refiere a la futura Iglesia suya en la tierra es difícilmente asumible en una interpretación literal e histórica del texto bíblico.

[2] Hendriksen, 1986, p. 692 ss.

Exigiría adaptar o adecuar algunos otros textos del Nuevo Testamento, como la expresión de la epístola a los Hebreos, cuando dice, hablando de Jesús, que "no vemos que todas las cosas le sean sujetas" (He. 2:8). No hay duda alguna de que el resucitado ha recibido el nombre que es sobre todo nombre, cuya autoridad suprema lo proyecta a la condición de rey de reyes y Señor de señores, para reinar y ser juez (Fil. 2:9-11). Sin embargo, ¿es eso lo que Jesús quiere hacerles conocer cuando afirma que algunos de ellos no verán muerte hasta que hayan visto venir el reino de Dios con poder? ¿Cumplió la Iglesia las expectativas proféticas sobre el futuro aspecto del Reino de Dios o Reino de los cielos? Ciertamente, no. Es verdad que la Iglesia es la manifestación del Reino en el sentido espiritual, pero esto no satisface plenamente el cumplimiento profético anunciado para la plenitud del Reino de Dios.

De igual modo, el pensamiento de la teología dispensacional histórica —que entiende que la única manifestación del Reino de los cielos tendrá lugar en el milenio— ignora e incluso distorsiona la verdad bíblica de la realidad del Reino en el tiempo presente en la Iglesia, conforme, entre otros pasajes, a las parábolas dadas por el Señor en Mateo 13.

El Señor dijo que algunos de los que estaban allí no verían muerte, es decir, no morirían antes de que pudiesen ver el reino de Dios viniendo con poder. Por tanto, solo algunos —luego se apreciará que se refería a algunos de los Doce— verían en vida al Hijo del Hombre en la manifestación del Reino. Marcos usa para referirse a ese acontecimiento el segundo participio de perfecto en voz activa del verbo venir, que de la misma manera que ocurre con el anterior, debe ser tenido como un presente, esto es, el Reino de Dios que viene con poder, o si se prefiere, que haya venido. De otro modo, el Reino de Dios sería visto por algunos como algo que viene con poder. Cabe preguntarse a qué se estaba refiriendo el Señor. Es cierto que potencialmente el Reino se había acercado en Él (Mr. 1:15). No es menos cierto que Jesús se había manifestado en el poder glorioso que es propio del rey, en todos los milagros, portentos e incluso palabras que había hecho y dicho durante el tiempo de su ministerio. Sin embargo, no habla de algo que ven o que vieron, sino de algo que vendría y que algunos de los presentes podrían ver. Sólo puede dar cumplimiento a esto la experiencia que tres de los discípulos tendrían seis días después en el monte de la transfiguración, donde iban a presenciar un anticipo de lo que será el Reino de Dios que vendrá con poder. El apóstol Pedro, uno de los tres que estuvieron con Jesús cuando se transfiguró, dijo que "habían visto con sus propios ojos su majestad", y añade que en ese momento vieron cómo Jesús "recibió del Padre honra y gloria... cuando estábamos con Él en el monte santo" (2 P. 1:16-18). La transfiguración estaba destinada a alentar a quienes, habiendo declarado que Jesús era el Cristo, no habían resuelto la pregunta que surgía de la profecía: si es el Cristo, ¿dónde está el Reino? Les hizo entender que a pesar de los sufrimientos y muerte que esperaban al Mesías, había un futuro glorioso para el Reino de Dios cuando viniese a la tierra en el momento que Dios tiene determinado, conforme a su programa y propósito.

El evento de la transfiguración

De una forma generalizada en expresiones temporales pasa ahora a una notable precisión en el tiempo, lo que sigue ocurrió seis días después del anuncio recogido en el versículo anterior, como registra Marcos: "Seis días después, Jesús tomó a Pedro, a Jacobo y a Juan, y los llevó aparte solos a un monte alto; y se transfiguró delante de ellos" (Mr. 9:2). Es notable apreciar la diferencia con el paralelo de Lucas que, en lugar de seis días, generaliza escribiendo *como ocho días después* (Lc. 9:28). La aparente contradicción se resuelve si se entiende que Lucas usa el cómputo judío, que supone contar como un día una parte del mismo, por eso utiliza una expresión que equivale a aproximadamente, por eso dice como ocho días.

Pasados los seis días, Jesús tomó consigo a tres de entre los Doce, cumpliendo así lo que había dicho, bien a la multitud, bien a los discípulos, de que había entre los presentes algunos que no verían muerte antes de que viesen el "Reino de Dios venido con poder". Los seleccionados son los mismos que estuvieron presentes en momentos importantes del ministerio de Jesús. Marcos da la relación de sus nombres: Pedro, Jacobo y Juan. Cabe preguntarse por qué estos mismos tres. Se ha considerado ya que éstos se convierten en el número de testigos necesarios para confirmar un evento, es decir el número que la Ley establecía para un testimonio eficaz (Dt. 17:6; 19:15); por eso dijo también Jesús que en "boca de dos o tres testigos conste toda palabra" (Mt. 18:16). Estos tres eran los mismos que estuvieron presentes en la resurrección de la hija de Jairo y los que iban a estar más cerca de Jesús en el huerto de Getsemaní durante su agonía (5:37: Mt. 26:37). En aquellos momentos, era suficiente que la manifestación del Reino de Dios viniendo con poder fuese presenciada por pocos, pero suficientes para dar testimonio del extraordinario acontecimiento que iba a tener lugar sobre el monte alto. No es sorprendente que, además de la necesidad de ser los mismos como testigos válidos, estuviese también Pedro, que en nombre de los Doce había dado testimonio de que Jesús era el Cristo (Mt. 16:16). La comprensión de Pedro sobre el reino que el Mesías tendría que establecer, conforme a lo anunciado proféticamente, era totalmente contradictoria, humanamente hablando, con el anuncio de la muerte que Jesús había hecho delante de ellos. El segundo discípulo que se cita es Jacobo, del que no se dice mucho en el Nuevo Testamento, el primer mártir de la Iglesia (Hch. 12:2). El tercero de los seleccionados era Juan, al que se llama tradicionalmente discípulo amado por ser quien reitera en su evangelio que era amado por Jesús (Jn. 13:23; 19:26; 20:2; 21:7).

A los que había escogido los hizo subir a un monte alto. No fueron solos, el Señor iba con ellos. Es imposible determinar la montaña a la que se refiere Marcos. Pudiera haber sido alguno de los montes que forman la sierra del Hermón, cercana a la ciudad, con elevaciones que alcanzan hasta dos mil ochocientos metros. Otros piensan que fue el Tabor, aunque por situación sería el menos probable de los lugares que se proponen. También se menciona el Jermuk, situado en la Alta Galilea, que se eleva hasta mil doscientos metros. Este es el más probable porque coincidiría con el descenso que tuvo lugar al siguiente día, como se apreciará en el pasaje, encontrándose con la gente y los discípulos que los esperaban. Desde este monte había una distancia corta hasta Capernaum, donde probablemente estuvo poco después. Todas estas localizaciones son meras sugerencias sin base bíblica que las autentifique.

Hay un énfasis especial en la frase para que se entienda que sólo aquellos tres y nadie más estuvieron presentes en el monte con Jesús. Con esto el evangelista manifiesta el deseo de soledad de Jesús con aquellos tres discípulos suyos. El ascenso al monte debió tener lugar en la noche porque Lucas hace notar que estaban llenos de sueño (Lc. 9:32). En el silencio y la oscuridad, todo el acontecimiento en el monte debió adquirir para quienes estaban presentes una dimensión muy especial. Todo el entorno pone de manifiesto que Jesús seguía buscando la soledad con los suyos.

En el monte, Jesús se transfiguró delante de ellos. El verbo que usa Marcos[3] expresa literalmente cambiar de forma, sería equivalente al verbo castellano *metamorfosear*; la traducción más literal sería *se metamorfoseó* —una expresión indudablemente poco usada—. Esto es lo que ocurre con la oruga que se transforma en mariposa. Es un verbo compuesto por la preposición[4] que equivale a *después de*, *detrás de*, de donde adquiere el sentido de cambio, y el sustantivo *forma*,[5] de ahí *cambio de forma*. El Señor cambió el aspecto habitual de un hombre por otro diferente que los discípulos no habían contemplado antes. En ese momento, la forma de Dios[6], oculta bajo la humanidad, se iba a manifestar en plenitud delante de quienes no la habían visto antes; de otro modo, Jesús iba a revelarse glorioso, conforme a la natural deidad de su persona divina. El Señor había tomado forma de siervo[7] (Fil. 2:7), en la que se había manifestado a los suyos y vivido con ellos cada día del tiempo en que le acompañaron en el ministerio. Sin embargo, había conservado íntegramente la forma de Dios, que corresponde eternamente a su persona divina, simplemente eclipsada a los ojos de los hombres por la limitación asumida en su naturaleza humana. La deidad persiste unida a la humanidad, sin mezcla, en el Verbo encarnado. En cierta medida, la transfiguración era para ellos; es decir, para que los tres discípulos viesen lo que nunca antes habían visto de Jesús.

Él les había anunciado que iba a ser muerto, la condición de rey establecido eternamente por Dios (Sal. 2:6) no se iba a manifestar en aquel tiempo, pero la pregunta que formulaban algunos era: si Jesús es el Mesías, ¿dónde está el Reino? E iba a ser respondida en el testimonio de aquellos tres que vieron la gloriosa dimensión que el rey manifestará en su Reino.

Un aspecto debe destacarse en la expresión del relato según Marcos: Jesús "se transfiguró delante de ellos". El cambio en la forma era una transformación, que equivale a hacer o producir un cambio en la forma de algo. La idea del término *forma*[8] es la manifestación

---

[3] Griego: μεταμορφόομαι.
[4] Griego: μετα.
[5] Griego: μορφή.
[6] Griego: μορφῇ Θεοῦ.
[7] Griego: μορφὴν δούλου.
[8] Griego: μορφή.

visible de una realidad consustancial a lo que se manifiesta. En este caso, la transfiguración consistía en expresar visiblemente al exterior lo que era la realidad interior de Jesús como persona divina cubierta por el velo de su humanidad. La pregunta surge inevitablemente: ¿Era una transfiguración, un cambio de aspecto, o una transformación, un cambio de forma? Ambas cosas son verdad aquí. El Señor se transformó, es decir, cambió de forma, se manifestó de otra manera, exhibió en el exterior lo que correspondía a la forma de Dios que había estado velada voluntariamente. Pero al mismo tiempo se transfiguró, porque se mostró en otro aspecto. La forma visible que el Verbo encarnado manifestaba delante de los hombres correspondía a su condición de hombre. Era el siervo enviado para realizar la obra de redención establecida por Dios desde antes de la Creación. Este era el aspecto cotidiano de Emanuel. En el monte manifestó delante de los tres discípulos el aspecto visible de lo que también le era propio: la forma de Dios. El carácter visible de la condición de siervo se suspende temporalmente para manifestar la forma de Dios. Cuando Marcos escribe que Jesús se transfiguró está describiendo un cambio apreciable externamente de algo que es realidad esencial. No se piensa en una transformación de la esencia de Jesús, sino que esta se hace visible delante de los tres discípulos elegidos. La forma pasiva en el verbo indica que se trata de una acción de la deidad. Esta revelación de la gloria divina en el Jesús terreno tiene un aspecto de gracia destinada a los discípulos que tenían necesidad de entender la realidad del rey y la manifestación del Reino.

Aunque se ha considerado anteriormente en varios lugares de la tesis, dada la importancia del tema y la necesidad de una vinculación doctrinal sobre quién es Jesús, deben considerarse algunos detalles importantes: 1) Jesús es la expresión visible a los hombres del Hijo de Dios, que se anonadó a sí mismo, "se despojó a sí mismo" (Fil. 2:7). Despojarse o anonadarse, equivale a vaciarse de algo. Esto implica despojarse, en un acto de libre volición, que no le fue impuesto, ni hubiera sido posible como Dios que es: se vació o despojó el Hijo de Dios. No se substrajo de su naturaleza divina, que eternamente posee porque es Dios, por tanto, es imposible que la naturaleza, expresión operativa de la persona, pueda retirarse y seguir siendo Dios. No se despojó de sus atributos divinos, entre los que están tanto los vinculados con la esencia divina, incomunicables, como con los que están vinculados a su naturaleza divina, comunicables; si esto fuese posible y hubiese ocurrido, tendríamos en Jesús un Dios rebajado, mientras que la Biblia enseña que en Él habita corporalmente la plenitud de la deidad (Col. 2:9). Todos los atributos divinos, tanto los ónticos como los operativos y morales se identifican con la esencia divina; por tanto, están presentes eterna y permanentemente en Dios. No se despojó del uso de sus atributos divinos, ya que Cristo es una persona divino-humana, esto es, una persona divina con dos naturalezas, aunque en razón de su decisión de voluntaria anonadación limitó el uso de sus atributos a lo necesario para la realización de la misión humana. El Señor se vació o despojó de su gloria, impronta divina propia de la forma de Dios, limitándola y situándola bajo el aspecto visible de su humanidad. De igual modo, se hizo pobre siendo rico (2 Co. 8:9). Sin embargo, comprender la dimensión de pobreza en Jesús es difícil, porque como Hijo Unigénito, tiene todo cuanto el Padre tiene, y como Creador se hizo todo en Él, por Él y para Él. Quiere decir que cuando estaba en la tierra seguía siendo, en su eterna condición de Hijo, poseedor de todo; cuando se habla de pobreza en relación con Dios tiene que entenderse como la imposibilidad divina de dar más, porque lo ha dado todo. De ahí que la pobreza en Jesús consiste en la realidad de haber entregado todo, expresado en su propia vida, para que con esa pobreza extrema (no puede dar más), nosotros alcancemos la riqueza suprema de la vida eterna, la posición en Cristo y la elevación con Él y en Él a los lugares celestiales (Ef. 2:6). Jesús renunció a todo, incluyendo su propia vida (Fil. 2:6); nunca tuvo nada propio en la tierra (Mt. 8:20); aun sin nada asumió solidariamente la deuda infinita del pecado del mundo, haciéndose deudor sustituto (Is. 53:6); la admirable dimensión de su gloria divina quedó cubierta bajo la ropa del siervo, que era su humanidad (Is. 42:1; 52:13). Es necesario entender también el estado de humillación de Jesús: "Tomando forma de siervo" (Fil. 2:7). El Verbo eterno no se humilló al encarnarse y hacerse hombre; simplemente en esa acción se limitó, aceptando los límites de la criatura. La humillación consistió en hacerse siervo, manifestándose como tal quien antes era sólo Dios y Señor esencialmente. No implica esto llegar a un estado social de esclavitud, sino el de entrega voluntaria a la obediencia absoluta al Padre en la ejecución del plan de redención desde la realidad de su humanidad. Esa forma que manifiesta el estado de humillación fue tomada en un determinado momento del tiempo histórico de los hombres como cumplimiento de una decisión eterna antecedente. Si devino a una existencia en forma de siervo quiere decir que era la expresión visible de una realidad esencial sólo posible desde su humanidad. Es un siervo voluntario que cumple en sí una fórmula para el siervo voluntario establecida en el Antiguo Testamento (Ex. 21:5-6; Sal. 40:6; He. 10:5). El vehículo de la humillación es la humanidad: aquel que existía en forma de Dios vino a ser hecho semejante a los hombres. El Verbo eterno vino a ser como los otros hombres en cuanto a los elementos constitutivos de una humanidad o una naturaleza humana: poseedor de cuerpo humano (Mt. 26:26, 28; Mr. 14:8; Gá. 4:4); poseedor de un alma humana (Mt. 26:38; Mr. 14:34); poseedor de un espíritu humano (Lc. 23:46; Jn. 11:33; 19:30). Sin embargo, Cristo era algo más que un mero hombre, había en Él diferencias fundamentales con los demás hombres. Una de ella es que su naturaleza humana y sólo la suya, desde el mismo instante de la concepción fue puesta en unión personal con y en la persona divina del Hijo de Dios, quién la sustenta, y esa persona divina viene a ser el sujeto de atribución de aquella humanidad. Una segunda diferencia tiene que ver con la ausencia de pecado en la humanidad de Jesús (2 Co. 5:21). Entender la transfiguración comporta necesariamente entender lo que es la unión hipostática, de modo que, aunque Jesús es un hombre real, su humanidad no le despojó de su naturaleza divina, sino que siendo hombre perfecto también es Dios verdadero. En la encarnación del Verbo de Dios, no disminuyó la trascendencia de su persona divina; sin embargo, no hubo nunca confusión de naturalezas, de modo que la humanidad de Jesucristo subsistente en la persona del Verbo no participa en la esencia sustancial de la deidad. La unión es hipostática porque tiene lugar en el núcleo mismo de la personalidad, siendo la segunda persona divina el sujeto de atribución de las dos naturalezas. Esta unión hipostática es perpetuamente indisoluble.

Los aspectos notables de la transfiguración están registrados por Marcos: "Y sus vestidos se volvieron resplandecientes, muy blancos, como la nieve, tanto que ningún lavador en la tierra los puede hacer tan blancos"[9] (Mr. 9:3). Marcos hace referencia a los vestidos de Cristo. El término se refiere generalmente a los vestidos exteriores, sin embargo, nada dice del mismo cuerpo de Jesús. Para ello sería necesario recurrir a los paralelos, especialmente al evangelio según Mateo, donde dice que el rostro de Él brilló como el sol (Mt. 17:2). Describe las vestiduras porque probablemente llenaron de admiración a Pedro, que las recuerda como resplandecientes. En el griego clásico, el verbo que usa Marcos expresa la idea de superficies brillantes. Los

[9] Texto griego: καὶ τὰ ἱμάτια αὐτοῦ ἐγένετο στίλβοντα λευκὰ λίαν γναφεὺς ἐπὶ τῆς γῆς οὐ δύναται οὕτως λευκᾶναι.

vestidos eran de un blanco luminoso e intenso. El adjetivo calificativo *blancos*[10] va acompañado de otro adjetivo, *muy*, *mucho*, *en gran manera*[11], que refuerza la condición de blancura de los vestidos de Jesús. De modo que está tratando de describir unas ropas luminosas, de un blanco inmaculado, comparable para el redactor con el blanco de la nieve.

La luminosidad y blancura de los vestidos no podía conseguirse por medios humanos. Marcos dice que ningún lavador, batanero, el que se dedicaba a lavar la ropa y limpiarla de suciedad, podía conseguir algo semejante. No cabe duda de que hay un problema para relatar con palabras inteligibles a los hombres la grandeza de la gloria percibida por los tres discípulos en el tiempo de la transfiguración. La impresionante dimensión de la gloria manifestada en Jesús causó un profundo impacto en los tres testigos. Pedro recuerda años después haber visto con sus propios ojos su majestad (2 P. 1:16). Juan insiste en haber visto la gloria del Unigénito del Padre, si bien no se refería solo a la gloria personal, sino de su gracia y fidelidad (Jn. 1:14). La gloria admirable de Jesús, contemplada por los tres discípulos en la transfiguración, será la luz que ilumine la Ciudad Santa en la perpetuidad de cielos nuevos y tierra nueva (Ap. 21:23).

Los vestidos resplandecientes y el resplandor de la persona de Jesucristo son el rasgo propio de los relatos de manifestaciones celestiales. Daniel relata la visión de la gloria y del trono de Dios diciendo: "Se sentó un Anciano de días, cuyo vestido era blanco como la nieve, y el pelo de su cabeza como lana limpia; su trono llama de fuego, y las ruedas del mismo, fuego ardiente" (Dn. 7:9). Del mismo modo, refiriéndose a Dios, escribe el salmista: "Jehová Dios mío, mucho te has engrandecido; te has vestido de gloria y de magnificencia. El que se cubre de luz como de vestidura" (Sal. 104:1-2). La confesión, la declaración o el testimonio de Pedro respondiendo a la pregunta del Señor —¿Quién soy yo para vosotros?— fue concisa: "Eres el Cristo" (Mr. 8:29). Sin embargo, no podemos establecer lo que significaba en la mente de los Doce este reconocimiento. Como ya se ha dicho en varios lugares, para los judíos el Mesías era el victorioso que establecería un reino definitivo, gobernaría con justicia y proveería de todo cuanto la nación necesitase, además de

---

[10] Griego: λευκὰ.
[11] Griego: λίαν.

derrotar a todos los enemigos. La respuesta de Jesús a la confesión de Pedro fue el anuncio de la muerte que iba a ocurrir. Por tanto, lo que ellos necesitaban era ver la gloria del Mesías victorioso, vencedor, revestido de gloria, honor y majestad. Esa era la segunda razón de la transfiguración. En ella, por decirlo de una forma comprensible a todos, el Siervo abrió un poco su traje de trabajo, que era la humanidad, y permitió trascender al exterior la gloria propia de su eterna deidad. Jesucristo con la transfiguración delante de los tres testigos hizo visible la realidad de su condición divino-humana, de modo que aquellos tres entendiesen que el Verbo que, en su naturaleza humana daría su vida y sufriría a manos de pecadores, era realmente el Hijo de Dios en carne humana. Todo ello les permitiría entender la realidad del reino de los cielos, no como el fracaso de un proyecto inconcluso, sino como la realidad salvífica en el tiempo presente de la Iglesia (Col. 1:13) y el glorioso futuro del Reino de Dios en la realidad terrenal del reino mesiánico, cuando llegue el cumplimiento del tiempo que el Padre puso en su sola potestad (Hch. 1:7). Esta sería una segunda razón para la transfiguración.

Todavía hay una tercera que hace necesaria la transfiguración y de la que, en cierta medida, se hizo mención antes: la necesidad escatológica, entendiendo esto como un punto culminante en la profecía sobre los acontecimientos futuros del Reino de los cielos en la tierra. Dios ha establecido un programa temporal para la historia del mundo que culminará con el establecimiento del reino anunciado para el Mesías. Desde la Creación, Dios dispuso que el gobierno del mundo corresponda al hombre, a quien lo entregó luego de ser creado, dándole dominio y señorío sobre todo en la tierra (Gn. 2:8). El propósito diabólico de asentar su trono junto al trono de Dios y ser semejante al Altísimo no le fue posible porque Dios mismo lo destituyó de su ministerio celestial. Por esa razón, bajó a la tierra, contendió en tentación con el hombre y le arrebató el cetro de autoridad para gobernar la tierra, pasando a sus manos y permitiéndole afirmar ante Jesús en la tentación que los reinos del mundo y su gloria eran suyos porque a él le habían sido entregados. Sin embargo, Dios tiene su plan para la historia y ha determinado que su rey se siente en el trono terrenal en el momento establecido (Sal. 2:6). Cualquier intento satánico en su modo de actuar en el mundo contra el proyecto divino está condenado al fracaso. En su tiempo, Dios introdujo a su Hijo hecho hombre con el propósito redentor, pero también con la condición de Mesías-rey. Así lo anunció a María: "Y ahora, concebirás en tu vientre, y darás a luz un hijo, y llamarás su nombre Jesús. Este será grande, y será llamado Hijo del Altísimo; y el Señor Dios le dará el trono de David su Padre; y reinará sobre la casa de Jacob para siempre, y su reino no tendrá fin" (Lc. 1:31-33). Este Mesías, Hijo de Dios, hijo de María, hijo de David, había venido y el reino era suyo. Dios le sujetó todas las cosas, aunque no lo veamos ahora, como dice la epístola a los Hebreos; aun más, el mundo venidero no fue sujetado a los ángeles (He. 2:5), para añadir estas palabras: "Porque en cuanto le sujetó todas las cosas, nada dejó que no sea sujeto a Él; pero todavía no vemos que todas las cosas le sean sujetas" (He. 2:8).

El anticipo del Reino

La transfiguración será el elemento revelador del propósito eterno en cuanto al Reino, que los discípulos no veían con claridad, sobre todo con el anuncio de Cristo sobre su muerte. La escatología del Nuevo Testamento es el desarrollo de un anticipo que Dios dio a los tres apóstoles por medio de la transfiguración. La visión gloriosa del transfigurado Señor es la misma que Juan vería tiempo después en la isla de Patmos (Ap. 1:12-16).

El relato se proyecta al entorno donde estaba Jesús: "Y les apareció Elías con Moisés, que hablaban con Jesús"[12] (Mr. 9:4). En medio de todo el entorno de gloria aparecieron dos de los grandes personajes del Antiguo Testamento. En el contexto general del Nuevo Testamento, este verbo que usa Marcos en la acepción de manifestarse, aparecer[13], se usa en conexión con seres personales y rara vez en conexión con objetos de la vida cotidiana. Aquí se utiliza para presentar la aparición repentina de dos personas procedentes del cielo. Los que aparecieron, se hicieron presentes, eran Elías y Moisés. Ellos fueron profetas distinguidos de la antigua dispensación y los dos tuvieron un final tal vez un tanto misterioso.

Los tres discípulos contemplaron a los que se habían aparecido, conversando con Jesús. Marcos usa el verbo que literalmente expresa la idea de hablar o conversar juntos[14]. Lo que apreciaban era que

---

[12] Texto griego: καὶ ὤφθη αὐτοῖς ʼΗλίας σὺν Μωϋσεῖ καὶ ἦσαν συλλαλοῦντες τῷʼΙησου.

[13] Griego: ὁράω.

[14] Griego: συλλαλέω.

los tres mantenían un diálogo entre ellos. Marcos no dice de qué hablaban, pero por el paralelo del evangelio según Lucas, se sabe que conversaban sobre su salida (Lc. 9:31). La partida de este mundo para Jesús se produciría en Jerusalén. Era la ciudad donde tendría lugar la crucifixión, muerte, resurrección y ascensión del Señor. Los discípulos estaban cansados y llenos de sueño (Lc. 9:32). Con todo, contemplaron impactados la gloriosa manifestación del Señor. ¿Cómo sabían los tres discípulos quiénes eran estos personajes que se habían aparecido? ¿Fue una revelación divina? ¿Dedujeron quiénes eran por la conversación que oyeron entre los tres? No podemos tener una respuesta bíblica directa, por lo que solo serán opiniones. En cualquier caso, es notable apreciar que, en una dimensión sobrenatural, o de algo relacionado con la gloria, las personas son conocidas, como ocurría en el ejemplo del relato de Lázaro, donde el rico conocía a Abraham. El entorno de la transfiguración es celestial y los santos glorificados se reconocen mutuamente en la gloria. Con todo, el hecho realmente importante es que los tres discípulos sabían que eran Elías y Moisés quienes hablaban con Jesús.

Los dos personajes del Antiguo Testamento representan la presencia de los santos de la antigua dispensación que estarán presentes en la manifestación del Reino de Dios en la tierra. Algunos piensan que se trata de la representatividad de la Ley en Moisés y los profetas en Elías; en ese sentido, se les presentó a los tres discípulos una visión de lo que será el Reino de Dios viniendo con poder. Los que Jesús había llevado consigo al monte veían la gloriosa manifestación del rey que mostraba ante ellos la gloria de su deidad. El apóstol Pedro, como ya se mencionó antes, considera que lo que ellos vieron en el monte estaba relacionado con el acontecimiento que tendrá lugar en la segunda venida del Señor: "Porque no os hemos dado a conocer el poder y la venida de nuestro Señor Jesucristo siguiendo fábulas artificiosas, sino como habiendo visto con nuestros propios ojos su majestad" (2 P. 1:16), en cuyo contexto están los acontecimientos futuros que tienen que ver con el establecimiento del Reino en la tierra y que forman parte del programa sucesivo de las manifestaciones del Reino de los cielos. Quiere decir que en el futuro el Señor no vendrá en la condición de siervo humilde en que se manifestó en su primera venida, sino en el esplendor glorioso de su majestad que, como Hijo de Dios e Hijo de David, le corresponde. El rey que Dios ha establecido se presentó por un breve tiempo delante de los suyos, rodeado de la *shekinah* divina. Junto a Él se manifestaron o hicieron visibles Elías y Moisés. Según Lucas, los tres estaban rodeados de la gloria de la nube de Dios que los envolvía (Lc. 9:30-31). La segunda venida del Señor para establecer el reino literal sobre la tierra estará acompañada de la presencia de los santos de la antigua dispensación, resucitados y glorificados con Él, para dar cumplimiento a las promesas hechas a ellos, quienes murieron todos viéndolas y saludándolas de lejos (He. 11:13). En el Antiguo Testamento, la esperanza de resurrección se asocia a la esperanza mesiánica del día del Señor (Dn. 12:2), suceso que sigue "al tiempo de angustia" (Dn. 12:1). El profeta Isaías relaciona la resurrección con el tiempo en que pase la indignación (Is. 26:19-21). De igual modo, el apóstol Pablo enseña sobre un programa de resurrecciones del que dice que se producirá "en su debido orden" (1 Co. 15:22-24). La resurrección de los santos del Antiguo Testamento tendrá lugar en el tiempo de la segunda venida. Será esa una resurrección diferente de la de los santos que han dormido en Cristo, es decir, de la Iglesia (1 Ts. 4:16). Los discípulos vieron a Jesús glorioso en compañía de dos de los santos del Antiguo Testamento; por tanto, ellos estaban viendo un anticipo de lo que será el Reino de Dios en el futuro escatológico.

La muerte de Jesús cerraría una etapa en la que el siervo de Dios se presentó rodeado de humildad, despreciado y desechado de los hombres, cumpliendo lo que las Escrituras decían de Él (Lc. 24:25-27). Pero aquel que verían morir en Jerusalén les anticipaba la gloria del Reino que ellos esperaban. El siervo sufriente recibiría del Padre la gloria que le corresponde eternamente como Dios, en la que su humanidad sería promovida a la diestra de la majestad en las alturas, por la que Él mismo oró a su Padre (Jn. 17:5). El reino aparentemente imposible en la condición de siervo se revela delante de los tres discípulos en la dimensión gloriosa de su futuro, donde la autoridad del Señor se manifestará en plenitud como quien ha recibido el nombre que es sobre todo nombre (Fil. 2:9-11).

La impresionante dimensión de gloria que tuvo lugar delante de los asombrados —y tal vez asustados— discípulos produjo en Pedro, el más impulsivo en reacciones del grupo, una propuesta singular, que Marcos recoge así: "Entonces Pedro dijo a Jesús: Maestro, bueno es para nosotros que estemos aquí; y hagamos tres enramadas, una para ti, otra para Moisés, y otra para Elías"[15] (Mr. 9:5). No se dice en

---

[15] Texto griego: καὶ ἀποκριθεὶς ὁ Πέτρος λέγει τῷ Ἰησοῦ· ῥαββί, καλόν ἐστιν ἡμᾶς ὧδε εἶναι, καὶ ποιήσωμεν τρεῖς σκηνάς, σοὶ μίαν καὶ Μωϋσεῖ μίαν καὶ Ἠλίᾳ μίαν.

qué momento intervino Pedro para hablar con Jesús. Por el contexto, debió haber sido en el momento de la manifestación gloriosa de Jesús, pero ya al final de ella, cuando estaban aún presentes Moisés y Elías, aunque ya se "habían apartado de Él", según el relato de Lucas (Lc. 9:33). Marcos dice que Pedro tomó la palabra. La forma verbal usada aquí por Marcos[16] expresa la idea de alguien que comienza a hablar. La segunda vez que aparece el verbo hablar, en participio redundante, equivale a *decir*; esto es, Pedro tomó la palabra para decir algo a Jesús. Es posible que todos, pero especialmente Pedro, no quisieran que aquella gloriosa manifestación terminara, y con la forma impulsiva que le era propia, sobre todo en circunstancias importantes, hizo lo que para él era habitual: hablar, dirigiendo sus palabras a Jesús. Consideraba que aquel lugar y aquel acontecimiento eran buenos para ellos. El adjetivo[17] usado aquí en ese sentido tiene la acepción no solo de bueno, sino de hermoso, excelente. Aquella situación en que se encontraban era considerada como óptima por Pedro. En cierto modo lo que el apóstol iba a proponer a Jesús es que permaneciese en su gloria sin ir a Jerusalén para sufrir y morir. Pedro no hablaba de una estancia temporal, sino permanente en aquel lugar: abiertamente dice es bueno para nosotros que estemos aquí; el uso del presente[18], literalmente estamos, indica el deseo de prolongar indefinidamente la estancia en aquel lugar y con ello la de mantener visible la gloria de Jesús, que antes no había sido manifestada de aquella manera.

Posiblemente el hecho de ver que Moisés y Elías dejaban de hablar con Jesús y se separaban de Él hizo intuir a Pedro que todo aquello estaba a punto de terminar y que la partida de ellos junto con el Maestro hacia el fin que Él les había anunciado había llegado. Aquel lugar era bueno para construir tres cabañas, sencillas, tres enramadas hechas con ramas de árboles, semejantes a las que se levantaban en la celebración de la fiesta de los tabernáculos. Consideraba que esos refugios provisionales debían ser para el Señor y los dos enviados celestiales que habían dialogado con Él; ellos, los tres discípulos, podían muy bien quedarse al aire libre. Pedro hablaba, pero con toda seguridad no sabía por qué lo hacía, y menos el alcance que aquella propuesta tenía. Es notable apreciar que Pedro sigue siendo vehículo para expresar un pensamiento contrario al propósito de Dios, que

---

16 Griego: ἀποκριθεὶς.
17 Griego: καλόν.
18 Griego: εἶναι.

era que su Hijo fuese a la cruz. Anteriormente le había reconvenido procurando desviarle del camino del sufrimiento y la muerte (Mr. 8:32). Aquí le sugiere permanecer en el monte de la gloria y, por tanto, alejados del término anunciado.

A la propuesta de Pedro sigue el testimonio del cielo: "Entonces vino una nube que les hizo sombra, y desde la nube una voz que decía: Este es mi Hijo amado; a él oíd" [19] (Mr. 9:7). Mientras Pedro hablaba con Jesús vino una nube sobre ellos, probablemente se formó una nube, como se aprecia en los textos paralelos de Mateo y Lucas (Mt. 17:5; Lc. 9:34). El modo verbal[20] traducido por *vino* expresa también la idea de iniciarse, formarse, comenzar a existir. La nube de gloria había estado antes rodeando a Jesús, Moisés y Elías y, en alguna medida, dejaba fuera a los tres discípulos que eran meros espectadores sin participación alguna en lo que estaba ocurriendo. Oían que los tres hablaban, pero ellos sólo podían apreciarlo. En el momento en que Pedro estaba proponiendo a Jesús la construcción de tres enramadas, la nube los cubrió también a ellos. El colorido de las nubes varía, pero en esta ocasión la nube era luminosa. Dios manifestó muchas veces su presencia por medio de una nube esplendente (cf. Ex. 16:10; 19:9-16; 24:15; 40:34; Lv. 16:2; Nm. 11:25; 1 R. 8:10; Neh. 9:19; Sal. 78:14; Ez. 1:4; Ap. 14:14-16). Esa nube los cubrió con su sombra; sorprendentemente, la sombra de Dios es luz. Ese efecto de cubrir a los tres discípulos es evidencia para ellos de estar en la presencia de Dios. Esto completa el cuadro anticipado de lo que será la venida del Reino de Dios con poder. Junto con la persona del rey de reyes estarán los santos de la antigua dispensación y los de la Iglesia, representados aquí en las personas de los tres discípulos, que además son testigos de todo aquello, como lo serán luego todos los creyentes en la misión y comisión que sobre nosotros puso el Señor (Hch. 1:8). Aunque aquellos tres pertenecían por descendencia al pueblo de Israel, no significa obstáculo alguno para su pertenencia a la Iglesia. Es más, para Dios los salvos formamos un solo pueblo, como más tarde enseñará el apóstol Pablo (Ef. 2:14-16). La separación y distinción entre Israel y la Iglesia solo se puede entender en cuanto a nación con promesas nacionales que deben ser cumplidas, pero en

---

[19] Texto griego: καὶ ἐγένετο νεφέλη ἐπισκιάζουσα αὐτοῖς, καὶ ἐγένετο φωνὴ ἐκ τῆς νεφέλης· οὗτος ἐστιν ὁ Υἱός μου ὁ Ἀγαπητός, ἀκούετε αὐτοῦ.

[20] Griego: ἐγένετο.

todo lo restante, especialmente en lo que tiene que ver con salvación, no hay diferencia alguna. La futura manifestación del Reino de los cielos se había hecho visible delante de los testigos seleccionados por Jesús. Ante ellos se manifestaba el rey glorioso, los santos de la antigua dispensación y la Iglesia. Esta presencia conjunta del Señor con los suyos tendrá lugar de una forma visible cuando Él venga para establecer el Reino de los cielos, en modo literal, sobre la tierra, en el cumplimiento del programa determinado por Dios y anunciado por los profetas.

La escena cambia nuevamente en el relato. Pedro estaba hablando con Jesús, proponiéndole la construcción de las enramadas. Ahora todos guardan silencio porque el que hablaba desde la gloria de la nube era Dios mismo, el Padre. Lo hacía para dar testimonio de quién era Jesús. Reiteraba el testimonio que había dado al principio de su ministerio en el bautismo, donde declaraba que quien se bautizaba era su Hijo (Mr. 1:11). El Padre hablaba a los tres discípulos con voz natural audible y entendible claramente por ellos. No era la voz tronante del Sinaí, ni la aguda como de trompeta; simplemente hablaba dando el testimonio celestial que respondía a la pregunta ¿quién es éste? Dios proclama que aquel que para las gentes era un gran hombre, el Maestro que los acompañó durante el tiempo del ministerio, el que anunciaba que sería muerto, era el Hijo, el amado. La construcción del texto griego en el que los dos títulos van precedidos de artículo determinado exige que se consideren como dos títulos diferenciados y no tanto como uno solo acompañado de un adjetivo calificativo, en cuyo caso sería Hijo amado. El título Hijo, que se ha considerado antes, tenía también una marcada relación con el sentido mesiánico de Jesús. Al rey de la casa de David, según la promesa, se le llamaba Hijo del Altísimo (Lc. 1:32), dicho antes para el rey prometido con un trono perpetuo (2 S. 7:16), aunque en la referencia al rey prometido a David, el hecho de que Dios se declare como su padre no implicaba necesariamente la condición divina de ese rey sucesor, sino la posición oficial que Dios le otorgaba. Pero, el estudio sobre el Mesías, el rey anunciado en el Antiguo Testamento, revela que, siendo descendiente de David según la carne sería puesto en el trono por Dios mismo y su trono, esto es, su reino, sería "para siempre" (2 S. 7:29). Este significado alcanza su máxima expresión cuando el salmista dice de Él, hablando en nombre de Dios: "Mi Hijo eres tú, yo te engendré hoy" (Sal. 2:7). El testimonio del Padre desde la nube de gloria que los cubría contiene el reconocimiento divino de que Jesús era el Mesías, pero se extiende también al sentido teológico. Es el Hijo, el amado, porque comparte con el Padre la misma vida en el ser divino; por tanto, es también Dios en unidad con la primera y tercera persona de la Santísima Trinidad. Este Logos preexistente fue enviado desde el cielo por el Padre en misión reveladora y redentora. En el cumplimiento del tiempo, Dios envió a su Hijo, nacido de mujer, para que redimiese (Gá. 4:4). El Verbo eterno se hizo hombre (Jn. 1:14), viniendo en semejanza de carne de pecado (Ro. 8:3). El segundo título, el amado, tiene que ver también con la deidad. Jesús es el Unigénito del Padre revestido de humanidad, por tanto, siendo el único Hijo en esa condición, todo el amor del Padre en su relación paterno-filial, única y eterna, se orienta y deposita en el Unigénito; por consiguiente, sólo Él puede ser llamado en ese sentido *el amado*. En el Antiguo Testamento, el término, en el plano de los hombres, se usaba para referirse al primogénito, heredero de todo lo que un padre tenía, como es el caso de Isaac y Abraham (Gn. 22:2). De ese mismo modo, Cristo es el Unigénito del Padre y, como tal, heredero de todo (He. 1:2). Jesús, a quien los tres discípulos habían visto como un hombre entre los hombres, aunque por la grandeza de sus palabras y la omnipotencia de sus obras, unido a la revelación del Padre, lo aceptaban como el Mesías, es también Dios, como Unigénito del Padre, de quien procede eternamente. Su condición le hace mayor que Moisés y Elías que habían estado presentes hablando con Él.

Junto con el testimonio, el mandato: a Él oíd. El verbo[21] expresa la idea de escuchar algo con intención de obedecer. Jesús era el profeta anunciado a Israel a quien debían oír (Dt. 18:15). Las palabras de Jesús despreciadas por sus enemigos debían ser obedecidas por sus discípulos. Esta obediencia es vital, puesto que el Señor vino no sólo como redentor y como rey, sino también como revelador del Padre (Jn. 1:18). Nada hay en Dios ni en relación con Dios que no esté presente en Jesucristo. Nadie puede conocer a Dios en intelecto y sobre todo en vida que no tenga que venir por medio de Jesús. Todo el propósito divino y todas las demandas de vida conforme a la voluntad de Dios están reveladas y enseñadas por Jesucristo, ya que por Él y sólo en Él habla Dios exhaustivamente: "En estos postreros días nos ha hablado por el Hijo" (He. 1:2). Tanto Moisés como Elías representan a los profetas por medio de los cuales Dios ha hablado en otros tiempos; a este mensaje profético debemos estar atentos porque es como una luz

[21] Griego: ἀκούω.

que brilla en las tinieblas (2 P. 1:19). Dios había mandado obediencia al profeta que había de venir, levantado por Él mismo, al que el pueblo entero debía oír (Dt. 18:15). En el bautismo recibió la confirmación para el oficio sacerdotal; aquí la recibe para el profético: "A Él oíd". Pero igualmente recibe la confirmación para el oficio real como el Hijo, el amado. El Padre da testimonio a los tres discípulos de que Jesús es su Hijo.

El relato en el evangelio según Marcos termina abruptamente en contraste con los otros dos sinópticos. Aquí falta la narración sobre el temor en los discípulos, la situación a la que llegaron a causa de ello y la acción de Jesús en aquel momento. El texto según Marcos es conclusivo: "Y luego, cuando miraron, no vieron más a nadie consigo, sino a Jesús solo"[22] (Mr. 9:8). La nube que los envolvió y la voz que les habló desde ella produjo en los discípulos un temor reverente, incluso algo más: estaban llenos de miedo. Por el relato paralelo de Mateo sabemos que, ante esa manifestación y experiencia, cayeron a tierra. Dicho de otro modo, los discípulos pasaron a estar llenos de temor. La experiencia vivida era demasiado intensa para ellos, de modo que llenos de temor no podían hacer otra cosa que postrarse en tierra. Esa había sido la reacción del profeta Isaías cuando Dios le mostró su gloria en el trono donde estaba sentado (Is. 6:5). Cuando el hombre percibe la presencia gloriosa de Dios es impulsado a una acción semejante (cf. Gn. 3:10; Jue. 6:22; 13:22; Dn. 8:17; Hab. 3:16). Igualmente se produce en los creyentes cuando son conducidos a contemplar la gloriosa presencia de Jesús (Ap. 1:17). Sin duda el temor es un elemento muy adecuado para que una cosa quede indeleblemente grabada en la mente. La gloria de la majestad de Jesús, la gloria de la nube que les había rodeado, la voz del Padre llamándolos a obediencia quedaron grabadas definitivamente en la mente de los tres discípulos que habían sido llamados por Jesús para estar presentes en el monte y ver la transfiguración. A una distancia de más de treinta años, Pedro recordaba lo que había supuesto para él aquella experiencia (2 P. 1:16-17). Según Mateo, Jesús tocó a los discípulos invitándolos a dejar el temor (Mt. 17:7).

Los discípulos miraron a su alrededor para descubrir que estaban solos. Al toque de la mano del Maestro, lo hicieron con rapidez, como

---

[22] Texto griego: καὶ ἐξάπινα περιβλεψάμενοι οὐκέτι οὐδένα εἶδον ἀλλὰ τὸν Ἰησοῦν μόνον μεθ' ἑαυτῶν.

pone de manifiesto el adverbio[23] que significa rápidamente. Tanto Moisés como Elías, así como la nube, habían desaparecido, ya no estaban con ellos, sólo Jesús seguía presente. Realmente, ¿qué más podían necesitar? A su lado estaba el Hijo de Dios, el amado; por tanto, con Él tenían todo. Allí estaba aquel que los había acompañado durante los años de ministerio. La gloria de su majestad se había cubierto nuevamente por el traje de su humanidad, al que volvía porque el camino conducía a la cruz. Pero, aunque el aspecto de Jesús era el mismo que habían visto siempre, ya nunca sería igual para los que en el monte habían visto su gloria. Para el mundo seguiría siendo el siervo sin atractivo; para ellos, que vieron su gloria, era el rey de reyes y el Señor de señores. Jesús no era un gran hombre, ni siquiera el Mesías conforme al pensamiento de la teología que enseñaban los maestros de aquellos días: era el Hijo Unigénito del Padre. Aunque estaban con Jesús solo, tenían más que con todas las huestes celestiales y los santos glorificados, porque tenían a Emanuel, Dios con nosotros.

La conclusión

La conclusión del relato histórico está ligada a la instrucción de Jesús: "Y descendiendo ellos del monte, les mandó que a nadie dijesen lo que habían visto, sino cuando el Hijo del Hombre hubiese resucitado de los muertos"[24] (Mr. 9:9). La transfiguración había terminado. Todo el entorno glorioso había desaparecido también. Sólo el recuerdo en la mente de los tres discípulos seguía indeleblemente guardado. No había ya razón para continuar en el monte. El ministerio seguía su curso y tenía que desarrollarse en el valle donde estaba la gente y donde los problemas generados por el pecado y Satanás se manifestaban. Era allí donde la presencia del Señor y los suyos era necesaria. Por tanto, de la misma manera que comenzaron la andadura para el ascenso antes de la transfiguración, así lo hicieron para descender el monte.

En ese recorrido, Jesús les da instrucciones concretas sobre lo que debían hacer con todo cuanto habían presenciado. Relatar a otros lo que habían visto podría muy bien generar una corriente de mesianismo que no coincidía con el propósito que el Maestro había

---

[23] Griego: ἐξάπινα.

[24] Texto griego: Καὶ καταβαινόντων αὐτῶν ἐκ τοῦ ὄρους διεστείλατο αὐτοῖς ἵνα μηδενὶ ἃ εἶδον διηγήσωνται, εἰ μὴ ὅταν ὁ Υἱὸς τοῦ Ἀνθρώπου ἐκ νεκρῶν ἀναστῇ.

traído, al ser enviado por el Padre. La gente había procurado hacerle rey, considerando sólo la omnipotencia de sus milagros, pero si a esto se le añadiese la manifestación de su gloria, podría producir una reacción contraria al plan que Dios había trazado para Él. La misión inmediata de Jesús era la realización de la obra redentora en la cruz; por tanto, debía guardarse silencio sobre los acontecimientos futuros. Lo que todos debían tener presente era la muerte ignominiosa del redentor, que iba a ocurrir en Jerusalén en un futuro próximo.

Sin embargo, llegaría el momento en que el suceso acaecido sobre el monte no solo podía proclamarse, sino que debía hacerse. Sería el tiempo pos-pascual, el de la resurrección, donde sería levantado de la tumba, revestido de autoridad, habiendo recibido el nombre que es sobre todo nombre para que en ese nombre se manifieste toda la autoridad divina que le es propia. La resurrección tenía como propósito inmediato manifestar a los discípulos que tendrían que proclamar el mensaje del evangelio, la visión gloriosa del salvador, que es también rey de reyes y Señor de señores. Es necesario tener en cuenta que lo que no debían revelar a nadie era lo que habían visto en el monte. Esta prohibición es usada por los críticos liberales humanistas para proponer que la transfiguración no fue una realidad, sino una sugestión dada a quienes deseaban que el Reino fuese establecido y que afectó la mente de los tres discípulos. La forma de la expresión usada por Marcos habla de una realidad que los que estaban en el monte pudieron ver. Uno de los testigos presentes, el apóstol Pedro, afirma ser una realidad aquello que vieron; de ahí que diga: "Hemos visto con nuestros propios ojos su majestad" (2 P. 1:16). Aquello no fue una ilusión, sino una realidad, sobre todo cuando rodeados de la gloria de la presencia de Dios manifestada en la nube oyeron el testimonio y mandato del Padre en relación con su Hijo. La principal razón de la prohibición establecida por Jesús de no revelar a nadie lo que habían visto, al igual que no extender la noticia de los milagros realizados, tenía por objeto evitar que la gente procurase impedir el camino a la cruz buscando la gloria del Reino en un tiempo que no correspondía con el programa divinamente establecido. Con todo, es necesario observar la falta de discernimiento de los discípulos: "Y guardaron la palabra entre sí, discutiendo qué sería aquello de resucitar de los muertos" (Mr. 9:10). Los tres discípulos fueron obedientes al mandato de Cristo, y no revelaron lo que habían visto en el monte.

La construcción gramatical del versículo presenta el problema de determinar qué palabra retuvieron para ellos. Podría ser que fuese guardar silencio sobre el suceso de la transfiguración, pero es necesario ligarla a la siguiente cláusula, en la que se pone de manifiesto que dialogaban sobre qué sería aquello de resucitar de los muertos. Es muy posible que lo que realmente retuvieron o guardaron fue la referencia que Jesús hizo al tiempo en que podrían hablar de lo que había ocurrido en el monte, que sería después de su resurrección. Las palabras del Señor produjeron una seria reflexión entre ellos. Habían sido enseñados tradicionalmente al respecto de una resurrección final de todos los muertos, por lo que no entendían qué quería decir lo de resucitar de los muertos que Jesús había dicho. Además, era difícil para ellos aceptar que el Mesías pudiera morir; por consiguiente, era tanto o más difícil entender que había de resucitar.

CAPÍTULO XIII
PREDICADOR Y MAESTRO

Introducción

La misión de Jesucristo comprende varios aspectos, todos ellos orientados a la consumación del plan eterno de redención establecido en la eternidad antes de la creación de cuanto existe. Esa manifestación de la gracia se hizo realidad en el mundo de los hombres cuando vino el cumplimiento del tiempo (Gá. 4:4). Quienes vieron a Jesús y compartieron con Él los tres —siempre pocos— años de ministerio, descubrieron esencialmente que estaba lleno de gracia y de verdad o fidelidad (Jn. 1:14).

Dios se manifestó en Cristo y por medio de Él. La revelación escrita, aunque completa, no alcanza la dimensión plena o infinita, imposible de expresar con palabras finitas, por amplio que sea el lenguaje que se use para ello. Sin embargo, Dios se ha revelado en la suprema dimensión que corresponde a la deidad, mediante el envío del eterno Hijo, que se no solo proclama el mensaje de Dios, como corresponde a su oficio profético, sino que es el mensaje absoluto en sí mismo. "Dios, habiendo hablado muchas veces y de muchas maneras en otro tiempo a los padres por los profetas, en estos postreros días nos ha hablado por el Hijo" (He. 1:1-2).

Es desde esa condición y dimensión que debe hacerse la aproximación al ministerio del Señor, especialmente en la proclamación del Evangelio, las buenas nuevas que Dios envía a quienes son indignos de ser objeto de su gracia. En las palabras de la proclamación del evangelio de Jesús, el hombre puede entender la dimensión del mensaje del profeta: "Dios no quiere que el impío perezca, sino que todos procedan al arrepentimiento y vivan" (Ez. 18:32; 33:11). Desde el inicio de su misión pública en la tierra, Jesús llamó a la gente al arrepentimiento para la restauración de la correcta relación con Dios. Esta proclamación del Evangelio alcanza la razón de ser en la obra de salvación que ocurriría en la cruz, en la que el predicador del mensaje de buenas nuevas se hace sacrificio expiatorio por el pecado que da, no solo contenido al mensaje, sino que abre la puerta de salvación a todo el que crea.

En el Antiguo Testamento se observa que se ungía a los profetas, a los sacerdotes y a los reyes. Del Señor se dice que fue ungido por el Espíritu y de forma determinada para "predicar el evangelio a los pobres" (Lc. 4:18). En el oficio profético proclamó el evangelio y enseño la Palabra a quienes escucharon su mensaje, haciéndoles conocer la verdadera dimensión de lo que Dios establecía en ella.

Este triple oficio de Jesucristo —como profeta, sacerdote y rey— se hizo notar especialmente desde la Reforma; fue Calvino el que habló del *triplex munus*, por lo que alcanzó una nota destacada en la cristología. En ello se alcanza la condición del segundo Adán en plenitud. El primero había anulado el triple oficio dado por Dios, con el conocimiento propio del profeta, la santidad que caracteriza al sacerdote y el gobierno que es propio del rey, a causa del pecado que produjo ignorancia, miseria y esclavitud. Es el segundo Adán, Cristo, que restaura lo perdido por el primero, siendo profeta que instruye acerca de Dios, sacerdote que vive intercediendo por los que salva con su propio sacrificio y rey que concreta en Él la esperanza futura —siendo el rey de reyes y el Señor de señores—.

Sobre este principio se hace la aproximación al ministerio proclamador y de enseñanza que está presente continuamente en la vida pública del Señor.

El profeta

Tres son las palabras que aparecen en el Antiguo Testamento para referirse al oficio profético. La primero es *nabí*, de la misma raíz que el verbo *naba'*, que tiene el sentido del que anuncia, que generalmente la LXX traduce por el término profeta, que transmite el mensaje que ha recibido de Dios. Un segundo vocablo es *ro'eh* del verbo *raah*, que equivale a ver; de ahí el término vidente, que indica una relación especial con Dios del que percibe una visión, no físicamente hablando, sino de modo espiritual; de este modo se llamaba a Samuel (1 S. 9:9). Una última expresión es *jozeh*, que afirma la visión divina que se le comunicaba y le permite un mensaje generalmente escatológico.

El desarrollo del profetismo en el Antiguo Testamento puede resumirse en el párrafo de L. S. Chafer:

Hay que distinguir entre el profeta del Antiguo Testamento y el del Nuevo Testamento. En ambos casos, el área del ministerio es doble:

predecir y proclamar. El ministerio de un profeta del Antiguo Testamento equivalía, en gran parte, al de un reformador o al de un patriota. Aspiraba a reintegrar en las bendiciones pactadas al pueblo que vivía bajo los pactos. El mejor ejemplo de esto lo encontramos en Juan el Bautista —el último profeta del antiguo orden y el heraldo del Mesías—. De él dijo Cristo: "¿A un profeta? Sí, os digo, y más que profeta" (Mt. 11:9); y la mayor predicción que Juan pronunció fue la implicada en aquella frase: "He aquí el Cordero de Dios, que quita el pecado el mundo" (Jn. 1:29). Con la actitud de un reformador o encargado por Dios para amonestar acerca de los castigos de Dios que amenazaban a su pueblo prevaricador y, juntamente con estas predicciones, atestiguar de parte de Jehová, que el designio y la fidelidad de Jehová respecto a las bendiciones finales sobre Israel eran indefectibles. El pueblo habría de pasar por pruebas, a causa de sus pecados, pero en fin de cuentas, las bendiciones del pacto de Dios tendrían su realización, puesto que Dios es inmutable. Con relación a Israel, "los dones y el llamamiento de Dios son irrevocables" (Ro. 11:29). En cuanto al profeta del Antiguo Testamento, puede apreciarse un proceso de evolución. Al principio se le llamó el hombre de Dios; más tarde fue conocido por el vidente, y finalmente fue identificado como profeta. La línea de este progreso puede trazarse con facilidad, ya que el hombre de Dios, a partir del principio invariable de que los limpios de corazón verán a Dios, es capaz de ver y, por eso, llegó a ser conocido como el vidente, y los que tienen vista espiritual están a un paso de poder expresar lo visto, tanto en forma de predicción como de proclamación.[1]

El profeta habla a los hombres de parte de Dios; de ahí que continuamente advierten a los que le oyen o leen: "Así dice el Señor". Su misión es comunicar lo que Dios desea hacer saber a quienes dirige su mensaje.

Jesús es el profeta supremo. Ya en el ámbito de la Creación, la voz de Dios se manifiesta perfecta cada vez que el Verbo emitía el *sea* y el resultado era la aparición de aquello que antes no existía (Gn. 1:3). Era la expresión absoluta de la voluntad del Creador, como se aprecia en el relato, cuando el hagiógrafo escribe: "Y dijo Dios" (Gn. 1:3). Como profeta revelaba, manifestaba y comunicaba la sabiduría de Dios (Pr. 8:1, 22, 32). Es la condición profética que tiene en gran medida la manifestación del Ángel de Jehová, mensajero de Dios en revelaciones a los hombres. Baste con recordar algunos de los textos

---

[1] Chafer, 1974, vol. I, p. 828.

usados para considerar lo revelado sobre el Verbo, que existiendo eternamente en la comunión con el Padre accede al mundo de los hombres encarnándose para cumplir el oficio profético de revelación del Padre (cf. Jn. 1:1, 3, 9, 18). El enviado habla las palabras del Padre que le envió (Jn. 3:34). Su enseñanza era también del que le había enviado (Jn. 7:16). Dios que parcialmente habló a los hombres a través de los tiempos, expresó su definitivo mensaje en el Hijo (He. 1:1-3).

Jesús es el profeta perfecto porque es el Verbo encarnado, y en Él se cumple la profecía que habló Moisés: "Profeta de en medio de ti, de tus hermanos, como yo, te levantará Jehová tu Dios; a él oiréis" (Dt. 18:15). Esta profecía tenía cumplimiento en Cristo como aplica el apóstol Pedro en la predicación en la puerta Hermosa del templo, con motivo de la sanidad del cojo (Hch. 3:22). La misma aplicación hace Esteban en su defensa (Hch. 7:37).

El Señor se refirió a Él mismo como profeta, hablando de su muerte en Jerusalén (Lc. 13:33). El mensaje profético que el proclamó en su ministerio público procedía del Padre que le enviaba (Jn. 8:26-28; Jn. 12:49-50; 14:10, 24; 15:15; 17:8). Por esa misma razón, el mensaje que proclamaba tenía autoridad, no como el de los escribas (Mt. 7:29), cuando decía: "Pero yo os digo" (Mt. 5:22, 28, 32, 39, 44).

Es también profeta en el sentido de vidente, que anuncia el futuro, tanto el próximo como el más lejano. El capítulo 24 de Mateo es una profecía detallada del futuro de Jerusalén y del final de los tiempos. De igual modo el mensaje profético sobre la destrucción próxima de Jerusalén es recogido en el evangelio según Lucas, que tuvo cumplimiento en el año 70 (Lc. 19:41-44). Además de esto, está la profecía cuyo cumplimiento es evidente, sobre su muerte y resurrección (Mt. 16:21; 17:22, 23; 20:17-19; Mr. 8:31-9:13; Lc. 9:22-27). Él mismo anunció su segunda venida en gloria (Mt. 16:27; 25:31; 26:64), así como la obra del Espíritu Santo en la Iglesia, cuando fuera enviado del Padre y del Hijo (Jn. 14:15-30; 15:26-27; 16:1 ss.). Completa esta síntesis del oficio profético de Jesús la anunciación de la traición de Judas (Mt. 26:20-25), de las negaciones de Pedro (Mt. 26:30-35) y la muerte de este apóstol (Jn. 21:18, 19).

El oficio profético de Jesús alcanza la máxima expresión. Siendo el Verbo eterno, la Palabra personal del Padre, es la revelación absoluta de Dios al hombre. Volviendo a los textos citados antes, en la epístola a los Hebreos se lee: "Dios, habiendo hablado muchas veces y de muchas maneras en otro tiempo a los padres por los profetas, en estos postreros días nos ha hablado por el Hijo" (He. 1:1-2). Se aprecia la pluralidad de mensajes que vienen a ser uno, de mensajeros, muchos profetas, de destinatarios, los padres. Unido a esto, la singularidad del mensaje definitivo de Dios, del mensajero, que es el Hijo, y del elemento definitivo de revelación manifestado en los últimos tiempos. Esta revelación absoluta es Jesucristo, que anuncia también el final de todas las cosas que han de suceder pronto (Ap. 1:1). El término de todo cuanto existe para proyectarlo a lo que será definitivo cierra también la Escritura (Ap. 22:20).

Sin duda alguna, no hay otra revelación que la escrita, ni otra voz que proceda de Dios que no sea la suya. La idea de revelaciones nuevas con valor revelador no es admisible, puesto que nadie puede añadir a la revelación bíblica, que es completa para el hombre. La única garantía de verdad infalible está en la Biblia, porque solo los "santos hombres de Dios hablaron siendo inspirados por el Espíritu Santo" (2 P. 1:21). El Espíritu inspirador de la Escritura da también el verdadero significado de ella; por eso afirma el apóstol Juan: "Mas vosotros tenéis unción del Santo, y sabéis todas las cosas" (1 Jn. 2:20). De ahí que todo mensaje debe ser aceptado como bueno mediante el contraste con la Palabra (1 Jn. 4:1), o como establecía el profeta: "¡A la ley y al testimonio! Si no dijeren conforme a esto, es porque no les ha amanecido" (Is. 8:20).

Tal comprobación no es necesaria en cuanto a Cristo, ya que sus mensajes no sólo proceden y concuerdan con la Escritura, sino que son pronunciados por quien es la Palabra encarnada, en quien no hay error alguno. Por ser el Verbo eterno de Dios (2 Co. 1:19-20), es Palabra exhaustiva del Padre, que expresa con absoluta exactitud lo que Dios dice, sabe, es y hace. El que siendo Dios eterno se hizo hombre es quien manifiesta corporalmente la plenitud de la deidad (Col. 2:9), y es no solo verdadero en su mensaje, sino que es la verdad misma de Dios. De otro modo, en su oficio profético, Jesús no solo habla las palabras de Dios (Jn. 7:16), sino que Él mismo es la absoluta e infinita Palabra de Dios; por tanto, quien oye sus palabras y lo ve a Él, también oye y ve al Padre (Jn. 14:9).

Proclamador del evangelio

El ministerio de Jesucristo está ligado a la proclamación del "evangelio del reino de Dios". Su mensaje es singular: "El tiempo se ha cumplido y el reino de Dios se ha acercado; arrepentíos, y creed en el evangelio" (Mr. 1:15). Es el mismo mensaje que Juan el Bautista predicaba también: "En aquellos días vino Juan el Bautista predicando en el desierto de Judea, y diciendo: Arrepentíos, porque el reino de los cielos se ha acercado" (Mt. 3:1). Nótese el uso en Mateo del término reino de los cielos, y en Marcos el de Reino de Dios. Ambas cosas son lo mismo, algo que no procede de los hombres y no viene de abajo, sino que es el propósito y proyecto divinamente establecido que proclama el reino de Dios o reino de los cielos, al que se accede mediante la fe que cree a Dios creyendo el mensaje del evangelio. No se trata de un mensaje religioso, sino de la expresión misma de la voluntad de Dios, que habiendo hecho la obra de salvación por medio de Jesucristo, la proclama al mundo. El evangelio de Dios es el evangelio de Cristo. Un mensaje no de hombres ni por hombres, sino procedente de Dios. Este Evangelio, el único y verdadero, no es atemporal porque no procede de los hombres, sino de Dios. De otro modo, es atemporal porque es eterno. Así se aprecia en la proclamación del evangelio por un ángel enviado para anunciarlo a los hombres de la tierra (Ap. 14:6). Algunos distinguen cuatro formas de Evangelio. 1) Evangelio del Reino, que anuncia que Dios se propone establecer sobre la tierra su Reino, en cumplimiento del pacto hecho con David (2 S. 7:16), sobre cuyo trono se sentará Jesús, hijo de David. Este Reino supuestamente rechazado cierra la etapa de la proclamación de este evangelio. 2) Evangelio de la gracia. El mensaje de buenas nuevas que anuncia todo el plan de salvación y la obra realizada para ejecutarlo hecho por Cristo en la cruz. Es el Evangelio que tiene "poder de Dios para salvación a todo aquel que cree" (Ro. 1:16). 3) Evangelio eterno (Ap. 14:6), que es el mensaje que será proclamado a todos los habitantes de la tierra. No es el Evangelio del Reino, ni es el Evangelio de la gracia, es sólo un mensaje de juicio para el mundo impenitente y de aliento para Israel y para los salvos durante el tiempo de la tribulación. 4) Mi Evangelio, llamado de este modo por el apóstol Pablo (Ro. 2:16), que es el Evangelio de la gracia en plenitud e incluye el resultado que produce para la Iglesia.[2]

Esta división del Evangelio contrasta con la afirmación paulina de que "no hay otro Evangelio" (Gá. 1:7). Nótese que el evangelio que Juan el Bautista predicaba y que Jesús predicaba también es el

[2] Véanse las notas correspondientes a Apocalipsis 14:6 en la Biblia anotada de Scofield.

mensaje de buenas nuevas por el que Dios llama al arrepentimiento, en sentido de dejar de pensar como elemento de justificación delante de Él de asuntos legales y ceremoniales para asentarse en un retorno sin condiciones a Dios, volviendo de lo incorrecto a Dios mismo que anuncia el Evangelio del Reino que se ha aproximado a los hombres en la persona del rey. En él se proclamaba la necesidad de arrepentimiento y se anunciaba también a Jesús como "el Cordero de Dios que quita el pecado del mundo" (Jn. 1:29). El arrepentimiento es sinónimo de un llamamiento a la fe (Jn. 3:16). Es el Evangelio que el apóstol Pablo predicó en Atenas: "Pero Dios, habiendo pasado por alto los tiempos de esta ignorancia, ahora manda a todos los hombres en todo lugar que se arrepientan" (Hch. 17:30). El llamamiento de Dios a los hombres es que crean el mensaje de la buena nueva y lo acepten por la fe. Así lo haría Jesús llamando a todos a acudir a Él (Mt. 11:28). El Evangelio del Reino anuncia que quienes creen al mensaje de Dios y depositan su fe en el Salvador son "librados de la potestad de las tinieblas y trasladados al reino de su amado Hijo" (Col. 1:13). No debe olvidarse que Jesús no habló solo de Reino en la proximidad, sino en la realidad: "El reino de Dios está entre vosotros" (Lc. 17:21). El Reino de Dios es eterno, por tanto, es presente y escatológico a la vez. No es posible confinarlo a aspectos limitados por el tiempo. Quiere decir que el Reino se había acercado y estaba iniciando un nuevo tiempo, en el que el Evangelio de Dios sería el mensaje de salvación para todo aquel que lo recibiera. Los tales entran al Reino de Dios que se abre paso por la acción divina en todo el curso de la historia humana, y especialmente destacable en el tiempo final de esa historia, abierto con la irrupción divina de Cristo y por Él. Es necesario entender que el Reino de Dios se ha acercado, es decir, Dios está cumpliendo su propósito establecido eternamente, mucho más que señalar tiempo y sazones que solo Él conoce y tiene en su potestad o referirse a algún acontecimiento que sin duda será cumplido en su momento, tanto presente como futuro, o aun ambos. El ministerio de Jesús abre la puerta a un tiempo de cumplimiento divino y llama a todos los hombres a un encuentro personal con Dios en Él. En el Salvador, el Reino se había acercado a los hombres, proveyendo para ellos un mensaje de salvación por fe que anuncia el Evangelio, único modo de acceder a la salvación.

La entrada al Reino de Dios es por medio del nuevo nacimiento. De este modo enseñó Jesús a Nicodemo en su conversación nocturna (Jn. 3:3, 5). Tal nuevo nacimiento no es asunto de obra humana, sino el resultado de la entrega y aceptación del mensaje de Dios proclamado en el Evangelio (Jn. 3:16). El único modo de salvación es por gracia mediante la fe (Ef. 2:8-9). El resultado de creer en Jesucristo que proclama el mensaje y se hace no solo mensajero, sino destinatario de la fe para salvación a todo aquel que cree, tiene también la consecuencia de eterna condenación para la incredulidad que rechaza el Evangelio de Dios (Jn. 3:36).

Si Jesús proclamaba un mensaje de salvación llamando al arrepentimiento, es necesario determinar en qué modo debe entenderse esto. El sentido de la palabra tiene que ver con un cambio de mentalidad que conduce al hombre a una consideración diferente en cuanto a la forma de alcanzar la salvación, que no puede ser otra que creer al Evangelio. La gran verdad es que la salvación nos es impartida en toda la dimensión de la palabra por medio de la fe en Cristo como Salvador personal. A este único requisito no se le puede añadir ninguna otra obligación, so pena de hacer violencia a la Escritura. Ese es el caso de añadir a la fe la necesidad de un arrepentimiento previo a ella para alcanzar la salvación, como si ésta necesitase de dos elementos que establecen la responsabilidad humana en la recepción de la salvación: el arrepentimiento y la fe. Esto impide comprender bien la doctrina de la gracia soberana de Dios en salvación, mensaje inicial y principal del ministerio de Jesús. La única demanda es la fe depositada en el Salvador, es todo cuanto requiere el mensaje del Evangelio; de otro modo, Dios llama al hombre a creer al Evangelio. La salvación que es por fe conduce inexorablemente a la regeneración y con ello a la transformación que hace del creyente una nueva criatura, garantizando su preservación y llevándolo finalmente a la presencia de Dios, hecho conforme a la imagen de Cristo.

Sin embargo, si bien el arrepentimiento no es un elemento añadido a la fe para salvación, no significa que haya salvación sin arrepentimiento, o que el arrepentimiento no es necesario para salvación. Es, por tanto, necesario afirmar contundentemente que el arrepentimiento es imprescindible para salvación; de otro modo, nadie se salva sin arrepentirse, pero el arrepentimiento va implícito en la fe sin que sea posible separarlo de ella. Sin embargo, nada ha hecho un daño mayor que enseñar que el pecador debe sentir un profundo dolor por el pecado que ha cometido como exigencia para creer o condición previa para recibir a Jesús como Salvador personal. Quiere decir que muchos no pueden asumir su salvación porque no han sentido dolor previo de corazón por la ofensa cometida contra Dios; esto implica hacer que el inconverso mire a su interior en lugar de dirigir su mirada de fe al Salvador. Esta enseñanza no bíblica hace depender la salvación de sentimientos en vez de hacerla depender de la fe. En progresión, esta forma de entender el arrepentimiento conduce a otra consecuencia sustancialmente falsa como que Dios necesita reconocer al pecador por el dolor que manifiesta por el pecado, sin cuyo requisito no es aceptado a salvación. El hombre tiene delante de sí un mensaje de buenas nuevas que debe creer: "Arrepentíos y creed al evangelio".

El arrepentimiento, que es un cambio de mentalidad, está incluido en la fe. Nadie puede convertirse a Cristo desde cualquier posición que ocupe sin un cambio de mentalidad. Los judíos de los tiempos de Jesús estaban siendo enseñados en una justificación por obras, de manera que creer al evangelio significaba cambiar la mentalidad al respecto de la justificación por las obras de la ley para aceptar sólo el camino de la fe. Pero ese cambio de mentalidad no es resultado del esfuerzo humano, ni del dolor íntimo, ni de la contrición de corazón, sino de una obra del Espíritu Santo (Ef. 2:8). Es el Espíritu y no la contrición del hombre quien convence del pecado que condena al hombre: no creer (Jn. 16:8-11).

Jesús llama a los hombres al arrepentimiento, pero los llamaba a creer al Evangelio. La fe es un solo acto, aunque las consecuencias o resultados de la fe son múltiples. No se trata de un simple cambio de una situación a otra, sino del cambio a una situación desde otra (1 Ts. 1:9). El convertirse a Cristo implica la fe y el arrepentimiento que es siempre consecuencia de ella y no paralela o independiente de ella. A la luz del texto citado antes, se aprecia que la conversión a Cristo no se produce por un arrepentimiento que aleja de los ídolos por medio de la contrición y un segundo acto distintivo que es el ejercicio de la fe.

El mensaje de Jesús debe interpretarse de esta manera: arrepentíos, en el sentido de cambiar de forma de pensar sobre cómo alcanzar la justificación, y creed al evangelio, cuyo contenido es el mensaje de Dios para salvación por medio de la fe en Cristo. Esa es la continuidad a la proclamación del evangelio que Juan predicaba; esta es la buena nueva de salvación que predicamos; este es el evangelio eterno de Dios.

Jesús es predicador del Evangelio. A cada momento invita a la gente a venir a Él. Este es su mensaje: "Venid a mí todos los que estáis trabajados y cargados, y yo os haré descansar" (Mt. 11:28). Llama a todos los que escuchan su proclamación, advirtiéndoles de que rechazar el mensaje es desconocer y despreciar el amor de Dios: "Porque de tal manera amó Dios al mundo, que ha dado a su Hijo unigénito, para que todo aquel que en él cree, no se pierda, mas tenga vida eterna" (Jn. 3:16). Advierte de las consecuencias de no creer: "El que en él cree, no es condenado; pero el que no cree, ya ha sido condenado, porque no ha creído en el nombre del unigénito Hijo de Dios" (Jn. 3:18). Predica el evangelio a las multitudes, pero también lo hace personalmente, como a Nicodemo. Hablaba con hombres, y lo hacía también con mujeres como la samaritana. No tenía escrúpulo alguno de dialogar con publicanos e incluso con mujeres de conducta dudosa especialmente para los fariseos. Cristo había sido enviado con un mensaje de vida para quienes estaban muertos en sus pecados y esclavos de sus tradiciones religiosas: "Porque no envió Dios a su Hijo al mundo para condenar al mundo, sino para que el mundo sea salvo por él" (Jn. 3:17).

En su mensaje del Evangelio habla de cómo saciar el hambre y la sed espiritual propia del no creyente: "Si alguno tiene sed, venga a mí y beba" (Jn. 7:37). Tiene interés en que quienes andan desorientados por falta de luz encuentren en Él la luz de la vida (Jn. 8:12). De este modo era la proclamación suya: "Yo, la luz, he venido al mundo, para que todo aquel que cree en mí no permanezca en tinieblas" (Jn. 12:46). Su mensaje tiene para los hombres un tiempo limitado, el de la oportunidad para creer: "Entre tanto que tenéis la luz, creed en la luz, para que seáis hijos de luz" (Jn. 12:36).

La evangelización estaba arraigada en el alma de Jesús. Comenzó su ministerio público predicando el evangelio, alcanzó a un pecador en el tiempo de la cruz. Al ladrón arrepentido le aseguró la vida eterna y su compañía tras la muerte (Lc. 23:43). El ministerio de la evangelización es trasladado a sus discípulos y de éstos a los venideros hasta el término del tiempo. Quien recorría los caminos de Galilea y de Judea predicando el Evangelio envía a los discípulos a todas las naciones para hacer discípulos (Mt. 28:19).

El maestro

Enviado por el Padre, hecho hombre por encarnación del Verbo, en el ejercicio de su oficio profético dedicó mucho tiempo del ministerio para enseñar a otros. Jesús es el Maestro supremo. Nicodemo reconoció que esto lo cualificaba como el enviado de Dios. Sus palabras son concretas: "Rabí, sabemos que has venido de Dios como maestro"[3] (Jn. 3:2). El fariseo le da el calificativo respetuoso que se otorgaba a los que eran considerados como doctores o maestros religiosos. La palabra hebrea de donde procede, con su correspondiente sufijo, tiene el sentido de *mi dueño* y era un calificativo de respeto utilizado por los siervos para dirigirse a sus señores. El sufijo perdió uso y sentido específico, quedando como valor la palabra sin él, que vino a significar grande, e indica una persona eminente, sobre todo por su conocimiento de la Ley que le constituía como un maestro. La palabra tiene la semejanza de la latina *magister*. Generalmente los rabinos eran ordenados a los cuarenta años de edad mediante la imposición de manos, después de formación junto a un maestro autorizado.

Lo que Nicodemo conocía es que Jesús había venido como Maestro y había sido enviado por Dios. Esta confesión sirve al propósito que Juan tenía al redactar el evangelio, ya que da a entender el reconocimiento a un Maestro que no había recibido ninguna instrucción oficial (Jn. 7:15). Reconocerlo como Maestro ya era mucho, pero todavía más era saber que su misión era divina, puesto que venía de Dios. Ese reconocimiento estaba basado en evidencias. Nicodemo afirma que nadie podía hacer las señales que hacía Jesús si Dios no estuviese con Él. El verbo que Juan usa para expresar las palabras de Nicodemo en la frase tiene la connotación de tener poder, tener capacidad operativa; por consiguiente, reconoce que Jesús tenía poder para enseñar porque tenía poder para hacer las señales sobrenaturales que se manifestaban en sus milagros.

Jesús enseñaba continuamente. Lo hacía en las casas, donde la gente se agolpaba para oírle, acudiendo de todos los lugares próximos, de tal manera que, como relata Marcos: "Se reunieron muchos, tantos que ya no quedaba sitio ni aun delante de la puerta; y les hablaba la palabra"[4] (Mr. 2:2). Las referencias a Jesús en una casa son abundantes en los evangelios (cf. Mt. 9:10; 13:36; 17:25; 26:6; Mr. 2:1, 15; 3:19; 9:28, 33; 10:10; Lc. 5:29; 7:36).

---

[3] Texto griego: ῥαββί, οἴδαμεν ὅτι ἀπὸ Θεοῦ ἐλήλυθας διδάσκαλος.

[4] RVR.

Otra plataforma para la enseñanza fueron las sinagogas. Cada sábado enseñaba en la sinagoga del lugar donde se encontraba según su costumbre (Lc. 4:16). En ese lugar no solo se dedicaba a la enseñanza de la Escritura leída, sino que obraba milagros que resultaban insufribles para los fanáticos religiosos de su tiempo, que consideraban aquellas bendiciones como impropias para ser hechas en sábado. Las grandes cuestiones de enfrentamiento ocurrieron muchas veces en las sinagogas. Hay referencias concretas: "Recorría Jesús todas las ciudades y aldeas, enseñando en las sinagogas de ellos, y predicando el evangelio del reino, y sanando toda enfermedad y toda dolencia en el pueblo" (Mt. 9:35). De igual manera otra referencia: "Y venido a su tierra, les enseñaba en la sinagoga de ellos, de tal manera que se maravillaban, y decían: ¿De dónde tiene éste esa sabiduría y estos milagros?" (Mt. 13:54). Otras muchas citas pueden añadirse a estas que presentan a Jesús enseñando en las sinagogas (cf. Mr. 1:21, 39; 3:1; 6:2; Lc. 4:15, 16, 44; 6:6; 13:10; Jn. 6:59; 18:20).

El templo en Jerusalén fue otro espacio que Jesús usó para enseñar a la gente que concurría por centenares de toda Judea y Galilea en las festividades. Algunas citas son muy precisas al reseñar que Jesús enseñaba en el templo: "Cuando vino al templo, los principales sacerdotes y los ancianos del pueblo se acercaron a él mientras enseñaba" (Mt. 21:23). De ese modo puede seguirse el relato de la vida de Jesús apreciando que el templo fue un lugar donde el Señor enseñaba (cf. Mt. 26:55; Mr. 12:35; 14:49; Lc. 19:47; 20:1; 21:37, 38; Jn. 7:14, 28; 8:2, 20).

Sin embargo, los relatos bíblicos ofrecen una panorámica de la enseñanza de Jesús al aire libre. Así ocurre en el lugar donde pronunció el llamado Sermón de la montaña (Mt. 5:1, 2). Otras veces usó algún lugar en la calma nocturna para enseñar a alguien que tenía necesidad de instrucción, como el caso de Nicodemo (Jn. 3:2). Lo hizo en ocasiones al borde del mar, subido a una barca para evitar que la gente le oprimiera y hacerlo con tranquilidad (Mt. 13:2; Mr. 4:1). Aprovechaba los tiempos en alguno de sus viajes para instruir a los discípulos (Mt. 20:17; Mr. 8:27; 10:32). El brocal del pozo de Jacob fue la cátedra donde enseñó a la mujer samaritana (Jn. 4:6). En lugares poco poblados, aptos por causa de la tranquilidad, Cristo enseñó a multitudes (Mt. 14:13; Mr. 6:34).

Cristo enseñó colectiva e individualmente. Lo hacía con los que se congregaban en las casas donde estaba, en las sinagogas y en el templo; de forma especial a los Doce, a quienes dedicó largas horas durante los años de ministerio. Pero también lo hacía con individuos, como en el caso de Nicodemo (Jn. 3:1 ss.), el del intérprete de la ley (Lc. 10:26) o el del joven rico (Mr. 10:17 ss.; Lc. 18:22). No hizo Jesús distinción entre hombres y mujeres en cuanto a enseñanza, a pesar de las limitaciones que la sociedad de entonces tenía para ellas (Jn. 4:7 ss.). Lo mismo ocurrió con los que eran considerados ejemplo de práctica religiosa, como los escribas y fariseos, a quienes dedicó tiempo, pero lo mismo hizo con los publicanos y pecadores, considerados como escoria espiritual para los anteriores (Lc. 15:1).

Jesús usó distintos modos para enseñar. En ocasiones y, sobre todo en el primer y segundo año de ministerio, usó el lenguaje propio del entorno en que estaba hablando directamente a los que le escuchaban con palabras comprensibles para todos, como ocurrió en el Sermón de la montaña. Más adelante usó el lenguaje parabólico, que se considerará más adelante, proporcionando la instrucción por medio de narraciones de sucesos fingidos de los que se deduce, por comparación o semejanza, una verdad importante o una enseñanza moral. Llamó la atención sobre asuntos importantes poniendo a un niño en medio para que, apelando a la condición del que estaba delante, entendiesen la lección que quería comunicarles (Mt. 18:2 ss.), o mediante ilustraciones para fijar la enseñanza, como cuando recurrió a las flores y a las aves para señalar el cuidado que Dios tiene de los suyos y con ello la lección de la confianza en Dios (Mt. 6:26, 28).

Estudiar la enseñanza de Jesús requiere analizar la mayor parte de los textos del Nuevo Testamento, especialmente de los evangelios, así como referencias que aparecen en las epístolas. Esto excede al objeto de la cristología; remito al lector a mi *Comentario Exegético al texto griego del Nuevo Testamento*, en el que se analiza texto a texto todo el contenido del mismo.[5] Será aquí suficiente con hacer una aproximación a algunas de las enseñanzas de Jesús que servirán para justificar este aspecto.

Enseñanzas generales. La importancia de este aspecto hace necesaria una aproximación a la razón de ser de lo que Jesús enseñaba a los discípulos, de modo que sirva de ejemplo al modo de la didáctica directa de Jesús. Los creyentes marcan una diferencia notoria con

---

[5] Comentario al Nuevo Testamento en diecinueve volúmenes. Publicado por Editorial Clie.

los religiosos en su intimidad espiritual. Los escribas y fariseos que representaban el estamento religioso y se constituían como ejemplo a imitar aparentaban con sus vidas la aprobación de Dios sobre ellos Todo su sistema religioso se hacía para "ser vistos por los hombres" (Mt. 23:5) y recibir alabanza de ellos. Los hombres consideraban sus actos y los tenían por piadosos. Sin embargo, la verdadera piedad no consiste en apariencias externas, sino en realidades internas, que conducen a una determinada manera de ver, entender y actuar en la vida. El mensaje de Cristo en la proclamación del Evangelio conducía a las personas al arrepentimiento que se manifestaba en frutos, esto es, en una conducta concreta como resultado y expresión de la fe. Estos son los principios del Reino de Dios o Reino de los cielos, que han de ser la forma natural de vida de los que son sus súbditos. En ese contexto deben entenderse las enseñanzas del Sermón del monte. La justicia de los escribas y fariseos no era suficiente para entrar al reino (Mt. 5:20). Jesús enseña cuáles son las características personales y el modo de vida de aquellos que han sido justificados por fe y están en el reino.

El Sermón de la montaña está registrado en dos de los sinópticos (Mt. 5-7; Lc. 6:17-49). El primero es mucho más amplio, y los críticos cuestionan si los dos relatos tratan del mismo asunto, para lo que ofrecen diferencias entre ambos y llegan a la conclusión de que son dos enseñanzas diferentes, aunque tengan similitudes. Entre las diferencias que pretenden manifestar citan: 1) El relato de Mateo está situado en la montaña, mientras que Lucas lo coloca en el llano (Mt. 5:1; comp. Lc. 6:17). La aparente diferencia tiene una lógica explicación. El Señor debió haber estado orando sólo en el monte durante toda la noche (Lc. 6:12). Por la mañana descendió a un lugar llano en la misma montaña (Lc. 6:17). Allí escogió a los doce discípulos que formarían el grupo de los apóstoles (Lc. 6:13). Ya con ellos, descendió a un lugar llano más espacioso, en una meseta de la misma montaña, donde una multitud se unió a Él y a los Doce (Lc. 6:17). El Señor adoptó la forma habitual de los maestros de su tiempo, sentándose para dar la enseñanza mientras que las gentes estaban entorno a Él. Por tanto, no existe discrepancia o diferencia entre los dos relatos, sino que cada evangelista acentúa un aspecto en el detalle, que se complementan entre sí perfectamente. 2) Extensión del relato. No cabe duda, como ya se dijo antes, que el texto de Mateo es mucho mayor que el de Lucas. El relato según Mateo ocupa una extensión de ciento siete versículos, mientras que Lucas utiliza un espacio que contiene sólo treinta. Hay también diferentes materiales entre un texto y otro. Con todo, no es suficiente justificación para afirmar dos relatos diferentes, ya que en cualquier narración paralela aparecen diferentes detalles que están en una y faltan en la otra, o viceversa. Frente a las aparentes discrepancias, puede establecerse una línea de identidad entre ambos: 1) Los dos relatos comienzan con las bienaventuranzas (Mt. 5:3-12; Lc. 6:20-23). Además, las bienaventuranzas comienzan y terminan de la misma forma en ambos (Mt. 5:3; comp. Lc. 6:20; Mt. 5:10-12; comp. Lc. 6:22-23). 2) La conclusión del sermón es la misma en los dos evangelios; ambos concluyen con la parábola de los dos cimientos (Mt. 7:24-27; Lc. 6:47-49). 3) Otras coincidencias en los dos textos: a) El amor a todos como regla de vida (Mt. 5:43-48; Lc. 6:27-28); b) La enseñanza sobre la no resistencia (Mt. 5:38-42; Lc. 6:29-31); c) La enseñanza sobre no juzgar (Mt. 7:1-5; Lc. 6:37); d) La ley de la recompensa (Mt. 7:2; Lc. 6:38); e) La ilustración de la viga y la paja en el ojo (Mt. 7:3; Lc. 6:41-42); f) La ilustración del árbol y del fruto (Mt. 7:16, 20; Lc. 6:43-44); g) La ilustración sobre la piedad aparente (Mt. 7:24-27; Lc. 6:49). Las semejanzas citadas y la misma forma del comienzo y final del Sermón apoyan la identidad de los relatos.

Queda por considerar el tema del Sermón. Éste está establecido de tal modo que las multitudes comprendan cuál es el concepto bíblico de justicia y de ley. Tal comprensión era sumamente necesaria para conseguir que quienes escuchaban las palabras de Jesús se separasen de la justicia ritual y legalista de los fariseos. Los términos claves para establecer el núcleo central o tema principal de la enseñanza de Jesús son: "Porque os digo que si vuestra justicia no fuere mayor que la de los escribas y fariseos, no entraréis en el reino de los cielos" (Mt. 5:20). La enseñanza de Jesús desarrolla los principios de la ética de vida en el reino de los cielos. Quienes entren en el reino deben ajustar sus vidas a los principios y demandas del Sermón del monte. Esto comprende a cada creyente que entre al reino, en cualquier momento, lo que involucra también a los cristianos en esta dispensación.

Jesús comenzó la enseñanza tratando sobre el carácter del creyente (Mt. 5:3-12), expresada en lo que se conoce como las bienaventuranzas. Enseñó que, contrariamente a lo que los religiosos entendían como bendiciones, no eran consideradas de este modo desde la perspectiva divina. Por esa razón llama bienaventurados, dichosos, felices a los que son pobres en espíritu (Mt. 5:3), porque es el modo de acceder al reino de Dios, dejando a un lado las perfecciones que descansan en el sistema religioso para aceptar sólo el de la dependencia de Dios. De ese modo llama también felices a los que lloran, porque sólo ellos serán consolados por Dios (Mt. 5:4). Para Dios son felices los mansos porque son herederos de la tierra (Mt. 5:5). Así sucesivamente hasta alcanzar como esfera de dicha personal la persecución por causa de Cristo (Mt. 5:11). Estos tienen puesta la esperanza no en los bienes terrenales, sino en el galardón celestial (Mt. 5:12). El carácter del creyente constituye un canto de alabanza a Dios, cuando la gente reflexiona sobre sus manifestaciones al considerar su modo de vida (Mt. 5:16).

El siguiente aspecto tratado en la enseñanza de Jesús tiene que ver con el testimonio del creyente (Mt. 5:17-48). El compromiso del Señor con la Escritura y los preceptos establecidos en ella es evidente. Los fariseos le acusaban de alterar los preceptos legales, de quebrantar el sábado al hacer sanidades en ese día, de no lavarse las manos antes de comer, etc. Él advierte que su compromiso con lo establecido por Dios es pleno y que no se puede quebrantar nada de lo establecido en la Palabra (Mt. 5:17-20).

Confronta a quienes buscan excusas para quebrantar los mandamientos de la ley, quienes viven para ser alabados de la gente, manifestándose como cumplidores estrictos de cuanto está establecido, pero Dios no se conforma con apariencias, sino que ve las realidades íntimas. Para ello toma algunos mandamientos de la ley para darles el alcance espiritual que tienen. Así, quien habla mal de su hermano es ante Dios como un homicida, ya que le será imposible restituirle la vida moral que le arrebató (Mt. 5:21-22). Apela también a las ceremonias religiosas, como la ofrenda de sacrificios, que son inútiles ante Dios si hay resentimiento íntimo hacia el prójimo, invitando a todos a la reconciliación antes de ofrecer algo a Dios (Mt. 5:23-26). Los fariseos enseñaban que el pecado de adulterio solo era juzgable cuando se tomaban a los adúlteros en el mismo hecho de la consumación del adulterio, descansando en meras apariencias externas de santidad. Jesús les hace notar que para Dios la práctica física del adulterio era consecuencia del deseo codicioso por una mujer que no es la esposa (Mt. 5:27-30). Los maestros religiosos enseñaban que Moisés había autorizado el divorcio por cualquier causa, mientras que Jesús les advierte que esa acción convertía al que se divorciaba para casarse con otra persona en un adúltero delante de Dios (Mt. 5:31-32).

Sobre la costumbre de jurar para afirmar lo que se decía o prometía, se enseñaba que sólo el juramento hecho por Dios y mencionando su nombre era perjurio si no se cumplía. Cristo enseña que cualquier juramento hecho con intención mentirosa de hacer creer a otro lo que no era cierto es tan delito como el hecho en nombre Dios. Esto trae una consecuencia y es la verdad de las afirmaciones hechas por un creyente, que no necesitan ser confirmadas por juramento (Mt. 5:33-37). La injusticia es tratada también en otro párrafo del sermón (Mt. 5:38-42). Cristo puso delante de la audiencia el principio máximo de vida para el creyente, que es el amor. Al término de su ministerio enseñaría a los Doce que la identificación del verdadero discípulo era el amor (Jn. 13:35). Jesús hace notar que todo aquel que tenga a Dios por Padre ha de manifestar en su comportamiento lo que es propio de Él, amando a todos sin excepción, como Dios hace (Mt. 5:43-48).

Enseña también sobre la verdadera piedad del creyente (Mt. 6:1-18). En esa sección trata de las limosnas como manifestación de amor hacia los necesitados (Mt. 6:1-4). Sigue también un párrafo sobre la forma de la oración, advirtiendo de lo inútil de una oración ritual, mostrando el ejemplo de oración en el llamado Padre nuestro, y concluyendo con la disposición que debe tenerse para una correcta práctica de la oración. Trata también del ayuno que, como todo lo que tiene que ver con la piedad, puede convertirse en un mero ritual o en algo eficaz cuando se practica en la forma correcta.

Una advertencia sobre la búsqueda ansiosa de las cosas propias de la vida contrasta con la confianza que el creyente tiene en Dios, que conoce todo cuanto nos es necesario (Mt. 6:19-33), concluyendo con una exhortación directa al abandono de la ansiedad, dejando de inquietarse por el día de mañana que siempre es desconocido.

El Sermón del monte prosigue con la enseñanza sobre las relaciones del creyente (Mt. 7:1-12). En ella se aprecia la advertencia sobre el hecho de juzgar a otros. Sigue luego el modo de relación con el intransigente (Mt. 7:6), la confianza en Dios (Mt. 7:7-11) y el modo de comportamiento con los demás (Mt. 7:12).

La enseñanza dada en la montaña concluye con la evidencia del verdadero creyente (Mt. 7:13-27). Comienza presentando el verdadero camino a la vida, al que se accede pasando por la puerta estrecha, lo suficientemente amplia para permitir el paso a cada uno, pero estrecha porque impide que se pase por ella con los elementos en que el hombre busca la justificación personal delante de Dios (Mt. 7:13-14). El creyente debe estar vigilante para no ser engañado por quienes manifiestan una piedad aparente, pero no siguen a Cristo y, en cierto modo, son enemigos de la vida conforme a Dios. A estos se les detecta por sus frutos, es decir por las manifestaciones correctas de verdadera piedad (Mt. 7:15-23). La realidad de una vida verdadera descansa en la estabilidad frente a las circunstancias adversas. La enseñanza con que cierra el mensaje es de tipo parabólico, haciendo una comparación con la edificación de una casa que es estable frente a los conflictos porque está asentada sobre la roca y aquella que tiene mera apariencia, pero carece de fundamento, cuya consecuencia es la ruina cuando es afectada por las dificultades. No cabe duda de que esta conclusión está orientada a Cristo mismo, puesto que Él es la roca sobre la que se edifican la Iglesia y la vida de los creyentes.

Aspectos generales de la enseñanza de Jesús

Como se ha dicho antes, tratar sobre las enseñanzas de Jesús requiere analizar el contenido de los evangelios en profundidad, cosa que excede el objetivo de esta tesis. Sin embargo, caben establecer algunas características generales sobre el modo de la enseñanza de Jesús, dejando luego al lector la investigación personal a la luz del relato bíblico del desarrollo total de esa cuestión.

Enseñanza ocasional. Jesús aprovechaba las oportunidades que se presentaban en el día a día para enseñar, de modo que es una forma más ocasional que sistemática, ya que los temas dependían en gran medida del momento. Es más, incluso la instrucción a los discípulos no siguió un plan detallado de estudios para hacerlo. En muy pocas ocasiones se ve al Señor pronunciando discursos sobre algo. Aprovechaba los incidentes cotidianos, las preguntas que le formulaban, la admiración de la gente sobre algún portento suyo para comunicarles alguna lección espiritual y conducirlos a una vida conforme a la voluntad de Dios.

Enseñanza conductora. La reflexión forma parte de las enseñanzas de Jesús. Él confrontaba a los oyentes de modo que tomasen una decisión personal sobre lo que les había comunicado. Les enseñaba sobre el comportamiento de la vida delante de Dios para que practicasen las instrucciones en las suyas. Les daba la orientación para un ejercicio de investigación personal, de modo que dejasen de ser conformados al pensamiento de los hombres y aceptasen el verdadero pensamiento de Dios que transforma las vidas. De ahí se aprecian las preguntas reflexivas: "¿Qué pensáis?" (Mt. 16:8; 22:42). En ocasiones formulaba declaraciones que necesariamente tenían que quedar grabadas en la mente de quienes las escuchaban para que se produjese una reflexión personal sobre cómo se manifestaban en sus vidas. Tal es el caso de las expresiones: "Vosotros sois la sal de la tierra", "vosotros sois la luz del mundo" (Mt. 5:13, 14).

Enseñanza paciente. Cristo daba tiempo para que los que lo escuchaban verificasen la verdad de lo que les decía. No los conducía a conclusiones rápidas, ni los saturaba de muchas cosas diferentes a la vez. Respetaba la libertad del hombre sin forzarlo a decisiones prematuras, sino dándoles tiempo para que se produjesen resultados permanentes. Nótese que sólo casi el final de su ministerio pidió a los Doce una declaración sobre qui*é*n era Él (Mt. 16:13 ss.).

Enseñanza concreta. Jesús trataba temas concretos, por tanto, no se aprecia una enseñanza abstracta en su ministerio de maestro. Hablaba a la gente en un lenguaje plenamente comprensivo para ellos y, en muchas ocasiones, lo ilustraba con parábolas o usando metáforas que facilitaban la comprensión de cuanto trataba de enseñar. Las parábolas de Cristo eran, en cierta dimensión, lenguaje alegórico, de modo que el relato tuviese significado sobre lo que procuraba enseñar.

Enseñanza paradójica. Baste la lectura del Sermón de la montaña para darse cuenta de esto. Se trata de hechos o dichos que son contrarios a la lógica general. De manera que, cuando se refiere a la bienaventuranza, la dicha de los que lloran o de los perseguidos entra en conflicto con los principios generales que la mente del hombre tiene sobre esos asuntos. De igual modo, cuando se refiere a quien pierde la vida o la salva (Mt. 10:39; 16:25; Lc. 17:33). Estas paradojas son verdaderas realidades; como Ralph W. Sockman dijo, "Jesús no insultó la razón; Él la sobrepasó".[6]

Enseñanza con autoridad. Ya se ha hecho mención a esto anteriormente. La enseñanza de Jesús no era teórico-exegética, sin vida alguna, como era norma de los maestros de Israel, sino que se

---

[6] Sockman, 1964, p. 45.

formulaba con la vitalidad propia de quien, siendo el Maestro por excelencia, la pronunciaba siempre en concordancia con la Palabra escrita y aplicándola en el poder del Espíritu al auditorio. Jesús era la verdad, y sus enseñanzas lo eran necesariamente por su propia condición. Sus lecciones apelaban directamente a la conciencia, de manera que, en ocasiones, redargüidas por el Espíritu, hacía que quienes tenían propósitos aviesos se retirasen sintiéndose acusados por su conciencia (Jn. 8:9). No había comparación entre la enseñanza de Jesús y la de los escribas. El Señor impactaba a las gentes porque instruía con poder. Los escribas eran maestros tradicionales cuyas erudiciones se concretaban en explicar una y otra vez las mismas cosas sobre la ley, sin la aplicación espiritual que Jesús hizo para la vida de las personas. Mientras que los escribas hablaban sobre la ley, Jesús hablaba como el autor de la ley y el juez capaz de dictar sentencia contra el quebrantamiento, no de la letra, sino del espíritu de la misma. El Señor establecía mandamientos a lo largo de su enseñanza con la autoridad que como Dios tenía.

La relación de Jesús con el judaísmo y la Escritura

Armonía. Cristo estaba identificado con los elementos espirituales contenidos en los escritos del Antiguo Testamento. Él, en su condición de hombre, fue instruido en un hogar piadoso sobre la autoridad de la Escritura que requería obediencia y respeto. Sin lugar a duda, su enseñanza estaba cimentada en la Palabra.

Confrontación. El Señor se enfrentó a muchas de las formas tradicionales del judaísmo de su tiempo. La religión entonces se había convertido en un mero formalismo y legalismo. Habían sido enseñados en aspectos externos y no en realidades internas. Todo ello fomentaba un espíritu de arrogancia y justificación propia delante de Dios; como ejemplo, baste la oración del fariseo en el templo, que se consideraba como un dechado de perfecciones, mientras menospreciaba al publicano que contrito pedía que Dios le fuera propicio porque era un pecador (Lc. 18:13). De ahí que Jesús no dejase de llamarlos hipócritas, meros aparentes de piedad, que pretendían ser lo que no eran. Cristo los acusó públicamente de estar corrompidos y ser instrumentos de corrupción espiritual para quienes estaban bajo su influencia personal (Mt. 23:1-36). Esta enseñanza que causaba confrontación contra Él por parte de los hipócritas, era usada por Jesús para conducir a los oyentes a una vida de sinceridad ética y de pureza interna, advirtiéndoles que todo lo que tenía que ver con el cumplimiento ceremonial, como los lavamientos y otras cuestiones semejantes, no tenía valor alguno sin una vida de realidades espirituales conformada a la voluntad de Dios. Por oponerse a predicar las perversiones de una enseñanza legalista concurrió en el odio de quienes vivían de apariencia de piedad.

Cumplimiento. Jesús cumplió el Antiguo Testamento. Advierte en su enseñanza que no había venido a destruir, sino a cumplir la ley y los profetas (Mt. 5:17). En esa expresión comprendía la totalidad de los escritos del Antiguo Testamento. Acaso algunos observando la enseñanza y las prácticas de Cristo pudieran haber supuesto que se oponía a las tradiciones de los judíos, lo que sin duda era, en alguna medida, cierto en todo lo relativo al espíritu de prácticas y formas que no estaban en consonancia con lo regulado en la ley ceremonial. Con todo, debían entender que su propósito no era el de destruir nada de lo que Dios había establecido por medio de Moisés y los profetas, sino que había venido para cumplir, es más, vino no solo a cumplir, sino a perfeccionar y completar plenamente el sentido que aquello tenía.

La lectura detenida del Sermón de la montaña pone de manifiesto lo que Jesús quiso decir con la declaración sobre el cumplimiento de la Ley. Ya se ha considerado algo de esto. Jesús potencia lo escrito dándole el verdadero significado. Así enseña que el homicidio no es el acto de matar a un ser humano, sino que el pecado está en el odio que incita a cometer la acción vil contra un semejante. Las relaciones deben estar gobernadas por el amor y no permitir en ellas sombra de odio. De igual modo el adulterio, cuyo pecado no está solo en lo inmundo del acto mismo, sino en el corazón lujurioso que lo desea. Por eso enseña que si la justicia personal no supera a la de los escribas y fariseos no sería posible el acceso al Reino de los cielos (Mt. 5:20). La justicia no ha de ser externa, formal y legalista, sino interna y espiritual.

Cristo cumplió la ley, ya que el resumen y la culminación de ella es el amor a Dios como primera obligación y al prójimo como a uno mismo (Mr. 12:30, 31). *Él* hizo la suprema manifestación de amor a Dios, entregándose a la obra que le fue encomendada, haciéndolo "hasta la muerte, y muerte de cruz" (Fil. 2:8), en una entrega incondicional en lugar de los que en justicia no merecían sino la condenación eterna.

Nueva situación. Con el cumplimiento del antiguo pacto, Jesús introduce una nueva situación. Cristo anunció que había venido a cumplir el orden establecido en la antigua dispensación, no a abrogarlo; por tanto, extinguidas las demandas, alcanzado el sacrificio perfecto, elevados los niveles a un templo espiritual en el que Dios se manifiesta en Espíritu, no es necesario continuar con el antiguo sistema legal.

En el caso contrario, si Jesús hubiera proyectado en el tiempo la antigua ordenación, el cristianismo no sería otra cosa que una adaptación o actualización del judaísmo. Ese fue el problema de los judaizantes que el apóstol Pablo confrontó en varios lugares de sus escritos, negándose a que los cristianos regresaran al judaísmo, bien fuese parcial o totalmente. El escritor de la epístola a los Hebreos hace notar que el Nuevo Pacto supera en todo al antiguo, realizando en Cristo todas las figuras y tipos del Antiguo Testamento. El Señor enseñó sobre esto cuando expresó la no conveniencia de poner remiendo de paño nuevo sobre tela vieja, o vino nuevo en odre viejo (Mr. 2:21, 22).

Enseñanza parabólica

Muchas de las enseñanzas de Jesús tuvieron lugar ante la gente que se reunía y los discípulos, siempre presentes. A los últimos les enseñó privadamente y aclaró aspectos de la enseñanza púbica que no comprendían. En muchas ocasiones, en especial en la última parte del ministerio, Jesús habló en parábolas. Esto llamó la atención de los discípulos que le preguntaron directamente: "¿Por qué les hablas por parábolas?" (Mt. 13:10). Se extrañaban del uso de parábolas cuando antes había instruido directamente a la gente. Les sorprendía el cambio que se había producido en la enseñanza del Maestro. No quiere decir esto que fuese una novedad en la forma parabólica para Israel, ya que muchas veces los profetas usaron este mismo lenguaje (cf. Jue. 9:7-15; 2 S. 12:1-14; Ez. 17:1-10; 19:10-14; 23:1-29; etc.). El mismo Señor habló en parábolas en ocasiones anteriores, como ocurre cerrando el Sermón del monte de esta manera (Mt. 7:24-27); haciendo una comparación de la gente (Mt. 11: 16, 17); hablando de la situación espiritual de la nación (Mt. 12:43-45). Lo que probablemente sorprendió a los discípulos fue la extensión tan grande dada por medio de parábolas. Además, según Marcos, el Maestro usaba desde hacía algún tiempo las parábolas como modo para enseñar (Mr. 4:34).

Por esa razón se produce la pregunta que formularon a Cristo y que Él respondió dándoles las razones que lo llevaban a hacerlo de aquella manera.

La respuesta de Jesús es precisa: "Por eso les hablo por parábolas; porque viendo no ven, y oyendo no oyen, ni entienden"[7] (Mt. 13:13). Las gentes habían cerrado sus oídos a la enseñanza sencilla y clara de Cristo. Les gustaba la forma de expresar el mensaje, tal vez asentían a sus contenidos, pero rechazaban al Maestro y con Él al mensaje como algo para sus vidas. Los líderes religiosos habían llegado al límite al acusarlo de endemoniado o, por lo menos, de tener un compromiso con Satanás para hacer los milagros que hacía (Mt. 12:24). Dios confirmó la dureza del corazón de todos ellos, como se apreciará al considerar las citas proféticas aplicadas por Jesús. La enseñanza por medio de parábolas es una manifestación de la gracia: *por eso les hablo en parábolas*; la razón sigue: *pues viendo, no ven, y oyendo, no oyen ni entienden*. El pueblo tenía menos responsabilidad si rechazaba las demandas expresadas en lenguaje parabólico que si lo hacían con verdades directamente expuestas y dadas en palabras precisas que no necesitaban interpretación.

Mateo hace una referencia a la profecía que anunciaba el ministerio parabólico de Jesús: "De manera que se cumple en ellos la profecía de Isaías, que dijo: De oído oiréis, y no entenderéis. Y viendo veréis, y no percibiréis" (Mt. 13:14). Esta es la segunda razón por la que enseñaba en parábolas: tenía que ver con el cumplimiento de la profecía de Isaías que anunciaba el endurecimiento judicial del pueblo a causa del pecado de rechazo voluntario del Mesías (Is. 6:9-11). Dios opera un endurecimiento en el corazón rebelde, confirmando su decisión. La cita del profeta constituye la exposición más clara de la incredulidad de los judíos. El Señor alude al registro profético para afirmar el fatal desenlace que el rechazo a Él y su ministerio traería sobre la nación: y se cumple para ellos la profecía de Isaías. La incredulidad voluntaria se vería confirmada por Dios mismo, de modo que los oídos que fueron rebeldes y se negaron a aceptar la palabra dada por el Mesías, endurecidos por Dios, dejarían de percibir y entender el alcance de ella: con oído oiréis y de ningún modo entendáis. De la misma manera, los ojos que vieron las señales mesiánicas, en los

---

[7] Texto griego: διὰ τοῦτο ἐν παραβολαῖς αὐτοῖς λαλῶ, ὅτι βλέποντες οὐ βλέπουσιν καὶ εἀκούοντες οὐκ ἀκούουσιν οὐδὲ συνίουσιν.

milagros del Señor, y le negaron crédito como tales, serían reprobados por Dios para que viendo no perciban.

La necesidad de elegir entre la invitación de Jesús para acudir y Él y su propia gloria personal, rodeada de religiosidad e hipocresía perniciosa, conducen a una situación irreversible en cuanto a la salvación. Las señales de Jesús permitían apreciar la realidad de que era el Hijo de Dios; sin embargo, las señales y aun la percepción correcta de las mismas no bastan por sí solas si Dios no da al hombre ojos para ver, en el plano espiritual. A modo de recuerdo de lo dicho anteriormente, cuando Faraón endureció su corazón (Ex. 7:22; 8:15, 19, 32; 9:7), Dios endureció el corazón de Faraón (Ex. 9:12). Los judíos, especialmente los maestros religiosos, debían tener en su conocimiento el significado de la frase de Salomón: "El hombre que reprendido endurece la cerviz, de repente será quebrantado, y no habrá para él medicina" (Pr. 29:1). Las gentes veían los milagros de Jesús, pero ya no podían identificarlos con lo que la profecía decía acerca de Él. Era un ver sin luz y un oír sin entender. Este endurecimiento judicial de Dios sobre Israel no era una novedad de los tiempos de Jesús, sino que se estaba repitiendo la historia antigua de la nación. Por medio de los profetas, Dios los había llamado reiteradamente al arrepentimiento, pero ellos habían sido rebeldes al Espíritu de Dios y vino sobre ellos el castigo (cf. Is. 5:1-7; Jer. 7:12-15, 25-34; 29:19). Entonces el castigo fue temporal, unos años de cautiverio, pero aquí se trata ya de una situación con proyección eterna.

Todavía más, Jesús apela nuevamente a la profecía para explicar la razón de la enseñanza por medio de parábolas: "Porque el corazón de este pueblo se ha engrosado, y con sus oídos oyen pesadamente, y han cerrado sus ojos; para que no vean con los ojos, y oigan con los oídos, y con el corazón entiendan, y se conviertan, y yo los sane" (Mt. 13:15). El Señor siguió trasladando la referencia del profeta Isaías sobre la situación espiritual del pueblo de Israel a causa de haber rechazado el mensaje de la gracia para salvación. El primer elemento de observación profética tiene que ver con el corazón endurecido, engrosado, del pueblo: "Se engrosó el corazón de este pueblo". A lo largo de los meses de ministerio de Cristo, oyeron ampliamente el llamado al arrepentimiento, la forma de vida que Dios demanda y, sobre todo, tuvieron la evidencia real de que el Salvador prometido había sido enviado a ellos. Una y otra vez fueron rechazando la voz de Dios que les hablaba directamente. El corazón de aquellos fue insensibilizándose y, a pesar de todas las evidencias, se cuestionaban *quién* era realmente Jesús. La insensibilidad espiritual endureció sus corazones por incredulidad, de modo que Dios mismo actuó sobre ellos confirmando aquel endurecimiento. Sin la acción del Espíritu no hay salvación; por tanto, dejados en ese estado de dureza al que ellos mismos habían llegado, les impedía volverse a Dios con fe y arrepentimiento para ser salvos. Ninguna persona se convierte a Dios sin la ayuda del Espíritu. El testimonio del apóstol Pablo es elocuente: "No hay justo, ni aun uno; no hay quien entienda. No hay quien busque a Dios" (Ro. 3:10-11). Por esta causa, al no haber quien buscase voluntariamente a Dios, es Dios quien vino a buscar a los perdidos en la persona de su Hijo Jesucristo (Lc. 19:10). Rechazar a Cristo es rechazar el único camino de retorno a Dios (Jn. 14:6) para perderse eternamente en caminos que pudieran parecer suficientes a los hombres, pero que todos ellos conducen a la muerte, porque no llevan a Dios (Pr. 14:2). Amadores de las tinieblas más que de la luz (Jn. 3:19) rechazan la luz de Dios que es Jesucristo, degradando su visión espiritual hasta no solo ser ciegos, sino estar entenebrecidos: incapaces de distinguir y faltos de toda capacidad de percepción espiritual. Al confirmar Dios esa situación, ninguno se vuelve a Él, salvo los escogidos por gracia y, por tanto, no son salvos. Es la situación adonde conducen la rebeldía y el rechazo voluntario de Dios.

Un corazón engrosado en una persona endurecida trae como resultado el endurecimiento personal. De esa manera, los oídos espirituales oyen pesadamente, es decir, entienden las palabras del mensaje de Dios, pero son rechazadas como inaceptables. Igualmente, la vista espiritual se interrumpe porque cerraron los ojos a la luz de Dios. Por tanto, Dios confirma esas acciones responsablemente realizadas por ellos y establece judicialmente la ceguera voluntaria de manera que "no vean con los ojos". Reducidos a la condición de ciegos espirituales, no tienen sanidad para el mal y no pueden ver ya la verdad para salvación. Jesús había abierto los ojos de los ciegos, de manera que, sanados por Él, luego veían claramente. Aquí se invierte la bendición, condenándolos a la ceguera espiritual, no por deseo de Dios, sino como confirmación divina a la rebeldía humana. También se interrumpe la audición espiritual para que no entiendan la verdad del evangelio de la gracia y "con los oídos no oigan". Endurecidos por Dios, como confirmación de su mismo endurecimiento, no tienen opción humana para "entender con el corazón y convertirse", es decir, volverse a Dios y ser sanados por Él, esto es, alcanzar la salvación.

Con todo, Jesús también usó parábolas para ilustrar a los discípulos, aunque a ellos les mostró siempre la interpretación a fin de que comprendieran lo que les enseñaba.

Las parábolas de Jesús son las siguientes:

***Parábola*: Ocasión (referencia)**

1. *El sembrador:* A la orilla del mar (Mt. 13:3-8; Mr. 4:3-8; Lc. 8:5-8).
2. *La cizaña*: A la orilla del mar (Mt. 13:24-30).
3. *Semilla de mostaza*: A la orilla del mar (Mt. 13:31-32; Mr. 4:31-32; Lc. 13:19).
4. *La levadura:* A la orilla del mar (Mt. 13:33; Lc. 13:21).
5. *El tesoro escondido*: A los discípulos (Mt. 13:44).
6. *La perla de gran precio*: A los discípulos (Mt. 13:45-46).
7. *La red.* A los discípulos (Mt. 13:47-50).
8. *Siervo sin compasión.* Respuesta a una pregunta (Mt. 18:23-25).
9. *Obreros de la viña*: A los que se creen justos (Mt. 20:1-16).
10. *Los dos hijos*: Prueba de su autoridad (Mt. 21:28-32).
11. *Labradores malos*: Prueba de su autoridad (Mt. 21:33-46; Mr. 12:1-12; Lc. 20:9-19).
12. *Bodas del hijo del rey*: A quien se tenía por justo (Mt. 22:1-14).
13. *Las diez vírgenes*: Sobre la segunda venida (Mt. 25:1-13).
14. *Los talentos*: En casa de Zaqueo (Mt. 25:14-30).
15. *La semilla que crece*: A la orilla del mar (Mr. 4:26-29).
16. *Los dos deudores*: A Simón el fariseo (Lc. 7:41-43).
17. *El buen samaritano*: Sobre quién es el prójimo (Lc. 10: 25-37).
18. *Amigo a medianoche*: Enseñanza de la oración (Lc. 11:5-8).
19. *El rico necio*: Problema de hermanos (Lc. 12:16-21).
20. *La higuera estéril*: Sobre la muerte de galileos (Lc. 13:6-9).
21. *La gran cena*: Respuesta a un comensal (Lc. 14:16-24).
22. *La oveja descarriada*: Para escribas y fariseos (Mt. 18:12-14; Lc. 15:4-7).
23. *La moneda perdida*: Para escribas y fariseos (Lc. 15:8-10).
24. *El hijo pródigo*: Para escribas y fariseos (Lc. 15:11-32).
25. *El mayordomo infiel*: A los discípulos (Lc. 16:1-9).
26. *El rico y Lázaro*: Contra la codicia (Lc. 16:19-31).
27. *Los siervos inútiles*: A los que se creían justos (Lc. 17:7-10).

28. *El juez injusto*: A los discípulos (Lc. 18:1-8).
29. *Fariseo y publicano*: A los que se creían justos (Lc. 19:10-14).
30. *Las diez minas*: En casa de Zaqueo (Lc. 1912-27).

La exégesis puede hacer un análisis expositivo de cada una de las parábolas.[8]

Figuras del lenguaje

Junto con las parábolas hay otros modos del lenguaje figurado que usó Jesús, en el que muchas veces se calificaba o trataba asuntos relacionados con su persona. Tal es el caso de las siete ocasiones en que afirma lo que Él era: 1) "Yo soy el pan de vida" (Jn. 6:35, 48); 2) "Yo soy la luz del mundo" (Jn. 8:12); 3) "Yo soy la puerta" (Jn. 10:9); 4) "Yo soy el buen pastor" (Jn. 10:11); 5) "Yo soy la resurrección y la vida" (Jn. 11:25); 6) "Yo soy el camino, la verdad y la vida" (Jn. 14:6); 7) "Yo soy la vid verdadera" (Jn. 15:1).

Jesús usó también en su enseñanza la metáfora, como ocurre cuando se refiere a los creyentes y dice de ellos: "Vosotros sois la sal de la tierra" (Mt. 5:13), en el sentido de que representaban a la tierra lo que la sal literal representa con relación a otras cosas, preservando de la corrupción. Otro ejemplo del uso de esta figura de lenguaje está en las palabras de la institución de la ordenanza de la Cena del Señor, donde dice, refiriéndose al pan: "Esto es mi cuerpo… esta es mi sangre" (Mt. 26:26, 28). La hipocatástasis, donde la semejanza se halla solamente implícita, con lo que la figura resulta más vívida, aparece en alguna ocasión en la enseñanza de Jesús (cf. Mt. 5:13; 16:6; Jn. 12:19). Usó también la alegoría, que es realmente una metáfora continuada (cf. Mt. 7:3-5; 9:15, 16, 17; Lc. 9:62; Jn. 4:35; etc.). Podría hacerse una selección de figuras del lenguaje usadas por Jesús, pero estas son suficientes al propósito del tema considerado.

CONTROVERSIAS DE JESÚS

La enseñanza de Cristo fue rechazada desde el principio por los líderes religiosos de la nación y, en general, por los escribas, fariseos y saduceos. Las confrontaciones con ellos fueron muchas, de las que los

---

[8] Remito al lector a mi *Comentario Exegético al texto griego del Nuevo Testamento.*

evangelios seleccionan algunas. Sin embargo, no quedan registradas como simples discusiones, sino que Jesús usó esas ocasiones para enseñar verdades a sus enemigos y a quienes presenciaron esas controversias.

Los saduceos negaban la realidad de ángeles, espíritus y resurrección. Entre los miembros destacados de esta secta estaba la familia del sumo sacerdote (Hch. 5:17). Ellos enseñaban que el alma moría con el cuerpo. Una discusión relacionada con esta creencia enfrentó a estos con Jesús (Mt. 22:23-33; Mr. 12:18-27). En esa ocasión, la controversia descansaba en la ley del levirato (Dt. 25:5), presentando ante Cristo un suceso, a todas luces improbable, de una mujer que se casó con siete hermanos para morir finalmente ella, preguntando de cuál de todos sus maridos sería esposa en el día de la resurrección. Probablemente tomaron este caso hipotético para ridiculizar la creencia en la resurrección. El Maestro usó la respuesta para enseñar a quienes estaban en el entorno, acusando de ignorantes a los saduceos: "Ignoráis las Escrituras y el poder de Dios" (Mr. 12:24). Cristo consideraba la Palabra como fuente viva para resolver cualquier cuestión, de ahí que apelara continuamente a ella. Los que negaban la resurrección fueron llevados a ella mediante la magnífica argumentación de Jesús, recordándoles que Dios se presentó a Moisés en la zarza ardiendo como el Dios de Abraham, de Isaac y de Jacob. Todos ellos habían muerto muchos años antes, de manera que, si se refirió a Dios como el Dios de ellos y "no es Dios de muertos", ignoraban la Escritura y las enseñanzas sobre la resurrección y la vida después de la muerte física. Aquellos se olvidaban del pacto perpetuo que Dios había establecido con Abraham para ser su Dios y el de su descendencia (Gn. 17:7). Al mismo tiempo, denunció delante de todos que no solo ignoraban la Escritura, sino que desconocían voluntariamente el poder de Dios. La vida perdurable es la realidad de la existencia después de la muerte, porque no hay ya muerte, y su estado se experimenta por la resurrección (Lc. 20:34-36). Los mortales serán transformados en inmortales. La reproducción fue establecida para el hombre en la creación, pero será revocada porque no habrá muerte. Esto no significa que no haya amor, puesto que "el amor nunca deja de ser" (1 Co. 13:8), sino que la sexualidad y las relaciones personales no tendrán carácter exclusivo ni expresión física. Esta nueva dimensión de vida será posible por el poder de Dios. Cristo enseñó la necesidad de conocer la Escritura y la omnipotencia de Dios.

Jesús confrontó la tradición de los fariseos. Ellos conocían la Palabra, pero la interpretaban a su manera y transmitían sus conclusiones como si tuviesen la misma autoridad. Los fariseos habían establecido una gran cantidad de reglas recibidas por tradición de padres a hijos que no están en la Escritura. Cristo, que censuró a los saduceos por ignorar la Palabra, acusa también a los fariseos porque la invalidaban con sus tradiciones (Mr. 7:13). Según los historiadores, los fariseos enseñaban que las tradiciones, aunque no estaban escritas en la Ley, habían sido dadas por Dios a Moisés en el Sinaí, con lo que establecían dos revelaciones divinas paralelas. Ellos sofocaban la Escritura con sus tradiciones. Una de las controversias de Jesús sobre esto está recogida en el evangelio según Marcos, que describe cómo, en algún momento del ministerio de Cristo, se acercaron a Él los fariseos para acusarle de consentidor con sus discípulos, porque, en contra de la tradición, no se lavaban las manos antes de comer (Mr. 7:1-13). Jesús confrontó la autoridad de la Escritura y la tradición humana. Ante todos los que escuchaban distinguió claramente lo que Moisés había enseñado (v. 10) y lo que enseñaban los fariseos (v. 11). Cristo enseñó a distinguir entre la única verdad autoritativa, que es la Palabra, y la interpretación de ella con añadiduras humanas complementarias. La Escritura es de obligado cumplimiento porque es Palabra de Dios, mientras que las tradiciones, siendo enseñanzas humanas, son simplemente optativas. Los fariseos tomaban los principios originados en los hombres y transmitidos por los hombres, dándoles condición de doctrina. Esto traía serias consecuencias que agobiaban las vidas. El Señor aprovechó la controversia para enseñar a los oyentes que la única autoridad en materia de fe y conducta es la Palabra de Dios. De otro modo, la Biblia es suprema; los sistemas tradicionales son siempre subordinados. El Señor dijo públicamente que aquellos que se presentaban como dechados de compromiso con la Palabra dejaban la autoridad de la Biblia para seguir sus tradiciones, lo que resultaba en invalidar lo que Dios había dado para asentar lo suyo personal (vv. 9, 13).

Un problema en el ámbito religioso de los tiempos de Jesús era el modo de alcanzar la salvación. Cristo habló de la justificación, por la que Dios declara salvo al pecador. Para ello usó una parábola sobre un fariseo y un publicano (Lc. 18:9-14). Estos últimos eran despreciados tanto moral como políticamente. Estaban al servicio de los conquistadores romanos, cobrando los impuestos con que grababan a los conquistados. Además, vivían extorsionando en cuanto les era posible. Los fariseos eran alabados por la gente como modelos de perfección moral y devoción espiritual. Estos predicaban el estricto cumplimiento de todo el ceremonial religioso establecido en la ley. Por esa razón entendían que podían ser justificados delante de Dios. Cristo hace notar a los oyentes que aquellos tenían un arrogante concepto de ellos mismos: "No soy como los otros hombres" (v. 11), convencidos también de la piedad aparente: "Ayuno dos veces a la semana" y además "doy diezmos de todo lo que gano" (v. 12). Sin embargo, Jesús dijo que aquel "oraba consigo mismo" (v. 11). Por su lado, el publicano no se consideraba como alguien que hubiera hecho lo que Dios podía aprobar y no tenía nada que ofrecer para ganar el favor divino, pero se consideraba como necesitado de la gracia: "Dios, sé propicio a mí, pecador" (v. 13). La sangre esparcida sobre el propiciatorio era el único modo que tenía para ser atendido por Dios. Cristo enseñó a todos que ese era el único camino para ser justificados delante de Dios. La actitud de los dos que oraban era distinta, ambos estaban en pie como era propio para orar, pero el fariseo se mostraba orgulloso, irguiéndose delante de Dios, mientras el publicano no se atrevía a ver al cielo, porque sabía lo que era, un pecador. Sólo así se puede alcanzar la gracia que salva por medio de la fe. El Señor conducía a todos los oyentes para que valorasen en qué posición estaban delante de Dios, porque sólo el humilde, el que entendía que nada merecía y esperaba todo de la gracia, descendió a su casa justificado. Es la gracia y no los méritos lo que salva al pecador.

Cristo hizo solemnes advertencias sobre la piedad aparente y lo que Dios descubría en ella. Ante la gente agolpada en su entorno y los discípulos mencionó las condiciones inmorales de los religiosos que se hacían pasar por perfectos y eran escoria delante de Dios (Mt. 23:1-36). Las palabras contra los tales son firmes, pero no tan fuertes como algunos creen. Ponía delante de todos la realidad de una vida religiosa, pero no santa. Aquellos eran obstáculo para que los hombres encontrasen a Dios y con ello la salvación, porque con las demandas religiosas les impedían llegar a la puerta abierta de salvación que es Cristo y solo Él (v. 13). Denuncia el deseo de enriquecerse vendiendo piedad aparente y abusando del pobre y necesitado (v. 14). Puso ante todos que el único interés de aquellos era conseguir adictos a su causa, forma y religión, convirtiéndolos en peores que ellos mismos (v. 15). Les acusó de engañadores y facilitadores del camino del engaño con juramentos falsos (vv. 16-22). Advirtió de las consecuencias de una piedad aparente, que se afana en minucias religiosas y se olvida de los grandes pecados que conlleva una piedad aparente (vv. 23-24).

Hizo notar a todos en este mensaje controversial que los religiosos se mostraban limpios a los ojos de los hombres, pero su interior estaba saturado de pecado delante de Dios (vv. 25-28). Concluyó advirtiendo a todos que aquel estilo de vida no podía traer bendiciones, sino todo lo contrario: el juicio de Dios sobre la hipocresía.

Jesús se manifestaba no sólo como Maestro, sino también como Señor. Enseñaba con autoridad porque era Señor. Así enseña el texto bíblico en toda la extensión. No sólo hemos de sentir la necesidad de ser enseñados por Él como Maestro, sino que reconocemos su derecho a establecer exigencias como corresponde a quien es Señor. De este modo debe dirigirse la atención a los relatos, que ponen de manifiesto la enseñanza de Jesús en todas las formas, ocasiones y concurrencia. Es el Maestro, pero es también el Señor.

Mensaje profético de Jesús

En el ámbito de las enseñanzas de Jesús, no es posible dejar de atender al mensaje profético. Él era el profeta enviado de Dios; por tanto, tenía que manifestar un mensaje profético escatológico, revelando a los hombres una proyección del futuro. No solo el ministerio profético que llamaba al arrepentimiento y exhortaba a un estilo de vida consonante con la voluntad de Dios, sino que también hizo revelaciones sobre el futuro, bien fuese el inmediato o el que tendrá lugar en el tiempo futuro.

Anuncio de su muerte

Los sufrimientos fueron una constante en la vida de Jesús. Como siervo sufriente, fue anunciado proféticamente (Is. 52:13-53:12). No solo se anunció por los profetas que sufriría en la realización de su obra, sino que se predijo como sería, de tal manera que la lectura profética parece más bien un relato histórico, si bien ese anuncio ocurrió centenares de años antes de producirse. Baste la lectura del Salmo 22 para tener una visión profética de lo ocurriría en Jerusalén.

Como profeta, anunció a los suyos que sería entregado en manos de los hombres y lo crucificarían. La referencia al anuncio de su muerte es preciso: "Desde entonces comenzó Jesús a declarar a sus discípulos que le era necesario ir a Jerusalén y padecer mucho de los ancianos, y de los principales sacerdotes y de los escribas; y ser muerto, y resucitar al tercer día"[9] (Mt. 16:21). Jesús quería desterrar definitivamente la idea que los discípulos tenían sobre el Reino, en el sentido de que el Mesías tenía que instaurarlo y ejercer autoridad en él, liberando a Israel de sus enemigos y proyectándolo a una situación de privilegio. Los Doce acababan de dar testimonio, por medio de Pedro, sobre el hecho de que Él era el Cristo, pero esto debía ser unido a un futuro de sufrimiento y muerte antes de que llegase el tiempo del Reino glorioso en la tierra. El Mesías, el Cristo, debía ser juzgado por el más alto tribunal de Israel y condenado a muerte. Desde aquel momento, es decir, desde el tiempo de la confesión de los discípulos, comenzó a declararles el futuro de sufrimiento y muerte que le esperaba. El anuncio de la pasión señalaba a Jerusalén como el lugar en que iba a producirse. La capital histórica de Israel, lugar que las profecías anuncian como sede del futuro gobierno del Mesías, sería donde el Mesías sufriente habría de padecer. Jerusalén era llamada "ciudad santa" (Mt. 4:5) y "ciudad del gran rey" (Mt. 5:35), un lugar de gozo y justicia. Sin embargo, el Señor la señala como el centro donde "había de padecer mucho". No serían unos padecimientos comparables a ninguno de los que había experimentado durante su ministerio. En Jerusalén es donde estaba la mayor oposición contra Él. Los sufrimientos provendrían de las acciones de los líderes de la nación, ancianos, principales sacerdotes y escribas. Posiblemente la razón para este odio descansara en gran parte en la erudición intelectual de quienes se consideraban maestros y repudiaban a cualquiera que enseñara sin haber pasado por una de sus escuelas. Pero junto con esto se deben mencionar el legalismo, conservadurismo y tradicionalismo que envolvía el mundo religioso de entonces. El Señor había tocado, no la doctrina, sino sus tradiciones. Había puesto en evidencia los defectos del sistema religioso y la hipocresía de sus líderes; por tanto, el odio era visceral contra el Señor. Además de esto, no podía tampoco, como profeta, morir fuera de Jerusalén; el mismo lo dijo más adelante: "Jerusalén, Jerusalén, que matas a los profetas y apedreas a los que te son enviados" (Mt. 23:37). El detalle de los sufrimientos que les anuncia, aunque limitado es lo suficiente preciso: a) un gran padecimiento que nace de quienes debían ser,

---

[9] Texto griego:᾿Απὸ τότε ἤρξατο ὁ᾿Ιησοῦς δεικνύειν τοῖς μαθηταῖς αὐτοῦ ὅτι δεῖ αὐτὸν εἰς῾Ιεροσόλυμα ἀπελθεῖν καὶ πολλὰ παθεῖν ἀπὸ τῶν πρεσβυτέρων καὶ ἀρχιερέων καὶ γραμματέων καὶ ἀποκτανθῆναι καὶ τῇ τρίτῃ ἡμέρᾳ ἐγερθῆναι.

como pastores de la nación, los que cuidasen y vendasen las heridas del pueblo, los ancianos, sacerdotes principales y escribas. Estos, que debían haberle reconocido por las muchas señales hechas como el enviado de Dios, estaban llenos de odio contra Jesús, dispuestos a condenarlo a muerte, ἀποκτανθῆναι, buscando sin un momento de tregua la causa que les permitiese acusarlo y condenarlo. b) La segunda advertencia sobre el futuro que le aguardaba en Jerusalén era su muerte. No debían esperar sólo un tiempo de sufrimiento; los sufrimientos se producirían, pero desembocarían en la muerte del Señor. La profecía anunciaba los sufrimientos y la muerte. ¿Quién no lo descubre en la simple lectura del Salmo 22 o Isaías 53? Todo cuanto ocurría en la vida de Jesús era el cumplimiento profético anteriormente revelado por Dios a los profetas. Por esa misma causa, cuando resucitó, recordó a los incrédulos discípulos que todo cuanto había tenido lugar era el cumplimiento de lo anunciado por la Ley y los profetas (Lc. 24:25-27). c) La tercera revelación de Jesús tenía que ver con la resurrección: καὶ τῇ τρίτῃ ἡμέρᾳ ἐγερθῆναι, "y resucitar al tercer día". Si bien los sufrimientos y la muerte podían provocar inquietud en los discípulos, tenían el aliento de la resurrección que se proyectaba, en las palabras de Jesús, como el triunfo definitivo de su obra y la promesa de un reencuentro feliz tras el sufrimiento y la muerte. La experiencia pascual comportaba las tres cosas: sufrimiento, muerte y resurrección. La predicción de resucitar al tercer día ya había sido dada a sus enemigos, si bien en forma más velada (Jn. 2:19; Mt. 12:40). Sin embargo, aunque entendieron las palabras del Maestro, no las comprendieron y, en gran medida, por esa falta de comprensión, tampoco las creyeron. Los discípulos, como la mayoría de los judíos, creían en una resurrección de muertos al final de los tiempos (Jn. 11:24). Los Doce habían visto resurrecciones como la de la hija de Jairo, pero estas habían sido hechas por el poder de Jesús; sin embargo, no podían entender cómo, si Jesús moría, podría resucitar tres días después. La teología limitada había deformado de tal manera el pensamiento de los judíos que sólo comprendían una resurrección de entre los muertos si alguno revestido de poder divino la llevaba a cabo. La idea de la muerte de Jesús debió haber llenado de horror la mente de los discípulos. Probablemente nació en ellos la idea de que el Reino de los cielos había fracasado y con él sus esperanzas, que habían puesto en el futuro cuando dejaron todo para seguir a Jesús. Es probable que aquí comenzase a nacer en el corazón de Judas la forma de sacar el mayor provecho posible al tiempo que le quedase junto a Cristo.

La enseñanza de Jesús contrastó con los conceptos que los discípulos tenían sobre el reino de los cielos, que consideraban rodeado de victoria, boato y esplendor. El Señor les enseña que sus seguidores no deben esperar en este mundo grandes cosas y mucho menos atenciones y aplausos de las gentes. El sufrimiento y la muerte conducen a la glorificación y al triunfo definitivo; este es también el camino puesto delante para quienes son seguidores de Jesús. En el mundo no podrá esperar más que tribulaciones (Jn. 16:33). El conflicto, el sufrimiento, los desprecios, la angustia y aun la muerte forman parte de la concesión de la gracia en la identificación con Cristo. Quien ha concedido el privilegio de la salvación, concede también el del sufrimiento (Fil. 1:29). Cristo sufriría mucho; quienes lo siguen deben también sufrir algo, porque "si sufrimos, también reinaremos con Él" (2 Ti. 2:12).

Jesús reiteró varias veces este anuncio durante el camino a Jerusalén (Mt. 17:22; 20:18). Esto producía una seria confrontación teológica entre los discípulos que no comprendían el alcance de esos anuncios al considerar que el Reino de los cielos no podía ser sino una manifestación gloriosa y victoriosa del Mesías. La fórmula que Jesús usó remarcaba el cumplimiento del mensaje profético, apuntando que todo aquello era necesario. No era un destino fatal, ni un accidente incontrolado que se producía en su vida, sino el perfecto y exacto cumplimiento del plan de redención (1 P. 1:18-20).

El sermón profético

Jesús salía del templo luego de una jornada en que había estado enseñando a la gente (Mt. 23:1). La tarde estaba avanzada y el Señor se retiraba con los suyos al lugar donde descansaban. El camino pasaba por el Monte de los Olivos, donde el Maestro hacía un alto para dialogar y enseñar a los suyos. El templo con sus impresionantes edificios podía contemplarse en la majestuosa dimensión que tenía. Tales edificaciones llamaron la atención a los discípulos que hicieron notar a Jesús aquella maravilla (Mt. 24:1).

La respuesta de Cristo fue contundente: "¿Veis todo esto? De cierto os digo que no quedará aquí piedra sobre piedra que no sea derribada" (Mt. 24:2). Hablar de derribar el templo era poco menos que el fin del mundo para los judíos de la época de Jesús. Por esa razón, en el retiro del Monte de los Olivos le formularon dos preguntas. La primera fue "¿cuándo serán estas cosas?" y la segunda, "¿qué señal habrá de tu venida, y del fin del siglo?" (Mt. 24:3).

La respuesta a la primera está registrada en el evangelio según Lucas, que completa la pregunta de este modo: "Maestro, ¿cuándo será esto? ¿Y qué señal habrá cuando estas cosas estén para suceder?" (Lc. 21:7). Tiene que ver con los eventos que ocurrirían poco tiempo después de su ascensión en relación con la destrucción de la ciudad y del templo ocurrida en el año 70 por las fuerzas romanas. Sin duda, las variantes entre el evangelio según Mateo y los otros dos sinópticos son evidentes. Lucas registra la pregunta de los discípulos sobre el anuncio que Jesús había hecho relativo a la destrucción del templo, mientras que Mateo traslada dos preguntas bien diferenciadas, una relativa al tiempo de la destrucción de Jerusalén y la otra sobre la segunda venida del Señor y el fin del siglo. Frente a esta notoria diferencia surgen las tradicionales dificultades de armonización de los relatos. En una observación desprejuiciada se observa que se trata no solo de la destrucción de Jerusalén, sino que abarca acontecimientos futuros que no tuvieron cumplimiento en aquella ocasión.

Cualquier posicionamiento dogmático en profecía bíblica, salvo en lo que directamente se afirma, suele traer confusión. Debe entenderse que la profecía es una panorámica de la historia que Dios ha determinado para el futuro y que ocurrirá en su tiempo, no en el nuestro. Del mismo modo que no pueden establecerse fechas para la venida del Señor, así tampoco para el cumplimiento de las señales proféticas que anticipan su venida.

Lucas hace la observación de lo que tiene que ver con la destrucción de Jerusalén y escribe: "Pero cuando viereis a Jerusalén rodeada de ejércitos, sabed entonces que su destrucción ha llegado" (Lc. 21:20). Jesús pasa a la proximidad inmediata de lo que ocurriría en Jerusalén. Los discípulos habían preguntado cuándo ocurrirían estas cosas y también qué señales habría de la venida del Señor y del fin del mundo. Por tanto, Lucas registra aquí las palabras que tienen que ver en primer lugar con la respuesta a la primera parte o a la primera pregunta. Como se viene recordando, la profecía tiene dos alcances de cumplimiento: el primero inmediato, que se cumpliría en el año 70 d. C. con la acción de los ejércitos romanos; el segundo escatológico, y apunta al tiempo futuro, al final de la época de los gentiles, que se producirá inmediatamente antes del regreso de Cristo, en el tiempo que se conoce como la tribulación.

Jesús anticipa los acontecimientos: "Cuando veáis a Jerusalén rodeada de ejércitos". La historia secular sitúa a los zelotes como grupo de oposición contra los romanos actuando en forma de guerrilla contra ellos, poniéndoles emboscadas que causaron la muerte de muchos soldados romanos. Al empezar el año setenta, Tito reunió tres legiones —V Macedónica, XII Fulminata y XV Apollinaris—, que rodearon la ciudad por el lado occidental, y otra —la X Fretensis—, que se situó en el Monte de los Olivos, al este de Jerusalén. La actuación de esos ejércitos cortó el suministro de alimentos y agua a la ciudad. Los romanos permitieron entrar en la ciudad a los peregrinos que venían a celebrar la Pascua, pero luego les impidieron la salida. La situación se hizo difícil y los romanos enviaron al historiador Flavio Josefo para negociar con los judíos, quienes hirieron al negociador, produciendo un ataque repentino contra los romanos en el que Tito fue capturado, pero logró escapar. Los romanos situaron sus tropas bien asentadas rodeando la ciudad y actuando contra las fortificaciones, derribando gran parte de la muralla. Las acciones militares se sucedieron hasta que los ejércitos entraron en Jerusalén. Destruir el templo no estaba entre los objetivos de Tito, que posiblemente quería tomarlo intacto para dedicarlo al emperador. Sin embargo, por alguna razón comenzó un incendio en el templo, que se extendió de tal forma que se descontroló y terminó quemando todo el edificio. Las llamas se propagaron a zonas residenciales. Las legiones romanas aplastaron la resistencia judía. Parte de los judíos escaparon por túneles subterráneos escondidos. Tito César ordenó demoler la ciudad y el templo. Josefo afirma que un millón ciento diez mil personas murieron durante el asedio; otros noventa y siete mil fueron capturados y convertidos en esclavos. Cuando Tito regresó triunfante a Roma, se le ofreció la corona de victoria decretada por el senado, pero no la aceptó; dijo que no había mérito en derrotar un pueblo abandonado por su propio Dios.

Una situación semejante requería decisiones radicales. Lucas escribe: "Entonces los que estén en Judea, huyan a los montes; y los que en medio de ella, váyanse; y los que estén en los campos, no entren en ella" (Lc. 21:21). La referencia tiene que ver con los que están en Judea, el territorio en que se encontraba la ciudad de Jerusalén. Las dificultades se incrementarán de tal modo que harán aconsejable la huida de algunos. La instrucción adquiere el carácter de mandamiento, ya que el verbo está en presente del imperativo. Como se dijo antes, la profecía tiene dos cumplimientos: el inmediato —en relación con la acción de los ejércitos romanos— y el futuro —una situación semejante que ocurrirá en tiempos inmediatamente anteriores a la segunda venida (Ap. 12:6-14)—. Será necesario para muchos escapar por su vida. La huida será hacia los montes. Cabe preguntarse cuáles. Parece ser una frase general que no se refiere a ningún monte en particular. La idea es salir de la ciudad o de los lugares donde estén residiendo y escapar hacia las montañas. No constituye esto una novedad en la historia de Israel, ya que las montañas fueron refugio para muchos cuando escapaban del acoso de los enemigos, como ocurría en tiempos de Gedeón (Jue. 6:2). La imagen profética describe una situación tan delicada y peligrosa que sólo una huida a tiempo permitirá salvar la vida. En el cumplimiento futuro de la profecía, referente a la situación durante la tribulación, Dios usará la naturaleza para proteger a los suyos (Ap. 12:16). El desierto será un lugar de refugio para ellos (Ap. 12:14). Allí encontrarán una provisión de amor y gracia para aquel tiempo (Os. 2:14). Para alcanzar ese lugar, será preciso atravesar montañas. En ambos casos, pero de forma directa en el tiempo de la destrucción de Jerusalén por los romanos, será un tiempo de angustia intensa y de aflicción; la huida será el mejor camino para muchos en medio de la persecución.

La segunda advertencia tiene que ver con los que estén en la ciudad, es decir, dentro de ella, literalmente en medio de ella; a estos se les indica que se alejen, que salgan del lugar y escapen. Aquel lugar sería destruido por los ejércitos que lo habían cercado y que, al entrar, causarían una enorme mortandad. Los que pudieran salir de la ciudad deberían hacerlo mientras estuviesen a tiempo.

Otros estarían en los campos, lugares de labranza alrededor de la ciudad. Estos no tendrían que hacer nada para huir de ella; estaban ya fuera y, por tanto, no debían entrar en el lugar que sería destruido. Las actuaciones de los ejércitos serían sorpresivas y repentinas. En la ciudad estaban sus casas y sus bienes, pero nada de ellos podría remplazar la vida que muchos perderían por la acción de los ejércitos. Nada sería más importante que salvar la vida; por eso, debían alejarse del lugar que iba a ser destruido, buscar refugio en las montañas. Los creyentes no llevarán nada consigo, simplemente huirán, confiando en la protectora mano del Señor. Esto es reflejo de la profecía sobre la huida de Israel en el tiempo de la tribulación a causa de las acciones militares del Anticristo (Ap. 12:6, 14).

Jesús dijo la causa de aquella situación: "Porque estos son días de retribución, para que se cumplan todas las cosas que están escritas" (Lc. 21:22). Sería la expresión visible de la retribución de Dios, es decir, de una acción judicial divina sobre el pueblo rebelde de los judíos. El tiempo de gracia se extinguía rápidamente. El mensaje del evangelio fue proclamado por el Señor invitándolos a venir a Él. Anteriormente, Juan el Bautista había llamado al pueblo al arrepentimiento. Dios mantuvo abierta la puerta de la gracia durante todo el tiempo del ministerio terrenal de Jesús, pero esa oportunidad estaba terminando. Aún, en su gracia, les concedería la ocasión de aceptar el mensaje del evangelio que se iba a predicar en Jerusalén luego de la resurrección y ascensión del Señor, donde miles de personas creyeron y fueron salvas. Sin embargo, aun después de la partida de Jesús, siguieron siendo rebeldes a Dios y desobedientes a su voz, levantando persecuciones contra los cristianos, matando a algunos de ellos, encarcelando y maltratando a otros. La advertencia de juicio estaba a punto de llegar y se haría realidad en el año setenta.

Los acontecimientos que iban a producirse no eran una novedad momentánea o puntual, sino el cumplimiento de la profecía que lo anunciaba. Los profetas anunciaron juicios de Dios sobre Jerusalén a causa del pecado del pueblo. Él es fiel; por consiguiente, cada vez que la situación de rebeldía y pecado se produce, actúa del mismo modo. Como ejemplo histórico, Jerusalén fue destruida por los babilónicos como consecuencia de la rebeldía de la nación contra las demandas de Dios; más adelante, los romanos destruirían la ciudad, sobre la que Jesús lloró cuando entró en ella, anunciando que vendrían días cuando los enemigos la rodearían y derribarían a tierra (Lc. 19:41-44); más adelante, al final del tiempo de los gentiles, será nuevamente rodeada por haber firmado un pacto con el Anticristo en abierta oposición y alejamiento de Dios, y entonces también sufrirá un tiempo de angustia como no hubo otro desde el principio del mundo. Lo que vendría sobre la ciudad de forma inmediata estaba profetizado y se cumplía plenamente.

El final de la profecía sobre la ciudad concluye con una referencia intensa: "Y caerán a filo de espada, y serán llevados cautivos a todas las naciones; y Jerusalén será hollada por los gentiles, hasta que los tiempos de los gentiles se cumplan" (Lc. 21:24). Esta perspectiva profética abre un panorama que trasciende la destrucción de Jerusalén y se proyecta al tiempo futuro anunciado por los profetas del Antiguo Testamento y por el escrito profético por excelencia del Nuevo, el Apocalipsis de Juan. La extensión de esta profecía está registrada por Mateo. Sin duda, no es este material un comentario exegético y tampoco es un tratado de escatología, por lo que será simplemente una referencia al tema del ministerio profético de Jesús, del que se trata en este apartado.

La primera parte de ese mensaje profético (Mt. 24:4-14) concuerda plenamente con el pasaje del Apocalipsis (Ap. 6:1-6), por lo que el sermón profético de Jesús se proyecta necesariamente a los acontecimientos predichos por el apóstol Juan para el tiempo final, que no puede ser otro que el que antecede al regreso de Jesús a la tierra, para establecer el reino que Dios tiene preparado, antes de que la historia se proyecte sempiternamente a cielos nuevos y tierra nueva.

En el panorama escatológico del sermón de Jesús se anuncia un tiempo de gran tribulación en el mundo (Mt. 24:15-28). Al mismo tiempo se presentan las señales que anunciarán la segunda venida (Mt. 24:29-31). Parte del sermón profético se pronuncia mediante parábolas sobre la higuera, que es muchas veces en la Escritura figura de Israel (Mt. 24:32-35). Jesús afirma que nadie conoce el tiempo de la segunda venida, sino tan solo el Padre (Mt. 24:36). La aparición de Cristo traerá la división de los hombres en dos grupos: los que serán tomados y los que serán dejados. Estos últimos podrán disfrutar del tiempo del reino de Cristo en la tierra, mientras que los primeros serán objeto del juicio divino y lanzados fuera del disfrute de ese tiempo.

No cabe duda de que, en una buena hermenéutica, los acontecimientos anunciados no se han cumplido en ningún momento de la historia, especialmente las modificaciones de leyes naturales, las conmociones de los astros, etc. Por tanto, no puede sino aplicarse a acontecimientos futuros que pondrán fin al tiempo en que los gentiles hollarán la ciudad de Jerusalén "hasta que los tiempos de los gentiles se cumplan" (Lc. 21:24).

Cristo cumplió el ministerio profético anunciando sucesos tanto próximos como lejanos, con lo que el anuncio de Moisés sobre la venida del profeta que como él enseñaría las cosas de Dios y conduciría a los hombres a un retorno a Él se ha cumplido.

Es verdad que la profecía bíblica, lo mismo que el resto de la Escritura, es la revelación dada por Dios a los hombres relativa a cuestiones generales y específicas. Con todo, Cristo es la revelación final y definitiva de Dios, de manera que todo mensaje que venga o se pretenda que viene de Dios ha de ajustarse a la Palabra revelada. Por ese motivo, el Espíritu Santo, enviado del Padre y del Hijo, tiene una misión en el campo de la revelación de Dios en Cristo: "Él os enseñará todas las cosas, y os recordará todo lo que yo os he dicho" (Jn. 14:26). Todo lo que el Espíritu hace en la esfera del testimonio de Dios está relacionado con Cristo: "Él dará testimonio acerca de mí" (Jn. 15:26). Además, también Jesús afirma en relación con el Espíritu Santo que "Él os guiará a toda verdad; porque no hablará por su propia cuenta, sino que hablará todo lo que oyere..., tomará de lo mío, y os lo hará saber" (Jn. 16:13-14). Todo esto conduce inexorablemente a la única forma de revelación en la que puede y debe descansar la fe, que es la Palabra plenariamente inspirada, en la que "los santos hombres de Dios hablaron siendo inspirados por el Espíritu Santo" (2 P. 1:21). En tal sentido, nada puede provenir del Espíritu que no concuerde con la Palabra o que sea opuesto a ella. Además, la ortodoxia doctrinal fría tampoco está respaldada por la correcta interpretación-aplicación del Espíritu. La Biblia sin la acción del Espíritu es mera letra muerta que no produce vida (2 Co. 3:6).

CAPÍTULO XIV
MILAGROS DE JESÚS

Introducción

La cristología, como parte de la teología sistemática, ha evolucionado a lo largo del tiempo, no solo en base a la investigación, sino también bajo la influencia de las corrientes filosóficas-sociológicas de cada momento de la historia. Las verdades bíblicas según están escritas, elemento primario del establecimiento de la fe, se trataron con las consideraciones propias del tiempo. Así, en el orden natural antiguo, en que la cristología tenía el componente principal en la operación soteriológica del enviado de Dios, se estudiaba cómo el segundo Adán sustituía al primero, deteriorado, caído y contaminado por el pecado, para dar vida y libertad a todos los que creyesen. Este pensamiento se vio influenciado a lo largo del tiempo por la antropología para estudiar a Jesús desde esa perspectiva.

Con todo, la base seguía siendo en gran medida la verdad revelada en la Palabra. En ese sentido, la Biblia era la revelación que Dios hacía de un cuerpo doctrinal que debía ser aceptado y creído porque procedía de Él. Algunas de ellas, que excedían la lógica del pensamiento, se calificaban como misterios en su profundo impacto para la mente del hombre. Pero la Escritura es como revelación, el pensamiento determinante de Dios que se manifiesta de forma muy amplia en acciones divinas que no solo muestran hechos portentosos, sino que es el claro mensaje que desvela lo que Él es. Por tanto, la revelación divina es también acontecimiento de la historia. Es esta la que pone de manifiesto la realidad de las obras divinas de forma indubitable y verificable por el hombre en el soporte de la historia.

De las verdades reveladas se ha pasado a la persona revelada. Esto ocasiona una integración entre lo que es Jesús como revelador y lo que es también como revelado. En este sentido, los milagros de Jesús ponen de manifiesto lo que la fe acepta, la realidad de Dios manifestada en carne, de manera que nadie más que Él puede realizar aquellas señales porque Dios está con Él (Jn. 3:2). Pero los milagros no son solo signos de poder, sino también de amor. Dios actúa obrando prodigios que resuelven problemas insolubles para los hombres, dando sobre todo libertad. Esa es la razón de la identificación con los hombres, a quienes dice: "Así que, si el Hijo os libertare, seréis verdaderamente libres" (Jn. 8:36). Los milagros demuestran una acción sobrenatural y sobrehumana que sólo es comprensible cuando se asume y entiende la condición de Jesús.

Con todo, el humanismo desbordante que hace del hombre el centro de todo y de la inteligencia humana la forma de determinar lo que es cierto y lo que no, se enfrentó con los milagros, detallados, descritos con toda clase de datos, que ponen de manifiesto acciones sobrenaturales que a la mente crítica cuesta aceptar, considerando que, si no son demostrables y razonables, no pueden ser admitidos. De ese modo, se alcanza la cima de la negación de la verdad escrita. Los críticos, cuya característica más destacable es la negación de cualquier hecho sobrenatural y con ello la real negación de Dios, se han aproximado al Nuevo Testamento con su espíritu crítico para negar directa y firmemente los milagros de Jesús. No teniendo un medio mejor se han basado en lo que llaman *el mito del evangelio* para proponer que los milagros de Jesús nunca se produjeron tal como se registran en el evangelio, sino que han sido mitos establecidos por hombres de la Iglesia para sustentar con portentos no verdaderos lo que se pretende hacer creer acerca de Jesús. De este modo, en un lenguaje sencillo, Jesús no expulsó demonios como se dice, sino que es un mito para afirmar que se trata de alguien que tiene poder superior sobre las fuerzas del mal. A muchos de los milagros de sanidades se les han buscado explicaciones lógicas que reducen la verdad de las acciones milagrosas de Cristo. Fenómenos sorprendentes que superan las leyes físicas conocidas, como el caminar de Jesús sobre el mar, no se han producido nunca; tan solo se trató del caminar por la orilla del mar desde tierra firme, cuando ya los discípulos habían llegado prácticamente a tierra.

Frente a todo esto, el creyente acepta la Biblia como Palabra de Dios plenariamente inspirada y, por tanto, el Libro de la fe. La perspectiva del hombre no creyente es negar todo lo que sea sobrenatural, como un insulto a la ciencia y sabiduría del hombre. Pero, para el creyente, la Escritura es inerrante y autoritativa, como expresa el testimonio bíblico reiteradamente, de modo, que cuando nos acercamos al hecho creacional, negado abundantemente en nuestro tiempo, hemos de hacerlo como creyentes o como incrédulos. Solo el creyente puede aceptar que "por la fe entendemos haber sido constituido el universo por la palabra de Dios, de modo que lo que se ve fue hecho de lo que no se veía" (He. 11:3). Del mismo modo, cuanto se refiere a la vida de Cristo se hace realidad al entender que los evangelios presentan verdades que han de ser aceptadas no solo por la fe, sino por el principio de contraste del relato histórico en los distintos testimonios, de distintos tiempos y personas que escribieron sobre los hechos realizados por Jesús.

Entendemos que hablar de este aspecto en la cristología requiere un largo estudio demostrativo de la verdad de los milagros, asunto que excede en todo a la razón de ser de este escrito. Por ello, se hace una breve aproximación al tema de comprensión de los milagros para seguir luego con el detalle enumerado de esos hechos prodigiosos de Jesús en los evangelios, que permiten establecer la realidad de la persona divino-humana del Verbo encarnado.

Dificultades relativas

El gran problema para la crítica en relación con Jesús de Nazaret es que todo lo que se conoce de Él, tanto en sentido de enseñanza como de obras, llega por medio de elementos redactados por personas que transmiten todo el conjunto, en el que aparece por un lado la palabra, o las enseñanzas, y con ellas, sin divisiones firmes, también las obras. En relación con las enseñanzas, son los primeros cristianos los que las transmiten de boca de los apóstoles que predican a Jesús. Pero no es lo mismo el relato de los milagros, para los que se pregunta si son realmente hechos reales; de otro modo, la enseñanza es, en gran medida, la *ipsissima verba* de Jesús, pero ¿son los milagros la *ipsissima facta Jesu*? ¿No serán acaso el producto de la cristología que se presenta a la iglesia en competencia con las religiones establecidas en los tiempos del inicio del cristianismo, con su mitología y leyendas? La crítica liberal sitúa los milagros de Jesús como una nueva mitología centrada en un solo Dios, con sus leyendas al estilo de los dioses mitológicos del entorno.

Una segunda dificultad consiste en que aceptar los milagros de Jesús tal como se relatan en los escritos bíblicos es asunto caduco propio de una mentalidad no vigente y perteneciente a una época histórico-cultural ya terminada. De este modo se expresan algunos de estos: "Nuestros antepasados creían por causa de los milagros, pero nosotros creemos a pesar de ellos"[1]. De modo que, si eliminamos la realidad del milagro, es necesario eliminar también los relatos de los milagros. De ahí que el texto citado de L. Evely se titula precisamente *El evangelio sin mitos*.

En un afán desmitificador, conforme al pensamiento crítico liberal del Nuevo Testamento, se proponen reflexiones y se establecen principios que, en lugar de proceder de un análisis científico sobre esos aspectos, son la expresión de prejuicios establecidos contra todo cuanto no proceda o sea propio de una reflexión filosófico-humanista. Todos los elementos que sustentan las contradicciones acerca de los milagros de Jesús se apoyan en datos científicos, sobre los que descansa el racionalismo humano, llegando a la conclusión de que el milagro —no importa cuál sea— no es posible.

Ciencia versus milagro

Especialmente a comienzos del s. XVIII, se pone de manifiesto la negación de los milagros, sustentándose en gran medida en el rechazo de las creencias tradicionales. Para el humanismo, el milagro violenta las leyes de la naturaleza y sostiene la creencia religiosa que es contraria a la inteligencia humana. Estos pensadores lucharon denodadamente para desacreditar y desterrar los milagros de Jesús, pero haciéndolo con sumo cuidado ya que se enfrentaban a la fe de miles de personas que no aceptaban esa propuesta. Uno de ellos, Pierre Bayle, considerado como una de las principales figuras de la ilustración, que dedicó escritos a negar la creencia de que los cometas anunciaban grandes tragedias, ridiculizando la fe del pueblo en estos mitos, lo usó para luchar también contra los milagros como algo que repugna a la razón. Entendían que no hay mayor certeza que creer que Dios mantiene las leyes que ha establecido para la creación, y no hay mayor violencia que considerar que interviene para quebrantarlas.

Los críticos plantean muchas de sus proposiciones preparando el terreno de que el hombre siempre se ha sentido inclinado a la superstición, de manera que los milagros son relatos tendentes a establecer la omnipotencia divina por la que el Creador actúa contra las leyes que ha establecido, de modo que "como no puede negarse a sí mismo" manteniendo fielmente sus determinaciones, el milagro

---

[1] Evely, 1970, p. 29.

sería una actuación en contra de la propia naturaleza de Dios. Así, los milagros de Cristo son simples especulaciones de los hombres que procuran dar explicación a una acción ininteligible para ellos.

David Hume, filósofo escocés, la mayor figura de la Ilustración, es un pensador en esta línea. Se confesaba agnóstico y fue influenciado por la corriente de la Ilustración en Europa. Afirmó que el cristianismo se sustenta en pruebas sumamente frágiles, consistentes en el testimonio apostólico, lejano a la realidad que todo debe sustentarse por la experiencia de los sentidos. El milagro debe por ende rechazarse, por ser una infracción de las leyes inalterables de la naturaleza. Añade también que en toda la historia no hay un testimonio firme apoyado por un número suficiente de personas que concuerden en el hecho y tengan capacidad reconocida para entenderlo. En tal sentido, los milagros son el resultado de la tendencia del hombre poco formado para explicar algo que le resulta maravilloso, pero que no descansa sobre bases sólidas.

Una última referencia de la negativa de los milagros es la de Voltaire, el principal representante de la Ilustración en Francia, quien afirmaba que "un milagro es la violación de las leyes matemáticas, divinas, inmutables, eternas. Por esta sola exposición, un milagro es una contradicción *in terminis*".[2] Sobre una argumentación semejante, lucha contra todo lo que tiene que ver con los milagros registrados en la Biblia y de forma muy especial con los de Jesús.

Para no extenderse más en este asunto, se cita a otro pensador, Rudolf Karl Bultmann, que afirma que los milagros son contrarios a la inteligencia de un mundo científico. Refiriéndose a los milagros del Nuevo Testamento, afirma:

Los milagros del Nuevo Testamento se han acabado como milagros. No es posible utilizar la luz eléctrica y los aparatos de radio, acudir en los casos de enfermedad a los remedios médicos y a las clínicas modernas, y al mismo tiempo creer en el mundo de los espíritus y de los milagros del Nuevo Testamento. El que crea que puede hacerlo, hace el mensaje cristiano incomprensible e imposible para nuestro tiempo.[3]

---

[2] Voltaire, 1829, s/p.
[3] Bultmann, 1955, p. 143.

En otro de sus escritos dice: "La mayoría de los relatos de milagros contenidos en los evangelios son leyendas, o por lo menos están adornados de leyendas".[4]

El más grave problema del pensamiento filosófico anti-milagro está en el hecho de que, si son todos contrarios a las leyes de la naturaleza, al despojarlos de realidad se priva a estos de ser elementos liberadores que Dios usa a favor de los hombres sujetos a profundas servidumbres, y no realiza la operación de liberación soteriológica que vino a realizar en la misión que le fue encomendada en su envío al mundo. Es más, los relatos del evangelio no son creíbles y mucho menos válidos para el tiempo actual.

Pero cuando se consideran los milagros de Jesús como obras de quien, siendo Creador, es también libre para reparar problemas que las creaturas tienen y, sobre todo, para establecer el camino en el que el hombre vuelve a Dios, y Dios viene al encuentro del hombre, el dilema queda resuelto. Ningún milagro mayor que quien es eterno por condición natural devenga a la temporalidad como hombre para sustituir a los hombres dando su vida por ellos y abriéndoles el camino de la salvación. El envío, la encarnación, la concepción, la muerte y la resurrección son el milagro más singular y único de Dios.

Evidencias

Historicidad

Los milagros de Jesús descansan en los relatos de los evangelios. Pero es necesario apreciar que no forman parte de una sección de ellos, sino que son un todo en el escrito. Es decir, los milagros surgen del contexto histórico y son un elemento más dentro del relato. No aceptar los milagros citados en ellos es no aceptar el escrito del evangelio, porque ambos, milagros y relato general que comprende, entre otras cosas, las enseñanzas de Jesús, forman una unidad que no es posible separar. Esto conduce necesariamente a rechazar la idea liberal modernista de que los milagros atribuidos a Jesús son relatos posteriores al origen de los evangelios e incorporados a ellos en el tiempo. Es más, no puede aceptarse la historicidad del Nuevo Testamento despojándolo de los milagros, puesto que se citan como vinculados a Cristo en las

[4] Bultmann, 1950, p. 149.

predicaciones que están en ellos. Así el apóstol Pedro los mencionó con motivo de la proclamación del Evangelio en el día de Pentecostés: "Jesús nazareno, varón aprobado por Dios entre vosotros con las maravillas, prodigios y señales que Dios hizo entre vosotros por medio de él, como vosotros mismos sabéis" (Hch. 2:22). La mayoría de los presentes, si no todos, habían oído de los milagros de Jesús, de modo que, si no fueran realidades, se hubieran unido a los muchos enemigos suyos en la ciudad de Jerusalén, especialmente al estamento religioso. Más tarde en Cesarea, en casa de Cornelio, el mismo apóstol vuelve a referirse a las acciones sobrenaturales de Jesús, al decir al auditorio: "Dios ungió con el Espíritu Santo y con poder a Jesús de Nazaret, y cómo éste anduvo haciendo bienes y sanando a todos los oprimidos por el diablo, porque Dios estaba con él. Y nosotros somos testigos de todas las cosas que Jesús hizo en la tierra de Judea y en Jerusalén" (Hch. 10:38-39).

Es imposible disociar la enseñanza de los milagros. Ambos son una unidad indisoluble, manifestando la realidad de la llegada al mundo de Jesús, el enviado del Padre, que proclama y trae el reino de Dios. Por esa razón su ministerio se presenta como realidad de las dos cosas, enseñanza y milagros: "Y recorrió Jesús toda Galilea, enseñando en las sinagogas de ellos, y predicando el evangelio del reino, y sanando toda enfermedad y toda dolencia en el pueblo" (Mt. 4:23). Los milagros de Cristo son impactantes y producen inevitablemente una reacción. Para muchos era de admiración ante el asombroso suceso que había ocurrido. Para los discípulos era la confirmación de que aquel a quien seguían era el Hijo de Dios. Para los enemigos, cada uno de ellos era ocasión de manifestar su oposición a Jesús, generando una controversia que partía de la realización de un milagro. Si esta unidad entre enseñanza y milagros es evidente, lo es más firmemente en el evangelio según Juan. El propósito del apóstol es que por medio de esas maravillas que selecciona y describe, los lectores supieran que Jesús "hizo muchas otras señales en presencia de sus discípulos, las cuales no están escritas en este libro. Pero éstas se han escrito para que creáis que Jesús es el Cristo, el Hijo de Dios, y para que creyendo tengáis vida en su nombre" (Jn. 20:30-31). Privar de estos milagros al evangelio es no sólo retirar el propósito del mismo, sino reducirlo o incluso eliminarlo, puesto que se le priva de un elemento esencial.

Una lectura desprejuiciada de los evangelios pone de manifiesto que todos, incluyendo sus enemigos más encarnizados, incluso Herodes, reconocían los milagros que había hecho. La autoridad que demandaba se apoyaba en sus hechos sobrenaturales. Es más, en alguna ocasión los enemigos de Jesús no niegan ni discuten sobre el prodigio realizado, sino sobre la autoridad que tenía para hacerlo, como fue en el caso de la sanidad del endemoniado ciego y mudo (Mt. 12:22), procurando evitar que se le aceptase como lo que verdaderamente era, acusándolo delante de la gente de ser un aliado de Satanás y actuar en su nombre (Mt. 12:24).

Presencia

Es suficiente tomar el evangelio más pequeño, el de Marcos, para apreciar que los milagros representan un porcentaje muy elevado del texto total. De manera que, de los 666 versículos del texto griego, 209 se dedican a describir los hechos portentosos de Jesús. Esto supone que el 31% de todo el texto del evangelio está dedicado a los milagros que Jesús hizo durante su ministerio terrenal. En la primera parte de ese evangelio, relatada en los diez primeros capítulos, el porcentaje entre enseñanzas y milagros es aún mayor, de modo que, de los 425 versículos de esta parte, 209 están destinados a los milagros, lo que supone un 47%.[5]

Testimonio múltiple

Es un importante elemento para establecer un correcto criterio histórico, concretamente en este caso que nos ocupa, sobre los milagros de Jesús. Quiere decir que la comparación entre los cuatro escritos, e incluso alguna referencia a ellos en las epístolas, ponen de manifiesto la evidencia de lo descrito. Todas las fuentes concuerdan en el sentido de afirmar la realidad de los milagros que Jesús hizo. Frente a esta concordancia, especialmente dentro de los sinópticos, el pensamiento liberal humanista presenta la argumentación de la procedencia del primero, el evangelio según Marcos. De manera que los otros dos —ya que el de Juan es diferente en cuanto a forma de composición—, tanto Mateo como Lucas, son simplemente una copia ampliada del primer evangelio, el de Marcos. La evidencia de esta proposición se apoya en ideas, no en realidades. Con toda probabilidad, los sinópticos fueron escritos en el orden en que se encuentran colocados en el Nuevo

[5] Datos estadísticos tomados de Latourelle, 1997, p. 68.

Testamento. El primero debió haber sido el evangelio según Mateo, por necesidad de evangelización y enseñanza entre los creyentes del entorno judío, ya que la Iglesia nació en Jerusalén con el descenso del Espíritu Santo y una gran cantidad de personas del pueblo hebreo fueron los primeros creyentes. Los enemigos de Jesús extendían mentiras sobre Él, no solo para impedir que la resurrección fuese creída, sino para desprestigiar sus milagros, no como de procedencia divina, sino como alianza con Satanás. La gran pregunta que generaba duda entre los judíos a quienes se les anunciaba que Jesús es el Cristo, es decir, el Mesías, es esta: si es el Mesías, ¿dónde está el reino? Esa era la forma de pensamiento que la teología mesiánica de entonces había generado. Para responder a ella, Mateo escribe el evangelio. En él se pone de manifiesto que los milagros que Jesús hizo eran los que los profetas habían anunciado. De ahí los detalles especialmente de sanidades y expulsión de demonios. Marcos fue el segundo sinóptico. Es el intérprete de Pedro y en los relatos de los acontecimientos narrados se aprecia muchas veces la presencia del testigo que lo declara, que no es otro que el apóstol Pedro. Lucas, el tercero, analiza, estudia y verifica que lo que se estaba transmitiendo sobre Jesús era cierto y no se trataba de leyendas o mitos que los cristianos habían elaborado sobre Jesús. Los críticos formulan la segunda pregunta que genera duda sobre la historicidad de los sinópticos: ¿Por qué la identidad entre ellos? La respuesta es natural. Los tres primeros evangelios se desarrollan sobre la base temporal del ministerio de Jesús. Los hechos se relatan y presentan en el tiempo y en la zona donde tuvieron lugar. Esta es una evidencia más del confirmante testimonio múltiple. De ahí la importante historicidad de los relatos que, escritos en distintos lugares y en distintos momentos, concuerdan plenamente entre sí y presentan de forma inequívocamente igual los rasgos personales de Cristo, las enseñanzas pronunciadas por Él y los milagros que efectuó durante el tiempo de su ministerio.

Por su parte, Juan presenta a Jesús enlazando sus enseñanzas con las señales, como llama a los milagros. Es desde el capítulo dos hasta el doce donde coloca las acciones sobrenaturales de Jesús que lo autentifican, de ahí el término señales[6]. Para el discípulo, aquellas acciones portentosas de Jesús eran las evidencias demostrativas, que condujeron a los discípulos y también a mucha gente a creer en Él; es

---

[6] Griego: τῶν σημείων.

decir, la señal los llevaba a deducir una consecuencia referente a su persona y a definir quién era Jesús. Estas señales conducen u orientan hacia la dignidad del autor que las realizaba. Por tanto, la fe hacia Jesús es el primer objetivo de todas las señales, de manera que al final del evangelio, el escritor dice que "hizo además Jesús muchas otras señales en presencia de sus discípulos, las cuales no están escritas en este libro. Pero éstas se han escrito para que creáis que Jesús es el Cristo, el Hijo de Dios, y para que creyendo, tengáis vida en su nombre" (Jn. 20:30-31). Por esa razón, la primera señal seleccionada en el evangelio, la conversión del agua en vino, produjo un resultado: "Los discípulos creyeron en él" (Jn. 2:11).

El ministerio público de Jesucristo está rodeado de milagros y señales que lo autentifican como el Hijo de Dios. Juan se refiere al milagro en Caná como el principio de señales. No quiere decir que fuese el primero de todos los milagros, aunque bien pudiera ser así, sino el primero de los realizados en Caná de Galilea; en cualquier caso, marca el principio de una nueva manifestación de Dios entre los hombres. En cada una de las señales manifiesta aspectos concretos de la misión soteriológica de Jesús. En esta primera señal, no se aprecia solo la omnipotencia de Jesús, sino también su atención a los problemas del hombre; en la última relatada por Juan, la resurrección de Lázaro, la señal expresa la gloriosa dimensión de quien dijo de sí mismo que es la resurrección y la vida (Jn. 11:25).

En este campo del testimonio múltiple sobre los milagros, se ha mencionado ya la referencia a lo que se dice de ellos en el kerigma de Hechos. Pero, tiempo después, cuando ya el cristianismo se había establecido, cuando la evangelización de las naciones era la actividad de los cristianos, entre los que destacaban los mismos apóstoles, alguien escribió un tratado de cristología soteriológica recogido en la epístola a los Hebreos. Allí, al hablar de la salvación, vincula el mensaje con las señales o milagros, cuando escribe: "La cual, habiendo sido anunciada primeramente por el Señor, nos fue confirmada por los que oyeron, testificando Dios juntamente con ello, con señales y prodigios y diversos milagros y repartimientos del Espíritu Santo según su voluntad" (He. 2:3-4). Los milagros hechos en el nombre de Jesús autentificaban el mensaje que proclamaba que el Salvador de los pecadores no solo murió, sino que resucitó y está sentado a la diestra de la majestad en las alturas. El testimonio múltiple permite afirmar la realidad de los milagros de Jesús.

Unicidad

Debe entenderse este término como la prueba de que Jesús es irrepetible en la historia de la humanidad. Sólo Él y nadie más que Él fue. Su presencia en el mundo ocurre en un momento único de la historia humana. La situación político-religiosa era única e irrepetible luego. Las enseñanzas suyas sobre Dios, su obra, su propósito y su determinación nunca habían sido expresadas de aquella manera como Jesús hizo. Ningún relato de palabras u obras de un personaje histórico, por grande que hubiese sido, puede ser comparable a Él.

Como hacedor de milagros, la forma en que se producen no tiene tampoco comparación con ningún otro relato bíblico. Los del Antiguo Testamento, hechos por enviados de Dios conocidos como profetas, se efectuaron actuando ellos como instrumentos en absoluta dependencia de Dios. Sin embargo, los milagros de Cristo son hechos bajo su determinación y autoridad personal. La soberanía de Dios encarnado se pone de manifiesto en las palabras que Jesús dice en el entorno del milagro. Ante la petición y comparecencia del leproso que reconoce su poder, de modo que si quería podía sanarlo, recibe la respuesta de Cristo: "Quiero, sé limpio" (Mr. 1:41). Ante el temporal desencadenado, la autoridad de Jesús se pone de manifiesto cuando "levantándose, reprendió al viento, y dijo al mar: Calla, enmudece. Y cesó el viento, y se hizo grande bonanza" (Mr. 4:39). La soberanía divina se manifestó en Cristo con palabras de autoridad que no podían ser resistidas. Dos ejemplos son suficientes. El primero, como respuesta a la petición de Pedro que, sobre el barco, en medio del temporal, pidió a Jesús que, si verdaderamente era Él, le hiciese ir a su encuentro caminando sobre las aguas. Jesús le dijo "ven. Y descendiendo Pedro de la barca, andaba sobre las aguas para ir a Jesús" (Mt. 14:29). La imaginación humana sitúa la eficacia de la acción en la fe de Pedro, pero se olvida de las dos formas verbales del texto griego. La respuesta de Jesús es un imperativo[7]: *ven*; el segundo que define la acción de Pedro, *bajando*[8] *de la barca*, corresponde al mandato *ven*. La tercera forma verbal indica la ejecución del mandato:

[7] Griego: ἐλθέ, segunda persona singular del aoristo segundo de imperativo en voz activa del verbo ἔρχομαι.

[8] Griego: καταβὰς, caso nominativo masculino singular con el participio aoristo segundo en voz activa del verbo καταβαίνω, *bajar*; aquí, *bajando*.

andaba o mejor *anduvo sobre las aguas*[9]. Fue la autoridad de Jesús la que produjo el milagro, no la fe del hombre. Un segundo ejemplo tiene que ver con el mandato de Cristo en la resurrección de muertos. Así ocurrió con la hija de Jairo, según Marcos: "Y tomando la mano de la niña, le dijo: *Talita cumi*; que traducido es: Niña, a ti te digo, levántate" (Mr. 5:41). ¿No ocurre acaso del mismo modo con el paralítico llevado por cuatro amigos? Para confirmar ante todos que tenía autoridad para perdonar pecados, dijo al paralítico "A ti te digo: Levántate, toma tu lecho, y vete a tu casa" (Mr. 2:10-11). La autoridad soberana del Verbo encarnado no puede ser resistida y la instrucción se convierte en mandamiento que ha de ser ejecutado como el Hijo de Dios había mandado. La exégesis humanista centra toda la acción en el hombre; el Evangelio la coloca en el lugar de donde procede la autoridad, que es Dios mismo.

Es preciso comparar para determinar la unicidad testimonial de los milagros de Jesús. Todos los hechos de los apóstoles en las tareas de evangelización acompañados de milagros se hicieron en el nombre o con la autoridad de Jesús. Este es el caso del cojo sentado en la entrada del templo por la llamada puerta Hermosa, que es sanado por la intervención del apóstol Pedro, que al verlo le dijo: "No tengo planta ni oro, pero lo que tengo te doy; en el nombre de Jesucristo de Nazaret, levántate y anda" (Hch. 3:6). No era Pedro quien tenía la autoridad de sanar al enfermo, era un simple instrumento que invocaba y actuaba por el poder de Jesús. Pablo testifica de que la evangelización que fue elemento esencial en su ministerio fue acompañada de prodigios y milagros, pero nótese lo que testifica sobre ellos:

Porque no osaría hablar sino de lo que Cristo ha hecho por medio de mí para la obediencia de los gentiles, con la palabra y con las obras, con potencia de señales y prodigios, en el poder del Espíritu de Dios; de manera que desde Jerusalén, y por los alrededores hasta Ilírico, todo lo he llenado del evangelio de Cristo. (Ro. 15:18-19)

Siendo un gran apóstol, era instrumento de Cristo actuando con el poder del Espíritu y no con su autoridad personal, como había hecho Jesús.

---

[9] Griego: περιεπάτησεν, tercera persona singular del aoristo primero de indicativo en voz activa del verbo περιπατέω, *andar*; aquí, *anduvo*.

Manifestación del Reino de Dios

No cabe duda alguna de que el mensaje de Jesús, que sigue al de Juan el Bautista, tiene que ver con la proclamación del Reino de Dios, o según Mateo, el Reino de los cielos. Quiere decir que, en la proclamación de Jesús por las ciudades y las aldeas de Galilea y Judea, el Reino proclamado conduce a la necesidad del nuevo nacimiento, que produce un genuino arrepentimiento. Esta es la demanda: "Arrepentíos, porque el reino de los cielos se ha acercado" (Mt. 4:17). El Reino tiene íntima relación con el rey, en caso concreto según la profecía, con el Mesías enviado. Los profetas habían anunciado las señales de identificación que se manifestarían en Él cuando viniese, concretamente el mensaje profético afirma que "Dios mismo viene con retribución y pago" (Is. 35:4). Estos son los signos, las señales, las evidencias mesiánicas: "Entonces los ojos de los ciegos serán abiertos, y los oídos de los sordos se abrirán. Entonces el cojo saltará como un ciervo, y cantará la lengua del mudo" (Is. 35:5-6), reiterado por el mismo profeta (Is. 29:18). Estas señales condujeron a Nicodemo a entender que era el enviado de Dios, ya que nadie las podía hacer si Dios no fuese con Él (Jn. 3:2).

Juan el Bautista observaba el ministerio de Jesús y en su percepción había cierta contradicción. Por un lado, le llegaban las noticias de los prodigios que Jesús realizaba, pero por otro no apreciaba en nada los pasos para el establecimiento del Reino. De ahí que le envíe algunos de sus discípulos para que se cerciorasen de si verdaderamente era Él el enviado de Dios o debían esperar a otro. Lucas se detiene en la respuesta que Jesús les da:

En esa misma hora sanó a muchos de enfermedades y plagas y de espíritus malos, y a muchos ciegos les dio la vista. Y respondiendo Jesús, les dijo: Id, haced saber a Juan lo que habéis visto y oído: los ciegos ven, los cojos andan, los leprosos son limpiados, los sordos oyen, los muertos son resucitados, y a los pobres les es anunciado el evangelio. (Lc. 7:21-22)

Jesús no solo proclama, anuncia el Reino, sino que pone en evidencia el poder del diablo que controla los reinos del mundo y que no puede resistir a su autoridad, especialmente en lo que tiene que ver con la expulsión de demonios que se posesionaban de personas.

Los milagros son expresión visible de que aquel que anunciaba el evangelio y enseñaba acerca del Reino tenía poder para restaurar y, por tanto, era el Salvador esperado. De ese modo debe entenderse no solo la razón, sino el testimonio de los milagros como manifestación del Reino que viene con poder.

Concordancia del relato

Los milagros de Jesús han de ser considerados unidos al relato en que se encuentran. No es posible aislar el milagro de su entorno textual. Cuando la exégesis del texto bíblico se hace desde la premisa del contexto, tanto próximo como lejano, da una plena seguridad a la autenticidad de lo que se ha escrito.

Las resurrecciones que Jesús hizo durante su ministerio son elementos concordantes con el principio que Él estableció en sus enseñanzas primeras: "Porque como el Padre levanta a los muertos, y les da vida, así también el Hijo a los que quiere da vida" (Jn. 5:21). Todavía más explícito cuando dice: "De cierto, de cierto os digo: Viene la hora, y ahora es, cuando los muertos oirán la voz del Hijo de Dios; y los que la oyeren vivirán" (Jn. 5:25). Sin dejar de apreciar el contexto escatológico futuro de la resurrección, anunciar que Él tenía poder para dar vida a los muertos tiene que ser confirmado con el hecho real de las resurrecciones. Pero, además, el poder para resucitar a los muertos procede y es potestativo de Dios, que resucita al que quiere; por tanto, ese poder lo ha dado al Hijo y los milagros de resurrecciones ponen de manifiesto el vínculo divino Padre-Hijo.

Los milagros de resurrección traen en el contexto inmediato consecuencias vinculantes con el relato bíblico. Cuando Jesús hizo el último milagro de resurrección —levantar a Lázaro de los muertos—, esa resurrección es el eslabón de la cadena textual y del propósito que el escritor tenía al introducir el milagro en el relato. La resurrección de Lázaro abre el entendimiento de la urgencia de los sacerdotes, capitaneados por el sumo sacerdote de aquellos días, para dar muerte a Jesús. Las muchas señales que hacía generaban una amenaza para el sector religioso, incrédulo a los mensajes proféticos, que se justificaban con una posible intervención de los romanos contra la nación (Jn. 11:47-48). Es el motivo usado para condenar a muerte a Jesús anticipadamente a cualquier juicio y cualquier acusación. Las palabras del sumo sacerdote manifiestan que era necesaria la muerte de Jesús, que "uno muriese por todo el pueblo" (Jn. 11:50). Por consiguiente, el relato del milagro en este lugar del evangelio está plenamente justificado y forma parte esencial del contenido del texto. Además, el milagro de la resurrección de Lázaro expresa la razón de la recepción de Cristo en su última visita a Jerusalén. Así lo pone Juan de manifiesto: "Y daba testimonio la gente que estaba con él cuando llamó a Lázaro del sepulcro, y le resucitó de los muertos. Por lo cual también había venido la gente a recibirle, porque había oído que él había hecho esta señal" (Jn. 12:17-18). No se sustenta el relato y los acontecimientos que se señalan en el texto del evangelio a no ser por la resurrección de Lázaro. Esto constituye una sólida garantía de la autenticidad histórica, que algunos pretenden negar.

Vinculación necesaria

En la observación de sucesos ocurridos en la vida de Jesús, los milagros son los elementos que constituyen la concordancia necesaria que permite dar una explicación válida de ellos. Se plantean una serie de premisas que solo tienen respuesta en los milagros de Jesús.

1) Sólo es posible explicar la aceptación de Cristo como Mesías, el Hijo de Dios, sobre la base de los milagros que hizo delante de la gente y los discípulos (Jn. 2:11; Mt. 14:33; Jn. 2:23; 11:14-15).

2) El mensaje del Reino que vendría con poder no es posible que fuese aceptado fácilmente sin la corroboración de los milagros que ponían de manifiesto la realidad que anunciaba el kerigma.

3) Las multitudes concentradas delante y detrás de Jesús en su entrada en Jerusalén, como motivo de la última visita que hacía a la ciudad, obedecen al milagro de la resurrección de Lázaro, que había asombrado a todos (Jn. 11:9, 12-13).

4) Jesús fue considerado por muchos como un gran profeta (Mr. 8:28), incluso como el gran profeta que la nación esperaba, conforme a la profecía (Jn. 6:14) y en base a los milagros que hizo.

5) Como se ha considerado antes, los milagros de Jesús motivaron la determinación de los líderes judíos, que decidieron darle muerte porque era una amenaza a su posición religiosa y social en el pueblo (Jn. 11:47-48).

6) Sólo aceptando los milagros de Jesús como hechos reales e históricos se pueden entender las referencias que se hacen a ellos en la predicación del Evangelio (Hch. 2:22; 10:38-39; Jn. 20:30).

Aceptar los milagros de Jesús como efectuados por Él durante su ministerio aclara muchas de las enseñanzas recogidas en los evangelios. Negar la realidad de los milagros es reducir a meros enigmas y dejar en plena incomprensión muchas de las enseñanzas que se registran en ellos.

De otro modo, no es posible aceptar que el Verbo se hizo carne (Jn. 1:14) y que es consustancial con el Padre (Jn. 10:30), incluso que es el revelador único y por excelencia de Dios, de modo que quien lo ha visto, ha visto al Padre (Jn. 14:9), si no fuese por las operaciones de poder que lo identifican como Dios. Hablar de Dios como omnipotente sin descubrir la operación de su poder en ninguna expresión visible convierte la verdad en mera idea. De ahí la importancia que los milagros tienen para poder afirmar la deidad de Jesús, el Hijo de Dios.

Hablando de los milagros como evidencia de quién es Jesús, escribe el Dr. Latourelle:

La demostración que acabamos de elaborar sobre la base de los criterios se sitúa en su propio nivel, que es el de la historia. No pretenden convencer u obligar al que cree a rechazar la posibilidad misma del milagro. Invita sencillamente a reconocer los principios que inspiran su opción y aceptar con lealtad el problema que plantean los relatos de milagro consignados en los evangelios. Para el que acoge favorablemente la hipótesis de una intervención de Dios en la historia del hombre para salvarlo, esta demostración puede hacerlo atento a la lectura de los signos que atestiguarían la realidad de semejante intervención. Para el creyente, es de tal naturaleza que inspira confianza en los evangelios y confirma su fe en aquél a quien confiesa como su Señor.[10]

En la lectura de los evangelios, los milagros no pueden dejarse sin que el lector se posicione en relación con ellos. Los que niegan la verdad histórica de las acciones sobrenaturales de Jesús, niegan la realidad histórica de Cristo, puesto que no puede disociarse su enseñanza y su forma de ser de las credenciales de sus milagros.

---

[10] Latourelle, 1997, p. 84.

Relato de los milagros

Los evangelios mencionan treinta y cinco milagros hechos por Jesús, a partir de los que se establece el siguiente cuadro:

Nº	Milagro	Mateo	Marcos	Lucas	Juan
1.	Conversión agua en vino				2:1-11
2.	Curación hijo del noble				4:46-54
3.	El paralítico en Betesda				5:1-9
4.	Primera pesca milagrosa			5:1-11	
5.	Liberación endemoniado		1:23-28	4:31-36	
6.	Curación suegra de Pedro	8:14-15	1:29-31	4:38-39	
7.	Curación de un leproso	8:2-4	1:40-45	5:12-16	
8.	Curación de un paralítico	9:2-8	2:3-12	5:18-26	
9.	Curación mano tullida	12:9-13	3:1-5	6:6-10	
10.	Curación siervo centurión	8:5-13		7:1-10	
11.	Resurrección hijo viuda			7:11-15	
12.	Curación ciego y mudo	12:22		11:14	
13.	Calma de la tempestad	8:23-27	4:35-41	8:22-25	
14.	Liberación gadarenos	8:28-34	5:1-20	8:26-39	
15.	Curación hemorroísa	9:20-22	5:25-34	8:43-48	
16.	Resurrección hija de Jairo	9:18-19, 23-26	5:22-24, 35-43	8:41-42, 49-56	
17.	Curación de dos ciegos	9:27-31			
18.	Liberación poseso mudo	9:32-33			
19.	Alimentación de 5000	14:14-21	6:34-44	9:12-17	6:5-13
20.	Jesús anda sobre el mar	14:24-33	6:45-52		6:16-21
21.	Liberación hija sirofenicia	15:21-28	7:24-30		
22.	Curación de sordomudo		7:31-37		
23.	Alimentación 4000	15:32-39	8:1-9		
24.	Curación ciego Betsaida		8:22-26		
25.	Liberación de un poseso	17:14-18	9:14-29	9:38-42	
26.	Moneda pago tributo	17:24-27			
27.	Curación ciego nacimiento				9:1-7
28.	Curación mujer encorvada			13:10-17	
29.	Curación hidrópico			14:1-9	
30.	Resurrección de Lázaro				11:17-44
31.	Curación diez leprosos			17:11-19	
32.	Curación ciego Bartimeo	20:29-34	10:46-52	18:35-43	
33.	Maldición de la higuera	21:18-19	11:12-14		

34. Curación oreja Malco 22:49-51 18:10
35. Pesca milagrosa 21:1-11

Estos treinta y cinco milagros se colocan en el probable orden en que tuvieron lugar, en la medida en que puede establecerse según el tiempo marcado en los relatos de los evangelios.

Los milagros indicados son solamente una selección que los escritores de los evangelios hicieron según el propósito de redacción que tenían. Juan hace notar que "también hay otras muchas cosas que hizo Jesús, las cuales si se escribieran una por una, pienso que ni aun en el mundo cabrían los libros que se habrían de escribir" (Jn. 21:25). De igual manera, Mateo se refiere a acciones prodigiosas sin especificar cuáles (cf. Mt. 4:23-24; 8:16; 9:35; 10:1, 8; 11:4-5, 20-24; 12:15; 14:14; 14:36; 15:30; 19:2; 21:14).

Cada uno de los milagros debe ser analizado tanto desde la historia como desde la teología. Una correcta exégesis con la amplitud requerida supondría una extensión que saldría de la normalidad de la cristología para entrar en las formas de la exégesis. Por ello, a modo de ejemplo, se seleccionan cuatro de ellos, que tienen relación con cuatro elementos distintos: a) Actuación sobre la naturaleza, en la calma del temporal; b) Actuación sobre la enfermedad; c) Actuación sobre los demonios; d) Actuación sobre la muerte.

Cuatro milagros de Jesús

Actuación sobre la naturaleza

De los varios milagros que manifestaron una actuación sobrenatural en relación con la naturaleza, se selecciona el de la calma de la tempestad. La descripción del milagro está en los tres sinópticos (Mt. 8:18, 23-27; Mr. 4:35-41; Lc. 8:22-25). Hay otras acciones de Jesús sobre la tempestad, pero se toma, a modo de ejemplo ésta, y se sigue el texto que corresponde al evangelio según Marcos.

Historicidad

No tenemos otra fuente que relate el acontecimiento más que la de los sinópticos. Esto permite a los que niegan los milagros en general, también los de Jesús, referirse a esto como una composición que surge de la necesidad de enseñar parabólicamente algunas cuestiones sobre el ministerio de Jesús. De este modo, la orientación al lector del tiempo cuando lo introduce como al atardecer (Mr. 4:35) debe entenderse como que el mensaje universalista de Jesús va a dar paso a la misión evangelizadora a los gentiles, que estaba representada por los pueblos al otro lado del mar. Las dificultades que enfrenta la misión estaban en el pensamiento judío del grupo de discípulos que lo acompañaban y querían monopolizarlo; por eso "lo llevaron consigo en la barca" e impiden que otros no israelitas tomen parte en la misión, representados en "otras barcas que estaban con él" (Mr. 4:36). El viento desencadenado y las olas que golpeaban la barca es el símbolo del mal espíritu de los discípulos, por lo que las tesis judaizantes exasperan a los paganos y ponen en peligro la misión (Mr. 4:37). Que el Señor estuviese dormido y los discípulos clamasen a Él no es otra cosa que el simbolismo del fracaso que los discípulos entendían de la misión a los gentiles y reprochaban a Jesús su falta de apoyo, sin reconocer que ellos eran los culpables (Mr. 4:38). Jesús conmina al viento y al mar tratándolos como un espíritu inmundo, imponiéndoles silencio, en alusión al espíritu fariseo (Mr. 3:4), y cesa la tempestad porque hace callar las pretensiones judías (el viento) y propone a los paganos (habló al mar) el auténtico mensaje de la igualdad de todos los pueblos. Al cesar toda hostilidad (sobrevino una gran calma), la aceptación del mensaje es grande y hace patente la fuerza que tienen las buenas nuevas de Jesús (Mr. 4:39). Les reprocha a los discípulos su falta de fe, que es el sentido del temor de ellos al ver cómo el propósito de Jesús significa el fracaso de los judíos como individuos y como pueblo. Les entra un miedo atroz a las consecuencias que puede acarrear la nueva orientación de Jesús (Mr. 4:40). De este modo enseñan el sentido del relato de la calma de la tempestad en forma plenamente alegórica:

La perícopa encierra un mensaje permanente para la comunidad cristiana. Enseña que no se puede discriminar entre los pueblos ni se puede mezclar el mensaje de Jesús con elementos culturales ajenos a él, por entrañables que sean. Los que pretenden monopolizar a Jesús o manipular su mensaje muestran carecer de verdadera adhesión: no se adhieren ellos al mensaje de Jesús; quieren, por el contrario, que éste se adapte a su ideología.

Cuando la comunidad actúa sin contar con Jesús, él queda inactivo. No se le puede ignorar en la misión; ésta no predica una estructura ni un sistema religioso, sino la persona y el mensaje de Jesús: el del amor de Dios a todos los hombres y pueblos por igual, con el propósito de comunicarles vida.[11]

La perspectiva del relato es prácticamente igual en los sinópticos, con los detalles que los diferencian entre sí y los hacen individuales en cuanto a redacción y contenido. Tanto Marcos como Lucas presentan el acontecimiento relacionándolo con el grupo de parábolas que Jesús pronunció delante de la multitud que había venido a Él. Mateo, por su redacción, no lo sitúa en este contexto; sin embargo, el relato de la tempestad es similar al de los otros dos.

Además, la intensidad del relato es magnífica, especialmente en Mateo y en Marcos, que ponen de manifiesto la descripción de un testigo presencial. Marcos hace notar que Jesús se había dormido en la popa, sobre un cabezal (Mr. 4:38a). Sin duda, Marcos fue el intérprete de Pedro y éste estuvo presente en aquella ocasión.

Si se tienen en cuenta las fechas de redacción de los sinópticos y especialmente el cuidado investigador de Lucas, que autentificó cada una de las partes del contenido del evangelio (Lc. 1:3), la identidad general del contenido del milagro pone de manifiesto la historicidad del mismo. En el pasaje (Mr. 4:35-41), Marcos presenta en el relato apuntes que no están en los otros dos, como que era "al atardecer" (v. 35); dice que había "otras barcas" (v. 36); indica también que Jesús "se había dormido en la popa del barco" (v. 38); la expresión determinante con la que Jesús mandó al viento que se calmase es más directa que en los otros dos relatos: "¡Calla, enmudece!" (v. 39). Estos detalles complementan la realidad de un relato absolutamente histórico que se produjo en los días del ministerio de Cristo.

Exégesis del relato[12]

Marcos se refiere al momento inicial del milagro que redacta: "Aquel mismo día, al atardecer, les dijo: Pasemos al otro lado"[13]. Con la

---

[11] Mateos & Camacho, 1994, p. 112.

[12] Tomado de mi comentario a Marcos de la serie *Comentario exegético al texto griego del Nuevo Testamento*. Para los versículos se utilizará la versión RVR.

[13] Texto griego: Καὶ λέγει αὐτοῖς ἐν ἐκείνῃ τῇ ἡμέρᾳ ὀψίας γενομένης· διέλθωμεν εἰς τὸ πέραν.

primera frase procura encontrar un vínculo de ilación con lo que antecede. Aquel día no puede ser otro que aquel en que tuvieron lugar las enseñanzas por parábolas desde una barca. Es el de la reunión aparte de la multitud para aclarar conceptos a los discípulos. Es el de las otras parábolas y las advertencias generales al grupo más pequeño. Sin duda los que simplemente vinieron a la orilla del mar para escuchar las palabras de Jesús se habían ido. La barca que sirvió de púlpito es la que va a ser utilizada en la travesía al otro lado del Mar de Galilea. Es evidente que *aquel día* no es más que una forma en que el escritor es capaz de relacionar todo lo que antecede con lo que sigue. Pareciera que desea que el lector entienda que todo lo que recoge el pasaje desde 4:1 ocurrió en una misma jornada. Sin embargo, es natural apreciar que se trata de una recolección de acontecimientos que Marcos relata en el pasaje. Hay un notable cambio de audiencia y situación (Mr. 4:10). Luego sigue, más que un simple sermón, una antología de la enseñanza parabólica de Jesús, que aparece en otros momentos en los dos sinópticos. Sin embargo, no cabe duda de que el relato, armonizado de este modo, tiene una correlación magnífica que no altera para nada la situación en la mente del lector. Así el barco con que comienza el capítulo (Mr. 4:1) es el que ahora va a usar Jesús para el desplazamiento en el lago.

El pasaje es importante porque entre este versículo y Mr. 8:26 se describen un total de diez milagros individuales, establecidos en dos grandes grupos, en los que cada uno comienza por una actuación sobrenatural —tal vez mejor, omnipotente— de Jesús en el Mar de Galilea (Mr. 4:35-41; 6:45-51). En ambos está también la alimentación milagrosa de una multitud. Marcos está procurando poner de manifiesto la autoridad[14], un término que en griego tiene relación con recursos, esplendor, magistratura, etc. Comprende la idea de soberanía, en sentido de tener capacidad para actuar sin ningún tipo de limitación; por tanto, tiene que ver con la libertad de hacer como determine la voluntad personal, pero con la característica de que cuanto determine ha de ser siempre obedecido. Hasta ahora, la autoridad de Jesús se puso de manifiesto en milagros de sanidad y liberación de endemoniados, pero ahora el Señor va a manifestar su poder actuando directamente sobre la naturaleza y haciéndolo en circunstancias extremadamente difíciles, con lo que su condición divino-humana pasa a un plano determinativo que condiciona los

---

[14] Griego: ἐξουσία.

datos sobre su persona y obra. Es un paso más en la manifestación de la autoridad del Señor. Su vida está determinada por la autoridad. Sus enseñanzas son dadas con autoridad, no como las de los escribas y fariseos. Los adversarios le preguntan con qué derecho o autoridad puede perdonar pecados, algo potestativo sólo de Dios. Marcos presenta, en el milagro que sigue, la autoridad de Jesús hasta tal punto que generará una pregunta en los discípulos: "¿Quién es éste, que aun el viento y el mar le obedecen?". No es tanto una simple nota de asombro ante el acontecimiento, sino también el testimonio de la incapacidad humana para comprender la dimensión de la persona que había llevado a cabo una acción semejante.

El acontecimiento comienza en el atardecer del día, cerca ya de la noche. Es el tiempo final de una actividad intensa, como fueron siempre los días del ministerio de Cristo. Son estos datos concretos que sólo pueden proceder de un testigo ocular del acontecimiento. Esta evidencia sigue luego en detalles específicos que no se dan en los paralelos del relato. Las precisiones temporales son habituales en el comienzo del evangelio (cf. Mr. 1:32, 35). Esta precisión de Marcos de la hora avanzada del día supone algo poco habitual, ya que la travesía ocurriría durante la noche y a remo, y requería varias horas.

La autoridad de Jesús se pone de manifiesto desde el comienzo de la narración: "Pasemos al otro lado". Es Él quien toma la iniciativa, aunque el protagonismo de la acción que sigue corresponde a los discípulos. Si el lugar donde Jesús estaba era Capernaum, situada en la parte noroccidental del Mar de Galilea, hasta Gerasa o Gadara en la costa oriental, la distancia a recorrer requería varias horas. En el aoristo *pasemos*[15] se incluye a todos, a los discípulos y al Señor. La decisión de Jesús era precisa: todos debían pasar al otro lado del mar.

Marcos se centra en la multitud que había estado con Jesús en aquella jornada: "Y despidiendo a la multitud, se lo llevaron consigo en la barca, tal como estaba; y había otras barcas con él"[16] (v. 36). Aparentemente esta expresión no encaja en el relato. Las multitudes, o la gente, que se había agolpado en la orilla del mar, mencionada en el comienzo del capítulo, se había ido ya, de modo que Jesús

---

[15] Griego: διέλθωμεν.

[16] Texto griego: καὶ ἀφέντες τὸν ὄχλον παραλαμβάνουσιν αὐτὸν ὡς ἦν ἐν τῷ πλοίῳ, καὶ ἄλλα πλοῖα ἦν μετ' αὐτοῦ.

estaba sólo con el grupo que le seguía (Mr. 4:10). Sin embargo, no es necesario tomarla como una despedida de la multitud que estuvo en la rivera, sino como un dejar las multitudes para trasladarse a otro lugar en la rivera opuesta del Mar de Galilea. Si se desea considerarlo como una despedida literal de gente, entonces tendría necesariamente que referirse al grupo de discípulos que, junto con los Doce, había estado con Él.

Los preparativos para la travesía no existieron, o si acaso, fueron mínimos. Marcos hace notar que simplemente se llevaron a Jesús con ellos, tal como estaba. Posiblemente comprende también el cansancio físico consecuencia de la intensidad del ministerio cotidiano. La humanidad del Hijo de Dios experimenta los mismos problemas y limitaciones propias de los hombres. Jesús necesitaba descanso y además tenía sueño, como se aprecia más adelante. En todo ello se destaca la condición de su naturaleza humana. La frase pudiera también indicar que los discípulos tomaron a Jesús como estaba, es decir, en el lugar donde estaba, que era la barca. Lo más probable es que cuando Jesús determina cruzar el mar estaba con ellos en la rivera, de modo que los Doce subieron a la barca, hicieron los preparativos mínimos para navegar y tomaron al Señor subiéndolo con ellos a la barca. Los discípulos son ahora el sujeto de la oración. En el anterior, el centro fue Jesús, que determina navegar para pasar al otro lado, pero aquí los discípulos son los navegantes que toman el control y el trabajo de llevar a cabo la travesía, mientras que Jesús es el transportado por ellos. Con todo, la determinación de cruzar el mar y el destino adonde iban lo había marcado antes el Señor.

Otras barcas estaban próximas a la de Jesús y probablemente la acompañaron un tramo de la travesía, volviéndose luego. No es importante lo que ocurría con las otras barcas porque el relato centra el contenido en aquella donde estaban Jesús y sus discípulos. El evangelista hace notar, como consecuencia de la fuente de un testigo presencial, que otras barcas estaban cerca de la de Jesús.

La tempestad se produjo repentinamente: "En esto, se levantó una violenta tempestad de viento, y las olas irrumpían en la barca, de tal manera que ya se estaba llenando"[17] (v. 37). Un fuerte viento

[17] Texto griego: καὶ γίνεται λαῖλαψ μεγάλη ἀνέμου καὶ τὰ κύματα ἐπέβαλλεν εἰς τὸ πλοῖον, ὥστε ἤδη γεμίζεσθαι τὸ πλοῖον.

altera la travesía. Marcos usa un término que hace notar la intensidad del vendaval, y que incluso puede traducirse como huracán[18]. El temporal era resultado del viento que se levantó súbitamente. Este tipo de tormenta es habitual en el Mar de Galilea debido a la depresión en que se encuentra, a unos doscientos once metros bajo el nivel del mar. La depresión que forma el lago se alimenta del agua que procede principalmente de las fuentes del Jordán, situadas al norte, y de los arroyos de montaña que llevan las aguas del deshielo primaveral. En tiempos de Jesús era una zona rica en vegetación y arbolado. La temperatura del agua del Mar de Galilea es generalmente alta, sobre todo en los meses del verano, con grandes oscilaciones entre el día y la noche. Al norte del lago de Genezaret está el monte Hermón, con dos mil ochocientos catorce metros de altura sobre el nivel del mar, desde donde se desciende al mar a través de lomas y cortadas. El aire frío del monte y de los otros del Antelíbano desciende encajonado hacia el mar, encontrándose con el aire caliente que se eleva desde la superficie del lago, originando en algunas circunstancias violentas y repentinas tempestades que agitan sus aguas y provocan grandes olas.

Éstas golpeaban contra la barca. No se trataba de un navío alto que podía enfrentarse al temporal y resistir el oleaje, sino de una pequeña barca de pesca, con puntal bajo, donde fácilmente podía entrar el agua del oleaje que batía contra el casco. El relato es sencillo, pero intenso. No cabe duda de que un testigo ocular contó a Marcos lo sucedido en aquel día. El cielo encapotado, el viento que rugía y levantaba altas olas y las empujaba con violencia contra el barco.

El resultado no podía ser otro. La barca, cargada con trece personas, era incapaz de contener el ímpetu del mar y se iba anegando a medida que el tiempo pasaba. El peligro se incrementaba porque al llenarse de agua podía zozobrar. La situación era crítica. Con toda seguridad, los discípulos, entre los que había marineros acostumbrados al Mar de Galilea, habían hecho cuanto estuvo en sus manos para superar el peligro. Posiblemente habían intentado achicar el agua que entraba, pero no habían sido capaces de volver al mar lo que el mar les arrojaba dentro de la barca. El viento los golpeaba de costado y la navegación se hacía sumamente difícil. Las fuerzas de los remeros estarían agotadas y, humanamente hablando, tenían pocas esperanzas

---

[18] Griego: λαῖλαψ.

de completar la travesía. Es probable que el temporal los sorprendiera alejados de la costa; por tanto, era imposible virar la nave y regresar.

El redactor sitúa su atención en Jesús: "Y él estaba en la popa, durmiendo sobre un cabezal. Entonces le despiertan y le dicen: Maestro, ¿no te importa que estemos pereciendo?"[19] (v. 38). Mientras el temporal azotaba el barco, Jesús dormía. Se había acostado en la popa, con toda seguridad sobre el banco que solían tener en ese lugar, en el que se sentaba el timonel. Había tomado un cabezal o una almohada y se había dormido con su cabeza puesta sobre él. No es posible determinar el tipo de cabezal sobre el que descansaba. Podía muy bien ser el cojín sobre el que se sentaba el timonel para hacer más cómodo el banco de madera. No cabe duda de que Jesús estaba cansado. Las fuerzas se habían debilitado y el sueño había caído sobre Él. La humanidad del Hijo de Dios se hace plenamente visible aquí. En su encarnación había venido a ser semejante a nosotros. Las limitaciones de toda humanidad habían sido asumidas por Él. Nuestro cansancio fue el suyo, nuestro sueño también. El que eternamente existe en forma de Dios (Fil. 2:6) se limitó al hacerse hombre para ser nuestro prójimo y compañero de experiencias. La tempestad e incluso la inquietud de los Doce, no le afectaban a Él. Mientras todos se angustiaban, Él dormía. La escena es impactante. Exhausto por el trabajo del día, se había quedado dormido. Es muy posible que hubiera sido presa del sueño desde que comenzó la travesía y seguía así en medio del temporal. Pero el sueño de Jesús era también expresión de tranquilidad, sabiendo que ningún elemento podría impedir su propósito de pasar al otro lado. En el plano de su humanidad, el Señor tenía confianza absoluta en la protección y cuidado de su Padre celestial (Jn. 10:17). Debe tenerse en cuenta que las dos naturalezas del Hijo de Dios encarnado subsisten en su persona divina sin mezcla alguna. De otro modo, Jesús es tanto Dios como hombre. Desde la perspectiva de su humanidad, el hombre Jesús de Nazaret tiene plena confianza en el Padre del cielo, lo que le permite descansar confiadamente a pesar del violento temporal que sacudía la barca donde estaba. Él no se encontraba a merced de la tormenta, sino en la dimensión de confianza en el cuidado de Dios.

---

[19] Texto griego: καὶ αὐτὸς ἦν ἐν τῇ πρύμνῃ ἐπὶ τὸ προσκεφάλαιον καθεύδων. καὶ ἐγείρουσιν αὐτὸν καὶ λέγουσιν αὐτῷ· διδάσκαλε, οὐ μέλει σοι ὅτι ἀπολλύμεθα.

La situación era grave. Jesús fue despertado del sueño. Los discípulos le hicieron notar la gravedad del momento, aterrorizados por el temporal. Éste hacía inútiles todos los esfuerzos de aquellos hombres. Las olas eran un riesgo que superaba la capacidad de maniobra de aquella barca llena de gente. Todo el entorno, lo repentino de la tormenta, la fuerza de la misma, el agua que entraba a raudales en la barca, llenaban de angustia vital el alma de aquellos hombres. Si Jesús no tenía alguna solución para aquella situación de extremo peligro, nadie podía resolverla.

La frase que usaron para ello es diferente según cada uno de los sinópticos. Según Mateo le despertaron diciendo: "¡Señor, sálvanos, que perecemos!" (Mt. 8:25). Lucas escribe: "¡Maestro, Maestro, que perecemos!" (Lc. 8:24). Marcos usa las palabras que contienen un cierto asombro: "Maestro, ¿no tienes cuidado que perecemos?". Esas palabras son seguramente de Pedro. En ellas pareciera que con el asombro hay también un cierto aire de reproche, como si dijese: Maestro, estamos hundiéndonos y a ti no te importa mucho, ¿verdad? Es muy posible que unos gritaran una cosa y otros otra, pero lo destacable es que el sueño de Jesús fue interrumpido por el ruego de los discípulos haciéndole notar la situación peligrosa en que estaban. Los elementos desencadenados, la violencia del viento y el rugido de las olas no habían despertado al Señor, pero sí lo logra la súplica de sus amedrentados discípulos. Los milagros que habían presenciado con toda seguridad los alentaban para despertarlo y reclamar su ayuda. El Hijo del Hombre había venido al mundo para salvar a los que estaban perdidos (Lc. 19:10), pero sólo reciben salvación quienes claman invocando el nombre del Señor (Hch. 2:21). Esto alcanza tanto al perdón de los pecados como a la resolución de situaciones límites en la vida. Es cierto que la fe de ellos debía ser pequeña, pero fue suficiente para despertar a Jesús y clamar por su ayuda. Era pequeña, pero se depositaba en aquel que como Dios tiene todo el poder en el cielo y en la tierra, y que como Creador puede ejercer dominio absoluto sobre toda su creación. No sabemos el alcance que los Doce tenían de la verdadera identidad del Señor. Sin duda era una fe imperfecta, ya que al despertarle lo hacen para señalarle el peligro en que estaban, como si Jesús no hubiera captado la situación. Tendría que pasar tiempo aún para que entendieran bien que Jesús no era sólo un hombre, sino Emanuel, Dios-hombre. Debían llegar el conocimiento necesario para entender las dos naturalezas concurrentes en la persona del Hijo de Dios. La deidad vigilaba, mientras la humanidad dormía.

La acción de Jesús se pone de manifiesto. Marcos la describe en pocas palabras, pero no por eso menos determinantes: "Él se levantó, increpó al viento, y dijo al mar: ¡Calla, enmudece! Entonces amainó el viento, y sobrevino una gran calma"[20] (v. 39). Despertado de su sueño por los discípulos y oyendo la petición que le hacían, Jesús reprende al viento y manda callar al mar. La autoridad y soberanía de quien es Dios encarnado es obedecida inmediatamente por la creación. No puede la naturaleza resistirse a la voz del Señor que la sustenta con el simple poder de su palabra (He. 1:3). Las palabras pronunciadas por el Señor son autoritativas como corresponde a su deidad. No transcribe Marcos la voz de autoridad sobre el viento; simplemente dice que lo reprendió. Al mar se le ordenó que recuperase la calma, mandándole callar y enmudecer.

En cuanto al mar, aunque la tormenta de viento había cesado al mandato divino, tendría por lógica que seguir encrespado durante un tiempo hasta que se amainara el oleaje. Sin embargo, Marcos es preciso al decir que, junto con el vendaval calmado, se produjo también el repentino cese del temporal, haciéndose una gran bonanza. Marcos destaca el ejercicio de autoridad de Jesús mediante su palabra. Las gentes habían quedado admiradas de la autoridad de sus enseñanzas, de la autoridad sobre las enfermedades, de la autoridad sobre los demonios; ahora corresponde al grupo que le acompañaba en la barca admirarse de la autoridad sobre la naturaleza. La furia de los elementos desatados en medio de la fuerte tempestad era grande, pero el poder del Señor era mayor. Aquel que en la creación dijo *sea* y fue, el que hizo venir a la existencia todo aquello que antes no existía, hace algo mucho más sencillo: poner orden en su creación trayendo calma y paz. El viento se tranquiliza, el mar se sosiega, todo en el mismo acto: el viento cesa e instantáneamente el mar tempestuoso recobra también la calma. No se trata de algo parcial, sino de un milagro total cambiando la situación al momento por su palabra de autoridad. Todo esto se produce bajo la omnipotencia de Dios, que es Jesús.

Las palabras que Jesús usó en esta ocasión recuerdan mucho a las que eran habituales en Él para hacer callar a los demonios cuando eran expulsados de algún poseso. ¿Quiere decir esto que el

---

[20] Texto griego: καὶ διεγερθεὶς ἐπετίμησεν τῷ ἀνέμῳ καὶ εἶπεν τῇ θαλάσσῃ· σιώπα, πεφίμωσο. καὶ ἐκόπασεν ὁ ἄνεμος καὶ ἐγένετο γαλήνη μεγάλη.

viento huracanado y la mar embravecida podían ser el resultado de una acción llevada a cabo por el maligno contra los discípulos y el Señor? No tenemos base bíblica alguna para afirmarlo; simplemente llaman la atención las palabras de autoridad sobre el mar. Es como si Marcos viese aquí la acción de Jesús sobre fuerzas diabólicas que habían generado el problema, sujetándolas y eliminando su acción. Las fuerzas adversas que sujetaban el viento y el mar son atadas y doblegadas ante la autoridad de Jesús. Satanás es capaz de desatar el viento para usarlo como instrumento suyo en alguna acción maligna, como ocurrió en el caso de Job (Job 1:19). Será mejor ajustándose al texto bíblico entender esta acción de Jesús como un antropomorfismo que aparece en otros lugares, en los que Dios reprende a los elementos de su creación (cf. Sal. 18:15; 104:7; Is. 50:2; Nah. 1:4).

El milagro trae una consecuencia personal en relación con los Doce. Cristo se dirige a los amedrentados discípulos: "¿Por qué sois tan miedosos? ¿Cómo es que no tenéis fe?"[21] (v. 40). El Señor llama la atención a la situación de miedo en que se encontraban los discípulos. El adjetivo[22] que Marcos usa equivale también a *cobarde*. El Señor les había dicho: pasemos al otro lado (v. 35); por tanto, lo que Él había determinado se cumpliría inexorablemente. Tan solo requería que ellos no dudasen en modo alguno de sus palabras, es decir, que tuviesen fe en Él. La fe es la razón de los milagros, esto es, la confianza práctica en el poder sobrenatural de Jesús (2:5; 5:34; 10:52; 11:22). El Señor les hace notar la falta de fe que les caracterizaba. Habían visto grandes cosas, pero seguían siendo de poca fe. De esta manera, la falta de fe en los discípulos se manifestaba en la incapacidad de responder a la crisis confiando en el Señor. Esta es la realidad del verdadero discípulo. De ahí la amonestación del Señor haciéndoles notar la ausencia de una correcta perspectiva divina en relación con Jesús.

La consecuencia final del milagro la expresa Marcos, escribiendo: "Ellos se aterraron mucho, y se decían unos a otros: ¿Pues quién es éste, que hasta el viento y el mar le obedecen?"[23] (v. 41). El versículo hace resaltar el temor de los Doce. Los milagros que había hecho Jesús hasta entonces tenían que ver con expulsión de demonios

---

[21] Texto griego: καὶ εἶπεν αὐτοῖς· τί δειλοί ἐστε; οὔπω ἔχετε πίστιν.
[22] Griego: δειλοι.
[23] Texto griego: καὶ ἐφοβήθησαν φόβον μέγαν καὶ ἔλεγον πρὸς ἀλλήλους· τίς ἄρα οὗτος ἐστιν ὅτι καὶ ὁ ἄνεμος καὶ ἡ θάλασσα.

y sanidad de enfermos. Es cierto que el número realizado era grande, pero otros hombres en la historia habían hecho algo semejante, aunque no comparable en cantidad. Sin embargo, la autoridad de Jesús que impuso calma a la tempestad era sólo propia y privativa de Dios. Un temor grande se apoderó de ellos. Las palabras de autoridad de los profetas fueron hechas siempre en nombre o invocando el nombre de Dios, pero en esta ocasión tan solo salieron de la boca de Jesús, imponiendo su autoridad sin intermediación alguna, de modo que se produjo una gran bonanza.

Una pregunta sin respuesta surgió en la mente y quedó expresada por los discípulos: ¿Quién es éste? Aparentemente para ellos era un hombre, sin duda un gran hombre, tal vez en sus mentes estaba ya asentado el concepto mesiánico que tendrían del Señor. Ellos vieron cómo se dormía cansado sobre el cabezal en la popa de la barca. Pero su sorpresa fue mayúscula cuando el mismo hombre dormido se levantó con la autoridad de Dios para apaciguar la tormenta. Posiblemente se daban cuenta de que estaban en presencia de Dios mismo, pero, su tradición, las enseñanzas recibidas, etc. no les permitían alcanzar todavía la gloriosa dimensión de quien siendo Dios era también hombre, de modo que le bastaba una palabra para imponer la omnipotencia y soberanía divinas ante la naturaleza para someterla a su voluntad. Como dice Joachim Gnilka, citando a Beda: "Encuentra las dos naturalezas de Cristo en el contraste: el que como hombre duerme en la barca, somete como Dios al mar embravecido"[24]. Los apóstoles están discerniendo cada vez más quién era Jesucristo. Aquel no era un hombre cualquiera, sino Dios hecho hombre, como escribiría de Él Juan (Jn. 1:14).

El milagro responde abiertamente a la pregunta de quién es Jesús. Lo que sería imposible, incluso desde la lógica más favorable en el aspecto religioso-dogmático, es confirmado por el relato histórico de una manifestación de tal envergadura que sólo puede ser entendida desde la realidad divino-humana de la persona admirable de Jesús. No es posible entender la cristología desvinculada de los milagros de la enseñanza y de la revelación sobre Jesucristo.

Otros milagros sobre la naturaleza así lo demuestran, como es el caso de la conversión del agua en vino (Jn. 2:1-11); la primera pesca

---

[24] Gnilka, 2005, Tomo I, p. 230.

milagrosa (Lc. 5:1-11); la alimentación de cinco mil personas (Mt. 14:14-21; Mr. 6:34-44; Lc. 9:12-17; Jn. 6:5-13); la caminata sobre las aguas (Mt. 14:24-33; Mr. 6:45-52; Jn. 6:16-21); la alimentación de cuatro mil (Mt. 15:32-39); la maldición de la higuera (Mt. 21:18-19; Mr. 11:12-14); la segunda pesca milagrosa (Jn. 21:1-11).

Actuación sobre la enfermedad

Jesús, el Mesías enviado, había venido al mundo para presentar a Dios, como quien se compadece de las miserias de los hombres. No solo vino para darles luz espiritual en un acto de fe en su persona, sino para restaurar la luz física en aquellos que por defecto natural no podían disfrutarla a causa de su ceguera. La teología de los judíos era sumamente legalista, de modo que consideraban que una persona que sufría de una enfermedad o una limitación física grave era consecuencia de un pecado que el afectado había cometido o de algo que sus antepasados habían hecho. El concepto de pecado generacional estaba muy presente entre ellos. Los profetas anunciaron que una de las manifestaciones que se darían en el ministerio del Mesías sería la sanidad de los enfermos y, de forma manifiesta, la de los ciegos, como profetizó Isaías: "Entonces los ojos de los ciegos serán abiertos" (Is. 35:5). Los milagros que restauraron la vista eran una respuesta a la pregunta: ¿Quién es Jesús?

Podrían seleccionarse muchos otros milagros, pero a modo de ejemplo, elegimos el de la sanidad de un ciego de nacimiento. Es uno de los únicos en Juan (Jn. 9:1-41). La extensión del relato exige limitarlo sólo a los datos específicos del mismo. La gran coherencia del milagro con el conjunto del evangelio es evidente. El que es la luz del mundo abre los ojos del ciego de nacimiento a la luz física, sin dejar de hacerlo también a la espiritual, presentándose a él como el Hijo de Dios e invitándolo a creer. Por tanto, no se trata de un supuesto milagro que Juan introdujo en el texto del evangelio, sino el relato histórico que sirve al propósito de que todos crean en Jesucristo y creyendo en Él tengan vida en su nombre (Jn. 20:31).

Historicidad

El hecho de que el milagro de la sanidad del ciego de nacimiento esté solamente en el cuarto evangelio supone ya un dato concreto sobre la historicidad del acontecimiento. No se puede acusar a Juan de tomar el hecho de alguno de los sinópticos, es un suceso recordado por él. Cuando se escribió el evangelio según Juan, había testigos vivos que podían testificar del relato en sí. No todos los otros discípulos que estuvieron con Jesús habían muerto. Por consiguiente, lo que se lee aquí, nadie podía contradecirlo. Es más, algunos de los enemigos recalcitrantes podrían testificar de la falsedad si tuviesen algún elemento que se los permitiese. Los fariseos habían hecho cuanto les había sido posible para evitar que se extendiera la señal que Jesús hizo dando vista al ciego. Lejos de conseguirlo, el testimonio del ciego era tan evidente que la única manera de que la gente dejara de extenderlo era castigar al ciego separándolo de la comunión de la sinagoga. Los datos históricos son tan precisos que nadie puede cuestionarlos en un escrito en torno al año 90. No se trata de una fábula que los cristianos hicieron circular para afirmar el poder de Jesús, sino de un hecho verificable para quienes tuvieron el escrito de Juan.

El apóstol presenta el relato en una forma muy precisa y ordenada (Jn. 9:1-41). Primeramente, la respuesta a la pregunta de los discípulos sobre la causa de la ceguera de aquel hombre (vv. 2-5). En segundo lugar, la realización del milagro de curación (vv. 6-12). Finalmente, la reacción de los fariseos procurando negar la realidad del hecho milagroso y actuando contra el inocente ciego acusándole de haber nacido en pecado y atreverse a enseñar a quienes no necesitaban ser enseñados porque, según ellos, eran conocedores de la verdad. El relato histórico concluye con la expulsión de la comunión en la sinagoga del hombre sanado (v. 34). La expulsión de la sinagoga permite al ciego el encuentro con Jesús, la aceptación de quién era, la fe en Él que trae como consecuencia, conforme a las palabras de Jesús, la recepción de la vida eterna (vv. 35-38). A esto sigue una nueva sección de controversia entre Jesús y los judíos en la que aparece no tanto el sentido soteriológico de la primera venida de Jesús, sino el judicial, dando vista espiritual a unos y reduciendo o confirmando la ceguera espiritual de otros. Por eso los fariseos, clarividentes, que puestos ante el ciego niegan la señal, se vuelven ciegos y no podrán recuperar para ellos la verdadera luz de vida que Jesús es y que ofrece a todo el que le siga.

Exégesis

El pasaje del milagro es extenso (Jn. 9:1-7). Juan hace notar el descubrimiento del ciego por Jesús: “Al pasar Jesús, vio a un hombre ciego de nacimiento"[25] (v. 1). La confrontación de los judíos con Jesús, término usado por Juan para referirse a los dirigentes religiosos de aquel tiempo, acabó en una situación tensa en la que éstos quisieron apedrearlo, así que se escondió y salió del templo.

Llama la atención el hecho de que se mencione al ciego como *de nacimiento*. ¿Cómo sabían eso los discípulos? Es probable que fuese un ciego conocido porque pedía limosna en el mismo sitio y, tal vez, ellos se habían enterado durante el tiempo de la fiesta que era ciego desde su nacimiento.

En el versículo se hace resaltar el contraste entre el odio y el amor. Los judíos procuraban, llenos de ira, matar a Jesús, pero éste, sin preocuparse por lo que habían procurado hacer, estaba dispuesto a mostrar su misericordia con un ciego de nacimiento. El que perdió la vista después de un tiempo tiene una idea de los colores y de las formas, pero quien no vio nunca ignora todas esas cosas. El Señor mostró su compasión desde el momento en que fijó su atención en el ciego, ignorado por muchos que pasaban junto a él. Por otro lado, la curación de ciegos era una de las señales que se daban en la profecía para identificar al Mesías (Is. 35:5).

La tradición —como se hizo notar antes— enseñaba que los graves problemas físicos eran generalmente consecuencias del pecado personal o heredado. De ahí la pregunta de los discípulos sobre la ceguera de aquel hombre: "Rabí, ¿quién pecó, éste o sus padres, para que haya nacido ciego?"[26] (v. 2). Este pensamiento traía una consecuencia, juzgaban como pecadores a quienes sufrían algún problema físico; de otro modo, tras una situación como la del ciego, existía un problema de pecado, bien del enfermo o impedido, bien de sus progenitores. Es cierto que la Escritura habla de aflicciones físicas motivadas por el pecado: el general heredado de nuestros primeros padres (cf. Ro. 5:12-21; 8:20-23; 1 Co. 15:21); los pecados de los padres (Ex. 20:5; Nm. 14:18; Dt. 5:9; 28:32; Jer. 31:29); también los propios pecados de cada individuo (Dt. 28:1-68; Jer. 31:30; Ez. 18:4). Con todo, no siempre las aflicciones son consecuencia del pecado, como fue el caso de Job, de quien el Espíritu dio testimonio de ser un

---

25 Texto griego: Καὶ παράγων εἶδεν ἄνθρωπον τυφλὸν ἐκ γενετῆς.

26 Texto griego: ῥαββί, τίς ἥμαρτεν, οὗτος ἢ οἱ γονεῖς αὐτοῦ, ἵνα τυφλὸς γεννηθῇ.

hombre "perfecto, recto, temeroso de Dios y apartado del mal" (Job. 1:1) y, sin embargo, fue afligido grandemente. Así también con los llamados héroes de la fe, a quienes se refiere el escritor a los Hebreos (He. 11). El supremo ejemplo de aflicción sin ser consecuencia del pecado está en Cristo mismo, a quien "Jehová quiso quebrantarlo, sujetándole a padecimiento" (Is. 53:10). Pero los judíos solían centrar su atención, al ver una situación de tragedia personal, achacándola a la comisión de algún pecado, bien propio o bien de sus antepasados. Ese pensamiento estaba en los albores de la reflexión humana, como aparece claramente en el libro de Job, donde los amigos dudaban de su inocencia y le instaban a confesar el pecado a Dios para restauración. En los días de Cristo estaba sumamente arraigado en el pueblo, de ahí la pregunta de los discípulos y la observación de Jesús a los que estaban impactados con la muerte violenta que habían sufrido algunos a manos de Pilato, y los que conocían la muerte de otros dieciocho por la caída sobre ellos de una torre (Lc. 13:1-5). Los mismos maestros de Israel consideraban que los niños podían pecar ya antes de su nacimiento, enseñando que Esaú había intentado matar a Jacob antes de nacer.

Por esa razón, preguntan a Cristo buscando una aclaración a su problema. Además, los Doce habían oído a Jesús con motivo de la curación del paralítico decirle "no peques más, para que no te venga alguna cosa peor" (Jn. 5:14). En el pensamiento de ellos, si el hombre había quedado paralítico por algún pecado, ¿cuál sería la dimensión del que produjo la ceguera de nacimiento? Jesús va a responder a la pregunta de ellos no sólo con palabras, sino con hechos. Los Doce aprenderían otra de las muchas lecciones junto al Maestro.

La respuesta de Jesús a la pregunta de los discípulos es precisa: "No es que pecó éste, ni sus padres, sino para que las obras de Dios se manifiesten"[27] (v. 3). Jesús sabía que la situación del ciego de nacimiento no se debía ni a un pecado suyo ni a pecado alguno de sus padres. El propósito de aquella situación permitiría manifestar las obras de Dios. Las enfermedades pueden ser de cuatro clases: las propias de la vida humana que se mantienen un tiempo; las que Dios permite para la muerte de la persona; las que son para corrección; las que se producen para afirmar la fe del creyente como una forma de

[27] Texto griego: οὔτε οὗτος ἥμαρτεν οὔτε οἱ γονεῖς αὐτοῦ, ἀλλ' ἵνα φανερωθῇ τὰ ἔργα τοῦ Θεοῦ ἐν αὐτῷ.

prueba. En este caso, la ceguera de aquel hombre tenía como finalidad mostrar las obras de Dios en él. En ese sentido serían siempre obras buenas, ya que sólo bondades, dones perfectos, acciones justas salen de Él (Stg. 1:17). La ceguera de este hombre iba a permitir a Jesús hacer ver, en la sanidad que iba a producir en él, que había venido como luz al mundo para que los que no ven puedan ver, demostrando así que Él era la luz verdadera venida a este mundo (Jn. 1:9; 8:12; 12:46). Posiblemente el ciego tuvo muchas veces la pregunta: ¿Por qué he nacido así? Pasarían muchos años, era un hombre mayor de edad (v. 21) para recibir la respuesta. Pero siempre era una buena respuesta porque venía de Dios. Desde la perspectiva humana, aquello que iba a ocurrir no era sino un milagro divino, pero para Dios, era una manifestación de su obrar. Da la impresión —si se lee el pasaje sin prestarle demasiada atención— que Dios había permitido la ceguera de aquel hombre durante tantos años simplemente para que todos pudiesen admirar su obrar omnipotente; sin embargo, lo que está enseñando es que a quien no le cabía esperanza alguna fuera de seguir una vida de miseria a causa de su defecto orgánico, le iba a ser concedida la bendición de recuperar la vista y con ello poder conocer no solo desde el punto de vista espiritual, sino desde la realidad de su presencia a quien era el Salvador del mundo, y ver en Él la gloria de Dios (2 Co. 4:6).

Así escribía Gregorio Magno:

Una aflicción es la que padece el pecador como castigo sin remisión; otra es la que padece para que se arrepienta; otra distinta es la que uno puede sufrir, no para que se arrepienta de alguna falta pasada, sino para que no la cometa en el futuro; otra, en fin, es la que padecen muchos no para que se arrepientan de un pecado pasado ni para impedir que lo cometan en el futuro, sino para que cuando uno es salvado inesperadamente de la aflicción, ame con mayor ardor la esperada bondad del que le salva.[28]

Nada sucede sin un propósito. El Señor enseña que hay muchas razones para los sucesos cotidianos en la vida del hombre y, de forma especial, en lo que ocurría con el ciego de nacimiento. Cosas que muchas veces son inexplicables. Es por la ignorancia propia del hombre que nos quejamos de cosas que no entendemos. Sin embargo, no hay nada que

[28] Gregorio Magno, *Libros morales*, Prefacio, 5.12.

suceda sin un sentido. Esto es lo que Cristo respondió a la pregunta de los discípulos: no es asunto de castigo, sino de un plan providencial de Dios. El evangelio presenta las cosas sucedidas como la realización temporal de la eterna previsión de Dios. Esta situación, lamentable a la luz de la razón humana, traerá como consecuencia que apreciemos las obras que sólo Dios puede hacer.

Sirvió esto a Jesús para recordar a los discípulos que Él estaba en aquel tiempo para hacer la obra que el Padre le había encomendado. "Dicho esto, escupió en tierra, e hizo lodo con la saliva, y untó con el lodo los ojos del ciego, y le dijo: Ve a lavarte en el estanque de Siloé (que traducido es, Enviado). Fue entonces, y se lavó, y regresó viendo"[29] (vv. 6, 7). Jesús actuó por iniciativa propia sin que hubiera recibido petición alguna por parte del ciego de nacimiento. La primera acción de Jesús llama también la atención. Dice Juan que escupió en tierra e hizo lodo con la saliva. Según la tradición de los judíos, hacer lo que Jesús estaba haciendo y lo que luego mandó hacer al ciego, quebrantaba la ley del sábado. En escritos de enseñanza de los maestros de Israel, se lee que "en sábado está prohibido frotarse enérgicamente los ojos con saliva"[30]; no es de extrañar la reacción que el milagro iba a producir entre los extremistas judíos. No hay duda que algo había de incompleto en aquel hombre, de modo que Jesús como Creador actúa complementando lo que faltaba a aquella criatura. En cierta medida actuaba como había hecho en la creación del primer hombre, usando del polvo de la tierra, del barro hecho con materiales inorgánicos y, por tanto, sin vida, para dar vida por medio de su omnipotencia. Como decía Ireneo: "Aquello que el Verbo artífice había dejado de hacer en el vientre lo completó en público, para que en él se manifieste la obra de Dios".[31] Aunque luego enviará al ciego al estanque de Siloé, posiblemente Jesús usó de su saliva para hacer lodo a fin de que el ciego y la gente en general no atribuyesen al agua del estanque propiedades milagrosas. Es cierto que el Señor preparó al ciego para que sintiera la dimensión de la gracia recibida y para hacerle saber la bendición de la obediencia.

---

[29] Texto griego: ταῦτα εἰπὼν ἔπτυσεν χαμαὶ καὶ ἐποίησεν πηλὸν ἐκ τοῦ πτύσματος καὶ ἐπέχρισεν αὐτοῦ τὸν πηλὸν ἐπὶ τοὺς ὀφθαλμοὺς. καὶ εἶπεν αὐτῷ· ὕπαγε νίψαι εἰς τὴν κολυμβήθραν τοῦ Σιλωάμ [ὃ ἑρμηνεύεται ἀπεσταλμένος]. ἀπῆλθεν οὖν καὶ ἐνίψατο καὶ ἦλθεν βλέπων.

[30] Yomá Sabbat 14, 14d, 17s.

[31] Ireneo, *Contra las herejías* 5.15.2[36].

La segunda acción de Jesús fue aplicar el lodo a los ojos del ciego. En el texto griego usado en el interlineal de este versículo se usa la alternativa de lectura más segura, en la que se lee que Jesús extendió o untó los ojos del ciego con el barro. Esto es, aplicó el barro sobre el lugar donde estaba la limitación y el problema. Nada puede deducirse con base bíblica que conteste, no tanto a la pregunta, sino a la curiosidad de saber la razón que tuvo para hacer aquello. Se dice en el párrafo anterior que Jesús usó todo aquello para producir la disposición y comprensión adecuadas en el ciego, que le conducirían a una obediencia completa a lo que iba a mandarle seguidamente. No hay nada en el lodo en sí para generar una curación semejante, pero la fe en la palabra del Señor y la obediencia a ella conducen al resultado de la curación como había ocurrido siglos antes con el leproso Naamán, al que Dios, por medio del profeta, mandó zambullirse siete veces en el Jordán (2 R. 5:10). La actuación de Cristo es, desde la óptica humana, cuando menos curiosa, ya que el barro más bien cierra los ojos, no da vista, pero las obras de Dios son muchas veces contrarias a toda lógica humana. Los medios son inadecuados para los hombres, pero instrumentos útiles en la mano de Dios.

Las operaciones de manipulación del Señor poniendo barro sobre los ojos del ciego concluyeron. Es sorprendente que el invidente aceptase todo aquello. Muy probablemente sabía quién lo estaba haciendo o había oído hablar de los milagros de Jesús que incluían la sanidad de ciegos. Al ciego de nacimiento le ordena que vaya a lavarse al estanque de Siloé. El sustantivo estanque, piscina[32], hace referencia a un lugar con abundancia de agua, que incluso permitiría nadar en él. Es el único lugar en todo el Nuevo Testamento donde se menciona este estanque. Siloé fue una de las principales fuentes de provisión de agua para la ciudad de Jerusalén, situado debajo de la puerta de la Fuente (Neh. 3:15), al Este, Sur Este, de la ciudad. El agua llegaba a él por medio de un canal descubierto que corría por las laderas del Sur Este. Parece ser que había dos estanques, uno el superior, que recibía el agua, y otro el inferior, donde se descargaban las que procedían del superior, situado al final del valle central, entre las colinas del Sureste y el Suroeste, cuyas aguas permitían regar el huerto del rey (Neh. 3:15). Muy probablemente sea este el estanque en que se podían lavar las personas y adonde se envió al ciego. Es muy posible que sobre el estanque estuviese edificada la Torre de

[32] Griego: κολυμβήθραν.

Siloé, que al derribarse ocasionó la muerte de algunas personas (Lc. 13:4). Según el Talmud, era de este estanque de donde se tomaba, en una vasija de oro, agua para los rituales en el templo en la Fiesta de los Tabernáculos. Este estanque mide veinticinco metros de largo por cinco y medio de ancho. El agua llega por medio de un acueducto subterráneo que fue construido en tiempos de Ezequías por temor a una invasión de Asiria y que es una admirable obra de ingeniería al horadar un túnel en dos direcciones y alcanzar el punto de unión de ambos sin variación alguna. En 1880 se encontró una inscripción que detalla la forma de construcción y el encuentro entre los dos grupos.

El milagro se produjo lejos de la presencia de Jesús. El ciego obedeció el mandato, se lavó en el estanque y regresó viendo. El poder de Jesús es el que opera el milagro. Ni el barro sobre los ojos, ni el lavamiento en el estanque fueron los elementos causantes de la sanidad. El acto de obediencia a la determinación y demanda del Señor es el camino para recibir la bendición, de la misma manera que no fueron las aguas del Jordán las que produjeron la sanidad del leproso Naamán, sino la obediencia de éste al mandato de Dios por medio del profeta. El milagro se realizó plenamente. Aquel que había sido ciego desde su nacimiento volvió viendo. No hubo adaptación propia de quien no había visto nunca para poder ajustar la visión, sino que la recibió como si siempre la hubiese tenido. Es una manifestación más de la realidad del milagro. Acudió al estanque, lavó sus ojos con el agua recogida con las manos y recibió la vista que nunca antes había tenido. Regresó, ¿a dónde? Al mismo lugar de donde había salido y donde había estado antes. Con toda seguridad, era traído hasta allí o llegaba tanteando el camino; ahora lo hace con la seguridad de quien ve por dónde camina.

El relato del milagro conduce a la fe en Cristo (vv. 35-38). La condición divina de Jesús es presentada en el acto de la adoración que le tributa el ciego sanado por Él. No se trata de un reconocimiento de gratitud, sino de adoración, pese a lo que los arrianos antiguos y modernos digan. El verbo usado por Juan[33] es traducido en todo el Nuevo Testamento para referirse a la adoración a Dios. El ciego reconoció a Jesús como Señor. No sabemos el alcance del conocimiento sobre la deidad, pero la evidencia es que le adoró. Aceptar al Salvador implica aceptar al Señor. La luz de Dios en Cristo

---

[33] Griego: προσεκύνησεν.

entró en el mundo y la presencia de esta luz produce dos reacciones distintas en los hombres. Para unos es fuente de iluminación que los conduce a la vida; para otros, es resplandor que los enceguece. De modo que la luz no tiene como propósito al venir al mundo el juzgar a los hombres, pero produce esta consecuencia inevitablemente para quienes la rechazan y permanecen en tinieblas. Usando la realidad física de un ciego que recibió la vista, Jesús alude a quienes creen en la luz. Estos, ciegos en las tinieblas del pecado, vienen a la luz de Dios y viven en ella, viniendo a ser hijos de la luz (Ef. 5:8). Pero otros, como los fariseos, se consideran a sí mismos como que ven; sin embargo, rechazan la luz de Dios, que es Cristo. A éstos, el juicio divino los deja en tinieblas, cegados a la luz del evangelio de la gracia y son condenados.

No se puede entender quién es Jesús separándolo de los milagros que hizo. La sanidad física de tantos es una manifestación de su condición como Dios manifestado en carne. Seguridad y esperanza para todo aquel que cree.

Actuación sobre los demonios

Jesús vino para deshacer las obras del diablo (1 Jn. 3:8). En ese sentido, muchos de los milagros tienen que ver con la liberación de quienes estaban poseídos, es decir, bajo el control absoluto de los demonios. Esa era una de las misiones para la que fue enviado, en fiel cumplimiento de lo que los profetas anunciaron como parte de su misión: "El Espíritu de Jehová el Señor está sobre mí, porque me ungió Jehová; me ha enviado a predicar buenas nuevas a los abatidos, a vendar a los quebrantados de corazón, a publicar libertad a los cautivos, y a los presos apertura de cárcel" (Is. 61:1). Su misión era "sacar de la cárcel a los presos" (Is. 42:7). El mensaje de Jesús era un mensaje de liberación, sin embargo, no consistía solo en palabras de aliento y esperanza, sino que cuando dijo "si el Hijo os libertare seréis verdaderamente libres" (Jn. 8:36), se hacía realidad cuando la autoridad de Cristo ordenaba a los demonios y dejaban libre a algún poseso.

La Escritura revela que los demonios afligen a los hombres (Mt. 9:33; Lc. 13:11, 16), tienen poder para causar mudez (Mt. 9:32-33), para desequilibrar mentalmente y producir locura (Mr. 5:1-15), para producir enfermedad y agotamiento (Mr. 9:18); en ocasiones procuran la muerte de la persona (Mr. 9:22), e incluso producen deformidad física (Lc. 13:11-16). Una de las acciones de Jesús fue la expulsión de demonios, liberando con ello a los que estaban poseídos.

Podrían seleccionarse varios milagros en relación con la autoridad de Jesús sobre las fuerzas de maldad, pero uno de los más determinantes en esto es la liberación del gadareno, al tiempo que también es uno de los milagros más cuestionados de Jesús.

El relato del milagro está en los tres sinópticos (Mt. 8:28-34; Mr. 5:1-20; Lc. 8:26:39). La mayor extensión y precisión está en el evangelio según Marcos, cuyo texto servirá de base para la exégesis del mismo.

Historicidad

El episodio del endemoniado está inmediatamente después del milagro de la calma de la tempestad. El relato seleccionado según Marcos (Mr. 5:1-19) es el que se sigue. De manera que llegaron "al otro lado" como Cristo había determinado. El lugar de la arribada de la barca se produjo en lo que Marcos llama "la región de los gadarenos"; según algunos mss., "de los gerasenos" (v. 1). Esta nominación varía en cada uno de los tres relatos. Lucas le llama, conforme a mss. texto griego, la tierra de los gergesenos (Lc. 8:26). Por su parte, Mateo le da el nombre de gadarenos. Estas denominaciones no representan problema alguno, porque se refieren a toda la región oriental del lago, un lugar habitado por gente pagana. Los críticos usan esto y otras aparentes contradicciones para negar la inerrancia bíblica y generar un rechazo a la inspiración plenaria de la Biblia. Con todo, estas alteraciones de lectura según el códice de procedencia no afectan en absoluto a la historicidad del relato, que ocurrió al otro lado del Mar de Galilea.

Sugieren también errores en la redacción y contradicciones en el mismo texto; así, a modo de ejemplo, en el relato según Marcos (Mr. 5:1-19), habla al principio de un endemoniado que salió de los sepulcros (v. 2). Esto hace pensar en la cercanía del endemoniado al lugar donde desembarcaron Jesús y los discípulos, pero más adelante (v. 6) lo presenta como estando lejos y corriendo hacia el Señor. Sin embargo, esto no representa contradicción alguna. Marcos relata lo ocurrido cerca en el tiempo del desembarco de Jesús; después de indicar donde solía vivir (v. 5), observa que vino a su encuentro desde lejos. Hay también la aparente contradicción entre el singular "le rogaba mucho" (v. 10) y el plural "le rogaron todos los demonios" (v. 12). La contradicción desaparece puesto que en el primero de los textos era el endemoniado el que expresaba la petición como si la hiciesen los demonios que lo poseían y en el segundo no es tanto el endemoniado que ruega, sino todos los demonios que hablaban con Jesús. Los que niegan la historicidad toman como una fábula la presencia de los dos mil cerdos que formaban el hato que pacía en el bosque, entendiendo que eso no era posible ni en cuanto a cantidad de animales, ni en cuanto a que Cristo permitiese a los demonios posesionarse de los cerdos. Sin embargo, la razón de aquello es que la pérdida de la manada que se ahogó en el mar supuso la acción diabólica en los habitantes de la ciudad para que pidieran a Jesús que se alejase de aquel lugar. Añaden también otra contradicción relativa a los habitantes de la ciudad (vv. 14-16), proponiendo un error, ya que primeramente se lee que la gente de la ciudad fue informada por los cuidadores de los cerdos, lo que generó el movimiento de la gente para ver qué era aquello (v. 14). Ya delante de Jesús, recibieron otra vez el informe del suceso por los mismos que cuidaban los cerdos (v. 16). Tampoco hay contradicción alguna, puesto que el informe primero debió haber sido breve, simplemente el anuncio de lo que había ocurrido, que movilizó a muchos de los habitantes de la ciudad. Llegados al lugar donde había ocurrido el milagro, reciben datos más concretos de los hechos delante del hombre que había sido liberado de los demonios. Se procura generar también la duda de dos finales distintos incorporados en el relato. En el primero, el informe de lo ocurrido y la determinación de los pobladores de pedir a Jesús que saliera del territorio (v. 17). Luego la petición de ese liberado para estar con Jesús y el mandamiento de Cristo que le da una misión aparentemente contraria a toda lógica, puesto que lo envía para que recuerde a los conciudadanos lo que ya sabían, es decir, lo que Dios había hecho con él. Ninguna contradicción en esto, puesto que el mensaje no se centraba en las pérdidas ocasionadas por los demonios, sino en la liberación evidente de quien antes había sido sujetado con cadenas muchas veces y nadie podía dominar. Ahora era una persona transformada por el poder de Cristo, y ese era el mensaje a transmitir.

La liberación del endemoniado debe situarse en los milagros de exorcismo, que en este caso reúne también el condicionante de enfermedad y de enajenación mental. En todo el relato, los demonios confrontan a Jesús, suplican, resisten (v. 7) y finalmente tienen que abandonar al hombre bajo la autoridad de Cristo.

Testimonio múltiple

El relato está en los tres sinópticos. Todos lo sitúan inmediatamente después de la calma de la tempestad y todos mencionan un territorio que no era de población judía, al otro lado del lago de Genezaret. El hecho de que los tres presenten, con las diferencias propias de la redacción, un milagro hecho en tierra de gentiles refuerza el testimonio múltiple y confirma la historicidad del relato sobre la liberación del endemoniado.

El testimonio de los tres relatos concuerda con el contexto social y geográfico de la época de Jesús. Decápolis era un territorio helenizado, con la evidencia de la cría de cerdos, cosa imposible que ocurriese entre los judíos.

El milagro va a poner de manifiesto la realidad de la predicación de Jesús sobre el Reino de Dios a quienes lo cuestionaban como el Mesías; les hacía observar que "si yo por el Espíritu de Dios echo fuera los demonios, ciertamente ha llegado a vosotros el reino de Dios" (Mt. 12:28). La liberación del endemoniado manifiesta la realidad del poder de Jesús sobre los demonios, y el hecho de hacer el milagro en tierra de gentiles y a uno que no era de Israel anticipa la extensión universal del beneficio de salvación a todos los hombres, sin importar la condición social, ni personal, ni la nacionalidad.

Exégesis

Siguiendo el texto del evangelio según Marcos, se elabora la exégesis del pasaje (Mr. 5:1-19). Marcos introduce el relato al llegar "al otro lado", esto es, en la parte opuesta del Mar de Galilea, de donde habían partido la noche anterior (v. 1). La voluntad del Señor expresada en "pasemos al otro lado" se llevó a cabo conforme a su propósito. La violencia del viento y el temporal en el mar no pudieron impedir que su determinación se ejecutase. La vinculación con el relato anterior está en la arribada de la barca con Jesús y los discípulos al otro lado del mar. Quiere decir que habían llegado a la orilla opuesta a Galilea, probablemente al otro lado de Capernaum. La ribera del lado oriental del Mar de Galilea era mayoritariamente gentil. La parte más al norte pertenecía a la tetrarquía de Filipo; la siguiente división política era conocida como Decápolis.

Allí se produce el encuentro con el endemoniado: "Y cuando salió él de la barca, en seguida vino a su encuentro, de los sepulcros, un hombre con un espíritu inmundo"[34] (v. 2). Una de las dificultades del pasaje es situar geográficamente el lugar donde Jesús desembarcó con los Doce, como se ha considerado antes en cuanto a las alternativas de lectura. Se sabe que en el lugar había cuevas, y que algunas de ellas se usaban como sepulcros. Las variantes textuales se deben probablemente a copistas que adecuaron los adjetivos a lugares más conocidos de Palestina. De modo que la población que daba nombre a los habitantes del lugar podía haber sido Gerasa o Gadara. Pero ambas poblaciones estaban demasiado lejos del lago para que pudiera hacerse mención de un promontorio que diera al mar. Por un lado, Gerasa está situada en los montes de Transjordania, a unos veinte kilómetros de la orilla del mar; por tanto, es difícil pensar que su territorio de influencia llegase hasta el lugar donde se describe el incidente de los cerdos. En cuanto a Gadara, está situada mucho más al sur, en la orilla este del lago, a unos tres kilómetros, lo que hace también difícil situar en ella el acontecimiento del relato. Se han dado algunas soluciones al problema. Una de ellas es considerar que el nombre de gadarenos obedece al gentilicio del territorio nombrado según la población más importante, en este caso, Gadara como principal en Decápolis. Sin embargo, Orígenes apunta a una solución bastante satisfactoria, refiriéndose al lugar donde desembarcó Jesús como Gergesa, una ciudad antigua situada junto al lago de Tiberíades, en cuyos límites hay un acantilado que da al lago, desde donde los cerdos pudieron precipitarse.[35] Modernamente se identifica este lugar con Kursa, junto a la desembocadura del Wadi es-Samak, donde, a unos dos kilómetros al sur, hay un promontorio de unos treinta metros que se adentra en el mar. Es muy posible que posteriormente copistas lo entendieran como Gerasa, localidad más conocida. En ese lugar hay una iglesia cristiana del s. V donde se supone que ocurrió la liberación del endemoniado. Esta población estaba en el distrito cuya principal ciudad era Gerasa, a unos diez kilómetros al sudoeste. Con todo, solo pueden hacerse conjeturas sobre la ubicación del lugar donde el Señor desembarcó

---

[34] Texto griego: Καὶ ἦλθον εἰς τὸ πέραν τῆς θαλάσσης εἰς τὴν χώραν τῶν Γερασηνῶν.

[35] Jerónimo, *In Iohannem* VI.41.

luego de atravesar al Mar de Galilea. Marcos presenta la arribada a la rivera del lugar y el descenso de todos los que navegaron en la barca atravesando el mar.

El relato ofrece el encuentro inmediato del endemoniado con Jesús. Marcos vuelve a utilizar el adverbio de tiempo[36] que equivale a inmediatamente, en seguida, al instante. No es necesario entender literalmente el hecho en sí, es decir, que nada más desembarcados, el endemoniado vino al encuentro de Jesús, sino más bien entenderlo en el sentido del suceso inmediato al desembarco del Señor. El hombre que vino al encuentro de Cristo procedía de los sepulcros, que debían estar excavados en las rocas del promontorio o en un lugar cercano a donde tuvo lugar la llegada de la barca.

El hombre que vino al encuentro del grupo era un endemoniado. Marcos usa la expresión para hacer referencia a alguien que estaba poseído por del demonio. Un espíritu perverso, o mejor, un grupo de espíritus malignos lo controlaban. El pasaje paralelo del evangelio según Mateo dice que eran dos los endemoniados que salieron al encuentro de Jesús (Mt. 8:28), mientras que Lucas menciona a uno solo. Con todo, no existe contradicción alguna en esto, puesto que tanto Marcos como Lucas centran su atención en uno de los dos endemoniados. Probablemente se trataba del más difícil o el que había iniciado el diálogo con Jesús, enfrentándose abiertamente a Él. Su habitación estaba en los sepulcros, cuevas que había en la zona y se usaban como sepulturas. Ningún otro lugar más apropiado para el hombre degradado por la presencia y acción diabólica en él; alejados del contacto con la gente, en un ambiente hostil y solitario, hacían de este hombre una persona repulsiva. Según Mateo, este endemoniado, junto con su compañero, eran violentos en extremo, de modo que hacían peligroso transitar por aquellos lugares (Mt. 8:28); no sólo era irreductibles, sino dañinos. Controlados por los demonios, establecían su conducta, sujetando su mente y generando las intenciones perversas que sin duda tenían. El odio contra la gente era una manifestación que los demonios producían en ellos. En lugar de paz, tenían el corazón lleno de violencia.

La Biblia hace referencia a la actividad diabólica, enseñando que los demonios se oponen a los propósitos de Dios (cf. Dn. 10:10-

[36] Griego: εὐθὺς.

14; Ap. 16:13-16) y que también afligen a los hombres. En ocasiones actúan en los que dominan desequilibrando sus mentes, produciendo locura, como es el caso de este poseso. Se trata de una auténtica posesión que debe distinguirse del control diabólico. El primer paso en la posesión consiste en entrar en el cuerpo de una persona (Mt. 12:43-45). En segundo lugar, utilizar el cuerpo poseído para expresar visiblemente su poder (Mt. 8:16; 9:32; Mr. 5:1-13). Finalmente, se llega a la degradación de la persona poseída (vv. 3-5).

El relato centra la atención del lector en el lugar donde vivía el endemoniado y en su situación personal: "Que tenía su morada en los sepulcros, y nadie podía atarle, ni aún con cadenas"[37] (v. 3). De una forma muy gráfica, Marcos da algunos detalles que los paralelos pasan por alto, como el hecho del lugar donde el endemoniado vivía: en los sepulcros. Posiblemente antes de esta situación de poseído por los demonios viviría en la ciudad, pero ahora su situación había cambiado. No podía estar con las personas. El demonio lo impulsaba a un lugar desierto, o quizás los habitantes de aquella zona le impedirían vivir entre ellos, por lo que ya no podía vivir en las casas (Lc. 8:27). Cualquier suposición cabría aquí, pero la evidencia bíblica no permite asumirla con autoridad. Poseído por los demonios, vivía en las cámaras mortuorias que había en el entorno. Marcos utiliza aquí el sustantivo[38] —única vez en el Nuevo Testamento— que se usaba para referirse al lugar donde una persona se instalaba; esto quiere decir que la residencia habitual era en los sepulcros.

La situación era difícil. El camino peligroso por la presencia del endemoniado. Sin duda los hombres de la ciudad habían intentado poner término a aquella situación. Podemos imaginarnos cómo, en algún momento, hicieron una montería, como si de perseguir a alguna fiera se tratase; de algún modo apresaron al endemoniado, lo ataron con cadenas y lo retuvieron firmemente, tal vez, sujetándolas a alguna roca del entorno para que el poseso no pudiera moverse. La descripción es muy enfática; Marcos usa una triple negación[39] equivalente a *y nadie nunca pudo retenerle ni con cadenas*.

---

[37] Texto griego: ὃς τὴν κατοίκησιν εἶχεν ἐν τοῖς μνήμασιν, καὶ οὐδὲ ἁλύσει οὐκέτι οὐδεὶς ἐδύνατο αὐτὸν δῆσαι.
[38] Griego: κατοίκησιν.
[39] Griego: οὐδὲ... οὐκέτι οὐδεὶς.

No es necesario alegorizar el pasaje para encontrar alguna verdad oculta bajo el texto histórico de la situación. Es suficiente con destacar que el poseído por el demonio había abandonado un entorno de vida, la ciudad, para trasladarse a otro de muerte, los sepulcros. Había dejado la compañía de los vivos para residir en la de los muertos. Nadie era capaz de remediar la situación que afectaba aquella vida. Ilustración fuerte sobre la realidad del hombre no regenerado, que vive en un mundo sujeto a la autoridad de Satanás, retenido por cadenas de esclavitud, como el yo, el mundo y la carne que nadie puede romper.

Un dato histórico sobre la relación con el poseso: "Porque muchas veces había sido atado con grillos y cadenas, mas las cadenas habían sido hechas pedazos por él, y desmenuzados los grillos; y nadie le podía dominar"[40]. Buscando solucionar el problema que el endemoniado producía, determinaron apresarlo y sujetarlo con cadenas y grillos. Una fuerza sobrenatural se manifestaba en el endemoniado, de forma que las cadenas y los grillos con que pretendían sujetarlo habían sido rotos por él en cada ocasión en que intentaron apresarlo. Siempre pudo romper las cadenas y siempre pudo destrozar los grillos. No había materiales lo suficientemente fuertes que pudieran retenerlo.

La situación final ponía de manifiesto la incapacidad humana contra el poder diabólico. Quienes habían ideado el modo de sujetarlo para proveer de solución a la propia seguridad personal habían fracasado en sus intentos por sujetar al poseso. Cuantas veces recurrieron a atarlo de manos y pies con cadenas, estas habían sido rotas por el endemoniado. Marcos destaca la situación diciendo que nadie había sido capaz de dominarlo. La situación era grave porque, como escribe Mateo, "nadie podía pasar por aquel camino" (Mt. 8:28). Debían tener atemorizada la región de tal manera que nadie utilizaba aquel camino. Los hombres trataban de dominarlo atándolo por fuera, pero sólo Cristo sería capaz de libertarlo desatándolo por dentro del poder de Satanás.

Se hace observar una situación persistente: "Y siempre, de día y de noche, andaba dando voces en los montes y en los sepulcros,

---

[40] Texto griego: διὰ τὸ αὐτὸν πολλάκις πέδαις καὶ ἁλύσεσιν δεδέσθαι καὶ διεσπάσθαι ὑπ' αὐτοῦ τὰς ἁλύσεις καὶ τὰς πέδας συντετρῖφθαι, καὶ οὐδεὶς ἴσχυεν αὐτὸν δαμάσαι.

e hiriéndose con piedras”[41] (v. 5). El detalle del vivir diario del endemoniado resulta sobrecogedor. No había un momento de sosiego para el pobre hombre. La construcción de la frase es muy explícita: siempre, de día y de noche. Vivía en continua inquietud, tanto de día como de noche. Deambulaba de un lugar a otro, de los sepulcros a los montículos de los alrededores, sin calmarse ni un momento. En todos los lugares a donde iba pasaba el tiempo gritando. Sus alaridos se oían por todo el entorno, procedentes unas veces de los sepulcros y otras de las lomas de los montes. No articulaba palabras, simplemente gritaba desaforadamente. Esas voces debían generar una profunda inquietud a quienes alcanzaban, sobre todo en el silencio y la soledad de la noche. La situación era grave e incluso peligrosa, de ahí que nadie quisiera pasar por aquellos caminos.

Un detalle final del relato añade aun mayor dramatismo a la escena. El poseso se hería continuamente con piedras. El pronombre reflexivo final sitúa la acción en una acción personal, es decir, se hería a él mismo. Podría suponerse que las heridas se las producía al andar sobre las aristas de las rocas del paraje, pero lo más probable es que tomase piedras para golpearse con ellas hasta hacerse cortes en su cuerpo. Nada más tremendo podría imaginarse de la vida de un hombre poseído por los demonios.

El encuentro con Jesús resulta impactante: “Cuando vio, pues, a Jesús de lejos, corrió, y se arrodilló ante él”[42] (v. 6). Es muy probable que la ferocidad del endemoniado lo llevara a atacar a quien pasara por allí. Marcos dice que el poseso vio a Jesús de lejos. Posiblemente desde la altura de algún montículo, donde tenía su morada entre los sepulcros, desde donde podía ver el camino. En aquella ocasión divisó a un grupo de hombres que habían dejado una barca en el mar y caminaban tierra adentro. La reacción del endemoniado fue correr desde el lugar donde se encontraba. Estaba acostumbrado a correr con furia hacia quienes divisaba en el camino. ¿Fue este el impulso que motivaba su acción? No hay razón alguna para suponer que la carrera del hombre hacia Cristo estaba rodeada de animosidad. Los demonios conocían a Jesús, sabían quién era y sabían también de su poder. No es

[41] Texto griego: καὶ διὰ παντὸς νυκτὸς καὶ ἡμέρας ἐν τοῖς μνήμασιν καὶ ἐν τοῖς ὄρεσιν ἦν κράζων καὶ κατακόπτων ἑαυτὸν λίθοις.
[42] Texto griego: καὶ ἰδὼν τὸν Ἰησοῦν ἀπὸ μακρόθεν ἔδραμεν καὶ προσεκύνησεν αὐτῷ.

posible determinar la causa por la que corrió velozmente al encuentro del Señor; lo único que podemos precisar es que lo hizo.

Sorprendentemente llegado a donde estaba Jesús, se postró delante de Él. El verbo usado por Marcos es el típico del Nuevo Testamento para referirse a la adoración. En otros lugares, se traduce como *caer a los pies de*. En cualquier acepción, expresa la manifestación de respeto reverente o incluso miedo que conduce a esa acción. Marcos describe aquí lo que era típico de los endemoniados cuando se encontraban con Jesús o estaban en su presencia: venían y se postraban delante de Él (cf. Mr. 3:11). Sin duda alguna, los demonios que se habían posesionado de aquel hombre sabían ante quién estaban. El endemoniado se postró, no tanto en sentido de adoración, sino de sumisión ante quien es Dios manifestado en carne. Es un anticipo de la situación que provoca en todos los seres el nombre de Jesús, dado por Dios antes de su concepción (Mt. 1:21; Lc. 1:31). Jesús significa *Jehová salva*; es por tanto un nombre divino, ya que la salvación es de Dios (Sal. 3:8; Jon. 2:9). De Jesús se dice que "Él salvará a su pueblo de sus pecados" (Mt. 1:21). Con todo, el nombre de Jesús fue considerado como el de alguien sin atractivo, esto es un hombre sin importancia ni estimable (Is. 53:2). Cuando declaró su deidad fue amenazado de muerte por los hombres (Jn. 10:33). Su nombre fue objeto de burla en la crucifixión (Mt. 27:37, 39). Sin embargo, Jesús es Dios bendito (Jn. 1:1; Ro. 9:5). La autoridad suprema se manifiesta en ese nombre. El apóstol Pablo enseña que bajo la autoridad de ese nombre se doble toda rodilla, como expresión de reconocimiento universal de su deidad y, por tanto, de su señorío. Quienes se inclinaron en burla ante Jesús de Nazaret crucificado habrán de hacerlo ante el mismo Jesús glorificado, reconociéndole como Dios. Es algo profetizado en el Antiguo Testamento (Is. 45:23, 24). Jesús no es un hombre elevado o un dios rebajado, sino el infinito y eterno Dios hecho hombre. La autoridad de ese nombre queda evidenciada en los milagros que realizó, hechos bajo su autoridad, no sólo en el tiempo de su ministerio terrenal, sino luego de su ascensión a los cielos (Hch. 3:6; 9:34; 16:18). La sujeción universal bajo el nombre de Jesús está claramente manifestada por el apóstol Pablo, las rodillas que se doblan delante de Él son de "los que están en los cielos, y en la tierra, y debajo de la tierra" (Fil. 2:10). Esos tres grupos están claramente identificados en la Escritura. Los que están en los cielos se refiere a querubines, serafines, arcángeles y ángeles, pero también a los millones de salvos en la presencia de Dios (Ef. 1:21; 3:10; 1 P.

3:22; Ap. 4:8-11; 5:8-12). Los que están sobre la tierra es alusión a los hombres que viven en la tierra (1 Co. 15:40). Los que están debajo de la tierra es referencia a muertos sin salvación y ángeles caídos (Mt. 16:18; Jud. 6). En el tiempo del relato, los demonios, que poseían al hombre que vino corriendo a Jesús, se postran delante de Él en reconocimiento de su soberanía y autoridad divinas. El apóstol dice que "toda lengua confiese que Jesús es el Señor" (Fil. 2:11), como ocurre con los demonios en lo que sigue del relato según Marcos.

Así continua: "Y clamando a gran voz, dijo: ¿Qué tienes conmigo, Jesús, Hijo del Dios Altísimo? Te conjuro por Dios que no me atormentes"[43] (v. 7). Aquel que corrió a Jesús y se postró a sus pies sigue siendo instrumento del diablo que se había posesionado de él. La voz del hombre era el instrumento que utilizaron los demonios que estaban en él. No habla quedamente, sino a gran voz, con voz potente, gritando las palabras que pronunciaba. No cabe duda de que el relato está siendo trasladado por un testigo presencial del hecho, que recuerda la voz fuerte con que el endemoniado habló con Jesús. Las grandes voces eran habituales en ellos.

Aquella era la confrontación directa entre Satanás y Dios, entre el reino de las tinieblas y el de la luz. Jesús había venido para deshacer las obras del diablo (1 Jn. 3:8). De ahí la primera frase pronunciada con voz poderosa. Mediante el uso de una expresión idiomática que da la idea de distanciamiento o de confrontación, literalmente se lee: ¿Qué a mí y a ti?, cuyo significado es: ¿Qué tienes conmigo? La idea es de dos mundos que son irreconciliables y que se han encontrado. El diablo dice a Jesús que Él nada tiene que ver con ellos. Jesús diría del príncipe de los demonios que "nada tiene en mí" (Jn. 14:30). El conflicto se había producido y los demonios sabían que la autoridad de Jesús sería imposible de resistir. La primera acción que generan es de defensa, como si dijesen a Jesús: no tienes nada que ver con nosotros, déjanos. Esta primera insinuación diabólica no tendría resultado alguno porque el Señor estaba dispuesto a liberar al endemoniado de la posesión diabólica.

Los demonios sabían quién era Jesús. La utilización de un título semejante es sorprendente. Aquel que aparentemente era un hombre

[43] Texto griego: καὶ κράξας φωνῇ μεγάλῃ λέγει· τί ἐμοὶ καὶ σοί,᾽Ιησοῦ Υἱὲ τοῦ Θεοῦ τοῦ῾Υψίστου ὁρκίζω σε τὸν Θεόν, μή με βασανίσῃς.

era el Hijo del Altísimo. En la identificación dada por ellos aparece en primer término el nombre humano del Hijo de Dios, Jesús. Es el Salvador que había sido enviado del cielo para hacer la obra de redención de los pecadores y abrir el camino de liberación para todos los que por temor a la muerte estaban durante toda la vida sujetos a esclavitud, para lo cual era necesario "destruir por medio de la muerte al que tenía el imperio de la muerte, esto es, al diablo" (He. 2:14). Sin duda los demonios conocían el propósito de la venida de Jesús. Cuando el ángel se apareció a José y antes a María (cf. Mt. 1:21; Lc. 1:31), anunció que el niño que nacería debía ser llamado Jesús por una razón: Él salvaría a su pueblo de sus pecados. No se trataba de imponer un nombre al que nacería en Belén, sino simplemente de llamar su nombre, esto es, le llamarás por el nombre que ya le ha sido asignado del cielo. Dios viene en el Hijo encarnado para salvar a los perdidos y buscarlos en su condición (Lc. 19:10). Aquel que tenía que ser reconocido como Dios manifestado en carne era el Salvador de los perdidos, determinado ya desde antes de la creación en el plan de redención (1 P. 1:18-20). Los demonios reconocen que están ante Jesús, el Salvador, por cuya obra salvadora ellos serían derrotados en la cruz y perderían su poder y autoridad sobre los hombres, que, liberados del pecado al creer en Jesucristo, pasaban a una nueva relación con Dios, trasladados por Él de una esclavitud pecaminosa, bajo la potestad de las tinieblas, al reino del Hijo (Col. 1:13). ¿Conocían los demonios en toda la dimensión la obra redentora que Dios había planeado y que sería consumada en Cristo y por Él? No es posible una afirmación o una negación con base bíblica, pero lo que es cierto es que los demonios reconocían que aquel hombre era Jesús. Es sorprendente este conocimiento, puesto que el endemoniado nunca lo había visto y, muy probablemente, nunca había oído hablar de Él. Pero en las esferas del aire, donde los demonios manejan el reino de las tinieblas, las operaciones de omnipotencia de Jesús habían alcanzado el centro del sistema opresor, liberando por la autoridad de su palabra a muchos que estaban sujetos a esclavitud por Satanás.

El segundo título con que lo identifican es el de Hijo de Dios. Aunque este título tiene más connotaciones, es interesante aplicarlo al distintivo que le es propio en la relación intratrinitaria del ser divino. En este sentido, sería necesario estudiar algunos pasajes bíblicos (cf. Mt. 11:27; 16:16: Mr. 1:1; 9:7; Jn. 20:31; Ro. 1:3-4; 8:3, 32; Gá 2:20; 4:4; He. 1:2 ss.; 4:14; 5:8; 7:28; 1 Jn. 3:8; 4:14-15; 5:5, 9-13, 20; 2 Jn. 9). El hecho de la grandeza de Cristo deriva de ser el Hijo que, como Logos encarnado, tiene la misión de revelar plenamente al Padre y hacérnoslo conocer mediante una exégesis exhaustiva hecha, no sólo por Él, sino especialmente en Él (Jn. 1:18). El Hijo de Dios es la única verdad personal del Padre (Jn. 14:6), de modo que quien le ve a Él, ve también al Padre (Jn. 14:9). Esa es la razón por la que Él mismo tiene las palabras de Dios (Jn. 3:34) que, como autoritativas y soberanas, tienen vida eterna (Jn. 6:68). Por eso sus palabras, como Hijo de Dios, son irresistibles, porque proceden de Dios mismo. Aparentemente, si es el Hijo de Dios, se supone que dependa del Padre en su existencia propia. Sin embargo, es necesario entender que la existencia de las personas divinas, no son originadas, sino procedentes; esto quiere decir que el hecho de que el Padre diga del Hijo que lo ha engendrado, no significa que la existencia del Hijo tenga un origen. Simplemente lo que se enseña es el diálogo eterno en el ser divino, en el cual el Padre dice: "Mi Hijo eres Tú; yo te he engendrado hoy" (Sal. 2:7), cuya realidad de comunicación de vida comprende también a la naturaleza humana del Verbo, de modo que el apóstol Pablo se refiere en ese engendrar al levantarle de entre los muertos y presentarlo cósmicamente como su Hijo (Hch. 13:33). Aquel que aparentemente era un hombre, por la resurrección es proclamado como el Hijo de Dios, eternamente engendrado del Padre. Por esa causa, el Hijo dice también: "Sobre ti fui echado desde el seno" (Sal. 22:10). En la encarnación pone de manifiesto la condición de siervo, que no podía en la divina, ya que en el ser divino ninguna persona es mayor que la otra. De este modo, el Hijo no está sometido al Padre, ya que es coeterno y coigual con Él. En esta intercomunicación continua, el Padre vive de engendrar al Hijo, y el Hijo vive del Padre. Este título de Hijo de Dios, en el testimonio de los demonios puestos de hinojos ante Jesús, conlleva el reconocimiento de que "todo lo que hace el Padre, lo hace también el Hijo igualmente" (Jn. 5:19). La suprema autoridad de Dios se manifiesta en la autoridad del Hijo de Dios. En cierta medida, los demonios, reconocen que Jesús, como Hijo de Dios, tiene autoridad para juzgarlos y condenarlos, ya que el Padre "a nadie juzga, sino que todo el juicio dio al Hijo" (Jn. 5:22). En virtud de la procedencia, el Hijo es la imagen perfectísima, exhaustiva y personal del Padre. En los escritos de Juan, al calificativo de Hijo se le añade el de Unigénito, el único de esa condición, distinguiéndolo de todos los que, en modo limitado, reciben el título de hijos (cf. Jn. 1:12). Además, el título de Hijo de Dios estuvo en boca de Jesús: "Todas las cosas me fueron entregadas por mi Padre; y nadie conoce al Hijo, sino el Padre, ni al Padre conoce alguno, sino el Hijo, y aquel a quien el Hijo lo quiera revelar" (Mt. 11:27). Jesús usa el calificativo para manifestar la unión que existe entre el Padre y el Hijo, que es del orden metafísico y personal, y no sólo del histórico y funcional. Así que la condición de Hijo atrae hacia sí todas las demás, porque manifiesta una forma de relación suprema de Jesús con Dios. La acción de Jesús es la acción de Dios; la autoridad de Jesús es la autoridad de Dios; la presencia de Jesús es la presencia de Dios entre los hombres. De ahí que Jesús estaba ejerciendo una igualdad de poder y presencia como la del Dios Altísimo. Los demonios reconocen en Jesús lo que los fariseos le negaban: que era el Hijo de Dios.

Pero todavía algo más: es el Hijo del Dios Altísimo, o como puede traducirse también, el Hijo de Dios, el Altísimo. Es el nombre que se recoge en el Antiguo Testamento como *El Elyom* (Gn. 14:18, 19, 22; Sal. 78:35). Este título presenta a Dios como el que desde el principio es el poseedor de todos los bienes del cielo y de la tierra. Ya desde tiempos antiguos, como en la época patriarcal, un hombre como Melquisedec conocía a Dios como el Altísimo. Como poseedor de cielos y tierra, es dueño absoluto del universo y puede determinar cualquier acción sobre la tierra o sobre el cielo. El Altísimo ejerce autoridad en el cielo y en la tierra. Sus designios son ejecutados y sus mandatos obedecidos. El calificativo completo con que los demonios se dirigen a Jesús, como Hijo del Dios Altísimo, expresa el reconocimiento de que, como Unigénito del Padre, se le pasa toda la herencia de Dios y las excelsas perfecciones que sólo existen y pueden existir en Él. Los discípulos, temerosos por la tempestad calmada por el poder de su palabra, se preguntaban unos a otros: "¿Quién es este?". La respuesta no puede ser más que ésta: es Jesús, el Hijo del Dios Altísimo. Los demonios sabían perfectamente ante quién estaban. Nadie había podido dominar al endemoniado, pero ahora estaba delante del Dios omnipotente manifestado en carne y doblaba sus rodillas ante Él.

Los demonios formulan una petición, podríamos decir, angustiosa. Apelan a un conjuro, es decir, procuran que Jesús asuma una posición que les liberase, bajo compromiso divino, de una acción definitiva contra ellos. Es un ruego que hacen invocando el nombre de Dios y poniendo a Jesús bajo compromiso de actuar conforme a juramento, como si le dijesen: júranos que no nos atormentarás. Aunque la petición se hace en singular, porque es el endemoniado el que está hablando, realmente debe considerarse como un plural, puesto que más adelante son los demonios que poseían al hombre quienes estaban hablando por medio de él. El término es usado para referirse a juicios retributivos para seres impenitentes y se aplica en alguna ocasión a Satanás y sus demonios (Ap. 20:10). Por el paralelo según Mateo, los demonios rogaban a Jesús que no los atormentase antes de tiempo (Mt. 8:29). Los demonios saben que su dominio está extinguido y que su tiempo de actividad bajo permisión divina es limitado. Saben que no pueden escapar del dominio divino y que su final es la condenación perpetua, cuando serán arrojados al lago de fuego que ha sido preparado para ellos (Mt. 25:41; Ap. 20:10). Esto ocurrirá en un tiempo que Dios ha establecido y que sólo Él conoce. En este caso, por medio del endemoniado, piden a Jesús que les jure que no los atormentaría antes de tiempo. Lo que realmente están pidiéndole es que no los envíe al abismo, uno de los terrores que los demonios sienten. El abismo es un adjetivo griego que equivale a profundo y se usa para referirse al lugar donde están encerrados espíritus malos, sujetos a la espera del juicio (Lc. 8:31), donde Satanás será atado durante el reino de Cristo sobre la tierra (Ap. 20:3). Algunos ángeles caídos que son extremadamente perversos fueron confinados en prisiones de oscuridad, lo que puede ser una forma de referirse al abismo. La Biblia enseña que habrá un incremento de la actividad diabólica hacia el final de la dispensación de la Iglesia (1 Ti. 4:1-3). En un tiempo inmediatamente anterior a la segunda venida del Señor habrá un incremento de la actividad diabólica, al ser arrojados por Dios a la tierra (Ap. 12:3-4). Muchos demonios altamente peligrosos que están encerrados en el abismo serán liberados en ese tiempo y manifestarán su actividad diabólica e inicua (Ap. 9:1-4). Todos los demonios serán juzgados (2 P. 2:4). El tiempo del juicio se menciona como *el gran día*, referencia probable a un tiempo dentro del día del Señor en que tendrán lugar los juicios. Este juicio de los demonios posiblemente ocurra antes del día del juicio llamado final de los perdidos ante el Trono Blanco (Ap. 20:10). El resultado del juicio traerá como consecuencia que Satanás y los demonios serán arrojados definitivamente al lago de fuego. Los demonios sabían que había de llegar ese momento, pero la presencia de Jesús tal vez los inducía a pensar que podían ser encerrados hasta esa ocasión en el abismo.

La causa de aquella tensión no era otra que la autoridad de Jesús, que ordenaba a los demonios que salieran de aquel hombre: "Porque le decía: Sal de este hombre, espíritu inmundo"[44] (v. 8). Hablando los

---

[44] Texto griego: ἔλεγεν γὰρ αὐτῷ· ἔξελθε τὸ πνεῦμα τὸ ἀκάθαρτον ἐκ τοῦ ἀνθρώπου.

demonios por medio del endemoniado y desconociendo lo que Jesús iba a determinar sobre ellos, le pedían un compromiso bajo juramento de que no actuaría contra ellos enviándolos a los tormentos. La razón estaba en lo que el Señor estaba ordenándoles y que Marcos traslada con más detalle que el resto de los sinópticos. El imperfecto[45] decía, da la impresión de que Jesús insistía en decir, lo que supondría que los demonios se estaban resistiendo a su autoridad; pero, en este caso, debe tomarse en sentido de pluscuamperfecto, había dicho.

El mandato de Jesús está establecido con claridad y precisión. Es firme y concreto: "Sal de este hombre, espíritu inmundo". Los críticos humanistas liberales, tomando el texto, enseñan que los demonios se estaban resistiendo a la autoridad de Jesús y que tuvo que repetir el mandato varias veces, de ahí el uso del imperfecto. Pero realmente el imperfecto establece una acción pasada que continua con los efectos en el presente. No se trata, pues, de un poder limitado de Jesús, sino que la autoridad de su mandato, que no podía ser resistido por el demonio, ocasionaba la petición de los que poseían al endemoniado para que no los condenase antes del tiempo establecido para ello (Mt. 8:29). El demonio reconoce el poder absoluto de Jesús y le suplica que no los envíe al abismo. Lo que los demonios conocen y admiten no están dispuestos a reconocer los hombres, especialmente aquellos que vivían en perpetua enemistad con el Señor a causa de su poder y autoridad.

Marcos registra un diálogo entre Jesús y los demonios: "Y le preguntó: ¿Cómo te llamas? Y respondió diciendo: Legión me llamo; porque somos muchos"[46] (v. 9). No responde al ruego de los demonios, sino que les manda identificarse. El verbo que Marcos usa tiene varias acepciones, como rogar, pedir, pero aquí debe tomarse en sentido de preguntar, que es el sentido con que repetidamente se usa en la LXX y en los papiros para referirse a la acción de consultar, interrogar acerca de, pedir que. La situación es tensa. Los demonios ruegan, Jesús les pregunta: ¿Cuál es tu nombre? O también: ¿Cómo te llamas? ¿Acaso no sabía el nombre de los demonios con quienes dialogaba? Muchos evitan entrar en este tema. Otros sugieren que Jesús trataba de poner de manifiesto delante de los discípulos la dimensión del problema que afectaba al endemoniado.

---

[45] Griego: ἔλεγεν.

[46] Texto griego: καὶ ἐπηρώτα αὐτόν· τί ὄνομα σοι καὶ λέγει αὐτῷ· λεγιὼν ὄνομα μοι, ὅτι πολλοί ἐσμεν.

Otros entienden que la pregunta era necesaria para el ejercicio del exorcismo, como era la forma habitual en su tiempo, de modo que, conociendo el nombre, siempre ligado a la persona, se tenía el poder sobre el hombre concreto titular del nombre. Con todo, es necesario tener presente que Jesús es una persona divino-humana, esto es, una persona divina en la que subsisten dos naturalezas, la divina y la humana. El conocimiento de la humana está voluntariamente limitado, de modo que el conocimiento sobrenatural o divino se le comunica a la naturaleza humana cuando es necesario y siempre a través de la persona divina en que subsiste. Como Verbo, conoce absoluta y plenamente lo que Dios conoce; como hombre, asume voluntariamente la limitación que le corresponde en este plano. De este modo podría entenderse la pregunta de Jesús al endemoniado sobre el nombre que tenía. Como Dios, en su naturaleza divina, no ignora nada ni necesita preguntar nada, pero como hombre, esto es, en su naturaleza humana, el conocimiento sobrenatural se produce por la comunicación de la persona divina en quien subsiste su humanidad.

La pregunta va a traer consecuencias colaterales, sobre todo en la mente de los Doce, al conocer la situación en que se encontraba el endemoniado y apreciar, todavía más, el poder de Jesús. Por otro lado, las consecuencias vienen también al poseso, puesto que, al formularle la pregunta, desde el plano de su condición de hombre, tenía clara conciencia de que era un cúmulo de personalidades que lo impulsaban en distintas maneras. Este hombre carecía de voluntad operativa. No era una persona, sino un conjunto de muchas personalidades que lo sojuzgaban.

El Señor recibe la respuesta de los demonios a la pregunta de cuál era su nombre: *mi nombre es Legión, porque somos muchos*. No responde con un nombre concreto, porque tendría que dar el de todos los demonios que se habían posesionado de él, simplemente en lugar del nombre, da el número de los que estaban en el endemoniado. El término legión se refería a la principal división de los cuerpos del ejército romanos. La legión romana se componía de seis mil hombres. ¿Quiere decir que en el endemoniado residían seis mil demonios? No necesariamente; tal vez el número tiene que ver con un conjunto de demonios que habían hecho su morada en aquel hombre. Debe considerarse esto como la idea de un conjunto de demonios que actuaban en él, es decir, no era uno solo quien lo poseía, sino muchos.

Inmediatamente se traslada el ruego de los demonios: "Y le rogaba mucho que no los enviase fuera de aquella región"[47] (v. 10). La petición es insistente. Es interesante apreciar el cambio de sujeto en la cláusula entera. En esta primera parte, el sujeto puede ser el individuo, es decir, el endemoniado, apreciándose que el verbo está en singular y la forma verbal es un imperfecto que recalca la acción de una petición continuada o reiterada, complementándola con un adverbio de cantidad o un adjetivo[48] que expresa la idea de algo abundante, que excede a lo normal.

Inmediatamente en la segunda oración de la cláusula, el sujeto no es singular, sino plural. Ya no se trata del endemoniado, sino de los demonios que estaban en él, los que ruegan insistentemente a Jesús. La garganta de la que salía el ruego era del endemoniado, pero la petición procedía de los demonios que se habían posesionado de él. Éstos sabían que no podían resistir la autoridad de Jesús y que estaban a merced de lo que dispusiera para ellos.

La petición no tiene que ver solamente con que no los envíe al abismo, sino con que no los haga salir de aquella región. Pedían que se les concediera seguir en el área donde desarrollaban su actividad. Los demonios, al igual que los ángeles, no tienen pleno conocimiento de todo, y en determinada medida aprenden a lo largo del tiempo. Aquellos estaban familiarizados con la región de Gerasa; no sabemos en qué extensión y alcance, pero lo que sí es evidente es que pedían permanecer en ella. Por el paralelo según Lucas, parece ser que la petición estaba estrechamente vinculada con el tormento de ir al abismo, como se lee: "Y le rogaban que no los mandase ir al abismo" (Lc. 8:31). Sin duda el terror de ser retenidos en el abismo les abrumaba, pero no es menos cierto que, conocedores de la región, de los hombres en ella y de la situación plena de aquella porción del cosmos satánico, deseaban permanecer en el lugar que les era familiar. Sin embargo, lo que aquellos demonios temían era ser encarcelados hasta el día de su juicio y castigo eterno.

---

47 Texto griego: καὶ παρεκάλει αὐτὸν πολλὰ ἵνα μὴ αὐτὰ ἀποστείλῃ ἔξω τῆς χώρας.

48 Griego: πολλὰ, adverbio de cantidad, *mucho*; podría ser también un adjetivo, *abundante, que excede a lo normal.*

Marcos llama la atención del lector al entorno de la escena: "Estaba allí cerca del monte un gran hato de cerdos paciendo"[49] (v. 11). Con un rápido giro deja la escena del endemoniado para introducir la de los cerdos. Como en otros detalles de la narración, se aprecia claramente la transmisión hecha desde un testigo presencial. Usando de ella orienta la atención del lector dirigiéndola a un hato de cerdos situado junto al monte. El lugar donde estaba no puede precisarse, pero es interesante notar que el relator está trasladando una imagen que había quedado firmemente establecida en la del testigo ocular. Probablemente al borde de algún montículo de la zona había un lugar apropiado, con hierba y frutos de los árboles para alimentar cerdos. Hasta allí habían conducido la piara quienes tenían el oficio de pastorearlos. El lugar no estaba cerca de donde se había producido el encuentro con el endemoniado. Éste debió ocurrir en un lugar próximo a la rivera donde habían desembarcado, pero según Mateo, "estaba paciendo lejos de ellos un hato de muchos cerdos" (Mt. 8:30). Es muy posible que los cerdos estuvieran en pastos que se encontraban sobre el acantilado que se alzaba al borde del mar.

No eran pocos en número los que formaban aquella piara; Marcos utiliza el adjetivo muchos y más adelante dará el número aproximado de los animales que la componían. El cerdo era uno de los animales inmundos; se reglamentaba en la Ley de Israel la prohibición de comer su carne. Sin embargo, no se encuentra restricción alguna sobre criarlos y venderlos a otros, tan solo la tradición rabínica había prohibido a todo buen creyente criar o relacionarse con los cerdos. Con todo, esto sería una actividad difícil de encontrar entre judíos. Esto da pie para considerar que mayoritariamente eran gentiles los que estaban establecidos allí y para quienes no era problema alguno la crianza de los cerdos.

La forma verbal que se traduce como paciendo, o mejor, siendo apacentados[50], implica que con ellos debían estar también los cuidadores o pastores del hato. Para una cantidad grande de animales de este tipo, que no se caracteriza especialmente por su modo tranquilo de comportamiento, eran necesarios varios cuidadores.

---

[49] Texto griego: ἦν δὲ ἐκεῖ πρὸς τῷ ὄρει ἀγέλη χοίρων μεγάλη βοσκομένη.

[50] Griego: βοσκομένη.

Nuevamente aparece el ruego de los demonios: "Y le rogaron todos los demonios, diciendo: Envíanos a los cerdos para que entremos en ellos"[51] (v. 12). Los demonios no tenían duda alguna de que iban a ser expulsados del hombre poseído por ellos. Lo que no conocían es adónde los enviaría Jesús. Su temor era que fuesen confinados en el abismo; por eso le rogaban con insistencia, pero también con reconocimiento de su suprema autoridad sobre ellos. El verbo rogar está en plural, lo que expresa la idea de que eran todos los demonios. Ellos habían pedido al Señor que no los enviara fuera de la región y ellos mismos van a sugerir un lugar para el que pedían autorización para ir.

La súplica tiene que ver con la piara de cerdos que pastaba al borde del montículo. La segunda súplica está en relación directa con la primera: no nos envíes fuera de la región; por tanto, si Jesús autorizaba esta segunda, habían conseguido evitar lo que tanto temían. Los demonios piden a Jesús que les permitiera ir a los cerdos que estaban paciendo. Es muy interesante la forma de expresar la petición: envíanos a los cerdos. Este es el reconocimiento máximo de la soberanía del Señor sobre ellos; le ruegan que su autoridad no se limite a la expulsión, sino que les conceda la autorización de ir al hato de cerdos. De ahí el uso del verbo enviar, dirigirlos a los cerdos. Sabían que el mandato para que abandonasen al poseso se había establecido y que no podía ser resistido por ellos, pero también sabían que para ir a los cerdos tenían necesidad del consentimiento del Señor.

La petición formulada es concreta; no sólo piden ir a los cerdos, sino que expresan también el propósito que tenían para ello: para que entremos en ellos. Es un ruego específico: envíanos a los puercos y déjanos entrar en ellos. Ante esta extraña petición de los demonios, cabe formularse una pregunta: ¿Por qué este ruego? ¿Cuál era la intención de los demonios al pedirle la concesión de entrar en los cerdos? Sin duda, cualquier respuesta es mera especulación, ya que el relato guarda silencio sobre ello. Pudiera ser el deseo innato de destruir, enraizado en los demonios, procurando causar el daño que pudieran y, ya que no lo seguirían causando al endemoniado, lo trasladarían a los cerdos. Es habitual apreciar en los relatos de expulsión de demonios una acción de furia contra el que habían poseído, de modo que en

---

[51] Texto griego: καὶ παρεκάλεσαν αὐτὸν λέγοντες· πέμψον ἡμᾶς εἰς τοὺς χοίρους, ἵνα εἰς αὐτοὺς εἰσέλθωμεν.

ocasiones lo sacudían, golpeaban y lo dejaban como muerto, mientras salían con grandes voces y alaridos. El interés diabólico está en el daño que pueden causar, ya que son homicidas, como su jefe Satanás (Jn. 8:44). Es posible que los demonios, que no podían causar más daño al hombre, intentaran hacerlo con los bienes que los hombres tienen. Pero, tras esto está también, con mucha probabilidad, una planificación diabólica contra Jesús, de modo que, tocando la hacienda de los dueños de los cerdos, generarían un profundo rechazo de todos contra Jesús. Con todo, aunque esto pudiera ser así, también podría haber otros motivos que no nos es dado conocer.

Cristo accede a la petición: "Y luego Jesús les dio permiso. Y saliendo aquellos espíritus inmundos, entraron en los cerdos, los cuales eran como dos mil; y el hato se precipitó en el mar por un despeñadero, y en el mar se ahogaron"[52] (v. 13). No se dice cómo dio el permiso, simplemente se afirma que lo hizo. Por el pasaje paralelo según Mateo, Jesús respondió con un escueto *id*, expresado allí mediante un imperativo, lo que constituye algo más que el permiso para lo que le pedían: es también un mandato. De nuevo se produce una pregunta en el pensamiento del lector: ¿Por qué Jesús permitió tal cosa? La respuesta, como otras muchas, está en el secreto de Dios. El Espíritu, que inspiró el relato, no lo ha revelado.

La segunda revelación del texto es que los demonios salieron del endemoniado inmediatamente. La autoridad de Jesús queda manifestada de dos maneras: por un lado, la impuso sobre los demonios que tienen que obedecer y salir del hombre en que habían residido antes. Según Mateo, eran dos los endemoniados; por tanto, los dos tuvieron que ser liberados por Jesús. Marcos considera uno de ellos y centra el relato en él. En segundo lugar, el Señor permitió y consintió que entrasen en los cerdos que estaban paciendo en el entorno de aquel lugar.

La consecuencia es inmediata. Los cerdos bajo la acción de los demonios dejaron de pacer y corrieron impetuosamente hacia el acantilado, despeñándose por él al mar. La estampida de la piara

[52] Texto griego: καὶ ἐπέτρεψεν αὐτοῖς. καὶ ἐξελθόντα τὰ πνεύματα τὰ ἀκάθαρτα εἰσῆλθον εἰς τοὺς χοίρους, καὶ ὥρμησεν ἡ ἀγέλη κατὰ τοῦ κρημνοῦ εἰς τὴν θάλασσαν, ὡς δισχίλιοι, καὶ ἐπνίγοντο ἐν τῇ θαλάσσῃ.

fue inmediata. Marcos describe el acontecimiento usando un modo verbal fuerte: y se precipitó. El verbo[53] tiene el sentido de arremeter, lanzar; en este caso, precipitarse. Relacionado con *impulso*[54] y como consecuencia, origina un movimiento violento. Los cerdos se sintieron apremiados violentamente e impulsados en dirección al acantilado.

En forma muy expresiva, Marcos usa cuatro verbos: dio permiso, salieron, entraron, precipitó. Es una secuencia consecuente en cada uno de los pasos, que origina inevitablemente el siguiente. Primero, a la autorización de Cristo sigue la salida de los demonios, luego la entrada de éstos en los cerdos, lo que produce la reacción de la estampida de todo el hato hacia el acantilado que había en el extremo opuesto adonde pacían y que sirvió como trampolín para que toda la piara se precipitara desde él al mar. El número aproximado de animales que componían el hato, dice el relato, era como dos mil. ¿Era de un solo dueño aquella cantidad de cerdos? Probablemente era de varios propietarios que, como era habitual, reunían todos los animales entregándolos a pastores para que los alimentaran y cuidaran. Fuese como fuese, el número de ejemplares era grande, sin duda, un gran hato de cerdos que antes pacían tranquilamente en el lugar adonde habían sido llevados.

El resultado final no podía ser más calamitoso. Todos ellos se ahogaron en el mar. Es interesante que al usar el imperfecto del verbo[55] quiere indicarse el hecho de que se iban ahogando uno a uno, como si dijese: cerdo tras cerdo de la piara se ahogaban en el lago. El daño producido a los propietarios de los cerdos debió haber sido grande, a pesar de que tal vez no fuese uno solo el dueño del hato. A mayor número de dueños, menor la pérdida de cada uno, pero sin duda alguna, el daño causado por los demonios fue elevado.

Frente a una acción de esta magnitud y a un milagro de esta dimensión, los críticos humanistas liberales proponen varias alternativas, todas ellas tendientes a limitar cuanto sea posible la realidad de la omnipotencia divina. Estos suelen leer la parte del milagro de la reacción de los cerdos precipitándose por el acantilado al mar no como resultado de la presencia de los demonios, sino

[53] Griego: ὁρμάω.
[54] Griego: ὁρμή.
[55] Griego: ἐπνίγοντο.

como consecuencia del paroxismo que acompañó a la liberación del endemoniado que, al ser liberado, se lanzó corriendo hacia la piara, aterrorizando a los cerdos y empujándolos hacia el despeñadero. Suelen decir que el endemoniado pensaba que los demonios que lo poseían podrían encontrar acomodo en los cerdos cuando supo que eran muchos, consecuencia de la demanda de Jesús sobre el nombre de quienes estaban en él. A esta propuesta alude J. Weiss, preguntándose si esto hace alguna violencia al relato o es un buen modo de entender una narración desde la perspectiva llamada psicologizante. Mayor violencia bíblica y doctrinal suponen otras propuestas liberales, como pretender que los demonios engañaron a Jesús y que Él consintió en dejarlos ir a los cerdos por esta razón, como propone Bauernfeind. Finalmente, otra propuesta liberal que se pretende hacer creer es que el relato fue inicialmente sobre un exorcismo realizado por un exorcista judío que posteriormente se aplicó a Jesús.[56]

El suceso tuvo repercusiones: "Y los que apacentaban los cerdos huyeron, y dieron aviso en la ciudad y en los campos. Y salieron a ver qué era aquello que había sucedido"[57] (v. 14). Los que pastoreaban los cerdos huyeron despavoridos del lugar. Marcos es nuevamente descriptivo al usar *huyeron*[58], que expresa la idea de escapar *fuera de*. Los pastores corrieron la distancia que separaba el lugar de la ciudad, que como mínimo era de tres kilómetros. El efecto producido en ellos y posteriormente en las gentes de Gerasa no fue de alegría, sino de espanto. Nunca nadie había visto cosa semejante, como resultado de la presencia y poder de una persona, aparentemente un hombre. Los porqueros entendieron que la fiereza del endemoniado había sido trasladada a los cerdos y que nadie podía evitar que se precipitasen al mar. La consecuencia natural era que el responsable de tal situación no podía ser otro que Jesús.

Los sobresaltados y espantados pastores, una vez alcanzada la ciudad, contaron lo que había sucedido. Sin duda corrieron para que todos supieran que la pérdida de los cerdos no podía achacársele a ellos. No se limitaron a contar lo sucedido al dueño o a los dueños de

---

[56] Dibelius, 89.101. Citado en Taylor, 1979.

[57] Texto griego: Καὶ οἱ βόσκοντες αὐτοὺς ἔφυγον καὶ ἀπήγγειλαν εἰς τὴν πόλιν καὶ εἰς τοὺς ἀγρούς· καὶ ἦλθον ἰδεῖν τί ἐστιν τὸ γεγονὸς.

[58] Griego: ἔφυγον tercera persona plural del aoristo segundo de indicativo en voz activa del verbo φεύγω, *huir, escapar*, aquí *huyeron*.

los cerdos, sino que esparcieron la noticia por la ciudad y por todos los lugares circunvecinos donde, en medio de los campos, había alguna casa. El verbo usado por Marcos tiene el sentido de anunciar, avisar, contar, decir, comunicar una noticia. La noticia corrió hasta alcanzar a todos.

Algo así tenía que ser verificado. Posiblemente una multitud de personas acudieron al lugar donde se había producido el suceso. ¿Qué hora del día sería cuando llegaron a la zona? No es posible determinarla, pero si Jesús y los Doce llegaron a primera hora de la mañana a la rivera, luego el tiempo del encuentro con el endemoniado, la expulsión de los demonios, la precipitación en el mar de la piara y el tiempo de camino de los cuidadores de los cerdos hasta la ciudad, la movilización de la gente y el camino de regreso exigía un tiempo bastante largo, que probablemente agotaría el día, de modo que posiblemente la llegada de los que salieron de la ciudad a ver qué había ocurrido se produciría al final de la tarde. El número de ciudadanos que vinieron era grande, según Mateo toda la ciudad (Mt. 8:34). Gentes de todas las zonas concurrieron allí para ser testigos de lo sucedido.

El relato sigue: "Vienen a Jesús, y ven al que había sido atormentado del demonio, y que había tenido la legión, sentado, vestido y en su juicio cabal; y tuvieron miedo"[59] (v. 15). Literalmente se lee *y vinieron a Jesús*; quiere decir que vinieron al sitio donde había quedado Jesús y sus discípulos. El Señor permanecía en el lugar donde se había producido el encuentro con el endemoniado y su liberación. Al mencionar el nombre Jesús, el evangelista recupera la centralidad de todo el relato en torno a Cristo. Él había sido la causa de todo el acontecimiento ocurrido aquel día.

Lo que inmediatamente llamó la atención de la gente fue la presencia del endemoniado. La forma verbal[60] usada por Marcos expresa la idea de ver atentamente, contemplar, en cierta medida denota el modo de ver de alguien que examina cuidadosamente todos

[59] Texto griego: καὶ ἔρχονται πρὸς τὸ Ἰησοῦν καὶ θεωροῦσιν τὸν δαιμονιζόμενον καθήμενον ἱματισμένον καὶ σωφρονοῦντα, τὸν ἐσχηκότα τὸν λεγιῶνα, καὶ ἐφοβήθησαν.

[60] θεωροῦσιν, tercera persona plural del presente de indicativo en voz activa del verbo θεωρέω, *mirar, ver, observar, contemplar*, aquí *ven, contemplan.*

los detalles de lo que está viendo. Los que habían llegado al lugar podían observar al hombre que conocían como el que había sido poseído por el demonio. No había duda de que se trataba de la misma persona, aunque se había producido en él un cambio notorio.

La gente quedó admirada de lo que había ocurrido en el liberado por Jesús. Marcos usa tres participios para describir lo que veían. En primer lugar, observaban que aquel inquieto que corría continuamente por los caminos entre los sepulcros se había serenado y estaba sentado. El relato según Lucas presenta al que había estado endemoniado sentado a los pies de Jesús (Lc. 8:35). El que antes, impulsado por los demonios, no tenía sosiego, había visto transformada su inquietud en calma. En segundo lugar, el hombre estaba vestido. Había recobrado, además de la calma, la moralidad de hombre. Antes del encuentro con Jesús, Lucas lo presenta como alguien que no vestía ropa (Lc. 8:27). De nuevo, el pasaje conduce a formular una pregunta: ¿Quién le había dado la ropa? Sobre esta y otras muchas curiosidades del hombre, el Espíritu guarda silencio. No tiene importancia cómo había llegado a él la ropa que vestía, lo importante es que estaba vestido como una persona normal. En tercer lugar, estaba en su sano juicio. Poseído por los demonios, estaba fuera de sí, alienado, sin control mental sobre sus acciones. Lejos de Dios, en manos del enemigo, el hombre pierde su cordura que sólo recupera cuando Jesús lo libera de esa situación. Ya no se comportaba como un loco, ya no se golpeaba con las piedras (v. 5b). Los gritos que causaban temor a quienes los podían oír, tanto de día como de noche (v. 5a), habían cesado. Expulsado el demonio, recuperó el juicio y volvió en sí como el pródigo (Lc. 15:17), recuperando el dominio de sí mismo que había perdido.

Ante lo ocurrido, los habitantes de la zona se llenaron de miedo. Es el miedo que produce en el incrédulo la acción sobrenatural de Dios. El miedo se había apoderado de ellos antes de que los testigos presenciales testificasen y relatasen lo acontecido.

La situación era propicia para que los que presenciaron todo aquello, que eran los pastores de los cerdos, relatasen a los presentes lo que había ocurrido: "Y les contaron los que lo habían visto, cómo le había acontecido al que había tenido el demonio, y lo de los cerdos"[61] (v. 16). El informe era de primera mano, ya que el relato de los

[61] Texto griego: καὶ διηγήσαντο αὐτοῖς οἱ ἰδόντες πῶς ἐγένετο τῷ.

acontecimientos estaba en boca de testigos presenciales.[62] Es posible también que el testimonio de los porqueros fuese refrendado por los discípulos que habían visto lo ocurrido. El relato fue minucioso, como exige la forma verbal utilizada aquí por Marcos,[63] que expresa la idea de relatar con detalle el suceso.

El primer testimonio tuvo que ver con la liberación del endemoniado. Nadie podía dudar de eso, porque el que había estado bajo el poder del demonio, que andaba locamente por los parajes del entorno, que vivía en una continua manifestación de su ruina personal, estaba allí sentado, vestido y en su juicio cabal. Esa manifestación de amor, compasión y gracia debiera haberles llevado a expresar reconocimiento y gratitud al Señor por el bien hecho a uno, o a dos, de sus conciudadanos que habían estado en una situación de ruina y que eran un peligro para todos. En lugar de eso, tienen miedo de Jesús.

El segundo testimonio era el relativo a la furiosa carrera de la piara de cerdos y cómo se había despeñado por el acantilado, cayendo al mar y pereciendo ahogados. Ese era, sin duda, el principal problema a considerar por la gente. Aquella pérdida afectaba posiblemente a muchos, pero era también considerado como un riesgo permanente para los habitantes de la región, puesto que lo ocurrido podría repetirse más veces. Para muchos, la presencia de Jesús era un peligro potencial en el lugar. Él había sido quien produjo todo aquello, quien había autorizado a los demonios para entrar en los cerdos produciendo una gran pérdida económica, que era lo que realmente sentían las personas.

El resultado final no fue, a ojos de los hombres, lo que pudiera esperarse: "Y comenzaron a rogarle que se fuera de sus contornos"[64] (v. 17). Los presentes allí, habitantes de la región, comienzan a rogar a Jesús para que atendiera la petición que le formulaban. Lo que buscaban es que el Señor abandonase el territorio, se fuese de sus contornos. El uso del sustantivo[65] en plural se refiere a los límites de un territorio[66]. Le rogaban para que saliese del distrito de Gerasa. El

---

[62] Griego: οἱ ἰδόντες.

[63] διηγήσαντο, tercera persona plural del aoristo primero de indicativo en voz media del verbo διηγέομαι, *contar, narrar, hablar*, *contar.*

[64] Texto griego: καὶ ἤρξαντο παρακαλεῖν αὐτὸν ἀπελθεῖν ἀπὸ τῶν ὁρίων αὐτῶν.

[65] Griego: δε ὁρίων.

[66] Cf. Mr. 7:24, 31; 10:1; Hch. 13:50.

miedo produce un profundo cambio en aquellas personas. Estaban impresionados al ver al poseso restaurado, pero posiblemente más por la pérdida de sus bienes. Consideraban a Jesús como un peligro potencial en el área. Las circunstancias reflejan la intimidad moral de aquellos, que no admiraban a Jesús por la liberación del endemoniado, sino que lo consideraban causante de una notable pérdida material.

Los habitantes de aquella zona no arrojaron a Jesús con violencia de los límites de la región, sino que lo hicieron amablemente, rogándole que se fuese de allí. Probablemente pensaban que les causaría más daños. No eran capaces en aquel momento de entender la bendición que sería tener a Jesús con ellos. Muchos enfermos podían ser sanados y otros beneficios les habrían sido comunicados. Su condición les llevó a pedir al Señor que se retirara de allí. Sin duda, los demonios consiguieron lo que tal vez pretendieron al lanzar a los cerdos por el despeñadero. Jesús iba a retirarse del lugar y el mensaje de salvación no sería proclamado. El Maestro continuaría siendo un desconocido para aquellas personas. A lo largo de la historia, se repetirá muchas veces la misma situación: gente que rechaza a Jesús, prefiriendo sus miserias terrenales. Los gerasenos no quisieron aprovechar la gracia que Jesús traía consigo para ofrecerles.

El resto del relato es ya el resultado de lo que el milagro produjo en el liberado de la posesión diabólica, que no tiene en sí mismo relación directa con el hecho que realizó Jesús. El milagro hecho a un pagano en un territorio pagano orienta la misión universal de Jesús y su obra liberadora sin límite social alguno.

Actuación sobre la muerte

Se cierra esta exégesis de los milagros considerando como ejemplo, lo mismo que los anteriores, una acción de Jesús sobre la muerte, es decir, la resurrección, el retorno a la vida de uno que había muerto. Hay varios en el registro de los evangelios, pero acaso sea el de la resurrección de Lázaro el que pone de manifiesto de una forma singular el poder de Jesús sobre la muerte.

El relato es de tradición única, esto es, no está más que en el evangelio según Juan y se registra como un elemento que conduce al propósito del evangelio, que es dar a conocer a Jesús como el Hijo de

Dios en su condición divino-humana, cuya evidencia es la realización de señales que lo acreditan como tal. Como se ha hecho notar anteriormente, los milagros de Jesús son absolutamente distintos a cuantos antes y después de Él tuvieron lugar. Todos, salvo los suyos, son producidos por el poder de Dios, siendo el que los ejecuta un mero instrumento de ese poder. Por su parte, Jesús actúa siempre con su determinación en una acción que ejecuta bajo la autoridad de su palabra personal. No resucita a los muertos en el nombre de Dios, sino por su propia voluntad, como ocurre con la resurrección de Lázaro. El Hijo de Dios encarnado tiene vida en sí mismo y como enviado del Padre tiene poder para dar vida al mundo (Jn. 5:26). La vida es común al Padre y al Hijo, de modo que ambos pueden levantar a los muertos: "Porque como el Padre levanta a los muertos, y les da vida, así también el Hijo a los que quiere da vida" (Jn. 5:21).

Singularmente, este relato amplio en comparación con otros del evangelio es cuestionado y negado por los críticos humanistas liberales, que lo ponen en tela de juicio cuando no lo niegan abiertamente. El grave problema de todos los milagros reside en la tradición de procedencia que, según los detractores de ellos, son relatos que circulaban por la Iglesia y que los redactores de los cuatro evangelios adaptan conforme a su criterio elaborando relatos que no pueden ser históricamente sustentados. Algunos como Bultmann, Fortna, Schnackenbur, Brown, etc. afirman contundentemente que no es posible establecer la fuente de origen del relato de la resurrección de Lázaro. Para estos, el relato circuló de distintas formas y Juan lo recibió de esa tradición y lo redactó conforme a su propósito.

Historicidad

El relato es de los de tradición única, esto es, sólo está en el evangelio según Juan. Esto lo aprovechan los críticos para poner en duda e incluso negar la historicidad. Los otros dos relatos de resurrecciones —el hijo de la viuda de Naín (Lc. 7:11-17) y la hija de Jairo (Mt. 9:18-19, 23-26; Mr. 5:21-24, 35-43; Lc. 8:40-42, 49-56)—, aunque estuvo Juan presente en el momento de producirse, no son mencionados en el cuarto evangelio, pero no por eso son dudosos, sino todo lo contrario.

Siendo Juan el último de los evangelios, los críticos procuran hacer creer que tomó del texto de los tres anteriores para confeccionar el desarrollo del suyo, de ahí que propongan que la resurrección de Lázaro no es más que la escenificación de la parábola del rico y Lázaro (Lc. 16:19 ss.).

Con todo es imposible probar que Juan no conocía a la familia de Betania y que tomó todo esto de una tradición de Lucas. Es absurdo procurar demostrar la no historicidad del relato basándose en meras suposiciones y tratando de superar las manifestaciones reales que se aportan en el relato como meras invenciones.

Todavía algo más de la crítica que propone que el relato es algo meramente simbólico para demostrar que Jesús es la resurrección y la vida. Son estos conscientes de que no es posible el lenguaje simbólico en el relato histórico tal como se presenta. El apóstol no parte de un relato ficticio o de un mito generado por los primeros cristianos, sino de un hecho histórico de Jesús del que da testimonio como testigo presencial y que bien podía ser cuestionado por los enemigos del cristianismo naciente, especialmente por los judíos, que estaban procurando desacreditar a los cristianos y al mensaje del evangelio que proclamaban.

Un argumento de la historicidad tiene que ver con el enlace antecedente y consecuente con el milagro. El relato está situado entre la determinación de Jesús de ir a Jerusalén, habiendo anunciado a los discípulos lo que le esperaba allí, y las consecuencias que el milagro trajo, que fue la recepción de Jesús por las multitudes en la entrada en la ciudad y también la determinación del estamento religioso de darle muerte por las muchas señales que estaba haciendo. No se trata, pues, de una ficción, sino de una realidad histórica.

Demostrando la historicidad se presentan notables evidencias. El entorno social y la residencia de la familia no pueden menos que considerarse como judíos. Incluso el nombre Lázaro es una forma de Eleazar, que significa Dios ayuda. Era un nombre bastante común en el s. I. En modo alguno puede identificarse en nada con el pobre mendigo y enfermo de la parábola del rico y Lázaro del evangelio según Lucas.

Jesús usa una expresión de lenguaje figurado para hablar de la muerte de Lázaro diciendo a los discípulos que dormía y que iba a despertarlo (Jn. 11:11). Esta expresión no ocurre sólo aquí, sino en otros lugares del Nuevo Testamento, para referirse a la muerte de alguien.

Dentro de las formas propias de la sepultura, unas eran como cámaras excavadas en la piedra con varios departamentos dentro para enterramiento, a cuya entrada se rodaba una piedra que la cerraba. Otras eran excavadas en el suelo, generalmente también en la roca, que se cerraba con una piedra puesta encima. Esta debía ser la forma del sepulcro de Lázaro. Los datos del relato corresponden plenamente con la forma de sepultar a los muertos entonces.

Pueden añadirse como refuerzo a la historicidad, los datos que corresponden históricamente con las descripciones de la época para la sepultura. En el relato se habla de visita a la familia por amigos y familiares, que era también el modo habitual de expresar una forma de consuelo para los deudos.

El estilo propio de Jesús, contrastado con otros relatos de milagros suyos, es característico de Él, expresando su autoridad en palabras breves pero precisas: "Lázaro, ven fuera" (Jn. 11:43).

La lectura desprejuiciada de la resurrección de Lázaro permite apreciar detalles, distancias, tipo de personas presentes, etc., que, si no se tratase de algo realmente ocurrido, sería difícilmente sustentable, puesto que no podría verificarse la realidad del relato.

Se ha considerado antes que el milagro propició la entrada rodeado de multitudes que gritaban "¡Hosanna!". Un acontecimiento semejante sería del todo improbable cuando la popularidad de Jesús y la actividad incrementada de sus enemigos era la realidad. La resurrección de Lázaro fue la causa que precipitó todas esas actuaciones. Naturalmente, teniendo siempre en cuenta que habían sido profetizadas y se cumplieron conforme a lo que estaba anunciado.

Exégesis

La narración es sumamente larga (Jn. 11:1-44) para un detalle puntual texto a texto, por lo que se hace una selección relativa específicamente al hecho en sí de la resurrección.

Comienza Juan haciendo una aproximación del hecho en sí, indicando que a Jesús había llegado la noticia de la enfermedad de Lázaro (v. 3). La reacción de Cristo califica el propósito de la enfermedad: "Esta enfermedad no es para muerte, sino para la gloria de Dios, para que el Hijo de Dios sea glorificado por ella" (v. 4). El testimonio de Juan sobre la relación afectiva de Jesús con la familia de Lázaro la muestra como algo intenso al afirmar que los amaba (v. 5). Sorprendentemente, el Señor no partió inmediatamente a Betania, sino que se mantuvo adonde estaba dos días más (v. 6). La tensión del relato se pone de manifiesto en el diálogo con los discípulos. Ellos sabían que, en Jerusalén, por la gran oposición contra Jesús, corría peligro su vida y también la de ellos; de ahí que cuando les dijo: "Vamos a Judea otra vez" (v. 7), le advirtiesen del riesgo (v. 8). Cristo prepara a los suyos para el suceso de la resurrección al afirmar: "Lázaro ha muerto, y me alegro por vosotros, de no haber estado allí, para que creáis; mas vamos a él" (vv. 14-15).

Es interesante apreciar el dato del tiempo que Lázaro llevaba muerto: "Vino, pues, Jesús, y halló que hacía ya cuatro días que Lázaro estaba en el sepulcro"[67] (v. 17). No se da ningún detalle del viaje desde donde Jesús estaba hasta Betania. Es muy probable que buscasen las vías menos recurridas para que no hubiese demasiados encuentros con la gente que conocía a Jesús, de modo que el viaje fuese, en cierta medida, como de incógnito, hasta llegar a Betania.

La primera indicación tiene que ver con Lázaro: hacía cuatro días que había sido puesto en el sepulcro. Sin lugar a dudas, se hizo con él lo que era habitual en los enterramientos judíos. El cadáver se cubría de ungüentos aromáticos, sobre los que se colocaban vendas, de manera que el cuerpo muerto quedaba retenido por ellas. Los muertos solían enterrarse enseguida de haberse producido la muerte. El ejemplo de Ananías y Safira lo confirma: fueron enterrados inmediatamente después de haber muerto (Hch. 5:6, 10).

Una creencia judía enseñaba que el alma del muerto quedaba junto al cuerpo durante tres días, de modo que sólo en ese tiempo podía producirse una resurrección. Pasado ese tiempo se iba al lugar de descanso y la resurrección ya no era posible. Por otro lado, al cuarto día, sin los elementos protectores que pueden usarse hoy, el cuerpo entraba en plena descomposición, cuya evidencia era el hedor propio de esa situación. Pasados los tres días, que eran los de duelo oficial, sólo un milagro divino podía producir la resurrección de un muerto.

---

[67] Texto griego:᾿Ελθὼν οὖν ὁ ᾿Ιησοῦς εὗρεν αὐτὸν τέσσαρας ἤδη ἡμέρας ἔχοντα ἐν τῷ μνημείῳ.

La noticia que Jesús recibió al llegar a Betania es que su amigo estaba en el sepulcro desde hacía cuatro días.

La noticia de que Jesús había llegado motivó dos reacciones en las hermanas de Lázaro: "Entonces Marta, cuando oyó que Jesús venía, salió a encontrarle; pero María se quedó en casa"[68] (v. 20). De alguna manera, llegó a oídos de Marta que el Señor había llegado al lugar; por tanto, conforme a su carácter, salió inmediatamente a su encuentro. La presencia de Jesús en cualquier lugar no pasaba desapercibida. Después de tres años de ministerio y de la multitud de señales y prodigios que lo habían acompañado, su presencia despertaba la expectación natural. Posiblemente la gente que había venido para acompañar a las hermanas descubrió la presencia de Jesús, lo que fue suficiente para que Marta, enterada de ello, saliera inmediatamente a su encuentro, dejando el lugar para acudir a Jesús que llegaba.

Mientras Marta corría al encuentro de Jesús, María, también conforme a su carácter, se quedó sentada en la casa. Esa era la postura más habitual para recibir a quienes venían para consolar a las dos hermanas por la muerte de Lázaro. En esa posición, sentada en casa, quedó María. Siempre se apreció un contraste de formas entre las dos hermanas. Mientras que Marta servía y se ocupaba firmemente de los quehaceres de la casa, María prefería sentarse a los pies de Jesús para oír sus palabras. Aquí Marta corre, mientras que María queda donde estaba. Sin embargo, no es necesario especular aquí, porque tal vez la noticia de la llegada de Cristo la hubiese tenido sólo Marta.

La conversación de Marta con Jesús es muy dramática; le indica que, si hubiese atendido a tiempo la situación de la enfermedad de Lázaro, no se hubiese producido su muerte (v. 21). Sin embargo, aquella mujer tiene plena confianza de Cristo. No sabemos hasta dónde llegaba la actuación que esperaba de Jesús, pero sus palabras confirman su fe: "Mas también sé ahora que todo lo que pidas a Dios, Dios te lo dará"[69] (v. 22). Aunque con cierto desconocimiento, Marta tiene plena confianza en que Dios responderá a cuanto le sea pedido por Jesús. ¿Estaba segura de que se produciría la resurrección de su

---

[68] Texto griego: ἡ οὖν Μάρθα ὡς ἤκουσεν ὅτι Ἰησοῦς ἔρχεται ὑπήντησεν αὐτῷ· Μαριὰμ δὲ ἐν τῷ οἴκῳ ἐκαθέζετο.
[69] Texto griego: καὶ νῦν οἶδα ὅτι ὅσα ἂν αἰτήσῃ τὸν Θεὸν δώσει σοι ὁ Θεός.

hermano si era atendido lo que acababa de decir al Señor? Pudiera ser, pero habría que buscar una concordancia con lo que en la lectura contradiría esa supuesta fe en el obrar de Jesús (v. 39). No es clara la forma de la frase de Marta, pero lo más firme sería vincularla con el versículo anterior, con lo que resultaría: "Señor, si estuvieras aquí mi hermano no hubiese muerto, porque sé que Dios te concede cuanto le pidas". En cierto modo, entendían que fuese posible la sanidad, pero no que pudiese resucitar su hermano Lázaro. El pronombre relativo *todo*[70] en neutro plural abarca la totalidad de las cosas, es decir, Marta sabía que ninguna cosa que Jesús pidiese le sería negada. Lo que habría que determinar, y eso es imposible a la luz del texto, es si también consideraba incluida una resurrección de entre los muertos. Con todo, la fe en el poder de Jesús parece no ser demasiado consistente, puesto que estaba segura de que lo que pidiera a Dios le sería hecho, pero no tanto lo que Él determinase hacer. La limitación es lógica en el entorno de la fe judía. Ella usa la palabra *pedir*, que se utilizaba para referirse a la oración; por tanto, lo que estaba expresando es que cuanto Jesús pidiese en oración le sería otorgado. Es la forma habitual de un favor pedido por un inferior a un superior, mientras que el término que usa Jesús para referirse a sus oraciones expresa el plano de igualdad entre Él y el Padre. Es muy posible que Marta, como el resto de los discípulos, no hubiera comprendido totalmente el plano de igualdad en el ser divino de las personas del Padre y del Hijo.

Cristo alienta la esperanza de Marta: "Jesús le dijo: Tu hermano resucitará"[71] (v. 23). No había pedido todavía nada, por lo menos explícitamente; lo que hizo fue recordar a Jesús que si hubiese estado presente no hubiera muerto. Parece ser que el interés de ella, lo mismo que el de su hermana, era que no se hubiese producido el deceso de su hermano. Probablemente consideraban ya todo como algo irreversible y no había peticiones. Frente a esto, Jesús hace una promesa excesivamente grande para ser considerada como una realidad en aquellas circunstancias: "Tu hermano resucitará". No concretando el momento en que ocurriría, y haciéndolo en futuro, muy bien podía ser tomado, como efectivamente ocurrió, como una promesa escatológica. No era posible que Marta entendiese aquello como algo inminente. Pero, Jesús aprovecha la promesa para abrir un diálogo mucho más profundo sobre una resurrección material, un volver a la vida física

---

[70] Griego: ὅσα.

[71] Texto griego: λέγει αὐτῇ ὁ Ἰησοῦς· ἀναστήσεται ὁ ἀδελφός σου.

después de haber estado muerto un tiempo; orienta la visión de Marta para que deje de considerar la tragedia del pasado y vea un futuro lleno de esperanza.

La esperanza de Marta descansaba en la resurrección final, al decir a Jesús: “Yo sé que resucitará en la resurrección, en el día postrero”[72] (v. 24). La esperanza de la resurrección final es característica de todos los creyentes. Ante la afirmación de Jesús, Marta hace una declaración firme de su fe. Ella sabía que su hermano resucitaría en el día final, el día postrero, el último día. Es posible que Marta hubiera entendido las palabras de Jesús como elemento de consuelo al recordarle la esperanza de que todos resucitarán al final de los tiempos. La profecía lo enseña claramente (Dn. 12:2). Jesús mismo habló de esto mencionando la resurrección final (Jn. 5:28-29). La frase *último día* está tomada también del Antiguo Testamento (Is. 2:2; Mi. 4:1). La certeza de la resurrección individual está ampliamente establecida en la Escritura (cf. Sal. 16:9-11; 17:15; 73:24, 26). De igual manera, la resurrección colectiva (cf. Is. 26:19; Ez. 37:1-14; Os. 6:2). La fe de Marta estaba bien fundamentada. La fe cristiana descansa también en la esperanza de la resurrección, que espiritualmente ya se produce en el momento de creer: la identificación con Cristo comunica la vida eterna que es una verdadera resurrección de los muertos para pasar a la esfera de la vida (Ro. 6:4; Ef. 2:6; Col. 2:12; 3:1). El Señor aprovechó para afirmar que Él es la resurrección y la vida y demandar de ella fe en esas palabras que acababa de pronunciar (vv. 25-27).

Juan hace una precisión histórica. Cuando ocurrió el encuentro y el diálogo con Marta, Jesús aún no había entrado en la aldea, sino que estaba fuera de ella (v. 30). Es allí donde se produce también el encuentro con María, a la que Marta invitó para acudir al encuentro del Maestro. Las mismas palabras de tristeza —no de reproche— son expresadas por María. Si el Señor hubiera estado, Lázaro no habría muerto.

Juan hace otra referencia a la naturaleza humana de Jesús. En primer lugar, el conocimiento limitado voluntariamente en el plano de su naturaleza humana. Se ha considerado esto anteriormente. Jesús

---

[72] Texto griego: λέγει αὐτῷ ἡ Μάρθα· οἶδα ὅτι ἀναστήσεται ἐν τῇ ἀναστάσει ἐν τῇ ἐσχάτῃ ἡμέρᾳ.

formula una pregunta: "¿Dónde le pusisteis?"[73] (v. 34). Jesús sabía lo que iba a hacer y para lo que había venido. Su propósito era resucitar a Lázaro; sin embargo, formula una pregunta que resulta, a simple vista, difícil de entender: "¿Dónde le habéis puesto?". El que sabía en la distancia que Lázaro había muerto pregunta por el lugar donde había sido enterrado. Nuevamente deidad con su infinitud y humanidad con su limitación están presentes en Cristo. Como Hijo de Dios, Dios verdadero en unidad con el Padre y el Espíritu, nada hay que escape de su conocimiento, pero al hacerse hombre y anonadarse a sí mismo, las limitaciones propias de la humanidad, aunque asumidas voluntariamente, están presentes. El conocimiento sobrenatural que como hombre tiene en determinadas ocasiones es la consecuencia de la comunicación de propiedades entre las dos naturalezas que se hacen por y en la persona divina en las que subsisten. No dice Jesús: vamos al sepulcro, como si conociese dónde estaba enterrado su amigo, sino ¿dónde pusisteis al muerto? El verbo que usa se utilizaba muchas veces para un entierro. La respuesta que recibió fue concreta. En lugar de decirle dónde estaba enterrado Lázaro, lo invitan a que los siga

De igual modo, Juan hace referencia al espíritu humano de Jesús, que se conmovió al ver llorar a las dos hermanas y la emoción de aquellos que habían subido a Betania para consolarlas, de manera que en esta conmoción interna también lloró el Señor (vv. 33, 35). El texto adquiere una cierta dificultad por el verbo que Juan utiliza para referirse al estado anímico de Jesús[74], que se usa para hablar de un estado de indignación, o de referirse severamente a algo. En la LXX se aplica el verbo a expresar un violento desagrado. De ahí que pueda aplicarse a un estremecimiento interior. Deben considerarse dos aspectos igualmente válidos a la luz del texto bíblico.

Uno interpretaría como una profunda indignación interior. Eso determina preguntarse contra quién era esa indignación. No podía ser contra María, que lloraba lícitamente la partida de su hermano. Tampoco por causa de los judíos que lloraban también, aunque alguno pudiera hacerlo externamente sin un verdadero sentimiento interior. La indignación que el verbo expresa denota incluso ira interna. Muchos eruditos consideran que esto es lo que debe entenderse al respecto de

---

[73] Texto griego: καὶ εἶπεν· ποῦ τεθείκατε αὐτόν λέγουσιν αὐτῷ· Κύριε, ἔρχου καὶ ἴδε.

[74] Griego:᾿Εμβριμάομαι.

la reacción de Jesús. Si esta fuese la verdadera interpretación, el Señor estaría expresando su profundo disgusto en relación con la muerte, que comprende también a quien tiene el poder de la muerte y cuyo propósito es la destrucción del hombre. El otro sentido, que es el más consecuente con el entorno, es la emoción interna y profunda de Jesús ante el problema de sus amigos y de los allegados a ellos que produjo la muerte de Lázaro.

En este aspecto es necesario destacar la condición humana del Verbo encarnado. Jesús no es sólo Dios, sino que también es hombre. Él es una persona divino-humana. En esta ocasión, su naturaleza humana se manifiesta abiertamente. Quiere decir que su psicología humana se manifestaba en el conflicto que se producía a causa de la muerte. Juan dice que se estremeció a sí mismo interiormente y añade *en el espíritu*. De otro modo, el Señor de forma voluntaria hace suya, como hombre, la tristeza, identificándose plenamente con el dolor humano de sus amigos desde su espíritu humano, ya que no puede referirse aquí al Espíritu Santo, ni tan siquiera al Espíritu propio de su persona divina. En el elemento más íntimo y elevado de la parte espiritual del hombre, Jesús siente una profunda emoción que le embarga. No debe olvidarse que en Jesucristo se encuentra un doble origen del sujeto: el celestial y el terrenal. El primero lo relaciona con el Padre y se refiere a la forma divina de existencia eterna. El segundo es el resultado del amor del Padre que lo remite a una existencia precisa para el plan de salvación. El envío del Hijo al mundo va necesariamente ligado al nacimiento de mujer (Gá. 4:4). La encarnación es el instante en que, dentro del flujo terrenal del tiempo, irrumpe la acción divina con propósito redentor. Jesús es el hombre perfecto, pero no puede situarse en el exterior de la deidad, sino en una existencia substanciada en ella. Los efectos limitadores de la humanidad en toda la extensión se manifiestan en ella. La presencia en el mundo de Uno de la deidad, revestido de humanidad, es la razón de ser de Jesús de Nazaret, el que estaba próximo a la tumba de Lázaro y contemplaba la tristeza que la muerte, consecuencia del pecado, produce en el hombre, especialmente sensible en aquellos a quienes Él amaba y consideraba como sus amigos. La humanidad del Hijo de Dios está plenamente vinculada y en comunicación absoluta con Dios, y por eso es absolutamente divina y suya, pero, a la vez es expresión suprema de la creatura. Jesús es hombre y que va siéndolo en una vivencia continua de lo humano. Puede decirse que cristología es antropología consumada porque Dios se ha hecho hombre. Debe, por tanto, hablarse con la moderación y limitación precisas de la psicología de Jesús como elemento de la antropología suya. En Jesús se aprecia una manifestación de su naturaleza humana coherente con la única persona divina que la sustenta. De otro modo, como se ha dicho en un lugar anterior, Jesús es un hombre sin personalidad humana, porque es una naturaleza humana subsistente en la persona divina del Hijo de Dios. De manera que Jesús, en el plano de su humanidad se ajusta plenamente al hombre porque crecía en sabiduría, en edad y gracia ante Dios y ante los hombres (Lc. 2:52). En esa humanidad se manifiesta la limitación en ignorancia sobre asuntos reservados plenamente a la deidad (Mt. 24:36; Mr. 13:32). En Él se aprecian sentimientos, reacciones, rechazos y emociones que son propias del hombre, pero sin afectación alguna por el pecado. En esa condición humana puede entenderse cómo Jesús se estremece y emociona en su espíritu ante el suceso que estaba presenciando. Debe tenerse presente que, en la constitución de Jesús, la presencia de un espíritu humano y de un alma humana es algo evidente. El poseyó un cuerpo humano, un alma humana y un espíritu humano. Las emociones humanas están presentes en Él, como es el amor (Jn. 11:5, comp. con Mr. 10:21), la amistad (Jn. 11:3), la ira santa (Jn. 2:15), el enojo mezclado con tristeza (Mr. 3:5), incluso la sorpresa (Lc. 7:9). En esta ocasión, Juan ofrece una manifestación de la humanidad de Jesús en la conmoción interna que experimentó.

Una nueva manifestación de la humanidad de Cristo consiste en que Jesús lloró[75] (v. 35). Este es el versículo más corto de la Biblia, pero grande en relación con la manifestación de amor de Jesús. Las lágrimas del Señor son el resultado del estado de ánimo de su espíritu, conmovido por la acción de la muerte, que produce separación, tristeza y corrupción. Sin embargo, no hay separación alguna entre la naturaleza humana y la persona divina. Es necesario entender que Dios no llora, pero no es menos verdad que quien lloraba es Dios.

Juan utiliza aquí para referirse a la acción de llorar de Jesús un verbo distinto del que había usado antes en relación con las hermanas de Lázaro y con quienes las acompañaban. El verbo *llorar*[76], usado para las hermanas y la gente, expresa la idea de un llanto intenso e incluso sonoro; esto es, todos podían oír la exteriorización del mismo.

[75] Texto griego: ἐδάκρυσεν ὁ᾽Ιησοῦς.
[76] Griego: κλαίω.

En cambio, el *llorar*[77] de Jesús es un verter lágrimas silenciosamente. El aoristo de ese verbo[78] podría traducirse, como hace León Morris, como *Jesús se echó a llorar*. El hecho de que llorase en silencio y no tanto en forma notoria, no limita en nada el sentimiento; es decir, las lágrimas silenciosas revelaban el profundo dolor de su espíritu. Lloraba por la situación que la muerte producía y por la tristeza en que sus amigos se encontraban. Las lágrimas de Jesús son espontáneas y tranquilas, lo que contrasta notoriamente con las de los judíos e incluso las de las hermanas de Lázaro. Dos veces lloró Jesús por otros (Lc. 19:41 y en este lugar), una por sí mismo en Getsemaní (He. 5:7). En todos estos casos, el Señor da ejemplo y enseña que las lágrimas no menoscaban la fe ni son impropias para un creyente.

La llegada al lugar donde habían sepultado a Lázaro describe cómo era la tumba. Un lugar excavado en el suelo sobre el que se había colocado una piedra que lo cerraba (v. 38). En medio de la expectación que sin duda rodeaba la presencia de Jesús, el Señor ordena que la piedra sea levantada: "Quitad la piedra"; esto produjo la reacción de Marta: "Señor, hiede ya, porque es de cuatro días"[79] (v. 39). Allí estaban los que le habían conducido hasta el lugar. También, Marta y María, y los que habían dudado de su poder y lo habían cuestionado preguntando si aquel que había abierto los ojos al ciego no hubiera podido hacer que Lázaro no muriese. De nuevo, la autoridad divina se manifiesta en el mandato a los que lo rodeaban para que abriesen la puerta. Cabe preguntarse, ¿no tenía poder suficiente para abrirla Él, con su palabra, sin necesidad de ninguna otra acción? Sin duda. Pero el Señor ordenaba abrir la puerta y todos los que le acompañaban comenzaron a hacerlo o, por lo menos, se disponían para ello.

La lógica humana aparece de nuevo. Marta recuerda a Jesús que es innecesario hacer aquello, abrir la tumba, porque lo único que había dentro era un cadáver en descomposición que se manifestaba en el hedor propio de un cuerpo en ese estado. Los judíos ponían ungüentos olorosos sobre el cuerpo del muerto, pero no lo embalsamaban al estilo egipcio, de modo que la descomposición no

[77] Griego: δακρύω.

[78] ἐδάκρυσεν, tercera persona singular del aoristo primero de indicativo en voz activa del verbo δακρύω, *llorar*.

[79] Texto griego: λέγει ὁ 'Ιησοῦς· ἄρατε τὸν λίθον. λέγει αὐτῷ ἡ ἀδελφὴ τοῦ τετελευτηκότος Μάρθα· Κύριε, ἤδη ὄζει, τεταρταῖος γάρ ἐστιν.

se detenía y el mal olor producto de ella se manifestaba superando el buen olor de los perfumes puestos sobre el cadáver. Jesús le había dicho antes, en el encuentro con ella, que "tu hermano resucitará" (v. 23). Pero ella, como todos, consideraba aquello como la esperanza escatológica propia del creyente. No podía imaginarse que fuese a ocurrir allí, en aquel día. Se ha dicho antes que los judíos enseñaban que el alma del muerto permanecía tres días en el entorno esperando para entrar nuevamente en él y restaurarle la vida, pero que a partir de ese día partía a su lugar y no era posible una resurrección. Cuatro días desde su muerte; un cuerpo corrompido que hedía, un pueblo, incluidas las hermanas que no podían pensar en el poder de Jesús para resucitarlo en aquellas circunstancias. Es en la oposición humana donde puede manifestarse la gloria de Dios, como así va a ocurrir. Todos esos elementos van a servir de base para testificar la realidad del milagro. No era una muerte aparente, ni un estado cataléptico, sino que estaba realmente muerto. No se trata tampoco de una situación preparada de antemano para probar mentirosamente el poder de Jesús, ya que todos los presentes no estaban dispuestos a creer que pudiera resucitar a Lázaro. Juan se refiere a Marta como la hermana del que estaba muerto, incluso el evangelista testifica de la situación desde su condición de testigo presencial.

La reacción de Jesús no se hizo esperar: "¿No te he dicho que si crees, verás la gloria de Dios?"[80] (v. 40). Al temor de Marta viene la respuesta de Jesús, recordándole que ya le había dicho que Lázaro resucitaría. Aquí no habla de resurrección directamente, sino de ver la gloria de Dios. Él sería glorificado con el milagro impactante de volver al muerto a la vida. Es evidente que todo el ministerio de Cristo tiene que ver con la gloria de Dios, en lo que podríamos considerar como grandes cosas, hasta aquello que, por poca apariencia para el hombre, pasa desapercibido. Al final de su ministerio dirá al Padre: "Te he glorificado en la tierra" (Jn. 17:4). El milagro que iba a hacer era una manifestación impactante de poder, pero Jesús miraba todo bajo la dimensión de la gloria de Dios. Sin embargo, el milagro que iba a producirse se alcanzaba en razón y comprensión por medio de la fe. "Si creyeres". Los presentes todos, con fe o sin ella, iban a ser

[80] Texto griego: λέγει αὐτῇ ὁ Ἰησοῦς· οὐκ εἶπον σοι ὅτι ἐὰν πιστεύσῃς ὄψῃ τὴν δόξαν τοῦ Θεοῦ. ἐγὼ δὲ ᾔδειν ὅτι πάντοτε μου ἀκούεις, ἀλλὰ διὰ τὸν ὄχλον τὸν περιεστῶτα εἶπον, ἵνα πιστεύσωσιν ὅτι σύ με ἀπέστειλας.

testigos del milagro, pero Jesús lo había prometido concretamente a Marta y a ella se le demandaba fe, condición para contemplar la gloria de Dios. Antes le había dicho que Él era la resurrección y la vida y que, aunque alguien estuviese muerto, viviría, preguntándole si creía aquello, lo que sirvió para que Marta diese testimonio de su fe y lo reconociese como Hijo de Dios. Ahora volvía Jesús a pedirle que realmente creyese, afirmando que por esa fe iba a ver la gloria de Dios. Es necesario entender claramente que el milagro no iba a producirse por la fe de Marta, pero en esa fe ella iba a ver la grandeza del poder de Dios que es expresión de su gloria.

La piedra fue levantada de sobre la tumba e inmediatamente hay una breve oración de Jesús ante la gente dirigida al Padre, con un propósito concreto: "Padre, gracias te doy por haberme oído. Yo sabía que siempre me oyes; pero lo dije por causa de la multitud que está alrededor, para que crean que tú me has enviado" (vv. 41-42). Como es muy habitual en Cristo, dirige una oración al Padre antes de hacer el milagro. Juan dice que levantó los ojos o alzó la vista, una forma propia para hacer una oración, porque Dios está en lo alto, donde está su trono; a Él ora. La oración es corta, por lo menos según el relato de Juan. Es interesante notar cómo comienza, dirigiéndose al Padre. No hay ningún pronombre personal que preceda al vocativo. Es su Padre en el único sentido posible para Él. El Padre eterno de quien procede y por quien fue enviado al mundo. No hay duda de que es también el Padre de los creyentes, a quien éstos dirigen la oración conforme a la enseñanza de Jesús (Mt. 6:9). Pero, sólo es Padre de Jesús en el sentido de que Él es el Unigénito del Padre (Jn. 1:14; 3:16). El Señor le agradece que le haya oído, en el sentido del milagro que va a realizar. Habla con Él usando el verbo en aoristo como algo que ya se ha producido. La certeza del corazón humano de Jesús es absoluta porque siempre es oído por el Padre. Lo es porque también Jesús hizo sólo lo que era la voluntad del Padre (Jn. 5:30). Además, el Señor había dicho que el Padre y Él eran uno (Jn. 10:30). En la unidad de la deidad no hay discrepancias en las acciones de las personas divinas y si la segunda, el Hijo, hacía todo cuanto haría o hacía el Padre, las obras de Jesús son también las obras del Padre. Por esa razón, no hay lucha en la oración, ni petición de poder, simplemente gratitud por lo que iba a ocurrir: el Hijo del Hombre, enviado del Padre, iba a ser glorificado delante de los hombres. No es necesario suponer una oración anterior hecha en silencio pidiendo la resurrección de Lázaro, puesto que la acción de Jesús era también el deseo del Padre. Como escribe el Dr. Lacueva: "Jesús celebra la victoria antes de empezar la batalla".[81] Sin duda, no es la misma relación la nuestra con el Padre que la de Cristo, de modo que no podríamos atrevernos a decir esto en oración para realizar un portento semejante, pero es una enseñanza para quien busca la gloria de Dios en una obediencia plena, porque el mismo apóstol Juan escribe: "Y ésta es la confianza que tenemos en él, que si pedimos alguna cosa conforme a su voluntad, él nos oye. Y si sabemos que él nos oye en cualquiera cosa que pidamos, sabemos que tenemos las peticiones que le hayamos hecho" (1 Jn. 5:14-15).

No se trata de una experiencia nueva, sino que siempre había sido así. El Padre y Él están eternamente en la misma comunión y hacen las mismas obras. Jesús no ora para ser escuchado, sino que agradece que el Padre siempre lo hace. La oración audible de Jesús fue hecha para que la gente que estaba en el entorno oyese sus palabras y pudiese, luego del milagro, creer que Él era el enviado del Padre. Esa fe que cree tiene un objeto que es la persona y obra del Hijo de Dios, es creer en la misión que Jesús había traído a la tierra, misión de salvación. Sin embargo, es necesario recalcar nuevamente que lo único que mueve las acciones de Jesús era la gloria del Padre. Generalmente los religiosos de entonces, que se jactaban de ser fieles a la Palabra y de amar a Dios, buscaban su gloria personal, cosa que no ocurría con Jesús, empeñado en la gloria de Dios. En ese sentido, la oración de Jesús como hombre es dirigida al Padre y tenía que ver con que todos supieran que Él había sido enviado por el Padre y que, por tanto, dependía de Él.

El milagro se produce, como siempre en modo sorprendente, ante los congregados entorno a la tumba. La soberanía y omnipotencia de Dios se manifiesta en el mandamiento de Jesús: "Y habiendo dicho esto, clamó a gran voz: ¡Lázaro, ven fuera!"[82] (v. 43). La gran voz de Jesús se hizo notar en el exterior del sepulcro, delante de todos los que estaban presentes. Era un mandato autoritario como posiblemente ninguno de aquellos había oído nunca. La voz poderosa no era la de un hacedor de milagros, ni tan siquiera la de un profeta, era la voz que expresa la omnipotencia divina irresistible en cualquier modo. Aquella voz que había dicho en la creación del universo *sea* y fue es

[81] F. Lacueva. En Henry, 1983, p. 277.

[82] Texto griego: καὶ ταῦτα εἰπὼν φωνῇ μεγάλῃ ἐκραύγασεν· Λάζαρε, δεῦρο ἔξω.

la misma que ordena al muerto para que vuelva a la vida y se presente en el exterior del sepulcro. Es la voz que manda la resurrección. Esa misma voz está considerada por el apóstol Pablo cuando habla de la resurrección de los muertos para salir al encuentro del Señor en las nubes, cuando dice que "el Señor mismo con voz de mando..." (1 Ts. 4:16). El Hijo de Dios tiene poder omnímodo, que alcanza y comprende todo. Es la expresión de la omnipotencia de Dios. Las manifestaciones de omnipotencia divina tuvieron lugar por el poder de su palabra. Las sanidades durante el ministerio terrenal tuvieron lugar en respuesta a ella.

El mandato de Jesús se expresa mediante una construcción sumamente rara. Primero el vocativo Lázaro, que indica a quien se está dirigiendo. Luego dos adverbios[83], de los que especialmente el primero puede considerarse como una interjección con sentido de *¡aquí!*, o sustituyendo al imperativo del verbo venir, que sería *¡ven!*, incluso podría usarse como una exclamación para animar o despertar, *¡ea!* El segundo indica a Lázaro el lugar donde debe presentarse fuera del sepulcro donde estaba Jesús, las dos hermanas suyas y los judíos que los habían acompañado. En base a la omnipotencia divina expresada en la voz de autoridad de Jesús, el que estaba muerto no pudo resistir la autoridad del autor de la vida, y la muerte tuvo que dejar suelto al que había entrado en su dominio. El Señor aseguró que "las puertas del Hades no prevalecerían sobre la Iglesia" (Mt. 16:18). Poco tiempo antes había hablado de la vida eterna que se otorga a quien cree en Él, y a Marta le había dicho que todo creyente que esté muerto vivirá. Las llaves del lugar de los muertos están en la mano del Señor (Ap. 1:17-18). Con su vida Cristo garantiza la perpetuidad de vida de todos los que creen en Él. Para éstos, como es el caso de Lázaro, morir es simplemente dormir en Él y quien tiene autoridad acude para despertar al dormido. El Señor había dicho que su amigo dormía e iba a despertarlo (v. 11) y cumplió su determinación despertándolo del sueño de la muerte. Esa voz poderosa de Jesús sirvió para que todos la oyesen y entrase a lo profundo del sepulcro donde estaba puesto Lázaro. El vocativo *Lázaro* establece a quién se dirige el mandato. Como Agustín de Hipona decía, la voz de Cristo es tan poderosa que si no hubiese precisado a quién se dirigía y fuese simplemente *¡Aquí! ¡Fuera!*, todos hubiesen resucitado.

---

[83] δεῦρο, adverbio de lugar *aquí*, se usa en sentido exclamativo, sinónimo de ¡ven!, incluso ¡ea!; ἔξω, adverbio de lugar *fuera*.

El resultado no podía ser otro que lo que Juan escribe en el relato: “Y el que había muerto salió, atadas las manos y los pies con vendas, y el rostro envuelto en un sudario. Jesús les dijo: ‘Desatadle, y dejadle ir’”[84] (v. 44). Se refiere ahora al resultado de la voz de autoridad de Jesús. No repite el nombre del resucitado, simplemente se refiere a quien había estado muerto. Dice que salió, esto es, la voz omnipotente de Jesús no solo le dio vida, sino que lo hizo aparecer fuera de la tumba delante de todos. No es que de alguna manera Lázaro saliese por sí mismo del lugar donde había sido sepultado, sino que el poder irresistible de la omnipotencia de Dios ordenó al muerto venir afuera y ocurrió inmediatamente. El que estaba en el interior del sepulcro apareció fuera de él.

El testigo presencial, como es Juan, describe la forma en que estaba Lázaro fuera de la tumba. Salió tal y como lo habían puesto. Al terminar de envolver el cadáver con lienzos, como era propio de los enterramientos de entonces, se ataban las vendas sobre los brazos y los pies, por donde terminaba de envolverse el muerto. Ese detalle aporta una evidencia más del milagro. No sólo había recibido vida, sino que salió al exterior atado, lo que humanamente hablando era imposible. Una persona atada de manos y pies no puede moverse. Todavía más, Juan se fijó en el sudario que cubría el rostro del muerto. Atado de pies y manos e impedido de ver por el lienzo que cubría su rostro, el muerto vino al exterior porque la voz de autoridad de Jesús así lo había ordenado.

El relato concluye con otra palabra de autoridad de Jesús que manda a los presentes que lo desaten para que pueda irse. Otros muchos datos podrían ser aportados para testimonio del milagro que Jesús hizo. Un hombre que había muerto de enfermedad y que estaba cuatro días enterrado no podría moverse fácilmente por la debilidad propia de la situación; sin embargo, cuando Dios da vida, la da plenamente, de modo que la evidencia de ella es que el muerto anda, libre y voluntariamente, sin ayuda alguna. El mandato de Cristo pone de manifiesto la realidad de la resurrección. El milagro había sido hecho. Nadie podía negar esa realidad. El muerto tenía que ser

---

[84] Texto griego: ἐξῆλθεν ὁ τεθνηκὼς δεδεμένος τοὺς πόδας καὶ τὰς χεῖρας κειρίαις καὶ ἡ ὄψις αὐτοῦ σουδαρίῳ περιεδέδετο. λέγει αὐτοῖς ὁ᾽Ιησοῦς· λύσατε αὐτὸν καὶ ἄφετε αὐτὸν ὑπάγειν.

desatado porque ya su vida no era estar en el sepulcro, sino caminar entre los vivos.

Juan guarda silencio sobre la reacción de las hermanas, las manifestaciones de la gente, las primeras palabras de Lázaro. El propósito del hagiógrafo obliga a éste a detener los relatos de modo que nada prive al lector de mirar a Jesús. El Señor ordenó al muerto y lo trajo a la vida. Eso es lo verdaderamente interesante para Juan. A algunos les gustaría un testimonio de lo que experimentó en el sepulcro o en la vida después de la muerte, pero Dios exige silencio sobre tales asuntos y posiblemente no permitió que Lázaro recordara la experiencia y pudiera hablar de ello, como ocurrió con el apóstol Pablo (2 Co. 12:4). Lo único que nos interesa a nosotros es que "el que estaba muerto salió".

Los cuatro milagros seleccionados ponen de manifiesto la autoridad y poder de Jesús sobre todo cuanto existe. Sería necesario dedicar un largo espacio, primero a la exégesis de cada uno de los treinta y cinco milagros que los evangelios registran hechos por Jesús. Sin embargo, es material para otro tipo de escrito. En la cristología, el milagro tiene el componente de manifestar la condición de la persona divino-humana del Hijo de Dios y conducir a la proyección soteriológica de su obra a favor del hombre. Cada uno de ellos pone de manifiesto la relación personal que el Salvador puede dar a todo el que cree en Él. No solo es algo personal, sino transformador. Cristo cambia la vida, cancela la dimensión de angustia e incapacidad, porque es poderoso para salvar.

El hombre no tiene acción alguna en el milagro. No se produce por la fe de la persona, sino por el poder, la gracia y la omnipotencia de Dios. La acción de Jesús en los milagros conduce al hombre a reconocerse incapaz, pobre, desvalido, sin recursos para generar una nueva situación personal; eso le conduce a creer y en la fe, instrumento de vinculación con el Salvador, se produce la salvación del perdido y la regeneración espiritual, transformadora de su situación de miseria, fracaso y desesperación.

Ante las evidencias que concretan la realidad de los milagros y la historicidad de los mismos, sorprende la tergiversación que los críticos han procurado imprimirles con el fin de negar la realidad de esos hechos. Sorprende en algunos las comparaciones fútiles que pretenden relacionarlos con la mitología, necia pretensión e incomprensible postura para quienes afirman creer en la inspiración del Nuevo Testamento. Ese es el desencuentro entre la sabiduría de Dios y la necedad de los hombres.

CAPÍTULO XV
KÉNOSIS DEL HIJO DE DIOS

INTRODUCCIÓN

Al alcanzar en el estudio de la cristología la obra del Hijo de Dios encarnado, necesariamente exige considerarse la entrega personal en obediencia suprema hasta la muerte y muerte de cruz. Anteriormente se ha considerado algo de esto cuando se trató de la humanidad del Verbo. Allí se hizo una reflexión distinguiendo lo que es limitación y lo que es humillación.

No cabe reiterar nuevamente los conceptos dados en esa parte de la tesis, pero no puede entrarse en la historia de la Pasión y sus consecuencias sin puntualizar la kénosis plena de Dios manifestado en carne. La humillación de Cristo pone de manifiesto el amor de Dios en la dimensión suprema de entrega hacia quien no tiene derecho a ser amado. Pero tal anonadamiento no supone la deposición del ser, es decir, que Dios encarnado deja de ser lo que es, abatiéndose hasta abandonar sus perfecciones divinas, lo que supondría una auto-aniquilación, porque Dios dejaría de ser Dios si depusiera lo que le es eternamente propio y personal. Sin embargo, la kénosis permite a Dios devenir a la obediencia y la entrega sin merma alguna de su ser. El ser menos no supone rebajarse, sino situarse en la dimensión necesaria para poder ejecutar la operación salvadora, determinada ya desde antes de la creación.

Mientras que la encarnación introduce a Dios en la experiencia de la limitación, al hacerse hombre y vivir una vida como la de las creaturas, la humillación lo hace en la esfera de la obediencia, permitiéndole la experiencia de ser siervo, para lo que le es imprescindible el vehículo de la humanidad, puesto que solo desde ella puede ser siervo. La kénosis de Dios en el Hijo encarnado, con la sumisión paciente del Cordero que se entrega al sacrificio en absoluto silencio, la experiencia de la muerte al que es vida eterna en sí mismo, el soportar el desamparo y ser tratado como el reato del pecado, para que los perdidos pecadores puedan alcanzar en Él, por medio de la fe, el perdón perpetuo de la culpa, ponen de manifiesto un contraste inexplicable al hombre, pero concordante con lo que Dios puede y es. La gloria admirable del Eterno se expresa en la gracia y la misericordia, y es la visión de esa gloria que se revela en el Unigénito del Padre (Jn. 1:14). El absoluto se muestra como trascendente. El impasible se sumerge en la pasividad del hombre. El autor de la vida es muerto por los que, como hombres pecadores, son espiritualmente muertos delante de Dios a causa de su pecado.

Lo sorprendente es poder mostrar que uno de la Santísima Trinidad entró en la experiencia de la muerte, viviendo la gloria de la resurrección para convertirla en base y esperanza del hombre sin esperanza y destino cierto de los que no tenían más destino que la experiencia de la muerte en plena, absoluta y definitiva separación de Dios por su pecado.

No es posible hablar de kénosis de Dios en Cristo sin entender que la manifestación definitiva de esa condición se produce en la cruz, lo que la convierte en locura para algunos, pero en potencialidad de Dios para salvación a todo aquel que cree (Ro. 1:17). Dios mismo asume y experimenta el dolor de los hombres compartiéndolo y caminando el mismo camino de ellos. Las lágrimas, gemidos y angustia son hechas propias por el Verbo encarnado (He. 5:7). Porque Dios es amor, la revelación suya no puede ser otra que kenótica, porque solo así es verdaderamente divina. Esa es la expresión de un amor que seduce, que admira y que, por lo que es, demanda una aceptación por parte del hombre. Es la sustitución que Dios hace por el hombre en la cruz, que revela la infinita dimensión de lo que Él es y la obra suprema que hace.

La humillación de Dios

De todos los pasajes en que se asienta la doctrina de la kénosis, uno la expresa de forma admirable; refiriéndose a Cristo enseña: "El cual, siendo en forma de Dios, no estimó el ser igual a Dios como cosa a que aferrarse, sino que se despojó a sí mismo, tomando forma de siervo, hecho semejante a los hombres; y estando en la condición de hombre, se humilló a sí mismo, haciéndose obediente hasta la muerte, y muerte de cruz" (Fil. 2:6-8). Es necesario analizar el texto del apóstol Pablo para establecer la dimensión exacta de la humillación de Jesucristo. El desarrollo de la revelación se establece por el método de la comparación, con la presentación de la preexistencia de Jesús y avanzando hasta su muerte. La verdad revelada tiene que ver con la obediencia suprema, que alcanza la condición de esclavo, que lo único que conserva es su propia autoconciencia, pero que sujeta y vincula al propósito de la obra que le ha sido encomendada.

Así lo enseña el apóstol: “El cual, siendo en forma de Dios, no estimó el ser igual a Dios como cosa a que aferrarse”[1] (v. 6). La deidad de Cristo está presente en la preexistencia de quien se hizo hombre. Quiere decir que Pablo considera la condición antecedente de quien vendría a la condición de siervo al hacerse hombre. No hay una expresión directa de la deidad de Cristo, como ocurre con la definición que Juan hace de Él en el prólogo de su evangelio (Jn. 1:1), ni tan siquiera lo que enseña el mismo Pablo: “De quienes son los patriarcas, y de los cuales, según la carne, vino Cristo, el cual es Dios sobre todas las cosas, bendito por los siglos. Amén” (Ro. 9:5). No es preciso aquí porque no se trata de enseñar sobre la deidad de Cristo, sino de mostrarla en unión con su limitación y humillación para el propósito de ejemplificar el sentido de *haya en vosotros el sentir que hubo en Cristo*.

Es necesario prestar atención a una palabra clave en el versículo, el sustantivo *forma*[2], de cuyo sentido depende en gran medida la verdad que sigue. Hay tres maneras de entenderlo. En primer lugar, como expresión de carácter específico, ser íntimo que se exterioriza, pero que es una realidad absoluta, que contrasta con otra acepción de forma[3] como ejemplo exterior de algo; de otro modo, lo que sería apariencia, en este versículo *forma* estaría haciendo referencia a la misma naturaleza[4] de Dios, con todas sus perfecciones y atributos. La mayoría de los padres de la iglesia y comentaristas antiguos, entre los que se puede citar a los escolásticos[5], entienden que la palabra denota una descripción de la deidad de Cristo. Pero también modernos exégetas lo entienden del mismo modo.[6] Las razones que permiten afirmarse en esta interpretación de la palabra *forma*, son: a) En la terminología paulina, la palabra retiene fundamentalmente el sentido filosófico de esencia o elemento esencial, que sólo es perceptible al intelecto; como

---

[1] Texto griego: ὃς ἐν μορφῇ Θεοῦ ὑπάρχων οὐχ ἁρπαγμὸν ἡγήσατο τὸ εἶναι ἴσα Θεῷ.

[2] Griego: μορφή.

[3] Griego: σχῆμα.

[4] Griego: φύσις.

[5] Entre otros Tomás de Aquino, Cayetano, Novarino, Estío.

[6] Entre otros Lightfoot, Plummer, Schummacher, Knab, Médebielle, Cerfaux.

decía Platón: "Dios permanece siempre sencillamente en su forma"[7]. b) El contexto posterior donde nuevamente aparece forma haciendo referencia a siervo (v. 7) designa la naturaleza humana de Jesucristo en misión de servicio; luego no cabe duda de que el escritor usa la palabra en el mismo párrafo con el mismo sentido; forma de Dios es una referencia precisa a la naturaleza divina. c) En todos los escritos paulinos el uso de la palabra implica algo íntimo, personal y estable, lo que la contrasta manifiestamente con *esquema*, que denota algo que puede cambiar; por tanto, inestable. Así, cuando habla del nuevo nacimiento y de la regeneración, usa forma y no esquema (cf. Ro. 8:29; 12:2; Gá. 4:19). d) Dios no puede tener otro modo de existencia que la forma, que en su caso es también su naturaleza, manera de ser.

El otro sentido de entender el significado de forma es propio de los críticos liberales, que están interesados en hacer la distinción, a todas luces imposible, entre el Jesús histórico y el Jesús de la fe. Estos entienden que forma es sinónimo de modelo, esto es, Dios se ve en Jesús, sin que esto represente necesariamente una antecedencia. Sin embargo, no se puede dejar de entender que el liberalismo, que toma de esta manera la palabra, busca asentar la interpretación en maestros de otras épocas.[8] Modernamente se suele dar a forma el sentido de aparición, forma externa del ser; es decir, Cristo preexistente en forma de Dios no es otra cosa que Cristo como hombre ideal o prototipo de hombre.

Un tercer grupo entiende la palabra *forma* como la configuración o aspecto del ser, que indudablemente revela su constitución interior. Se usa más frecuentemente que forma, condición, que es la dignidad del ser divino manifestado en Jesucristo como modo natural de la existencia de nuestro Señor. Esta interpretación descansa, además de en la misma etimología de la palabra, en el objetivo que tiene el apóstol de contrastarlo con la forma de siervo (Fil. 2:7), buscando poner ante los filipenses, a los que se les demanda humildad, la manifestación de Cristo anonadado y aun abatido, obediente hasta la muerte, de manera que la forma de Dios es impuesta para contrastar con la forma de siervo que no subraya la naturaleza divina, sino la condición. La condición gloriosa de quien es declarado Señor (Fil. 2:9-11) sucede a la humillante del siervo (vv. 7-8), de ahí que la forma de siervo no

---

[7] Platón, *Rep*ública 2.38ic.
[8] Por ejemplo, Ambrosiaster, Pelagio, Erasmo y Lutero.

es sinónima de naturaleza humana, de la misma manera que la forma de Dios no es sinónima de naturaleza divina, sino de condición. Para afirmar esta interpretación se hace referencia a la enseñanza de Pablo: "Porque ya conocéis la gracia de nuestro Señor Jesucristo, que por amor a vosotros se hizo pobre, siendo rico, para que vosotros con su pobreza fueseis enriquecidos" (2 Co. 8:9). No cabe duda que el hacerse pobre no quiere decir en Cristo el abandono de la deidad, sino la limitación de un privilegio divino. En la misma manera entienden que el cese de la forma de Dios no puede considerarse como dejar de serlo, sino una mera renuncia a la condición de Dios, que volverá a manifestarse luego de su resurrección y glorificación a la diestra del Padre.

Para entender el sentido de la palabra forma y de toda la frase, debe notarse que Pablo no está presentando un contraste entre la naturaleza[9] divina y humana de Jesucristo, sino entre la forma[10] de Dios y la de siervo. Por tanto, la palabra aquí no indica una mera apariencia, sino la exteriorización de la esencia real del ser, así que debe dársele la acepción de manera de ser íntima, que no es otra cosa que la manifestación constitutiva del ser. Al referirse al Cristo preexistente, la forma de Dios no puede ser otra que la razón misma del sujeto, de modo que viene a significar la naturaleza divina de Jesús. La forma está relacionada y deriva de la naturaleza, pero no se identifica con ella, pudiendo despojarse de su forma, pero no de su naturaleza. De hecho, Jesús se vació de una forma para manifestarse en otra. Sin embargo, forma exige siempre la presencia de atributos esenciales. Pablo afirma que Cristo existía en forma de Dios, lo que quiere decir que su eterna preexistencia es divina; o sea, Cristo es eternamente Dios. Aunque no hubiera otras evidencias y expresiones de fe, sería suficiente ésta para afirmar la deidad de Cristo.

Sólo Dios puede existir en forma de Dios. La deidad de Cristo es afirmada continuamente y manifestada en Él como Verbo eterno, que expresa absoluta e infinitamente a Dios, porque es Dios (Jn. 1:1). Esta deidad se manifiesta en Jesucristo en razón de ser el Hijo de Dios, Unigénito del Padre, el único de esa condición (Jn. 1:14). La forma eterna de Dios se hace visible en Cristo no por ser un modelo para revelarlo, sino por ser la imagen del Dios invisible, lo que habla

---

[9] Griego: φύσις.

[10] Griego: μορφή.

de consustancialidad al tener la misma esencia divina del Padre y del Espíritu (Col. 1:15). Además, se hace visible en Cristo a causa de ser el resplandor de la gloria del Padre (He. 1:3). No podría dejar de apreciarse en el Señor por ser la misma imagen, o impronta, de la sustancia del Padre (He. 1:3). La forma de Dios tiene que ver con la gloriosa presencia de la deidad en su majestad imponente (Jn. 17:5), gloria que fue vista por los hombres (Jn. 1:14), antes revelada en visión a los profetas (Is. 6:1) y luego a Juan en Patmos (Ap. 1:14-16).

No puede entenderse la obra de Jesucristo sin determinar antes quién es, de dónde vino y cómo pudo llevar a efecto la redención del pecado y la comunicación de la vida divina a los hombres. Toda esta formulación comienza por la preexistencia con la que Pablo introduce este párrafo cristológico. La auto-comunicación, o lo que es también, la auto-entrega de Dios a los hombres en Cristo se hace en solidaridad con nuestro destino de pecadores condenados a eterna perdición. De ahí que la relación de Jesús con Dios en el tiempo, ya que Dios se entrega a los hombres en la economía soteriológica, conduce a entender y creer que esa relación pertenece a la eternidad en la intimidad misma del ser divino. Como quiera que Cristo en cuanto Hijo pertenece al ser de Dios y no sólo al tiempo de los hombres, es normal que pueda apreciarse que la forma de siervo obedece al envío desde el cielo, cuyo desarrollo en la tierra adquiere la dimensión de servicio, pero la unidad de acción es de tal magnitud que Jesús y el Padre son uno; esto es, ambos subsisten en la unidad del ser divino (Jn. 10:30). Por tanto, no es posible entender el misterio de piedad en la obra salvadora, comprendida desde la unidad de propósito divina, si no se cree que Jesucristo preexistía en Dios desde antes de la creación del mundo, desde donde fue destinado a ser el Salvador del mundo (1 P. 1:18-20). La filiación de Jesucristo traslada a la temporalidad humana la eterna condición de Hijo engendrado por el Padre. La enseñanza teológica a este respecto apunta a que, si Dios estaba en Cristo, había en esa identificación unidad del ser y no solo de destino con Dios. Aunque algunos entienden que este discurso de la fe es simplemente una teoría metafísica que argumenta sobre la preexistencia de Jesucristo, ajena a la Escritura y proyectada desde fuera sobre Cristo, la realidad es otra, ya que el fundamento bíblico de la preexistencia proyecta ésta a la base histórica de la redención o, lo que es igual, al principio vital de la soteriología. Es notable observar que todas las formulaciones que tratan del envío del Hijo por parte del Padre van acompañadas de la preposición causal *para que, para*[11]; en ellas se aprecia el fundamento de la redención con el envío del Hijo eterno para hacer la obra de salvación (Gá. 4:4-5; Ro. 8:3-4; Jn. 3:16; 1 Jn. 4:9). No cabe extenderse mucho más en esta verdad, que ha sido considerada cuando se estudió la deidad de Cristo, expresada en la primera frase del versículo: "El cual siendo en forma de Dios". No cabe duda de que la investigación teológica necesitó un largo tiempo de reflexión y estudio para establecer este punto, es decir, elaborar la doctrina sobre la preexistencia del Verbo. Ahora bien, no puede expresarse esta verdad si no se tiene en cuenta que la preexistencia es, ante todo, algo no temporal, sino relacional, es decir: no sobre el tiempo, sino sobre el ser. Dios le constituye a Él y Él constituye a Dios. En su eterna relación, el Padre y el Hijo forman una unidad a la que llamamos esencia. Por tanto, el Hijo eterno es Dios y está donde está el Padre eterno. Es preciso entender bien que, engendrado eternamente por el Padre, entra en una existencia humana al ser engendrado en María, pero no surge cuando es concebido y nace de ella, porque su persona es anterior a toda la historia humana.

Pablo pasa de la preexistencia a la renuncia voluntaria de sus derechos que le son naturales como Dios. La solicitud de Jesús es evidente. El sentir personal no lo llevó a retener en su beneficio su condición divina. La segunda cláusula del versículo tiene también la dificultad del uso que Pablo hace del sustantivo[12], que literalmente denota robo, rapto, botín, tesoro, bien precioso, algo que por esa condición debe ser retenido. En ese sentido, aunque le era propio el bien más precioso de la deidad, no lo llevó a retener esa condición. Cristo es igual a Dios, equivale a ser lo que Dios es, de otro modo, todo lo que hay en Dios y es de Dios, está en Cristo (Col. 2:9). Por el contrario —como se ha dicho ya antes— tampoco hay nada en Dios que no esté en Cristo, es decir, no existe en Dios ninguna cualidad no-crística. En esa forma de Dios estuvo dispuesto a vaciarse para llegar al estado de humillación en la forma de siervo. Cristo no consideró la manifestación exterior de su deidad como algo irrenunciable y que debía retener a toda costa. La decisión de no mantener a cualquier precio la expresión gloriosa de su deidad tuvo que haberse tomado en la eternidad, cuanto se estableció el plan de redención (2 Ti. 1:9).

---

[11] Griego: ἵνα.

[12] Griego: ἁρπαγμὸν.

La kénosis se sigue manifestando: "Sino que se despojó a sí mismo, tomando forma de siervo, hecho semejante a los hombres"[13] (v. 7). La verdadera libertad no consiste en retener los derechos, sino en ser capaz de desprenderse de ellos. El que eternamente existe en forma de Dios, porque es Dios, deviene en un acto voluntario a otra forma. Del hecho en sí trata esta primera expresión: "Sino que se despojó a sí mismo", tal vez mejor, *se anonadó*, expresión definitiva de la kénosis del Hijo. El aoristo del verbo[14] indica una acción plenamente consumada, si bien se prolonga como tal en el tiempo. Indica una operación hecha desde el pleno libre albedrío y volición. No le fue impuesto el anonadarse, ni hubiera sido posible como Dios que es, sino que la tomó voluntaria y libremente. El vaciamiento, el anonadamiento, la kénosis del Hijo de Dios le va a llevar a otra forma, que expresa una situación absolutamente diferente a la forma de Dios.

El vehículo para la humillación es la humanidad del Verbo. El Hijo de Dios devino a una condición que antes no tenía, en semejanza de hombre. Una antítesis se manifiesta: el que es en forma de Dios viene a una existencia en la condición de hombre o en la semejanza de hombre. Lo sorprendente es la precisión de la Escritura en esta verdad: quien existía vino a ser hecho. Es la verdad que Juan tiene en mente (Jn. 1:14). Quiere decir que antes de ese hecho no tenía una naturaleza humana. De otro modo, uno de la Trinidad entra, no solo en relación con la criatura, sino que se hace semejante a ella.

En contraste con la deidad se refiere al vehículo que hace posible la humillación, que es su humanidad, ofreciendo la tremenda paradoja de Jesús. De una forma precisa habla de un devenir de la deidad a la humanidad. No es que Cristo llegó a ser hombre, sino que se despojó a sí mismo para serlo; por tanto, en ese proceso, no deja a un lado la deidad, pero debe entenderse como el modo por el cual el Hijo de Dios entró en la historia humana como hombre, manifestando, en contraste con la omnipotencia y eternidad de Dios, la debilidad y temporalidad de la criatura, resaltando su fragilidad (Is. 40:5; Lc. 3:6; Jn. 17:2). El contraste de eternidad y temporalidad, entre Dios

---

[13] Texto griego: ἀλλὰ ἑαυτὸν ἐκένωσεν μορφὴν δούλου λαβών, ἐν ὁμοιώματι ἀνθρώπων γενόμενος· καὶ σχήματι εὑρεθεὶς ὡς ἄνθρωπος.
[14] ἐκένωσεν, tercera persona singular del aoristo primero de indicativo en voz activa del verbo κενόω, *vaciar, agotar, consumir, evacuar, gastar, quitar, despojar, desguarnecer, abandonar, desertar, hacer inútil, anonadar*.

y el hombre está continuamente presente en la Escritura, a modo de ejemplo en las palabras del profeta:

> *Voz que decía: Da voces. Y yo respondí: ¿Qué tengo que decir a voces? Que toda carne es hierba, y toda su gloria como flor del campo. La hierba se seca, y la flor se marchita, porque el viento de Jehová sopló en ella; ciertamente como hierba es el pueblo. Sécase la hierba, marchítase la flor; mas la palabra del Dios nuestro permanece para siempre. (Is. 40:6-8)*

Estos dos extremos infinitamente distantes y antitéticos se unen en la encarnación. De otro modo, el mismo que existe *ab eterno* comienza una existencia novedosa como hombre. El Creador se hace también criatura. No se trata de que el Hijo de Dios se convirtió en hombre, sino que se hizo hombre, sin dejar de ser el mismo Dios eterno.

La humanidad del Verbo como estado es el resultado del envío del Hijo desde el seno del Padre para hacer posible a los hombres que creen ser hechos partícipes de una filiación con el Padre y salvarlos de la condenación y, por tanto, de la situación de muerte en que se encuentran por el pecado. El texto señala aquí el acontecimiento por el cual Jesucristo comenzó a existir en la carne; de otro modo, deviene de la forma de Dios a la condición de hombre. La filiación no es posible sin redención (Gá. 4:4-5) y la redención no es posible sin la entrega de la vida, cosa imposible en la deidad, pero realizable en el plano de la humanidad. Como se ha dicho en el estudio sobre la humanidad del Verbo, hacerse hombre trae aparejado el componente de limitación. Dios no se humilla al hacerse hombre, simplemente se limita, asumiendo la condición de la criatura, pero se humilla al hacerse siervo, esclavo en la más absoluta dimensión de la palabra, haciéndose obediente hasta la muerte y muerte de cruz (Fil. 2:8). Al hacerse hombre, Dios viene a compartir naturaleza con el hombre y hacerse solidario por medio de ella del destino humano, sometido a todas sus limitaciones, experiencias, tentaciones y angustias. Él se convierte en ciudadano del mundo, miembro de una determinada nación, heredero de una familia y vinculado a ella (Ro. 1:1-4). Por otro lado, el pecado del mundo es puesto sobre Él y se le demanda la responsabilidad penal del mismo haciéndolo, en su condición de hombre, sacrificio expiatorio por el pecado (2 Co. 5:21). No podría expresar a los hombres el mensaje del amor sin hacerse hombre, para que —como ya se dijo— por su pobreza el hombre pueda ser enriquecido (2 Co. 8:9). Retirar la maldición de la muerte requería ser hecho maldición, sólo posible desde su naturaleza humana (Gá. 3:13). Este que existe eternamente en forma de Dios, Creador de todas las cosas (Jn. 1:3), acompaña a los hombres sumidos en tinieblas para hacerse luz en su mundo y en su interior. Se hace hombre, pero no depone su ser divino, por lo que puede darnos vida, la vida de Dios, e introducirnos en su comunión de Hijo con el Padre (1 Jn. 1:1-4). No se trata de una mera apariencia por la que Dios el Hijo se presenta de otra forma ante los hombres, sino de una verdadera inserción de Dios entre los humanos. Se trata de una nueva experiencia de vida, pero en modo alguno del comienzo absoluto del Hijo de Dios, que por ser Dios no tiene principio ni fin. La condición de Hijo no comienza en el nacimiento, sino que lo antecede en una preexistencia eterna.

Debe apreciarse que Pablo no dice simplemente que Jesucristo es como los hombres, sino semejante a ellos. La humanidad de Cristo la identifica con todos los hombres en cuanto a los elementos constitutivos de toda humanidad, o de una naturaleza humana. a) Es poseedor de un cuerpo humano (Mt. 26:26, 28; Mr. 14:8; Gá. 4:4). b) Poseedor de un alma humana (Mt. 26:38; Mr. 14:34). c) Igualmente en posesión de un espíritu humano (Lc. 23:46; Jn. 11:33; 19:30). Sin embargo, si era semejante a los hombres, entraña alguna diferencia, esto es, que Cristo era algo más que un mero hombre, y que había en Él diferencias substanciales con los demás. Una es que su naturaleza humana y sólo la suya, desde el mismo momento de la concepción, fue puesta en unión personal con y en la persona divina del Hijo de Dios, quien la sustenta, y esa persona divina viene a ser el sujeto de atribución de aquella humanidad. Una segunda diferencia tiene que ver con la ausencia de pecado en la humanidad de Jesús (2 Co. 5:21); por eso el apóstol enseña que Dios envió a su Hijo "en semejanza de carne de pecado" (Ro. 8:3). Aunque es un hombre real, su humanidad no lo despoja de su naturaleza divina, sino que siendo hombre perfecto es también Dios verdadero. En razón de que el sujeto de atribución de responsabilidad de las acciones constituye la base de la personalidad, se manifiesta la humanidad de Cristo como la de un hombre sin personalidad humana. Por tanto, Jesucristo es una persona teándrica, o teantrópica, esto es, divino-humana, lo que se llama unión hipostática, porque las dos naturalezas subsisten en la persona divina del Hijo de Dios sin mezcla entre ellas. La encarnación del Hijo de Dios no disminuyó la trascendencia de su persona divina; sin embargo, no hay confusión de naturalezas, de modo que la humanidad de Jesucristo subsistente en la persona del Hijo no se mezcla para participar en la esencia sustancial de la deidad. La unión es hipostática porque tiene lugar en el núcleo mismo de la personalidad, siendo la segunda persona divina el sujeto de atribución de las dos naturalezas. Esta unión hipostática es indisoluble. De Jesús, hombre, heredero del trono de David, se dice que su reino no tendrá fin (Lc. 1:33). De Jesús, el hombre perfecto, como sacerdote, se dice que su sacerdocio es inmutable, por tanto, eterno (He. 7:24).

Desde la condición o semejanza de hombre puede dar un paso más pasando de la limitación a la humillación. Las palabras de Pablo son precisas: "Tomando forma de siervo". Es el segundo elemento de la antítesis: forma de Dios y ahora forma de siervo. El estado de humillación sigue al de limitación. La humillación no consistió en hacerse hombre, sino en hacerse siervo. El sustantivo *siervo*[15] se usa para referirse a quien sirve en su condición de siervo; por eso se aplica también en el sentido de esclavo, aquel que sirve porque su condición personal le hace objeto de servicio. Sin embargo, en el caso de Jesucristo, no significa llegar a un estado social de esclavitud, sino al de entrega voluntaria en un servicio de obediencia absoluta al Padre en la ejecución del plan de redención desde la realidad de su humanidad. Esa forma que manifiesta el estado de humillación fue tomada en un determinado momento del tiempo histórico de los hombres como cumplimiento de una decisión eterna antecedente. Si vino a una existencia en forma de siervo quiere decir que era la expresión visible de una realidad esencial, sólo posible desde su humanidad. Cristo es un siervo voluntario que cumple en sí una enseñanza bíblica de extensión del Antiguo y Nuevo Testamento. El escritor de la epístola a los Hebreos hace referencia a esto cuando escribe: "Por lo cual, entrando en el mundo dice: Sacrificio y ofrenda no quisiste; más me preparaste cuerpo" (He. 10:5). La capacitación para llevar a cabo el sacrificio expiatorio que Dios establecía queda vinculado a *me apropiaste* o *me preparaste cuerpo*. Este cuerpo preparado por Dios se le devuelve a Él ofrecido en sacrificio perfecto por el pecado. El cuerpo en sí, como referencia a la humanidad que expresa, es entregado voluntariamente como ofrenda expiatoria por el pecado. La dotación de una naturaleza humana a la persona divina del Hijo, la encarnación de la deidad, es el resultado de la operatividad conjunta de las tres personas divinas. Sin embargo, la lectura del texto

---

[15] Griego: δοῦλος.

en el Salmo de donde está tomada es diferente en donde se lee, en lugar de *me preparaste cuerpo*, "has abierto mis oídos" (Sal. 40:6-8). La aparente discrepancia ilumina la obediencia del Siervo, ya que obediencia va ligada a oír, ambas con la misma raíz en el hebreo. Por el oído entra el mandamiento que se ejecuta por medio del cuerpo. El sentido sacrificial de la redención exigía la entrega del Redentor sin reserva alguna para hacerse obediente hasta la muerte y muerte de cruz. De tal manera que el sacrificio de Jesús exigía obediencia incondicional al Padre para la ejecución de la obra (Jn. 10:17-18). Pero toda obediencia determina una posición subordinada. En la sola naturaleza divina del Hijo de Dios se toma la decisión de obedecer hasta la muerte, pero la segunda persona divina no puede entrar en la experiencia de obediencia en razón de la igualdad entre Él y el Padre en el seno de la deidad. Hacerse obediente implica entrar en el estado de humillación. El contraste entre las dos formas que aparece en el pasaje forma de Dios y forma de siervo es evidente: quien existe eternamente en forma de Dios viene en el tiempo a tomar forma de siervo. El vehículo que le permite llegar a esa forma es su humanidad, "hecho semejante a los hombres". El problema de la obediencia hasta la muerte queda resuelto mediante la encarnación, a la que se ha referido antes.

La última frase del versículo está situada en algunas versiones, como RVR60, al principio del versículo siguiente. Sin embargo, muchas modernas varían la puntuación como corresponde mejor según el estudio gramatical del texto. No tiene gran importancia, puesto que la expresión es el vínculo de unión con lo que sigue. Pablo dice que Jesucristo se encuentra en porte exterior de hombre, lo que relaciona la limitación y la humillación con la humanidad. No es una apariencia humana, es un hombre real; su porte, su expresión visible, su condición es la de un hombre, desde cuya humanidad es posible la obediencia en un pleno vaciamiento. La palabra *condición*[16] se refiere a la expresión visible de su humanidad. Quien vino a ser hecho semejante a los hombres fue visto y apreciado como hombre por los hombres (1 Jn. 1:1). El Señor manifestó en toda ocasión la condición de hombre: nació (Lc. 2:7); creció (Lc. 2:52); tuvo una familia humana (Mt. 13:55-56); trabajó (Mr. 6:3); tuvo hambre, sueño, sed y cansancio (Mt. 4:2; Jn. 4:6-7; Mr. 4:38); lloró (Jn. 11:35); fue un hombre social (Jn. 2:1-2). Lo hombres se referían a Él como a un hombre (Mt. 16:13;

[16] Griego: σχῆμα.

Jn. 7:46; 10:33). En su juicio fue presentado como hombre (Jn. 19:5). Sin duda, aunque en un contraste tan profundo que escapa muchas veces de nuestra propia condición, Jesucristo se presenta aquí como Dios manifestado en carne, que renuncia a sus derechos divinos para asumir la situación de los hombres.

El desarrollo de la humillación del Verbo encarnado es expresada por el apóstol de este modo: "Y estando en la condición de hombre, se humilló a sí mismo, haciéndose obediente hasta la muerte, y muerte de cruz"[17] (v. 8). La primera frase del versículo "y estando en la condición de hombre" se ha considerado como final del anterior. Para situarla como primera del actual es necesario añadirle la conjunción copulativa *y*, con la que empieza, que no está en el texto griego. Simplemente el apóstol estaba diciendo que cuando Jesús se encarna y aparece en el tiempo de su ministerio, era visto como hombre y tenido como tal. Este hombre perfecto, que es Dios infinito, no solo se anonada y se humilla al tomar la condición de siervo, sino que, en esa forma esencial de su condición humana, se rebaja aún más para tomar la determinación de dar voluntariamente su vida en la cruz. El progreso de la gracia se manifiesta en el pleno descenso. Es necesario entender que cuando aparece gracia u operación de la gracia, hay descenso en el entorno, puesto que la gracia es el amor en descenso, esto es, orienta y conduce a Dios a descender a las necesidades del hombre. En la ejecución del plan de redención, Jesús, sustituto de los pecadores, debía abajarse hasta llegar al lugar más bajo de la tierra (Ef. 4:9), que es equivalente a descender al lugar del más vil de los pecadores para hacer salvable a todo hombre.

La obediencia es la manifestación propia de un siervo. En su muerte, siendo a la vez sacerdote y víctima, se ofreció a sí mismo por el pecado (Is. 53:10). La entrega personal a la muerte era un acto de obediencia al Padre en la ejecución del plan de redención. El hacerse hombre tenía como propósito poder morir por los hombres pecadores (He. 2:9). Ahora bien, la grandeza de la operación salvadora que implica la muerte del Redentor exige entender que la muerte en la Biblia no es un estado de término, sino de separación. La muerte física es el estado de separación entre la parte material y la inmaterial del hombre. Pero esta es consecuencia visible de la muerte espiritual,

---

[17] Texto griego: ἐταπείνωσεν ἑαυτὸν γενόμενος ὑπήκοος μέχρι θανάτου, θανάτου δὲ σταυροῦ.

que es el estado de separación entre el hombre y Dios a causa del pecado (Gn. 2:17; Ef. 2:5). El Señor gustó la muerte por todos, tanto en su sentido físico como espiritual, al ocupar el lugar del pecador para ser el sustituto perfecto y necesario. Físicamente el Señor murió (Lc. 23:46; Jn. 19:30), pero también lo hizo muriendo espiritualmente (Sal. 22:1; Mt. 27:45-46; Mr. 15:34).

La dimensión suprema de la entrega voluntaria es que fue obediente hasta la muerte y muerte de cruz. La crucifixión era el modo de muerte reservado a sediciosos, rebeldes y esclavos. Pilato justificó la ejecución de Cristo, sentenciándolo a la crucifixión conforme a la legalidad romana. Para que quedase constancia de ello, escribió la sentencia sobre una tabla y la colocó en lo alto de la cruz: "Jesús nazareno, rey de los judíos" (Jn. 19:19). No pudiendo haber otro rey que no fuese César, los que se proclamasen rey en un territorio romano eran tenidos por sediciosos. Para estos estaba reservada la muerte en la cruz. Era sin duda una muerte infamante. El reo se desnudaba totalmente antes de ser enclavado en el madero, por lo que era vergonzosamente visto por todos los que pasaran cerca. La exhibición del crucificado generaba el desprecio de muchos, por lo que era injuriado. Además, el sufrimiento físico era enorme. Enclavado por las muñecas, introducido el clavo que las sujetaba en el hueco entre el radio y el cúbito, el brazo quedaba tensado en una posición horizontal elevada que producía con el tiempo espasmos musculares. Tal posición tensaba también el pecho, con lo que también producía dificultades para inhalar el aire a los pulmones. Las piernas no estaban totalmente estiradas, sino que quedaban parcialmente dobladas, apoyándose sobre el *suppedaneum*, si es que lo tenía; muchas veces se enclavaban los pies sobre el mástil vertical del madero. Con el tiempo, se hacía insoportable la respiración, ya que el cuerpo quedaba colgado de los brazos al no ser posible mantenerlo erguido apoyado por los pies. Esta muerte de cruz fue, sin duda, una de las razones de la agonía en Getsemaní, para la que Cristo necesitó, como hombre, recursos de ayuda y aliento divinos que superasen la resistencia natural y moral del hombre a esa forma de muerte (Lc. 22:43; He. 12:2).

Sin embargo, la voluntariedad de la muerte y la entrega suprema a ella no tenía que ver sólo, aunque lo comprendía, con el sufrimiento físico y la muerte física. Para esto había venido y afirmado su rostro en determinación de asumirla, como lo anunció repetidas veces: "Cuando se cumplió el tiempo en que Él había de ser recibido arriba, afirmó su rostro para ir a Jerusalén" (Lc. 9:51); y todavía concretó: "El Hijo del Hombre será entregado a los principales sacerdotes y a los escribas, y le condenarán a muerte; y le entregarán a los gentiles para que le escarnezcan, le azoten, y le crucifiquen" (Mt. 20:18-19). Jesús dijo puntualmente que "el Hijo del Hombre no vino para ser servido, sino para servir, y para dar su vida en rescate por muchos" (Mt. 20:28). El componente de muerte de cruz tiene que ver con otra dimensión infinitamente mayor que la muerte física; se trata de asumir voluntariamente la muerte espiritual del hombre.

Esto requiere entender claramente el componente hipostático en Jesucristo, que se ha considerado antes. Sin embargo, es determinante asumir que siendo hombre es también Dios. Quiere decir esto que Jesús es tanto hombre como Dios; de otro modo, Jesucristo es Dios-hombre, Emanuel. La deidad nunca estuvo separada de la humanidad, ya que ambas subsisten en la segunda persona divina, pero en esta subsistencia no se mezclan ni se confunden, sino que cada una de ellas expresa la natural condición que le es propia. El suceso de la encarnación permite que Dios comience a existir también en carne, en un estado de igualdad con los hombres, salvo las diferencias de vinculación y santidad que se ha considerado antes, en una igualdad de destino con los humanos, llegado Dios a la existencia en la forma de siervo, sometido a todas sus determinaciones, pero sin dejar en ningún caso de ser Dios (Ro. 1:1-4; 2 Co. 5:21; 8:9; Gá. 3:13; 4:4-5; Fil. 2:6-11). La humanidad del Hijo de Dios exige entenderla desde su filiación divina y su existencia eterna. La encarnación pone de manifiesto la unión del Verbo con la humanidad, en una naturaleza creada por el Espíritu Santo, a la que el Hijo personaliza y mediante la cual expresa visiblemente en el campo de los hombres su filiación eterna. Es una decisión libre del Eterno que se proyecta a sí mismo fuera de sí en amor como una majestuosa donación en entrega del Creador a la criatura. Es sumamente necesario entender que, en cada actuación y experiencia de Jesús, está vinculada la deidad de su única persona. En ningún momento la existencia de su humanidad estuvo, ni pudo estar, desvinculada de la persona divina en quien subsiste.

Cristo oró con clamor y lágrimas al que le podía librar de la muerte y fue oído "a causa de su temor reverente" (He. 5:7). Esa petición en Getsemaní no tenía que ver con ser librado de la muerte física y del sufrimiento que entrañaba, sino de algo más profundo, de la muerte en un sentido más amplio y radical.

El Señor tenía que ser sustituto personal y solidario de quienes creyesen en Él para salvación, mediante la sustitución de cada uno en la pena del pecado que es la muerte espiritual. Si la muerte espiritual es el estado de separación de Dios a causa del pecado y Jesús es el sustituto del pecador, la muerte espiritual del pecador fue también la suya. Así se deben entender las palabras de Jesús pronunciadas después de las horas de tinieblas, cuando Él recita con voz potente las primeras palabras del Salmo; se había producido ya el estado de desamparo, de separación, de interrupción de comunión con el Padre, no a causa de su pecado, sino a causa del nuestro, del que se hacía solidario para satisfacer las demandas penales que la justicia de Dios había establecido. Esa situación era la propia de la experiencia de vida en la muerte del infierno. La dimensión es grande, pero no menos necesaria. Si Jesús no hubiera muerto en nuestra muerte, no habría salvación para ningún pecador. En este sentido, escribe Calvino:

> *Nada hubiera sucedido si Jesucristo hubiera muerto solamente de muerte corporal. Pero era necesario a la vez que sintiese en su alma el rigor del castigo de Dios, para oponerse a su ira y satisfacer a su justo juicio. Por lo cual convino también que combatiese con las fuerzas del infierno y que luchase a brazo partido con el horror de la muerte eterna. Antes hemos citado el aserto del profeta, que el castigo de nuestra paz fue sobre Él, que fue herido por nuestras rebeliones, molido por nuestros pecados (Is. 53:5). Con estas palabras quiere decir que ha salido fiador y se hizo responsable, y que se sometió, como un delincuente, a sufrir todas las penas y castigos que los malhechores habían de padecer, para librarlos de ellas, exceptuando el que no pudo ser retenido por los dolores de la muerte (Hch. 2:24). Por tanto, no debemos maravillarnos de que se diga que Jesucristo descendió a los infiernos, puesto que padeció la muerte con la que Dios suele castigar a los perversos en su justa cólera.*[18]

Entender las horas de tinieblas es discernir que Jesús sufrió la maldición del pecador. No se trata de padecer una muerte física sustitutoria y solidaria, sino que el Hijo de Dios, nuestro Salvador, fue sumergido en los dolores, angustias, desamparo, castigo, aflicciones y penalidades que son fruto de la maldición y consecuencia de la ira de Dios, la cual es también principio y causa de la muerte espiritual (Gá. 3:13). El apóstol Pablo sitúa al pecador en razón de su pecado

[18] Calvino, 1968, vol. I, p. 382.

bajo la maldición de la ley. Esa maldición es una carga espiritual que conduce a muerte eterna (Is. 53:6). Es un aspecto legal contrario, que comprende la carga del pecado personal, el acta de decretos que era contraria y la acción de las fuerzas de maldad (Col. 2:13-15). En la operación divina llevada a cabo por Cristo "nos redimió", es decir, nos rescató, lo que equivale a pagar hasta satisfacer plenamente el precio de la deuda espiritual que teníamos contraída para poder sacar al esclavo del lugar de esclavitud. En ese sentido, Jesús tenía que ser nuestro sustituto, por tanto, tuvo que "ser hecho por nosotros maldición"; en esas angustiosas horas de la cruz, el Salvador, hecho sustituto personal nuestro, llevaba nuestros pecados, ocupando nuestro lugar. En la cruz sustituye al pecador y sus pecados le son imputados a Él, son "puestos sobre Él" (Is. 53:6, 12; Jn. 1:29; 2 Co. 5:21; Gá. 3:13; He. 9:28; 1 P. 2:24). Es interesante la apreciación que Agustín de Hipona hace del sacrificio sustitutorio del Señor cuando dice: "Uno y el mismo es el verdadero Mediador que nos reconcilia con Dios por medio del sacrificio redentor, permanece uno con Dios al cual lo ofrece, hace que sean uno en sí mismo aquellos por quienes lo ofrece, y Él mismo es justamente el oferente y la ofrenda".[19] Dios salva al pecador creyente de su propia ira, haciéndola descargar sobre Dios mismo en la persona del Salvador, que siendo hombre puede sustituir al hombre pecador, y siendo Dios puede aportar el precio infinito de nuestra redención. En la cruz extingue absolutamente la pena por el pecado en favor del creyente para que toda condenación quede anulada para quien crea (Ro. 8:1). Una aparente contradicción se establece en el hecho de que Jesús, el Hijo de Dios, fue hecho maldición, pero sin pecado (Is. 53:9; 2 Co. 5:21; 1 P. 2:24). Aquí está el núcleo de la doctrina de la sustitución, rechazada por los humanistas como la teología del escarnio, pero una verdad revelada en toda la Escritura (Ex. 12:13; Lv. 1:4; 16:20, 22; 17:11; Sal. 40:6-7; 49:7-8; Is. 53; Mt. 20:28; 26:27-28; Mr. 10:45; Lc. 22:14-23; Jn. 1:29; 10:11, 14; Hch. 20:28; Ro. 3:24, 25; 8:3, 4; 1 Co. 6:20; 7:23; 2 Co. 5:18-21; Gá. 1:4; 2:20; Ef. 1:7; 2:16; Col. 1:19-23; He. 9:22, 28; 1 P. 1:18-19; 2:24; 3:18; 1 Jn. 1:7; 2:2; 4:10; Ap. 5:9; 7:14). En todo esto Jesús fue colocado durante las tres horas de tinieblas. El Hijo de Dios descendió a los infiernos para que el pecador creyente fuese colocado con Él en el cielo (Ef. 2:6). En las horas de tinieblas, cuando la ira de Dios desciende sobre el inocente Salvador, cuando las olas y las ondas del juicio por el pecado caen sobre quien es hecho sacrificio expiatorio

---

[19] Agustín de Hipona, *Tratado sobre la Santísima Trinidad* IV.14.19.

por el pecado, se consuma la experiencia de la muerte espiritual sustitutoria que el Salvador lleva a cabo por los creyentes en la cruz. Eso permite entender la dimensión del texto de Hebreos, donde el autor afirma que "fue oído a causa de su temor reverente" (5:7). Jesús fue oído orando con clamor y lágrimas no para ser eximido de la muerte, sino para no ser ahogado en ella como pecador, ya que en ella sustituía y representaba al pecador. Cristo fue hecho maldición para abrir al hombre la puerta de la bendición (Gá. 3:13). La cruz era lugar de tropiezo para los griegos (1 Co. 1:23). La filosofía del hombre con toda la sabiduría aparente que contiene es simplemente locura para Dios. Cristo no pudo humillarse a un mayor abatimiento que éste, llegando, como se dice antes, a las "partes más bajas de la tierra" (Ef. 4:9). Por eso Pablo dice que su humillación llegó a la muerte y muerte de cruz.

En la forma de siervo, Jesús, en un descenso voluntario, alcanza la cota máxima de humillación en obediencia de entrega hasta la muerte y muerte de cruz. La perspectiva de Dios crucificado es para muchos, los que se están perdiendo, una contradicción que es locura. Pero la misma situación se convierte en la única sabiduría porque es la de Dios, pronunciada en la palabra de la cruz (1 Co. 1:18-31). Ese sufrimiento de Dios es la manifestación suprema de su compasión al dolor de los hombres, acudiendo a remediarlo para poder proclamarles un mensaje de seguridad y esperanza con la única condición de acudir al único Salvador, invitándoles Él mismo (Mt. 11:28). Esta es la forma de suprema manifestación de Dios a los hombres; de otro modo, Dios se autodefine a Él mismo de este modo, en una manifestación seductora de amor que cautiva, porque "en esto consiste el amor: no en que nosotros hayamos amado a Dios, sino en que él nos amó a nosotros, y envió a su Hijo en propiciación por nuestros pecados" (1 Jn. 4:10). El amor que se da a sí mismo es también la manifestación de la omnipotencia salvadora, ya que la consecuencia de la salvación se asienta en la gracia que se entrega, en el amor que se da.

La irrupción de Dios en Cristo en la historia humana tiene un propósito de gracia: "Para que por la gracia de Dios gustase la muerte por todos"[20]. No hay duda que el escritor se está refiriendo a la obra sustitutoria de Cristo en la cruz. La cruz da expresión al eterno programa salvífico de Dios. En ella, el Cordero de Dios fue

[20] Texto griego: ὅπως χάριτι Θεοῦ ὑπὲρ παντὸς γεύσηται θανάτου.

cargado con el pecado del mundo conforme a ese propósito eterno de redención (1 P. 1:18-20). Cuando subió a la cruz, lo hizo cargado con el pecado del mundo (1 P. 2:24). En el texto griego se lee literalmente "gustase la muerte por todo", lo que abre la dimensión no sólo de la redención del hombre, sino de la restauración de todas las cosas a Dios. La preposición usada en el texto[21] demanda entenderla más que como expresión de favor, en sentido de gustar la muerte a favor de todos, como gustarla sustituyendo al pecador. En la muerte de Cristo se alcanza la redención del hombre, pero también la restauración de todas las cosas; de ahí la precisión en el griego, que no es sólo por todos, sino por todo. Esa muerte fue el modo de derrotar a Satanás y recuperar la autoridad para el hombre (Col. 2:15). Esa muerte hace posible la gloriosa realidad del reino en el futuro. La potencialidad de la sustitución, en el sentido puramente salvífico, hace extensible la salvación a todo aquel que crea. Cristo, en la cruz, no murió solo por algunos, sino potencialmente por todos, para hacer salvables a todos los hombres (Jn. 3:16; 12:32; Ro. 5:18; 8:32; 2 Co. 5:15; 1 Ti. 2:6; 1 Jn. 2:2). Quiere decir esto que en la cruz Jesús sustituye potencialmente a todos, pero virtualmente solo a los que creen. En ese sentido en la forma virtual o eficaz, Jesús fue sustituto vicario no por todos, sino por algunos, esto es, por los que creen (Mr. 14:24). Si la sustitución virtual fuese eficaz en la plenitud de su potencialidad, ningún hombre se perdería y habría una salvación universal, cosa que contradice abiertamente la verdad bíblica. Pero sin una sustitución potencial, no podría haber un llamamiento general al hombre para salvación (Jn. 3:16; Mt. 11:28).

Necesidad de la comprensión de la kénosis

El estado de humillación del Verbo, haciéndose obediente hasta lo sumo, permite acceder a la comprensión de la obra de redención. Es imposible comprender la razón y dimensión de los sufrimientos de Jesús sin considerarlos desde el estado de humillación. Por esta causa, se ha considerado todo lo que antecede para preparar lo que sigue, consistente en la aproximación a la ejecución de la obra de salvación, el tiempo que antecede a la cruz, los últimos días del Señor en Jerusalén, la agonía de Getsemaní, los juicios y vituperios, la crucifixión y la sepultura del Redentor.

---

[21] Griego: ὑπερ.

La gran realidad de la operación de salvación preparada antes de la creación pone de manifiesto que el Hijo de Dios muere en la cruz porque Dios es amor. Es más, sabemos que Dios es amor porque su Hijo murió por los pecadores. Jesús no fue forzado a hacer cuanto hizo a causa de nuestra maldad, para perdonar nuestros pecados y liberarnos de la condición de eterna condenación como resultado del pecado, sino que lo hizo en una manifestación sobrenatural de amor. Ese amor es gracia, pero también es justicia. Gracia que busca, salva, alcanza y perdona; justicia que ejecuta la sentencia del pecado y cancela la responsabilidad penal del mismo. Ambas cosas, justicia y paz, se encuentran en la cruz y se entrelazan en Cristo (Sal. 85:10). Por esta causa, Dios puede tener compasión de los pecadores que aceptan por fe la obra de gracia, poniéndolos en paz con Él, sin hacer violencia a su justicia. Ésta es absoluta, como todo lo que es y procede de Dios, pero en la obra de gracia hecha por Cristo, la infinitud de la paz viene a la experiencia del pecador creyente, antes perdido y ahora salvo. En el encuentro entre ambas, la justicia y la paz, tienen en Él un consentimiento pleno y amante ya que se besaron. Evidentemente había algo que las mantenía separadas en relación con el hombre, pero fue quitado y la gracia pudo manifestarse libremente sin menoscabo de la justicia.

Todo esto sería imposible sin la humillación del Verbo encarnado. En ella está el camino en que Dios y el hombre pueden tener relación permanente. La justicia que debía castigar inevitablemente el pecado puede besar la paz en Cristo porque Él llevó el castigo de ese pecado. Es evidente que todo se cumplió en Él y ese cumplimiento es el resultado de la obra realizada desde la kénosis de Cristo.

CAPÍTULO XVI
PASIÓN DEL VERBO ENCARNADO

Introducción

El plan de redención, establecido desde antes de la creación, respondía a tres preguntas relativas a la salvación: 1) Quién la ejecutaría: a lo que el apóstol Pedro confirma lo que todos los cristianos saben:

> *Sabiendo que fuisteis rescatados de vuestra vana manera de vivir, la cual recibisteis de vuestros padres, no con cosas corruptibles, como oro o plata, sino con la sangre preciosa de Cristo, como de un cordero sin mancha y sin contaminación, ya destinado desde antes de la fundación del mundo, pero manifestado en los postreros tiempos por amor de vosotros. (1 P. 1:18-20)*

La ejecución de la redención sería hecha posible por Cristo, el Hijo de Dios. 2) Cómo se haría: el mismo versículo declara que sería mediante el pago del precio de redención, consistente en la ofrenda de la vida del Verbo encarnado. 3) Cuándo se haría: en retrospectiva, el apóstol Pablo recuerda que "cuando vino el cumplimiento del tiempo, Dios envió a su Hijo, nacido de mujer y nacido bajo la ley, para que redimiese a los que estaban bajo la ley, a fin de que recibiésemos la adopción de hijos" (Gá. 4:4-5).

Toda la obra redentora estaba establecida, fue ejecutada y es aplicada por la soberanía de Dios. No en vano la Biblia lo afirma en dos lugares con precisión: "La salvación es de Dios" (Sal. 3:8; Jon. 2:9). Nada quedó al azar, nada se produjo por necesidad temporal, nada fue hecho por alguna razón, sólo la soberanía actuó para ejecutar, aplicar, sustentar y consumar la salvación. Ese es el designio eterno de Dios.

Se ha hecho una aproximación al proceso histórico salvífico desde la perspectiva cristológica. En ella se consideró la persona divina del Hijo, segunda de la Trinidad, seleccionando las bases bíblicas que sustentan y revelan esa verdad. Se reflexionó también en el gran misterio de la gracia, en el cual "el Verbo fue hecho carne y habitó entre nosotros" (Jn. 1:14). La concepción virginal, la gestación y el alumbramiento del niño, Hijo de Dios e hijo de María en cuanto a su humanidad. El asombroso misterio de amor revelado en la entrega que el Padre hizo de su Unigénito para hacer posible la salvación del pecador. La condición divino-humana de Jesús fue también considerada y en ella se apreció esa dimensión en la unión hipostática, que manifiesta la unión de las dos naturalezas, la divina y la humana, subsistentes en la persona del Hijo de Dios. Para los hombres, Jesús era un hombre; para algunos, tal vez los muchos que escucharon sus palabras y vieron sus portentos, un hombre superior al resto de los hombres, incluyendo a los profetas. Es cierto que para los discípulos, la dimensión que podían captar los llevó a declarar que no era un gran hombre o un gran profeta, sino mucho más: "El Cristo, el Hijo del Dios viviente" (Mt. 16:16).

Por esa razón, los anuncios de la Pasión causaron cuanto menos asombro, o incluso perplejidad, ya que el Mesías esperado tendría que cumplir el mensaje profético y reinar sobre el trono de David. Sin embargo, la profecía anunciaba los sufrimientos y la muerte del Salvador que se cumplirían conforme a lo anunciado de antemano. Este período breve de tiempo (en comparación con los tres años de ministerio), que apenas llega a una semana, cumple todo lo anunciado sobre la obra salvadora que Dios realizó en el mundo abriendo la puerta de salvación por gracia mediante la fe a todo el que crea.

El período de tiempo es breve, pero es el más intenso en la vida del enviado de Dios. Es la ejecución del sacrifico único, irrepetible, con valor sempiterno, que es el anti-tipo de todos los tipos establecidos en el ritual de la ley, en especial los sacrificios por el pecado y en forma puntual el sacrificio de la expiación.

A esta parte de la cristología, que podríamos llamar *cristología soteriológica*, debemos aproximarnos en lo que sigue de este capítulo. Para hacerlo, dividimos el temario de la siguiente manera: a) Anuncios de la Pasión. b) Entrada del Rey en Jerusalén. c) La limpieza del templo. d) Enseñanzas finales de Jesús. e) La oración sacerdotal. f) Getsemaní. g) Prendimiento, juicios, oprobios y escarnios. h) La antesala de la cruz. i) La crucifixión. j) La muerte del Salvador. k) La sepultura de Jesús.

La extensión de los temas supera en todo la dimensión de esta tesis, por lo que necesariamente tendrá que ser limitada. Por ello, conviene que el lector haga la lectura del relato bíblico sobre cada uno de los apartados antes mencionados y también la correspondiente exégesis del texto bíblico para darle la consistencia a la verdad y la extensión necesaria a cada uno de sus aspectos.

Anuncios de la Pasión

Jesús anunció a los discípulos su muerte en varias ocasiones, especialmente en los días previos a su última visita a Jerusalén. Pero estos anuncios no son únicos en el sentido de novedosos. La Biblia detalla no menos de treinta y cuatro profecías concernientes a la muerte del Salvador. Estas pueden establecerse en el siguiente cuadro:

	Pasaje	**Profecía**	**Cumplimiento**
1.	Gn. 3:15	El Salvador herido	Jn. 19:18; Gá. 3:13-16
2.	Sal. 22:1	“Dios mío, Dios mío”	Mt. 27:46
3.	Sal. 22:2	Tinieblas sobre la tierra	Mt. 27:45
4.	Sal. 22:6	Despreciado por todos	Mt. 27:39-44
5.	Sal. 22:7,8,13	Rodeado de enemigos	Mt. 27:39-44
6.	Sal. 22:15	Sed	Jn. 19:28
7.	Sal. 22:16	Manos y pies horadados	Jn. 19:34,37
8.	Sal. 22:17	Mirándolo y observándolo	Mt. 27:36
9.	Sal. 22:18	Reparto de sus vestidos	Mt. 27:35
10.	Sal. 22:18	Suerte sobre su túnica	Jn. 19:24
11.	Sal. 31:5	Encomendando su espíritu	Lc. 23:46; Jn. 19:30
12.	Sal. 34:20	Ningún hueso quebrado	Jn. 19:36
13.	Sal. 35:11	Falso testimonio	Mr. 14:56
14.	Sal. 38:11	Amigos mirándolo de lejos	Lc. 23:49
15.	Sal. 41:9	La traición de Judas	Mr. 14:10; Jn. 13:18
16.	Sal. 69:19	Oprobio, vergüenza	Mt. 27:28-29
17.	Sal. 69:21	Hiel y vinagre para beber	Jn. 19:29
18.	Sal. 109:25	Burla moviendo la cabeza	Mt. 27:39-40
19.	Dn. 9:26	Tiempo de su muerte	Jn. 11:50-52
20.	Is. 50:6	Injurias y golpes	Mt. 27:26-30
21.	Is. 52:14	Desfigurado	Mt. 27:27-30
22.	Is. 53:1-3	Despreciado y rechazado	Mr. 15:29-32
23.	Is. 53:4-6	Cargado con el pecado	1 P. 2:25
24.	Is. 53:5,6,10	Sacrificio por el pecado	Jn. 19:16; 1 Co. 5:7; 2 Co. 5:21
25.	Is. 53:7	Guardó silencio	Mt. 27:13-14
26.	Is. 53:7	El Cordero de Dios	Jn. 1:29
27.	Is. 53:9	Sepultura con los ricos	Mt. 27:56-60

28. Is. 53:12	Oró por los transgresores	Lc. 23:34
29. Is. 53:12	Contado con los malos	Mr. 15:27-28
30. Zac. 11:12	Treinta piezas de plata	Mt. 26:15
31. Zac. 11:13	Compra del campo	Mt. 27:5-10
32. Zac. 12:10	Lamentos por Él	Lc. 23:27
33. Zac. 13:7	El pastor herido	Mt. 26:31
34. Zac. 13:7	Los discípulos dispersados	Mr. 14:27,50

A punto de concluir el tiempo de su ministerio terrenal, Jesús comenzó a anunciar sus padecimientos y muerte a los suyos. Fue en el camino hacia Jerusalén donde inició esa comunicación: "Desde entonces comenzó Jesús a declarar a sus discípulos que le era necesario ir a Jerusalén y padecer mucho de los ancianos, de los principales sacerdotes y de los escribas; y ser muerto, y resucitar al tercer día"[1] (Mt. 16:21). Jesús quería desterrar definitivamente la idea que los discípulos tenían sobre el Reino, en el sentido de que el Mesías tenía que instaurarlo y ejercer autoridad en él, liberando a Israel de sus enemigos y proyectándolo a una situación de privilegio. El testimonio que acababan de dar sobre que Jesús era el Cristo debía ser unido a un futuro de sufrimiento y muerte antes de que llegase el tiempo del Reino glorioso en la tierra. El Mesías, el Cristo, debía ser juzgado por el más alto tribunal de Israel y condenado a muerte. Desde aquel momento, es decir, desde el tiempo de la confesión de los discípulos, comenzó a declararles el futuro de sufrimiento y muerte que le esperaba. El anuncio de los sufrimientos señalaba a Jerusalén como el lugar en que iban a producirse: Él debía marchar a Jerusalén. La capital histórica de Israel, lugar que las profecías anuncian como sede del futuro gobierno del Mesías, sería donde el Mesías sufriente había de padecer. Jerusalén recibe como calificativos en el evangelio de Mateo los de "ciudad santa" (4:5) y "ciudad del Gran Rey" (5:35); en ellos se pone de manifiesto un lugar de gozo y justicia. Sin embargo, el Señor la señala como el centro donde "había de padecer mucho". No serían unos padecimientos comparables a ninguno de los que había sido objeto durante su ministerio. En Jerusalén es donde estaba la mayor oposición contra Él y su ministerio. Los sufrimientos provendrían de las acciones de los líderes de la nación, ancianos, principales sacerdotes

[1] Texto griego según Mateo:᾽Απὸ τότε ἤρξατο ὁ᾽Ιησοῦς δεικνύειν τοῖς μαθηταῖς αὐτοῦ ὅτι δεῖ αὐτὸν εἰς᾽Ιεροσόλυμα ἀπελθεῖν καὶ πολλὰ παθεῖν ἀπὸ τῶν πρεσβυτέρων καὶ ἀρχιερέων καὶ γραμματέων καὶ ἀποκτανθῆναι καὶ τῇ τρίτῃ ἡμέρᾳ ἐγερθῆναι.

y escribas. Posiblemente la razón para este odio descansara en gran parte en la erudición intelectual de quienes se consideraban maestros y repudiaban a cualquiera que enseñara sin haber pasado por una de sus escuelas. Pero junto con esto, el legalismo, conservadurismo y tradicionalismo que envolvían el mundo religioso de entonces. El Señor había tocado, no la doctrina, sino sus tradiciones. Había puesto en evidencia los defectos del sistema religioso y la hipocresía de sus líderes; por tanto, el odio era visceral contra el Señor. Además de esto no podía tampoco, como profeta, morir fuera de Jerusalén; él mismo lo dijo más adelante: "¡Jerusalén, Jerusalén, que matas a los profetas, y apedreas a los que te son enviados!" (23:37). El detalle de los sufrimientos que les anuncia, aunque limitado, es lo suficientemente preciso: a) un gran padecimiento que nace de quienes debían ser, como pastores de la nación, los que cuidasen y vendasen las heridas del pueblo, los ancianos, sacerdotes principales y escribas. Estos que debían haberle reconocido por las muchas señales hechas como el enviado de Dios, estaban llenos de odio contra Jesús, dispuestos a condenarlo a muerte, buscando sin un momento de tregua la causa que les permitiese acusarlo y condenarlo. b) La segunda advertencia sobre el futuro que le aguardaba en Jerusalén era su muerte. No debían esperar sólo un tiempo de sufrimiento; los sufrimientos se producirían, pero desembocarían en la muerte del Señor. La profecía anunciaba los sufrimientos y la muerte. ¿Quién no lo descubre en la simple lectura del Salmo 22 o de Isaías 53? Todo cuanto ocurría en la vida de Jesús era el cumplimiento profético anteriormente revelado por Dios a los profetas. Por esa misma causa, cuando resucitó, recordó a los incrédulos discípulos que todo cuanto había tenido lugar era el cumplimiento de lo anunciado por la Ley y los profetas (Lc. 24:25-27). c) La tercera revelación de Jesús tenía que ver con la resurrección: "y resucitar al tercer día"[2]. Si bien los sufrimientos y la muerte podían provocar inquietud en los discípulos, tenían el aliento de la resurrección que se proyectaba, en las palabras de Jesús, como el triunfo definitivo de su obra y la promesa de un reencuentro feliz tras la pasión y la muerte. La experiencia pascual comportaba las tres cosas: sufrimiento, muerte y resurrección. La predicción de resucitar al tercer día ya había sido dada a sus enemigos, si bien en forma más velada (Jn. 2:19; Mt. 12:40). Sin embargo, aunque entendieron las palabras del Maestro, no las comprendieron y, en gran medida, por esa limitación, tampoco las creyeron. Los discípulos, como la mayoría

---

[2] Texto griego: καὶ τῇ τρίτῃ ἡμέρᾳ ἐγερθῆναι.

de los judíos, creían en una resurrección de muertos al final de los tiempos (Jn. 11:24). Los Doce habían visto resurrecciones como la hija de Jairo, pero éstas habían sido hechas por el poder de Jesús; sin embargo, no podían comprender cómo, si Jesús moría, podría resucitar tres días después. La teología limitada había deformado de tal manera el pensamiento de los judíos que sólo comprendían una resurrección de entre los muertos si alguno revestido de poder divino la llevaba a cabo. La idea de la muerte de Jesús debió haber llenado de horror la mente de los discípulos. Probablemente nació en ellos la idea de que el reino de los cielos había fracasado y con él las esperanzas que habían puesto en el futuro cuando dejaron todo para seguir a Jesús. Es probable que aquí comenzase a nacer en el corazón de Judas la pregunta de cómo sacar el mayor provecho posible al tiempo que le quedase junto a Él.

Después de la transfiguración se produjo una nueva reiteración del anuncio de la muerte: "Estando ellos en Galilea, Jesús les dijo: El Hijo del Hombre será entregado en manos de hombres, y le matarán; mas al tercer día resucitará" (Mt. 17:22-23a). Según el relato de Marcos, el Señor estaba atravesando casi de incógnito por Galilea. El verbo que utiliza Mateo[3] expresa la idea de reunirse, por lo que probablemente los discípulos y Jesús siguieron caminos diferentes y se reunieron en un determinado lugar convenido de antemano, ya que, como dice Marcos, Jesús no quería que nadie lo supiese (Mr. 9:30).

En algún lugar reunido con los Doce reiteró la predicción sobre su Pasión: "El Hijo del Hombre va a ser entregado en manos de hombres". Jesús iba camino a Judea y Jerusalén. No cabe duda alguna de que cada afirmación de nuestro Señor sobre su muerte producía tristeza e incluso confusión entre aquel grupo de discípulos que le amaba profundamente, con todas las limitaciones y defectos propios de los hombres. Ninguno de ellos podía entender cómo iba a ser entregado en manos de los hombres y ser muerto por ellos, mucho más cuando la realidad de su condición como Mesías era aceptada y reconocida por todos ellos. Los otros dos sinópticos aportan material sobre la conmoción que el anuncio de su muerte producía en los apóstoles; así Marcos: "Pero ellos no entendían esta palabra, y tenían miedo de preguntarle" (Mr. 9:32); de este modo Lucas: "Mas ellos no entendían estas palabras, pues les estaban veladas para que

[3] Griego: συστρέφω.

no las entendiesen; y temían preguntarle sobre estas palabras" (Lc. 9:45). No hay razones bíblicas explícitas sobre cuál era la razón del temor a preguntarle; es posible que no quisieran saber más detalles que entristecieran aún más sus corazones. Acaso también, recordando la reprensión que hizo a Pedro cuando le disuadía de ir a Jerusalén para morir, temiesen el enojo de Jesús. Sea cual fuere la razón, los discípulos guardaban silencio sin preguntarle nada sobre este asunto.

Ya en el camino, acercándose a Jerusalén, reitera el anuncio:

Subiendo Jesús a Jerusalén, tomó a sus doce discípulos aparte en el camino, y les dijo: He aquí subimos a Jerusalén, y el Hijo del Hombre será entregado a los principales sacerdotes y a los escribas, y le condenarán a muerte; y le entregarán a los gentiles para que le escarnezcan, le azoten y le crucifiquen; mas al tercer día resucitará.[4] *(Mt. 20:17-19)*

Como es habitual en la costumbre judía, sin importar la situación geográfica en relación con Jerusalén, siempre que se habla de ir a la ciudad se utiliza el verbo *subir*. La razón es que se consideraba la ciudad santa como el lugar donde se manifestaba la presencia de Dios y donde estaba el santuario; de ahí que el Señor esté siempre en la altura, de ahí proviene la expresión. La escena que relata Mateo debió haber ocurrido cuando ya estaban cerca de Jerusalén, siguiendo la ruta que desde el Jordán pasaba por Jericó. Con todo, como es costumbre en Mateo, la indefinición de tiempo y lugar es clara también aquí. Jesús iba a anunciar por tercera vez su Pasión y muerte. Cada vez lo hace con mayores detalles. No cabe duda de que, en el plano de su humanidad, acercarse a Jerusalén era acercarse al sufrimiento, el desamparo y la muerte, situación que produciría el natural conflicto en la intimidad humana del Hijo de Dios. No cabe duda de que para eso había venido al mundo (Lc. 19:10). Su encarnación tenía que ver con poder gustar la muerte por todos (He. 2:9, 14, 15). Él mismo había dicho que ponía su vida voluntariamente (Jn. 10:18). Con

---

[4] Texto griego: Καὶ ἀναβαίνων ὁ Ἰησοῦς εἰς Ἱεροσόλυμα παρέλαβεν τοὺς δώδεκα. μαθητὰς κατ' ἰδίαν καὶ ἐν τῇ ὁδῷ εἶ πεν αὐτοῖς· ἰδοὺ ἀναβαίνομεν εἰς Ἱεροσόλυμα, καὶ ὁ Υἱὸς τοῦ Ἀνθρώπου παραδοθήσεται τοῖς ἀρχιερεῦσιν καὶ γραμματεῦσιν, καὶ κατακρινοῦσιν αὐτὸν θανάτῳ. καὶ παραδώσουσιν αὐτὸν τοῖς ἔθνεσιν εἰς τὸ ἐμπαῖξαι καὶ μαστιγῶσαι καὶ σταυρῶσαι, καὶ τῇ τρίτῃ ἡμέρᾳ ἐγερθήσεται.

todo, la experiencia por la que iba a pasar produciría en el momento culminante de la agonía un conflicto lleno de tristeza mortal (Mt. 26:38). El camino a Jerusalén era el camino a la cruz. Los discípulos que lo seguían lo hacían temerosos a causa de las exigencias que habían oído sobre el compromiso en el seguimiento y las recompensas en el reino de los cielos (Mt. 19:28 ss.). Es también muy probable que en el rostro de Jesús se manifestase una nueva expresión que reflejase el sentimiento de su alma humana y que no dejaría de ser apreciada por los discípulos. Desde Jericó a Jerusalén es un camino de subida, en ocasiones de fuerte subida. Según Marcos, el Señor iba animoso delante de los discípulos que lo seguían, no sólo asombrados, sino también amedrentados (Mr. 10:32).

Es en un momento de ese camino cuando el Señor tomó al grupo de los Doce y los separó de las multitudes que seguían la misma ruta para estar en Jerusalén durante los días de la Pascua (Mt. 20:29; Lc. 18:36). El apartarse de las gentes era necesario para hacer la tercera declaración sobre su muerte, que iba a ocurrir en Jerusalén. Nadie más que aquellos estaban en condiciones de entender la manifestación de Jesús, de forma muy especial aquellos tres que habían visto la gloria del rey sobre el monte de la transfiguración. A pesar de las enseñanzas continuadas, también para los Doce había una nebulosa de incomprensión sobre algo que excedía a su capacidad de aceptación y contradecía toda la enseñanza que por siglos habían recibido sobre el Mesías y su Reino glorioso. El tercer anuncio sobre la Pasión era necesario para que estuviesen apercibidos cuando ocurriera, en un plazo de tiempo muy breve. Jesús quiere darles detalles mucho más concretos de lo que iba a ocurrir en Jerusalén. ¿Por qué no hacer extensivo el anuncio al resto de las gentes? Las multitudes que iban en el camino a Jerusalén estarían divididas en cuanto a Jesús. Algunos no creían que fuera el Mesías, sino un impostor, como los fariseos, escribas y otros sectores de la vida política y religiosa de Israel se encargaban de divulgar. Un anuncio semejante ante tales personas equivaldría al rechazo definitivo y a la pérdida de las oportunidades que aún quedaban para poder enseñarles y predicarles el evangelio del Reino. Otros reconocían en Jesús a alguien más que a un gran profeta. Habían sido objeto de sus bendiciones o conocían muy de cerca a alguno que lo había sido. Un anuncio semejante podía despertar en ellos la decisión de defenderle ante los que pretendían su muerte y causar un alboroto en el pueblo (Mt. 26:5). Jesús no permitía que nada pudiera interponerse entre Él y los sufrimientos y muerte, vicarios y salvadores. Había venido para morir por los hombres y sería llevada a cabo en la dimensión del servicio de quien era el siervo de Dios, paciente, manso y humilde.

El anuncio de Jesús sobre su muerte es extremadamente preciso, si bien es una reiteración de los dos anuncios anteriores (Mt. 16:21; 17:22-23). Lo inicia con una llamada de atención[5], que equivale a *he aquí*, como si dijese: *prestad atención*, o *estad atentos a lo que sigue*. Para eso subimos a Jerusalén. La puntualización es notable y el anuncio lo hace ya desde la sombra que la cruz proyectaba en la lejanía: el Hijo del Hombre será entregado a los principales sacerdotes y a los escribas. Esa entrega significaría que lo condenarían a muerte. El vaso que debía beber producía en Él una sensación de expectación ansiosa (Lc. 12:50). Los padecimientos eran conocidos en su naturaleza humana por comunicación de la persona divina en la que subsistía. Sin embargo, aunque sabía que por el padecimiento entraría en la gloria, las experiencias, no sólo del dolor físico, sino de la angustia moral y del desamparo espiritual a que habría de verse sometido, lo llenaban de sobrecogedora tensión, pero sin un ápice de miedo al estilo de los mortales. Él no olvidaba que con el Padre formaban una inseparable unidad (Jn. 10:30).

Jesús amplía los aspectos de su muerte precisando que no sólo iba a morir, algo que ya había anunciado, y que debía padecer mucho y ser muerto; ahora añade que sería entregado en manos de los principales sacerdotes y escribas y que ellos lo condenarían a muerte (Mt. 16:21). En este sentido, como antes, se estaba refiriendo al sanedrín, el más alto tribunal de Israel, encargado de administrar justicia conforme a la Ley. Este conjunto de responsables de la justicia condenaría a muerte al inocente y sentenciarían al autor de la vida (Hch. 3:15). El Señor anuncia que habría un juicio, sin duda injusto, contra Él y que en ese juicio se dictaría su sentencia de muerte. Más adelante se verá el cumplimiento preciso del anuncio de Jesús (Mt. 26:27, 59-66; 27:1; Mr. 14:53-64; Lc. 22:66-71).

La segunda manifestación tenía que ver con la entrega; Jesús les dice que lo entregarán a los gentiles, refiriéndose a la determinación del sanedrín. Antes se había limitado a decirles que sería entregado en manos de hombres (Mt. 17:22-23), luego precisó que serían gentiles.

---

[5] Griego: ἰδοὺ.

El Señor sería entregado por el sanedrín a Pilato para que dictase la sentencia a muerte y la ejecutase; Pilato tenía capacidad legal para esto, mientras que las ejecuciones les habían sido prohibidas a los judíos. También los siguientes días mostrarían la crudeza de la precisión profética de Jesús (Mt. 27:2; Mr. 15:1; Lc. 23:1). Las injurias de que sería objeto están presentes también en la predicción sobre los acontecimientos que tendrían lugar en Jerusalén. Tanto los judíos que entregaban como los gentiles a quien sería entregado se ocuparían de la maldad de escarnecerlo, literalmente: para burlarse[6]. El verbo que utiliza Mateo en el texto griego[7] tiene una raíz común con el sustantivo *niño*, de manera que en cierto modo jugarían con Él, se mofarían del Mesías. Esto tendría un cumplimiento preciso como se describe (Mt. 27:27-31; Mr. 15:16-20). En la Pasión habría también violencia contra el Señor, manifestada en golpes y azotes que habitualmente se producían siempre antes de una crucifixión. La furia de los principales sacerdotes y de los escribas en la farsa de juicio contra Jesús incluyó los mojicones (Mt. 26:67); esto culmina con la brutal paliza dada por los soldados romanos, que no sólo lo azotaron sin piedad, sino que también lo coronaron de espinas, mofándose de Él, al rendirle el burlesco homenaje como rey de los judíos (Mt. 27:26-30). Todo ello culminaría en la crucifixión.

En los tres casos del anuncio de su muerte, Jesús incluyó también el de su resurrección. Es la manifestación del triunfo final y definitivo sobre la muerte. La obra de la cruz con el sufrimiento físico, moral y espiritual que comportaba estaría superada en todo por el triunfo de la resurrección. El rey que daba su vida recibía de nuevo la vida que levantaría de entre los muertos a su humanidad; como hombre sería el primero de los hombres revestido de inmortalidad y gloria. Aquel que moriría en medio de tremendos sufrimientos recibiría del Padre el título de Señor universal, con la autoridad que comportaría el hecho de ser Señor (Fil. 2:9-11). El anuncio de la muerte y resurrección eran el cierre magistral a la enseñanza sobre la humildad, la entrega y sus consecuencias. Aquellas palabras del Señor llenaron de temor a los discípulos, que completamente confundidos no acertaban a comprender lo que Jesús les anunciaba, de modo que les era difícil sobrellevar las palabras pronunciadas por el Maestro (Lc. 18:34). Habían llegado a la comprensión de que Jesús era el

[6] Griego: εἰς τὸ ἐμπαῖξαι.

[7] Griego: ἐμπαίζω.

Mesías, pero ellos tenían sus propias concepciones sobre cómo debía ser el Mesías y su comportamiento (Lc. 24:21). Mientras que ellos estaban confusos, el Señor manifestaba la firmeza en la decisión de llevar a cabo la obra para la que había sido enviado. El gozo que contemplaba en el horizonte ya próximo del amanecer del día de la victoria sobre el pecado y la muerte le permitía gozarse en la obra y asumir con gozo el sufrimiento de la cruz (He. 12:2). Los sufrimientos abrirían la puerta de la reconciliación y la entrada al proyecto divino de la formación de un cuerpo en Cristo (Ef. 2:16-18). El Señor sabía que los sufrimientos y la muerte llevaban inexorablemente al día de la resurrección. No sería algo lejano, sino próximo, "al tercer día". En esa obra de la cruz los principados y potestades serían definitivamente vencidos y se abría a la humanidad el amanecer del día de la libertad (Col. 2:13-15).

Es notable apreciar la vinculación de los anuncios sobre su muerte con las predicciones de los profetas. Todo cuanto ocurrió en todos los detalles estaba registrado en distintas profecías del Antiguo Testamento. Los acontecimientos que tendrán lugar son profecías cumplidas, como les hará notar a los discípulos de Emaús, incrédulos a la resurrección de Jesús, que al reprenderles su incredulidad les dice: "¡Oh insensatos, y tardos de corazón para creer todo lo que los profetas han dicho! ¿No era necesario que el Cristo padeciera estas cosas, y que entrara en su gloria?" (Lc. 24:25-26). Ahora bien, los sucesos relativos a la Pasión no se producen para cumplir la profecía, o de otro modo, porque estaba anunciado por el profeta, sino que el profeta anunció lo que Dios había determinado. El cumplimiento de la profecía se debe a que quien la comunica al profeta que la anuncia es el que la hace cumplir, como Él dice: "Que anuncio lo por venir desde el principio, y desde la antigüedad lo que aún no era hecho; que digo: Mi consejo permanecerá, y haré todo lo que quiero" (Is. 46:10). Las profecías se cumplen porque Dios, que anunció lo que iba a ocurrir, lo ejecuta conforme a su propósito.

Entrada del rey en Jerusalén

Normalmente se acepta la entrada de Jesús en Jerusalén, llamada por algunos *entrada triunfal*, el día siguiente al sábado, en el que no se podía hacer ninguna actividad por el descanso establecido en la ley. Pero cuando se precisa la cronología, aparentemente hay dificultades en la datación de Juan. El apóstol dice que "seis días antes de la pascua, vino Jesús a Betania, donde estaba Lázaro, el que había estado muerto, y a quien había resucitado de los muertos" (Jn. 12:1). Según el evangelio según Juan, la Pascua comenzaba el viernes siguiente a la puesta del sol, lo que supone datar el catorce de Nisán en viernes aquel año (Jn. 13:1; 18:28; 19:31, 42); por tanto, restándole seis días, el relato tiene que datarse en el sábado anterior. Con toda seguridad, Jesús llegó a Betania el viernes al caer el día, antes de que se iniciara el tiempo del sábado, ya que no era propio viajar en el día de reposo.

Juan dice que "le hicieron allí una cena; Marta servía, y Lázaro era uno de los que estaban sentados a la mesa con él" (Jn. 12:2). La cena era en honor a Jesús y no podía celebrarse en la noche del viernes al sábado, porque éste comenzaba a la puesta del sol. Tuvo que haber sido en la noche del sábado al domingo, primer día de la semana, cuando ya el término del reposo se había cumplido.

El texto dice que "gran multitud de los judíos supieron entonces que él estaba allí, y vinieron, no solamente por causa de Jesús, sino también para ver a Lázaro, a quien había resucitado de los muertos" (Jn. 12:9). No cabe duda de que la multitud que subió de Jerusalén a Betania no lo hizo en el sábado, sino pasado éste; por tanto, está refiriéndose al domingo. Añade Juan: "El siguiente día, grandes multitudes que habían venido a la fiesta, al oír que Jesús venía a Jerusalén..." (Jn. 12:12). Si se determina el siguiente día como el que sigue al día en que le hicieron la cena, la entrada en Jerusalén sería el lunes. Sin embargo, la cronología de Juan concuerda con el resto de los evangelios. Jesús llegó a Betania el viernes antes de la puesta del sol; estuvo allí el sábado todo el día; pasado el descanso que se cumplía a la puesta del sol del sábado, le hicieron la cena; el domingo subieron muchos a ver a Lázaro. Ese mismo día, que para el apóstol es el siguiente al sábado, esto es el domingo, los que estaban en Betania lo acompañaron en el camino a Jerusalén y los que estaban en Jerusalén salieron a recibirle en el camino (Jn. 12:12-13). De modo que el Señor entró en Jerusalén el primer día de la semana, después del sábado, que es nuestro domingo.

La gran comitiva que acompañó a Jesús en su entrada en Jerusalén estaba formada por los judíos que habían subido a Betania y los que sabiendo que venía a la ciudad salieron a recibirle por el camino (Jn. 12:12, 13), de modo que entre los que subían al encuentro de Cristo y los que le acompañaban desde Betania se formó una gran comitiva en medio de la cual iba Jesús.

La multitud llegó a un lugar del camino frente a la localidad de Betfagé, como escribe Mateo:

Cuando se acercaron a Jerusalén, y vinieron a Betfagé, al monte de los Olivos, Jesús envió dos de sus discípulos, diciéndoles: Id a la aldea que está enfrente de vosotros, y luego hallaréis una asna atada, y un pollino con ella; desatadla, y traédmelos. Y si alguien os dijere algo, decid: El Señor los necesita; y luego los enviará. (Mt. 21:1-2)

Betania, de donde procedía Jesús, sus discípulos y la compañía de judíos que habían subido para ver a Lázaro, era una aldea situada sobre un montículo truncado rocoso al otro lado sudeste del Olivete, a unos 3 km de Jerusalén, en el camino a Jericó. Desde allí el camino sigue hacia Jerusalén, alcanzando a ver la ciudad, y en aquel tiempo los edificios del templo, desde el Monte de los Olivos, por donde ascendía el camino antes de llegar a la ciudad. Situada cerca de Betania estaba la aldea de Betfagé, realmente un caserío en el extrarradio de Jerusalén, cuyo nombre en arameo significa "Casa del higo". Posiblemente eran unas cuantas casas en medio de campos de cultivo. La comitiva pasaba en su marcha hacia Jerusalén por un lugar situado frente a Betfagé. En ese punto, Jesús envió a dos de sus discípulos en busca del pollino sobre el que entraría en la ciudad.

La instrucción de Jesús a los dos discípulos fue la de ir a la aldea que tenían enfrente[8], "y luego" —esto es, inmediatamente de entrar en ella, en sentido de nada más entrar[9]— se encontrarían un asna atada junto con su pollino[10]. El lugar donde estaban atados la borrica y el asno estaba a la entrada de la aldea. Solamente Mateo menciona a los dos animales; el resto de los evangelistas habla sólo de un asno. Esto no supone discrepancia, como algunos pretenden, en el relato bíblico. Los críticos liberales tratan de hacer ver que éste, lo mismo que los otros evangelios, no son relatos históricos, sino narraciones producidas para justificar asuntos de fe de la iglesia primitiva; de ahí que Mateo, malinterpretando la profecía de Zacarías, entendió que el

[8] Griego: καὶ εὐθέως.
[9] Griego: εὐθέως.
[10] Griego: ὄνον δεδεμένην καὶ πῶλον μετ' αὐτῆς.

profeta anunciaba que el Mesías entraría sobre una borrica y un asno y de ahí produjo un relato diferente al de los otros evangelistas. No existe tal contradicción como los críticos pretenden, sino que Mateo descendió a detalles que los otros omiten, para fijarse que junto con el asno iba también la madre, ya que el pollino era un animal joven sobre el que nunca se había sentado nadie; por tanto, iría mucho más tranquilo con la presencia y compañía de su madre, a la que estaba acostumbrado (Mr. 11:2; Lc. 19:30). Sin duda el Señor tenía poder suficiente para calmar la inquietud natural de aquel animal, pero también es cierto que sólo hizo milagros cuando fue necesario. El Creador sabe cómo actuar en cada una de sus criaturas para llevar a cabo su propósito en armonía y bien.

El Maestro mandó a sus dos discípulos a buscar a los animales, a quienes encontrarían atados nada más entrar en la aldea; debían desatarlos y traérselos.[11] El Señor estaba cumpliendo la profecía que anunciaba la entrada del Mesías en Jerusalén cabalgando sobre un pollino, hijo de asna (Zac. 9:9). Era un animal sobre el que ningún hombre había subido antes, una señal de honra especial que le correspondía por quién era. Los asnos eran animales de montura entre el pueblo; el caballo estaba destinado a nobles y guerreros. Jesús entró sobre un asno porque quien entraba era el Príncipe de paz, anunciado proféticamente (Is. 9:6). El animal sobre el que iba a cabalgar no era suyo, sino prestado. Realmente el Señor no tuvo nada en propiedad. Cuando comenzó su ministerio, dijo a un grupo de discípulos de Juan el Bautista, que le preguntaron sobre el lugar donde moraba, que no tenía lugar propio; en contraste con las aves que tienen sus nidos y las zorras que tienen guaridas, Jesús no tenía un sitio propio donde recostar su cabeza (Lc. 9:58). El animal sobre el que iba a entrar en la ciudad santa era también un animal prestado. Las palabras del apóstol Pablo definirían esta situación, ya que "se hizo pobre, siendo rico, para que vosotros con su pobreza fueseis enriquecidos" (2 Co. 8:9).

Los dos grupos de personas que acompañaban a Jesús estuvieron detenidos, sin duda, mientras los discípulos fueron a buscar los dos animales y los trajeron al Señor. El relato según Mateo es preciso: "Y trajeron el asna y el pollino, y pusieron sobre ellos sus mantos; y Él se sentó encima" (Mt. 21:7). Los animales fueron encontrados en el lugar indicado por Jesús, nada más entrar en la

---

[11] Griego: λύσαντες ἀγάγετε μοι.

aldea, en la parte exterior de la casa que estaba situada en el recodo del camino (Mr. 11:4). Los dueños preguntaron a los discípulos por qué causa los desataban; les respondieron como el Señor les había dicho: "Porque Él los necesitaba"; los llevaron entonces sin ningún impedimento (Mr. 11:5-6). Los dos animales fueron traídos al Señor: el asna y el pollino[12]. Ninguno tenía, al menos según el relato bíblico, una albarda para montura, pero no fue ninguna dificultad porque los discípulos, sacando sus mantos, los pusieron sobre los animales[13] para que sirviesen de montura al rey que venía en el nombre del Señor. Una cabalgadura para un monarca iba ataviada con ricos mantos. El rey que entraba en la ciudad no tenía riquezas humanas, aunque era poseedor de todo. La misma humilde condición era propia de los discípulos que lo seguían. Probablemente las multitudes estaban en una situación semejante, pero los discípulos pusieron al servicio del Señor todo cuanto tenían, que eran sus mantos. Los mantos fueron puestos sobre los dos animales, tanto sobre el asna como sobre el pollino, porque ambos formaban parte del cortejo real que se dirigía a la ciudad. Mateo señala cuál de los dos animales que le habían sido traídos fue el que utilizó de montura. Simplemente hace referencia a los mantos que pusieron sobre la cabalgadura y al hecho de que el Señor se montó encima de ellos[14]. La profecía es precisa cuando dice que entraría sobre un asno (Zac. 9:9). Según Marcos, el Señor se sentó sobre el pollino (Mr. 11:7).

Aquel fue un momento emotivo. Las profecías iban cumpliéndose minuciosamente tal como habían sido escritas. El Señor como Rey iba a entrar en la ciudad que será la sede de su futuro reinado en la tierra. Lo hacía en forma humilde, como correspondía a la misión de servicio que le había sido encomendada en su primera venida. La humildad de la cabalgadura y de los mantos, usados, que los discípulos pusieron al servicio del rey no resta ninguna solemnidad a lo que hubiera sido propio del más alto monarca de la tierra. Era un cortejo voluntario y popular que acompañaba al rey. Los mantos eran piezas de alto valor —no tanto monetario, pero sí de utilidad— para las gentes de entonces. Lo que tenían los discípulos lo pusieron al servicio del Señor. Nada debe estimarse como valioso para uno cuando es necesario para el servicio de Dios.

---

[12] Griego: ἤγαγον τὴν ὄνον καὶ τὸν πῶλον.

[13] Griego: καὶ ἐπέθηκαν ἐπ' αὐτῶν τὰ ἱμάτια.

[14] Griego: καὶ ἐπεκάθισεν ἐπάνω αὐτῶν.

Mateo hace notar que todo ello era el cumplimiento de la profecía: "Todo esto aconteció para que se cumpliese lo dicho por el profeta, cuando dijo: Decid a la hija de Sion: He aquí, tu Rey viene a ti, manso, y sentado sobre una asna, sobre un pollino, hijo de animal de carga" (Mt. 21:4-5). Nada ocurría en la vida de Jesús que no estuviese vinculado al plan eterno de redención manifestado en tantos aspectos desde la profecía. Mateo trata de vincular continuamente el mensaje profético con la vida y obra de Jesús de Nazaret, con el propósito de demostrar fehacientemente que es el Cristo. La entrada en Jerusalén cabalgando sobre un asno lo relaciona inmediatamente con lo anunciado por el profeta, haciéndolo a modo de un paréntesis en la narración, que prepara al lector para identificar lo que sigue con lo profetizado antes. Esto que sucedió fue una manifestación de la providencia divina que lo había determinado antes.

En la entrada de Jesús en Jerusalén y el modo de hacerlo, Mateo ve cumplida la profecía de Zacarías (Zac. 9:9). El profeta anuncia la venida a Jerusalén del rey de Israel enviado por Dios, que llega a la ciudad en paz y humildad. Los judíos consideraban este pasaje como mesiánico. El Talmud de Babilonia hace alusión al Mesías como cabalgando sobre un asno. Tanto Mateo como Juan, bajo la revelación del Espíritu que los conduce al escribir los evangelios, afirman que la profecía es verdaderamente mesiánica. Ningún análisis de la profecía puede contradecir esta realidad. En la profecía se anuncia la llegada a Sion, referencia profética a Jerusalén, del rey justo y salvador, títulos que Mateo omite aquí por no ser importantes para su propósito, abreviando la primera cláusula de la profecía, pero sin alterar el sentido de la misma. El título *hija de Sion* es una referencia en el lenguaje figurado de los hebreos para referirse a Jerusalén, edificada sobre el monte de Sion. En la profecía se presenta al Mesías victorioso entrando en la ciudad capital del reino en mansedumbre y humildad, esto es, asequible a todos los que deseen acercarse a Él. Los críticos que afirman que Mateo introdujo aquí a los dos animales en una mala interpretación de la profecía se olvidan que también Juan lo aplica (Jn. 12:14-15), diciendo que los discípulos no entendieron que tenía entonces su cumplimiento, sino hasta después de la resurrección de Cristo. El rey no viene a Jerusalén en un caballo, animal de guerra, sino en la cabalgadura de los gobernantes en tiempo de paz. Esa fue la cabalgadura de Balaam (Nm. 22:23); era también para los que presidían los tribunales, los jueces de la tierra (Jue. 5:10); David había determinado una cabalgadura de carga para llevar a Salomón al lugar donde debía ser ungido como rey (1 R. 1:33). En la primera venida, el Mesías, en un ministerio de servicio y humildad, cabalgaría sobre un asno. En la segunda venida, para establecer el reino y vencer definitivamente a todos los opositores en la tierra, cabalga un caballo blanco (Ap. 19:11). Jesús no venía a cumplir sino la primera parte de la profecía que anunciaba su llegada al mundo como ministerio del "año de la buena voluntad de Jehová" (Is. 61:2), quedando para un futuro más lejano la manifestación del "día de la venganza" de Dios. El Señor entra en un animal de carga porque vino para servir (Mt. 20:28). El profeta no habla de dos animales, sino de uno solo; la repetición obedece al paralelismo sinónimo, tan usual en la literatura hebrea. El que iba sobre un asno era quien más tarde cargaría también con nuestros dolores y sufriría nuestras enfermedades (Is. 53:5-6). Jesús era el que venía lleno de gracia y de fidelidad (Jn. 1:14). De ahí la exhortación al regocijo del profeta que llama la atención a la hija de Sion para alegrarse porque llegaba a ella el rey. No era un rey extraño que conquistaba para beneficiarse, sino el rey esperado que daría paz y establecería justicia, que "viene" para beneficiarla a ella, la hija de Sion, y con ella a todo el mundo. Por cierto, encajaría mejor cabalgando sobre un caballo, victorioso según el concepto que las gentes tenían del Mesías, incluidos los discípulos, pero éste no era el concepto de Dios. El que venía era el Cordero predestinado desde antes de la fundación del mundo, que venía para salvar; de ahí el calificativo profético de justo y salvador. Ese es el regocijo que debía producir en el pueblo, pero que no entendieron los moradores de Jerusalén y la nación en general.

La comitiva estaba formada por dos grupos de personas: los que venían con Jesús desde Betania y los que salieron de Jerusalén a recibirlo. Mateo lo describe así: "Y la multitud que era muy numerosa, tendía sus mantos en el camino; y otros cortaban ramas de los árboles, y las tendían en el camino"[15]. La multitud debía ser muy grande, pero Mateo no se refiere tanto al número de las gentes, sino a la mayoría de ellas. En ese sentido, RV traduce "la multitud, que era muy numerosa", cuando realmente en el texto griego se lee "la mayoría de la multitud". Esto es, la mayor parte de las gentes que acompañaban el cortejo se unieron para tributar un homenaje a Jesús,

---

[15] Texto griego: ὁ δὲ πλεῖστος ὄχλος ἔστρωσαν ἑαυτῶν τὰ ἱμάτια ἐν τῇ ὁδῷ, ἄλλοι δὲ ἔκοπτον κλάδους ἀπὸ τῶν δένδρων καὶ ἐστρώννυον ἐν τῇ ὁδῷ.

acompañándolo en la entrada a Jerusalén. Algunas extendían en el camino sus mantos; otros cortaban ramas de los árboles que había al borde del camino y las tendían delante, al paso de Jesús. Es bueno recordar tres acciones que se produjeron en la entrada del Señor: los discípulos tendieron sus mantos sobre las cabalgaduras; algunas de las gentes pusieron sus mantos en el camino; otros cortaban ramas y la extendían para que sobre ellas pasara Jesús. Probablemente se trataba de hojas o ramas pequeñas, teniendo en cuenta que el Señor iba sobre un asnillo al que no se le debía estorbar el paso con grandes ramas de árbol. Era un camino triunfal que se preparó sin otra razón que la espontaneidad de las gentes. Algunos críticos dicen que este recibimiento no pudo ser de este modo porque no era normal poner los mantos propios al servicio de otra persona y menos de alguien que no tenía un rango superior al de cualquier otro en Israel. Se olvidan que la historia hebrea pone el ejemplo de la entrega de mantos al servicio del rey Jehú para hacerle un trono donde pudiera sentarse (2 R. 9:13). Jesús sería recibido en la ciudad al grito de *Hijo de David* y *el rey enviado por Dios*; por tanto, le reconocían mayor dignidad que a cualquier otro monarca de Israel.

Según Mateo, "la gente que iba delante y la que iba detrás aclamaba, diciendo: ¡Hosanna al Hijo de David! ¡Bendito el que viene en el nombre del Señor! ¡Hosanna en las alturas!" (Mt. 21:9). Las multitudes esperaban ansiosas a Jesús debido especialmente al reciente y gran milagro de la resurrección de Lázaro (Jn. 12:17-18). Ante esta aglomeración de quienes recibían al Señor estaba la reacción de los fariseos que se sentían defraudados al ver que las multitudes se iban tras Jesús (Jn. 12:19). El gentío gritaba Hosannas al Señor. Esa palabra es una transliteración al griego de la expresión hebrea que significa "Salva ahora" y que figura en uno de los Salmos de los llamados Gran Hallel, formados por los Salmos 113-118.

Las expresiones de la multitud eran manifestaciones mesiánicas. La primera de ellas, "Hosanna al Hijo de David"[16], era una breve oración implorando la acción del Mesías, el Hijo de David. Literalmente suponía decir: "Salva ahora, Hijo de David". Sin duda ellos gritaban de esta manera sin tener en cuenta lo que significaba la expresión. El que entraba en Jerusalén era el Mesías esperado.

---

[16] Griego: ὡσαννὰ τῷ Υἱῷ Δαυίδ.

La nación entera seguía pensando en un liberador. El Hijo de David tomaría sobre sí la responsabilidad de echar fuera a los enemigos de Israel y librar la nación del yugo opresor en que estaba desde hacía siglos. El Hijo de David que venía tenía la misión de establecer el Reino de los cielos y colocar a Israel a la cabeza de las naciones del mundo. El resto de la tierra estaría, en cierta medida, al servicio de Israel; el Hijo de David gobernaría desde la ciudad de Jerusalén. El Salmo 118 contiene un mensaje profético en expresiones que ponen de manifiesto acciones y sucesos que ocurrirán antes de la venida del Señor para establecer el reino; es, por tanto, un Salmo mesiánico cuyo cumplimiento tendrá lugar en la segunda venida de Jesús. En Él se manifiesta la gracia divina de aquel que es bueno y para siempre misericordioso (vv. 1-4). El Salmo anuncia la liberación de la opresión de las naciones (v. 10). Quien llevaría a cabo la misión liberadora es Jehová (vv. 15-16). En el día del reino, luego de la victoria sobre los enemigos de Israel, que son los enemigos de Dios, el Señor abrirá la puerta de justicia y por ella entrarán los justos para gozar la experiencia del reino de Dios en la tierra (v. 20). En aquel día, el gran despreciado, Jesús de Nazaret, piedra desechada por los edificadores, será la cabeza del ángulo puesta por Dios mismo (vv. 21-23). El Salmo 118 sigue expresando la gloria de aquel día en que el rey de reyes y Señor de señores reine con majestad y poder sobre la tierra. Sin embargo, lo que no entendían aquellos, incluyendo los discípulos, era que el día en que Jesús entraba en Jerusalén era el comienzo del día que Dios había establecido: "Este es el día que hizo Jehová; nos gozaremos y alegraremos en él" (v. 24). El día de la muerte del Redentor estaba llegando. Entregaría su vida en rescate sobre la cruz. Nadie había conseguido hacer algo semejante porque ninguno podía hacerlo. La salvación es de Jehová (Sal. 3:8). Aquel pueblo clamaba para que el Hijo de David salvase entonces, y Dios escuchó aquellas palabras en la muerte del Salvador. Es cierto que la obra de redención estaba ya preparada desde antes de la fundación del mundo (2 Ti. 1:9), pero sin duda había llegado el tiempo previsto y las gentes clamaban por la salvación que había sido aparejada en Cristo Jesús. Este *hosanna al Hijo de David* iba a convertirse en pocos días en otro grito diferente en apariencia: "¡Crucifícale, crucifícale!" (Mr. 15:14), pero concordante en esencia. Para que pudiera salvar, tenía que morir. La muerte de cruz había sido ya anunciada por el Hijo de David; por tanto, todo el entorno estaba orientado por Dios a la consumación de su plan de gracia en salvación.

La segunda aclamación que la multitud gritaba era una expresión de alabanza y gratitud: "Bendito el que viene en el nombre del Señor"[17]. La frase está tomada también del mismo Salmo (118:26). Jesús venía verdaderamente en el nombre de Jehová, referido como título aquí a la primera persona divina. Había sido enviado por el Padre para llevar a cabo la obra de salvación. Pablo escribiría tiempo después: "Dios envió a su Hijo, nacido de mujer y nacido bajo la ley, para que redimiese a los que estaban bajo la ley" (Gá. 4:4-5). La mayor verdad estaba siendo expresada por las multitudes. El Hijo de David era el Mesías Cordero que traía un ministerio de salvación, como traerá en su segunda venida un ministerio de gloria y poder para reinar. Jesús es el mediador entre Dios y los hombres y venía enviado por Dios para morir por los hombres. Las gentes esperaban una victoria terrenal; Dios establecía una victoria celestial y cósmica sobre el pecado y la muerte, venciendo en ella a Satanás y sus huestes (Col. 2:13-15). Es Jesús quien con su obra en la cruz abría la puerta de salvación y el camino al cielo a todos los que acuden a Él por fe y lo reciben como Salvador personal. Él mismo había hecho en su ministerio la invitación de recibir a todos los que, estando cansados y trabajados, acudiesen a Él (Mt. 11:28). Esa admirable obra no puede sino llevar gloria a Dios y tributar honor a quien es digno porque ha muerto para ser el Salvador del mundo. No solo aquellos en aquel día, sino cada uno en cualquier tiempo debe proclamar la misma verdad y rendir el mismo tributo: "Bendito el que viene en el nombre del Señor". Bendito porque es la fuente de bendición, el que salió a nuestro encuentro con bendición para hacernos benditos en Él, mientras que Él era hecho por nosotros maldición (Gá. 3:13-14).

La tercera exclamación de júbilo era en sí misma otra oración: "¡Hosanna en las alturas!"[18]. En el nacimiento de Jesús, los ángeles proclamaron gloria a Dios en las alturas; ahora la multitud pide que salve ahora desde las alturas. El Mesías era considerado por las gentes como un don de Dios. Ellos glorificaban a Dios por haberlo enviado. Es un breve, pero rotundo ruego al Dios del cielo para que bendiga y salve a su pueblo. La bendición de salvación para el pueblo desciende del cielo como don perfecto del Padre de las lumbreras (Stg. 1:17). Dios iba a salvar y lo haría ahora, en aquel tiempo y en aquellos días. El reino iba a abrirse en otra dimensión para todos, tanto judíos como

[17] Texto griego: εὐλογημένος ὁ ἐρχόμενος ἐν ὀνόματι Κυρίου.
[18] Griego: ὡσαννὰ ἐν τοῖς ὑψίστοις.

gentiles. Aquellos que esperaban al Mesías desde su propia concepción teológica iban a verse defraudados porque lo verían sin atractivo para desearlo y lo rechazarían, pero Él abrió el acceso al reino para todos lo que creen (Col. 1:13). Un día, en el futuro que Dios conoce y tiene en su sola potestad, el rey sufriente vendrá como rey victorioso para gobernar el mundo con cetro de hierro (Sal. 2:9; Ap. 19:15). En aquel tiempo también su pueblo dirá "¡Bendito el que viene en el nombre del Señor!", como Él mismo anunció (Mt. 23:39).

Un marcado contraste se produjo entre el júbilo de la multitud y la emoción de Jesús. En el evangelio según Lucas se recoge el hecho: "Y cuando llegó cerca de la ciudad, al verla, lloró sobre ella, diciendo: ¡Oh, si también tú conocieses, a lo menos en este tu día, lo que es para tu paz! Mas ahora está encubierto de tus ojos"[19] (Lc. 19:41-42). El lamento de Jesús es emotivo. Está diciendo ¡cuánto me hubiese gustado que comprendieses! Lucas emplea aquí una figura del lenguaje que técnicamente se llama aposiopesis, o también reticencia, que consiste en omitir algo mediante una parada súbita, después de lo hablado para causar una mayor impresión, como si aquello que se omite fuese demasiado solemne como para ser expresado en palabras. Aquí el Señor corta la frase: ¡Oh, si supieses en este tu día lo que toca a tu paz! La frase debiera continuar con algo así como: ¡Cuán bendecida serías! ¡Cuán segura estarías! O algo semejante. Debiera conocer aquello en este día, es decir en el de la entrada de Jesús en la ciudad. Podía haber encontrado en Jesús la paz espiritual que Dios ofrece al que cree. Pero la incredulidad de aquellos conduciría inevitablemente a otro derrotero.

El Señor hace notar que no entendían lo que estaba pasando porque sus ojos no podían percibirlo. La frase es fuerte, puesto que el verbo en voz pasiva orienta el pensamiento a algo para que eso se produzca. La acción divina se pone de manifiesto en estas palabras. Los ojos espirituales de ellos estaban cegados, de manera que las señales de Jesús pasaban desapercibidas para ellos, sin poder hacer en ellas la lectura que se detectaría sin la ceguera espiritual en que estaban a causa de la intervención de Dios (Jn. 12:39-40). Este impedimento de visión espiritual no deja percibir las cosas de Dios que han de

[19] Texto griego: Καὶ ὡς ἤγγισεν ἰδὼν τὴν πόλιν ἔκλαυσεν ἐπ' αὐτὴν λέγων ὅτι εἰ ἔγνως ἐν τῇ ἡμέρᾳ ταύτῃ καὶ σὺ τὰ πρὸς εἰρήνην· νῦν δὲ ἐκρύβη ἀπὸ ὀφθαλμῶν σου.

entenderse espiritualmente (1 Co. 1:18). No podían creer a causa de la ceguera que Dios había producido en ellos. Esas cosas, dice Jesús, estaban ocultas a sus ojos. La consecuencia final no podía ser otra. Oculto a su comprensión el tiempo de gracia que se producía con la presencia del enviado de Dios para salvación, no podía generarse en ellos arrepentimiento, de manera que no discernían la situación y no percibían el juicio que vendría sobre ellos.

Las palabras de Jesús generan una pregunta: si todo esto se debe a la voluntad de Dios, ¿dónde está la responsabilidad humana? Dicho de otro modo, si Dios ciega, o encubre a los ojos espirituales, hace imposible que el hombre crea y sea salvo. Luego, en cierta manera, no puede imputárseles responsabilidad en cuanto a su condenación. Ya desde antiguo, los padres de la Iglesia marcaron diferencias interpretativas. Por un lado, los griegos enseñaban que los judíos no querían creer, mientras que los latinos, entre ellos Agustín, enseñaban que no podían creer. Una discusión semejante se producirá en la interpretación del texto del apóstol Pablo en el que afirma que Faraón fue endurecido por Dios (Ro. 9:17-18). Pero, en ambos casos, tanto aquí en relación con Israel, como en la referencia a Faraón, el endurecimiento judicial divino se produce después de una insistente rebeldía y desobediencia a las demandas de Dios. El encubrimiento de la verdad, voluntariamente confirmado por Dios después de avisos, marca el destino definitivo del que se ha endurecido. La Biblia enseña que Dios había enviado por siglos a los profetas para llamar a Israel a un arrepentimiento, como hace notar Crónicas:

Y Jehová el Dios de sus padres envió constantemente palabra a ellos por medio de sus mensajeros, porque él tenía misericordia de su pueblo y de su habitación. Mas ellos hacían escarnio de los mensajeros de Dios, y menospreciaban sus palabras, burlándose de sus profetas, hasta que subió la ira de Jehová contra su pueblo, y no hubo ya remedio. (2 Cr. 36:15-16)

Luego del tiempo del cautiverio, la gracia de Dios trajo nuevamente un pequeño grupo a Israel y comenzó una nueva etapa. Aquellos pudieron haber seguido la voluntad de Dios expresada en su Palabra, pero continuaron con su propia religión basada en prácticas de la ley, en el cumplimiento estricto de sus ordenanzas, pero sin rendir el corazón a Dios. Así que, luego de tanto tiempo de rechazo, Dios confirma lo que voluntariamente habían determinado, cegando sus ojos. Cuando Dios confirma una situación, no hay ninguna esperanza de cambio porque dejan de estar a disposición del pecador los medios de gracia para superar la rebeldía natural y conducir al hombre en fe a una entrega a Dios aceptando sus demandas. Había llegado el tiempo de la reprobación y Jesús dice que esta era la razón por la que no podían entender la grandeza de aquel día.

La situación de aquellos no era consecuencia del cumplimiento de la profecía en la que se anunciaba la reprobación, ceguera y endurecimiento de Israel, sino que, en las palabras de Jesús que siguen luego, anunciaba lo que iba a ocurrir a causa de la rebeldía voluntaria de la nación. Todo cuanto se estaba produciendo ocurría bajo el control de Dios. Aquella condición en la que se encontraban había sido establecida por la omnipotencia de Dios, en respuesta a la condición rebelde de Israel, luego de advertencias divinas y del tiempo de gracia para rectificar. Aunque la soberanía divina operó cegando el entendimiento, no mermó la responsabilidad de los hombres. De otro modo, ¿no estaban actuando de aquella manera conforme al designio divino previamente anunciado por los profetas? Sin duda es el término definitivo de aquella situación, pero eso no exime a los judíos de la responsabilidad personal en que incurrían por esa desobediencia. Los judíos fueron puestos en aquella tierra para que obedeciesen a Dios. La desobediencia de ellos era contraria a la voluntad divina. De otro modo, Dios no preparó aquella situación eligiendo a los hombres de aquel tiempo desde la eternidad para que irremisiblemente fuesen incrédulos; por tanto, son responsables del rechazo a Dios más grande de la historia humana. Aquellos no alcanzarían la justificación, el perdón de sus pecados y la vida eterna como anunciaba la profecía, y ésta, como palabra de Dios, se cumpliría, pero la responsabilidad humana del acto de no creer era directamente de quienes, viendo las señales, no aceptaban que Jesús era el Mesías, el enviado de Dios. De Israel se dice: "Todo el día extendí mis manos a un pueblo rebelde y contradictor" (Ro. 10:21). Debe entenderse claramente que todo cuanto es de salvación es de Dios y todo cuanto es de responsabilidad condenatoria es del hombre (Sal. 3:8; Jon. 2:9). En el decurso de la historia, tan sólo un pequeño remanente de aquellos, establecido por la gracia, se está salvando; el resto sigue endurecido por Dios. Cabe aquí la necesaria advertencia sobre lo que algunos llaman preterición eterna de Dios, enseñando con esto que, antes de la creación del hombre, Dios determinó salvar a unos y condenar a otros, por lo que éstos, sentenciados a condenación —según la enseñanza de esta posición teológica—, no pueden alcanzar la salvación porque su destino está establecido para condenación eterna. Sin embargo, tal enseñanza no está en la Biblia y es simplemente una deducción filosófica del hombre frente a la elección de algunos para salvación. La gracia de Dios llama a todos los hombres a la fe y Jesús dice que todos cuantos acudan a Él no serán rechazados. Es cierto, con todo, que el hombre necesita la asistencia de Dios para salvación.

De nuevo la deidad y la humanidad se manifiestan en Jesús: el Hijo de Dios, el Verbo manifestado en carne, cabalga sobre un asnillo; el hombre llora sobre la ciudad.

La comitiva llegó a la ciudad siguiendo luego la ruta directa al templo. Mateo hace notar que "cuando entró él en Jerusalén, toda la ciudad se conmovió, diciendo: ¿Quién es éste? Y la gente decía: Éste es Jesús el profeta, de Nazaret de Galilea" (Mt. 21:10-11). La ciudad de Jerusalén no salió toda a recibir a Jesús en el camino. Muchos se quedaron en ella. La comitiva multitudinaria y la persona que era objeto de la admiración y de las alabanzas de las gentes llamó poderosamente la atención de quienes estaban en Jerusalén. Las fechas, vísperas de la Pascua, con el recuerdo liberador que conllevaba la festividad, propiciaba la expectación de muchos en relación con el Mesías esperado y el futuro anhelado de libertad y poderío. Una situación semejante contagió a toda la ciudad, desde el momento en que entró Él en Jerusalén[20]. La conmoción fue intensa, se estremeció la ciudad. Mateo utiliza para describirla un verbo enérgico[21], que equivale a ser sacudido, que en otro lugar equivale a temblar.

La muchedumbre se preguntaba: ¿Quién es este? Jesús no era un desconocido en la ciudad de Jerusalén; esta era la tercera vez que venía a la fiesta de la Pascua. En varios lugares de los evangelios se menciona su presencia en la ciudad. Había estado en el templo al principio de su ministerio, y había limpiado el santuario de mercaderes (Jn. 2:13-16). Juan recuerda que había estado también en otra festividad de los judíos (Jn. 5:14). En otra ocasión en el templo cuando se refirió a sí mismo como la luz del mundo (Jn. 8:2, 12, 59).

---

[20] Griego: εἰσελθόντος αὐτοῦ εἰς Ἱεροσόλυμα.

[21] Griego: ἐσείσθη, tercera persona singular del aoristo primero de indicativo en voz pasiva del verbo σείω, equivale a *temblar, estremecerse*; aquí como *se conmovió*.

Cada visita de Jesús dejó impacto en las personas, tanto de la ciudad como visitantes. Pero nunca antes había entrado rodeado de tanta gente y de aquella manera. Los *hosannas*, la cabalgadura, los gritos de las multitudes, impactaron a todos en Jerusalén. De forma especial causaron un efecto que incrementó el odio de los líderes religiosos, especialmente de los fariseos, que se acercaron al Señor para pedirle que reprendiera a sus seguidores (Lc. 19:39). Nadie quedó impasible en la ciudad a causa de la conmoción que se produjo con la entrada de Jesús. Los ciudadanos de Jerusalén preguntaban quién era aquel que producía tal conmoción. Los de Jerusalén que esperaban al Mesías eran ignorantes sobre la persona de Jesús a quienes las gentes aclamaban.

La respuesta que daba la gente a las continuas preguntas sobre quién era Jesús se orientaba en dos sentidos. Primeramente, le calificaban como profeta: *este es el profeta*[22]. El Señor era conocido y reconocido entre la gente desde hacía tiempo como un gran profeta. A la pregunta que había hecho a los discípulos en Cesarea de Filipos sobre lo que las gentes opinaban sobre Él, recibió como respuesta que unos pensaban que era Elías; otros, Jeremías o algún nuevo profeta (Mt. 16:14). Los hechos portentosos que hacía Jesús conducían a muchos a afirmar que Dios había levantado un gran profeta entre ellos, visitando con favores y bendiciones a su pueblo (Lc. 7:16). Los discípulos entendían desde muy al principio de su ministerio que Él era el profeta que había sido anunciado por Moisés y que había de venir al mundo (Jn. 6:14), convicción que era compartida también por otros en Israel (Jn. 7:40). La mujer samaritana consideró así a Jesús (Jn. 4:19). Pedro recordó en el discurso del templo que Jesús era el profeta que había sido anunciado (Hch. 3:22, 23), refiriéndose en el mismo a las palabras de Moisés (Dt. 18:15). Esteban también afirmó de igual manera en relación con la misma promesa (Hch. 7:37). El mismo Señor usó ese título para referirse a sí mismo (Mt. 13:57). No cabe duda de que el calificativo de profeta correspondía plenamente al Señor. Como tal, revelaba al pueblo las palabras de Dios. Jesús había venido para manifestar absoluta y plenamente a Dios mismo, no sólo sus palabras (Jn. 1:18). Quien veía a Jesús veía a Dios en Jesús (Jn. 14:9). Jesús es el discurso absoluto y exhaustivo de Dios; por tanto, desde entonces el cielo guarda silencio en cuanto a nueva revelación, porque Dios mismo pronunció su Logos en Jesús de Nazaret (He. 1:1-2). En este profeta se comunica y cumple la profecía.

---

[22] Griego: οὗτος ἐστιν ὁ προφήτης.

La segunda parte de la respuesta es un tanto subjetiva. Se dice que era Jesús, el profeta de Nazaret, de Galilea[23]. No cabe duda de que vivió en Nazaret y que a consecuencia de eso se le llamaba nazareno. Los mismos demonios usaron el gentilicio para referirse a Cristo (Mr. 1:24; Lc. 4:34). Bartimeo el ciego también conocía a Jesús como alguien de Nazaret (Mr. 10:47; Lc. 18:37). Los ángeles testificaron que Jesús era nazareno (Mr. 16:6). Felipe el apóstol lo consideraba así (Jn. 1:46). Los discípulos de Emaús llamaban a Jesús nazareno, el profeta poderoso en obra y en palabra (Lc. 24:19). El Señor glorificado se presentó a Pablo como Jesús de Nazaret (Hch. 22:8). Sin embargo, las gentes añadían "de Galilea". La profecía aseguraba que el Cristo vendría del linaje de David y de la aldea de Belén (Jn. 7:42). Ser de Galilea era un problema para algunos en relación con el Mesías que había de venir. ¿Por qué lo calificaban así? Es probable que una cantidad muy grande de los que formaban la multitud que acompañaba a Jesús procedían del norte del país, de Galilea. Allí había estado una gran parte de su ministerio el Señor. Allí había hecho prodigios y milagros más que en otras partes. Acaso era un orgullo nacionalista que llevaba a los galileos a unir a ellos el origen del profeta que aclamaban como el Hijo de David. En cierta medida lo inscribían como suyo en oposición a quienes se consideraban judíos de linaje, los que eran de Judea y sobre todo de Jerusalén.

En aquella ocasión, el Señor entró en el templo. El conocimiento de la presencia de Jesús en el templo motivó la llegada de muchos enfermos, ciegos y cojos, y los sanó (Mt. 21:14). Las aclamaciones de las multitudes llenaron de odio a los líderes religiosos, que lo reprendieron por consentirlas (Mt. 21:15-16). No había más que hacer aquel día, de modo que, dejando a los adversarios y a las multitudes, salió de la ciudad a Betania para pasar la noche (Mt. 21:17). Marcos puntualiza que "habiendo mirado alrededor todas las cosas, como ya anochecía, se fue a Betania con los doce" (Mr. 11:11).

Dos acontecimientos tuvieron lugar el día siguiente a la entrada en Jerusalén. Nada más salir de Betania, Jesús tuvo hambre. Otra vez, la evidencia de que Jesús es una persona divino-humana. Dios no tiene hambre, pero quien tenía hambre como hombre, era Dios (Mt. 21:18). Cerca del camino, una higuera llena de vida, puesto que estaba llena de hojas. Se acercó "a ver si tal vez hallaba en ella algo;

[23] Griego:᾽Ιησοῦς ὁ ἀπὸ Ναζαρὲθ τῆς Γαλιλαίας.

pero cuando llegó a ella, nada halló sino hojas, pues no era tiempo de higos" (Mr. 11:13). Según algunos expertos en botánica palestina, en algún tipo de higuera suele aparecer el fruto inmaduro y luego las hojas en el árbol, de modo que una higuera llena de hojas sería señal de que también debía tener fruto conforme a la lozanía de su follaje. Aunque el tiempo no era propio de higos, en algunas ocasiones las higueras en el área de Jerusalén daban frutos muy tempranos. Nada encontró en el árbol más que hojas. Había ido con el deseo de tomar de su fruto, si lo encontraba. La limitación del conocimiento que correspondía al hombre se hace presente. ¿Acaso no conocía que la higuera no tenía fruto? Sí, desde su naturaleza divina, pero no desde su naturaleza humana. Pensar que Jesús tenía conocimiento de que no había fruto en la higuera conduce a otra pregunta: ¿Por qué hizo todo aquello? Si se piensa que el conocimiento infuso en la naturaleza humana del Hijo de Dios era una constante, entonces es necesario buscar un simbolismo en la acción que tenía que ver con la situación de Israel, y que como la higuera fue condenada por no tener fruto, así también Israel lo sería por no llevar fruto para Dios, quitando todo contenido humano al acto de Jesús. Bajo la posición del pensamiento infuso en la humanidad de Jesús, escribe el profesor Del Páramo:

Para entender el verdadero significado de este episodio de la higuera seca hay que tener presentes algunas observaciones. En primer lugar, aun prescindiendo de su ciencia divina e infusa, Jesús sabía muy bien que en aquella higuera no había de encontrar frutos, porque, como observa san Marcos, no era tiempo de higos. En segundo lugar, la incredulidad y dureza de corazón de los jefes del pueblo, que había de llevar a la ruina a toda la nación, se manifestaba en aquellos días con mayor relieve y saña contra la persona de Jesús. Quiso, pues, usando un recurso, frecuente en los profetas del Antiguo Testamento, manifestar, por medio de una acción alegórica, la suerte que aguardaba al pueblo de Israel y a Jerusalén por su pertinacia en la incredulidad. Por otra parte, el representar al pueblo de Israel por un árbol fructífero, y concretamente por una higuera o por la vid, no es raro en los libros del Antiguo Testamento (cf. Sal. 91:13; Is. 6:13; Jer. 17:8; Ez. 19:10; Os. 10:1; Jer. 24:1-10; Os. 9:10; Miq. 7:1). También en el Nuevo Testamento hemos visto esta figura del árbol en labios del Bautista (Mt. 3:10; Lc. 3:9) y del mismo Cristo (Mt. 7:16-20; 12:33-35; Lc. 6:43-45), y concretamente tenemos la parábola de la higuera estéril en San Lucas (13:6-9), que encierra una doctrina semejante a la del episodio que comentamos.

> *Por donde se ve que esta acción de Cristo, que era meramente simbólica, es decir, que no tenía otro fin que representar de una manera perceptible a los sentidos la suerte que esperaba al pueblo judío, no era del todo nueva y desconocida para los apóstoles. Aquella higuera era una imagen del pueblo judío, que, a pesar de la providencia especialísima que Dios había tenido con él, y singularmente a pesar de la predicación y milagros obrados por Jesucristo a favor suyo, no había dado el fruto apetecido; por el contrario, estaba atormentando el corazón misericordioso de Jesús con el fruto amargo de su incredulidad. Merecía, pues, la maldición de Dios. Es el misterio de la reprobación del pueblo escogido, que más tarde llorará san Pablo (Ro. 9:1 ss.).*[24]

Esta opinión, aunque muy respetable y simbólicamente correcta, anula la condición humana del Señor. El conocimiento sobrenatural que en ciertos momentos manifiesta obedece a la comunicación de propiedades entre sus dos naturalezas, efectuado en y por la persona divina en que subsisten. En cuanto a su mente humana, Jesús había crecido en sabiduría, como un hombre crece desde su niñez (Lc. 2:52). Es evidente —como se ha considerado antes— que en el plano de su humanidad no conocía todas las cosas, especialmente las que están reservadas al secreto de la deidad y veladas al hombre como, por ejemplo, el tiempo de su segunda venida (Mr. 13:32). No hay la menor duda de que la naturaleza divina del Logos conocía plenamente ese momento que Dios había establecido pero que no debía conocer ni el hombre, ni los ángeles; de manera que en su humanidad no había recibido comunicación de sabiduría sobre ese evento, que corresponde conocer sólo a la naturaleza divina. Sin embargo, no debe olvidarse que ambas naturalezas moran en la unidad de la persona divina y que en cuanto a humanidad tenía, como hombre, el Espíritu Santo sin medida (Jn. 3:34); aun así, limitaba el conocimiento sobrenatural en el plano humano a lo que era conveniente y necesario para la obra que le había sido encomendada y que estaba ejecutando. A la luz del relato, pensar que Jesús fingió tener hambre y que buscó en la higuera lo que sabía que no iba a encontrar es desconocer la realidad y operatividad de la naturaleza humana del Hijo de Dios. Pero tampoco es posible dejar de apreciar aquí el misterio de la interacción de las dos naturalezas en la persona divina del Hijo de Dios.

---

[24] Del Páramo & Alonso, 1973, p. 222 ss.

La reacción de Jesús fue presenciada por los discípulos. Inmediatamente dijo al árbol: "Nunca jamás coma nadie fruto de ti"[25]. La expresión es intensa[26], construida con un pronombre indefinido que equivale a *ninguno*, *nadie*, y el aoristo segundo optativo del verbo en voz activa equivalía a una sentencia de muerte contra el árbol, como así ocurrió.

Maldecir un árbol para que jamás diese fruto, cuando no era tiempo, no solo resulta impropio, sino incluso fuera de razón. Por tanto, es aquí donde comienza la aplicación simbólica en relación con Israel. En base a esto tenía el Señor ocasión de dar a sus discípulos una enseñanza especial en relación con la piedad aparente, típica de la conducta de los judíos y especialmente del comportamiento de sus líderes. Aquella higuera con una apariencia imponente, pero sin fruto, es una ilustración admirable para representar a Israel. El mismo Señor daría el sentido espiritual de la acción al día siguiente al decir que el reino sería quitado a Israel para darlo a gentes que produzcan frutos consecuentes con él. No era difícil encontrar en la práctica religiosa de aquella semana de la Pascua una situación semejante, como ocurría en el atrio y en el entorno del templo, donde se comerciaba con los animales para los sacrificios, se cambiaban las monedas romanas o griegas por las de uso en Jerusalén aceptables para el templo, convirtiendo los días de piedad en un comercio contrario a todo lo regulado en la Ley, por el que se enriquecían muchos, especialmente la familia sacerdotal. Eso va a motivar la limpieza que Jesús iba hacer en el lugar de mercadeo en el templo. La maldición de la higuera simbolizaba la situación a la que había llegado Israel y el cumplimiento de la parábola que había pronunciado tiempo antes, recogida en el evangelio según Lucas (Lc. 13:6-9). Algo similar se aprecia en el lamento del Salvador a la entrada de la ciudad. Dios puede soportar por un tiempo una situación como aquella, pero no lo hará indefinidamente. La situación en relación con Israel, contraria a la voluntad de Dios, que Jesús denunciaba con aquella acción, había comenzado tiempo antes con el endurecimiento de quienes rechazaban abiertamente al Mesías (Jn. 12:37-41) y se completará

---

[25] Texto griego: μηκέτι εἰς τὸν αἰῶνα ἐκ σοῦ μηδεὶς καρπὸν φάγοι.

[26] Griego: μηδεὶς, caso nominativo masculino singular del pronombre indefinido *ninguno, nadie, ni uno*; καρπὸν, caso acusativo masculino singular del nombre común *fruto*; φάγοι, tercera pesona singular del aoristo segundo optativo en voz activa del verbo ἐσθίω, *comer*, aquí *coma*.

posteriormente con la destrucción de la ciudad y la dispersión de la nación entre las naciones.

La limpieza del templo

Se trata de la segunda vez que Jesús limpió el santuario (cf. Jn. 2:12-16). Seguimos aquí el relato conforme al evangelio según Marcos, donde se lee: "Vinieron, pues, a Jerusalén; y entrando Jesús en el templo, comenzó a echar fuera a los que vendían y compraban en el templo; y volcó las mesas de los cambistas, y las sillas de los que vendían palomas"[27] (Mr. 11:15). Después del incidente de la higuera, Jesús y los Doce siguieron el camino hasta Jerusalén, entrando en el área del templo. El verbo que Marcos usa[28] denota tanto ir como venir, y expresa el acto por el cual se llega a un punto determinado. Habían salido de Betania y llegaron a Jerusalén.

El grupo entró en el templo. Habían estado allí el día anterior. El Señor observó atentamente todo cuanto ocurría en el recinto. Lo que se describe a continuación debió producirse, con toda seguridad en el lugar que se llamaba *atrio de los gentiles*, al que podían acceder todos, tanto judíos como gentiles. Desde esa gran explanada, a través de unos escalones se accedía al resto de las zonas del templo, reservadas exclusivamente para los judíos. El lugar más amplio de todo el recinto del santuario era ideal para la concentración de personas y para el comercio que se describe en el versículo.

La entrada de Jesús en el templo y en la ciudad tenía una relevancia profética muy importante. A lo largo de la historia de Israel, Jerusalén fue el lugar donde los profetas acreditaban su ministerio. Pero también el mensaje que Dios enviaba por medio de sus siervos fue abiertamente rechazado por el pueblo de Israel, y de forma especial por los líderes religiosos y políticos a lo largo de toda su historia. Fue en Jerusalén donde muchos de los profetas fueron muertos a causa de su fidelidad a Dios y de la proclamación del mensaje que aquellos habían recibido de Él. En alusión a esa continua y triste realidad

---

[27] Texto griego: Καὶ ἔρχονται εἰς Ἱεροσόλυμα. Καὶ εἰσελθὼν εἰς τὸ ἱερὸν ἤρξατο ἐκβάλλειν τοὺς πωλοῦντας καὶ τοὺς ἀγοράζοντας ἐν τῷ ἱερῷ, καὶ τὰς τραπέζας τῶν κολλυβιστῶν καὶ τὰς καθέδρας τῶν πωλούντων τὰς περιστερὰς κατέστρεψεν.

[28] Griego: ἔρχομαι.

histórica, el Señor había dicho: "Sin embargo, es necesario que hoy y mañana y pasado mañana siga mi camino; porque no es posible que un profeta muera fuera de Jerusalén" (Lc. 13:33). Fue a la entrada de la ciudad, según el relato de Lucas, que el Señor lloró sobre ella y se lamentó de la realidad espiritual en que se encontraba, diciendo: "¡Jerusalén, Jerusalén, que matas a los profetas, y apedreas a los que te son enviados!" (Lc. 13:34). Por esa causa el Señor va en la fiesta a la ciudad y en los días previos a la Pascua entra en el templo.

Conviene detenerse brevemente para hacer una aproximación al santuario y a lo que ocurría en él. Cuando Marcos dice que Jesús entró en el templo, no está diciendo que lo hizo en el interior del edificio destinado al santuario, sino que estuvo en el atrio, bien sea el de los gentiles o el interior, el de los judíos. Sin embargo, como todo el recinto estaba dedicado a Dios, la presencia de Jesús en cualquier lugar era su presencia en el templo. Conforme a la enseñanza bíblica, todo el santuario y los recintos del área estaban dedicados a Dios, donde especialmente manifestaba su presencia en el llamado Lugar Santísimo, en la parte más interior del edificio. En los días de Jesús, el templo era una edificación imponente en comparación con los otros santuarios de la historia de Israel. El primero fue una sencilla tienda de campaña que acompañó al pueblo durante las jornadas en el desierto desde Egipto a Canaán, para estar luego en el territorio de la promesa, en distintos lugares. Siguió a este santuario el templo edificado por Salomón. El edificio que construyó el segundo rey de Israel en la línea de David —aunque tercero teniendo en cuenta al primero, que fue Saúl— era un edificio notable en su tiempo, tanto por sus líneas como por sus dimensiones. Había sido construido con piedras que se trabajaban en la misma cantera de donde se extraían, y se colocaban luego en su lugar sin que interviniesen herramientas de corte o se escuchase el natural golpear de los instrumentos de los canteros. El edificio se forró de oro en el interior. El templo se dividía en tres partes. Primero el vestíbulo, que medía cinco metros y medio de fondo por once de ancho y dieciséis y medio de alto. Seguía el llamado Lugar Santo, con la misma anchura, pero de veintidós metros de largo. Finalmente estaba el Lugar Santísimo, con forma de cubo perfecto de once metros por cada una de sus tres dimensiones. Los elementos destinados al culto —altares, lavacro, utensilios— eran todos de primera calidad, abundando en ellos el oro y el bronce. Ese santuario fue destruido en la invasión de Nabucodonosor y reconstruido después del retorno de Babilonia, en tiempos de Esdras, con el resultado de un santuario mucho más pequeño que el anterior y sin la riqueza que había sido propia del templo de Salomón. En ese segundo templo, el Lugar Santísimo estaba vacío, ya que el Arca del Pacto había desaparecido; algunos como Josefo afirman que fue destruida en la invasión babilónica. Este segundo templo fue el que Antíoco IV Epífanes, el seléucida, saqueó y profanó, poniendo en el santuario una estatua de Zeus ante la que ordenó sacrificar cerdos. El tercer templo se conoce como el Templo de Herodes, que es el que estaba funcionando en días de Jesús. Aparentemente, aunque la obra de Herodes consistió en enriquecer el segundo templo de los días de Esdras, la reforma fue de tal dimensión que merece la pena considerarlo como tercer templo. Los trabajos ordenados por Herodes I el Grande comenzaron en el año 19 a. C. La obra principal duró nueve años, pero la restauración total se extendió hasta el año 62 d. C. El templo de Herodes tenía la forma natural del Santuario, como el de Salomón, pero era mucho mayor que aquel. Especialmente grande fue la obra de las terrazas donde estaban los atrios. El atrio interior estaba reservado sólo a los israelitas y se dividía en dos partes, una llamada Atrio de las Mujeres y otra Atrio de los israelitas. Las piedras de las construcciones y la grandiosidad de las explanadas causaban admiración a todos los que las miraban.

Siendo el santuario de Dios, es decir, dedicado a Dios, todo en el templo, incluidos los atrios le pertenecían en toda la dimensión de la palabra. Ninguna cosa debía hacerse en aquel lugar que no estuviese establecida por Dios mismo. Nada que procediese de los hombres y del pensamiento de ellos tenía cabida allí y en el servicio que se realizaba en él. Sin embargo, a lo largo de los años, se había establecido un sistema de alto interés económico alrededor del servicio en el santuario. Uno de ellos era el negocio de los cambistas. Era habitual que el impuesto anual de medio siclo para el santuario se pagase muchas veces en el mismo templo, en el lugar de la tesorería, coincidiendo con algunas de las festividades solemnes de Israel. En Palestina circulaba un número considerable de monedas de curso legal, especialmente griegas y romanas, aunque podían encontrarse con mucha facilidad monedas persas, sirias y egipcias que circulaban en Israel junto con la moneda nacional. El impuesto del santuario debía pagarse en siclos del Santuario. El cobro del impuesto se hacía en las ciudades donde se ponían mesas de recaudación en las entradas, desde el quince al veinticinco del mes de Adar. Pasado ese tiempo, el pago debía hacerse en el santuario en Jerusalén, para lo que se establecían puestos de pago en el Atrio de los judíos. Como sólo se podía pagar en la moneda del templo, era necesario cambiar las otras monedas que circulaban entonces. Esto permitió establecer el negocio del cambio. Los cambistas recibían una tarifa establecida previamente y también una cantidad convenida por cada medio siclo que cambiaban. Cuando se entregaba para el cambio una moneda de mayor valor que un medio siclo, el que cambiaba tenía que pagar el doble de comisión de cambio. Esto producía unos beneficios muy grandes, que ingresaban en el tesoro del templo, deducida la comisión establecida para los cambistas. Las mesas para aquella actividad se asignaban por concesión sacerdotal. No cabe duda de que quienes se beneficiaban de todo esto eran los sacerdotes, pero no los que hacían el servicio en el santuario por sorteo, sino los que se llaman en los escritos bíblicos *los principales sacerdotes*, siempre o casi siempre miembros o amigos de la familia del sumo sacerdote. En el tiempo de la Pascua, el negocio del cambio se incrementaba considerablemente ya que acudían judíos de todos los países que encontraban un modo cómodo para cambiar sus monedas, no sólo para el pago del impuesto anual, sino para compras que podían hacer en el área del santuario. De forma especial, cabe destacar los materiales necesarios para la fiesta o para la purificación, siendo siempre mejor pagar el precio pedido por los vendedores en moneda del templo que entrar en discusiones con ellos para ajustar el precio en otra moneda. Es fácil imaginarse lo que ocurría en el Atrio de los judíos cuando estaba el negocio del cambio en pleno apogeo. Las discusiones se sucedían al establecer los valores de las monedas, las sanciones por las que estaban defectuosas, los regateos en voz alta, casi a gritos, convertían el atrio del templo en un verdadero mercado. Por esa razón, Jesús comenzó a expulsar a todos los que estaban traficando y comerciando en el recinto del santuario.

Otro aspecto de los negocios que se practicaban en recinto del santuario tenía que ver con la compra-venta de animales para los sacrificios, y de los elementos necesarios para cada uno de ellos, como vino para las libaciones y otros semejantes. Para cada tipo de sacrificio había establecida una lista de precios conforme a las disposiciones de la ley. El que quería ofrecer un sacrificio se proveía en el mercado del templo de todo lo preciso para efectuarlo, recibiendo el justificante de haber pagado el canon correspondiente. Había un grupo de sacerdotes y levitas que estaban encargados de este comercio, cobrando las correspondientes tasas que cada noche ingresaban en la tesorería del templo, quedando los beneficios para el santuario. Cada persona que quería ofrecer un sacrificio podía adquirir todo lo obligatorio, incluyendo el animal, sin necesidad de comprarlo en el mercado del templo. Pero cuando lo traían de otra procedencia, sin el correspondiente justificante de compra del mercado del templo, tenía que ser examinado por personas cualificadas para declararlo apto. Esto originaba frecuentemente discusiones entre el que traía el animal para el sacrificio y el que lo examinaba para darle la aprobación. Los que examinaban a los animales de otra procedencia que no fuese el mercado del templo habían sido convenientemente entrenados para distinguir entre lo que pudiera ser un defecto permanente o temporal. Cada uno de estos examinadores tenían autorizada una tarifa para expedir el certificado sobre la validez del animal, sin el cual no era admitido para el sacrificio. Todos estos problemas se evitaban comprando el animal en el lugar de venta dentro del recinto del templo, ya que habían sido inspeccionados y todos tenían el correspondiente certificado que los declaraba aptos para el sacrificio. Lo mismo ocurría con los vendedores de aves, concretamente con las palomas. Todo esto había convertido el santuario en un verdadero mercado, con unas dimensiones muy grandes, especialmente en tiempos de festividades.

Aquel mercado estaba profanando el templo; por tanto, Jesús limpió el recinto sagrado echando fuera a todos los que comerciaban en él. Marcos se fija en los detalles concretos, como que el Señor expulsó de allí a todos los que vendían y compraban. No hubo en ello acepción de personas; los que practicaban el comercio, fuesen compradores o vendedores, fueron puestos por Jesús fuera del lugar. Luego pasó a la acción contra los cambistas, concretamente desbaratando sus mesas. Mateo dice que volcó las mesas. La acción debió ser fulminante, de modo que las mesas quedaron tiradas en el suelo y las monedas que había en ellas rodarían sobre el pavimento del templo. Actuó también contra los vendedores de palomas, volcando las sillas donde se sentaban, teniendo en el suelo o en alguna jaula las palomas para la venta. Los dueños corrían por el atrio escapando a la acción de limpieza de Cristo y posiblemente las aves volaron libres. El espectáculo que aquello debió haber producido tuvo que ser grandioso. Debe haber sido impactante ver a Jesús ahuyentando a todos los comerciantes mientras las monedas alfombraban el suelo por todos los lugares. La confusión debió haber sido muy grande, pero cortó, aunque fuese por muy poco tiempo, una confusión mayor, que era la que producían aquellos perversos con sus negocios sustentados por la devoción a Dios y los preceptos establecidos para el culto y el templo.

Marcos añade que "no consentía que nadie atravesase el templo llevando utensilio alguno" (Mr. 11:16). La prohibición tenía que ver con llevar literalmente utensilios. Parece ser que el atrio del templo se usaba como vía de paso convertido en un atajo, por lo que reducían a un camino común lo que era lugar sagrado. Incluso los maestros de Israel enseñaban a la gente que nadie podía atravesar el templo con su bastón, zapatos, bolsa o polvo en los pies. La actuación de Cristo descansaba en lo que Él mismo era, el Señor del santuario (Mt. 12:6). La práctica religiosa en sí misma, simplemente externa, conduce al deterioro espiritual como consecuencia de la falta de comunión con Dios, que impulsa a la irreverencia. La casa de oración llegó a ser un lugar de mercado para beneficio de los irreverentes.

La justificación que Cristo dio a la limpieza del templo estaba asentada en la escritura: "¿No está escrito: Mi casa será llamada casa de oración para todas las naciones? Mas vosotros la habéis hecho cueva de ladrones" (Mr. 11:17). Al silencio que debió haber seguido con la expulsión de los vendedores y la desaparición del mercado en el atrio del templo, la voz de Jesús podía oírse con claridad por las atónitas personas que habían presenciado todo aquello. Es muy probable que se agolpasen en torno a Jesús, que aprovechó para enseñarles y dar la razón por la que había hecho todo aquello.

La verdadera enseñanza descansa en la exposición bíblica; por tanto, Jesús apeló a la Escritura citando un pasaje de la profecía (Is. 56:7b). El templo era casa de oración, lugar donde las gentes podían buscar a Dios con devoción espiritual, para oración y comunión. Para esto había sido edificado el primer templo, como Salomón expresó en la oración de dedicación (1 R. 8:29, 30, 33). El santuario era el lugar donde el pueblo podía contemplar la hermosura del Señor (Sal. 27:4).

En contraste con el propósito divino para el santuario, estaba la acción de los hombres que lo habían convertido en una cueva de ladrones. De manera que el Señor actuó no sólo por la profanación que habían hecho del templo, sino también en defensa de la injusticia a la que se veían sometidos los peregrinos, por las prácticas comerciales abusivas. Los responsables principales de los dos problemas eran fundamentalmente los sacerdotes. Para Jesús, la casa de oración era, literalmente, una guarida de forajidos. Son sin duda palabras fuertes las que el Señor estaba usando para referirse a quienes habían convertido en un lugar de negocio ilícito el atrio del templo. Además, el bullicio de los negocios hacía imposible que el propósito espiritual del templo, como casa de oración, pudiera ser realizado. La segunda parte de la cita que Jesús utilizó está tomada de otro profeta, Jeremías, que dice: "¿Es cueva de ladrones delante de vuestros ojos esta casa sobre la cual es invocado mi nombre? He aquí que también yo lo veo, dice Jehová" (Jer. 7:11). La situación de los tiempos de Jeremías se repetía también en aquellos días. El templo se había convertido en cueva de ladrones. Tal vez la evidencia más real de este tipo de latrocinio eran los puestos de venta que durante años existieron en el templo y que eran propiedad de la familia del sumo sacerdote. Sin embargo, lo que Jesús tenía en mente eran todos aquellos que traficaban comercialmente con quienes venían al templo para adorar a Dios, beneficiándose de la piedad de los creyentes. Los hombres habían aprovechado la religión y la habían convertido en negocio lucrativo que contaminaba la casa de oración. Cristo actuó con la autoridad de la Escritura y en consonancia con ella restauraba la casa de Dios a la razón de su propósito y fin. Todas las actividades que podían llevarse a cabo en el templo tenían fines espirituales. Además de ser el lugar de los sacrificios, era un lugar de oración, ya que delante del velo que separaba el Lugar Santo del Lugar Santísimo, ardía el incienso que simbolizaba la adoración del pueblo en la presencia de Dios.

Las enseñanzas finales de Jesús

Al pueblo y a los líderes religiosos

Como se ha indicado anteriormente, el análisis exegético de las enseñanzas de Jesús excede los límites propios de la cristología, por lo que es suficiente con una síntesis de ellas; el lector puede analizar personalmente y hacer la exégesis de los pasajes que se citan.

El sanedrín contradijo pública y formalmente la autoridad de Jesús. En la mañana del martes, Jesús caminaba por los atrios del templo. Probablemente lo estaban esperando los principales sacerdotes, escribas y ancianos. Esto ocurrió en la tercera entrada de Jesús en el templo según la cronología de Marcos. El solo nombre de la ciudad de Jerusalén y del templo abre un panorama de conflictos, problemas, pasión y muerte, como Jesús mismo había anunciado. El tiempo en el templo era dedicado por el Maestro para enseñar a la gente. No tenía un lugar señalado para hacerlo; cuando llegaba caminaba con los Doce por el Atrio de los gentiles, deteniéndose de vez en cuando para enseñar. Los incidentes con los líderes religiosos eran habituales. Una representación del sanedrín se acercó a Jesús; era la representación del cuerpo judicial de la nación, la máxima instancia en materia de aplicación de la ley. Los principales sacerdotes eran un grupo formado por el Sumo sacerdote en funciones y sacerdotes elegidos; generalmente este cuerpo sacerdotal presente en el sanedrín estaba vinculado familiar o interesadamente con el Sumo sacerdote. Mayoritariamente pertenecían a la secta de los saduceos. Estaban también los escribas, maestros intérpretes de la Escritura, que habían tenido serios conflictos con Jesús y estaban muy molestos con Él porque enseñaba sin la correspondiente autorización de alguna escuela rabínica de aquel tiempo. Además, las enseñanzas de Jesús eran absolutamente distintas a las de ellos, tanto en contenido, como en extensión y, sobre todo, en la autoridad manifestada en las palabras del Maestro. El tercer grupo era el de los ancianos, representantes destacados del pueblo de Israel en el máximo órgano judicial de la nación. Jesús había anunciado a los discípulos que subían a Jerusalén que el Hijo del Hombre sería entregado "a los principales sacerdotes y a los escribas y le condenarán a muerte" (Mr. 10:33). Esa predicción se estaba cumpliendo ya, o estaba en camino del cumplimiento. Eran estos quienes le iban a entregar a la muerte, quienes se le acercaron en el templo.

El propósito de ellos era cuestionar la autoridad de Jesús para hacer lo que estaba haciendo, lo que comprendía sus acciones diarias, especialmente en esos días, como la limpieza del templo, las sanidades de los enfermos y la enseñanza. El propósito de ellos era encontrar algo contra Jesús que les permitiera acusarlo delante del sanedrín y condenarlo a muerte (Lc. 19:47; Jn. 11:53). Posiblemente las preguntas tenían que ver más con lo que estaba haciendo que con lo que enseñaba. La reacción de los religiosos sobre las aclamaciones en la entrada a la ciudad les tenía preocupados y llenos de ira.

A la pregunta sobre la autoridad por la que actuaba de aquel modo, respondió Jesús con otra pregunta, cuya respuesta por el grupo de opositores traería o no la respuesta a la pregunta que le habían formulado ellos. Jesús les pidió su posición sobre si el bautismo de Juan era del cielo o de los hombres (Mt. 21:25; Mr. 11:30; Lc. 20:4). Si respondían que el bautismo era del cielo, es decir, conforme a lo que Dios había determinado para el ministerio del Bautista, incurrirían en un pecado de rebeldía contra el mensaje que Dios había enviado por medio de Juan. Una respuesta afirmativa en ese sentido, traería una acusación por parte de Jesús: "¿Por qué no le creísteis?". Juan lo había presentado como el Cordero de Dios enviado para quitar el pecado del mundo (Jn. 1:29). Si el mensaje de Juan era verdadero, si su ministerio era del cielo, y así lo reconocían aquellos que estaban formulando a Jesús la pregunta sobre la autoridad con que hacía aquellas cosas, entonces tenían que reconocer que Él era el Cristo, el enviando de Dios y que es sobre todos, conforme al testimonio de Juan (Jn. 3:31). Otra alternativa era responder que el bautismo de Juan y su ministerio era de hombres, es decir, humano y no divino. Esta respuesta escrita por Marcos exige colocarle puntos suspensivos al final para dar idea de una alternativa muy dudosa. Todos tenían a Juan por profeta y una respuesta así enfurecería a la gente contra ellos.

La respuesta de los que habían venido a Jesús fue: "No sabemos", a lo que Cristo respondió que tampoco Él les respondería sobre la autoridad con que hacía aquellas cosas. Esa controversia fue en toda la dimensión una enseñanza de Jesús advirtiendo a todos sobre la condición de los líderes en Israel.

Jesús enseñó en aquellos días a la gente. Usó la forma parabólica para hacerlo. Mateo recoge la parábola de los dos hijos enviados por el padre a trabajar en la viña, con dos respuestas distintas y dos reacciones igualmente diferentes; con ella condujo a los oyentes a una reflexión personal sobre el comportamiento de quienes asentían a la enseñanza de Juan, pero no cumplían sus demandas y no se arrepentían para creerle (Mt. 21:28-32).

Los tres sinópticos recogen la parábola conocida como la de los labradores malvados. Un dueño de una viña la había entregado a un grupo de labradores y en su tiempo envió a ellos a sus siervos para que recogieran el fruto que le correspondía como dueño de la viña. Los arrendatarios, en lugar de pagar lo correspondiente, golpearon a los siervos que les habían sido enviados y no pagaron lo que era justo. Al final envió a su propio hijo con el mismo propósito, pero a éste lo mataron pretendiendo con ello hacerse con la propiedad de la viña. Jesús hizo la aplicación de la parábola recurriendo una cita bíblica, para hacerles comprender que el Cristo desechado y muerto se levantaría triunfante por el poder de Dios. Esta obra divina es una maravilla admirable a los ojos de los creyentes. Lo sorprendente es que Dios ha hecho esa obra. Todos los verdaderos creyentes que contemplan ese prodigio divino glorifican a Dios por ello. A quien los edificadores desecharon, es puesto como rey sobre el santo monte de Dios (Sal. 2:6), y todo el mundo verá y reconocerá que eso ha sido obra del Señor: "Esto ha sucedido de parte del Señor, y es maravilloso a nuestros ojos", además el reino de Dios sería quitado de aquellos y dado a gente que haga los frutos de él (Mt. 21:33-44; Mr. 12:1-12; Lc. 20:9-18). La reacción de los líderes religiosos no se hizo esperar, determinando matarle (Mt. 21:46; Mr. 11:12; Lc. 20:19).

En la enseñanza general de aquellos días en el templo, Jesús trató sobre el deber de pagar el tributo, respondiendo a otra pregunta hecha con astucia y con el mismo propósito de encontrar algo contra Él para acusarle (Mt. 22:15-22: Mr. 12:13-17; Lc. 20:20-26).

Posiblemente el mismo día, los saduceos presentaron una historia sobre siete hermanos en una familia. Uno de ellos se casó y murió sin hijos. En base al mandato legal del matrimonio levirático (Dt. 25:5-7), uno de los hermanos se casó con ella para levantar descendencia al fallecido, pero también ocurrió del mismo modo, murió sin hijos; sucesivamente, se casaron los siete y finalmente murió la mujer. La pregunta capciosa apuntaba a saber cuál de ellos en la resurrección sería el verdadero esposo. Jesús aprovechando aquello enseñó públicamente la realidad de la resurrección, denunció la ignorancia voluntaria de las Escrituras de los saduceos, y habló de la condición de vida en la resurrección de los muertos (Mt. 22:23-33; Mr. 12:18-27; Lc. 20:27-40).

En el último discurso público, Jesús denunció solemnemente a los escribas y fariseos por su hipocresía. Esta enseñanza no era dirigida solo a los Doce, sino que, según Mateo, "habló Jesús a la gente y a sus discípulos" (Mt. 23:1). Al final, delante de todos, hizo una solemne advertencia sobre el juicio que vendría sobre los de aquella generación por su pecado y rebeldía contra Dios, advirtiéndoles y diciéndoles literalmente: "He aquí vuestra casa os es dejada desierta. Porque os digo que desde ahora no me veréis, hasta que digáis: Bendito el que viene en el nombre del Señor" (Mt. 23:38-39). Antes expresó un profundo lamento sobre Jerusalén: "¡Jerusalén, Jerusalén, que matas a los profetas, y apedreas a los que te son enviados! ¡Cuántas veces quise juntar a tus hijos, como la gallina junta a sus polluelos debajo de las alas, y no quisiste!"[29] (Mt. 23:37). De las denuncias sobre los escribas y fariseos pasa a un lamento sobre la ciudad de Jerusalén, que comienza con una iteración de su nombre. Lo hace personificando la ciudad, en una metonimia del sujeto, donde se toma la ciudad por los habitantes. Quienes habían sido promotores y ejecutores de la muerte de los profetas eran los que, habitando en Jerusalén, estaban cerca del templo donde el Dios de amor y misericordia manifestaba su presencia y, además, conocedores de la ley que establecía el amor al Señor y, por tanto, a todos cuantos Él había enviado en su nombre con un mensaje de arrepentimiento: matas a los profetas y apedreas a los que te son enviados. Es significativo que los verbos *apedrear* y *matar* aparecen en el texto griego en participio presente; expresan una acción continuada. No es algo que ocurrió sólo en el pasado, como pretendían hacer creer los fariseos con sus lamentos y reprobación hipócrita hacia lo que sus padres habían hecho; son ellos mismos quienes, continuando con el mismo comportamiento, hacen de esas acciones algo continuado en el tiempo. El Señor al lamentarse sobre Jerusalén, como capital de la nación, está haciendo una apelación solemne a todos los que moran en ella, destacando la malicia de quienes atentan contra la vida de los enviados de Dios. En Jerusalén estaba la sede del sanedrín, el más alto tribunal de la nación, que tenía capacidad de dictar una sentencia de muerte. Es verdad que en los tiempos de Jesús debía ser refrendada y llevada a cabo por la autoridad civil del poder romano, pero esto no quita en nada la responsabilidad que tenían en la muerte de los profetas. El mismo Señor advirtió antes, en su ministerio, que no era posible que un profeta muriese fuera de Jerusalén (Lc. 13:33). La certeza de la afirmación de Jesús se pondría de manifiesto en el tiempo inmediatamente siguiente, primero con su propia muerte y luego con la primera persecución desatada contra los cristianos, enviados por Jesús con un mensaje de salvación para el pueblo de Israel (Hch. 8:1). Al usar dos veces el nombre de la ciudad establece una llamada de atención, como era costumbre entre los hebreos, a la vez que da un patetismo notorio al lamento de Jesús.

Nuestro Señor lamenta el desprecio que la nación y especialmente sus dirigentes hacen a su amor personal. Es un lamento

---

[29] Texto griego: Ἰερουσαλὴμ Ἰερουσαλήμ, ἡ ἀποκτείνουσα τοὺς προφήτας καὶ λιθοβολοῦσα τοὺς ἀπεσταλμένους πρὸς αὐτήν, ποσάκις ἠθέλησα ἐπισυναγαγεῖν τὰ τέκνα σου, ὃν τρόπον ὄρνις ἐπισυνάγει τὰ νοσσία αὐτῆς ὑπὸ τὰς πτέρυγας, καὶ οὐκ ἠθελήσατε.

desgarrador: "¡Cuántas veces quise juntar a tus hijos, de la misma manera que el ave junta a sus polluelos bajo sus alas, y no quisiste!". La figura de un ave que llamando a su nidada se acuesta sobre ella para darle calor, protección y, sobre todo, manifestación de afecto, enfatiza muy gráficamente el amor que Dios tuvo siempre para su pueblo. Varias veces aparece en la Biblia esa figura para expresar el amor del Señor por Israel. Había sido quien, en la liberación de la esclavitud en Egipto, los había tomado sobre alas de águilas y los había traído a Él, en una admirable manifestación de su gracia (Ex. 19:4). A lo largo de la peregrinación por el desierto, luego de la liberación de los egipcios, Dios había tratado al pueblo en forma comparable con la del águila que llama a su nidada, revoloteando sobre sus pollos, y extendiendo sobre ellos sus alas para llevarlos en protección (Dt. 32:10-11). Sin embargo, un profundo contraste se aprecia en las palabras de Cristo: Él quería, pero ellos no querían. La presencia suya en aquel lugar manifiesta la gracia admirable de Dios para con ellos, ya que, a pesar de la continua acción de los judíos contra los enviados suyos, les estaba dando la mayor oportunidad de misericordia enviándoles a su Hijo en la suprema manifestación de su gracia (Gá. 4:4). Aquellos, conocedores profundos de la Escritura, debieron haber reconocido que en la ilustración del ave extendiendo sus alas para cubrir a la nidada, estaba la apelación al amor de Dios hacia ellos. Era el eco de las palabras del salmista: "Con sus plumas te cubrirá, y debajo de sus alas estarás seguro" (Sal. 91:4). Una nota del admirable amor de Dios hacia Israel se aprecia en las palabras de Jesús, al revelar tres cosas que están vinculadas a él. Primero, es un amor constante: "Cuantas veces"[30]; no fue algo ocasional o circunstancial, sino un amor permanente expresado en la continuidad del tiempo, las muchas ocasiones en que demostró ese afecto entrañable hacia ellos. En segundo lugar, es un amor voluntarioso: "Quise"[31]; no es que hubiese alguna razón para que tuviese que amarlos, sino todo lo contrario, a causa de su continua rebeldía y dureza de corazón. El Dios de la soberanía ama por propia y personal decisión, sin ningún tipo de condicionante. Lo hace porque quiere, pero lo hace por necesidad de amar. Dios no sólo ama, Él es amor (1 Jn. 4:16). La sabiduría de los hombres condiciona siempre la expresión de amor; la admirable dimensión del Eterno le lleva a expresar su amor en "locura para los hombres", como es la sublime dimensión de su

---

[30] Griego: ποσάκις.

[31] Griego: ἠθέλησα.

cruz (1 Co. 1:18). Siempre fue así el amor de Dios, que lo lleva a amar al miserable, sin lógica ni razón humana alguna, solo por su propio designio y voluntad soberana (2 Ti. 1:9). En tercer lugar, es un amor de bendición: "Juntar a tus hijos"[32]. Dios quería reunir bajo su protección a todo su pueblo. Sería la única manera de alcanzar las bendiciones, que sólo son posibles en la comunión con Dios. A pesar de lo que el pueblo era, a pesar de sus muchas manifestaciones de rebeldía, el Señor estaba interesado en ellos y deseaba bendecirlos desde la posición de Padre a hijos. Sin embargo, a pesar de todo el amor entrañable y de la divina misericordia, Jesús denuncia un espíritu de rebeldía que poseía el corazón del pueblo: "No quisiste"[33]. Dios no podía hacer ya más por ellos, como Isaías había dicho siglos antes: "¿Qué más se podía hacer a mi viña, que yo no haya hecho en ella?" (Is. 5:4). Una última apreciación en las palabras de Jesús exige considerarlas como una manifestación de deseo benevolente, que puede ser resistido por el hombre y no llevarse a cabo. Hay una voluntad de propósito, que se cumple inexorablemente, al tratarse de una determinación divina, "conforme al propósito del que hace todas las cosas según el designio de su voluntad" (Ef. 1:11). En este caso, se trata de una voluntad de deseo, que puede ser rechazada por quienes son objetos del amor manifestado, concordante con el interés de Dios hacia los hombres, "el cual quiere que todos sean salvos y vengan al conocimiento de la verdad" (1 Ti. 2:4). El interés del Señor sobre su pueblo era de bendición y restauración, pero esa voluntad misericordiosa fue rechazada por quienes pudieron haber vuelto a Él en arrepentimiento. Dios quiso su bien, pero ellos rehusaron esa oferta de gracia.

Esta es la despedida de Jesús de su ministerio público y de su presencia entre ellos: "He aquí vuestra casa os es dejada desierta"[34] (Mt. 23:38). El Juez justo dicta sentencia definitiva e inapelable sobre la ciudad sanguinaria que había rechazado la oportunidad que la gracia le había otorgado para rectificar su actitud y confesar su pecado. Jesús afirma que vuestra casa, refiriéndose al templo, quedaba abandonada y desierta. Es interesante apreciar que el Señor no habla ya de la casa de Dios, sino de la casa de ellos. De la misma manera que en los días de Ezequiel (Ez. 10:4, 18), la gloria de la casa que era la presencia de Dios en ella se iba a retirar, por lo que quedaría

---

[32] Griego: ἐπισυναγαγεῖν τὰ τέκνα σου.
[33] Griego: οὐκ ἠθελήσατε.
[34] Texto griego: ἰδοὺ ἀφίεται ὑμῖν ὁ οἶκος ὑμῶν ἔρημος.

desierta, y ya no sería la casa de Dios, sino la de ellos. Aquel templo con tantos recuerdos históricos y con la vinculación con el primero de ellos, construido por Salomón, que había visto días de gloria, ya no sería más que una casa, al no contar con la presencia de Dios en él. Algunas décadas después sería quemado por los ejércitos de Roma y desaparecería definitivamente en la historia de Israel. El templo se convertía en un desierto asolado sin la presencia de quien es luz y vida. La advertencia de Jesús se cumplía ya en aquel mismo día, porque el Señor no volvería más al templo. En aquella jornada salía de la casa y con Él se retiraban también las bendiciones que podían haber disfrutado. La protección contra los enemigos que significaba la presencia de Dios en el lugar era levantada, de modo que no quedaría piedra sobre piedra que no fuese derribada (Mt. 24:2).

Jesús se despide definitivamente: "Porque os digo que desde ahora no me veréis, hasta que digáis: Bendito el que viene en el nombre del Señor"[35] (Mt. 23:39). El tiempo de la partida del Señor al Padre había llegado (Jn. 16:28). La obra que le había sido encomendada estaba ejecutada plenamente (Jn. 17:4). Luego de su muerte no se presentaría a ninguno de los judíos que le habían rechazado, sino sólo a sus discípulos y seguidores (Hch. 10:40-41). La casa no sólo se quedaba desierta, sino también a oscuras, por cuanto la única luz de Dios, que es Cristo mismo (Jn. 8:12), dejaba de brillar entre ellos con su presencia. La luz verdadera había venido al mundo (Jn. 1:9), pero los hombres habían amado más las tinieblas que la luz; a causa del gozo que sentían en sus malas obras (Jn. 3:19), habían determinado apagar la luz que Dios había hecho brillar, condenando a muerte al Hijo de Dios, de modo que el santuario, quedaba desierto y en tinieblas. La despedida del Señor pone de manifiesto otra grave consecuencia espiritual: junto con la pérdida de la presencia y de la luz de Dios, perdían también la paz, a la que se refirió el Señor en su entrada en la ciudad: "¡Oh, si también tú conocieses, a lo menos en este tu día, lo que es para tu paz!" (Lc. 19:42). Las gentes rechazaban al Príncipe de paz, que había venido para establecer la paz con Dios definitivamente y darla también a los hombres como don consecuente con su obra (Jn. 14:27). Solo quien tiene la presencia del Señor en la vida, quien disfruta de la intimidad de comunión con Él, puede tener y experimentar la verdadera paz (Jn. 16:33a). Aquel pueblo perdía con el rechazo de Jesús la última oportunidad en su tiempo para alcanzar

[35] Texto griego: λέγω γὰρ ὑμῖν, οὐ μή με ἴδητε ἀπ' ἄρτι ἕως ἂν εἴπητε· εὐλογημένος ὁ ἐρχόμενος ἐν ὀνόματι Κυρίου.

las bendiciones que esperaban en el reino mesiánico. El Mesías les había sido enviado y ellos lo rechazaron; por tanto, las consecuencias no podían ser otras que las que Jesús anunciaba en la triste despedida del lugar donde había estado enseñando y cuya presencia cumplía todo lo anunciado para el templo y su gloria.

A los Doce

Especialmente estaban dirigidas a los Doce. Son dadas en el tiempo que podría llamarse *las sombras con Jesús*, el período que se extiende desde la tarde del martes hasta el jueves en la noche. El Señor trata temas que, en cierto modo, podían servir de ayuda a los desanimados discípulos en cuyas mentes se habían asentado las referencias que había hecho a su muerte en Jerusalén.

Sermón profético

Sentado en el Monte de los Olivos, próximo a la ciudad de Jerusalén, el Señor pronunció el llamado Sermón Profético, que ya se ha considerado antes y que simplemente se cita aquí como un aspecto de las enseñanzas de Jesús a los discípulos. La admiración de la imponente construcción del templo de Herodes y la respuesta de destrucción del mismo que habían recibido del Señor dejó perplejos a los suyos (Mt. 24:1-2; Mr. 13:1-2; Lc. 21:5-6). Fue al dejar el templo, como hizo cada atardecer para regresar a Betania, cuando se detuvo con los Doce en el lugar habitual del Olivete. Desde ese lugar tal vez se veía el templo en la distancia, ya que Marcos escribe: "Y se sentó en el monte de los Olivos, frente al templo. Y Pedro, Jacobo, Juan y Andrés le preguntaron aparte: Dinos, ¿cuándo serán estas cosas? ¿Y qué señal habrá cuando todas estas cosas hayan de cumplirse?" (Mr. 13:3-4). Fue una enseñanza profética, en cierto modo próxima en cuanto a la destrucción de Jerusalén, que ocurriría en el año 70, lejana en cuanto a los eventos que tendrían lugar antes de su venida a la tierra para establecer el Reino durante un tiempo, antes de que se proyectase en forma sempiterna la nueva creación de Dios y se accediera al estado eterno, en una creación renovada o recreada.

Mediante dos parábolas, la de las diez vírgenes (Mt. 25:1-13) y la de los talentos (Mt. 25:14-30), Jesús enseña sobre la situación que se producirán en su segunda venida en relación con Israel. Los Doce debían tener una comprensión clara de que la vida que Dios acepta no descansa en elementos religiosos, sino en una relación personal con Él, y que cuantos no estén en ella no pueden acceder al Reino de Dios, ni en el tiempo actual ni en el futuro.

En esa misma línea profética, Jesús se refirió al juicio que tendrá lugar sobre las naciones de la tierra en su segunda venida. En él se examinará la realidad de la salvación de aquellos que comparecerán en juicio delante de Él. Nada tiene que ver con el llamado juicio final, al que serán llamados todos los muertos no salvos (Ap. 20:11-15). Aparentemente, las palabras de Jesús pudieran ofrecer el equívoco de que se trata de una salvación por obras (cf. Mt. 25:25-36). Sin embargo, las obras ponen de manifiesto la realidad de la fe (Stg. 2:26). La selección que se producirá tendrá como consecuencia el acceso de unos al Reino de los Cielos en la tierra y de otros a la condenación eterna (Mt. 25:46).

Esa noche del martes, principio del miércoles para los judíos, en Betania se ofreció a Jesús una cena en casa de Simón el leproso, en la que María ungió a Jesús (Mt. 26:6-13; Mr. 14:3-9; Jn. 12:2-8). Ella recibió críticas de los discípulos que consideraron aquella acción como un despilfarro de algo de mucho precio que, vendido, podía generar una limosna para los pobres. Tal vez el resentimiento de Judas lo lleva a hacer un convenio con los principales de los judíos para entregar a Jesús, aunque acaso él procurase un beneficio material creyendo que no serían capaces de prenderlo y matarlo, y que se escaparía de sus manos, con lo que se habría beneficiado personalmente del odio de los líderes religiosos contra Cristo.

La comida pascual

El jueves Jesús se reuniría a comer la pascua en la casa de algún amigo, posiblemente en la de la familia de Juan Marcos (Mt. 26:17-19; Mr. 14:12-16; Lc. 22:7-13). Marcos es muy preciso en la determinación del día de aquella cena: "El primer día de la fiesta de los panes sin levadura, cuando sacrificaban el cordero de la pascua, sus discípulos le dijeron: ¿Dónde quieres que vayamos a preparar para que comas la pascua?"[36] (Mr. 14:12). La primera frase del versículo

---

[36] Texto griego: Καὶ τῇ πρώτῃ ἡμέρᾳ τῶν ἀζύμων, ὅτε τὸ πάσχα ἔθυον, λέγουσιν αὐτῷ οἱ μαθηταὶ αὐτοῦ· ποῦ θέλεις ἀπελθόντες ἑτοιμάσωμεν ἵνα φάγῃς τὸ πάσχα.

es ambigua. Marcos hace referencia al primer día de los ázimos, para decir seguidamente que era cuando se sacrificaba el cordero pascual. El primer día de los panes sin levadura corresponde al quince de Nisán, mientras que el cordero pascual se sacrificaba el catorce de ese mes. El primer día se está refiriendo necesariamente al primer día anterior al de la pascua, que comenzaba esa noche y concluía en la del siguiente, primer día de los panes sin levadura. No se trataba de una cena de despedida que Jesús hacía a los discípulos, como algunos pretenden, sino que era el día en que se sacrificaba el cordero pascual, es decir, el día de la pascua, la celebración que anualmente se hacía en esa fecha. El imperfecto del verbo inmolar[37], sacrificar, indica una acción continuada en el tiempo, es decir, era el día en que se acostumbraba a sacrificar el cordero pascual cada año. Como se ha dicho antes, el cómputo del tiempo permite establecer que esta última cena tuvo lugar el jueves en la noche, día de la comida pascual, en cuya noche fue prendido el Señor y crucificado al día siguiente, viernes. Los discípulos preguntaron a Jesús dónde quería que fuesen para buscar el lugar donde reunirse y celebrar la pascua, es decir, la cena pascual con el sacrificio y comida del cordero. Al no preguntar nada sobre el cordero para la celebración de la pascua, cabe entender que ese asunto estaba ya arreglado de antemano. Los discípulos son los que debían preparar la pascua. Marcos pretende destacar esta acción al utilizar una construcción gramatical muy precisa[38], con el aoristo de subjuntivo del verbo comer, precedido de la conjunción causal *para que*. Quiere decir que debían buscar un lugar para que pudiesen celebrar la pascua.

El conflicto se produce porque los críticos liberales niegan que aquella cena fuese una cena pascual; por esa razón exige considerarse aquí si la última cena del Señor tuvo carácter pascual. Los relatos de los evangelios enseñan que el Señor fue crucificado y muerto el viernes (Mt. 27:62; Mr. 15:42; Lc. 23:54; Jn. 19:31, 42). El cómputo del tiempo para los días de los judíos comenzaba en la puesta del sol del día anterior y terminaba a la puesta del sol de ese día, o más exactamente, con la aparición de las primeras estrellas después del ocaso; por tanto, el viernes debía contarse desde la puesta del sol

---

[37] Griego: θύω.

[38] Griego: ἵνα, conjunción causal *para que*; φάγῃς, segunda persona singular del aoristo segundo de subjuntivo en voz activa del verbo εσθίω, *comer*, aquí *comas*.

del jueves hasta la misma hora del viernes. No cabe duda de que ese tiempo comprendía la celebración de la última cena del Señor con los discípulos. La pregunta clave es saber si ese viernes fue el día de la cena pascual, el primero de la pascua, o fue el siguiente, es decir, el sábado que comenzaba a la caída de la tarde del viernes. La determinación de esto es importante, no tanto para precisar en un día la cronología de la Pasión, sino para determinar si la última cena y con ella el establecimiento de la ordenanza del partimiento del pan y el significado de las palabras de Jesús corresponden o no a la cena pascual.

Una lectura sin prejuicio de los evangelios pone de manifiesto que los cuatro redactores tienen en mente una comida pascual, es decir, que tuvo lugar en la noche cuando comenzaba el catorce de Nisán y terminaba en la siguiente puesta del sol, cuando empezaba el día quince. El problema está en la expresión de Marcos, que dice "el primer día de la fiesta de los panes sin levadura", que correspondería al día siguiente al de la cena pascual y en el que empezaban los días de los ázimos que seguían a la pascua. Pero la segunda afirmación, "cuando se sacrificaba el cordero de la pascua", no deja lugar a duda de que se trataba del día catorce de Nisán. En el versículo, la segunda referencia condiciona y determina a la primera, por cuanto se da para ella un dato que cronológicamente no podía variar, como es el de la noche en que se sacrificaba el cordero pascual y que, por tanto, condiciona absolutamente a la primera. El día de los preparativos a los que los discípulos se referían cuando hablaron con Jesús tenía que ser el anterior al catorce de Nisán, que realmente era el mismo día, según nuestra forma de computar el tiempo, en que se comía la pascua, de ahí que más adelante diga Marcos al referirse a la cena "cuando llegó la noche" (Mr. 14:17).

El verdadero problema surge en la comparación con la cronología de Juan ya que, según ese evangelio, el momento de la comparecencia y acusación de Jesús ante Pilato tuvo lugar cuando no se había celebrado la comida pascual (Jn. 18:28). ¿Quiere decir que la crucifixión de Jesús tuvo lugar el catorce de Nisán, en cuya jornada previa a la noche en que comenzaba ese día se hacían los preparativos para la cena pascual? En este caso, la cena de Jesús y los discípulos tendría ocasión en la noche del trece de Nisán y, por consiguiente, no tenía carácter de cena pascual. Los sinópticos la sitúan en la noche del catorce al quince, lo que le confiere carácter pascual. ¿Quién está en lo cierto? El problema es de difícil solución. Desde la Reforma, se ha procurado armonizar esta aparente discrepancia considerando que en ese año el día catorce de Nisán coincidía con el sábado y como quiera que la ley establecía que el cordero pascual se sacrificaba al anochecer del día catorce al quince (Ex. 12:6; Lv. 23:5; Nm. 9:3, 5), entraba en conflicto la práctica de la ceremonia pascual con el descanso sabático, por lo que se habría adelantado un día la comida pascual, sacrificándose el cordero en la noche del trece al catorce y no en la del catorce al quince. Tanto Jesús como los discípulos y también los fariseos y la mayoría de la población comerían la pascua con un día de antelación, mientras que los saduceos lo harían al día siguiente, es decir, en el catorce de Nisán, aunque coincidiera en sábado. En este caso, con esta armonización tanto la cronología de Juan como la de los sinópticos concordaría, haciendo notar tanto uno como los otros que la comida fue una comida pascual. Sin embargo, esta solución tiene dificultades históricas, ya que hasta el s. II a. C. los corderos pascuales se sacrificaban al anochecer, pero cuando coincidía en sábado se adelantaba el sacrificio de los animales unas cuantas horas antes. En tiempos de Jesús, el sacrificio del cordero ya no se hacía al anochecer del catorce al quince, sino a partir de las dos de la tarde, por lo que no entraba en conflicto con el descanso del sábado. No es posible pensar que los saduceos sacrificasen el cordero veinticuatro horas antes de comerlo, porque la ley prohibía hacerlo (Ex. 12:10). Otro intento de resolver la aparente contradicción es que los fariseos dataron un día antes el comienzo del mes de Nisán, mientras que los saduceos lo hicieron un día después, de modo que los sinópticos usaban la cronología de los fariseos, mientras que Juan seguía la de los saduceos. La argumentación podría ser buena a no ser que descansa simplemente sobre posibilidades o probabilidades, ya que no está documentado que los corderos se sacrificasen en dos días consecutivos. Otra propuesta sugiere que, debido a la gran afluencia de gente en ese año para la celebración de la pascua, no era posible sacrificar todos los corderos necesarios en el mismo día y celebrar luego la cena pascual, porque no había lugar en las casas de la ciudad para todos los visitantes. Es evidente que estos intentos y otros muchos más para conseguir una armonización no logran determinar con garantía cuál de las dos dataciones es la correcta o, tal vez mejor, cuáles son las razones de la aparente discrepancia.

Será bueno tomar en cuenta otra consideración que nos permita determinar bíblicamente el sentido que comportaba para Jesús y los discípulos la cena a la que Marcos se refiere. Tanto el apóstol Pablo como el apóstol Juan dicen que la última cena de Jesús tuvo lugar de noche (Jn. 13:30; 1 Co. 11:23). Los tres sinópticos concuerdan al decir que Jesús vino con sus discípulos al caer la tarde para celebrar esta última cena con ellos (Mt. 26:20; Mr. 14:17). No era habitual la celebración de una comida por la noche. Sólo una vez se hace mención de una comida al atardecer, en el caso de la multiplicación de los panes y los peces (Mr. 6:35); según Mateo, ya anochecía (Mt. 14:15), donde dice que "la hora de la comida ya había pasado". La costumbre de los judíos era de tomar dos comidas al día. La primera era el desayuno y la otra, la comida principal, a media tarde. Sólo en ocasiones solemnes las comidas se extendían hasta la noche. Por tanto, una comida que comienza a la puesta del sol sólo podía ser la comida pascual. Un detalle complementario es el uso del vino durante la cena. Habitualmente, conforme al contexto costumbrista social judío, el vino era usado sólo en grandes festividades y no podía faltar en las distintas copas durante la cena pascual. El vino que Jesús bebió con los discípulos debía ser vino tinto, por la alusión a la sangre. Es interesante notar que R. Yehuda, que conserva las tradiciones más antiguas, sobre el año 150 d. C. dice que es exigencia beber vino tinto en la cena pascual. La última cena concluye también con un canto de alabanza (Mr. 14:26), que era el modo establecido. Además, debe notarse que Jesús no regresó a Betania después de la cena, sino que se dirigió con los discípulos al Monte de los Olivos (Mr. 14:32), porque estaba establecido pasar la noche de pascua dentro de la ciudad y del perímetro que se consideraba como de ella (Dt. 16:7), y sólo por la mañana podían regresar al lugar habitual donde habitaban. En tiempos de Jesús, el perímetro de Jerusalén llega hasta Betfagé, pero no así a Betania, que caía fuera de él. Las mismas palabras de Jesús al establecer la ordenanza de la Santa Cena o partimiento del pan concuerdan en todo, como se verá más adelante, con la celebración de la pascua. Es suficiente con estas reflexiones para establecer una posición bastante firme que nos permite entender que la última cena del Señor fue una cena pascual.

Lecciones sobre la humildad y el amor

Es en el tiempo de la cena donde Jesús imparte una serie de enseñanzas a los discípulos. La primera de ellas tuvo que ver con la humildad que debía ser propia en la vida del discípulo (Lc. 22:24-30). No se trata de determinar quién es el mayor en el reino por la posición que alcance en él: "Sea el mayor entre vosotros como el más joven, y el que dirige, como el que sirve". La gran lección puesta ante ellos fue su misma persona: "Porque, ¿cuál es el mayor, el que se sienta a la mesa, o el que sirve? ¿No es el que se sienta a la mesa? Mas yo estoy entre vosotros como el que sirve".

Finalizada la cena, el Señor lavó los pies de sus discípulos (Jn. 13:1-20). Es un acto sorprendente que pone de manifiesto la mayor humildad posible, ya que Jesús ocupó el lugar del sirviente de menor valor en la casa, que atendía al menester de lavar los pies, siempre sucios por el camino, antes de que los invitados se sentasen a comer. La reacción de Pedro negándose a que le lavase los pies es, en cierto modo, lógica; no podía tolerar que el Señor hiciese para él un servicio de esa categoría, comportándose como un esclavo que le asistía. Todo el suceso genera una cierta tensión en el lector al ver el desprendimiento afectivo de Jesús. Pero el Señor orientó aquello a la lección que da a los discípulos: "Vosotros me llamáis Maestro, y Señor; y decís bien, porque lo soy. Pues si yo, el Señor y el Maestro, he lavado vuestros pies, vosotros también debéis lavaros los pies los unos a los otros. Porque ejemplo os he dado, para que como yo os he hecho, vosotros también hagáis" (Jn. 13:13-15). Es la lección del amor fraterno que sirve a los hermanos por principio de amor. En el simbolismo del texto, está refiriéndose a la suciedad que contamina los pies y que impide tener comunión con Él (Jn. 13:8b). Es el trabajo de restauración espiritual del hermano que se ha contaminado en el camino. Es servirle para que la limpieza, espiritualmente hablando, sea restaurada y pueda mantener una correcta comunión con Dios.[39]

Luego de la denuncia de la traición de Judas y del tenso diálogo con Pedro, que afirmaba su fidelidad inquebrantable al Señor, aunque le costase la vida, Jesús instituye la ordenanza del partimiento del pan como rito simbólico hasta el fin de los tiempos de la Iglesia (Mt. 26:26-29; Mr. 14:22-25; Lc. 22:17-20)[40].

Inmanencia divina

Terminada la cena, Jesús pronunció un discurso de despedida en el que trató distintos temas enseñando a los discípulos, en concreto a

[39] Para una exégesis del texto, ver mi comentario al Evangelio según Juan.
[40] Véase también el relato del apóstol Pablo (1 Co. 11:23-26).

los once, puesto que Judas había salido para entregarle. La primera enseñanza consistió en la promesa de su retorno a buscar a los suyos y en la preparación de un lugar para todos los creyentes (Jn. 14:1-2). Una segunda enseñanza tiene que ver con la identidad divina de Jesús en el seno trinitario en la unidad con el Padre: "El que me ha visto a mí, ha visto al Padre" (Jn. 14:9); en ella se pone de manifiesto el oficio revelador que el Hijo trajo en el ejercicio de su misión, consistente en revelar al Padre (Jn. 1:18). Jesús es uno con el Padre (Jn. 10:30), porque es Emanuel, Dios con nosotros. Es el Verbo eterno manifestado en carne (1 Ti. 3:16; 1 Jn. 4:2). Esa verdad había sido enseñada tiempo antes por Jesús (Jn. 6:46). Más adelante el apóstol Pablo dirá con toda firmeza, al referirse al Padre, "a quien ninguno de los hombres ha visto ni puede ver" (1 Ti. 6:16). Si Dios es Espíritu (Jn. 4:24), es necesariamente invisible a los ojos físicos, aunque pertenezca al cuerpo transformado y glorificado. Además, al infinito Dios Padre solo lo puede manifestar otro infinito, que es Dios Hijo. Tan solo las tres personas divinas pueden verse plenamente como son. Jesús lo había enseñado y los discípulos lo habían oído de Él: "Todas las cosas me fueron entregadas por mi Padre; y nadie conoce quién es el Hijo sino el Padre; ni quién es el Padre, sino el Hijo, y aquel a quien el Hijo lo quiera revelar" (Lc. 10:22). Lo mismo ocurre con el conocimiento infinito de Dios por el Espíritu (1 Co. 2:11). Jesús afirma que quien le ha visto a Él, ha visto al Padre; de otro modo, sólo quien le ve a Él, ve también al Padre.

Pero la enseñanza se extiende a la dimensión de la inmanencia del Padre y del Hijo, ya que dirigiéndose a Felipe le formula una pregunta esencial: "¿No crees que yo soy en el Padre, y el Padre en mí?"[41] (Jn. 14:10). La pregunta tiene que ver con la inmanencia del Padre en el Hijo y viceversa. Esta relación de subsistencia de las personas divinas, en el ser divino, es tema de la teología propia; no es lugar aquí ni tan siquiera para una aproximación en este sentido. Pero es una verdad de fe esencial. De ahí que Jesús pregunte a Felipe sobre su fe personal en la inmanencia divina. Jesús afirma que Él está en el Padre y el Padre está en Él. El Padre está íntimamente ligado al Verbo, por comunicación de vida y por ser el engendrador suyo.

[41] Texto griego: οὐ πιστευεις ὅτι ἐγὼ ἐν τῷ Πατρὶ καὶ ὁ Πατὴρ ἐν ἐμοι ἐστιν.

La relación paterno-filial de Cristo con el Padre es una constante en la enseñanza cristológica. El Verbo está eternamente en relación viva y continua con el Padre (Jn. 1:1). Orientado hacia Él, en plena e infinita comunión, en un fluir infinito de corriente continua de vida divina con el Padre. De ahí que se afirme que Jesús es "el Unigénito Hijo, que está en el seno del Padre" (Jn. 1:18), donde se aprecia el estado eterno de quien eternamente es engendrado del Padre. Por esa razón, las palabras de Jesús hacen mención a la inmanencia mutua del Padre y del Hijo. La entrega total y mutua del Padre al Hijo y del Hijo al Padre, sin dejar esa misma relación con la tercera persona divina, establece la constitución personal de las dos, la del Padre y la del Hijo, mediante una relación subsistente, que no es otra cosa que una relación sustantiva, del uno hacia el otro. Esta relación *ad intra*, esto es, en el ser divino, en la unidad del seno trinitario, se manifiesta también en las obras que Jesús realizó en unidad indisoluble con el Padre, no solo en su ministerio terrenal, sino en la misma Creación (Jn. 1:3), manifestando la inmanencia en la expresión *ad extra*, en la proyección de Dios al exterior. Siendo que el Padre, en esta relación con el Hijo, busca glorificarlo (Jn. 12:28-29), conduce a Él a los pecadores para salvación (Jn. 6:44). La mutua relación lleva a que el Hijo glorifique al Padre (Jn. 17:4), haciendo siempre lo que le agrada (Jn. 8:29), y del ejercicio de acatamiento a esa voluntad, la razón de su vida (Jn. 4:34). En tal sentido, Jesús manifiesta en el plano de su humanidad lo que es propio en el seno de la deidad: vivir del Padre, como Palabra personal que el Padre expresa. La inmanencia del Padre y del Hijo lo es por necesidad generativa, ya que la generación del Hijo es un acto inmanente, de ahí que permanece en el seno del Padre que lo engendra (Jn. 1:18); porque por razón de participación en la vida divina, el Hijo es tan eterno como el Padre. Siendo el Padre principio sin principio, inicia la procesión de la persona del Hijo, engendrándole y junto con Él, espira el Espíritu Santo. Así todo cuanto tiene el Padre lo tiene también el Hijo, porque al engendrarlo, el Padre le comunica todo lo que se encierra en la deidad. La realidad entre la generación transeúnte, propia del ser humano, y la inmanente, únicamente posible en Dios, tiene que ser bien entendida. Que el Verbo sea engendrado del Padre no supone que sea creado por Él. Pero el Padre no dice que engendró al Hijo y acabó ese proceso, sino que lo engendra, en sentido continuado, porque el engendrar del Padre es eterno, y no es una sucesión de tiempo, sino un infinito ahora que dura siempre. Cuando el escritor a los Hebreos dice, usando las palabras del Salmo: "Mi Hijo eres tú, yo te he engendrado hoy"

(He. 1:5), está señalando una relación inmanente de entrega total del Padre al Hijo, como se aprecia en la prioridad del Tú delante del Yo. La primera persona se personifica como Padre al entregarse al Hijo para engendrarlo. Del hecho eterno dice: "Te he engendrado", que expresa una acción completa; el Hijo es engendrado desde la eternidad. Además, el presente temporal *hoy* expresa la continuidad eterna del acto generativo. Es el eterno presente exclusivo de Dios, como Jesús, refiriéndose a Abraham, dice "antes que Abraham fuese, yo soy" (Jn. 8:58). Solo Dios puede estar en el eterno e inconmovible yo soy.

De igual manera, en el evangelio se aprecia la unidad entre el Padre y el Hijo, que no son una misma persona, pero son una misma esencia, sustancia o naturaleza individual (Jn. 10:30). Por ello se observa una notable interrelación personal en el ser divino, ya que el Hijo hace lo que ve hacer al Padre (Jn. 5:19); el Padre juzga por medio del Hijo (Jn. 5:22); el Hijo procede del Padre y cuanto tiene y hace le es comunicado por el Padre (Jn. 5:26; 6:57). Por otro lado, las personas divinas son distintas enviando y siendo enviadas; el Padre envía al Hijo, por tanto, procede del Padre (Jn. 17:8, 18, 23); el Hijo y el Padre envían al Espíritu (Jn. 15:26). Del mismo modo, las personas se distinguen en honrar y ser honradas. El Padre honra al Hijo (Jn. 17:1); el Hijo honra al Padre (Jn. 14:13; 17:4); el Espíritu honra al Hijo (Jn. 16:14). El Consolador no es creado, procede del Padre y del Hijo, es decir, es enviado por ellos, de ahí que se llame en otros lugares Espíritu de Dios y Espíritu de Cristo (Ro. 8:9).

Sobre el Espíritu Santo

Otro tema de la enseñanza de Jesús a los discípulos en el tiempo posterior a la cena pascual tiene que ver con el Espíritu Santo. Lo introduce anunciándoles que en respuesta al ruego que hará al Padre, les daría otro Consolador para que esté con ellos siempre (Jn. 14:16). Los discípulos están llenos de preocupación e inquietud. Lo que Cristo había dicho, no solo para cumplimiento inmediato, como que iba a ser entregado en manos de los hombres e iba a ser crucificado, resultaba angustioso para ellos. Pero aún más el hecho de que Él iba a irse, y a donde iba, no podían seguirlo hasta tiempo después; esto llenaba el corazón de ellos de profunda tristeza. Sin duda, la mayor necesidad inmediata era una fuente de consuelo. Hasta aquel momento, Jesús había tenido ese ministerio, pero ahora que se iba promete enviarles otro Consolador. La palabra en el texto griego[42] tiene literalmente el significado de alguien que es llamado para que venga al lado. En el contexto, es llamado para que ayude en una situación de dificultad grande, bien sea amonestando, ayudando, alentando, consolando, instruyendo, trayendo a la memoria, iluminando los ojos espirituales, ayudando en los sufrimientos, conduciendo la oración y dando poder en el testimonio. El término aparece sólo cinco veces en el Nuevo Testamento y todas ellas en escritos de Juan, de las que cuatro se encuentran en el evangelio (Jn. 14:16, 26; 15:26; 16:7) y la quinta está en una de sus epístolas (1 Jn. 2:1). En esta última se aplica a Cristo, en sentido de abogado junto al Padre. La primera gran bendición que se desprende de estas primeras palabras es que el creyente tiene dos abogados, uno junto al Padre, el Señor Jesucristo, cuya misión es nuestra defensa de los ataques perversos de Satanás, el acusador de los hermanos (Ap. 12:10, comp. con Zac. 3:1). El otro Consolador está a nuestro lado, para defendernos de los peligros que acechan y pueden hacernos caer en la senda del testimonio (cf. 1 Jn. 3:24b; 4:4b). Cuando Jesús estaba en la tierra se encargaba de guardar a los discípulos (Jn. 17:12), pero ahora al salir del mundo para regresar al Padre les dice que rogaría al Padre y les daría otro Consolador.

Es interesante apreciar el cambio de verbos entre lo que los discípulos pedirían al Padre en el nombre de Jesús —donde se usa pedir[43], en sentido de súplica implorante— y lo que sucede ahora: el verbo es otro[44], aunque se traduce también como pedir, pero como algo a lo que se tiene derecho, o si se prefiere, una petición con autoridad. No significa que el Consolador sea dado a los discípulos como consecuencia de una súplica reiterada y expectante de Jesús, sino como resultado de la operación mediadora suya a favor no solo de ellos, sino de todos los que creerían en Él.

Este Consolador, el Espíritu Santo, no iba a regresar al Padre en algún momento, como era el caso de Jesús, sino que se quedaría con los creyentes para siempre. Por tanto, la primera seguridad es que el Espíritu no faltará nunca a ninguno de los que crean en la presente dispensación. Siendo una persona divina, tiene las perfecciones tanto de la esencia como de la naturaleza divina. Por consiguiente, siendo

---

[42] Griego: Παράκλετος.

[43] Griego αἰτέω.

[44] Griego: ἐροτάω.

Dios, es omnipresente, pudiendo estar en todos los creyentes, distantes en el tiempo y en el espacio, siempre. Por medio de Él y en Él, Jesús cumple su promesa de estar con los suyos todos los días hasta el fin del mundo (Mt. 28:20). Ni un instante el creyente está desposeído del Espíritu.

Debe prestársele atención a las palabras de Jesús, que son una base sustentadora de la doctrina de la Trinidad. En ellas se aprecia un yo, que habla a un tú, y que se refiere a un otro. Por consiguiente, se está hablando de tres personas distintas. No está refiriéndose Jesús al Consolador, el Espíritu, como una fuerza divina, sino como una persona divina que es enviada del Padre y del Hijo. La deidad del Padre está suficientemente acreditada en toda la Escritura. En el evangelio según Juan, que registra esta enseñanza de Jesús, afirma la deidad del Señor en diversos pasajes (Jn. 1:1, 18; 20:28). A Jesucristo se le atribuyen cualidades y actividades divinas: es omnisciente (Jn. 1:42, 48; 2:24-25; 4:17, 19, 39; 6:64; 11:14; 21:19); omnipresente (Jn. 3:13); adorable (Jn. 9:38); creador y sustentador del universo (Jn. 1:3); Salvador (Jn. 1:12; 3:14-17; 5:40; 8:24; 14:6).

Sobre el Espíritu les enseña: "El Espíritu de verdad, al cual el mundo no puede recibir, porque no le ve, ni le conoce; pero vosotros le conocéis, porque mora con vosotros, y estará en vosotros"[45] (Jn. 14:17). Poco antes les había dicho que Él era la verdad (Jn. 14:6), ahora se refiere del mismo modo al Espíritu, llamándole Espíritu de verdad. Es decir, como Dios, es verdadero y no hay engaño en Él (1 Ts. 1:9), pero la misión que tendrá es la de guiar al creyente a toda verdad (Jn. 16:13). En ese sentido, tiene que ver con revelar plenamente a Cristo, que es la Verdad, al ser el Espíritu de Cristo (Ro. 8:9). Conduce a la verdad por cuanto "tomará de lo mío, y os lo hará saber" (Jn. 16:14). A este glorioso Espíritu, el mundo no puede recibir. Mientras que los creyentes en Cristo pertenecemos al mundo de la luz, y estamos en el reino del Hijo (Col. 1:13), los incrédulos, sentido que tiene aquí el término mundo, no pueden recibirle; es más, ni pueden ni quieren porque prefieren las tinieblas a la luz y la mentira a la verdad (Jn. 3:17-21). No están, por tanto, en condiciones y en disposición de recibir al Espíritu. La primera razón es que no le ven, ya que

[45] Texto griego: τὸ Πνεῦμα τῆς ἀληθειας, ὃ ὁ κοσμος οὐ δυναται λαβεῖν, ὅτι οὐ θεωρεῖ αὐτὸ οὐδὲ γινωσκει· ὑμεῖς γινωσκετε αὐτο, ὅτι παρ' ὑμῖν μενει καὶ ἐν ὑμῖν ἔσται.

no solo están en tinieblas y las aman, sino que ellos mismos están entenebrecidos; por consiguiente, no conociendo a Dios, no pueden ver su Espíritu. En segundo lugar, porque no le conocen. El Espíritu y sus cosas han de entenderse espiritualmente. La mente carnal no puede comprender al Espíritu de Dios porque "el hombre natural no percibe las cosas que son del Espíritu de Dios, porque para él son locura, y no las puede entender, porque se han de discernir espiritualmente" (1 Co. 2:14). No puede venir a ellos el Espíritu porque no aceptan el mensaje de salvación, ya que la "palabra de la cruz es locura para los que se pierden" (1 Co. 1:18).

Sin embargo, los discípulos lo conocían porque está *con vosotros*. La preposición *con*[46] en dativo expresa el sentido de compañía, esto es, conocéis al Espíritu porque mora con vosotros, está a vuestro lado. No debemos olvidar que es el Paráclito, el que está al lado para ayudar. Pero en un tiempo próximo se producirá un cambio, ya que quien está al lado, luego estará en ellos. El sentido de la preposición no es de compañía, sino de lugar. El Espíritu estará en ellos cuando sean hechos templo de Dios en Espíritu. En esto se manifiesta la inhabitación del Espíritu Santo en cada creyente. El Espíritu Santo no sólo es el compañero, sino la persona divina residente en el *naos* de Dios que somos cada uno de los salvos. Es el residente divino en cada creyente y el cuerpo de cada uno, el santuario de Dios (1 Co. 6:19). El conocimiento del Espíritu Santo no es algo intelectual, sino vivencial. El creyente le conoce por la relación vivencial que tiene con cada uno. Es el que hace posible la unidad del salvo con Cristo y la de todos los creyentes para realizar la petición de Jesús: "Que sean uno" (Jn. 17:21-23); esa unidad no es la de la religión, sino la del Espíritu, a la que hay que prestar la necesaria solicitud para guardarla (Ef. 4:3). Ningún pecado personal, ninguna caída, ningún desaliento podrán hacer perder del salvo la presencia del Espíritu, porque ello supondría la pérdida de la salvación. Podremos entristecerlo (Ef. 4:30), pero una vez en nosotros, estará para siempre en nosotros.

Luego de unas palabras de aliento, recupera el tema del Espíritu y les dice: "Mas el Consolador, el Espíritu Santo, a quien el Padre enviará en mi nombre, él os enseñará todas las cosas, y os recordará

[46] Griego: παρά.

todo lo que yo os he dicho"[47] (Jn. 14:26). Al hablarles del Paráclito, añade dos nombres más, o un nombre compuesto, llamándole Espíritu Santo. Es interesante observar el artículo determinado ante cada uno, de modo que se lee literalmente *el Espíritu, el Santo*. El segundo nombre está formado por el sustantivo Espíritu, que al ir precedido del artículo determinado hace referencia al único Espíritu de esa condición. Jesús dijo a la samaritana que "Dios es Espíritu" (Jn. 4:24). Dios es Espíritu infinito, es decir, incorpóreo, porque es Espíritu, por tanto, ningún lugar, ni el Universo entero lo puede abarcar. De las tres personas divinas se puede decir que son Espíritu, incorpóreas, espíritu purísimo e infinito, si bien la segunda persona, por razón de la encarnación, tiene también un cuerpo humano, subsistente en ella. Ahora bien, la tercera persona, el Espíritu Santo, es Espíritu en un sentido especial, manifestándose como un viento huracanado (Jn. 3:8). Es el viento infinito del amor divino producido en la relación entre el Padre y el Hijo, orientándose hacia lo que es el bien absoluto, con toda la fuerza de sus afectos; esta espiración divina se personaliza en el Espíritu, que siendo Dios es necesariamente Santo, al que se le adora por esa perfección, como proclaman los serafines ante su trono de gloria (Is. 6:1-3). Este Espíritu Santo es una persona divina. Aunque viento, no es meramente una fuerza de Dios, sino que hace obras personales que dan a entender claramente que es una persona por cuanto, puede ser contristado, se puede blasfemar de Él, etc. Además, tiene voluntad personal propia puesto que reparte sus dones como "Él quiere" (1 Co. 12:11), entendiendo que el querer tanto como el hacer son posibles sólo por una persona. Usando aquí el adjetivo articular *Santo*, enseña que necesariamente es Dios, porque sólo Dios puede llamarse en forma absoluta e infinita Santo, puesto que está separado de todo y eternamente existe en Él mismo. La relación espacio-temporal de Dios se entiende solo en su relación *ad extra*, operativa hacia el exterior de la trina deidad.

Inmediatamente luego de expresar la realidad personal del Espíritu Santo prometido a los discípulos, hace referencia a la procedencia. Primero vinculándola con el Padre, al decirles que sería enviado por Él. Pero unívocamente también procede del Hijo. De ambos, Padre e Hijo, surge la corriente infinita del amor, por la que

[47] Texto griego: ὁ δὲ Παρακλητος, τὸ Πνεῦμα τὸ Ἅγιον, ὃ πεμψει ὁ Πατὴρ ἐν τῷ ὀνοματι μου, ἐκεῖνος ὑμᾶς διδαξει παντα καὶ ὑπομνησει ὑμᾶς παντα ἃ εἶπον ὑμῖν [ἐγω].

se personaliza la tercera persona de la deidad. Si el Verbo procede del Padre por vía mental, puesto que expresa la infinita dimensión de Él en la única palabra que expresa, el Espíritu procede por vía afectiva, pero no solo del Padre, sino también del Hijo, de quienes surge el amor infinito. Además, todo lo que es del Padre es también del Hijo, salvo las respectivas relaciones de paternidad y filiación. Por tanto, es de ambos la espiración activa, por la que se constituyen en oposición relacional frente al Espíritu Santo. La procedencia del Padre es aceptada universalmente, desde el principio de la Iglesia, pero la procedencia del Hijo ha generado ciertas discusiones teológicas, especialmente notorias en la iglesia griega, sobre todo cuando en el Concilio III de Toledo (a. 589) se añadió explícitamente que el Espíritu procedía también del Hijo, los teólogos orientales se molestaron, progresando hasta el s. IX, donde Focio, el patriarca de Constantinopla, se opuso a la doctrina del Filioque[48], alegando que no era bíblica y que la doble procesión, del Hijo por vía intelectiva y del Espíritu por vía afectiva, era suficiente para explicar la distinción real de las tres personas. Para ellos, la procedencia no es del Padre y del Hijo, sino del Padre por el Hijo. Aunque explícitamente no dice el Nuevo Testamento que el Espíritu procede del Hijo, lo enseña implícitamente. Jesús dice aquí que el Padre enviará el Espíritu en mi nombre. Más adelante dirá "pero cuando venga el Consolador, a quién yo os enviaré del Padre" (Jn. 15:26), pone de manifiesto que una persona divina no puede ser enviada por otra a no ser que proceda de ella, puesto que el envío *ad extra*, al tratarse de una persona divina, exige necesariamente un término resultante de una procesión interior. Por esa razón, Jesús puede decir algo semejante de Él mismo, "salí del Padre, y he venido al mundo" (Jn. 16:28). Además, se llama al Espíritu Santo Espíritu del Señor (Hch. 5:9; 2 Co. 3:17) y Espíritu de Cristo (Ro. 8:9), y no podría nombrarse de ese modo si no procediera también del Hijo. Una prueba más de que el Espíritu procede del Hijo descansa en la dinámica operativa de las personas divinas, así la segunda, porque procede de la primera por vía del conocimiento, no puede hacer otra cosa que lo que ve hacer al Padre (Jn. 5:19), del mismo modo tampoco el Espíritu puede dar a conocer más de lo que oye (Jn. 16:13). El ver está vinculado con el conocimiento y testimonio (Jn. 6:69; 20:24-28), el oír está unido al amor. Este oír del Espíritu no solo tiene que ver con el Padre, sino también con el Hijo, como de un único modo de procedencia. De ahí que "cuando venga el

---

48 "Y del Hijo".

Espíritu de verdad... no hablará de su propia cuenta, sino que hablará todo lo que oyere, y os hará saber las cosas que habrán de venir. Él me glorificará; porque tomará de lo mío, y os lo hará saber" (Jn. 16:13-14). Quiere decir que el Espíritu habla lo que oye eternamente del Hijo, y juntamente del Padre, porque todo lo del Padre es también del Hijo (Jn. 10:30). Ambos, por la relación mutua de amor infinito y eterno, tienen la facultad de espirar el Espíritu, sin que ello signifique en modo alguno principio de existencia, sino razón de personificación.

La misión del Espíritu, enviado del Padre y del Hijo, es también doble como su nombre en el pasaje. Primeramente, viene para enseñarnos todas las cosas, referente a todo cuanto Jesús enseñó en su ministerio. Tales cosas son ampliadas por la obra de enseñanza del Espíritu en la mente de los apóstoles que las trasladan a los escritos bíblicos del Nuevo Testamento. En el momento actual, sigue enseñando el verdadero sentido y significado de las verdades reveladas en la Escritura, de modo que podamos comprender, discernir y enseñar la Palabra como fuimos instruidos (2 Ti. 2:2). Todas las cosas son conocidas por quienes tienen la unción del Espíritu (1 Jn. 2:20, 27). Esa operación la realiza conduciéndonos a toda verdad (Jn. 16:13). Más exactamente, el Espíritu enseña mediante la iluminación de la mente para que se puedan comprender las cosas de Dios. El Espíritu se centra en la revelación e instrucción de Cristo para conducir a los creyentes a la comprensión de todas las verdades; algunas de ellas no fueron entendidas cuando Jesús las dijo. La segunda misión del Espíritu es la de hacernos recordar, esto es, traer a la mente, para que no se pierda nada de lo que Jesús dijo. Obsérvese que *os enseñará todo* comprende la plenitud de la revelación escrita, donde no hay limitación para la enseñanza, pero cuando habla de recordar, la limitación es clara, todo lo que os he dicho, de otro modo, el mensaje de Cristo. En ese sentido, recordar es elemento indispensable para escribir el mensaje bíblico, que trata de toda la enseñanza de Jesús. Esta acción tiene importancia capital en la confección del canon del Nuevo Testamento. Terminada la obra de escribir los textos inspirados, el hecho de recordar para revelar termina, mientras que persiste el recordar para recapitular en aquello que se ha escrito. Esta obra es posible porque el Espíritu *viene en mi nombre*, es decir, en el nombre y autoridad de Cristo. De modo que el Verbo vino en nombre del Padre y habla en lugar de Él, así también el Espíritu viene en nombre del Hijo para hablar y enseñar en lugar suyo. El propósito del Hijo en su venida fue revelar al Padre, dando a conocer su nombre (Jn. 17:6), el del Espíritu es revelar al Hijo, dar a conocer su nombre, que comprende todo Él, su persona y su obra. Recordar es literalmente volver a pasar las cosas por el corazón. Cuando el conocimiento se hace vida en el corazón, las cosas que Jesús estableció no se olvidan. El Espíritu no agrega nuevas revelaciones y da nuevas lecciones; no añade nada a lo que ha inspirado y condujo a escribir a los apóstoles en el Nuevo Testamento, pero recuerda esas verdades e ilumina los ojos del entendimiento y del corazón para comprenderlas (Ef. 1:18).

> *El Espíritu es esa potencia interior que armoniza el corazón de los cristianos con el corazón de Cristo y los mueve a amar a los hermanos como Él los ha amado, cuando se ha puesto a lavar los pies de sus discípulos (Jn. 13:1-13) y, sobre todo, cuando ha entregado su vida por todos (Jn. 13:1; 15:13).*[49]

El recordatorio del amor fraterno, distintivo del cristiano, es una de las enseñanzas y mandatos de Jesús que el Espíritu nos recuerda, tanto en la mente como, sobre todo, en el corazón, puesto que el amor divino se ha derramado en nosotros por la presencia del Espíritu (Ro. 5:5). El gran secreto para la vida victoriosa es andar en el Espíritu (Gá. 5:16). El Consolador vino a nuestro lado enviado del Padre y del Hijo, pero todavía más, está en nosotros, para que la enseñanza y el recuerdo sean continuos y nadie pueda impedir que progresemos más y más en el conocimiento del Hijo de Dios, para que podamos seguir sus pisadas.

Probablemente, el Señor se levantó de la mesa luego de estas enseñanzas para salir del lugar donde habían cenado y seguir a Getsemaní (Jn. 14:31); en este caso, la instrucción que sigue sobre el Espíritu Santo ocurrió caminando.

Jesús dijo a los suyos: "Pero yo os digo la verdad: Os conviene que yo me vaya; porque si no me fuera, el Consolador no vendría a vosotros; mas si me fuera, os lo enviaré"[50] (Jn. 16:7). La partida de Jesús era necesaria para el descenso del Espíritu Santo. No era posible que se produjese sin que Él fuese nuevamente al Padre que

---

[49] Ratzinger, 2005, p. 19.

[50] Texto griego: ἀλλ' ἐγὼ τὴν ἀλήθειαν λέγω ὑμῖν, συμφέρει ὑμῖν ἵνα ἐγὼ ἀπέλθω. ἐὰν γὰρ μὴ ἀπέλθω, ὁ Παράκλητος οὐκ ἐλεύσεται πρὸς ὑμᾶς· ἐὰν δὲ πορευθῶ, πέμψω αὐτὸν πρὸς ὑμᾶς.

lo había enviado. Es interesante la forma en que aborda esto delante de los discípulos: os es conveniente que me vaya. Aquellos todos estaban llenos de tristeza por su partida, pero Él les recuerda que les era conveniente o necesario para que el Espíritu Santo les fuese enviado. El descenso del Consolador, para habitar en los creyentes, necesitaba que primeramente ocurriese la muerte redentora que liberaría, mediante sustitución, de la responsabilidad penal del pecado y de su presencia esclavizadora en ellos. No podían éstos ser templo de Dios y a la vez del pecado; no podían obedecer a los mandamientos de Jesús si primero no eran liberados de la esclavitud que sujeta al hombre a la desobediencia, como condición natural. Cristo les habla de la apertura de un nuevo tiempo, técnicamente de una nueva dispensación, la de la Iglesia, en la cual el Espíritu estaría presente en el cuerpo de Cristo y en cada uno de los miembros de ese cuerpo. El Señor les dice que les convenía que se fuese. Con toda seguridad, ellos se olvidaban de lo que les había hablado como resultado de su partida. Les había prometido que prepararía un lugar (Jn. 14:2); que ellos harían mayores obras que las que Él hizo (Jn. 14:12); que el Espíritu les comunicaría conocimientos más completos que los que tenían entonces (Jn. 14:20). Sin embargo, la tristeza nublaba el pensamiento y la mente de ellos, embargada por lo inmediato, olvidaba la gloriosa dimensión que el Buen Pastor tenía preparada para sus ovejas. Pero si el Señor regresa al Padre, entonces el Espíritu Santo vendría a ellos. La venida del Espíritu es posible por la conclusión de la obra encomendada al Hijo. Todo esto en la economía de la deidad. La obra de Jesús concluye con la glorificación de su humanidad, y como fruto de esa obra es enviado el Espíritu (Jn. 7:39). Cuando el Hijo vuelve al Padre, lo envía desde el Padre. Una de las operaciones del Espíritu viene en los siguientes versículos, en relación con la convicción y también con la aplicación de la obra de la cruz, imposible de ejecutar sin que esta se haya producido. Juan dice antes en un paréntesis aclaratorio que el Espíritu no había sido dado porque Jesús no había sido glorificado (Jn. 7:39). La persecución anunciada por Cristo los llenaba de angustia, pero con la venida del Espíritu sentirían como una bendición ser perseguidos por el nombre de Cristo (Hch. 5:41). Nada podía impedir el testimonio que les había encomendado el Señor. Además, ninguno de ellos, ni de los creyentes en lo sucesivo, serían aptos para recibir y ministrar con los dones del Espíritu, porque no son dados a perdidos, sino a salvos, y éstos solo lo son por fe en Cristo y por aplicación de la obra redentora que hizo en la cruz.

La obra del Espíritu sería necesaria en la convicción del mundo: "Cuando él venga, convencerá al mundo de pecado, de justicia y de juicio"[51] (Jn. 16:8). El verbo[52] tiene varias acepciones. Es usado en el griego clásico para expresar la idea de sonrojar, avergonzar, pero también tratar con desprecio, convencer de una falta, reprochar, censurar, acusar, refutar, probar, rechazar, vencer, triunfar, preguntar, interrogar. Todos estos significados están presentes en textos de la literatura griega. Es necesario entender a qué se está refiriendo Jesús cuando dice que el Espíritu convencerá, o por que se traduce como convencer. Este verbo aparece diecisiete veces en el Nuevo Testamento, principalmente en la literatura epistolar. Su uso muestra una amplia gama de los significados antes citados. En varios lugares se observa la influencia de la literatura sapiencial del Antiguo Testamento, usada para referirse a la reprensión paterna o divina encaminada a conseguir una mejoría en la conducta de alguien; se toma en ese sentido en varios lugares (cf. 1 Ti. 5:20; 2 Ti. 4:2; Tit. 1:13; 2:15; Jud. 15). En el versículo, recuerda a la actuación de los profetas para convencer de culpa al pueblo de Dios y proclamar el juicio divino sobre ellos (cf. Os. 5:9; Jer. 2:19). En los sinópticos aparece para referirse a acusación o censura, como es el caso de Juan el Bautista, que acusaba a Herodes (Lc. 3:19). El verbo aparece en Mateo cuando Jesús instruye sobre el modo de reprender al que peca (Mt. 18:15). El apóstol Pablo lo usa una sola vez (1 Co. 14:24) para referirse al efecto que produce en un incrédulo el ministerio profético en la iglesia. Juan usa el verbo con el sentido de convencer, traduciéndolo en algunas versiones como redargüir (Jn. 8:46). Aquí en el versículo que se comenta se presenta la acción como de un abogado y un acusador en un proceso judicial. Después de la glorificación de Jesús, el Espíritu demuestra la situación del mundo descubriendo lo que es el pecado, lo que es la justicia y lo que es el juicio. Mediante esta acción de descubrir, poner de manifiesto, el Consolador convence al mundo de las consecuencias de sus errores y pecados, dejándolo sin excusa mediante prueba. Esto es lo que Jesús había estado haciendo durante su ministerio (Jn. 7:7). Los que han de ser convencidos por el Espíritu son los mundanos, esto es, los que son del mundo, los que viven en el sistema de corrupción y pecado; son aquellos de los que Jesús habla en los capítulos finales del evangelio, desde el catorce. Ante éstos, el Espíritu presentará pruebas

---

[51] Texto griego: καὶ ἐλθὼν ἐκεῖνος ἐλέγξει τὸν κόσμον περὶ ἁμαρτίας καὶ περὶ δικαιοσύνης καὶ περὶ κρίσεως.
[52] Griego: ἐλέγχω.

indubitables que los dejará sin excusa. Pero en esta convicción a otros los dejará convencidos de pecado de modo que acudirán al Salvador y recibirán, por fe en Él, el perdón de pecados y la vida eterna. Jesús continuó definiendo qué aspectos particulares están en la obra de convicción del Espíritu (Jn. 16:9-11).

La enseñanza sobre el Espíritu añade el sentido de conducción: "Pero cuando venga el Espíritu de verdad, él os guiará a toda la verdad; porque no hablará por su propia cuenta, sino que hablará todo lo que oyere, y os hará saber todas las cosas que habrán de venir"[53] (Jn 16:13). La promesa de la venida del Espíritu es presentada como una realidad futura: cuando venga. No queda en una posibilidad, puesto que el Señor iba al Padre y desde allí enviaría al Espíritu. Es interesante apreciar el uso del masculino singular en el pronombre demostrativo *él*[54] cuando se trata del Espíritu, que es de género neutro. Es posible que Juan esté pensando en el Consolador, como se le llama en el párrafo. En cualquier caso, se trata de la misma persona. Al nombre se le añade el calificativo de la verdad. No es un adjetivo que califica al nombre, sino un nombre en sí. No se trata del Espíritu verdadero, sino del Espíritu de la verdad. La esencia misma de ella en toda la infinita dimensión, como corresponde a Dios.

La misión del Espíritu es guiar, conducir a toda verdad. La idea es la de alguien que camina delante abriendo senda y marcando el camino que conoce a la perfección. Esta conducción orienta a toda la verdad, esto es, a aquello que Jesús dijo que les había enseñado y a lo que no enseñó porque no tenían capacidad de comprensión y no lo podrían soportar. El Espíritu capacitaría a los apóstoles y profetas para escribir la verdad que debía ser enseñada también a otros (2 Ti. 2:2). Es la enseñanza del Maestro que paulatinamente va guiando al discípulo introduciéndolo en un cada vez más profundo conocimiento. Este magisterio del Espíritu no se agota con los apóstoles, sino que continuará mientras la Iglesia esté en el mundo, conduciendo a los creyentes a toda la verdad (Jn. 7:39). El Espíritu derrama luz sobre las verdades que Jesús había enseñado, ampliando la comprensión de ellas y orientando a los apóstoles y profetas en el primer tiempo, y a

---

[53] Texto griego: ὅταν δὲ ἔλθῃ ἐκεῖνος, τὸ Πνεῦμα τῆς ἀληθείας, ὁδηγήσει ὑμᾶς ἐν τῇ ἀληθείᾳ πάσῃ· οὐ γὰρ λαλήσει ἀφ' ἑαυτοῦ, ἀλλ' ὅσα ἀκούσει λαλήσει καὶ τὰ ἐρχόμενα ἀναγγελεῖ ὑμῖν.
[54] Griego: ἐκεῖνος.

los pastores y maestros en el decurso histórico para que descubran las verdades desarrolladas desde el pensamiento de Jesús y vinculadas a Él. No solo haciendo más comprensible la Palabra, sino aplicándola a la vida de quienes la leen.

La conducción a toda verdad va acompañada de una acción del Espíritu que no habla por sí misma, sino que habla lo que oye. Este testimonio hace posible la escritura del Nuevo Testamento, donde se asientan las verdades de nuestra fe. No cabe la menor duda de que el testimonio de la Escritura concuerda absolutamente con el del Espíritu, por cuanto procede de Él. El autor divino de la Palabra es el Espíritu (2 Ti. 3:16; 2 P. 1:21). Ahora bien, la verdad absoluta concuerda plenamente con el Padre y el Hijo, por tanto, el Espíritu no habla por sí mismo, sino en mutua concordancia con las otras dos personas divinas, ya que los tres subsisten en el ser divino, como Dios verdadero.

Durante el ministerio, especialmente en los últimos días, Jesús estuvo anunciando a los discípulos las cosas que venían. Con todo detalle les habló de los acontecimientos que iban a tener lugar en Jerusalén, de su muerte y de su resurrección. Ahora quedaban muchas otras cosas que vendrían en el futuro, tanto inmediato, como distante. En todo cuanto tiene que ver con lo que viene en el tiempo de la Iglesia, la revelación del Espíritu sería una constante; es más, aplicándolo genéricamente, el Espíritu pondrá delante el camino por el que se debe avanzar. El Espíritu Santo comunicó a los apóstoles la escatología bíblica, los eventos que tendrán lugar hasta el final definitivo de toda esta creación y la aparición de cielos nuevos y tierra nueva. No son respuesta a curiosidades, sino perspectiva divina de la historia. Al Mesías se le designa en la profecía como el que ha de venir; por tanto, las cosas venideras están íntimamente relacionadas con el Señor. La segunda venida, la profecía sobre el tiempo previo a ella, la proyección definitiva de la manifestación final del Reino de Dios o Reino de los cielos llenan amplios espacios del Nuevo Testamento, sin olvidar un libro que enteramente está destinado a la panorámica de los tiempos futuros como es Apocalipsis. Esta revelación no tiene que ver sólo con el futuro lejano, sino que el Espíritu revelaría también, por medio de los profetas, las cosas que iban a venir desde el tiempo del inicio de la Iglesia. Valgan como ejemplo las profecías de Agabo sobre Pablo, las revelaciones a Pablo sobre su futuro inmediato, la advertencia a Pedro del envío de los siervos de Cornelio, etc. Pero debe tenerse en cuenta que todas estas manifestaciones sobre eventos del futuro han sido trasladadas a los escritos bíblicos del Nuevo Testamento, de modo que el Espíritu deja de revelar eventos futuros, porque lo que había de anunciar en ese sentido ha sido ya hecho y no puede añadirse nada más a la profecía ya cerrada.

El cierre de la enseñanza sobre el Espíritu Santo fue expresado por Jesús de este modo: "Él me glorificará; porque tomará de lo mío, y os lo hará saber"[55] (Jn. 16:14). La obra del Espíritu tiene como propósito glorificar al Hijo. Como éste glorificó al Padre, así el Espíritu lo glorificará a Él. La economía del tiempo de gracia es esencialmente cristocéntrica. Esta glorificación del Hijo comienza a manifestarse con el descenso del Espíritu, cumpliendo la promesa que había dado a los discípulos. Si Jesús no hubiera sido glorificado no enviaría al Espíritu; por tanto, la presencia entre los hombres de la tercera persona divina es ya una manifestación de glorificación al Hijo. Todo lo que inmediatamente siguió a la venida del Espíritu —las lenguas, los milagros, etc.— tenía como propósito glorificar a Cristo. El Espíritu no viene para glorificarse a sí mismo, sino que su misión es glorificar a Jesucristo, de modo que toda la atención se centre en el Señor. Todo cuanto el Espíritu hace y revela lo toma del tesoro admirable de Cristo y de la única y absoluta verdad que es Él. No vino el Espíritu a establecer otro reino que no sea el de Cristo, ni a establecer una Iglesia que no sea la Suya, no actúa por su propia cuenta, sino que confirma lo que Jesús había establecido ya. En esto mismo se confirma que procede del Hijo, puesto que no podría tomar de Él lo que ha de revelar si no participase en la misma esencia y naturaleza, en la que la sabiduría se manifiesta como perfección común en la deidad.

Todo cuanto toma y declara es de Cristo y procede de Él. Lamentablemente la ignorancia sobre esta verdad bíblica hace que muchos estén buscando que el Espíritu se glorifique a Él mismo, actuando independientemente de Cristo y obrando Él conforme a su propósito y determinación. Jesús advierte que el Espíritu no hará nada que no esté vinculado a Él. Ninguna manifestación del Consolador es ajena a lo que Cristo hizo, hace y hará. Todo aquello que no esté relacionado con el obrar y enseñar de Jesús puede proceder del

---

[55] Texto griego: ἐκεῖνος ἐμὲ δοξάσει, ὅτι ἐκ τοῦ ἐμοῦ λήμψεται καὶ ἀναγγελεῖ ὑμῖν.

Espíritu. Las pretendidas manifestaciones de poder, que no fueron hechas nunca por Jesús, las revelaciones en las que Él no está presente e incluso visiones en las que el centro no sea Cristo no proceden del Espíritu Santo y, en el mejor de los casos, son mero subjetivismo del hombre, cuando no algo peor procedente de otro tipo de espíritu. La misión del Espíritu en relación con los creyentes es la de reproducir a Cristo en la vida del cristiano, para cumplir el propósito que Dios ha determinado: que todos seamos conformados a la imagen de Cristo (Ro. 8:29). Vivir en el poder del Espíritu es vivir a Jesús, y Él es glorificado en el testimonio visible del cristiano. Se aprecia nuevamente la verdad de la relación intratrinitaria en la que las personas divinas actúan glorificándose entre ellas, de cuyo contenido hay referencias en el evangelio (Jn. 14:13; 16:14; 17:4, 5).

El fruto

Otra de las enseñanzas dadas en esa ocasión, finalizando su discurso, estaba relacionada con el propósito de Dios para los creyentes, consistente en que fructificasen para Él. En la maldición de la higuera estaba presente la figura de una apariencia sin fruto, por esa razón, aquí les llama a entender la condición propia de quien ha sido puesto en quien es la vid verdadera. Jesús les habla de ello: "Todo pámpano que en mí no lleva fruto, lo quitará; y todo aquel que lleva fruto, lo limpiará, para que lleve más fruto"[56] (Jn. 15:2).

El versículo es clave para entender el sentido del *mashal* de Jesús o, si se prefiere, del dicho parabólico. Especial importancia para ello tiene esta primera frase de la cláusula. Generalmente se traduce como hace RV: "Todo pámpano que en mí no lleva fruto", pero si se presta atención al texto griego, lo que literalmente dice es: todo pámpano en mí que no lleva fruto. Aparentemente la diferencia es mínima, pero cambia totalmente el sentido de la aplicación de la enseñanza. En el primer caso, se trataría de un mero profesante, que no lleva fruto porque no está vinculado en vida a la vid y no lleva fruto porque no puede llevarlo. Quienes entienden esto, aplicarán lo que sigue a quienes no han nacido de nuevo, no son creyentes verdaderos y no tienen posibilidad de fructificar conforme a lo que Dios desea. Estos que en mí no llevan fruto están unidos a Cristo por una profesión

---

[56] Texto griego: πᾶν κλῆμα ἐν ἐμοὶ μὴ φέρον καρπὸν αἴρει αὐτό, καὶ πᾶν τὸ καρπὸν φέρον καθαίρει αὐτὸ ἵνα καρπὸν πλείονα φέρῃ.

externa, por lo que sin alimento vital que se produce por unión real con Cristo, se secan y son desechados. Esta es una posición semejante a la que algunos tienen con los pasajes de He. 6:4-6; 10:26-31. Para éstos, los que el escritor cita no son creyentes, sino profesantes. En la epístola a los Hebreos ha de tenerse en cuenta quiénes son los destinatarios, para posicionarse sobre el sentido de los dos pasajes. El escrito no está destinado a incrédulos, sino a creyentes, y en las dos citas la identificación con creyentes es evidente. Una de las pruebas más sencillas en ese sentido es que el autor se une a los destinatarios del entorno textual (cf. He. 10:26, 30). En el ejemplo que Jesús pone ocurre lo mismo, al usar el pronombre personal *vosotros* refiriéndose a los discípulos que están limpios porque creyeron en Él, a quienes llama a comunión: *permaneced en mí* (vv. 4-5).

La segunda forma de entenderlo es mantener lo que dice el texto griego: todo pámpano *en* mí, que no lleva fruto. En ese sentido, la unidad con Cristo es real. El creyente queda inseparablemente unido al Salvador; por tanto, se trata de personas realmente salvas, cuya comunión con Cristo, la vid verdadera, está interrumpida y no pueden llevar fruto. En ese sentido, se aprecian claramente lo que es la salvación, relacionada con la unión con Cristo, y lo que es la comunión, necesaria para que el fruto de Dios en la acción del Espíritu (Gá. 5:22 ss.) se manifieste. Esta segunda interpretación a las palabras de Jesús en el ejemplo de la vid es la más concordante con el contexto general próximo y lejano. La salvación no puede perderse, por tanto, no es posible entenderlo aquí como un creyente que la pierde. Pero tampoco un mero profesante puede llevar fruto, puesto que este es el resultado de la acción del Espíritu en su vida y nadie puede tener el Espíritu de Cristo si no es de Él (Ro. 8:9).

Para cumplir el propósito divino, el Padre limpia al que lleva fruto para que lleve más. La bendición al pámpano fructífero es que se le capacita para que pueda dar más fruto. El verbo *limpiar*[57] en relación con una vid y sus sarmientos encierra el sentido de podar, cortar lo que sobra. Si una vid no se poda, se vuelve silvestre, y el fruto disminuye y se hace inútil para comer. El podador es capaz de saber qué cosa debe cortar. Entre ellas está el exceso de hojas que consumen los nutrientes de la vid y no permite que estos pasen a alimentar plenamente los granos de cada racimo. El viñador se ocupa de podarla para que los

---

[57] Griego: καθαίρω.

racimos lleven mucho fruto. Es notable observar que quien hace la poda es el Padre y no el Hijo. Éste es la vid, es decir, el sustento vital para que lleve fruto, pero el Padre es el que aplica la disciplina momento a momento en la vida del creyente para que, limpio, pueda llevar más fruto por cuanto la comunión no está interrumpida. ¿Por qué la limpieza está en manos del Padre? Porque Jesús se identifica con la cepa, que es la fuente de la vida, canal de la savia, pero la restante labor se le atribuye al Padre como dueño y cultivador de la vid. No debe dejar de tenerse en cuenta que Jesús está enseñando su posición desde la misión soteriológica con que fue enviado y que iba a cumplirse en plenitud en su muerte; por tanto, se aprecia una subordinación en razón de la misión que realiza en forma de siervo, sin olvidar que está tratándose desde esa forma y no relacionándose con relación divina, donde la subordinación entre las personas divinas no existe por identidad de vida, ya que Jesús y el Padre son uno. La operación de limpieza se ajusta a lo que se enseña en el Nuevo Testamento como disciplina, en la cual Dios nos trata como a hijos (He. 12:7-11). Esa disciplina no es un castigo, sino la corrección necesaria con un propósito benéfico: "Que participemos de su santidad". Casi siempre en la corrección hay una cierta dosis de sufrimiento y eso nos parece que no es causa de gozo; pero luego apreciamos que, ejercida con la poderosa, pero amorosa mano de Dios, "da fruto apacible de justicia a los que en ella han sido ejercitados". Un alma que está turbada e inquieta por seguir un camino incorrecto, mediante la disciplina que es provisión de Dios se acalla delante de Él como un niño que depende sólo de su padre (Sal. 131:2). La tristeza que produce arrepentimiento y confesión genera paz interior. El fruto de la vida cristiana es apacible, que es el propio y limpio del creyente. Dios actúa para ello limpiando cada sarmiento de la vid verdadera para que dé mucho fruto.

Finalmente está la necesidad para llevar mucho fruto: "Yo soy la vid, vosotros los pámpanos; el que permanece en mí, y yo en él, éste lleva mucho fruto; porque separados de mí nada podéis hacer"[58] (Jn. 15:5). Jesús precisa los dos elementos principales del *mashal*. La vid verdadera es una referencia a Él, los pámpanos son los discípulos, los que estaban con Él y los que vendrán luego en el tiempo de la Iglesia, como resultado de la predicación del evangelio y de la fe en

[58] Texto griego: ἐγώ εἰμι ἡ ἄμπελος, ὑμεῖς τὰ κλήματα. ὁ μένων ἐν ἐμοὶ καγὼ ἐν αὐτῷ οὗτος φέρει καρπὸν πολύν, ὅτι χωρὶς ἐμοῦ οὐ δύνασθε ποιεῖν οὐδέν.

Jesús. El secreto de una vida fructífera delante de Dios es la unión vital con Cristo en una experiencia de comunión. El fruto es mucho en la medida en que se mantenga la vinculación con Jesús. Es necesario observar la presencia del pronombre demostrativo *éste*, de manera que el fruto es individual, es decir, sólo el creyente que está en Cristo, en comunión y dependencia vital de Él, es el que lleva mucho fruto. Hay una progresión en la enseñanza sobre el fruto. Al principio se habla del propósito divino y es que cada creyente lleve fruto (v. 2). Luego la acción divina prepara al creyente para que no solo lleve fruto, sino que lleve más fruto (v. 2). Ahora el gozo del Señor y el propósito completo de Dios es que el cristiano no se conforme con más fruto, sino que lleve mucho fruto. El primer nivel es el básico como consecuencia de la vinculación con la vid que tiene vida en ella misma. El segundo es el resultado de la limpieza, conducción a una vida santa, para que pueda tener plena comunión con Cristo y fructifique. El tercero es la experiencia de una relación sin obstáculo y de plena dependencia de Él para llevar mucho fruto. La vida de comunión se manifiesta en la vida de fe, forma natural de vida cristiana (Gá. 2:20).

La advertencia solemne que Cristo hace es que separados de Él, esto es, en independencia o en ausencia de comunión con Él, no es posible nada en cuanto a vida conforme a Dios. Si para llevar fruto, más fruto y mucho fruto es necesaria la aportación del poder divino y éste procede de Jesús, no cabe duda de que un pámpano separado de la comunión de la vid no puede llevar fruto por sí mismo. Así tampoco los creyentes podemos fructificar para Dios separados de Jesús. La fórmula *separados de mí* es equivalente a *fuera de mí*, esto es, Jesús por un lado y el creyente por otro. La advertencia es solemne puesto que Cristo no les dice que sin Él poco podían hacer; afirma *nada podéis hacer*. Cuanto el creyente haga por sus propias fuerzas sin recibir la provisión de poder y de vida de Cristo serán simplemente apariencias piadosas, pero en realidad obras humanas que no glorifican a Dios. De la misma manera que es un absurdo esperar que un pámpano separado de la vid pueda fructificar solo, así tampoco puede hacerlo un creyente fuera de la comunión con Cristo Jesús. Fuera de la gracia, el cristiano no solo no puede producir nada, sino que él mismo es nada (1 Co. 15:10).

La paz

Entre las palabras finales de Jesús a los discípulos está el tema sobre la paz. Sin duda hay otras en los pasajes que registran este tiempo último del Señor con los suyos, seleccionando ésta como última referencia en este apartado.

Acaso sea la más breve de todas, condensada en una sola frase: “La paz os dejo, mi paz os doy; yo no os la doy como el mundo la da”[59] (Jn. 14:27). En una despedida como aquella, Jesús deja un regalo único a los que lo habían acompañado durante los tres años de ministerio, recorriendo con Él, día a día, toda Galilea y Judea especialmente. El Verbo de Dios encarnado se hizo pobre, siendo rico (2 Co. 8:9). Realmente aquella noche, la de despedida de los suyos, no tenía nada, humanamente hablando, que dejarles como recuerdo. Todo lo que tenía estaba ya comprometido para ser entregado; los vestidos a los soldados que lo crucificaban (Jn. 19:23-24); su madre a Juan (Jn. 19:27); su reino a un ladrón arrepentido (Lc. 23:42-43); el espíritu lo daría al Padre (Jn. 19:30); el cuerpo a José de Arimatea, para ser sepultado (Jn. 19:38). Pero tenía algo esencial que nadie sino Él podía tener y que les iba a dejar a los discípulos: la paz.

Se aprecian aquí dos relaciones en cuanto a la paz. La primera es una paz de relación, *la paz os dejo*. Es la restauración de la relación plena y perfecta con el Padre, que se había roto en Edén a causa del pecado. La paz que resulta en experiencia de vida en la justificación por la fe (Ro. 5:1). Dios declara como justos a los creyentes a causa de la obra de Cristo y de la fe en Él, y este hecho ya no puede cambiar jamás. Esto es posible solo para el que ha creído. A lo largo de su ministerio, Cristo llamó continuamente a creer en Él. Este creer trae aparejado la reconciliación con Dios, la justificación y por consiguiente la experiencia de la paz con Él. Mediante la fe pasamos a disfrutar de una posición inalcanzable para el hombre. Dios, que justifica, toma partido por nosotros (Ro. 8:31), poniéndose a nuestro lado, o tal vez mejor, poniéndonos a nosotros al lado suyo, declarándose favorable a nosotros, haciendo que seamos suyos en la seguridad de la esperanza y en la certeza de la salvación. La bendición que se obtiene en el regalo de Jesús, es la de una nueva relación con Dios, teniendo paz con Él. La idea básica de paz tiene que ver con algo completo, sólido y pleno. Lo que Jesús dice, paz os dejo, es la de una correcta relación con Dios. El profeta relaciona la paz con el efecto de la justicia y la complementa con la idea de reposo y seguridad perpetuos (Is. 32:17);

[59] Texto griego: Εἰρηνην ἀφιημι ὑμῖν, εἰρηνην τὴν ἐμὴν διδωμι ὑμῖν· οὐ καθὼς ὁ κοσμος διδωσιν ἐγὼ διδωμι ὑμῖν.

esto traería para los discípulos un ambiente en el que se manifiestan las bendiciones de Dios. La paz está siempre reservada al justo, mientras está ausente en la vida de los impíos (Is. 48:22; 57:21). Es la expresión de tranquilidad íntima de los que tienen a Dios. Este es el admirable regalo de Jesús como don personal suyo. La paz es el resultado de la reconciliación con Dios (2 Co. 5:18-19). Removido el obstáculo del pecado que producía un estado de enemistad, se alcanza una nueva relación de armonía con Dios. Los enemigos de Dios en malas obras vienen a una relación de amistad en Cristo Jesús (Jn. 15:13-15). Aquellos que eran hijos de ira a causa del pecado (Ef. 2:3) pasan a ser hijos de Dios (Jn. 1:12).

Un segundo aspecto es sorprendente porque consiste en la misma paz de Jesús: mi paz os doy. Mientras los discípulos estaban inquietos y el Señor tiene que alentarlos para que dejen esa inquietud íntima y personal, Él como hombre tiene paz perfecta. Este aspecto de una paz vivencial es el segundo regalo que les hace. El versículo puede expresarse en una estrofa de cuatro hemistiquios:

a) La paz os dejo.
b) La paz mía os doy.
c) Yo os la doy.
d) No como el mundo la da.

La paz es don permanente, ya que dice os dejo. Sin embargo, surge una pregunta: ¿Cómo se puede disfrutar la paz de otro? La única manera sería viviendo la vida personal del que la otorga o, de otro modo, si el que la da se hace vida en el que la recibe. Esto ocurre con la paz de Cristo. Sólo Él la tiene, pero se hace experiencia de vida en el creyente porque el Espíritu implanta a Cristo en la vida del salvo. El apóstol Pablo habla de esta relación cuando dice que para él "el vivir es Cristo" (Fil. 1:21). La identificación con Cristo hace que ya no sea el yo personal el que se manifiesta vivo en el creyente, sino que es Cristo mismo quien vive en él (Gá. 2:20). Jesús prometió enviar al Espíritu Santo y esta bendita tercera persona divina reproduciendo a Cristo en la vida del creyente hace que el amor y la paz sean aspectos del fruto suyo en el cristiano.

Un aspecto importante de la enseñanza es que esta paz no puede ser encontrada en el mundo, esto es, el mundo no la puede dar. Los dones que el mundo puede dar no son eternos, sino temporales, no son firmes, sino efímeros, no son espirituales, sino carnales. El hombre puede buscar afanosamente la paz en el mundo, pero no la encuentra porque en la esfera espiritual en que está establecido no hay paz para el impío, dice el Señor (Is. 48:22).

El Maestro concluyó la enseñanza. Los tres años de compañerismo con aquellos llegaban a su fin. Se cerraba la puerta de la relación y convivencia física de cada día y se abría la del sufrimiento y la muerte. Juan enlaza en su evangelio esta parte con la que sigue haciendo notar que "estas cosas habló Jesús". Sería ya el Espíritu de ahí en adelante que se ocuparía del aspecto de la enseñanza, recordando a la iglesia lo que el Hijo del Hombre había dicho.

La oración sacerdotal

El capítulo 17 del evangelio según Juan registra lo que se llama la oración sacerdotal de Jesús. Es, como alguno ha dicho, el Lugar Santísimo del evangelio. No fue la última oración de Jesucristo. Oraría también en agonía en Getsemaní; lo haría luego en la cruz; entregaría en oración su vida poniéndola en manos del Padre. Sin embargo, esta es una oración excepcional, profunda, precisa, interesada, singular. Ninguna otra se le puede comparar. Es el último gran coloquio con el Padre en un diálogo directo y comprensible al hombre. Los diálogos de Jesús fueron reduciéndose en destinatarios. Al principio del ministerio hablaba a las multitudes, luego dedicó mayor tiempo a los discípulos; ambas cosas habían terminado. Ya no tenía más que decir a nadie, por tanto, conversa con el Padre, aunque lo haga en presencia de los discípulos.

Se ha preguntado cuál era esencialmente lo que podía calificar a la oración de Jesús. Algunos mayoritariamente han buscado el de oración sacerdotal. Otros, en la lectura del texto, la definen como la oración de intercesión. Ambas cosas son, sin duda alguna, aspectos destacables que permiten esas calificaciones. Sin embargo, viéndola en el contexto histórico, Jesús había terminado la misión para la que había sido enviado del Padre. Tan solo restaba la entrega voluntaria de su vida en la cruz. Había venido en forma de siervo (Fil. 2:7), aunque nunca dejó de ser en forma de Dios. Para esto había sido enviado por el Padre. Ahora, el siervo, incluso respetuosamente el esclavo, que había sujetado todo al plan divino de salvación, ha concluido todo lo que le había sido asignado. Por tanto, comparece ante el dueño que le envió para decirle: "Yo te he glorificado en la tierra; he acabado la obra que me diste que hiciese" (Jn. 17:4). Por consiguiente, ya no era necesario mantener por más tiempo la forma de siervo, sino recuperar la gloria que corresponde a la forma de Dios, oculta bajo la ropa de trabajo, que el siervo tomó al hacerse hombre.

Uno de los temas que orienta toda la oración es el de la glorificación que Jesús pide al Padre para sí. Su gloria no concluye con el término de su vida terrenal, sino que comienza con el final de ella. La petición para ser glorificado cierra el paréntesis que comprende todo lo que va desde el inicio del testimonio del evangelio según Juan. El apóstol presentó a Jesús como el Verbo eterno en la unidad con el Padre. Todos los aspectos propios de la deidad concurren en Él. Pero el gran misterio de la piedad comienza cuando el Verbo se hizo carne (Jn. 1:14). La impronta gloriosa de Dios queda oculta a los hombres bajo ese aspecto de su humanidad; sin embargo, Juan afirma que ellos vieron la gloria que corresponde al Hijo, en lo que Jesús hizo, apreciando que estaba lleno de gracia y de fidelidad. El escritor dice determinante "vimos su gloria". A lo largo del relato, se aprecia que Jesús manifestó su gloria a las gentes, pero, en especial, a los discípulos, como se puntualiza en relación con el milagro de la conversión del agua en vino en la boda de Caná de Galilea (Jn. 2:11). En otro lugar se habla de la manifestación de esa gloria (Jn. 11:4). Entonces, ¿cuál es la razón por la que Jesús comienza pidiendo ser glorificado? La gloria de Cristo se podía apreciar por las señales que hacía, salvo en la manifestación de ella en la transfiguración delante de tres de los discípulos. Ahora llegaba el momento de pasar de las señales a la realidad continua. Era el tiempo adecuado para que el Hijo del Hombre fuera glorificado (Jn. 12:23). La gloria divina debía verse no solo en la forma de Dios, sino también en la humanidad que sirvió de vehículo para la forma de siervo. Pocos hombres habían discernido que Jesús, el hombre de Nazaret, era Dios manifestado en carne. Lo veían, pero no glorioso, sino humilde e incluso pobre. El pleno reconocimiento de la deidad visible en su humanidad se produce después de su muerte, en que el testimonio de un ateo declara: "Verdaderamente este hombre era Hijo de Dios" (Mr. 15:39). Desde ahí, la gloria se extiende tanto a su naturaleza divina como a la humana, siendo esto parte esencial del testimonio cristiano: "Sepa, pues, ciertísimamente toda la casa de Israel, que a este Jesús a quien vosotros crucificasteis, Dios le ha hecho Señor y Cristo" (Hch. 2:36; 5:31). Esto sería en lo sucesivo doctrina fundamental de la fe. Jesús recibió el Nombre supremo, bajo cuya autoridad ejerce señorío en cielos y tierra (Fil. 2:9-11).

En el cumplimiento del tiempo había llegado la hora de la glorificación. Este nuevo tiempo, cumplida la obra que le había sido encomendada, iba a abrir el disfrute de la vida eterna, prometida a todo aquel que crea (Jn. 3:16). Vida eterna que viene en el don del Espíritu (Jn. 20:22). Esta nueva dimensión alcanzaría a millones de personas en el tiempo por la predicación del evangelio (Jn. 17:20). Es especialmente sobre estos por quienes dialoga con el Padre. La identificación de ellos no se produciría por religión, sino por relación con Dios. Todos ellos serían uno, no por acciones externas, sino por comunión directa con la deidad y participación en su naturaleza. Este pueblo es la Iglesia. En la oración se aprecia que Jesús pone delante del Padre cómo debe ser ese nuevo pueblo de Dios. La estructura de la oración tiene tres partes bien diferenciadas: a) Oración por sí mismo (vv. 1-5). Jesús se dirige al Padre manifestándole que ha cumplido todo lo que se le había encomendado y pidiéndole la glorificación, por la que asciende a la condición gloriosa que le corresponde y en la que está unida la humanidad asumida por concepción. b) Oración por los discípulos (vv. 6-19). Son aquellos que Él ha sacado del mundo. Están todavía en el mundo, pero ya no son de él. Durante los años de relación con ellos, Jesús los guardó, pero ahora debían ser guardados en otra dimensión de vida, con la asistencia del Espíritu. Deben permanecer en la verdad a la que fueron conducidos, han de mantener la unidad, deben cumplir la misión encomendada. c) Oración por los cristianos en general (vv. 20-24). Son aquellos que, alcanzados por el evangelio de la gracia, son también, como los apóstoles, hijos de Dios por adopción en el Hijo. También deben mantener la unidad como pueblo y como cuerpo, para ser elemento de persuasión y convicción al mundo incrédulo. La dimensión de la esperanza que forma parte esencial de ese pueblo es la de estar con Cristo eternamente, como antes les había prometido. Finalmente está la conclusión (vv. 25-26).

En relación directa con la cristología están las relaciones trinitarias. La primera de ellas se expresa en una corta frase que, relativa a la unidad de los suyos, dice: "Padre santo, a los que me has dado, guárdalos en tu nombre, para que sean uno, así como nosotros"[60]

[60] Texto griego: Πάτερ ἅγιε, τήρησον αὐτοὺς ἐν τῷ ὀνόματι σου ᾧ δέδωκας μοι, ἵνα ὦσιν ἓν καθὼς ἡμεῖς.

(Jn. 17:11). La protección divina se orienta al mantenimiento de la unidad de aquellos creyentes, discípulos de Jesús. La frase es concreta: guárdalos para que sean uno como nosotros. La construcción de la oración con el adjetivo numeral en neutro permite traducirla, en lugar de uno, como una misma cosa.

Cristo ora por la unidad ontológica de la formación de un cuerpo en Cristo. La extensión de la unidad comprende a todos los cristianos. Más adelante dice: "Para que todos sean uno; como tú, oh Padre, en mí, y yo en ti, que también ellos sean uno en nosotros"[61] (Jn. 17:21). Antes oró por la de los apóstoles, ahora lo hace por la de todos los que han de creer en el tiempo por la palabra de ellos. Este es el programa y propósito de Dios para la Iglesia, en respuesta a la petición del Hijo. El Señor tiene el deseo de congregar a todos los salvos en uno (Jn. 11:52). Cristo pide al Padre por la unidad absoluta e indivisible de la iglesia, expresando la base unitaria para la iglesia: "Sean uno en nosotros". Consiste en el posicionamiento de la iglesia en Cristo y, puesto que este está en el Padre, la Iglesia será una en Dios. Esta unidad está basada en la inhabitación de los creyentes en el Dios trino y uno. Nótese que no sólo están en Cristo, sino en nosotros, esto es en el Padre y en el Hijo. Esta unidad es posible mediante la acción del Espíritu Santo que bautiza a cada miembro del cuerpo, a cada creyente en Cristo, introduciéndolo en Cristo (1 Co. 12:13) y viniendo a formar parte del único cuerpo cuya cabeza es el Señor (Ef. 1:22). La unión con el Hijo implica la unión con el Padre (1 Jn. 1:3). Vivir la vida eterna, que es la vida de Dios, es ya ser uno, porque "no hay judío ni griego; no hay esclavo ni libre; no hay varón ni mujer; porque todos vosotros sois uno en Cristo Jesús" (Gá. 3:28).

En la oración marca cuál es la unidad que pide para la Iglesia: como tú, oh Padre, en mí y yo en ti. Está hablando de la inmanencia entre las personas divinas. Jesús está refiriéndose a la consecuencia de la unidad de naturaleza y esencia en perfecta compatibilidad con la distinción de personas. Tal vez llame la atención el hecho de que en esta inmanencia divina no se mencione al Espíritu Santo. La presencia de la tercera persona está en razón de que la personificación de ella es la expresión del amor personal entre el Padre y el Hijo; por tanto, siempre que las dos primeras estén presentes, lo está también la

[61] Texto griego: ἵνα πάντες ἓν ὦσιν, καθὼς σύ, Πάτερ, ἐν ἐμοὶ καγὼ ἐν σοί, ἵνα καὶ αὐτοὶ ἐν ἡμῖν ὦσιν.

tercera. Sin embargo, la bendición trinitaria por excelencia habla de la comunión del Espíritu Santo, junto con el amor del Padre y la gracia del Hijo (2 Co. 13:14). La unidad divina permanece eternamente, porque no es posible la comunión de vida en la independencia de personas, sino en la individualidad que mantiene la vinculación en esencia y naturaleza. Esta unión y comunión intratrinitaria es el modelo de unidad que Jesús pide para la Iglesia.

Para que exista una verdadera unidad a la semejanza de la unidad trinitaria, Jesús pide la inmanencia divina en ellos, es decir, que cada uno de los creyentes esté en Dios y Dios esté también en cada uno de ellos. Nótese que no pide para que ellos sean uno como nosotros, sino para que sean uno en nosotros. Jesús habló antes, según lo recoge Juan, de que los creyentes, en el simbolismo de las ovejas, están en su mano, y que también están en la mano del Padre (Jn. 10:28-29). La inmanencia divina en el creyente estará presente en las palabras de Jesús que siguen inmediatamente. Cristo no está pidiendo para la iglesia una unidad religiosa, nacional, social o de cualquier otra naturaleza: está pidiendo una unidad absoluta, indestructible, como la que existe en el seno de la deidad. Esta unidad es el resultado de la operación vinculante de cada creyente en Cristo por obra del Espíritu Santo que hace esta unidad (Ef. 4:3). La tercera persona une vitalmente a cada creyente en Cristo, haciendo posible e imperecedera la unidad de la Iglesia que, obrada por el Espíritu Santo, también la conserva inquebrantablemente. Por tanto, no se trata de una actividad humana, sino de una obra divina. Dios, el Espíritu Santo, hace la unidad mediante la unión vital de todos los creyentes en Cristo, bautizándolos en o hacia la formación de un cuerpo en Él (1 Co. 12:13). Esa unidad es algo definitivamente realizado por el Espíritu, de ahí que se la nombre bajo la expresión de unidad del Espíritu. La única manera de mantener esa unidad en la experiencia de vida de los creyentes y de la Iglesia está en el poder del mismo Espíritu que la hace posible. La tercera persona divina crea y conserva la unidad. La unidad de la Iglesia no es asunto de unanimidad, en la que los creyentes pierden su identidad individual, sino una semejante o comparable a la unidad divina. El Hijo está eternamente en el Padre y el Padre lo está también en el Hijo. De este modo, es el Padre el que hace las obras que hace el Hijo (Jn. 14:10), porque mora en Él. Pero también el Hijo está en el Padre, en la unidad de la deidad, actuando como Dios tanto en la creación y sustentación de lo creado como en la redención de lo perdido. El Padre y el Hijo son uno, pero a la vez son distintos, como personas individuales, pero jamás independientes, puesto que ninguna puede vivir fuera de la unidad trinitaria que tiene en común la vida. Lo que Jesús está diciendo posee una profundidad grande. Los creyentes tienen que ser uno en el Padre y en el Hijo. No es una deificación de la Iglesia, pero permaneciendo en Él, son ciertamente el cuerpo en el que Dios realiza su actividad (Jn. 14:12).

Sigue Jesús: "La gloria que me diste, yo les he dado, para que sean uno, así como nosotros somos uno"[62] (Jn. 17:22). El texto tiene problemas de exégesis, especialmente en determinar en qué consiste la gloria que, siendo dada a Jesús por el Padre, Él da a los discípulos. Pero lo que interesa a la cristología es la inmanencia de las personas divinas. El Hijo ha recibido del Padre la gloria personal porque la infinita y gloriosa dimensión de la primera persona se refleja y revela en la segunda y en sus obras. Así también la gloria de Cristo, que refleja la del Padre, se revela en los cristianos, no solo por su presencia en ellos, sino por la presencia y acción del Espíritu Santo que, reproduciendo a Jesucristo, reproduce también la gloria de Dios. Esto implica que la presencia de Cristo se manifestará también en los dones que el Espíritu conferirá a cada creyente y en el fruto que manifiesta la imagen del Hijo. La presencia del Espíritu permitirá a los creyentes llevar el mensaje del evangelio de la gloria de Dios. Eso exhibe la gloria de Dios como enviados suyos a un mundo en tinieblas, para que vayamos y hagamos discípulos, seguidores de Jesús. La gloria del Verbo que impactó a Juan consistía en la plenitud que se manifestaba en Él de la gracia y la verdad (Jn. 1:14), que vinieron por medio de Jesucristo (Jn. 1:17). Ahora bien, de su plenitud tomamos todos y gracia sobre gracia (Jn. 1:16). De modo que la gloria de Dios que se manifestó en Cristo nos fue concedida a nosotros por la presencia suya en nuestra vida. La gran gloria del Espíritu que fue dada al Hijo sin medida le es concedido que también la dé a los que son suyos (Jn. 7:39). Pero, no debe dejarse a un lado la última frase de esta cláusula. Jesús les ha dado su gloria "para que sean uno, así como nosotros somos uno". La gloria de la unidad de la Iglesia se hace posible por la gloria dada, consistente tanto en la presencia del Padre y del Hijo en los creyentes como del Espíritu Santo que hace posible esa unidad. Jesús remarca que la unidad que desea para el nuevo pueblo de Dios, resultante de la obra redentora, es una semejante a la existente en

[62] Texto griego: καγὼ τὴν δόξαν ἣν δέδωκας μοι δέδωκα αὐτοῖς, ἵνα ὦσιν ἓν καθὼς ἡμεῖς ἕν.

el seno trinitario. No se conforma con menos, no es posible menos, porque en esa unidad y sus consecuencias está el gran testimonio ante el mundo.

Juan añade de la oración de Jesús: "Yo en ellos, y tú en mí, para que sean perfectos en unidad"[63] (Jn. 17:23). La unidad de la Iglesia, por la que Jesús ruega al Padre, descansa en la inmanencia divina en el creyente y por ende en la Iglesia como cuerpo. Es decir, Jesús pide al Padre el traslado de la relación intratrinitaria a la experiencia de vida de los creyentes, en un definitivo *yo en ellos y tú en mí*. No cabe duda de que las palabras de Jesús revisten un dato de alta declaración de espiritualidad trinitaria. Esta doctrina requería reflexión por quienes la escucharon de las palabras de Jesús, y vino a ser motivo de estudio a lo largo del tiempo, siendo todavía hoy una cuestión de investigación teológica.

La presencia divina en el creyente es una verdad bíblica que trasciende el tiempo y tiene proyección escatológica, como enseña el apóstol Pablo: "Dios será todo en todos" (1 Co. 15:28). Esa misma noche, el Señor, en la enseñanza dada durante la cena, dijo a los discípulos: "El que me ama, mi palabra guardará; y mi Padre le amará, y vendremos a él, y haremos morada con él" (Jn. 14:23). El verbo morar implica una residencia permanente, no una visita o una estancia transitoria. Eso conlleva implícita la idea de comunión, por permanencia. La comunión es una experiencia que debe ser vivida por el creyente, pero la unión vital con Cristo no está sujeta a experiencias personales, ya que nadie tiene parte activa en el hecho en sí de la salvación, a no ser lo que tiene que ver con el ejercicio de la fe, que es responsabilidad del hombre. Es decir, nadie puede nacerse de nuevo a sí mismo o resucitarse. Sin embargo, la morada del Dios trino en el creyente tiene que hacerse sensible para disfrutar de la experiencia que produce la vida trinitaria o, mejor, de la vida intratrinitaria en nosotros. Esta presencia produce el gozo del que Jesús ha pedido antes al Padre (Jn. 15:11), siendo aplicada a nosotros por el Espíritu residente (Gá. 5:22). Es necesario entender bien que la relación completa con el Dios trino tiene lugar en Cristo (Jn. 1:14, 18; 5:17-19; 10:38; 14:9-11; 17:21-26). La misma eterna gloria que Jesús prometió a los suyos (Jn.

[63] Texto griego: ἐγὼ ἐν αὐτοῖς καὶ σὺ ἐν ἐμοί, ἵνα ὦσιν τετελειωμένοι εἰς ἕν.

14:1-4), no podría ser como manifestación de la presencia trinitaria sin que sea manifestada en Cristo, porque la "gloria de Dios la ilumina, y el Cordero es la lumbrera" (Ap. 21:23). De modo que, teniendo la unión y comunión con Cristo, la tenemos también con Dios en tres personas. Cristo arrastra en sí mismo hacia el creyente la Trinidad Santísima, puesto que en Él "habita corporalmente toda la plenitud de la deidad" (Col. 2:9). Es en Él y por Él que participamos en la divina naturaleza (2 P. 1:4), para lo cual nacemos de arriba (Jn. 1:12-13; 3:3-5). Cristo traduce a Dios para el hombre (Jn. 1:18), de modo que, viendo a Cristo, vemos a Dios.

Lo más asombroso de lo que Jesús pide al Padre, que consiste en la presencia suya en Cristo y la de Él en el creyente, por lo que Dios viene a hacer morada en cada salvo, supone una permanencia de la Trinidad divina en el cristiano y en la Iglesia, como conjunto de cristianos. Eso significa que las funciones intratrinitarias se desarrollan en la intimidad del creyente: "Vendremos… y haremos morada con él" (Jn. 14:23). Para expresarlo de forma sencilla: Dios el Padre expresa dentro del cristiano su Verbo eterno e infinito que es el Hijo, y ambos, el Padre y el Hijo, alientan el Espíritu Santo dentro de nosotros. Este concepto no es fácilmente cognoscitivo, pero se puede pensar en una persona que tiene una forma de vida y viene a residir en una casa; saldrá de ella para el trabajo cotidiano, pero regresará a la casa y en ella llevará a cabo sus funciones vitales, como comer, descansar, etc. De ese modo, al ser el creyente el lugar donde las personas divinas vienen a morar, realizarán en esa morada las funciones vitales, con las procesiones que dan origen a las relaciones por las que las personas divinas se constituyen. Ya que esas relaciones implican una comunión vital e íntima con el creyente, la unidad trinitaria se traslada a la experiencia de vida de cada uno, por lo que la unidad de los cristianos se produce en razón de la unidad de las personas divinas en ellos. Esto hace que la unidad de los cristianos sea perfecta, como expresa el uso del verbo[64] que Juan usa aquí y que equivale a completar, cumplir, llevar a término, perfeccionar, llevar a la perfección. Es decir, por la presencia divina en el cristiano, la unidad que Jesús pide será perfecta, completa, absoluta. En la presencia de Jesucristo no puede faltar nada porque estamos completos en Él (Col. 2:10).

---

[64] Griego: τελειόω.

GETSEMANÍ

El relato sobre Getsemaní está en los cuatro evangelios, por lo que es necesario hacer una armonía de ellos a fin de tener una panorámica completa de lo que allí ocurrió (Mt. 26:30, 36-46; Mr. 14:26, 32-42; Lc. 22:39-46; Jn. 18:1). El tiempo tuvo que haber sido en lo avanzado de la noche del jueves al viernes.

Los cuatro relatos se inician con la salida de Jesús y los once discípulos del lugar donde habían celebrado la cena pascual (cf. Mt. 26:30; Mr. 14:26; Lc. 22:39; Jn. 18:1). Seleccionando el relato según Marcos se lee: "Cuando hubieron cantado el himno, salieron al monte de los Olivos". La cena pascual concluía con el canto de uno de los Salmos del Hallel; solía cantarse uno de los Salmos comprendidos entre el ciento quince y el ciento dieciocho. Dejando el lugar donde habían celebrado la Pascua e instituida la ordenanza de la Cena del Señor, salieron hacia el Monte de los Olivos. No es posible determinar a qué hora salió Jesús del cenáculo. Sin embargo, teniendo en cuenta las costumbres judías de la época, si la hora de comienzo fue sobre las siete de la tarde, sería entorno a las diez o a lo sumo las once de la noche cuando cantaron el himno y salieron hacia Getsemaní. Jesús sabía que vendrían a prenderle en aquella noche. Es posible que la salida del aposento alto hacia el Monte de los Olivos haya ocasionado que Judas condujera el grupo que lo iba a prender hasta la casa donde se había celebrado la cena y de la que él había salido. Es muy probable que Juan Marcos hubiera escuchado el alboroto producido por el grupo armado con los palos propios de la guardia del templo y, saliendo de su habitación, se envolviese en una sábana para ver en qué terminaba todo aquello. Es muy probable que Judas, no encontrándolo allí, siguiese hasta el lugar donde el Señor se reunía habitualmente con los suyos, el Monte de los Olivos y el huerto de Getsemaní. Aunque bien pudo ser así, todo esto es mera conjetura, ya que el relato bíblico no da detalles de lo que ocurrió entre el canto del himno y el prendimiento. Lo que sí es evidente es que cuando terminó el canto del himno, Jesús y los once discípulos —ya que Judas había salido— dejaron el lugar donde habían cenado, que según la tradición estaba situado en la ciudad alta de Jerusalén, la parte sudoeste, y descendieron por las calles que iban bajando hasta el torrente del Cedrón para seguir bordeándolo hasta la empinada cuesta que subía el Monte de los Olivos. Empezando la subida, según la tradición, se encontraba el huerto de Getsemaní, un lugar muy conocido para Jesús y los discípulos, donde se habían reunido para estar juntos en muchas ocasiones.

Fue allí donde Pedro expresó su determinación de no escandalizarse de Jesús, aunque todos lo hiciesen, y donde Cristo le anunció que antes de que el gallo hubiera cantado dos veces, él le negaría tres (Mr. 14:30).

La verdadera antesala de la cruz fue la agonía en Getsemaní. La dimensión de este hecho es tan grande que en muchos momentos será preciso guardar un respetuoso silencio para no ir más allá de lo que la Escritura revela. La dimensión espiritual que Jesús afrontó allí es tal que Dios mismo corre un velo sobre los grandes interrogantes que se pudieran plantear acerca de la angustia y el conflicto íntimo que el Hijo de Dios pasó en el tiempo de oración. Es la puerta de entrada a la comprensión de la mayor profundidad y gloria de la condición divino-humana del Verbo encarnado.

La instrucción de Jesús a los suyos, llegado el grupo al lugar, fue sencilla: "Sentaos aquí, entre tanto que yo oro" (Mt. 26:36; Mr. 14:32). Esta demanda de Jesús debió tener lugar nada más entrado en el huerto. Lucas indica que se les mandó no solo sentarse, sino permanecer en oración para no entrar en tentación (Lc. 22:40). De nuevo, reclamó la presencia de los tres discípulos escogidos para dar testimonio de los momentos más determinantes de la vida de Jesús: Pedro, Jacobo y Juan (Mt. 26:37; Mr. 14:33). Llegado al lugar donde iba a orar, tanto Mateo como Marcos precisan que "comenzó a entristecerse y angustiarse" (Mt. 26:37; Mr. 14:33).

La intensidad de la agonía, la lucha en el centro de la naturaleza humana del Señor es impactante. El detalle de los evangelios es una de las afirmaciones más importantes. Según Marcos Jesús "comenzó a entristecerse y angustiarse". El verbo comenzar, empezar[65], da idea de algo que tiene su origen en ese momento. El Señor inicia un tiempo en que la tristeza y la angustia serán sus compañeras. El verbo usado por Marcos en este lugar[66] aparece sólo tres veces en el Nuevo Testamento y siempre en sentido transitivo y en voz pasiva. Implica una manifestación de estremecimiento y terror, ante la revelación de

[65] Griego: ἄρχω.
[66] Griego: ἐκθάμβεομαι.

algo santo. El verbo intensificado manifiesta el sentido de asustarse, llenarse de terror. La primera manifestación de la angustia de Jesús tenía que ver con un terror pavoroso por algo que iba a ocurrir. El primer sentimiento del Señor fue el de sorpresa aterradora. Pero a esto se le une también la angustia. El verbo[67] usado por Marcos equivale a angustiarse en gran manera y expresa la ansiedad que sigue a una profunda emoción. Es el estado de confusión, incluso de desasosiego intenso, rodeado de perplejidad, como consecuencia de angustia mental e inquietud. De otro modo, Jesús estaba lleno de tristeza y horror.

El testimonio de Jesús a los tres discípulos da idea de esa situación: "Y les dijo: Mi alma está muy triste, hasta la muerte; quedaos aquí y velad"[68] (Mt. 26:38; Mr. 14:34). A los tres discípulos que llevó consigo hasta un poco más allá de donde habían quedado los otros les señala la angustia que le estaba sobrecogiendo y que comenzaba con una intensa manifestación de profunda tristeza y sentimiento interno de angustia vital. Aquella situación era necesariamente mortal, como si les dijese: "Estoy preso de una angustia mortal". No quiere decir que aquella angustia le fuese a producir la muerte, pero expresa hiperbólicamente la dimensión del conflicto anímico que se estaba produciendo en el núcleo mismo de su humanidad. Jesús no podía morir de tristeza. Nadie podía quitarle la vida, sino que la ponía voluntariamente, entregándose a la muerte (Jn. 10:18). El mismo Señor había anunciado a los discípulos que sería entregado en manos de los sacerdotes y escribas, y que sería crucificado. La profecía tenía que cumplirse. No era un dolor físico, que se produciría más adelante en el prendimiento, los juicios, los azotes, la corona de espinas y la cruz, todo ello experimentado en su cuerpo. El conflicto y la angustia está ahora en su alma, en la parte más íntima y profunda del área inmaterial del Señor. Marcos sugiere aquí que Jesús estaba preso de un terror estremecedor. El texto griego expresa claramente la idea de una dimensión de intenso horror y sufrimiento moral. Jesús se encontraba en un estado de intensa confusión, lleno de inquietud y perplejidad ante una situación que se avecinaba y que le era totalmente desconocida. Esta expresión a los tres discípulos pone al descubierto la realidad del alma humana del Señor. Algunos propusieron que el alma humana de Jesús había sido sustituida por su naturaleza divina,

---

[67] Griego: ἀδημονέω.

[68] Texto griego según Marcos: καὶ λέγει αὐτοῖς· περίλυπος ἐστιν ἡ ψυχή μου ἕως θανάτου· μείνατε ὧδε καὶ γρηγορεῖτε.

tomando el lugar de aquella, pero esta propuesta se viene abajo ante las palabras del Señor, porque la tristeza y angustia mortal no pueden saturar la naturaleza de Dios, pero sí el alma del hombre. Es necesario insistir en la verdad de la naturaleza humana, junto con la divina, pero sin mezcla ni confusión, en absoluta individualidad cada una de ellas, subsistentes ambas en la persona divino-humana del Salvador. El Señor, que es Dios eterno en la unidad del ser divino, es también "varón de dolores, experimentado en quebranto" (Is. 53:3). En estos momentos de angustia en Getsemaní se cumple plenamente lo anunciado proféticamente acerca de Él.

La intensidad de la angustia lleva a Cristo a pedir a los tres que están más próximos a Él que permanezcan despiertos. El verbo en imperativo pone de manifiesto no un ruego o un deseo del Señor, sino un mandamiento que establece para ellos. Como hombre busca la compañía de sus amigos en la hora de la angustia, ordenándoles que permanezcan en vela. Los acontecimientos de la cena habían producido también inquietud en los discípulos, que los había entristecido. Sin embargo, es el mandato de un amigo que había hecho todo por ellos y que les pide que se mantengan despiertos en aquella hora y velen con Él, orando ellos también mientras le acompañaban en la angustia. No les dice el Señor que orasen con Él; esa era una experiencia suya en la soledad con Dios. Les manda velar. El Maestro les había expresado su situación con palabras intensas y les pedía la compañía y la comunión mientras oraba, rodeado de angustia.

No es posible pasar sobre el relato bíblico sin preguntarse cuál era la causa principal de aquella situación de agonía. Quien agonizaba era el santo de los santos. En su deidad fue proclamado y adorado por los serafines que declaraban su santidad (Is. 6:1-3). Los profetas hablando de Él dijeron que "nunca hizo maldad, ni hubo engaño en su boca" (Is. 53:9). Jesús no sólo no pecó, sino que no podía pecar. La angustia de Getsemaní tiene estrecha relación con el pecado del hombre. La profecía iba a cumplirse en Jesús: "Con todo eso, Jehová quiso quebrantarlo, sujetándole a padecimiento" (Is. 53:10). Cuando nuestro Señor subió a la cruz, lo hizo cargando ya con el pecado del hombre, como enseña el apóstol Pedro: "Quien llevo Él mismo nuestros pecados en su cuerpo sobre el madero" (1 P. 2:24). Jesús se enfrentaba a una situación nueva para Él, que consistía en ser hecho maldición para que los malditos a causa del pecado fuesen hechos bendición de Dios en Él (Gá. 3:13). Él iba a ser hecho sacrificio por el pecado para que el pecador fuese hecho justicia de Dios en Él (2 Co. 5:21). Hasta ese momento, el Señor había perdonado pecados, había tenido trato con pecadores, había anunciado la salvación mediante la fe en Él mismo (Jn. 3:16), pero la relación personal en identificación con los perdidos, para sustituir a todos los que creerían y hacer posible la salvación, pasaba por ser hecho maldición y recibir sobre sí la penalidad del pecado. La situación personal que había de llevar a cabo en la cruz tenía que ver con la asunción de la muerte por todos (He. 2:9). Esto plantea un serio conflicto en la intimidad del autor de la vida, con una consecuencia de muerte para Él en una nueva dimensión jamás experimentada. El conflicto se produce en el alma del Salvador, en una intensidad tal que lo llena, saturándolo de angustia mortal.

Entender la agonía de Getsemaní y todo el conflicto que allí tuvo lugar exige entender también la grandeza de la persona que agoniza, que es el Verbo eterno de Dios encarnado. Sólo conociendo que Jesús es verdadero Dios y verdadero hombre puede entrarse en una dimensión de lo que realmente ocurrió en el huerto. El misterio de Cristo consiste esencialmente en comprender que en su persona divina subsisten dos naturalezas, la divina eternamente presente y la humana desde el momento de la concepción virginal por operación omnipotente de Dios el Espíritu Santo, operada en la Virgen María. Ya se ha considerado esto con anterioridad; sin embargo, será bueno recordar que la conciencia personal de Jesús como hombre supera en todo a la autoconciencia de cualquier otro ser humano, ya que ningún hombre en la historia de la humanidad pudo haber dicho ni dirá jamás:

> *Te alabo, Padre, Señor del cielo y de la tierra, porque escondiste estas cosas de los sabios y de los entendidos, y las revelaste a los niños. Sí, Padre, porque así te agradó. Todas las cosas me fueron entregadas por mi Padre; y nadie conoce al Hijo, sino el Padre, ni al Padre conoce alguno, sino el Hijo, y aquel a quien el Hijo lo quiera revelar. (Mt. 11:25-27)*

No cabe duda de que, a pesar de ser Dios-hombre, en el plano de la humanidad estas palabras superan en todo a lo que es propio de lo humano. Este acontecer admirable sólo es posible en Jesús, el Jesús histórico, que es el mismo Jesús de la fe, puesto que no hay diferencia alguna, ya que no es admisible hablar del Cristo histórico y del Cristo de la fe como si este último fuese un discurso filosófico-ilustrativo para sustentar la fe de la Iglesia y el otro fuese la historia humana de un hombre llamado Jesús de Nazaret. El Dios de la gloria vino a ser hombre por medio de la encarnación en María, de modo que vino a ser hermano de los hombres en el sentido de haberse hecho como ellos. Esa humanización de Dios persiste aún después de la resurrección y glorificación. Por tanto, este enorme misterio de la piedad se contempla en las palabras del himno cristológico del apóstol Pablo, en el que afirma que siendo igual a Dios se despojó hasta llegar a la condición de siervo mediante su humanidad (Fil. 2:6-8). De manera que, como los hombres comparten en cada persona carne y sangre, así también el Verbo encarnado participó de lo mismo y no se avergüenza de llamar hermanos a los hombres (He. 2:11, 14). La presencia de Jesús en el mundo de los hombres obedece a la obra del Padre, que ha enviado a su Hijo al mundo (Jn. 3:16). De este modo, aquel que como Hijo posee la esencia única de la deidad fue capaz de agregar y poseer de modo pleno y total una naturaleza humana creada que subsiste en su persona divina. La condición divino-humana de Jesucristo no es el resultado de la suma de dos naturalezas, sino la expresión de dos realidades absolutamente distintas una de la otra e infinitamente diferentes, como lo es una naturaleza infinita que corresponde a Dios, y otra limitada que es propia del hombre; ambas forman una conjunción esencial y real que solo puede comprenderse desde la condición de unión hipostática, es decir, para establecerse sin confusión ni mezcla de las dos naturalezas, una conjunción esencial y real para la unidad en la hipóstasis del Verbo de Dios. Sin embargo, como quiera que la naturaleza humana es esencialmente personal, la verdad de que en Cristo el Verbo eterno se hizo carne (Jn. 1:14) exige que se entienda claramente la distinción entre naturaleza y persona. Para ello es preciso entender que en Cristo hay un único sujeto de atribución y ejecución, y una única existencia. La persona divina es el principio de unificación en Cristo. De manera que la unión de las dos naturalezas no es accidental, sino personal. Por ello, la persona divina del Hijo de Dios otorga subsistencia a su naturaleza humana concebida en la temporalidad de los hombres. Con ello, la procesión trinitaria trascendente del Hijo se expresa en el hombre Jesús, que es así Hijo en sentido único; por tanto, no es un hombre asumido, sino que es el mismo Hijo eterno en la condición de hombre. En modo inverso puede decirse que Jesús es Dios, uno de la Trinidad. Eso hace necesario poder hablar de la interrelación de las propiedades individuales de cada una de las dos naturalezas en la persona en que subsisten, de manera que lo divino afecta al hombre y lo humano afecta a Dios. Se entiende entonces que cuanto se refiera a Jesús tiene un sujeto único de atribución que es Emanuel, Dios con nosotros, el Hijo encarnado. Esto nos lleva a entender que la presencia de Dios en Cristo no es el resultado de una unión, sino de una unidad. Por esto la realidad divina de Jesucristo no anula su humanidad, ya que es el grado máximo de unión del hombre en Dios y recíprocamente la inmanencia de Dios en el hombre. Esta asombrosa unidad hipostática plantea la pregunta de cuál es la dimensión del Yo de Jesucristo: ¿Quién pronuncia el yo: el hombre Jesús ante el Verbo, el Hijo encarnado ante el Padre, o la parte espiritual de Jesús ante el Dios trino? De otro modo, ¿hay un yo humano en Jesús, paralelo al Yo divino del Verbo? En la cristología de la unidad, el único Yo corresponde a la persona divina que sustenta en modo hipostático las dos naturalezas, siendo necesario entender la comunicación de propiedades entre las dos a través de la persona divina, que es el principio hegemónico de ejecución, de atribución y de unificación de vida consciente. No es posible aceptar un yo humano relativo que llegue, por tanto, a un yo limitado frente al Yo infinito de la persona divina del Verbo.

Para entender Getsemaní es preciso asumir que la conciencia de Jesús respecto de sí mismo es la de su condición de Hijo de Dios expresada en la invocación "Abba". Esa conciencia es originaria, ya que no comienza a existir por revelación, ni por cualquier otro procedimiento, sino que es sin génesis, verificable en el tiempo y sin solución de continuidad en su historia. La conciencia que Jesús tiene de su relación con Dios es la expresión de un momento interno de la unión hipostática, anterior a cualquier formulación conceptual. La conciencia que existe en Jesús de Dios como su Padre, la autoconciencia que tiene de Él mismo como Hijo, y la plena certeza de su misión redentora se constituyen en reciprocidad y donación inseparables. La misión que va a llevar a cabo no le viene impuesta ni se conciencia de ella desde afuera, sino que Él dice "Yo sé quién soy, sé quién me ha enviado, sé para qué he venido". Esta conciencia en Cristo es, como del Hijo al Padre, una conciencia de entrega al ejercicio obediente de su voluntad que le lleva a asumir, aceptar y entrar en la experiencia de la muerte como forma suprema de obediencia y sujeción absoluta a la voluntad del Padre.

Sobre esto escribe H. U. Von Balthasar:

Con el término obediencia tocamos la disposición más íntima de Jesús; y al perfecto obediente puede serle más importante y provechoso no conocer por anticipado el futuro para que, cuando llegue, se entregue en las manos de Dios con el frescor y la lozanía de lo nuevo. Cabe decir justamente que, para mejor obedecer, Jesús dejó en manos del Padre muchas cosas que pudo haber sabido, hasta que maduraron y se convirtieron en tema obligado.[69]

Lo que es evidente es que la conciencia y la voluntad de Jesús es unificada; por tanto, no es posible apreciar contradicción o contraposición alguna entre el deseo de su humanidad y la persona del Verbo que la sustenta, porque no es posible separarlas, puesto que la humanidad subsiste en la persona y ésta se expresa en lo que tiene que ver con la funcionalidad humana, por medio de ella. Quiere decir que Jesús es siempre el Hijo de Dios y ninguna experiencia humana puede quebrantar los deseos de obediencia y sujeción a la voluntad del Padre, que es una con la del Hijo.

Getsemaní es la expresión suprema de la conciencia soteriológica de Jesucristo, de manera que la humanidad, perfecta en todos los sentidos, incluyendo el de la ausencia de pecado, queda afectada por las consecuencias que el pecado produce en el hombre. Por medio de la obra soteriológica, esta situación de pecado que afecta a todos los hombres queda resuelta tanto en la potencialidad salvadora, como en la virtualidad para quienes creen. El Hijo de Dios fue enviado por el Padre en carne para condenar al pecado en la carne (Ro. 8:3). En Getsemaní, aquel que es luz que ilumina las tinieblas del mundo queda nublado por ella, en el sentido que queda afectado por las consecuencias de nuestros pecados, de nuestra esclavitud y de nuestra maldad, no como situaciones contaminantes, sino como sustituto en ellas.

Jesús actúa con plena libertad en cuanto a su voluntad humana. Quiere decir esto que esa humanidad en libertad expresiva absoluta, se orienta y ordena a un fin concreto, el de la redención del hombre, para lograr con ello la culminación de su destino eterno para cuya realización fue enviado por el Padre: la salvación del hombre. De este modo, a causa de la unión hipostática, la humanidad del Verbo se orienta al Padre en fidelidad absoluta para llevar a cabo la obra desde la existencia encarnada del Hijo de Dios, establecida y asumida eternamente. Esta razón de vida se expresa por Jesús cuando dijo a los discípulos: "Mi comida es que haga la voluntad del que me envió,

---

[69] Citado en Von Rad, 1980.

y que acabe su obra" (Jn. 4:34). De ahí la angustia de una situación que desde su santidad humana no desea, pero que forma parte de su aceptación del plan eterno de redención. Es libre, y aún desde la angustia, actuando en libertad, orienta su deseo y formula las peticiones frente al desafío supremo de la vida, que es la muerte (Fil. 2:6-8). La libertad se une también a la voluntad humana en Jesucristo para llevar a cabo el propósito redentor para el que fue enviado (Gá. 4:4). Como dice González de Cardedal: "Cristo no es un autómata de Dios en el mundo, mero delegado de una oferta del Dios lejano, sino realizador humano en libertad histórica"[70]. Por esta razón, antes de entrar en la dimensión bíblico-histórica de Getsemaní, debe entenderse bien que la persona divina del Hijo de Dios es el principio de unidad entre la naturaleza humana y la divina, y entre la voluntad del Verbo Eterno y la del hombre Jesús. En Cristo no existen dos sujetos volitivos, es decir, expresivos de voluntad, si bien su libertad está determinada por la influencia proveniente de su naturaleza divina y humana; no hay, pues, dos sujetos, sino uno sólo, Dios-hombre, Emanuel. De modo que cuanto ocurre en Getsemaní es la expresión dual del Hijo eterno en su humanidad. Para Jesús ser libre es simplemente ser Hijo. Si la libertad del Padre se ejercita en la entrega de su Hijo a favor de los hombres, la del Hijo se manifiesta en la entrega al Padre en servicio a los hombres. Ser Hijo y ser Redentor es el fundamento, expresión y razón de ser de su libertad personal. Este es Jesús, el que agoniza en Getsemaní.

Finalmente, el que entró en Getsemaní para agonizar es Dios manifestado en carne. De otro modo, quien entra en el huerto para orar, llorar y agonizar es Dios (Jn. 1:14). Pero, ¿puede acaso Dios agonizar? ¿No es Él felicidad infinita y bienaventuranza gloriosa? ¿Cómo es posible que Dios llegue a una experiencia de angustia, que solo es propia de los hombres, pero imposible de la deidad? Es necesario afirmar que Dios, en su condición divina y en su naturaleza divina, no puede pasar por la experiencia de la agonía, pero no es menos verdad y debe afirmarse con la misma contundencia que quien agonizó en Getsemaní es Dios. De Él se enseña la igualdad con el Padre (Jn. 14:8-9). Hablando de Jesús, el que agoniza, el apóstol Juan proclama su deidad (Jn. 1:1). A Él llama Dios el apóstol Pablo (Ro. 9:5). El que se muestra a los discípulos angustiado, el que va a clamar

[70] González de Cardedal, 2001, p. 473.

al Padre en oración, es a quien llama el apóstol Juan hacedor de todas las cosas (Jn. 1:3). De Él da testimonio la Escritura:

> *Él es la imagen del Dios invisible, el primogénito de toda creación. Porque en Él fueron creadas todas las cosas, las que hay en los cielos y las que hay en la tierra, visibles e invisibles; sean tronos, sean dominios, sean principados, sean potestades; todo fue creado por medio de Él y para Él. Y Él es antes de todas las cosas, y todas las cosas en Él subsisten. (Col. 1:15-17)*

Sin embargo, a causa de la operación de encarnación, es también hombre. Esta experiencia de agonía en Getsemaní se alcanza en su naturaleza humana, de ahí que tuvo lugar "en los días de su carne" (He. 5:7). Esa naturaleza humana asumida lo hace semejante en todo a los hombres, salvo en el pecado. La conclusión a la que se llega es que quien agoniza es una persona divino-humana. Sus dos naturalezas están siempre presentes en su persona divina y ninguna de ellas puede estar separada de la base de subsistencia. Por tanto, no se aíslan en Getsemaní de la deidad, es decir, Jesús no es en el huerto un hombre abandonado de la deidad, sino Dios entre los hombres. Por tanto, quien experimenta la agonía es Emanuel, Dios con nosotros, el Verbo de Dios encarnado, desde su naturaleza humana, inseparablemente unida a su persona divina.

La oración en sí está registrada en una forma breve, pero intensa: "Yéndose un poco adelante, se postró en tierra, y oró que si fuese posible, pasase de él aquella hora"[71] (Mt. 26:39; Mr. 14:35; Lc. 22:41). El Señor siguió un poco más allá del lugar donde había dejado a los tres discípulos. La distancia entre Él y los otros no era mucha; Marcos usa el adjetivo[72] pequeño, poco, es decir, no mucho. Según Lucas se distanció como "un tiro de piedra"[73] (Lc. 22:41). En aquel lugar, el Señor se postró en tierra, lo que da la idea no tanto de estar arrodillado, sino de estar tendido con el rostro en el suelo. Es posible que estuviese de rodillas, pero la idea principal era de un rostro que, en lugar de mirar al cielo, como había hecho en oración muchas veces durante su ministerio, ahora miraba hacia la tierra, estaba inclinado.

---

[71] Texto griego según Marcos: καὶ προελθὼν μικρὸν ἔπιπτεν ἐπὶ τῆς γῆς καὶ προσηύχετο ἵνα εἰ δυνατόν ἐστιν παρέλθῃ ἀπ' αὐτοῦ ἡ ὥρα.
[72] Griego: μικρόν.
[73] Griego: ὡσεὶ λίθου βολὴν.

La idea de una oración caído en tierra es conmovedora. Según el paralelo de Lucas, se arrodilló para orar (Lc. 22:41). Lo que cabe destacar de la oración no es la postura del Señor, sino el hecho de que era intensa.

La oración reiterada en tres ocasiones se sintetiza según Marcos de este modo: "Y decía: Abba, Padre, todas las cosas son posibles para ti; aparta de mí esta copa; mas no lo que yo quiero, sino lo que tú"[74] (Mr. 14:36). La oración del Señor entraña un profundo respeto, pero al mismo tiempo expresa la confianza de un Hijo. La palabra con que introduce la oración es la aramea *Abba*, que significa Padre. Es difícil entender la razón del uso de las dos palabras Abba y Padre, ambas con el mismo significado. Probablemente el Señor uso Abba, en arameo, y Marcos la complementó con la traducción Padre, para que los lectores que desconociesen el arameo pudieran entender lo que decía. Sin embargo, pasó luego a los escritos del apóstol Pablo de la misma forma (Ro. 8:15; Gá. 4:6). Muy probablemente era ya en los tiempos del apóstol una expresión bilingüe de la iglesia primitiva. Las palabras que usó el Señor para introducir la oración no son lo más importante; lo que debe destacarse es que se dirigió a su Padre, lo cual expresa que la comunión íntima que continuamente se había manifestado entre Jesús el hombre y su Padre continuaba de la misma manera, sin ningún tipo de variación, a pesar de la situación que Jesús estaba atravesando.

Jesús comienza reconociendo la omnipotencia del Padre: "Todo es posible para ti". Él sabía bien que todo cuando Dios quisiera lo podría hacer, menos quebrantar su fidelidad o alterar el proyecto eterno de redención establecido entre las tres personas divinas antes de la creación del mundo. Jesús había sido enviado y había venido con ese propósito redentor, como lo enseña claramente el apóstol Pablo cuando dice: "Pero cuando vino el cumplimiento del tiempo, Dios envió a su Hijo, nacido de mujer y nacido bajo la ley, para que redimiese a los que estaban bajo la ley, a fin de que recibiésemos la adopción de hijos" (Gá. 4:4-5). De la misma manera enseña también el apóstol Pedro:

---

[74] Texto griego según Marcos: καὶ ἔλεγεν· 'Αββα ὁ Πατήρ, πάντα δυνατά σοι· παρένεγκε τὸ ποτήριον τοῦτο ἀπ' ἐμοῦ· ἀλλ' οὐ τί ἐγὼ θέλω ἀλλὰ τί σύ.

Sabiendo que fuisteis rescatados de vuestra vana manera de vivir, la cual recibisteis de vuestros padres, no con cosas corruptibles, como oro o plata, sino con la sangre preciosa de Cristo, como de un cordero sin mancha y sin contaminación, ya destinado desde antes de la fundación del mundo. (1 P. 1:18-20)

Los imposibles de Dios tienen que ver con que Él no puede negarse a sí mismo. La copa que Jesús recibía en aquel momento tendría que beberla, apurarla completamente, por cuanto era el propósito y designio divino para la salvación del hombre.

El deseo del Señor era que el Padre apartara de Él la copa. El verbo[75] que usa aquí Marcos expresa la idea de llevar fuera, apartar. Jesús ora para que algo que debía beber en la copa a la que se refiere fuese apartado de Él. Jesús le pide que pasara de Él aquella copa. Sabía que Dios tenía poder para removerla; sin embargo, se somete incondicionalmente a Él y acepta el propósito eterno de salvación. De ahí la profundidad de las palabras: "Mas no lo que yo quiero, sino lo que tú". El problema que suscita la naturaleza de la copa es apremiante, por cuanto Jesús pide que pase de Él, esto es, que sea apartada de Él. La intensidad de la oración hace notar que se relaciona con algo vital, en lo que está presente el castigo divino por el pecado, siempre que se entienda bien que Jesús no es objeto personal de la ira divina, sino sustituto de quienes son "por naturaleza hijos de ira" (Ef. 2:3). La obra de la cruz, con todo el sufrimiento físico que comporta, el Redentor y el Señor sufre como Hijo del Hombre, por tanto, se expone voluntariamente al juicio que recae sobre los hombres, asumiendo ante la justicia divina la penalidad que correspondía a ellos para desligar de la responsabilidad penal a todo aquel que crea (Ro. 8:1). La copa que pide que el Padre pase de Él no es la dimensión del sufrimiento físico y moral que iba a experimentar en la cruz. La situación de angustia y conmoción personal hasta la muerte habla de una esfera de mayor dimensión. El Salvador tenía que llevar el pecado y asumir en sí mismo las consecuencias propias de esa situación. Indudablemente debe considerarse como una experiencia en relación con la muerte (He. 5:7). Es el contenido de la muerte espiritual.

Para entender la dimensión de esta y las siguientes oraciones del huerto debemos recurrir a un texto de la epístola a los Hebreos,

---

[75] Griego: παραφέρω.

donde se lee: "Y Cristo, en los días de su carne, ofreciendo ruegos y súplicas con gran clamor y lágrimas al que le podía librar de la muerte, fue oído a causa de su temor reverente" (He. 5:7). El sujeto de la oración es Cristo, quien en la epístola es el designado por Dios para ser rey y sumo sacerdote según el orden de Melquisedec. Este que va a orar con gran clamor y lágrimas tiene que hacerlo necesariamente desde su humanidad, que le permite esto como experiencia personal. Como ya se ha dicho, el Hijo de Dios en su naturaleza humana, hecho semejante a los hombres, puede simpatizar con ellos, porque Él es también hombre. El que agoniza en Getsemaní no es otro que el Verbo encarnado que acampó entre los hombres revestido de humanidad (Jn. 1:14). Como hombre fue hecho semejante a nosotros, salvo en el pecado (Fil. 2:7). Por esa razón, fue apreciado como tal por la gente (Fil. 2; 1 Jn. 1:1). Jesús era como los demás en cuanto a los elementos constitutivos de la humanidad, o de la naturaleza humana. Era poseedor de un cuerpo humano con todas las limitaciones propias de esa condición (Mt. 26:26, 28; Mr. 14:8; Gá. 4:4). Poseía también un alma humana, que le permite entrar en la experiencia de la angustia y del temor, como ocurría en Getsemaní. Su espíritu humano le lleva a estremecerse en su intimidad y a llorar, como en este caso, con gran clamor y lágrimas. Jesús es Dios en diálogo con el hombre, en un diálogo no tanto verbal como expresivo, personal e identificativo. Sin embargo, la Escritura enseña que era semejante a los hombres; por tanto, no era idénticamente igual. En Él hay diferencias fundamentales con el resto de los mortales. Una de ellas, sustancial y única, es que su naturaleza humana y sólo la suya, desde el mismo instante de la concepción fue puesta en unión personal con y en la persona divina del Hijo de Dios, en quien subsiste en unión hipostática, por lo que la persona divina que le da subsistencia viene a ser el sujeto de atribución de esa humanidad. De otro modo, puede decirse que Jesús es un hombre sin personalidad humana, ya que la personalidad procede de la persona, que no es humana sino divino-humana. Además de esta, hay otra importante diferencia con los hombres, y es que mientras todos somos pecadores, en Jesús la ausencia de pecado es total. El apóstol dice de Él: "Al que no conoció pecado, por nosotros lo hizo pecado, para que nosotros fuésemos hechos justicia de Dios en Él" (2 Co. 5:21). Esas son las razones por las que es necesario afirmar que fue hecho semejante a los hombres y que Dios envió a su Hijo "en semejanza de carne de pecado" (Ro. 8:3). La semejanza de carne pecaminosa desvincula a Jesús de la condición propia de todos los hombres contaminados por el pecado, cuya realidad se expresa en obras hechas mediante el cuerpo que está sujeto a la esclavitud del pecado y, por tanto, puesto a su servicio. Este hombre agonizante en Getsemaní era santo, inmaculado e irreprensible (Is. 53:9; 1 P. 2:22). Con todo, cuando los hombres desde su perspectiva humana lo contemplaron, apreciaron en Él la debilidad propia de los humanos, vista desde las limitaciones que los caracteriza, a causa del anonadamiento o vaciamiento voluntario que Él hizo de sí mismo. De ahí que mientras los sacerdotes del antiguo orden estaban íntimamente cercanos a los hombres, por cuanto eran como todos los hombres, este Jesús, el Hijo de Dios, estaba íntimamente ligado a la deidad, porque es Dios, y era tan cercano a los hombres, porque era hombre. De ahí que el profeta diga: "En toda angustia de ellos Él fue angustiado" (Is. 63:9). Al hacerse carne estuvo rodeado de debilidad y limitación propias del hombre, que se manifestaron claramente en la vida de nuestro Señor. Como los hombres, también Él fue concebido, aunque en una operación sobrenatural por obra del Espíritu Santo, siendo gestado y alumbrado como hombre (Lc. 2:7). El desarrollo físico suyo fue como el de los demás; Lucas nos dice que crecía tanto en estatura como en sabiduría (Lc. 2:52). La idea de que el Señor no tuvo necesidad de estudiar para saber, lo que incluye también el conocimiento de la Palabra, es desconocer la realidad de su humanidad en la que las limitaciones propias de los hombres fueron asumidas por el Verbo encarnado. Como todos los hombres tuvo también una familia humana, en cuyo entorno convivió durante los años antecedentes a su salida al ministerio terrenal que le había sido encomendado, y para lo que había venido. El trabajo formó parte de su experiencia de vida, aprendiendo el mismo oficio de su padre, y siendo conocido como el carpintero (Mr. 6:3). Este Jesús pasó por las experiencias limitativas de los mortales: el hambre, el sueño, la sed y el cansancio (Mt. 4:2; Mr. 4:38; Jn. 4:6-7). Este hombre como tal estuvo integrado en la sociedad de su tiempo, como un ser social, participando en actos propios del entorno de su tiempo, como se aprecia por su presencia en las costumbres de sus días, como era la participación social en una boda (Jn. 2:1-2). Los hombres se refirieron a Él como un hombre (8:27-28). Al día siguiente de la oración en Getsemaní, Pilato lo iba a presentar a todo el pueblo como un hombre (Jn. 19:5).

Aunque se ha considerado antes la condición divino-humana de Jesucristo, será bueno recordarla nuevamente para poder entender en la dimensión necesaria la oración de Getsemaní y su contenido, que lleva a Jesús a pedir al Padre que pase de Él aquella copa. La naturaleza humana del Verbo encarnado subsiste, sin mezcla ni confusión, con la naturaleza divina en la persona del Verbo encarnado. Lo que hace que Jesús sea tanto hombre como Dios, dicho de otro modo, es Emanuel, Dios con nosotros. La deidad y la humanidad nunca estuvieron separadas de la persona que les da subsistencia, aunque no se mezclan ni se confunden entre sí, sino que cada una de ellas expresa la natural condición que le es propia. La encarnación, tanto en el sentido de acto como en el de estado, no es otra cosa que el resultado histórico del envío al mundo que el Padre hace de su Hijo con el propósito soteriológico de salvar a los hombres, liberándolos para siempre de la situación de muerte a causa del pecado. Tal suceso permite que Dios comience a existir también en carne, en un estado de igualdad con los hombres, salvo las diferencias de vinculación y santidad de las que se ha considerado antes, en una igualdad de destino con los humanos, llegando Dios a la existencia en la forma de siervo, sometido a todas sus determinaciones, pero sin dejar en ningún caso de ser Dios (Ro. 1:1-4; 2 Co. 5:21; 8:9; Gá. 3:13; 4:4-5; Fil. 2:6-11). Siendo Jesús Dios eterno, el comienzo de la existencia humana y temporal no supone su comienzo absoluto, ya que Él trasciende el tiempo porque es eterno. La encarnación fue la forma elegida por Dios para hacerse hombre (Mt. 1:18-25; Lc. 1:26-38). La humanidad del Hijo de Dios exige entenderla desde su filiación divina y su existencia eterna. La encarnación pone de manifiesto la unión del Verbo con la humanidad, en una naturaleza creada por el Espíritu Santo, a la que el Hijo personaliza y mediante la cual expresa visiblemente en el campo de los hombres su filiación eterna. Es una decisión libre del Eterno que se proyecta a sí mismo fuera de sí en amor como una majestuosa donación en entrega del Creador a la criatura. Es sumamente necesario entender que, en cada actuación y experiencia de Jesús, está vinculada la deidad de su única persona. En ningún momento la existencia de su humanidad estuvo, ni pudo estar, desvinculada de la persona divina en quien subsiste.

Quien entró en Getsemaní es este admirable Dios-hombre. Y fue el Mesías-Redentor quien elevaba la oración que Marcos recoge en el evangelio, expresada, según el escritor a los Hebreos, con gran clamor y lágrimas. Se trata, pues, de una experiencia singular ocurrida desde su humanidad. A la luz complementaria de Hebreos, el clamor refleja la angustia profunda experimentada en la intimidad del alma del Señor, que alcanzó la máxima dimensión de la tristeza. Las lágrimas ponen de manifiesto la confrontación íntima que experimentaba. La agonía no era de dolor físico, que ocurriría más adelante en el prendimiento, los juicios, los azotes, la corona de espinas y, sobre todo, la cruz; el conflicto aquí no es externo, sino interno; no en el cuerpo, sino en el alma, esto es, en lo más profundo de la parte espiritual de Jesús. La expresión de Marcos es elocuente: triste hasta la muerte; de otra forma, preso de una angustia mortal. Como antes se dijo, la angustia no le iba a producir la muerte, pero, hiperbólicamente, expresa la dimensión del conflicto anímico que se producía en el núcleo mismo de su humanidad. Marcos expresa un estado de intenso horror y sufrimiento moral. Expresa el estado poderosamente confuso, lleno de inquietud y perplejidad ante algo desconocido como experiencia que satura su alma y la invade de intensa pena. La frase de Jesús no puede menos que poner de manifiesto su alma humana. La angustia fue tan intensa que lo llevó a separarse de sus discípulos, incluso de aquellos tres que habían compartido tantas ocasiones excepcionales en su vida y ministerio, para buscar la paz en la oración con el Padre. A los tres les manda velar. Aquellos discípulos habían sido llamados a un lugar más cerca de Él que los otros ocho. ¿Cuál era la causa principal de aquella situación agónica? Es necesario entender que quien agonizaba era el Santo. En su deidad fue adorado por los serafines que proclamaban su santidad (Is. 6:1-3). La Biblia da este testimonio de Jesucristo: "Nunca hizo maldad, ni hubo engaño en su boca" (Is. 53:9). Jesús no sólo no pecó, sino que no podía pecar. La angustia de Getsemaní tiene estrecha relación con el pecado del hombre. La profecía iba a cumplirse en Jesús: "Con todo eso, Jehová quiso quebrantarlo, sujetándole a padecimiento" (Is. 53:10). Cuando nuestro Señor subió a la cruz lo hizo cargando ya con el pecado del hombre, como enseña el apóstol Pedro: "Quien llevó Él mismo nuestros pecados en su cuerpo sobre el madero" (1 P. 2:24). Jesús se enfrentaba a una situación nueva para Él, que consistía en ser hecho maldición para que los malditos de Dios, a causa del pecado, fuesen hechos bendición de Dios en Él (Gá. 3:13). Él iba a ser hecho pecado para que el pecador fuese hecho justicia de Dios en Él (2 Co. 5:21). Pero la relación personal, aunque incontaminante del pecado transferido a Él para la salvación del mundo, no la había experimentado nunca, como iba a ocurrir en la realidad que se avecinaba. La sustitución personal que había de llevar a cabo en la cruz, tenía que ver con la asunción de la muerte por todos. ¿Cómo sería esto para el autor de la vida? ¿Que traería como consecuencia esta situación espiritual? El conflicto se produce en el alma del Salvador, en una intensidad tal que lo llena de angustia mortal.

La oración del Señor reviste cierta dificultad especialmente en relación a lo que Él pide al Padre: "Pase de mí esta copa". Además, fue una oración reiterativa, notándose un incremento del conflicto personal en cada una de ellas. La sumisión al Padre le llevaría a beber la copa que le era presentada. La confrontación de la agonía fue de una tremenda intensidad, hasta el punto que Dios envió a un ángel para fortalecerle (Lc. 22:43). Nadie puede saber qué dijo el ángel enviado del Padre a Jesús; pero, por el escritor a los Hebreos, puede entenderse que Dios puso ante su Hijo que estaba en agonía el gozo exultante de lo que sería la obra de salvación y las consecuencias que la sustitución del pecador por el Justo tendrían. Con todo, la intensidad de la angustia era tan grande que Lucas escribe: "Y estando en agonía, oraba más intensamente; y era su sudor como grandes gotas de sangre que caían hasta la tierra" (Lc. 22:44). Es necesario guardar un profundo silencio y entrar en Getsemaní, por fe, descalzando nuestros pies, espiritualmente hablando, para adorar a quien todo lo soportó a causa de nuestro pecado. En medio de la angustia "oraba más intensamente". La oración en la angustia no consiste en pedir a Dios que retire de nuestra vida la experiencia de la prueba, sino que nos dé fuerzas espirituales para soportarla, sabiduría celestial para entenderla y satisfacción personal para asumirla. El "hágase tu voluntad" es la mejor expresión de oración en medio de la prueba.

Nuevamente a la luz del texto de Hebreos, la oración fue dirigida "al que le podía librar de la muerte". El sentido bíblico de muerte difiere notoriamente del concepto filosófico humano. Para los hombres la muerte es el cese de la existencia, el término de la vida. Para la Biblia, la muerte es un estado de separación. De ahí que la muerte física se describa como el resultado de la separación entre la parte material y la parte espiritual del hombre. Pero una intensidad mucho mayor está en el concepto bíblico-teológico de la muerte espiritual, que es el estado resultante de la separación entre Dios y el hombre a causa del pecado. Por eso el hombre natural no regenerado está —como el apóstol Pablo enseña— muerto en delitos y pecados, y el nuevo nacimiento es una verdadera resurrección espiritual por unión vital con Cristo (Ef. 2:6). La Escritura enseña que la situación de muerte espiritual se perpetúa para aquel que muere físicamente sin haber recibido la vida eterna, por fe en Cristo. A este estado definitivo de separación del pecador y Dios se le llama "la muerte segunda" (Ap. 20:14). El único que puede salvar, en el sentido de liberación de la muerte, es Dios. La oración está dirigida al Padre por el Hijo Unigénito y expresada desde su condición de hombre. Es necesario observar en el versículo la fuerza de la preposición griega[76] utilizada que no indica una preservación de la experiencia, sino un sacar de ella misma. La oración de Cristo en el huerto de Getsemaní expresaba el deseo de que, si fuera posible, no tuviera que entrar en la experiencia de la muerte; sin embargo, aceptaba sin reservas la voluntad de Dios, porque para eso había venido (Jn. 5:30). La disposición a asumir la obra que le había sido encomendada era plena (Jn. 18:11). La muerte espiritual demanda la sempiterna separación de Dios a causa de la incapacidad propia del hombre para satisfacer la pena del pecado y poder volver justificado a la comunión con Dios. Jesús fue en la cruz el sustituto que ocupa el lugar del pecador y gusta la muerte por todos. Allí experimentó, en el amplio sentido de la palabra, tanto en el aspecto físico como en el espiritual, la muerte propia del pecador para cancelar esa situación y abrir para el perdido un camino de vida, restaurando la comunión con Dios. El verbo gustar, aplicado a la muerte de Jesús, tiene una gran importancia, ya que su significado, aunque es bastante amplio, equivale a comer, yendo mucho más allá que el simple probar el sabor de algo. El Señor "gustó la muerte por todos". En ese sentido, Cristo se hace sustituto para la salvación del pecador. En la cruz fue tratado como corresponde a quien, siendo portador del pecado, se enfrenta con la justicia divina que demanda la muerte del pecador. Jesucristo es hecho sacrificio expiatorio por el pecado, que es el alcance del texto del apóstol Pablo: "Al que no conoció pecado, por nosotros lo hizo pecado, para que nosotros fuésemos hechos justicia de Dios en Él" (2 Co. 5:21). El Señor entró en la experiencia de situación por el pecado, siendo hecho maldición al ocupar el lugar de los malditos de Dios (Gá. 3:13). En el alcance de la máxima expresión del sentido de la muerte que el Hijo experimentó en la cruz, fue el desamparo del Padre (Mt. 27:46), entrando en la experiencia profunda de lo que es la muerte espiritual. Pero, es necesario destacar que la razón de la agonía y la causa que motiva la oración tiene que ver con la muerte. Paso ahora un párrafo de mi comentario a Hebreos, en el que se trata este asunto y se responde a la pregunta anterior, preparando el pensamiento para comprender no sólo lo que sigue del relato de Getsemaní, sino del resto del relato sobre la muerte del Salvador.

¿Qué buscaba en la petición al Padre "pase de mí esta copa"? Tres respuestas suelen darse a la pregunta. La primera está relacionada

---

[76] Griego: ἐκ.

con la hora que había llegado, en la que sería entregado en manos de hombres pecadores, sometido a padecimientos y luego muerto en la cruz. En ese sentido, algunos entienden que el Señor estaba pidiendo al Padre que si fuese posible pasase de Él la hora del sufrimiento, de la entrega, de la pasión y de la crucifixión. Sustentan la hipótesis en lo que para ellos es el lamento de resignación del Señor cuando vio la turba que venía a prenderle y dijo a los discípulos: "Basta, la hora ha venido; he aquí, el Hijo del hombre es entregado en manos de los pecadores" (Mr. 14:41). En tal caso el concepto de la copa, tendría que ver con sufrimientos y muerte física. En ese sentido escribe el profesor Severiano del Páramo:

En su oración hemos de distinguir dos partes; en la primera expresa la repugnancia de su apetito sensitivo y de su voluntad natural a los tormentos de la pasión. Por eso pide que, si es posible, se aleje de Él aquel trago tan amargo. En la segunda parte explícitamente manifiesta al Padre el deseo de su voluntad deliberada y absoluta de que se cumpla la voluntad del Padre. Esta lucha entre la parte inferior y superior de la voluntad de Cristo es una prueba manifiesta de que tomó una verdadera naturaleza humana con todas sus debilidades, a excepción del pecado y de todos los desórdenes morales que de él proceden. [...]

La segunda oración, sustancialmente, fue igual a la primera, aunque la de Mateo es un poco diferente en la forma. En la primera pedía directamente verse libre de los tormentos de la pasión, aunque se sometía a la voluntad del Padre; en esta segunda no pide directamente verse libre de la pasión, sino que su oración se endereza a expresar su absoluta conformidad con la voluntad del Padre. Su sentido parece ser: puesto que sé que no es posible que deje de beber este cáliz de mi pasión, preparado estoy para cumplir perfectamente tu voluntad. Esta conformidad con el Padre no disminuía la repugnancia y horror de su apetito sensitivo a la pasión, antes iba en aumento al representárselo a su imaginación como muy próxima e inevitable.[77]

Esta interpretación no es adecuada. Entender que nuestro Señor pedía ser librado de la muerte y del sufrimiento cuando rogaba que aquella copa pasara de Él (Mt. 26:39, 42) entra en contradicción con otras muchas manifestaciones suyas de aceptación del sufrimiento y de la

---

[77] Del Páramo & Alonso, 1973, p. 284 ss.

muerte que reiteradas veces había hecho a los discípulos, incluyendo la última unos días antes (Mt. 26:2). La misma noche, durante la cena, había vuelto a afirmar que "el Hijo del Hombre va, según está escrito de Él" (Mt. 26:24). En modo alguno puede considerarse que Jesús había llegado a un final inevitable, como consecuencia de un cúmulo de acontecimientos que lo precipitaban a una muerte sin remedio. La voluntad personal suya estuvo siempre manifiestamente resuelta a asumir voluntariamente la obra que le había sido encomendada por el Padre. Lucas escribe que "cuando se cumplió el tiempo en que Él había de ser recibido arriba, afirmó su rostro para ir a Jerusalén" (Lc. 9:51), quiere decir que conociendo lo que le esperaba, determinó seguir el camino que terminaba en el sufrimiento y en la muerte. Poco tiempo antes había dicho a sus discípulos en el camino a Jerusalén que "el Hijo del Hombre será entregado a los principales sacerdotes y a los escribas, y le condenarán a muerte; y le entregarán a los gentiles para que le escarnezcan, le azoten, y le crucifiquen" (Mt. 20:18-19). Todavía más, Jesús dijo enfáticamente que "el Hijo del Hombre no vino para ser servido, sino para servir, y para dar su vida en rescate por muchos" (Mt. 20:28). No es concebible que Cristo se dirija en oración al Padre para que le libre del sufrimiento y de la muerte física, que Él asumió voluntaria y gozosamente como cumplimiento de la misión que le había sido encomendada. Una petición semejante no concordaría tampoco con la enseñanza del Maestro, que dijo: "De cierto, de cierto os digo, que si el grano de trigo no cae en la tierra y muere, queda solo; pero si muere lleva mucho fruto" (Jn. 12:24). En aquella misma ocasión, referida por Juan, el Señor orando al Padre había dicho: "Ahora está turbada mi alma; ¿y qué diré? ¿Padre, sálvame de esta hora? Mas para esto he llegado a esta hora" (Jn. 12:27). Todo esto contradice la posición de que la agonía y las oraciones en Getsemaní tenían que ver con el rechazo a los sufrimientos y a la muerte física.

Otra forma de entender las oraciones es que el Señor estaba pidiendo al Padre que la agonía por la que pasaba no le llevase a la muerte antes de cumplir la misión redentora, dando su vida y muriendo por los pecadores en la cruz. Esta interpretación toma como fundamento en la intensidad de la agonía que le hizo llegar a verter un sudor como grandes gotas de sangre que caían hasta la tierra (Lc. 22:44), teniendo necesidad de la presencia de un ángel para fortalecerle (Lc. 22:43). Pudiera pensarse que la intención de Satanás sería que se produjese por angustia la muerte del Salvador antes de que tuviese lugar la cruz. Esta sería una forma sutil de tentación hacia el Hijo del Hombre, poniéndole en la tesitura de que dejase el programa de la cruz y no llevase a cabo la obra de redención. Un pensamiento semejante pondría a Cristo bajo el poder de Satanás y no bajo el poder de Dios. Algunos piensan que la presencia del ángel en el huerto hizo que Satanás dejase su propósito en la tentación y cesara ésta. Cristo ora desde la absoluta autoridad que Él tenía sobre su muerte. La relación de amor entre Él y el Padre estaba vinculada con la realización de la obra de la cruz: "Por eso me ama el Padre, porque yo pongo mi vida, para volverla a tomar. Nadie me la quita, sino que yo de mí mismo la pongo. Tengo poder para ponerla, y tengo poder para volverla a tomar. Este mandamiento recibí de mi Padre" (Jn. 10:17-18). Tampoco es adecuada esta interpretación. Nada podría quitar la vida al Hijo de Dios sin que Él voluntariamente la pusiera de sí mismo. La oración del Señor no podía estar relacionada con una posible muerte física que Él no controlase y mucho menos con el seguimiento de un camino que evitase la cruz.

El versículo en la epístola a los Hebreos dice que el Señor que oraba "fue oído a causa de su temor reverente". Este ruego y súplica, hechos con gran clamor y lágrimas, tiene como fondo la copa que debía apurar y que le fue presentada en Getsemaní. Jesús es hombre, pero es también Dios. Su humanidad y su deidad existen en inseparable unidad en la persona divina del Verbo eterno. La oración es expresada por el único Yo de Jesucristo, cuyo sujeto de atribución es la persona divino-humana del Señor. En la oración pide al Padre que le libre de la muerte, no en sentido parcial, sino en el pleno y total de la palabra. La afirmación bíblica es también precisa: "Fue oído a causa de su temor reverente". Las posiciones interpretativas sobre la oración de Getsemaní producen también respuestas a la pregunta: ¿En qué sentido fue oído? Para quienes consideran que la oración tenía que ver con el ser librado de la muerte física, responden que fue oído por cuanto fue resucitado de los muertos. Sin embargo, esto era conocido por Jesús antes; no había, por tanto, razón alguna para pedir al Padre lo que ya había sido determinado y anunciado antes (Mt. 26:32). Los que consideran que se pedía para no morir de angustia antes de que diese su vida en la cruz tienen más fácil la respuesta, ya que Jesús no murió en la agonía de Getsemaní. Pero, como se ha considerado antes, no es aceptable esta posición. Algunos entienden de esta forma la expresión "fue oído", como escribe el Dr. Lacueva: "Fue oído, ¿en qué?; ¿en sus gritos por verse libre de la copa del dolor? No, sino en que se cumpliera el destino que el Padre le había asignado (hágase tu voluntad)"[78]. No satisface tampoco esta respuesta, porque el deseo de que se hiciese la voluntad del Padre no se expresaba como un ruego de liberación, sino como una manifestación de entrega obediente. El escritor a los Hebreos afirma que "fue oído a causa de su temor reverente". De acuerdo con todo lo expuesto antes, Cristo no pedía ser librado de la muerte física, sino de la muerte en un sentido más amplio. Debe entenderse aquí como la experiencia de lo que la muerte produce en sentido de separación, especialmente sensible al sentido de separación de Dios, que es la muerte espiritual. Adán vivió un tiempo muy largo antes de producirse su muerte física; sin embargo, Dios le había dicho que en el mismo momento en que desobedeciera, se produciría su muerte (Gn. 2:17). La determinación divina tuvo cumplimiento primero en el plano espiritual y, más tarde, como consecuencia de la muerte espiritual, se produjo la muerte física. El término *muerte* comprende la totalidad del estado de separación, tanto físico como espiritual, y se proyecta a una dimensión perpetua en lo que se llama en la Escritura "la muerte segunda" (Ap. 20:14). El conocimiento sobrenatural de Jesús, en la naturaleza humana del Hijo de Dios, es limitado y sólo dotado de él por comunicación expresiva de la persona divina que la sustenta. De ahí que exista en Él desconocimiento en su humanidad (cf. Mt. 24:36), de lo que es plenamente conocido en su deidad, lo que supone que la comunicación de idiomas entre las dos naturalezas se haga a través de la persona divina en la que ambas tienen existencia. El plan de redención, establecido en la eternidad, antes de la creación de cuanto existe (2 Ti. 1:9), comprendía la sustitución vicaria de Jesucristo en favor de los salvos y la sustitución potencial para toda la humanidad a fin de hacer salvable en Él a todos los pecadores. Esta sustitución comprendía toda la dimensión de la muerte, esto es, tanto la sustitución en la muerte física como en la muerte espiritual. La persona divina del Verbo conocía la resolución del problema que esto suponía en toda la dimensión; sin embargo, la naturaleza humana del Señor se ve conmocionada ante una situación por la que había de pasar que, según la Escritura, comprendía la experiencia de la muerte espiritual. En la cruz, el Señor expresaría las palabras del Salmo: "Dios mío, Dios mío, ¿por qué me has desamparado?" (Sal. 22:1; Mt. 27:46). Esa situación de desamparo comprende la rotura de la comunión con Jesús, el Salvador del mundo que, desde su humanidad, siempre vinculada a la segunda persona divina, estaba cargado con el pecado.

---

[78] Lacueva, 1979, p. 185.

Este Salvador era considerado por Dios como sacrificio expiatorio por el pecado (2 Co. 5:21). En este estado de separación, era considerado como maldición para que los perdidos pudiesen alcanzar la bendición de Dios en Él (Gá. 3:13-14). La experiencia de la muerte espiritual tiene lugar cuando el juicio de Dios por el pecado desciende sobre el inocente Cordero de Dios, que lo lleva sobre sí en la cruz (Jn. 1:29). Todas las ondas y las olas del juicio de Dios descendieron sobre Cristo en las horas en que el Padre le desampara para ampararnos a nosotros (Sal. 42:7). En esa situación estaría en pozo profundo, cenagoso, de desesperación (Sal. 40:2). En las horas de tinieblas que envolvieron la cruz tuvo lugar el cumplimiento histórico-temporal de la experiencia de la muerte espiritual del Salvador. Nada se dice por parte de ninguno de los evangelistas de qué ocurrió durante las tres horas de tinieblas. Es tan grande el silencio del relato bíblico como el del crucificado. Durante el tiempo de las horas de tinieblas, el Salvador entró en el mayor de los sufrimientos espirituales, con una intensidad propia del infierno. Dos aspectos son absolutamente ciertos en todo el tiempo de la cruz: a) la santidad esencial de Jesús, ya que el pecado que llevaba sobre sí al madero (1 P. 2:24) nunca le contaminó personalmente, de manera que quien moría en la cruz era tan santo en el tiempo de su sacrificio, como lo fue en la eternidad, de cuya santidad proclaman en rendida adoración los querubines (Is. 6:1-3); b) el amor del Padre, que tuvo eternamente y del que Dios mismo dio testimonio (Mt. 3:17). Todavía más, el Padre le amaba porque ponía voluntariamente su vida por las ovejas (Jn. 10:17); es decir, el sacrificio de la cruz era agradable a Dios por ser de disposición divina (1 P. 1:18-20). Sin embargo, en las tres horas de tinieblas, el Padre lo desampara, haciendo que el bendito Salvador experimente una situación espiritual a la que jamás hubiera llegado antes. Las tinieblas ocultan a los ojos de la creación el sufrimiento del Creador (Jn. 1:3; He. 1:2, 3), que estaba sintiendo el abandono del Padre a causa del pecado del mundo. La dimensión es tal que llega a ser incompresible, como decía Lutero: "Dios, desamparando a Dios, ¿quién podrá entenderlo?". Fue ya al final del tiempo de tinieblas —Mateo afirma que era "cerca de la hora novena"— cuando Jesús utiliza el Salmo 22, para gritar con fuerza las palabras del primer versículo: "Dios mío, Dios mío ¿por qué me has desamparado?". Esas palabras marcan el clímax del sufrimiento de Cristo por el mundo. Fue durante el tiempo de tinieblas que Jesús bebió hasta el final la copa de que le había sido presentada en Getsemaní, y por la que oró insistentemente a su Padre para que, si había alguna manera, pasara de Él. Fue esa la hora del sufrimiento de la deidad. Jesús experimenta la más grande desolación a causa del desamparo del Padre. Era el siervo de Dios que estaba sufriendo por "nuestras rebeliones" (Is. 53:5). Era el tiempo del cumplimiento de las palabras del Bautista: "El Cordero de Dios, que quita el pecado del mundo" (Jn. 1:29). En la cruz, Jesús, el Hijo de Dios, estaba expiando potencialmente el pecado del mundo para poder redimir virtualmente a los del mundo que creyesen. Él llevaba sobre sí el castigo penal que la Ley establecía para el pecado, que no es otra cosa que la muerte, no sólo física, sino también espiritual (Gn. 2:17; Ro. 6:23). Jesús se refirió a esa experiencia cuando habló "del bautismo con que sería bautizado" y de la "copa que tendría que beber" (Mt. 20:22; Lc. 12:50). El Señor tenía que ser sustituto personal y solidario de quienes creyesen en Él para salvación. Si la muerte espiritual es el estado de separación de Dios a causa del pecado y Jesús es el sustituto del pecador, la muerte espiritual del pecador fue también la suya. Las palabras de Jesús en el texto griego expresan un hecho terminado; el aoristo del verbo demanda esa interpretación; cuando Él recita con voz potente las primeras palabras del Salmo se había producido ya el estado de desamparo, de separación, de interrupción de comunión con el Padre, no a causa de su pecado, sino a causa del nuestro, del que se hacía solidario para satisfacer las demandas penales que la justicia de Dios había establecido. Esa situación era la propia de la experiencia de vida en la muerte del infierno. La dimensión es grande, pero no menos necesaria. Si Jesús no hubiera muerto nuestra muerte no habría salvación para ninguno de los pecadores. En este sentido, escribe Calvino:

Nada hubiera sucedido si Jesucristo hubiera muerto solamente de muerte corporal. Pero era necesario a la vez que sintiese en su alma el rigor del castigo de Dios, para oponerse a su ira y satisfacer a su justo juicio. Por lo cual convino también que combatiese con las fuerzas del infierno y que luchase a brazo partido con el horror de la muerte eterna. Antes hemos citado el aserto del profeta, que el castigo de nuestra paz fue sobre Él, que fue herido por nuestras rebeliones, molido por nuestros pecados (Is. 53:5). Con estas palabras quiere decir que ha salido fiador y se hizo responsable, y que se sometió, como un delincuente, a sufrir todas las penas y castigos que los malhechores habían de padecer, para librarlos de ellas, exceptuando el que no pudo ser retenido por los dolores de la muerte (Hch. 2:24).

Por tanto, no debemos maravillarnos de que se diga que Jesucristo descendió a los infiernos, puesto que padeció la muerte con la que Dios suele castigar a los perversos en su justa cólera.[79]

Entender las horas de tinieblas es entender que Jesús sufrió la maldición del pecador. No se trata de sufrir una muerte física sustitutoria y solidaria, sino que el Hijo de Dios, nuestro Salvador, fue sumergido en los dolores, angustias, desamparo, castigo, aflicciones y penalidades que son fruto de la maldición y consecuencia de la ira de Dios, la cual es también principio y causa de la muerte espiritual (Gá. 3:13). El apóstol Pablo sitúa al pecador a causa de su pecado, bajo la maldición de la ley. Esa maldición es una carga espiritual que conduce a muerte eterna (Is. 53:6). Es un aspecto legal contrario, que comprende la carga del pecado personal, el acta de decretos que era contraria, y la acción de las fuerzas de maldad (Col. 2:13-15). En la operación divina llevada a cabo por Cristo, "nos redimió", es decir, nos rescató, lo que equivale a pagar hasta satisfacer plenamente el precio de la deuda espiritual que teníamos contraída para poder sacar al esclavo del lugar de esclavitud. En ese sentido, Jesús tenía que ser nuestro sustituto; por tanto, tuvo que "ser hecho por nosotros maldición". En esas angustiosas horas de la cruz, el Salvador llevaba nuestros pecados, ocupando nuestro lugar. En la cruz ocupa el lugar del pecador y sus pecados le son imputados a Él, esto es, "puestos sobre Él" (Is. 53:6, 12; Jn. 1:29; 2 Co. 5:21; Gá. 3:13; He. 9:28; 1 P. 2:24). Es interesante la apreciación que Agustín de Hipona hace del sacrificio sustitutorio del Señor cuando dice: "Uno y el mismo es el verdadero Mediador que nos reconcilia con Dios por medio del sacrificio redentor, permanece uno con Dios al cual lo ofrece, hace que sean uno en sí mismo aquellos por quienes lo ofrece, y Él mismo es justamente el oferente y la ofrenda"[80]. Dios salva al pecador creyente de su propia ira, haciéndola descargar sobre Dios mismo en la persona del Salvador, que siendo hombre puede sustituir al hombre pecador y siendo Dios puede aportar el precio infinito de nuestra redención. En la cruz extingue absolutamente la pena por el pecado en favor del creyente para que toda condenación quede anulada para quien crea (Ro. 8:1). Una aparente contradicción se establece en el hecho de que Jesús, el Hijo de Dios, fue hecho maldición, pero sin pecado (Is. 53:9; 2 Co. 5:21; 1 P. 1:19). Aquí está el núcleo de la doctrina de la sustitución, rechazada por los humanistas como la

---

[79] Calvino, 1968, vol. I, p. 382.

[80] Agustín de Hipona, *Tratado sobre la Santísima Trinidad* IV.14.19.

teología del escarnio, pero una verdad revelada en toda la Escritura (Ex. 12:13; Lv. 1:4; 16:20, 22; 17:11; Sal. 40:6-7; 49:7-8; Is. 53; Mt. 20:28; 26:27-28; Mr. 10:45; Lc. 22:14-23; Jn. 1:29; 10:11, 14; Hch. 20:28; Ro. 3:24, 25; 8:3, 4; 1 Co. 6:20; 7:23; 2 Co. 5:18-21; Gá. 1:4; 2:20; Ef. 1:7; 2:16; Col. 1:19-23; He. 9:22, 28; 1 P. 1:18-19; 2:24; 3:18; 1 Jn. 1:7; 2:2; 4:10; Ap. 5:9; 7:14).

En todo esto, Jesús fue colocado durante las tres horas de tinieblas. El Hijo de Dios descendió a los infiernos para que el pecador creyente fuese colocado con Él en el cielo (Ef. 2:6). En las horas de tinieblas, cuando la ira de Dios desciende sobre el inocente Salvador, cuando las olas y las ondas del juicio por el pecado caen sobre quien es hecho sacrificio expiatorio por el pecado, se consuma la experiencia de la muerte espiritual sustitutoria que el Salvador lleva a cabo por los creyentes en la cruz. Eso permite entender la dimensión del texto de Hebreos, donde el autor afirma que "fue oído a causa de su temor reverente" (He. 5:7). Jesús fue oído orando con clamor y lágrimas no para ser eximido de la muerte, sino para no ser ahogado en ella como pecador, ya que en ella sustituía y representaba al pecador.

Nada más angustioso para el hombre que saber que Dios le ha desamparado. No hay abismo más profundo ni situación más abrumadora que sentirse alejado de Dios, de modo que no le oye, aunque le invoque. Esa es la experiencia del crucificado: "Dios mío, clamo de día, y no respondes; y de noche, y no hay para mí reposo" (Sal. 22:2). Todavía más: "¿Por qué estás tan lejos de mi salvación, y de las palabras de mi clamor?" (Sal. 22:1). ¿Cómo es posible entender este misterio "tan lejos" de su salvación y tan cerca de Él, como que estaba en Él reconciliando consigo al mundo (2 Co. 5:19)? Reconciliar es un término que expresa la idea de un cambio de posición. No es el mundo que se reconcilia con Dios, sino Dios que reconcilia consigo al mundo. A causa del pecado el mundo estaba en enemistad con Dios; habían puesto a Dios a sus espaldas y caminaban en camino de muerte. Jesús, en cambio, permanece en abierta y eterna relación y comunión con el Padre, en el seno trinitario y en el mundo, en la historia humana de Dios, viviendo siempre "frente" en el sentido de unión y comunión (Jn. 1:1). En la cruz, el Padre coloca a Jesús en el lugar del mundo, esto es, a sus espaldas y al ocupar Cristo ese lugar, el mundo queda situado frente a Dios, permitiéndole alcanzarlo con el mensaje de salvación que encomienda ahora a los reconciliados con Él (2 Co. 5:20). Pero esta bendición para nosotros supuso la mayor agonía para el Salvador.

Cristo había dicho que nunca estaba solo porque el Padre estaba con Él (Jn. 16:32); en la cruz su Padre no respondía, sino que lo había dejado en manos de sus adversarios y, mucho más, en la experiencia de gustar la muerte por todos (He. 2:9). Esa experiencia por la que jamás había pasado, esa dimensión de la separación del Padre a causa del pecado del mundo, constituía una situación tal que al santo Hijo de Dios en carne humana le conmocionaba, conmovía, llenaba de tristeza y, desde su naturaleza humana, no deseaba experimentar. Todavía algo más explica la razón de la oración que hizo con gran clamor y lágrimas: Jesús conocía, y así lo había anunciado, su muerte física que se cumpliría en la cruz (Mt. 27:50; Jn. 19:33). Jesús tenía que experimentar la muerte espiritual y la física a causa de ser Él el sustituto de los pecadores. La penalidad del pecado de los hombres fue traspasada al Hijo de Dios que la llevó en sí mismo. Quedaba por resolver la penalidad de la eterna separación de Dios a causa del pecado. La demanda de la justicia de Dios debía cumplirse plenamente en su Hijo. Sin duda un sólo instante de experiencia en la muerte de Jesús —no importa cuál fuese el contenido de la misma— representaba una experiencia de dimensión infinita al tratarse no de la vida de un hombre, sino de la vida humana del Hijo de Dios encarnado, lo que le atribuye un grado infinito en tal sentido que el hombre Jesús, sustituto de los hombres, lo es de todos por cuanto su humanidad es la vida del Hijo de Dios que se ofrece por el hombre. De la misma manera, un instante en la separación de Dios es suficiente, por cuanto es de dimensión infinita para alcanzar la sustitución vicaria de todos los creyentes. Jesús ora al Padre para que su vida física le sea restaurada en la resurrección, tal como estaba profetizada, y la comunión con Él le sea devuelta antes de entregar su vida física voluntariamente en la cruz y morir allí. El escritor a los Hebreos afirma que "fue oído". En la cruz, Cristo experimenta la muerte espiritual en la separación del Padre por causa, no de su pecado, sino del pecado del mundo; antes de morir es restaurado en la comunión de su humanidad con el Padre, dando Dios por satisfecho el pago del pecado del mundo, de ahí que ya no se dirija al final de su tiempo en la cruz como *Dios mío*, sino de nuevo como *Padre*; y, posteriormente a su muerte física, es resucitado, revistiendo su humanidad de inmortalidad y de gloria.

Prendimiento, juicios, oprobios y escarnios

De nuevo requiere entender que la base para establecer las tensiones y sufrimientos antecedentes a la crucifixión, está en los relatos de los cuatro evangelios, lo que supone efectuar una selección para aplicarlos al sentido primario de la cristología y no tanto de la exégesis, aunque la comprende. De ahí que el mejor medio para esta aproximación a los sufrimientos de Jesús sea seguir el relato armonizado de los evangelios.

Jesús anunció el momento del prendimiento, luego del tiempo de agonía en Getsemaní, indicando a los discípulos el hecho que era ya inminente: "Levantaos, vamos; he aquí, se acerca el que me entrega" (Mr. 14:42). Apenas había hablado esto cuando llegó el grupo que, conducido por Judas, llegaba para prenderle y llevarle a casa del sumo sacerdote. No eran pocos, sino mucha gente, según el relato de Mateo (Mt. 26:47). La presencia de aquellos todos, el beso de señal de Judas, pero sobre todo el conocimiento de las cosas que iban a venir sobre Él hizo que se pusiera delante de ellos preguntándoles a quién buscaban (Jn. 18:5) y haciéndoles notar que Él era. Juan incorpora en el relato la consecuencia de aquella identificación personal: "Cuando les dijo: Yo soy, retrocedieron, y cayeron a tierra" (Jn. 18:6). Esta situación tiene gran importancia en la cristología, por la identificación que Jesús hace de su condición divina. Los críticos quieren explicar la caída de todos aquellos como una manifestación de respeto al nombre bíblico de Jehová, Yo soy. Pero nada más absurdo que esto, puesto que, si pudiera ser que los religiosos judíos lo hicieran, no lo harían nunca los idólatras romanos. La única explicación bíblica a este hecho es que Jesús responde desde su condición divina, usando el Yo soy como respuesta absoluta a la turba que respondía a la pregunta de a quién buscaban, como a Jesús nazareno. La respuesta trajo una inmediata consecuencia. Todos los presentes retrocedieron y cayeron a tierra. La construcción gramatical usando un verbo[81] con múltiples acepciones, entre las que está irse, moverse, que unido con el adverbio[82], literalmente atrás, pudiera dar a entender que aquellos todos cayeron para atrás, al suelo. Sin embargo, deben entenderse como dos movimientos que produjeron las palabras de Jesús. Inmediatamente pronunciadas, todo el grupo retrocedió y fueron postrados en tierra. Era la forma propia de manifestarse delante de Dios. La reacción aquí es bien distinta a otras veces en que Jesús usó esta fórmula, Yo soy, para referirse a Él delante de la gente. Cuando lo hizo causó la furia de sus enemigos que tomaron piedras para arrojárselas (Jn. 8:59). Aquí no hay reacción alguna, más que una

---

[81] Griego: ἀπέρχομαι.
[82] Griego: ὀπίσω.

manifestación, pudiera decirse obligada, de adoración y acatamiento. El Yo soy en labios de Jesús adquiere un valor divino, equivalente al Yo soy de Dios en el Antiguo Testamento (cf. Dt. 32:39; Is. 41:4; 48:12).

Juan pone de manifiesto que Jesús es aquel que presentó desde el inicio del evangelio como el Verbo eterno, en unidad con el Padre, creador y sustentador de todo, que fue enviado al mundo para la obra de salvación, pero que, aunque revestido de humanidad, era Emanuel, Dios con nosotros. Él había pedido la gloria que tenía con el Padre antes de la creación del mundo (Jn. 17:5). Luego de la resurrección confirma aquella gloria, diciendo a los apóstoles que había recibido toda autoridad en cielos y tierra (Mt. 28:18). Años después escribiría el apóstol Pablo, diciendo que Cristo había recibido el nombre que es sobre todo nombre, bajo cuya autoridad se doblarían las rodillas de todos los que están en el cielo, en la tierra y debajo de la tierra, para confesar que Jesús es el Señor (Fil. 2:9-11). He ahí el anticipo de esa verdad. Los enemigos de Jesús tienen que doblar sus rodillas, pero, todavía más, Judas también cae a tierra. Aparentemente no tiene más importancia que el hecho de la caída de aquel que dirigía al grupo contra Jesús. Pero no se debe olvidar que Judas era poseído por Satanás, que había entrado en su corazón y controlaba su alma (Jn. 13:27). El príncipe del poder del aire, el rey de este mundo, quien va a conducir en sus propósitos homicidas a la gente bajo su control para levantarse contra el Hijo de Dios, no puede impedir que su hijo, Judas, doble sus rodillas y se postre en tierra, reconociendo en silencio que Jesús es el Señor. El título Señor es la traducción griega de Jehová, el Dios de la gloria, por tanto, reconoce, aunque incrédulo, que aquel que está en el huerto, que va a ser prendido, es Dios manifestado en carne. El acontecimiento tiene una gran importancia, puesto que, si tuvieron que retroceder y caer a tierra delante de Jesús, significa que Él hubiera podido hacer con ellos cuanto le pareciera. No podían sus fuerzas contra Él. Nada había en ellos que pudiera imponerse a la voluntad del Hijo de Dios. El que había dicho que nadie le quitaba la vida (Jn. 10:17-18), sino que la ponía voluntariamente, estaba haciendo visible, delante de todos, su poder personal que controlaba todos los acontecimientos. Esto es también un anticipo de lo que Juan escribirá en el Apocalipsis, donde presenta a los implacables enemigos de Jesús, que en el día de la "ira del Cordero" darán gloria al Dios del cielo, muy a su pesar, sin que signifique arrepentimiento (Ap. 6:15-17; 9:20-21; 11:13).

El relato según Marcos es preciso y breve: "Entonces ellos le echaron mano, y le prendieron" (Mr. 14:46). Es sumamente interesante la voluntariedad del consentimiento divino que permitió a los enemigos sujetar a Cristo atándolo para llevarlo de aquel lugar. Las manos de la criatura se atrevían a hacer prisionero al Creador. Los que le prendieron fueron los soldados y la guardia del templo (Jn. 18:3, 12). De otro modo, tanto los judíos como los gentiles se coaligaron para llevar a cabo el más tremendo acto de osadía, prender al Señor (Hch. 4:27). Jesús se entregaba voluntariamente y le prendieron porque no hizo resistencia alguna, simplemente permaneció pasivo porque había llegado la hora de la redención (Jn. 10:11). ¿Qué manos serían capaces de atar al omnipotente Dios, Creador de cielos y tierra? ¿Qué elemento de su creación, aunque fuese hecho por los hombres, sería capaz de sujetar al que dio vida y orden a cuanto existe? Dios-hombre se deja atar y prender por los pecadores. Pero no es posible dejar de destacar el aspecto de la soberanía divina presente en todo esto, ya que el Señor "fue entregado por determinado consejo y anticipado conocimiento de Dios" (Hch. 2:23). El Salvador consintió en ser prisionero de los hombres para librar a éstos de las cadenas de esclavitud del pecado, porque su misión, para la que fue enviado, consistía en hacernos verdaderamente libres (Jn. 8:36). Esto está vinculado a la cristología soteriológica.

Otro aspecto cristológico implícito está en la sanidad de la oreja que el espadazo de Pedro produjo en Malco, el siervo del sumo sacerdote (Jn. 18:10). Jesús tocó la herida y le sanó. La condición divina de Jesús se hizo manifiesta en el hecho de esa curación. El simple toque de la mano de Cristo fue suficiente para restaurar la herida que le habían inferido (Lc. 22:51).

Juicios

Ante Anás y Caifás

Jesús fue llevado primeramente a casa de Anás, el suegro de Caifás, el que era sumo sacerdote aquel año (Jn. 18:13). En atención al viejo sumo sacerdote, el grupo de sicarios llevaron a Jesús a casa del que lo había sido por años. A diferencia de los sinópticos que omiten el paso por la casa de Anás para situar a Cristo directamente en la de Caifás, Juan precisa el recorrido, que pasa primeramente por este lugar. El nombre es posiblemente la contracción de Ananías, en una forma griega. Había sido designado sumo sacerdote por Quirino, gobernador romano de Siria, en el año 7 a. C. Fue depuesto durante el reinado de Tiberio (15 d. C.), por lo que estuvo veintidós años aproximadamente en el sumo sacerdocio, si bien entre el primer nombramiento en la destitución definitiva, tuvo paréntesis en que fue sustituido por otros sumos sacerdotes, como Ismael, su propio hijo Eleazar, Simón y en el tiempo del relato, por su yerno Caifás. No cabe duda de que a lo largo de todos esos años se le consideraba como el sumo sacerdote *de facto*, y como tal era respetado. Según el historiador Josefo, cinco de sus hijos llegaron a ser sumos sacerdotes, y bajo el último, que se llamaba también Anás, fue muerto Jacobo, el hermano del Señor.

Los críticos liberales procuran demostrar un error en el registro histórico, pretendiendo que el primer tiempo de juicio contra Cristo no tuvo lugar en la casa de Anás, sino en la de Caifás, basándose en que en todo el pasaje se habla del sumo sacerdote y éste no era Anás. Sin embargo, se olvidan, como hacen voluntariamente en tantas ocasiones, de que Lucas, que investigó todas las cosas relativas a la vida de Jesús diligentemente, dice que cuando nació eran sumos sacerdotes Anás y Caifás (Lc. 3:2). Juan tiene mucho cuidado en indicar que el sumo sacerdote aquel año era Caifás, al que se refirió de este modo (Jn. 11:49). Con toda seguridad, el complot contra Cristo aquella noche estaba urdido y promovido desde la más alta jerarquía religiosa y no solo el sumo sacerdote oficial, sino el veterano Anás, participaron en toda la trama; por esta causa, el grupo que traía a Cristo hizo una parada en la casa de éste. Los que piensan en el nombre hebreo Anás, sugieren que procede de Hannan, que significa misericordioso, justamente todo lo contrario a lo que haría con Jesús. El misericordioso no existe en el mundo de los impíos y mucho menos en el de los impíos religiosos, que solo viven del odio, aunque se presenten con la hipócrita apariencia de los que manifiestan piedad.

En casa de Anás comienzan los sufrimientos físicos de Jesús. Así describe Juan la reacción a la respuesta que dio a la pregunta del sumo sacerdote: "Cuando Jesús hubo dicho esto, uno de los alguaciles, que estaba allí, le dio una bofetada, diciendo: ¿Así respondes al sumo sacerdote?" (Jn. 18:22). La indignidad de aquel momento se aprecia en la reacción que los presentes tenían contra Jesús. El Señor respondió con firmeza, pero con respeto, indicando simplemente al sumo sacerdote que la pregunta formulada estaba mal orientada, que debían ser otros los que la respondiesen. En esto no hubo ofensa alguna ni falta de respeto.

La custodia del reo estaba encomendada a miembros de la guardia del templo, los alguaciles. Uno de ellos, sin duda el más próximo a Jesús, abusando de su posición y de su fuerza, golpeó con saña al Señor dándole una bofetada, mientras le reprendía echándole en cara la respuesta que había dado al sumo sacerdote. Esta intervención del guardia, no tanto en la bofetada como en las palabras de reprensión al reo, pone de manifiesto que no se trataba de un juicio formal, sino de un interrogatorio que preparaba el juicio oficial que se celebraría por la mañana. No solo era un abuso, sino mucho más, una cobardía al golpear a un hombre que tenía las manos atadas. Esto constituía una falta grave al abofetear a una persona delante de quien era presidente del sanedrín, como sumo sacerdote, aunque la titularidad oficial correspondiese al otro sumo sacerdote, Caifás. Jesús no había dicho palabra injuriosa alguna contra el sumo sacerdote; además, aquel no lo era, aunque le reconociesen de ese modo, sino su yerno Caifás.

La burla de investigación previa al juicio oficial en que le acusarían para condenarlo a muerte siguió en casa del sumo sacerdote oficial de aquel año, Caifás. No se trataba de verificar la verdad para sustentar una acusación, sino que todos los miembros del supremo tribunal de Israel estaban "buscando falso testimonio contra Jesús, para entregarle a la muerte" (Mt. 26:59; Mr. 14:55). Este cuerpo judicial estaba formado por setenta y dos miembros y presidido por el sumo sacerdote. En esta ocasión, los cabezas de las familias sacerdotales, junto con otros miembros del sanedrín, están liderando la búsqueda de una acusación formal contra Jesús, es decir, se constituyen en jueces y acusadores, por lo que todo aquello es una burla a la justicia. Otro asunto grave es que el tribunal que iba a juzgar a un reo que tenía delante, estaba presente ante los jueces sin acusación previa, y lo que es más grave es que eran los propios jueces quienes buscaban afanosamente acusación contra Él para sentenciarlo a muerte. Según Mateo, el testimonio que buscaban no era verdadero, porque no hubiera sido posible encontrarlo en la verdad, de modo que procuraban un testimonio falso que concordase para que, mediante la mentira, pudieran acusar y condenar al Señor.

Una ofensa a la justicia es que buscaban una acusación que justificase la decisión que anteriormente habían tomado de dar muerte al Señor. Esta tremenda farsa de juicio tiene todavía una grave forma, que era una contradicción abierta contra lo establecido en la ley, que prohibía un juicio formal durante la noche. De ahí que Lucas relate que el juicio formal tuvo lugar a la mañana siguiente (Lc. 22:66-71), para dar apariencia de legalidad a la farsa judicial desarrollada durante la noche. Todos aquellos reunidos allí se habían convertido en jueces y partes en el juicio. Ninguna consideración de cualquier tipo ético en relación con el ejercicio de la justicia resiste el aberrante proceso en que los jueces son criminales, fiscales y sicarios que condenan a muerte a un inocente. El reo estaba presente como prisionero en razón de un soborno pagado por miembros del sanedrín. Es más, se pedirá al reo que se incrimine a sí mismo. La comparecencia de Jesús es del todo absurda puesto que ya se había dictado sentencia previa que le condenaba a muerte desde hacía tiempo (Jn. 11:49, 50). Era el planeamiento de un homicidio con premeditación, alevosía y nocturnidad hecho por el tribunal supremo de justicia de Israel. Pero no era una novedad, puesto que así había ocurrido muchas veces con los profetas que Dios había enviado a su pueblo.

El problema del testimonio no concordante de los testigos buscados para acusar a Jesús quedó resuelto por la pregunta que Caifás le dirigió y que cerró aquel atropello judicial, poniéndolo bajo juramento y demandando de Él respuesta: "Te conjuro por el Dios viviente, que nos digas si eres tú el Cristo, el Hijo de Dios. Jesús le dijo: Tú lo has dicho; y además os digo, que desde ahora veréis al Hijo del Hombre sentado a la diestra del poder de Dios, y viviendo en las nubes del cielo" (Mt. 26:63-64). Esa respuesta sirvió para acusarle de blasfemia y condenarle a muerte. Lo que se desató luego fue de una infamia singular: "Y algunos comenzaron a escupirle, y a cubrirle el rostro y a darle puñetazos, y a decirle: Profetiza. Y los alguaciles le daban de bofetadas" (Mr. 14:65). ¿Quiénes son esos algunos con que se inicia el apunte de Marcos? No hay evidencia cierta, pero podría ser cualquiera de los que estaban presentes. Tal vez no fuesen los miembros del sanedrín que lo estaban juzgando, pero, sin embargo, eran consentidores de tales vilezas. Según Lucas, luego de la negación de Pedro, se habla de estas injurias llevadas a cabo por quienes habían prendido al Señor y lo habían conducido al palacio de Caifás (Lc. 22:63-65). No tiene mayor importancia quiénes cometieron tales acciones, lo importante es el hecho en sí; el Señor era golpeado e injuriado por quienes lo habían hecho prisionero. Es posible que fuesen algunos, aunque no todos los miembros del sanedrín presentes. Las vejaciones son tremendas, comenzando por escupir sobre el rostro del Señor. Ese era un delito de orden moral imposible de medir, puesto que consideraban el rostro de Jesús como la tierra en que pisaban sus pies, sobre la que escupían los hombres. Aquellos escupieron sobre el rostro del santo Hijo de Dios.

Una segunda miserable acción consistía en cubrirle el rostro. El verbo que utiliza Marcos en este lugar[83] expresa la idea de envolver, cubrir todo alrededor. Posiblemente se trataba de vendarle los ojos para lo que sigue relatando Marcos. Cubierto el rostro con un paño, no podía ver quiénes abusaban de Él. Los puñetazos aparecen también en la escena. Golpes dados con saña sobre el rostro tapado del Señor. Se entiende bien que después de unos cuantos golpes dados de este modo, el rostro de Jesús estaría entumecido y amoratado. Las señales de los golpes tendrían que apreciarse claramente en la piel de Jesús. El rostro del Creador estaba siendo golpeado por la criatura que, rebelde e ingrata, extendía sus manos contra Dios manifestado en carne humana. No se dice cuándo pararon de tal atrocidad. Probablemente esas bestias inhumanas no se detuvieron hasta que se cansaron de una diversión satánica como aquella, conminando al Señor para que profetizase sobre quién le golpeaba.

Ante el sanedrín

Después del amanecer, Jesús fue llevado al sanedrín para el juicio formal que confirmaría su sentencia a muerte (Mt. 27:1; Mr. 15:1; Lc. 22:66-71). Por los relatos de los evangelios, una pregunta fue clave para la condena a pena capital: "Dijeron todos: ¿Luego eres tú el Hijo de Dios? Y él les dijo: Vosotros decís que lo soy" (Lc. 22:70). Inmediatamente fue acusado de blasfemia, confirmando la declaración de la farsa de juicio de la noche anterior en casa de Caifás (Mt. 26:65), donde ya lo habían acusado de la misma manera (Mr. 14:62-64). El sanedrín lo único que hizo fue darle forma legal a la acusación de la noche anterior.

Primera comparecencia ante Pilato

Del sanedrín fue conducido Jesús atado ante el gobernador romano del territorio, que era el único que tenía autoridad para condenar a muerte y ejecutar la sentencia. Marcos hace una precisión en el relato: "Muy de mañana, habiendo tenido consejo los principales sacerdotes con los ancianos, con los escribas y con todo el concilio, llevaron a

---

[83] Griego: περικαλύπτω.

Jesús atado, y le entregaron a Pilato" (Mr. 15:1). Durante la noche, una parte del sanedrín se había reunido en casa del sumo sacerdote (Mr. 14:53). Desde el segundo canto del gallo, sobre las tres de la madrugada, Jesús estuvo retenido en algún lugar de la casa del sumo sacerdote. Sin embargo, la decisión judicial que llevaría a Jesús a la presencia de Pilato para ser sentenciado a muerte tenía que proceder de una reunión formal del sanedrín, que tuvo lugar temprano en la mañana, ya que no podía ser juzgado un reo durante la noche. El sanedrín estuvo formalmente reunido, como se aprecia en las palabras de Marcos, con los principales sacerdotes, los escribas y los ancianos. De manera que tuvo que haber sido convocado muy de mañana, cuando amanecía. El alto tribunal de Israel tenía como misión refrendar la decisión de condenar a Jesús a muerte por blasfemia que se había tomado la noche anterior en casa de Caifás. No obstante, esa sentencia no significaba nada, puesto que los romanos habían prohibido a los judíos la ejecución de la pena de muerte. Los únicos que podían ejecutar una pena capital eran los romanos. Esa dificultad iba a ser resuelta en la reunión del sanedrín, por la mañana temprano. Según Mateo la reunión tenía un propósito concreto: "Venida la mañana, todos los principales sacerdotes y los ancianos del pueblo entraron en consejo contra Jesús, para entregarle a muerte" (Mt. 27:1).

Por la lectura del texto se aprecia que hubo un encuentro previo entre los principales sacerdotes, los escribas y los ancianos, probablemente para ponerse de acuerdo en cómo iban a confirmar la decisión de sentenciar a Jesús a muerte, tomada durante la noche. Dice Marcos que allí estaba todo el concilio. Sin embargo, no todos los miembros estuvieron presentes y no todos votaron favorablemente la muerte del Señor (Lc. 23:51). Marcos es breve, pasando por alto muchos detalles, pero por el paralelo según Lucas se sabe que Cristo fue traído desde donde había pasado parte de la noche, luego de la reunión nocturna, al sanedrín. La pena capital debía dictarse por todo el tribunal reunido durante el día. Esa reunión temprana era necesaria también para poder acusar colegiadamente a Jesús ante las autoridades romanas, concretamente ante el gobernador, que era el único que podía dictar y ejecutar una sentencia de muerte.

Concluida la sesión e impuesta a Jesús la pena de muerte, fue llevado ante Pilato. Marcos dice que lo llevaron atado. La forma habitual en que eran atados los reos consistía en poner los brazos doblados en la espalda y atarle las manos hacia atrás con cuerdas.

El Señor tuvo que atravesar de esta forma el tramo que separaba el lugar donde se reunió el sanedrín hasta la Torre Antonia, situada en el vértice noreste del atrio del Templo, donde estaba la residencia del gobernador en Jerusalén. Es sorprendente ver, como escribe Lacueva, que aquellos jueces "traicionaron voluntariamente al que era la corona de Israel (Is. 28:5; 62:3), ante aquellos que soportaban el yugo de Israel (Hch. 15:10)"[84].

El gobernador romano entonces era Poncio Pilato. Éste ejercía el poder supremo y absoluto en la provincia romana de Judea. El título romano para el gobernador era *procurator provinciae Judaeae*. No es posible determinar con total seguridad dónde estaba el gobernador. En Jerusalén había dos lugares apropiados para sus estancias en la ciudad, ya que su residencia oficial estaba en Cesarea. Uno de estos lugares era la Torre Antonia, lugar de la guarnición romana situado en el extremo noreste del atrio del Templo; otro, el palacio de Herodes, que estaba en el extremo oeste de la ciudad. Es probable que Pilato, que en esa ocasión estaba acompañado de su esposa (Mt. 27:19), ocupase el palacio de Herodes, como es la opinión de algunos comentaristas modernos. Si bien pudiera ser que estuviese en la Torre Antonia, donde la guarnición romana estaba preparada para intervenir en cualquier conflicto que pudiera producirse durante los días de las solemnidades judías, como era la pascua. En cualquier caso, la comitiva que llevaba a Jesús, salió del palacio de Caifás y se dirigió hasta el lugar donde estaba el gobernador romano. Éste es un personaje del que se sabe poco, especialmente de su historia anterior. Judea, desde la muerte de Arquelao en el año 6 d. C., comenzó a ser gobernada por un procurador romano, que ejercía su autoridad tanto en el ámbito militar como en el civil bajo la dependencia del gobernador de Siria, que tenía su residencia en Antioquía. Pilato era el quinto procurador de Judea, miembro de la conocida familia romana de los Poncios, que desempeñó el cargo desde el año 26 d. C. hasta el 36, en que fue depuesto. Su residencia era Cesarea de Palestina, pero en las grandes solemnidades hebreas se trasladaba a Jerusalén para asegurar con su presencia el mantenimiento del orden en la ciudad. Pilato sucedió a Valerio Grato como gobernador de Judea. Durante diez años gobernó con eficacia, gracias a la presión y vigilancia que ejercía sobre él Vitelo, el gobernador de Siria, que procuraba evitar los excesos de Pilato favoreciendo a los judíos en cuanto le era posible,

[84] Lacueva, 1979, p. 164.

deseando un gobierno más suave que el que ejercía su subordinado. Durante los diez años de gobierno en Judea, da la impresión de haber sido un funcionario bastante capaz. Es verdad que, sobre todo Josefo, acusa a Pilato de crueldad, injusticia y maltrato, pero esta presentación de los gobernadores romanos era habitual en las narraciones históricas hechas desde la perspectiva judía. Muchos relatos están escritos desde el nacionalismo hebreo y no están exentos de parcialidad, como ocurre en cualquiera hecho por nacionales de un país ocupado, que describen las formas de los ocupantes. Tal es el caso de la carta de Herodes Antipas I que cita Filón[85], dirigida a Calígula, en que define a Pilato como "inflexible, impío y obstinado", enumerando un catálogo de crímenes terribles y de grandes excesos, diciendo que eran frecuentes en él los "sobornos, los actos de violencia, los ultrajes, los casos de tratamiento basados en el rencor, los constantes asesinatos sin juicio, la incesante y sumamente agravante brutalidad". No cabe duda de que el pasaje es, en gran medida, retórico; se cargan las tintas contra el gobernador por intereses propios y personales. Como procurador, ejerció un control total sobre la provincia de Judea, teniendo bajo su mando el ejército de ocupación, compuesto por unos seis mil hombres. El grueso de este ejército estaba en Cesarea, con una guarnición en Jerusalén, en la Torre Antonia. Pilato, como procurador romano, tenía poder para aplicar la pena capital y revocar las sentencias impuestas por cualquier tribunal judío. Ejerció su dominio incluso en relación con los sacerdotes, nombrando al sumo sacerdote y regulando el uso de las vestiduras sumosacerdotales, que permitía sólo en las fiestas solemnes, en cuyo tiempo se trasladaba a Jerusalén y reforzaba la presencia militar que patrullaba las calles de la ciudad. La primera acción que Pilato llevó a cabo nada más asumir la representación de Roma en Jerusalén fue colocar estandartes romanos con la efigie del emperador, lo que soliviantó los ánimos religiosos, teniendo que retirarlos luego a Cesarea. Posteriormente colocó escudos de oro en su residencia en Jerusalén, con el nombre del emperador y el suyo. Se hicieron peticiones ante Tiberio, quien ordenó retirarlos de Jerusalén y colocarlos en el templo de Augusto en Cesarea. Otro motivo de fricción con el estamento religioso de Jerusalén se produjo al utilizar dinero del templo para construir un acueducto y llevar agua a la ciudad desde unos cuarenta kilómetros de distancia; su carácter provocador y autoritario le llevó a acuñar monedas de circulación local con símbolos romanos que hacían resaltar la subyugación de los judíos a Roma. Dos

---

[85] Filón, *Leg. Ad Gaium* 38.

pinceladas bíblicas dan idea del carácter de Pilato: a) era un hombre orgulloso de su posición política y social como representante de Roma (Jn. 19:10); b) era un hombre enérgico hasta rayar en la crueldad (Lc. 13:1). Es evidente que la forma de gobernar de Pilato era enérgica, pero las circunstancias sociales que rodeaban su gobierno le forzaban a mantener el orden a toda costa. Sin duda la mayor falta de Pilato fue la desconsideración hacia los escrúpulos judíos, especialmente en la presencia de los romanos en Jerusalén. Esta situación lo llevó a cometer la injusticia de sentenciar a muerte a Jesús. El tumulto producido por una multitud que pedía la crucifixión, le hizo declinar la razón y la justicia en busca de la calma en una población que era de temer cuando se alteraba de aquella manera. Pilato cedió a las presiones del pueblo azuzado por los verdaderos injustos, los líderes religiosos y los jueces de la nación. El gobernador romano tenía sus dificultades también con la familia asmonea de Herodes. No se sabe la razón, pero había una enemistad entre él y Herodes Antipas, que, en alguna medida, se resolvió con motivo del proceso de Jesús. La forma en que Pilato sofocó la rebelión de los galileos y de los samaritanos dio ocasión a Vitelo de acusarlo de mal gobernante y enviarlo a Roma para que compareciese ante Tiberio, pero el emperador murió antes de poder atender al procurador de Judea, con lo que se perdió la historia de éste.

Los que llevaron atado a Jesús lo entregaron a Pilato. Llama la atención una nota del relato según Juan: "Llevaron a Jesús de casa de Caifás al pretorio. Era de mañana, y ellos no entraron en el pretorio para no contaminarse, y así poder comer la pascua" (Jn. 18:28). Sin tratar aquí el problema de la datación juanina, baste decir que el apóstol Juan está llamando pascua en sentido genérico a los siete días de la festividad de los ázimos, pero lo sorprendente es la manifestación de los escrúpulos de contaminación, que tenían en cuenta lo exterior que podría convertirlos en inmundos por tocar algo de esa condición, cuando no sentían escrúpulo alguno por la grave contaminación interior de condenar a muerte a un inocente por envidia. Es muy posible que los reunidos en la noche anterior en casa de Caifás tuviesen como objetivo prioritario condenar a Jesús, lo que representaba para ellos algo de mayor valor que la cena pascual, de manera que ésta podía muy bien esperar para el día siguiente, el quince de Nisán. Por esa razón, no debían contaminarse entrando a un lugar donde pudiera haber gentiles reunidos. No importa cuáles fuesen sus temores a contaminarse legalmente y no poder comer luego la cena pascual, pero ignoraban la podredumbre de sus almas que desde hacía tiempo estaban contaminadas al buscar la muerte no sólo de un inocente, sino del Hijo de Dios, el Mesías enviado en cumplimiento de la promesa. Aquellos sepulcros blanqueados estaban manifestando con su actuación que la contaminación ritual era mucho más grave para ellos que la moral. No podían entrar al pretorio para no contaminarse, pero podían, luego de crucificar al Bendito, sentarse como criminales para comer la pascua, eso sí, haciéndolo santamente, es decir, sin contaminación ceremonial. En lugar de la pascua, lo que comían era juicio de Dios para ellos mismos.

Según Lucas, presentado Jesús ante Pilato, comenzaron las acusaciones contra Él, como un pervertidor de la nación que prohibía dar tributo a Cesar. Todo ello eran falsas acusaciones, pero buscaron la forma de forzar al gobernador para que lo sentenciase a muerte: "...diciendo que él es el Cristo, el rey" (Lc. 23:2). En esa acusación estaba presente la sedición contra el emperador. Ante las acusaciones continuas de sus enemigos, Jesús guardó silencio, lo que sorprendió a Pilato.

Comparecencia ante Herodes

Pilato procuró evitar sentenciar a muerte a Jesús, lo hizo de muchos modos. Una forma fue enviarlo a Herodes después de recibir las acusaciones contra Él. El relato está únicamente en el evangelio según Lucas (Lc. 23:6-12). Pilato entendió que, siendo de Galilea, su nombre lo manifestaba: Jesús de Nazaret pertenecía a la jurisdicción de Herodes el tetrarca. A Jesús se le conocía también como el galileo, puesto que, aunque su nacimiento se produjo en Judea, en la aldea de Belén, sus padres, afincados en Galilea, eran considerados como de allí; por consiguiente, Él también era galileo. Los romanos podían juzgar a un reo en tres lugares: el *fórum originis*, esto es, el lugar de origen; el *forum domicilii*, el lugar de residencia; o el *forum delicti*, el lugar donde se cometió el delito por el que se le juzgaba. Si había empezado la enseñanza de Jesús por Galilea, era posible juzgarle en aquel territorio, donde tenía jurisdicción el tetrarca Herodes, que era el regente establecido por Roma.

Pilato sabía que Herodes tenía jurisdicción allí como tetrarca sobre Galilea, de manera que determinó enviarle a Jesús para que le juzgara. Se trataba de Herodes Antipas. Sólo recordar que fue quien planeó conquistar toda Judea y todo el territorio. Ese intento lo hizo instigado por Herodías, cuando Calígula llegó a ser emperador. Su hermano Herodes Agripa lo acusó delante del emperador, que lo envío al exilio de por vida. Éste fue el Herodes que tomó para sí la mujer de su hermano Felipe y que decapitó a Juan el Bautista. Era un rey inmoral, perverso y poco fiable, que en esos días estaba enemistado con Pilato. Nadie sabe el motivo de esa enemistad, pero probablemente se debiese a algún asunto de intromisión del gobernador romano en algún asunto de la jurisdicción de Herodes. El verbo enviar, remitir[86], se usaba habitualmente cuando se mandaba a una persona o un prisionero a una autoridad más alta. Lucas dice que estaba en aquellos días en Jerusalén.

Hacía tiempo que Herodes deseaba conocer a Jesús, sobre todo para ver cómo realizaba algún milagro (Lc. 23:8). En el interrogatorio que el tetrarca le hizo, el comportamiento de Jesús fue el mismo que con Pilato: "… pero él nada le respondió" (Lc. 23:9).

Es sorprendente la presencia de los acusadores de Jesús: "Y estaban los principales sacerdotes y los escribas acusándole con gran vehemencia" (Lc. 23:10). Como manada de lobos ante una presa, los acusadores no cejan en su acción contra Jesús. Acusándole delante de Pilato, siguen haciéndolo ante Herodes. Lucas destaca aquí que la acusación ante el rey era con vehemencia, enérgicamente. No cabe duda de que, cuando vieron que Jesús era llevado a otro lugar desde el pretorio, le siguieron hasta llegar al palacio de Herodes. Realmente el sanedrín, por medio de sus representantes, se había desplazado para acusar al Señor. La vehemencia que imprimieron a sus acusaciones procedería al ver que el propósito de que fuese sentenciado a muerte y ejecutado se iba alargando. El día corría, el siguiente era el sábado, uno de los más importantes del año al coincidir con la pascua, el tiempo para que fuese crucificado se iba acortando; por tanto, los acusadores tienen prisa para que todo aquello terminara, de ahí la vehemencia que acompaña sus continuas acusaciones. Herodes no tenía razón alguna para tomar en sus manos el problema de sentenciar a Jesús. No ganaba nada con los judíos de Jerusalén, porque su jurisdicción era Galilea y no Judea, de modo que no hace nada en relación con ese caso; lo más conveniente para él era devolver el preso al gobernador romano.

---

[86] Griego: ἀναπέμπω.

Después de una noche de tensión, de una comparecencia ante el gobernador romano, Jesús siguió sufriendo oprobios: "Entonces Herodes con sus soldados le menospreció y escarneció, vistiéndole de una ropa espléndida; y volvió a enviarle a Pilato" (Lc. 23:11). Jesús no fue el espectáculo que Herodes hubiera querido, ya que no le vio realizar ningún milagro en su presencia. El rey, acompañado de los soldados de su corte, le hizo objeto de sus burlas y menosprecios. La respuesta del rey a las acusaciones del sanedrín fue un menosprecio también para los judíos, puesto que no les prestó ninguna atención, ocupado con ver si conseguía algo llamativo de Jesús. El silencio de Jesús indujo a Herodes a menospreciarlo, tratándolo como si fuese un hombre sin importancia alguna.

El texto de Lucas hace referencia al trato dispensado a Jesús, tanto por los soldados como por el mismo rey. La fuerza del relato descansa en los tres participios de aoristo que aparecen: menospreciándole, burlándose, y vistiéndole de una ropa espléndida. Nada se dice del color de la vestidura, que pudiera ser cualquiera brillante u ostentoso. Sin embargo, el adjetivo que está en el texto griego[87] tiene que ver con blanco, brillante, y se usa para referirse a los vestidos resplandecientes de los ángeles. En la sociedad de entonces, un vestido de alta calidad y de color blanco era propio de gente de alto nivel social, incluso de los reyes. Posiblemente le pusieron el vestido sobre la ropa rota y sucia que cubría el cuerpo golpeado de Jesús. Lucas no dice que luego de burlarse de Él lo despojasen del vestido; es muy probable que lo remitió vestido de ese modo a Pilato, para que el gobernador apreciase lo que Jesús significaba para el tetrarca. Acaso Herodes se sintió menospreciado por el silencio de Jesús, y quiso demostrar ante todos que el Rey de los judíos era menos que nada para él. Cabe preguntarse cuál sería la fuerza militar, los soldados que Herodes tenía con él. Con toda seguridad, no se hubiese atrevido a entrar en territorio romano con algo que pudiera asemejarse a una fuerza militar, mucho menos en Jerusalén y en tiempo de la pascua. Probablemente el término usado por Lucas[88] pudiera hacer referencia al séquito del rey, que indudablemente tendría sus escoltas, pero sin identificarlos como fuerza armada. Todos ellos se mofaban del Señor, vistiéndolo también de una ropa espléndida, que no era para glorificarlo, sino para denigrarlo, burlándose del prisionero y de su inocencia. Terminada

[87] Griego: λαμπρός.
[88] Griego: στρατεύμασιν.

la burla, Herodes envió nuevamente a Jesús a Pilato, que con toda seguridad continuaría en la fortaleza de la Torre Antonia, donde había examinado personalmente a Jesús.

Segunda comparecencia ante Pilato

Pilato intentó nuevamente no verse involucrado en un homicidio con apariencia de legalidad, procurando todas las formas a su alcance para lograrlo. Comenzó con la oferta de soltarlo como el preso liberado, acción que habitualmente se hacía en el tiempo de la Pascua. Sin embargo, ese propósito falló por la demanda que los judíos hicieron pidiendo la liberación de Barrabás, sentenciado por alborotador y asesino. El gobernador intentó otra forma, presentándolo como no culpable y apoyándose también en que Herodes no lo había condenado. Lo único que quedaba era soltarlo; sin embargo, lo castigaría antes, tal vez como una advertencia.

Parece, por el relato, especialmente según Juan, que Pilato decidió azotarlo y que era el castigo anunciado a los acusadores. Las palabras de Juan son breves y precisas: "Así que, entonces tomó Pilato a Jesús, y le azotó"[89] (Jn. 19:1). La criatura levantándose violentamente contra el Creador. El autor de la vida en manos de quien iba a sentenciarlo a muerte. No cabe violencia mayor a la justicia. Pilato sabía que Jesús era inocente, conocía la causa por la que le habían entregado, que era la envidia (Mt. 27:18). Había declarado delante de los enemigos de Jesús que no encontraba nada digno de condenación en Él y mucho menos causa alguna para condenarlo a muerte. Sin embargo, la debilidad del hombre es notable. Pilato sabía que los judíos podían generarle problemas ante el emperador en Roma, y para él, la vida de un hombre no tenía importancia alguna. De modo que decide satisfacer las ansias de sangre de los indignos líderes de Israel y dejar que Jesús fuera ejecutado en una cruz, como ellos pedían. Como juez, debía soltar al que había sido acusado sin pruebas y era inocente. Sin embargo, claudica en su deber y en su ética para satisfacer la injusticia y la perversidad. Un último recurso quedaba a Pilato, consistente en apelar al sentimiento de compasión del pueblo. Para eso debe presentar a Jesús en un estado tal que cause impresión a todos, procurando con ello que se apiaden de él y dejen de reclamar

[89] Texto griego según Juan: Τότε οὖν ἔλαβεν ὁ Πιλᾶτος τὸν Ἰησοῦν καὶ ἐμαστίγωσεν.

que sea crucificado. Este pasaba necesariamente por la flagelación. Entender este bárbaro procedimiento exige retroceder a la historia de cómo se aplicaba en aquellos días.

Muchos pueblos tenían el castigo de los azotes. Los judíos, en el cumplimiento de lo establecido en la Ley, podían imponer una pena de hasta cuarenta azotes (Dt. 25:3), que se daban en la sinagoga y eran propinados con varas de madera; en otras ocasiones, se daban con un látigo de tres cuerdas, contando cada uno de los latigazos como tres, de manera que sólo se podían administrar trece golpes. Mientras se daban los azotes, uno contaba el número de golpes, deteniendo la acción a los treinta y nueve, en caso de ser con varas, o a los trece en caso de ser con látigo, a fin de no sobrepasar lo establecido en la Ley. Los dados por los romanos eran otra cosa, ya que se aplicaban como método de tortura para conseguir una confesión del reo; en otras ocasiones era una pena impuesta por un delito menor; en relación con la crucifixión, formaba parte como preámbulo a la ejecución de esa última pena. Los instrumentos para el castigo se llamaban *flagellum*, de ahí la palabra castellana *flagelos*, látigos compuestos por una empuñadura de la que salían varias correas de cuero. El flagelo recibía el nombre de *flagrum* cuando a las correas de cuero se sujetaban en las terminaciones pequeños trozos de plomo o bronce. Generalmente se anudaban a lo largo de las correas pequeños trozos de huesos aguzados. El reo destinado a ser azotado se desnudaba y se le hacía doblar sobre un soporte, generalmente una columna de piedra, atándole las muñecas por delante y tensando luego la cuerda para que no pudiese levantarse. Por regla general dos soldados ejecutaban el castigo, uno a cada lado, golpeando alternativamente. El número de azotes no se contaba, simplemente era costumbre detener la paliza cuando los que la administraban estaban cansados, o bien cuando el presidente del tribunal, viendo la situación del reo, hacía una señal para que los soldados pusieran fin al tormento. Los primeros golpes dejaban marcas en la espalda, pero, a medida que se repetían, comenzaba a romperse la epidermis apareciendo la sangre. La reiteración de los golpes iba abriendo la carne y, al final de la paliza, en muchas ocasiones, según relatos, estaba lacerada hasta tal punto que se veían las costillas y quedaban al descubierto las venas y arterias interiores. En más de una ocasión incluso se reventaba el recubrimiento de la cintura y se veían los órganos internos entre las cortaduras. La pérdida de sangre era considerable y las fuerzas del azotado iban debilitándose hasta quedar inconsciente. El final de la imposición de esa pena quedaba marcado por la sangre salpicada en el suelo que formaba pequeños charcos. Hubo ocasiones en que ese castigo terminaba en la muerte del reo. El azotado se devolvía a la prisión virtualmente desecho para que se recuperase de las heridas. La ley Porcia y la ley Sempronia de los años 195 y 123 a. C. prohibían que se azotase a los ciudadanos romanos, a cuyo amparo acudió en una ocasión el apóstol Pablo (Hch. 16:37).

Era habitual que los condenados a crucifixión fuesen azotados antes de ser ejecutados. Posiblemente Pilato estuvo haciendo todo lo posible por no ejecutar la pena capital con Cristo. Esta enorme paliza convirtió a Jesús en un espectáculo ignominioso y en una situación tal que despertaría lástima entre las gentes y, con ello, una disposición para que pudiese ser anulada la ejecución de la crucifixión. Es verdad que todo aquello iba conducido al cumplimiento de lo que Dios había determinado y los profetas anunciaron anticipadamente. Sin embargo, la responsabilidad de los hombres no queda excluida por el cumplimiento profético. La iniquidad humana alcanza aquí una dimensión impensable: los hombres deciden golpear sin conciencia al Dios de la gloria.

Los soldados aprovecharon la ocasión para burlarse del que habían azotado sin piedad alguna. Tumefacto por los golpes de la noche, agotado por la tensión de los juicios, desfigurado y sangrante, va a sufrir la mofa de la soldadesca. "Y los soldados entretejieron una corona de espinas, y la pusieron sobre su cabeza, y le vistieron con un manto de púrpura; y le decían: ¡Salve, Rey de los judíos! y le daban de bofetadas" (Jn. 19:2-3). Un reo condenado a crucifixión era considerado como nada y servía como juguete en manos de los soldados; se le inferían impunemente toda clase de insultos y atropellos. Los soldados serían un grupo que estaba en la fortaleza o, incluso, del grupo que estaba aquel día al servicio como guardia del gobernador. El propósito era burlarse del Señor.

Comenzaron por confeccionar para Él una corona, como correspondía al que se consideraba Rey de los judíos. La hicieron con espinos trenzados entre sí. No es fácil determinar qué clase de rama espinosa utilizaron, que pudiera ser la conocida como *Sepina Christi* o *arbusto Palinro*; posiblemente se trata del *poterium spinorum*, espino muy abundante en los alrededores de Jerusalén, que se recogía y almacenaba en las casas para hacer fuego. Sin embargo, debido a la gran variedad de plantas espinosas en Palestina, podría muy bien ser otro cualquiera. Los soldados fabricaron con las espinas una guirnalda imperial. Algunos consideran que bien pudo ser un verdadero capacete de espinos. Sea lo que fuere, no se trataba de una guirnalda imperial, sino de la corona que consideraban apropiada para el Rey de los judíos. Juan dice que pusieron la corona sobre su cabeza, no simplemente apoyándola, sino hincando en ella las espinas. Los sinópticos hablan de una caña que habían puesto como cetro en las manos de Jesús; les servía para golpear con ella las espinas que se hincaban profundamente en su cabeza. Los hilos de sangre que manaban de los lugares horadados por las espinas dejarían surcos descendentes en el rostro de Jesús, convirtiéndolo en un espectáculo sanguinolento que debía causar un tremendo impacto. El sufrimiento debió ser muy grande. La capacidad humana de Jesús para soportar el dolor tenía que ser considerable. Pensar hasta dónde puede llegar la barbarie humana sobrecoge, pero todo ello es la consecuencia del pecado que el Salvador iba a llevar sobre sí para dar libertad a los que son, por naturaleza, esclavos del mismo. Es sorprendente apreciar que el pecado trajo consigo la aparición de espinos y cardos, como manifestación visible de la maldición sobre la tierra a causa de la caída del hombre (Gn. 3:18). En esta ocasión, el Salvador sufría sobre sí los efectos de las espinas llevando plenamente nuestra maldición. Fue coronado de espinas como expresión de su misión salvadora, que implicaba el sufrimiento de nuestras penas y la asunción de nuestros males (Is. 53:4).

Pero no solo fue la burla de las espinas, sino que lo desnudaron para vestirlo con un manto de color púrpura. Según Mateo, los soldados desvistieron a Jesús (Mt. 27:28). El verbo[90] que usa Mateo significa literalmente desnudar. Quiere decir que le quitaron los vestidos exteriores que llevaba el Señor. Esos vestidos le fueron quitados antes de la flagelación, como era habitual para aplicar el tormento. Luego, volvieron a ponérselos, para quitárselos otra vez, a fin de vestirlo con el manto granate. Es impensable el sufrimiento que ocasionaba este manejo en una persona cuyas espaldas estaban totalmente destrozadas a causa de los latigazos recibidos. Con toda seguridad, los vestidos de Jesús habían quedado teñidos de color rojo a causa de la sangre que manaba de sus heridas. El manto que pusieron sobre Él pudo haber sido una clámide de soldado, en forma circular o rectangular de color rojo, que sujetaban con un broche al hombro derecho. El color

---

[90] Griego: ἐκδύω.

escarlata del manto, imitaba burlescamente a la púrpura de un manto real. Los soldados buscaban un rato de diversión a costa de quien para ellos era el Rey de los judíos. Los que formaban la cohorte al servicio de Pilato, aunque romanos, procedían generalmente de países o zonas limítrofes, contratados para el servicio. Es posible que la mayoría de estos procediesen de la provincia romana de Siria. En ese caso, podían dialogar en arameo con los judíos porque era lengua común, y conocían las costumbres y religión hebreas por proximidad. Es probable que considerasen a Jesús como un falso pretendiente al trono de Israel, por lo que debía ser objeto de burla relacionada con esa situación. Lo primero era proveer para el Rey de los judíos la corona, luego un manto real, que sería una vieja clámide de soldado romano desechada para el uso que habrían encontrado tirada en algún lugar.

En medio de todo el atropello, la burla dirigida a Él, pronunciando el saludo romano mientras le daban bofetadas (Jn. 19:3). Con las genuflexiones también las bofetadas. Golpes sobre el rostro golpeado y ensangrentado del Señor Jesús. Cada uno de los que pasaban delante de Jesús burlándose de Él, cumplido el trámite de la burla, se atrevían sin reparo, en una de las más bajas manifestaciones de crueldad y desprecio. ¡Que tremendo pecado, la criatura golpeando el bendito rostro del Creador! Cuando se rinde homenaje de pleitesía, los súbditos besaban la mano del rey. El salmista exhorta a todos a "besar al Hijo"[91] (Sal. 2:12), no sólo como sumisión, sino como manifestación de amor y de aceptación respetuosa. El salmista dice que "se inflama de pronto su ira". Aquellos impíos no besaban al Hijo, sino golpeaban su rostro, mostrándole el mayor de los desprecios y la mayor de las infamias. Un día comparecerán ante Él, cuando su ira inflamada, no pueda ser ya resuelta porque no habrá tiempo ni oportunidad. Quienes se postraban en son de burla delante de Él tomaban de su mano la caña que le habían puesto como cetro y le golpeaban con ella en la cabeza. El imperfecto del verbo expresa la idea de reiteración, como si quisiera decir Juan que lo hacían continuamente o reiteradamente. Todo aquello era un espectáculo sádico hasta el extremo. Los hombres habían descendido a la condición peor que la de cualquier alimaña. Los animales matan para vivir, pero no disfrutan haciendo sufrir a sus víctimas. ¿Dónde estaba Pilato, mientras ocurría todo esto? Seguramente descansando en algún lugar de su residencia oficial. No tenía en cuenta lo que estaban haciendo con el reo porque, al fin y al cabo, era un judío

[91] BT.

acusado por envidia por los líderes de la nación, con un oscuro propósito, que seguramente el mismo gobernador no terminaba de entender. Contemplar el espectáculo descrito por Juan impacta de tal manera que el mejor comentario a todo esto sería el silencio, dejando fluir solamente el poder de la Palabra en la mente y el corazón del lector del relato bíblico sin ninguna otra cosa. Sobrecoge pensar que los soldados llevaron a Jesús al interior del pretorio pensando en su depravada mente rendir pleitesía al Rey de los judíos, cuando los que, impulsados, sin duda, por el homicida y mentiroso Satanás, que controlaba el corazón de todos aquellos, habían planificado reírse burlándose del Hijo de Dios.

Pilato quería resolver aquella situación, de manera que trajo a Jesús en aquel estado y lo presentó ante los acusadores, para indicarles que luego de aquel aterrador castigo, "os lo traigo fuera, para que entendáis que ningún delito hallo en él. Y salió Jesús llevando la corona de espinas y el manto de púrpura. Y Pilato les dijo: ¡He aquí el hombre!" (Jn. 19:4-5). Pilato intenta un último recurso tratando de conseguir que dejen de pedir la muerte de Jesús. Él salió del pretorio al exterior, al lugar donde los líderes religiosos y una gran cantidad de personas esperaban la sentencia a muerte que el tribunal romano dictase. Apareciendo ante ellos les habla de Jesús para presentárselo de aquel modo, como había quedado después del tiempo de tortura a que había sido sometido. Pilato pensaba que el aspecto de aquel hombre causaría suficiente compasión en quienes lo viesen. Muy poco conocía de lo que las conciencias endurecidas de los hombres son capaces de hacer con cualquier inocente que se cruce en su camino y entorpezca sus intereses. El propósito del gobernador era remarcar nuevamente un hecho de justicia, que había extinguido todos los requisitos que el sistema judicial aplicaba a un preso, incluido el tormento, para hacerle confesar sus delitos. Jesús había pasado por todo aquello y no había en Él ninguna falta que mereciese castigo alguno. El gobernador les dice con firmeza: debéis saber que no encuentro falta alguna en Él. No había razón para que siguiera preso y mucho menos para ser condenado a muerte. La justicia demandaba la liberación de Jesús. Pilato quería presentarlo de aquella manera. El aspecto de Jesús debía ser dantesco a todas luces. La imagen de Jesús debía causar espanto a las miradas de cualquiera que tuviese un mínimo de afecto humano. Sólo los que deben ser considerados como alimañas salvajes, sin entrañas, ni respeto alguno, podían ver aquello sin estremecerse. Jesús era una piltrafa humana, un desecho para los hombres, golpeado, ensangrentado, acaso sin poder sostenerse bien, y con toda seguridad caminando lentamente debido a la situación física en que había quedado. Pilato quería que fuese de este modo visto por la gente, considerando que darían por suficiente el castigo y pedirían que fuese libertado o, en el peor de los casos, se irían retirando para que, sin acusadores, pudiera él libertar a Jesús.

El gobernador utiliza una frase lacónica: "¡Mirad! El hombre", *ecce homo*. De otro modo, así es el hombre que acusáis. Esa expresión de Pilato está revestida de ironía. Jesús no merecía el calificativo de hombre por su estado. No había necesidad de nada más, ni debían seguir ocupándose de Él. No era necesario en aquel estado pedir su muerte. Aquello era suficiente. El Señor aparecía como algo contrario a toda dignidad de un ser humano (cf. Is. 52:14; 53:2-4). Pilato estaba diciendo a la gente: fijaos cómo ha quedado este hombre. Como si quisiera decirles: ¿No consideráis ya suficiente esto? ¿Acaso tiene aspecto de ser capaz de una sedición? La visión de un hombre en aquel deterioro físico no era suficiente para ablandar el odio diabólico de los judíos contra Él.

Aquí debe el teólogo guardar silencio para descender a la realidad natural. ¡Cómo cambia este aspecto para quienes lo amamos! ¡Cómo nos llenan de emoción y de gratitud sus heridas, al saber que son una impresionante demostración de amor! Para quienes lo desprecian y rechazan, Él no tiene atractivo, pero para nosotros, dice el apóstol Pedro, "Él es precioso" (1 P. 2:7). No cabe nada más que guardar silencio ante la escena que Juan describe aquí, y dejar que nuestra alma impactada por tanta grandeza diga sin palabras audibles nada más que gracias, muchas gracias por tanto amor.

La antesala de la cruz

Pilato presentó a Jesús en el estado físico en que se encontraba, esperando una respuesta piadosa de los que lo habían entregado por envidia, ya que legalmente no había cargo alguno contra Él que, como diría tiempo después el apóstol Pedro, "anduvo haciendo bienes y sanando a todos los oprimidos por el diablo, porque Dios estaba con él" (Hch. 10:38). Era absolutamente irreprochable, pero el odio se manifestaba en los corazones de los líderes religiosos que habían determinado darle muerte, por lo que con furia e insistencia pedían al gobernador que dictase sentencia de muerte contra Jesús y que fuese crucificado (Jn. 19:12), no sin antes amenazarlo con la acusación de consentir con alguien que, al hacerse rey de los judíos, se oponía a la jurisdicción del único que tenía ese derecho, que era el emperador romano (Jn. 19:12).

Una acción repugnante para el que tenía la responsabilidad de juzgar con justicia al darse cuenta de que la situación se le escapaba de las manos. Los líderes de los judíos habían inducido a la multitud presente para que pidiesen a gritos la crucifixión de Jesús y aquello se estaba convirtiendo en un tumulto, por lo que el gobernador "tomó agua y se lavó las manos delante del pueblo, diciendo: Inocente soy yo de la sangre de este justo; allá vosotros" (Mt. 27:24). Nada se sabe sobre una práctica semejante entre los romanos, pero había sido establecida para los judíos como proclamación de inocencia sobre la participación en la muerte de alguien (Dt. 21:6, 7; Sal. 26:6; 73:13). Pilato añadió la explicación a lo que quería simbolizar con el lavamiento de las manos: "Yo soy inocente de la sangre de este". El testimonio lo convierte en un consentidor y colaborador responsable en la muerte de Jesús. Si era inocente, como juez tenía la obligación de soltarle a pesar de los gritos de la gente. Aquello no era justicia, sino legalizar un crimen exigido por el populacho, instigado por los dirigentes judíos. Era un cobarde, infiel y falto de honradez.

El final de todo aquello está registrado en el evangelio según Juan, donde se lee: "Así que entonces lo entregó a ellos para que fuese crucificado" (Jn. 19:16). Desde el pretorio se inició lo que suele llamarse la vía dolorosa, el camino que Jesús siguió hasta el lugar destinado para la crucifixión, junto con otros dos que habían delinquido gravemente (Lc. 23:32).

La crucifixión

Juan se refiere al hecho de la ejecución de sentencia por crucifixión en una forma breve: "Donde le crucificaron" (Jn. 19:18). Juan no describe el proceso de la crucifixión de Jesús; sólo se refiere a ella como un hecho consumado. La sencilla frase "donde le crucificaron" es la más impactante expresión con que inicia el comienzo del suplicio de la cruz. No dice nada de la manera como Jesús fue crucificado, ni tampoco de la forma que tenía la cruz, lo que ya se consideró antes. El tremendo momento de una crucifixión comenzaba con la preparación de la cruz. Si era en dos piezas, cosa habitual, la vertical podía estar ya colocada, clavada y asegurada en tierra, en cuyo caso la segunda pieza, la horizontal se colocaba sobre la primera con el reo ya clavado. Si la cruz era de dos piezas ya ensambladas, entonces tenía que clavarse el reo completamente y levantarlo luego con la cruz, como probablemente ocurrió con la de Jesús. Generalmente estaba formada por dos piezas separadas, siendo la horizontal (llamada *patibulum*) transportada por el reo hasta el lugar de la crucifixión. Cuando llegaban al sitio determinado, los soldados, generalmente cuatro, desnudaban completamente al que iba a ser crucificado y las ropas quedaban a beneficio de ellos. Ya desnudo, era acostado en tierra, apoyando la cabeza contra el madero y extendiéndole los brazos sobre él. En alguna ocasión, se ataron los brazos con cuerdas para dar mayor sustento al cuerpo, pero generalmente en tiempos de Jesús no se solía hacer, según el modo como se clavaban las manos. Mientras se sujetaba el brazo derecho, por el que generalmente se comenzaba el enclavamiento, un experto tomaba un gran clavo, generalmente de hierro bien sólido, pero no con demasiada sección, y orientaba la punta hacia el hueco entre el cúbito y el radio a la altura de la muñeca; luego, con un golpe seco de maza introducía el clavo entre los dos huesos y seguía hasta dejar el brazo bien sujeto por la muñeca a la madera. La presión del clavo tenía que ser la suficiente para sujetar el brazo y aguantar la parte del peso del condenado, pero no tanto que quebrase los huesos que sostenían al reo. En algunas ocasiones, el enclavamiento se hizo por las manos, pero pronto se dieron cuenta de que, puesto el clavo en ese lugar, se rasgaban fácilmente, por lo que cuando se clavaban las manos solían sujetarse las muñecas con cuerdas para evitar ese problema. Casi con toda seguridad, Jesús fue clavado por las muñecas y no por las manos. Eso explicaría fácilmente que los discípulos de Emaús le reconocieran cuando, extendiendo sus manos para partir el pan, dejó al descubierto los orificios de los clavos en sus muñecas, que antes habían estado tapados por el vestido que llevaba (Lc. 24:30-31). El que clavaba al crucificado tenía que ser experto a fin de que, en la introducción del clavo, no se rompiese la arteria radial. Una maniobra agresiva como esa producía un intensísimo dolor al seccionar nervios y producir lastimaduras internas. A continuación, se procedía de igual manera con el brazo izquierdo. Una vez sujetos los brazos, se levantaba en alto el *patibulum* del que ya pendía el crucificado; por medio de cuerdas, se izaba el brazo horizontal hasta el lugar de encaje sobre el vertical, puesto ya en pie y sujeto en tierra. Si la cruz era del tipo *commissa*, quedaba apoyada y sujeta al brazo vertical, generalmente con un anclaje de cuerdas; si se trataba de una cruz latina o *immissa*, entonces había que buscar el encaje sobre el palo vertical y golpear el horizontal hasta introducirlo convenientemente para sujetarlo luego, por regla general con cuerdas. Mientras esto se hacía, el reo pendía colgado por las muñecas y, en muchas ocasiones, los brazos se descoyuntaban por las articulaciones del hombro. Luego se le apoyaban los pies, si había pieza de madera para ello, sobre la base donde iban a ser clavados. A veces no había esa pieza de madera, tan solo el sedile, que servía de punto de apoyo para descansar en él; incluso había ocasiones en que ni esa pieza de descanso existía. De cualquier manera, los pies se apoyaban contra la madera de la pieza vertical; en ocasiones, uno sobre otro, otras veces separados. También solían ponerse uno a cada lado del madero vertical para clavarlos luego por la parte exterior del tobillo. En un descubrimiento arqueológico reciente, apareció el cadáver de un crucificado con los dos pies juntos y clavados con un solo clavo que traspasaba los huesos de los pies de la víctima. Levantada la cruz, el reo quedaba en posición vertical con los brazos extendidos y las piernas parcialmente dobladas, lo que producía fuertes espasmos musculares y dificultaba seriamente la respiración después de un tiempo de permanencia en la cruz. Para poder hacerlo el crucificado tenía que hacer un esfuerzo sobre las piernas para elevarse un poco y permitir inspirar aire en sus cansados y doloridos pulmones. Este movimiento se hacía cada vez más difícil y doloroso hasta que, agotadas las fuerzas, quedaba pendiente de los brazos y moría lentamente por asfixia. Por otro lado, la pérdida de sangre, siempre muy lenta, y la fiebre producían una sed insoportable. A todo esto debe añadirse la vergüenza moral de una persona totalmente desnuda, expuesta a la vista de todos los que llegaban hasta el lugar de la crucifixión, oyendo las burlas de quienes, sin conciencia alguna, se mofaban del que moría allí. El crucificado solía morir en el segundo día, pero hay relatos en que alguno duró hasta el octavo. Para acelerar la muerte, se le quebraban los huesos de las piernas con un martillo, con lo que la posición de suspensión sólo por los brazos aceleraba el proceso. Esa es la situación descrita por Juan en la breve frase "allí le crucificaron". Juan no hace referencia a la hora de la crucifixión, aunque dijo antes que la sentencia y salida de Jesús para ser crucificado ocurrió a la hora sexta del cómputo romano, la hora tercia —la tercera de la mañana— según los judíos, que sería aproximadamente las nueve. Juan utilizó el cómputo romano en otros lugares de su evangelio (Jn. 1:39; 4:6; 4:52); por tanto, también debió ser la medición de tiempo que usó en el relato de la Pasión.

En esos momentos de intenso sufrimiento, Jesús pronuncia la primera palabra desde la cruz: "Padre, perdónalos, porque no saben lo que hacen" (Lc. 23:34). La dimensión de ella excede no solo a lo que pudiera desarrollarse en el comentario del versículo, sino a toda comprensión humana. Ni un reproche en el crucificado. Ninguna petición de juicio sobre los criminales que lo sentenciaron a muerte, siendo santo e inocente, cosa que hubiera sido no solo comprensible, sino también justa. En medio de los sufrimientos causados por la ignominia humana, no tiene ni un reproche ni una queja. El corazón de Dios se expresa en Cristo. El amor que es uno de los atributos de Dios se manifiesta en esta expresión: "Padre, perdónalos, porque no saben lo que hacen". La muerte voluntaria de Jesús pone de manifiesto el infinito amor de Dios. Él fue enviado con misión salvadora. El Justo muere por los injustos para llevarnos a Dios (1 P. 3:18). La obra de la cruz transformará a los que creen de enemigos de Dios en malas obras a hijos adoptados en el Hijo y miembros de su casa y familia. Era necesario que nuestras enfermedades y dolores espirituales cayeran sobre Jesús (Is. 53:4). No podía haber perdón sin expiación del pecado, ya que lo contrario sería una afrenta a la justicia de Dios. Jesús estaba en el altar del sacrificio, como Cordero de Dios, recibiendo sobre sí la deuda penal de nuestro pecado. Con cuanta concreción describe el apóstol Pablo esto: "Al que no conoció pecado, por nosotros lo hizo pecado, para que nosotros fuésemos hechos justicia de Dios en él" (2 Co. 5:21). Tratado como un maldito, hecho por nosotros maldición, podemos ser hoy benditos de Dios en Él. La cruz no es un accidente en la vida de un hombre bueno, sino la manifestación definitiva de la eterna obra de redención establecida desde antes de la creación del hombre. No podía, por tanto, oírse otra cosa que una oración de perdón que el bendito Hijo de Dios dirigía al Padre. Jesús ora a su Padre. La petición es concreta: "Padre, perdónalos". Al dirigirse a Dios como Padre, está haciéndolo desde la condición de Hijo. La unidad divina exige entender que el Padre estaba con Él, como es eternamente. Ninguna persona divina, puede ser independiente de las otras, porque son subsistencias personales dentro del ser divino. Dios estaba en Cristo reconciliando consigo al mundo (2 Co. 5:19). El perdón divino que el Señor pide no es simplemente otorgar el perdón de algo, es mucho más profundo, es remitir, arrojar lejos, retirar. Pero, ese perdón generoso y amplio, no es posible a no ser que la responsabilidad penal del pecado se extinga mediante el pago de la deuda ante la justicia divina. Jesús no estaba sólo muriendo a favor de los perdidos, estaba muriendo en lugar de ellos. La obra de la cruz extingue la responsabilidad penal para todo el que cree, de manera que el perdón no es sólo un acto de la gracia de Dios, sino una manifestación de justicia. Él no puede demandar lo que ya se ha cumplido. El pecador, violento transgresor de la justicia de Dios, es perdonado porque Jesús se responsabilizó y extinguió para él la deuda por el pecado. La cruz no se había cumplido, desde el punto de vista humano, el Cordero de Dios tendría que pasar algunas horas antes de entregar su vida, pero potencialmente Dios podía otorgar el perdón, como había hecho con los de la dispensación anterior a la cruz, en base al sacrificio que se estaba realizando. Por esa razón, el Hijo, que expresa plenamente al Padre y manifiesta el pensamiento divino como Logos, orando siempre en completa identidad de propósito pide al Padre que otorgue el perdón.

Ahora bien, ¿por quiénes ora? Pudiera pensarse que directamente era una intercesión por quienes lo crucificaron y ahora custodiaban la ejecución hasta la extinción de la pena impuesta por la muerte del reo. Pudiera ser por los líderes de los judíos, que por envidia lo habían entregado en manos de los romanos para que ejecutasen la sentencia que ya habían establecido tiempo atrás. Recurriendo a los escritos bíblicos del Nuevo Testamento, Lucas mismo identifica a los sujetos objeto de la oración: "Sepa, pues, ciertísimamente toda la casa de Israel, que a este Jesús a quien vosotros crucificasteis, Dios le ha hecho Señor y Cristo" (Hch. 2:36). La casa de Israel era el calificativo dado para identificar al pueblo judío; a éstos se dirige porque fueron ellos quienes crucificaron a Jesús, reclamando al gobernador romano, cuando a gritos pedían que fuese crucificado. Pero, sin duda, la petición tiene alcance universal, intercediendo por todos, "habiendo él llevado el pecado de muchos, y orado por los transgresores" (Is. 53:12).

La gracia convierte un pecado voluntario en una acción involuntaria por ignorancia. Es preciso entender el sentido del pecado voluntario. Ya es un serio problema la práctica habitual del pecado, pero mayor gravedad reviste éste al que se califica como voluntario. No se trata aquí de alguno de los pecados cometidos involuntariamente, esto es, por debilidad espiritual o por ignorancia, sino aquel que es manifestado en forma consciente y voluntaria (Nm. 15:30-31). Para entender el alcance de esta situación es necesario recurrir a la Ley y al sistema legal, y detenerse en el versículo que sigue a las disposiciones legales registradas en la cita anterior, donde se lee: “Mas la persona que hiciere algo con soberbia, así el natural como el extranjero, ultraja a Jehová; esa persona será cortada de en medio de su pueblo” (Nm. 15:30). Mientras que para cualquier pecado por yerro había sacrificio establecido, para el voluntario, hecho con soberbia, no hay sacrificio prescrito, sino la condena a muerte del pecador. No se trata de un pecado cometido por error, sino un pecado voluntario —como se lee textualmente en el hebreo— “hecho con altiva mano”, de otro modo, con brazo remangado y puño extendido contra Dios, que violenta y conscientemente le injuria. Por tanto, pecar voluntariamente equivale a actuar con soberbia en la referencia del Antiguo Testamento. El pecado voluntario es el cometido por quien sabiendo que peca lo hace con determinación de pecar. La gravedad del pecado voluntario consistía en el acto de soberbia arrogante que desafía a Dios. Ese pecado le ultraja con conciencia de hacerlo y trae sobre el pecador tan graves consecuencias que debía ser cortado de entre el pueblo de Dios (Nm. 15:30b). Una de las condiciones para la comisión de pecado voluntario está en el conocimiento amplio que tiene el pecador del acto arrogante que está llevando a cabo, ya que se comete, como dirá el escritor de la epístola a los Hebreos, “después de haber recibido el conocimiento de la verdad” (He. 10:26). Quiere decir que los que cometen el pecado voluntario son conscientes por el pleno conocimiento que tienen de la acción contraria a la voluntad de Dios. ¿Tenían los judíos, incluidos sus líderes, el pleno conocimiento de quién era Jesús? Lo usa el apóstol Pablo para referirse al conocimiento intelectual de los judíos, pero no el pleno conocimiento (Ro. 10:2). Sin duda, los líderes sabían que Jesús era el Mesías por los milagros y señales que hacía, anunciadas proféticamente, y que servían para identificarle. Así lo entendió uno de ellos, Nicodemo (Jn. 3:2). En cuanto al resto del pueblo, no cabe duda alguna de que conocían, directa o indirectamente quién era Jesús. No importa cuánta dimensión de conocimiento tenían, pero todos sabían que no podían imputarle ninguna iniquidad que permitiera condenarle a muerte. Condenar al inocente es un pecado voluntario, por el que no había sacrificio expiatorio. Todos los pecados resultantes de ignorancia, inadvertencia, debilidad, etc. tenían un sacrificio establecido para ser expiados (Nm. 15:24-29). Pero los que pecaban con soberbia, esto es, quienes lo hacían conscientemente en un acto de orgullo contra Dios, despreciándolo y ultrajándolo, no tenían sacrificio expiatorio. Los que pecaban voluntariamente debían “ser cortados” del pueblo, es decir, debían ser muertos a causa del pecado voluntario cometido (Nm. 15:30, 31). Tal era la situación de aquellos por quienes Jesús ora. Esa petición de Jesús cambia la dimensión del pecado al decir al Padre: "No saben lo que hacen". Por las palabras del apóstol Pablo, el pueblo que pidió la muerte de Jesús lo hizo impulsado por "los príncipes de este siglo" (1 Co. 2:8); ese término se aplica a los demonios, de modo que aquella gente, impulsada por los príncipes de este siglo, clamaron y condenaron a Jesús. Es asombroso que el justo que sufre obtiene del Padre el perdón para los que lo hacen sufrir, tanto física como espiritualmente.

La sentencia legal del gobernador quedó escrita en una tabla que colocó sobre la cruz para que todos supieran la razón de su muerte. Así relata Juan: "Escribió también Pilato un título, que puso sobre la cruz, el cual decía: Jesús nazareno, rey de los judíos" (Jn. 19:19). Pilato ordenó escribirla en latín, griego y hebreo, de modo que todos los que pasaran por el lugar pudieran leerlo. Tenemos que acudir a los sinópticos (Mt. 27:37; Mr. 15:26; Lc. 23:38) para llegar a la conclusión de que la causa escrita decía: Este es Jesús nazareno, el rey de los judíos. Todos los visitantes y quienes pasaran por el lugar, al borde del camino, podían leer la causa escrita, de modo que nadie podía ignorar que aquel que estaba crucificado era Jesús de Nazaret, y que era el rey de los judíos. En el escrito se descubre la animadversión que Pilato tenía hacia los judíos. Dos cosas se aprecian en la causa escrita: a) la razón legal de la crucifixión: "Éste es Jesús, de Nazaret, que está crucificado porque se hizo rey de los judíos" (legalmente el que moría era a causa de sedición); b) la razón personal del gobernador: "Aquí está quien es rey de los judíos". Roma manifestaba con ello la autoridad y poder ocupador sobre los judíos, crucificando a su rey. Pero sobre todo esto estaba la realidad de la cruz. Allí, colgado en el madero, tratado como un malhechor estaba crucificado el Mesías, el rey a quien correspondía el trono de David, a quien el pueblo de Israel, como siempre había hecho, rechazó hasta pedir que fuese permutado por un sedicioso y criminal. La mano impía de Pilato al ordenar el título estaba sirviendo a la verdad sublime de Dios. Allí en la cruz estaba Jesús para ser el Salvador del mundo. Allí estaba el rey de los judíos que había venido aproximando el reino de Dios a los hombres, y con su muerte hacía posible el disfrute de ese reino a todo aquel que crea en Él (Col. 1:13). La causa de su muerte, que era vergonzosa para los que morían crucificados, es la mayor manifestación de victoria que Dios mismo exhibe sobre el mundo de los hombres como bandera de esperanza y expresión de amor. La justicia de los hombres de entonces, encarnada en Pilato, el gobernador romano, lejos de proclamar la ignominia de Jesús, lo aclama históricamente como el rey. Ese es realmente el rey de reyes y Señor de señores, ante cuya autoridad todos en cielos, tierra e infiernos doblan sus rodillas para reconocerlo como el Señor, todo ello para gloria de Dios (Fil. 2:11). El título de rey se escribía en hebreo —el idioma de la religión—, en griego —el de la cultura— y en latín —el del poder humano—. Dios proclama mediante un simple letrero de madera escrito con letras de hombres y por mano de hombres que aquel de la cruz era el rey y Salvador.

Una segunda expresión de Jesús se produjo como respuesta a la petición de uno de los dos malhechores crucificados con Él: "Acuérdate de mí cuando vengas en tu reino. Jesús le dijo: De cierto te digo que hoy estarás conmigo en el paraíso" (Lc. 23:42-43). La oración del crucificado fue hecha con seguridad de fe; por eso la contestación de Jesús es admirable. No es preciso explicar aquí que el adverbio *hoy* no puede vincularse a *de cierto te digo*; es decir, no dijo Jesús *de cierto te digo hoy*, sino que afirma *de cierto te digo*, para afirmar que, en aquel mismo día, *hoy*, estaría con Él en el paraíso. Algunos que niegan el traslado de la parte espiritual del creyente que muere a la presencia de Dios —como el apóstol Pablo dice: "Partir y estar con Cristo" (Fil. 1:23)—, los que niegan que el creyente que muere está consciente en ese estado gozando de la presencia de Jesús y esperando ser revestido de inmortalidad, cuando reciba el cuerpo de resurrección en la venida de Jesús, procuran establecer la puntuación de la oración como *de cierto te digo hoy*, pero lo que Jesús está diciéndole es que en aquel día se cumpliría la promesa que sigue. Referirse al paraíso es una forma para hablar del lugar donde se manifiesta la presencia del Señor (2 Co. 12:4; Ap. 2:7). En ese caso, Jesús ha perdonado sus pecados, porque la fe le ha justificado delante de Dios. Las culpas que cargaban su vida habían quedado resueltas para Dios, porque Jesús ocupaba, espiritualmente hablando, su lugar en la cruz y cancelaba la responsabilidad penal de su pecado. El malhechor pedía la bendición para un día futuro, pero recibió la promesa para ese mismo día. Le había pedido a Jesús que se acordara de él, pero recibió la firme certeza de que no sólo sería recordado entonces, sino que *estarás conmigo*, en la presencia inmediata del lugar donde Jesús iba a estar.

La presencia de su madre junto a la cruz produjo la reacción de Jesús: "Cuando vio Jesús a su madre, y al discípulo a quien él amaba, que estaba presente, dijo a su madre: Mujer, he ahí tu hijo. Después dijo al discípulo: He ahí tu madre" (Jn. 19:26-27). No hace falta suponer la tremenda aflicción que su corazón de madre sentiría en aquellos momentos por su Hijo que moría tratado como un malhechor. Sin duda le hubiera gustado poder recogerlo junto a ella y tapar su cuerpo desnudo evitando la situación de ignominia en que se encontraba. Estaba para ella cumpliéndose la profecía de Simeón: "Y una espada traspasará tu misma alma" (Lc. 2:35). No cabe duda de que la gracia de Dios hacía posible que aquella mujer se sostuviese durante tanto tiempo al pie de la cruz. No se dice cuál era la expresión de dolor que mostraría, tal vez lágrimas silenciosas que corrían continuamente por sus mejillas. Jesús, desde la cruz, pudo verla en ese estado. Junto a ella, en el grupo de gente, también estaba Juan que, como en todo el evangelio, guarda su nombre bajo la expresión *el que Jesús amaba*. Había seguido a su lado durante todo el ministerio y había presenciado momentos en su misión que otros no vieron. Era uno de los tres que Jesús llamó para que estuviesen presentes en momentos muy puntuales. No se dice nada de los hermanos de Jesús, es decir de los de su familia natural.

En medio de sus tremendos dolores, de su agotamiento físico, de la proximidad de la hora para entregar la vida y gustar la muerte, el Señor se ocupa de su madre. Una frase breve, pero precisa sale de la boca del crucificado. Era la tercera de las palabras que el Señor pronunció a lo largo de las horas en la cruz. Dirigiéndose a su madre le dice: he ahí tu hijo. Nótese que no dice *un hijo*, sino el tuyo, *tu hijo*. No sabemos si el padre de Jesús había muerto, cosa probable, pero como fuese, una mujer viuda en aquellos tiempos quedaba totalmente desamparada, a no ser que tuviese alguien próximo que velara por ella. El discípulo amado sería el protector de su madre y el que haría con ella las veces de Jesús. El Señor había enseñado que un mandamiento de la ley era el de honrar a padre y madre, y aún en los momentos previos a su muerte cumplía lo establecido en ella.

La mayor profundidad de la cruz tiene que ver con las horas de tinieblas que cubrieron el lugar de la crucifixión en plena luz natural del día. Marcos escribe: "Cuando vino la hora sexta, hubo tinieblas sobre toda la tierra hasta la hora novena" (Mr. 15:33). La actividad en el lugar de la crucifixión fue intensa. Los soldados crucificaron, sortearon las ropas y se burlaron de Jesús. Los que pasaban por el lugar lo despreciaban. Los sacerdotes estuvieron escarneciéndolo y vituperándolo entre ellos. Los ladrones también se burlaron de Él. Pero la actividad en el Gólgota se vio interrumpida bruscamente a la hora sexta, las doce del mediodía. En el momento de mayor intensidad de luz, se hicieron tinieblas —σκότο»—, oscuridad sobre toda la tierra. No es posible determinar la extensión de las tinieblas. Pudo ser un fenómeno observado sobre Judea, incluso sobre toda Palestina o aun sobre toda la tierra (Lc. 23:45). En la Escritura, el término tierra se refiere en muchas ocasiones a Israel, de modo que bien pudiera ser que las tinieblas cubrieron Jerusalén o incluso Judea. Marcos describe un acontecimiento sobrenatural con palabras sencillas, que corresponden a la realidad de un hecho histórico. El evangelista, con la precisión con que trata los asuntos de la Pasión, precisa con detalle el comienzo y el término del tiempo de oscuridad. El término debe entenderse con la literalidad que requiere, como de un tiempo de oscuridad intensa, carente totalmente de luz, aunque también la palabra puede aplicarse a una oscuridad relativa; sin embargo, en cualquier caso, la fuerza está en que, en el momento de mayor intensidad de luz solar, se hizo oscuridad.

Los críticos humanistas, en su afán de desmitificar la Biblia, procuraron buscar una explicación lógica a ese fenómeno. Sin embargo, lo más sencillo hubiera sido hablar de un eclipse total o parcial de sol, pero cuando hay luna llena, como ocurre siempre en el tiempo de la pascua, no es posible que se produzca un eclipse solar. Con todo, insisten los liberales en señalar otros fenómenos que les sirvan para quitar toda idea de milagro y justificar así la oscuridad en plena luz del día. Algunos hablan de un siroco negro, grandes nubarrones de alta densidad que producen una notable disminución de la luz del sol. Otros buscan una explicación en un repentino viento procedente del desierto, portador de polvo de arena, que oscurecería la luz del sol. Pero en ninguna de estas propuestas cabría el intenso término que Marcos usa cuando habla de oscuridad o tinieblas durante tres horas. La Biblia presenta una vez más la acción sobrenatural de Dios, que cubría con un velo de oscuridad el momento cumbre de la cruz. De esa manera velaba a los ojos de los hombres la gran hora de las tinieblas, en cuyo tiempo histórico el Hijo de Dios sufría el desamparo del Padre a causa del pecado de los hombres y hacía la obra de sustitución en la muerte espiritual del pecador a causa del pecado. Cuando Jesús, que es luz del mundo, entró en la historia de los hombres a causa de su encarnación y nacimiento, una estrella anunció el hecho portentoso del milagro divino (Mt. 2:2); cuando gustó la muerte por todos, es natural que el sol brillante diese paso a las tinieblas. Esta repentina aparición de oscuridad sobre el Gólgota sirvió de respuesta divina a los denuestos de los hombres. Dios respondía mediante un milagro a la afirmación sarcástica de aquellos, confirmando delante de todos que verdaderamente quien estaba en la cruz era su Hijo amado. Aquellos malvados estaban pidiendo una señal para creer y Dios cubrió de tinieblas la tierra. Era, sin duda, una clara manifestación universal de lo que ocurría en el corazón de aquellos incrédulos. Ellos estaban en tinieblas espirituales, que les impedía ver a Jesús y su obra redentora (Lc. 19:42).

La oscuridad significaba juicio (cf. Is. 5:30; 60:2; Jl. 2:30, 31; Am. 5:18-20; Sof. 1:14-18; Mt. 24:29, 30; Hch. 2:20; 2 P. 2:17; Ap. 6:12-17). Cuando Israel fue liberado de Egipto, las tinieblas vinieron como una señal de juicio divino sobre la tierra donde estaban oprimidos (Ex. 10:21-22). En la cruz, el juicio de Dios a causa del pecado del hombre estaba descendiendo sobre el sustituto divino. El Hijo de Dios estaba sufriendo el desamparo y recibiendo sobre Él lo que correspondía a la maldición por el pecado. En esa dimensión estaba descendiendo a los infiernos, en el sentido de experimentar sobre Él la angustia propia de una situación de alejamiento de Dios, no por sus pecados, sino por los nuestros. En su posición en la cruz hay una figura admirable de la situación que espiritualmente estaba soportando. Levantado entre el cielo y la tierra, como rechazado por los hombres y desamparado por Dios. Es realmente difícil, como ya se ha considerado antes en la reflexión sobre Getsemaní, entrar en la profundidad de la muerte espiritual de Jesucristo. Como si Dios quisiera hacernos una advertencia de cautela en todo esto, rodeó de tinieblas los momentos cruciales en los que el Señor fue desamparado del Padre para ampararnos a nosotros. Dios resolvía definitivamente la situación penal del pecado y abría a través de Cristo, por Él y en Él, la puerta de acceso al perdón de pecados, posible por la obra sustitutoria del Salvador. Aquellos sufrimientos que experimentaba por medio de su humanidad no quedaban distantes de la deidad, puesto que Jesucristo no puede dejar de ser, ni por un instante, Dios manifestado en carne.

Al final del tiempo de tinieblas, Jesús pronunció la cuarta palabra desde la cruz. Así está en el relato según Marcos: "Y a la hora novena Jesús clamó a gran voz, diciendo: Eloi, Eloi, ¿lama sabactani? que traducido es: Dios mío, Dios mío, ¿por qué me has desamparado?" (Mr. 15:34). Esto conduce el pensamiento del lector al núcleo de la cruz. Durante las tres horas de tinieblas, el Señor guardó silencio, cumpliendo también aquí la profecía (Is. 53:7). En ese tiempo estuvo soportando y experimentando la dimensión de lo que significa la sustitución en la muerte espiritual. Todas las ondas y las olas del juicio de Dios cayeron sobre Él (Sal. 42:7). Entró en la experiencia del pozo de la desesperación y del lodo cenagoso, donde no podía hacer pie (Sal. 40:2). En ese tiempo fue hecho maldición para que los que estaban bajo maldición por el pecado pudiesen llegar a ser hechos benditos de Dios en Él (Gá. 3:13). Dios permitió que su Hijo fuese quebrantado por nosotros (Is. 53:10). La dimensión suprema de esta situación la alcanzó por el desamparo del Padre. El tema de la muerte espiritual de Cristo se ha estado considerando antes, en relación con Getsemaní. Es suficiente con hacer una corta referencia al cumplimiento histórico-temporal de la experiencia de la muerte espiritual del Señor. Marcos y los otros evangelistas guardan silencio sobre lo que ocurrió durante las tres horas de tinieblas. Durante ese tiempo, corto para el hombre, pero largo para el Salvador, entró en el mayor de los sufrimientos espirituales, cuya intensidad puede ser comparada con algo propio del infierno. No se puede entender esa dimensión, ni tan siquiera aproximarse a ella, sin tener en cuenta la santidad esencial del Señor. Es decir, el pecado que llevaba sobre sí en el tiempo de la cruz; no le afectó ni contaminó personalmente (1 P. 2:24). Esto es, quien moría en la cruz era tan santo en el tiempo de su sacrificio como lo fue en la eternidad, cuya santidad fue proclamada en la adoración de los querubines ante su trono de gloria (Is. 6:1-3). Debe tenerse también en cuenta el amor eterno del Padre, del que dio testimonio durante el ministerio de Jesús (Mr. 1:11) y en la transfiguración (Mr. 9:7). En la cruz era amado porque además ponía su vida voluntariamente por los pecadores (Jn. 10:17), de modo que aquel sacrificio era agradable a Dios por ser de disposición divina (1 P. 1:18-20). Sin embargo, durante aquellas tres horas de tinieblas, el Padre le desamparó, haciendo que su amado Hijo experimentase una situación espiritual a la que jamás ser alguno ha llegado.

La dimensión de la cristología soteriológica alcanza aquí profundidades admirables. Al final de ese tiempo de soledad y desamparo, cuando ya la luz volvía, luego de que las tinieblas velasen la soledad del Salvador, la voz poderosa del crucificado inicia la recitación del Salmo. Las palabras del primer versículo suenan en el entorno del Gólgota: "¡Dios mío, Dios mío! ¿Por qué me has desamparado?". Ese *por qué* no expresa la idea de por qué causa, sino para qué fin. No se trataba de una expresión de ignorancia personal frente a un sufrimiento que se producía no por causa del que lo soportaba, era el grito de triunfo en manifestación de la admiración que se manifestaba en su naturaleza humana por el modo como el Padre había oído su oración hecha con gran clamor y lágrimas y lo había librado de la experiencia de la muerte espiritual antes de que se produjese su muerte física. El desamparo era la puerta abierta para amparar a los que por condición solo podían esperar el perpetuo desamparo de Dios. Ante esto surge la pregunta: ¿En qué sentido desamparó el Padre al Hijo? La única respuesta válida es que no lo sabemos. Hay silencios en Dios que no serán revelados a los hombres, por lo menos en el tiempo actual. Es necesario guardar también silencio para quedar sobrecogidos y admirados de una manifestación de amor en una dimensión incompresible. Es verdad que toda la experiencia de la muerte espiritual se hacía sensible en la naturaleza humana del Verbo encarnado que se manifestaba con todas las limitaciones propias de la criatura, pero no es menos cierto que esa naturaleza subsiste en la persona divina del Hijo; por tanto, el gran misterio de la relación e intercomunicación de propiedades de ambas naturalezas en la persona divina del Verbo eterno alcanza aquí límites que son insondables para el intelecto humano. Pero, con todo, no podemos dejar de apreciar que aquel que es sin pecado sufrió en Él el pecado del mundo, que comprendía también la muerte espiritual, consistente en la ausencia de la comunión con Dios, no por su pecado, sino por el nuestro. De ahí la admiración de las palabras del apóstol Pablo: "Fue obediente hasta la muerte" (Fil. 2:8).

No debe olvidarse el hecho admirable de la reconciliación. Dios, en esa situación, estaba en Cristo reconciliando consigo al mundo (2 Co. 5:19). El Hijo estuvo siempre frente al Padre, en una eterna e infinita relación de amor y comunión (Jn. 1:1). Por causa del pecado, el mundo se había colocado a espaldas de Dios, sin mérito alguno para disfrutar de su beneplácito y mirada de comunión. En la cruz, Dios da espaldas a su Hijo, y el mundo queda en posición frente a Él para salvación. En eso se produce la reconciliación, que es un cambio de posición en relación con Dios (2 Co. 5:18-19). No es el mundo que se reconcilia con Dios, sino Dios que reconcilia consigo al mundo. Él había sido desamparado para que Dios pudiese amparar a los que por su condición no lo merecían; como escribe Lensky:

Debemos notar la diferencia entre el Getsemaní y el Gólgota. En el jardín de Getsemaní, Jesús tiene un Dios que le oye y le fortalece;

en la cruz, este Dios parece haberle vuelto la espalda completamente. Durante estas tres negras horas Jesús fue hecho pecado por nosotros (2 Co. 5:21), fue hecho maldición por nosotros (Gá. 3:13), y así Dios le volteó completamente la espalda. En Getsemaní Jesús luchó consigo mismo y llegó a la decisión de hacer la voluntad del Padre; en la cruz luchó con Dios y sencillamente soportó. Él clama a Dios con su fortaleza moribunda y ya no ve en él al Padre, porque un muro de separación se ha levantado entre el Padre y el Hijo, a saber, el pecado del mundo y la maldición que ahora pesa sobre el Hijo. Jesús tiene sed de Dios, pero Dios se ha alejado. No es el Hijo quien ha dejado al Padre, sino el Padre al Hijo. El Hijo clama al Padre y Dios no le responde.

Nadie puede en realidad saber exactamente lo que significa el que Dios haya abandonado a Jesús durante esas terribles tres horas. Lo más que podemos esperar para llegar a la penetración de este misterio es el pensar en Jesús completamente cubierto con todo el pecado y maldición del mundo; y cuando Dios vio así a Jesús, se alejó de Él. El Hijo del Hombre llevó nuestro pecado y su maldición en su naturaleza humana, pero en ésta solamente como unida con y fortalecida por la naturaleza divina. Es por esto que Jesús clamó mi Dios, y no mi Padre. Pero el posesivo mi es importante. Aunque Dios le haya volteado las espaldas y se haya alejado de Él, Él le llama y se apega a Él como su Dios.[92]

El juicio de Dios había caído sobre el Hijo para liberar a quienes lo merecían por condición y acción. Jesús fue sacrificado por nuestros pecados (1 Co. 5:7; He. 10:12). La muerte de Cristo no es la de un hombre ante Dios, sino la muerte del Hijo en la que Dios se dice y se da a los hombres. Toda comprensión ascendente de Cristo, tanto de la persona como de la obra, presupone un descenso previo, como don de Dios a los hombres (Fil. 2:6-11). Toda la obra de Cristo, en toda su dimensión y acción tiene como sujeto a Dios. Dios actúa en Cristo y por Cristo, a favor de los hombres. Jesús traslada a acción y don humanos, la acción y don de Dios, al ser Jesús mismo el don de Dios en persona.

El cumplimiento de la profecía fue absoluto en relación con la Pasión de Jesús. Así se aprecia en la quinta palabra de la cruz, conforme

---

[92] Lensky, 1962, p. 620.

al evangelio según Juan, donde se lee: "Después de esto, sabiendo Jesús que ya todo estaba consumado, dijo, para que la Escritura se cumpliese: Tengo sed" (Jn. 19:28). Todo cuanto había de ocurrir en la cruz estaba anunciado en la Escritura, incluyendo la antepenúltima palabra que Jesús pronunciaría antes de morir. Cristo era consciente de que todo había sido hecho. Nada quedaba pendiente en la obra de redención. Las horas de tinieblas donde se produjo la experiencia de la muerte espiritual habían dado paso otra vez a la luz del día. Las tinieblas del pecado, la derrota de las huestes de maldad, el pago del precio del rescate por muchos, la puerta de la gracia en salvación abierta ya de par en par. Nada había que añadir a lo hecho.

Tan solo cumplir también lo que había sido anunciado en el Salmo, que le darían a beber vinagre (Sal. 69:21). Por eso, en medio de su debilidad humana, de la situación angustiosa que había pasado, Jesús dice: Tengo sed. ¿Era simplemente un formalismo para el cumplimiento profético? Indudablemente, Jesús estaba expresando una necesidad física. Las horas sobre la cruz, la deshidratación del cuerpo y la fiebre producían sed. En una profundidad mayor que la situación física, Cristo está expresando la sed producida por la aflicción de su alma (Is. 53:11). Aquella sed espiritual fue la consecuencia del tiempo de desamparo, cuando gustó el infierno por nosotros, en un tiempo de separación del Padre. La idea de que Jesús descendió a algún lugar de la tierra, luego de su muerte, es mera especulación bíblica. La afirmación del credo apostólico de que descendió a los infiernos tuvo lugar en el tiempo de las tinieblas. La sed de esa experiencia tenía que ser intensa, como se aprecia por las palabras del rico en el relato de Lázaro, que en el infierno pedía que se le enviase una gota de agua para mitigar su sed.

Juan añade: "Y estaba allí una vasija llena de vinagre; entonces ellos empaparon en vinagre una esponja, y poniéndola en un hisopo, se la acercaron a la boca" (Jn. 19:29). Era, posiblemente, la posca, mezcla de agua y vinagre que usaban los romanos como bebida refrescante, común entre la gente de pocos recursos. Esta bebida era muy común entre los soldados, de manera que posiblemente estaba allí para beberla mientras cumplían su cometido. Alguien tomó una esponja y la empaparon en vinagre. No se dice qué tipo de esponja era, de modo que algunos consideran que se trataba de mojar un hisopo, que hizo de esponja, empapándolo de vinagre al introducirlo en la vasija que lo contenía. No se trataba aquí del mismo vinagre que ofrecieron a

Jesús antes de iniciarse la crucifixión y que Él no tomó (Mt. 27:34; Mr. 15:23), porque la mezcla con mirra se daba para aliviar los sufrimientos, a modo de un tipo de anestésico que mitigaba el dolor. El problema principal del texto está en el hisopo. Esta era una planta trepadora que era válida para aspersiones, pero difícilmente válida para dar de beber. Se propone que el término hisopo[93] es un error de copia y que originalmente estaba lanza[94], con lo que se arreglaría también la referencia en los sinópticos a una caña en la que se puso la esponja. Todo esto es mera especulación tratando de resolver un problema de lógica, al considerar que no se puede dar líquido necesario para mitigar la sed mediante un hisopo. Muy posiblemente el que se usó para dar de beber a Jesús no era el que habitualmente se conoce, sino el *origanum Maru*, más consistente y que puede alcanzar más altura. A esta rama de hisopo envolvieron la esponja que, empapada en vinagre, llevaron hasta la boca de Jesús. Muchas veces se discute la necesidad de una caña que puede alcanzar más altura y que sería, por tanto, más adecuada. Pero hay que tener en cuenta que un crucificado no estaba levantado a gran altura. El mástil de la cruz era lo suficientemente alto como para levantarlo de la tierra, pero no para que fuese difícil de alcanzar la cabeza del crucificado. Existe la discusión para determinar quién dio el vinagre a Jesús. Probablemente fue uno de los cuatro soldados que se ocupaban de la crucifixión, tal vez siguiendo instrucciones del centurión que comandaba la fuerza. Solo faltaba un acto más en la cruz, el supremo de confirmación de una obra terminada.

La muerte del Salvador

Todo había sido cumplido. Las profecías que anunciaban tantos detalles de la crucifixión fueron fielmente cumplidas. Sólo la muerte física del Salvador quedaba por producirse. Acudiendo nuevamente al relato del evangelio según Juan se lee: "Cuando Jesús hubo tomado el vinagre, dijo: Consumado es"[95] (Jn. 19:30). La obra de redención había concluido. El programa trazado divinamente desde la eternidad se había consumado en plenitud. Nada quedaba por cumplir y nada podía añadirse ya a todo lo hecho. Dios había consumado la obra de redención en la persona divino-humana de su Hijo Unigénito. La

---

93 Griego: ὕσσωπος.

94 Griego: ὑσσός.

95 Texto griego según Juan: ὅτε οὖν ἔλαβεν τὸ ὄξος [ὁ]᾽Ιησοῦς εἶπεν· τετέλεσται.

bandera del amor ondea eternamente sobre el mástil en que Dios la colocó, entre cielo y tierra, en una cruz infamante para los hombres, reconciliadora para Dios, gloriosa para el creyente. La deuda del pecado ha sido extinguida y ya no hay ni puede haber condenación alguna para quienes creen y aceptan por fe lo que Dios ha hecho en Cristo. Dios ha reconciliado consigo al mundo (2 Co. 5:19). "Al que no conoció pecado, por nosotros lo hizo pecado, para que nosotros fuésemos hechos justicia de Dios en él" (2 Co. 5:21). La expiación por el pecado se había consumado, quedando saldada la cuenta pendiente con la justicia de Dios que demandaba la muerte del pecador. El mensaje de la reconciliación puede ser puesto ya en manos de los creyentes para ser proclamado a todo el mundo. El evangelio de la gracia puede ser anunciado, que Dios declara cancelada la deuda para todo aquel que acepta el testimonio del pacto que hace con la humanidad, creyendo en el Hijo de Dios (Jn. 3:16, 36; 1 Jn. 5:9-12).

La voz de Dios se hace voz en Jesús. Por los sinópticos sabemos que la penúltima palabra de la cruz se hizo mediante una gran voz (Mr. 15:37; Mt. 27:50; Lc. 23:46). Extraña puntualización. Sorprendente como todo lo de la cruz, al no ser de hombre, sino obra de Dios. Un crucificado se iba extinguiendo a medida que transcurría el tormento. Las fuerzas agotadas apenas eran suficientes para susurrar una palabra. La voz de Jesús sonó potente en el Gólgota. Lo hizo anunciando al universo entero que Dios había vencido sobre el poder del pecado, de la muerte y del infierno. Satanás y los demonios habían sido sempiternamente derrotados. Los hombres podían ser ya definitivamente libres. Nada más que añadir, nada más que realizar. Sólo creer, para vivir y ser salvos de la condenación a causa del pecado. La frase: *consumado es*[96], en griego, es una sola palabra y solía usarse legalmente para escribir sobre la carta final de pago de una deuda. La deuda de nuestro pecado es cancelada y Dios escribe en ella la palabra consumado es. Nada que reclamar. La cuenta está extinguida. Por esa razón la voz poderosa de Dios proclama la victoria suprema de una obra que había sido establecida desde antes de la creación y que, conforme a su promesa, fue ejecutada cuando llegó el cumplimiento del tiempo (Gá. 4:4).

No había ya interferencia alguna para que el pecador, antes enemigo de Dios, ahora reconciliado con Dios, pudiera acceder por

[96] Griego: τετέλεσται.

la fe en Cristo a su presencia, antes vetada a causa de la santidad divina. Lucas escribe: "Y el velo del templo se rasgó por la mitad" (Lc. 23:45). Una manifestación sobrenatural consistió en el rasgarse de la cortina que separaba el Lugar Santo del Lugar Santísimo en el santuario. Estaba descrita por Moisés (Ex. 26:31; 36:35). Josefo habla de ella y escribe:

> *Esta casa, como estaba dividida en dos partes, la parte interior era más baja que la apariencia de la exterior, y tenía puertas de oro de cincuenta y cinco codos de altura, y dieciséis de ancho. Pero delante de estas puertas había un velo de iguales dimensiones a las puertas. Era una cortina babilónica; bordada en azul, y en lino fino y escarlata, y de un tejido verdaderamente maravilloso. Y esta mezcla de colores no dejaba de tener su interpretación mística. Porque el escarlata parecía que enigmáticamente significaba el fuego; el lino fino, la tierra; el azul, el aire, y el púrpura el mar; dos de ellos teniendo en sus colores el fundamento de esta semejanza; mas el lino fino y la púrpura tienen su propio origen para tal fundamento, ya que la tierra produce el uno y el mar la otra. Esta cortina también tenía bordado sobre ella todo lo que era místico en los cielos. El grosor de la cortina correspondía con su gran tamaño, y su resistencia correspondía a su grosor.*[97]

Lo sorprendente es que la cortina fue rasgada repentinamente y abierta de arriba abajo por la mitad, como hace notar Mateo (Mt. 27:51). Nadie puede pensar que alguien lo hizo, puesto que rasgarla requería una fuerza enormemente mayor que la de cualquier hombre, e incluso la del grupo de sacerdotes que en aquel momento estuviesen ministrando en el santuario. Los dos trozos del velo se separaron, dejando ver el Lugar Santísimo y, lo que es más, abriendo paso hacia el lugar donde solo el sumo sacerdote una vez por año accedía para presentar ante Dios el sacrificio de expiación por el pecado. Probablemente el sonido del rasgarse de la cortina tuvo que haberse oído en todo el santuario, de modo que no fueron los pocos que estarían ministrando en el Lugar Santo quienes lo apreciaron, sino muchos más. La cortina rasgada indicaba que el ministerio sacerdotal del Antiguo Testamento había concluido y que Jesús, el mediador del nuevo pacto, abría acceso directo a la presencia de Dios a cuantos creyesen en Él. El creyente tiene ahora libertad para entrar al Lugar Santísimo por la sangre de Jesucristo (He. 10:19). El Señor había dicho que Él era el camino que

---

[97] Josefo, *Guerras* 5.5.4.

conducía a Dios y que nadie podía ir al Padre, sino por Él (Jn. 14:6). Este camino de entrada a la presencia de Dios fue inaugurado por Cristo para nosotros y corresponde al Nuevo Pacto; por tanto, es tan nuevo como el pacto al que pertenece. El camino fue inaugurado por Cristo y Él mismo es el camino (Jn. 14:6). La idea de inauguración solemne de la entrada fue oficiada por el sumo sacerdote del Nuevo Pacto. Ese camino nuevo[98] equivale a lo recientemente matado; no obstante, a la alusión de muerte, está presente la vida porque el camino nuevo es también un camino viviente. Por dos razones es vivo o viviente este camino. Primeramente, porque el que es camino está vivo. No cabe duda de que había estado muerto. La nueva alianza se produce como resultado de su muerte. El sacrificio expiatorio que solemniza el pacto lo hace también posible santificando a quienes Dios incorpora en él. Sin esa muerte no habría santificación de lo que anteriormente se ha venido hablando. En segundo lugar, porque ese es el único camino que lleva a la vida (Mt. 7:14). Ningún otro permite la experiencia de la vida eterna. Este camino es vivo en él mismo, ya que quien murió también resucitó de entre los muertos. Es firme porque está establecido en el Mediador único, que es Jesucristo (1 Ti. 2:5), quien, al venir al mundo, estableció el puente entre el cielo y la tierra. Este camino comienza ahora en la tierra y termina, como único destino, en el cielo. Por esa razón, Jesús dijo que Él es el camino único que lleva a los que transitan por él a la presencia del Padre, esto es, al santuario celestial donde Cristo mismo entró (Jn. 14:6). Ese camino, que sin duda se define por tres sustantivos —camino, verdad y vida—, puede adjetivarse para adecuar las palabras de Jesús a la figura de este nuevo acceso como un camino que es vivo y verdadero. Al camino nuevo y vivo que es Cristo se accede por Él mismo, que dijo: "Yo soy la puerta; el que por mí entrare, será salvo" (Jn. 10:9). Nadie puede estar en el camino que penetra hasta el santuario celestial sin acceder por la puerta de la gracia mediante la fe en el Salvador (Ef. 2:8-9). Solo quien tiene o está en el Hijo tiene la vida (Jn. 3:36) y derecho de acceder a la presencia de Dios.

La cristología soteriológica tiene aquí una notable presencia. Este camino de entrada atraviesa o pasa por el velo, que antes impedía acceder al lugar donde Dios manifestaba su presencia y gloria de una forma especial. Tal suceso era una manifestación del libre paso de todos los creyentes a Dios por medio de Jesucristo. Ya no habría, en

[98] Griego: πρόσφατον.

adelante, más separación establecida en la Ley, porque había sido resuelta en la muerte del Salvador. De ese modo enseña la carta a los Hebreos la realidad simbolizada en la rotura del velo: "Acerquémonos, pues, confiadamente al trono de la gracia para alcanzar misericordia y hallar gracia para el oportuno socorro" (He. 4:16). Es notable observar que aquel Lugar Santísimo donde en figura estaba el trono de Dios, no era un lugar de gracia antes de la cruz, sino de juicio; es decir, nadie podía entrar en Él, sin que muriese, pero ahora es un trono de gracia. Tal es el cambio operado por la obra de Jesús. La aproximación a la presencia de Dios no reviste inquietud alguna, por lo que debe hacerse con confianza, con la seguridad y presencia de ánimo que comunica la cancelación del problema del pecado. El sumo sacerdote Jesús hizo la expiación por el pecado personal del creyente (1 Jn. 2:1-2); por tanto, puede acercarse al trono de Dios, que es trono de gracia. En esa confianza de una propiciación hecha se presentaba ante Dios el publicano en la antigua dispensación y cuando oraba y decía "Dios sé propicio a mí, pecador" (Lc. 18:13), lo hacía sabiendo que dentro del Lugar Santo estaba una porción de la sangre del sacrificio expiatorio por la que Dios le era propicio. El eterno sumo sacerdote está sentado en ese trono celestial e interesado y capacitado para compadecerse de las debilidades y flaquezas personales (He. 1:3, 13; 4:15).

El camino de entrada es a través del velo, esto es, de "su carne" (He. 10:20), de modo que el acceso a Dios obedece al sacrificio perfecto de Cristo. La santificación se produce a causa del cuerpo de Jesucristo (He. 10:10). La entrada al Santísimo se abre por "la sangre de Cristo". Aquel velo rasgado es figura de la suprema libertad del creyente. Antes había prohibición de entrar, ahora hay libertad para hacerlo. Tienen acceso todos los que son familia espiritual de aquel que murió en la cruz y, por tanto, hijos del mismo Padre (Ef. 2:19). En contraste con las restricciones y temor de los antiguos, el creyente de la actual dispensación tiene libertad para entrar a la presencia de Dios. En la antigua alianza no podían entrar todos, sólo una vez al año el sumo sacerdote. Había temor; más que respeto, miedo que les hacía estar expectantes esperando la salida del sumo sacerdote para saber si el sacrificio era acepto. Es más, se dice que solían atar una cuerda al tobillo del sumo sacerdote para poder sacarlo del Lugar Santísimo en caso de que muriese en él. El lugar al que accede el creyente con libertad es al Santísimo, referencia al lugar donde Dios manifiesta su presencia y gloria. El creyente tiene, por tanto, libertad para acceder a la misma presencia de Dios. La razón de la libertad para el acceso descansa en la "sangre de Jesucristo". El sumo sacerdote Jesús entró una vez y para siempre en el santuario celestial por su propia sangre (He. 9:12) y por esa misma sangre, que expresa la realidad de su sacrificio perfecto, otorga a los suyos igual derecho. En razón de ese sacrificio, el creyente es purificado (He. 9:14). Perfeccionado en Cristo, su pueblo tiene libertad y derecho para entrar en el santuario. Su pueblo ha venido a serlo en razón de la conversión, lo que supone el acto de obediencia y humildad en que se reconoce incapaz e indigno para alcanzar esa posición y la recibe por gracia mediante la fe.

Extinguida la deuda, consumada la obra, Jesús entrega su espíritu al Padre, recogida así en la séptima palabra de la cruz, que Lucas registra de este modo: "Entonces Jesús, clamando a gran voz, dijo: Padre, en tus manos encomiendo mi espíritu. Y habiendo dicho esto, expiró" (Lc. 23:46). La muerte es asumida voluntariamente por Jesús. Es muy interesante notar que después del *consumando es*, según el relato de Juan, el Señor inclinó su cabeza y entregó el espíritu. Normalmente se inclina la cabeza después de haber muerto, pero aquí ocurre todo lo contrario. El Señor inclinó primero la cabeza para que todos sepan que la muerte no se apoderó de Él, sino que Él dio autorización a la muerte para que actuase. Es sorprendente este admirable hecho en el que el autor de la vida concedía permiso a la muerte para que tomase posesión momentánea de su vida humana. Era una entrega consciente para que pudiese ser un sacrificio voluntario, única forma de satisfacer al tiempo la justicia de Dios y la salvación de los hombres. La muerte no tenía poder sobre Él si Él mismo no se lo permitiera, de modo que se cumplía lo que había dicho antes, que nadie le quitaba la vida, sino que la ponía voluntariamente (Jn. 10:17-18). El universo entero debía saber por boca del Salvador que el plan eterno de redención se había consumado y que la muerte había perdido en Él su mordiente, esto es, había quedado despojada del aguijón para quienes están en Jesús (1 Co. 15:55). El Hijo de Dios en su naturaleza humana murió la muerte de los hombres, para dar a los muertos en delitos y pecados la posibilidad de alcanzar por la fe la vida eterna, que es su vida. Cabe remarcar que Lucas dice que antes de entregar el espíritu, el Señor dijo: "Padre, en tus manos encomiendo mi espíritu" (Lc. 23:46), precisando el hecho de la voluntariedad en la entrega de la vida cuando fue la hora; por eso Juan no dice que expiró, sino que entregó el espíritu. Era la naturaleza humana de Jesús la que moría, era el hombre Jesús de Nazaret el que entregaba la parte espiritual de su humanidad y con ello sobrevenía el estado de muerte física.

Permítaseme trasladar a continuación unos párrafos tomados de mi comentario a Marcos que contienen algunas reflexiones para cerrar este versículo que se comenta.[99]

Caben aquí unas sencillas reflexiones sobre la muerte de Cristo. La muerte del Señor manifiesta no sólo la expresión sublime de la libertad del Hijo en su entrega, sino la del Padre al entregarlo. La muerte de Jesús es el don del Padre, que se entrega a sí mismo al entregar a su Unigénito a los hombres para que la vida de Él se convierta en la vida de ellos, para que con su poder salvador destruya para siempre el impedimento de sus pecados y los integre en la filiación divina en el Espíritu. Por tanto, la muerte del Hijo no es una necesidad histórica, ni un castigo divino, sino que es el sublime decirse y darse de Dios al hombre. Todo cuanto en Cristo los hombres pueden elevarse y acceder a Dios es consecuencia y resultado de un descenso de Dios a los hombres, para buscarlos, llamarlos y salvarlos. Toda la obra de Cristo tiene como sujeto a Dios, por tanto, también en la muerte Dios actúa en Cristo hacia los hombres y Cristo hace posible la interacción de los hombres hacia Dios en Él. La muerte de Cristo debe ser entendida como el límite supremo del vivir de Emanuel, Dios-hombre, en un desvivir para hacer vivir a los hombres. Es la muerte del Hijo, en la que Dios está compartiendo el destino de la criatura hasta la máxima consecuencia, conociendo en experiencia más que sabiendo de la soledad del pecado, de la agonía de la muerte espiritual y del abismo del morir. En este sentido, es la muerte que Dios muere, la que tiene a Dios tanto como sujeto pasivo, dejándose morir, como activo, muriendo voluntariamente; así que es, en la dimensión de la palabra, muerte de Dios; no en sentido de que Dios muera, sino de que quien muere es Dios. Como poder aniquilador, la muerte no tiene posibilidad de actuar en Dios, pero Dios tiene capacidad en el Hijo encarnado de lo que es morir para los hombres, en el hecho histórico del acontecer humano, en tránsito, en pasión e incluso en expolio, que no es otra cosa que despojar con iniquidad. En la muerte de Jesús, Dios, desde su humanidad hipostática, muere con nosotros y por nosotros, ya que Dios nació hombre para morir por los hombres (He. 2:14). No podía ser menos, ya que la identificación de Dios con el hombre le lleva a compartir su destino padeciendo la muerte de los hombres, en sentido universal muriendo por todos (Ro. 8:32); y en sentido personal muriendo por mí (Gá. 2:20). El

---

[99] *Marcos*, de esta misma serie (pp. 1551-1556).

pecador, a causa del pecado, llegó a la experiencia de la desemejanza de Dios, al alejamiento del Creador y al dominio de la muerte. Dios llegó en Cristo hasta donde estaba el hombre para que, compartiendo la muerte del hombre, pueda otorgarle el principio de vida nueva, haciéndose para él espíritu vivificante (1 Co. 15:22). Dios participó en la experiencia del hombre por la encarnación del Hijo, en todos los aspectos propios del hombre, limitación, sufrimiento, injusticia, dolor, condenación y muerte, de modo que sea esperanza cierta, al saber que tiene a Dios como compañero de destino, sabiendo también que la desesperanza no es la última palabra porque la muerte ya no es soberana sobre él. Dios nos sustrae a la muerte dándonos vida en el Hijo para que seamos conformados a su imagen (Ro. 8:29), extendiendo nuestra experiencia de vida hasta entroncarla con la misma vida de Dios en su naturaleza comunicable. No quiere decir que la muerte del Hijo anule nuestra muerte, pero la trasciende al integrarla en el paso de acceso al disfrute de la vida eterna en su dimensión absoluta. En la muerte de Cristo, Dios se expresa como participante en el destino del pecador y como revelación de cercanía de vida haciéndose en Él camino, verdad y vida (Jn. 14:6). La muerte de Jesús debe ser comprendida como la muerte del Mesías y, por tanto, la muerte del Hijo. Debe entenderse, así como encargo del Padre (Jn. 10:18). La muerte del Salvador es la victoria de la Trinidad, tanto del Padre como del Hijo y del Espíritu sobre el pecado, en la acción victoriosa, de la que sólo Dios es capaz, de instaurar su propia justicia en cada hombre, para que cada pecador creyente sea hecho justicia de Dios en Cristo (2 Co. 5:21).

Una nueva reflexión tiene que ver con la realidad de Jesucristo como el Logos encarnado. En Él el Logos y la carne se han unido para siempre, de ahí que Jesús no es sólo Dios y hombre, sino Dios-hombre en una unidad inseparable, pero sin mezcla en cuanto a naturaleza. El Logos, Verbo eterno, que está eternamente en el ser divino en la unidad del Padre y del Espíritu ha estado también en el seno de María, ha nacido, ha padecido y ha muerto como hombre. Es decir, Emanuel es un sujeto personal único. El Hijo eterno tomó en María, por obra del Espíritu, su humanidad para ser como sujeto único llamado desde la concepción en adelante Dios-hombre y todas sus operaciones son acciones Teándricas, o si se prefiere Teantrópicas, esto es divino-humanas. Esta condición escapa a la comprensión humana por cuanto el que asume es al mismo tiempo el asumido, el intemporal es también temporal, el que es vida asume y entra en la experiencia de la muerte.

Este es Jesús el Logos encarnado que gusta la muerte por todos. Así podemos entender que en Cristo se dé una forma de existencia propia de Dios y otra forma de existencia propia del hombre (Fil. 2:5-8). El Verbo no apeteció y se sujetó a los derechos divinos de su existencia eterna, sino que inició un camino en tres etapas: a) la desposesión del ejercicio de su condición divina, pero reteniendo plenamente todo cuanto tiene que ver con la deidad, tanto los atributos comunicables como los incomunicables —a esto se llama la *kénosis*, el vaciamiento—; b) la limitación en la manifestación como hombre, llegando a la humillación no por su humanidad, sino por su condición de siervo —a esto se llama la *tapeinosis*—; c) la identificación con el hombre hasta el límite de compartir la muerte en su forma más humillante en la cruz —a esto se llama *staurösis*—. A causa de su encarnación, Cristo sigue siendo Dios, pero dentro de las limitaciones del hombre. La forma de siervo no niega su condición divina, pero la cubre con el traje de trabajo de su humanidad. Es un hombre real con figura definida y con historia concreta; pero es al mismo tiempo Dios, por tanto, sin historia porque es eterno y atemporal, pero con una historia que puede relatarse y precisarse en el tiempo en cuanto a relación con los hombres que son seres creados y, por tanto, temporales.

En todo esto debe ser considerada lo que puede llamarse como manifestación expresiva de Dios. Esto es, que el Verbo eterno convierte la humanidad de Jesús como manifestación de su propio ser personal. Por tanto, en Jesús se manifiesta de forma visible al que es invisible, no solo al Padre (Jn. 1:18), sino también la gloriosa segunda persona de la santísima Trinidad. Por razón de unidad en la persona, Jesús, desde su plano de humanidad es la manifestación visible de Dios el Hijo, en sentido de figura reveladora. La realidad de Jesús, quien murió en la cruz, es una realidad filial. No se trata de una presencia externa que se incorpora a su humanidad, sino que la persona del Hijo, el Logos, es inmanente al hombre Jesús en forma intrínseca y última. La procesión trinitaria trascendente del Hijo se extiende al hombre Jesús, que es, por esta causa Hijo en sentido único. Jesús, el hombre que murió en la cruz es Hijo de Dios. Por tanto, en ese hombre único, se expresa en el plano de la humanidad la procesión trinitaria que desde el Padre engendra al Hijo y se consuma en el Espíritu. Esa procesión trinitaria eterna y la realidad histórica en el plano humano, constituyen a Jesús, que no es un hombre asumido, sino el Hijo eterno que es hombre. Por tanto, es necesario afirmar que Jesús, el hombre, es Dios, es decir, uno de la Trinidad santísima. De manera que todo lo referido a Jesús se radica en el único sujeto, el Hijo encarnado. La presencia de Dios en Cristo no es una unión, sino una unidad.

Un asunto de capital importancia para entender la dimensión de la cruz, está relacionada con la santidad. La santidad puede ser procedente, esto es, resultado de la gracia santificante de Dios en el hombre; pero también es precedente, esto es, la que es constituyente y de naturaleza personal, sólo posible en Dios. La santidad de Cristo es la santidad de Dios, por tanto, no es santidad procedente, sino precedente, propia y natural de la persona. La proclamación de los querubines sobre la santidad de Dios (Is. 6:3) le corresponde también a Jesús. Desde la anunciación de la concepción y del nacimiento se vincula la santidad precedente, porque lo que nacería en Belén era "lo santo" (Lc. 1:35). Jesús es santo por su origen divino que santifica su humanidad, por ser humanidad de Dios. Ningún hombre por santo, perfecto y justo que hubiera podido ser, llegaría jamás a la dimensión de santidad del Hijo de Dios, nuestro Salvador y Señor, porque el hombre sería santo con santidad procedente, mientras que Jesús lo es con santidad precedente. Desde esta reflexión se entenderá la tremenda dimensión en la que Jesús entra por asumir sobre sí el pecado del mundo, para que, sin contaminación personal, sea tratado como reo de maldición, a fin de que los que somos reos de pena por el pecado tengamos en Él la bendición de la vida eterna en plena comunión con Dios.

La cristología de la muerte de Jesús debe ser entendida también bajo el aspecto de mediación, obra del único mediador entre Dios y los hombres, que se entregó a sí mismo en rescate por todos (1 Ti. 2:5-6). Cristo reúne en Él la creación, deshecha por el pecado, mediándola hacia el Padre, centrada sobre todo en la reparación de los efectos del pecado. En ese sentido, es Jesucristo hombre que reconcilia a los hombres con Dios. La idea de expiación debe entenderse consecuentemente con el amor de Dios. No es que Dios se resarce de su honor mancillado por el pecado con la sangre del Hijo inocente, como si fuese un Dios sediento de sangre y justiciero. La redención debe verse más bien como la justicia otorgada por Dios en Cristo, aunque ciertamente, como Cordero de Dios, se considera como víctima por los pecados, sobre quien descargó la ira de Dios y sufre el castigo en lugar del hombre. Realmente la cruz toma una dimensión cautivadora porque tiene que ver con el amor infinito de Dios que soluciona, no su deseo de venganza, sino la restauración del pecador a Él mismo. En el orden histórico, la acción y Pasión de Cristo son con nosotros y por nosotros, en ese sentido, no sólo es mediador, como quien vincula a dos enemigos reconciliándolos por su mediación, sino que su persona y destino son comunicantes. Es decir, Cristo no es un ámbito o un ser intermedio, sino persona que en libre obediencia motivado por el amor abarca a ambos elementos discordantes uniéndolos definitivamente en Él. Dios tiene destino humano en el Hijo encarnado y los hombres tenemos destino divino en Jesús, que es nuestro hermano. El amor de Dios se hace historia solidaria con el hombre en la cruz de Cristo. La mediación de Jesús toma una dimensión admirable cuando descubrimos que lo que nos ofrece no es algo anterior, exterior o ajeno a Él, sino inherente a sí mismo, porque como Dios estuvo en la determinación y planificación de la salvación del hombre.

Otra reflexión en relación con la muerte de Jesús tiene que ver con la realidad de que Dios, al enviar a su Hijo al mundo (Gá. 4:4), se envía a sí mismo con Él. La encarnación, en la que el Verbo se hace hombre, alcanza la suprema expresión de comunicación entre el Creador y la criatura. La encarnación se convierte en gracia redentora cuando Dios viene al encuentro del pecador caído bajo el poder del pecado para restaurarlo, buscándolo y alcanzándolo a Él mismo (Lc. 19:10). Para que los hombres puedan alcanzar y vivir la vida eterna, que el Padre comunica, Cristo tiene que resolver y reconstruir la situación que el pecado había deteriorado. Por tanto, en un vínculo de amor en entrega, el Padre da a su Hijo y el Hijo se entrega voluntariamente en la cruz. Allí, Dios estaba reconciliando al mundo en la cruz de su Hijo para que el mundo sea salvo por Él (Jn. 3:16-17). En la cruz, como se aprecia en el relato de Mateo, se descubre la violencia de los hombres, el amor de Dios que entrega a su Hijo y la libertad del Hijo que se entrega a sí mismo en solidaridad representativa y sustitutoria por los hombres. Nuevamente es preciso desarrollar el pensamiento del concepto bíblico de ira de Dios como una forma de designar el amor ofendido y el sentimiento por el amigo que se apartó desafiando el amor verdadero que le había sido expresado. Cuando el hombre peca, se aleja de Dios, rompe con Dios y, al apartarse de la vida, entra en la muerte, y al separarse del camino, entra en la perdición. Por el pecado, a quien se ofende y degrada en última instancia es al hombre mismo. La dimensión del pecado del hombre se hace infinita por ser dirigida hacia el ser infinito que es Dios, pero lo que negativamente deshizo el pecado, positivamente lo rehízo Cristo al morir por nosotros y cancelar por nosotros la deuda infinita contraída a causa de nuestro pecado. Afirmar que Cristo expió nuestro pecado significa que Él nos da su vida de Hijo, como potencia destructora del pecado, recreando en Él mismo una nueva relación con Dios en una existencia filial participando en la suya, dándonos definitivo acceso a Dios (Ro. 5:1-11; 8:1-11). La entrega de su vida, expresada simbólicamente en el derramamiento de su sangre, es la expresión suprema del amor de Dios que provee en Cristo todo lo necesario para que el hombre no permanezca esclavo del poder del pecado. Ese amor de Dios, manifestado en Cristo y aportado en Él, es inseparable ya del creyente (Ro. 8:31-39).

No debe finalizarse esta reflexión cristológica sin que formulemos una pregunta: ¿Había sido crucificado Dios? Sin duda alguna es necesario afirmar rotundamente que Jesús, el crucificado, es Dios. El testimonio sobre la deidad de Jesús no es el resultado de una expresión externa, sino la declaración personal del mismo Señor. Jesús pide el testimonio de los hombres sobre su persona: "¿Quién dicen los hombres que es el Hijo del Hombre?" (Mt. 16:13). La respuesta histórico-testimonial de los discípulos expresa la idea de un profeta redivivo. Pero Cristo requirió el testimonio de los suyos sobre Él: "Y vosotros, ¿quién decís que soy yo?" (Mt. 16:15), para recibir el testimonio de Pedro: "Tu eres el Cristo, el Hijo del Dios viviente" (Mt. 16:16). Es entonces cuando Jesús mismo llama bienaventurado a Pedro porque estaba haciendo una manifestación que no procedía de los hombres, sino que había llegado a él por revelación del Padre desde el cielo (Mt. 16:17). No cabe duda de que Jesús es Dios. No cabe duda de que Jesús es una persona divino-humana. Ahora bien, si se busca una explicación desde el plano de la filosofía, se producirá una desorientación en este sentido, cuando se habla de la muerte del Verbo encarnado; por un lado, la afirmación contundente "Dios ha muerto"; por otro, la no menos contundente "Dios no puede morir". Estos dos posicionamientos son irreconciliables y conducen, en la teología de la cruz, a la radicalización absoluta. Esto es el resultado de un teísmo filosófico del conocimiento de Dios desde la temporalidad del hombre, pero la cruz debe entenderse no como un simple hecho histórico-temporal, sino como la determinación eterna de la redención del hombre. La muerte de Jesús debe entenderse como la de Dios que da su vida, sobre todo porque no se trata de un acontecimiento biológico de vida y muerte que afecta sólo al hombre, sino algo mucho mayor. Si se afirma que el Logos encarnado murió sólo en su realidad humana e implícitamente se entiende esto como que no afectó para nada a

Dios en ningún sentido de la palabra, sólo se está considerando un aspecto limitado de la verdad de la fe. No cabe ninguna duda de que el Dios inmutable no experimenta en sí mismo ninguna historia temporal y, por tanto, ninguna muerte; pero Él mismo, por la encarnación, tiene una historia en "lo otro", es decir, en la temporalidad y en la experiencia de la limitación y del vaciamiento. La muerte de Jesús es un principio vital de la auto-manifestación de Dios. Esta muerte revela profunda y definitivamente a Dios en encuentro de salvación. Pero, ¿hasta qué punto es alcanzado y afectado Dios mismo por la muerte de Jesús en la cruz? ¿Ha sufrido en sí mismo o sólo en el otro, es decir en la humanidad? ¿Puede deslindarse en algún momento la humanidad de la persona divina del Hijo de Dios? ¿Hay algún instante en la cruz en que Jesús deje de ser Dios para ser sólo hombre? En alguna medida, quienes sostienen que el sufrimiento y la muerte en la cruz sólo tuvo que ver con la naturaleza humana y no afectó en lo más mínimo a la persona divina, están cayendo peligrosamente en un docetismo, según el cual Jesús sufrió aparentemente y no en realidad, y que había muerto abandonado de Dios sólo en apariencia y no en realidad. La razón de un pensamiento rígido en relación con Dios se debe al concepto filosófico, que lo presenta como imperecedero, invariable, indivisible, inmortal e impasible (en sentido de no sufrir). En cambio, el hombre es todo lo contrario. Esto impide a veces una comprensión clara de que Jesús no es un hombre y un Dios vinculados, sino el Dios-hombre absoluto, y que la naturaleza eterna, infinita, inmutable, imperecedera y gloriosa, que corresponde a la deidad, subsiste hipostáticamente con la humana, limitada, sufriente y mortal, en la misma y única persona del Verbo encarnado. Si el sujeto de atribución de ambas naturalezas es la persona divina, lo es también como sujeto de experiencia de ambas naturalezas. Por tanto, la cruz, solo puede verse desde la relación entre Jesús y el Padre en la comunión del Espíritu y no sólo en que uno de la Trinidad ha sufrido en la carne, como si su naturaleza humana pudiese desvincularse en algún instante, después de ser asumida en la concepción, de la segunda persona divina. Es necesario entender bien que la razón de la vida de Jesús, su ministerio y su muerte, es siempre el Padre, ante quien vive su vida y muere su muerte. La finitud de la naturaleza humana de Cristo no puede consumarse por sí misma en el hacer, sino que tiene que ser consumado por otro en el amor, que es dolor, entrega y muerte. La carta a los Hebreos presenta a Jesús como consumado por los padecimientos (He. 2:10; 5:8; 7:28). Debemos llegar a una respuesta concreta a la luz de la revelación bíblica, no cabe duda de que quien estaba clavado en la cruz es Dios bendito manifestado en carne; sin dejar de entender también que los clavos que sujetaban a la cruz, los sufrimientos de la Pasión se hacían sensibles por medio de su naturaleza humana. El apóstol Juan, refiriéndose a Jesús afirma contundentemente, sin paliativos, que es Dios (Jn. 1:1). De igual modo el apóstol Pablo enseña que en Él "habita corporalmente toda la plenitud de la deidad" (Col. 2:9). De este mismo Cristo se dice también que se hizo "obediente hasta la muerte y muerte de cruz" (Fil. 2:8); y del mismo Señor se afirma también que "Cristo nos redimió de la maldición de la ley, hecho por nosotros maldición (porque está escrito: Maldito todo el que es colgado en un madero)" (Gá. 3:13). Sólo una vida de infinito valor puede cancelar la responsabilidad penal que el pecado había producido en todos. Sólo el eterno Hijo de Dios, dando su vida por el pecador, puede redimir de la condenación a todo aquel que cree.

La sepultura de Jesús

De nuevo el relato de los evangelios es la base histórica para asentar la sepultura de Jesús. Los judíos, para evitar que los cuerpos de los tres crucificados quedasen en la cruz en el tiempo solemne de los panes sin levadura, pidieron a Pilato que hiciera lo usual cuando quería precipitarse la muerte de los que se ejecutaban de aquel modo: quebrarles las tibias a fin de que no tuviesen modo de sustentación y se asfixiaran. Esto hicieron con los dos malhechores, pero no así con Jesús, porque ya estaba muerto. La profecía volvía a cumplirse de forma admirable: "Estas cosas sucedieron para que se cumpliese la Escritura: No será quebrantado hueso suyo" (Ex. 12:46; Nm. 9:12; Sal. 34:20).

En el evangelio según Lucas, se menciona la persona de José de Arimatea y la petición que hizo a Pilato sobre el cuerpo muerto de Jesús: "Había un varón llamado José, de Arimatea, ciudad de Judea, el cual era miembro del concilio, varón bueno y justo. Este, que también esperaba el reino de Dios, y no había consentido en el acuerdo ni en los hechos de ellos, fue a Pilato y pidió el cuerpo de Jesús" (Lc. 23:50-52). Lo hizo secretamente por miedo a los judíos (Jn. 19:38). Al gobernador romano le sorprendió que hubiese muerto tan pronto, pidiendo confirmación al centurión que había sido el responsable directo de la ejecución de la sentencia dictada contra Jesús. Uno de los soldados le había lanceado el costado, saliendo de él sangre y agua, de modo que podía confirmar que verdaderamente había muerto (Jn. 19:34). Pilato accedió a la solicitud de José de Arimatea, entregándole el cuerpo muerto de Cristo, que desenclavó de la cruz y lo quitó de ella.

Juan pone en escena también a Nicodemo: "También Nicodemo, el que antes había visitado a Jesús de noche, vino trayendo un compuesto de mirra y de áloes, como cien libras. Tomaron, pues, el cuerpo de Jesús, y lo envolvieron en lienzos con especias aromáticas, según es costumbre sepultar entre los judíos" (Jn. 19:39-40). La libra griega equivalía a 327,5 gramos; por tanto, se trataba de unos treinta y dos kilos de ungüento. No solo era importante el peso sino también el valor. Quiere decir que tanto José de Arimatea como Nicodemo eran hombres de buena posición social. El ungüento que se menciona se usaba en grandes cantidades para el enterramiento de reyes. Es notable observar que los discípulos públicos de Jesús habían huido y no estaban presentes, mientras que los ocultos se hicieron visibles en aquella ocasión.

Mateo dice que el cuerpo del Señor fue envuelto en una sábana limpia (Mt. 27:59). La forma habitual para preparar un cadáver para la sepultura era envolviéndolo en vendas, procedentes de paño que se cortaba en tiras estrechas. Estas vendas envolvían miembro a miembro y, a medida que se hacía, se iba añadiendo la mezcla de mirra y áloes preparada. Los judíos no embalsamaban a sus muertos, sino que los preparaban de este otro modo para ser sepultados. Es posible que debido a la prisa con que debía hacerse el enterramiento de Jesús, en la víspera del sábado, la sábana no fuera cortada en tiras para vendar su cadáver, sino que se cortó en trozos mayores, a los que Juan llama los lienzos (Jn. 19:40; 20:5-7). Ese es también el testimonio de Lucas (Lc. 24:12). Los preparativos definitivos para el enterramiento quedaron pendientes para el día siguiente al sábado.

El cuerpo de Jesús fue puesto en un sepulcro que estaba cerca del lugar de la crucifixión: "Y en el lugar donde había sido crucificado, había un huerto, y en el huerto un sepulcro nuevo, en el cual aún no había sido puesto ninguno. Allí, pues, por causa de la preparación de la pascua de los judíos, y porque aquel sepulcro estaba cerca, pusieron a Jesús" (Jn. 19:41-42). El sepulcro iba a ser asegurado por petición de los principales sacerdotes y del grupo de fariseos que pidieron una guardia para ello que le fue concedida por el gobernador, sellando también la piedra que cerraba la tumba. De este modo se cierra el relato de la pasión de Jesús en la cristología histórica de la Pasión.

La muerte de Cristo, alma central de la cristología, es tratada en los escritos doctrinales del Nuevo Testamento, que revelan aspectos teológicos consecuentes con ella.

Epístolas de Pablo

Es, sin duda, uno de los cuatro temas principales del contenido de los escritos del apóstol Pablo. El núcleo central del Evangelio de la gracia se asienta en la muerte de Jesús:

Por cuanto todos pecaron, y están destituidos de la gloria de Dios, siendo justificados gratuitamente por su gracia, mediante la redención que es en Cristo Jesús, a quien Dios puso como propiciación por medio de la fe en su sangre, para manifestar su justicia, a causa de haber pasado por alto, en su paciencia, los pecados pasados, con la mira de manifestar en este tiempo su justicia, a fin de que él sea el justo, y el que justifica al que es de la fe de Jesús. (Ro. 3:23-26)

La universalidad del pecado se pone de manifiesto, por cuanto todos pecaron, y la consecuencia no puede ser otra que el alejamiento de Dios con la incapacidad de revertir esa situación. La muerte de Cristo provee del medio para resolver el problema del pecado. Pablo introduce aquí el tema de la justificación por la fe. Para ello utiliza un participio de presente ingresivo en voz pasiva del verbo que significa justificar.[100] Esta es una de las palabras favoritas del apóstol. Se trata de un verbo denominativo de justo[101] y expresa la idea de considerar justo y también juzgar, castigar. Esta significación que tiene el verbo en el griego no aparece en el Nuevo Testamento sino en forma modificada, con el sentido de justificar, presentar como justo, tratar como justo, y en el uso que Pablo le da, especialmente en la voz pasiva, alcanza el sentido de declarar justo, o absolver. Alcanza un sentido jurídico por el que un juez, en este caso el juez supremo, Dios, justifica o declara el derecho de alguien tratándolo como quien no está sujeto a responsabilidad penal. Cuando Dios declara como justo a una persona está haciendo valer su condición de justo. Sin embargo, frente a la condición de impiedad de todo hombre, es precisa la aportación de la justicia de Dios imputada al pecador, para que en el examen judicial de Dios pueda ser justificado. Esto se consigue mediante lo que se

[100] Griego: δικαιόω.
[101] Griego: δίκαιος.

llama justicia imputada. Quiere decir, que como el pecado de Adán es imputado a la raza humana con el efecto de que todos los hombres son considerados pecadores (Ro. 5:12-21), de la misma manera Cristo, al ofrecerse como ofrenda expiatoria por el pecado del mundo (2 Co. 5:14, 21; He. 2:9; 1 Jn. 2:2), la justicia de Dios en Cristo es imputada a todos los que creen para que ellos puedan presentarse delante de Dios hechos perfectos en Cristo. Por esa razón todos los que creen son hechos justicia de Dios en Él (2 Co. 5:21), ya que Cristo es hecho para cada creyente justificación (1 Co. 1:30). Esta justicia es de Dios, y existe aparte de toda obra legal (Ro. 3:21). Es claro que la justicia imputada es algo que el hombre no puede efectuar. Esta justicia mediante la cual Dios justifica al que cree no puede ser aumentada por actos de piedad humana, ni tampoco puede ser disminuida por el pecado del creyente. En razón de la unión vital del creyente con Cristo, Dios lo ve como parte viviente en el propio Hijo; por tanto, es acepto por Dios y amado por Él como es acepto y ama a su Hijo (Ef. 1:6; 1 P. 2:5). Esa unión vital hace que el creyente sea considerado lo que es el Hijo: justicia de Dios (2 Co. 5:21). Al que Dios imputa justicia es perfeccionado en Cristo para siempre (He. 10:10, 14). La imputación, que permite la justificación, afecta a la posición, pero no al estado del pecador que cree. Esta justicia está en el que cree y sobre el que cree (Ro. 3:22) y nada tiene que ver con obras humanas. Es la posición perpetua de todos los salvos en Cristo. Por la justicia imputada, Dios declara justificado eternamente a quien está en Cristo. Este estado no es algo ocasional, sino la determinación inmutable en la mente de Dios. Esta justicia imputada que hace posible la justificación es posible por la obra de Cristo, tanto por su muerte como por su resurrección (Ro. 3:24; 4:25), siendo perpetuamente inmutable porque descansa en los méritos del Hijo de Dios. La justificación es más que el perdón. Éste es el resultado de la cancelación de las demandas del pecado. La justificación es la imputación de la justicia.

La justificación está unida a la gracia o, tal vez mejor, dimana de ella misma como un elemento en la operación de la gracia en salvación. De esta manera se lee aquí: "Justificados gratuitamente por su gracia". De manera que, si la fe es el elemento instrumental para la justificación, y por ello para la salvación, la gracia es la razón de la salvación. Es decir, la salvación no descansa en la fe, sino en la gracia. Así lo enseña el apóstol: "Porque por gracia sois salvos" (Ef. 2:8). Pablo destaca aquí que todo lo alcanzado en la experiencia de salvación y la salvación misma es solamente por la gracia de Dios.

La gracia se anuncia como causa de la salvación en el mismo plan de redención, como el apóstol Pablo enseña: "Quien nos salvó y llamó con llamamiento santo, no conforme a nuestras obras, sino según el propósito suyo y la gracia que nos fue dada en Cristo Jesús antes de los tiempos de los siglos" (2 Ti. 1:9). Es necesario enfatizar que todo cuanto tiene que ver con salvación procede absolutamente de Dios, como la Biblia enseña claramente: "La salvación es de Jehová" (Sal. 3:8; Jon. 2:9). El apóstol vincula la salvación con la gracia en todo el proceso desde la dotación del Salvador, en el cumplimiento del tiempo (Jn. 3:16; Gá. 4:4; 1 P. 1:18-20), pasando por la ejecución del sacrificio expiatorio por el pecado en la cruz, luego el llamamiento a salvación, la regeneración espiritual y la glorificación final de los redimidos, está comprendido en un todo procedente de la gracia (Ro. 8:28-30). Esa redención tiene lugar en Cristo, como enfatiza Pablo: "La redención que es en Cristo Jesús". El modo de hacer posible la redención se enseña en el versículo siguiente. Es a Jesús a quien Dios hizo nuestra justificación y nuestra redención (1 Co. 1:30). El creyente alcanza la redención por medio de Cristo y en Cristo. Por tanto, la redención es la obra que Dios hizo mediante el sacrificio de Cristo, para liberar al pecador de la esclavitud del pecado y darle libertad (Col. 1:13). El pecador es comprado por Cristo mediante el derramamiento de su sangre (1 Co. 6:20). La muerte de Cristo se presenta como un rescate (Mt. 20:28; Mr. 10:45; 1 Ti. 2:6). En su muerte Cristo cargó sobre sí la responsabilidad penal del pecador, ocupando su lugar en sustitución por él (Ro. 4:25; 2 Co. 5:21; Gá. 1:4; He. 9:28). Se usan tres verbos griegos para referirse a redención. 1) El primero[102] expresa la idea de efectuar una compra (cf. 1 Co. 6:20; 7:23; 2 P. 2:1; Ap. 5:9; 14:3, 4). El simbolismo es sencillo: el pecador es esclavo del pecado, "vendido al pecado" (Ro. 7:14), esclavo de Satanás (Ef. 2:2), en estado de condenación e incapaz de liberarse (Jn. 3:18; Ro. 3:19; Gá. 3:10). El redentor ocupa su lugar y entrega su vida para redimirlo (Mt. 20:28). 2) El segundo verbo[103] añade a la idea de pagar un rescate la de sacar al redimido del lugar de esclavitud (cf. Gá. 3:13; 4:5). El que es sacado del lugar de esclavitud no regresa más a esa situación, deja de ser definitivamente un esclavo (cf. Ro. 3:24; 8:23; 1 Co. 1:30; Ef. 1:7, 14; 4:30; Col. 1:14; He. 9:15; 11:35). 3) El tercer verbo[104] de una raíz diferente a los otros dos expresa la idea de que el redimido

---

[102] Griego: ἀγοραζω.
[103] Griego: ἐξαγοράζω.
[104] Griego: λυτρόομαι.

queda en plena libertad (cf. Tit. 2:14; 1 P. 1:18). La salvación alcanza el aspecto de libertad con que el pecador queda en su nueva posición en Cristo. En Cristo fueron destruidos definitivamente la potestad de los poderes contrarios a Dios, por tanto, los que están en Cristo son libres del poder opresor que antes los retenía sujetos a esclavitud. Esta bendición se da gratuitamente como don de la gracia.

La soberanía de Dios en la salvación se pone de manifiesto por la acción descrita en el versículo en la que Dios pone a Cristo como propiciatorio.[105] La idea es que Dios designó al que había de redimir. En el decreto de redención, Dios tuvo en cuenta todo esto, de modo que la salvación es el resultado de la soberanía divina, sin atender a circunstancias humanas y determinado antes de la creación (2 Ti. 1:9). El apóstol Pedro enseña que el Cordero redentor había sido predestinado para ello antes de la creación del mundo (1 P. 1:18-20). Quiere decir esto que la salvación que es de Dios (Sal. 3:8; Jon. 2:9) quedó determinada y establecida en todos sus detalles y alcance en razón de la soberanía divina. La justificación se otorga al pecador por medio de "la fe en su sangre". La sangre representa la vida (Lv. 17:11; Mt. 20:28), de modo que el derramamiento de sangre equivale al sacrificio voluntario de la vida que Cristo entregó en lugar de los pecadores que creen (Is. 53:10-12). Cuando la propiciación se realiza, la ira de Dios queda extinguida para quien está en Cristo. Él dio su vida por nosotros soportando la ira en lugar de los salvos para que pudiésemos ser reconciliados con Dios. Un gran número de pasajes enseña esta verdad en las Escrituras (cf. Is. 53:4-8, 12; Mt. 20:28; 26:28; Mr. 10:45; 14:24; Lc. 22:20; Hch. 20:28; 1 Co. 10:16; 11:25; 2 Co. 5:20, 21; Ef. 1:7; 2:13; Col. 1:20; 1 P. 1:18, 19; 2:24; 1 Jn. 1:7; He. 9:11, 12, 15, 23-28; Ap. 1:5; 5:9; 7:14; 12:11; 13:8). El sacrificio de Cristo entra en vigor sólo para quien cree; de ahí la expresión "por la fe en su sangre". La fe se presenta como instrumento en la salvación, pero no como razón de ella.

La finalidad que Dios tuvo para poner a Cristo como propiciatorio es la manifestación de su justicia. Esa justicia que justifica al impío se otorga en base al sacrificio expiatorio de Jesucristo. Dios puso a Jesús como propiciatorio, en el sacrificio de su vida, para que, por su muerte, los que estaban muertos en delitos y pecados, ajenos de la vida y gloria

---

[105] Griego: ἱλαστήριον, caso acusativo neutro singular del sustantivo que denota *propiciatorio*.

de Dios, la retomen por vinculación con el resucitado por medio de la fe. Dios, con esa obra redentora, pone de manifiesto que puede justificar al impío porque otro ocupó su lugar, murió por él y extinguió con su muerte la responsabilidad penal que existía por el pecado, cuya sentencia definitiva es la muerte (Ro. 6:23). Él murió para que los muertos tengamos vida y vida en abundancia (Jn. 10:10). Nadie podrá acusar a Dios de injusto porque el sacrificio propiciatorio, que expía el pecado, está manifestado en el altar de la cruz, donde Jesús fue puesto en sacrificio propiciatorio por nuestros pecados. No fue una obra oculta, sino la obra admirable de la gracia, que brilla diáfana ante el cosmos, demostrando con ello que Dios es justo cuando justifica al pecador que cree. Dios quiso mostrar en este tiempo que era justo y que, sin menoscabo a su justicia, podía justificar a todo aquel que cree en Cristo. Esta justicia se hace evidente porque justifica al pecador que cree, es decir, la justificación se alcanza por la fe en Jesucristo.

El apóstol considera de este modo la muerte de Cristo: "El cual fue entregado por nuestras transgresiones, y resucitado para nuestra justificación" (Ro. 4:25). Cristo fue entregado a causa de nuestras transgresiones, en el sentido de sacrificio expiatorio por el pecado, que ejecuta la obra redentora, extensiva virtualmente a todo el que cree (Ro. 3:25). Jesús, por tanto, como Cordero de Dios que quita el pecado del mundo (Jn. 1:29), fue entregado para el sacrificio que se había establecido en el plan de redención desde antes de la creación del mundo (1 P. 1:18-20). La fidelidad de Dios condujo el tiempo histórico del mundo al cumplimiento de su consejo eterno, de manera que el Cordero de Dios, Hijo eterno, fue enviado por el Padre en el tiempo establecido para llevar a cabo la obra de redención (Gá. 4:4).

La liberación del poder del pecado se opera por la identificación del creyente con Cristo en su muerte:

Porque lo que era imposible para la ley, por cuanto era débil por la carne, Dios, enviando a su Hijo en semejanza de carne de pecado y a causa del pecado, condenó el pecado en la carne; para que la justicia de la ley se cumpliese en nosotros, que no andamos conforme a la carne, sino conforme al Espíritu. (Ro. 8:3-4)

La obra estaba orientada a la misma naturaleza del pecado para denunciarlo y condenarlo con la justicia de Dios, al establecer una vida en parámetros imposibles para el hombre pecador, caído en el pecado y esclavizado por él, porque "era débil por la carne". Pero Cristo al juzgar y condenar la naturaleza caída del hombre, abre la posibilidad de que quien crea, pueda vivir conforme a la voluntad de Dios, asistido por el Espíritu Santo que la cumple en el creyente. La condición para el salvo es que dependa del Espíritu.

La enseñanza del apóstol es precisa en relación con la muerte de Cristo: "Porque primeramente os he enseñado lo que asimismo recibí: Que Cristo murió por nuestros pecados, conforme a las Escrituras" (1 Co. 15:3). La muerte de Jesús en la cruz fue por "nuestros pecados". En esa muerte, el Cordero de Dios se presenta en sacrificio propiciatorio y expiatorio por el pecado (Jn. 1:29; 1 P. 1:18-20; 2:24; 1 Jn. 4:10). Como el mismo apóstol escribió a los gálatas: "El cual se dio a sí mismo por nuestros pecados" (Gá. 1:4). La cruz obedece al plan divino de redención. Pablo afirma que fue Cristo el que murió por nuestros pecados, en una entrega voluntaria (Jn. 10:11, 15, 17, 18). La acción de nuestro Señor consistió en su entrega por nosotros. En muchas partes se habla de este entregarse (cf. Ro. 4:25; 8:32; 1 Co. 11:23). Es una entrega por todos, pero, como él mismo apóstol reconoce, es también individual: "Por mí" (Gá. 2:20). Cristo murió "por nuestros pecados" para realizar la obra de salvación. El Señor no solo muere a favor del pecador, sino ocupando plenamente su lugar de condenación. Impulsado por un amor incomprensible, se entregó para librar al creyente de la responsabilidad penal del pecado. Para ello, tenía que sustituirlo ante la justicia de Dios, siendo hecho maldición en lugar de él, a fin de que el perdido pudiera alcanzar la bendición de Dios en Cristo (Gá. 3:13-14). La obra de la cruz operó salvación, siendo la realidad definitiva del sacrificio expiatorio por el pecado. Ese es el sentido que adquiere la frase: "Por nuestros pecados". Es necesario entender que la muerte del Señor tiene un componente de necesidad salvadora, puesto que lo hizo "por nuestros pecados" o, si se prefiere mejor, "a causa de nuestros pecados". En ese sentido, se establece a nuestros pecados como hecho y la cancelación penal de ellos como meta de la muerte del Salvador. El Señor se entregó "haciéndose obediente hasta la muerte, y muerte de cruz" (Fil. 2:8). La obra de Cristo es cumplimiento de la obra de Dios, que ama entregándose. Pero, al mismo tiempo, expresa la suprema vinculación de Jesús al prójimo perdido, como consumación plena de no buscar su propio bien, sino el de los otros.

La cruz está presente en toda la epístola a los Gálatas, donde se manifiesta en distintos aspectos: como lugar de sustitución (Gá. 1:4), donde destaca el pago del precio y el objetivo del sacrificio del Salvador. También como lugar de identificación (Gá. 2:20), con la consecuencia que produce la identificación en su muerte. Trata la obra de Cristo en la cruz, como lugar de visión (Gá. 3:1), haciendo notar el peligro de la insensatez, como llama a los gálatas, desconociendo la realidad de la operación salvadora. La considera como lugar de maldición (Gá. 3:13-14), de manera que al ser hecho Jesús maldición por nosotros, los pecadores, los creyentes recibamos la bendición suprema de la salvación eterna. La muerte de Cristo es vista por el apóstol como lugar de redención (Gá. 4:4-5), donde se extingue la deuda penal por el pecado, cancelada en la entrega a muerte del Hijo de Dios. En contraste, la operación de salvación hecha en la cruz es tropiezo para el mundo que no cree (Gá. 5:11). Concluye la epístola con una visión gloriosa de la cruz (Gá. 6:14) para el creyente que puede decir: "Lejos esté de mí gloriarme, sino en la cruz de nuestro Señor Jesucristo, por quien el mundo me es crucificado a mí, y yo al mundo".

En la epístola a los Efesios, Pablo trata la cruz como base de redención: "En quien tenemos redención por su sangre, el perdón de pecados según las riquezas de su gracia" (Ef. 1:7). En Cristo hay redención, porque esa operación está totalmente realizada. La obra de salvación es totalmente de Dios, puesto que no hará nada a causa de la condición del hombre, sino a pesar de ella, en lo que hizo por el pecador perdido. Esto provee de salvación a todo el que acuda a Cristo y crea en Él. Esta redención descansa en la muerte del Salvador. La justicia divina queda plenamente satisfecha con el rescate que Cristo pagó entregando su vida en sustitución del pecador. La sangre de Jesús hace cercanos a los que antes por condición estaban lejos de Dios: "Pero ahora en Cristo Jesús, vosotros que en otro tiempo estabais lejos, habéis sido hechos cercanos por la sangre de Cristo" (Ef. 2:13). Estar cerca de Dios, en plena comunión con Él, es una posición de altísimo nivel y sorprendente bendición. No se trata de que pueda haber una experiencia que permita al creyente estar más cerca de Dios, porque está absoluta y plenamente cerca de Él, puesto que está en Cristo.

En la epístola a los Filipenses, Pablo escribe el pasaje cristológico por excelencia que se ha considerado anteriormente (Fil.

2:5-11), donde se destaca que la obediencia del Señor fue hasta la muerte y muerte de cruz.

La redención por la sangre de Cristo está presente en la epístola a los Colosenses, manteniendo la misma verdad expresada en los demás escritos del apóstol: "En quien tenemos redención por su sangre, el perdón de pecados" (Col. 1:14). En esa misma epístola escribe también sobre la reconciliación relacionándola con la muerte de Jesús:

Y por medio de él reconciliar consigo todas las cosas, así las que están en la tierra como las que están en los cielos, haciendo la paz mediante la sangre de su cruz. Y a vosotros también, que erais en otro tiempo extraños y enemigos en vuestra mente, haciendo malas obras, ahora os ha reconciliado en su cuerpo de carne, por medio de la muerte, para presentaros santos y sin mancha e irreprensibles delante de él. (Col. 1:20-22)

Sería necesario atender a todos los escritos de Pablo para establecer la relación de la obra de salvación con la muerte de Jesucristo, pero los textos anteriores son un ejemplo elocuente para afirmar esta correspondencia.

Epístolas de Pedro

El tema central de la muerte de Cristo está presente desde el comienzo de su ministerio apostólico, en las primeras proclamaciones del Evangelio (Hch. 2:23; 3:15; 10:39). Esta misma línea se sigue en las epístolas. La referencia al rescate que Dios pagó para librar al pecador de la condenación del pecado es firme: "Sabiendo que fuisteis rescatados de vuestra vana manera de vivir, la cual recibisteis de vuestros padres, no con cosas corruptibles, como oro o plata, sino con la sangre preciosa de Cristo, como de un cordero sin mancha y sin contaminación" (1 P. 1:18-19). En el texto se pone con marcada precisión el precio de la redención, provisto en el derramamiento de la sangre de Jesús, en la que, como enseña también la Escritura, estaba su vida de infinito valor, que libera al creyente de la responsabilidad penal del pecado. Por esa misma causa escribe: "Quien llevó él mismo nuestros pecados en su cuerpo sobre el madero, para que nosotros, estando muertos a los pecados, vivamos a la justicia; y por cuya herida fuisteis sanados" (1 P. 2:24).

El sacrificio de Cristo, por su misma condición y razón, es irrepetible, "porque también Cristo padeció una sola vez por los pecados, el justo por los injustos, para llevarnos a Dios, siendo a la verdad muerto en la carne, pero vivificado en espíritu" (1 P. 3:18). La verdad definitiva que el apóstol Pedro hace sobre la obra de Cristo es que "padeció una sola vez", con el propósito de llevar al injusto a la relación y comunión con Dios, imposible en la condición de injusticia a causa del quebrantamiento de la ley y de la condición de esclavitud del pecado.

Epístolas de Juan

Además de las referencias, algunas de las cuales se han considerado antes, Juan hace referencia directa a la muerte de Cristo. De este modo escribe: "Pero si andamos en luz, como él está en luz, tenemos comunión unos con otros, y la sangre de Jesucristo su Hijo nos limpia de todo pecado" (1 Jn. 1:7). La sangre vertida de Jesús está disponible permanentemente para quienes están en luz. De este modo, el pecado cometido por el creyente tiene resolución, no en cuanto a perdón que ha sido perdonado definitivamente en el momento de creer, sino en relación a la comunión interrumpida por pecado oculto sin confesar que queda resuelta por confesión. El pecado es siempre un grave problema para la vida, incluida la del creyente, pero la sangre expiatoria de Cristo limpia siempre plenamente.

Juan ofrece del mismo modo que Pablo la dimensión de propiciación que está en la muerte de Jesucristo: "Y él es la propiciación por nuestros pecados; y no solamente por los nuestros, sino también por los de todo el mundo" (1 Jn. 2:2). La obra que remueve la ira de Dios para el que cree se establece en base a la muerte de Cristo. La propiciación es Cristo mismo. A diferencia de Pablo, que señala a Jesús como el propiciatorio, en simbolismo del lugar donde se vertía la sangre del sacrificio, Juan habla de propiciación, esto es, de la víctima sacrificada que propicia —es decir, el sacrificio de la cruz satisface todas las demandas de Dios en cuanto a juicio por el pecado—. Esta propiciación tiene relación con los pecados de los creyentes, pero también potencialmente con los de todo el mundo. El Salvador se hace solidario con todos los hombres, y Dios reconcilió consigo al mundo (2 Co. 5:19) para que "todo aquel que en él cree, no se pierda, mas tenga vida eterna" (Jn. 3:16). No se trata de un universalismo salvador, de modo que todos los pecados de todos los hombres queden perdonados por la propiciación de Cristo, sino que se ofrece un perdón universal por los pecados del mundo, que es disfrutado sólo por los que creen en Cristo y se acogen a Él. La misma verdad se repite: "En esto consiste el amor: no en que nosotros hayamos amado a Dios, sino en que él nos amó a nosotros, y envió a su Hijo en propiciación por nuestros pecados" (1 Jn. 4:10).

Son muchas las citas que pueden seleccionarse de otro de los escritos del apóstol: "... al que nos amó, y nos lavó de nuestros pecados con su sangre" (Ap. 1:5). La redención se hizo posible por la muerte del Salvador: "Y cantaban un nuevo cántico, diciendo: Digno eres de tomar el libro y de abrir sus sellos; porque tú fuiste inmolado, y con tu sangre nos has redimido para Dios, de todo linaje y lengua y pueblo y nación" (Ap. 5:9). En ese texto, escatológico por excelencia, se afirma la causa de salvación: "Yo le dije: Señor, tú lo sabes. Y él me dijo: Estos son los que han salido de la gran tribulación, y han lavado sus ropas, y las ha emblanquecido en la sangre del Cordero" (Ap. 7:14). Es en base a la muerte de Jesús que se obtiene el perdón de pecados, en el simbolismo del lavado de ropas que se emblanquecen de acuerdo con la nueva dimensión espiritual. Estos no son identificados por sus obras, ni por sus méritos, sino por el elemento común en todos ellos de la purificación del salvo delante de Dios. De igual modo, el Cordero inmolado garantiza la seguridad de los creyentes: "Y le adoraron todos los moradores de la tierra cuyos nombres no estaban escritos en el libro de la vida del Cordero que fue inmolado desde el principio del mundo" (Ap. 13:8). Sólo los que están inscritos en el libro de la vida tienen seguridad eterna. El título *libro de la vida* es una referencia a lo que pudiera llamarse el registro celestial de quienes son verdaderamente hijos de Dios por la fe; esta referencia está ya en el Antiguo Testamento (Ex. 32:32). La salvación se vincula aquí con el Cordero, ya que sólo es posible en base a la gracia que se manifestó en la obra redentora de Cristo. El texto tiene la complicación exegética de entender el sentido de que el Cordero fue inmolado desde el principio del mundo. Realmente el Cordero no fue inmolado desde el principio del mundo, sino en un momento determinado de la historia. Es cierto que el sacrificio redentor estaba asumido en el plan de redención que antecede a la creación del mundo (2 Ti. 1:9). Es también verdad que el modo de llevar a cabo la redención había sido establecido en la eternidad (1 P. 1:20). Sin embargo, lo que estaba establecido antes de la creación tuvo cumplimiento en el tiempo histórico determinado conforme al propósito soberano de Dios (Gá. 4:4). Lo que estaba registrado en el libro de la vida desde antes de la fundación del mundo eran los nombres de quienes serían salvos a lo largo del tiempo. La traslación del texto griego exigiría una expresión más precisa que no vinculase necesariamente el sacrificio del Cordero con el principio del mundo; incluso podría traducirse de este modo, conforme a todo el contexto en que aparece la expresión en el libro: "Cuyos nombres no estaban escritos desde el principio del mundo en el libro de la vida del Cordero que fue inmolado" —así aparece en otra cita (Ap. 17:8)—.

Epístola a los Hebreos

La dimensión cristológica del escrito es evidente. Es, además, un desarrollo de la cristología soteriológica en que el sacrificio de Jesucristo se considera en gran extensión.

En el extenso pasaje de 2:9-18 se aprecian varios aspectos de la doctrina de los sufrimientos y muerte de Cristo. Mediante la Pasión, pudo llevar muchos hijos a la gloria, para lo cual "gustó la muerte por todos". Por esta causa, aquel que es el adalid, el líder en el terreno de la fe (He. 12:2), es un Salvador experimentado y apropiado para salvar, exigiéndosele que llevara a cabo el sacrificio expiatorio y redentor para todos los creyentes. Para ello tuvo que derramar su sangre, dando la vida en precio por el pecado. Siendo sustituto de los hombres tenía que asumir la naturaleza de ellos, haciéndose hombre, vehículo que le permitía morir ocupando su lugar.

En la epístola se trata en la breve síntesis de un texto toda la grandeza y dimensión de Getsemaní (He. 5:7). El texto se ha considerado con anterioridad.

Trata también del sacrificio de Cristo como definitivo y, por lo tanto, irrepetible (He. 7:27; 10:10, 12; 12:2). Es por eso que "no tiene necesidad cada día, como aquellos sumos sacerdotes, de ofrecer primero sacrificios por sus propios pecados, y luego por los del pueblo". El sacrificio redentor no puede repetirse porque el redentor está glorificado sempiternamente y ya no puede morir.

Cerrando el tema presentado en el capítulo, se puede resumir lo considerado:

a) El valor de la muerte de Cristo es del más alto y pleno valor para Dios. Mediante esa obra se abre el camino al Padre por medio de Jesucristo. La operación salvadora permite a Dios, sin menoscabo de su santidad y justicia, poder salvar a todos los que a lo largo del tiempo creen en Jesús (Ro. 3:24-26).

b) En base a la muerte de Cristo se provee de perfecta redención del pecado, de absoluta y definitiva reconciliación del hombre con Dios y de la definitiva propiciación presentada delante de Dios.

c) El sacrificio de Cristo es de valor infinito; por tanto, también es infinito el significado y alcance del mismo, aspecto que, aunque comprensivo para el hombre, es siempre limitado, puesto que es la expresión del pensamiento y la determinación de Dios.

d) La muerte de Jesús es la única vía para la resolución del problema del pecado. Solamente de este modo podía Dios cancelar la responsabilidad penal que origina en el hombre por condición y comisión personal.

e) La obra redentora de Jesús es de eficacia plena en forma absoluta porque es de valor infinito. Nada es necesario añadir a la operación de la gracia. No necesita ser complementada con ninguna acción de hombre.

f) Todo juicio de condenación para el que ha creído queda anulado en razón de la obra que Cristo hizo al morir en la cruz (Ro. 8:1). Quedando eternamente justificado delante de Dios y por Él de toda responsabilidad penal por el pecado (Ro. 5:1).

CAPÍTULO XVII
LA RESURRECCIÓN

Introducción

Desde la cristología histórica, la vida de Jesús tiene dos partes plenamente definidas, que pueden expresarse como el antes y el después de la cruz. En la primera, su humanidad se manifiesta visible de modo que la gente dice de Él que era un hombre. En cierto modo, desde la perspectiva humana, esa vida como hombre quedó truncada en el hecho de la cruz, donde Jesús, el Hijo de Dios, el Verbo encarnado, Emanuel, Dios con nosotros, muere en sacrificio expiatorio para hacer posible la salvación de los hombres y el retorno en plena comunión de éstos con Dios. Sin embargo, a la cruz marcada por el sufrimiento y la muerte sigue la calma del sepulcro que abre la puerta a la segunda parte de la vida de Jesús, no ya en la limitación del hombre ni en la humillación del siervo, sino en el resucitado que recibe el nombre que es sobre todo nombre (Fil. 2:9).

La resurrección de Jesús establece visiblemente la verdad de que aquel que había muerto, fue resucitado por Dios, con un propósito soteriológico, por el que la salvación de los pecadores es posible, por fe en el Cristo vivo y glorificado. Por esa causa, toda la proclamación del Evangelio descansa en los dos elementos citados, la muerte y la resurrección de Jesucristo. Sin la primera es imposible el perdón; sin la segunda es imposible la donación de la vida eterna. En todos los relatos y en la doctrina apostólica aparece la gloriosa resurrección que afianza y confirma la salvación y, por consiguiente, es la base sustancial de la fe. Si Jesús no resucitó "vana es entonces nuestra predicación, vana es también vuestra fe" (1 Co. 15:14).

La resurrección confronta la lectura antitípica del Antiguo Testamento, donde los tipos sacrificiales se cumplen en el perfecto de la cruz, al tiempo que confirma la condición mesiánica de Jesús. Resucitado de entre los muertos, es presentado como el Hijo de Dios, eternamente engendrado del Padre (Hch. 13:30, 33). Esta resurrección como verdad divina revelada en la Escritura se sustancia en la realidad visible de aquel que fue levantado de la muerte. Al mismo tiempo, es la firme seguridad de que como Él resucitó, así también los que están en Él serán también resucitados. La resurrección permite el gran milagro de la comunicación de la vida eterna, privativa de Dios, que se da a los creyentes en el hecho de vinculación con el resucitado, fluyendo su vida eterna hacia ellos como consecuencia de que es realmente el único mediador entre Dios y los hombres. El que compartió humanidad con los humanos, hace compartir con ellos la vida eterna.

La seguridad del Reino de los cielos descansa en el hecho de la resurrección de quien es proclamado cósmicamente rey de reyes y Señor de señores. Sólo es posible la dotación del nombre de autoridad suprema a quien, habiendo muerto, también fue resucitado.

La resurrección de Cristo y sus consecuencias exigirían una extensión de estudio que supera los límites de esta tesis. Requeriría tratar exegéticamente las muchas profecías del Antiguo Testamento cumplidas allí. A ello seguiría la consideración de los relatos sobre el hecho en los evangelios. Pero no podría terminar sin el estudio de la doctrina dogmática establecida, no solo sobre un hecho histórico, sino como sustento teológico de la fe en los escritos apostólicos.

Nuevamente, los hechos que sustentan la verdad de que Jesús fue resucitado descansan esencialmente en los relatos y citas al hecho en el Nuevo Testamento. Con todo, es necesario apreciar que el hecho en sí de la resurrección —esto es el relato del instante mismo en que el cuerpo físico de Jesús, puesto en el sepulcro después de haber muerto en la cruz, es transformado por el poder de Dios y dotado de las condiciones propias del cuerpo de resurrección— es también ejemplo de cómo será el de los creyentes cuando sean resucitados. El modo de la resurrección no es un hecho que pueda verificarse como cualquier otro suceso en la vida cotidiana. El testimonio de aquellos muchos a quienes el resucitado se manifestó es la prueba de un hecho, pero no la descripción del hecho en sí, reservado al secreto de Dios. El cambio de la corporeidad que fue visible a los hombres durante el tiempo de vida terrenal de Cristo se transforma en un cuerpo de características diferentes, que puede manifestarse de otra manera, de modo que los que habían tenido una relación personal con Él y le conocían perfectamente pueden confundirlo con el guardián del parque donde estaba el sepulcro o con un peregrino desconocido que va por el mismo camino que seguían los discípulos de Emaús. Es solo en un segundo tiempo que captan la realidad sobre quién es el que desconocían, entendiendo entonces que era el mismo que había muerto y estaba resucitado. Es entonces que la fe se establece descansando en el hecho de que Dios lo ha acreditado resucitándolo de los muertos y que está vivo.

Las fuentes que permiten establecer la realidad de la resurrección de Cristo pueden dividirse de la siguiente manera, que será el modo de presentarlas en el texto: a) Confesiones de fe —entre las que están las completas, que expresan la fe sobre la resurrección; las sencillas, que son breves frases que expresan la fe; y las intermedias, que, sin llegar a la extensión de las completas, son más extensas que las sencillas—. b) Notas kerigmáticas —registradas en discursos de proclamación del evangelio, tomadas de los apóstoles Pedro y Pablo—. c) Himnos de la iglesia primitiva que recogen la doctrina de la resurrección. d) Relatos y cristofanías tomados de los escritos del Nuevo Testamento en los que aparecen narraciones vinculadas con la resurrección.

Finalmente, la resurrección está presente en los tipos del Antiguo Testamento y, aunque pertenecen a la tipología exegética, sin entrar en la dimensión que exigiría, se hace una referencia a los principales textos que contienen el tipo, comenzando el desarrollo del capítulo por estos, como anticipo del hecho real de la resurrección de Jesús en los relatos y expresiones de fe en el Nuevo Testamento.

El orden del capítulo será este: 1) Tipos de la resurrección en el Antiguo Testamento; 2) Predicciones de Jesús; 3) Confesiones de fe; 4) Expresiones kerigmáticas; 5) Himnos; 6) Relatos y cristofanías; 7) Controversias sobre la resurrección.

Tipos y profecías de la resurrección en el Antiguo Testamento

No hay nada en la vida de Jesús que no tenga una referencia profética. Por esa razón dijo a los discípulos: "Estas son las palabras que os hablé, estando aún con vosotros: que era necesario que se cumpliese todo lo que está escrito de mí en la ley de Moisés, en los profetas y en los salmos" (Lc. 24:44). En ese mismo sentido, la resurrección estaba profetizada: "Así está escrito, y así fue necesario que el Cristo padeciese, y resucitase de los muertos al tercer día" (Lc. 24:46). Estos anuncios sobre la resurrección se encuentran de dos formas: a) En los tipos, modo en que aparece en la ley de Moisés; b) En el mensaje profético.

Tipos

Siguiendo el orden de los libros del Antiguo Testamento, está presente en el sacerdocio de Melquisedec. Así se lee: "Entonces Melquisedec, rey de Salem y sacerdote del Dios Altísimo, sacó pan y vino" (Gn. 14:18). El sacerdocio del pueblo de Israel tenía que ser renovado continuamente por la muerte de los sacerdotes (He. 7:23). El de Cristo, tipificado por el de Melquisedec, permanece para siempre (He. 7:20, 24, 25). Necesariamente un sacerdocio perpetuo en relación con Cristo solo es posible por la resurrección. Además, por la resurrección pudo presentar un sacrificio perfecto que no tiene necesidad de ser repetido de tiempo en tiempo.

El tipo de las dos avecillas es un anticipo de la resurrección de Jesús. De este modo se lee en la ordenanza de la ley:

El sacerdote mandará luego que se tomen para el que se purifica dos avecillas vivas, limpias, y madera de cedro, grana e hisopo. Y mandará el sacerdote matar una avecilla en un vaso de barro sobre aguas corrientes. Después tomará la avecilla viva, el cedro, la grana y el hisopo, y los mojará con la avecilla viva en la sangre de la avecilla muerta sobre las aguas corrientes; y rociará siete veces sobre el que se purifica de la lepra, y le declarará limpio; y soltará la avecilla viva en el campo. (Lv. 14:4-7)

Las dos avecillas son tipo de la obra de Cristo, en el aspecto de su muerte y de su resurrección, acciones que conjuntamente permiten la purificación del pecador creyente, como ocurría con la del leproso, cuya enfermedad es tipo del pecado que contamina y separa de la comunión con Dios. Así Jesucristo fue muerto por nuestras transgresiones y resucitado para nuestra justificación (Ro. 4:25). La avecilla mojada en la sangre de la que había sido muerta y suelta en el campo simboliza la resurrección y ascensión de Jesucristo, quien presenta en sí mismo la obra redentora en la presencia de Dios (He. 9:11-28).

También existe el tipo de las primicias, cuyo establecimiento se registra de este modo en la ley de Moisés:

Habla a los hijos de Israel y diles: Cuando hayáis entrado en la tierra que yo os doy, y seguéis su mies, traeréis al sacerdote una gavilla por primicia de los primeros frutos de vuestra siega. Y el sacerdote mecerá la gavilla delante de Jehová, para que seáis aceptos; el día siguiente del día de reposo la mecerá. (Lv. 23:10-11)

Del mismo modo que la gavilla mecida representaba en la presencia de Dios el fruto de la siembra, en una abundante cosecha, así Cristo, como primicias, lo hace realidad en la resurrección (1 Co. 15:23). Su cuerpo resucitado es el primero de los muchos que serán resucitados como consecuencia de su obra.

La vara de Aarón, que reverdeció, es otro tipo de la resurrección de Cristo en la ley de Moisés. De este modo se lee en otro de los escritos suyos: "Y aconteció que el día siguiente vino Moisés al tabernáculo del testimonio; y he aquí que la vara de Aarón de la casa de Leví había reverdecido, y echado flores, y arrojado renuevos, y producido almendras" (Nm. 17:8). Esta vara que floreció es tipo de Cristo en su resurrección y su reconocimiento por Dios como sumo sacerdote del nuevo orden. Las varas llevadas por los jefes de cada tribu estaban secas y sólo la de Aarón reverdeció. Así ocurre con todos los sistemas religiosos en el mundo, cuyos fundadores murieron y sólo Jesús, que no fundó una religión, sino que proveyó de una nueva vida, ha resucitado y fructifica para Dios. Él fue resucitado de entre los muertos y exaltado para ser sumo sacerdote para siempre (He. 4:14; 5:4-10).

Profecías

Hay solamente tres profecías concretas sobre la resurrección de Cristo, las tres en los Salmos. La primera dice: "Se alegró por tanto mi corazón, y se gozó mi alma; mi carne también reposará confiadamente; porque no dejarás mi alma en el Seol, ni permitirás que tu santo vea corrupción" (Sal. 16:9-10). Aunque los críticos consideran que estos textos nada tienen que ver con la resurrección de Cristo, sino que apuntan a la esperanza en la resurrección que tenía David, el contenido del texto en sí mismo exige otra interpretación, puesto que se afirma en la frase final que no permitirás que "vea corrupción", cuando ningún hombre que muere ha evitado lo que es propio de la muerte. Tanto el apóstol Pedro, como el apóstol Pablo, usan la referencia del Salmo para aplicarla a Cristo (Hch. 2:24-31; 13:34-37). Aunque ciertamente la muerte se manifestó en Jesús y estuvo en esa situación desde la cruz hasta la resurrección, su cuerpo no se corrompió. Es el ejemplo de lo que ocurrirá con los creyentes vivos que sean trasladados en el tiempo en que Cristo venga a buscar a su Iglesia (1 Co. 15:42-57). No es menos cierto que, aunque el Señor estuvo sujeto a la muerte, es también el "único que tiene inmortalidad" (1 Ti. 6:16).

El Salmo 22 contiene en la primera parte la profecía sobre la muerte de Jesús en la cruz, mientras que en la segunda (vv. 22-32) se describe la resurrección y sus consecuencias. Aquel que muere y es desamparado en la descripción de la cruz es el que proclama la gloria de Dios en su resurrección delante de los que temen a Dios. En gran medida, el cumplimiento se produjo en el encuentro de Jesús con los suyos y se extiende a lo largo de los siglos en la comunidad de los cristianos que glorifican a Dios por la obra de gracia.

Sobre la condición de piedra sustentadora que es Cristo, en su resurrección y glorificación, se lee: "La piedra que desecharon los edificadores ha venido a ser cabeza del ángulo. De parte de Jehová es esto, y es cosa maravillosa a nuestros ojos. Este es el día que hizo Jehová; nos gozaremos y alegraremos en él" (Sal. 118:22-24). El texto es utilizado por el apóstol Pedro en respuesta a la pregunta que le formularon en el sanedrín, en presencia del sumo sacerdote y de los principales del pueblo. Con precisión afirmó que Jesús había sido resucitado de los muertos, por lo que vivo y glorificado podía manifestar su poder en el milagro de la sanidad de un hombre cojo. La piedra, figura de Jesús, rechazada por los hombres, con la manifestación inequívoca de haberle crucificado, había sido constituida por Dios como cabeza del ángulo en la edificación de la Iglesia. La resurrección del Señor era una realidad y producía la natural alegría en todos los que la podían legitimar.

Predicciones de Jesús

El mismo Señor que anunció su muerte a los discípulos también les predijo su resurrección. La realidad de estos anuncios no fue atendida por ellos, puesto que, reconociéndolo como el Mesías enviado por Dios, vinculaban su existencia terrenal y el objetivo final de su ministerio al establecimiento del Reino de los cielos proféticamente anunciado. Por esa razón, luego de haberles anunciado que subían a Jerusalén, donde sería entregado en manos de los hombres y crucificado, dos de ellos le pidieron puestos de honor a su derecha y a su izquierda en el Reino (Mt. 20:21; Mr. 10:37).

Con todo, la muerte y resurrección de Jesús no significó en modo alguno la cancelación del programa mesiánico y la futura manifestación del Reino de los cielos establecido en el mundo, puesto que Dios había determinado y establecido a su Hijo como rey (Sal. 2:6-9). El error de aquellos es también el de otros intérpretes, al enseñar que Jesús había venido al mundo para reinar, que ofreció el reino a Israel y que, al ser rechazado y no poder establecerlo, se volvió en un programa espiritual a todos los hombres. Tal enseñanza conculca la de la profecía, que con toda claridad menciona dos venidas de Cristo. La primera, que tuvo lugar desde la concepción y el nacimiento, tenía que ver con la redención del hombre, en el cumplimiento del plan establecido desde antes de la creación y que, por ser designio divino, no quedará incumplido (Ef. 1:1 ss.; 2 Ti. 19; 1 P. 1:18-20).

La primera predicción es un tanto velada para el entendimiento de quienes la oyeron de Él, muy al principio de su ministerio: "Destruid este templo, y en tres días lo levantaré" (Jn. 2:19), entendiendo el sentido pleno después de la resurrección y conociendo que no hablaba del templo de Jerusalén, sino de sí mismo (Jn 2:22). De la misma manera, el Señor amplió la comprensión de los discípulos de Emaús, incrédulos, abriéndoles las Escrituras y diciéndoles: "Así está escrito, y así fue necesario que el Cristo padeciese, y resucitase de los muertos al tercer día" (Lc. 24:46). Mientras los discípulos no entendieron las palabras de Jesús sobre la resurrección, los judíos adversarios suyos sí las habían comprendido, de manera que al pedir a Pilato que asegurase la tumba donde había sido puesto, le dijeron:

Señor, nos acordamos que aquel engañador dijo, viviendo aún: Después de tres días resucitaré. Manda, pues, que se asegure el sepulcro hasta el tercer día, no sea que vengan sus discípulos de noche, y lo hurten, y digan al pueblo: Resucitó de entre los muertos. Y será el postrer error peor que el primero. (Mt. 27:63, 64)

Las predicciones de Jesús son las siguientes:

Mt. 16:21; Lc. 9:22; 18:33: En el texto según Mateo se lee: "Desde entonces comenzó Jesús a declarar a sus discípulos que le era necesario ir a Jerusalén y padecer mucho de los ancianos, de los principales sacerdotes y de los escribas; y ser muerto, y resucitar al tercer día". Si bien los sufrimientos que desembocarían en su muerte se producirían, está el aliento de la resurrección que se proyectaba como el triunfo definitivo de su obra y la promesa de un rencuentro feliz tras el sufrimiento y la muerte.

Mt. 17:22-23: "Estando ellos en Galilea, Jesús les dijo: El Hijo del Hombre será entregado en manos de hombres, y le matarán; mas al tercer día resucitará". En su humanidad moriría; desde ella no podía resucitarse a sí mismo, pero podía hacerlo en cuanto a su deidad, de ahí que dijese: "Por eso me ama el Padre, porque yo pongo mi vida, para volverla a tomar. Nadie me la quita, sino que yo de mí mismo la pongo. Tengo poder para ponerla, y tengo poder para volverla a tomar. Este mandamiento recibí de mi Padre" (Jn. 10:17-18). La comunicación de vida de resurrección al hombre Jesús de Nazaret, la naturaleza humana del Verbo encarnado, era potestativa también del Hijo como persona divina.

Mt. 20:17-19; Mr. 9:31: Jesús detalla aspectos de la Pasión y concluye diciendo a sus discípulos, conforme al texto según Mateo: "… le entregarán a los gentiles para que le escarnezcan, le azoten, y le crucifiquen; mas al tercer día resucitará". Anticipaba el triunfo final y definitivo sobre la muerte. El tremendo conflicto y sufrimiento de la cruz quedaría superado en todo por el triunfo de la resurrección. Daba su vida y recibía también la vida que lo levantaría de entre los muertos. El Señor sabía que los sufrimientos y la muerte llevaban inexorablemente a ese día, que no sería al final de un largo tiempo, sino en la cercanía, ya que al tercer día iba a resucitar.

Mt. 26:32; Mr. 14:28: De nuevo la perspectiva de la cruz estaba delante en las palabras recogidas por Mateo antes de que les dijese: "Pero después que haya resucitado, iré delante de vosotros a Galilea". El Señor anuncia su resurrección en forma clara y el encuentro con ellos. Jesús les había anunciado la deserción de ellos y el esparcimiento del rebaño, pero luego de la resurrección ya no ocurriría algo así. Sería un tiempo nuevo; una nueva relación esperaba a los discípulos y, en general, a todos los cristianos con el Señor resucitado.

Jn. 10:17-18: Así recoge Juan las palabras de Jesús: "Por eso me ama el Padre, porque yo pongo mi vida, para volverla a tomar. Nadie me la quita, sino que yo de mí mismo la pongo. Tengo poder para ponerla, y tengo poder para volverla a tomar. Este mandamiento recibí de mi Padre". La resurrección de Cristo forma parte unida en la obra de redención. No solo entrega su vida, sino que la toma nuevamente. Es necesario entender que no son dos elementos disociados, de modo que la muerte de Jesús como sacrificio expiatorio es necesaria para el perdón del pecado, mientras que la resurrección fuese la razón complementaria a la fe del pecador; son dos elementos necesarios para la justificación del impío. Lo que se trata es de fundamentar tanto en la muerte como en la resurrección la causa y razón de la salvación del pecador. Jesús resucitado es la base por la que Dios puede hacer al creyente "justicia de Dios en Él" (2 Co. 5:21). Si no hubiera resucitado la posición en Cristo no sería posible. La comunicación de vida nueva solo se alcanza en Él; por tanto, era de todo punto necesaria para la realidad de la justificación y salvación del impío. Sin la resurrección, no hubiera sido posible la justificación del pecador porque no habría objeto de fe, ni manifestación del sacrificio expiatorio, ni intercesor, ni abogado. Pablo afirma categóricamente esta verdad: "Y si Cristo no resucitó, vuestra fe es vana; aún estáis en vuestros pecados" (1 Co. 15:17). La fe en un Cristo muerto sería una fe muerta. Sólo Cristo resucitado puede ser espíritu vivificante (1 Co. 15:45). Solo así puede dar vida a sus ovejas. La resurrección de Jesús pone de manifiesto la consumación de la obra de redención hecha por Él. Dios acredita a Jesús como su Hijo mediante la resurrección. Por tanto, quien lo entrega también lo resucita, siendo conocido como "el que resucitó a Jesús de entre los muertos" (Ro. 8:11; 1 Co. 6:14; 2 Co. 4:14; Gá. 1:1; Col. 2:12; He. 13:20). Sin embargo, aquí se presenta al Pastor que, habiendo dado su vida, la toma otra vez. La resurrección es una manifestación de la omnipotencia divina, y tanto el Padre como el Hijo y el Espíritu participan en ella. Expresa la revelación última de Dios. Es el que "da vida a los muertos, y llama las cosas que no son, como si fuesen" (Ro. 4:17). A partir de ahí, el destino de los creyentes y el de Cristo, en quien depositan su fe, son inseparables. Sin esa resurrección nadie podría ser justificado. En el resucitado, Dios se revela como el Dios de la esperanza, de la paz y, con ello, en esa relación de paz, el Dios de nuestra justificación, como se afirma en otros lugares (cf. Ro. 15:5, 13, 33; 16:20; 2 Co. 13:11; Fil. 4:7-9; 1 Ts. 5:23; 2 Ts. 3:16). Sólo el resucitado es el sí de Dios y su amén; por tanto, es el sí incondicional que Dios da al que cree (2 Co. 1:20). La vida solo es posible y tiene contenido en Cristo resucitado (Gá. 2:20; Fil. 1:21). Él es causa de salvación eterna para todos los que lo obedecen.

Confesiones de fe

Sencillas

Se entiende como tales a las expresiones de fe que eran propias de la iglesia primitiva, que están registradas en algún lugar de los escritos del Nuevo Testamento y que, además, tienen una extensión breve o corta. Entre esas confesiones de fe se puede seleccionar la siguiente.

Ro. 10:9: "Si confesares con tu boca que Jesús es el Señor, y creyeres en tu corazón que Dios le levantó de los muertos, serás salvo". Pudiera muy bien tratarse de una confesión de fe pre-bautismal a la que estaban acostumbrados los creyentes. Muchos eruditos entienden que esa era la fórmula de la liturgia bautismal en la iglesia primitiva, en la que el que se bautizaba respondía con esta fórmula de fe que resumía el kerigma elemental, donde testificaba que para él Jesús era el Señor y que había creído en su resurrección. Lo que se cree con el corazón, o también en el corazón, que producirá la confesión con la boca del reconocimiento de que Jesús es el Señor, está plenamente vinculado con la verdad histórica de su resurrección: "Si creyeres en tu corazón que Dios le resucito de los muertos…". No es posible confesar que Jesús es Señor sin creer que fue resucitado de los muertos. Por medio de la resurrección es posible el señorío de Jesús. La fe en el resucitado determina la salvación. La muerte y la resurrección de Jesús son el núcleo del evangelio (1 Co. 15:1-4). Como ya se consideró antes, sin la muerte no hay expiación y sin la resurrección no hay justificación (Ro. 4:25).

Intermedias

Son confesiones de fe que tienen una extensión mayor, sin llegar al tamaño de las completas. Entre estas están:

Ro. 1:1-4:

Pablo, siervo de Jesucristo, llamado a ser apóstol, apartado para el evangelio de Dios, que él había prometido antes por sus profetas en las santas Escrituras, acerca de su Hijo, nuestro Señor Jesucristo, que era del linaje de David según la carne, que fue declarado Hijo de Dios con poder, según el Espíritu de santidad, por la resurrección de entre los muertos.

Después de referirse en una síntesis al Evangelio que predicaba, en el que se ponen de manifiesto aspectos personales de Jesucristo, su linaje según la carne, su condición de Hijo de Dios, pasa a centrar la atención en la declaración como Hijo por la resurrección. Jesús se ofreció sí mismo al Padre por el Espíritu como sacrificio (He. 9:14) y el Padre lo levantó con poder (6:4; Ef. 1:19, 20), por cuya obra fue declarado definitivamente como Hijo de Dios. El estado de humillación asumido cuando tomó forma de siervo (Fil. 2:7) concluye definitivamente en la resurrección, donde es designado para ser Hijo de Dios en poder, es decir, investido de poder. Esta designación estaba determinada desde la eternidad, lo mismo que la obra redentora, y ejecutada en el tiempo según lo profetizado (Sal. 2:7, 8).

El apóstol Pablo afirma que Jesucristo fue declarado Hijo de Dios[1]. El verbo[2] que utiliza aquí tiene un amplio significado como determinar, decretar, designar, no se trata de una simple declaración, sino de una determinación que lo eleva a la dignidad suprema de Señor. La pregunta surge necesariamente: ¿Acaso no es eternamente el Hijo de Dios? ¿Dejó de serlo en la encarnación? ¿Es que en la cruz la deidad abandonó a la humanidad para retomarla luego de la resurrección? En ninguna manera. Jesús es Dios manifestado en carne. A los ojos de los hombres "sin atractivo para desearlo" (Is. 53:2). Durante su ministerio, la humanidad expresiva veló la gloria de la deidad, de manera que los hombres lo sintieron como un hombre grande, pero, salvo los discípulos, nadie lo proclamó como el Hijo del Dios viviente (Mt. 16:16). Tan sólo era, a ojos de los hombres, el despreciado y desechado. Todavía más, para los judíos, el Mesías no podía morir, ya que estaba determinado para ser rey de reyes y Señor de señores. Los mismos discípulos que reconocían en Él al enviado e Hijo de Dios no podían entender, abrumados por el pensamiento teológico que se les había imbuido, cómo el Hijo de Dios podía morir, ya que, si era Dios, ¿quién podría resucitarlo? Sin embargo, el Padre había hecho oír su voz reconociendo a Jesús como su Hijo (Mt. 3:17). Jesús en el plano de su naturaleza divina conocía todas las cosas, no es posible de otro modo, ya que es el Logos que expresa exhaustivamente al Padre y que conoce todo cuanto el Padre conoce, sin embargo, desde la naturaleza humana, el conocimiento sobrenatural le era comunicado por la persona divina del Hijo, en quien subsiste su humanidad, en la

---

1 Griego: ὁρισθέντος Υἱοῦ Θεοῦ.

2 Griego: ὁρίζω.

medida en que era necesario para su ministerio, reservando a ella el conocimiento que sólo Dios puede tener. Así, el Hijo, en su naturaleza humana, agoniza en Getsemaní, clamando al Padre con gran clamor y lágrimas (He. 5:7), pidiéndole la solución a la situación de muerte espiritual que, como Dios, conocía, pero no desde su humanidad. Es Jesús quien desde su humanidad pide al Padre que le glorifique junto a Él con la gloria que había compartido a su lado eternamente (Jn. 17:5). Quienes lo crucificaron e injuriaron vieron en ese acto la debilidad de quien se había declarado Hijo de Dios y que, a los ojos humanos, era sólo una ilusión que se desvanecía en la cruz (Lc. 23:35-37). La muerte le alcanzó al término del tiempo de crucifixión, si bien el control de su vida estuvo permanentemente en su mano y sólo expiró cuando la obra redentora se había consumado. Su cuerpo sin vida fue puesto en la tumba y todos, los enemigos y los discípulos, dejaron de pensar en sus palabras de resurrección; aparentemente todo había concluido. Sin embargo, Dios había determinado constituirlo, ponerlo en la posición que le correspondía como Hijo de Dios, y lo haría mediante la resurrección, primer paso en el proceso de la glorificación.

Es necesario, siguiendo el texto desde la traducción española[3], apreciar que la declaración divina afirma que fue un acto con poder, lo que da a entender que el poder divino actuó para resucitar a Jesús. Esta es, sin duda, una verdad de fe. El Padre levantó a Jesús de los muertos con poder (Ro. 6:4; Ef. 1:19, 20). Pero no es el poder que actuó en la resurrección de la humanidad de Cristo, sino el poder que pone de manifiesto que Jesús es el Señor, es decir, es designado para ser Hijo de Dios en poder o investido de poder. El poder en plenitud que como Dios le corresponde y tiene eternamente, y que había estado oculto bajo el manto de su humanidad, en la resurrección y luego en la glorificación y exaltación a la diestra de Dios se iba a hacer extensivo visiblemente a su humanidad resucitada de entre los muertos. Aquel que fue en su experiencia de vida entre los hombres, como hombre, un hombre más, es ahora el glorioso Señor que en su humanidad resucitada y glorificada manifiesta la grandeza de su condición de Hijo. Esa gloria fue la que impactó a Juan cuando le fue revelada en Patmos, haciéndolo caer como muerto a sus pies (Ap. 1:17). Esa designación y proclamación —las dos cosas están comprendidas— se puso de manifiesto en la primera predicación del evangelio en Pentecostés, en la que el apóstol Pedro dijo: "Sepa, pues, ciertísimamente toda la

---

[3] Griego: ἐν δυνάμει κατὰ Πνεῦμα ἁγιωσύνης.

casa de Israel, que a este Jesús a quien vosotros crucificasteis, Dios le ha hecho Señor y Cristo" (Hch. 2:36). No puede haber evangelio sin la proclamación de la muerte del Salvador, pero tampoco puede haberlo sin la de su resurrección. Ambas cosas son imprescindibles para la salvación: "El cual fue entregado por nuestras transgresiones, y resucitado para nuestra justificación" (4:25). La resurrección es el punto de inflexión del estado de humillación, es la revelación cósmica y universal de que Él es el Hijo de Dios y tiene en sí mismo el poder que le corresponde como tal. Jesús es definitivamente la manifestación suprema de Dios, el verdadero significado de Jesús es la constitución del Hijo del Hombre como Hijo de Dios. Eso marca un cambio definitivo, como el mismo apóstol expresa: "Y aun si a Cristo conocimos según la carne, ya no lo conocemos así" (2 Co. 5:16). Aquí caen y se desvanecen todas las teorías que el liberalismo, ignorando conscientemente la verdad bíblica, ha pretendido establecer cuando habla del Jesús de la historia y del Jesús de la fe, como si pudieran ser distintos uno del otro. Para quienes dudan de la inspiración plenaria, el Jesús de la historia fue uno que murió y que nadie sabe con certeza si resucitó, mientras que el Jesús de la fe es el mito cristiano que exalta a Jesús de Nazaret a la suprema grandeza como base y fundamento necesario para la fe. Esta es la más burda mentira que se ha podido establecer. Pablo dice aquí que el Jesús histórico no es otro que el que Dios ha proclamado, designado, establecido ante todos como su Hijo.

1 Ts. 1:9-10: "Porque ellos mismos cuentan de nosotros la manera en que nos recibisteis, y cómo os convertisteis de los ídolos a Dios, para servir al Dios vivo y verdadero, y esperar de los cielos a su Hijo, al cual resucitó de los muertos, a Jesús, quien nos libra de la ira venidera". En los versículos se expresa la fe cristiana iniciándose por la recepción de los proclamadores del evangelio y produciéndose en ellos la conversión desde los ídolos, como se aprecia en el texto griego[4], al Dios vivo y verdadero. Mientras que los ídolos son dioses muertos, el único Dios vive y es fiel. La iglesia evangeliza, testifica, sirve a Dios y espera a Cristo. El verbo *esperar*[5] adquiere aquí la idea de expectación. Es una espera paciente, pero a su vez constante. En medio de circunstancias cambiantes espera al Hijo de Dios que vendrá

[4] Texto griego: αὐτοὶ γὰρ περὶ ἡμῶν ἀπαγγέλλουσιν ὁποίαν εἴσοδον ἔσχομεν πρὸς ὑμᾶς, καὶ πῶς ἐπεστρέψατε πρὸς τὸν Θεὸν ἀπὸ τῶν εἰδώλων δουλεύειν Θεῷ ζῶντι καὶ ἀληθινῷ.

[5] Griego: ἀναμένω.

de los cielos. En ocasiones la tardanza, siempre larga para el hombre del retorno de Cristo, pone en peligro la fe de nuestra esperanza, para hundirse en el desaliento.

Si viene de los cielos, no hay duda que tuvo que ascender a ellos luego de la muerte, con lo que comporta, como dice el texto, su resurrección. El Padre es el Dios Todopoderoso, el Omnipotente, como lo pone de manifiesto por la operación de su poder, que resucitó a Jesús de entre los muertos. La resurrección es un acontecimiento escatológico que transciende al tiempo. Muerte y resurrección no son dos actos sucesivos, sino un acto doble que afecta al sujeto de ambas cosas, que es Jesús, pero, al mismo tiempo se distinguen dos sujetos relacionados íntimamente con ambos momentos: el sujeto de la muerte es Jesús, el de la resurrección es Dios. El resucitado corporalmente es integrado y confirmado en sus elementos constitutivos temporales en la misma vida divina proclamando su humanidad como Señor, por cuanto el hombre Jesús está vinculado inseparablemente y forma hipóstasis en la deidad de la segunda persona divina. Jesús es constituido Señor porque, desde la resurrección y glorificación, su humanidad está presente en la Iglesia, en la creación y en el trono de Dios. Jesús, en el plano de su humanidad glorificada, perpetuamente subsistente en su persona divina, viene a ser vivificador de todos los que creen en Él, por acceso de Jesús a la vida de Dios. Jesús que antes estaba muerto es ahora el viviente (Ro. 4:17; 1 Co. 15:22-45; 1 P. 3:18). Es interesante notar que, en la resurrección y exaltación de Cristo, el Nuevo Testamento no utiliza el término que expresan una vida visible[6], ya que no se trata de recuperar la vida física de entre los muertos, sino de entrar de lleno a la razón y forma del vivir divino. No cabe duda de que para ello era necesario que se interrumpiese el estado de muerte física en que Jesús estaba, por voluntad propia, pero no se trata de repetir la vida biológica interrumpida por la muerte física, sino de transmutarla cualitativamente, esto es, pasarla a una experiencia diferente de participación en la gloriosa vida de Dios. De otra manera, no se trata de dotarlo de una nueva vida, sino de convertirlo en una nueva cosa, como novedad personal que va mucho más allá de una perpetuación de la vida temporal resucitada. La energía divina que produjo la resurrección de la humanidad de Jesús es la misma que actúa en cada creyente. La verdad bíblica de la resurrección de Jesucristo por el poder de Dios es una verdad

[6] Griego: βίοV.

fundamental que se reitera en varios lugares del Nuevo Testamento (Hch. 3:15; 4:10; 5:30; 10:40; 13:37; Ro. 4:24; 8:11; 10:9; 1 Co. 6:14; 15:15; 2 Co. 4:14; Gá. 1:1; Col. 2:12; 1 Ts. 1:10; 1 P. 1:21).

Completas

Son aquellas con un amplio contenido en doctrina, en mayor extensión que las mencionadas antes. Seleccionamos como ejemplo de ellas, entre las que quedan registradas en los escritos del Nuevo Testamento, las siguientes:

1 Co. 15:1-11: En el párrafo, el apóstol hace un resumen del Evangelio que predicaba y que también habían escuchado los corintios. En primer lugar, les recuerda que proclamó la muerte de Jesús: "Porque primeramente os he enseñado lo que asimismo recibí: Que Cristo murió por nuestros pecados, conforme a las Escrituras; y que fue sepultado, y que resucitó al tercer día, conforme a las Escrituras" (vv. 3, 4). El Evangelio que Pablo predicó a los corintios, luego de proclamar la muerte de Jesucristo, enseñaba sobre la sepultura del Señor. Esta era una segunda materia de fe. El Salvador murió realmente; por tanto, fue sepultado. Nadie podía negar este hecho histórico. Incluso los fariseos, enemigos de Cristo y del plan de redención de Dios, que propalaron la mentira de que los discípulos habían robado el cuerpo puesto en la tumba, tenían que reconocer que Pilato concedió el cuerpo de Jesús para darle sepultura cuando tuvo la certeza, por testimonio del centurión, de que había muerto. Esta es la única referencia al enterramiento de Jesús fuera de los evangelios y de las referencias que ocurren en Hechos (cf. Hch. 2:29; 13:29). El gobernador romano comprobó la muerte de Jesús. Antes de morir, entregó el Espíritu al Padre (Lc. 23:46). Los soldados verificaron también la realidad de su muerte (Jn. 19:33). El costado abierto por la lanza de uno de ellos testificaba que se trataba de un cuerpo muerto (Jn. 19:34). El testimonio apostólico declaraba que el Señor fue descendido de la cruz y puesto en un sepulcro nuevo (Hch. 13:29). Para Pablo no había duda alguna de que Jesús había resucitado. Como fariseo perseguidor de la iglesia, tenía el testimonio de los líderes religiosos que acreditaban su muerte en la cruz, para negar luego su resurrección. Pero, en el camino a Damasco, Jesús habló con Pablo y le mostró su gloria, por tanto, no tenía duda alguna de que había sido sepultado. Para el apóstol, la tumba mira al pasado como conclusión de la obra de redención en la vida entregada del

Salvador, pero también abre la puerta al futuro de su resurrección, que es el siguiente punto en el evangelio que había predicado en la fundación de la iglesia en Corinto.

Si importancia capital tenían su muerte y sepultura, no menos la tiene su resurrección, como se lee en el texto paulino[7]. El apóstol utiliza aquí el verbo resucitar[8] en perfecto de indicativo, que indica una acción definitivamente hecha, es decir, Jesús ha sido resucitado y, por tanto, sigue vivo. La resurrección de Cristo es base fundamental de la fe cristiana y es vital puesto que por ella se hace posible la justificación del que cree, es decir, Jesús resucitado es la base por la que Dios puede hacer al creyente "justicia de Dios en Él" (2 Co. 5:21). Si no hubiese resucitado, la posición en Cristo sería imposible. La comunicación de vida eterna solo es posible en Él; por tanto, la resurrección era de todo punto necesaria para la justificación y salvación del impío. Sin la resurrección no hubiera sido posible la justificación del pecador porque no habría objeto de fe, ni manifestación del sacrificio expiatorio (Ro. 3:25), ni intercesor, ni abogado. Pablo afirma categóricamente esta verdad un poco más adelante: "Y si Cristo no resucitó, vuestra fe es vana; aún estáis en vuestros pecados" (1 Co. 15:17). La fe en un Cristo muerto sería una fe muerta. Sólo si verdaderamente resucitó puede ser espíritu vivificante (1 Co. 15:45). La resurrección de Jesús pone de manifiesto la consumación de la obra de redención hecha por Él. Dios acredita a Jesús como su Hijo mediante la resurrección. Por tanto, quien lo entrega también lo resucita, siendo conocido en adelante como "el que resucitó a Jesús de entre los muertos" (Ro. 8:11; 1 Co. 6:14; 2 Co. 4:14; Gá. 1:1; Col. 2:12; He. 13:20). La resurrección expresa la revelación última de Dios. Es el que "da vida a los muertos, y llama las cosas que no son, como si fuesen" (Ro. 4:17), es el que crea todo lo que existe, llamándolo a la existencia desde la no-existencia, el que levanta un pueblo desde la muerte para procrear de Abraham y la esterilidad de Sara, el que saca de la muerte a Jesús, el que da vida a los muertos y el que justifica al impío (Ro. 4:4-5). La fe en la resurrección de Cristo es la fe en la obra que Dios hace para vivificar a quien, estando muerto en pecados, está alejado de la única vida verdadera que es la de Dios mismo, que se otorga en Cristo al que cree. Cristo es el primogénito de la nueva creación y, sobre todo, de la nueva humanidad (Ro. 8:29). Es el consumador de la

---

[7] Texto griego: καὶ ὅτι ἐγήγερται τῇ ἡμέρᾳ τῇ τρίτῃ.
[8] Griego: ἐγείρω.

fe (He. 12:2), el Adán postrero se hace espíritu que hace vivir (1 Co. 15:44-49). A partir de ahí, el destino de los creyentes y el de Cristo, en quien depositan su fe, son inseparables. Sin esa resurrección, nadie podría ser justificado. En el resucitado, Dios se revela como el Dios de la esperanza, de la paz y con ello, en esa relación de paz, el Dios de nuestra justificación (Ro. 15:5, 13, 33; 16:20; 2 Co. 13:11; Fil. 4:7-9; 1 Ts. 5:23; 2 Ts. 3:16). Sólo el resucitado es el sí de Dios y su amén; por tanto, es el sí incondicional que Dios da al que cree, de su salvación (2 Co. 1:20). La identificación con Él, por medio de la fe, hace entrar al pecador en el ámbito de la justicia, de la santidad y del poder de Dios. La vida solo es posible y tiene contenido en Cristo resucitado (Gá. 2:20; Fil. 1:21).

El resucitado es causa de salvación eterna para todos los que le obedecen, siendo declarado por Dios como sumo sacerdote del nuevo orden (He. 5:9-10). La experiencia de sufrimiento a causa de la obediencia hizo que Cristo fuese perfeccionado. No cabe duda de que la acción de la angustia produjo en la humanidad del Señor una enriquecedora experiencia que lo capacita para ser el misericordioso sumo sacerdote, facultándole plenamente para el cumplimiento de su ministerio sacerdotal. Sin embargo, fue la obediencia absoluta "hasta la muerte y muerte de cruz" (Fil. 2:8) lo que permitió a Jesús proclamar la definitiva conclusión de la redención con el "Consumado es" con que concluye el tiempo de la crucifixión, antes de entregar su espíritu en manos del Padre (Jn. 19:30). La obediencia plena, la entrega incondicional y el pleno cumplimiento en sumisión a la voluntad del Padre es lo que ha perfeccionado al Señor en su ejercicio de redentor y sacerdote. El sacrificio de la cruz fue lo que hizo a Cristo, de hecho, redentor y sacerdote perfecto para la nueva humanidad de creyentes en Él. Su sacrificio, término final de la obediencia, hace de Jesús víctima y sacerdote al mismo tiempo, perfeccionando al Salvador en sentido de llevar a cabo la obra de salvación que le había sido encomendada. Sin embargo, no es posible separar de todo esto el hecho de la resurrección, que permite también la exaltación del Salvador a la diestra de la majestad para recibir el nombre de autoridad suprema en cielos y tierra (Fil. 2:9-11), por la que vino a ser, para todos los que creen, la causa o razón de la eterna salvación. Esa misma verdad está en la mente del apóstol cuando escribe: "Porque así como por la desobediencia de un hombre los muchos fueron constituidos pecadores, así también por la obediencia de uno, los muchos serán constituidos justos" (Ro. 5:19). La potencialidad de la obra redentora comprende e incluye a todos los hombres, pero se hace eficaz o virtual tan solo para quienes creen. Esa es la razón por la que el creer no es otra cosa que una obediencia, según Dios, a la fe proclamada (Ro. 1:5; 16:26). Todo esto es posible, no solo por el sacrificio redentor, sino por la resurrección del Hijo de Dios. La salvación conseguida por el perfecto sumo sacerdote no es temporal y terrena, sino eterna y celestial. Porque ha resucitado puede ser el vínculo de unión de todos los creyentes en un cuerpo y comunicar a todos ellos la vida eterna, esto es, la vida comunicable de Dios, que se otorga al pecador que cree por el único mediador entre Dios y los hombres que es Jesucristo hombre (1 Ti. 2:5). El Salvador hace perfectos a todos los que por medio de Él se acercan a Dios. Es una obra completa que no puede perderse jamás.

Fil. 2:9-11: El apóstol Pablo, en un completo párrafo sintetiza la doctrina de la humillación y exaltación de Cristo. En él afirma la muerte señalándola como muerte de cruz. Seguido a ello se para con el fin de hablar de la exaltación, lo que supone necesariamente, como también afirma, la resurrección. De ella se lee:

Por lo cual Dios también le exaltó hasta lo sumo, y le dio un nombre que es sobre todo nombre, para que en el nombre de Jesús se doble toda rodilla de los que están en los cielos, y en la tierra, y debajo de la tierra; y toda lengua confiese que Jesucristo es el Señor, para gloria de Dios Padre.

Del descenso más profundo a la posición más elevada. De la eterna forma de Dios desciende a la limitación de hombre y a la humillación de siervo, llegando en obediencia hasta la muerte y muerte de cruz. Por lo cual Dios actúa exaltando al que entregó su propia vida. Es la respuesta divina a la humillación, porque el que se humilla será exaltado (Pr. 3:34; Mt. 23:12; Lc. 14:11; 18:14). Es la respuesta al deseo personal expresado en la oración de Jesús (Jn. 17:5). La exaltación que sigue a la humillación es concordante con la enseñanza bíblica en general (Lc. 1:52; Stg. 4:10; 1 P. 5:6). La exaltación de Jesús se produce a causa del padecimiento de muerte (He. 1:3; 2:9; 12:2).

Lo que era temporal y transitorio en el estado de humillación dio paso a lo que es permanente y eterno, su estado de exaltación, en cuya dimensión se le ve, no limitado y mortal, sino coronado de gloria y de honra y revestido, en su humanidad, de inmortalidad. Esa situación es absolutamente irreversible, ya que fue el Padre quien lo exaltó hasta lo sumo. Sin embargo, es Señor no por adquisición, sino por derecho inherente a su condición de Dios-hombre (Col. 2:9). Aun en los días de su humanidad, en la limitación de su carne, era Señor (1 Co. 2:8). Pero, el ejercicio del señorío supremo se manifiesta y ejerce después de la resurrección. No sólo desde la naturaleza divina, sino también desde la humana, glorificada. Jesús, a causa de la unión hipostática, es eternamente Dios-hombre. Su naturaleza humana está también coronada de gloria y de honra, ya que el Padre lo exaltó hasta lo sumo. La exaltación estaba ya profetizada (Is. 53:10-12). El resucitado habló a los suyos de la gloria de su majestad en autoridad suprema sobre cielos y tierra (Mt. 28:18). Es necesario comprender bien, con el autor de la epístola, que el marcado contraste está en el Hijo, que es Jesús de Nazaret, Dios manifestado en carne. La humanidad glorificada de Jesús permanece eternamente unida a la deidad, sin mezcla en las naturalezas, pero subsistente perpetuamente en la persona divina. De otro modo, la humanidad asumida en la encarnación y glorificada en la resurrección y sesión a la diestra de la majestad perdura perpetuamente. La humanidad del Verbo no fue meramente instrumental, esto es, usada para un propósito divino y abandonada luego. Dios es ya para siempre encarnado, y es en esa humanidad del Hijo que una nueva naturaleza queda integrada en la realización del misterio trinitario. La humanidad de Cristo es definitivamente el lugar de encuentro entre Dios y el hombre. En la glorificación, Jesús recuperó lo único de que se había despojado en su condición de hombre limitado, en su anonadamiento voluntario y personal, que era la gloria de su deidad, por lo que oró a su Padre antes de ir a la cruz (Jn. 17:5). Luego de la ascensión, las manifestaciones de Jesús a los hombres son todas ellas gloriosas. Rodeado de gloria se apareció al apóstol Pablo en el camino a Damasco (Hch. 9:3). En esa misma impresionante dimensión se manifestó al apóstol Juan en la isla de Patmos (Ap. 1:12-16). La exaltación de Jesucristo supera cualquier otra, ya que no sólo fue promovido a la gloria, como lo serán los creyentes: Él es el mediador que traspasó los cielos (He. 4:14); el que ha sido hecho más sublime que ellos (He. 7:26); el que subió por encima de los cielos (Ef. 4:10); el que se sentó a la diestra del trono de Dios (Mr. 16:19; Hch. 2:33; 5:31; Ro. 8:34; He. 1:3; 12:2); es el rey sobre toda autoridad, ahora y por siempre (Ef. 1:20-22). La exaltación pasa necesariamente por tres etapas: a) Resurrección de entre los muertos (Jn. 10:18; Ro. 8:11; 10:9); b) Ascensión a los cielos (Lc. 24:26); c) Sesión a la diestra de Dios

(Mr. 16:19). El sujeto de la exaltación es el Verbo de Dios en su naturaleza humana.

No hay mayor evidencia de la resurrección, puesto que el estado de exaltación se concreta en quien antes había muerto en la cruz. En ese sentido, aunque no se mencione directamente, ya que es Jesucristo el exaltado, el mismo que fue muerto y sepultado, exige que haya sido resucitado de entre los muertos. Esta cita confirma una vez más las confesiones de fe que los cristianos tenían y de las que se recogen algunas muestras como esta.

Expresiones kerigmáticas

Como su nombre indica, *kerigma* es la palabra equivalente a predicación o proclamación, que en este caso está vinculada con el mensaje del Evangelio. La resurrección está presente en ellos, especialmente en el del apóstol Pedro y el del apóstol Pablo.

Hch. 2:14-36: En la síntesis del primer mensaje de proclamación del Evangelio, luego de poner delante de la gente que estaba asombrada por las manifestaciones de la presencia del Espíritu Santo, el pasaje profético que anunciaba esto, pasa a presentar inmediatamente a Jesús Nazareno (v. 24), progresando para recordarles lo ocurrido en Jerusalén con su muerte en la cruz. En el kerigma habló de la resurrección: "A este Jesús resucitó Dios, de lo cual todos nosotros somos testigos" (v. 32). La conclusión es enfática: a este Jesús levantó Dios. Tres veces utiliza la expresión *a este Jesús*[9]; primero en el v. 23, para referirse al que fue entregado, que había sido preso y muerto por manos de inicuos; la segunda vez aquí para contrastarlo enfáticamente; la tercera en el v. 36 para relacionarlo con las consecuencias de su glorificación. La intención del apóstol con esta reiteración es generar un énfasis marcado en la misma persona. No ha sido uno el que murió y otro el que resucitó y fue glorificado; es el mismo Jesús de Nazaret (v. 22). Aquél que había sido despreciado, acusado e injustamente muerto es el Mesías, el Cristo prometido en el pacto davídico. Con una sencilla exposición de las verdades del texto bíblico, Pedro presenta a Jesús de Nazaret como el Mesías anunciado por David.

---

[9] Griego: τοῦτον τὸν' Ἰησοῦν.

La resurrección de Cristo es una operación divina[10]. La resurrección es un acontecimiento escatológico, que trasciende al tiempo. Es algo que pertenece al mundo venidero y que no puede situarse definitivamente midiéndolo por los parámetros de nuestro tiempo. La muerte y resurrección de Jesús no son específicamente dos actos separados, sino un acto doble, ya que el sujeto de la muerte es Jesús de Nazaret, mientras que el de la resurrección es Dios. De un lado está el aspecto de la obediencia que Jesús manifiesta al entregarse personalmente a la muerte y muerte de cruz, y por otro lado el acogimiento que Dios hace de Jesús en la resurrección. Este hecho sólo es posible desde la actuación de Dios que lo levantó de entre los muertos. La naturaleza humana del Verbo estuvo en la tumba y de allí fue levantada por el poder de Dios. No pudo corromperse porque en ningún momento la subsistencia de la humanidad del Verbo puede estar separada de la persona divina que la santifica hasta el extremo de no haber en Él mancha ni contaminación alguna. En la resurrección Dios integra los constitutivos de Jesús de Nazaret, su parte material e inmaterial en la vida divina. Fue una acción de Dios sobre el hombre Jesús de Nazaret. Es la acción de Dios que recae sobre Jesús, sustrayéndolo del poder de la muerte y haciéndolo partícipe en la humanidad de la vida divina que lo exhibe cósmicamente como algo nuevo y definitivo.

Además de la profecía y del cumplimiento demostrado de ella está el apoyo testimonial de los ciento veinte que estaban delante de la multitud. La ley establecía que el testimonio no contradictorio de dos o tres testigos era determinante. Allí no estaban sólo dos o tres, no eran solo los Doce: un número muy grande de personas afirmaban la resurrección de Jesús. Esa afirmación ponía en duro conflicto a los oyentes. Jesús de Nazaret había muerto crucificado y el carácter perverso que se daba a quienes se ponían sobre un madero hacía imposible para aquellos entender la continuidad de la persona de Jesús. Lo que están testificando aquellos testigos no era tanto la muerte del Señor, sino la realidad de su resurrección, no se trataba de la acción del hombre, sino de la acción de Dios. Este testimonio va a suscitar a los oyentes a la fe. En el mensaje del reino que Cristo había venido a predicar estaba el cuestionamiento de la muerte de quien se consideraba a sí mismo como el enviado de Dios que convocaba las gentes hacia su persona (Mt. 11:28). El reino adquiere realidad

---

[10] Griego: ἀνέστησεν ὁ Θεός.

en la resurrección del rey. Las promesas son consistentes por la realidad de la resurrección. No se trata de visiones de algunos, sino del testimonio de decenas que habían visto al Señor resucitado, que habían contemplado las señales de sus clavos, que habían dialogado con Él. La resurrección pudo comprenderse a la luz de las profecías, y estas se hicieron comprensibles a la luz de la resurrección. Aquellos testigos estaban proclamando a todos con su presencia la verdad de que Jesús de Nazaret había resucitado. El testimonio era tanto colectivo como individual. Se había aparecido a las mujeres al regreso del sepulcro (Mt. 28:9-10), a los discípulos de Emaús (Lc. 24:13-35), a María Magdalena (Jn. 20:11-18), a Tomás con sus dudas (Jn. 20:24-29). Todos los testimonios concordaban: habían visto a Jesús resucitado. Quienes han estado presentes en las apariciones de Jesús no necesitan describirlas con detalles, es suficiente con testimoniar de ellas. Están testificando desde un futuro nuevo que se abrió para ellos, iluminados por la luz gloriosa de la resurrección, pero no presos de ella. Jesús se manifestó ante ellos y ellos quedaron cautivados en Jesús para testificar de Él ante el mundo. Ellos todos eran testigos del cumplimiento profético al que se refieren las palabras del Salmo mesiánico citado antes por el apóstol.

Hch. 3:12-26: El segundo mensaje evangelizador, pronunciado también por el apóstol Pedro, tuvo lugar con motivo de la sanidad del cojo de nacimiento, al congregarse la multitud delante de la llamada Puerta Hermosa. Luego de proclamar la muerte de Jesús siguió con la de su resurrección: "Matasteis al Autor de la vida, a quien Dios ha resucitado de los muertos, de lo cual nosotros somos testigos" (v. 15). Es por el resucitado que los creyentes tienen perdón de pecados y vida eterna.

La acusación de repudio e injusticia por la que pidieron la libertad de un injusto y homicida, y la muerte del justo, Mesías e Hijo de Dios, se ve incrementada ahora hasta una condición suprema al acusarlos de haber dado muerte al autor de la vida[11], es decir, al que les había dado vida a todos ellos, y en general al iniciador de la vida en la creación. El adjetivo ἀρχηγὸν, traducido como *autor*, es un término griego que equivale a líder, adalid, en sentido del que camina delante marcando un rumbo que deben seguir otros. El escritor de la epístola a los Hebreos utiliza la misma palabra al referirse a Cristo como autor

[11] Griego: ἀρχηγὸν τῆς ζωῆς.

de la salvación (He. 2:10), y autor y consumador de la fe (He. 12:2), en sentido de originador y razón de ser de la salvación y líder de la vida en la fe. Aquí se llama autor a Cristo en el sentido de origen de la vida y procedencia de ella. El apóstol Juan es muy explícito: "En Él estaba la vida" (Jn. 1:4). Quiere decir que la comunicación de la vida, algo potestativo de Dios, se lleva a cabo para los hombres por el único mediador entre Dios y los hombres que es Jesucristo-hombre (1 Ti. 2:5). Jesús es la eterna Palabra que ejecuta con la autoridad divina la creación, trayendo a la existencia todo cuanto antes no existía (Jn. 1:3). En la comunicación de la vida al hombre creado, intervinieron las tres personas divinas, aunque la voz ejecutiva que conlleva la realidad de la vida en la existencia humana procede del Logos eterno, el Verbo encarnado, a quien el apóstol Pedro se refiere aquí llamándole *autor de la vida*. Este Jesús es la misma fuente, la razón de ser y la vida misma. Jesús es también el dador de la vida eterna para todo el que cree (Jn. 10:28). La idea de Pedro es hacer sentir a los oyentes del mensaje la tremenda responsabilidad de haber sido ellos los autores directos de la muerte de quien es el autor de la vida. Tal vez algunos estuvieran pensando que la muerte de Jesús fue por la actuación del gobernador Pilato, o incluso por las indicaciones y presión de los líderes de la nación, pero la realidad es que ellos mismos tuvieron participación directa en la muerte del justo. La tremenda paradoja consiste en que aquellos habían pedido que se salvara la vida de un homicida y se condenase a muerte al autor de la vida. Barrabás era un destructor de la vida; Jesús, el autor; aquellos amaron más al homicida que al dador de la vida. Esto, dice el apóstol, es lo que vosotros hicisteis.

Lo que hubiera sido insuperable en el plano de los hombres, no ocurre igual en el de la deidad. Jesús, el autor de la vida, no quedó sujeto a los lazos de la muerte, a pesar de haber entrado en ella, sino que Dios actuó levantándolo de entre los muertos. Este es el gran tema de la predicación de la iglesia primitiva. Los apóstoles afirmaron continuamente los dos hechos en relación con Jesús: su muerte a manos de los hombres; su resurrección por la intervención omnipotente de Dios[12].

La resurrección no era una hipótesis o una sugestión de los cristianos, sino una realidad atestiguada por quienes habían tenido

---

[12] Griego: ὃν ὁ Θεὸς ἤγειρεν ἐκ νεκρῶν.

encuentros con Él: de lo cual nosotros somos testigos[13]. Las buenas nuevas de vida eterna que proclama el evangelio de la gracia descansan en el hecho del que el autor de la vida vive por la resurrección de entre los muertos, de modo que puede ofrecerse salvación y vida eterna en Él. La resurrección de Jesús cambia en ese sentido el aspecto soteriológico de la venida del Mesías: la salvación no sólo se ofrece por Él, sino que se ofrece en Él. Otro contraste es evidente; hay dos aspectos del trato que recibió Jesús: por un lado, el de los hombres, que lo condenan a muerte; por el otro, el de Dios, que lo levanta de entre los muertos.

Hch. 4:8-12: Hechos recoge otra referencia a la predicación del apóstol Pedro con motivo de la comparecencia ante el sanedrín. En él se presenta nuevamente a Jesús, como no podía ser de otro modo, refiriéndose tanto a su muerte como a su resurrección. En relación con esta dijo: "Sea notorio a todos vosotros, y a todo el pueblo de Israel, que en el nombre de Jesucristo de Nazaret, a quien vosotros crucificasteis y a quien Dios resucitó de los muertos..."[14] (v. 10). Pedro reclama la atención de todos, porque su declaración debe ser conocida tanto por los presentes como por todo el pueblo de Israel. La expresión compuesta por el adjetivo *conocido*[15] y la forma verbal *sea*[16], en un presente de imperativo, es un firme llamamiento al auditorio, que equivale a *presten atención a mis palabras*. Todos, tanto los presentes en el sanedrín como los ausentes fuera de él, deben conocer claramente lo que sigue.

La autoridad o el poder para la sanidad del paralítico proceden del nombre de Jesucristo de Nazaret. Como se ha dicho en varios lugares, el sentido semita de nombre equivale a persona. Jesús de Nazaret no fue alguien que transitó en Israel durante un tiempo, sino el que tiene el nombre que es sobre todo nombre, revestido de autoridad suprema en cielos y tierra (Fil. 2:9-11). Es en ese nombre, bajo su autoridad, que se hizo el milagro de sanidad en el paralítico. Pedro enfatiza la condición divino-humana de Jesús, utilizando los dos nombres, el que fue establecido para Él cuando naciese, Jesús, y

---

[13] Griego: οὗ ἡμεῖς μάρτυρες ἐσμεν.

[14] Texto griego: γνωστὸν ἔστω πᾶσιν ὑμῖν καὶ παντὶ τῷ λαῷ'Ισραὴλ ὅτι ἐν τῷ ὀνόματι 'Ιησοῦ Χριστοῦ τοῦ Ναζωραίου ὃν ὑμεῖς ἐσταυρώσατε, ὃν ὁ Θεὸς ἤγειρεν ἐκ νεκρῶν.

[15] Griego: γνωστὸν.

[16] Griego: ἔστω.

el mesiánico, Cristo. Ambos quedan vinculados también al hombre histórico que era considerado como de Nazaret. Así le conocían en todo Israel. Aquel Jesús el Nazareno era el Mesías anunciado, revestido de suprema autoridad, cuyo poder estaba operativo y se manifestaba en milagros de sanidad. Esa respuesta es dada con las mismas palabras que Pedro había usado para sanar el cojo en la puerta Hermosa (Hch. 3:6). El odiado Jesús, para los religiosos presentes, muerto en una cruz, tenía poder, como durante su ministerio, para sanar enfermos. En cada mensaje al pueblo de Israel, Pedro reitera dos hechos ocurridos en la persona de Jesús. El primero tiene que ver con su muerte; se produjo mediante crucifixión y fue el resultado de la acción de aquellos que estaban presentes. Para que no haya dificultad alguna en identificar de dónde procede la fuente de poder que operó el milagro, además de mencionar los nombres del Señor y el lugar con que se le identificaba, añade que no era otro, sino aquel Jesús a quien aquellos habían crucificado, es decir, habían acusado y demandado que fuese crucificado. Allí, ante él, estaba el sanedrín, que era el mismo que poco antes había acusado y condenado oficialmente a Jesucristo de Nazaret, y lo había entregado para ser crucificado. Eran ellos, los mismos que habían cometido tal ignominia los que deben comprender claramente que la cruz no terminó con Jesús, como ellos habían pretendido, sino que seguía obrando poderosamente.

Los líderes religiosos habían urdido una burda mentira para evitar que la gente aceptase que había resucitado. Ellos se encargaron de divulgar la falacia de que su cuerpo había sido robado de la tumba por los discípulos (Mt. 28:13). La mentira ya no podía sustentarse. Ningún muerto tiene poder alguno. Por consiguiente, no era posible negar que Dios había levantado de los muertos a su Hijo Jesús. Es la base esencial para la proclamación de la seguridad de salvación y de la esperanza de gloria. Esa segunda base de salvación, junto a la realidad de la muerte del Salvador, es proclamada en aquellos momentos ante todo el sanedrín. Tiempo después el apóstol Pablo iba a escribir que "si Cristo no resucitó, vana es entonces nuestra predicación, vana es también vuestra fe" (1 Co. 15:14).

Hch. 5:29-32: En una nueva referencia al testimonio del apóstol Pedro, se vuelve a mencionar el hecho, pero aquí en orden inverso; primero se habla de la resurrección y luego de la muerte, como se lee: "El Dios de nuestros padres levantó a Jesús, a quien vosotros matasteis colgándole en un madero" (v. 30). La respuesta a la segunda acusación sobre la imputación al sanedrín de la muerte de Cristo comienza por dar testimonio de la resurrección del Señor, que presenta como una obra del Dios de nuestros padres[17]. Este es el mensaje que estaban proclamando, que Jesús fue levantado de entre los muertos por el poder del Dios de los padres. Era el Dios de Abraham, de Isaac y de Jacob, el Padre de nuestro Señor Jesucristo. Ese es el Dios de nuestros padres, lo que implica que los apóstoles formaban parte del pueblo de la promesa, y eran creyentes en el Dios de Israel.

Pedro contrasta el trato que Cristo recibió de Dios y el que le dieron ellos. Mientras que el Padre lo levantó de entre los muertos[18], fueron ellos quienes lo mataron colgándolo en un madero. Pedro está llamando fuertemente la atención de todo el concilio a lo que significaba colgar a un hombre en un madero, como expresión de ser declarado maldito (Dt. 21:23; Gá. 3:13). Aquellos entendían y enseñaban que Jesús era un maldito por haber muerto en la cruz. El apóstol les pone delante de un hecho consumado en el que Dios testifica que realmente Jesús de Nazaret, el crucificado y muerto por la acusación de los que estaban allí presentes, miembros del sanedrín, era su Hijo y era el Mesías. Mientras que Dios lo declaraba como lo que era, el justo, ellos lo clavaron en un madero considerando maldito a quien es el bendito de Dios.

Hch. 10:34-43: En el primer mensaje a los gentiles, en casa de Cornelio, el apóstol Pedro vuelve a referirse a la resurrección de Cristo: “A éste levantó Dios al tercer día, e hizo que se manifestase”[19] (v. 40). Nuevamente aparece el contraste entre el trato que los hombres dieron a Cristo, y el que le dio Dios. Este es el elemento de capital importancia para la salvación del pecador. El primero, ya presentado, es que Jesús fue muerto como sustituto del pecador; el segundo es que no quedó en la tumba, lo que haría estéril su obra, sino que fue resucitado para hacer posible la justificación de todo el que cree. El apóstol Pablo lo expresa concisamente: “El cual fue entregado por nuestras transgresiones, y resucitado para nuestra justificación” (Ro. 4:25). Muerte y resurrección son dos aspectos de una misma cosa: la obra que permite a Dios la justificación del pecador. Ambas cosas están

---

[17] Griego: ὁ Θεὸς τῶν πατέρων ἡμῶν.

[18] Griego: ὃν ὑμεῖς διεχειρίσασθε κρεμάσαντες ἐπὶ ξύλου.

[19] Texto griego: τοῦτον ὁ Θεὸς ἤγειρεν ςἐν τῇ τρίτῃ ἡμέρᾳ1 καὶ ἔδωκεν αὐτὸν ἐμφανῆ γενέσθαι.

vinculadas en las palabras del apóstol mediante el uso de la preposición[20] que significa, por causa, a causa de. Es decir, Cristo fue entregado a causa de nuestras transgresiones y resucitado a causa de nuestra justificación. De otro modo, la muerte de Jesús opera en relación con la solución del problema del hombre en el campo de la transgresión, y la resurrección lo hace en el de la justificación. Por eso es necesario distinguir el uso de la preposición en ambas cláusulas del versículo. En la primera adquiere la condición causal, es decir, el motivo de la muerte, la causa de la muerte de Jesús es "nuestras transgresiones". En el segundo adquiere la condición final, esto es, la justificación es el efecto final de la resurrección. Sin embargo, es necesario entender que no son dos elementos disociados, de modo que la muerte de Jesús como sacrificio expiatorio es necesaria para el perdón del pecado, mientras que la resurrección fuese la razón complementaria a la fe del pecador. Se trata de dos elementos necesarios para la justificación del impío. Lo que se trata es de fundamentar tanto en la muerte como en la resurrección la causa y razón de la salvación del pecador. La muerte de Jesús tuvo lugar "por nuestras transgresiones", literalmente a causa de nuestras transgresiones, en el sentido de sacrificio expiatorio por el pecado, que ejecuta la obra redentora, extensiva virtualmente a todo el que cree (Ro. 3:25). Jesús, por tanto, como Cordero de Dios que quita el pecado del mundo (Jn. 1:29), fue entregado para el sacrificio que se había establecido, en el plan de redención, desde antes de la creación del mundo (1 P. 1:18-20). La fidelidad de Dios condujo el tiempo histórico del mundo al cumplimiento temporal de su consejo eterno, de manera que el Cordero de Dios, Hijo eterno, fue enviado por el Padre, en el tiempo establecido para llevar a cabo la obra de redención (Gá. 4:4). El que fue entregado por nuestras transgresiones fue "resucitado para nuestra justificación". Jesús resucitado es la base por la que Dios puede hacer al creyente "justicia de Dios en Él" (2 Co. 5:21). Si no hubiera resucitado, la posición en Cristo no sería posible, ni lo sería la justificación del pecador porque no habría objeto de fe, ni manifestación del sacrificio expiatorio (Ro. 3:25), ni intercesor, ni abogado. Pablo afirma categóricamente esta verdad: "Y si Cristo no resucitó, vuestra fe es vana; aún estáis en vuestros pecados" (1 Co. 15:17). La fe en un Cristo muerto sería una fe muerta. Sólo Cristo resucitado puede ser espíritu vivificante (1 Co. 15:45). La resurrección de Jesús pone de manifiesto la consumación de la obra de redención hecha por Él. Dios acredita a Jesús como su Hijo,

---

[20] Griego: διὰ.

siendo conocido como "el que resucitó a Jesús de entre los muertos" (Hch. 4:10; 1 Co. 6:14; 2 Co. 4:14; Gá. 1:1; Col. 2:12; He. 13:20). La fe en la resurrección de Cristo es la fe en la obra que Dios hace para vivificar a quien estando muerto en pecados está alejado de la única vida verdadera que es la de Dios mismo, que se otorga en Cristo al que cree. Cristo es el primogénito de la nueva creación y, sobre todo, de la nueva humanidad (Ro. 8:29). Es el consumador de la fe (He. 12:2), el Adán final convertido en espíritu que hace vivir (1 Co. 15:44-49). A partir de ahí, el destino de los creyentes y el de Cristo, en quien depositan su fe, son inseparables. En el resucitado, Dios se revela como el Dios de la esperanza, de la paz, y con ello, en esa relación de paz, el Dios de nuestra justificación (Ro. 15:5, 13, 33; 16:20), como se afirma en otros lugares (cf. 2 Co. 13:11; Fil. 4:7-9; 1 Ts. 5:23; 2 Ts. 3:16). Sólo el resucitado es el sí de Dios y su amén; por tanto, es el sí incondicional que Dios da, de su salvación, al que cree (2 Co. 1:20). La identificación con Él, por medio de la fe, hace entrar al pecador en el ámbito de la justicia, de la santidad y del poder de Dios (Gá. 2:20; Fil. 1:21). Jesús es la causa de la eterna salvación de los creyentes.

Dios hizo que el resucitado fuese visto por quienes ahora eran testigos suyos. La Biblia enseña que se apareció a las mujeres, a los apóstoles, a más de quinientos hermanos reunidos a la vez (1 Co. 15:6). Pero Jesús se mostró sólo a los suyos y no al mundo, estos eran entonces los testigos de aquel hecho vital para la salvación.

Hch. 13:16-41: La referencia aquí corresponde a un discurso del apóstol Pablo en la sinagoga de Antioquía de Pisidia. En él se hace una clara alusión a la resurrección: "Mas Dios le levantó de los muertos. Y él se apareció durante muchos días a los que habían subido juntamente con él de Galilea a Jerusalén, los cuales ahora son sus testigos ante el pueblo" (vv. 30-31). La resurrección de Jesús obedece al plan de Dios. Fue anunciada en los escritos proféticos. Dios operó para resucitar la humanidad muerta de su Hijo, levantándolo de entre los muertos. Luego de la sepultura de Jesús, los judíos buscaron asegurar la tumba de modo que nadie pudiera llevar el cuerpo que había sido puesto en ella e, incluso, posiblemente fuese posible impedir la resurrección que Él mismo había anunciado. El sello y la guardia custodiaron la tumba desde el momento en que fue colocado en ella el cuerpo muerto del Señor. Dios había reinvertido la acción de los hombres, levantando a quien había sido crucificado y sepultado. El grupo de dirigentes de los judíos en Jerusalén se encontraron con el problema de una tumba vacía y el testimonio de los mismos guardas que custodiaban el sepulcro que afirmaban su resurrección y los acontecimientos sobrenaturales que la rodearon. La única posibilidad que les quedaba era urdir una burda mentira extendiendo entre la población que habían sido los discípulos quienes habían venido y robado el cuerpo mientras los guardias dormían (Mt. 28:11-15). Dios había resucitado a Jesús y nadie podía negar las evidencias que lo confirmaban.

El resucitado se apareció a discípulos suyos que habían subido con Él desde Galilea hasta Jerusalén. Muchos le habían acompañado a la celebración de la Pascua y presenciaron los acontecimientos de la crucifixión y sepultura. A estos se les apareció o manifestó. No se trata de simples visiones, que pudieran ser alucinaciones de quienes quisieran ver al Señor resucitado, sino que Él se manifestó a ellos cuándo, cómo y dónde quiso. Las apariciones del Señor no se produjeron en un solo día y, mucho menos, en un solo momento, sino que fueron reiteradas durante muchos días[21]. El tiempo transcurrido entre la resurrección y la ascensión fue de cuarenta días (Hch. 1:3). Los evangelios y las epístolas mencionan no menos de diez diferentes apariciones de Jesús resucitado. Indudablemente los principales testigos eran los Doce que acompañaron continuamente al Señor (Hch. 1:21-22), pero no sólo a ellos. Los que vieron al Señor resucitado eran ahora sus testigos, es decir, testigos de la resurrección. La Ley establecía que el testimonio debía ser aceptado por boca de dos o tres testigos (Dt. 19:15); aquí hay muchos más, de modo que el testimonio se hacía aceptable porque era fiel y no contenía contradicciones. El testimonio era sencillo: el Señor ha resucitado verdaderamente. El mismo Pablo, que predicaba en aquella ocasión, decía que al final de todos se le apareció también a él (1 Co. 15:8).

Himnos

Cuando se habla de himnos, no se está refiriendo solo a los que la Iglesia cantaba en sus servicios litúrgicos, sino a frases con contenido doctrinal que se repetían en ocasiones. Los cánticos de la Iglesia contenían muchas veces referencias a la resurrección, como se aprecia en algunos de ellos.

---

[21] Griego: ἡμέρας πλείους.

Fil. 2:6-11. Probablemente se trate de un cántico litúrgico de la Iglesia. Se ha considerado varias veces el pasaje en distintos lugares de este trabajo, por lo que sólo se hace referencia a él como testimonio de lo que se está tratando.

Col. 1:15-20. Históricamente se considera este pasaje como un himno. La referencia a la resurrección está implícita, ya que se menciona que Jesús es el "primogénito de entre los muertos"[22] (v. 18). Entre los datos sobre Él está la condición de resucitado de entre los muertos. El Señor es el principio en cuanto a origen y razón de comienzo (Ap. 3:14). Es decir, no sólo es el primero en sentido de dignidad, sino el primero como fuente del programa de resurrecciones. Siendo el primogénito de entre los muertos, comunica vida por su resurrección (Jn. 11:25). El término primogénito señala a Cristo como el primero de los hombres en ser resucitado y revestido de inmortalidad (1 Co. 15:23). Dios estableció un programa de resurrecciones que se produce en su debido orden. Dentro de él, el primero es Cristo, a quien llama las primicias, esto es, el primero de entre los muertos en ese programa y también el ejemplo visible de lo que será el fruto pleno de la resurrección de todos los muertos en Cristo. Jesús no sólo es revelador del Padre, sino ejemplo de lo que quienes están en Él llegarán a ser. Dios ha determinado que todos seamos hechos conformes a la imagen del Hijo, en todos los aspectos, lo que incluye también el de resurrección de entre los muertos. Por su resurrección, Jesucristo se convierte en "espíritu vivificante" (1 Co. 15:45, 55-57). Cristo colocó la base de la esperanza para todos los que estamos en Él, así que, como Él fue resucitado de entre los muertos para nunca más morir, así también cada creyente en Él. Sus palabras lo afirman: "Porque yo vivo, vosotros también viviréis" (Jn. 14:19).

Ef. 1:20-22: Nuevamente la resurrección está presente, ya que, al referirse a la operación de poder de Dios, dice: "La cual operó en Cristo, resucitándole de los muertos" (v. 20). La demostración del poder divino del que habla antes tiene la manifestación más concluyente en la resurrección de Cristo. No se trata de un poder que debe aceptarse por fe, sino de un poder que ya actúo y dejó su huella en el mundo en la resurrección de Jesús. Los ejemplos de poder divino se expresan en el versículo por medio de participios subordinados *levantando*[23]

[22] Griego: πρωτότοκος ἐκ τῶν νεκρῶν.

[23] Griego ἐγείρας.

y *sentando*[24]. El poder divino que resucitó a Jesús es el mismo que actúa en cada creyente; ésta una verdad fundamental que se reitera en varios lugares del Nuevo Testamento (Hch. 3:15; 4:10; 5:30; 10:40; 13:37; Ro. 4:24; 8:11; 10:9; 1 Co. 6:14; 15:15; 2 Co. 4:14; Gá. 1:1; Col. 2:12; 1 Ts. 1:10; 1 P. 1:21). Junto con la resurrección de Jesús de entre los muertos, está también la sesión a la diestra de Dios, que será considerada más adelante.

1 Ti. 3:16: En el himno tomado en la forma poética en que se cantaba, recogido por el apóstol Pablo en este texto, se tiene presente la manifestación en carne del Verbo: "Dios fue manifestado en carne" y se cierra con la glorificación: "Recibido arriba en gloria". Hablando de la composición del himno, el profesor de Nuevo Testamento de la Universidad Pontificia de Salamanca, Lorenzo Turrado, escribe:

Podemos ver aquí la formulación primitiva del misterio del Verbo encarnado, verdadero Dios y verdadero hombre; la primera antítesis evoca el encuentro de dos mundos, el humano y el divino, en la persona de Cristo; la segunda presenta la proclamación a dos mundos, el celeste y el terrestre, de este misterio de Cristo; la tercera, al igual que en Fil. 2:9-11, completa la evocación del misterio de Cristo, recordando su exaltación a la gloria. A buen seguro que Timoteo y sus fieles, meditando en este himno, se sentirían santamente orgullosos de su condición de cristianos.[25]

El primer misterio de la piedad tiene que ver con la encarnación del Verbo. El himno afirma que Dios vino a existir en la carne, de otro modo, deviene de la forma de Dios, a la forma de hombre (Fil. 2:6-8). La filiación no es posible sin redención (Gá. 4:4) y esta tampoco sin la entrega de la vida del redentor, cosa imposible en el plano de la deidad, pero realizable en el de la humanidad. La encarnación permite a Dios compartir naturaleza con el hombre y hacerse solidario por medio de ella del destino humano. Jesucristo murió por los hombres en la cruz.

El cuarto misterio de la piedad, es que Jesucristo fue anunciado a los gentiles. La salvación no es solo para los judíos, como los falsos maestros anunciaban en las iglesias para confundir y captar adeptos

---

[24] Griego καθίσας.
[25] Turrado, 1975, p. 396.

entre los cristianos, sino que el evangelio de la gracia no hace distinción entre pueblos. En la cruz se resuelve el problema de la separación al hacer tanto de judíos como de gentiles un solo y nuevo hombre en Cristo (Ef. 2:14, 16). Ahora bien, la proclamación del Salvador es posible porque quien fue muerto también fue resucitado.

Finalmente, la última línea del himno termina con la verdad de la glorificación del Salvador. Este misterio concluye donde empezó, en Jesucristo, el Verbo encarnado (Ef. 2:6-9; 2 Ti. 1:9). La gloriosa verdad proclamada en esta última frase es que Jesús el Señor fue ascendido a los cielos donde se sentó a la diestra de Dios (Fil. 2:9-11). Este traslado del resucitado de la tierra al cielo confirma la realidad de la resurrección del que había sido muerto.

1 P. 3:18: En una breve estrofa, el apóstol escribe: "Porque también Cristo padeció una sola vez por los pecados, el justo por los injustos, para llevarnos a Dios, siendo a la verdad muerto en la carne, pero vivificado en espíritu"[26]. El apóstol inicia la descripción del padecimiento de Cristo, poniéndolo como ejemplo del sufrimiento del cristiano. La doctrina es muy amplia en el texto, de manera que habrá que sintetizarla para evitar una excesiva extensión. La primera afirmación es que también, sustentando la ejemplaridad de lo que escribe, es decir, del mismo modo que el cristiano padece injustamente, así también Cristo, ejemplo de vida, padeció injustamente. Pedro dice que Jesús padeció. Algunos mss.[27] contienen *murió* en lugar de *padeció*, pero el contexto favorece el uso de padecer en lugar de morir. Ambas cosas no se contradicen, puesto que el padecimiento de Jesús fue "hasta la muerte, y muerte de cruz" (Fil. 2:8); el padecimiento de cruz equivale a muerte.

El padecimiento por los pecados solo se produjo una sola vez[28]. Primeramente, como hecho histórico, Cristo murió una sola vez (Lc. 23:46; Ro. 5:6). Pero como hecho en la economía de la redención es irrepetible. De ahí la insistencia que de esta verdad se aprecia en la epístola a los Hebreos (cf. He. 9:12, 26, 28; 10:10, 12). Pero la causa que posibilita la salvación es el sacrificio de Cristo que se hizo una

---

[26] Texto griego: ὅτι καὶ Χριστὸς ἅπαξ περὶ ἁμαρτιῶν ἔπαθεν, δίκαιος ὑπὲρ ἀδίκων, ἵνα ὑμᾶς προσαγάγῃ τῷ Θεῷ θανατωθεὶς μὲν σαρκὶ ζῳοποιηθεὶς δὲ πνεύματι.

[27] Entre ellos P^{72}, S, A, vg, syr.

[28] Griego: ἅπαξ.

sola vez. Debe apreciarse aquí la intensidad de referencia a la muerte sacrificial de Cristo en la expresión que sigue en el texto, "siendo a la verdad muerto en la carne", que establece el elemento material del sacrificio. En el antiguo pacto se sacrificaban animales continuamente. En el Nuevo Pacto, es el Cordero de Dios quien se ofrece como sacrificio expiatorio por el pecado, rescatando y separando a un pueblo para Dios mediante la entrega en sacrificio sustitutorio por cada uno de los que son salvos (1:18-20). Este sacrificio hecho una sola vez tiene relación con los pecados, sustituyéndonos en la responsabilidad penal de los mismos al tomarlos sobre sí. Al entregar el cuerpo, se estaba entregando Él mismo y al derramar su sangre estaba haciendo realidad las figuras de los sacrificios del orden levítico. La idea de derramar la sangre es equivalente a entregar una vida, como se enseña en la Ley: "Porque la vida de la carne en la sangre está, y yo os la he dado para hacer expiación sobre el altar por vuestras almas; y la misma sangre hará expiación de la persona" (Lv. 17:11). En Cristo, esto es, en Él mismo, en su cuerpo, en su sangre, que equivalen a su vida, el creyente es salvado, y Dios hace a Jesús no sólo la base de la justificación, sino también de la santificación (1 Co. 1:30). Los sacrificios de la antigua dispensación no tenían capacidad para santificar definitivamente a quienes los ofrecían. En cambio, el sacrificio perfecto de Jesucristo es único e irrepetible. Este sacrificio se hizo ἅπαξ, una sola vez, lo fue de olor fragante, por lo cual fue aceptado plenamente por Dios (Ef. 5:2). En este sacrificio concurren, por tanto, dos elementos: una eficacia absoluta en cuanto a valor redentor, y una extensión infinita en cuanto a tiempo. Permite la purificación interior del pecado y la capacitación para estar en la presencia de Dios. Es uno de los pilares sobre los que descansa la seguridad de salvación. El objetivo del sacrificio es "para llevarnos a Dios", literalmente conducirnos. La idea incluye la reconciliación con Dios, de modo que el obstáculo de la proximidad a causa del pecado quedó removido para los creyentes (Ro. 5:1, 2; Ro. 8:1; 2 Co. 5:19-21). Es interesante apreciar nuevamente que la reconciliación que permite llevarnos a Dios, no es asunto del hombre, sino una operación absolutamente divina, es decir, Dios nos lleva por Cristo y en Él, reconciliándonos Él y no nosotros. De ese modo, se abre acceso al trono de gracia a todo aquel que crea (He. 4:14-16). Eso equivale a reconciliarse con Dios (2 Co. 5:20). La muerte del Salvador se produjo en la carne. Con toda claridad escribe Pedro: "Siendo a la verdad muerto en la carne". Este término es equivalente a la naturaleza humana (Jn. 1:14). En el texto griego, es un dativo de causa. Muerto en cuanto a la carne. En su condición de hombre se dio a la muerte

(He. 2:9). No es posible entenderlo de otro modo, puesto que en su sola condición divina no puede morir. La muerte es en la naturaleza humana, si bien debiera extenderse esta consideración al sentido pleno de muerte que comprende necesariamente la muerte espiritual. La vida que da paso a la muerte física en la consumación de la cruz es de infinito valor sustitutorio, puesto que no es una vida humana independiente, por muy santa que pudiera ser, sino la naturaleza humana de la persona divina del Hijo de Dios, el Verbo eterno encarnado.

La muerte es necesaria para la salvación, pero no menos necesaria es la resurrección, presente también la doctrina expresada en el texto: "Pero vivificado en espíritu". El término debe aplicarse en este versículo al espíritu personal del Señor. Algunos opinan que se refiere a la resurrección hecha por el Espíritu Santo (Ro. 8:11), pero en este caso exigiría el artículo. En ese acto, Cristo recibe el cuerpo de resurrección, siendo revestido de inmortalidad. Este es llamado por Pablo "cuerpo espiritual" (1 Co. 15:44). En la carne murió, en espíritu es vivificado. El Resucitado es hecho "espíritu vivificante" (1 Co. 15:45). El Señor resucitado tiene un cuerpo con un modo distinto de existencia.

He. 1:3: En el escrito se recoge un himno o una profesión de fe primitiva que, refiriéndose a Cristo, dice: "El cual, siendo el resplandor de su gloria, y la imagen misma de su sustancia, y quien sustenta todas las cosas con la palabra de su poder, habiendo efectuado la purificación de nuestros pecados por medio de sí mismo, se sentó a la diestra de la Majestad en las alturas". Nuevamente la misma manifestación implícita de quien efectuó la purificación de los pecados, solo posible mediante el sacrificio de expiación, que suponía la muerte de Jesús, sigue la referencia a la sesión a la diestra de Dios, sólo posible si realmente se produjo la resurrección. Los dos elementos, como reiteradamente se ha dicho, forman un conjunto inseparable para la soteriología, puesto que sin muerte no hay perdón de pecados y sin resurrección no hay dotación de vida eterna y de esperanza de gloria.

Relatos y cristofanías

Relatos

Como se ha considerado, entrar en el análisis de los relatos sobre la resurrección de Jesús exigiría una exégesis de la última parte de los cuatro evangelios que excede a la razón de la cristología, recomendando al lector la consulta de los textos bíblicos[29].

La resurrección de Cristo es un hecho histórico, que se sitúa en el tiempo y en el espacio, es decir, ocurrió en un determinado momento y en un determinado lugar. La tumba vacía demanda una evidencia histórica de la resurrección. Los relatos bíblicos proveen de los elementos para esas precisiones. Un estudio detallado de la resurrección exige pasar por el relato de la sepultura de Jesús, y especialmente, por aspectos tales como el mismo sepulcro excavado en roca, la piedra que se había colocado en la entrada, la guardia romana que custodiaba el sepulcro, el sello imperial que impedía que se abriese la tumba sin consentimiento.

La piedra de entrada

En los relatos sobre la piedra que cerraba la tumba se pueden apreciar ciertas palabras que dan idea de cómo era. Según Mateo, una vez puesto el cuerpo de Jesús en la tumba, "y después de hacer rodar una gran piedra a la entrada del sepulcro, se fue" (Mt. 27:60). El verbo *rodar*[30] expresa la idea de girar hacia arriba, que hace notar una inclinación en el canal donde estaba colocada. Marcos utiliza el mismo verbo modificado con la preposición que intensifica todavía más la idea de rodar hacia arriba[31]. La dimensión de la piedra que tapaba la entrada producía preocupación en las mujeres que fueron hasta allí para terminar los trabajos de acondicionamiento del cuerpo de Jesús (Mr. 16:3). Por su parte Lucas hace referencia a la piedra de entrada, de este modo: "Y hallaron removida la piedra del sepulcro" (Lc. 24:2). De nuevo está el mismo verbo y en la misma forma que usa Marcos, en este caso tomando la preposición antecedente como *separado de*. Juan utiliza un verbo totalmente distinto: "El primer día de la semana, María Magdalena fue de mañana, siendo aún oscuro, al sepulcro; y vio quitada la piedra del sepulcro" (Jn. 20:1). En este caso utiliza el participio perfecto del verbo quitar[32], aquí *quitada*, indicando que la puerta estaba desplazada del lugar que le correspondía en la entrada del sepulcro y puesta, llevada, a un lugar separado de la tumba.

---

[29] Ver mi *Comentario al Texto Griego del Nuevo Testamento*.
[30] Griego: προσκυλίω.
[31] Griego: απόκυλίω.
[32] Griego: αἴρω.

El sello

Sin duda se puso en la entrada del sepulcro de la forma que se hacía cuando se sellaba algo por orden del gobernador romano. Mateo hace notar la respuesta de Pilato a la petición de los judíos que solicitaron que la tumba fuese sellada: "Ahí tenéis una guardia; id, aseguradlo como sabéis. Entonces ellos fueron y aseguraron el sepulcro, sellando la piedra y poniendo la guardia" (Mt. 27:65-66). En presencia de la guardia romana se colocó el sello, dejando a los guardias la misión de custodiar que nadie tocase el sepulcro. No podía abrirse la piedra sin romper el sello. Una acción semejante constituía un grave delito contra Roma. Por eso se hace notar que el sello fue roto cuando la piedra de entrada fue arrancada de su lugar.

La guardia

El relato según Mateo es muy preciso: "Y hubo un gran terremoto; porque un ángel del Señor, descendiendo del cielo y llegando, removió la piedra, y se sentó sobre ella. Su aspecto era como un relámpago, y su vestido blanco como la nieve. Y de miedo de él los guardas temblaron y se quedaron como muertos" (Mt. 28:2-4). Lo ocurrido fue lo suficientemente imponente para que los soldados romanos, acostumbrados a situaciones difíciles, quedaran petrificados por lo que vieron. No les interesaba nada de los problemas religiosos de los líderes de Israel, solo cumplir la misión de custodia que les había sido asignada. La situación de la guardia era sumamente delicada, puesto que el cuerpo de Jesús había desaparecido, y podía ser considerado como un acto de negligencia, especialmente si se habían dormido, acción que era castigada con la muerte, como también ocurrió con la guardia de Herodes que custodiaba a Pedro en la cárcel (Hch. 12:19). Lo sorprendente del relato fue la explicación al hecho promovida por los judíos, que el cuerpo de Jesús había sido robado por los discípulos mientras ellos dormían.

Tener el relato completo de los distintos hechos ocurridos en la resurrección exige establecer una armonía de los cuatro evangelios.

La resurrección ocurrió en el primer día de la semana (Mr. 16:2-8; Lc. 24:1-8; Jn. 20:1). Juan centra su atención en una sola de las mujeres que vinieron temprano al sepulcro. Según Marcos, en el grupo, además de María Magdalena estaban también María la madre de Jacobo y Salomé. Juan dice que fue el primer día de la semana, esto es, el domingo. Como suelen hacer desde el entorno judío, el tiempo de la semana se medía haciendo referencia al sábado, de manera que aquí se lee literalmente el primero después del sábado y se aprecia el plural *sábados*[33]. Es interesante observar que Juan no usa el adjetivo numeral ordinal, sino el cardinal. No escribió el primero, sino el uno[34]; posiblemente se trata de un semitismo. El relato anterior concluyó a la caída de la tarde, con que se iniciaba el sábado y éste con el amanecer del día. Según Marcos, dos de ellas, María Magdalena y María la madre de Jacobo habían estado sentadas viendo atentamente el lugar donde había sido puesto el Señor.

Fijándose en María Magdalena, Juan dice que vino de madrugada, o muy temprano, cuando ya había pasado el día de reposo, para cumplir las funciones de preparar convenientemente el cuerpo de Jesús. Juan hace notar que era todavía oscuro, literalmente habiendo aún oscuridad. Pasado el sábado ya podían efectuarse compras, de modo que fueron para adquirir los ungüentos aromáticos para terminar la tarea pendiente con el cuerpo de Jesús, que simplemente había sido envuelto en vendas, colocado en una sábana, previo acondicionarlo con cien libras de perfume de mirra y áloes que había traído Nicodemo (Jn. 19:40). Es evidente que, si iban al sepulcro para preparar el cuerpo de Jesús, no esperaban la resurrección. Nadie del grupo próximo a Cristo, incluidos los discípulos, creían que iba a resucitar, a pesar de que Él lo había anunciado varias veces mientras subía por última vez a Jerusalén. Es más, según Marcos, los discípulos discutían entre ellos sobre qué sería aquello de la resurrección (Mr. 9:10). Nada mejor que ese entorno para demostrar la realidad de ese hecho. La incredulidad de los seguidores de Jesús hizo que se negaran a aceptarla fácilmente, aunque viniera de testigos presenciales. Es sorprendente que el condicionante teológico heredado desde años atrás pudiera afectar de ese modo a los que oyeron a Jesús anunciar su resurrección.

Es difícil precisar la hora en que se produjo la ida de María Magdalena junto con otras mujeres al sepulcro. Hay una aparente contradicción entre Juan y los sinópticos en la precisión del tiempo, porque mientras que Juan dice que era oscuro, los sinópticos, especialmente Lucas, dice que era al amanecer, y Marcos habla de

---

[33] Griego: σαββάτων.

[34] Griego: μιᾷ, en dativo singular del adjetivo numeral cardinal *uno*.

que ya había salido el sol. Posiblemente Juan esté refiriéndose al momento en que María Magdalena salió de su casa para ir al sepulcro y, mientras buscaron los ungüentos, llegaron cuando ya había salido el sol. Ellas estaban preocupadas por cómo iban a abrir la tumba, teniendo en cuenta que la piedra que cerraba la entrada era grande. Posiblemente no era tanto lo difícil o pesado de la tarea, pero sabían también que había una guardia establecida que custodiaba la sepultura de modo que nadie pudiera acceder a ella y, mucho menos, llevarse el cuerpo de Jesús. Para los judíos, el testimonio de la muerte del crucificado, dado por el soldado que atravesó su costado y por el centurión que controló la ejecución, no era suficiente garantía. Las palabras de Jesús, que los suyos no creían, infundían temor en ellos, pensando que pudiera resucitar verdaderamente como había anunciado. Aquella guardia debía autorizar a las mujeres para entrar, embalsamar el cuerpo y salir solas, dejando en el sepulcro a Jesús. Hay una referencia a esa piedra en un códice del texto griego en el que se afirma que veinte hombres no eran capaces de levantarla, no tanto de hacerla rodar, sino de tomarla en peso. El sello puesto sobre la entrada (Mt. 27:64-66) era considerado como un acto contra Roma que recibiría el castigo previsto en la ley romana. Además del sello estaba la guardia romana. El número de los que la formaba variaba según los casos y la necesidad, pero generalmente estaba entre los diez y los treinta hombres. La disciplina militar romana es algo históricamente comprobado. El castigo impuesto a un soldado por abandono del puesto era la pena de muerte. El temor al castigo imponía, por miedo, la atención absoluta al deber encomendado. Cada miembro de la guardia iba equipado con las armas reglamentarias, ante las que pocos se atreverían a enfrentarse, salvo que estuviesen tan equipados como ellos. No era este el caso. Los atemorizados discípulos habían huido, hasta el punto que tuvieron que ser otros quienes se ocuparon de sepultar el cuerpo de Jesús. María Magdalena vio la piedra del sepulcro removida. No se trataba de que la entrada estaba abierta, sino que la piedra había sido sacada de su lugar. Los sinópticos dicen que había sido puesta en un lugar aparte y sobre ella se había sentado un ángel (Mt. 28:2). Es evidente que Juan se refiere a la losa removida y no por medios naturales, sino sobrenaturalmente. La tumba abierta y, lo más sorprendente, vacía.

Tanto María Magdalena, en el relato de Juan, como las demás mujeres, en los sinópticos, volvieron del sepulcro y dieron la noticia de lo ocurrido a los discípulos (Mt. 28:8; Lc. 24:9-11; Jn. 20:2). De este modo lo relata Juan: "Entonces corrió, y fue a Simón Pedro y al otro discípulo, aquel al que amaba Jesús, y les dijo: Se han llevado del sepulcro al Señor, y no sabemos dónde le han puesto". Según el relato de Marcos, las mujeres entraron al sepulcro donde vieron a ángeles que les anunciaban la resurrección de Jesús (Mr. 16:5-6). Es muy posible que todo el grupo, incluida María Magdalena, llegara al sepulcro donde vio primeramente a un ángel sentado sobre la piedra, que había arrancado de la posición donde estaba, cerrando el sepulcro. Éste anunció a las mujeres que había resucitado. Sería entonces que María Magdalena salió corriendo del lugar y fue a buscar a Pedro y a Juan, nuevamente oculto aquí por el título del discípulo al que amaba Jesús. Mientras tanto, las mujeres entraron al sepulcro donde vieron a otros dos ángeles y se asustaron, siendo enviadas a los discípulos para que les comunicasen las buenas nuevas de que había resucitado el Señor.

La resurrección, aunque les había sido anunciada por Jesús y confirmada luego por los ángeles, era algo sobrenatural y como tal difícil de aceptar tanto por las mujeres como por los hombres. De ese modo razonaban los dos discípulos de Emaús, que dijeron a Jesús que algunas mujeres vinieron dando nuevas de que había resucitado, pero a Él no le encontraban (Lc. 24:22-24). María utiliza aquí el plural, no sabemos dónde le han puesto. Lo único que ella sabía es que la tumba estaba vacía; por tanto, alguien o algunos habían llevado de allí el cuerpo muerto de Jesús.

La reacción de Pedro y Juan no se hizo esperar: "Y salieron Pedro y el otro discípulo, y fueron al sepulcro" (Jn. 20:3). La noticia de María Magdalena y de las otras mujeres les produjo seguramente preocupación. Todos ellos amaban sincera y profundamente a Jesús. Aunque Pedro lo hubiese negado, su arrepentimiento se había producido cuando lloró amargamente; en eso incluso demostraba su sincero amor por el Maestro. Lo mismo ocurría con Juan. Era necesario para ellos verificar lo que les habían dicho, saliendo precipitadamente en dirección al sepulcro. Tal vez ellos dieron por cierto que alguien había llevado el cadáver y debían recuperarlo.

Un testigo presencial relata ciertos pormenores: "Corrían los dos juntos; pero el otro discípulo corrió más aprisa que Pedro, y llegó primero al sepulcro" (Jn. 20:4). Juan utiliza una expresión pleonástica en este versículo, para decir que él corrió más rápido que Pedro y, por tanto, si así lo hizo, no hace falta que diga que llegó primero, porque es la consecuencia de correr más rápidamente que el otro. Sin embargo, da colorido al relato. No fueron caminando a un paso rápido. La noticia precipitó los pasos de los dos, de modo que el camino lo hicieron corriendo.

Juan, el primero en llegar, pudo notar que la tumba estaba abierta y "bajándose a mirar, vio los lienzos puestos allí, pero no entró" (Jn. 20:5). Descubrió que lo que habían dicho las mujeres era cierto en cuanto a que la tumba estaba abierta. Por tanto, se aproximó a la entrada, se inclinó para ver en el interior y descubrió que los lienzos seguían donde habían estado siempre, en el suelo del sepulcro, envolviendo el cuerpo de Jesús. Los lienzos en sentido general comprenden el sudario, las vendas y la sábana. Desde donde Juan estaba, no había razón para pensar que el cuerpo de Jesús no estaba allí. Posiblemente para Juan se trataba de una situación emotiva que le hizo entender lo que no era así. Allí en el suelo de la tumba en la penumbra del lugar estaban los lienzos, así que allí estaba Jesús.

Fue la llegada de Pedro lo que alteró la apreciación de Juan: "Luego llegó Simón Pedro tras él, y entró en el sepulcro, y vio los lienzos puestos allí, y el sudario, que había estado sobre la cabeza de Jesús, no puesto con los lienzos, sino enrollado en un lugar aparte" (Jn. 20:6-7). Pedro es más impulsivo que Juan. A éste le bastó con ver desde el exterior lo que había en el sepulcro. Pedro llegó corriendo y así entró al interior. No se conformó con observar desde afuera, entró para cerciorarse de lo que realmente había. Los lienzos estaban en el suelo, confirmando así el testimonio que Juan da de su impresión al agacharse para mirar hacia adentro. Allí estaban los envoltorios que sirvieron como mortaja a Jesús desde el día anterior, cuando lo pusieron en el sepulcro. Quiere decir esto que conservaban la forma del cuerpo, como si todavía estuviese allí.

En Juan se produce un contraste con otra resurrección, la de Lázaro. Este salió del interior del sepulcro con los vendajes con que había sido enterrado y necesitó la ayuda de la gente para que le desatasen y pudiera moverse por sí mismo (Jn. 11:44). Los lienzos de Lázaro fueron retirados y quedarían en un lugar acaso amontonados. Los de Jesús estaban en el suelo y guardaban la forma que habían tenido cuando el cuerpo estaba en el interior. Quiere decir que salió de los lienzos y trascendió fuera de ellos sin necesidad de que nadie los manejase y quedasen marcas de ello.

El sudario, usado para envolver la cabeza, no estaba con el resto de los lienzos en el suelo, sino envuelto, o enrollado en un lugar, esto es, separado del envoltorio del cuerpo. Esta forma de encontrarse la tumba, excluye cualquier intento de robo del cuerpo. Primeramente, habría que desenvolver el cadáver de los lienzos que lo cubrían, o llevarlo con ellos, que sería lo más propio. En segundo lugar, no se perdería tiempo para desenvolver la cabeza y recoger las vendas que la cubrían para doblarlas y colocarlas en un lugar aparte.

"Entonces entró también el otro discípulo, que había venido primero al sepulcro; y vio, y creyó" (Jn. 20:8). Antes se había limitado a verlo desde el exterior, ahora su presencia en el interior le permite apreciar lo que antes no había visto. El sudario envuelto aparte de los lienzos. Los lienzos vacíos, sin el cuerpo que habían rodeado. Es un testimonio personal que ningún otro podía haber dado; el apóstol Juan dice que, cuando vio, entonces creyó. La frase es escueta y cabe preguntarse qué es lo que creyó. Aún no comprendía verdaderamente el alcance que la resurrección traía consigo, pero creía que Jesús había resucitado. Es posible que no recordase incluso el anuncio que el Maestro les había hecho relativo a su resurrección. Es probable que tampoco estuviesen en su mente las profecías que hablaban de ella. Lo que es cierto es que Jesús no estaba allí y, por tanto, había resucitado. Lo que no había servido para hacer creer a Pedro, sirve para afianzar la fe de Juan. Pedro, según el relato de Lucas, vio y se asombró (Lc. 24:12), pero no dice que creyó. Se asombró de lo que veía y del sepulcro vacío. En cambio, la fe de Juan no necesitó más. Para él Jesús había resucitado.

Cristofanías

El testimonio de la resurrección descansa, por un lado, en los acontecimientos relatados y en la tumba vacía, y por otro, en las muchas manifestaciones del resucitado a los suyos y que se consideran seguidamente.

María Magdalena. Se ha comentado en los párrafos anteriores, por lo que es suficiente con mencionarla como una de los testigos de la resurrección de Jesús. Como el resto de los discípulos, no estaba en disposición de creer fácilmente en la resurrección de Jesús. El registro más extenso corresponde al evangelio según Juan, (Jn. 20:11-18), aunque también se hacer referencia a ello en el segundo sinóptico (Mr.

16:9-11). En el texto según Juan se relata la situación de tristeza de ella, María estaba fuera del sepulcro llorando (v. 11). Ella había ido a Pedro y a Juan para contarles que el sepulcro estaba abierto y que se habían llevado el cuerpo del Señor, por lo que los dos discípulos corrieron para ver qué había sucedido. No se dice la causa de su llanto, pero ella amaba al Maestro y éste había muerto. A esto se añadía la conmoción de una tumba vacía y no sabía quién habría llevado el cuerpo de Jesús. María se inclinó sobre la sepultura y descubrió la presencia en el interior de dos ángeles, que se habían colocado uno a la cabecera y otro a los pies en el lugar donde Jesús había sido enterrado. Los ángeles obedeciendo instrucciones divinas se hacen visibles, aunque siendo espíritus son habitualmente invisibles a los ojos de los hombres. Los vestidos de ellos eran blancos, sin duda, resplandecientes. Estaban sentados en el interior del sepulcro. Aquellos preguntaron a María por qué lloraba. La respuesta fue concreta: el Señor, literalmente mi Señor, no está en el sepulcro, y eso es porque alguien lo llevó. El problema no era tanto ese, sino que ella no sabía adónde lo habían puesto. Jesús, aunque para ella muerto, seguía siendo su Señor. La fe de María no era sólida, como tampoco lo era la de los discípulos. Ella no podía pensar en la resurrección del Maestro, sólo en que no estaba en la tumba; por tanto, había desaparecido. Ella repetía en palabras lo que llenaba de angustia su alma: se han llevado a mi Señor. Ese es el grave motivo que tenía para seguir llorando. María estaba desolada porque le faltaba la presencia sensible del Señor en su vida. Esa es la experiencia de quien siente el vacío profundo de tal ausencia, no importa por qué causa se produce. Nada puede llenar el vacío que se experimenta cuando deja de sentirse la presencia del Señor.

El relato de Juan cambia inmediatamente, como se lee: "Cuando había dicho esto, se volvió, y vio a Jesús que estaba allí; mas no sabía que era Jesús" (v. 14). María cambia de orientación. Deja de mirar lo que había en el sepulcro. Deja de hablar con los ángeles, sólo está recogida la respuesta a la pregunta que le hicieron para dirigir su mirada en sentido opuesto, hacia lo que había a sus espaldas y se encontró con Jesús.

Juan añade: "Jesús le dijo: Mujer, ¿por qué lloras? ¿A quién buscas? Ella, pensando que era el hortelano, le dijo: Señor, si tú lo has llevado, dime dónde lo has puesto, y yo lo llevaré" (v. 15). Jesús habló con María, formulándole una pregunta que cualquiera hubiera hecho en aquellas circunstancias. La primera era sobre la causa de su llanto: ¿Por qué lloras? La segunda iba al meollo de la cuestión: ¿A quién buscas? Jesús está interesado en que los suyos descubran las circunstancias que les rodean. La primera pregunta despierta en María la conciencia de saber por qué era aquella desconsolada forma de llorar. La segunda la causa de la preocupación del problema. No se dice nada de lo que María pudo haber pensado de las dos preguntas, pero a cualquiera le hubiese llamado la atención la segunda. ¿Por qué sabía aquel (para ella) hombre que estaba buscando a alguien?

María no se imagina que aquel era Jesús. Supone que se trata del cuidador de la finca donde estaba el sepulcro en que habían puesto a Jesús en la tarde del viernes. En ese pensamiento habla con Él, preguntándole si Él había sido quien llevó el cuerpo de Cristo de la tumba en que estaba y adónde lo había puesto. Es interesante que la palabra *hortelano*[35], cuidador del huerto, es un *hápax legómenon* que aparece una sola vez en todo el Nuevo Testamento. La intención de ella era clara: dime dónde está y lo llevaré conmigo. Sería imposible que esto pudiera ocurrir, ya que, aunque le dijese dónde estaba el cuerpo, ella sola no podría llevarlo consigo y, con toda seguridad, el cuidador del huerto tampoco se lo hubiera permitido.

Necesariamente surge una pregunta. Si María conocía bien a Jesús, lo había seguido en el ministerio, lo había acompañado durante el tiempo de la cruz, de modo que su figura le era muy familiar, no podía confundirlo con ningún otro. Además, María amaba a Jesús por todo lo que había recibido de Él y su atención había estado siempre en el Maestro. ¿Por qué no le conocía? Se han dado muchas respuestas a esa pregunta, pero ninguna es satisfactoria. Desde quienes creen que se trataba del efecto de la incredulidad, hasta otras muchas. Sin embargo, hay algo que no se tiene en cuenta, y es que Jesús se manifestaba de otra forma a los suyos luego de la resurrección. Marcos hace notar que Jesús se apareció a dos de los discípulos de otra forma, es decir, en otro aspecto, o también con diferente figura. Según el paralelo de Lucas, el Señor se acercó a ellos como si se tratase de un caminante que iba por la misma vía. El hecho de que se detuviese junto a María, hablase con ella y no fuese reconocido es que el rasgo exterior que identifica a una persona que no era el que ella estaba viendo. Es la manifestación propia del cuerpo de resurrección, que no es el mismo cuerpo que se entierra, sino otro transformado (1 Co. 15:42-44). A

[35] Griego: κηπουρός.

esto puede añadirse también la falta de fe en la resurrección de Cristo que no le permitía suponer que aquel con quien estaba hablando era el Señor resucitado. Años después, el apóstol Pablo escribirá a los corintios sobre aspectos del cuerpo de resurrección, que será bueno tener en cuenta aquí, cuando consideramos aspectos de la resurrección de Jesús. La primera cuestión a reflexionar es que no debe olvidarse la naturaleza humana de Jesucristo, que es la que realmente resucita de entre los muertos. Jesús es Dios, pero es también semejante a los hombres. En ese sentido, un hombre fue puesto en la tumba luego de morir. Lo que se deposita en tierra da lugar en la resurrección a un cuerpo diferente. Lo mismo ocurre cuando se deposita en tierra una semilla: esta muere para fructificar luego en una nueva planta que surge de la tierra. Jesucristo no pudo corromperse como ocurre con nuestros cuerpos, ya que Él no vería corrupción, pero de aquel cuerpo humano envuelto en lienzos surge a la vida otro cuerpo humano, pero de distinta conformación (1 Co 15:36). Lo que se siembra no es el cuerpo que ha de salir. La muerte física no es aniquilación, sino el paso de un estado a otro, es algo semejante a tener un bosque en un frasco de semillas. De la semilla sembrada surge un cuerpo distinto. El cuerpo del Señor es diferente del que tenía en su tiempo de ministerio, pero en modo alguno deja de ser un cuerpo como se notará más adelante con las apariciones a los discípulos. María no distinguió a Jesús en aquel hombre que hablaba con ella.

"Jesús le dijo: ¡María! Volviéndose ella, le dijo: ¡Raboni! (que quiere decir, Maestro)" (v. 16). Posiblemente María no había dado importancia a los ángeles, sino que se volvió para ver al que creía el hortelano, y tampoco ahora daba importancia a éste para volverse de nuevo en dirección al sepulcro. Es entonces cuando una sola palabra la hace reaccionar. Jesús la llamaba por su nombre: María, seguramente en la forma que le era habitual cuando estaba en su ministerio terrenal. Aquella voz y aquella forma era inconfundible para ella. Jesús había dicho que sus ovejas conocen su voz (Jn. 10:4). La oscuridad en el pensamiento de María dio paso a la luminosa luz de la presencia de Jesús a su lado. Sin duda se produjo un profundo cambio en ella. Las lágrimas desaparecieron y un gozo exultante la llenó en plenitud.

La reacción de María fue inmediata, volviéndose hacia Jesús y llamándole *Raboni*, que como es habitual en Juan, traduce diciendo que equivale a Maestro. Es notable apreciar que no le llama *Rabí*, que se aplica a todo maestro, sino *Raboni*, que viene de *Rabón* o *Rabán*, que significa Gran Maestro. Ese título se usaba con frecuencia para hablar de Dios. No es poco el amor y la familiaridad que María sentía por Jesús, pero no es menos el respeto que le merece aquel que es Dios-hombre. En esto debemos recordar que, aunque es nuestro amigo personal, nuestro hermano, no deja de ser el soberano y eterno Dios, a quien se debe respeto supremo.

"Jesús le dijo: No me toques, porque aún no he subido a mi Padre; mas ve a mis hermanos, y diles: subo a mi Padre y a vuestro Padre, a mi Dios y a vuestro Dios" (v. 17). Las palabras de Jesús han servido para distintas interpretaciones. El Señor dijo a María *no me toques*, o también, como permite el verbo, *no me retengas*[36]. A simple vista, el Señor no impidió a ninguno de los suyos que en las apariciones después de la resurrección le tocasen. Es más, invitó incluso a hacerlo, como en el caso de Tomás (Jn. 20:27). Mateo dice que las mujeres a las que se apareció Jesús abrazaron sus pies (Mt. 28:9). Luego, no puede interpretarse esto como una prohibición para que María Magdalena tocase al Señor. Lo que supone esta prohibición es seguramente que María no dejaba de abrazar los pies de Jesús. Ella quería mantenerse cerca del Señor, pero Él tenía otra misión para ella. Jesús establece una prohibición a María, expresada mediante el presente de imperativo del verbo, con la negación que lo acompaña y que significa que debía cesar en la acción que había iniciado. María debía dejar de abrazarlo. Esa es la mejor forma de traducir el versículo: Jesús le dijo: deja de abrazarme. El verbo tiene que ver más bien con asir que con tocar. El Señor manda a María que deje de retenerlo, de sujetarlo. Esto supone que se había echado a los pies de Jesús y lo retenía abrazada a ellos, como ocurre con las mujeres mencionadas por Mateo.

La frase "porque aún no he subido a mi Padre"[37] encierra también alguna dificultad. Jesús dice a María que no trate de retenerlo porque aún no había subido al Padre. ¿Quiere decir que luego de la ascensión podría hacerlo? Algunos, a la vista de esto, sugieren que Jesús subió al Padre para presentar la plenitud de la obra realizada y abrir para el hombre un trono de gracia en base a ella y luego volvió a la tierra para acompañar a los suyos y manifestarse a ellos hasta el día

---

[36] Griego: ἅπτου, segunda persona singular del presente de imperativo en voz media del verbo ἅπτω, en voz media *tocar, retener*, aquí *retengas*.
[37] Texto griego: οὔπω γὰρ ἀναβέβηκα πρὸς τὸν Πατέρα.

de la exaltación a los cielos. No hay base bíblica para sustentar esto, salvo la interpretación de una frase que tiene ciertas dificultades. Jesús va a confiar a María un mensaje para sus hermanos, que tiene que ver con la ascensión. Por tanto, esta afirmación le hace notar ese hecho, y sirve como anticipo a lo que le va a encomendar. La obra de redención exigía la entronización del intercesor a la diestra de la majestad en los cielos. Por eso el mensaje que le va a ser encomendado a María para que transmita a los discípulos no tiene que ver con la resurrección, sino con la ascensión. En cierto modo, Jesús estaba diciendo a María que primeramente debía llevar el mensaje y que tenía tiempo hasta la ascensión para estar con Él, pero no podría, por más que lo intentase, retenerlo aquí, porque su misión concluida en la tierra requería que regresase al Padre que le había enviado.

Son destacables dos cosas, no por importancia, sino como número: a) El mensaje de la resurrección se encomendó a mujeres, pero ahora, el de la ascensión se hace del mismo modo. Jesús comisiona a una mujer para que en su nombre lleve el recordatorio de lo que antes había dicho, que los dejaba porque Él iba a quien lo había enviado, esto es, al Padre. Para un mensaje de tal importancia, no sería lógico, desde el punto de vista social de entonces —e incluso desde ciertas posiciones hoy en día—, que fuese una mujer la encargada de hacerlo. Cristo está enseñando que para Él no hay distinciones y que en soberanía actúa como mejor le parece porque es el Señor. El primer mensaje relativo a la resurrección encomendado a las mujeres era un testimonio de un hecho ocurrido; pero en el caso de María Magdalena, se trata del anuncio de algo que va a ocurrir, el gran acontecimiento post-pascual o, si se prefiere, el epílogo pascual de la obra de Cristo. María debía dejar a un lado su interés devocional por Jesús y asumir la misión de testimonio que Él le encomienda. b) El término que usa Jesús para referirse a quienes debían llevar el mensaje: "Mis hermanos". Nunca antes usó ese calificativo para referirse a los discípulos. Antes de la cruz los llamó siervos (Lc. 17:10); luego dialogando con ellos en la última cena, los llamó amigos (Jn. 15:15). Una nueva relación se establece entre Dios y los hombres que creen. Una nueva vinculación entre Jesús y los cristianos. En el prólogo del evangelio se dijo que quienes creen reciben la condición de hijos de Dios (Jn. 1:12). Los hermanos son los miembros dentro de una misma familia. La familia de Dios se forma por el eterno Hijo Unigénito, que es Cristo, y todos los que en Él son adoptados como hijos de Dios (Gá. 4:4-5). La obra de redención estaba hecha; por tanto, los creyentes son hechos hijos de Dios por adopción en el Hijo. Dios no es Padre de todos los hombres, sólo de los creyentes. Es Creador de todos, pero sólo Padre de quienes están vinculados al Hijo. Es la vinculación con Cristo la que les confiere esa condición. Todos son hermanos porque pertenecen a la familia de Dios (Ef. 2:19), y son herederos de Dios y coherederos con Cristo (Ro. 8:17). Por vinculación de identidad con Cristo, formando un cuerpo del que Él es la cabeza, Jesús los llama sus hermanos. Este es un título nuevo que eleva a los cristianos a una relación sobrenatural con Cristo y por tanto con Dios. Es un nuevo tiempo en una nueva dispensación, en la que Jesús es el primogénito entre muchos hermanos (He. 2:11-18).

El mensaje encomendado es sencillo: *Diles a mis hermanos que subo a mi Padre*. El Señor les recordaba con ello que no debían esperar ya la presencia corporal suya como la habían tenido durante los tres años que estuvieron con Él. El tiempo del regreso al Padre que les había anunciado estaba a punto de cumplirse, y con ello se abriría el tiempo de relación espiritual con Él y la presencia del Espíritu Santo como vicario suyo en la tierra. La resurrección no podía nublar la visión de la glorificación con un hecho inminente.

Finalmente, se aprecia una distinción: *mi Padre... vuestro Padre*; *mi Dios... vuestro Dios*. El Padre y Dios de nuestro Señor Jesucristo es también nuestro Padre y Dios. Sin embargo, es necesario entender que nuestra relación con el Padre no es la misma que la de Jesús. Él es el Unigénito, nosotros hijos adoptados en Él. Como hombre, Jesús tiene una relación con Dios, a quien ama, ora y sirve, pero la relación con Dios es única, puesto que Jesús es una persona divina, que eternamente está vinculada al Padre en el seno de la deidad. Nosotros somos nacidos de Dios (Jn. 1:13; cf. Jn. 3:3-8; 1 P. 1:23), mientras que la relación de Jesús no es de nacimiento, sino de engendramiento. Él es engendrado del Padre eternamente. Esa es la gran distinción entre quien nos llama hermanos y nosotros. Jesús no es igual a los hombres, sino semejante. Pero todo esto trae un gran consuelo personal. El Dios y Padre de nuestro Señor Jesucristo es también nuestro Dios y Padre. De ahí que el Espíritu impulsa a nuestro espíritu para que sintamos esa relación y llamemos al Padre de nuestro Señor Jesucristo como Él hacía: "¡Abba!" (Ro. 8:15).

Las mujeres que volvían de la tumba. Conforme al relato según Mateo, se lee: "Y mientras iban a dar las nuevas a los discípulos, he aquí, Jesús les salió al encuentro, diciendo: ¡Salve! Y ellas, acercándose, abrazaron sus pies, y le adoraron. Entonces Jesús les dijo: No temáis; id, dad las nuevas a mis hermanos, para que vayan a Galilea, y allí me verán" (Mt. 18:8-10). Los ángeles les habían encomendado que fuesen a dar la noticia a los discípulos de que Jesús había resucitado. Ellas atendieron a la misión e iban para cumplirla. En el camino, el encuentro con el resucitado. Jesús se les apareció, literalmente: "Y he aquí Jesús salió al encuentro de ellas"[38]. Es una evidencia más de la resurrección. Mateo describe cómo salió al encuentro de ellas con un saludo muy especial: "¡Salve!"[39], que puede traducirse como: *¡Gozaos!* El gozo es, conforme a la enseñanza bíblica, la participación del creyente en el mundo celestial. El gozo de aquellas mujeres tenía que ver con la participación en la vida y comunión del resucitado. De ahí que con frecuencia la exhortación al gozo tenga que ver con el consuelo frente a las tristezas y dificultades (Jn. 14:28); la marcha de Jesús no significa motivo de tristeza, sino de gozo por cuanto abre las puertas a una nueva realidad celestial que el creyente disfruta integrado en ella. La esperanza produce gozo que ayuda a soportar el sufrimiento (1 P. 4:13). El gozo descansa en Jesús, y en éste resucitado; sólo así se puede exhortar a los creyentes a gozarse en el Señor siempre (1 Ts. 5:16).

Las mujeres reconocieron inmediatamente al Señor. Con toda seguridad, Jesús se les manifestaba en la figura habitual que ellas conocían de Él. Por tanto, no había duda alguna de que había resucitado. La reacción de aquel grupo fue la natural; con el gozo que les llenaba el alma, se acercaron a Él, se echaron a sus pies y le abrazaban. El verbo es muy enfático en griego[40] y expresa la idea de retener firmemente; de ahí la traducción *asieron sus pies*. Junto con el afecto, el respeto. Junto con el amor que abraza, la adoración que se tributa: *y le adoraron*[41]. Es cierto que el verbo usado aquí es un verbo que expresa la acción de postrarse o arrodillarse delante de uno. Sin embargo, es el verbo que se usa en todo el Nuevo Testamento para referirse a la adoración a Dios. Aquellas mujeres estaban adorando a Dios, que en su naturaleza humana había resucitado después de estar entre los muertos. La visita del Señor fue inesperada para ellas, pero

[38] Texto griego: καὶ ἰδοὺ Ἰησοῦς ὑπήντησεν αὐταῖς.
[39] Texto griego: λέγων· χαίρετε.
[40] Griego: ἐκράτησαν αὐτοῦ τοὺς πόδας.
[41] Griego: καὶ προσεκύνησαν αὐτῷ.

es una lección para nosotros, ya que Él está siempre más cerca de lo que nosotros suponemos o pensamos. La manifestación del Señor se hizo además en el camino del deber. Aquellas mujeres estaban obedeciendo a la encomienda que habían recibido de parte del Señor, y en la senda del servicio el Señor se les manifiesta. Realmente ya no eran portadoras de un mensaje, sino testigos de la resurrección del Señor. De capital importancia porque la resurrección se testifica por quienes vieron al Señor resucitado.

A las mujeres se les encarga también la proclamación del hecho real de la resurrección de Jesús, enviándolas a los discípulos para comunicarles la gloriosa realidad e invitarlos a ir a Galilea para un encuentro personal con Él.

Encuentro con Pedro. El suceso tiene una breve mención que aparece en el evangelio según Lucas dentro del relato de los discípulos de Emaús, donde se lee: "Levantándose en la misma hora, volvieron a Jerusalén, y hallaron a los once reunidos, y a los que estaban con ellos, que decían: Ha resucitado el Señor verdaderamente, y ha aparecido a Simón" (Lc. 24:33-34). La reunión era gozosa, con la reiteración por parte de todos los presentes, afirmando la resurrección del Señor. No se dice dónde tuvo lugar el encuentro del resucitado con Pedro, pero el apóstol Pablo hace mención al hecho: "Y que apareció a Cefas" (1 Co. 15:5).

Fue el primero de los apóstoles en verle resucitado, como confirmará más tarde el apóstol Pablo en el texto citado cuando escribe: "Apareció a Cefas, y después a los doce". Jesús quiso que Simón recibiese de forma directa y especial la noticia de su resurrección, de ahí que el ángel dijese a las mujeres que lo comunicasen a todos y especialmente a Pedro (Mr. 16:7). Cabe preguntarse, ¿por qué esa distinción? Pedro era aquel que le había negado y, aunque arrepentido, tal vez tuviera en su alma una sombra de duda sobre lo que el Señor haría con su relación con él. Él, que había prometido, no había cumplido y no merecía, humanamente hablando, ninguna consideración de parte del Señor. Pero sería el resucitado, que ama sobre todas las cosas, que comprende todas las cosas y que restaura en todas las caídas el que tendría un encuentro personal con el discípulo antes de subir a Galilea. Aquel que le había negado no tenía que dudar sobre el perdón que Jesús le otorgaba. Pedro era considerado uno más con los otros apóstoles, sin reservas, sin condiciones; la falta del pasado había sido cancelada como consecuencia de su confesión en medio de lágrimas que expresaban, sin duda alguna, un arrepentimiento genuino. Él aprendería la lección sobre el amor fraternal que le sería tan necesario luego en su ministerio apostólico y pastoral. Todo cuanto rodea la obra de Dios es siempre un entorno de gracia y misericordia.

Los discípulos de Emaús. El relato de Lucas es largo (Lc. 24:13-33). Se inicia "en el mismo día", esto es, el primero de la semana. Mientras ocurría la visita de las mujeres a la tumba, el impacto de sus noticias sobre los discípulos, la visita de Pedro al sepulcro, ocurría otro hecho en las cercanías de Jerusalén. Lucas se refiere a los dos residentes en Emaús, como "dos de ellos", lo que quiere decir que eran discípulos de Jesús, de los muchos que el Señor tenía. Vivían a unos doce kilómetros de Jerusalén. En el camino de retorno a su casa iban hablando de todo lo que había ocurrido. Fue en ese ínterin cuando Jesús llegó y se puso a su lado como un caminante más. Lucas afirma que "los ojos de ellos estaban velados, para que no le conociesen" (v. 16). Los discípulos veían al, para ellos, peregrino que iba a su lado. Sin embargo, había un problema de visión que les impedía reconocer quién era. De otro modo, no podían saber de quién se trataba. Marcos da la clave para esto cuando dice que se les "apareció de otra forma" (Mr. 16:12). Quiere decir que se les manifestó en otro aspecto, o también con diferente figura. Aquí el Señor se acercó a ellos como si se tratase de un caminante que iba por la misma vía. El hecho de que se manifieste en otra forma indica que a la vista de ellos el rasgo específico que identifica la persona les era desconocido. Es muy posible que esta sea la manifestación propia del cuerpo de resurrección, que no es el mismo cuerpo que se entierra, sino otro transformado (1 Co. 15:42-44). Esto se confirma suficientemente en los escritos bíblicos, ya que a María Magdalena se le presentó en un aspecto que no lo reconocía y lo confundió con el hortelano (Jn. 20:15). En el camino a Emaús, la apariencia de Jesús era la propia de un viajero. El Señor ocultaba su identidad conocida para los suyos bajo formas diferentes. Además "los ojos de ellos estaban velados, para que no le reconociesen". Según Lucas, además de la otra forma, o el otro aspecto exterior, los dos discípulos tenían el corazón saturado de los acontecimientos que se habían producido en la ciudad y, a ello se añadía el fracaso que representaba lo ocurrido y el concepto que tenían acerca del Mesías, que no podía morir, sino que iba a establecer el reino prometido a los antepasados porque para eso sería enviado.

El Señor preguntó a los dos de qué estaban hablando, haciéndoles notar que su semblante denotaba la tristeza que les embargaba (v. 17). Poco a poco los fue llevando por medio de las Escrituras a las profecías que hablaban de Él, de su muerte y también de su resurrección. Se aprecia que todos los que fueron testigos de alguna cristofanía eran reacios a creer en la resurrección. Estos dos de Emaús habían supuesto un Cristo que no cumplía con sus expectativas en relación con el Mesías. Su concepto de Jesús había bajado de modo que era sólo un "varón profeta, poderoso en obra y en palabra" (v. 19). Éste había sido entregado a los gobernantes de Israel y sentenciado a muerte, le habían crucificado (v. 20). Ellos esperaban que "él era el que había de redimir a Israel" (v. 21). Un dato más que apoyaba la incredulidad de ellos en cuanto a la resurrección es lo que ellos indicaban a Jesús: "Y ahora, además de todo esto, hoy es ya el tercer día que esto ha acontecido" (v. 21). Entre los judíos se había extendido que una resurrección sólo puede producirse como máximo al tercer día de la muerte, durante cuyo tiempo el alma estaba junto al cuerpo y podía, por el poder divino, volver a él. Luego de eso ya no era posible resucitar al muerto, salvo por intervención directa de Dios. Además, si Jesús era, como comenzaban a entender, Dios manifestado en carne y moría, ¿quién podría resucitarlo? Todas estas cosas conducían a la incredulidad de la resurrección.

Jesús preparó a aquellos dos mediante la exposición detallada de las Escrituras, recordándoles que, conforme a los escritos bíblicos, "era necesario que el Cristo padeciera estas cosas, y que entrara en su gloria" (v. 26). Sin embargo, fue en la casa donde el Señor se reveló a ellos como el resucitado. Así escribe Lucas: "Y aconteció que estando sentado con ellos a la mesa, tomó el pan y lo bendijo, lo partió, y les dio. Entonces les fueron abiertos los ojos, y le reconocieron; mas él se desapareció de su vista" (vv. 30, 31). En el momento del partimiento y distribución del pan, al iniciarse la comida, los ojos de aquellos dos fueron abiertos, es decir, reconocieron que quien había estado todo el tiempo con ellos era el Señor y que había resucitado verdaderamente. No cabía duda alguna, se habían dado cuenta que era Jesús. Cabe preguntarse qué fue lo que les hizo reconocerlo. Hay muchas proposiciones para responder la pregunta, pero ninguna tiene un singular apoyo bíblico. No cabe duda de que la acción iluminadora del Espíritu actuó también en ellos abriendo los ojos del entendimiento, o del corazón (Ef. 1:18). Pero quiero sugerir que, si le reconocieron al partir el pan, pudieron ver y, con toda seguridad lo hicieron, las huellas de unas manos o unas muñecas horadadas. Las huellas de la cruz persisten en el Señor, de modo que, cuando Juan lo vio en visión en el Apocalipsis, percibió que era como un cordero inmolado. Las manos de Jesús habían estado ocultas para ellos por las mangas del vestido durante todo el tiempo del viaje. Los dos discípulos habían centrado su atención en la persona, admirando sus palabras, prestando atención a su rostro. De pronto, al extender sus manos, las marcas de los clavos quedaron a la vista y ellos discernieron que realmente era el Señor.

Reconocido por ellos, se hizo invisible. El adjetivo que Lucas utiliza aquí tiene el sentido de no visible, de ahí la traducción de RVR60: "Desapareció de su vista". Jesús desaparece sin movimiento físico alguno. Cuando estaba con ellos, cuando podían tocarle, desapareció de su vista. El lugar donde había estado reclinado ahora estaba vacío. Su cuerpo revestido de inmortalidad entraba en una dimensión desconocida para el cuerpo físico de los hombres, de modo que, entre otras cosas, podía aparecer y desaparecer a su voluntad. Ya había abandonado de ese modo la tumba cerrada y sellada. Los ángeles abrieron la puerta, no para permitir que la abandonara, sino porque ya lo había hecho. Era verdaderamente el Señor resucitado.

Aparición a los apóstoles con Tomás ausente. En dos de los sinópticos y en Juan encontramos el relato de este acontecimiento (Mr. 16:14; Lc. 24:36-43; Jn. 20:19-24). Lucas sitúa la ocasión en el tiempo del encuentro de los discípulos de Emaús y los apóstoles, en Jerusalén.

"Mientras ellos aún hablaban de estas cosas, Jesús se puso en medio de ellos, y les dijo: Paz a vosotros" (Lc. 24:36). Ocurrió en la noche del domingo al lunes, de manera que ya había pasado técnicamente el primer día de la semana según el cómputo judío, pero era la extensión del día de la resurrección. El antiguo sábado establecido en la Ley como de obligado cumplimiento, da paso al domingo.

La presencia de Jesús iba acompañada de un saludo: "Paz a vosotros". El asombro del grupo debió ser grande. Pero las palabras de Jesús debieran haber servido para calmar sus corazones agitados por aquella repentina manifestación que se había situado sin más en el centro de la reunión. Era el saludo habitual de entonces; sin embargo, Jesús les había regalado su paz, en el aposento alto, durante la cena

(Jn. 14:27). Cuando el Señor está presente hay paz y sentimos que su promesa de paz es la realidad en la reunión. Si se reúnen simplemente personas, aunque sean amigos y hermanos, no hay garantía de una experiencia de paz, porque el Príncipe de Paz no está presente. El gran mensaje de Jesús a los suyos en tiempos de inquietud o de bonanza es el mismo: paz a vosotros.

La presencia de Jesús produjo una profunda conmoción: "Entonces, espantados y atemorizados, pensaban que veían espíritu" (Lc. 24:37). Todos ellos creían que el Señor había resucitado, pero cuando se puso en medio de ellos en el lugar donde estaban, se llenaron de espanto. Lucas, como médico, utiliza dos verbos que se complementan para dar idea del estado a que llegaron todos: sobresaltados y temerosos. La superstición surge en la mente de ellos, que creían ver a un espíritu, un fantasma se había manifestado allí. Esto había ocurrido antes con los once, cuando el Señor caminó sobre el mar viniendo al encuentro de ellos, que navegaban en la barca zarandeada por las olas (Mt. 14:26). Si era un espíritu aquello, tenía que ser una visión y consistiría en una mera apariencia de cuerpo humano. Nuevamente se aprecia que el cuerpo de resurrección no tenía el mismo aspecto. Jesús se hizo presente entre ellos y no lo conocieron porque a la vista era de otra forma.

El Señor acudió a solventar el problema de la turbación y de los pensamientos que como hombres venían a su mente: "Mirad mis manos y mis pies, que yo mismo soy; palpad, y ved; porque un espíritu no tiene carne ni huesos, como veis que yo tengo" (Lc. 24:39). Una prueba evidente pone delante de ellos para acallar sus miedos y fortalecer su fe. Primeramente, les manda mirar sus manos y sus pies. Al hacerles observar esas dos partes de su cuerpo, todos podían apreciar las señales de los clavos que se conservaban en ellos. Aquello establecía ya su propia identidad. Sólo Él había sido crucificado y resucitado. Esas señales de la obra redentora se manifiestan también en el cielo, en el ejercicio de la función intercesora, como garantía de una obra consumada definitivamente. No solamente les manda que vean sus manos y sus pies, sino también que palpen. Con ello se diluye toda duda. Algunos podrían seguir creyendo que era una apariencia, un espíritu que se hacía visible, pero lo que no puede es palparse a un espíritu, que no tiene corporeidad alguna en la forma espacial de los hombres, aunque ninguno es infinito. Jesús les dice: vean que yo mismo soy.

Finalmente, "diciendo esto, les mostró las manos y los pies". Hecha la invitación a que verificasen que realmente era Jesús que había resucitado, les muestra las manos y los pies. De nuevo se recalca el hecho de los miembros del cuerpo que visiblemente tenían las marcas de los clavos. La sangre de Jesús fue vertida y con ella su vida de infinito valor para redimirnos del pecado; por esa vida puesta en nuestro lugar, tenemos paz para con Dios y somos justificados por la fe (Ro. 5:1). Nada es necesario en relación con esa vida entregada, porque por un solo sacrificio hace perfectos para siempre a los santificados. Pero las señales de la cruz, hechas por los clavos en sus manos y en sus pies, así como el hueco que dejó en su costado la lanza del soldado romano y que también permanece como señal (Jn. 20:27), son manifestaciones del infinito amor por nosotros que "sufrió la cruz menospreciando el oprobio". Tales señales serán motivo de gratitud perpetuo para los santos en su presencia.

Una evidencia más demuestra la realidad de la resurrección: "Y como todavía ellos, de gozo, no lo creían, y estaban maravillados, les dijo: ¿Tenéis aquí algo de comer?" (Lc. 24:41). Los discípulos le presentaron parte de un pez asado y un panal de miel. Lucas hace notar que "él lo tomó, y comió delante de ellos" (24:43). Este comer no fue el único del Señor resucitado, cuyo cuerpo no necesitaba comer como el cuerpo animal, ya que se trata de cuerpo espiritual. En el Antiguo Testamento ocurre lo mismo con Dios y dos de sus ángeles en el encuentro con Abraham en el encinar de Manre (Gn. 18:6-8), y luego los mismos ángeles comieron con Lot en Sodoma (Gn. 19:3). Esto supone entender que el cuerpo de resurrección, que es diferente al natural de cada hombre, puede hacer cosas que son propias del cuerpo físico sin que eso suponga necesidad alguna como el que los nuestros tienen. Lo que interesa es apreciar que Jesús demostró delante de todos los presentes que realmente era Él y que había resucitado. Los cuerpos glorificados pueden ejercer funciones vegetativas, aunque Dios no nos ha revelado nada. La Biblia no es un libro de curiosidades, sino de revelación; no es de filosofía, sino de fe. Dios se revela en ella, pero no responde a lo que no tiene significado alguno para conocerle.

Presencia de Jesús ante los apóstoles, estando Tomás presente. Es el apóstol Juan el que hace notar esta cristofanía (Jn. 20:26-29). Esta manifestación de Jesús resucitado tuvo lugar ocho días después de la anterior y es muy semejante a ella. "Ocho días después, estaban otra vez sus discípulos dentro, y con ellos Tomás. Llegó Jesús, estando las puertas cerradas, y se puso en medio y les dijo: Paz a vosotros" (v. 26). Inmediatamente trata con Tomás para decirle: "Pon aquí tu dedo, y mira mis manos; y acerca tu mano, y métela en mi costado; y no seas incrédulo, sino creyente" (v. 27). El Señor aceptaba el desafío que Tomás había hecho una semana antes. Había pedido meter su dedo en los orificios de los clavos y el Señor lo invita a que lo haga; también quería mirar sus manos, y Cristo le dice *míralas*; pide poder meter su mano en el orificio de su costado, y es complacido: *trae acá tu mano y métela en mi costado*. Lo que está demostrando Jesús al discípulo incrédulo y a los demás es que no sólo había resucitado como prometió, sino que era Dios, puesto que sin que nadie le dijese nada de lo ocurrido, siguió el orden de las peticiones que Tomás había formulado. ¿Hizo Tomás uso de la invitación que Jesús le hacía? ¿Se levantó para tocar los orificios de los clavos y meter su mano en el costado del Señor? Posiblemente no lo hizo. Era suficiente todo aquello que podía ver y la presencia de Cristo en medio de la reunión para sentir vergüenza de su propia condición de desconfiado e incrédulo. No hay reprensión, como tal vez hubiese merecido Tomás, solo una cariñosa amonestación conduciéndolo a la fe. La ley reprende, la gracia anima. La exhortación ya no era para el presente, sino para el futuro. No había razón para invitarlo a creer, cuando había puesto delante de él todos los condicionantes que había pedido para hacerlo. Pero en el futuro vendrían muchos días en que la fe tal vez se agotase, haciéndose como un pábilo que humea o una caña cascada que no sostiene; de ahí la necesidad de perseverar aferrado a las promesas de Dios, que son inmutables.

La incredulidad de Tomás da paso a la fe firme, al tiempo que expresa el reconocimiento de quién era Jesús, al decirle: "¡Señor mío, y Dios mío!" (v. 28). Es evidente que la deidad de Jesús era reconocida y aceptada en la iglesia primitiva.

A los siete en el lago de Tiberias. Recogida también en el cuarto evangelio (Jn. 21:1-23). En esa ocasión estaban juntos siete de los once apóstoles, cuyos nombres cita Juan (v. 2). Jesús se manifestó a ellos luego de una noche de trabajo procurando pescar en el lago, sin resultado alguno. Una barca con siete personas cansadas y vacía de pescado. La manifestación de Jesús se produce mediante un milagro, ordenando a los pescadores que echaran la red a la derecha del barco, indicándoles que de ese modo hallarían lo que habían estado buscando (v. 6). Una acción prodigiosa que llenó la red condujo a Juan a reconocer que aquel hombre en la rivera no podía ser sino el Señor resucitado (v. 7). La invitación para que trajeran de los peces que acababan de pescar y comiesen fue suficiente para que todos se diesen cuenta de que era Jesús. Juan escribe: "Y ninguno de los discípulos se atrevía a preguntarle: ¿Tú quién eres?, sabiendo que era el Señor" (v. 12).

Visible a una multitud en Galilea. No está en los relatos de los evangelios, pero sí en un escrito del apóstol Pablo, donde se lee: "Después apareció a más de quinientos hermanos a la vez, de los cuales muchos viven aún, y otros ya duermen" (1 Co. 15:6). Es la única referencia a esto en todo el Nuevo Testamento. Muy bien pudiera ser un encuentro del Señor resucitado con este numeroso grupo, ocurrido en Galilea, donde también estaban los discípulos atendiendo a la instrucción de Jesús (Mt. 28:16). La base para esta proposición descansa en que, en el relato de Mateo, habla de que algunos dudaban de la resurrección (Mt. 28:17) y antes hace referencia a que los discípulos, cuando lo vieron, le adoraron; además, ya lo habían visto antes en Jerusalén y se habían gozado (Jn. 20:20). Por tanto, bien podían ser otros de los seguidores de Jesús que eran incrédulos a la resurrección del Señor, a quienes se manifestó cuando estaban todos juntos. Acaso pudiera ocurrir que algunos supieran que los discípulos subían a Galilea, al lugar que Jesús les había dicho, lo que se extendió entre los seguidores de Jesús y se concentró este gran número en el lugar del encuentro. Otros opinan que esto tuvo lugar en Jerusalén, donde había ya un núcleo que se cita en Hechos, que esperaban la venida del Espíritu Santo y se reunían para orar, que eran como ciento veinte (Hch. 1:15); si a estos se unían otros que habían venido a Jerusalén para la fiesta, que conocían a Jesús y habían oído de las apariciones suyas a distintas personas, podían encontrase juntos a causa de esto.

El elemento apologético es evidente, puesto que el apóstol afirma que muchos de ellos todavía vivían, aunque también afirma que algunos habían dormido, esto es muerto, expresión usada en el cristianismo del tiempo apostólico para referirse a la muerte de los creyentes. Los corintios podían, si lo hubiesen deseado, obtener el testimonio de quienes todavía estaban vivos de aquel grupo que vieron al Señor resucitado. Habían visto, por tanto podían testificar y expresarlo a quienes lo deseasen oír. Todos estaban dispuestos a testificar, aun a costa de su propia vida. La resurrección había cambiado radicalmente a aquellas personas, ahora dispuestas a dar su vida por el resucitado, proclamando la realidad de su resurrección, cuando antes no estaban dispuestos a creer en ella (Lc. 24:21-22).

Manifestación a Santiago. La referencia a esta cristofanía está también en la Primera epístola a los Corintios. El apóstol Pablo escribe: "Después apareció a Jacobo" (1 Co. 15:7). Un testigo vivo de la resurrección es mencionado por Pablo. Se trata de Jacobo, el medio hermano de Jesús, y hermano de José, Simón y Judas (Mt. 13:55). Entendía que Jesús estaba, en alguna medida, con un problema mental por todo lo que hacía y a los peligros a los que se exponía (Mr. 3:21). El verbo que usa Marcos en el relato citado expresa la idea de comportarse como un loco. Para Jacobo, el comportamiento de Jesús era, como mínimo, muy extraño, ya que se ausentaba a otros lugares cuando las multitudes lo buscaban (Mr. 1:36-38). Perdonaba pecados, como sólo Dios podía hacer (Mr. 2:7). Se relacionaba con pecadores y publicanos (Mr. 2:15-16). Se enfrentaba a los escribas y fariseos, de modo que buscaban ocasión para destruirlo (Mr. 3:6). Trabajaba tan intensamente que no tenía tiempo ni para comer (Mr. 3:20). Aquella situación, desde la perspectiva humana, le hizo pensar que había perdido el juicio. Cristo no era comprendido por él, porque no comprendía la razón de su existencia y su ministerio, de modo que no creía en Él (Jn. 7:5). Por todo eso, en unión con su familia, procuraron prender a Jesús y sacarle del entorno donde estaba y de su modo de trabajar. El Señor se apareció a Jacobo, produciendo, sin duda, un cambio notorio en él. Esa debe ser la razón por la que aparece unido a los cristianos que permanecían orando juntos en Jerusalén (Hch. 1:13-14).

Algunos piensan que pudo haber sido Jacobo el apóstol, al que se pudo haber aparecido primero, y luego al resto de los apóstoles en Jerusalén, lo que, para algunos, concordaría mejor, ya que se dice que se apareció después a todos los apóstoles. Es un punto discutido y que no puede concretarse. Para mí, se acomoda mejor con la primera interpretación, la del párrafo anterior.

Manifestación visible en la ascensión. El relato está en el libro de Hechos de los Apóstoles, que registra el momento de la ascensión del Señor (Hch. 1:3-12). Lucas hace referencia aquí a los apóstoles que había escogido (v. 2). A éstos dio mandamiento de la misión que les asignaba: ser testigos de Él en todo el mundo. Hace mención Lucas al tiempo transcurrido desde la resurrección hasta la ascensión y afirma que el Señor "se presentó vivo con muchas pruebas indubitables, apareciéndoseles durante cuarenta días y hablándoles acerca del reino de Dios" (v. 3).

A los apóstoles y a otros muchos hermanos, Jesús se apareció vivo, luego de padecer. El uso del participio *vivo*[42] da un énfasis muy marcado en la oración, ya que literalmente equivale a *que vive*, o mejor aquí, *viviendo*. Es decir, el que había padecido y muerto, se presentó a los discípulos y a los Doce como viviendo, lo que indica una dinámica propia del ejercicio libre de la vida. A estos todos apareció o también se dejó ver. El verbo[43] utilizado por Lucas tiene un amplio significado, como presentarse, preparar, comparecer, estar al lado, ponerse junto, lo que expresa en general la idea de dejarse ver. Es importante esto porque la iniciativa no recae sobre los discípulos, que pudieran por interés personal ver visiones de una supuesta resurrección, sino que es Jesús el que se deja ver. Muchos de ellos dudaban de la resurrección, como Tomás (Mr. 16:14). Algunos de los primeros testigos no fueron creídos, considerando su testimonio casi como alucinaciones, como ocurrió con la noticia que llevaron las mujeres (Lc. 24:22-24). Ante una situación de incredulidad, el Señor se dejó ver en varias ocasiones a los discípulos. El evangelio y el apóstol Pablo dan una relación de por lo menos diez manifestaciones del resucitado Señor: 1) A las mujeres en la tumba (Mt. 28:9-10); 2) A María Magdalena (Mr. 16:9-11; Jn. 20:11-18); 3) A los discípulos de Emaús (Mr. 16:12; Lc. 24:13-32); 4) A Pedro en Jerusalén (Lc. 24:34; 1 Co. 15:5); 5) A diez apóstoles juntos (Lc. 24:36-43; Jn. 20:19-23); 6) A los once apóstoles (Jn. 20:24, 29; 1 Co. 15:5); 7) A siete de los apóstoles que pescaban en Galilea (Jn. 21:1-23); 8) Nuevamente a los once apóstoles en Galilea (Mt. 28:16-20; Mr. 16:14-18); 9) A quinientas personas, tal vez también en Galilea (1 Co. 15:6); 10) A Jacobo, el hermano del Señor (1 Co. 15:7). La última aparición del Señor se contempla un poco más adelante (v. 9), con motivo de la ascensión al cielo, desde el monte de los Olivos.

Lucas tiene un marcado interés en afirmar la realidad de la resurrección de Jesús después de haber padecido[44]. Esta expresión tiene que ver con el proceso de la pasión, y sepultura del Señor. El tiempo

---

42 Griego: ζῶντα.
43 Griego: παρίστημι.
44 Griego: μετὰ τὸ παθεῖν αὐτὸν.

del sacrificio expiatorio por el pecado supuso para Él una incalculable dimensión de padecimiento. En el evangelio dedicó un extenso espacio a los sufrimientos del Salvador (Lc. 22:39-23:49). No había podido ser resucitado si primeramente no hubiese muerto. La muerte de Jesús va precedida de un tiempo de sufrimiento. Hubo un sufrimiento íntimo e interno en la agonía de Getsemaní, donde Él mismo testificó de una tristeza mortal (Mt. 26:38); Lucas, como médico, indica que "su sudor era como grandes gotas de sangre que caían hasta la tierra" (Lc. 22:44). Hubo un sufrimiento físico, descrito con sencillas palabras que concretan burla, oprobio y golpes físicos (Lc. 22:63-65); la brutal paliza y la corona de espinas (Mt. 27:26-31); el camino hasta el Gólgota, debilitado en sus fuerzas físicas hasta el punto de necesitar la ayuda de Simón de Cirene para llevar la cruz (Lc. 23:26); finalmente, el supremo dolor físico del procedimiento de la crucifixión, desde el enclavamiento hasta la angustia para poder respirar sobre el madero. Hubo sufrimiento moral: la desnudez absoluta del crucificado (Lc. 23:34b); la burla de quienes pasaban ante la cruz denostándolo (Lc. 23:35-36). El fin del padecimiento consistió en aceptar voluntaria y resueltamente la muerte, encomendando su espíritu al Padre (Lc. 23:46). La resurrección y las manifestaciones del Señor resucitado se producen como colofón glorioso a sus padecimientos.

Las manifestaciones de la resurrección son "pruebas indubitables"[45]. Cuando los discípulos dudaban de la resurrección, el Señor se manifestó a ellos quebrantando con su presencia aquella incredulidad. Tal fue el caso de Tomás, que no sólo vio al resucitado, sino que recibió de Él la invitación para extender su mano y tocar los orificios de los clavos y la abertura que la lanza dejó en su costado (Jn. 20:27). Lucas describe una evidencia notable de la resurrección cuando Jesús se apareció a los once reunidos, quienes al verlo "espantados y aterrorizados, pensaban que veían espíritu", conminándoles el Señor para que mirasen sus manos y sus pies, le tocasen y le contemplasen, "porque un espíritu no tiene carne ni huesos, como veis que yo tengo" (Lc. 24:36-39). Es evidente que la resurrección de Cristo y sus manifestaciones como resucitado constituyen pruebas irrefutables de esa realidad.

Otra notable evidencia es el tiempo en que se manifestó a los discípulos. No se trata de un momento puntual, sino de un largo

---

[45] Griego: ἐν πολλοῖς τεκμηρίοις.

período de cuarenta días[46]. La presencia del Señor con ellos se extiende desde el día de la resurrección hasta el de la ascensión, donde los que estaban presentes pudieron verle ascender (Lc. 24:50-51). La relación más completa de las apariciones de Jesús está recogida por el apóstol Pablo en su escrito a los corintios (1 Co. 15:5-7); aunque contrastada con los relatos de los evangelios, se aprecia que no es una relación exhaustiva.

Durante los cuarenta días entre la resurrección y la ascensión, el Señor dedicó tiempo para hablarles sobre el reino de Dios[47]. No significa que ese ministerio fue llevado a cabo durante cada uno de los cuarenta días, sino que como las manifestaciones suyas se produjeron en distintos momentos y lugares durante ese tiempo, así también la enseñanza. El tema de la enseñanza de Jesús fue el Reino de Dios. Esta es la expresión propia de Lucas, como la de Marcos para referirse a lo que Mateo llama Reino de los cielos. Ese fue el mensaje con que Cristo inició su ministerio evangelizador (Mr. 1:14). Es el gran mensaje que los apóstoles habían de llevar a todas las naciones. El Reino de Dios es la esfera donde los súbditos se sujetan voluntariamente a la autoridad divina. Es una esfera de posición a la que accede todo aquel que cree, siendo liberado del poder de las tinieblas y trasladado al Reino (Col. 1:13). Al Reino se accede por el nuevo nacimiento (Jn. 3:5). Es probable que aspectos que los discípulos habían aprendido de la teología judía fuesen precisados por las enseñanzas de Jesús. Las instrucciones recibidas les estaban formando para llevar el evangelio a las naciones y hacer discípulos en ellas (Mt. 28:19).

Manifestaciones del Resucitado después de la ascensión. Dos veces al apóstol Pablo, una a Esteban y otra al apóstol Juan en el destierro en Patmos.

La primera demostración a Pablo ocurrió en el camino a Damasco (Hch. 9:3-6). La impronta divina rodeó con su resplandor al perseguidor Saulo de Tarso cuando estaba próximo a Damasco, adonde iba con la intención de prender a cuantos cristianos le fuese posible para entregarlos a las autoridades judías. Derribado a tierra, escuchó las palabras: "Saulo, Saulo, ¿por qué me persigues?" (v. 4).

[46] Griego: δι᾽ἡμερῶν τεσσεράκοντα ὀπτανόμενος αὐτοῖς.
[47] Griego: καὶ λέγων τὰ περὶ τῆς βασιλείας τοῦ Θεοῦ.

La sorpresa fue grande cuando el perseguidor preguntó a su vez al que le hablaba: "¿Quién eres, Señor?" (v. 5), para recibir la respuesta que sin duda le produjo un gran impacto: "Yo soy Jesús, a quien tú persigues" (v. 5). La luz que lo rodeó era para él indicativo claro de la presencia de Dios. La voz de autoridad que le preguntaba por qué lo estaba persiguiendo lo llenó de confusión. Él era un fariseo probado, por tanto, empeñado en el honor divino y, como consecuencia, convertido en un perseguidor de los cristianos, a quienes consideraba blasfemos contra Dios. Sin embargo, quien hablaba con Él se presentaba como alguien a quien Saulo perseguía. No es de extrañar la pregunta que le dirige: "¿Quién eres, Señor?". La confusión era lógica; él había estado persiguiendo a los cristianos y solo a ellos. Por consiguiente, ¿quién era el que decía ser perseguido por él? Es interesante apreciar el término con el que se dirige a aquel cuya voz había oído; al llamarle *Señor*[48], ¿estaba reconociendo la deidad del que hablaba con él? Algunos piensan que simplemente se trata de una expresión de respeto. Especialmente enfáticos en este sentido son los liberales del sector crítico, para quienes el relato de la conversión de Saulo es subjetivo e irreal. El perseguidor estaba utilizando el nombre divino que se daba habitualmente para referirse a Dios. El resplandor de la luz divina no dejaba duda alguna de que estaba en la presencia de Dios, aunque no pudiera entender claramente quién hablaba con él.

La pregunta de Saulo tuvo inmediata respuesta: "Yo soy Jesús, a quien tú persigues". La respuesta tuvo que dejar conmocionado a Pablo; aquel que hablaba con él rodeado de gloria era Jesús de Nazaret, a quién él consideraba un maldito, del que negaba su resurrección y mucho menos podía admitir que estuviera sentado a la diestra de la majestad en las alturas. Jesús estaba hablándole desde los cielos. Posiblemente la mente de Saulo trajo el recuerdo de las palabras finales de Esteban ante el sanedrín: "He aquí, veo los cielos abiertos, y al Hijo del Hombre que está a la diestra de Dios" (Hch. 7:56). Aquella declaración que había sido considerada como una blasfemia se había convertido para él en una gloriosa realidad. Jesús no había terminado con su muerte, sino que mediante la resurrección y ascensión estaba glorificado en los cielos. Jesús vivía y los cristianos tenían razón y afirmaban una verdad absoluta: que Él era el Hijo de Dios glorificado a la diestra del Padre.

---

[48] Griego: Κύριε.

Una pregunta sencilla, pero lógica: ¿Vio Saulo a Jesús o simplemente oyó su voz? La respuesta es: "Y al último de todos, como a un abortivo, me apareció a mí" (1 Co. 15:8). Los que iban con él oyeron la voz, pero no vieron a nadie (Hch. 9:7). Este último debe relacionarse con la frase que precede, en el texto de la epístola, a todos los apóstoles, de modo que dice al último de todos los apóstoles. Esto es lo último en orden cronológico de manifestaciones del Señor resucitado.

La forma de manifestarse a Pablo fue "como a un abortivo"[49], que es aquel nacido antes de tiempo. Las interpretaciones a la expresión concisa y sin explicación alguna del apóstol hacen que sean varias. Algunos piensan que podía estar pensando en un acto de salvación antes de tiempo. Pablo era israelita (Fil. 3:5). Él fue escogido para salvación desde antes de su nacimiento (Gá. 1:15). De modo que fue salvo antes del tiempo en que el remanente de Israel será salvo (Ro. 11:25-27). La profecía anticipa que este grupo será salvo cuando vean al que traspasaron (Zac. 12:10; Jn. 19:37). Pablo vio a Cristo antes de ese tiempo para salvación; por tanto, fue un nacimiento antes de que debiera producirse. Por esa razón, dice que él fue como un abortivo.

Otros entienden que la palabra está relacionada con el apostolado de Pablo[50]. En ese sentido, fue lanzado al apostolado sin la instrucción de la amistad y de la compañía de Cristo, como la tuvieron los otros apóstoles. En ese sentido se consideraría a sí mismo como un niño nacido por un aborto. Los apóstoles habían venido a Cristo en respuesta a un llamamiento amoroso del Señor, mientras que Pablo había sido asido por Cristo (Fil. 3:12).

Algunos interpretan la expresión como refiriéndose a un posible insulto que los judaizantes proferían contra el apóstol. Más bien debe estar aludiendo al modo antinatural de su salvación y llegada al apostolado. Él había sido un perseguidor e injuriador de la iglesia de Cristo (Hch. 9:5; Fil. 3:6; 1 Ti. 1:13); por tanto, perseguidor e injuriador de Cristo mismo. No era natural que uno de esa condición fuera buscado y alcanzado para salvación y se confiriese la gracia del apostolado como ministerio. Su conversión fue algo *contra natura*,

---

[49] Griego: ὡσπερεὶ τῷ ἐκτρώματι.

[50] Entre otros: *Biblia Anotada Ryrie*, 1996, p. 1625.

que el apóstol compara con un abortivo, porque fue alumbrado espiritualmente en una forma antinatural.

El Señor se apareció varias veces a Pablo, como apunta Lucas (Hch. 9:3-8; 23:11). El apóstol da testimonio de la primera aparición del Señor en varias ocasiones (Hch. 22:6-11; 26:12-18). Él mismo da testimonio de esa experiencia (1 Co. 9:1). Fue una manifestación privilegiada a Pablo, porque en el primer encuentro, Jesús se le manifestó rodeado de gloria, aspecto de la glorificación del Señor, de cuya visión sólo Juan tuvo esa misma experiencia, que se produjo en la isla de Patmos (Ap. 1:9 ss.), de modo que sólo él vio al Señor glorificado antes de verlo resucitado como los demás apóstoles (Hch. 9:3; 22:6-11; 26:14, 15).

En otra ocasión, tuvo la experiencia de ver al resucitado. Lucas hace mención a ella (Hch. 22:17-21; 23:11). En un éxtasis que le sobrevino en el templo en Jerusalén, Pablo testifica: "Y me aconteció, vuelto a Jerusalén, que orando en el templo me sobrevino un éxtasis. Y le vi que me decía: Date prisa, y sal prontamente de Jerusalén; porque no recibirán tu testimonio acerca de mí" (Hch. 22:17-18). En éxtasis se encontró con Jesús, literalmente *le vi*. Este verlo va acompañado de oír también lo que le dice. Es una construcción propia del griego, donde se expresa la idea de *lo vi hablándome*[51]. Pablo oculta aquí el nombre de Jesús, pero no hay duda de que el auditorio que tenía delante oyendo su testimonio personal entendía perfectamente que estaba hablando del que se le había aparecido antes en el camino a Damasco.

En peligro de muerte a causa de los judíos que en Jerusalén procuraban quitarle la vida, Pablo tuvo un nuevo encuentro con el resucitado. Así lo relata Lucas: "A la noche siguiente se le presentó el Señor y le dijo: Ten ánimo, Pablo, pues como has testificado de mí en Jerusalén, así es necesario que testifiques también en Roma" (Hch. 23:11). La presencia del Señor a su lado, cuando estaba sólo y con peligro de su vida, le dio aliento: "Ten ánimo, Pablo". Es la forma tantas veces usada en el Nuevo Testamento para animar a los discípulos cuando estaban inquietos o turbados. Esa fue la forma de dirigirse a ellos cuando navegando en medio de la noche con el viento adverso, en el Mar de Galilea, vino al encuentro de ellos (cf.

---

[51] Griego: καὶ ἰδεῖν αὐτὸν λέγοντα.

Mt. 14:27; Mr. 6:50). El aliento divino fue el mejor bálsamo para las heridas que la inquietud produciría en el alma del apóstol, pero, a la vez, es una manifestación más de la realidad gloriosa del resucitado.

El testimonio de Esteban. Él también vio al Señor glorificado (Hch. 7:55-56). El texto bíblico dice: "Pero Estaban, lleno del Espíritu Santo, puestos los ojos en el cielo, vio la gloria de Dios, y a Jesús que estaba a la diestra de Dios, y dijo: He aquí, veo los cielos abiertos, y al Hijo del Hombre que está a la diestra de Dios". En medio de la conmoción que sin duda se estaba viviendo, Esteban da testimonio de la visión que estaba recibiendo. Mediante un enérgico[52] *¡Mirad!* en forma de interjección, reclamaba la atención de todos los presentes sobre lo que estaba viendo en el cielo abierto.

Esteban estaba invitando a todos a que supieran que, en el cielo abierto, donde se manifestaba la gloria de Dios, estaba también en pie el Hijo del Hombre, nombre que Jesús usó habitualmente para sí mismo durante su ministerio. Es el título mesiánico que aparece en la profecía de Daniel para referirse al gobierno de Dios por medio del Hijo del Hombre (Dn. 7:13-14). Esteban está presentando ante todos el reconocimiento no sólo humano, sino divino de quién era Jesús y dónde estaba glorificado. Sobre esto escribe F. F. Bruce:

No muchos años antes, otro prisionero se encontraba en el tribunal parado ante los mismos jueces, acusado prácticamente de los mismos delitos que Esteban. Pero cuando se desmoronaron las pruebas hostiles, el sumo sacerdote conminó al prisionero a que dijera al tribunal claramente si él era efectivamente el Mesías, el Hijo de Dios. Si hubiera dicho "sí" y nada más, no es claro si habría podido ser condenado por una ofensa capital. "Mesías" no era la designación que había elegido para sí, pero si se le preguntaba de ese modo, no podía decir "no". No obstante, procedió a expresar su respuesta en palabras de su propia elección: "Verán al Hijo del Hombre sentado a la derecha del Todopoderoso y venir en las nubes del cielo" (Mr. 14:62; VP). No se requería nada más: Jesús fue declarado culpable de blasfemia y juzgado digno de muerte. Ahora Esteban, en el mismo lugar, estaba haciendo en nombre de su Señor la misma afirmación que Jesús había hecho para sí mismo; de hecho, estaba afirmando que aquellas palabras de Jesús, lejos de ser falsas y

---

[52] Griego: εἶδον.

blasfemas, expresaban una solemne verdad y habían sido reivindicadas y cumplidas por Dios. A menos que los jueces estuvieran dispuestos a admitir que su primera decisión estaba trágicamente equivocada, no tenían más opción que encontrar a Esteban igualmente culpable de blasfemia.[53]

Es interesante apreciar que los cielos estaban cerca de Esteban. Él pudo verlos, los demás no. El lugar donde Jesús se manifestaba se encontraba alrededor de Esteban. Los cielos están entorno a nosotros; sin embargo, la dimensión de ellos no nos permite captarlos salvo que Dios mismo lo consienta conforme a su propósito. El Señor abre en ocasiones nuestros ojos espirituales y nos permite tener una revelación de su gloria que antes estaba oculta de nosotros.

Manifestación al apóstol Juan. Él mismo da testimonio del encuentro con el Señor revestido de gloria (Ap. 1:10-19). La manifestación gloriosa e imponente del Señor causa verdadera admiración. Ya no es el Jesús doliente de la cruz, ni tan siquiera el resucitado que se manifestaba a los suyos, es aquel que recibió el nombre que es sobre todo nombre (Fil. 2:9 ss.), cuya presencia impactó de tal manera al apóstol que le hizo "caer como muerto a sus pies" (v. 17). La visión de la gloria del Señor impactó a Juan. No había otra opción para el apóstol que se derribó a los pies de aquel que se manifestaba rodeado de majestad y gloria. No fue un simple saludo ceremonial al estilo oriental de inclinarse ante alguien haciendo una reverencia; fue el derribarse a tierra ante la impronta de la gloria de Dios manifestada en el Señor. La expresión *caí*[54], a la que añade *a sus pies*[55] establece la idea de derribarse a tierra sobre sus rodillas. Solo esa es la posición propia de quien está delante de Dios. Añade que estaba como muerto[56]. Los israelitas habían sido enseñados a sentir miedo, tal vez más que temor, en sentido de respeto, ante la presencia de Dios, considerando que moriría quien viese a Dios (Gn. 3:8; 17:3; Ex. 3:6; Nm. 22:31; Jos. 5:14; Is. 6:5; Dn. 7:15; 10:9; Ez. 1:28). Como ocurrió con Saulo en el camino a Damasco, la gloria de la presencia de Dios derribó a Juan a tierra impregnando su ánimo en el miedo profundo de quien sabe lo que él es y lo que es Dios. Juan había

---

[53] Bruce, 1998, p. 184.
[54] Griego: ἔπεσα.
[55] Griego: πρὸς τοὺς πόδας αὐτοῦ.
[56] Griego: ὡς νεκρός.

tenido mucha intimidad con Jesús durante el tiempo de su ministerio terrenal. Lo había visto resucitado y había podido seguir con sus ojos la ascensión del Señor hasta que la nube lo retiró de su vista. Pero, todo aquello, no tenía comparación con la gloria que estaba contemplando. Con ocasión de la visión de la gloria del Señor en el monte de la transfiguración, sobre todo cuando fueron sobrecogidos por la voz divina que daba testimonio de quién era Jesús (Mt. 17:5-6).

Ante la reacción de Juan, la acción del Señor. La mano del poder y de la autoridad, la diestra del Señor, descansa sobre el apóstol temeroso y postrado en tierra. La mano de la soberanía y de la omnipotencia se hace mano de amor, aliento y cuidado para con su siervo. Siglos antes de este acontecimiento en la isla de Patmos, otro profeta que quedó impactado ante la gloria de Dios recibió del Señor el aliento que necesitaba para fortalecerse personalmente (Hab. 3:2-5, 16, 19). La mano que sostiene el universo, que fue crucificada, que sustenta a las siete estrellas, descansó llena de amor sobre el inclinado discípulo. Y junto con la mano, las palabras de aliento que Juan necesitaba oír. No solo hay el contacto de la mano, sino el mensaje de ánimo. La forma verbal que Juan utiliza determina un sentido a las palabras del Señor semejante a esto: "Deja de tener miedo". Juan estaba entendiendo que, si bien es necesario el temor respetuoso ante la presencia del Señor, no hay razón para el miedo por la relación fraterna con Él.

La primera razón que el Señor da a Juan para que dejase de estar atemorizado es que, a quien estaba viendo era "el primero y el último"[57]. Esta frase expresa la deidad en el atributo incomunicable de su eternidad. Dios es eterno, antecede a todo y es después de todo. Eternidad no es ausencia de tiempo, sino atemporalidad. El tiempo sale de la eternidad en el salir de Dios fuera de su entorno intratrinitario, y en el darse a sí mismo hacia otros en el acto de creación y, sobre todo, en el de salvación. El que hablaba con Juan es Dios mismo. La expresión sonaría conocida al apóstol, por cuanto era una fórmula para referirse a Dios en el Antiguo Testamento: "Así dice Jehová Rey de Israel, y su Redentor, Jehová de los ejércitos: Yo soy el primero, y soy el postrero, y fuera de mí no hay Dios" (Is. 44:6; 48:12). El Señor dice a Juan que es el primero, no como la primera creación de Dios, sino como la causa y origen de ella. Antes de toda obra de Dios, Él

[57] Griego: ἐγώ εἰμι ὁ πρῶτος καὶ ὁ ἔσχατος.

estaba en Dios y con el Padre (Pr. 8:22). El mismo Juan escribiría en su evangelio que todas las cosas por Él fueron hechas (Jn. 1:3). El apóstol Pablo escribe en referencia a su eterna existencia, antecedente a todo cuanto existe y causa originadora de todas las cosas:

Él es la imagen del Dios invisible, el primogénito de toda creación. Porque en Él fueron creadas todas las cosas, las que hay en los cielos y las que hay en la tierra, visibles e invisibles; sean tronos, sean dominios, sean principados, sean potestades; todo fue creado por medio de Él y para Él. Y Él es antes de todas las cosas, y todas las cosas en Él subsisten. (Col. 1:15-17)

Se trata, en síntesis, de la supremacía que Jesucristo posee sobre todas las criaturas en su cualidad de Creador de ellas. Cristo está fuera de la serie de los seres creados y es el punto de unión vinculante como mediador entre todo el universo y Dios. Por tanto, se expresa la centralidad omnímoda en la dependencia de toda la creación al respecto de Jesucristo. Toda la creación procede, se sustenta y discurre hacia Él. Cristo es la causalidad de todo cuanto ha sido creado y su subsistencia. Todas las cosas fueron creadas en Cristo como su centro de unidad y cohesión que les confiere orden, vida y realidad. En Él está subsistente ontológicamente la creación entera, ya que en Él fueron hechas todas las cosas como punto de cita y de encuentro. Todos los seres, incluidos los ángeles, deben su existencia al Señor que, como Creador, tiene dominio y supremacía absoluta sobre todos ellos. Esta creación que comprende a los hombres tiene un objetivo final y es Cristo mismo. La creación entera es una expresión del amor de Dios y en ese amor subsiste. Juan es un elemento de la creación de Dios, por tanto, objeto de su amor. Pero todavía más, el Dios glorioso que se manifestó al apóstol es también el que lo había llamado al ministerio y el que había dado su vida por él. En ese sentido, aunque glorioso, no debía ser temido, en sentido de mostrar terror ante su presencia, sino un respetuoso sentido ante quién es Dios, para sentirse objeto del amor de quien es más excelso que los cielos. Cristo dice a Juan: "Deja de tener miedo, porque soy el Creador en diálogo de amor con la criatura, manifestado en mí como Salvador misericordioso".

Añade Jesús en su manifestación a Juan: "Y el que vivo, y estuve muerto; mas he aquí que vivo por los siglos de los siglos, amén" (v. 18). La segunda razón que Juan recibe para dejar de temer es que quien está delante de él es el Salvador. Se le presenta como el que vive[58], literalmente *el vivo*. El que tiene vida en sí mismo y es esencialmente vida. En su evangelio, Juan apela a esta verdad: "En Él estaba la vida, y la vida era la luz de los hombres" (Jn. 1:4). El Padre tiene vida en sí mismo y esta misma potestad la ha dado también al Hijo (Jn. 5:26). Éste ha descendido del cielo, como pan de vida, para dar vida y alimento espiritual a todo aquel que cree (Jn. 6:51). El que es vida y desciende para vida garantiza también la vida después de la muerte porque es resurrección en sí mismo: "Yo soy la resurrección y la vida; el que cree en mí, aunque esté muerto, vivirá. Y todo aquel que vive y cree en mí, no morirá eternamente" (Jn. 11:25-26). Jesús es el Dios vivo y el Dios de vivos. En Él Dios abrió camino de retorno de la muerte espiritual en que se encuentra el pecador, a la vida eterna que Dios le comunica en Cristo y por Él. Jesús se hace camino al Padre, por tanto, camino de encuentro entre Dios, que desciende al encuentro del hombre en su Hijo, y de encuentro para el hombre que por medio de Él llega a Dios (Jn. 14:6).

Este admirable dador de la vida dice a Juan "estuve muerto"[59]. Era quien había gustado la muerte por todos (He. 2:9). Juan había sido testigo de su crucifixión y del sepulcro, donde el cuerpo sin vida del redentor había sido puesto. El verbo aoristo que utiliza para transmitir las palabras del Señor expresa la idea de una acción consumada; había estado muerto, pero ya no lo estaba. El sepulcro no podía retener al autor de la vida (Hch. 2:24, 31). No puede haber miedo cuando la presencia del glorioso Salvador tiene que ver, no con la muerte, sino con la vida. Había muerto para que resucitado fuese razón y causa de nuestra justificación (Ro. 4:25). Quien dialogaba con Juan, quien le tocaba con su mano, es el mismo Dios que está, no solo a favor, sino por los suyos (Ro. 8:31); el que primeramente se había entregado voluntariamente a la muerte por él y por todos los que como él creyeron en Jesús (Gá. 2:20b). El que ama infinitamente hasta dar su vida para comunicar vida a quienes están muertos en sus delitos y pecados no puede ser objeto de miedo, sino de gratitud y amor. Jesús está diciendo a Juan: "Deja de tener miedo a quien te ama hasta dar la vida por ti". El que estaba distante de los hombres a causa del pecado del hombre se hizo próximo mediante la obra de la cruz (Jn. 1:14; Ef. 2:6; He. 10:19-22).

---

[58] Griego: ὁ ζῶν.

[59] Griego: καὶ ἐγενόμην νεκρὸς.

La siguiente declaración de Jesús es clara. Juan utiliza una expresión enfática, establecida mediante una advertencia, para prestar atención a un hecho: "He aquí que vivo"[60]. Es como una exclamación: "¡Mira, vivo para siempre!". Juan debía sentir gozo y tranquilidad porque el que había muerto, dando su vida en rescate por los perdidos (1 P. 1:18-20), había resucitado para interceder eternamente por ellos (He. 7:25). Jesús llama la atención a Juan, como si le dijese: "Deja de prestar atención al miedo y considérame a mí". Esta es una razón más que está dando a su amedrentado apóstol para que deje de temer. Nunca más volverá a la experiencia de la muerte, ahora vive eternamente. Quien ha sido identificado con Cristo, ha sido sepultado con Él y resucitado a nueva vida, que es la vida eterna de Dios en la participación de la divina naturaleza (2 P. 1:4). Dios ha dado vida a quienes están en Jesucristo (Ro. 6:3 ss.; Ef. 2:5-6). Hay plena esperanza de la resurrección para quienes duermen en Él (Jn. 6:40, 44, 54; 11:25; Ro. 8:11; 1 Co. 15:20 ss.). Este Dios, Salvador, está al lado de los suyos para siempre (Mt. 28:20).

CONTROVERSIAS SOBRE LA RESURRECCIÓN

El desafío de la tumba vacía sirve, para algunos, de base de fe, confirmando la resurrección y aceptando el hecho. Pero la misma cuestión es utilizada por los no creyentes para establecer propuestas que permitan negar la realidad de la resurrección. Como otros muchos asuntos ligados a la cristología, este entra de lleno en el campo de la controversia, que trata con extensión el tema de los que niegan el hecho histórico. A los efectos de esta tesis se hace una aproximación a las propuestas controversiales.

La propuesta de los judíos

El anuncio de lo ocurrido y el hecho de una tumba vacía fueron comunicados a los líderes de los judíos por la guardia que había sido puesta en el lugar de la tumba para impedir que se abriese por alguien y que el cuerpo de Jesús fuese sacado de ella y ocultado. De este modo relata Mateo: "Mientras ellas iban, he aquí unos de la guardia fueron a la ciudad, y dieron aviso a los principales sacerdotes de todas las cosas que habían acontecido" (Mt. 28:11). Se trataba de los soldados que guardaban la tumba donde Jesús había sido puesto. No eran todos,

---

[60] Griego: καὶ ἰδοὺ ζῶν καὶ ἰδοὺ ζῶν εἰμι.

solo algunos de ellos. Un ángel que había descendido del cielo arrancó la puerta de la tumba y la colocó a un lado de ella. Su presencia y el terremoto que se había producido llenaron de asombro y miedo a los guardias. La tumba abierta puso de manifiesto que el cuerpo del Señor no estaba dentro de ella. La guardia había sido solicitada por los principales sacerdotes y miembros de los fariseos pertenecientes al sanedrín. En cierta medida, Pilato les había concedido la petición y entregado la guardia para que la utilizasen según sus propósitos; por tanto, los guardias debían rendir cuentas ante quienes les habían entregado la custodia del sepulcro. A ellos acudieron viniendo a la ciudad, con la noticia de los acontecimientos, notificando lo ocurrido a los principales sacerdotes. Es decir, hicieron un relato detallado de cuanto había ocurrido, especialmente de la realidad más comprometedora para los líderes judíos: la tumba vacía. La realidad de la tumba vacía ponía de manifiesto que Jesús había resucitado, como Él mismo anunciara, y que ni los sellos, ni la guardia, ni otra acción humana podía impedir que el propósito de Dios se llevase a efecto resucitando al Salvador de entre los muertos. No eran suposiciones, sino que dieron cuenta de lo que ellos mismos habían visto y de lo que eran testigos. Con ese testimonio acreditaban una vez más que las palabras dichas por Jesús tenían siempre cumplimiento. Esa situación requería medidas urgentes.

"Y reunidos con los ancianos, y habido consejo, dieron mucho dinero a los soldados" (Mt. 28:12). Mateo describe una reunión que resume la generalidad del concilio. ¿Creyeron los reunidos el informe de los soldados sobre la tumba vacía sin que nadie hubiese llevado el cuerpo de Jesús? ¿Aceptaron la presencia de ángeles, el temblor de la tierra, el desencaje de la puerta de piedra como una manifestación sobrenatural vinculada a la resurrección? Nadie puede afirmar que creyeron o dejaron de creer, pero lo necesario y urgente es que no creyese el pueblo. El solo pensamiento de la noticia extendiéndose por el pueblo que afirmaba la resurrección del Señor les hacía temblar, no sólo de miedo, sino mucho peor para ellos, de impotencia. El pueblo perdería su confianza en ellos y todos seguirían a Jesús. ¿No fue acaso esto lo que habían expresado durante el ministerio de Jesús? (Jn. 12:19). No era posible sino preparar una respuesta convincente a la pregunta que se harían las gentes sobre dónde estaba el cuerpo de Cristo, y lo más importante sería hacer callar a los guardias sobre la verdad.

La primera medida que sigue colmando la iniquidad de aquellos jueces perversos fue sobornar a los guardias para que mintieran sobre la realidad: "Dieron mucho dinero a los soldados"[61] (Mt. 28:12), era mucho, porque también la responsabilidad de ellos era grande. Nunca tuvieron problema los religiosos para buscar cuanto fuera necesario para sus propios intereses. Sus fuentes de ingresos siempre estaban fluyendo. La tesorería del templo recibía, sobre todo en las fiestas solemnes, un caudal dinerario grande. Los negocios de la familia sacerdotal eran fuertes y saneados. La plata estaba dispuesta en la medida necesaria para sobornar a los guardias, o si se prefiere mejor, para seguir comprando testigos falsos. Lo más infame de la cuestión es que eran los propios jueces, llamados a ejercer justicia en el nombre del Señor, los principales sacerdotes llamados a dar la ley al pueblo y enseñar los principios éticos de sus disposiciones, los fariseos enseñadores meticulosos del cumplimiento de los mandamientos, quienes en pleno contubernio daban un paso más en su miserable y pecaminosa actuación sobornando a los soldados.

La mentira propuesta: "Decid vosotros: sus discípulos vinieron de noche, y lo hurtaron, estando nosotros dormidos" (Mt. 28:13). El concilio reunido tomó la determinación de establecer una mentira que pudiera ser contada y difundida entre el pueblo y que contestase a la pregunta que se formularían sobre dónde estaba el cuerpo del Señor. En cuanto a la suma de dinero ofrecido a los guardias tenía que ser grande porque debían mantener la custodia hasta el tercer día después de la muerte de Jesús, como habían convenido con el gobernador (Mt. 27:63-64). En cuanto al segundo acuerdo establecen una mentira que explicaría, en alguna medida, la tumba vacía, pero que comprometería absolutamente a la guardia, que aceptaba que se había dormido en su actividad cuando su deber era permanecer vigilantes.

Refutación. La objeción de la mentira que los judíos construyeron para responder a la tumba vacía es sencilla. Si Jesús, que había sido puesto en el sepulcro después de descenderlo de la cruz, no estaba en la tumba, se debía a un robo del cuerpo o al poder de Dios resucitándolo de entre los muertos. En el primer caso, ¿quién o quiénes, cómo y cuándo lo sacaron? Un cuerpo de élite de la guardia del gobernador romano había recibido instrucciones para custodiar el sepulcro, a fin de que los líderes religiosos y políticos pudieran demostrar a todos que la resurrección no se había producido. El informe que los guardias y, mucho más que ellos, los líderes de

[61] Griego: ἀργύρια ἱκανὰ ἔδωκαν τοῖς στρατιώταις.

los judíos propalaron entre el pueblo necesita ser explicado para ser creído. En primer lugar, el testimonio que los guardias dieron a los del sanedrín no fue cuestionado; es más, ni siquiera fue investigado. Simplemente urdieron una disculpa para explicar el sepulcro vacío. El testimonio de la resurrección es de una fiabilidad plena, por cuanto fue dado por gentes al servicio de los enemigos de Jesús. Es tal la confianza que prestaban a la declaración de los guardias que ninguno de ellos fue hasta la tumba para comprobar las afirmaciones. Ellos, los enemigos de Jesús, sabían que la tumba estaba vacía, y sabían por qué estaba vacía: Jesús había resucitado. Si no fuese esa la verdad, no tenían necesidad de invertir tanto dinero para sobornar a la guardia romana. El sepulcro se había asegurado convenientemente para evitar que los discípulos robasen el cuerpo de Jesús. El sello romano se había fijado en la puerta del sepulcro y la guardia prestaba servicio de vigilancia delante de él. La mentira que los judíos hicieron circular entre las gentes sobre el robo del cuerpo de Jesús se vuelve contra ellos mismos porque si fuese cierta la afirmación, ¿qué razón habría para pagar una gran suma de dinero a la guardia romana para que dijesen que había sido robado el cuerpo? La puesta en circulación de la justificación sobre la tumba vacía avala nuevamente la realidad de que ellos sabían que realmente había resucitado el Señor. Las medidas tomadas para que los discípulos no robasen el cuerpo habían sido establecidas y los discípulos no fueron al sepulcro para robar el cadáver de Jesús. Además, no es posible entender que toda una guardia romana en estado de alerta pudiese ser sorprendida por unos hombres —los discípulos— llenos de miedo y ocultos a causa del temor a los judíos (Jn. 20:19). Todos ellos habían huido en la noche del prendimiento de Jesús y sólo uno de ellos —según el testimonio del evangelio— estuvo durante el tiempo de la cruz. Ninguno de aquellos tenía ni el poder ni el coraje para enfrentarse a un cuerpo de guardia de élite de los romanos. Hubieran tenido que estar dispuestos y contar con los medios para someter a toda la guardia, abrir la tumba, sacar el cuerpo y llevarlo a algún lugar… ¿de la ciudad? ¿Fuera de la ciudad? Quien se había puesto a temblar delante de una criada en la noche del juicio de Jesús en casa de Caifás no estaría decidido a enfrentarse a los romanos. Todavía algo más desmonta la mentira de los líderes judíos: Jesús había prometido a los discípulos que resucitaría; si no hubiese resucitado realmente, sería el momento más propicio para todos ellos de regresar a sus labores anteriores y dar por perdidos los tres años al lado de Jesús, a quién podrían acusar de engañador. No se puede comprender que estuviesen dispuestos a robar el cuerpo de Jesús enfrentándose al riesgo que suponía la empresa cuando además se sentirían burlados y engañados por alguien que habría, en caso de no resucitar, abusado de su fe.

Un argumento todavía más notable que los anteriores es que si los soldados estaban durmiendo, ¿cómo podían saber que habían sido los discípulos quienes robaron el cuerpo de Jesús? Además, ¿dormían todos? ¿No despertaron con el ruido de abrir el sepulcro? Si alguno estaba despierto, ¿por qué no impidió la acción y despertó a sus compañeros? Si estaban dormidos, ¿cómo podían testificar de un robo y determinar quiénes habían sido los ladrones? Los sacerdotes habían pagado poco por la entrega de Jesús, pero pagan grandes sumas para que se sustente su mentira. Los guardias dormidos no son testigos válidos para asegurar nada. De testimonios como éstos se burlaría cualquier juez en cualquier lugar del mundo. Ya se ha dicho antes que el castigo ordinario por dormirse en una guardia, y especialmente en una circunstancia como esta, donde había una determinación absoluta de las autoridades en relación a la custodia del sepulcro, significaría para ellos la pena de muerte; por tanto, nadie les podría persuadir a un riesgo semejante por cualquier cantidad de dinero. Sin duda, los guardias aceptaron el dinero como un beneficio extra a cuenta de los líderes, mientras que todos ellos estaban unidos entre sí en la realidad que ciertamente les libraría de cualquier castigo, porque el Señor había literalmente desaparecido de la tumba y esta había sido abierta para que todos la viesen vacía por la acción de seres sobrenaturales para ellos, ángeles, que lo habían hecho. Contra tal situación, nada podían hacer las autoridades romanas contra ellos y se beneficiaban ellos a cuenta de los perversos líderes judíos. Si la mentira de los sacerdotes fuese verdad, no hay razón alguna por la que los discípulos de Jesús no fuesen buscados y examinados por las autoridades inmediatamente. No pasaría mucho tiempo, unos cuarenta días aproximadamente, para que todos los discípulos de Jesús juntos en Jerusalén proclamaran delante de las gentes que los oían que el Señor había resucitado. Nadie los molestó en esa ocasión, ni autoridades romanas ni autoridades judías. Otra cuestión que desacredita la mentira urdida para justificar la tumba vacía es el tamaño de la piedra que cubría la entrada del sepulcro. Aun si todos los soldados estuviesen durmiendo, la presencia de los hombres necesarios para moverla, junto con el ruido que produciría, habría despertado a la guardia. Sobre el argumento de la guardia dormida, decía Agustín: "Presentas testigos dormidos. ¡Tú sí que dormías cuando te faltó el juicio para inventar tales cosas!"[62].

Otras teorías

Catalepsia. Sirva como ejemplo la que se conoce como "del desmayo". Sostiene que cuando Jesús fue puesto en la tumba, estaba vivo todavía. Luego de un tiempo se reanimó, se levantó del lugar donde lo habían puesto y salió de allí. Sobre el origen de esta teoría escribió J. N. Anderson:

> *Expresada primeramente por un hombre llamado Venturini hace cerca de dos siglos. Ha sido reeditada en años recientes en una forma levemente diferente por un grupo heterodoxo de mahometanos llamado el Ahmadiya, quienes tenían sus cuarteles generales en un lugar llamado Qadian y cuyo cuartel general inglés se halla en un lugar de Londres llamado Putney.*
>
> *La explicación de ellos va del siguiente modo: Cristo fue verdaderamente clavado en la cruz. Sufrió terriblemente por causa de la impresión, por la pérdida de sangre, y por el dolor, y se desmayó; pero no murió realmente. El conocimiento médico no era muy grande en aquel tiempo, y los apóstoles pensaron que estaba muerto. Se nos dice, ¿no es verdad? Que Pilato estaba sorprendido de que ya estuviera muerto. La explicación acertada es que él fue bajado de la cruz en un estado de desfallecimiento por quienes erróneamente creyeron que estaba muerto, y lo colocaron en el sepulcro. Y el helado reposo del sepulcro lo revivió de tal modo que eventualmente pudo salir del sepulcro. Sus ignorantes discípulos no pudieron creer que esto era una simple revivificación. Insistieron en que era una resurrección de los muertos.*[63]

Tal propuesta pudiera haber sido lógica en los primeros tiempos del cristianismo, como apoyo a la teoría de los enemigos de Jesús, que propagaron que había sido llevado por sus discípulos, pero carece de fuerza científica para el tiempo actual. No es posible que el sufrimiento de que fue objeto Jesús antes y en el tiempo de la cruz permitiera que, si no estaba muerto, pudiera salir del sepulcro e irse del lugar. Por

---

[62] Citado por F. Lacueva en su *Nuevo Testamento Interlineal* (1984), p. 135.
[63] Anderson, 1970, p. 7.

otro lado, una salida de la tumba exigía la apertura de la puerta del sepulcro, imposible para un hombre en las condiciones extremas a las que había llegado Jesús. Esto además exigiría explicar cómo consiguió deshacerse de la guarda que custodiaba el sepulcro. Además de esto, se cercioraron plenamente de que había muerto. La culminación fue el lanzazo del soldado romano, que perforó el costado de Jesús y llegó al corazón. Más bien que revivir en el sepulcro, hubiera sido todo lo contrario, puesto que el frío de la tumba, sin ayuda alguna y sin ningún tratamiento médico, hubiera hecho morir a una persona en aquellas condiciones. Todavía más: ¿Cómo un hombre en estado de catalepsia pudo deshacerse de los vendajes que le habían hecho, de la mortaja sobre el cuerpo y desliarse de los lienzos que cubrían su rostro?

Apariciones supuestas. Esta propuesta, usada especialmente por los críticos en su afán desmitificador de la Biblia, afirma que las apariciones de Jesús no fueron reales, sino figuraciones o incluso alucinaciones de sus seguidores. Esto entra de lleno en el campo de las alucinaciones. En ese sentido, se forma una aparente visión de algo que no está exteriormente presente. El nervio óptico no funcionó por ondas exteriores de luz, sino que fue excitado por una causa fisiológica puramente interna. En ese caso, la impresión sensorial es aceptada por la persona como si la visión fuese una realidad física, totalmente objetiva, creyendo plenamente que el objeto de la visión estaba realmente delante de sus ojos.

Pudiera acaso hablarse de visión en una determinada persona, pero el testimonio de los relatos sobre la resurrección involucra a muchas en determinados momentos y de muy diferente psicología. Ni tan siquiera había en el subconsciente de ellos experiencias semejantes ocurridas en el pasado. De manera que es imposible que quinientas personas, en estado mental normal, que vieron al resucitado, estuviesen afectadas de una misma alucinación que además concordase en los detalles de los que testificaban luego. Las apariciones de Jesús resucitado no podían ser percepciones erróneas de un hecho no ocurrido.

La incredulidad y falta de esperanza era común a todos los que testifican de la resurrección. Las alucinaciones exigen que las personas tengan ansia de que ocurra aquello que esperaban, pero era algo contrario a lo que los testigos de la resurrección experimentaban.

Los que vieron a Jesús luego de la resurrección fueron impulsados a creer aquello que era contrario a su esperanza.

La tumba equivocada. Otra propuesta negativa acerca de la resurrección propone que las mujeres y los mismos discípulos fueron a una tumba distinta a aquella en la que había sido enterrado Jesús. Esta propuesta fue tratada, entre otros, por Kirsopp Lake, que —seleccionando algunos párrafos— escribe:

Es un asunto que provoca serias dudas si las mujeres se hallaban en una posición como para estar seguras de que la tumba que visitaban era aquella en la cual habían visto a José de Arimatea sepultar al Señor. La vecindad de Jerusalén está llena de sepulcros en la roca, y no habría sido fácil distinguir uno de otro sin indicaciones cuidadosas... Es muy improbable que estuviesen cerca del sepulcro en el momento de la sepultura... Es posible que hubiesen estado observando desde la distancia y que José de Arimatea fuese un representante de los judíos más bien que de los discípulos. Al ser así, la capacidad que ellas hubiesen tenido de distinguir entre un sepulcro en la roca y otro cercano a él hubiese sido muy limitada. Por consiguiente, debe admitirse la posibilidad de que ellas fueran a la tumba equivocada, y esto es importante, pues eso proporciona la explicación natural del hecho de que mientras ellas habían visto una tumba cerrada, la encontraron abierta...

Si no era la misma, entonces todas las circunstancias parecen encajar en su lugar. Las mujeres vinieron temprano por la mañana a una tumba que pensaban ser la misma en la cual habían visto sepultar al Señor. Esperaban hallar una tumba cerrada, pero se encontraron con un sepulcro abierto; y un joven... adivinó las intenciones de ellas, y trató de decirles que habían cometido un error en cuanto a lugar: "No está aquí", dijo él, "mirad el lugar en donde le pusieron", y probablemente señaló el siguiente sepulcro. Pero las mujeres se asustaron al ser sorprendidas en su intento, y huyeron.[64]

Sin embargo, la visita de las mujeres al sepulcro es uno de los eventos de mayor precisión del relato de la resurrección. Las propuestas de Lake y de otros representantes de la alta crítica se equivocan en sus especulaciones. El relato bíblico hace precisiones de notable importancia:

---

[64] Lake, 1907, pp. 250-253.

a) La presencia de las mujeres en el momento de la sepultura según Mateo: "Y estaban allí María Magdalena, y la otra María, sentadas delante del sepulcro" (Mt. 27:61). La misma apreciación según Marcos: "Y María Magdalena y María madre de José miraban dónde le ponían" (Mr. 15:47). Según Lucas, "las mujeres que habían venido con él desde Galilea, siguieron también, y vieron el sepulcro, y cómo fue puesto su cuerpo" (Lc. 23:55).

b) Las mujeres informaron a los discípulos de su experiencia aquel día. Así se lee según Mateo: "Entonces ellas, saliendo del sepulcro con temor y gran gozo, fueron corriendo a dar las nuevas a sus discípulos. Y mientras iban a dar las nuevas a los discípulos, he aquí, Jesús les salió al encuentro, diciendo: ¡Salve! Y ellas, acercándose, abrazaron sus pies, y le adoraron" (Mt. 28:8-9). No hay equivocación posible, sino que era el lugar correcto, confirmándose la resurrección con la aparición del Señor a ellas mientras iban a comunicar el mensaje del ángel a los discípulos.

c) La indicación del ángel. La aparición angélica ocurrió en el lugar donde había sido sepultado el Señor. Según Mateo: "Mas el ángel, respondiendo, dijo a las mujeres: No temáis vosotras; porque yo sé que buscáis a Jesús, el que fue crucificado. No está aquí, pues ha resucitado, como dijo. Venid, ved el lugar donde fue puesto el Señor" (Mt. 28:5-6). No se trataba de un joven que despejó el error de las mujeres, sino de la presencia de un ángel enviado a ellas. No les indicó, como los liberales pretenden, el verdadero sepulcro, sino que las invitó a que viesen el sepulcro vacío donde Jesús había sido sepultado y que ellas conocían del día en que se produjo la sepultura después de la crucifixión.

Se podría seguir añadiendo puntos de vista que no son nuevos, sino la misma postura expresada en distintos modos. Si alguien ha dudado de la resurrección de Cristo, la lectura de las propuestas que la niegan son el mejor remedio para la incredulidad. No hay base sustancial en cada una, no hay evidencias de cualquier orden, bien sean científicas o literarias. Se observa que todas ellas están orientadas a generar duda sobre la autenticidad histórica de los relatos bíblicos, colocándolos como mitos sustentadores de la fe que los apóstoles predicaron y que la Iglesia ha sostenido a lo largo de los siglos. La única frase que cabe, luego de la reflexión antecedente, se expresa en las mismas palabras del ángel: "Más él les dijo: No os asustéis;

buscáis a Jesús nazareno, el que fue crucificado; ha resucitado, no está aquí; mirad el lugar en donde le pusieron" (Mr. 16:6).

Consecuencias teológicas de la resurrección

En general, la aproximación al hecho de la resurrección de Jesucristo descansa en la vivificación de aquel que estuvo muerto y que por el poder de Dios es sacado de esa situación para proyectarlo por medio de la glorificación en el exaltado Señor a la diestra del Padre, entronizado en los cielos. De este modo, se aprecia en muchos de los pasajes del Nuevo Testamento (cf. Lc. 24:3; Hch. 1:3; 25:19; 1 Co. 15:22-45; 1 P. 3:18). Aunque para algunos la no mención directa en éstos y otros pasajes a la resurrección pudiera haberse producido a causa del rechazo que a tal suceso había en el mundo grecorromano, la principal causa es que el evento de la resurrección no puede considerarse como un simple salir nuevamente a la vida, cosa que correspondería a la experiencia tangible de los hombres, sino que se trata de un acceso a la vivencia propia de Dios. No es un mero hombre que es retornado a la vida desde la muerte, sino el hombre perfecto, cuya subsistencia desde la concepción está en la persona divina del Verbo encarnado, que eleva la humanidad, propia de la criatura, a la gloriosa dimensión de la deidad, no divinizando al hombre, sino posicionando una humanidad en la gloria por identificación plena con quien, por ser la segunda persona de la Trinidad Santísima, le corresponde ocupar el trono de Dios. Esta humanidad del Verbo es revestida con la autoridad plena que corresponde a Dios, otorgando a Jesucristo el "nombre que es sobre todo nombre, para que en el nombre de Jesús se doble toda rodilla de los que están en los cielos, en la tierra y debajo de la tierra; y toda lengua confiese que Jesucristo es Señor, para gloria de Dios Padre" (Fil. 2:9-11). Es evidente que en todo este proceso es necesaria la resurrección y resultado o consecuencia de ella. Si Jesucristo ejercía la misma autoridad y soberanía que sólo a Dios corresponde, es necesario afirmar que Él es Dios.

La resurrección revierte definitivamente el término por la muerte, absolviendo la acción de ella en un triunfo definitivo de la vida, dejando la muerte sin el mordiente que tenía por el pecado. No solo como vía de esperanza para quienes, por fe en Cristo, han recibido el don de la vida eterna, sino como experiencia de vida a los que están vitalmente unidos a Él, por cuyo efecto tienen en posesión la muerte y la vida (Ro. 8:38). Siendo por resurrección que el hombre Jesús de Nazaret recibió toda potestad en cielos y tierra, así también los creyentes, en el acto de fe, vinculados a Cristo y puestos en Él por la operación del Espíritu, reciben todo lo que pertenece a Cristo, recorriendo para ello el mismo camino, esto es, la resurrección espiritual en el ejercicio de fe salvadora (Ef. 2:6).

La resurrección tiene consecuencias diferentes en las distintas áreas de la teología. Es necesario aproximarse a ellas desde la necesaria limitación que precisa el desarrollo de este apartado sobre las consecuencias de la resurrección.

Consecuencias teológicas. Jesús es definido como Hijo de Dios, vinculado a su resurrección. De este modo escribe el apóstol Juan, refiriéndose a las señales que Jesús hizo: "Pero estas cosas se han escrito para que creáis que Jesús es el Cristo, el Hijo de Dios, y para que creyendo, tengáis vida en su nombre" (Jn. 20:31). Juan define aquí a Jesús como el Hijo de Dios, porque —ya se ha considerado anteriormente— es Dios el Hijo. Toda la obra de Jesús ha de ser entendida en relación con Dios. Desde su naturaleza humana, Cristo manifestó la condición divina de Hijo en los milagros que Dios hizo por medio de Él (Hch. 2:22). En su muerte se hace instrumento de salvación, no por accidente humano, sino por determinación divina, produciéndose en ella cuanto antes Dios había determinado (Hch. 4:27-28). En la resurrección es acreditado Hijo ante todos, como Pablo enseña: "Y nosotros también os anunciamos el evangelio de aquella promesa hecha a nuestros padres, la cual Dios ha cumplido a los hijos de ellos, a nosotros, resucitando a Jesús; como está escrito también en el Salmo segundo: Mi Hijo eres tú, yo te he engendrado hoy" (Hch. 13:32-33). Dios actuó en Jesús trayéndolo a la vida e invirtiendo la acción de los que le habían dado muerte. Esta acción tiene un doble sentido; por un lado, es una acción inmanente puesto que la operación parte y es ejecutada por Dios; en otro sentido, es también una acción transitiva, recae sobre Jesús. La resurrección produce en adelante una nueva dimensión en la misma deidad, puesto que el Padre se conocerá en lo sucesivo como "el que resucitó a Jesús de entre los muertos" (He. 13:20). La fe en la resurrección es la fe en la consumación del hombre para vida. Por esa razón, en la resurrección de Cristo se acredita a Dios como "Dios de vivos", no sólo por fe, sino por la realidad del resucitado. El que dijo "subo a mi Padre y a vuestro Padre" (Jn. 20:17), dijo también que "Dios no es Dios de muertos, sino de vivos" (Mr. 12:27). En la resurrección y a partir de ella se manifiesta a Cristo como el Hijo de Dios con poder, tal como lo expresa el apóstol Pablo: "Que fue declarado hijo de Dios con poder, según el Espíritu de santidad, por la resurrección de entre los muertos"[65] (Ro. 6:4).

El proceso sigue un modo divino de realización. El que murió y estuvo "entre los muertos", es decir, contado entre ellos, fue levantado de la muerte por la resurrección. En la de Jesús operó la supereminente grandeza del poder de Dios (Ef. 1:19-21). La expresión es un tanto problemática en el texto griego, donde se lee literalmente: "Según resurrección de muertos". El genitivo de objeto expresa en el griego una generalidad, es decir, se refiere a la resurrección de muertos. La de Cristo se realizó porque Dios estableció una resurrección de muertos. En otro lugar hablará de la de Cristo como de las primicias (1 Co. 15:20). Pero también en la resurrección de Cristo se abre la puerta para la resurrección de los muertos; de otro modo, los muertos resucitarán porque Cristo resucitó (1 Co. 15:12 ss.). Ahora bien, en relación con Cristo, su resurrección fue de entre los muertos, es decir, suspendió su estado de muerte física, siendo además el límite entre el estado de humillación y el de exaltación. Para Pablo, la resurrección de Cristo es el inicio de la resurrección de los muertos, en todo el sentido soteriológico de la palabra, porque quien cree en el Hijo de Dios ha pasado de muerte a vida (Jn. 5:24), ya que como la muerte entró por un hombre, así también la resurrección de los muertos se introduce por un hombre (1 Co. 15:21). La resurrección es el punto que marca un nuevo estado para el Hijo de Dios que el de "Señor nuestro", la expresión que no aparece en los originales para el versículo anterior, está plenamente acreditada en este. Jesús es Señor, el que tiene todo poder en cielo y tierra (Fil. 2:9-11), como Él mismo lo declaró (Mt. 28:18), y como tal lo es también de la Iglesia (Ef. 1:22-23), por cuya razón es nuestro Señor. El apóstol concluye añadiendo la confesión cristiana que reconoce que Jesús es el Señor y que expresa la relación plena del resucitado con los creyentes. Es la respuesta del cristiano a la proclamación del evangelio: Jesús es el Señor (Ro. 10:9 ss.; 1 Co. 12:3; Fil. 2:11). El Espíritu Santo provoca en el salvo el reconocimiento del señorío de Cristo, y nadie llama a Jesús Señor si no es por el Espíritu Santo (1 Co. 12:3). Todo cristiano

[65] Texto griego: τοῦ ὁρισθέντος Υἱοῦ Θεοῦ ἐν δυνάμει κατὰ Πνεῦμα ἁγιωσύνης ἐξ ἀναστάσεως νεκρῶν, Ἰησοῦ Χριστοῦ τοῦ Κυρίου ἡμῶν.

afirma que Jesús es su Señor, reconociéndole como el Hijo de Dios exaltado y sometiéndose voluntaria y plenamente a su soberanía.

La manifestación divina que reconoce a Jesucristo como Señor está presente en la declaración del resucitado (Mt. 28:18). Quien es templo de Dios en su carne (Jn. 1:14) recibe y manifiesta todo el poder de Dios en su resurrección (Fil. 2:9-11). Por tanto, la resurrección es la forma suprema del acercamiento de Dios al hombre, porque es la integración definitiva de la humanidad en Dios. Es la transformación más elevada posible del hombre y el cambio definitivo de la humanidad que se orienta sempiternamente hacia Dios.

Consecuencias cristológicas. El Mesías, el Cristo de Dios, hace su irrupción en la historia de la humanidad por concepción del Verbo en el seno de María, llevando a perpetuidad la encarnación del Hijo (Jn. 1:14). Con razón el Nuevo Testamento proclama la verdad de que, por la resurrección, Jesús es declarado Señor y Cristo, como expresa el apóstol Pedro: "Sepa, pues, ciertísimamente toda la casa de Israel, que a este Jesús a quien vosotros crucificasteis, Dios le ha hecho Señor y Cristo" (Hch. 2:36).

Eternamente el Hijo de Dios, es la Palabra no encarnada[66], es de igual manera en la misma plenitud en la Palabra encarnada[67]. Siendo el mismo, se manifiesta en una existencia humana y temporal como corresponde a la criatura. La condición mesiánica está vinculada a la salvación, y la esperanza es cierta porque ya no es una salvación ofertada por Jesús, sino hecha en Él. La realidad gloriosa de su reino eterno es posible por su resurrección de entre los muertos.

El contenido cristológico es epifánico en las manifestaciones del resucitado. Dios se hace sempiternamente visible en el hombre Jesús glorificado y entronizado en los cielos. El texto de Romanos, considerado en el apartado anterior, es base para afirmar que la resurrección es la plenitud encarnada de la filiación eterna. Esto resulta ser también la acreditación de que —frente a las imposturas, mentiras y acusaciones de la justicia humana que condenó a Jesús a morir en la cruz, en la mayor injusticia posible, donde el hombre solo cometió el homicidio supremo matando al autor de la vida (Hch.

[66] Griego: Λόγος ἄσαρκος.
[67] Griego: Λόγος ἔνσαρκος.

3:15)— al resucitarle Dios de entre los muertos, se acredita que no fue un impostor blasfemo que se hizo a sí mismo Hijo de Dios, sino que lo era real y verdaderamente. Es el resucitado quien ahora prepara lugar para los que creen en Él, y éstos pueden confiar plenamente en la promesa suya, puesto que el camino, que es Él mismo, ha sido abierto, y el ejemplo como primicia se ha cumplido. La realidad del resucitado es motivo de seguridad para los que están en Él y pueden abrazar por la fe la gloria del encuentro (Jn. 14:1-4).

Consecuencias soteriológicas. No es posible desvincular la persona de Jesucristo de su obra. Jesús es para el hombre esencialmente el Salvador de los perdidos. La salvación es posible porque Cristo resucitó, como se ha considerado en ocasiones anteriores. Esta es la verdad expresada en palabras del apóstol Pablo:

> *Mas ahora Cristo ha resucitado de los muertos; primicias de los que durmieron es hecho. Porque por cuanto la muerte entró por un hombre, también por un hombre la resurrección de los muertos. Porque así como en Adán todos mueren, también en Cristo todos serán vivificados. (1 Co. 15:20-22)*

Es, por tanto, la razón de la resurrección de todos los que el Salvador ha hecho, por fe en Él, hijos adoptados del Padre (Jn. 1:12). Estos tienen certeza y seguridad de que un día serán vivificados físicamente, como consecuencia de la vivificación espiritual que ya poseen en Jesús. De ahí que el resucitado es el primogénito de entre los muertos, esto es, primero en la nueva creación de Dios y primero de la nueva humanidad de los salvos, aquellos que han sido libertados de la "potestad de las tinieblas y trasladados al reino de su amado Hijo" (Col. 1:13). Al reino de Dios o reino de los cielos accede el pecador por medio del nuevo nacimiento, consecuencia de haber creído en Cristo (Jn. 3:3, 5). El resucitado es causa de la salvación de todos los hombres que creen en Él (He. 5:9). En razón de que fue resucitado es, como postrer Adán, espíritu vivificante que da vida a todo aquel que cree en Él (1 Co. 15:45). No cabe duda de que la unidad del Salvador y de los salvados es plena y definitiva, vinculados también en cuanto a resurrección, ya que quienes niegan que los hombres puedan resucitar están negando que Cristo haya resucitado (1 Co. 15:17), y si Cristo no resucitó, no es posible la salvación de los pecadores por cuanto no hay elemento para la justificación. Por esa causa, el apóstol Pablo hace notar que, sin resurrección de Jesús, la fe del cristianismo es vana, puesto que un Salvador muerto, no es un Salvador eficaz (1 Co. 15:14, 17-19).

La soteriología es posible porque Jesucristo resucitó, constituyéndose en nuestro intercesor y haciendo posible, por su obra, la cancelación de la responsabilidad penal por el pecado a todo aquel que cree en Él (Ro. 8:1). Además, la resurrección es el elemento imprescindible para la esperanza del creyente, el fundamento de la paz y el aliento en el tiempo de la peregrinación, porque el Dios eterno se convierte por la obra redentora en el "Dios de la paciencia y de la consolación" (Ro. 15:5) en esa relación con Cristo, que es nuestra "esperanza de gloria" (Col. 1:27). Dios en base a la obra de salvación es para los cristianos "el Dios de esperanza" (Ro. 15:13). Se puede ver el futuro con seguridad, puesto que la ira divina a causa del pecado, no importa en qué dimensión, ha sido cancelada para el que ha creído (1 Ts. 1:10). La salvación es posible porque el Salvador ha resucitado de entre los muertos. Esta es la seguridad: "Y Dios, que levantó al Señor, también a nosotros nos levantará con su poder" (1 Co. 6:14); de otro modo: "Sabiendo que el que resucitó al Señor Jesús, a nosotros también nos resucitará con Jesús, y nos presentará juntamente con vosotros" (2 Co. 4:14).

Por la resurrección, es posible el Dios que justifica, de manera que el creyente puede decir: "¿Quién acusará a los escogidos de Dios? Dios es el que justifica" (Ro. 8:33). Además, el resucitado es también abogado ante Dios (1 Jn. 2:1), viviendo siempre para interceder por los salvos (He. 7:25). La acusación contra el salvo está cancelada en la obra redentora y confirmada por el hecho de la resurrección (Col. 2:13-15). El resucitado es también la fuente de poder para la vida nueva (Fil. 2:13). Porque resucitó tenemos provisión para el acceso a Dios en su trono de gracia para el socorro necesario en cada momento:

Por tanto, teniendo un gran sumo sacerdote que traspasó los cielos, Jesús el Hijo de Dios, retengamos nuestra profesión. Porque no tenemos un sumo sacerdote que no pueda compadecerse de nuestras debilidades, sino uno que fue tentado en todo según nuestra semejanza, pero sin pecado. (He. 4:14-15)

La gran seguridad de que somos aceptados por Dios está relacionada vitalmente con el hecho de la resurrección, siendo "aceptos en el Amado" (Ef. 1:6).

Podrían añadirse a todo esto muchas otras bendiciones que corresponde estudiar en el ámbito de la soteriología, asunto imposible de desvincular de la cristología. Sirva como conclusión de estas reflexiones sobre la resurrección la precisa e impactante, pero sencilla frase del ángel ante una tumba vacía: "Jesús nazareno, el que fue crucificado; ha resucitado, no está aquí; mirad el lugar donde le pusieron" (Mr. 16:6).

CAPÍTULO XVIII
EXALTACIÓN

Introducción

La doctrina bíblica de la exaltación de Jesucristo presenta algunas dificultades especialmente conceptuales. Tienen que ver esencialmente con la respuesta de una pregunta: "¿Quién fue exaltado?". Esta respuesta depende en gran medida de la posición teológica relativa a la persona divino-humana de Jesús. Sustancialmente son dos diferentes perspectivas. Por un lado, está la luterana, que entiende que el sujeto de exaltación es la naturaleza humana del Verbo encarnado, que es también el sujeto de la humillación. En contraste, está la posición reformada que entiende que el sujeto de exaltación es Emanuel, Dios-hombre. En ambos casos, la naturaleza humana del Verbo encarnado es en la que tuvo lugar la exaltación. Los luteranos difieren, por esta misma razón, en cuanto al estado de humillación, entendiendo que consiste en que Cristo renunció durante el tiempo de su vida humana, en forma absolutamente real y no aparente, al ejercicio de las perfecciones divinas que tenía en su humanidad por unión subsistente en la persona divina del Verbo, sujetándose a cuantas limitaciones en todos los aspectos corresponden a la criatura; en todo ello, el abajamiento deviene a una existencia humana sin dejar de estar plenamente ligada a la persona divina que da subsistencia a esa humanidad. Por tanto, la exaltación consiste en que la naturaleza humana del Verbo encarnado recibió y manifestó todos los atributos que corresponden a la deidad y que le fueron comunicados en la encarnación, usados durante su vida humana en ocasiones muy puntuales. La teología reformada cree que el sujeto de la exaltación es Dios-hombre, pero fue en la naturaleza humana en la que tuvo lugar el hecho de la exaltación.

El proceso de exaltación pasa por tres estadios. 1) La resurrección de entre los muertos por la que Jesucristo dejó de estar sujeto a su condición de debilidad, como corresponde al hombre. 2) La ascensión a los cielos, por la que dejó de estar sujeto a las reglas espacio-temporales de la vida humana en la tierra. 3) Sesión a la diestra del Padre, como manifestación gloriosa, en la que comparte con el Padre, en la unidad trinitaria, todo el honor y poder que corresponde a Dios y que se manifiesta en el trono de Dios y del Cordero (Ap. 22:1).

Se ha considerado ya lo que tiene que ver con el primer estadio de la exaltación, que es la resurrección. Esta no solo está declarada en las Escrituras, sino que es verdad fundamental en la fe cristiana, ya que "si Cristo no resucitó, vana es entonces nuestra predicación, vana es también vuestra fe" (1 Co. 15:14). No es posible, de buena fe, negar el hecho de la resurrección, como se ha hecho notar en el capítulo anterior. Todas las enseñanzas de Jesús, el poder de sus obras, la realidad de la salvación, están directamente ligadas al hecho de su resurrección. Por tanto, si no hubiese resucitado, el plan eterno de redención, hubiera sido tan solo, en el mejor de los supuestos, un propósito frustrado de Dios. El triunfo de la luz sobre las tinieblas, de la libertad sobre la esclavitud, de la esperanza ante la desesperación, de la vida sobre la muerte, es el resultado de la resurrección de Jesús.

La resurrección abre también una dimensión hacia el cuerpo que corresponde a esa posición. No admite duda alguna que el del resucitado mantiene una identidad con el que fue su vehículo terrenal y con el que murió en la cruz. Las señales de los clavos en sus manos y pies, la de la lanza en su costado, la invitación de Jesús a que le tocasen y verificasen esa realidad lo manifiestan, pero, sin embargo, era distinto o, si se prefiere, estaba cambiado. Esto se ha considerado antes, haciéndose notar que no fue reconocido como el mismo de antes de su muerte, de modo que podía ser confundido con el hortelano (Jn. 20:15). Los dos de Emaús tampoco lo reconocieron en el encuentro del camino hasta que Él mismo se manifestó a ellos en el partimiento del pan (Lc. 24:31). Aparecer repentinamente en la reunión de discípulos accediendo a la estancia con las puertas cerradas es otra evidencia (Jn. 20:19). Con todo, no se puede negar que el cuerpo de resurrección, aunque distinto, era de la misma condición que el anterior, puesto que Jesús les hace notar que tiene carne y huesos (Lc. 24:39). El aspecto del cuerpo de resurrección podía cambiar, pero en realidad era un cuerpo humano.

El cuerpo de resurrección fue el que ascendió a los cielos y el que está sentado a la diestra de Dios. La esperanza cristiana descansa en que nosotros seremos, en la resurrección, dotados de cuerpos semejantes al "cuerpo de la gloria suya" (Fil. 3:21). De modo que las ocasiones en que se hace referencia al cuerpo de resurrección de Cristo y al de los creyentes se está haciendo mención a un detalle semejante con el cuerpo de resurrección de Jesús. El cambio del cuerpo natural al espiritual seguirá un proceso semejante, de modo que "se siembra cuerpo animal, resucitará cuerpo espiritual" (1 Co. 15: 44). Todo ello mediante una transformación que lo hará posible (1 Co. 15:51).

El cuerpo futuro no estará sujeto al actual estado propio de la existencia del hombre. Los creyentes seremos como los ángeles, según el Señor dijo: "En la resurrección no se casan ni son dadas en matrimonio, sino que son como los ángeles de Dios en el cielo" (Mt. 22:30)[1], no en el sentido de ser incorpóreos y mucho menos espíritus, sino en la inmortalidad, de manera que no serán precisos nuevos hijos, porque no hay muerte que disminuya el número de los resucitados.

Establecido el primer paso en el proceso de exaltación, se puede pasar a considerar el segundo, que tiene que ver con la ascensión.

La ascensión a los cielos

Posición de la primera ascensión

Hay grandes exégetas que entienden, a la luz de textos bíblicos, que Jesús subió al cielo inmediatamente después de la resurrección.[2] La argumentación bíblica merece ser respetada, aunque no sea compartida. Sin embargo, es necesario hacer mención de ella en este lugar como elemento propio de la investigación sobre la exaltación de Cristo.

Esta posición entiende generalmente que Jesús estuvo en el cielo desde el mismo momento de la resurrección y que regresó varias veces a la tierra para relacionarse con los discípulos, tanto con los apóstoles como con otros de sus seguidores que creían en Él. Con todo, muchos de los que mantienen la posición de la primera ascensión entienden que, aunque subió a los cielos para cumplir lo que se indica seguidamente, estuvo en la tierra hasta el día de su definitiva ascensión, siendo recogido por la nube que lo ocultó de los ojos de los suyos (Hch. 1:9-11).

Parece que se aprecia en la lectura de los eventos de la resurrección que hubo una ascensión después de ella para el cumplimiento pleno de lo que se había anunciado en el Antiguo Testamento, especialmente en la tipología. En la resurrección, el Señor se encontró con varias

---

1 RVR.

2 Entre otros: Chafer, 1974, Vol. II, p. 720.

personas, entre ellas con María Magdalena, que quiso abrazar los pies del Señor, ante cuyo intento el resucitado le dijo: "No me toques, porque aún no he subido a mi Padre; mas ve a mis hermanos, y diles: Subo a mi Padre y a vuestro Padre, a mi Dios y a vuestro Dios" (Jn. 20:17). Cronológicamente después de esto, el Señor, en la noche de ese mismo día, se apareció a los discípulos, y ante el asombro de ellos les dijo: "¿Por qué estáis turbados, y vienen a vuestro corazón estos pensamientos? Mirad mis manos y mis pies, que yo mismo soy; palpad, y ved; porque un espíritu no tiene carne ni huesos, como veis que yo tengo. Y diciendo esto, les mostró las manos y los pies" (Lc. 24:38-40). Quienes sostienen la primera ascensión hacen notar un contraste que es claro en los dos versículos. En el primero hay una prohibición a María de que le tocase o abrazase, indicándole que aún no había subido al Padre. En el segundo se hace una clara invitación para que los discípulos reunidos lo tocasen y verificasen que no era un espíritu. Como resumen de esta posición transcribimos un párrafo del Dr. Chafer:

Aunque no se nos indica por qué Él no podía ser tocado antes de la ascensión, ha habido especulación al respecto, que es muy poco lo que ha logrado. Es suficiente saber que Él no estaba dispuesto a hacer contacto con ninguna cosa de esta tierra, por lo menos hasta que todo lo que se le exigía a su gran misión redentora se hubiera cumplido, y que su sacrificio eficaz hubiera sido presentado formalmente en el cielo. Es difícil creer que no hubo una sagrada continuidad entre su muerte y su presentación en el cielo, la cual no permitió que Él tuviera contacto con este mundo. Habiendo abandonado su antigua relación con sus seguidores, mediante la muerte y la resurrección, no podía entrar en una nueva y final relación con ellos hasta haber completado toda la redención y haberla presentado en el cielo. Claramente se puede deducir que, puesto que Él no se dejó tocar en la mañana, hasta que hubiera ascendido, y, sin embargo, Él mismo les dijo a sus discípulos en la noche del mismo día "Palpad", Él ascendió al cielo durante el día. Él ascendió inmediatamente después de salir de la tumba y regresó para manifestarse a sus seguidores el mismo día. "Ve a mis hermanos, y diles: Subo a mi Padre...". Esta declaración significa que estaba a punto de ascender. Si ésta hubiera sido una referencia a su ascensión final, no hubiera habido necesidad de que María les llevara ese mensaje a los discípulos, puesto que Él mismo tenía cuarenta días completos durante los cuales les podía dar las noticias personalmente. De las dos ascensiones que se registran, la que tiene mayor significación doctrinal es la de la mañana de la resurrección. Él había dicho a su Padre en la oración intercesora: "Pero ahora voy a ti" (Jn. 17:13); y este regreso al Padre, no solamente es importante en la historia del universo, sino que es el suceso que está en orden después del calvario. Él había venido del Padre con el propósito de lograr la redención de los hombres (He. 10:4-7), y ahora vuelve al Padre, al sitio que le pertenece por derecho y título. Su ascensión no fue una penetración a regiones inexploradas; fue el regreso triunfal al hogar. La imaginación humana se queda sin recursos para describir la bienvenida, la reunión y el éxtasis celestial que ha debido producirse cuando Él regresó. El amado, en el cual el Padre siente complacencia, regresaba; pero eso no es todo: ¡Él regresaba de cumplir la obra más grande que pueda existir, con la cual se había cumplido el deseo del Padre y la obediencia del Hijo se había hecho realidad![3]

Sin duda tiene una argumentación bíblica para presentar la resurrección en la mañana de la resurrección; sin embargo, y como ya se adelantó previamente, es necesario dar una interpretación subjetiva a lo que el relato del apóstol Juan describe relativo al encuentro del resucitado con María. Así se lee en el texto: "Jesús le dijo: No me toques, porque aún no he subido a mi Padre; mas ve a mis hermanos, y diles: Subo a mi Padre y a vuestro Padre, a mi Dios y a vuestro Dios"[4] (Jn. 20:17). Las palabras de Jesús han servido para distintas interpretaciones. El Señor dijo a María *no me toques*, o también, como permite el verbo, *no me retengas*. A simple vista, el Señor no impidió a ninguno de los suyos que en las apariciones después de la resurrección lo tocasen. Es más, invitó incluso a hacerlo, como en el caso de Tomás (v. 27). Mateo dice que las mujeres a las que se apareció Jesús, abrazaron sus pies (Mt. 28:9). Luego, no puede interpretarse esto como una prohibición para que María Magdalena tocase al Señor. Lo que supone esta prohibición es seguramente que María no dejaba de abrazar los pies de Jesús. Ella quería mantenerse cerca del Señor, pero Él tenía otra misión para ella, que debía cumplir. Jesús establece una prohibición a María, expresada mediante el presente de imperativo del verbo, con la negación que

---

[3] Ibíd., p. 721 ss.

[4] Texto griego: λέγει αὐτῇ Ἰησοῦς· μή μου ἅπτου, οὔπω γὰρ ἀναβέβηκα πρὸς τὸν Πατέρα· πορεύου δὲ πρὸς τοὺς ἀδελφούς μου καὶ εἰπὲ αὐτοῖς· ἀναβαίνω πρὸς τὸν Πατέρα μου καὶ Πατέρα ὑμῶν καὶ Θεόν μου καὶ Θεὸν ὑμῶν.

lo acompaña y que significa que debía cesar en la acción que había iniciado. María debía dejar de abrazarlo. Esa es la mejor forma de traducir el versículo: *Jesús le dijo: deja de abrazarme*. El verbo tiene que ver más bien con asir que con tocar. El Señor manda a María que deje de retenerlo, de sujetarlo. Esto supone que se había echado a los pies de Jesús y lo retenía abrazada a ellos, como ocurre con las mujeres mencionadas por Mateo.

Jesús dice a María que no trate de retenerlo porque aún no había subido al Padre. ¿Quiere decir que luego de la ascensión podría hacerlo? Esa es la posición de quienes sostienen una ascensión en la mañana de la resurrección, como hemos considerado. Estos sugieren que Jesús subió al Padre para presentar la plenitud de la obra realizada, y abrir para el hombre un trono de gracia en base a ella y luego volvió a la tierra para acompañar a los suyos y manifestarse a ellos hasta el día de la exaltación a los cielos. Sin embargo, no se aprecia una sólida base bíblica que permita sustentar esta posición, salvo la interpretación de una frase que tiene ciertas dificultades. Jesús va a confiar a María un mensaje para sus hermanos, que tiene que ver con la ascensión. Por tanto, esta afirmación le hace notar ese hecho, y sirve como anticipo de lo que le va a encomendar. La obra de redención exigía la entronización del intercesor a la diestra de la majestad en los cielos. Por eso el mensaje que le va a ser encomendado a María para que transmita a los discípulos no tiene que ver con la resurrección, sino con la ascensión. En cierto modo, Jesús estaba diciendo a María que primeramente debía llevar el mensaje y que tenía tiempo hasta la ascensión para estar con Él, pero no podría, por más que lo intentase, retenerlo aquí, porque su misión concluida en la tierra requería que regresase al Padre que le había enviado para ella.

Jesús anuncia claramente el hecho de su ascensión a los cielos. Del mismo modo que había declarado la muerte en la cruz y la resurrección, lo hace ahora con el paso siguiente: la exaltación a la diestra de Dios.

La ascensión

Como en todo lo que tiene que ver con la vida de Jesucristo en su misión terrenal, el soporte para determinar los eventos descansa en el relato bíblico del Nuevo Testamento. Debido a que no son muchas las referencias, optamos por hacer el análisis textual de cada uno de ellas.

Antiguo Testamento

La ascensión aparece en dos referencias. La primera está en uno de los Salmos, donde se lee: "Subiste a lo alto, cautivaste la cautividad, tomaste dones para los hombres, y también para los rebeldes, para que habite entre ellos JAH Dios" (Sal. 68:18). Esta cita será tomada por el apóstol Pablo en su epístola a los Efesios para referirse a la ascensión (Ef. 4:8). El Salmo, proféticamente hablando, tiene un doble cumplimiento. El primero se refiere a la presencia del Arca de la Alianza, conducida hasta la cumbre de Sion. En la figura, Dios tomó posesión del lugar más alto de la tierra, aunque el monte no lo es, por el hecho de estar presente el Señor en él. Un segundo aspecto tiene que ver con la ascensión de Jesús a los cielos, con las marcas del triunfo de la redención. Había dejado su posición celestial y descendido al mundo para luchar contra los enemigos del hombre, pero una vez concluida la batalla, regresó a su gloria, que le pertenece y corresponde eternamente. La multitud de cautivos no es tanto un descenso al Hades, sino la posición en Él de todos los hombres que son salvos por gracia a lo largo de la historia humana. A éstos se llama así por el hecho de haberlo sido en la cautividad del pecado, de modo que el Señor, como ocurría con los conquistadores de antaño, llevó del territorio enemigo una inmensa multitud que son trofeo de su gracia poderosa. Llevados como cautivos de Dios, implica un cambio en el cautiverio del pecado en que antes estaban, de modo que el cautiverio queda cautivo y esa cautividad nos cautiva a cada uno de los creyentes, pero no para muerte y perdición perpetua, sino para vida eterna.

Otra cita del Antiguo Pacto: "¿Quién subió al cielo, y descendió? ¿Quién encerró los vientos en sus puños? ¿Quién ató las aguas en un paño? ¿Quién afirmó los términos de la tierra? ¿Cuál es su nombre, y el nombre de su hijo, si sabes?" (Pr. 30:4). Las preguntas retóricas del texto exigen una respuesta negativa, esto es, ningún ser creado, ángeles ni hombres, está en la resolución de las preguntas. Sólo Dios es la contestación. Sin embargo, el Nuevo Testamento aplica a Jesús y a la ascensión el texto citado. El evangelio según Juan, hace una contundente afirmación, recogiendo palabras de Jesús: "Nadie subió al cielo, sino el que descendió del cielo; el Hijo del Hombre, que está en el cielo" (Jn. 3:13). Si desciende del cielo y habla con los hombres en un diálogo terrenal, en el sentido que se produce como un coloquio con la creatura, quiere decir que vino para hacerse como uno de nosotros, aunque sin pecado, con el propósito de enseñarnos el camino de Dios, conducirnos a la salvación. El Señor dijo también a los asombrados discípulos: "¿Pues qué, si viereis al Hijo del Hombre subir adonde estaba primero?" (Jn. 6:62). La frase debe usarse también como una referencia a la resurrección y ascensión, que tendrían lugar luego de concluir la misión redentora para la que había sido enviado. Aunque la expresión está construida con un perfecto, que denota una acción definitivamente concluida, el pasado es en profecía muchas veces un futuro que, por proceder de Dios, se da como un hecho realizado. Jesús subió a los cielos después de su resurrección, pero lo importante aquí no es tanto precisar la aplicación temporal a la que se refiere, sino el hecho de que Jesús descendió del cielo, permaneciendo en él. Si les escandalizaba el hecho de que Jesús se presentara como el que descendió del cielo para dar vida a los hombres, cuánto mayor tropiezo sería para aquellos si lo viesen ascender al lugar adonde estaba primero. Aunque habla desde la tierra, sigue estando en el cielo, a causa de su condición divina. Luego, en un futuro, el hombre Jesús, la naturaleza humana del Verbo, ascenderá para ocupar el lugar que tuvo antes de su nacimiento en la tierra y que nunca dejó en su condición divina. La verdad absoluta es que Cristo, Dios-hombre, es una sola persona, con dos naturalezas. El Hijo de Dios y su humanidad son un solo Cristo. Es Hijo eterno del Padre eterno, y es hombre en la temporalidad asumida en su persona divina. En la unidad de su persona habla en la tierra y también está en el cielo. El Hijo de Dios estaba en la tierra por la naturaleza humana subsistente en su persona divina, y estaba también en el cielo por ser el Verbo eterno del Padre eterno. Aquellos que lo contemplaban tan sólo eran capaces de ver en Él un hombre. Para algunos, incluso, un arrogante que se hacía Dios cuando era sólo hombre. Aquellos quedarían más atónitos todavía si viesen a su humanidad glorificada ascendiendo a la diestra del Padre y sentándose en su trono de gloria. Jesús les dice: ¿Cuál sería vuestro escándalo si vieseis esto, que el Hijo del Hombre regresa al lugar de donde procede? Nuevamente se deja ver la preexistencia de Jesucristo. El hombre que predicaba en la sinagoga de Capernaum anuncia el regreso adonde estaba antes, el cielo; luego, antes de su presencia terrenal tuvo una preexistencia eterna. La deidad de Jesucristo llena plenamente el texto del evangelio. La ascensión al cielo implica, necesariamente, el descenso desde ese mismo lugar.

El texto del libro de Proverbios va a ser citado por el apóstol Pablo para aplicarlo a la ascensión de Cristo; por consiguiente, el escrito inspirado da la interpretación que, de otra manera, hubiera hecho un tanto difícil la exégesis en ese sentido.

Nuevo Testamento

Anuncios de Jesús

Del mismo modo que anunció su muerte, pasión, sepultura y resurrección, también lo hizo con la ascensión. Las palabras de Jesús están en el evangelio según Juan. Se hace referencia a ellas siguiendo el orden de lecturas.

Juan 3:13. En la conversación con Nicodemo le dice: "Nadie subió al cielo, sino el que descendió del cielo; el Hijo del Hombre, [que está en el cielo]"[5]. Comienza a decir a Nicodemo algunas de las cosas celestiales, remarcando nuevamente lo que ha dicho Juan con el mismo sentido antes: "A Dios nadie le vio jamás; el unigénito Hijo, que está en el seno del Padre, él le ha dado a conocer" (1:18). Sólo el Unigénito puede hablar de Dios, porque está en el seno del Padre. Esa es la razón por la que se lee en algunos manuscritos después de Hijo del Hombre, que está en el cielo[6]. Este Jesús, el Hijo del Hombre puede revelar todas las cosas celestiales porque procede del cielo mismo, cuya esfera celestial le es propia.

La primera revelación que comunica Jesús a Nicodemo es que el Hijo del Hombre descendió del cielo. Previo a esto hay una afirmación concreta y precisa: "Nadie subió al cielo"; por tanto, nadie puede revelar las cosas celestiales. Todas las cosas que están reveladas en la Escritura no fueron conocidas por los escritores por haber subido al cielo, sino porque el cielo se las comunicó a ellos estando en la tierra. De ahí que Moisés diga, refiriéndose al mandamiento: "Porque este mandamiento que yo te ordeno hoy no es demasiado difícil para ti, ni está lejos. No está en el cielo, para que digas: ¿Quién subirá por nosotros al cielo, y nos lo traerá y nos lo hará oír para que lo cumplamos?" (Dt. 30:11-12). Por tanto, nadie puede de los hombres revelar las cosas celestiales, con la excepción del Hijo del Hombre, el que bajó del cielo. La frase *subió al cielo* ya se ha considerado antes.

---

[5] Texto griego: καὶ οὐδεὶς ἀναβέβηκεν εἰς τὸν οὐρανὸν εἰ μὴ ὁ ἐκ τοῦ οὐρανοῦ καταβάς, ὁ Υἱὸς τοῦ Ἀνθρώπου.

[6] Así también en la Vulgata: *Filius Hominis, qui est in caelo.*

Juan 6:62. En una amonestación a los discípulos que no comprendían la dimensión y el alcance de su enseñanza les dice: "¿Pues qué, si viereis al Hijo del Hombre subir a donde estaba primero?"[7]. Ya se ha analizado más arriba este fragmento: si les escandalizaba el hecho de que Jesús se presenta como el que descendió del cielo, para dar vida a los hombres, cuánto mayor tropiezo sería para aquellos si lo viesen ascender al lugar adonde estaba primero. Aquellos que lo contemplaban tan sólo eran capaces de ver en Él un hombre. Para algunos, incluso, un arrogante que se hacía Dios cuando era sólo hombre. Aquellos quedarían más atónitos todavía si viesen a su humanidad glorificada ascendiendo a la diestra del Padre y sentándose en su trono de gloria. La deidad de Jesucristo llena plenamente el texto del evangelio.

Juan 7:33. Jesús anunció su regreso al Padre: "Entonces Jesús dijo: Todavía un poco de tiempo estaré con vosotros, e iré al que me envió"[8]. La gente creía o no en el Señor. Los judíos querían prenderlo y matarlo para sacarlo de circulación e impedir que su enseñanza siguiera cautivando a muchos e impactando a todos. Todo este entorno generaría tensión en cualquier persona, pero no en Jesús. Él sabía a qué había venido y sabía que la hora aún no había llegado para su muerte. Por eso aprovecha todo momento para advertir a la gente sobre lo que iba a ocurrir.

Les hace notar, en una frase que sin duda era enigmática para la mayoría, sino para todos, que el tiempo que restaba para su partida era pequeño, corto. La hora de su regreso al Padre estaba próxima. El ministerio terrenal que le había sido encomendado y que incluía el sacrificio en la cruz estaba ya en el futuro próximo. Es natural que, si fue enviado por el Padre, terminado el ministerio encomendado, debe volver al lugar de donde vino. Es natural que, si descendió del cielo, tendría que reinvertir el proceso y ascender al cielo. Es interesante apreciar que esto había sido el tema de la transfiguración, donde los enviados desde el cielo, Moisés y Elías, hablaban con Jesús de su partida, que tendría lugar en Jerusalén (Lc. 9:31). En cualquier caso, su muerte no estaba determinada por los fariseos y sacerdotes, sino

---

[7] Texto griego: ἐὰν οὖν θεωρῆτε τὸν Υἱὸν τοῦ ’Ανθρώπου ἀναβαίνοντα ὅπου ἦν τὸ πρότερον.

[8] Texto griego: εἶπεν οὖν ὁ’Ιησοῦς· ἔτι χρόνον μικρὸν μεθ’ ὑμῶν εἰμι καὶ ὑπάγω πρὸς τὸν πέμψαντα με.

establecida eternamente en el plan de redención. No eran los hombres los que producirían su muerte, sino que es el Padre que lo entrega a la muerte por amor de los hombres para su salvación. Los enemigos de Cristo no estaban en el control de su vida.

Juan 14:2. En la última cena, el Señor indica a los suyos: "En la casa de mi Padre muchas moradas hay; si así no fuera, yo os lo hubiera dicho; voy, pues, a preparar lugar para vosotros"[9]. El Señor habla a los suyos de la casa del Padre. Es una forma de lenguaje para referirse al cielo, adonde Él regresaría en poco tiempo. La afirmación es que en la presencia de Dios hay muchas moradas. El término, con varias acepciones, debe considerarse aquí como un lugar de residencia permanente. No se debe olvidar que está hablando de asuntos celestiales con palabras terrenales, para que nuestra mente pueda captar la idea de lo que está enseñando. Un poco más adelante va a hablar de lugar para nosotros. La primera revelación que les hace el Señor tiene que ver con un lugar que será residencia para todos los creyentes. Unidad y pluralidad. Un lugar con muchas moradas. Coincidiría con la Jerusalén de arriba, la ciudad celestial a la que se hace referencia en otro escrito de Juan. Es la ciudad construida por Dios mismo, la esperanza de los santos de la antigua dispensación, la ciudad que tiene fundamentos cuyo arquitecto y constructor es Dios (He. 11:10, 16). La ciudad que Jesús prepara para los Suyos tiene fundamentos sólidos, no se trata de algo temporal que con el tiempo se extingue y queda en el olvido. No es tampoco comparable con la tienda exigua de nuestra peregrinación. El arquitecto es también celestial. Esta ciudad celestial es la esperanza escatológica de los creyentes, de la que ya se disfruta por fe, aunque no se haya producido el traslado a ella. El diseñador divino es también el constructor de ella. Esto es, la ciudad celestial será una absoluta realidad divina que sólo Dios trae a la existencia, diseñándola y construyéndola Él mismo.

La construcción gramatical es un tanto compleja, ya que se trata de una condición de segunda clase suprimida. Jesús les dice que, si no hubiera muchas mansiones, se los hubiera dicho. La palabra de Jesús no puede contradecirse y tendrá cumplimiento fiel, porque Dios no puede negarse a Él mismo. Es seguro lo que dice, de manera que nuestra esperanza no puede verse frustrada. Cristo les dice: *si en la*

[9] Texto griego: ἐν τῇ οἰκιᾳ τοῦ Πατρος μου μοναὶ πολλαι εἰσιν· εἰ δὲ μή, εἶπον ἂν ὑμῖν ὅτι πορεύομαι ἑτοιμασαι τοπον ὑμῖν.

casa de mi Padre no hubiera espacio para muchas moradas, os lo hubiera dicho. El propósito de Jesús al consolar a sus discípulos es hacerles saber que todos tienen lugar en la casa del Padre, lugar que Él va a prepararles. El mismo Juan recibirá una revelación sobre el lugar que Jesús prepara para los suyos, cuyo detalle está en Apocalipsis (Ap. 21:9-25).

La evidencia que conviene al texto en este lugar es que Jesús promete ir y preparar este lugar. Por tanto, Él mismo estaba anunciando a los discípulos que regresaría a la gloria de donde había venido, lo que implica necesariamente la ascensión.

Juan 14:4. Nuevamente se refiere a su partida: "Y sabéis a donde voy, y sabéis el camino"[10]. Ellos sabían que existía la casa del Padre, a donde Jesús iba, y sabían también el camino para llegar a ella. Sin embargo, Pedro acababa de decirle que no sabía a donde iba (13:36), pero debía saberlo, porque Jesús lo había dicho antes claramente (7:33; 14:2). Es posible que no supiesen cómo iba a ir al Padre, pero sabían que ese era el destino. Jesús hace referencia al camino que lleva al lugar a donde Él iba. No es el camino que va a seguir Él para retornar al Padre. Ese camino es único y sólo Jesús podía transitarlo. Ellos conocían que el camino para llegar a Dios es el de la fe en Cristo, como va a aclararles en seguida. Lo había enseñado varias veces (8:19; 10:7, 9; 12:26, 44, 45), toda vinculación con el Padre pasa necesariamente por el Hijo. Lo importante es el anuncio que el Señor reitera a los suyos sobre su regreso al Padre, lo que necesariamente supone la ascensión.

Juan 14:12. En el mismo capítulo donde está la promesa que se ha considerado, están también las palabras de Jesús, quien, refiriéndose al poder que los suyos recibirían para hacer obras como las suyas, dice: "Porque yo voy al Padre"[11]. La causa de esa operatividad de poder sería posible porque Él iba al Padre, es decir, dejaba el mundo y la vida que le había sido natural como hombre para ascender, regresando al Padre, de donde había venido. En los capítulos siguientes se recoge la enseñanza de Jesús sobre el envío del Espíritu Santo, que tomará lo de Cristo para hacérnoslo conocer. El envío del Espíritu es del Padre y del Hijo; por consiguiente, la

---

[10] Texto griego: καὶ ὅπου [ἐγὼ] ὑπαγω οἴδατε τὴν ὁδον.
[11] Texto griego: ὅτι ἐγὼ πρὸς τὸν Πατερα πορευομαι.

ausencia presencial, físicamente hablando de Jesús, sería reemplazada por la compañía del Consolador, para lo cual tendría que ascender a los cielos (16:7).

Juan 14:28. De nuevo aparece reiterado el anuncio de su partida: "Habéis oído que yo os he dicho: Voy, y vengo a vosotros. Si me amarais, os habrías regocijado, porque he dicho que voy al Padre; porque el Padre mayor es que yo"[12]. Si realmente amaban a Cristo aquello debía causarles gozo en lugar de tristeza y preocupación. Desde el plano de su humanidad le convenía ir al Padre, puesto que en ella se establecería el estado de autoridad y gloria que había tenido en la naturaleza divina desde la eternidad. En la encarnación se anonadó de modo que en su naturaleza humana solo había limitación y próximamente la humillación de un esclavo en el cumplimiento de una tarea encomendada que le costaría la vida. El regreso al Padre convertiría en gloriosa su humanidad, sobre la que también estaría la autoridad, conocimiento y manifestación plena de la deidad, recibiendo el nombre que es sobre todo nombre para que ejerza la autoridad soberana de Dios (Fil. 2:9-11). La visión limitada del hombre no permitía a los discípulos percibir la gloria que rodearía a Jesús después de su muerte y resurrección, por la exaltación a la diestra del Padre. Si viesen realmente esta dimensión, sus corazones llenos de amor por Él estarían gozosos.

Juan 16:5. El Señor hace una afirmación precisa: "Pero ahora voy al que me envió"[13]. De nuevo les recuerda que todo cuanto va a ocurrir es la puerta de retorno al Padre que le había enviado. Su tiempo de ministerio había terminado. La cruz se alzaba delante, en la que daría su vida para salvar al mundo. El tiempo no era lejano o próximo: era inmediato, ahora. Había llegado el momento y lo determinado por Dios se cumplía inexorablemente conforme a lo que eternamente había sido establecido. El regreso al Padre, aunque vinculado a los sufrimientos que venían, no es algo forzoso, sino voluntario, tanto por parte del Padre que le envió, como de Él, que vino.

---

[12] Texto griego: ἠκουσατε ὅτι ἐγὼ εἶπον ὑμῖν· ὑπαγω καὶ ἔρχομαι πρὸς ὑμᾶς. εἰ ἠγαπᾶτε με ἐχαρητε ἂν ὅτι πορευομαι πρὸς τὸν Πατερα, ὅτι ὁ Πατὴρ μειζων μου ἐστιν.

[13] Texto griego: Νῦν δὲ ὑπάγω πρὸς τὸν πέμψαντα με.

Juan 16:5. Una nueva afirmación de la ascensión, cuando Jesús les dice: "Pero ahora voy al que me envió; y ninguno de vosotros me pregunta: ¿A dónde vas?"[14]. Todo cuanto iba a ocurrir era la puerta de retorno al Padre que lo había enviado. Su tiempo de ministerio había terminado. Como se ha dicho, la cruz se alzaba delante, en la que daría su vida para salvar al mundo. El tiempo no era lejano o próximo, era ahora. Había llegado su hora y lo determinado por Dios se cumplía inexorablemente conforme a lo que eternamente había sido establecido. El regreso al Padre, aunque vinculado a los sufrimientos que venían, no es algo forzoso, sino voluntario, tanto por parte del Padre que le envió como de Él que vino.

Juan 16:10. Otra referencia breve, pero clara, del Señor sobre la ascensión: "De justicia, por cuanto voy al Padre, y no me veréis más"[15]. Esta justicia de Dios aplicada al creyente está entronizada en el cielo. De ahí la segunda parte de la frase del versículo: "Por cuanto voy al Padre, y no me veréis más". El ascendido Señor, no solo como propiciación, sino a modo de propiciatorio, presenta ante el Padre la infinita dimensión justificadora del sacrificio de la cruz (Ro. 3:25). A Jesús se le llama en el Nuevo Testamento no sólo propiciación, sino también propiciatorio. Vino a la tierra para hacer y establecer la paz definitivamente entre el pecador que cree y Dios (14:27). En la cruz realiza la obra necesaria que hace posible la justificación. Sin embargo, la relación entre el pecador y el Salvador solo es definitiva sobre la base de la resurrección y glorificación de Cristo. Por eso es sumamente importante la precisión del Señor *voy al Padre*. Fue resucitado para nuestra justificación (Ro. 4:25). Si no hubiese resucitado y ascendido a los cielos, la posición en Cristo, por la que es posible que Dios justifique al que cree, no sería posible, ya que los creyentes "somos justicia de Dios en Él" (2 Co. 5:21). La comunicación de vida eterna solo es posible en Cristo; por tanto, la resurrección y glorificación del Señor era de todo punto necesaria para hacer real la justificación y salvación del impío. La fe en un Cristo muerto sería una fe muerta, que dejaría al hombre en sus pecados (1 Co. 15:17). La resurrección y ascensión de Jesús es la evidencia de que Dios ha hecho definitiva la

---

[14] Texto griego: Νῦν δὲ ὑπάγω πρὸς τὸν πέμψαντα με, καὶ οὐδεὶς ἐξ ὑμῶν ἐρωτᾷ με· ποῦ ὑπάγεις.

[15] Texto griego: περὶ δικαιοσύνης δέ, ὅτι πρὸς τὸν Πατέρα ὑπάγω καὶ οὐκέτι θεωρεῖτε με.

justificación de todo aquel que cree. La santidad infinita de Cristo se pone de manifiesto por el hecho mismo de ir al Padre.

Juan 16:17. El relato de Juan conduce nuevamente la atención del lector a las dificultades de comprensión de los discípulos, que hacen referencia al anuncio de la ascensión: "Entonces se dijeron algunos de sus discípulos unos a otros: ¿Qué es esto que nos dice: Todavía un poco y no me veréis; y de nuevo un poco, y me veréis; y, porque yo voy al Padre?"[16]. La reacción de los discípulos apunta a una situación de perplejidad que produjo en ellos el discurso de Jesús. Posiblemente era un grupo el que comentaba esto, como se aprecia por el uso de la preposición ἐκ, *de*, que precede a los discípulos; es decir, de todos los discípulos, algunos de ellos se preguntaban entre sí el significado de lo que Jesús les había dicho. El Maestro les había anunciado que habían de darle muerte, pero que resucitaría al tercer día. Por tanto, no era difícil entender de qué estaba hablándoles. Sin embargo, la reacción general de todos ellos había sido, no la de negar las palabras de Jesús, pero sí de considerarlas como de un significado oculto. Ellos no podían entender y, hasta cierto punto, admitir que el Mesías pudiese morir. Literalmente se preguntaban entre sí: ¿Qué es esto?, en sentido de *no entendemos qué quiere decir*. Entendían las palabras, pero no discernían el significado. Los prejuicios interpretativos que habían recibido a lo largo de siglos sobre la misión victoriosa y gloriosa del Mesías condicionaban cualquier otra que no concordase con ella. Ocurre en cualquier tiempo, cuando los prejuicios de la interpretación tradicional chocan con la verdad de la enseñanza bíblica, que hacen difícil aceptar lo que la Biblia dice y que significaría abandonar lo que la tradición teológica enseña. Esa situación producía un cambio de opiniones unos con otros. No se atrevían a preguntar al Maestro lo que quería decir; simplemente dialogaban entre ellos buscando el sentido de lo que no entendían. Finalmente, la última duda era sobre el significado de la frase *porque voy al Padre*. Al no entender todo el plan de salvación que pasaba por la muerte del Cordero de Dios, su resurrección y su exaltación, condicionado, sin duda, por la interpretación teológica sobre el Mesías, tampoco entendían aquello de que no le verían, luego le verían, y qué relación tenía todo ello con el hecho de ir al Padre.

---

[16] Texto griego: εἶπαν οὖν ἐκ τῶν μαθητῶν αὐτοῦ πρὸς ἀλλήλους· τί ἐστιν τοῦτο ὃ λέγει ἡμῖν· μικρὸν καὶ οὐ θεωρεῖτε με, καὶ πάλιν μικρὸν καὶ ὄψεσθε με καί· ὅτι ὑπάγω πρὸς τὸν Πατέρα.

Juan 16:28. En una de las manifestaciones más precisas, el Señor dijo a los suyos: "Salí del Padre, y he venido al mundo; otra vez dejo el mundo, y voy al Padre"[17]. La misión de Jesús se presenta sintetizada en este versículo. Había salido del Padre, cumplía la misión encomendada, y regresaba de nuevo al Padre. Esto es una verdadera síntesis doctrinal. Qué se aprecia en la simple lectura: a) Preexistencia de Cristo: "Salí del Padre", quiere decir que antes de entrar en el mundo de los hombres existía en forma de Dios. Así comenzó el evangelio, en que se presenta al Verbo eterno en unidad con el Padre, en el ser divino. b) La encarnación del Verbo: "Vine al mundo". Lo hizo tomando una naturaleza humana y haciéndose hombre (1:14). En una admirable expresión de amor, el Creador, asume las limitaciones de la criatura. El Eterno se hace un hombre del tiempo y del espacio. El glorioso y admirable Dios entra en la dinámica de las tentaciones del hombre, siendo tentado como nosotros. El que no puede sufrir, sufre. El que es alabado por los ángeles, es despreciado por los hombres. El que satisface todas las necesidades del universo, siente hambre y sed como el mortal. El que es felicidad suprema, agoniza en Getsemaní. El que es vida y tiene vida en sí mismo, muere nuestra muerte para darnos vida eterna. c) El sacrificio redentor: "Dejo el mundo" lo hace pasando por la muerte en la cruz. Desciende a las partes más bajas de la tierra, asumiendo el castigo del peor de los pecadores para hacer salvable a todo hombre. d) La glorificación: "Vuelvo al Padre". Aquel lugar de gloria de donde había salido y desde donde había sido enviado para la misión salvadora, le corresponde y a Él regresa. Lo hace no como salió, sino llevando en la subsistencia de su persona divina una naturaleza humana que es revestida de inmortalidad y de gloria, recibiendo el nombre que es sobre todo nombre para que bajo su autoridad se sujeten a Él ángeles, hombres y demonios (Fil. 2:9-11).

Sin su descenso al mundo, no podría haber salvación, pero su ascenso al Padre permite la justificación del pecador (Ro. 4:25). La ascensión del redentor certifica que el Padre da por concluida en toda la dimensión la obra de salvación que Jesús había venido a realizar. Pero el ascenso al Padre no significa ausencia de los creyentes. Él promete estar con ellos hasta el fin del tiempo (Mt. 28:20). La presencia suya en la intimidad del creyente lo pone de manifiesto. Con

---

[17] Texto griego: ἐξῆλθον παρὰ τοῦ Πατρὸς καὶ ἐλήλυθα εἰς τὸν κόσμον· πάλιν ἀφίημι τὸν κόσμον καὶ πορεύομαι πρὸς τὸν Πατέρα.

las otras dos personas divinas, hace que cada uno de los cristianos sea templo de Dios, y el Padre y Él, junto con el Espíritu, residen en el nuevo santuario de Dios en la tierra, que somos los creyentes en modo individual y la Iglesia como unidad de ellos en Cristo mismo (Jn. 14:23).

Juan 17:5. En la oración de Jesús, pide al Padre: "Ahora pues, Padre, glorifícame tú al lado tuyo, con aquella gloria que tuve contigo antes que el mundo fuese"[18]. Jesús pide por su glorificación, reiterando la petición con que inició la oración (v. 1). En ese lugar se ha considerado la razón y alcance de la petición de Jesús. Es preciso recordar que Jesús, como Dios eterno en unidad con el Padre, aunque no realizase obra alguna, aun cuando no se hubiese creado nada, siendo Dios verdadero, la gloria eterna del Padre era común al Hijo. La oración está elevándose desde la naturaleza humana. Es el hombre que ora al Padre, si bien la naturaleza humana y la divina no tienen expresión propia desligada de la persona divina en que ambas subsisten —y ninguna de ellas se mezcla con la otra, permaneciendo distintas y unidas en el Verbo eterno—. Desde su humanidad que ha servido de vehículo para realizar la obra que le había sido dada, pide la recuperación de la eterna gloria que había tenido con el Padre. De otro modo, que la gloria divina revista también de gloria a su humanidad. En el estado de limitación y de ahora en adelante también del de humillación, el Hijo de Dios se había despojado de la gloria que le pertenecía como Dios. Había llegado la hora de dejar ese estado de humillación para asumir el perpetuo de glorificación por la resurrección y ascensión a los cielos, en cuya manifestación la humanidad sufriente del siervo sería revestida de gloria hasta el punto de producir el efecto que Dios producía en quienes atisbaban algo de su gloriosa majestad en el tiempo pasado. De ese modo, el mismo escritor del evangelio caería como muerto a los pies del glorioso Jesús, viendo su majestad (Ap. 1:12 ss.). Es destacable la expresión *con la gloria que tuve junto a ti antes que el mundo fuese*, de modo que uno mismo es el preexistente que antecede a la creación y el presente que oraba al Padre desde su humanidad, apreciándose claramente la unidad de la persona y la diferencia de las naturalezas. *Antes del mundo* es un hebraísmo que expresa eternidad. En esta ocasión, *mundo* tiene el sentido general y universal de todo cuanto salió de la acción creadora

[18] Texto griego: καὶ νῦν δόξασον με σύ, Πάτερ, παρὰ σεαυτῷ τῇ δόξῃ ᾗ εἶχον πρὸ τοῦ τὸν κόσμον εἶναι παρὰ σοί.

de Dios. En ese sentido, tanto el Padre como el Hijo trascienden el tiempo y permanecen en la eternidad, en unidad eterna.

Jesús pide una glorificación "junto a ti", lo que da a entender la vinculación especial entre ellos. Se hace notar especialmente la partida de la tierra o, si se prefiere, la subida desde la tierra al Padre, de donde había procedido. Cristo pide al Padre ser glorificado con una gloria concreta: "Glorifícame con la gloria que tenía junto a ti". No es algo novedoso, sino una posesión del pasado, que se manifestaba cuando estaba junto al Padre (Jn. 1:1). Era la gloria que eternamente tuvo el Hijo, en su eterna preexistencia. De manera que la gloria que pedía para el futuro era la que ya tenía en el pasado. No se trata de regresar simplemente a la gloria que tenía junto al Padre desde el principio, sino que esa gloria comprende e invade plenamente la humanidad del Verbo, asumida en la encarnación. Es con esa humanidad que había glorificado al Padre en la tierra; por eso la gloria que pide comprende la humanidad que asciende a los cielos.

Relatos en los evangelios

Marcos. La referencia en el evangelio según Marcos, es breve, pero muy precisa: "Y el Señor, después que les habló, fue recibido arriba en el cielo, y se sentó a la diestra de Dios"[19] (Mr. 16:19). Marcos no habla del hecho mismo y el modo de la ascensión, como hace Lucas (Lc. 24:51; Hch. 1:2, 9, 11); se limita a hacer referencia al tiempo del acontecimiento diciendo que ocurrió después de hablarles, es decir, luego del tiempo en que se manifestó a ellos, como unos cuarenta días, según el relato de Lucas (Hch. 1:3). Uno de los temas que Jesús habló con los discípulos fue el Reino de Dios. No cabe duda de que aquellos seguían teniendo problemas y dificultad para entender el concepto bíblico-teológico del Reino. Prueba de ello es que aún después de haber tenido una enseñanza adicional durante el tiempo entre la resurrección y la ascensión, se atrevían a preguntar al Maestro: "¿Restaurarás el reino a Israel en este tiempo?" (Hch. 1:6).

Jesús fue recibido arriba. El verbo que usa Marcos[20] expresa la idea de tomar arriba, tomar para uno mismo, recibir. El Señor fue recibido en la gloria, de donde procedía y de donde había venido para

---

[19] Texto griego:῾Ο μὲν οὖν Κύριος᾽Ιησοῦς μετὰ τὸ λαλῆσαι αὐτοῖς ἀνελήμφθη εἰς τὸν οὐρανὸν καὶ ἐκάθισεν ἐκ δεξιῶν τοῦ Θεοῦ.
[20] Griego: ἀναλαμβάνω.

realizar la obra de redención. De allí había sido enviado por el Padre (Gá. 4:4). No es posible determinar el lugar desde donde ascendió el Señor, si bien, por Lucas, podemos situarlo en el Monte de los Olivos (Lc. 24:50). La ascensión tuvo lugar después de los cuarenta días que el Señor se estuvo manifestando a los discípulos antes y después de haber regresado de Galilea (Mt. 28:16; Hch. 1:3). La resurrección y ascensión tienen que verse como un todo. La resurrección expresa la idea de levantarse de la muerte. Es la reacción de despertar a quien estaba muerto, de modo que Jesús, que se entregó voluntariamente a la muerte, es levantado de esa situación para ser referencia y ejemplo, pero mucho más, esperanza para todos los que, creyendo, han sido identificados en Él, para quienes la vida del resucitado es su vida personal. Pero la glorificación va un punto más allá, proclamando la victoria de Cristo sobre la muerte y su plena participación en la vida y el poder de Dios, donde la muerte y, por tanto, la mortalidad, han desaparecido sempiternamente.

Lucas. Dedica dos pasajes en dos de sus escritos para referirse a la ascensión. El primero, en el evangelio, donde se lee: "Y aconteció que bendiciéndolos, se separó de ellos, y fue llevado arriba al cielo"[21] (Lc. 24:51). Mientras los bendecía, se separó un poco de ellos. En esa posición el Señor iba a ascender al cielo. Todos podían ver con claridad lo que estaba ocurriendo en aquel lugar y en aquel momento.

La referencia a la ascensión es breve, pero elocuente. Comienza con algo de gran importancia; Jesús no desapareció de la vista de los creyentes reunidos en aquella ocasión, sino que fue un acontecimiento que se hizo visible a todos. El testimonio de cómo el Señor fue ascendido de la tierra al cielo queda atestiguado por muchos creyentes que vieron personalmente el hecho. No se trata de una alucinación de quienes dejaron de ver al Señor por alguna causa, como pudiera ser que se fuese a otro lugar; Cristo fue elevado de la tierra al cielo a la vista de todos los presentes en aquella ocasión. Tenemos que recurrir a Hechos para determinar la fecha de la ascensión. Colocado el relato en el lugar que ocupa en el evangelio, podría parecer que sucedió en el mismo tiempo del encuentro de los discípulos de Emaús y del resto de los que estaban en Jerusalén con el resucitado. Pero según Hechos, el Señor se manifestó a ellos durante cuarenta días enseñándoles en esas apariciones (Hch. 1:3); esto quiere decir que desde la resurrección

[21] Texto griego: καὶ ἐγένετο ἐν τῷ εὐλογεῖν αὐτὸν αὐτοὺς διέστη ἀπ' αὐτῶν καὶ ἀνεφέρετο εἰς τὸν οὐρανόν.

transcurrió un tiempo preciso, que fue el decimocuarto día desde la resurrección, y diez días antes de Pentecostés. Es costumbre de algunas iglesias celebrar el día de la Ascensión y en su culto de adoración testificar que Jesús "está sentado a la diestra de Dios Padre Todopoderoso", como dice también el Credo apostólico.

En el momento de la bendición a los presentes, el Señor fue tomado de entre ellos y llevado arriba, mientras todos presenciaban el hecho. El versículo dice textualmente que fue levantado de la tierra, donde estaba con ellos, y llevado al cielo. La ascensión está registrada desde la perspectiva de los cristianos que la contemplaban. El hecho de que el Señor fue levantado da a entender que Dios el Padre levanta a su Hijo Jesús. La tarea del Señor había terminado en la tierra. Él lo había dicho a su Padre: "Yo te he glorificado en la tierra; he acabado la obra que me diste que hiciese" (Jn. 17:4). En la oración dijo lo que seguiría para Él: "Y ya no estoy en el mundo; mas éstos están en el mundo, y yo voy a ti" (Jn. 17:11). Él mismo pidió al retornar a su estado glorioso: "Ahora pues, Padre, glorifícame tú al lado tuyo, con aquella gloria que tuve contigo antes que el mundo fuese" (Jn. 17:5). Se trata de que su naturaleza humana fuese glorificada también como correspondía a quién es Emanuel, Dios-hombre. El Padre la glorificaría dando a Jesús el nombre supremo de dignidad divina para que en ese nombre se doble toda rodilla (Fil. 2:9-11).

La segunda referencia a la ascensión, mucho más extensa, se registra en Hechos, donde se lee:

Y habiendo dicho estas cosas, viéndolo ellos, fue alzado, y le recibió una nube que le ocultó de sus ojos. Y estando ellos con los ojos puestos en el cielo, entre tanto que él se iba, he aquí se pusieron junto a ellos dos varones con vestiduras blancas, los cuales también les dijeron: Varones galileos, ¿por qué estáis mirando al cielo? Este mismo Jesús, que ha sido tomado de vosotros al cielo, así vendrá como le habéis visto ir al cielo.[22] *(Hch. 1:9-11)*

---

[22] Texto griego: Καὶ ταῦτα εἰπὼν βλεπόντων αὐτῶν ἐπήρθη καὶ νεφέλη ὑπέλαβεν αὐτὸν ἀπὸ τῶν ὀφθαλμῶν αὐτῶν. καὶ ὡς ἀτενίζοντες ἦ σαν εἰς τὸν οὐρανὸν πορευομένου αὐτοῦ, καὶ ἰδοὺ ἄνδρες δύο παρειστήκεισαν αὐτοῖς ἐν ἐσθήσεσι λευκαῖς, οἳ καὶ εἶπαν· ἄνδρες Γαλιλαῖοι, τί ἑστήκατε ἐμβλέποντες εἰς τὸν οὐρανόν οὗτος ὁ Ἰησοῦς ὁ ἀναλημφθεὶς ἀφ᾽ ὑμῶν εἰς τὸν οὐρανὸν οὕτως ἐλεύσεται ὃν τρόπον ἐθεάσασθε αὐτὸν πορευόμενον εἰς τὸν οὐρανόν.

En esta segunda referencia de Lucas se repite prácticamente el texto del evangelio que se ha considerado en el apartado anterior.

Los discípulos que observaron cómo se elevaba de la tierra hacia el cielo dejaron de verlo cuando una nube se colocó bajo Él ocultándolo de sus ojos. Esa nube que lo toma y lo oculta es la señal de que había reentrado, con su humanidad glorificada, en la gloria celestial, la *shekinah*, que había tenido eternamente junto al Padre. Sus dos naturalezas, la divina y la humana, compartían en subsistencia personal la gloria que corresponde a la segunda persona divina, Dios el Hijo, y que era suya desde antes de la fundación del mundo. Aquel que había descendido a lo más bajo, ascendió a lo más alto.

El Señor se perdió de vista de los que estaban presentes en el momento en que fue alzado al cielo, cuando la nube lo recibió y lo ocultó de la vista de ellos. Pero éstos continuaron con los ojos puestos en el lugar donde había desaparecido de su vista. La descripción de Lucas presenta a los discípulos como asombrados mirando al cielo. En el evangelio dice que los discípulos le adoraron antes de volver a Jerusalén (Lc. 24:52). La atención del escritor en Hechos es la experiencia emocional del grupo que contemplaba cómo el Señor ascendía y ellos quedaban en la tierra; está describiendo la emoción íntima de aquellos que se veían privados de aquel a quien amaban profundamente. El Señor ya no iba a estar físicamente con ellos como había hecho antes. Es cierto que no iban a quedar solos y abandonados, porque el Espíritu Santo vendría sobre ellos unos días después. Pero lo que sin duda había en aquellos momentos era un sentimiento de tristeza inevitable.

En lugar del Señor, al lado de ellos, se hicieron presentes dos varones que se pusieron junto a ellos, vestidos de ropajes resplandecientes, literalmente vestiduras blancas. La intención de Lucas al describirlos de este modo es que el lector perciba claramente la presencia de ángeles enviados del cielo, como aquellos que se habían aparecido a las mujeres en el día de la resurrección junto a la tumba donde había estado el Señor (Lc. 24:4). Los dos personajes con vestiduras blancas son dos ángeles que se manifestaban visiblemente en forma humana, como es habitual en las apariciones angélicas. La misión de estos ángeles no era para reprender a quienes estaban mirando al cielo, sino para alentar su esperanza y confirmarles la promesa del regreso de Jesús y producir con sus palabras el consuelo y aliento necesarios para quienes, viendo ascender a Jesús, sentían la tristeza propia de la separación de quien representaba tanto para ellos. Los ángeles son instrumentos al servicio de Dios a favor de quienes son herederos de salvación (He. 1:14). La conversación comenzó por una pregunta retórica que debe ser respondida por aquellos a quienes va dirigida. Los ángeles saben quiénes son los que estaban mirando al cielo y les llaman varones galileos. Por esta expresión se advierte que el mensaje que sigue está dirigido especialmente a los apóstoles. Los once que estaban presentes allí eran todos ellos galileos; el único no galileo, judío en el sentido de pertenecer al territorio de Judá, era Judas Iscariote, que como su calificativo pone de manifiesto, sería natural de Keriot, un lugar próximo a Jerusalén. El apelativo de galileos suponía para ellos un rasgo más de vinculación con Jesús, que era de Nazaret, no por nacimiento, pero sí por afincamiento. Allí vivió de niño y de joven, y allí desarrolló una gran parte de su ministerio terrenal.

Todos ellos persistían en mirar fijamente hacia el cielo; de ahí la pregunta introductoria: ¿Qué hacéis mirando al cielo? El Señor había ascendido a la gloria; no tenían que estar mirando al lugar a donde había subido, sino al campo de labor en la tierra que el ascendido Señor les había encomendado. Los ojos en el cielo serían de ahí en adelante expresión esperanzada de la expectativa del retorno del Señor, pero la visión orientadora de su ministerio sería la de llevar el evangelio a todas las naciones de la tierra.

Los ángeles alientan a los discípulos recordándoles que el Señor volvería otra vez a ellos. El énfasis es notable, en una construcción articular en el texto griego, donde se lee literalmente: *Este el Jesús el que ha sido recibido arriba*[23]. No se trata de esperar a otro, sino a este mismo Jesús, que había ascendido; su regreso se produciría de la misma manera como le habían visto ir al cielo. Quiere decir que el descenso del Señor a la tierra en su segunda venida será el proceso inverso, pero de la misma manera como se ha producido su ascensión a los cielos. Así como en los momentos que describe Lucas, el Señor fue tomado de ellos y ascendido al cielo hasta que una nube lo ocultó de la vista de los discípulos, de la misma manera aparecerá a quienes lo esperan en el tiempo determinado por Dios para el regreso de su Hijo. El Señor mismo lo dijo antes a sus discípulos: "Entonces verán al Hijo del Hombre, que vendrá en una nube con poder y gran gloria"

---

[23] Griego: ὁ'Ιησοῦς ὁ ἀναλημφθεὶς ἀφ' ὑμῶν εἰς τὸν οὐρανὸν.

(Lc. 21:27). Sus palabras tendrán fiel cumplimiento, como palabras de Dios-hombre.

Juan. Se han considerado ya las referencias que el apóstol hace en el evangelio. Todas ellas están vinculadas a lo que Jesús mismo dijo sobre su regreso al Padre, sin consideración al hecho mismo, al que no hace referencia.

La ascensión en las epístolas

Pablo. El apóstol la menciona en algunos lugares de las epístolas, vinculando el hecho a la obra redentora.

Efesios 1:20. De este modo escribe refiriéndose a la operación de poder por el que Dios resucitó a Jesús: "La cual operó en Cristo, resucitándole de los muertos y sentándole a su diestra en los lugares celestiales"[24]. El texto será considerado en la sesión a la diestra del Padre. La demostración del poder divino, del que habla antes, tiene la manifestación más concluyente en la resurrección de Cristo. No se trata de un poder que debe aceptarse por fe, sino de un poder que ya actuó y dejó su huella en el mundo en la resurrección de Jesús. Los ejemplos de poder divino se expresan en el versículo mediante dos acciones que se expresan por medio de participios subordinados: *levantando*[25] y *sentando*[26]. Sin duda, la ascensión está presente, puesto que el resucitado tuvo que ascender a los cielos para sentarse a la diestra del Padre.

Efesios 4:8-9. Pablo considera la ascensión en el texto, donde se lee: "Por lo cual dice: Subiendo a lo alto, llevó cautiva la cautividad, y dio dones a los hombres. Y eso de que subió, ¿qué es, sino que también había descendido primero a las partes más bajas de la tierra?"[27]. Mediante el absoluto *dice*[28], el apóstol apela a una cita

---

[24] Texto griego:῞Ην ἐνήργησεν ἐν τῷ Χριστῷ ἐγείρας αὐτὸν ἐκ νεκρῶν καὶ καθίσας ἐν δεξιᾷ αὐτοῦ ἐν τοῖς ἐπουρανίοις.
[25] Griego: ἐγείρας.
[26] Griego: καθίσας.
[27] Texto griego: διὸ λέγει· ἀναβὰς εἰς ὕψος ᾐχμαλώτευσεν αἰχμαλωσίαν, ἔδωκεν δόματα τοῖς ἀνθρώποις. τὸ δὲ ἀνέβη τί ἐστιν, εἰ μὴ ὅτι καὶ κατέβη εἰς τὰ κατώτερα.
[28] Griego: λέγει.

del Antiguo Testamento, tomada del Salmo 68:18, según la LXX,[29] donde el apóstol cambia la segunda persona y adapta el texto para la lectura "dio dones"[30], que aplica a Cristo para enseñar o demostrar *cómo* puede distribuir dones desde el cielo. Con todo, hay referencias en el Antiguo Testamento, en las que aparece este mismo sentido, como es el caso cuando Dios habló a Moisés y le dice: "Di a los hijos de Israel que tomen para mí ofrenda" (Ex. 25:2), en sentido de tomar para dar, y también en el caso de la viuda de Sarepta, a la que el profeta le pide que tome agua en un vaso para dársela (1 R. 17:10). Sin embargo, es necesario determinar el sujeto implícito en la oración que no está directamente expresado; esa es probablemente la causa de los dos versículos siguientes, determinando como sujeto de la acción al que subió como el mismo que primero había descendido, y que indudablemente lo identifica con Jesús, nuestro Señor.

El versículo, apelando al Antiguo Testamento, habla de alguien que "subió a lo alto", luego de descender o, si se prefiere, desde un lugar bajo ascendió a lo más alto. Nadie más que Jesús en su resurrección y ascensión cumple esta condición. No vamos a extendernos aquí en repasar nuevamente la doctrina de la ascensión de Cristo; baste citar nuevamente el pasaje cristológico de la carta a los Filipenses, donde el Señor, luego de la humillación, accede al estado de exaltación comenzando por la resurrección, la ascensión y la sesión a la diestra de la majestad en las alturas (Fil. 2:9-11).

Para poder entregar dones a los hombres, o mejor, creyentes dotados de dones a la Iglesia, Cristo tuvo que descender primero. No cabe duda de que el descenso de Cristo es acto fundamental para la salvación y, con ello, para la existencia de la propia Iglesia. El descenso del Verbo a la tierra mediante la encarnación es materia fundamental de nuestra fe (Jn. 1:14). La cita del Salmo, en el versículo anterior, interesa al apóstol por la referencia a quien subió; la conclusión lógica es que si alguien subió es que antes había bajado, o estaba en un lugar bajo. La interpretación que debe dársele al versículo es sencilla: el Verbo de Dios en su descenso desde los cielos hasta la cruz entró mediante el estado de humillación a la condición más baja del más bajo de los seres humanos para hacer salvable al más perdido de los

[29] Textualmente se lee en la LXX: ἀνέβης εἰς ὕψος, ᾐχμαλώτευσας αἰχμαλωσίαν, ἔλαβες δόματα ἐν ἀνθρώπῳ.
[30] Griego: ἔδωκεν δόματα.

pecadores. Se entiende bien esto de descender a las partes más bajas de la tierra desde la dimensión del descenso descrito por Pablo en la epístola a los Filipenses: "Se despojó a sí mismo, tomando forma de siervo, hecho semejante a los hombres; y estando en la condición de hombre, se humilló a sí mismo, haciéndose obediente hasta la muerte, y muerte de cruz" (Fil. 2:7-8). Fue el Hijo de Dios que descendió hasta asumir la maldición que era nuestra (Gá. 3:13). Una magnífica frase de Calvino dice:

> *En resumen, Jesucristo combatiendo contra el poder de Satanás, contra el horror de la muerte, y contra los dolores del infierno alcanzó sobre ellos la victoria y el triunfo, para que nosotros no temiésemos ya en la muerte aquello que nuestro Príncipe y Capitán deshizo y destruyó.*[31]

La referencia a la ascensión está claramente expresada en el hecho de que, si había descendido a lo sumo, también "subió por encima de todos los cielos".

1 Timoteo 3:16. Pablo traslada un himno de la Iglesia que hace referencia a la ascensión en el misterio de la piedad: "Indiscutiblemente, grande es el misterio de la piedad: Dios fue manifestado en carne, justificado en el Espíritu, visto de los ángeles, predicado a los gentiles, creído en el mundo, recibido arriba en gloria"[32]. De todo el contenido del himno, se destaca lo que tiene que ver con la ascensión, que es una sola frase: "Recibido arriba en gloria". Finalmente, la última línea del himno sobre el misterio de la piedad termina con la verdad de la glorificación de Jesucristo. Este misterio concluye donde empezó, en Jesucristo, el Verbo encarnado (Ef. 2:6-9; 2 Ti. 1:9). La gloriosa verdad proclamada en esta última frase es que Jesús el Señor fue ascendido a los cielos donde se sentó a la diestra de Dios (Fil. 2:9-11). La labor sacerdotal de intercesión sigue para todos los suyos (He. 7:25). La referencia a la ascensión es breve, pero elocuente. El testimonio de cómo el Señor fue ascendido de la tierra al cielo queda atestiguado por muchos creyentes que vieron personalmente el hecho.

---

[31] Calvino, *Institución de la religión cristiana*, II.XVI.11.

[32] Texto griego: καὶ ὁμολογουμένως μέγα ἐστὶν τὸ τῆς εὐσεβείας μυστήριον· ὃς ἐφανερώθη ἐν σαρκί, ἐδικαιώθη ἐν Πνεύματι, ὤφθη ἀγγέλοις, ἐκηρύχθη ἐν ἔθνεσιν, ἐπιστεύθη ἐν κόσμῳ, ἀνελήμφθη ἐν δόξῃ.

Esta era la fe de la iglesia. La ascensión estaba atestiguada incluyendo la fecha en que ocurrió. En el evangelio según Lucas dice que el Señor llevó a los discípulos a un lugar en los alrededores de Betania (Lc. 24:50), que estaba situada a unos cuatro kilómetros de Jerusalén. Según Hechos, el lugar exacto de la ascensión ocurrió en el Monte de los Olivos (Hch. 1:12). En el evangelio recuerda que luego de las últimas palabras, el Señor alzó sus manos y bendijo a los discípulos (Lc. 24:50-51). En el momento de la bendición, el Señor fue tomado de entre ellos y llevado arriba, mientras todos los presentes contemplaban el hecho. El versículo no dice textualmente que fue levantado de la tierra, donde estaba con ellos, y llevado al cielo. El hecho de que el Señor fue levantado da a entender que Dios el Padre levanta a su Hijo Jesús. La tarea del Señor había terminado en la tierra.

La ascensión del Señor tiene un significado doctrinal de gran alcance. Comporta primeramente la entrada en el santuario celestial, a través del velo de su cuerpo, como sumo sacerdote del Nuevo Pacto para presentar ante el Padre la ofrenda de su sacrificio consumado, habiéndose entregado voluntariamente en sacrificio por el pecado (He. 9:11-15, 24-26; 10:5-22; 13:10-12). Las pruebas de ese sacrificio irrepetible permanecían visibles en sus manos, en sus pies y en el costado (Jn. 20:27). En Apocalipsis se presenta como el Cordero inmolado (Ap. 5:6). El redentor que murió para perdón de los pecados a todo el que cree se presenta con las señales del sacrificio redentor. Normalmente sólo se puede hablar de un cordero que lleva las huellas del sacrificio como de un cordero muerto, pero el Cordero de Dios, está vivo por la resurrección, manteniendo en su cuerpo de resurrección las evidencias visibles de haber estado muerto. La ascensión era necesaria para poder enviar del Padre al Espíritu Santo. No podía haber Pentecostés, sin ascensión. Además, la ascensión de Jesús supone hacer realidad en su momento la promesa dada a los suyos de preparar un lugar para los creyentes (Jn. 14:2-3).

Epístola a los Hebreos. El escrito cuyo autor no puede identificarse definitivamente contiene varias referencias a la ascensión de Jesús.

Hebreos 1:3. Refiriéndose a Jesucristo, se lee: "El cual, siendo el resplandor de su gloria, y la imagen misma de su sustancia, y quien sustenta todas las cosas con la palabra de su poder, habiendo efectuado la purificación de nuestros pecados por medio de sí mismo, se sentó a la diestra de la majestad en las alturas"[33]. Las perfecciones de Jesucristo como la gloria e imagen de Dios han sido consideradas antes. De igual manera ocurre también con la sustentación de la creación por el poder de su palabra. El escritor conduce luego a la obra redentora que hizo posible el perdón, cancelación de la responsabilidad penal de los pecados, por sí mismo, en sentido de la ejecución del programa salvador en plenitud. Este mismo Jesús que operó la redención se ha sentado a la diestra de Dios. Corresponde considerar esta verdad en el apartado siguiente sobre la sesión a la diestra del Padre. Pero no cabe duda que, desde el anonadamiento en la cruz, el tránsito por el sepulcro y la resurrección necesariamente se sitúa la ascensión a los cielos, implícita en el texto que presenta a Cristo sentado en la majestad de las alturas, a la diestra de Dios.

Hebreos 4:14: Escribiendo sobre el oficio sacerdotal de Cristo, dice: "Por tanto, teniendo un gran sumo sacerdote que traspasó los cielos, Jesús el Hijo de Dios, retengamos nuestra profesión"[34]. El gran sumo sacerdote en la culminación de su obra redentora, habiendo ofrecido el sacrificio por los pecados del mundo consistente en dar su propia vida en la cruz, ascendió a los cielos traspasándolos. Esto es, subió hasta lo más encumbrado de los cielos, antes referido como la diestra de la majestad en las alturas (1:3; 2:9). Los cielos que Jesús traspasó son las regiones celestiales hasta alcanzar el trono de Dios. Debe tenerse presente que para los judíos había tres cielos: el primero era el atmosférico; el segundo, el cielo de los astros; y el tercero, el cielo de Dios, esto es, donde Dios se manifestaba en la gloria de su trono. Por tanto, Jesús, en su ascensión, traspasó los cielos. Incluye esto también el tercer cielo, puesto que alcanzó, en la figura del lenguaje, el más alto lugar y el honor supremo hasta sentarse a la diestra de la majestad. El gran sumo sacerdote "subió por encima de todos los cielos para llenarlo todo" (Ef. 4:10). Aquel que había primero descendido "a las partes más bajas de la tierra" es revestido de gloria y ascendido a la más alta dignidad, habiendo recibido el nombre que es sobre todo nombre (Fil. 2:9-11). En su descenso se

---

[33] Texto griego: ὃς ὢν ἀπαύγασμα τῆς δόξης καὶ χαρακτὴρ τῆς ὑποστάσεως αὐτοῦ, φέρων τε τὰ πάντα τῷ ῥήματι τῆς δυνάμεως αὐτοῦ, καθαρισμὸν τῶν ἁμαρτιῶν ποιησάμενος ἐκάθισεν ἐν δεξιᾷ τῆς μεγαλωσύνης ἐν ὑψηλοῖς.

[34] Texto griego:"Εχοντες οὖν ἀρχιερέα μέγαν διεληλυθότα τοὺς οὐρανούς,᾽Ιησοῦν τὸν Υἱὸν τοῦ Θεοῦ, κρατῶμεν τῆς ὁμολογίας.

solidarizó con los hombres hasta alcanzar la posición más baja del más bajo de ellos para hacerlos salvables.

Hebreos 9:24. La posición de Cristo en los cielos se considera en las palabras de este versículo: "Porque no entró Cristo en el santuario hecho de mano, figura del verdadero, sino en el cielo mismo para presentarse ahora por nosotros ante Dios"[35]. Cristo entró al santuario celestial. El sumo sacerdote celestial no entró a un santuario terrenal, es decir, a un templo hecho por mano de hombre. Ni siquiera hubiera podido hacerlo en su tiempo, por cuanto la entrada al santuario estaba reservada sólo a los sacerdotes del orden levítico. En la antigua dispensación, el santuario terrenal era figura o sombra de las realidades celestiales del nuevo santuario al que entró Jesús, el sumo sacerdote para siempre. El santuario celestial es el verdadero, el terreno, la imagen, copia o reproducción de aquel.

El lugar adonde entró el sumo sacerdote del Nuevo Pacto es "al cielo mismo". El término aquí se refiere a un determinado lugar, la presencia de Dios. Convenía que fuera así para quien es "santo, inocente y sin mancha" (He. 7:26). Sólo Él, en esa condición, tiene derecho a estar y entrar a la presencia de Dios, y sentarse en el monte de Dios, conforme a la expresión del Salmo (Sal. 24:3-4). Es más, el lugar donde se manifiesta la presencia de Dios le corresponde a Él por cuanto es Dios manifestado en carne (Jn. 1:14). Sólo Él reúne en sí mismo las condiciones para acceder a la presencia de Dios por derecho propio, sentándose donde se manifiesta la perfecta y absoluta santidad de Dios. En ese lugar ministra como sumo sacerdote a favor de otros, "por nosotros". El sumo sacerdote es el mediador único entre Dios y los hombres, siendo Él mismo el representante ante Dios de todos los creyentes (He. 4:14-16). Pero, todavía más, por Él tienen entrada a la misma presencia de Dios todos los creyentes (Ef. 2:18). Para ellos hizo posible la purificación de los pecados, por la aplicación personal de su sacrificio expiatorio para todo el que cree. La santidad de Dios no queda mancillada por la presencia de hombres pecadores, porque en el sacrificio expiatorio único de Jesucristo quedó resuelta no sólo la demanda penal por el pecado, sino la santificación personal de cada creyente. Éstos pueden entrar sin limitación alguna porque el sumo sacerdote, en su perfecto sacrificio, hace posible la purificación de los

[35] Texto griego: οὐ γὰρ εἰς χειροποίητα εἰσῆλθεν ἅγια Χριστός, ἀντίτυπα τῶν ἀληθινῶν, ἀλλ᾽ εἰς αὐτὸν τὸν οὐρανόν, νῦν ἐμφανισθῆναι τῷ προσώπῳ τοῦ Θεοῦ ὑπὲρ ἡμῶν.

pecados de ellos. La comparecencia de Jesucristo en la presencia de Dios no es algo fugaz, como era la entrada en el Lugar Santísimo del sumo sacerdote del Antiguo Testamento, sino definitivo y perpetuo. El texto griego utiliza aquí un antropomorfismo hebreo muy usual al decir literalmente que entró para "comparecer ante el rostro de Dios", expresión que equivale a la presencia real de Dios. Cristo no entra y sale del santuario celestial, sino que entró y se sentó a la diestra de Dios (Sal. 110:1). Como mediador, su ministerio sacerdotal en la presencia de Dios, en el santuario celestial, se ejerce a favor, que es el sentido aquí de la preposición griega[36] que aparece en el texto. *É*l ejerce el ministerio intercesor para aquellos en cuyo favor fue constituido sumo sacerdote (He. 5:1). Su presencia ante Dios exhibe las marcas del sacrificio expiatorio por el que obtiene eterna redención para quienes creen en Él. El sumo sacerdote es propiciatorio, esto es, lugar donde se exhibe la consecuencia del sacrificio, y víctima, en una manifestación eterna delante del Dios de justicia, por cuya obra no hay condenación para quienes están en Él (Ro. 8:1).

La exaltación del Señor resucitado

El estado de exaltación

La culminación de la ascensión se alcanza con la sesión a la diestra del Padre. Es, sin duda, la realización suprema de la exaltación, donde el nombre dado a Jesús se manifiesta en el lugar donde se hace notoria la soberanía de Dios. La autoridad y gloria de Dios se manifiestan en Jesús resucitado y ascendido. Como preparación a la reflexión sobre la sesión a la diestra de Dios requiere la consideración de la enseñanza del apóstol sobre el estado de exaltación, que la expresa de este modo:

Por lo cual Dios también lo exaltó hasta lo sumo, y le dio un nombre que es sobre todo nombre, para que en el nombre de Jesús se doble toda rodilla de los que están en los cielos, y en la tierra, y debajo de la tierra; y toda lengua confiese que Jesucristo es el Señor, para gloria de Dios Padre.[37] *(Fil. 2:9-11).*

---

[36] Griego: ὑπὲρ.

[37] Texto griego: διὸ καὶ ὁ Θεὸς αὐτὸν ὑπερύψωσεν καὶ ἐχαρίσατο αὐτῷ τὸ ὄνομα τὸ ὑπὲρ πᾶν ὄνομα, ἵνα ἐν τῷ ὀνόματι Ἰησοῦ πᾶν γόνυ κάμψῃ ἐπουρανίων καὶ ἐπιγείων καὶ καταχθονίων καὶ πᾶσα γλῶσσα ἐξομολογήσηται ὅτι Κύριος Ἰησοῦς Χριστὸς εἰς δόξαν Θεοῦ Πατρός.

Del descenso más profundo a la posición más elevada. De la eterna forma de Dios, desciende a la limitación de hombre y a la humillación de siervo, llegando en obediencia hasta la muerte y muerte de cruz. Por lo cual Dios actúa exaltando al que entregó su propia vida. Es la respuesta divina a la humillación, porque el que se humilla será exaltado (Pr. 3:34; Mt. 23:12; Lc. 14:11; 18:14). Es la respuesta al deseo personal expresado en la oración de Jesús (Jn. 17:5). La exaltación que sigue a la humillación es concordante con la enseñanza bíblica en general (Lc. 1:52; Stg. 4:10; 1 P. 5:6). La exaltación de Jesús se produce a causa del padecimiento de muerte (He. 1:3; 2:9; 12:2).

Lo que era temporal y transitorio en el estado de humillación dio paso a lo que es permanente y eterno, su estado de exaltación, en cuya dimensión se le ve no limitado y mortal, sino coronado de gloria y de honra y revestido, en su humanidad, de inmortalidad. Esa situación es absolutamente irreversible, ya que fue el Padre quien lo exaltó hasta lo sumo. Sin embargo, es Señor no por adquisición, sino por derecho inherente a su condición de Dios-hombre (Col. 2:9). Aun en los días de su humanidad, en la limitación de su carne, era Señor (1 Co. 2:8). Pero el ejercicio del señorío supremo se manifiesta y ejerce después de la resurrección. No sólo desde la naturaleza divina, sino también desde la humana, glorificada. Jesús, a causa de la unión hipostática es eternamente Dios-hombre. Su naturaleza humana está también coronada de gloria y de honra, ya que el Padre lo exaltó hasta lo sumo. La exaltación estaba ya profetizada (Is. 53:10-12). El resucitado habló a los suyos de la gloria de su majestad en autoridad suprema sobre cielos y tierra (Mt. 28:18). Es necesario comprender bien, con el autor de la epístola, que el marcado contraste está en el Hijo, que es Jesús de Nazaret, Dios manifestado en carne. La humanidad glorificada de Jesús permanece eternamente unida a la deidad, sin mezcla en las naturalezas, pero subsistente perpetuamente en la persona divina. De otro modo, la humanidad asumida en la encarnación y glorificada en la resurrección y sesión a la diestra de la majestad perdura sempiternamente. La humanidad del Verbo no fue meramente instrumental —esto es, usada para un propósito divino y abandonada luego—; Dios es ya para siempre encarnado, y es en esa humanidad del Hijo que una nueva naturaleza queda integrada en la realización del misterio trinitario. La humanidad de Cristo es definitivamente el lugar de encuentro entre Dios y el hombre. En la glorificación, Jesús recuperó lo único de que se había despojado en su condición de hombre limitado, en su anonadamiento voluntario y personal, que era la gloria de su deidad, por lo que oró a su Padre antes de ir a la cruz (Jn. 17:5). Luego de la ascensión, las manifestaciones de Jesús a los hombres son todas ellas gloriosas. Rodeado de gloria se apareció al apóstol Pablo en el camino a Damasco (Hch. 9:3). En esa misma impresionante dimensión se manifestó al apóstol Juan en la isla de Patmos (Ap. 1:12-16). La exaltación de Jesucristo supera cualquier otra, ya que no sólo fue promovido a la gloria, como lo serán los creyentes: Él es el mediador que traspasó los cielos (He. 4:14); el que ha sido hecho más sublime que ellos (He. 7:26); el que subió por encima de los cielos (Ef. 4:10); el que se sentó a la diestra del trono de Dios (Mr. 16:19; Hch. 2:33; 5:31; Ro. 8:34; He. 1:3; 12:2); es el rey sobre toda autoridad, ahora y por siempre (Ef. 1:20-22). El sujeto de la exaltación es el Verbo de Dios en su naturaleza humana.

El apóstol Pablo apunta a otra manifestación de lo que él llama exaltación, literalmente super-exaltación. Enseña que Dios le dio el nombre que es sobre todo nombre. El verbo[38] que utiliza para referirse a la dotación del nombre expresa la idea de dar, entregar algo agradable o placentero, cuya raíz está vinculada al término gracia. En ese sentido, Dios concede al exaltado el nombre como título de suprema soberanía celestial. Por tanto, le es dado como algo vinculado con la obra de gracia, por cuya causa se ha traducido por *dio el nombre*. Siendo sobre todo, ha de ser vinculado necesariamente con la deidad de Jesucristo. Este es, por tanto, la proyección eterna del nombre humano dado por Dios al Verbo encarnado. El término nombre debe ser relacionado con dignidad, majestad, gloria de la persona que tiene el título. Es interesante apreciar la presencia de los dos artículos determinados, de manera que literalmente se lee: *le dio el nombre, el sobre todo nombre*. De esta forma, no hay posibilidad de confusión, porque sólo el resucitado es poseedor de "el nombre", que, al ser precedido por el artículo definido, es el único de esa condición. Este nombre sobre todo nombre expresa el rango supremo del ser divino: no es un simple título mesiánico, sino el que corresponde y pertenece exclusivamente a Dios. El título de honor y gloria suprema que recibió del Padre en la resurrección de entre los muertos lo proclama cósmicamente como Señor.

Jesús fue el nombre dado por Dios para su Hijo encarnado antes de ser concebido (Mt. 1:21; Lc. 1:31). Jesús significa *Yahvé Salva*;

---

[38] Griego: χαρίζομαι.

es por tanto un título divino para la humanidad de Cristo, ya que la salvación es de Jehová (Sal. 3:8; Jon. 2:9). Del Señor se dice que "Él salvará a su pueblo de sus pecados" (Mt. 1:21). Con todo, el nombre de Jesús fue despreciado y desechado por muchos, considerándolo como dice el profeta, sin atractivo, esto es un hombre sin importancia ni estimable (Is. 53:2). Cuando Jesús declaró su deidad fue amenazado de muerte por los hombres (Jn. 10:33). Su nombre fue motivo de burla y desprecio en la crucifixión (Mt. 27:37, 39). Sin embargo, Jesús es Dios bendito (Jn. 1:1; Ro. 9:5).

La autoridad suprema bajo ese nombre queda reconocida en el texto, ya que bajo la autoridad que dimana de Él se dobla toda rodilla, expresión que señala reconocimiento universal de su deidad y, por tanto, de su señorío. Quienes se inclinaron burlescamente ante Él habrán de hacerlo ante el mismo Jesús glorificado, reconociéndolo como Dios. Es algo profetizado ya en el Antiguo Testamento, donde Dios dice, por medio del profeta: "Por mí mismo hice juramento, de mi boca salió palabra en justicia, y no será revocada: Que a mí se doblará toda rodilla, y jurará toda lengua" (Is. 45:23). Jesús no es un hombre elevado o un dios rebajado, sino el infinito y eterno Dios hecho hombre (Jn. 1:14). La autoridad de ese nombre, que es identificativo de la persona, quedó evidenciada en los milagros que se hicieron bajo la autoridad de ese nombre (Hch. 3:6; 9:34; 16:18). Nadie puede resistir la soberanía de Dios y en su presencia caerán arrodillados por quien es.

La sujeción al resucitado y glorificado Jesús es universal. El apóstol mediante tres adjetivos agrupa a todos los seres creados. Primeramente, como literalmente se lee, los celestiales. No cabe duda de que tiene que ver con todos los ángeles, querubines, serafines, arcángeles y ángeles santos. Pero también con los millones de hombres salvos por gracia que están y estarán en el futuro en la presencia de Dios (Ef. 1:21; 3:10; 1 P. 3:22; Ap. 4:8-11; 5:8-12). Igualmente, le rendirán pleitesía los que estén sobre la tierra, en alusión a los hombres vivos (1 Co. 15:40). Del mismo modo, los de debajo de la tierra, forma figurada para referirse a muertos sin salvación y ángeles caídos (Mt. 16:18; Jud. 6), poderes infernales, cuyo dominio quebrantó Cristo en su muerte. Quienes no hayan querido reconocer la deidad de Jesús y doblar sus rodillas voluntariamente tendrán que hacerlo en el futuro en reconocimiento universal de que Jesús es Dios.

Esta es la demostración cósmica de que aquel que se hizo hombre es eternamente Dios.

A la universalidad del reconocimiento sigue la universalidad de la confesión. Esta confesión es, como la acepción indica, decir lo mismo. Dios dice que Jesús es el Señor y universalmente se reconoce, confesando, esto es, diciendo lo mismo que Dios dice.

La confesión es la expresión de lo que Jesucristo es: el Señor. El término fue usado en la LXX para trasladar el nombre inefable de Jehová; por tanto, en la confesión se afirma: Jehová Cristo Jesús. Los apóstoles usaron ese término en el mismo sentido, como hizo Pedro en la proclamación del evangelio en Jerusalén (Hch. 2:34). No sólo es un acto de sumisión, sino de reconocimiento y proclamación. Un reconocimiento convencido de la realidad que proclama. La afirmación en fe ahora de Jesús como Salvador produce la salvación de quienes creen en su corazón y confiesan con su boca (Ro. 10:9-10). No se trata aquí de una segunda oportunidad para quienes no han creído en Cristo, ni mucho menos un universalismo para salvación. La proclamación universal sobre Jesucristo no altera la situación de quienes confiesen entonces. La deidad de Cristo se hace manifiesta al final de este párrafo cristológico.

Todo el universo confesará proclamando que Jesús de Nazaret es el Señor. Equivale, como se dijo antes, al reconocimiento de Jesús como Dios. Aún no se ve este acatamiento del señorío y la deidad de Jesús (He. 2:8). Hay, sin embargo, un grupo de seres que confiesan ya esto y reconocen y exaltan a Jesús de este modo; por un lado, los ángeles y salvos en los cielos (Ap. 5:11-14); por otro, los creyentes en la tierra, que por el Espíritu confiesan a Jesús como Señor (1 Co. 12:3). Jesús será proclamado Señor supremo, culminando así el reconocimiento del nombre recibido, en pleno sentido soteriológico y escatológico (Ap. 5:13; 17:14; 19:16).

La meta suprema de la exaltación será para gloria de Dios Padre. La gloria de Dios es el resultado supremo de toda la obra realizada desde el principio de la creación hasta el tiempo de los cielos nuevos y tierra nueva. En ese momento, "luego de que todas las cosas le estén sujetas, entonces también el Hijo mismo se sujetará al que le sujetó a él todas las cosas, para que Dios sea todo en todos" (1 Co. 15:28). En la proclamación universal del señorío de Cristo, el Padre que le exaltó a lo sumo será glorificado (Jn. 13:31, 32; 14:13; 17:1).

Proceso de la exaltación

Se han considerado ya los elementos primarios de la exaltación del Verbo encarnado, que parten de la resurrección de entre los muertos, la dotación del cuerpo de resurrección para su naturaleza humana y la ascensión a los cielos. A éstos siguen los que se tratan a continuación en este apartado.

Traspasó los cielos

El escritor de la epístola a los Hebreos hace una clara referencia al hecho de que en la ascensión Jesucristo traspasó los cielos, como se lee: "Por tanto, teniendo un gran sumo sacerdote que traspasó los cielos, Jesús el Hijo de Dios, retengamos nuestra profesión"[39] (He. 4:14). Jesús se presenta no sólo como sumo sacerdote, sino como sumo sacerdote grande. Es grande porque está sobre la casa de Dios (He. 10:21). Y es también grande porque es el gran pastor de las ovejas (He. 13:20). Este admirable sumo sacerdote no está incapacitado por su condición divina para compartir e identificarse con los problemas del pueblo, puesto que Él también es hombre y voluntariamente asumió gustar de las limitaciones y experimentar los quebrantos de los hombres.

El gran sumo sacerdote en la culminación de su obra redentora, habiendo ofrecido el sacrificio por los pecados del mundo, consistente en dar su propia vida en la cruz, ascendió a los cielos traspasándolos. Esto es, subió hasta lo más encumbrado de los cielos, antes referido como la diestra de la majestad en las alturas (He. 1:13; 2:9). Los cielos que Jesús traspasó son las regiones celestiales hasta alcanzar el trono de Dios. Debe tenerse presente que para los judíos, como ya se mencionó, había tres cielos: el primero era el atmosférico, donde también están situados los demonios (Ef. 4:8, 6:12; comp. con Ap. 12:7-12); el segundo, el cielo de los astros, el cielo estelar o cielo de la expansión (Gn. 1:14); y el tercero, el cielo de Dios, el cielo empíreo, llamado también cielo de los cielos (1 R. 8:27-30), esto es, donde Dios se manifiesta en la gloria de su trono. Por tanto, Jesús en

---

[39] Texto griego:"Εχοντες οὖν ἀρχιερέα μέγαν διεληλυθότα τοὺς οὐρανούς,'Ιησοῦν τὸν Υἱὸν τοῦ Θεοῦ, κρατῶμεν τῆς ὁμολογίας.

su ascensión traspasó los cielos. Incluye esto también el tercer cielo, puesto que alcanzó, en la figura del lenguaje, el más alto lugar y el honor supremo hasta sentarse a la diestra de la majestad. El gran sumo sacerdote "subió por encima de todos los cielos para llenarlo todo" (Ef. 4:10). Aquel que había primero descendido "a las partes más bajas de la tierra" es revestido de gloria y ascendido a la más alta dignidad —como se consideró antes—, habiéndole sido dado el nombre que es sobre todo nombre (Fil. 2:9-11). En su descenso se solidarizó con los hombres hasta alcanzar la posición más baja del más bajo de ellos para hacerlos salvables. Lo que la Escritura enseña es que Cristo, el gran sumo sacerdote, se humilló hasta llegar a la condición más baja del más bajo de los humanos (Gá. 3:13). Este descenso fue necesario para hacer salvable a cualquier pecador. Hasta ahí llego el sumo sacerdote en entrega sacrificial por el pecador. Desde esa posición de humillación fue ascendido a la máxima gloria, ocupando la posición de poder y de honor al haber traspasado los cielos y haberse sentado en el lugar más alto que corresponde sólo a Dios. El privilegio de los sumos sacerdotes era pasar una vez al año el velo y entrar en el Lugar Santísimo del santuario terrenal. Por tanto, se vislumbra ya la grandeza y gloria del sumo sacerdote, que es Cristo.

Este sumo sacerdote es Jesús, el Hijo de Dios. La humanidad y la deidad están siempre presentes en Jesucristo. Es Jesús, nombre dado a la humanidad del que nació en Belén (Lc. 1:31), y el título Hijo de Dios, relativo a la condición divina de la segunda persona en el seno trinitario. La relación indisoluble de las dos naturalezas en la persona del Verbo encarnado (Jn. 1:14) se manifiesta también aquí. El sumo sacerdote es una persona divino-humana. Es notable apreciar cómo la Escritura enfatiza la deidad de Jesús. De modo que quien es hombre perfecto es también Dios verdadero. Jesús el hombre es también el Hijo de Dios, con artículo determinado, que lo vincula como único de esa condición. La epístola ha enfatizado desde el principio la filiación divina de quien se llama sumo sacerdote. Cristo se presentó como superior a los profetas por ser el Hijo; al ser consumación, se convierte en el criterio de la lectura profética. Es como Hijo el heredero de todo, ya que todo fue fundado y creado en Él y es para Él. Este Hijo ha hecho posible, por su condición de Dios, la purificación de los pecados, y habiendo descendido a las partes más bajas de la tierra en la función salvífica, ahora está ascendido y comparte el trono y el poder de Dios. Este sumo sacerdote que es Hijo de Dios es incomparablemente superior a todo y a todos, por cuanto es el "resplandor de la gloria y la imagen misma de la sustancia de Dios" (He. 1:3). La epístola une sacerdocio y filiación. Esta filiación es eterna; por tanto, está situada en la eternidad, pero como el Hijo se introdujo en la temporalidad mediante la encarnación, es también filiación expresada en el tiempo, siéndolo asimismo filiación en la postexistencia, que supera y trasciende la temporalidad ingresando nuevamente en la eternidad de Dios. Esa es la razón por la que pueda afirmar que su sacerdocio es un sacerdocio para siempre según el orden de Melquisedec. En ningún otro lugar del Nuevo Testamento se enseñan con tal intensidad el origen y grandeza divina del Hijo, como imagen y sustancia de Dios, con la solidaridad humana en un acto de identificación y, más que de aproximación, de aprojimación con el hombre. El Hijo de Dios es el hermano del hombre, especialmente en relación con el creyente (He. 2:11); por eso puede ser y es Sumo Sacerdote. Es por la entrega de su vida humana, hecha en el amor del Hijo y en la solidaridad del hermano, que todos los creyentes somos santificados. De ese modo, el sacerdocio de Cristo está unido por un lado a la realidad de su filiación divina y por otro a la realización humana de esa filiación en el sufrimiento y en la entrega, como expresión suprema de amor y gracia de Dios que, con Él y en Él, descienden a la tierra en misión salvadora (Jn. 1:17).

El apóstol Pablo considera también esta posición sublime en que Jesús está, luego de su ascensión a los cielos, escribiendo: "El que descendió, es el mismo que también subió por encima de todos los cielos para llenarlo todo"[40] (Ef. 4:10). El mismo que descendió es una alusión a Jesucristo, pero en esta ocasión no estará refiriéndose tanto al descenso en humillación a las partes más bajas de la tierra, sino más bien en sentido genérico de aquel que por la encarnación descendió desde el cielo a la tierra haciéndose hombre. El Verbo eterno de Dios irrumpió en la historia de los hombres revestido de humanidad (Jn. 1:14). La encarnación fue el vehículo que permitió la experiencia de la humillación hasta las partes más bajas de la tierra o, como también dice el apóstol, "hasta la muerte y muerte de cruz" (Fil. 2:8). Es desde la tierra desde donde también ocurre el ascenso a los cielos. La intención en el versículo es expresar el contraste entre el descenso a la tierra y la ascensión a los cielos con un propósito: "Llenarlo todo". Esto forma parte del designio eterno de Dios, de reunir todas las

---

[40] Texto griego: ὁ καταβὰς αὐτός ἐστιν καὶ ὁ ἀναβὰς ὑπεράνω πάντων τῶν οὐρανῶν, ἵνα πληρώσῃ τὰ πάντα.

cosas en Cristo, no solo las de la tierra, sino también las del cielo (Ef. 1:10). En su descenso se solidarizó con los hombres hasta alcanzar la posición más baja del más bajo de ellos para hacerlos salvables, y desde esa posición de humillación, fue ascendido a la máxima gloria, ocupando la posición de poder y de honor al haber traspasado los cielos y haberse sentado en el lugar más alto que corresponde sólo a Dios. No es un trono elevado, sino el trono absoluto que está en los cielos y que corresponde sólo a Dios. El que descendió a las partes más bajas de la tierra y fue visto sin atractivo, es el rey de reyes y el Señor de señores. Esa posición, entronizado en los cielos, es el lugar de honor supremo y de suprema autoridad que le es confirmado después de la obra sacrificial de la cruz y de la resurrección de entre los muertos. El nombre de autoridad suprema le fue dado, concedido, como el nombre vinculado a la obra de gracia en salvación. Es un nombre supremo que ha de relacionarse necesariamente con la deidad de Jesucristo. Este es, por tanto, el nombre humano del Verbo de Dios encarnado, dado por Dios mismo.

Cristo, con su ascensión, llenó el universo con su presencia de señorío universal, lo hace en plenitud, por cuanto se extiende a todo y a todos. En su ascensión se posiciona en la situación de llenarlo todo, algo que ocurrirá definitivamente cuando todo sea atraído a su plenitud, sujetando a sí mismo todas las cosas para entregar todo en el final de los tiempos, plenamente restaurado a Dios mismo, a fin de que Dios sea todo en todos (1 Co. 15:28).

La gloria del exaltado y entronizado Señor lo constituye en excelso y glorioso. De este modo es presentado: "Hecho más sublime que los cielos"[41] (He. 7:26). Por tanto, se vislumbra ya la grandeza y gloria del que había antes descendido. En esta elevación, aunque en la construcción gramatical del texto griego *los cielos* está en genitivo, lo que permitiría entender que el Señor fue hecho el más encumbrado en los cielos, es decir, la persona más gloriosa de todas las que están en los cielos, la expresión *los cielos* es realmente un ablativo, después del adjetivo comparativo más sublime; por tanto, debe considerarse como un absoluto que se refiere no a alguien en los cielos, sino a los mismos cielos con todo cuanto comprenden. Jesús fue hecho más elevado, glorioso y sublime que los mismos cielos. El Salvador, Hijo-sacerdote, por la glorificación se encumbró sobre ellos mismos

[41] Texto griego: καὶ ὑψηλότερος τῶν οὐρανῶν γενόμενος.

(Fil. 2:9-11). El nombre glorioso recibido por la resurrección de los muertos lo sitúa en la dimensión de soberanía absoluta sobre cuanto está en los cielos, en la tierra y aún debajo de la tierra. Exaltado sobre todo, situado por encima de todo, comparte el trono de Dios sentado a la derecha de la majestad. Este es, sin duda, el sumo sacerdote que nos convenía, el que nos es propio para un ministerio sacerdotal perpetuo.

Sentado a la diestra de Dios

Algunos lugares afirman esta posición del ascendido Señor. El último párrafo del evangelio según Marcos contiene una referencia a esta posición. Sin duda era ya la fe de la Iglesia: "Y el Señor, después que les habló, fue recibido arriba en el cielo, y se sentó a la diestra de Dios" (Mr. 16:19). Acaso para alguno esta cita no tenga una certeza decisiva, pero del mismo modo se expresa el apóstol Pablo: "¿Quién es el que condenará? Cristo es el que murió; más aún, el que también resucitó, el que además está a la diestra de Dios, el que también intercede por nosotros" (Ro. 8:34).

El Señor fue recibido en la gloria, de donde procedía y de donde había venido para realizar la obra de redención. De allí había sido enviado por el Padre (Gá. 4:4). La ascensión tuvo lugar después de los cuarenta días que el Señor se estuvo manifestando a los discípulos antes y después de haber regresado de Galilea (Mt. 28: 16; Hch. 1:3). Esa ascensión culmina con la sesión a la diestra de Dios. La ascensión a los cielos es para asumir el lugar de gloria que le corresponde como Dios. Sentarse a la diestra de Dios es una forma de decir que fue glorificado al lugar de honor que es propio de Dios. Esa es una de las verdades enseñadas por los apóstoles a los cristianos (Hch. 7:55 ss.; Ro. 8:34; Ef. 1:20; Col. 3:1; He. 1:3; 8:1; 10:12; 12:2; 1 P. 3:22; Ap. 3:21). El que tomó forma de siervo y se manifestó como tal en un estado de limitación y de humillación retorna al lugar de gloria que eternamente le pertenece como Dios verdadero, para manifestarse no ya en el plano de la humillación, sin atractivo, sino para hacerlo en la gloriosa forma que corresponde a su deidad. Cuando Jesús oró al Padre y cuya oración recoge Juan, le habló desde su humanidad manifestada y le pidió: "Ahora pues, Padre, glorifícame tú para contigo, con aquella gloria que tuve contigo antes que el mundo fuese" (Jn. 17:5). De manera que la gloria que no mostró en las limitaciones de su humanidad es hecha visible ahora en esa misma humanidad glorificada. El que está sentado a la diestra de Dios y tiene autoridad suprema en cielos y tierra es el mismo que caminó como un hombre por los caminos de Palestina. El que fue despreciado y desechado entre los hombres está sentado en gloria a la diestra de Dios. En el trono de Dios, un hombre glorificado se ha sentado. La criatura asumida en la persona divina del Hijo de Dios se proyecta perpetuamente en el trono de gloria que le pertenece como Dios único y verdadero, en la unidad del Padre y del Espíritu.

La resurrección y ascensión tienen que verse como un todo. La resurrección expresa la idea de levantarse de la muerte. Es la reacción de despertar a quien estaba muerto, de modo que Jesús, que se entregó voluntariamente a la muerte, es levantado de esa situación, para ser referencia y ejemplo, pero mucho más, esperanza para todos los que, creyendo, han sido identificados en Él, para quienes la vida del resucitado es su vida personal. Pero, la glorificación va un punto más allá, proclamando la victoria de Cristo sobre la muerte y su plena participación en la vida y el poder de Dios, donde la muerte, y por tanto la mortalidad, han desaparecido. La exaltación a la diestra de Dios completa la acción divina en contraste con la misma acción que permitió al Hijo de Dios, por la encarnación, venir a una experiencia de Pasión en el servicio que había venido a realizar, descendiendo a lo más bajo de la tierra para gustar la muerte por todos (Ef. 4:9; He. 2:9). Desde esta humillación absoluta, de muerte y muerte de cruz, Dios lo eleva a la suprema dignidad, dándole su propia gloria, que ocasiona que todos lo reconozcan como Señor (Fil. 2:9-11). Tal posición permite y también exige que Jesús, en el plano de su humanidad glorificada, perpetuamente subsistente en su persona divina, venga a ser vivificador de todos los que creen en Él, por acceso de Jesús a la vida de Dios. El que antes estaba muerto es ahora el viviente (Ro. 4:17; 1 Co. 15:22-45; 1 P. 3:18). De otra manera, no se trata de dotarlo de una nueva vida, sino de convertirlo en una nueva cosa, como novedad personal que va mucho más allá de una perpetuación de la vida temporal resucitada.

Los teólogos liberales tratan de que la sesión a la diestra de Dios se convierta en una especulación propia de los cristianos. Sin embargo, se olvidan de que ya estaba profetizada: "Jehová dijo a mi Señor: Siéntate a mi diestra, hasta que ponga a tus enemigos por estrado de tus pies" (Sal. 110:1). Dios coloca a su Hijo en el reino que le corresponde y pertenece, adjudicándole el dominio universal y colocando todas las cosas bajo su autoridad, bajo sus pies. El Padre llama a su Hijo, que había descendido hasta pasar por la muerte y muerte de cruz, al reposo de la obra redentora y al disfrute de honores en su trono celestial. El salmista describe a Jesús, el Hijo del Padre eterno, en una posición de poder, dominio y gloria, única y singular. Sentado en ese lugar de privilegio por determinación y derecho divino. Mientras llega el tiempo en que se manifieste como rey en la tierra, hasta que luego se proyecte su señorío para siempre, está sentado, porque la obra redentora ha concluido.

Sobre este texto del Salmo, escribía Bonar:

Un pasaje profusamente citado, pues encierra una verdad memorable. Lo menciona el propio Mesías con el propósito de llevar a Israel a reconocerle como alguien mayor que David. Lo encontramos de nuevo en Hebreos para demostrar que el Hijo es superior a los ángeles. Lo utiliza Pedro en su discurso el día de Pentecostés para probar que Jesús es Señor y Cristo. Y el autor de Hebreos se refiere de nuevo a él para explicar que Jesús, una vez completada la obra que vino a cumplir en la tierra (esto es, el sacrificio "una vez y para siempre") ocupa ahora el lugar de honor que le corresponde "sentado a la diestra de Dios", mientras aguarda que sus enemigos sean puestos por estrado de sus pies.[42]

Nadie que lea el Salmo sin prejuicio podrá negar que David habla acerca de otro que sería Señor y, por consiguiente, superior a él mismo. Siendo citado en el Nuevo Testamento, no deja duda acerca de su correcta interpretación. Jesús citó el pasaje para recordar a los fariseos que era el Hijo eterno y señalarles su gloria a la diestra de Dios. Es el Señor de David, como Dios, de la raíz y descendencia suya como hombre.

El apóstol Pablo puntualiza la posición a la diestra del Padre en otros pasajes, como se puede apreciar: "¿Quién es el que condenará? Cristo es el que murió: más aun, el que también resucitó, el que además está a la diestra de Dios, el que también intercede por nosotros" (Ro. 8:34). La diestra de Dios es una expresión que comporta honor y poder. Dios se manifiesta en su trono revestido de gloria, siendo adorado por los ángeles que ministran en la proximidad a Él, proclamándolo como santísimo, el único en esa dimensión de santidad (Is. 6:1-3). Al mismo

[42] Bonar, 1861, p. 1655.

tiempo la diestra simboliza omnipotencia y autoridad, ejecutándola sobre quienes se constituyen como enemigos suyos, como dice el Salmo: "Alcanzará tu mano a todos tus enemigos; tu diestra alcanzará a los que te aborrecen" (Sal. 21:8).

El sentarse a la diestra de Dios sitúa a Jesucristo en la posición que le corresponde por ser Dios verdadero. La operación de poder que lo resucitó de los muertos también lo exaltó a lo sumo, sentándolo en el lugar de suprema majestad, colocando universalmente a todo y a todos bajo sus pies. Así lo enseña el apóstol Pablo:

> *... la cual operó en Cristo, resucitándole de los muertos y sentándole a su diestra en los lugares celestiales, sobre todo principado y autoridad y poder y señorío, y sobre todo nombre que se nombra, no sólo en este siglo, sino también en el venidero; y sometió todas las cosas bajo sus pies, y lo dio por cabeza sobre todas las cosas a la iglesia.*[43] *(Ef. 1:20-22)*

El sujeto de la primera oración es el Padre. La demostración del poder divino, del que habla antes, tiene la manifestación más concluyente en la resurrección de Cristo, algo real, un poder que ya actuó y dejó su huella en el mundo en la resurrección de Jesús. Los ejemplos de poder divino se expresan en el versículo mediante dos acciones, que se expresan por medio de participios subordinados *levantando*[44] y *sentando*[45]. El que descendió del cielo a la tierra en un encuentro de amor y se hace Dios en encuentro con la criatura retorna nuevamente al lugar de honor que le corresponde en la gloriosa majestad del trono de Dios. El Hijo no alcanza una nueva condición, sino que recupera la que siempre tuvo, de ahí que en la oración el Señor diga al Padre: "Ahora pues, Padre, glorifícame tú al lado tuyo, con aquella gloria que tuve contigo antes que el mundo fuese" (Jn. 17:5). No se trata de un hombre a quien Dios otorga el privilegio de sentarse en su trono, sino de Dios-hombre que, después de la expresión kenótica absoluta,

---

[43] Texto griego:῝Ην ἐνήργησεν ἐν τῷ Χριστῷ ἐγείρας αὐτὸν ἐκ νεκρῶν καὶ καθίσας ἐν δεξιᾷ αὐτοῦ ἐν τοῖς ἐπουρανίοις ὑπεράνω πάσης ἀρχῆς καὶ ἐξουσίας καὶ δυνάμεως καὶ κυριότητος καὶ παντὸς ὀνόματος ὀνομαζομένου, οὐ μόνον ἐν τῷ αἰῶνι τούτῳ ἀλλὰ καὶ ἐν τῷ μέλλοντι· καὶ πάντα ὑπέταξεν ὑπὸ τοὺς πόδας αὐτοῦ καὶ αὐτὸν ἔδωκεν κεφαλὴν ὑπὲρ πάντα τῇ ἐκκλησίᾳ.

[44] Griego: ἐγείρας.

[45] Griego: καθίσας.

dejado el estado de humillación, retorna al estado de glorificación que eternamente tuvo como Dios y que conlleva también la glorificación y entronización a la diestra de Dios de su naturaleza humana, propia, desde la concepción, de la persona divina de Dios el Hijo. Como decía Cirilo de Jerusalén antes del año 386: "El Hijo que está sentado antes de los tiempos a la derecha del Padre, y la co-sesión no la ha obtenido en el tiempo, como exaltación después de su Pasión, sino que la posee eternamente"[46]. En esa posición a la diestra del Padre le confiere el derecho del poder judicial supremo que solo es potestativo y privativo de Dios mismo.

Es necesario recordar también que la expresión "sentado a la diestra de Dios"[47] es un antropomorfismo por dos razones obvias: primero, porque Dios es Espíritu infinito (1 R. 22:19; Sal. 139:7-12; Jn. 4:24), por tanto, no tiene mano derecha, como no tiene ninguna otra parte de un cuerpo material; en segundo lugar, por la expresión sentado, simbolismo de obra realizada y de posesión de poder y autoridad supremas (He. 10:12). Entronizado en los cielos es el lugar de honor supremo y de suprema autoridad que le es confirmado después de la obra sacrificial de la cruz y de la resurrección de entre los muertos. En ese proceso, tiene el "nombre que es sobre todo nombre, para que en el nombre de Jesús se doble toda rodilla de los que están en los cielos, y en la tierra, y debajo de la tierra; y toda lengua confiese que Jesucristo es el Señor, para gloria de Dios Padre" (Fil. 2:9-11). El nombre de autoridad suprema le fue dado, concedido, como el nombre vinculado a la obra de gracia en salvación. Es un nombre supremo que ha de relacionarse necesariamente con la deidad de Jesucristo. Este es, por tanto, el nombre del Verbo de Dios encarnado, dado por Dios mismo.

Sentarse a la diestra de Dios es un honor que a nadie ha sido concedido, salvo al Hijo, describiendo con una notable firmeza, mediante la acumulación de una larga serie de relaciones de superioridad. Dios lo sitúa en la glorificación por encima de todo. El lugar que ocupa sentado a la derecha de la majestad lo demanda así. Él está literalmente muy por encima de todos los poderes. Al ocupar los cielos y entronizarse allí expresa ya la idea de soberanía sobre todo cuanto pueda existir. Posiblemente en el pensamiento del apóstol estén aquí las fuerzas angélicas y sus diferentes manifestaciones en relación

---

[46] Cirilo de Jerusalén, *Cat.* 4.7; 11.17; 14.27.

[47] Griego: καὶ καθίσας ἐν δεξιᾷ αὐτοῦ.

con el ejercicio de sus poderes. Cabe preguntarse si se trata de ángeles o de demonios que ejercen funciones de autoridad y controlan diversos aspectos de los gobiernos del mundo. Satanás dijo a Jesús en el tiempo de la tentación que los reinos del mundo y su gloria le pertenecían y que estaba dispuesto a dárselos a Jesús con la condición de que siguiera un programa diferente al que había recibido del Padre (Mt. 4:9; Lc. 4:5-6). Él estaba en su derecho de hacer semejante oferta porque el tentador conocía también la posición que ocupaba en relación con los reinos del mundo. Dios había creado al hombre para que fuese el gobernador con autoridad delegada sobre la tierra. El Creador le había conferido autoridad para sojuzgar la tierra (Gn. 1:28). Como consecuencia de la tentación y de la caída, los reinos del mundo, es decir, la esfera de autoridad que el hombre debía ejercer, le fue trasladada a Satanás, no como derecho, sino como trofeo de victoria, de ahí que pueda decir a Cristo que eran suyos porque le había sido entregada la gloria de ellos, es decir, él controlaba el gobierno de los reinos en el mundo y lo daba a quien quería (Lc. 4:6). Si Jesús era el Mesías y venía para instaurar el reino de Dios, tenía necesariamente que arrebatarle al tentador la autoridad que estaba ejerciendo. Es muy probable que Satanás conociese el plan de salvación y supiese que su derrota no estaba en la esfera de la vida de Jesús, sino en su muerte. De ahí que, a lo largo de toda la historia humana de Cristo, hubiese continuos intentos por parte del diablo para quitarle la vida, a fin de que no se produjese la cruz, donde él y sus huestes serían definitivamente derrotados. Desde la panorámica de la visión, Satanás estaba mostrando al Señor la gloria de todos los reinos del mundo, ofreciéndole un medio más cómodo y menos sacrificado para obtenerla. Jesús mismo llamó a Satanás "el príncipe de este mundo" (Jn. 12:31). Tras los reyes y señoríos de la tierra está aquel bajo cuya influencia se desarrollan los gobiernos del mundo, ya que el mundo entero está bajo el maligno (1 Jn. 5:19). El contexto general demanda considerar a los poderes descritos como ángeles caídos, ya que es el sentido en otros lugares del escrito (cf. Ef. 1:21; 6:11-12). Esto contiene un elemento más de esperanza para los que han sido llamados a salvación. El Salvador está en el control sobre toda oposición a su pueblo. No importa quiénes sean, Cristo reina por encima de todos ellos.

El Señor está sobre todo nombre. El sentido de nombre, especialmente aquí, es sinónimo de ser personal. Quiere decir esto que el Señor es soberano y reina sobre todos los seres cuyos nombres puedan mencionarse ahora y sobre aquellos que pudieran ser llamados de algún modo en el tiempo venidero. Bajo la autoridad de Jesús, todos quedan sujetos, tanto "los que están en los cielos", en referencia a los santos ángeles de Dios, querubines y serafines, los arcángeles y ángeles, todos le están sujetos. También los que están "debajo de la tierra", en referencia además de los pecadores perdidos, los ángeles caídos (Mt. 16:18; Jud. 6). Todos, ante el nombre glorioso del Señor Jesús, proclamarán su deidad. La autoridad de Jesucristo es atemporal, y trasciende a cualquier tiempo, tanto el actual conocido, como el del siglo venidero desconocido. Ese es el énfasis que el apóstol expresa en el versículo: "No solo en este siglo, sino también en el venidero". Los seres que son ahora y aquellos que puedan ser en el tiempo venidero. Los temporales y los que sean llamados a perpetuidad, todos ellos, sin excepción en cualquier tiempo, estarán bajo la autoridad de Jesucristo. Esto es lo que lo autentifica como rey de reyes y Señor de señores. Todo está bajo sus pies, en figura del lenguaje para referirse a su absoluta soberanía (Sal. 8:6; 1 Co. 15:27). Dios puso todo en manos de su Hijo (Jn. 3:35) y todo es de Él (1 Co. 3:23).

La suprema autoridad que Jesús ha recibido del Padre se expresa mediante una figura del lenguaje que sitúa todo bajo sus pies; literalmente "sometió todas las cosas bajo sus pies". La figura indica una posición encumbrada hasta lo sumo, revelando al mismo tiempo su autoridad sin límites. Dios sitúa a Cristo con autoridad suprema como Señor, sobre todas las cosas, aprovechando para introducir por primera vez el término Iglesia, que ha estado presente en lo que antecede, pero en forma indirecta. El señorío de Cristo, su soberanía, sobre todo, se manifiesta como cabeza suprema que, como tal, está por encima de todo. La supremacía de Cristo sobre las cosas incluye a los principados y a las potestades que, refiriéndose a los ángeles caídos, le son sometidas por fuerza y puestas bajo los pies del Señor por su gloriosa victoria sobre ellas en la cruz (Col. 2:15; 3:1).

De igual modo ocurre con la epístola a los Hebreos, algunos de cuyos textos se han considerado o indicado antes. En la introducción al escrito se hace mención de la sesión a la diestra de Dios, afirmando que "se sentó a la diestra de la majestad en las alturas" (He. 1:3). Con una expresión muy semejante remarca de nuevo esta verdad, cuando escribe: "El cual se sentó a la diestra del trono de la majestad en los cielos"[48] (He. 8:1). A la expresión formulada le añade en esta ocasión el sustantivo trono. Como se indicó también, no es un trono elevado, sino el trono absoluto que está en los cielos y que corresponde sólo a Dios. Jesús no es solamente sumo sacerdote; es también rey, de otro modo, es sacerdote-rey. Ambos oficios corresponden a Jesucristo. El sacerdocio del Señor se está considerando ampliamente en la epístola, pero en Él concurren dos aspectos sobre el reino. Por un lado, está la condición de heredero de los derechos al trono de David, como descendiente suyo (Mt. 1:1), titular de las promesas del pacto davídico (2 S. 7:12, 16). Por otro, es el rey que Dios ha establecido y anunciado por medio de los profetas (Sal. 2:6), cuyo reino trasciende al milenial y se proyecta al reino eterno de Dios en la nueva creación. El sumo sacerdote del Nuevo Pacto está entronizado y reina a la diestra de Dios. Este supremo contenido de cuanto se ha dicho antes pone de manifiesto en forma inequívoca que el sumo sacerdote-rey es también Dios en la unidad del ser divino, con el Padre y el Espíritu, ya que solo Dios puede ocupar el trono que corresponde únicamente a la deidad. Ministra en el santuario celestial el oficio de sumo sacerdote, con lo que la consecuencia es evidente: el sacerdocio de Cristo es infinitamente superior a cualquier otro, porque es más excelso y eficaz. De igual modo aparece luego la referencia a la posición celestial de Jesucristo, sentado a la diestra de Dios (He. 10:12; 12:2).

Por su parte, el apóstol Pedro alude también a la posición de Cristo cuando escribe: "Quien habiendo subido al cielo está a la diestra de Dios; y a él están sujetos ángeles, autoridades y potestades" (1 P. 3:22). Todo esto se ha considerado antes en la suficiente extensión, por lo que se deja tan solo la referencia al escrito de Pedro.

Finalmente, el Apocalipsis afirma la misma verdad: "Al que venciere, le daré que se siente conmigo en mi trono, así como yo he vencido, y me he sentado con mi Padre en su trono" (Ap. 3:21). No se comenta el texto para evitar redundancias, por la semejanza que tiene con el resto de los que se han considerado o citado antes. Destacar simplemente que desde ese trono recibe adoración y ejerce también la acción de soberano sobre toda la creación y de rey supremo sobre todo cuanto tiene que ver con el Reino de Dios o Reino de los cielos. La acción de gobierno de Cristo no será algo escatológico y

[48] Texto griego: ἐν δεξιᾷ τοῦ θρόνου τῆς μεγαλωσύνης ἐν τοῖς οὐρανοῖς.

futuro, porque ya se manifiesta en el presente, en que los redimidos que forman la iglesia han sido llevados en la acción salvadora (Col. 1:13). Él es rey, ahora y siempre. Esa es la verdad que Pedro expresó luego de la resurrección de Jesucristo: "A este Jesús a quien vosotros crucificasteis, Dios le ha hecho Señor y Cristo" (Hch. 2:36). Señor como soberano Dios sobre cielos y tierra y Cristo, como el Mesías y, por tanto, el rey establecido para el Reino mesiánico (Sal. 2:6). Este Jesús, por su obra y resurrección, tiene la potestad de ejercer el dominio en el Reino de Dios, como el Cristo de Dios, rey de reyes y Señor de señores.

La gloria del entronizado Señor

El Nuevo Testamento presenta al resucitado, ascendido a los cielos y entronizado a la diestra de Dios, como revestido de la gloria que le corresponde a quien, siendo Verbo encarnado, Hijo eterno del Padre eterno, es Emanuel, Dios con nosotros. Las dos naturalezas, divina y humana, inseparables de su persona, están entronizadas, puesto que no son personas, sino naturalezas personales del Hijo de Dios. La naturaleza humana revela al Dios encarnado, en la dimensión visible que puede distinguir el hombre. Al anunciar la muerte, hizo manifestación de su gloria en el monte donde tuvo lugar la transfiguración en presencia de sus tres discípulos. Allí pudieron apreciar la dimensión gloriosa de su humanidad que ahora está entronizada en los cielos. El siervo manifestó la gloria de su persona cuando la apariencia hasta entonces delante de los hombres y de sus discípulos, no era sino la de un hombre como los demás hombres, en cuanto a aspecto físico. Sin embargo, el anticipo de la gloria de Dios se consolida y perpetúa en su exaltación a los cielos donde, en su humanidad glorificada, el hombre puede apreciar la gloriosa dimensión de la persona divino-humana de Jesucristo.

Esteban, el primer mártir cristiano, testificó ante el concilio que había visto los cielos abiertos, donde vio la gloria de Dios y a Jesucristo que estaba a su diestra. Su testimonio es breve: "Y dijo: He aquí veo los cielos abiertos, y al Hijo del Hombre que está a la diestra de Dios"[49] (Hch. 7:56). Los ojos del concilio estaban puestos en Esteban para condenarlo, los de Esteban se levantaban sobre las

---

[49] Texto griego: καὶ εἶπεν· ἰδοὺ θεωρῶ τοὺς οὐρανοὺς διηνοιγμένους καὶ τὸν Υἱὸν τοῦ᾽Ανθρώπου ἐκ δεξιῶν ἑστῶτα τοῦ Θεοῦ.

dificultades presentes y miraban al cielo. Todos ellos estaban llenos de inquietud y de ira, Esteban estaba lleno de paz, controlado por el Espíritu de Dios. Es el Espíritu quien lo condujo para que pusiera sus ojos en el cielo, literalmente que mirase fijamente al cielo. Dios, que orienta la mirada de Esteban hacia el cielo, le permite ver su gloria. No se dice en qué consistió aquella visión de la gloria, pero sin duda las puertas del cielo se abrieron ante los ojos asombrados y el corazón lleno de júbilo de él. Estaba contemplando la gloria de Dios en medio del tumulto y la turbación de los hombres. Además, no solo veía la gloria de Dios, sino también a Jesús sentado a la diestra de la majestad en las alturas. Jesús estaba en pie, como dando aliento a su siervo en la tierra y dispuesto a recibirlo en su gloria.

Es de este modo glorioso que fue visto por el apóstol Pablo en el camino a Damasco. Así lo describe el relato de Hechos:

Mas yendo por el camino, aconteció que al llegar cerca de Damasco, repentinamente le rodeó un resplandor de luz del cielo; y cayendo en tierra, oyó una voz que le decía: Saulo, Saulo, ¿por qué me persigues? Él dijo: ¿Quién eres, Señor? y le dijo: Yo soy Jesús, a quien tú persigues. (Hch. 9:3-5)

Posiblemente la mente de Saulo trajo el recuerdo de las palabras finales de Esteban ante el sanedrín: "He aquí, veo los cielos abiertos, y al Hijo del Hombre que está a la diestra de Dios" (7:56). Aquella declaración que había sido considerada como una blasfemia, se había convertido para él, en una gloriosa realidad. Jesús no había terminado con su muerte, sino que mediante la resurrección y ascensión estaba glorificado en los cielos. Jesús vivía y los cristianos tenían razón y afirmaban una verdad absoluta, que Él era el Hijo de Dios glorificado a la diestra del Padre y con toda su gloria se aparecía al perseguidor Saulo.

En el Apocalipsis se afirma la posición de Cristo en el trono de Dios: "Al que venciere, le daré que se siente conmigo en mi trono, así como yo he vencido, y me he sentado con mi Padre en su trono" (Ap. 3:21). La importancia de la cita consiste principalmente en el hecho de proceder de la misma persona de Jesucristo, que formula esta promesa a los vencedores y afirma que por su victoria está sentado en el trono de su Padre. Se ha considerado ya la posición del glorificado Señor y se ha hecho una aproximación al hecho admirable de su exaltación a los cielos, por lo que no es necesario añadirla nuevamente en este lugar.

Con todo, Apocalipsis describe la gloria de Jesucristo, quien está sentado a la diestra de Dios. El Señor manda escribir en un libro la revelación y enviarla a las siete iglesias que estaban en Asia (Ap. 1:10-11). El libro la gloria admirable que acompaña a Jesús. Esta descripción merece ser considerada brevemente. En el texto bíblico se lee así:

Y me volví para ver la voz que hablaba conmigo; y vuelto, vi siete candeleros de oro, y en medio de los siete candeleros, a uno semejante al Hijo del Hombre, vestido de una ropa que llegaba hasta los pies, y ceñido por el pecho con un cinto de oro. Su cabeza y sus cabellos eran blancos como blanca lana, como nieve; sus ojos como llama de fuego; y sus pies semejantes al bronce bruñido, refulgente como en un horno; y su voz como estruendo de muchas aguas. Tenía en su diestra siete estrellas; de su boca salía una espada aguda de dos filos; y su rostro era como el sol cuando resplandece en su fuerza.[50] *(Ap. 1:12-16)*

Sin duda, el simbolismo del lenguaje figurado es evidente en el pasaje, por cuya forma hay distintas opiniones interpretativas. No interesa tanto aquí señalar el sentido de cada uno de los elementos de la visión de Juan, sino especialmente la gloria que rodea al Señor.

El que está en medio de los candeleros de oro era uno semejante al hijo de hombre. El adjetivo que usa Juan en el texto griego está en acusativo, cuando ordinariamente rige dativo, dando a entender en esta forma que debe considerarse como un nombre. El título tiene origen profético: "Miraba yo en la visión de la noche, y he aquí con

---

[50] Texto griego: Καὶ ἐπέστρεψα βλέπειν τὴν φωνὴ ἥτις ἐλάλει μετ' ἐμοῦ, καὶ ἐπιστρέψας εἶδον ἑπτὰ λυχνίας χρυσᾶς καὶ ἐν μέσῳ τῶν λυχνιῶν ὅμοιον υἱὸν ἀνθρώπου ἐνδεδυμένον ποδήρη καὶ περιεζωσμένον πρὸς τοῖς μαστοῖς ζώνην χρυσᾶν. ἡ δὲ κεφαλὴ αὐτοῦ καὶ αἱ τρίχες λευκαὶ ὡς ἔριον λευκόν ὡς χιὼν καὶ οἱ ὀφθαλμοὶ αὐτοῦ ὡς φλὸξ πυρὸς καὶ οἱ πόδες αὐτοῦ ὅμοιοι χαλκολιβάνῳ ὡς ἐν καμίνῳ πεπυρωμένης καὶ ἡ φωνὴ αὐτοῦ ὡς φωνὴ ὑδάτων πολλῶν, καὶ ἔχων ἐν τῇ δεξιᾷ χειρὶ αὐτοῦ ἀστέρας ἑπτὰ καὶ ἐκ τοῦ στόματος αὐτοῦ ῥομφαία δίστομος ὀξεῖα ἐκπορευομένη καὶ ἡ ὄψις αὐτοῦ ὡς ὁ ἥλιος φαίνει ἐν τῇ δυνάμει αὐτοῦ.

las nubes del cielo venía uno como un hijo de hombre" (Dn. 7:13). Hijo del Hombre es el título que mayoritariamente utilizó el Señor para referirse a sí mismo, durante su ministerio (cf. Mt. 16:13, 15; 17:9; Mr. 9:8 9). El título no corresponde a humillación, sino a gloria. Especialmente el título adquirió una relevancia especial en la pregunta que Jesús hizo a los suyos sobre la opinión que ellos tenían de quién era el Hijo del Hombre. "¿Quién dicen los hombres que es el Hijo del Hombre?" (Mt. 16:13). Las afirmaciones hechas por el Señor usando ese título ponían de manifiesto su deidad: El Hijo del Hombre tenía autoridad para perdonar pecados (Mt. 9:6); es el Señor del sábado (Mt. 12:8); y el Señor de los ángeles (Mt. 13:41).

Con frecuencia había llamado a Dios su Padre (Mt. 7:21; 10:32; 11:27; 15:13), expresando con ello una relación personal y única con Dios. El título Hijo del Hombre está vinculado directamente también con la obra redentora (Mt. 17:22; 20:18, 19, 28; Jn. 3:14). Ese título tiene connotación de la preexistencia de Cristo (Jn. 3:13; 6:62). Expresa también la condición humana del Señor (Mt. 11:19). En un solo título se recoge deidad y humanidad, es el que corresponde por concreción a quien es Dios-hombre, esto es, Dios que se hace hombre por la encarnación y entra en el mundo de los hombres para realizar la obra de salvación que Dios sólo podía llevar a cabo (Jn. 1:14). Aunque Juan dice que vio a uno semejante a hijo de hombre, lo que estaba viendo realmente era la visión del Hijo del Hombre, que siendo Dios es también semejante a los hombres (cf. He. 2:14). Juan está contemplando al glorioso Señor resucitado.

En la revelación de Juan se describe el aspecto del vestido con que Jesucristo se manifestaba al apóstol en Patmos, era una túnica talar, es decir, un vestido que llegaba hasta los tobillos, al borde de los pies. Un vestido propio del sumo sacerdote en el santuario terrenal. Jesucristo es el sumo sacerdote según el orden de Melquisedec (He. 4:14). Es el sumo sacerdote grande, por cuanto traspasó los cielos, es decir, subió hasta lo más encumbrado de los cielos colocándose sobre y por encima de ellos, tanto en lugar de honor como en acción de soberanía, al situarse en la majestad de las alturas (He. 1:13; 2:9). Este sumo sacerdote glorioso subió por encima de los cielos para llenarlo todo (Ef. 4:10).

Junto con el ministerio sacerdotal está también la dignidad real que le corresponde a quien es rey de reyes. La cinta de oro puesta como un fajín a la altura de su pecho pone de manifiesto la condición real del Señor. Quien es rey es también juez. Nadie más que Él ha recibido la capacidad judicial que Dios ha puesto en su mano (Jn. 5:22). Si la obra salvífica consiste en comunicar vida eterna al creyente, el juicio tiene expresión contraria y coincide con la negativa del hombre a reconocer al Hijo como Salvador personal. El juicio se ha entregado definitivamente al Hijo, que actuará en relación con el tiempo y luego con la eternidad. Esta característica de juez supremo, universal e inapelable debiera ser un llamado a la cordura de los hombres, de manera que acudiesen a Él mientras hay tiempo de salvación y no luego, en un encuentro inevitable para condenación. El salmista advierte de esto a los hombres y a los líderes de los hombres en la tierra: "Honrad al Hijo, para que no se enoje, y perezcáis en el camino; pues se inflama de pronto su ira" (Sal 2:12). Para quienes resistan su voluntad y no le glorifiquen aceptándolo como Señor y Salvador, no les queda otra cosa que la acción judicial de quien juzgará justamente a los hombres por su rebeldía. En contra, Juan y todos los creyentes pueden confiar y ser felices en Él como Salvador y benefactor (Sal. 2:12b).

Los ojos de Juan reposan sobre el rostro del Hijo del Hombre. Observa en la visión la cabeza: y la cabeza de Él, probablemente aquí en sentido figurado, los cabellos de la cabeza, y luego en esa misma forma del lenguaje la barba, aquí como cabellos. Indudablemente es una visión semejante a la que el profeta Daniel hace de aquel que llama Anciano de Días (Dn. 7:9). Una referencia alusiva a la eternidad del Hijo de Dios (Jn. 1:1; He. 13:8). No está refiriéndose la visión a expresar la idea de santidad del Hijo, sino más bien la gloria eterna que comparte con el Padre, como se aprecia en la profecía de Daniel antes citada. Sin duda también está presente la santidad en la manifestación de la blancura inmaculada. No encontrando otras formas para que el lector entienda lo inmaculado del blanco que Juan vio, establece una comparativa doble: por un lado, blancos como lana blanca[51]; por el otro, como nieve[52]. La ausencia de pecado se expresa en la profecía de Isaías comparándola con la nieve y la lana (Is. 1:18). Quien es eterno es también santo. A este Señor adoraron los serafines proclamando su santidad (Is. 6:1-3).

---

[51] Griego: λευκαὶ ὡς ἔριον λευκόν.
[52] Griego: ὡς χιὼν.

Observa también Juan los ojos del Señor y los describe como llama de fuego. Es decir, emitían destellos como llama flameante y pone de manifiesto la penetración de la mirada escudriñadora del Señor. Están haciendo referencia a una vista clara y penetrante. Es una mirada que no se conforma con las apariencias, como tenemos que hacer los hombres juzgando por lo que vemos, sino que penetra al interior de las personas descubriendo todo cuanto traten de ocultar y poniendo al descubierto, no las acciones, sino las intenciones que las motivaron. Esa es también la misma enseñanza de Pablo: "Así que, no juzguéis nada antes de tiempo, hasta que venga el Señor, el cual aclarará también lo oculto de las tinieblas, y manifestará las intenciones de los corazones; y entonces cada uno recibirá su alabanza de Dios" (1 Co. 4:5). Cristo pondrá de manifiesto el modo de actuar de los hombres, y las intenciones ocultas en su interior. Es cierto que el texto de Pablo se refiere a los creyentes, pero la realidad alcanza a cualquier dimensión donde el Señor actúe para juzgar las obras de los hombres. Los ojos como de fuego penetrarán en el interior y traerán a la luz el móvil de las acciones y las causas que las produjeron. Las consecuencias serán el resultado de la aplicación al caso de la perfecta justicia divina. Esa llama de fuego alcanzará a consumir no sólo las obras injustas de los hombres, sino a los injustos mismos. Son una referencia en visión a los ojos escudriñadores del Señor, porque nuestro Dios es fuego consumidor (He. 12:29). Los ojos del Señor arderán también en ira, en un tiempo futuro, examinando a los impíos y arderán como llama de fuego (6:16, 17).

Dice que los pies del Señor tenían un aspecto semejante al bronce bruñido[53]. Realmente la palabra que Juan usa aquí no se encuentra en ningún otro sitio, tan solo aparecerá más adelante en este mismo libro (Ap. 2:18). La idea de esa palabra tiene que ver especialmente con el aspecto brillante, de ahí que se traduzca como bronce bruñido, material propio para confeccionar espejos, que cuando se ponía al sol brillaba deslumbrantemente. Esos pies además eran refulgentes. Juan utiliza aquí una forma verbal que equivaldría a fulgurar por fuego. Es decir, algo semejante a lo que significa al rojo vivo, en que se pone un horno caliente al máximo, de ahí la expresión: como en horno ardiente. La visión tiene por objeto manifestar otro aspecto glorioso del Señor, la disposición para ejecutar juicio, que presenta la omnipotencia de aquel que va a pisar el lagar de la ira de

---

[53] Griego: ὅμοιοι χαλκολιβάνῳ.

Dios sobre el mundo (Ap. 19:15). El bronce es símbolo de juicio y el fuego de ira divina. Es toda ella una visión de lo que será la acción judicial de Dios derramando su ira sobre el mundo no arrepentido. Los malvados serán aplastados y reducidos a ceniza cuando el Hijo de Dios intervenga sobre el mundo (Mal. 4:3). Está simbolizando el poder actuante del omnipotente Dios que se hará insoportable para los impíos y que ninguno, ni en cielos ni en tierra, podrá impedir. Quien vino en su primera ocasión como Salvador, caminando manso y humilde por la tierra, volverá en su segunda venida como juez supremo; nadie resistirá a su autoridad y poder.

Junto con la descripción de los pies está la voz del Señor. Juan la compara con el estruendo de muchas aguas[54]. Aquí está equiparada al ruido impresionante que produce la caída de una gran catarata de agua. Juan, estaba en una isla rodeada de mar; seguramente, oyó en algún momento el batir de las olas encrespadas del mar contra las rocas de la costa. De la misma manera que las muchas aguas no pueden ser contenidas y que un mar embravecido supera totalmente las posibilidades del hombre, así también la intervención judicial de Dios está por encima de cualquier oposición. La visión está procurando despertar el entendimiento hacia la voz poderosa del juez que dictará sentencia inapelable contra los impíos: "Apartaos de mí, malditos, al fuego eterno preparado para el diablo y sus ángeles" (Mt. 25:41). La sentencia será inapelable: "E irán éstos al castigo eterno" (Mt. 25:46). La voz poderosa de Dios despertará también en el tiempo final de la historia humana a todos los que murieron sin salvación para su eterno destino de condenación (Jn. 5:28-29). Los muertos físicos resucitados por el Señor durante su ministerio ponen de manifiesto su omnipotencia, ante la que la misma muerte y el sepulcro no tienen capacidad de resistencia. Aunque comprende el aspecto del juicio final, que también se menciona en el libro (Ap. 20:11-15), la visión comprende el tiempo del gran juicio de Dios en el Día del Señor, donde la ira de Dios descenderá sobre los moradores de la tierra que sufrirán las consecuencias de su rebeldía contra Dios.

Dirige la atención del lector hacia la mano de Cristo, concretamente a su mano derecha, en la Biblia la mano del poder, símbolo de quien tiene honor, autoridad y gloria. La visión es más bien de una mano que se cierra que de la palma de una mano. En

---

[54] Griego: φωνὴ ὑδάτων πολλῶν.

ella, bien sujetas, estaban siete estrellas, una mano inconmovible que sustenta firmemente las siete estrellas. Estando en la posición de la mano del poder quiere decir que no sólo están sustentadas por Él, sino que es Él quien, como Señor, determina el destino de ellas. Estando en su mano derecha indica también que gozan de su favor y protección.

Observa también la espada que salía de su boca. El verbo que utiliza Juan en participio de presente en voz media expresa la idea de algo que está en curso, como si dijese que la espada estaba saliendo de su boca. El arma no era defensiva, sino ofensiva. No se trataba de una espada corta, sino de la espada de combate, utilizada para el ataque en una ofensiva militar. La espada es el emblema de quien tiene autoridad para juzgar y ejecutar la sentencia judicial (Ro. 13:4). Esa espada se cataloga como de dos filos[55], literalmente en griego *de dos bocas*, de manera que actúa en todas las direcciones. No importa hacia dónde la dirija el que la maneje, tiene filo cortante para herir al oponente. Es el arma propia del juez que juzga a los enemigos (Ap. 2:12). Además, Juan al detallar la visión señala también que era aguda, es decir, estaba bien afilada para que cumpliese la misión prevista para ella. El apóstol Pablo escribe sobre el magistrado que lleva espada para actuar contra los malvados (Ro. 13:4). Dios actuará en juicio contra quienes no se arrepientan con la espada, es decir, con el juicio y castigo que corresponda a cada uno según su estricta y recta justicia, que da tiempo para la rectificación y el arrepentimiento (Ap. 2:16). El aspecto judicial determinado en la figura de la espada alcanza a los individuos y a los colectivos, las naciones (Ap. 19:15). La victoria final de Dios sobre sus enemigos queda representada también por la acción de esta espada que sale de la boca del Señor (Ap. 19:21). La visión que Juan presenta aquí es, sin duda, una visión de juicio: el Señor dispuesto a actuar judicialmente sobre el mundo a causa del pecado de los hombres. Esa espada que sale de la boca equivale también a su palabra de autoridad. Esa palabra del Señor es irresistible. Quien creó los mundos y los sustenta con la palabra de su poder (He. 1:3), cuya determinación por omnipotencia se cumple siempre, actuará también con ese mismo poder de su palabra contra los que se oponen impíamente a Dios. La Palabra escrita, vinculada a la boca de Dios, es comparada también con una espada de dos filos que entra hasta lo profundo de la intimidad del hombre para poner al

[55] Griego: δίστομος.

descubierto las intenciones del corazón (He. 4:12). Esa palabra del Señor juzgará y castigará a los perversos (Jn. 12:48).

De la boca, desde donde sale la espada aguda, pasa ahora a describir el aspecto general del Señor, diciendo que tenía la apariencia como "el sol cuando resplandece en su fuerza". Juan no se refiere sólo a la cara, sino en general a la persona, usando de nuevo una figura del lenguaje que expresa el todo por la parte, de modo que rostro aquí equivale a la persona. Dice Juan que el aspecto del Señor era glorioso, luminoso, brillante, semejante a lo que produce cuando se ve el sol del verano al mediodía en toda su intensidad. Al Señor se le llama en el Antiguo Testamento el "sol de justicia" (Mal. 4:2). Tal vez en la mente de Juan surgiera el recuerdo de la visión gloriosa del Señor en el monte de la transfiguración, donde la luminosidad propia de la gloria de la deidad se hizo visible en Jesús (Mt. 17:2).

Juan, acostumbrado a las descripciones bíblicas de la *shekinah*, la gloria de Dios, podía entender que la luminosidad y el aspecto majestuoso de Jesús correspondía al que es propio de Dios. Ante semejante manifestación gloriosa, Juan cayó a los pies del Señor, como no podía ser de otro modo. Era postrarse en tierra ante la impronta de la gloria de Dios manifestada en el Señor; sólo esa es la posición propia de quien está delante de Dios.

CAPÍTULO XIX
OFICIOS DE JESUCRISTO

Introducción

La exaltación a la diestra de Dios introduce una nueva dimensión en el ministerio de Jesucristo. El que está sentado en el trono de Dios, esperando que sus enemigos sean puestos por estrado de sus pies, está también en pie delante del trono (Ap. 5:6). Si en la primera figura el Cordero sentado expresa la idea de una obra terminada a la que ya no se puede añadir nada más, en la segunda, el Cordero en pie tiene que ver con actividad.

Conduce esto, en la tesis cristológica, a la consideración de lo que se llaman los oficios de Jesucristo que, si bien comenzaron ya en el tiempo de su ministerio terrenal, se extienden definitivamente a perpetuidad. Con esto se puede dar por concluida la aproximación que se ha hecho a la cristología. Sin duda, hay muchos otros elementos que caben en este apartado de la Teología Sistemática, como la psicología del hombre Jesús, el estudio del yo en Jesucristo, la acción redentora del Hijo de Dios, pero que tienen relación también con otras partes de la sistemática, como pueden ser la antropología y la soteriología, dejando estos temas —y otros no mencionados— para el estudio de otras partes de la teología.

La Biblia enseña que Dios utilizó la unción de personas para colocarlos en un determinado oficio relacionado con la deidad. Este ritual ponía de manifiesto la santificación de personas —también de objetos— para el propósito divino para el que eran llamadas. El aceite de la unción era también símbolo del Espíritu Santo que capacitaba y sostenía con su poder fortificando la energía vital para el ministerio. La unción con aceite era un símbolo de que el servicio que hacían procedía de Dios y se ejercía con el poder de una vida dotada con el poder divino, en su actuación.

Se ungía a los sacerdotes y en especial al sumo sacerdote, como Dios había instruido (Ex. 29:7). El primero del orden sacerdotal fue Aarón (Lv. 8:12). En las prescripciones establecidas para el sacerdocio se insiste en hacer notar que era "el sacerdote ungido", esto es, consagrado por la unción (Lv. 4:5; 16:32). Solo podían ejercer el sacerdocio cuando habían sido ungidos. De igual manera, se habla de la unción de los reyes —de forma mayoritaria, de los de Israel, aunque también en el caso de los gentiles, como el caso de Hazael, rey de Siria (1 R. 19:15)—. El oficio real situaba a los reyes como regentes en la tierra por disposición divina. A ellos se demandaba que viviesen en obediencia a Dios y sujeción a su ley. La unción de los reyes se encomendaba a un hombre de Dios, profeta o sacerdote. Samuel ungió a los dos primeros reyes de Israel, Saúl (1 S. 10:1) y David (1 S. 16:13). El profeta Elías ungió a Jehú por rey sobre Israel (1 R. 19:16). Los reyes de Judá eran ungidos en el templo por un sacerdote, como es el caso de Salomón, que la recibió por Sadoc (1 R. 1:39), y Joás, por el sumo sacerdote Joiada (2 R. 11:12). La unción simbolizaba que habían sido elegidos por Dios para ser instrumentos suyos en el gobierno del pueblo. Se ungía también a los profetas; a modo de ejemplo, la unción de Eliseo por su antecesor Elías, a quien Dios ordenó que lo ungiera para que fuese profeta en su lugar (1 R. 19:16). No se menciona una unción general para todos los profetas, pero es suficiente con el simbolismo de la de Eliseo para entender que el profeta estaba en relación con Dios para transmitir su mensaje al pueblo.

A Jesús le fue dado el Espíritu sin medida (Jn. 3:34). En tal sentido fue en el plano de su humanidad ungido para lo que había sido enviado. En el plano soteriológico es el sumo sacerdote que presentó un sacrificio único e irrepetible, mediante el cual ha reconciliado al mundo con Dios, ha extinguido la responsabilidad penal del pecado para el creyente y se ha constituido en intercesor y abogado para su pueblo. En cuanto a la condición de profeta, vino para la mayor misión que profeta alguno hubiera podido hacer, que es la de revelar al Padre, no en la dimensión limitada como lo hicieron los profetas a lo largo del tiempo, sino en la absoluta y perfecta, por la que Dios guarda silencio desde entonces en cuanto a manifestar lo que es y hace, ya expresado absolutamente en Cristo. Relativo al oficio real, Jesús vino para triunfar sobre principados y potestades en la cruz, de modo que el cetro de autoridad que Satanás había arrebatado al hombre por la caída en la tentación, mediante cuya usurpación es príncipe de los reinos de este mundo, ha pasado a manos del Señor, anunciando en su resurrección y glorificación el cumplimiento del propósito divino que lo establece como rey de reyes y Señor de señores.

En la consideración de este aspecto de la cristología, se sigue el siguiente desarrollo:

Oficios de Jesucristo.
Jesús como sumo sacerdote.
Jesús como profeta.
Jesús como rey.
Vinculación con la esperanza cristiana.
Anuncio de la segunda venida.
El Reino de Dios en la tierra.
Cielos nuevos y tierra nueva.
El estado eterno.

Oficios de Jesucristo

Oficio sacerdotal

El ministerio actual de Jesucristo en la gloria es amplio, tanto en importancia intrínseca como en consecuencias. El oficio como sacerdote está ampliamente testificado y, como se ha indicado antes, tiene que ser tratado en diferentes partes de la teología sistemática, de modo que una parte extensa del mismo se tiene que considerar en la soteriología, donde el sacrifico expiatorio se sitúa en el mismo núcleo de la doctrina de la salvación. Aquí, por tanto, debe ser tratado en la dimensión del oficio sacerdotal en general y sobre todo en la realización actual en el cielo.

El sacerdocio en general como historia humana está vinculado a los orígenes del hombre en la tierra. Sin embargo, es necesario distinguir a los sacerdotes que, desconociendo al Dios verdadero, no por falta de revelación suficiente, sino por rebeldía, sirven y sacrifican a los dioses falsos que, en realidad, son los demonios que se esconden tras los ídolos —afirmación presente ya en el Antiguo Testamento (cf. Lv. 17:7; Dt. 32:17; Sal. 106:37) y reafirmada en el Nuevo (cf. 1 Co. 10:20; Ap. 9:20)—. Por esa causa, hay dos términos diferentes para referirse a los sacerdotes en el Antiguo Testamento. Una acepción es *kemarim* (2 R. 23:5; Os. 10:5; Sof. 1:4), voz siríaca, cuya etimología, según expertos, equivale a *negrura, tristeza,* tal vez porque esos sacerdotes se vestían con ropas talares negras y tenían actitud de duelo y lamentación, contrastando con las vestiduras de lino fino y blanco de los sacerdotes que servían al Dios verdadero.

Para referirse a los sacerdotes del Señor, se usa el término hebreo *kohen*, "el que oficia", y en griego ἱερεύ", que es aquel que ofrece sacrificios y tiene a su cargo lo que con ello se relaciona. La acepción hebrea denota intercesión a favor de otros, mientras que la voz griega expresa la idea de algo consagrado a Dios. Esa es también la causa del uso de los atuendos propios del sacerdocio que ponen de manifiesto que el sacerdote representa a los hombres delante de Dios. Por esa razón, en la antigua dispensación, junto con los vestidos sacerdotales, estaba la mitra con la lámina de oro en la parte inferior, que tenía la inscripción: SANTIDAD A JEHOVÁ. En el pectoral llevaba, junto al corazón, el nombre de las doce tribus, quedando así representado todo el pueblo que simbólicamente llevaba suspendido sobre sus hombros a la presencia de Dios. En tal sentido, la función sacerdotal es doble: ofrecer sacrificios a Dios y hacer intercesión por el pueblo.

Las funciones sacerdotales en el Antiguo Testamento están recogidas sintéticamente en la epístola a los Hebreos, donde se lee: "Porque todo sumo sacerdote tomado de entre los hombres es constituido a favor de los hombres en lo que a Dios se refiere, para que presente ofrendas y sacrificios por los pecados" (He. 5:1). Este versículo debe ser complementado con otros; nos permite establecer las características de la función sacerdotal (cf. Nm. 6:22-27; He. 7:25). Estas funciones son:

a) El sacerdote es tomado de entre los hombres como representante de éstos delante de Dios.
b) El sacerdote es designado por Dios y no por los hombres.
c) Su ministerio esencial es presentar ofrendas y sacrificios por los pecados.
d) Su servicio está vinculado a la relación de los hombres con Dios en el aspecto soteriológico.
e) La intercesión forma parte del ministerio sacerdotal.
f) El sumo sacerdote impartía en el nombre del Señor la bendición de Dios sobre el pueblo.

El oficio sacerdotal se aprecia ya en los distintos tipos del Antiguo Testamento, siendo desarrollado como tema principal en la epístola a los Hebreos. En la profecía recogida en los Salmos se hace mención específica al oficio sacerdotal del Mesías: "Juró Jehová, y no se arrepentirá: Tú eres sacerdote para siempre según el orden de

Melquisedec" (Sal. 110:4). Esta cita aparece no menos de cuatro veces en Hebreos (cf. 5:6; 6:20; 7:17, 21). En forma semejante: "Habrá sacerdote a su lado; y consejo de paz habrá entre ambos" (Zac. 6:13), texto al que hace referencia el apóstol Pablo en 2 Corintios 5:19 al referirse a la obra de reconciliación, en que Cristo está al lado de Dios en el ejercicio de ese ministerio sacerdotal.

En relación directa con Jesucristo, el oficio sacerdotal está presente en muchos lugares del Nuevo Testamento. Podrían agruparse las referencias en dos aspectos: a) La realización del sacrificio por el pecado. El sacrificio de Jesús en la cruz cumple como antitipo absolutamente de los tipos de los sacrificios del Antiguo Testamento, tanto en el significado como en la eficacia. Los principales se establecían en tres de olor suave y dos de olor no suave. Los tres primeros expresan actitudes de obediencia, sujeción y amor, y eran el holocausto, la oblación y la ofrenda de paz recogidos en Levítico 1-3. Los dos siguientes eran el sacrificio por el pecado, ofrecido para la expiación de la culpa, y el sacrificio de expiación, como consecuencia de los efectos dañinos del pecado. Los más destacables son, sin duda, el holocausto y el de expiación. En ambos, Cristo fue nuestro representante. En cuanto al holocausto, se inicia desde su entrada en el mundo (He. 10:5-7) y se consumó en la cruz (He. 13:10-12), sin solución de continuidad durante toda su vida (Jn. 4:34; 17:4), siendo para nosotros el ejemplo supremo de consagración y entrega total a Dios (Ro. 12:1; He. 13:13-16); sin embargo, en este aspecto, Jesús no fue nuestro sustituto. De lo contario, quedaríamos desligados de toda obediencia activa a lo establecido por Dios. Pero fue nuestro sustituto en el sacrificio de expiación por el pecado, ofrecido y consumado plenamente en la cruz, donde "fue hecho por nosotros maldición" (Gá. 3:13). Puesto que estos dos aspectos del sacrifico de Cristo han sido consumados definitiva y perpetuamente, aparece el Señor sentado, simbolizando —como se ha dicho antes— la conclusión de este aspecto sacrificial (He. 1:3; 8:1; 10:12). b) El segundo aspecto de la función sacerdotal de Cristo, el de intercesión, permanece hasta la consumación de los tiempos, de modo que el que es sumo sacerdote "permanece para siempre" (He. 7:24), por cuya razón "puede salvar perpetuamente a los que por él se acercan a Dios, viviendo siempre para interceder por ellos" (He. 7:25).

El oficio sacerdotal del Señor glorificado se presenta también como abogado, actuando frente a los pecados de los creyentes:

"Hijitos míos, estas cosas os escribo para que no pequéis; y si alguno hubiere pecado, abogado tenemos para con el Padre, a Jesucristo el justo" (1 Jn. 2:1).

La ordenación sacerdotal del Antiguo Pacto exigía la unción con aceite del que Dios consagraba para ese oficio. De ese mismo modo, la consagración de Jesucristo para el oficio sacerdotal. A Él se le dio el Espíritu sin medida, como escribe el apóstol Juan: "El que Dios envió, las palabras de Dios habla; pues Dios no da el Espíritu por medida" (Jn. 3:34). El texto, en una primera lectura, admite la interpretación de que el sujeto que da el Espíritu es Cristo a los creyentes, a quienes se establece que vivan, anden, se conduzcan en el Espíritu, en sentido de hacerlo en la plenitud del Espíritu (Gá. 5:16). Pero la segunda interpretación tiene mayor consonancia con todo el contexto del evangelio según Juan: Dios da a Jesucristo el Espíritu sin medida. Tiene necesariamente que ser así, puesto que la comunión intra-trinitaria de las personas divinas así lo exige. Además, la presencia del Verbo encarnado tiene vinculaciones directas con el Espíritu en el plano de su humanidad. Jesucristo fue encarnado por instrumentalidad del Espíritu; el ángel Gabriel anunció a María que su Hijo sería concebido por el Espíritu Santo (Lc. 1:35); la misma revelación fue comunicada a José (Mt. 1:20). El Espíritu está presente en el desarrollo físico de Jesús como hombre, donde se dice que al crecimiento en estatura le correspondía también el crecimiento en sabiduría (Lc. 2:40). Si en Jesús habita corporalmente toda la plenitud de la deidad, no cabe duda de que, en su humanidad, la tienda de campaña de Dios habitando con los hombres (Jn. 1:14), el Espíritu estaba en esa misma plenitud, sin medida. La presencia del Espíritu en el ministerio de Jesús había sido profetizada (cf. Is. 11:2-3; 42:1; 61:1). Los milagros mesiánicos, señales de su mesianismo, fueron hechos en el poder del Espíritu (Hch. 10:38). De Él se dice que fue ungido por Dios con "oleo de alegría más que a tus compañeros" (He. 1:9). El mismo Señor habla de su cuerpo como el templo (Jn. 2:19); por tanto, era el templo donde el Espíritu de Dios moraba en plenitud. Cristo en su humanidad estaba lleno del Espíritu Santo; por tanto, aquí se recuerda esa verdad que Dios le dio el Espíritu sin medida. Con esa presencia fue revestido de poder para su ministerio (Lc. 4:14). El mismo Señor declaró que era por el poder del Espíritu que echaba fuera los demonios (Mt. 12:28). Sin embargo, Jesús no fue un mero instrumento en manos del Espíritu, puesto que, como Dios manifestado en carne, tenía en Él las perfecciones divinas en plenitud. Muchas veces, los milagros que no tenían que ver con las evidencias mesiánicas, fueron hechos por la autoridad del Verbo expresada por boca del hombre Jesús, cuya naturaleza humana subsistía en la persona divina del Hijo de Dios. Como hombre, Cristo es ejemplo de vida para el creyente; de ahí la relación tan directa entre su humanidad y el Espíritu Santo. Mientras que el Espíritu se comunicaba a los mensajeros de Dios en la antigüedad, los profetas, en la medida necesaria para su ministerio, no se da en esa misma medida a la naturaleza humana del Hijo de Dios, porque Él no habla palabras comunicadas, sino las oídas por Él mismo en el seno del Padre, ni hace las obras que se le encomiendan, sino que reproduce todo cuanto ve hacer al Padre.

Jesucristo no hubiese podido ser sumo sacerdote conforme al sacerdocio levítico puesto que Él era de la tribu de Judá, de la que procedía el linaje real. Pero dejando concluido el servicio sacerdotal del antiguo orden, por extinción de los sacrificios, tipos del sacrificio perfecto del "Cordero de Dios que quita el pecado del mundo" (Jn. 1:29), el sacerdocio de Cristo se establece según el orden de Melquisedec. Este estaba fuera de cualquier limitación porque en relación con el personaje histórico antecedía al pueblo de Israel y, por tanto, a las tribus, entre la que estaba la sacerdotal, la de Leví. Así lo enseña Hebreos: "Pues se da testimonio de él: Tú eres sacerdote para siempre, según el orden de Melquisedec" (He. 7:17). Mientras que los sacerdotes levíticos tenían que ser renovados por esta causa, Jesús vive para siempre, por lo que es sacerdote perpetuo según el orden de Melquisedec. Sin duda, la proclamación tiene que ver con el hecho de la encarnación de Verbo de Dios, ya que fue eternamente destinado a ser el sumo sacerdote de nuestra redención. Establecido como soberano, exaltado a la diestra de Dios, permite al Padre proclamarlo como sumo sacerdote perpetuo, porque vive perpetuamente para interceder por quienes son salvos por medio de Él (He. 7:25). Siendo Jesús el glorificado Señor que vive para siempre, puede ser el sacerdote perpetuo, esto es, está vinculado por potencialidad de vida a la que es indestructible, porque es incorruptible e imperecedera, donde no hay término. La vida vinculada al Verbo hace que este sacerdote perpetuo sea también Él mismo "la resurrección y la vida" (Jn. 11:25). La ofrenda que este sumo sacerdote presentó a Dios por el pecado era Él mismo, viniendo a ser al mismo tiempo sacerdote y víctima, es decir, fue el sacerdote oficiante y el cordero sacrificado que "se ofreció a sí mismo, sin mancha a Dios" (cf. Ef. 5:2; Tit. 2:14; He. 9:14; 10:12).

El oficio sacerdotal pasa de la tierra al cielo, donde el sumo sacerdote entró para seguir en el ejercicio de este ministerio perpetuamente; es decir, donde el sumo sacerdote está, con Él está el oficio sacerdotal. Así la enseñanza bíblica: "Por tanto, teniendo un gran sumo sacerdote que traspasó los cielos, Jesús el Hijo de Dios, retengamos nuestra profesión" (He. 4:14). El gran sumo sacerdote en la culminación de su obra redentora, habiendo ofrecido el sacrificio por los pecados del mundo consistente en dar su propia vida en la cruz, ascendió a los cielos traspasándolos. Esto es, subió hasta lo más encumbrado de los cielos, asunto considerado antes y referido como la diestra de la majestad en las alturas (He. 1:13; 2:9). Los cielos que Jesús traspasó son las regiones celestiales hasta alcanzar el trono de Dios. Como ya se ha comentado, para los judíos había tres cielos: el primero era el atmosférico, el segundo el de los astros y el tercero el cielo de Dios, esto es, donde Dios se manifestaba en la gloria de su trono. Por tanto, Jesús, en su ascensión, traspasó los cielos. Incluye esto también el tercer cielo, puesto que alcanzó, en la figura del lenguaje, el más alto lugar y el honor supremo hasta sentarse a la diestra de la majestad. El gran sumo sacerdote "subió por encima de todos los cielos para llenarlo todo" (Ef. 4:10). Aquél que había primero descendido "a las partes más bajas de la tierra" es revestido de gloria y ascendido a la más alta dignidad, habiéndole sido dado el nombre que es sobre todo nombre (Fil. 2:9-11). En su descenso se solidarizó con los hombres hasta alcanzar la posición más baja del más bajo de ellos para hacerlos salvables. Este descenso fue necesario para hacer salvable a cualquier pecador. Hasta ahí llegó el sumo sacerdote en entrega sacrificial por el pecador. Desde esa posición de humillación fue ascendido a la máxima gloria, ocupando la posición de poder y de honor al haber traspasado los cielos y haberse sentado en el lugar más alto, que corresponde sólo a Dios. El privilegio de los sumos sacerdotes era pasar una vez al año el velo y entrar en el Lugar Santísimo del santuario terrenal. Por tanto, se vislumbra ya la grandeza y gloria del sumo sacerdote que es Cristo.

Ninguna duda es posible sobre la identificación del sumo sacerdote: es Jesús, el Hijo de Dios. La humanidad y la deidad están siempre juntas en Él. Es Jesús, nombre dado a la humanidad del que nació en Belén (Lc. 1:31), y el Hijo de Dios, título relativo a la condición divina de la segunda persona en el seno trinitario. La relación indisoluble de las dos naturalezas en la persona del Verbo encarnado (Jn. 1:14) se manifiesta también aquí. El sumo sacerdote es una persona divino-humana. Es notable apreciar cómo la Escritura enfatiza la deidad de Jesús. De modo que, quien es hombre perfecto, es también Dios verdadero. Jesús, el hombre, es también el Hijo de Dios, con artículo determinado, que lo vincula como único de esa condición. La enseñanza del Nuevo Testamento puntualiza siempre la filiación divina de quien es llamado sumo sacerdote. Cristo es superior a los profetas por ser el Hijo, y al ser consumación se convierte en el criterio de la lectura profética. Como Hijo, es el heredero de todo, ya que todo fue fundado y creado en Él, y es para Él. Este Hijo ha hecho posible, por su condición de Dios, la purificación de los pecados, y habiendo descendido a las partes más bajas de la tierra en la función salvífica, ahora está ascendido y comparte el trono y el poder de Dios. Este sumo sacerdote, que es Hijo de Dios, es incomparablemente superior a todo y a todos, por cuanto es el "resplandor de la gloria y la imagen misma de la sustancia de Dios" (He. 1:3). La epístola une sacerdocio y filiación. Esta filiación es eterna, porque es divina, pero como el Hijo se introdujo en la temporalidad mediante la encarnación, es también filiación expresada en el tiempo, siendo asimismo filiación en la pos-existencia, que supera y trasciende la temporalidad ingresando nuevamente en la eternidad de Dios. Por eso es un sacerdocio para siempre según el orden de Melquisedec. De ninguna otra manera puede enseñarse con absoluta precisión la grandeza divina del Hijo y su solidaridad humana en un acto de identificación y, más que de aproximación, de aprojimación con el hombre. El Hijo de Dios es el hermano del hombre, especialmente en relación con el creyente (He. 2:11); por eso puede ser y es sumo sacerdote. Es por la entrega de su vida humana, hecha en el amor del Hijo y en la solidaridad del hermano, que todos los creyentes somos santificados. De ese modo, el sacerdocio de Cristo está unido por un lado a la realidad de su filiación divina y por el otro a la realización humana de esa filiación en el sufrimiento y en la entrega, como expresión suprema de amor y gracia de Dios que con Él y en Él descienden a la tierra en misión salvadora (Jn. 1:17). Este sumo sacerdote puede ser representante de los hombres y objeto de la fe de ellos, ya que la reclama para sí del mismo modo que para el Padre (Jn. 14:1). Es el mediador que como hombre mantiene la dignidad divina que eternamente tiene como Dios (2 Co. 8:9; Fil. 2:6). El creyente tiene un notable privilegio ante la grandeza de su sumo sacerdote: retener la profesión —o mejor, la confesión, como se lee en el texto griego— de su fe en Cristo. El cristiano debe retener firmemente su confesión.

La constitución de Jesucristo como sumo sacerdote para siempre no es algo que Él se ha arrogado, sino que es el Padre quien lo ha establecido: "Así tampoco Cristo se glorificó a sí mismo haciéndose sumo sacerdote, sino el que le dijo: Tú eres mi Hijo, Yo te he engendrado hoy" (He. 5:5). Algunos en la antigüedad asumieron funciones sacerdotales que no les correspondían y fueron disciplinados por Dios a causa de ello. Anteriormente se consideró que Dios es el único que puede llamar y designar al sacerdote, determinando las personas a quienes corresponde ofrecer sacrificios a favor del pueblo. En ese mismo orden de cosas, aun Cristo, el Hijo de Dios, no vino a su condición de sacerdote perpetuo por decisión personal, sino a causa de la disposición divina establecida antes. De ese modo, conforme a la norma de reconocimiento para los sacerdotes humanos, tampoco Jesús se nombró a sí mismo sacerdote. No se arrogó Él la gloria y el honor del sacerdocio haciéndose a sí mismo sacerdote, sino que fue llamado por el Padre a esa condición. Para confirmar esta verdad, el autor acude nuevamente a una referencia del Antiguo Testamento. En esta ocasión, apela al Salmo mesiánico (Sal. 2:7). La proclamación pública —yo diría: *cósmica*— del Padre anuncia que Cristo, su Hijo, es el sumo sacerdote perpetuo. El escrito afirma que Dios "lo dijo", es decir, lo expresó públicamente para que todos conozcan la determinación divina. El decir de Dios manifiesta la filiación eterna con Cristo, nuestro Señor: "Tu eres mi Hijo, Yo te he engendrado hoy". Jesús es engendrado en sentido de relación continuativa con el Padre por la resurrección de los muertos. Dios había hecho notar en el ministerio de Jesús que aquel a quien los hombres consideraban tan solo como un hombre era realmente el Hijo de Dios. Sin embargo, es en la resurrección de Jesús de entre los muertos cuando la proclamación adquiere un sentido de mucha mayor dimensión, especialmente en el aspecto soteriológico e incluso escatológico. Aquel Jesús, el Hijo del Hombre, crucificado y muerto por los hombres, es resucitado por Dios y ya vivo en su humanidad, habiendo recibido la dotación del cuerpo de resurrección es presentado a todos como el mismo y eterno Hijo de Dios. De ese modo, como ya se ha dicho, lo entiende e interpreta el apóstol Pablo (Hch. 13:33). El hombre Jesús fue elevado a la suprema condición sacerdotal por la resurrección y la glorificación (Fil. 2:9-10). El Mesías es Hijo de Dios, participando de la doble naturaleza divino-humana, por lo que es absolutamente perfecto para mediar entre Dios y los hombres como mediador único (1 Ti. 2:5) y, por esa misma condición, es constituido para el oficio sacerdotal perpetuo. Sin embargo, aunque la proclamación cósmica de su condición sacerdotal tiene lugar en la resurrección, Jesucristo es el sumo sacerdote perfecto desde el momento de la encarnación. La unión hipostática lo califica como único para ese ministerio. El "hoy" de la proclamación corresponde al día de la entronización de Cristo a la diestra de Dios, exaltando al crucificado como "Señor y Cristo" (Hch. 2:36). Jesús, el sumo sacerdote perpetuo, actúa con una autoridad que no es adquirida, sino que le corresponde eternamente. Con su sacrificio sacerdotal expiatorio pone el poder de la vida donde antes estaba sólo el poder de la muerte. En su ministerio intercesor restaura el diálogo quebrado por la caída, que no es otra cosa que el juzgar del hombre a Dios considerándolo como indigno de confianza. En este sumo sacerdote se encuentra la realización suprema y definitiva de la implicación de Dios en el destino del hombre y, de forma especial, en el de su pueblo redimido. El sumo sacerdote hace superable la condición de alejamiento a causa del pecado, por la obra de redención. Este sumo sacerdote está en el cielo, "donde Jesús entró por nosotros como precursor, hecho sumo sacerdote para siempre según el orden de Melquisedec" (He. 6:20).

El oficio sacerdotal de Jesucristo en los cielos comprende dos aspectos fundamentales: intercesor y abogado.

Ministerio de intercesión

El oficio sacerdotal, como se ha considerado antes, se establece en dos funciones: ofrecer sacrificios e interceder por el pueblo de Dios ante Él. El aspecto sacrificial ha concluido y es irrepetible, puesto que el Cordero de Dios fue sacrificado en expiación por el pecado. Este sacrificio fue hecho "una vez para siempre" (He. 7:27). En cuanto al aspecto de intercesión, sigue operativo desde la ascensión y entronización a la diestra de Dios. Como sumo sacerdote, ya había intercedido por los suyos; la oración sacerdotal es una evidencia histórica de operación intercesora por los suyos (Jn. 17:9, 20).

Un texto clave, que se ha citado antes, enseña el ministerio de intercesión del Señor: "Por lo cual puede también salvar perpetuamente a los que por él se acercan a Dios, viviendo siempre para interceder por ellos"[56] (He. 7:25). Se llega aquí a la expresión

---

[56] Texto griego: ὅθεν καὶ σῴζειν εἰς τὸ παντελὲς δύναται τοὺς προσερχομένους δι' αὐτοῦ τῷ Θεῷ, πάντοτε ζῶν εἰς τὸ ἐντυγχάνειν ὑπὲρ αὐτῶν.

definitiva de lo que Cristo es: "Por lo cual"[57]; porque Cristo tiene un sacerdocio inmutable, es posible llegar a la conclusión de que es cierta la seguridad de salvación. La salvación de Dios no es temporal, sino perpetua. En ella está involucrada la dotación de vida eterna (Jn. 3:16); por tanto, corresponde, en la limitación del hombre, el acceso a la perpetuidad de esa salvación en su propia experiencia. El poder salvador de Cristo no merma ni desaparece porque el que salva y provee de sacrificio expiatorio por el pecado vive eternamente. Sin embargo, no se trata de puntualizar la extensión temporal que hace perpetua la salvación, sino el alcance pleno de la misma; no es tanto salvar perpetuamente, sino más bien salvar hasta lo sumo. Nuestro Señor puede salvar porque hizo todo lo necesario para hacer posible la salvación de los pecadores; es decir, puede salvar hasta el extremo, no hay nada que falte por hacer en la economía de la salvación, lo que indica la idea de perfección y culminación.[58] Nada queda por añadir a la salvación que se otorga al creyente, en toda la dimensión posible de su gloriosa grandeza.

La función sacerdotal de ofrecer sacrificio por el pecado se ha consumado en el sacrificio del Calvario, hecho una vez para siempre (He. 9:25-28; 10:10-14), lo que añade al concepto de salvación plena el de temporalidad, en el sentido de que lo que es completo, es también perpetuo. La salvación provee vida eterna (Jn. 3:16). Esa vida eterna, única en Dios y que sólo Él puede dar como don a todo aquel que cree, fluye al salvo por el único mediador entre Dios y los hombres, que es Jesucristo hombre (1 Ti. 2:5). La salvación es de alcance universal: *a los*[59], es decir, a todos cuantos se acercan a Dios por medio de Él[60]. Sólo hay vida eterna en identificación con Dios, por medio de su Hijo; de ahí que la condición sea acercarse y tan solo es posible ese acercamiento vital por medio de Jesucristo y en Él (Jn. 14:6). La verdad es que no hay salvación fuera de Jesús (Hch. 4:12).

La seguridad de salvación que queda establecida en el don de la vida eterna, que Dios otorga a todo aquel que cree, se complementa por la acción intercesora del sumo sacerdote que vive para siempre. No se trata de algo ocasional o puntual, sino de un ministerio perpetuo.

---

57 Griego: ὅθεν.
58 La misma frase en Lc. 13:11 en el texto griego.
59 Griego: τοὺς.
60 Griego: προσερχομένους δι᾽ αὐτοῦ τῷ Θεω.

El que murió también resucitó y ascendió a la diestra de Dios para establecer, como corresponde a su oficio sacerdotal, la intercesión comprometida de antemano en la oración sacerdotal (Jn. 17:9). La presencia de su santa humanidad entregada en sacrificio expiatorio por nuestro pecado presenta continuamente ante el Padre la obra redentora y con ella la extinción definitiva de la responsabilidad penal por el pecado de los creyentes, de tal manera que ya no es posible la condenación para quienes han sido puestos en Él (Ro. 8:1). Las señales de su obra en la cruz, las marcas en sus manos y en su costado, son exhibidas continuamente en la majestad de las alturas, ya que así las conserva después de la resurrección (Jn. 20:25-27; Ap. 5:6). Esa intercesión descansa en dos grandes principios: a) El deseo que Jesús expresa ante el Padre a favor de los suyos; b) La eficacia absoluta de su irrepetible y definitivo sacrificio para salvación. El ministerio de intercesión es permanente en los cielos hasta que los redimidos sean trasladados a la presencia del Señor (He. 10:13). El Señor vive ahora en continua intercesión para aquellos que se acercan a Dios por medio de Él. La continuidad del ministerio intercesor se aprecia en la posición del Cordero en los cielos, puesto en pie (Ap. 5:6), culminando perpetuamente la forma del antiguo sacerdocio que permanecía en pie mientras oraba por el pueblo. Nadie puede acusar para condenación a los escogidos de Dios (Ro. 8:33-39). La intercesión continua de Cristo es su misma presencia a la diestra de Dios, por lo que su misma vida en el poder de la resurrección es la oración de intercesión ante Dios.

El versículo enfatiza la realidad de la proximidad con Dios de todos los creyentes, que pueden acercarse por medio de Jesucristo. En su ministerio se refirió a sí mismo como “el camino” (Jn. 14:6). Ese camino está permanentemente abierto para acercarse a Dios porque el mismo que es camino está en la presencia de Dios como sumo sacerdote que hace algo más que representar a su pueblo, lo lleva en sí mismo ante Dios, haciéndolo sentar posicionalmente con Él en los lugares celestiales (Ef. 2:6). Por su condición divino-humana, Dios se acerca al hombre en la deidad de su Hijo y el hombre se acerca a Dios en la humanidad del Señor, con la seguridad de acceso constante e inmediato. Él es sumo sacerdote para hacer la propiciación por el pecado de su pueblo (He. 2:17 ss.) y también para compadecerse de nuestras debilidades, proveyendo para todos los suyos de la provisión necesaria para el tiempo de conflicto (He. 4:15 ss.). Aquí la función sacerdotal se expresa en términos de intercesión: “Viviendo siempre para interceder por ellos"[61]. El ministerio de intercesión formaba parte de la confesión de fe de la Iglesia en tiempos de los apóstoles: "¿Quién acusará a los escogidos de Dios? Dios es el que justifica. ¿Quién es el que condenará? Cristo es el que murió; más aún, el que también resucitó, el que además está a la diestra de Dios, el que también intercede por nosotros" (Ro. 8:33-34). El siervo profetizado se anuncia como intercesor "orando por los transgresores" (Is. 53:12). Aquel que rogó por Pedro para que su fe no faltase (Lc. 22:32) lo hace ahora en la presencia de Dios a favor de todo su pueblo. Debe entenderse esto también como el sumo sacerdote entronizado a la diestra de Dios que, como Hijo amado, recibe todo cuanto pide al Padre —en este caso, a favor de los suyos—.

Es necesario entender que la función intercesora de Jesucristo en los cielos no se limita a una defensa verbal a favor de los salvos, ni tan solo a una presentación de las señales que ponen de manifiesto el hecho de su sacrificio salvador. Se trata de la perpetua propiciación delante de Dios, que "limpia de todo pecado" (1 Jn. 2:2). De igual modo, en el simbolismo de los sacrificios del Antiguo Pacto, la sangre de los animales sacrificados era derramada en el altar de bronce y una porción del sacrificio de la expiación era extendida en el propiciatorio que estaba en la tapa del Arca de la alianza; así, en el sacrificio perfecto de Jesús, su sangre vertida en la cruz acompaña siempre la función intercesora de su oficio sacerdotal en la presencia de Dios, ya que no solo Jesús es el sacrificio propiciatorio como víctima, sino que es también el propiciatorio presentando el sacrificio hecho delante de Dios, como el apóstol Pablo enseña: "A quien Dios puso como propiciación por medio de la fe en su sangre, para manifestar su justicia, a causa de haber pasado por alto, en su paciencia, los pecados pasados" (Ro. 3:25). Literalmente se lee en el texto griego: "A quien Dios puso como propiciatorio"[62]. El sacrificio de Cristo satisface todas las demandas divinas en cuanto al juicio por el pecado: "Porque seré propicio a sus injusticias, y nunca más me acordaré de sus pecados y de sus iniquidades" (He. 8:12). De manera que Jesús es propiciación —en cuanto a que es sacrificio—, propiciador —ya que es el sacerdote que ofrece el sacrificio— y también propiciatorio —puesto que Él mismo penetró en los cielos y se sentó a la diestra de Dios para interceder por los salvos—. Por consiguiente, la función

[61] Griego: πάντοτε ζῶν εἰς τὸ ἐντυγχάνειν ὑπὲρ αὐτῶν.
[62] Griego: ἱλαστήριον.

intercesora de Cristo junto al Padre está indisolublemente unida a su función sacrificial. En el día de la Pascua en Egipto, la sangre del cordero se ponía sobre los dos postes de la puerta y sobre el dintel de la casa de los israelitas (Ex. 12:7). Esto permitía a Dios en la manifestación de su juicio decir en esperanza: "Y veré la sangre, y pasaré de vosotros" (Ex. 12:13).

La vinculación entre la obra sacrificial del sumo sacerdote y su función intercesora ofrece este alcance:

a) Una continua propiciación junto al Padre a favor de todo el que cree (1 Jn. 1:7; 2:1).
b) Una defensa que refuta las acusaciones que Satanás presenta en contra de los salvos (Ro. 8:33, 34; Ap. 12:10).
c) Una garantía de que los sacrificios espirituales de cada cristiano y sus oraciones son aceptas delante de Dios (1 P. 2:5; Ap. 5:8; 8:3).
d) La condición de que Jesús es el único mediador en las oraciones ante el trono de gracia (1 Ti. 2:5; He. 13:15; Ap. 5:8).
e) Una garantía de que las oraciones de los hijos de Dios serán contestadas (Jn. 14:13; 15:16; 16:24).
f) Una perpetuación del sacerdocio de Cristo, que vive eternamente para interceder por su pueblo (He. 7:25).

Ministerio como abogado

Todo creyente a pesar de la regeneración comete pecado, sea de comisión, de omisión o de ignorancia. Así lo enseña el apóstol Juan: "Si decimos que no tenemos pecado, nos engañamos a nosotros mismos, y la verdad no está en nosotros" (1 Jn. 1:8). La afirmación de quien diga que no tiene pecado es no solo incorrecta, sino engañosa. Ningún hombre está exento, puesto que todos somos pecadores. Sólo el hombre perfecto, Jesucristo, el mediador, no tuvo pecado (Jn. 8:46; 2 Co. 5:21; 1 P. 2:22). No solo se trata de negar el principio del pecado que está en todo hombre, sino de que por esa causa es inducido a malas obras, tanto el regenerado como el no regenerado (Ro. 5:12; 7:14, 20). En tal sentido se trata también de los pecados sin confesar, cometidos por los creyentes, ya que no cabe duda de que pueden caer en pecado y de hecho caen. El cristiano no es impecable; sólo Jesús podía decir: "¿Quién de vosotros me redarguye de pecado?" (Jn. 8:46).

En una situación así escribe el apóstol: "Hijitos míos, estas cosas os escribo para que no pequéis; y si alguno hubiere pecado, abogado tenemos para con el Padre, a Jesucristo el justo" (1 Jn. 2:1). Con todo, como se dijo, el pecado forma parte de la experiencia de todos los hombres, incluyendo a los creyentes. La solución para el problema del pecado es la confesión (1 Jn. 1:9). Pero se presenta aquí a Jesús como abogado del creyente. El término griego[63] expresa la idea de intercesor, defensor. Se usa para referirse también al Espíritu Santo (Jn. 16:7). En la labor de intercesión que Jesucristo hace para los creyentes ante el Padre lo manifiesta como ayudador. En su oficio celestial, Jesucristo se presenta exponiendo la causa de otro delante del tribunal de Dios. Mientras que Satanás actúa de acusador incesante de los hermanos, acusándolos día y noche (Ap. 12:10), el Señor ejerce el oficio de defensor de quienes han sido salvos por medio de Él.

En su oficio celestial, Jesucristo se presenta exponiendo la causa de otro delante del tribunal de Dios. De manera que defiende a cada creyente, aunque esté acusado de pecado que verdaderamente haya cometido. Ahora bien, ¿cuándo lo hace? Sin duda alguna, en el mismo instante en que está pecando, y no cuando el cristiano confiesa su pecado. De otro modo, el oficio de abogado de Jesucristo no es algo que ocurre una vez para siempre, sino que continuamente está ejerciendo ese oficio por los creyentes que viven en el mundo, en la experiencia de la santificación, esperando la glorificación que los liberará de la presencia del pecado.

Pero es necesario entender que el abogado celestial no implora el perdón del ofensor, ya que Dios no puede ser clemente con el pecado. Todavía más, no está presentando, como hace en ocasiones un abogado, justificación al pecado cometido, ya que legalmente no hay disculpa alguna para el pecado, que es un delito cometido contra Dios. No puede haber injusticia alguna en la realización del oficio de abogado, porque el que aboga es llamado por Juan *Jesucristo el justo*. No se trata de calificar de justo al Señor Jesús, que es justo en grado infinito, sino que actúa en plena justicia en la intercesión por los santos. El acusador de los hermanos lo hace también apelando a la justicia de Dios, denunciando el pecado y poniendo de manifiesto que la muerte es la única forma para el delito cometido, pero Jesucristo el abogado presenta la defensa basada en la sustitución que del pecador

---

[63] Griego: παράκλητον.

llevó a cabo en la cruz, llevando sobre sí el castigo por ese pecado. Al haber cancelado la exigencia penal demandada por la justicia de Dios, demanda también la aplicación de justicia para la transgresión del pecador. Cada creyente es mantenido sin la responsabilidad penal del pecado en razón de la propiciación operada en la muerte de Cristo. Este abogado, Jesucristo el justo, está a la diestra del Padre intercediendo por nosotros (Ro. 8:34; He. 7:25).

El Espíritu Santo es nuestro abogado en la tierra, junto a cada creyente (cf. Jn. 14:16; Ro. 8:9, 11, 16, 26, 27), mientras que Jesucristo lo es en el cielo junto al Padre. No es un amor que aboga ante el ejercicio de la justicia, sino que es la justicia que aboga ante el amor de Dios, porque ya no puede ejecutar la pena del pecado cometido, ya que fue cargado sobre el Cordero de Dios que ocupó nuestro lugar en la cruz. Este abogado habla al Padre en defensa del que pecó. La persona que cree tiene vida eterna y ya no viene a condenación (Jn. 5:24; Ro. 8:1, 33, 34; 1 Jn. 3:14; 5:12). El pecador justificado viene a pertenecer a la familia de Dios, como hijo en su casa (Ef. 2:19). Éste que ha pecado no necesita la justificación del juez, sino el perdón del Padre. Basta con que restaure una correcta relación con Él mediante la confesión. La obra de salvación es absoluta, completa y definitiva; por tanto, nadie que haya recibido el perdón de pecados y la vida eterna puede venir a condenación porque ha pasado de muerte a vida.

Oficio profético

El Antiguo Testamento usa tres palabras distintas para referirse a los profetas: *nabí*, del verbo *naba'*, que destaca el aspecto de proferir; *ro'eh*, del verbo *raah* (ver), que indica la relación inmediata de sujeto con Dios; y *jozeh*, que ponen de manifiesto la idea de una visión recibida de Dios que le permite predecir lo que vendrá en un futuro y aquello que está oculto a los hombres. En el Nuevo Testamento se usa el término griego προφήτη", quien habla en lugar de otro, en sentido general de intérprete, en especial de aquello que se habla en nombre de Dios.

El profeta es el canal de comunicación a través del cual Dios habla a los hombres. Por tanto, este ministerio es inverso al sacerdotal, ya que el sacerdote representa a los hombres delante de Dios y el profeta, a Dios delante de los hombres. En Jesucristo están presentes los dos oficios. El de sacerdote, que acaba de ser considerado en el apartado anterior, y el de profeta, del que se está tratando en éste.

El oficio profético comprende dos aspectos: predecir, esto es anunciar algo antes del tiempo en que se produzca, y proclamar, hacer de portavoz de Dios y en su nombre trasladar su mensaje. En el Antiguo Testamento, el profeta, que comunicaba el mensaje, apelaba también a los oyentes instándoles a la aceptación de las palabras y a la conformación de la vida a lo que Dios comunicaba. De Juan el Bautista, último profeta de la antigua dispensación, el heraldo del Mesías, dijo Jesús: "¿A un profeta? Sí, os digo, y más que profeta" (Mt. 11:9). La profecía mayor de Juan tuvo que ver con Jesús: "He aquí el Cordero de Dios, que quita el pecado del mundo" (Jn. 1:29). En el mensaje iba la apelación a las gentes para que atendiesen a lo que el Cordero de Dios venía a anunciarles. El profeta que anunciaba juicio, en el Antiguo Testamento, apelaba a los oyentes a aceptar lo que Dios demandaba. Es interesante notar lo que el Dr. Chafer propone como evolución en el profetismo del Antiguo Testamento:

En cuanto al profeta del Antiguo Testamento, puede apreciarse un proceso de evolución, Al principio se le llamó "el hombre de Dios"; más tarde fue conocido por "el vidente", y finalmente fue identificado como "el profeta". La línea de este progreso puede trazarse con facilidad, ya que el hombre de Dios, a partir del principio invariable de que los limpios de corazón verán a Dios, es capaz de ver y, por eso, llegó a ser conocido como el vidente, y los que tienen vista espiritual están a un paso de poder expresar lo visto, tanto en forma de predicción como de proclamación.[64]

Por causa del oficio profético que demandaba la vinculación de Dios con el mensaje del profeta, está la advertencia que hizo Moisés sobre el profeta de los profetas que habría de venir después de su muerte:

Profeta de en medio de ti, de tus hermanos, como yo, te levantará Jehová tu Dios; a él oiréis... Profeta les levantaré de en medio de sus hermanos, como tú; y pondré mis palabras en su boca, y él les hablará todo lo que yo le mandare. Mas a cualquiera que no oyere mis palabras que él hablare en mi nombre, yo le pediré cuenta. (Dt. 18:15, 18-19)

[64] Chafer, 1974, Vol. I, p. 828.

El mensaje del profeta tenía plena autoridad porque era palabra de Dios, de manera que quien rechazaba el mensaje no rechazaba al profeta, sino a Dios que se lo había comunicado.

En el Nuevo Testamento deben distinguirse dos aspectos de la profecía. Aquella que, por los apóstoles y profetas, se usó para escribir el texto bíblico, por cuya razón, concluido y cerrado el canon, no hay ya revelación posible que añada contenido al Nuevo Testamento. Otra sigue operativa por medio del don de profeta, que otorga soberanamente el Espíritu Santo: "Él mismo constituyó a unos, apóstoles; a otros, profetas; a otros, evangelistas; a otros, pastores y maestros" (Ef. 4:11). El apóstol Pablo especifica cuál es el modo del ejercicio profético en el Nuevo Testamento: "Pero el que profetiza habla a los hombres para edificación, exhortación y consolación" (1 Co. 14:3). El mensaje profético tiene que ver con la aplicación del texto bíblico a la vida de los creyentes. Unido a esto, está el maestro, que tiene la capacidad por el Espíritu de interpretar dando el sentido del texto y presentando la exposición detallada de la Palabra de Dios.

Los breves datos anteriores sirven de introducción al hecho incuestionable de que Jesús es el profeta anunciado por Dios (Dt. 18:15-19), aplicado a Jesucristo en el Nuevo Testamento (cf. Hch. 3:22-26; 7:37). El profeta anunciado tenía que tener un mensaje recibido directamente de Dios, como Jesús hacía notar (cf. Jn. 7:16; 12:49-50; 14:10, 24; 17:8); por tanto, es evidente que era el profeta anunciado por Moisés. Una prueba más es que Jesús se aplicó a sí mismo el título de profeta, como se lee: "No hay profeta sin honra, sino en su propia tierra y en su casa" (Mt. 13:57). Cercano al final de su ministerio terrenal, dijo a los suyos: "Sin embargo, es necesario que hoy y mañana y pasado mañana siga mi camino; porque no es posible que un profeta muera fuera de Jerusalén" (Lc. 13:33). En sus días muchos le reconocían como el profeta anunciado: "Aquellos hombres entonces, viendo la señal que Jesús había hecho, dijeron: Este verdaderamente es el profeta que había de venir al mundo" (Jn. 6:14). El profeta anunciado por Moisés sería reconocido por sus obras prodigiosas, en cuya evidencia Jesús sobrepasó esas condiciones.

Jesús culmina la revelación escrita. Siendo el Verbo encarnado, es la Palabra personal y exhaustiva del Padre, de modo que es la Palabra absoluta y definitiva de Él. Así lo reconoce Hebreos: "Dios, habiendo hablado muchas veces y de muchas maneras en otro tiempo a los padres por los profetas, en estos postreros días nos ha hablado por el Hijo, a quien constituyó heredero de todo, y por quien asimismo hizo el universo”[65] (He. 1:1-2). La verdad fundamental es que Dios habló, no quedó aislado para el hombre ni desconocido para él. El verdadero y eterno Dios entró en comunicación con los hombres, enviándoles su mensaje personal, revelador y salvífico. Lo hizo en muchos fragmentos y a lo largo del tiempo. Usó diversos modos para comunicar su revelación. Lo hizo mediante el lenguaje humano. Esa revelación tuvo un tiempo de existencia y confección: “En otro tiempo”, el adverbio griego[66] que usa el escritor en el pasaje transcrito arriba y que se traduce en RV como *otro tiempo* equivale a *antiguamente*, *desde antiguo*, de ahí *en otro tiempo*. La Biblia es el resultado del trabajo conjunto del Espíritu y los profetas a lo largo de mil quinientos años. Los instrumentos para la comunicación de la revelación fueron, pues, los profetas, personas a través de las cuales habló Dios. Dios anunció anticipadamente su mensaje por ellos con el cumplimiento preciso y fiel porque lo anunciado en nombre de Dios era ejecutado por Él. El mensaje profético no reside en la voluntad o razonamiento de los hombres, sino en la acción divina que lo produce. Por esa causa puntualiza el apóstol Pedro: “Porque nunca la profecía fue traída por voluntad humana, sino que los santos hombres de Dios hablaron siendo inspirados por el Espíritu Santo” (2 P. 1:21). El escrito de cada profeta se limita a la revelación de Dios y no comprende el pensamiento propio del profeta.

Después de los tiempos en que Dios habló por los profetas, llega el actual, definido aquí por medio de la expresión “en estos postreros días”[67]. Esta fórmula se utiliza para referirse al tiempo de la presente dispensación y se extiende desde la primera hasta la segunda venida de Cristo. Es la fórmula que utiliza la LXX para referirse a los tiempos mesiánicos (Nm. 24:14; Jer. 23:20; Dn. 10:14). Los postreros días es el tiempo en que los hombres pudieron oír la misma voz de Dios expresada por su Hijo. Los destinatarios de esta nueva forma de revelación se determinan mediante el uso del pronombre personal

[65] Texto griego: Πολυμερῶς καὶ πολυτρόπως πάλαι ὁ Θεὸς λαλήσας τοῖς πατράσιν ἐν τοῖς προφήταις. ἐπ᾽ ἐσχάτου τῶν ἡμερῶν τούτων ἐλάλησεν ἡμῖν ἐν Υἱῷ, ὃν ἔθηκεν κληρονόμον πάντων, δι᾽οὗ καὶ ἐποίησεν τοὺς αἰῶνας.

[66] Griego: πάλαι.

[67] Griego: ἐπ᾽ ἐσχάτου τῶν ἡμερῶν τούτων.

nos, *nosotros*[68], de manera que en estos postreros días "nos habló"[69], manifestando un cambio sustancial en cuanto a la revelación. Es el mensaje divino por excelencia para aquellos a quienes alcanzaron los fines de los siglos (1 Co. 10:11).

El mensajero, que es también mensaje en sí mismo, recibe un nombre: Hijo. Los profetas hablaron anunciando al Hijo; cuando vino el cumplimiento del tiempo, la profecía se cumplió dando paso a la realidad presencial del Hijo de Dios entre los hombres (Gá. 4:4). El mensaje progresivo de la revelación alcanza la cota suprema en el Hijo. Es necesario entender bien el texto, en el sentido de que Dios no solo habló por medio del Hijo, sino que habló definitivamente en el Hijo[70] mismo. En el texto griego, no va precedido de artículo ni de pronombre personal o posesivo en primera persona, por lo que el autor está haciendo una afirmación notoriamente única en todo el Nuevo Testamento: el discurso revelador de Dios se llama Hijo. El mensaje absoluto de Dios se expresó por medio de un hombre que es Jesús. Pero no se pronuncia por medio de palabras solamente, sino que se manifiesta en la Palabra que vino a los hombres, mediante la encarnación del Hijo de Dios (Jn. 1:14), quien al ser Verbo (Jn. 1:1), expresa absoluta, plena y totalmente a Dios. La misión del Hijo es hacer la exégesis de Dios a los hombres (Jn. 1:18). Esa revelación es tan completa que Jesús hace visible a los ojos de los hombres al Invisible que nadie puede ver jamás (1 Ti. 1:17). Los portavoces anteriores de Dios fueron los siervos de Dios, sus profetas, pero para la proclamación definitiva de su mensaje revelador, envió a su Hijo Unigénito. La revelación plena de Dios es posible porque Jesucristo, el Verbo encarnado, es tan Dios como el Padre (Jn. 1:1). Si la revelación fue en el Hijo, alcanza dos modos: a) El instrumental: la revelación se hace por medio del Hijo; b) El local, ya que en Cristo habita corporal y sustancialmente toda la plenitud de la deidad (Col. 2:9). Esa es la razón por la que Jesús pudo decir a Felipe: "El que me ha visto a mí ha visto al Padre" (Jn. 14:9). El Padre es inalcanzable al conocimiento del hombre, pero la voluntad de Cristo es revelarlo en el lenguaje propio y comprensible de los hombres y en la experiencia de relación que solo puede ser llevada a cabo por quien es, además de

[68] Griego: ἡμῖν.
[69] Griego: ἐλάλησεν ἡμῖν.
[70] Griego: ἐν Υἱῷ.

Dios, también hombre perfecto. De ahí que esa acción mediadora sea posible en Jesucristo hombre (1 Ti. 2:5).

El Señor se manifiesta a los hombres en la intimidad con el Padre en la unidad divina. La sabiduría del Hijo de Dios, como Verbo eterno es tal que sólo Él conoce perfectamente al Padre. Sólo el Hijo que está en el seno del Padre (Jn. 1:18) puede alcanzar el conocimiento supremo de los secretos divinos, tanto los que en misterio se revelen a los hombres, como los que eternamente permanezcan en el secreto de Dios. Jesucristo es el Verbo con el que Dios expresa lo que es, piensa, siente, desea y se propone (Jn. 1:1-2, 18; 14:9; Col. 2:9; He. 1:2-3). Todo lo que Dios puede revelar de sí mismo está encerrado en el Logos, Verbo personal del Padre, ya que en este Verbo el Padre expresa su interior, es decir, todo cuanto es, tiene y hace. Jesucristo, como Verbo encarnado, es la expresión exhaustiva del Padre. Debe recordarse que expresar es un verbo frecuentativo de exprimir. Al expresarnos, exprimimos nuestra mente a fin de formar un logos que defina nuestro concepto. Cristo, el Logos personal de Dios es, por tanto, divino, infinito y exhaustivo, único revelador adecuado para el Padre que lo pronuncia. Por ello, este Verbo, al hacerse hombre (Jn. 1:4), traduce a Dios al lenguaje de los hombres, y es insustituible como revelador a causa de ser la única Verdad personal del Padre (Jn. 14:9). Como expresión exhaustiva del Padre, la mente divina agota en Él su producto mental, de modo que, al pronunciar su Logos, da lugar por vía de generación a la segunda persona divina. No supone esto en modo alguno una existencia desde la no existencia. Es decir, el hecho de que el Padre pronuncie la Palabra eterna que es el Hijo no significa que dé origen a la persona que es eterna como el Padre y el Espíritu, esto es, sin principio. Pero no cabe duda de que si el Logos, la Palabra, vive en el que la expresa, así también el que la expresa, esto es, el Padre, vive al decirla. Ambas personas divinas establecen una relación en el seno de la deidad, de modo que lo que constituye al Padre es el acto vital de expresar su Verbo, de ahí que no pueda ser Padre sin el Hijo, ni tampoco el Hijo, como Verbo, puede vivir sin el Padre. De ahí que "todo aquel que niega al Hijo, tampoco tiene al Padre. El que confiesa al Hijo, tiene también al Padre" (1 Jn. 2:23). De modo que, esa relación expresada por Cristo tiene que ver con la mutua inmanencia entre las dos personas divinas.

Cuando Jesús afirma que sólo hay conocimiento completo del Padre en el Hijo y del Hijo en el Padre, está presentando la verdad de la auto-comunicación definitiva e irrevocable de Dios en Cristo, en solidaridad con el destino final de los pecadores. La relación de Dios con Jesús en el tiempo histórico de los hombres es una relación de entrega, en la medida en que Dios puede entregarse y otorgarse a los hombres, que no parte de la historia humana, sino que la antecede en todo, es decir, no se inicia en el tiempo ni está condicionada por la obra de salvación, sino que pertenece al ser mismo de Dios. El Verbo encarnado es la manifestación temporal de la proximidad de Dios al hombre determinada en el plan de redención antes de que el hombre fuera. De ahí que Jesús entienda, y así lo exprese, su presencia entre los hombres como el enviado de Dios. Hasta tal punto es un hecho la eterna vinculación *ad intra* que Jesús afirma que Él y el Padre son uno (Jn. 10:30). La preexistencia de Cristo que se hace realidad entre los hombres y que viene con la misión de revelar al Padre tiene una finalidad soteriológica. De ahí que las referencias bíblicas al envío del Hijo por el Padre vayan acompañadas de la preposición *para*, que indica propósito (Gá. 4:4; Ro. 8:3-4; Jn. 3:16; 1 Jn. 4:9). En último extremo, la obra del Hijo tiene que ver con el aspecto salvífico por el que se otorga al pecador creyente la condición de hijo de Dios (Jn. 1:12). A Dios nadie le vio jamás, pero es el Unigénito que está en el seno del Padre el que lo da a conocer (Jn. 1:18). En Jesucristo, es Dios quien se da y se manifiesta, introduciéndose literalmente en el campo de su creación mediante la humanidad. El propósito de Jesucristo es revelar a Dios, de modo que las personas lo conozcan, no en la intelectualidad, sino en la comunión de vida para que puedan tener vida y vida eterna (Jn. 17:3). Todos cuantos quieran adquirir este admirable conocimiento deben acudir al único que puede revelarlo, que es el Hijo, en quien resplandece "la luz del conocimiento de Dios en la faz de Jesucristo" (2 Co. 4:6).

El profeta divino enseñó en un estilo profético directo indicando a los hombres el sentido que Dios había dado a la Palabra, enviada a ellos a lo largo del tiempo por los profetas. A modo de ejemplo, valga el llamado Sermón de la montaña, en el que se establecen los principios de ética propios del Reino de los cielos o Reino de Dios. La entrada al Reino no obedece a prácticas humanas, sino a la fe en el que había sido enviado, que produciría la regeneración espiritual o nuevo nacimiento, sin cuya condición nadie entra ni puede ver el Reino de los cielos (Jn. 3:3, 5). Algunos consideran que esta enseñanza de Jesús nada tiene que ver con los cristianos, ni con la Iglesia, sino que se limita a Israel. Los argumentos que dan para sostener esta posición son que en el Sermón del monte no están presentes los distintivos del cristianismo, como la redención por la muerte de Cristo, la fe, el nuevo nacimiento, la liberación de juicio, la persona y obra del Espíritu Santo, etc.[71] Sin embargo, el contexto exegético exige entender que es la enseñanza sobre la imposibilidad de alcanzar perfecciones por la obra de la ley, indicando a quienes pretendían ser justificados por guardar los mandamientos, que no podían siquiera cumplir la demandas que hay en ellos. Pero puesto que la obediencia a lo determinado por Dios exige la regeneración espiritual y la presencia del Espíritu Santo, Dios hace posible que el hombre desobediente por naturaleza obedezca sus preceptos y cumpla lo establecido por Él, como el profeta hizo notar antes en su escrito: "Os daré corazón nuevo, y pondré espíritu nuevo dentro de vosotros; y quitaré de vuestra carne el corazón de piedra, y os daré un corazón de carne. Y pondré dentro de vosotros mi Espíritu, y haré que andéis en mis estatutos, y guardéis mis preceptos, y los pongáis por obra" (Ez. 36:26). Si el Sermón del monte es la ética del reino, es la ética de la Iglesia, puesto que los creyentes hemos sido liberados del poder del pecado, que nos esclavizaba, y trasladados al reino de Cristo (Col. 1:13), posición que lleva implícita la regeneración por la obra del Espíritu.

Como profeta pronunció mensajes proféticos, algunos de los cuales tuvieron cumplimiento en un breve espacio de tiempo después de su ascensión a los cielos, como fue el que anunciaba la destrucción de Jerusalén, detallando a la ciudad rodeada de ejércitos (Lc. 21:20-24). Este anuncio profético tuvo lugar con la toma de Jerusalén por los ejércitos romanos en el año 70. De igual manera, anunció los tiempos de la tribulación que azotarán al mundo en el período último del llamado tiempo de los gentiles, que precede a la segunda venida del Señor para reinar, conforme a lo establecido por Dios (Mt. 24).

Oficio regio

Jesucristo en su condición divino-humana es verdadero Dios y verdadero hombre. Su condición real debe considerarse desde la perspectiva divina que, en unidad trinitaria, le corresponde y comparte en forma suprema, eterna e infinita. De ahí su condición de Señor, soberano, que gobierna y sustenta el universo, rigiendo todo y controlándolo todo. Pero también es el rey que ejercita su autoridad y

[71] Entre otros: Chafer, 1974, Vol. I, p. 835.

gobierno sobre un conjunto de súbditos asentados en un determinado territorio, su reino, donde ejerce su condición de rey de reyes y Señor de señores.

Vinculadas a la palabra rey, hay otras que tienen diferentes acepciones, aunque entre ellas, siendo distintas, son análogas, especialmente en el sentido de analogía de atribución. Estas son: 1) Realeza, que expresa la dignidad del rey o soberanía real; 2) Reinado, que denota la duración de la autoridad de un rey o, si se prefiere, el tiempo de su reinado, es decir, el espacio de tiempo en que ejerce su función; 3) Reino, que hace referencia al lugar, espacio, nación, dentro del que se ejerce la autoridad real. Este último término tiene la connotación de los súbditos que están bajo esa autoridad. Jesucristo es rey como suprema autoridad sobre cielos y tierra; tiene un reinado que por ser de naturaleza divina no es temporal, sino eterno; ejerce autoridad sobre el reino que Dios estableció y gobierna sobre los súbditos que forman parte de ese reino.

Para comprender el oficio real de Jesucristo es necesario hacer una aproximación al concepto de Reino de los cielos y Reino de Dios. Ambos términos son sinónimos. El primero es usado por Mateo en el evangelio, el segundo es el término utilizado por los otros sinópticos. La razón para una distinción así se establece en el propósito de cada uno de los evangelios. Mateo escribe para responder a la pregunta: si Jesús es el Mesías, ¿dónde está el reino? Por esta causa usa el término Reino de los cielos, título habitual para los judíos al tratar del Reino de Dios. Los otros escriben en general para todos, tanto judíos como gentiles, usando el término general Reino de Dios.

Sintetizando el tema sobre el Reino, traslado unos párrafos de mi comentario al evangelio según Marcos:

Algunos intérpretes hacen una distinción entre Reino de los cielos, expresión habitual en Mateo, y Reino de Dios, como aparece en el evangelio según Marcos. Para quienes hacen esta distinción, Reino de los cielos es una referencia exclusiva al reino mesiánico que Jesús, como hijo de David, establecerá en el futuro sobre este mundo gobernando a todas las naciones de la tierra y cumpliendo así las profecías que lo anuncian. Este título se toma de la profecía de Daniel (Dn. 2:24-36, 44; 7:23-27). Esta interpretación entiende así, bajo el título de Reino de los cielos, el reino que establecerá Dios en la tierra después de la destrucción del poder gentil que gobierna actualmente. Se trata exclusivamente del reino que ha sido prometido en el pacto con David (2 S. 7:7-12), que luego confirmarían los profetas (Zac. 12:8), y que fue anunciado a la Virgen María en la anunciación (Lc. 1:32-33). Bajo este pensamiento, se considera que existen diferencias entre Reino de Dios y Reino de los cielos, y que no son sinónimos. Según esta forma de pensamiento, hay cinco diferencias: 1) Universalidad y limitación. El reino de Dios es universal y comprende a todos los seres que se sujetan voluntariamente a la autoridad de Dios en cualquier tiempo (Lc. 13:28, 29; He. 12:22, 23). El Reino de los cielos es el reino mesiánico, cuyo propósito es establecer el reino de Dios en la tierra (Mt. 3:2; 1 Co. 15:24-25). 2) Acceso. Al Reino de Dios se accede sólo por el nuevo nacimiento (Jn. 3:3, 5, 7). En este tiempo es la esfera de la profesión de fe cristiana, que puede ser tanto falsa como genuina (Mt. 13:3; 25:1, 11, 12). 3) Cosas comunes. Como el Reino de los cielos es la esfera terrenal del Reino de Dios, tienen ambos casi todas las cosas en común, por lo cual muchas enseñanzas aparecen bajo los dos títulos indistintamente. La distinción se establece por omisión de aspectos que por su naturaleza no pueden aplicarse a ambos aspectos del reino. 4) Dos formas de manifestarse. El Reino de Dios no se rodea de manifestaciones externas (Lc. 17:20), sino que es más bien interior (Ro. 14:17). Por otro lado, el Reino de los cielos ha de manifestarse glorioso en este mundo (Mt. 17:2; Lc. 1:31-33; 1 Co. 15:24;). 5) Concordancia futura. Ambos, el Reino de Dios y el Reino de los cielos, han de converger y coincidir en el futuro, siendo una sola cosa cuando Cristo entregue todo al Padre (1 Co. 15:24-28). Esta interpretación, que diferencia entre Reino de Dios y Reino de los cielos, presenta serias dificultades y se establece en lo que es la hermenéutica distintiva del sistema dispensacional extremo. Tal posición exige distinguir tres aspectos en el concepto de Reino de los cielos que aparecen en el evangelio según Mateo. 1) Reino en proximidad (Mt. 3:2). Se acerca en la persona del rey, pero no se realiza por haberlo rechazado (Mt. 12:46-50). 2) Reino en misterio (Mt. 13:1-52). Se trata del reino de los cielos en el tiempo actual, como una esfera de la profesión de fe cristiana. 3) Reino milenial (Mt. 24:29-25:46). Se establecerá en la segunda venida de Jesucristo en gloria (Lc. 19:12-19). Un estudio desprejuiciado descubre ciertas diferencias entre los evangelistas, que son simplemente matices más que distinciones reales. La diferenciación entre Reino de Dios y Reino de los cielos exige una utilización de la hermenéutica que no siempre se ajusta a las reglas y principios correctos de esa ciencia. La idea de que el Reino en el presente es una esfera de profesión dificulta notoriamente la enseñanza de Jesús a Nicodemo sobre el modo de entrar en el Reino, que exige un nuevo nacimiento, y que va mucho más allá de una profesión. A la luz de la enseñanza general y de una hermenéutica correcta, se llega a la conclusión de que los términos Reino de Dios y Reino de los cielos son expresiones sinónimas. Los distintivos sobre aspectos concretos y determinados se establecen en la interpretación y entorno textual del pasaje. Es evidente que pasajes paralelos utilizan indistintamente Reino de Dios y Reino de los cielos. A modo de ejemplo en el llamamiento al arrepentimiento (Mt. 4:17; comp. con Mr. 1:15) o en las parábolas del Reino —como la de la mostaza (Mt. 13:31; comp. Mr. 4:30, 31; Lc. 13:18, 19) o la levadura (Mt. 13:33; comp. Lc. 13:20-21)—. Ocurre también en referencia a las enseñanzas de Jesús, como es el caso de los misterios del Reino (Mt. 13:11; comp. Mr. 4:11), la entrada al Reino (Mt. 18:3; comp. Mr. 10:15; Lc. 18:17), el problema de la entrada de quienes confían en las riquezas (Mt. 19:23; comp. Mr. 10:23; Lc. 18:24). Igualmente se aprecia en las referencias al Reino en el Sermón del Monte, donde Mateo utiliza la expresión Reino de los cielos, mientras Lucas usa siempre Reino de Dios.

Los antecedentes sobre la doctrina del Reino deben buscarse en el Antiguo Testamento. La Biblia revela a Dios como soberano sobre toda la creación (Sal. 47:2; 103:19). En razón de ser el Creador y de su soberanía domina sobre todo, incluyendo el control sobre este mundo (Sal. 24:1, 2). En tal sentido, Dios no sólo es el Señor para los judíos, sino también para las otras naciones de la tierra; de ahí que la profecía contiene muchos mensajes para otras naciones (cf. Is. 13:1; 15:1; 17:1; 18:1; 19:1). Algunos profetas fueron enviados a naciones gentiles, como el caso de Jonás y alguno escribió profecía para naciones gentiles, como fue Nahúm (Nah. 1:1). Dios usa hombres de las naciones para ejecutar sus planes, como Faraón (Ro. 9:17), o Ciro (Is. 45:1). La nación de Israel fue escogida para ser un pueblo especial para Dios, de entre las otras naciones de la tierra (Ex. 20:2; Dt. 5:6; 6:12; 7:6; etc.). Por esa razón, fue reprendida por querer tener su propio rey al estilo y semejanza de las demás naciones, lo que equivalía a rechazar la teocracia de su gobierno (1 S. 8:4 ss.). Este reino nacional es un ejemplo para un reino superior que vendrá más tarde. Tal es uno de los aspectos del pacto davídico (2 S. 7:12), que no se cumplieron en el reinado de Salomón y que se encuentran renovados como promesa en la profecía (Is. 9:7; 11:1-5; 32:1; Jer. 33:14-22;

etc.). Es necesario llegar a la comprensión del concepto de Reino de Dios o Reino de los cielos. Puede definirse como la esfera de gobierno en la que Dios reina como soberano y es obedecido voluntariamente (Dn. 4:34-35). El Reino de Dios ha sido desafiado por Satanás en el pasado, conduciendo a los hombres a la desobediencia y rebeldía contra el Creador (Gn. 3). Sin embargo, la autoridad suprema de Dios que ejerce el control sobre todo el universo no ha sido afectada por el pecado (Dn. 5:21). Las Escrituras dan testimonio de un gobierno espiritual de Dios en hombres regenerados, definiendo el Reino de Dios como algo espiritual en el tiempo presente (Ro. 14:17). El Reino de Dios no puede considerarse como una esfera de profesión, sino como una esfera de posición. Al Reino de Dios o de los cielos se accede por nuevo nacimiento (Jn. 3:5). En la actualidad, el Reino tiene que ver con un asunto interno y espiritual; está en el interior (Lc. 17:20, 21), por lo que es preciso para ello el nuevo nacimiento (Jn. 3:3). La justicia en el Reino no es externa y ceremonial, sino interna, del corazón. Tal modo de expresar la justicia debía exceder absolutamente la ritual y aparente, propia de los religiosos de los tiempos de Cristo (Mt. 5:20). El Reino tiene un aspecto espiritual en la realidad presente. Jesús vino predicando la proximidad del Reino (Mr. 1:15; Mt. 10:7; Lc. 10:1, 9, 11). Esta entrada al Reino es obstaculizada por el legalismo de las gentes que tratan de sustituir la esfera de comunión, propia del Reino, por la de religión, propia de los hombres (Mt. 23:13). Los creyentes están ya en el Reino de Dios (Col. 1:13), por tanto, la ética del Reino ha de cumplirse ahora en quienes, por nuevo nacimiento, están en esa esfera.

El futuro escatológico del Reino se anuncia en la Escritura. El Reino de Dios o Reino de los cielos tendrá expresión futura en el reino milenial (Ap. 20:3, 4, 5, 6). Las profecías sobre un futuro reinado de Cristo en la tierra no dejan lugar a dudas (cf. Sal. 2:8, 9). No se trata de un gobierno espiritual sobre los hombres, sino de un reinado literal sobre ellos. Isaías enfatiza el carácter terrenal del reino escatológico (Is. 11). Otras muchas referencias proféticas lo confirman (cf. Is. 42:4; Jer. 23:3-6; Dn. 2:35-45; Zac. 14:1-9). Hay muchos pasajes que afirman que Jesús se sentará sobre el trono de David para gobernar la tierra (2 S. 7:16; Sal. 89:20-37; Is. 11; Jer. 33:19-21). Así fue anunciado por el ángel a María (Lc. 1:32-33). Hay referencias sumamente claras sobre el reinado de Cristo en la tierra (Is. 2:1-4; 9:6-7; 11:1-10; 16:5; 24:23; 32:1; 40:1-11; 42:1-4; 52:7-15; 55:4; Dn. 2:44; 7:27; Mi. 4:1-8; 5:2-5; Zac. 9:9;

14:16-17). El milenial culminará en la expresión definitiva del Reino de los cielos en la tierra nueva y cielos nuevos que Dios creará al final de los tiempos (2 P. 3: 10-13). Se aprecia que hay un progreso en la manifestación del Reino de Dios que, partiendo de los primeros hombres, descendientes de Set, que se identifican como "de Jehová" (Gn. 4:26), va progresando hasta el establecimiento del reino milenial, y culminará en el reino eterno.

Juan afirma en su predicación que el Reino de los cielos se había acercado. El Reino de los cielos o Reino de Dios no es de este mundo, ni pertenece a su sistema; procede de Dios mismo, es de condición celestial y sólo se llega a él por una acción sobrenatural, divina, como es el nuevo nacimiento. No cabe duda, como se ha hecho notar antes, de que el Reino de los cielos tiene una proyección en el tiempo en el cual adquiere diferentes manifestaciones. Es verdad que en el futuro se manifestará en una acción de gobierno o reinado de Jesucristo, quien ejercerá toda la autoridad y dominio, después de que Dios mismo haya enviado un tiempo de juicio sobre el mundo. Sin embargo, el mensaje de Juan proclama una verdad absoluta. El Bautista acentuaba la idea de que ese Reino de los cielos estaba cerca, como si dijese, al alcance de la mano. En él van entrado cuantos creen en Cristo como respuesta de fe al mensaje del evangelio. Aquel Reino predicado por los maestros de los tiempos de Jesús no era el que se acercaba en Cristo mismo. La idea de un reino político temporal no es concordante con la del Reino de los cielos, que es un reino eterno (Lc. 1:33). Había bendiciones definitivas para todos aquellos que escuchando a Juan confesaban sus pecados y comenzaban a vivir conforme a las demandas de Dios y para su gloria.[72]

El oficio regio de Jesús se entiende ya en el sentido de Mesías, el Cristo de Dios, rey implícito en el Salmo 110, como sacerdote-rey, y en el Salmo 2, donde el reinado del Mesías aparece profetizado. El apóstol Pedro, en su proclamación del Evangelio en Pentecostés, dice al auditorio: "Sepa, pues, ciertísimamente toda la casa de Israel, que a este Jesús a quien vosotros crucificasteis, Dios le ha hecho Señor y Cristo" (Hch. 2:36). De este mismo modo es anunciado como rey en el Antiguo Testamento: "Alégrate mucho, hija de Sion; da voces de júbilo, hija de Jerusalén; he aquí tu rey vendrá a ti, justo y salvador,

---

[72] *Comentario Exegético al Texto Griego del Nuevo Testamento, Marcos*, p. 130 ss.

humilde, y cabalgando sobre un asno, sobre un pollino hijo de asna" (Zac. 9:9). Sin embargo, aunque determinado por Dios y establecido como rey, no ha reinado, sino que, en su primera venida, hizo la obra de redención y murió en la cruz para salvar a los perdidos, pero vendrá a reinar según lo establecido en su parusía, su segunda venida, como está anunciado (cf. Mt. 25:34; Lc. 1:32, 33; 1 Co. 15:24, 25; Ap. 11:15; 12:10; 19:15; 20:5, 6). La Biblia enseña claramente que Cristo es el que, en nombre de Dios, ejerce los poderes reales (Mt. 28:18; Jn. 5:27; Ap. 5:12, 13; 11:15-18; 19:17; 20:4; 22:1, 3).

Vinculado a su oficio profético, en la predicación del Evangelio, el Reino es un tema central, como suficientemente se demuestra en algunas referencias (cf. Mt. 4:23; 5:3, 10, 19; 6:33; 9:35; 10:7: 11:12; 12:28; 19:12; Mr. 1:15; 4:11; 9:47; 10:14; 14:25; Lc. 4:43; 8:1; 10:9, 11; 11:20; 12:32; 13:24; 17:20 ss.). En la teología de los judíos, el Reino no es un concepto espacial ni estático, como ocurre en el pensamiento occidental. Es el ejercicio de la suprema autoridad de Dios ejercida con todas sus perfecciones. Cristo es rey porque tiene reino y reina.

El sentido del término Reino de Dios o Reino de los cielos es la esfera donde Dios ejerce su autoridad y es acatada en sometimiento por los seres que se relacionan con Él. Aunque habría que estudiar el sentido universal del Reino sobre ángeles y hombres, se limita esta consideración a los últimos. Por tanto, es necesario prestar atención al hecho de la condición del hombre a causa del pecado, de cuyo estado no puede librarse por sí mismo, por lo que Dios irrumpió en la historia humana para levantar al hombre caído de su condición de perdición y de esclavitud espiritual y conducirlo a la experiencia de salvación y libertad, de tal manera que voluntariamente se sujete a la autoridad divina y reconozca al Señor como rey, obedeciéndole. Este Reino se manifiesta en toda la historia humana. Dios tuvo siempre en la tierra hombres que se han sometido voluntariamente a Él y lo han reconocido como Señor. En el tiempo actual, los que son salvos por gracia mediante la fe son sacados del poder de las tinieblas y trasladado al reino del Hijo de Dios (Col. 1:13).

Es evidente que no se puede acceder al Reino de Dios en la condición del hombre natural contaminado por el pecado, siendo necesario el nuevo nacimiento, que conlleva una regeneración, con la cancelación del pecado y la dotación de la vida eterna por fe en

Cristo. Frente al desamor, cuando no al desprecio entre los hombres, corresponde el verdadero amor entre los súbditos del Reino de Dios, estableciéndose para ellos la carta magna que rige a cada uno y que es el amor: "Un mandamiento nuevo os doy: Que os améis unos a otros; como os he amado, que también os améis unos a otros. En esto conocerán todos que sois mis discípulos, si os tenéis amor unos a otros" (Jn. 13:34-35)[73]. El nuevo nacimiento es la condición que Jesús puso delante de Nicodemo en la conversación que tuvo con él cuando le visitó de noche (Jn. 3:3, 5, 7). El cumplimiento de la condición del amor entre los súbditos, en la dimensión humana, pero en la calidad divina, se alcanza mediante la gracia del Espíritu Santo que lo derrama en el corazón de cada uno de los creyentes (Ro. 5:5).

Cuando se hace distinción entre Reino de Dios y Reino de los cielos, se exige a su vez hacerla en relación con cuatro aspectos en el reino: 1) Reino en proximidad (Mt. 3:2), que se acerca en la persona de rey, pero no se realiza por rechazo de aquellos a quienes ofreció el reino (Mt. 23:37-39). 2) Reino en misterio (Mt. 13:1-52), que se entiende como la esfera de la profesión cristiana. 3) Reino milenial (Mt. 24:29-25:46), que se establecerá en la segunda venida. 4) Reino eterno, que proyecta sempiternamente el reino en la nueva creación. Esta posición exige también distinguir tres tipos de evangelio: 1) Evangelio del Reino, que son las buenas nuevas proclamadas para entrar al Reino, especialmente manifestadas en el mensaje de Juan el Bautista. 2) Evangelio de la gracia, que es el mensaje del Evangelio que se anuncia hoy al mundo por medio de la Iglesia. 3) Evangelio eterno (Ap. 14:6), destinado a los habitantes de la tierra antes del fin del estado actual, antes de cielos nuevos y tierra nueva. Hacer distinción especialmente entre los distintos tipos de Evangelio contradice abiertamente el pensamiento bíblico, ya que "no hay otro evangelio" (Gá. 1:6-7), porque tampoco hay distinción en el modo en que el hombre pueda ser salvo, desde la Caída hasta el final de este sistema actual, que por gracia mediante la fe (Ef. 2:8-9).

Cristo advierte que su reino no es de este mundo (Jn. 18:36), lo que confirma una esfera en la que Dios ejerce su plena soberanía y es reconocido, adorado y obedecido voluntariamente (Dn. 4:34-35). Este reino se hace presente sin manifestaciones externas, "el Reino de Dios no vendrá con advertencias" (Lc. 17:20), sino de forma personal

[73] BT.

e interior, ya que "el Reino de Dios no es comida ni bebida, sino justicia, paz y gozo en el Espíritu Santo" (Ro. 14:17). La concordancia del Reino será una sola cosa cuando Cristo entregue todo al Padre (1 Co. 15:28).

El Reino de los cielos o Reino de Dios, bajo la autoridad de Jesucristo, es una manifestación progresiva. De modo que no se agota en el tiempo de la tierra, ni siquiera en la Iglesia, sino que se proyecta a perpetuidad en cielos nuevos y tierra nueva. La progresión sobre la manifestación del Reino se aprecia en la escritura. En el principio Dios dio al hombre la capacidad de gobernar en su nombre, en el tiempo transcurrido desde la creación hasta la caída en el pecado (Gn. 1:26-28). El hombre ejerció la autoridad delegada sobre la parcela de la creación que Dios le había encomendado (Gn. 2:19). En esa primera manifestación del Reino, Dios era obedecido (Gn. 2:16-17). Satanás actuó contra la manifestación del Reino cuestionando la autoridad de Dios (Gn. 3:4-5), provocando la desobediencia y la caída del hombre (Gn. 3:6-7), con la correspondiente distorsión de autoridad (Gn. 3:20). Se producen dos modos de reino: el Reino de los cielos y el reino del mundo, en el que Satanás gobierna no por derecho, sino por usurpación del cetro de autoridad que arrebató al hombre en la Caída. Esa situación persiste, como se manifestó en las palabras del tentador a Jesús, refiriéndose a que los reinos del mundo y su gloria están bajo su autoridad (Mt. 4:8-9). Cristo no negó la afirmación del maligno, sino que, refiriéndose a él, le llama el "príncipe de este mundo" (Jn. 14:30). Luego de la Caída y hasta el diluvio se manifiesta en un mundo pecaminoso y rebelde un grupo de personas descendientes de Set, que comenzaron a llamarse como quienes son de Dios (Gn. 4:26); de algunos de éstos se dice en la Biblia que anduvieron con Dios, como es el caso de Enoc (Gn. 5:24) y de Noé (Gn. 6:8-9). En la etapa bíblica de Israel, Dios se manifestó a ellos, escogiéndolos de entre todas las naciones y manifestó en ellos su reino: "Ahora pues, si de veras escucháis mi voz y guardáis mi pacto, entonces vosotros seréis objeto de mi predilección entre todos los pueblos, porque mía es toda la tierra, y vosotros me seréis un reino de sacerdotes y una nación santa" (Ex. 19:5-6)[74]. A ellos se les entregó la Ley, como regla de comportamiento (Ex. 20:1-17). De igual manera, el rey manifestaba su presencia entre ellos en el santuario que habían levantado en la peregrinación por el desierto. La teocracia estaba establecida, siendo

---

[74] BT.

la manifestación del Reino de Dios. Una nueva etapa está en el acercamiento del rey cumpliendo la promesa mesiánica; de ahí el mensaje de Juan el Bautista que llamaba al arrepentimiento. El rey venía primeramente como Salvador y así es presentado por el profeta: "He aquí el Cordero de Dios, que quita el pecado del mundo" (Jn. 1:29). Como ya se ha dicho antes, en su primera venida no estaba determinado que reinase, sino que fue enviado para salvar (Gá. 4:4). Muchos creyeron en Él y fueron salvos. El Reino progresa al tiempo actual. La manifestación de la presencia del Espíritu en Pentecostés abre la historia de la Iglesia. Las parábolas del Reino de los cielos (Mt. 13) presentan el Reino en misterio, que será revelado por medio de los apóstoles y profetas, consistente en la manifestación, ministerio y tránsito terrenal de la Iglesia que, formada por creyentes, está en el Reino de Cristo (Col. 1:13). La misión de la Iglesia es mostrar al rey-Salvador en la individualidad de los creyentes (Gá. 2:20; Fil. 1:21). Su condición de súbditos los lleva, por el nuevo nacimiento, a obedecer a Dios sin condiciones, para lo que fueron santificados, esto es, separados del mundo desobediente (1 P. 1:2). Todos los cristianos forman una única Iglesia en la indisoluble unidad del Espíritu Santo que une a todos en un mismo cuerpo. La vivencia de la Iglesia es servir a Dios y esperar la venida del rey de reyes y Señor de señores, que como Hijo de Dios descenderá del cielo (1 Ts. 1:9-10). La penúltima manifestación del Reino tendrá lugar en el milenio, donde el rey determinado por Dios reinará en la tierra (Sal. 2:1-6). Es un tema insistente en el Antiguo Testamento: reino que era esperado por los que conocían y creían la Escritura (Hch. 1:6). La expresión futura de esta manifestación del Reino se detalla en la revelación escrita por Juan (Ap. 20:3, 4, 5, 6). Jesús se sentará en el trono de David para gobernar la tierra (Lc. 1:32). Por último, el Reino de Dios o Reino de los cielos tendrá la proyección perpetua en la nueva creación de Dios. Así está anunciado (Ap. 21:1-22:21). Este estado eterno seguirá a la última rebelión de los hombres contra Dios (Ap. 20:7-9), donde Dios actuará poniendo definitivamente término a la oposición contra el rey de reyes, actuando también en la disolución de la Creación y creando cielos nuevos y tierra nueva (2 P. 3:7-10) para morar sempiternamente con su pueblo.

La Iglesia y el Reino

Se ha indicado en los párrafos anteriores que la Iglesia está en el Reino, siendo de una condición especial, constituidos como reyes y sacerdotes, o si se prefiere mejor, como un sacerdocio real (1 P. 2:9; Ap. 1:6; 5:10). Con todo, es necesario precisar que hay diferencias entre la Iglesia en sí y el Reino de Dios. Entre otras, cabe destacar que mientras el Reino procede del cielo, como su mismo nombre indica, la Iglesia se manifiesta en la tierra, estando posicionalmente en los lugares celestiales por identificación con Cristo (Ef. 2:6). El Reino se extiende o manifiesta a lo largo de las épocas de la historia humana, existiendo siempre; por el contrario, la Iglesia está presente en su presencia terrenal por un determinado período de tiempo que va desde Pentecostés hasta el traslado a los cielos.

El concepto de identidad de la Iglesia y el Reino genera la confusión de los dos aspectos. Esta identidad surge especialmente de dos personas de la iglesia antigua. Uno de ellos fue Cipriano de Cartago, obispo en aquella ciudad entre los años 249 y 258, que enseñaba que en la Iglesia se cumplía el Reino de Dios. Pero esa identificación se establece a partir de Agustín de Hipona, que influyó de modo decisivo con el libro *De civitate Dei* (La ciudad de Dios), extensa obra que estaba compuesta por veintidós libros y que fue escrita a lo largo de quince años. Es una apología del cristianismo en la que toca muchos temas, en ocasiones a modo de digresiones, lo que le permite entrar en reflexión sobre aspectos tales como Dios, el martirio, el judaísmo, el bien, el mal, la providencia, el destino, la historia, etc. La estructura del libro presenta dos ciudades, la de Dios (que es el cristianismo) y la ciudad pagana (que representa el mal y el pecado). Baste como ejemplo el párrafo introductorio al Libro I:

La gloriosísima ciudad de Dios, que en el presente correr de los tiempos se encuentra peregrina entre los impíos viviendo de la fe (Hab. 2:4), y espera ya ahora con paciencia la patria definitiva y eterna (Ro. 8:25) hasta que haya un juicio con auténtica justicia (Sal. 92:15), conseguirá entonces con creces la victoria final y una paz completa.[75]

Agustín planteó la propuesta de que la Iglesia representaba la estructura visible y exterior del Reino de Dios, y que éste se establecería en ella en la medida en que el mundo creyese en Cristo y asimilase la doctrina cristiana y el amor de Dios. Sin embargo, en la obra confunde al mundo con la Iglesia en la interpretación que da de la parábola del

[75] Agustín de Hipona, 1977, Libro I, p. 2.

trigo y la cizaña, aunque admite que el campo donde están ambas es el mundo (Mt. 13:24-30). Esta teoría agustiniana fue aceptada sin reservas desde que el obispo de Roma se proclamó Pontífice romano tras el traslado a Bizancio de la sede imperial romana. En esa misma línea, ya que la Iglesia es el Reino de Dios, el Pontífice romano es soberano supremo en el mundo, representante de Dios y vicario de Cristo.

La verdad bíblica sobre la Iglesia enseña que como cuerpo de creyentes está en el Reino de Dios y manifiesta la identidad con Cristo proclamando el mensaje de salvación por fe en su nombre y exhibiendo la realidad moral-espiritual de Jesús ante los hombres en las vidas transformadas de los cristianos. Esto manifiesta el cumplimiento del designio de Dios que establece que los creyentes sean conformados a la imagen de su Hijo (Ro. 8:29). En la segunda venida, la iglesia, esposa del Cordero, vendrá con Él durante su reinado en la tierra para proyectar una unión definitiva en los cielos nuevos y la tierra nueva.

La vinculación con la esperanza cristiana

Los oficios de Jesucristo como sumo sacerdote y abogado que vive siempre para interceder por los suyos establecen el sustento de la eterna seguridad de salvación y están, por tanto, vinculados con la esperanza cristiana, permitiéndole descansar confiadamente en que la paz con Dios, basada en el sacrificio redentor, es un hecho consumado (Ro. 5:1); por tanto, "ninguna condenación hay para los que están en Cristo Jesús" (Ro. 8:1). El oficio profético conduce a la seguridad de lo anunciado para el futuro, la resurrección de los creyentes para glorificación y la comunión eterna con Dios; los eventos que se anuncian en la palabra profética tendrán fiel cumplimiento y son asiento de la esperanza cristiana. El oficio regio proyecta al creyente hacia la dimensión de reinar con Jesús en la tierra, desde el lugar que está siendo preparado para ella (Jn. 14:1-3). Pero la dimensión profética se extiende a la perpetuidad donde, en la nueva tierra, estará la ciudad llamada ciudad santa, la nueva Jerusalén (Ap. 21:1-3), donde Dios morará perpetuamente con su pueblo. Lo que se llama generalmente cielo, para referirse al lugar donde los creyentes estarán, se sitúa en la tierra nueva y no en algún lugar celestial fuera de ella. Toda esta esperanza escatológica tiene relación primeramente con el regreso de Cristo, en lo que se conoce como segunda venida. El tema pertenece en extensión a la parte de la teología sistemática que se conoce con el término técnico de *escatología*, y que será tratado en su lugar. Por tanto, al término de esta aproximación a la cristología se considera de forma muy limitada.

Anuncio de la segunda venida

El término tiene que ver con el descenso de Cristo desde los cielos a la tierra, en forma real y literal. Esta doctrina fue enseñada por los apóstoles en los orígenes de la Iglesia y mencionada en muchos lugares por los padres. La verdad de que Cristo vendrá otra vez a la tierra se afirma reiteradamente en el texto bíblico. Es preciso distinguir entre los pasajes bíblicos que se refieren al traslado de la Iglesia desde la tierra a la presencia del Señor (cf. 1 Ts. 4:16-18) y los que enseñan que Jesús vendrá a la tierra a juzgar a las naciones y a Israel, y a reinar sobre el trono de David para cumplimiento del pacto y las promesas hechas al rey de Israel por Dios mismo. En el Apocalipsis se presenta este hecho, el del regreso de Cristo a la tierra, revestido de gloria y poder (Ap. 19:11-16). Este hecho se trata en varios lugares, entre los que, en alguno, se hace mención a una profecía de la antigüedad, como se lee:

> *De éstos también profetizó Enoc, séptimo desde Adán, diciendo: He aquí, vino el Señor con sus santas decenas de millares, para hacer juicio contra todos, y dejar convictos a todos los impíos de todas sus obras impías que han hecho impíamente, y de todas las cosas duras que los pecadores impíos han hablado contra él. (Jud. 14, 15)*

Es notable que tanto esta primera profecía de los tiempos antediluvianos concuerda plenamente con la última registrada que anuncia la segunda venida de Jesús: "El que da testimonio de estas cosas dice: Ciertamente vengo en breve. Amén; sí, ven Señor Jesús" (Ap. 22:20). Enoc recibió revelaciones directas de Dios con el que caminó, es decir, tuvo relación personal con Él.

La segunda venida es necesaria para el cumplimiento de promesas que Dios hizo a Israel y que no han sido cumplidas por la condición rebelde de ese pueblo. Por esa razón fue diseminado por toda la tierra, pero la promesa de congregarlo nuevamente en la tierra prometida y la transformación espiritual de aquellos que Dios recoja de los lugares donde se encuentren permitirá el cumplimiento de las promesas hechas en el tiempo pasado (Dt. 30:1-8). Del mismo modo que fueron esparcidos por desobediencia serán recogidos para obediencia, que se manifestará en ellos.

La segunda venida es necesaria para el cumplimiento profético tocante al rey que Dios estableció, esto es, que Él ha determinado:

Pero yo he puesto mi rey sobre Sion, mi santo monte. Yo publicaré el decreto; Jehová me ha dicho: Mi hijo eres tú; Yo te engendré hoy. Pídeme, y te daré por herencia las naciones, y por posesión tuya los confines de la tierra. Los quebrantarás con vara de hierro; como vasija de alfarero los desmenuzarás. (Sal. 2:6-9)

La referencia a Sion está vinculada al trono de David, a quien Dios había prometido que de su descendencia afirmaría uno que se sentaría en el trono que no tendría fin. El cumplimiento tendrá lugar plenamente cuando el Mesías descienda y se siente en el trono prometido a David, como el ángel predijo a María: "Éste será grande, y será llamado Hijo del Altísimo; y el Señor Dios le dará el trono de David su padre; y reinará sobre la casa de Jacob para siempre, y su reino no tendrá fin" (Lc. 1:32-33). El apóstol Pablo habla de la segunda venida, en la que Jesucristo juzgará a quienes fueron rebeldes contra Dios. Esa manifestación se describe con palabras intensas que refieren a un acontecimiento que supera al pensamiento del hombre:

Y vosotros que sois atribulados, daros reposo con nosotros, cuando se manifieste el Señor Jesús desde el cielo con los ángeles de su poder, en llama de fuego, para dar retribución a los que no conocieron a Dios, ni obedecen al evangelio de nuestro Señor Jesucristo; los cuales sufrirán pena de eterna perdición, excluidos de la presencia del Señor y de la gloria de su poder, cuando venga en aquel día para ser glorificado en sus santos y ser admirado en todos los que creyeron (por cuanto nuestro testimonio ha sido creído entre vosotros). (2 Ts. 1:7-10)

El Señor se manifestará desde los cielos viniendo con sus santos ángeles en llamas de fuego, símbolo de la acción judicial que ejecutará contra los impíos.

El regreso de Jesucristo en la segunda venida se pone de manifiesto en el hecho de poner sus pies sobre el monte de los Olivos, lugar desde donde ascendió a los cielos, como se lee en la profecía:

He aquí, el día de Jehová viene, y en medio de ti serán repartidos tus despojos. Porque yo reuniré a todas las naciones para combatir contra Jerusalén; y la ciudad será tomada, y serán saqueadas las casas, y violadas las mujeres; y la mitad de la ciudad irá en cautiverio, mas el resto del pueblo no será cortado de la ciudad. Después saldrá Jehová y peleará con aquellas naciones, como peleó en el día de la batalla. Y se afirmarán sus pies en aquel día sobre el monte de los Olivos, que está en frente de Jerusalén al oriente; y el monte de los Olivos se partirá por en medio, hacia el oriente y hacia el occidente, haciendo un valle muy grande; y la mitad del monte se apartará hacia el norte, y la otra mitad hacia el sur. (Zac. 14:1-4)

Sea cual fuere la interpretación que se dé al pasaje, no cabe duda de que el profeta afirma que los pies de Jehová se asentarán sobre el monte de los Olivos, y que ese hecho traerá la consecuencia de la fragmentación del monte en dos partes y la aparición de un gran valle, que hoy no existe. El hecho de que ponga sus pies en la tierra exige que venga desde el cielo. El Señor habló a los suyos de su venida rodeado de poder y gran gloria (Lc. 21:27). Los ángeles anunciaron a los que estaban en el momento de la ascensión que el mismo Señor vendría de la manera como le habían visto ir al cielo (Hch. 1:9-11).

Una nueva referencia de la profecía del Antiguo Testamento sobre la segunda venida: "Y vendrá el Redentor a Sion, y a los que se volvieron de la iniquidad en Jacob, dice Jehová" (Is. 59:20). El apóstol Pablo tomando la referencia profética escribe: "Y luego todo Israel será salvo, como está escrito: Vendrá de Sion el Libertador, que apartará de Jacob la impiedad. Y este será mi pacto con ellos" (Ro. 11:26-27). Podrían añadirse a estas citas otras muchas, tanto de la profecía como del Nuevo Testamento, que serán consideradas en el tratado sobre escatología; con todo, estas son suficientes para afirmar la esperanza en la segunda venida de Jesucristo.

El reino milenial

La profecía anuncia el reino de Cristo y el ejercicio de su autoridad sobre las naciones de la tierra. A modo de ejemplo:

Miraba yo en la visión de la noche, y he aquí con las nubes del cielo venía uno como hijo de hombre, que vino hasta el Anciano de días, y le hicieron acercarse delante de él. Y le fue dado dominio, gloria y reino, para que todos los pueblos, naciones y lenguas le sirvieran; su dominio es dominio eterno, que nunca pasará, y su reino uno que no será destruido. (Dn. 7:13-14)

De igual modo en el Nuevo Testamento se anuncia el Reino de Cristo y a éste ejerciendo la autoridad como rey:

El séptimo ángel tocó la trompeta, y hubo grandes voces en el cielo, que decían; los reinos del mundo han venido a ser de nuestro Señor y de su Cristo; y él reinará por los siglos de los siglos. Y los veinticuatro ancianos que estaban sentados delante de Dios en sus tronos, se postraron sobre sus rostros, y adoraron a Dios, diciendo: Te damos gracias, Señor Dios Todopoderoso, el que eres y que eras y que has de venir, porque has tomado tu gran poder, y has reinado. (Ap. 11:15-17)

Como resultado de la cruz, el Señor retornó a su autoridad los reinos del mundo que habían sido tomados por Satanás a causa de la caída del primer hombre. La realidad de Jesucristo reinando literalmente en Sion está profetizada por Miqueas: "Y Jehová reinará sobre ellos en el monte de Sion desde ahora y para siempre" (Mi. 4:7). El Reino de los cielos será una realidad.

La Biblia enseña que, durante el tiempo del reino literal de Cristo en la tierra, Satanás será atado (Ap. 20:1-3). Deben entenderse en la exégesis las figuras que el apóstol Juan emplea para describir la sujeción establecida sobre el diablo. No se trata de determinar cómo será la cadena con que va a ser atado, sino el hecho figurado de que, como una cadena impide libertad de movimientos al que es sujeto por ella, así Satanás estará incapacitado para toda acción en el reino literal de Jesucristo en la tierra. Cristo será manifestado entonces como hijo de Abraham, tomando posesión de la tierra como había sido prometido al patriarca (Gn 17:8). De igual manera, tomará el reino como Dios había prometido a David (2 S. 7:16), manifestando ser el rey de reyes (Ap. 19:16). El reino de Cristo será establecido sobre toda la tierra (Zac. 14:9; Fil. 2:10).

Al mismo tiempo, quien es rey es también el Hijo de Dios; por consiguiente, hará posible que Dios se manifieste entre los hombres. Prerrogativas divinas serán manifestadas, como la omnisciencia: "Porque yo conozco sus obras y sus pensamientos; tiempo vendrá para juntar a todas las naciones y lenguas; y vendrán, y verán mi gloria" (Is. 66:18). Será en ese tiempo y en la tierra que Dios recibirá adoración (Sal. 86:9; Zac. 14:16).

El estado eterno

El propósito de Dios es el de mantener comunión y relación con el hombre sin los obstáculos que el pecado y Satanás producen ahora. En la ejecución del propósito divino, Dios intervendrá directamente en la última manifestación de rebeldía contra él, luego del tiempo del reino literal de Jesucristo en la tierra, promovida por Satanás, que sale para engañar a las naciones. Dios hará descender fuego del cielo y eliminará toda oposición contra Él (Ap. 20:7-9). A esa actuación divina seguirá un acto creador de Dios: "Porque como los cielos nuevos y la nueva tierra que yo hago permanecerá delante de mí…" (Is. 66:22). Sobre esto trata el apóstol Pedro:

> *Pero el día del Señor vendrá como ladrón en la noche; en el cual los cielos pasarán con grande estruendo, y los elementos ardiendo serán deshechos, y la tierra y las obras que en ella hay serán quemadas. Puesto que todas estas cosas han de ser deshechas, ¡cómo no debéis vosotros andar en santa y piadosa manera de vivir, esperando y apresurándoos para la venida del día de Dios, en el cual los cielos, encendiéndose, serán deshechos, y los elementos, siendo quemados, se fundirán! Pero nosotros esperamos, según sus promesas, cielos nuevos y tierra nueva, en los cuales mora la justicia. (2 P. 3:10-13)*

El acto creador de Dios traerá a la existencia un nuevo cosmos, sin la presencia del pecado (Is. 65:17; 66:22), al que Juan se refiere, cuando escribe: "Vi un cielo nuevo y una tierra nueva; porque el primer cielo y la primera tierra pasaron, y el mar ya no existía más" (Ap. 21:1).

En esa nueva creación, la dimensión espiritual es difícil de entender: "Y oí una gran voz del cielo que decía: He aquí el tabernáculo de Dios con los hombres, y él morará con ellos; y ellos serán su pueblo, y Dios mismo estará con ellos como su Dios" (Ap. 21:3). Los creyentes tendrán un destino que, primordialmente se relaciona con una persona y no con un lugar (Jn. 14:3; Col. 3:4; 1 Ts. 4:16-17; 1 Jn. 3:2). Allí la ciudad santa, la nueva Jerusalén, será la eterna morada de Dios con los hombres. Una eternidad donde Dios reinará para siempre, en una creación con orden divino, ausente totalmente de los problemas del pecado.

Epílogo

Llegamos así al término de esta aproximación a la cristología. No está contenida en las líneas de esta tesis todo lo que la Biblia revela sobre la admirable persona de Jesús, el Verbo eterno encarnado. Todo lo que antecede ha procurado establecer los parámetros bíblico-teológicos que permitan una vía al estudio de la cristología del descenso, a la admirable verdad de que Dios se hizo un hombre del tiempo y del espacio, con el único propósito de retornar a sí mismo en dimensión de perpetuidad a quienes no podían en modo alguno encontrar y mucho menos habilitar el camino de retorno que es Cristo mismo. Referirse sólo a la condición divina y abandonar la humana es presentar un Cristo lejano del hombre. Si se invierte, resaltando la humanidad y dejando a un lado la deidad, se convierte al admirable Hijo del Hombre en una persona descalificada para resolver el gran problema del hombre, que es la salvación del pecador, con el perdón de sus pecados y la donación de la vida eterna.

Debo aproximarme al Dios de la historia, de la creación y de la salvación en la dimensión divino-humana de su persona. El que se manifestó como Emanuel pasó en cuanto a su humanidad por la concepción en el vientre de la Virgen María. El Salmo se refiere al origen de cada hombre y dice de Dios: "Mi embrión vieron tus ojos" (Sal. 139:16). Así también en cuanto a la concepción del Verbo encarnado. Sin duda, esto impacta y asombra. Aquel en "quien habita corporalmente toda la plenitud de la deidad" (Col. 2:9), al que todo el universo no puede contener, estuvo plenamente en un embrión humano. Nuestra naturaleza, con sus limitaciones, problemas, miserias y lágrimas fue hecha suya para experimentar aquello que es propio de nosotros. El Dios de la gracia desciende al encuentro del hombre para rodearlo de amor misericordioso. La dimensión de su justicia que demandaba la muerte del pecador se torna en misericordia perdonadora por la muerte del que siendo Dios da su vida en precio por nuestros pecados.

Dios descendió para cumplir la condena del hombre. La revelación impacta y hace guardar un profundo silencio de admiración y reconocimiento. Dios se hizo hombre, trabajó, fue incomprendido, perseguido, considerado como demente por su propia familia, tratado como blasfemo y sedicioso, condenado a muerte y ejecutado de la forma más ignominiosa de la que el hombre disponía. Sufrió el desamparo del Padre, como jamás nadie ha experimentado. Fue maldito por nosotros y constituido como sacrificio expiatorio por el pecado para que nosotros seamos revestidos de su gloriosa justicia.

La unión de Dios con la naturaleza humana, esto es, dos naturalezas en la persona del Verbo, es un misterio ante el cual la razón se inclina confusa, pero recibamos esta verdad y podremos comprender un poco más la dimensión de la gracia. Miremos al Eterno, hecho un hombre del tiempo y del espacio. El Invisible se hizo visible en la dimensión de nuestro prójimo, compañero de camino, amigo de los pecadores que los busca para salvarlos. El que nutre a todas las criaturas fue nutrido por una madre humana. El Omnipotente cuya voz hace estremecer los montes, quiebra las piedras y trae a la existencia cuanto existe tembló agonizando en Getsemaní. El autor de la vida tomó una existencia mortal para poder morir en una cruz. El que pertenece a dos mundos —el del cielo, que le corresponde por ser Dios, y el de la tierra porque es también hombre— puede reconciliar ambos, vinculando a la criatura con el Creador en una unidad perpetua que nace de un acto de fe, donde el yo del hombre declina ante Dios y Él pone su Yo en la criatura para que deje de vivir su muerte y pase a vivir la vida eterna de Dios. En el origen de su vida humana, Dios envió a los ángeles para anunciar paz en la tierra. El mundo debía despertar de su sueño, las criaturas perdidas, sumidas en males y quebrantos, podían extender una mano de fe y recoger por gracia lo que Dios les otorgaba. Quienes lo hicieron, lo hacen y lo harán pueden saludar en lontananza un gozo sin término, una seguridad absoluta, y disfrutar ya la bendición divina, inmensa como la eternidad.

SOLI DEO GLORIA.

BIBLIOGRAFÍA

Evangélicos y afines

Anderson, J. N. D. (1970). *Christianity: The Witness of History*. Tyndale Press.

Barnes, A. (1951). *Notes on the New Testament, Explanatory and Practical*. Baker Book House.

Berkhof, L. (1949). *Teología Sistemática*. Eerdmans.

Bonar, A. (1861). *Christ and His Church in the Book of Psalms*. R. Carter.

Bruce, F. F. (1987). *La epístola a los Hebreos*. Nueva Creación.

Bruce, F. F. (1998). *Hechos de los Apóstoles*. Nueva Creación.

Calvino, J. (1968). *Institución de la Religión Cristiana*. FELiRe.

Carson, D. & Moo, D. (2008). *Una introducción al Nuevo Testamento*. Editorial CLIE.

Chafer, L. S. (1974). *Teología Sistemática*. Dalton.

Cullman, O. (1965). *Cristología del Nuevo Testamento*. Methopress.

Dale, J. W. (1993). *Johannic Baptism, An Inquiry into the Meaning of the Word as Determined by the Usage of The Holy Scriptures*. Presbyterian and Reformed.

Dale, J. W. (1995). *Christic Baptism and Patristic Baptism: An Inquiry into the Meaning of the Word As Determined by the Usage of the Holy Scriptures and Patristic Writings*. Presbyterian and Reformed.

Erickson, M. (2008). *Teología Sistemática*. Editorial CLIE.

Farrar, F. W. (1870). *History of Interpretation*. Dutton.

Fasold, J. (2017). *Con precisión. El liston de la hermeneutica biblica*. Tyndale House.

Finney, C. (2010). *Teología Sistemática*. Peniel.

Flores, J. (1975). *Cristología de Juan*. Editorial CLIE.

Flores, J. (1978). *Cristología de Pedro*. Editorial CLIE.

Fountain, T. (1977). *Claves de interpretación bíblica*. Casa Bautista.

Geisler, N. (2002). *Systematic Theology*. Bethany House.

Gonzaga, J. (1966). *Concilios*. 2 vol. International Publications.

Guthrie, D. (1961). *New Testament Intoduction*. Tyndale Press.

Harrison, E. (1980). *Introducción al Nuevo Testamento*. Eerdman.

Hendricks, W. (1986). ¿Quién es Jesucristo? Casa Bautista.

Hendriksen, W. (1982). *Comentario al Nuevo Testamento: Colosenses y Filemón*. Subcomisión Literatura Cristiana.

Hendriksen, W. (1986). *Comentario al Nuevo Testamento: El evangelio según san Mateo.* Libros Desafío.
Hodge, C. (1991). *Teología Sistemática.* Editorial CLIE.
Jeremias, J. (1980). *Teología del Nuevo Testamento.* Sígueme.
Jeremias, J. (1990). *Palabras desconocidas de Jesús.* Sígueme.
Lacueva, F. (1974). *Un Dios en tres personas.* Editorial CLIE.
Lacueva, F. (1979). *La Persona y la Obra de Jesucristo.* Editorial CLIE.
Lacueva, F. (1983). *Espiritualidad trinitaria.* Editorial CLIE.
Ladd, G. (2002). *Teología del Nuevo Testamento.* Editorial CLIE.
Lake, K. (1907). *The Historical Evidence for the Resurrection of Jesus Christ.* G. P. Putnam's.
Lensky, R. (1962). *La interpretación del evangelio según san Marcos.* El escudo.
Lensky, R. (1963). *La interpretación del evangelio según san Lucas.* El escudo.
Lightfoot, J. B. (1990). *Los padres apostólicos.* Editorial CLIE.
Lloyd-Jones, M. (2000). *Dios el Padre, Dios el Hijo.* Editorial Peregrino.
Lloyd-Jones, M. (2001). *Dios el Espíritu Santo.* Editorial Peregrino.
MacArthur, J. (2015). *Comentario MacArthur del Nuevo Testamento.* Editorial Portavoz.
MacDonald, W. (1995). *Comentario al Nuevo Testamento.* Editorial CLIE.
McDowell, J. (1990). *Evidencia que exige un veredicto.* Vida.
Martínez, J. M. (1984). *Hermenéutica Bíblica.* Editorial CLIE.
Morris, L. (2003). *Jesús es el Cristo.* Editorial CLIE.
Morris, L. (2005). *El evangelio según Juan* (I-II). Editorial CLIE.
Pache, R. (1948). *Le retour de Jésus-Christ.* Emmaüs.
Packer, J. L. (1985). *Conociendo a Dios.* Editorial CLIE.
Pentecost, J. D. (1977). *Eventos del porvenir.* Libertador.
Pentecost, J. D. (1981). *A Harmony of the words and Works of Jesus Christ.* Zondervan.
Pentecost, J. D. (1981). *The words and Works of the Life of Christ.* Zondervan.
Pérez Millos, S. (1994). *Comentario Exegético al Texto Griego del Nuevo Testamento* (19 volúmenes). Editorial CLIE.
Pérez Millos, S. (1995). *Síntesis de nuestra fe.* Editorial CLIE.
Pink, A. W. (1964). *Atributos de Dios.* Estandarte de la verdad.
Pink, A. W. (1978). *La soberanía de Dios.* Estandarte de la verdad.

Robertson, A. T. (1985). *Imágenes verbales en el Nuevo Testamento*. Editorial CLIE.
Ropero Berzosa, A. (2015). *Homilética Bíblica.* Editorial CLIE.
Ryle, J. C. (1987). *Expository thoughts on John* (I-III). Banner of Truth.
Sauer, E. (1959). *El triunfo del Crucificado*. Editorial Portavoz.
Sauer, E. (1967). *La aurora de la redención del mundo*. Literatura bíblica.
Sauer, E. (1977). *De eternidad a eternidad.* Oasis.
Scroggie W. G. (1948). *A guide to the Gospels*. Pickering & Inglis.
Seeberg, R. (1968). *Historia de las Doctrinas*. Casa Bautista.
Sockman, R. W. (1964). *The Paradoxes of Jesus*. Abingdon Press.
Spurgeon, C. H. (2020). *El tesoro de David.* Editorial CLIE.
Stein, R. H. (2006). *Jesús, el Mesías.* Editorial CLIE.
Stott, J. (1974). *Las cartas de Juan*. Certeza.
Strong, A. H. (1836). *Systematic Theology*. Londres.
Taylor, V. (1979). *Evangelio según San Marcos*. Cristiandad.
Tellería Larrañaga, J. M. (2011). *El método en teología*. Editorial Mundo Bíblico.
Tellería Larrañaga, J. M. (2014). *La Interpretación del Nuevo Testamento a lo largo de la historia.* Editorial Mundo Bíblico.
Vaughan, C. J. (1886). *Lessons of the Cross and Passion. Words from the Cross. The Reign of sin. The Lord's prayer.* Macmillan.
Wuest, K. S. (1970). *Word Studies fron the Greek New Testament.* Eerdmans.

Patrística

Atanasio. (1989). *La encarnación del Verbo.* Ciudad Nueva.
Agustín de Hipona. (1971). *Obras generales.* Biblioteca de Autores Cristianos.
Agustín de Hipona. (1977). *De Civitate Dei*. Biblioteca de Autores Cristianos.
Agustín de Hipona. (1985). *Escritos apologéticos*. Biblioteca de Autores Cristianos.
Agustín de Hipona. (2005). *Obras completas*. Biblioteca de Autores Cristianos.
Hilario de Poitiers. (1986). *La Trinidad.* Biblioteca de Autores Cristianos.
Ireneo de Lyon. (1985). *Teología*. Biblioteca de Autores Cristianos.

Merino Rodríguez, M. (2002). *La Biblia comentada por los Padres de la Iglesia*. Ciudad Nueva.
Sócrates el Escolástico. (2016). *The Ecclesiastical Histories of Socrates Scholasticus*. Aeterna.

Católicos y otras procedencias

Aquino, T. de. (1957). *Suma Teológica*. Biblioteca de Autores Cristianos.
Audet, J. P. (1956). *L'annonce a Marie*. *Revue Biblique*, 63.
Auer, J. (1989). *Jesucristo Hijo de Dios e Hijo de María*. Editorial Herder.
Auer, J. (1990). *Jesucristo Salvador del Mundo*. Editorial Herder.
Brown, R. (1979). *El Evangelio según Juan*. Cristiandad.
Brown, R. (2001). *Introducción a la cristología del Nuevo Testamento*. Sígueme.
Bultmann, R. (1950). *Jésus, mythologie et démythologisation*. Payot.
Bultmann, R. (1955). *L'interprétation du Nouveau Testament*. Aubier.
Caba, J. (2007). *Cristo ora al Padre*. Biblioteca de Autores Cristianos.
Cordovilla, Á. (2012). *El misterio del Dios trinitario*. Biblioteca de Autores Cristianos.
De Tuya, M. (1977). *Evangelios* (I, II). Biblioteca de Autores Cristianos.
Del Páramo, S. & Alonso, J. (1973). *La Sagrada Escritura: Nuevo Testamento*. Tomo I: *Evangelios*. Biblioteca de Autores Cristianos.
Eichhorn, J. G. (1787). *Introduction to the Study of the Old Testament*.
Evely, L. (1970). *L'évangile sans mythes*. Editions Universitaires.
Fitzmyer, J. A. (2005). *El Evangelio según Lucas* (I-IV). Ediciones cristiandad. ioteca de Autores Cristianos.
Fortes, B. (1983). *Jesús de Nazaret, historia de Dios, Dios de la historia*. Ediciones paulinas.
González de Cardedal, O. (1966). *Misterio trinitario y existencia humana*. Rialp.
González de Cardedal, O. (1978). *Jesús de Nazaret*. Biblioteca de Autores Cristianos.
González de Cardedal, O. (2001). *Cristología*. Madrid. Biblioteca de Autores Cristianos.
González de Cardedal, O. (2004). *Dios*. Sígueme.
González de Cardedal, O. (2012). *El rostro de Cristo*. Encuentro.
Gnilka, J. (2005). *El evangelio según San Marcos* (I-II). Sígueme.

Kasper, W. (1994). *El Dios de Jesucristo*. Sígueme
Latourelle, R. (1997). *Milagros de Jesús y teología del milagro*. Sígueme.
Leal, J. (1973). *Evangelios* (II). Biblioteca de Autores Cristianos.
León-Dufour, X. (1993). *Lectura del Evangelio de Juan* (I, II, III). Sígueme.
Mateos, J. & Camacho, F. (1994). *El evangelio de Marcos. Análisis lingüístico y comentario exegético*. El Almendro.
Moltmann, J. (1977). *El Dios crucificado*. Sígueme.
Pastor-Ramos, F. (2010). *Para mí el vivir es Cristo*. Verbo Divino.
Pikaza, X. (2015). *Trinidad. Itinerario de Dios al hombre*. Sígueme.
Ratzinger, J. (2005). *Dios es amor. Carta encíclica "Deus caritas est" del Sumo Pontífice Benedicto XVI a los obispos, a los presbíteros y diáconos, a las personas consagradas y a todos fieles laicos sobre el amor cristiano*. Edibesa.
Ratzinger, J. (2007). *Jesús de Nazaret*. Image.
Roloff, J. (1977). *Neues Testament*. Neukirchen Verlag.
Rovira Belloso, J. Mª. (1986). *La humanidad de Dios*. Secretariado Trinitario.
Schenke, L. (1990). *Die Urgemeinde. Geschichtliche un theologische Entwicklung*. Kohlhammer.
Schierse, F. J. (1983). *Cristología*. Sígueme.
Turrado, L. (1975). *Epístolas Paulinas. Biblia Comentada*, Vol. VIb. Biblioteca de Autores Cristianos.
Vidal, S. (1982). *La resurrección de Jesús en las cartas de Pablo*. Sígueme.
Voltaire. (1829). *Oeuvres de Voltaire*. Armand-aubrée.
Von Rad, G. (1980). *La conciencia de Cristo*. Cristiandad.

Diccionarios y manuales técnicos

Balz, Horst & Schneider, G. (1998). *Diccionario Exegético del Nuevo Testamento*. Sígueme.
Catecismo de la Iglesia Católica. (1996). Asociación de Editores del Catecismo.
Chantraine, P. (1968). *Chantrailne Dictionnaire Etymologique Grec*. Klincksieck.
Douglas, J. D. (1991). *Nuevo Diccionario Bíblico*. Editorial Certeza.
Haag, H.; Van den Born, A. & de Ausejo, S. (1981). *Diccionario de la Biblia*. Herder.
Harrison, E. F. (1985). *Diccionario de Teología*. TELL.

Henry, M. (1983). *Comentario Bíblico Matthew Henry*. Editorial CLIE.

Robert Young. (1977). *Analytical Concordance to the Holy Bible.* United Society for Christian Literature.

Ropero Berzosa, A. (2013). *Gran Diccionario Enciclopédico de la Biblia*. Editorial CLIE.

Stegenga, J. & Tuggy, A. E. (1975). *Concordancia Analítica Greco-Española del N. T.* Editorial Libertador.

Vine, W. (1984). *Diccionario Expositivo de Palabras del Nuevo Testamento*. Editorial CLIE.

Yarza, F. (1972). *Diccionario Griego Español.* Sopena.

Silva, M. (2014). *New International Dictionary of New Testament Theology and Exegesis* (I-V). Zondervan Academic.

Textos bíblicos

(1958). *Sagrada Biblia.* Juan Straubinger. La prensa católica.

(1966). *Biblia Anotada.* Scofield. Spanish Publications.

(1975). *Biblia de Jerusalén.* Bilbao.

(1975). *Sagrada Biblia.* Cantera-Iglesias. Biblioteca de Autores Cristianos.

(1984). *Nuevo Testamento Interlineal.* Francisco Lacueva (Ed.). Editorial CLIE.

(1992). *A Biblia.* Vigo.

(1996). *Biblia Anotada.* Charles Ryrie. Grand Rapids.

(1999). *Biblia Textual.* Sociedad Bíblica Iberoamericana.

(2000). *Biblia de las Américas.* Anaheim.

(2005). *Santa Biblia. Nueva Versión Internacional.* Bíblica, Inc.

(2010). *Sagrada Biblia.* Conferencia Episcopal Española.

(2018). *Biblia de Estudio RVR.* HarperCollins Christian Publishing.

Textos griegos

(1977). *Nuevo Testamento Trilingüe.* Bover-O'Callaghan.

(1979). *Septuaginta.* Deustche Biblgesellschaft.

(2003). *A Reader's Greek New Testament.* Goodrich, R. & Lukaszewki, A. Zondervan.

(2012). *Novum Testamentum Graece.* Nestle-Aland. 28ª Edición. Deutsche Biblelgesellschaft.